lässt etwas entstehen: *An der Stelle, an der sie verbrannt wurde, bildet die Haut Blasen; Der Fluss bildet die Grenze zwischen beiden Staaten* **3** ***etwas bilden*** eine neue Form (oder eine geometrische Figur) entstehen lassen: *Die Wartenden bilden eine Schlange von 200 Metern* **4** ⟨Personen⟩ ***bilden etwas*** aus einer Gruppe von Personen entsteht diese Organisation ⟨eine Kommission, eine Regierung bilden⟩ **5** (***j-n***) ***bilden*** j-n ausbilden, seine Kenntnisse vergrößern: *Reisen bildet (den Menschen)* **6** ***etwas bildet sich*** etwas entsteht (*meist* langsam): *Am Himmel bilden sich Wolken*

Bịld·hau·er *der*; *-s, -*; ein Künstler, der Statuen und Skulpturen herstellt: *Michelangelo ist auch ein berühmter Bildhauer* || *hierzu* **Bild·hau·e·rei** *die*

Bịld·schirm *der*; der Teil eines Fernsehgeräts oder eines Computers, auf dem das Bild oder der Text erscheint || ↑ *Illustration* ***Am Schreibtisch***

Bịl·dung[1] *die*; -; *nur Sg* **1** das Bilden (2), die Entstehung ⟨die Bildung von Blasen, Geschwüren; die Bildung einer Meinung⟩ || -K: ***Knospen-, Wolken-*** **2** die Gründung, das Bilden (4) einer neuen Gruppe, Organisation ⟨die Bildung einer Regierung⟩ || -K: ***Kabinetts-***

Bịl·dung[2] *die*; -; *nur Sg*; das (durch Erziehung) erworbene Wissen und Können auf verschiedenen Gebieten ⟨eine umfassende, humanistische Bildung besitzen, haben; Bildung vermitteln; ein Mensch mit / von Bildung⟩ || -K: ***Allgemein-, Schul-***

Bil·lett [bɪl'jɛt] *das*; *-(e)s, -s / -e*; (CH) **1** ≈ Fahrkarte **2** eine Karte für einen Eintritt (1)

◆ **bịl·lig** *Adj* **1** so, dass es relativ wenig Geld kostet ↔ teuer: *In diesem Geschäft kann man billig einkaufen* || K-: ***Billig-, -flug, -preis*** **2** *pej*; von schlechter Qualität: *Er trug einen billigen Anzug* || K-: ***Billig-, -ware*** **3** *pej*; moralisch verwerflich: *Das ist eine billige Ausrede*

bịn ↑ ***sein***[1]

Bịn·de *die*; -, *-n*; ein langer Streifen Stoff, mit dem man eine Verletzung schützt ≈ Verband: *den Arm in einer Binde tragen* || -K: ***Augen-***

bịn·den[1]; *band, hat gebunden* **1** ***j-n / etwas*** (***mit etwas***) ***an etwas*** (*Akk*) ***binden*** eine Person / Sache *meist* mit einem Strick an etwas festmachen ≈ anbinden: *ein Boot mit einer Leine an einen Pflock binden* **2** (***j-m / sich***) ***etwas binden*** etwas mit einem Knoten *o.Ä.* festmachen ⟨die Schu-

Beispiele

Genitiv Singular

Nominativ Plural

abgeleitetes Wort

Hinweis auf farbige Illustration

Angabe der entsprechenden Bedeutung von *bilden*

Lautschrift

Hinweis zum Sprachgebrauch; hier: *schweizerischer Sprachgebrauch*

Antonym

Hinweis darauf, wie ein Wort empfunden wird; hier: *abwertend*

3. Person Singular Imperfekt und Perfekt

Langenscheidt Taschenwörterbuch Deutsch als Fremdsprache

Das einsprachige Lernerwörterbuch für Einsteiger

Völlige Neuentwicklung

Herausgeber
Professor Dr. Dieter Götz
Professor Dr. Hans Wellmann

In Zusammenarbeit mit der
Langenscheidt-Redaktion

Langenscheidt
Berlin · München · Warschau · Wien · Zürich · New York

Herausgeber
Professor Dr. Dieter Götz
Professor Dr. Hans Wellmann

Lexikographische Mitarbeit
Katrin Götz
Dr. Marion Hahn
Dr. Nicoline Hortzitz

Langenscheidt-Redaktion
Eveline Ohneis-Borzacchiello

Als Marken geschützte Wörter werden in diesem Wörterbuch in der Regel durch das Zeichen ® kenntlich gemacht. Das Fehlen eines solchen Hinweises begründet jedoch nicht die Annahme, eine nicht gekennzeichnete Ware oder eine Dienstleistung sei frei.

Ergänzende Hinweise, für die wir jederzeit dankbar sind,
bitten wir zu richten an:
Langenscheidt Verlag, Postfach 40 11 20, 80711 München

Druck: Graph. Betriebe Langenscheidt, Berchtesgaden/Obb.
Printed in Germany
ISBN 3-468-49028-3

2. 3. 4. 5. 6. | 08 07 06 05 04

Vorwort

Das völlig neu entwickelte **Langenscheidt Taschenwörterbuch Deutsch als Fremdsprache** ist ein Lernerwörterbuch, das gezielt auf die Bedürfnisse all derjenigen zugeschnitten ist, die zum ersten Mal mit einem einsprachig deutschen Wörterbuch umgehen. Mit seinen rund 27.500 Stichwörtern, Wendungen und Anwendungsbeispielen deckt es einen wesentlichen Teil der modernen deutschen Alltagssprache ab, den die Lerner für das passive Verstehen sowic das aktive Sprechen und Schreiben brauchen.

Der Wortschatz, der für das ***Zertifikat Deutsch*** benötigt wird, den man sich also besonders gut einprägen sollte, ist mit einer blauen Raute gekennzeichnet und kann ganz schnell gefunden werden. Alle Stichwörter sind auf einfache, leicht verständliche Weise mithilfe eines computer-kontrollierten Definitionswortschatzes erklärt, d. h. die in den Definitionen verwendeten Wörter sind selbst als Einträge vorhanden, keine Erklärung bleibt unverständlich. Außerdem wurden im ganzen Text nur sehr wenige Abkürzungen verwendet, sodass die Wendungen, Definitionen usw. leicht zu lesen sind.

Neben der deutschen Standardsprache kommt im **Langenscheidt Taschenwörterbuch Deutsch als Fremdsprache** auch die Umgangssprache nicht zu kurz. Angaben zum Stil helfen dabei, je nach Situation immer den richtigen Ausdruck zu verwenden. Außerdem werden österreichische und schweizerische Wörter berücksichtigt.

Tausende von Beispielsätzen und typischen Wortverbindungen sowie zahlreiche Muster der Wort- und Satzbildung in diesem Wörterbuch machen das Lernen im sprachlichen Zusammenhang leicht. Zusätzliche Komposita in den Einträgen fördern die aktive Wortschatzerweiterung. Zahlreiche Synonyme und Antonyme, Grammatikangaben und weitere Hinweise helfen, das Deutsche aktiv und korrekt anzuwenden.

Der Inhalt dieser völligen Neuentwicklung wird nicht zuletzt besonders klar und anschaulich dargestellt: Blaue Stichwörter sorgen für schnelle Orientierung und optimale Übersichtlichkeit, 12 ganzseitige Farbillustrationen sowie viele Schwarz-Weiß-Abbildungen ergänzen die Worterklärungen und erleichtern das Wörterlernen.

Das **Langenscheidt Taschenwörterbuch Deutsch als Fremdsprache** ist das ideale Lern- und Nachschlagewerk für alle Einsteiger in die deutsche Sprache, die ihre Kenntnisse festigen und erweitern wollen.

Herausgeber und Verlag

Inhalt

Hinweise für die Benutzer

1. Wo findet man was?

1.1. Alphabetische Ordnung

Die Stichwörter sind alphabetisch geordnet. Die so genannten Umlaute *ä*, *ö*, *ü* werden alphabetisch nicht als *ae*, *oe*, *ue*, sondern wie die Vokale *a*, *o*, *u* behandelt. Dies gilt auch für *äu*, das wie *au* behandelt wird. Die Wörter, die z.B. mit *Mä-* beginnen, werden also wie die Wörter mit *Ma-* eingeordnet: *Mahlzeit - Mähne - mahnen*; *Marathon - Märchen - Marder*.

Der Buchstabe *ß* wird als Variante von *ss* behandelt und genauso eingeordnet, z.B.: *Masseur - massieren - mäßig - massiv - maßlos*.

1.2. Komposita: || -K: und || K-:

Die Bedeutungen vieler Komposita sind anhand der einzelnen Bestandteile der Wörter zu erschließen. Deshalb erscheinen viele solcher „transparenten" Komposita in diesem Wörterbuch unter der entsprechenden Bedeutung des Stichworts, und zwar als Komposita ohne eigene Definition.

Das Symbol || -K: gibt an, dass das Stichwort den letzten Teil des Kompositums bildet:

> **Le·ben** *das*; … **3** … || -K: ***Land-*** **4** … || -K: ***Familien-***

Das bedeutet, dass die angegebenen Wörter mit *-leben* verbunden werden (*Landleben*, *Familienleben*).

Die Angabe || K-: gibt an, dass das Stichwort den ersten Teil des Kompositums bildet. In diesem Fall wird das Stichwort selbst auch wiederholt, da oft Änderungen seiner Form (z.B. Anhängen von *-s-* oder *-n-*) zu beachten sind:

> **Le·ben** *das*; … **1** … || K-: ***lebens-, -fähig*** **2** … || K-: ***Lebens-, -abschnitt, -erfahrung***

Das bedeutet, dass man folgende Wörter bilden kann: *Lebensabschnitt*, *Lebenserfahrung*. Auch das Adjektiv *lebensfähig* wird hier als Kompositum angegeben (und *lebens-* dementsprechend klein geschrieben).

1.3. Abgeleitete Wörter: || *hierzu*

Wenn ein Wort sich direkt (ohne Änderung der Bedeutung) von einem angegebenen Stichwort ableitet, wird es ohne eigene Definition am Ende des Eintrags aufgeführt:

> **ạb·stam·men** … || *hierzu* **Ạb·stam·mung** *die*

Bezieht sich die Ableitung nicht auf alle aufgeführten Bedeutungen (**1, 2, 3** usw.), wird dies auch angegeben.

> **For·mel** … || *zu* **2 for·mel·haft** *Adj*

1.4. Einträge mit hochgestellten Zahlen

Wörter, die gleich geschrieben werden, aber ganz unterschiedliche Bedeutungen haben, werden als separate Einträge behandelt.

> **Bank**[1] *die* … ein länglicher Sitz …
> **Bank**[2] *die* … ein Unternehmen, das mit Geld handelt …
> **Bank**[3] *die* … die Kasse …

1.5. Elemente der Wortbildung

Um einen Einblick in die Mechanismen der Wortbildung in der deutschen Sprache zu gewähren, wurden auch Wortbildungselemente als eigene Stichwörter behandelt (z.B. *Elektro*; *mittel-*; *ab-*, *un-*). Es werden typische Bedeutungen und Verbindungen erläutert.

1.6. Idiomatische Wendungen, Redewendungen: || ID

Feste Wendungen, die aus mehreren Wörtern bestehen (wie z.B. *nicht auf den Mund gefallen sein*), werden in diesem Wörterbuch nach dem Zeichen || ID aufgeführt. Sprichwörter werden in ihrer üblichen Form angegeben (also meist als ganze Sätze). Redewendungen werden mit dem Verb im Infinitiv angegeben bzw. in der Form, in der sie normalerweise auftreten.

2. Die Schreibung der Wörter

2.1. Orthographie

Die Orthographie der Wörter entspricht der heute gültigen deutschen Rechtschreibung.

2.2. Trennung der Wörter

Jedes Stichwort wird mit den möglichen Trennungen angegeben. Die Punkte zeigen, wo das Wort (am Zeilenende) getrennt werden kann: *fo·to·gra·fie·ren*

Bei Komposita, die aus mehr als zwei Wörtern bestehen, ersetzt ein senkrechter Strich einen der Punkte an der Trennstelle: *Fach|hoch·schu·le*. Dieser Strich gibt an, aus welchen größeren Einheiten das gesamte Wort aufgebaut ist.

2.3. Komposita in Klammern

Damit der Wortschatz in den Definitionen möglichst leicht verständlich bleibt, werden Wortteile gelegentlich in Klammern angegeben:

> **Fich·te** *die*; … **1** ein (Nadel)Baum mit …

Wer das Kompositum *Nadelbaum* kennt, bekommt dadurch eine genauere Definition, aber die Erklärung ohne ‚Nadel' reicht auch aus.

3. Zertifikat Deutsch

In diesem Wörterbuch ist der Wortschatz des neuen „Zertifikat Deutsch" berücksichtigt. Das Zeichen ♦ vor dem jeweiligen Stichwort weist auf diesen wichtigen, grundlegenden Wortschatz hin. Der Lernende, der das „Zertifikat Deutsch" anstrebt, erhält somit den Hinweis, welche Wörter er sich besonders einprägen soll.

4. Computer-kontrollierter Definitionswortschatz

Der Wortschatz in den Definitionen ist computer-kontrolliert, das heißt, jedes Wort ist selbst als Stichwort erklärt oder es steht im Eintrag zum dazugehörigen Grundwort unter || *hierzu*. Beispiele:

> **Bei·trag** ... **2** ... die Leistung oder Mitarbeit ...
>
> **Meer** ... eine große Menge von salzigem Wasser ...

Mitarbeit ist unter || *hierzu* im Eintrag „mitarbeiten" zu finden und *salzig* im Eintrag „Salz".

Ausnahmen: Wörter, die man aus ihren Bestandteilen (z.B. Vorsilben wie *un-*, *ver-* usw.) erschließen kann, sowie einige Ergänzungen in Klammern:

> **fort·schritt·lich** ... **1** ... so, dass sie (progressiv) an die Zukunft denken ...
>
> **Gi·tar·re** ... ein (Musik)Instrument ..., das man mit den Fingern spielt (zupft)

progressiv und *zupft* sind hier jeweils zusätzliche Ergänzungen; die Definitionen sind aber auch ohne diesen Zusatz verständlich.

5. Die Aussprache der Wörter

5.1. Angaben beim Stichwort

Um die korrekte Betonung zu erleichtern, finden sich beim Stichwort entsprechende Angaben.

Ein Punkt unter einem Vokal zeigt an, dass es sich um einen kurzen Laut handelt: *Fẹns·ter*, *Tịsch*, *Mụ̈t·ze*. Ein Strich unter einem Vokal zeigt an, dass hier ein langer Laut vorliegt. Dabei ist *ie* wie [iː] auszusprechen: *Tag*, *Rah·men*, *Mie·te*, *Bee·re*. Betonte Diphthonge erhalten ebenfalls diesen Strich: *Gleis*, *Haus*, *Leu·te*. Bei Wörtern, die verschiedene Betonungsmöglichkeiten haben, wird die gebräuchlichere Variante angegeben.

Hinweis: Länge oder Kürze wird nur für den betonten Vokal bzw. Diphthong angegeben.

5.2. Liste der Lautschrift-Symbole

Symbol	*Beispiel*	*Beispiel in Lautschrift*
a	**hat**	hat
aː	**Tag**	taːk
ɐ	**Theater**	te'aːtɐ
ɐ̯	**leer**	leːɐ̯
ã	**balancieren**	balã'siːrən
ãː	**Balance**	ba'lãːs(ə)
a͜i	**steil**	ʃta͜il
a͜u	**Laut**	la͜ut
b	**Ball**	bal
ç	**ich**	ɪç
d	**du**	duː
d͜ʒ	**Jeans**	d͜ʒiːnz
e	**Tenor**	te'noːɐ̯
eː	**sehen**	'zeːən
ɛ	**hätte**	'hɛtə
ɛː	**wählen**	'vɛːlən
ɛ̃	**Interieur**	ɛ̃te'ri̯øːɐ̯
ɛ̃ː	**Satin**	za'tɛ̃ː
ɛə	**Jobsharing**	'dʒɔbʃɛərɪŋ
eɪ	**Aids**	eɪdz
ə	**Affe**	'afə
f	**Fenster, Vater**	'fɛnstɐ, 'faːtɐ
g	**gern**	gɛrn
h	**Hut**	huːt
i	**Triumph**	tri'ʊmf
iː	**viel**	fiːl
i̯	**Podium**	'poːdi̯ʊm
ɪ	**bitte**	'bɪtə
j	**ja**	jaː
k	**Kunst**	kʊnst
l	**Lust**	lʊst
l̩	**Nebel**	'neːbl̩
m	**Moment**	mo'mɛnt
m̩	**großem**	'groːsm̩
n	**nett**	nɛt
n̩	**reden**	'reːdn̩
ŋ	**lang, Mangan**	laŋ, maŋ'gaːn
o	**Poesie**	poe'ziː

oː	**rot**	roːt
o	**Toilette**	toa'lɛtə
ȏ	**Fondue**	fȏ'dyː
õː	**Fonds**	fõː
ɔ	**toll**	tɔl
ø	**ökonomisch**	øko'noːmɪʃ
øː	**hören**	'høːrən
œ	**spöttisch**	'ʃpœtɪʃ
oʊ	**Show**	ʃoʊ
ɔ͜y	**heute**	'hɔ͜ytə
ɔ͜ɪ	**Joint**	dʒɔɪnt
p	**Pelz**	pɛlt͜s
r	**Ring**	rɪŋ
s	**Nest, Ruß, besser**	nɛst, ruːs, 'bɛsɐ
ʃ	**Schotte**	'ʃɔtə
t	**Tag**	taːk
t͜s	**Zunge, Benzin**	't͜sʊŋə, bɛn't͜siːn
t͜ʃ	**Putsch**	pʊtʃ
θ	**Thriller**	'θrɪlɐ
u	**kulant**	ku'lant
uː	**Schuhe**	'ʃuːə
u̯	**aktuell**	ak'tu̯ɛl
ʊ̑	**null**	nʊl
v	**Wasser, Vase**	'vasə, 'vaːzə
x	**achten**	'axtn̩
y	**dynamisch**	dy'naːmɪʃ
yː	**über, Mühe**	'yːbɐ, 'myːə
ʏ	**synchron**	zʏn'kroːn
z	**sagen, Reise**	'zaːgn̩,'ra͜izə
ʒ	**Manege**	ma'neːʒə

Liste der Sonderzeichen

' Betonungsakzent; steht vor der betonten Silbe.
ː Längenzeichen; der davor stehende Vokal wird lang gesprochen.
˜ Zeichen für nasalierte Vokale; steht über dem betreffenden Laut.
‿ Bindebogen; verbindet zusammengehörige Laute, wie z.B. Diphthonge.
̑ kleiner Halbkreis unter einem Vokal; bezeichnet solche Vokale, die nur mitklingen, aber nicht besonders hervorgehoben werden.
̩ Zeichen für die silbischen Konsonanten l̩ , m̩ und n̩ , also Konsonanten, die einen ə-Laut in sich aufsaugen und dadurch eine eigene Silbe bilden.
| Knacklaut vor Vokalen. In Wörtern wie *k.o.* [kaː'|oː] entsteht eine Art kleiner Pause, und es wird für das *o* neu angesetzt.

6. Wortart und Morphologie

6.1. Substantive

Substantive werden nach folgendem Muster angegeben:

Au·to *das*; *-s*, *-s*; ...

Nach dem Stichwort erscheint also die Genusangabe (*der*, *die*, *das*), dann die Form des Genitivs Singular, wobei der Strich das Stichwort ersetzt: *-s* (also: *des Autos*), und schließlich die Pluralform: *-s* (also: *die Autos*). Erscheint der Strich allein als Angabe, bedeutet dies, dass das Stichwort in seiner Form unverändert bleibt:

Ar·bei·ter *der*; *-s*, *-*; ... [= Genitiv: *des Arbeiters*, Plural: *die Arbeiter*]

Eingeklammerte Teile der Form können auch weggelassen werden:

Ring *der*; *-(e)s*, *-e*; ... [= Genitiv: *des Rings* oder *des Ringes*, Plural: *die Ringe*]

Gibt es mehrere Pluralformen, so werden diese aufgeführt und durch einen Schrägstrich voneinander getrennt:

Wort *das*; *-(e)s*, *Wor·te/Wör·ter*; ...

Die jeweils zutreffende Pluralform wird bei der entsprechenden Unterbedeutung eigens angegeben:

Wort ... **1** (*Pl Wörter*) ...**2** (*Pl Worte*) ...

Bei Komposita wird auf die oben genannten Angaben verzichtet. Die Genitiv- und Pluralformen lassen sich vom Grundwort (hier: *Präsident*) ableiten:

Mi·nis·ter·prä·si·dent *der*; ...

Wenn sich der Plural vom Singular auch durch Veränderung des Wortstammes unterscheidet, wird dies angegeben:

Maus *die*; -, *Mäu·se*; ...

Wenn das Substantiv nur im Singular gebraucht wird, ist dies nach der Angabe der Genitivform vermerkt:

Mut *der*; *-(e)s*; *nur Sg* ...

Bei Substantiven, die nur im Plural verwendet werden, erscheint ebenfalls ein entsprechender Hinweis:

Fe·ri·en *die*; *Pl* ...

6.2. Verben

Verben werden nach folgendem Muster behandelt:

mi·schen; *mischte*, *hat gemischt*; ...

Nach dem Infinitiv erscheinen also die 3. Person Singular des Imperfekts (hier: *mischte*) und des Perfekts (hier: *hat gemischt*).

Bei unregelmäßigen Verben wird auch die Form der 3. Person Singular des Präsens angegeben, wenn sie vom Stamm des Infinitivs abweicht:

ge·ben; *gibt, gab, hat gegeben; ...*

Wenn das Verb in den zusammengesetzten Zeiten mit *sein* konstruiert wird, lautet die Angabe beim Perfekt *ist*:

ren·nen; *rannte, ist gerannt; ...*

Bei nur reflexiv gebrauchten Verben wird *sich* angegeben:

be·dan·ken, sich; *bedankte sich, hat sich bedankt; ...*

Einige Verben werden im Perfekt im süddeutschen und österreichischen (hier auch schweizerischen) Sprachgebrauch mit *ist* konstruiert:

kau·ern; *kauerte, hat / südd* (A) (CH) *ist gekauert; ...*

Bei Verben, die mit einem Präfix beginnen (z.B. *an-*, *auf-*, *ein-*, *hinter-*, *unter-* usw.), wird nur das Hilfsverb genannt, das in den zusammengesetzten Zeiten gebraucht wird (*hat / ist* bzw. bei Pluralsubjekt *haben / sind*):

an·klop·fen (*hat*) ...

In Ausnahmefällen werden jedoch auch bei Präfixverben die Vergangenheitsformen angegeben, besonders wenn das Verb untrennbar ist oder wenn das Perfekt ohne -ge- gebildet wird:

auf·be·wah·ren; *bewahrte auf, hat aufbewahrt; ...*

6.3. Adjektive und Adverbien

Adjektive werden mit *Adj* gekennzeichnet. Sie erscheinen in ihrer Grundform ohne Endung (so wie in einem Satz nach einer Form von *sein*):

schlecht *Adj; ...*

Eine Reihe von Adjektiven wird nie ohne Endung verwendet. Auf solche Fälle verweist ein Strich am Ende des Wortes:

nächs·t- *Adj; ...*

Einige andere Adjektive können überhaupt nicht flektiert werden. Diese werden mit der Angabe *indeklinabel* bezeichnet.

Wenn das Adjektiv in der flektierten Form Änderungen gegenüber der Grundform erfährt, wird darauf hingewiesen:

ren·ta·bel *Adj; ...* || Hinweis: *rentabel → ein rentables Geschäft*

Wo es sinnvoll ist, werden auch die Formen des Komparativs und des Superlativs angegeben:

arm, *ärmer, ärmst-; Adj; ...*

Mit der Markierung *Adj* ist zugleich schon gesagt, dass dieses Adjektiv sowohl attributiv (vor einem Substantiv, z.B. *ein schlechter Film*) als auch prädikativ (wie in *Der Film war schlecht*) verwendet werden kann. Auch eine adverbielle Verwendung ist möglich (z.B. *Er hat schlecht gearbeitet*).

Wenn nötig wird die Bezeichnung *Adj* durch eine einschränkende Markierung ergänzt. Die Bezeichnung *nur attr* bedeutet, dass das Wort nur attributiv (also nur vor einem Substantiv) verwendet werden kann, während *nur präd* angibt, dass das Adjektiv nur als Bestandteil eines Prädikats vorkommt. Die Bezeichnung *nicht adv* bedeutet, dass das Wort nicht adverbiell verwendet wird.

Reine Adverbien werden mit der Kurzform *Adv* gekennzeichnet.

6.4. Weitere Wortarten

Als weitere Wortarten sind in diesem Wörterbuch enthalten: *Artikel*, *Demonstrativpronomen*, *Interrogativpronomen / Fragewort*, *Indefinitpronomen*, *Interjektion*, *Konjunktion*, *Partikel*, *Personalpronomen*, *Possessivpronomen*, *Relativpronomen*, *Zahladj(ektiv)*.

7. Stilistische Hinweise

7.1. Stilebene: *gespr*, *geschr*, *gespr!*, *vulg*

Eine Reihe von Wörtern oder Wortverbindungen wird - normalerweise - nur in der gesprochenen Sprache verwendet. Sie werden mit *gespr* (= „gesprochen") gekennzeichnet.

Im Gegensatz zu diesem „gesprochenen" Wortschatz gibt es auch Wörter, die man normalerweise eher in der geschriebenen Sprache verwendet. Solche Wörter werden in diesem Wörterbuch mit *geschr* (= „geschrieben") gekennzeichnet.

Um die Sprachwirklichkeit annähernd abzudecken, wurden hier auch Schimpfwörter usw. behandelt. Benutzen sollte man aber diese Wörter nicht. Die Bezeichnungen *gespr!* (= untere Schicht der gesprochenen Sprache) bzw. *vulg* (= „vulgär") zeigen an, dass es sich um einen Sprachgebrauch handelt, bei dem Vorsicht geboten ist.

7.2. Die Einstellung des Sprechers: *euph*, *pej*, *hum*, *iron*

euph
für den „euphemistischen" Sprachgebrauch. Mit Wörtern, die so gekennzeichnet sind, wird etwas Unangenehmes, Schockierendes oder Trauriges ausgedrückt, ohne dass das übliche „direkte" Wort dafür genannt wird.

pej
für den „pejorativen" oder abwertenden Sprachgebrauch. Mit so gekennzeichneten Wörtern ist eine negative Wertung durch den Sprecher verbunden.

hum
für den humorigen oder humorvollen Sprachgebrauch.
iron
für den ironischen Sprachgebrauch.

7.3. Sprache und Zeit: *veraltet - veraltend - hist*

Die Sprache verändert sich im Laufe der Zeit. Wörter, die nur noch relativ selten gebraucht werden, werden hier mit *veraltend* gekennzeichnet. Andere Wörter und Konstruktionen, die früher üblich waren, werden heute nicht mehr oder nur mit einem besonderen Effekt gebraucht. Die Kennzeichnung solcher Begriffe lautet: *veraltet*. Dinge, die es früher gegeben hat (und jetzt nicht mehr), werden mit *hist* (= „historisch") markiert.

7.4. Sprache und Region: Ⓐ, (CH), Ⓓ, *nordd*, *südd*

Ⓐ steht für den Sprachgebrauch in Österreich;
(CH) steht für den Sprachgebrauch in der deutschsprachigen Schweiz;
nordd, *südd* weisen auf den Sprachgebrauch im nördlichen oder südlichen Teil Deutschlands hin.

Die Staaten, in denen Deutsch gesprochen wird - Deutschland, Österreich und die Schweiz - haben zum Teil unterschiedliche politische usw. Institutionen. Auf solche Besonderheiten wird ebenfalls hingewiesen: Ⓐ für Österreich, (CH) für die Schweiz, Ⓓ für Deutschland

8. Bedeutungsangaben

8.1. Synonyme: ≈

Ein Synonym ist ein Wort, das eine ganz ähnliche Bedeutung wie ein anderes Wort hat. Synonyme stehen nach dem Zeichen ≈:

> **flott** ... **1** mit hoher Geschwindigkeit ≈ rasch, schnell ...

Die Wörter *rasch*, *schnell* haben hier in etwa die gleiche Bedeutung wie *flott* und können in vielen Fällen anstelle von *flott* verwendet werden.

Es darf jedoch nicht vergessen werden, dass es kaum ein Synonympaar gibt, bei dem man immer das eine Wort für das andere nehmen kann.

Bei Synonymangaben zu Verben wird die Strukturformel nicht wiederholt, wenn sie für das Synonym auch unverändert gilt:

> **he·raus·fin·den** ... **1** ***etwas herausfinden*** ... ≈ ermitteln [Das „etwas" als Akkusativobjekt gilt also auch für ‚ermitteln'.]

8.2. Antonyme: ↔

Ein Antonym ist ein Wort, das eine Art Gegenpol zum betreffenden Stichwort bildet. Antonyme stehen nach dem Zeichen ↔:

alt … **4** … schon lange gebraucht ↔ neu … **5** schon lange da, vor langer Zeit hergestellt oder erworben ↔ frisch …

8.3. Typische Wortverbindungen (Kollokationen): ⟨ ⟩

Um den aktiven Gebrauch der Sprache zu fördern, werden auch typische Wortverbindungen angegeben. Sie erscheinen hier in spitzen Klammern ⟨ ⟩:

Hil·fe … ⟨ärztliche, finanzielle, wirksame, gegenseitige Hilfe; j-m Hilfe leisten; j-m zu Hilfe eilen, kommen; … ⟩

8.4. Beispiele

Beispiele bzw. Beispielsätze stehen nach dem Zeichen : und sind in *kursiver* Schrift gedruckt. Am Ende des Beispielsatzes steht in der Regel kein Punkt:

kri·tisch … **1** …: *sich kritisch mit etwas auseinander setzen* …

In manchen Fällen erscheinen innerhalb der Beispielsätze Wörter wie „dass", „ob" oder „zu", die nicht kursiv gedruckt sind, sondern in normaler Schrift stehen. Es handelt sich hier um Fälle, in denen das „etwas" aus der angegebenen Formel durch einen Nebensatz ersetzt wird. Der Gebrauch der normalen Schriftart in Beispielsätzen deutet also auf Konstruktionen hin, in denen statt eines Substantivs ein Satzteil steht:

be·haup·ten … **1** ***etwas behaupten*** …: *Er behauptet, gestern krank gewesen* zu *sein* …
glau·ben … **2** **(*j-m*) *etwas glauben*** …: *Ich kann einfach nicht glauben*, dass *er seine Kinder schlägt* …

8.5. Sonstige Angaben

Um einen Hinweis auf etymologische Zusammenhänge zu geben, sind manchmal auch verwandte Begriffe am Ende des Eintrags verzeichnet, und zwar nach dem Symbol || ▶

bre·chen … || ▶ ***Bruch***

9. Hilfsverben: *haben* bzw. *sein*

Wenn verschiedene Unterbedeutungen mit unterschiedlichen Hilfsverben (*haben* oder *sein*) konstruiert werden, steht der Zusatzhinweis (*hat*) bzw. (*ist*). Bezieht sich dieser Hinweis auf nur eine Unterbedeutung, dann steht er nach der entsprechenden Ziffer:

ab·lau·fen (*ist*) **1 … 2 … 3 …** [Die Angabe *ist* bezieht sich auf alle Unterbedeutungen.]
ab·le·gen (*hat*) **1 … 2 … 3 …** [*hat* bezieht sich auf alle Unterbedeutungen.]
ab·fah·ren (*hat* / *ist*) **1** ***einen Reifen abfahren*** (*hat*) … **2** (*ist*) … **3** ***etwas fährt ab*** (*ist*) … [Die Angabe *hat* bezieht sich auf die Bedeutung **1**; die Bedeutungen **2** und **3** werden mit *ist* konstruiert.]

10. Die Strukturformeln

10.1. Einführung in die Strukturformeln

Um den grammatikalisch richtigen Gebrauch des Stichworts zu erleichtern, gibt es - wo angebracht - auch entsprechende Strukturformeln. Diese Formeln zeigen in verkürzter Form und mit Ersatzformen wie „j-d" oder „etwas" für Subjekt und Objekt, wie die jeweilige Konstruktion zusammengesetzt wird. Die Strukturformeln erscheinen vor der jeweiligen Definition und stehen in kursiver, fett gedruckter Schrift.

Diese Formeln geben an, ob ein (direktes oder indirektes) Objekt notwendig (obligatorisch) ist, mit welchen Präpositionen das Stichwort verbunden wird, in welchem Kasus die Ergänzung steht (besonders nach der Präposition) usw.:

emp·fin·den ... **1** ***etwas empfinden ...***

Die anschließende Definition sowie die Kollokationen zeigen, was mit „etwas" gemeint ist:

... ein (körperliches oder seelisches) Gefühl
... ⟨Durst, Schmerzen empfinden⟩

Das „etwas" drückt hier gleichzeitig aus, dass das Verb *empfinden* in diesem Sinne mit einem direkten Objekt (einem Akkusativobjekt) verbunden werden muss.

In anderen Fällen sind die Ergänzungen zum Stichwort nicht obligatorisch, sondern „fakultativ" (d.h. sie können auch weggelassen werden). Diese Angaben stehen dann in Klammern (...):

an·kla·gen ... ***j-n (wegen etwas) anklagen***

In diesem Fall kann man sagen: *Man hat ihn angeklagt.* oder aber: *Man hat ihn wegen Diebstahls angeklagt.*

Wenn in der Formel ein Schrägstrich (/) zwischen zwei Angaben erscheint, dann heißt dies, dass beide (austauschbare) Alternativen zur Wahl stehen:

ken·nen ... **3** ***j-n / etwas kennen***

Man kann also sagen: *Ich kenne ihn* oder: *Ich kenne seinen Namen.*

10.2. Der Kasus in den Strukturformeln

Für den Lernenden ist es natürlich wichtig zu wissen, in welchem Kasus die Ergänzung zum Stichwort steht (besonders nach Präpositionen). In allen Zweifelsfällen wird deshalb der Kasus angegeben:

fei·len ... **2** ***an etwas*** (*Dat*) ***feilen*** ...: *Er feilt schon seit Tagen an seiner Rede*
er·in·nern ... **1** ***j-n an etwas*** (*Akk*) ***erinnern***
...: *j-n an einen Termin erinnern*

an·bin·den ... ***j-n / etwas*** (***an etwas*** (*Dat / Akk*)) ***anbinden*** ...: *den Hund am / an den Zaun anbinden*

Eine zweite Möglichkeit, den Kasus zu erkennen, ist die jeweilige (abgekürzte) Form von „jemand“:

j-d = jemand (Nominativ)
j-n = jemanden (Akkusativ)
j-m = jemandem (Dativ)
j-s = jemandes (Genitiv)

Steht nach der Form von „jemand“ auch „etwas“, dann bezieht sich der Kasus von „jemand“ auch auf „etwas“: ***j-n / etwas*** (= Akkusativ), ***j-m / etwas*** (= Dativ) usw.

Bei Präpositionen, die nur einen Kasus regieren (z.B. *bei*, das immer den Dativ hat, oder *um*, das immer mit dem Akkusativ verbunden wird), wird der Kasus nicht eigens angegeben. Selbstverständlich ist aber die Kasusangabe unter dem entsprechenden Stichwort (*bei*, *um* usw.) zu finden.

Das direkte Objekt von transitiven Verben steht grundsätzlich im Akkusativ. In Formeln wie der folgenden:

be·tä·ti·gen ... **1** ***etwas betätigen***

ist dieses „etwas“ als Akkusativ zu verstehen, obwohl dies nicht eigens angegeben ist. Nur beim indirekten Objekt (im Dativ) oder bei einem Genitivobjekt erfolgt ein Zusatzhinweis:

nach·ge·hen ... **3** ***etwas*** (*Dat*) ***nachgehen***

Hier sagt man also: *seinen Geschäften nachgehen*.

In der Formel

brin·gen ... **2** ***j-n irgendwohin bringen***

bedeutet die Angabe *irgendwohin* etwa „an einen bestimmten Ort, in eine bestimmte Richtung“. Ein Beispiel für eine solche Konstruktion wäre also: *Ich bringe dich zum Bahnhof.*

Weitere unbestimmte Angaben dieser Art sind:

irgendwann (bezeichnet eine Zeitangabe)
irgendwie (bezeichnet eine Beschreibung einer Art und Weise oder eines Zustands)
irgendwo (bezeichnet eine Ortsangabe)
irgendwoher (bezeichnet die Richtung von einem Ort aus zu einem Ziel hin)

A

A, a [aː] *das*; -, - / *gespr auch -s*; der erste Buchstabe des Alphabets || ID ***von A bis Z*** von Anfang bis Ende

Aal *der*; *-(e)s*, *-e*; ein Fisch, der wie eine Schlange aussieht || ID ***sich winden wie ein Aal*** versuchen, sich aus einer unangenehmen Situation (*meist* mit Ausreden) zu befreien

◆ **ab**[1] *Präp*; *mit Dat* **1** verwendet, um den (Zeit)Punkt zu bezeichnen, von dem an etwas gilt ≈ von (6) … an ↔ bis: *Ab dem 18. Lebensjahr darf man wählen*; *Ab nächster Woche habe ich wieder mehr Zeit*; *ab nächstem / nächsten Sonntag* **2** verwendet, um einen Ort als Ausgangspunkt zu bezeichnen ≈ von (4) … an ↔ bis ⟨etwas ab Werk liefern⟩: *Ab dieser Stelle kannst du allein weitergehen* || Hinweis: *ab* kann auch mit adverbiellen Ausdrücken verbunden werden: *ab hier*, *ab morgen*, *ab nächster Woche*. Bei Zeitangaben kann *ab* (1) auch mit dem Akkusativ stehen: *Ab nächste Woche bin ich frei*

◆ **ab**[2] *Adv* **1** ***von irgendwann / irgendwo ab*** verwendet, um einen Punkt zu bezeichnen, an dem etwas beginnt ⟨von heute, jetzt, hier, Montag *usw* ab⟩ **2** verwendet in Fahrplänen, um einen Ort oder Zeitpunkt zu nennen, von / an dem ein Zug *o.Ä.* abfährt ↔ an: *München ab 8.32 Uhr, Augsburg an 9.05 Uhr* **3** *gespr*; verwendet, um j-m den Befehl zu geben (jetzt) wegzugehen ≈ fort: *Ab (ins Bett mit dir)!* **4** ***etwas ist*** (***von etwas***) ***ab*** *gespr*; etwas ist (als Teil eines Ganzen) nicht mehr an seinem Platz: *Der Knopf ist ab* **5** ***ab und zu*** / *nordd* ***ab und an*** ≈ manchmal

ab- *im Verb*; *betont und trennbar*; bedeutet *meist* eine Trennung (= *weg*, *fort*) oder ein Ende, den (Ab)Schluss eines Tuns oder die Bewegung nach unten;
etwas abbilden etwas auf einem Bild darstellen; ***j-n von etwas abbringen*** j-n dazu bringen, etwas nicht zu tun; ***etwas abdichten*** etwas so isolieren, dass es dicht ist; ***etwas fällt von etwas ab*** etwas löst sich von etwas; ***etwas*** (***von etwas***) ***abgrenzen*** etwas durch eine (gedachte) Linie von etwas trennen; ***etwas*** (***von / bei / auf etwas***) ***abladen*** etwas von / aus etwas nehmen, an eine andere Stelle legen; ***etwas*** (***von etwas***) ***ableiten*** etwas (von einem Punkt, aus einem Ursprung) weiter (*meist* in eine andere Richtung) leiten; ***ein Tier abschießen*** auf ein Tier mit einem Schuss zielen (und es töten); ***etwas spielt sich*** (***irgendwo***) ***ab*** etwas ereignet sich; ***etwas stirbt ab*** etwas erreicht einen Zustand, in dem es sich nicht mehr bewegt / gefühllos ist; ***etwas abstoßen*** etwas treffen und (dadurch) von sich wegstoßen; ***etwas*** (***von etwas***) ***abtrennen*** etwas von dem lösen, womit es verbunden ist; ***etwas*** (***von etwas***) ***abziehen*** an etwas ziehen und es so entfernen

ab·bau·en (*hat*) **1** ***etwas abbauen*** Kohle, Eisen *o.Ä.* aus der Erde holen ≈ fördern: *Erz abbauen* **2** ***etwas abbauen*** etwas für den Transport in seine Teile zerlegen ≈ abbrechen (4) ↔ aufbauen ⟨eine Baracke, ein Gerüst, ein Zelt abbauen⟩ || *hierzu* **Ab·bau** *der*

ab·bei·ßen (*hat*) (***etwas***) (***von etwas***) ***abbeißen*** ein Stück von etwas beißen: *ein Stück Brot abbeißen*

ab·be·stel·len (*hat*) ***etwas abbestellen*** sagen, dass man etwas, das man bestellt hat, nicht mehr haben will ↔ bestellen (2): *ein gebuchtes Hotelzimmer abbestellen* || *hierzu* **Ab·be·stel·lung** *die*

◆ **ab·bie·gen** (*ist*) ***j-d / etwas biegt ab*** j-d / eine Straße ändert die Richtung ⟨nach links / rechts abbiegen; vom Weg abbiegen⟩

Ab·bil·dung *die*; *-*, *-en* **1** *nur Sg*; die Darstellung durch ein Bild **2** ein Bild *bes* in einem Buch, das einen Text ergänzt; *Abk* Abb.: *ein Schulbuch mit vielen farbigen Abbildungen* || *hierzu* **ab·bil·den** (*hat*)

ab·blen·den (*hat*) bei einem Auto *o.Ä.* das (Fern)Licht so schalten, dass es nicht mehr blendet ↔ aufblenden

Ab·blend·licht *das*; *nur Sg*; die Beleuchtung des Autos, die man nachts beim Fahren in den Städten benutzt ↔ Standlicht, Fernlicht ⟨das Abblendlicht einschalten⟩

ab·bre·chen (*hat / ist*) **1** ***etwas*** (***von etwas***) ***abbrechen*** (*hat*) etwas von etwas durch Brechen entfernen: *einen dürren Ast abbrechen* **2** ***etwas abbrechen*** (*hat*) etwas (plötzlich) beenden, bevor das Ziel erreicht ist ⟨ein Studium, eine Verhandlung, eine Veranstaltung abbrechen⟩ **3** ***etwas abbrechen*** (*hat*) ein Gebäude zerstören ≈ abreißen **4** ***etwas abbrechen*** (*hat*) ≈ abbauen (2) **5** ***etwas bricht ab*** (*ist*) etwas bricht und löst sich dadurch von etwas: *Der Ast ist bei starkem Wind abgebrochen* **6** ***etwas bricht ab*** (*ist*) etwas hört plötzlich auf: *Die Musik brach plötzlich ab*

Ab·bruch *der* **1** das Abbrechen (3) (eines Gebäudes) ≈ Abriss **2** das plötzliche (nicht geplante) Ende: *der Abbruch der diplomatischen Beziehungen*

ab·bu·chen (*hat*) ***etwas*** (***von etwas***) ***abbuchen*** Geld von der Summe auf einem Konto nehmen, abziehen: *Die Miete wird vom Konto abgebucht* || *hierzu* **Ab·bu·chung** *die*

Abc [abeˈt͜seː] *das*; -, -; *meist Sg* **1** das Alphabet **2** ***das Abc*** + *Gen* die Anfänge, die wichtigsten Kenntnisse: *Er lernt gerade das Abc des Segelns*

ab·de·cken (*hat*) **1** ***etwas*** (***mit etwas***) ***abdecken*** etwas (Schützendes) auf etwas legen ↔ aufdecken ⟨ein Beet, einen Brunnen, den Fußboden abdecken⟩ || K-: ***Abdeck-, -haube, -plane*** **2** (***den Tisch***) ***abdecken*** (nach dem Essen) das Geschirr vom Tisch entfernen ≈ abräumen

ab·dre·hen (*hat*) ≈ ausmachen (2)

◆ **A·bend** *der*; *-s, -e* **1** die (Tages)Zeit von ungefähr 18 Uhr bis 24 Uhr ↔ Morgen ⟨am frühen, späten Abend; am, gegen Abend; zu Abend essen⟩ || K-: ***Abend-, -dämmerung, -essen*** || -K: ***Sommer-, Sonntag-*** *usw* **2** am Abend (1) ↔ Morgen ⟨gestern, heute, morgen Abend⟩ || Hinweis: mit den Namen von Wochentagen zusammengeschrieben: *Sie starb Montagabend* **3** ***Guten Abend!*** verwendet als Gruß, wenn man j-n am Abend (1) trifft ⟨j-m einen Guten / guten Abend wünschen⟩ || *zu* **1** **a·bend·lich** *Adj*

A·bend·es·sen *das*; das, was man abends isst

A·bend·mahl *das*; *nur Sg*; eine religiöse Handlung in christlichen Kirchen, bei der durch Trinken von Wein und durch Essen (von etwas Brot) an den Tod von Jesus Christus erinnert wird

◆ **a·bends** *Adv*; am Abend ↔ morgens

A·ben·teu·er *das*; *-s*, -; ein spannendes und aufregendes Erlebnis oder eine Aktion voller Gefahren ⟨ein gefährliches Abenteuer bestehen, erleben⟩ || K-: ***Abenteuer-, -film, -roman*** || *hierzu* **A·ben·teu·rer** *der*; **A·ben·teu·re·rin** *die*; -, *-nen*; **a·ben·teu·er·lich** *Adj*

◆ **a·ber**[1] *Konjunktion* **1** verwendet, um einen Kontrast, Gegensatz auszudrücken ≈ jedoch: *Heute habe ich keine Zeit, aber morgen* **2** verwendet, um etwas Gesagtes einzuschränken ≈ allerdings: *teuer, aber gut*

◆ **a·ber**[2] *Partikel*; *unbetont* **1** verwendet, um Überraschung auszudrücken: *Ist das aber kalt!* **2** verwendet, um eine Aufforderung, Aussage oder Frage zu verstärken: *Jetzt sei aber endlich still!*; *Aber natürlich helfe ich dir!* **3** verwendet, um eine Antwort, einen Einwand anzuschließen: *Aber ja!*; *Aber warum denn?*

A·ber·glau·be(**n**) *der*; *nur Sg*; der Glaube an Dinge, die Glück bringen oder die schaden || *hierzu* **a·ber·gläu·bisch** *Adj*

◆ **ab·fah·ren** (*hat / ist*) **1** ***einen Reifen abfahren*** (*hat*) einen Reifen durch häufiges Fahren abnutzen **2** (*ist*) (von Personen) ≈ wegfahren **3** ***etwas fährt ab*** (*ist*) ein Bus oder Zug verlässt einen Ort || *zu* **2** und **3** **ab·fahr·be·reit** *Adj*

◆ **Ab·fahrt** *die* **1** das Abfahren (3), der Start ↔ Ankunft: *die Abfahrt des Zuges* || K-: ***Abfahrts-, -ort, -signal, -zeit*** **2** die Straße, auf der man die Autobahn verlässt ≈ Ausfahrt ↔ Auffahrt ⟨die Abfahrt verpassen⟩ || *zu* **1** **ab·fahrt·be·reit** *Adj*

◆ **Ab·fall** *der* **1** Reste, die man nicht mehr braucht (und deshalb wegwirft) ≈ Müll ⟨Abfall wieder verwerten⟩ || K-: ***Abfall-, -eimer, -tonne*** || -K: ***Küchen-*** **2** *nur Sg*; die Tatsache, dass man seinen Glauben an etwas verloren hat ⟨der Abfall von Gott⟩ || *hierzu* **ab·fal·len** (*ist*)

ab·fin·den (*hat*) ***sich mit j-m / etwas abfinden*** sich mit j-m zufrieden geben / etwas akzeptieren (weil man es nicht ändern kann): *Er kann sich mit dem Tod seiner Frau nicht abfinden*

◆ **ab·flie·gen** (*ist*) ***j-d / etwas fliegt ab*** ein Pilot *bzw* ein Flugzeug startet und verlässt einen Ort: *Unsere Maschine ist pünktlich abgeflogen* || ▸ ***Abflug***

Ab·flug *der*; der Start (eines Flugzeuges)

ab·fra·gen (*hat*) ***j-n abfragen*** / (***j-m***) ***etwas abfragen*** j-m Fragen (über etwas) stellen, um seine Kenntnisse zu prüfen: *Der Lehrer fragte den Schüler ab*; *dem Schüler die Vokabeln abfragen*

ab·fül·len (*hat*) **etwas** (**in etwas** (*Akk*)) **abfüllen** eine Flüssigkeit in kleinere Gefäße geben ⟨Wein in Flaschen abfüllen⟩

Ab·gang *der* **1** *nur Sg*; das Ausscheiden aus einer Schule *o.Ä.* || K-: **Abgangs-, -zeugnis** || -K: **Schul- 2** das Verlassen der Bühne ↔ Auftritt ⟨ein glänzender Abgang⟩

◆ **Ab·gas** *das*; *-es*, *-e*; *meist Pl*; Gase, die entstehen, wenn der Motor Benzin verbrennt

◆ **ab·ge·ben** (*hat*) **1 etwas** (**bei j-m**) **abgeben** j-m etwas (über)geben: *die Schularbeiten beim Lehrer abgeben* **2** (**j-m**) **etwas abgeben** j-m einen Teil von dem geben, was man besitzt: *seinem Bruder ein Stück Schokolade abgeben* **3 etwas abgeben** etwas öffentlich bekannt machen ⟨eine Erklärung, ein Urteil abgeben⟩ **4 etwas abgeben** etwas von sich auf etwas anderes übertragen ⟨Wärme, Energie abgeben⟩ **5 seine Stimme abgeben** ≈ wählen[2]

ab·ge·hen (*ist*) **1 von etwas abgehen** eine Schule *o.Ä.* verlassen ⟨von der Schule, Universität abgehen⟩ **2 etwas geht irgendwo ab** etwas zweigt von einem größeren Weg ab: *Hier geht ein kleiner Weg ab* **3 etwas geht** (**von etwas**) **ab** *gespr*; etwas löst sich: *Mir ist ein Knopf vom Mantel abgegangen* || ▸ **Abgang**

Ab·ge·ord·ne·te *der* / *die*; *-n*, *-n*; ein gewähltes Mitglied des Parlaments || *hierzu* **Ab·ord·nung** *die*; **ab·ord·nen** (*hat*)

ab·ge·wöh·nen; *gewöhnte ab*, *hat abgewöhnt*; **sich** (*Dat*) **etwas abgewöhnen** mit einer schlechten Gewohnheit aufhören ↔ sich etwas angewöhnen ⟨sich das Rauchen, das Trinken abgewöhnen⟩

ab·gren·zen (*hat*) **1 etwas abgrenzen** etwas durch eine Grenze von etwas trennen: *Die rote Linie grenzt das Becken für Nichtschwimmer ab* **2 sich von j-m / etwas abgrenzen** deutlich ausdrücken / zeigen, dass man eine andere Meinung / Haltung hat: *Sie versuchte, sich von der Politik ihrer Partei abzugrenzen* || *hierzu* **Ab·gren·zung** *die*

Ab·grund *der* **1** eine sehr große, gefährliche Tiefe ⟨in einen Abgrund stürzen⟩ **2** *nur Sg*; eine Situation, die das Leben bedroht ⟨j-n an den Rand des Abgrunds bringen⟩

ab·ha·ken; *hakte ab*, *hat abgehakt* **1 etwas abhaken** ein kleines Zeichen machen, das bedeutet, dass etwas fertig oder abgeschlossen ist: *die Namen auf einer Liste abhaken* **2 etwas abhaken** ein (*oft* negatives) Erlebnis schnell vergessen: *Unser Streit ist bereits abgehakt* || Hinweis: *zu* **2** *meist* im Perfekt

ab·hal·ten (*hat*) **1 j-n von etwas abhalten** j-n daran hindern, etwas zu tun ⟨j-n von der Arbeit abhalten⟩ **2 etwas abhalten** etwas durchführen, stattfinden lassen ⟨eine Sitzung, einen Kurs, Wahlen abhalten⟩ **3 etwas hält etwas ab** etwas bewirkt, dass etwas nicht an etwas kommt, in etwas eindringt: *Laub auf den Beeten soll den Frost abhalten* || *zu* **2 Ab·hal·tung** *die*

Ab·hang *der*; eine schräge Fläche zwischen einem höher und einem tiefer gelegenen Gelände ⟨ein steiler, sanfter Abhang⟩

◆ **ab·hän·gen**[1]; *hing ab*, *hat abgehangen*; **etwas hängt von etwas ab** etwas ist durch etwas bedingt oder bestimmt: *Es hängt vom Wetter ab*, *ob wir baden gehen können*

◆ **ab·hän·gen**[2]; *hängte ab*, *hat abgehängt* **1 etwas abhängen** etwas von einem Haken oder Nagel (herunter)nehmen ↔ aufhängen ⟨ein Bild abhängen⟩ **2 j-n abhängen** *gespr*; j-n hinter sich lassen, weil man schneller oder besser ist ⟨einen Verfolger, einen Konkurrenten abhängen⟩

◆ **ab·hän·gig** *Adj*; *nicht adv* **1** (**von j-m / etwas**) **abhängig sein** Hilfe, Unterstützung von j-m / etwas brauchen ↔ selbstständig sein ⟨von seinen Eltern abhängig sein⟩ **2 etwas ist abhängig von etwas** etwas ist durch etwas bedingt ⟨vom Erfolg, Wetter, Zufall abhängig⟩ **3 j-d ist abhängig** (**von etwas**) j-d braucht immer eine bestimmte Droge *o.Ä.*: *Ihr Freund ist* (*von Alkohol*) *abhängig* **4 etwas von etwas abhängig machen** eine Bedingung nennen, unter der man etwas akzeptiert || *zu* **1, 2** und **3 Ab·hän·gig·keit** *die*

◆ **ab·he·ben** (*hat*) **1** (**etwas**) **abheben** etwas in die Hand nehmen und von etwas entfernen ↔ auflegen: *den Telefonhörer abheben* **2 etwas abheben** Geld vom Bankkonto nehmen ↔ einzahlen: *500 Euro abheben* **3 etwas hebt ab** etwas steigt beim Start in die Luft ↔ etwas landet ⟨ein Flugzeug, ein Hubschrauber, ein Ballon⟩ **4 j-d / etwas hebt sich** (**von j-m / etwas**) **ab** j-d / etwas unterscheidet sich deutlich von j-m / etwas: *Das Rot hebt sich deutlich vom Hintergrund ab*

◆ **ab·ho·len** (*hat*) **1 etwas abholen** etwas, das bereitliegt, zu sich nehmen: *eine Kinokarte an der Kasse abholen* **2 j-n abholen** sich mit j-m treffen und mit ihm gehen: *Ich hole dich vom / am Bahnhof ab*

◆**A·bi·tu̲r** *das*; *-s*, *-e*; *meist Sg*; das letzte Examen an einem Gymnasium || K-: ***Abitur-, -prüfung, -zeugnis***

ạb·kau·fen (*hat*) **1** ***j-m etwas abkaufen*** von j-m etwas kaufen **2** ***j-m etwas abkaufen*** *gespr*; j-m etwas glauben: *Diese Geschichte kauft ihm doch keiner ab!*

ạb·kom·men (*ist*) **1** ***von etwas abkommen*** sich (ohne es zu wollen) von der Richtung entfernen, in die man sich bereits bewegt hat ⟨vom Weg abkommen⟩ **2** ***von etwas abkommen*** über etwas anderes sprechen, als eigentlich geplant war ⟨*meist* vom Thema abkommen⟩

Ạb·kom·men *das*; *-s*, *-*; ein Vertrag (*bes* zwischen Staaten) ⟨ein Abkommen treffen⟩

ạb·kür·zen (*hat*) **1** ***etwas abkürzen*** zwischen zwei Orten einen kürzeren Weg als den normalen finden ⟨*meist* einen Weg abkürzen⟩ **2** ***etwas abkürzen*** etwas kürzer machen ⟨ein Wort abkürzen⟩

Ạb·kür·zung *die*; *-*, *-en* **1** ein kürzerer Weg (zwischen zwei Orten) als der normale ⟨eine Abkürzung nehmen⟩ **2** ein abgekürztes Wort: *„Fa." ist die Abkürzung von „Firma"* || K-: ***Abkürzungs-, -verzeichnis***

Ạb·lauf *der*; die (*meist* chronologische) Reihenfolge ⟨der Ablauf der Ereignisse⟩ || -K: ***Tages-***

ạb·lau·fen (*ist*) **1** ***etwas läuft irgendwie ab*** etwas geschieht so ≈ etwas verläuft irgendwie, geht so vor sich: *Wie soll das Programm ablaufen?* **2** ***etwas läuft ab*** etwas geht zu Ende ⟨eine Frist, eine Wartezeit⟩ **3** ***etwas läuft ab*** etwas wird ungültig ⟨ein Pass, ein Visum, ein Vertrag⟩

ạb·le·gen (*hat*) **1** **(*etwas*) *ablegen*** ein Kleidungsstück vom Körper nehmen ≈ ausziehen ↔ anziehen ⟨den Mantel, die Jacke ablegen⟩: *Wollen Sie nicht (den Mantel) ablegen?* **2** *meist* ***ein Examen, eine Prüfung ablegen*** ein Examen *bzw* eine Prüfung machen **3** ⟨*meist* ein Schiff⟩ ***legt ab*** ein Schiff fährt vom Ufer weg ↔ ein Schiff legt an

◆**ạb·leh·nen** (*hat*) **1** ***etwas ablehnen*** etwas nicht nehmen ⟨ein Amt, eine Einladung, ein Geschenk ablehnen⟩ **2** ***etwas ablehnen*** etwas nicht akzeptieren, nicht erfüllen ⟨eine Bitte, eine Forderung ablehnen⟩ **3** ***etwas ablehnen*** sich weigern, etwas zu tun ≈ verweigern: *eine Diskussion über etwas ablehnen* || *hierzu* **Ạb·leh·nung** *die*

ạb·len·ken (*hat*) **1** **(*j-n*) (*von etwas*) *ablenken*** j-s Aufmerksamkeit auf etwas anderes lenken ⟨j-n von seiner Arbeit ablenken⟩ **2** **(*j-n*) (*von etwas*) *ablenken*** bewirken, dass j-d nicht mehr an ein Problem *o.Ä.* denkt ⟨j-n von seinen Sorgen, seinem Kummer ablenken⟩

ạb·lie·fern (*hat*) ***etwas*** **(*bei j-m*) *abliefern*** / **(*j-m*) *etwas abliefern*** etwas j-m bringen, bei j-m abgeben: *die bestellte Ware pünktlich abliefern* || *hierzu* **Ạb·lie·fe·rung** *die*

◆**ạb·ma·chen** (*hat*) **1** ***etwas*** **(*von etwas*)** ***abmachen*** *gespr*; etwas von etwas lösen, entfernen: *ein Schild, ein Plakat abmachen* **2** ***etwas*** **(*mit j-m*)** ***abmachen*** etwas mit j-m besprechen, beschließen ≈ vereinbaren: *Wir haben abgemacht, morgen ins Kino zu gehen* || *zu* **2 Ạb·ma·chung** *die*

ạb·ma·len (*hat*) ***etwas abmalen*** etwas durch Malen genau kopieren: *eine Landschaft abmalen*

◆**ạb·mel·den** (*hat*) **1** ***j-n / sich*** **(*bei etwas / von etwas*)** ***abmelden*** j-m oder einer Institution sagen, dass j-d / man nicht mehr Mitglied ist oder nicht mehr dableibt ↔ anmelden: *seine Tochter vom Kindergarten abmelden; sich bei seinem Chef abmelden* **2** ***etwas abmelden*** einer offiziellen Institution sagen, dass etwas (ein Fahrzeug, Telefon *o.Ä.*) nicht mehr benutzt wird ↔ anmelden: *sein Motorrad für den Winter abmelden* || *hierzu* **Ạb·mel·dung** *die*

◆**ạb·neh·men** (*hat*) **1** ***etwas abnehmen*** etwas aus seiner Position nehmen, entfernen ⟨den Telefonhörer, den Hut, einen Deckel, die Wäsche, ein Bild abnehmen⟩ **2** ***j-m etwas abnehmen*** j-m etwas wegnehmen ⟨j-m den Führerschein abnehmen⟩ **3** ***j-m etwas abnehmen*** j-n unterstützen, einen schweren Gegenstand tragen oder eine schwierige Aufgabe erfüllen: *j-m eine Last, ein großes Problem abnehmen* **4** ***j-m etwas abnehmen*** *gespr*; j-m glauben, was er erzählt: *Hat dein Lehrer dir abgenommen*, dass *du krank warst?* **5** **(*etwas*) *abnehmen*** an Gewicht verlieren ↔ zunehmen: *Ich habe schon drei Kilo abgenommen!* **6** ***etwas nimmt ab*** etwas wird immer weniger, kleiner oder schwächer ↔ etwas nimmt zu: *Die Zahl der Geburten / die Geschwindigkeit / der Sturm nimmt ab*

Ạb·nei·gung *die*; ***eine Abneigung*** **(*gegen j-n / etwas*)** *meist Sg*; das (starke) Gefühl, dass man j-n / etwas nicht sympathisch findet ≈ Aversion ↔ Zuneigung

ạb·nut·zen (*hat*) **1** ***etwas abnutzen*** etwas durch (häufigen) Gebrauch im Wert mindern oder in der Funktion schlechter machen ⟨Kleider, Geräte abnutzen⟩ **2** ***etwas nutzt sich ab*** etwas verliert durch den Gebrauch an Wert, wird schlechter || *hierzu* **Ab·nut·zung** *die*

A·bon·ne·ment [abɔn(ə)'mãː] *das*; *-s*, *-s*; ***ein Abonnement (für etwas)*** die Bestellung von etwas, das man längere Zeit regelmäßig haben will ⟨ein Abonnement für eine Zeitung, fürs Theater (haben)⟩

◆ **a·bon·nie·ren**; *abonnierte, hat abonniert*; ***etwas abonnieren*** etwas für längere Zeit regelmäßig bestellen ⟨eine Zeitung, eine Zeitschrift abonnieren⟩

ab·ord·nen *(hat)* ***j-n (zu / nach etwas) abordnen*** j-m offiziell den Auftrag geben, irgendwohin zu gehen || *hierzu* **Ab·ge·ord·ne·te** *der / die*

ab·räu·men *(hat)* **1** ***(etwas) abräumen*** Gegenstände, die auf etwas stehen, von dort (weg)nehmen: *das Geschirr abräumen* **2** ***(etwas) abräumen*** etwas (durch Entfernen von Gegenständen) leer machen ⟨den Tisch abräumen⟩

◆ **ab·rech·nen** *(hat)* ***etwas abrechnen*** am Schluss eine Rechnung über die Ausgaben machen ⟨seine Auslagen, Spesen, Unkosten abrechnen⟩: *Die Kassiererin muss jeden Abend genau abrechnen*

Ab·rei·se *die*; *meist Sg*; der Beginn einer Reise ↔ Anreise

ab·rei·sen *(ist)* mit einer Reise beginnen

Ab·riss *der*; *nur Sg*; das Zerstören eines Gebäudes || *hierzu* **ab·rei·ßen** *(hat)*

ab·ru·fen *(hat)* ***etwas abrufen*** *EDV*; Daten aus dem Speicher eines Computers holen ⟨Informationen abrufen⟩

Ab·rüs·tung *die*; *nur Sg*; das Reduzieren oder Entfernen der Waffen

Ab·sa·ge *die*; die Mitteilung, dass etwas abgelehnt ist, nicht (wie geplant) stattfindet ↔ Zusage ⟨eine Absage erhalten; j-m eine Absage erteilen⟩

ab·sa·gen *(hat)* **1** ***etwas absagen*** mitteilen, dass etwas nicht stattfindet ↔ ankündigen ⟨ein Konzert, eine Konferenz, seinen Besuch absagen⟩ **2** ***(j-m) absagen*** j-m mitteilen, dass etwas Geplantes nicht stattfinden kann ↔ zusagen: *Sie wollte zu der Party kommen, aber dann hat sie abgesagt*

Ab·satz *der* **1** der Teil eines geschriebenen Textes, der mit einer neuen Zeile beginnt ≈ Abschnitt: *einen / mit einem neuen Absatz beginnen*; *einen Absatz lesen* **2** der hohe Teil der (Schuh)Sohle unter der Ferse ⟨flache / niedrige, hohe Absätze⟩ || ↑ *Abbildung unter* **Schuhe**

ab·schaf·fen *(hat)* ***etwas abschaffen*** machen, dass es etwas (*meist* Gesetze oder Regelungen) nicht mehr gibt: *die Todesstrafe abschaffen* || *hierzu* **Ab·schaf·fung** *die*

ab·schal·ten *(hat)* **1** ***(etwas) abschalten*** ≈ abstellen (3) ↔ einschalten: *den Fernseher abschalten* **2** *gespr*; nicht mehr an seine Sorgen denken und sich entspannen: *im Urlaub mal richtig abschalten*

Ab·scheu *der*; *-s*; *seltener*: *die*; *-*; *nur Sg*; ***Abscheu (vor / gegenüber j-m / etwas)*** ⟨haben, empfinden⟩ ein physischer oder moralischer Ekel, eine sehr starke Abneigung || *hierzu* **ab·scheu·lich** *Adj*

ab·schi·cken *(hat)* ***etwas abschicken*** *meist* Post an j-n senden ≈ absenden ⟨einen Brief, ein Paket abschicken⟩

Ab·schied *der*; *-(e)s*, *-e*; *meist Sg* **1** ***der Abschied (von j-m / etwas)*** die Situation (die Worte und die Gesten), in der man selbst oder ein anderer (weg)geht: *ein tränenreicher Abschied* || K-: ***Abschieds-, -brief, -kuss, -wort*** **2** ***(von j-m / etwas) Abschied nehmen*** *geschr*; sich von j-m / etwas verabschieden

ab·schlep·pen *(hat)* ***j-n / etwas abschleppen*** ein kaputtes Fahrzeug mit einem anderen Fahrzeug irgendwohin ziehen: *Er hat mich / mein Auto abgeschleppt* || K-: ***Abschlepp-, -seil***

◆ **ab·schlie·ßen** *(hat)* **1** ***etwas abschließen*** etwas mit einem Schlüssel zumachen ↔ aufschließen ⟨einen Schrank, eine Tür, eine Wohnung abschließen⟩ **2** ***etwas abschließen*** etwas wie geplant beenden: *sein Studium erfolgreich abschließen* **3** ***etwas abschließen*** sich mit j-m über etwas einigen oder ein Dokument unterschreiben ⟨ein Abkommen, eine Versicherung, einen Vertrag, eine Wette abschließen⟩ || ▸ ***Abschluss***

Ab·schluss *der* **1** das geplante (erfolgreiche) Ende von etwas ⟨der Abschluss des Studiums, der Arbeit, der Verhandlungen; etwas zum Abschluss bringen⟩ || K-: ***Abschluss-, -bericht*** **2** die Prüfung, mit der eine Ausbildung endet ⟨einen Abschluss machen; keinen, einen guten Abschluss haben⟩ || K-: ***Abschluss-, -prüfung, -zeugnis*** || -K: ***Schul-*** **3** die Regelung, die etwas festlegt ⟨der Abschluss eines Bündnisses, eines Vertrags, einer Versicherung⟩ || -K: ***Geschäfts-, Vertrags-***

ab·schnei·den *(hat)* **1** ***(sich (Dat)) etwas abschneiden*** etwas durch Schneiden von etwas trennen: *ein Stück Kuchen abschneiden*; *Er hat sich fast den Finger abgeschnitten* **2** ***(bei etwas) irgendwie ab-***

schneiden ein Ergebnis erzielen: *Er schnitt bei der Prüfung hervorragend ab*

◆ **Ab·schnitt** *der*; ein Teil von einem Ganzen: *ein wichtiger Abschnitt in ihrem Leben* || -K: ***Lebens-***

ab·schrei·ben (*hat*) **1** (***etwas***) (***von j-m***) ***abschreiben*** den Text eines anderen kopieren und ihn als eigenes Werk ausgeben: *Bei dem Diktat schrieb Peter ständig von seinem Nachbarn ab* **2** ***etwas*** (***von / aus etwas***) ***abschreiben*** eine (handschriftliche) Kopie von einem Text machen

ab·sen·den; *sendete / sandte ab, hat abgesendet / abgesandt*; ***etwas absenden*** ≈ abschicken || *hierzu* **Ab·sen·dung** *die*

◆ **Ab·sen·der** *der*; *-s, -*; die Person, die einen Brief, ein Paket *o.Ä.* (per Post) (ab)schickt ↔ Empfänger

◆ **Ab·sicht** *die*; *-, -en* **1** ***die Absicht*** (+ ***zu*** + *Infinitiv*) der Wille, etwas zu tun ⟨eine Absicht haben; etwas liegt (nicht) in j-s Absicht⟩: *Er hatte die Absicht, nach Amerika auszuwandern* **2** ***etwas mit / ohne Absicht tun*** etwas ganz bewusst tun / etwas aus Versehen tun

ab·sicht·lich *Adj*; mit Absicht ≈ vorsätzlich ↔ versehentlich: *j-n absichtlich stoßen*

ab·so·lut *Adj* **1** ohne Einschränkung: *Es herrschte absolute Ruhe* **2** *nur attr oder adv*; *gespr* ≈ ganz und gar, völlig: *Das ist absolut unmöglich!*

ab·spei·chern (*hat*) ***etwas abspeichern*** *EDV*; etwas im Computer festhalten, speichern ⟨eine Grafik, einen Text abspeichern⟩

◆ **ab·sper·ren** (*hat*) (***etwas***) ***absperren*** *südd* Ⓐ ≈ abschließen (1) ⟨eine Tür, eine Wohnung absperren⟩

ab·stam·men **1** ***von j-m / etwas abstammen*** das Kind von j-m / etwas sein ⟨von einer guten Familie abstammen⟩ **2** ***etwas stammt von etwas ab*** etwas hat seinen Ursprung in etwas: *Das Wort „Wein" stammt vom lateinischen „vinum" ab* || Hinweis: kein Perfekt! || *hierzu* **Ab·stam·mung** *die*

Ab·stand *der*; ***der Abstand*** (***von / zu j-m / etwas***) die (relativ geringe) räumliche Entfernung zwischen zwei Dingen / Personen ≈ Distanz, Zwischenraum: *beim Fahren Abstand zum vorderen Auto halten*

ab·stei·gen (*ist*) **1** (***von etwas***) ***absteigen*** von etwas (herunter)steigen ⟨vom Fahrrad, vom Pferd absteigen⟩ **2** ***irgendwo absteigen*** ein Zimmer in einem Hotel *o.Ä.* mieten: *im Hotel „Europa" absteigen* **3** *meist* ⟨eine Mannschaft⟩ ***steigt ab*** *Sport*; eine Mannschaft muss am Ende der Saison in eine niedrigere Klasse gehen ↔ eine Mannschaft steigt auf

ab·stel·len (*hat*) **1** ***etwas irgendwo abstellen*** etwas, das man (zurzeit) nicht braucht, an einen anderen Platz bringen: *einen alten Schrank auf dem Speicher abstellen* || K-: ***Abstell-, -platz, -raum*** **2** ***etwas*** (***irgendwo***) ***abstellen*** etwas (Schweres) für kurze Zeit irgendwohin legen oder stellen ⟨ein Tablett, einen Koffer abstellen⟩ **3** ***etwas abstellen*** etwas mit einem Schalter *o.Ä.* außer Betrieb setzen ≈ abschalten ⟨das Gas, den Motor, den Strom, das Wasser *usw* abstellen⟩ **4** ***etwas abstellen*** einen schlechten Zustand beenden: *das Übel abstellen*

Ab·stieg *der*; *-(e)s, -e*; *meist Sg* **1** der Weg vom Berg ins Tal ↔ Aufstieg ⟨der Abstieg vom Gipfel⟩ **2** die Tatsache, dass die persönliche Situation und die (Lebens)Verhältnisse schlechter werden: *ein sozialer Abstieg*

◆ **ab·stim·men** (*hat*) ***j-d*** (*Kollekt oder Pl*) ***stimmt*** (***über j-n / etwas***) ***ab*** mehrere Personen entscheiden sich in einer Wahl für oder gegen j-d / etwas: *über einen Antrag abstimmen*

Ab·stim·mung *die*; ***die Abstimmung*** (***über etwas*** (*Akk*)) die Entscheidung durch eine Wahl[2] ⟨eine geheime, namentliche Abstimmung⟩

abs·trakt, *abstrakter, abstraktest-*; *Adj* **1** nur in der Theorie, ohne erkennbaren Bezug zur Wirklichkeit ↔ konkret, anschaulich ⟨eine Darstellung, ein Vortrag, Wissen⟩ **2** so, dass sich darin ein allgemeines Prinzip zeigt ⟨ein Begriff, eine Denkweise⟩ **3** keine Gegenstände darstellend ↔ gegenständlich ⟨die Kunst, die Malerei, ein Gemälde⟩

Ab·sturz *der* **1** der Fall, Sturz aus großer Höhe: *der Absturz eines Hubschraubers* || -K: ***Flugzeug-*** **2** *EDV*; der Zustand, in dem nichts mehr funktioniert: *Ein Systemfehler hat den Computer zum Absturz gebracht*

ab·stür·zen (*ist*) **1** ***j-d / etwas stürzt ab*** j-d / etwas fällt aus großer Höhe hinunter ⟨ein Flugzeug⟩ **2** ***etwas stürzt ab*** *EDV*; ein Computer nimmt keine Daten mehr an und muss abgeschaltet werden ⟨ein Computer, ein Programm stürzt ab⟩

Ab·teil *das*; ein Raum in einem Eisenbahnwagen || -K: ***Nichtraucher-, Raucher-***

◆ **Ab·tei·lung** *die*; ein Teil einer Firma, eines Krankenhauses oder eine Gruppe mit besonderen Aufgaben || K-: ***Abteilungs-, -leiter***

◆ **ab·trock·nen** (*hat*) **1** ***j-n / sich abtrock-***

nen; ***sich*** (*Dat*) ***etwas abtrocknen*** einen Körperteil mit einem Tuch *o.Ä.* trocken machen ⟨sich (*Dat*) die Hände abtrocknen⟩ **2 (*etwas*) *abtrocknen*** Geschirr *o.Ä.* trocken machen

◆ **Ạb·wart** *der*; *-(e)s*, *-e*; (CH) ≈ Hausmeister

ạb·war·ten (*hat*) **1 (*etwas*) *abwarten*** warten, bis etwas geschieht ⟨eine günstige Gelegenheit, j-s Ankunft abwarten⟩ **2 (*etwas*) *abwarten*** warten, bis etwas vorbei ist ⟨den Regen, das Unwetter abwarten⟩

◆ **ạb·wärts** *Adv* **1** in Richtung nach unten ≈ hinunter ↔ aufwärts: *Die Straße führt abwärts* **2 *mit j-m / etwas geht es abwärts*** j-s Situation / etwas wird schlechter: *Mit der Firma geht es langsam abwärts* || K-: ***Abwärts-, -trend***

◆ **ạb·wa·schen** (*hat*) **(*etwas*) *abwaschen*** etwas mit Wasser reinigen: *das Geschirr abwaschen* || K-: ***Abwasch-, -becken, -wasser*** || *hierzu* **ạb·wasch·bar** *Adj*

ạb·wech·seln [-ks-] (*hat*) **1 *j-d wechselt sich mit j-m* (*bei etwas*) *ab***; ⟨Personen⟩ ***wechseln sich* (*bei etwas*) *ab*** zwei oder mehrere Personen tun etwas im Wechsel: *Wir wechseln uns bei langen Autofahrten immer ab* **2 *etwas und etwas wechseln* (*sich*) *ab***; ***etwas wechselt sich mit etwas ab*** etwas geschieht oder zeigt sich in regelmäßigem Wechsel mit etwas: *In seinem Leben wechselten (sich) Glück und Unglück ständig ab*

Ạb·wechs·lung [-ks-] *die*; *-*, *-en*; eine (*meist* schöne) Änderung des Alltags: *viel Abwechslung haben*; *Abwechslung ins Programm bringen* || *hierzu* **ạb·wechs·lungs·reich** *Adj*

ạb·wei·chen; *wich ab*, *ist abgewichen*; **1 *von etwas abweichen*** die Richtung verlassen ⟨vom Kurs, von der Route abweichen⟩ **2 *etwas weicht von etwas ab*** etwas ist anders als etwas: *Sein Ergebnis weicht von unseren Erkenntnissen ab* || *hierzu* **Ạb·wei·chung** *die*

◆ **ạb·we·send** *Adj*; nicht da, wo man sein sollte ↔ anwesend: *ohne Erlaubnis abwesend sein* || *hierzu* **Ạb·we·sen·de** *der / die*

Ạb·we·sen·heit *die*; *-*; *nur Sg*; die Tatsache, dass j-d nicht da ist ↔ Anwesenheit ⟨während / in j-s Abwesenheit⟩

ạb·wi·schen (*hat*) **1 *etwas* (*von etwas*) *abwischen*** etwas (durch Wischen) von etwas entfernen: *den Staub vom Schrank abwischen* **2 *etwas abwischen*** etwas mit einem (*oft* feuchten) Tuch reinigen: *den Tisch, den Schrank abwischen*

◆ **ạch!** *Interjektion* **1** verwendet, um Bedauern oder Schmerz auszudrücken: *Ach, das tut mir aber Leid!* **2** verwendet, um einen Wunsch oder Staunen auszudrücken: *Ach, wäre die Prüfung doch schon vorbei!* **3 *ach ja!*** verwendet, wenn man sich an etwas erinnert: *Ach ja, jetzt weiß ich, wen du meinst!* **4 *ach so!*** verwendet, wenn man etwas plötzlich verstanden hat: *Ach so, jetzt ist mir das klar!*

Ạch·se [-ks-] *die*; *-*, *-n* **1** eine Stange, die als Teil eines Fahrzeugs *bzw* Wagens zwei (gegenüberliegende) Räder verbindet || -K: ***Vorder-*** **2** eine gedachte Linie, um die sich ein Körper dreht || -K: ***Erd-***

Ạch·sel [-ks-] *die*; *-*, *-n* **1** die Stelle, an der die Arme in den Körper übergehen || K-: ***Achsel-, -haar, -höhle*** **2 *mit den Achseln zucken*** beide Schultern kurz höher ziehen, um j-m zu zeigen, dass man etwas nicht weiß oder dass es einem nichts bedeutet || K-: ***Achsel-, -zucken***

ạcht[1] *Zahladj*; (als Ziffer) 8

ạcht[2] *nur in* ***zu acht*** mit insgesamt 8 Personen

Ạcht[1] *die*; *-*, *-en* **1** die Zahl 8 **2** etwas mit der Form der Ziffer 8: *eine Acht auf dem Eis laufen*

Ạcht[2] *nur in* **1 *etwas außer Acht lassen*** nicht auf einen Umstand, eine Bedingung achten **2 *sich* (*Akk*) (*vor j-m / etwas*) *in Acht nehmen*** aufpassen, dass etwas (Unangenehmes oder ein Unglück) nicht passiert ≈ sich (vor j-m / etwas) hüten: *Nimm dich in Acht vor Dieben!* **3 (*auf j-n / etwas*) *Acht geben*** j-n / etwas genau beobachten, damit kein Schaden entsteht ⟨auf ein kleines Kind, auf den Verkehr Acht geben⟩: *Gib Acht, damit du nicht stolperst!*

Ạch·tel *das*, (CH) *meist der*; *-s*, *-*; der 8. Teil ($\frac{1}{8}$) von etwas: *ein Achtel (eines Liters)*

◆ **ạch·ten**; *achtete*, *hat geachtet* **1 *j-n achten*** Sympathie für j-n empfinden ≈ (hoch) schätzen **2 *j-n / etwas achten*** Respekt vor j-m / etwas haben ≈ respektieren: *die Gefühle anderer Menschen achten* **3 *auf j-n / etwas achten*** auf j-n / etwas mit wachem Interesse sehen ≈ beachten: *Während seines Vortrags achtete er kaum auf seine Zuhörer*

◆ **Ạch·tung** *die*; *-*; *nur Sg* **1** Sympathie für j-n, den man sehr (hoch) schätzt ⟨allgemeine Achtung genießen⟩ **2 *die Achtung* (*vor j-m / etwas*)** der Respekt vor j-m / etwas || -K: ***Selbst-*** **3 *Achtung!*** verwendet, um j-n vor einer Gefahr zu warnen oder um j-n auf etwas aufmerksam zu machen: *Achtung, Stufe!*

acht·zehn ['axt͡se:n] *Zahladj*; (als Zahl) 18

acht·zig ['axt͡sɪç] *Zahladj* **1** (als Zahl) 80 **2 *Anfang, Mitte, Ende achtzig sein*** ungefähr 80 bis 83, 84 bis 86, 87 bis 89 Jahre alt sein

A·cker *der*; *-s*, *Ä·cker*; eine große Fläche, auf der ein Bauer *z.B.* Getreide oder Kartoffeln anbaut ≈ Feld ⟨einen Acker bebauen, bestellen, pflügen⟩ || K-: ***Acker-, -fläche, -land*** || -K: ***Getreide-, Kartoffel-***

ad·die·ren; *addierte, hat addiert*; (***etwas*** (*Pl*)) ***addieren***; (***etwas zu etwas***) ***addieren*** die Summe berechnen ≈ zusammenzählen ↔ subtrahieren ⟨Zahlen addieren⟩ || *hierzu* **Ad·di·ti·on** *die*

A·del *der*; *-s*; *nur Sg*; die soziale Schicht und die Familien, die (in Europa) früher Besitz und Privilegien hatten || K-: ***Adels-, -titel***

A·der *die*; *-, -n* **1** etwas, worin im Körper das Blut fließt ≈ Blutgefäß || -K: ***Puls-*** **2** eine sichtbare Linie auf einem Blatt oder dem Flügel von Insekten || -K: ***Blatt-***

Ad·jek·tiv [-f] *das*; *-s, -e*; *Ling*; ein Wort wie „klein", „schön", „gut" *usw*, das *oft* bei Substantiven steht und sie näher beschreibt || *hierzu* **ad·jek·ti·visch** [-v-] *Adj*

Ad·ler *der*; *-s, -*; ein besonders großer (Raub)Vogel, der auch auf Münzen (oder Wappen) abgebildet ist

◆ **Ad·res·se** *die*; *-, -n*; Name, Ort, Straße und Nummer des Hauses, in dem j-d wohnt ≈ Anschrift ⟨j-m seine Adresse geben; j-s Adresse lautet ...⟩ || ID ***bei j-m an der falschen / verkehrten Adresse sein*** *gespr*; sich mit einer Bitte, einem Wunsch *o.Ä.* an die falsche Person gewandt haben || *hierzu* **Ad·res·sat** *der*

ad·res·sie·ren; *adressierte, hat adressiert* **1** ***etwas adressieren*** Namen und Wohnort des Empfängers auf etwas schreiben ⟨einen Brief, ein Paket *usw* adressieren⟩ **2** ***etwas an j-n adressieren*** etwas an j-n senden: *Der Brief war an mich adressiert*

Ad·vent [-v-] *der*; *-(e)s*; *nur Sg*; *Rel*; die Zeit vom vierten Sonntag vor Weihnachten bis Weihnachten ⟨im Advent⟩ || K-: ***Advents-, -kranz, -sonntag, -zeit***

Adventskranz

die Kerze

Ad·verb [-v-] *das*; *-s*, *Ad·ver·bi·en* [-iən]; *Ling*; ein Wort, das in einem Satz angibt, unter welchen Umständen (Zeit, Ort, Art und Weise, Grund) etwas geschieht: *„heute" und „morgen" als Adverbien der Zeit* || *hierzu* **ad·ver·bi·al** *Adj*; **ad·ver·bi·ell** *Adj*

Af·fe *der*; *-n, -n*; ein (Säuge)Tier, das dem Menschen ähnlich ist und gerne (auf Bäume) klettert

Af·ri·ka (*das*); *-s*; *nur Sg*; ein großer Kontinent || *hierzu* **Af·ri·ka·ner** *der*; **Af·ri·ka·ne·rin** *die*; *-, -nen*; **af·ri·ka·nisch** *Adj*

Af·ter *der*; *-s, -*; der Ausgang des Darms

ag·gres·siv [-f] *Adj* **1** voller Wut oder bereit anzugreifen ↔ friedlich ⟨ein Mensch; ein Verhalten; aggressiv reagieren⟩ **2** ≈ rücksichtslos ↔ defensiv ⟨eine Fahrweise⟩ || *hierzu* **Ag·gres·si·vi·tät** *die*; **Ag·gres·si·on** *die*

a·ha! [a'ha(ː)] *Interjektion*; verwendet, um auszudrücken, dass man etwas plötzlich verstanden hat: *Aha, jetzt ist mir alles klar!*

äh·neln; *ähnelte, hat geähnelt*; ***j-d / etwas ähnelt j-m / etwas*** (***in etwas*** (*Dat*)) *meist* zwei Personen / Dinge sind ähnlich oder sehen ähnlich aus: *Sie ähnelt ihrer Mutter*

ah·nen; *ahnte, hat geahnt*; ***etwas ahnen*** das Gefühl haben, dass etwas (Unangenehmes) passieren wird ⟨ein Unglück, ein Unheil ahnen; nichts Gutes, Böses ahnen⟩

◆ **ähn·lich** *Adj* **1** ***ähnlich*** (***wie j-d / etwas***) mit vielen Merkmalen, die auch ein anderer / etwas anderes hat: *Mandarinen schmecken so ähnlich wie Orangen* **2** ***j-m / etwas ähnlich sein / sehen*** äußere Merkmale mit j-m / etwas anderem gemeinsam haben ⟨j-m / etwas zum Verwechseln ähnlich sein / sehen⟩: *Sie ist / sieht ihrer Mutter sehr ähnlich* **3** ***und Ähnliches / oder Ähnliches*** verwendet nach einer Aufzählung; *Abk* u.Ä. / o.Ä.: *Bücher, Zeitschriften und Ähnliches* || *zu* **1** und **2** **Ähn·lich·keit** *die*

Ah·nung *die*; *-, -en* **1** ein Gefühl, dass etwas (Unangenehmes) geschehen wird ⟨eine böse, düstere Ahnung; eine Ahnung befällt j-n⟩ **2** (***von etwas***) ***eine Ahnung haben*** etwas gut können oder etwas wissen oder sich etwas vorstellen können ⟨von etwas nicht die geringste, leiseste Ahnung haben⟩: *Sie hat keine Ahnung vom Kochen*; *Habt ihr eine Ahnung, wie der Unfall passiert ist?*

◆ **Aids** [eɪdz] (*das*); -; *nur Sg*; eine gefährliche (Infektions)Krankheit, an der viele Menschen sterben || K-: ***Aids-, -infektion, -test***; ***aids-, -krank***

A·ka·de·mi·ker *der*; *-s*, -; j-d, der seinen Beruf an einer Universität (oder Hochschule) gelernt hat || *hierzu* **A·ka·de·mi·ke·rin** *die*; -, *-nen*; **a·ka·de·misch** *Adj*

Ak·ku·sa·tiv [-f] *der*; *-s*, *-e*; *Ling*; der Kasus, in dem das Objekt eines transitiven Verbs steht ≈ Wenfall, vierter Fall ⟨etwas steht im Akkusativ⟩ || K-: ***Akkusativ-, -objekt***

Akt[1] *der*; *-(e)s*, *-e* **1** *geschr*; die Durchführung einer Handlung ≈ Tat ⟨ein Akt der Verzweiflung⟩ **2** ein Teil eines Spiels, (Theater)Stücks ⟨ein Drama in fünf Akten⟩

Akt[2] *der*; *-(e)s*, *-e*; ein Bild oder eine Statue, die einen nackten Menschen darstellen || K-: ***Akt-, -foto***

Akt[3] *der*; *-(e)s*, *-en*; *südd* Ⓐ ≈ Akte

Ak·te *die*; -, *-n*; *meist Pl*; eine Mappe mit Dokumenten (in einem Amt), in der alles zu einem Fall oder Thema gesammelt ist ⟨eine Akte anlegen, einsehen; Akten ablegen⟩ || K-: ***Akten-, -ordner*** || -K: ***Gerichts-***

Ak·tie ['akt͡si̯ə] *die*; -, *-n*; ein Papier, das einen kleinen Anteil am Kapital einer Firma (Aktiengesellschaft) darstellt ⟨die Aktien steigen, fallen; sein Vermögen in Aktien anlegen⟩ || K-: ***Aktien-, -kurs***

Ak·ti·on [-'t͡si̯oːn] *die*; -, *-en* **1** eine (gemeinschaftlich) geplante Handlung, mit der ein Ziel erreicht werden soll ⟨eine militärische, politische Aktion starten, durchführen⟩ || -K: ***Befreiungs-, Rettungs-, Spenden-*** **2** *nur Pl*; *geschr* ≈ Tätigkeiten: *Seine Aktionen beschränkten sich auf das Nötigste* || ID ***in Aktion treten*** aktiv, wirksam werden

◆ **ak·tiv** [-f] *Adj* **1** tätig oder bereit, etwas zu tun und sich zu engagieren ⟨gesellschaftlich, politisch, sexuell aktiv sein; aktiv an etwas mitarbeiten; etwas aktiv unterstützen⟩ **2** voller Energie ⟨ein aktives Leben führen⟩: *Trotz seiner 70 Jahre ist mein Opa noch sehr aktiv* || *zu* **1** **Ak·ti·vi·tät** [-v-] *die*

◆ **ak·tu·ell** *Adj* **1** im Augenblick wichtig und interessant ⟨ein Ereignis, ein Problem, ein Thema, ein Theaterstück⟩ **2** ≈ modern, zeitgemäß ⟨ein Trend⟩: *Krawatten sind wieder aktuell* || *hierzu* **Ak·tu·a·li·tät** *die*

A·kus·tik *die*; -; *nur Sg* **1** *Phys*; die Lehre vom Schall **2** die Wirkung von Schall und Klang bei Rede und Musik in einem geschlossenen Raum: *Der Saal hat eine gute Akustik* || *hierzu* **a·kus·tisch** *Adj*

Ak·zent *der*; *-(e)s*, *-e* **1** *nur Sg*; die typische Art, die Laute einer Sprache so zu sprechen, dass man hört, aus welchem Land oder Gebiet j-d stammt: *Sie sprach mit französischem Akzent* **2** *Ling* ≈ Betonung: *Im Wort „Moral" liegt der Akzent auf der zweiten Silbe* || *zu* **1** **ak·zent·frei** *Adj*

ak·zep·tie·ren; *akzeptierte*, *hat akzeptiert* **1** ***etwas akzeptieren*** etwas als richtig ansehen und annehmen (2) ↔ ablehnen ⟨ein Angebot, einen Vorschlag, eine Bedingung akzeptieren⟩ **2** ***etwas akzeptieren*** etwas hinnehmen (weil man es nicht ändern kann) ≈ sich mit etwas abfinden ⟨sein Schicksal, seine Krankheit akzeptieren⟩ || *hierzu* **ak·zep·ta·bel** *Adj*

◆ **A·larm** *der*; *-(e)s*, *-e*; ein Signal, das vor einer Gefahr warnen soll ⟨Alarm auslösen, geben, läuten⟩ || K-: ***Alarm-, -anlage, -glocke*** || -K: ***Bomben-, Feuer-*** || ID ***Alarm schlagen*** auf ein Problem oder eine Gefahr aufmerksam machen

a·lar·mie·ren; *alarmierte*, *hat alarmiert*; ***j-n alarmieren*** j-n um Hilfe rufen ⟨die Feuerwehr, die Polizei alarmieren⟩

al·bern *Adj*; *pej*; nicht so (vernünftig), wie man es von einem erwachsenen Menschen erwartet ≈ kindisch ⟨ein Kichern; ein Benehmen, ein Getue; sich albern aufführen⟩ || *hierzu* **Al·bern·heit** *die*

Alb·traum *der*; ein Traum von schrecklichen Erlebnissen ⟨einen Albtraum haben⟩

◆ **Al·ko·hol** ['alkohoːl] *der*; *-s*, *-e*; *meist Sg* **1** eine chemische Flüssigkeit, die *z.B.* in Bier und Wein enthalten ist: *Dieser Schnaps enthält 40 % Alkohol* || K-: ***Alkohol-, -gehalt*** **2** *nur Sg*; verwendet als Bezeichnung für Getränke, von denen man betrunken werden kann ⟨keinen Alkohol trinken, vertragen⟩ || K-: ***Alkohol-, -genuss, -missbrauch, -sucht***; ***alkohol-, -abhängig, -krank, -süchtig*** || *hierzu* **al·ko·ho·lisch** *Adj*; *zu* **1** **al·ko·hol·frei** *Adj*

al·l- *Indefinitpronomen* **1** verwendet, um die größte (maximale) Menge, Größe, Stärke *o.Ä.* von etwas zu bezeichnen ≈ ganz-, gesamt-: *trotz aller Bemühungen*; *Sind jetzt alle da?*; *Ist das alles, was du darüber weißt?* **2** verwendet, um die einzelnen Teile einer Menge zu betonen ≈ jede(r), jedes *usw*: *Alle fünf waren wir todmüde* **3** verwendet (mit einer Zeit- oder Maßangabe), wenn etwas (in regelmäßigen Abständen) wiederkehrt oder wiederholt wird: *Wir treffen uns nur alle vier Jahre*; *Alle zehn Kilometer machten wir eine* *kleine Pause* || ID ***alles in allem*** im Ganzen (gesehen) ≈ insgesamt: *Alles in allem war ihre Leistung ganz gut*; ***vor allem*** verwendet, um etwas hervorzuheben ≈ besonders, hauptsächlich; *Abk* v.a.: *Die Fahrt war anstrengend, vor allem für die Kinder* || Hinweis: wie ein Substantiv oder ein attributives Adjektiv verwendet

al·le *Indefinitpronomen*; ↑ ***all-***

◆ **al·lein**[1] *Adj*; *nur präd oder adv* **1** ohne andere Personen ⟨j-n allein lassen; allein sein wollen; allein leben, in Urlaub fahren⟩: *eine allein erziehende Mutter* **2** ≈ einsam ⟨sich (sehr) allein fühlen⟩ **3** ***von allein*** ohne dass j-d aktiv wird ≈ von selbst: *Die Flasche ist ganz von allein umgefallen* **4** ***allein stehend*** ohne Familie

◆ **al·lein**[2] *Partikel* **1** ≈ nur, ausschließlich: *Allein er / Er allein muss das entscheiden* **2** (***schon***) ***allein***; ***allein*** (***schon***) verwendet, wenn das Folgende besonders wichtig ist: *Schon allein der Gedanke, das zu tun, ist schrecklich!*

al·ler·bes·t- *Adj*; *nur attr*; *gespr*; verwendet, um *best-* zu verstärken: *Er ist mein allerbester Freund*

◆ **al·ler·dings** *Adv* **1** *unbetont*; verwendet, um etwas Gesagtes einzuschränken ≈ jedoch: *Das Essen war gut, allerdings sehr teuer* **2** *betont*; verwendet, wenn man eine besonders zustimmende Antwort geben will: „*Tut es sehr weh?*" – „*Allerdings!*"

Al·ler·gie *die*; -, *-n* [-'giːən]; *Med*; ***eine Allergie*** (***gegen etwas***) eine krankhafte (Über)Empfindlichkeit gegenüber etwas: *eine Allergie gegen Hausstaub haben* || *hierzu* **al·ler·gisch** *Adj*

al·ler·meis·t- *Adj*; *nur attr*; *gespr*; fast alle(s): *Die allermeisten Schüler haben die Prüfung bestanden*

◆ **all·ge·mein** *Adj* **1** *nur attr, nicht adv*; allen (oder den meisten) Leuten gemeinsam ⟨das Interesse, die Meinung⟩: *auf allgemeinen Wunsch* **2** *nur adv*; bei allen, von allen ≈ überall ↔ nirgends ⟨allgemein bekannt, beliebt, üblich, verständlich (sein)⟩ **3** *nur attr oder adv*; für alle bestimmt ⟨allgemein gültig; eine Bestimmung, eine Verordnung; die (politische, wirtschaftliche) Lage⟩ **4** nicht auf Einzelheiten beschränkt ↔ speziell ⟨eine Aussage, ein Begriff; ein Überblick⟩ || K-: ***Allgemein-, -bildung, -wissen*** **5** ***im Allgemeinen*** in den meisten Fällen ≈ im Großen und Ganzen

All·ge·mein·heit *die*; *nur Sg*; alle Leute ≈ die Öffentlichkeit ⟨etwas für das Wohl der Allgemeinheit tun; etwas dient der Allgemeinheit⟩

◆ **all·mäh·lich** *Adj*; langsam (sich entwickelnd) ≈ nach und nach: *Es wird allmählich dunkel*

◆ **All·tag** *der*; *nur Sg* **1** der tägliche Lauf des Lebens, der wenig Abwechslung oder Freude mit sich bringt ⟨im Alltag; der graue, triste, monotone Alltag; dem Alltag entfliehen⟩ || K-: ***Alltags-, -leben, -trott*** || -K: ***Arbeits-*** **2** der (normale) Tag, an dem gearbeitet wird (im Gegensatz zum Wochenende oder zu einem Feiertag) || *hierzu* **all·täg·lich** *Adj*

◆ **Al·pha·bet** [-f-] *das*; *-(e)s, -e*; die Reihe der Buchstaben von A bis Z: *das lateinische, griechische, kyrillische Alphabet* || *hierzu* **al·pha·be·tisch** *Adj*

◆ **als**[1] *Konjunktion* **1** verwendet, wenn die Ereignisse (des Nebensatzes und des Hauptsatzes) zur gleichen Zeit liegen ≈ während: *Als ich gehen wollte, (da) läutete das Telefon* **2** verwendet, wenn das Ereignis des Nebensatzes nach dem des Hauptsatzes liegt: *Als er nach Hause kam, (da) war seine Frau bereits fort* **3** verwendet (mit Plusquamperfekt), wenn das Ereignis des Nebensatzes vor dem Ereignis des Hauptsatzes liegt ≈ nachdem: *Als er gegangen war, (da) fing das Fest erst richtig an*

◆ **als**[2] *Konjunktion* **1** verwendet nach einem Komparativ, um einen Vergleich zu ziehen: *Er ist größer als du*; *Sie ist raffinierter, als du glaubst* **2** ***was / wer / wo*** *usw* ***sonst als*** + *Subst / Pronomen* verwendet, um auszudrücken, dass nur eine bestimmte Person / Sache *usw* infrage kommt: *Wer sonst als dein Vater könnte das gesagt haben?* **3** (*oft* in Verbindung mit *ob* oder *wenn*) verwendet, um auszudrücken, wie j-d oder etwas auf j-n wirkt ⟨(so) tun, als (ob, wenn)⟩: *Er machte (auf mich) den Eindruck, als ob er schliefe* **4** in einigen festen Verbindungen: ***nichts als*** (= nur), ***alles andere als*** (= überhaupt nicht), ***anders als*** (= nicht so wie), ***kein anderer als*** + *Personenbezeichnung* (= genau, gerade): *Da redet doch kein anderer als der Lehrer* || Hinweis: ↑ ***insofern*** (***2***), ***sowohl***

◆ **als**[3] *Konjunktion*; verwendet, um ein Bezugswort oder eine Aussage näher zu erläutern **1** in fester Verbindung mit einem Verb ⟨sich herausstellen als; sich erweisen als; etwas als etwas empfinden⟩: *Die Behauptung hat sich als falsch herausgestellt*; *Ich habe seine Bemerkungen als (eine) Frechheit empfunden* **2** in der Funktion oder Eigenschaft: *einen Raum als Esszim-*

mer benutzen; *seiner Freundin etwas als Andenken schenken*; *ich als Vorsitzender*; *meine Aufgabe als Erzieher* **3** ***zu*** + *Adj*, ***als dass ...*** verwendet anstelle eines Satzes mit *um ... zu*: *Meine Zeit ist zu kostbar, als dass ich sie hier vergeude*; *Du bist viel zu klug, als dass du das nicht wüsstest* || Hinweis: *meist* mit Konjunktiv **4** ***umso*** + *Komparativ*, ***als ...*** verwendet, um einen Grund anzugeben: *Eine Entscheidung ist umso wichtiger, als* (=*weil*) *das Problem rasch gelöst werden muss*

◆ **al·so**¹ *Adv* **1** verwendet, um eine logische Folge auszudrücken ≈ folglich: *Es brannte Licht - also musste j-d da sein* **2** verwendet, um etwas Gesagtes zusammenzufassen oder zu erläutern ≈ das heißt: *Bier, Wein, Schnaps, also alkoholische Getränke, gibt es nicht für Jugendliche*

◆ **al·so**² *Partikel* **1** verwendet, um in einem Gespräch das Folgende (eine Aussage, Frage, Aufforderung oder einen Ausruf) zu verstärken: *Also dann, auf Wiedersehen und viel Spaß!*; *Wir treffen uns also morgen!*; *Aha, du hast mich also angelogen!*; *Also, kann ich jetzt gehen oder nicht?* **2** ***na 'also!*** *gespr*; verwendet, um zu betonen, dass man Recht hat: *Na also, das hab ich doch gleich gesagt!*

◆ **alt**, *älter, ältest-*; *Adj* **1** *nicht adv*; nicht mehr jung ⟨Menschen, Tiere, Pflanzen; alt werden⟩: *Unser alter Hund ist gestern gestorben* **2** (*meist* nach einer Zeitangabe oder nach *wie*) in / mit einem bestimmten Alter (1): *ein drei Monate altes Baby*; *Wie alt bist du?* **3** verwendet, um Menschen und Tiere in Bezug auf ihr Alter (1) zu vergleichen: *Sie ist erheblich älter als er*; *Ich bin doppelt so alt wie du*; *seine um vier Jahre ältere Schwester* **4** *nicht adv*; schon lange in Gebrauch ↔ neu ⟨Schuhe, Kleider, Möbel⟩: *Das alte Haus wurde abgerissen* **5** schon lange da, vor langer Zeit hergestellt oder erworben ↔ frisch ⟨Lebensmittel; eine Wunde, eine Spur; Blumen⟩: *Das Brot schmeckt aber ziemlich alt* **6** *nicht adv*; seit ziemlich langer Zeit da, vor langer Zeit entstanden ↔ neu ⟨ein Freund, ein Kollege; Erinnerungen, eine Tradition, eine Gewohnheit, Rechte; eine Kirche, eine Stadt⟩ **7** *nicht adv*; ⟨eine Erfahrung, ein Fehler, ein Problem, Vorurteile⟩ so, dass sie sehr oft vorkommen **8** *nur attr, nicht adv*; *gespr pej*; verwendet, um die negative Eigenschaft einer Person oder Sache zu verstärken: *Dieser alte Geizkragen!*; *Sie erzählt immer denselben alten Mist!* || ID ***Alt und Jung*** ≈ alle: *Er ist beliebt bei Alt und Jung*; *meist* ***Es bleibt alles beim Alten*** nichts wird sich ändern; ***immer noch der / die Alte sein*** *gespr*; sich nicht verändert haben

◆ **Al·ten·heim** *das*; ein Heim, in dem alte Menschen leben

◆ **Al·ter** *das*; *-s*; *nur Sg* **1** die Zahl der Jahre, die ein Mensch / ein Tier bereits gelebt hat ⟨j-n nach seinem Alter fragen; j-s Alter schätzen⟩: *Er starb im Alter von 60 Jahren* || K-: ***Alters-, -stufe*** **2** ein spätes Stadium, der letzte Abschnitt des Lebens ⟨ein hohes Alter erreichen⟩: *gesundheitliche Probleme im Alter haben* || K-: ***Alters-, -schwäche*** **3** die Zeit, seit der eine Sache existiert: *das Alter einer Mumie schätzen, bestimmen*

◆ **al·ter·na·tiv** [-f] *Adj* **1** *geschr*; ⟨ein Konzept, ein Plan, ein Programm⟩ so, dass sie eine andere, zweite Möglichkeit darstellen: *Es stehen alternativ zwei Vorschläge zur Wahl* **2** mit dem Ziel, die Umwelt zu schonen und zu schützen, und bereit, dafür auf viel Konsum und Technik zu verzichten ⟨ein Leben, ein Mensch; alternativ denken, leben⟩ || *zu* **1** **Al·ter·na·ti·ve** [-və] *die*

◆ **Al·ters·heim** *das* ≈ Altenheim

alt·mo·disch *Adj* **1** nicht (mehr) der aktuellen Mode entsprechend ↔ modern, modisch: *altmodisch gekleidet sein* **2** konservativ (in seinen Ansichten, seinem Verhalten): *Seine Eltern sind ein wenig altmodisch*

Alt·pa·pier *das*; *nur Sg*; gebrauchtes Papier, das gesammelt, verarbeitet und danach wieder verwendet wird || K-: ***Altpapier-, -sammlung***

Alt·stadt *die*; der älteste Teil einer Stadt || K-: ***Altstadt-, -sanierung***

A·lu·mi·ni·um *das*; *-s*; *nur Sg*; ein silbriges, fast weißes (Leicht)Metall; *Chem* Al

am *Präp mit Artikel* ≈ an dem || Hinweis: *am* kann nicht durch *an dem* ersetzt werden **a)** in geographischen Namen und Ausdrücken: *Frankfurt am Main*, *am Meer* **b)** in Angaben des Datums: *am Dienstag*, *dem / den vierten März*; *am 20. Mai* **c)** in Wendungen wie: *am Ende*, *am Ziel sein*, *am Werk* (*sein*), *am angegebenen Ort* **d)** in Superlativen: *Sie singt am schönsten*

A·mei·se *die*; *-*, *-n*; ein kleines Insekt, das mit vielen anderen seiner Art in (gut organisierten) Gemeinschaften lebt und *meist* Bauten in Form von Hügeln errichtet ⟨fleißig sein wie eine Ameise⟩

A·me·ri·ka (*das*); *-s*; *nur Sg* **1** ein großer Kontinent **2** *gespr* ≈ USA || *zu* **2** **A·me-**

ri·ka·ner *der*; **A·me·ri·ka·ne·rin** *die*; -, *-nen*; **a·me·ri·ka·nisch** *Adj*

Am·mann *der*; *-(e)s*, *Am·män·ner*; (CH) ≈ Bürgermeister

◆**Am·pel** *die*; -, *-n*; eine (Signal)Anlage, die mit rotem, gelbem und grünem Licht den Verkehr (an Kreuzungen) regelt ⟨die Ampel schaltet auf Rot, steht auf Rot⟩ || -K: ***Verkehrs-, -ampel***

Am·sel *die*; -, *-n*; ein schwarzer, großer Singvogel

◆**Amt** *das*; *-(e)s*, *Äm·ter* **1** eine offizielle Stellung oder Stelle (*z.B.* beim Staat, in der Kirche) ⟨ein hohes, verantwortungsvolles Amt; ein Amt antreten, ausüben, haben, übernehmen; sein Amt niederlegen; für ein Amt kandidieren; sich um ein Amt bewerben⟩ || K-: ***Amts-, -antritt, -kleidung*** **2** eine Aufgabe oder Pflicht: *Er übt das Amt des Richters aus* **3** *Admin*; eine Institution der Verwaltung ≈ Behörde ⟨ein Amt einschalten⟩ || K-: ***Amts-, -arzt*** || -K: ***Arbeits-, Gesundheits-*** **4** ein Haus, in dem ein Amt (3) ist ⟨auf ein Amt gehen⟩

amt·lich *Adj*; *nur attr oder adv*; von einem Amt (3) oder einer Behörde ≈ behördlich ⟨ein Schreiben, eine Bekanntmachung⟩: *das Auto mit dem amtlichen Kennzeichen M-AD 500*

◆**a·mü·sie·ren**; *amüsierte, hat amüsiert* **1** ***etwas amüsiert j-n*** etwas bewirkt, dass j-d heiter wird, lachen muss: *Sein komisches Gesicht amüsierte uns* **2** **sich (*irgendwie*) *amüsieren*** auf angenehme oder lustige Weise die Zeit verbringen ⟨sich großartig, königlich, köstlich amüsieren⟩: *Amüsierst du dich (gut)?* **3** ***sich über j-n / etwas amüsieren*** über j-n / etwas lachen, spotten || *hierzu* **a·mü·sant** *Adj*

◆**an**[1] *Präp* **1** *mit Dat*; verwendet, um räumliche Nähe oder den Kontakt mit etwas anzugeben (als Antwort auf die Frage: *wo?*): *an der Hauptstraße wohnen*; *(nahe) an der Tür*; *an der Bar sitzen*; *Hamburg liegt an der Elbe* **2** *mit Dat*; verwendet, um zu sagen, wann etwas ist; *südd* auch vor den Namen von Feiertagen (≈ zu): *an einem Sonntagmorgen*; *an meinem Geburtstag*; *an diesem Abend*; *an Ostern*; *an Weihnachten* **3** *mit Dat* ≈ mit, mithilfe von: *j-n an der Stimme, an der Schrift erkennen*; *sich die Hände an einem Handtuch abwischen* **4** *mit Dat*; verwendet, um zu sagen, dass j-d bei einer Institution (beruflich) tätig ist: *Lehrer an einem Gymnasium, Schauspieler an einem Theater sein* **5** *mit Dat*; verwendet mit einem Substantiv, um auszudrücken, dass eine Tätigkeit, Arbeit noch nicht beendet ist: *an einem Buch schreiben, arbeiten* **6** *mit Dat*; verwendet, um sich auf eine unbestimmte Menge zu beziehen: *Was haben Sie an Kameras da?*; *Was besitzt er noch an Immobilien?* **7** *mit Dat*; verwendet zur Angabe eines Grundes, einer Ursache: *an einer Krankheit leiden* **8** *mit Dat*; verwendet mit besonderen Verben, Substantiven und Adjektiven, um eine Ergänzung anzuschließen: *an j-m / etwas hängen, (ver)zweifeln, interessiert sein, Interesse haben*; *an etwas schuld sein*; *an einer Meinung festhalten*; *an etwas riechen*; *an etwas teilnehmen*; *an j-m / etwas vorbeigehen, vorbeifahren*; *Es liegt an dir, nun etwas zu unternehmen* **9** *mit Akk*; verwendet mit (Tätigkeits)Verben, um anzugeben, wohin die Bewegung geht: *etwas an die Mauer lehnen, an die Wand hängen*; *sich an den Tisch setzen* **10** *mit Akk*; in fester Verbindung mit Verben, die eine Ergänzung fordern: *an j-n / etwas denken, glauben, appellieren*; *sich an j-n / etwas erinnern*; *sich an j-n wenden* **11** ***bis an etwas*** (*Akk*) verwendet, um zu sagen, wie weit etwas reicht ≈ bis zu: *Das Wasser ging mir bis an die Knie*; *Der Lärm drang bis an mein Fenster* **12** ***etwas an etwas*** (zwischen zwei gleichen Substantiven ohne Artikel) verwendet, um die räumliche Nähe zu betonen: *Tür an Tür (mit j-m) wohnen*; *Kopf an Kopf* (= dicht nebeneinander) *stehen* **13** ***an was*** *gespr* ≈ woran || ID ***an*** (***und für***) ***sich*** eigentlich, im Grunde; ↑ ***Bord***[1] (***2***), ***Deck, Land***[1]

◆**an**[2] *Adv* **1** ***von irgendwann / irgendwo an*** verwendet, um die Zeit oder den Ort zu bezeichnen, zu der / an dem etwas beginnt ↔ ab ⟨von heute, jetzt, hier, Montag an; von Kindheit, Jugend an⟩ **2** verwendet in Fahrplänen, um den Zeitpunkt der Ankunft (eines Zuges *o.Ä.*) zu nennen: *an München / München an: 12.20 Uhr* **3** *gespr*; verwendet, um j-n aufzufordern, etwas in Funktion zu setzen ↔ aus: *Licht an!* **4** ***etwas ist an*** *gespr*; etwas ist angeschaltet, in Betrieb ↔ etwas ist aus: *Das Licht, das Radio ist an*

an- *im Verb*; *betont und trennbar*; bezeichnet den Anfang, den Kontakt oder die Bewegung auf ein Ziel;

etwas andrücken etwas mit Druck an einer Stelle befestigen; ***etwas anfügen*** etwas zu einer Sache tun, geben; ***j-n ankleiden*** j-m Kleider anziehen; ***etwas ankreuzen*** etwas mit einem Zeichen (Kreuz) markieren; ⟨*meist* ein Kleid⟩

liegt an *meist* ein Kleid liegt eng am Körper; ***j-n / etwas anlocken*** j-n / ein Tier dazu bringen, dass er / es näher kommt; ***etwas anmalen*** eine Farbe auf etwas malen oder streichen; ***etwas (irgendwo) anpflanzen*** etwas in den Boden stecken, damit es dort wachsen kann; ***j-n anrufen*** mit j-m (durch das Telefon, durch einen Ruf) in Kontakt treten; ***etwas ansaugen*** etwas (eine Flüssigkeit) zu sich holen, durch ein Rohr saugen; ***etwas anspannen*** an etwas ziehen, es sehr fest machen (und in eine Spannung bringen); ***(irgendwo) anstehen*** sich (mit anderen) dorthin (an einen Schalter, vor eine Kasse) stellen; ***etwas anstreichen*** Farbe auf etwas malen, etwas so markieren; ***j-n / etwas antreiben (zu etwas)*** j-n / etwas dazu bringen (oder motivieren), zu reagieren, etwas zu tun; ***j-n anweisen*** j-m sagen, was er zu tun hat

A·na·ly·se *die*; -, *-n*; eine genaue Untersuchung, bei der etwas in seine kleinsten oder wichtigsten (Bestand)Teile zerlegt wird ⟨etwas einer Analyse unterziehen⟩

◆ **a·na·ly·sie·ren**; *analysierte, hat analysiert*; ***etwas analysieren*** etwas genau untersuchen und seine Merkmale bestimmen ⟨einen Text, einen Traum, ein Buch analysieren; Probleme analysieren⟩

An·bau *der* **1** *nur Sg*; die Ergänzung eines Baus: *Nächste Woche beginnen wir mit dem Anbau einer Garage* **2** ein Gebäude (oder dessen Teil), das später dazu gebaut worden ist **3** *nur Sg*; das Pflanzen und Ernten, das Anbauen (2) ⟨der Anbau von Getreide, Gemüse, Wein *usw*⟩ || -K: ***Gemüse-, Obst-, Wein-***

an·bau·en *(hat)* **1** ***etwas (an etwas*** *(Akk)*) ***anbauen*** etwas an ein bereits bestehendes Gebäude bauen: *eine Garage (an das Haus) anbauen* **2** ***etwas anbauen*** etwas auf einem Feld, in einem Beet *usw* pflanzen ⟨Gemüse, Getreide anbauen⟩

an·bei *Adv*; *Admin geschr*; zusammen mit einem Schreiben, Brief oder Paket: *etwas anbei mitschicken*

◆ **an·bie·ten** *(hat)* **1** ***(j-m) etwas anbieten*** j-m durch Worte oder Gesten zeigen, dass man ihm etwas (*z.B.* Angenehmes) geben will ⟨j-m einen Stuhl, seinen Platz anbieten; j-m seine Hilfe anbieten⟩: *Darf ich euch etwas (zum Trinken) anbieten?* **2** ***(j-m) etwas anbieten*** für etwas werben, das man verkaufen will: *Auf dem Markt werden heute frische Erdbeeren angeboten* **3** ***etwas bietet sich (für etwas) an*** etwas ist eine günstige Möglichkeit oder gut geeignet: *Das Lokal bietet sich für eine Familienfeier an* || ▸ ***Angebot***

an·bin·den *(hat)* ***j-n / etwas (an etwas*** *(Dat / Akk)*) ***anbinden*** j-n / etwas mit einer Schnur *o.Ä.* an etwas festmachen: *den Hund am / an den Zaun anbinden*

An·blick *der* **1** *nur Sg*; die Tatsache, dass man etwas Bestimmtes sieht: *Beim bloßen Anblick des Unfalls wurde ihr schlecht* **2** das, was man in einer bestimmten Situation sieht: *Nach dem Ausbruch des Vulkans bot sich den Helfern ein trostloser Anblick*

an·bren·nen *(ist)* ***etwas brennt an*** etwas bekommt beim Kochen zu viel Hitze und setzt sich am Boden des Topfes fest ⟨das Essen, die Milch⟩

an·brin·gen *(hat)* **1** ***etwas irgendwo anbringen*** etwas irgendwo aufhängen, befestigen: *eine Lampe an der Decke anbringen* **2** ***etwas anbringen*** etwas zeigen, erzählen ⟨sein Wissen, eine Geschichte anbringen⟩: *Er konnte seinen neuesten Witz anbringen*

an·dau·ern *(hat)* ***etwas dauert an*** etwas besteht oder wirkt weiterhin: *Die Verhandlungen dauern noch an*

An·den·ken *das*; *-s*, -; ***ein Andenken (an j-n / etwas)*** **1** *nur Sg*; die Erinnerung an j-n / etwas: *zum Andenken an den Toten einen Kranz auf das Grab legen* **2** ein kleiner Gegenstand zur Erinnerung an j-n / etwas ≈ Souvenir: *Er gab mir die Fotos als Andenken an die Reise*

◆ **an·de·r-** *Indefinitpronomen* **1** nicht gleich, verschieden: *Sie ist anderer Meinung als ihr Freund*; *eine andere Arbeit suchen* **2** verwendet, um die Übrigen (einer Gruppe) oder noch vorhandene Dinge zu bezeichnen ≈ weiter-: *Wo sind die anderen (Mädchen) aus eurer Gruppe? Außer meinem Hund habe ich noch andere Haustiere* || Hinweis: *ander-* verwendet man wie ein attributives Adjektiv (*andere Kinder*) oder wie ein Substantiv (*Aber andere behaupten, dass das nicht wahr sei*) || ID ***alles andere als*** + *Adj / Adv* genau das Gegenteil von + *Adj / Adv*: *Er ist alles andere als dumm*

an·de·rer·seits *Adv*; *meist in* ***einerseits ... andererseits ...*** verwendet, um bei zwei Gegensätzen auszudrücken, dass man vom zweiten Gegensatz spricht: *Einerseits freute er sich auf Weihnachten, andererseits langweilte er sich während der Festtage meistens*

◆ **än·dern**; *änderte, hat geändert* **1** ***etwas ändern*** etwas in eine andere, neue oder bessere Form bringen ⟨das Aussehen, das Verhalten, den Plan, die Richtung ändern⟩ **2** ***j-d / etwas ändert sich*** j-d / etwas nimmt eine andere Eigenschaft oder Form, ein anderes Verhalten an ⟨ein Mensch, das Wetter, die Lage⟩ || *hierzu* **Än·de·rung** *die*

◆ **an·ders** *Adv*; auf eine andere, verschiedene Art und Weise ↔ genauso ⟨anders gesinnt sein; anders geartete Probleme, anders lautende Meldungen⟩: *Sie verhält sich anders, als wir erwartet haben* || *hierzu* **an·ders·wo** *Adv*

Än·de·rung *die*; -, *-en*; ***eine Änderung*** (+ *Gen*); ***eine Änderung*** (***von j-m / etwas***) die Tatsache, dass man etwas anders macht: *eine Änderung der Pläne*; *die Änderung von Regeln*

an·deu·ten (*hat*) ***etwas andeuten*** durch kleine Hinweise etwas (an)zeigen ⟨einen Wunsch andeuten⟩

An·deu·tung *die*; ein (indirekter) Hinweis auf etwas: *Sie sprach nur in Andeutungen von ihren Heiratsplänen* || *hierzu* **an·deu·tungs·wei·se** *Adj*

an·ei·nan·der *Adv* **1** eine Person / Sache neben die andere oder an der anderen ⟨etwas (*Pl*) aneinander drücken, kleben, schrauben *usw*; sich (*Pl*) aneinander klammern, reihen *usw*⟩: *Die Zelte stehen zu dicht aneinander* **2** verwendet, um zwei Seiten, Personen aufeinander zu beziehen: *Wir denken oft aneinander* (= ich denke oft an sie, und sie denkt oft an mich); *Sie gingen wortlos aneinander vorbei*

an·er·kannt *Adj*; wegen besonderer Fähigkeiten oder Qualitäten geschätzt oder geachtet: *ein international anerkannter Musiker*

an·er·ken·nen; *erkannte an / selten auch anerkannte, hat anerkannt* **1** ***j-n / etwas anerkennen*** j-n / etwas positiv beurteilen ⟨j-s Leistungen anerkennen⟩ **2** ***j-n / etwas*** (***als etwas*** (*Akk*)) ***anerkennen*** j-n / etwas als offiziell gültig und richtig betrachten ⟨einen Staat anerkennen; eine Prüfung anerkennen⟩

An·er·ken·nung *die*; -; *nur Sg* **1** die Würdigung: *die Anerkennung ihrer Leistungen* **2** das offizielle Anerkennen (2): *die diplomatische Anerkennung eines neu gegründeten Staates*

an·fah·ren (*hat / ist*) **1** ***j-n anfahren*** (*hat*) mit einem Fahrzeug gegen j-n fahren und ihn verletzen: *Nachts wurde ein Radfahrer, der ohne Licht fuhr, angefahren* **2** ***j-d / etwas fährt an*** (*ist*) j-d bringt sein Fahrzeug in Bewegung / es beginnt zu fahren: *Der Zug fuhr mit einem kräftigen Ruck an*

◆ **An·fang** *der*; -(*e*)*s*, *An·fän·ge* **1** der Zeitpunkt, zu dem etwas anfängt (3): *am Anfang dieses Jahrhunderts*; *den Anfang des Films verpassen* **2** *nur Sg*; (***am***) ***Anfang*** + *Zeitangabe* zu Beginn des genannten Zeitraums: *Anfang Juli beginnen die Ferien*; *Anfang 1980*, *Anfang nächster Woche* **3** die Stelle, an der etwas anfängt (5): *am Anfang der Autobahn, eines neuen Kapitels in einem Roman* || K-: ***Anfangs-, -buchstabe*** || ID ***von Anfang an*** gleich zu Beginn: *Ich war von Anfang an dagegen*; ***Anfang*** ⟨zwanzig, dreißig, vierzig *usw*⟩ ***sein*** ca. 20 bis 23, 30 bis 33 *usw* Jahre alt sein; ***Aller Anfang ist schwer*** wenn man etwas Neues beginnt, hat man immer Probleme || *hierzu* **an·fäng·lich** *Adj*

◆ **an·fan·gen** (*hat*) **1** (***etwas***) ***anfangen*** den ersten Teil einer Sache machen, mit etwas beginnen ⟨eine Arbeit, ein Gespräch, ein neues Leben anfangen; von vorn anfangen⟩: *Er fing an, laut* zu *singen* / *Er fing laut* zu *singen an* **2** ***etwas anfangen*** *gespr*; etwas machen, tun ⟨etwas geschickt anfangen⟩: *Was fangen wir nach dem Essen an?* **3** ***etwas fängt*** (***irgendwann***) ***an*** etwas findet von einem genannten Zeitpunkt an statt: *Das Konzert fängt um 8 Uhr an* **4** (***mit etwas***) ***anfangen*** ≈ beginnen: *Wer hat mit dem Streit angefangen?* **5** ***etwas fängt irgendwo an*** etwas liegt hinter einer genannten Stelle: *Hinter diesem Wald fangen Felder an* || ID *meist* ***Das fängt ja gut an!*** *gespr iron*; das ist kein guter Start; ***mit j-m / etwas nicht viel / nichts anfangen können*** j-n / etwas nicht verstehen, mit j-m nicht gern zusammen sein, etwas nicht gern tun

An·fän·ger *der*; *-s*, -; j-d, der gerade etwas lernt || *hierzu* **An·fän·ge·rin** *die*; -, *-nen*

◆ **an·fangs** *Adv*; zuerst, am Anfang

◆ **an·fas·sen** (*hat*) **1** ***j-n / etwas anfassen*** j-n / etwas mit der Hand berühren und greifen: *Er fasst mich immer an, wenn er mit mir spricht* **2** ***j-n irgendwie anfassen*** j-n so behandeln ≈ mit j-m irgendwie umgehen ⟨j-n rau, hart, sanft anfassen⟩

an·fer·ti·gen; *fertigte an, hat angefertigt*; ***etwas anfertigen*** *geschr*; etwas herstellen, machen ⟨ein Gutachten anfertigen; ein Porträt anfertigen (lassen)⟩ || *hierzu* **An·fer·ti·gung** *die*

an·for·dern (*hat*) ***j-n / etwas anfordern*** nach j-m / etwas (dringend) verlangen oder etwas bestellen ⟨ein Gutachten, Ersatzteile anfordern; Arbeitskräfte anfordern⟩

An·for·de·rung *die* **1** *meist Pl*; die (*meist* großen) Maßstäbe, nach denen j-s Leistungen beurteilt werden ⟨hohe Anforderungen an j-n stellen⟩ **2** *nur Sg*; die Handlung, mit der man etwas bestellt, anfordert

Ạn·fra·ge *die*; eine (offizielle) Frage oder Bitte um Auskunft ⟨eine Anfrage an eine Behörde richten⟩

ạn·fra·gen (*hat*) **(*bei j-m / etwas*) *anfragen*** sich an j-n / eine Institution mit einer Frage wenden ⟨höflich, bescheiden anfragen, ob …⟩

ạn·freun·den, sich; *freundete sich an, hat sich angefreundet*; ***j-d freundet sich mit j-m an***; ⟨Personen⟩ ***freunden sich an*** zwei oder mehrere Leute werden Freunde

ạn·füh·ren (*hat*) **1 *etwas anführen*** eine Gruppe leiten und ihr Befehle geben ⟨eine Bande anführen⟩ **2 *etwas anführen*** etwas erwähnen: *Er führte zu seiner Entschuldigung an*, dass *der Wecker nicht geklingelt habe* || *zu* **1 Ạn·füh·rer** *der*; **Ạn·füh·re·rin** *die*; -, *-nen*

Ạn·ga·be *die*; -, *-n* ≈ Information, Auskunft: *genaue Angaben über einen Unfall machen* || -K: ***Orts-, Zeit-***

ạn·ge·ben (*hat*) **1 (*j-m*) *etwas angeben*** j-m etwas sagen, mitteilen ⟨seinen Namen, seine Adresse angeben⟩: *Er gab als Grund für seine Verspätung an*, dass *er den Bus verpasst habe* **2 (*mit etwas*) *angeben*** *gespr pej* ≈ prahlen: *Gib doch nicht so an mit deinem neuen Auto!* || *zu* **2 Ạn·ge·ber** *der*; **Ạn·ge·be·rin** *die*; -, *-nen*; **ạn·ge·be·risch** *Adj* || ▸ ***Angabe***

◆ **ạn·geb·lich** *Adj*; *nur attr oder adv*; wie j-d behauptet (was jedoch nicht sicher oder bewiesen ist) ≈ vermeintlich: *ihr angeblicher Cousin*; *Er ist angeblich sehr reich (aber ich glaube es nicht)*

◆ **Ạn·ge·bot** *das*; *-(e)s, -e* **1** der Vorschlag, eine Ware zu kaufen ⟨j-m ein günstiges Angebot machen⟩ **2 *das Angebot* (*an etwas* (*Dat*))** die Menge einer angebotenen Ware: *ein reichhaltiges Angebot (an Obst, Fleisch)*

◆ **ạn·ge·hen** (*hat / ist*) **1 *etwas angehen*** (*hat / südd* Ⓐ Ⓒⓗ *ist*) anfangen, etwas zu behandeln, etwas zu lösen versuchen ⟨ein Problem, ein Thema angehen⟩ **2** *meist* ***etwas geht j-n (et)was / nichts an*** (*ist*) etwas ist / ist nicht j-s Angelegenheit, etwas betrifft j-n nicht: *Hör zu, das geht auch dich (etwas) an*; *Das sind deine Probleme, die gehen mich nichts an* || Hinweis: *meist* im Präsens und Imperfekt **3 *was j-n / etwas angeht, …*** *gespr*; in Bezug auf j-n / etwas, was j-n / etwas betrifft, …: *Was deine Arbeit angeht, so kann ich dir sagen, dass sie besser werden kann* **4 *etwas geht an*** (*ist*) *gespr*; etwas beginnt zu funktionieren (*z.B.* zu leuchten oder zu brennen) ↔ etwas geht aus ⟨der Fernseher, das Radio *usw*; der Motor; der Ofen, das Licht⟩

ạn·ge·hö·ren; *gehörte an, hat angehört*; ***etwas* (*Dat*) *angehören*** Mitglied oder Teil *meist* einer Gruppe sein ⟨einem Verein angehören⟩

◆ **Ạn·ge·hö·ri·ge** *der / die*; *-n, -n* **1** *meist Pl*; alle, die zu einer Familie oder der Verwandtschaft gehören || -K: ***Familien-*** **2** j-d, der Mitglied einer Gruppe oder Organisation ist || -K: ***Betriebs-***

Ạn·ge·klag·te *der / die*; *-n, -n*; j-d, der vor Gericht steht, weil er etwas begangen haben soll, für das man bestraft wird

Ạn·gel *die*; -, *-n*; ein Stab, an dem eine Schnur mit einem Haken hängt, mit dem man Fische fängt ⟨die Angel auswerfen; einen Fisch an der Angel haben⟩ || K-: ***Angel-, -haken, -rute, -schnur***

Ạn·ge·le·gen·heit *die*; ein Sachverhalt oder ein Problem, mit dem sich j-d beschäftigen muss ⟨eine dringende Angelegenheit regeln⟩

ạn·geln; *angelte, hat geangelt*; **(*etwas*) *angeln*** Fische mit der Angel fangen || *hierzu* **Ạng·ler** *der*; **Ạng·le·rin** *die*; -, *-nen*

ạn·ge·mes·sen *Adj*; **(*etwas* (*Dat*)) *angemessen*** so, dass es zu den Umständen, dem Zweck passt: *ein angemessenes Verhalten*; *Das Gehalt ist der Leistung angemessen*

◆ **ạn·ge·nehm** *Adj*; so, dass etwas ein gutes Gefühl erzeugt oder Freude macht: *eine angenehme Nachricht*; *Ich war angenehm überrascht*

ạn·ge·se·hen *Adj*; *nicht adv*; von anderen Menschen sehr geachtet, respektiert ⟨ein Mitbürger⟩

◆ **Ạn·ge·stell·te** *der / die*; *-n, -n*; j-d, der für ein festes monatliches Gehalt bei einer Firma oder Behörde (*meist* im Büro) arbeitet || -K: ***Bank-, Büro-***

ạn·ge·wöh·nen, sich; *gewöhnte sich an, hat sich angewöhnt*; ***sich* (*Dat*) *etwas angewöhnen*** etwas allmählich automatisch tun ↔ sich etwas abgewöhnen: *Er hat sich angewöhnt, jeden Abend einen Spaziergang zu machen*

Ạn·ge·wohn·heit *die*; eine *meist* schlechte Eigenschaft oder ein störendes Verhalten, das j-d angenommen hat ⟨eine schlechte, seltsame Angewohnheit⟩

Ang·lịs·tik *die*; -; *nur Sg*; die Wissenschaft, die sich *bes* mit der englischen Sprache und Literatur beschäftigt

ạn·grei·fen (*hat*) **1 (*j-n / etwas*) *angreifen***

meist mit Waffen gegen j-n / etwas zu kämpfen beginnen: *Die Indianer griffen das Dorf an* **2 *j-n / etwas angreifen*** j-n / etwas mündlich oder schriftlich stark kritisieren: *Der Redner griff die Politik der Regierung scharf an* **3 *j-n / etwas angreifen*** ≈ anfassen, berühren || *zu* **1 An·grei·fer** *der*; **An·grei·fe·rin** *die*; -, *-nen* || ▸ ***Angriff***

An·griff *der* **1 *ein Angriff* (*gegen / auf j-n / etwas*)** das Angreifen (1) eines Gegners, Feindes ≈ Attacke ⟨einen Angriff abwehren, zurückschlagen⟩ **2 *ein Angriff* (*gegen / auf j-n / etwas*)** die scharfe Kritik, ein Vorwurf: *Die Zeitung richtete heftige Angriffe gegen die Regierung* **3 *etwas in Angriff nehmen*** etwas anfangen, eine Aufgabe oder Arbeit beginnen: *den Bau einer Garage in Angriff nehmen*

◆ **Angst** *die*; -, *Ängs·te* **1 *Angst* (*vor j-m / etwas*)** der psychische Zustand oder das Gefühl, in Gefahr zu sein ⟨große Angst vor j-m / etwas haben, bekommen; j-m Angst machen, einflößen⟩: *Der Briefträger hat Angst vor unserem Hund* || K-: ***Angst-, -schweiß*** || -K: ***Prüfungs-, Todes-*** **2** *nur Sg*; ***Angst* (*um j-n / etwas*)** die große Sorge, dass j-m etwas Schlimmes passiert, dass man j-n / etwas verliert ⟨Angst um sein Leben, seinen Arbeitsplatz haben⟩ || Hinweis: *j-d hat Angst*, aber *j-m ist angst* || *hierzu* **angst·voll** *Adj*

◆ **ängst·lich** *Adj* **1** mit der Eigenschaft, leicht und oft Angst zu bekommen ≈ furchtsam ↔ mutig: *Er ist ein ängstlicher Typ* **2** *meist adv*; voll Angst: *Er hörte ein Geräusch und blickte sich ängstlich um*

an·gur·ten; *gurtete an, hat angegurtet*; ***sich angurten*** sich auf dem Sitz eines Autos oder Flugzeugs mit einem Gurt sichern

◆ **an·ha·ben** (*hat*) ***etwas anhaben*** *gespr*; die genannte Kleidung tragen: *ein neues Hemd anhaben* || Hinweis: bei Kopfbedeckungen sagt man *aufhaben*: *Er hatte einen Hut auf*

an·hal·ten (*hat*) **1 *j-n / etwas anhalten*** bewirken, dass j-d / etwas stehen bleibt: *ein Auto, die Uhr anhalten* **2 *die Luft / den Atem anhalten*** (bewusst) längere Zeit nicht atmen **3** stehen bleiben ↔ weitergehen, weiterfahren ⟨ein Autofahrer, ein Radfahrer⟩

an·hand *Präp*; *mit Gen*; aufgrund von, mithilfe von: *Das Gericht fällte anhand der Fakten ein hartes Urteil* || Hinweis: auch in Verbindung mit *von*: *Er wurde anhand von Fingerabdrücken überführt*

An·hang *der*; *meist Sg*; ein Text (eine Tabelle *o.Ä.*), der am Ende eines Buches steht: *Im Anhang des Wörterbuches steht eine Liste mit unregelmäßigen Verben*

an·hän·gen[1]; *hing an, hat angehangen*; ***j-m / etwas anhängen*** *geschr*; ein Anhänger[2] von j-m / etwas sein ⟨einer Ideologie, einer Partei anhängen⟩

an·hän·gen[2]; *hängte an, hat angehängt* **1 *etwas* (*an etwas* (*Akk*)) *anhängen*** etwas an etwas hängen, fest machen ↔ abhängen: *einen Waggon an den Zug anhängen* **2 *j-m etwas anhängen*** *gespr*; sagen (behaupten), dass j-d (ein Unschuldiger) etwas Böses oder Negatives getan hat: *Sie wollten ihm den Mord anhängen*

An·hän·ger[1] *der*; *-s*, -; **1** ein Wagen ohne eigenen Motor, der von einem Fahrzeug gezogen wird **2** ein Schmuck(stück) an einer Kette

An·hän·ger[2] *der*; *-s*, -; j-d, der von einer Person oder von einer Sache begeistert ist und sich auch aktiv für sie / dafür engagiert: *ein Anhänger der Opposition* || *hierzu* **An·hän·ge·rin** *die*; -, *-nen*; **An·hän·ger·schaft** *die*

an·hö·ren (*hat*) **(*sich* (*Dat*)) *etwas anhören*** (aufmerksam) zuhören: *sich eine CD anhören*; *bereit sein, j-s Argumente anzuhören*

An·ker *der*; *-s*, -; eine Art schwerer Haken, den man an einem Seil ins Wasser lässt, um dort ein Schiff oder Boot festzumachen ⟨den Anker (aus)werfen, lichten⟩ || *hierzu* **an·kern** (*hat*)

An·kla·ge *die*; die Klage (Beschuldigung), mit der vor Gericht der Prozess gegen j-n beginnt ⟨gegen j-n Anklage erheben; wegen etwas unter Anklage stehen⟩

an·kla·gen (*hat*) ***j-n* (*wegen etwas*) *anklagen*** j-n vor Gericht beschuldigen, ein Verbrechen begangen zu haben ⟨j-n wegen Diebstahls anklagen⟩

an·kle·ben (*hat*) ***etwas* (*an etwas* (*Akk*)) *ankleben*** etwas (mit Klebstoff) so anbringen, dass es dort bleibt (haftet) ⟨Tapeten, Plakate (an die Wände) ankleben⟩

an·kli·cken (*hat*) ***etwas anklicken*** *EDV*; beim Computer auf eine Taste drücken, um etwas auf dem Bildschirm auszuwählen ⟨ein Symbol anklicken⟩

an·klop·fen (*hat*) an die Tür klopfen, weil man in einen Raum treten will: *Er klopfte zuerst an, bevor er ins Zimmer kam*

◆ **an·kom·men** (*ist*) **1 (*irgendwo*) *ankommen*** einen Ort / Adressaten (*bes* am Ende einer Reise / eines Transports) erreichen: *Seid ihr gut in Italien angekommen?*; *Ist mein Paket schon bei dir angekommen?* **2 *j-d / etwas kommt* (*bei j-m*) *an*** etwas gefällt anderen Menschen, hat Erfolg: *Der Vorschlag kam bei allen (gut) an* **3 es kommt auf j-n / etwas an (ob ...)** es hängt von j-m / etwas ab (ob ...): *Es kommt auf das Wetter an, ob wir morgen Tennis spielen* **4 j-m kommt es auf etwas** (*Akk*) **an** etwas ist für j-n sehr wichtig: *Mir kommt es sehr auf deine Meinung an* || ▸ **Ankunft**

an·kün·di·gen (*hat*) **etwas ankündigen** (öffentlich) bekannt geben, dass etwas geschehen wird oder geplant ist ⟨ein Konzert, seinen Besuch, Regen ankündigen⟩ || *hierzu* **An·kün·di·gung** *die*

◆ **An·kunft** *die*; -; *nur Sg*; das Eintreffen an einem Ziel: *die verspätete Ankunft eines Flugzeugs melden* || K-: **Ankunfts-, -zeit**

◆ **An·la·ge** *die* **1** ein Gebiet (mit einer festen Grenze), das einem besonderen Zweck dient ⟨eine militärische Anlage⟩ || -K: **Freizeit-, Park-, Sport- 2 eine öffentliche Anlage** ≈ Park **3 eine Anlage** (**zu etwas**) eine Fähigkeit, eine Eigenschaft oder ein Talent, die man geerbt hat ≈ Veranlagung ⟨gute Anlagen haben⟩ || -K: **Charakter- 4** eine technische Konstruktion, die aus mehreren Teilen kombiniert ist || -K: **Stereo-**

An·lass *der*; *-es*; *nur Sg* **1** der Grund, die Ursache für etwas **2 aus Anlass** (+ *Gen*) *geschr*; wegen: *Aus Anlass seines 80. Geburtstages gab er eine große Feier*

an·las·sen (*hat*) **1 etwas anlassen** *gespr*; ein Kleidungsstück weiterhin am Körper tragen ↔ ausziehen: *Lass deine Jacke an, wir gehen gleich wieder hinaus in die Kälte* **2 etwas anlassen** den Motor eines Fahrzeugs (mit dem Zündschlüssel) in Gang setzen ≈ starten ↔ abstellen ⟨den Motor, ein Auto anlassen⟩

an·läss·lich *Präp*; *mit Gen*; *geschr*; aus Anlass (2) ≈ wegen

an·le·gen (*hat*) **1 etwas anlegen** etwas planen und gestalten ⟨einen Park, ein Beet anlegen; ein Album, eine Kartei anlegen⟩ **2 etwas** (**an etwas** (*Dat / Akk*)) **anlegen** etwas an etwas legen, stellen: *Er legte die Leiter an und kletterte aufs Dach* **3** (**j-m**) **etwas anlegen** etwas an j-m so festmachen, dass es hält ⟨j-m einen Verband, Fesseln anlegen⟩ **4 es auf etwas** (*Akk*) **anlegen** bewusst so handeln, dass negative Konsequenzen daraus entstehen können: *Er hat es nur auf einen Streit angelegt* **5** *meist* **j-d legt irgendwo an** j-d kommt mit einem Schiff (im Hafen) an und macht es dort fest ↔ j-d legt ab || ▸ **Anlage**

an·leh·nen (*hat*) **1 etwas** (**an etwas** (*Dat / Akk*)) **anlehnen** etwas schräg an etwas stellen: *ein Brett an einer / an eine Wand anlehnen* **2 etwas anlehnen** etwas teilweise, jedoch nicht ganz schließen ⟨die Tür, ein Fenster anlehnen⟩

An·lei·tung *die*; **eine Anleitung** (**für / zu etwas**) **1** ein Hinweis oder eine Regel, wie j-d etwas machen soll **2** ein Zettel (oder ein Heft), auf dem steht, wie man es tun soll || -K: **Bedienungs-, Gebrauchs-**

an·ma·chen (*hat*) *gespr* **1 etwas anmachen** das Licht, ein elektrisches Gerät oder einen Motor in Funktion setzen ≈ einschalten: *den Fernseher anmachen* **2 etwas anmachen** Feuer machen ↔ ausmachen ⟨den Kamin, den Ofen anmachen⟩ **3 etwas** (**irgendwo**) **anmachen** *gespr*; etwas irgendwo festmachen: *ein Plakat an der Wand anmachen*

◆ **an·mel·den** (*hat*) **1 j-n / sich / etwas** (**bei j-m**) **anmelden** mit j-m einen Termin für ein Treffen oder einen Besuch besprechen ⟨sein Kind beim Arzt anmelden; seinen Besuch anmelden⟩ **2 j-n / sich** (**zu etwas**) **anmelden** j-m oder einer Institution sagen, dass j-d / man an etwas teilnehmen will ↔ abmelden: *sich zu einem Kurs in erster Hilfe anmelden*; *seine Tochter im Kindergarten anmelden* **3 etwas anmelden** etwas bei einer (amtlichen) Stelle registrieren lassen ⟨sein Auto, das Radio anmelden⟩ || K-: **Anmelde-, -gebühr**

◆ **An·mel·dung** *die*; -, *-en* **1** die Tatsache, dass man einen Termin für ein Treffen oder einen Besuch nennt ↔ Abmeldung: *die Anmeldung beim Zahnarzt* **2** die Mitteilung an eine Institution *o.Ä.*, dass man an etwas teilnehmen will ↔ Abmeldung: *Meine Anmeldung zu einem Kurs in erster Hilfe wurde bestätigt* **3** die Bitte an eine amtliche Stelle, etwas zu registrieren ⟨die Anmeldung seines Autos, seines Radios⟩

an·mer·ken (*hat*) **1 etwas anmerken** etwas Wichtiges *meist* in einem Text durch ein Zeichen besonders markieren **2 j-m etwas anmerken** etwas an j-s Aussehen oder an seinem Verhalten erkennen ⟨j-m seinen Kummer, seine Freude, seine Wut anmerken; sich (*Dat*) nichts anmerken lassen⟩

An·mer·kung *die*; -, *-en* **1** eine ergänzende Äußerung zu etwas ⟨eine kritische Anmerkung⟩ **2** ≈ Fußnote

an·nä·hen (*hat*) **etwas** (**an etwas** (*Dat / Akk*)) **annähen** etwas (durch Nähen) an etwas festmachen: *den abgerissenen Knopf wieder an dem / an den Mantel an-*

nähen || ↑ *Abbildung unter* ***nähen***

An·nah·me *die*; -, *-n* **1** das Annehmen (1) ↔ Ablehnung: *die Annahme eines Pakets verweigern* **2** die Zustimmung zu etwas ≈ Billigung ↔ Ablehnung: *die Annahme eines Vorschlags* **3** eine Vermutung ⟨der Annahme sein, dass …; Grund zur Annahme haben, dass …⟩

◆ **an·neh·men** (*hat*) **1** **(*etwas*) *annehmen*** etwas, das einem j-d geben oder schenken will, nicht ablehnen ⟨ein Geschenk annehmen⟩ **2** **(*etwas*) *annehmen*** etwas akzeptieren ↔ ablehnen ⟨eine Einladung, ein Angebot, einen Vorschlag, eine Bedingung annehmen; eine Entschuldigung annehmen⟩ **3** **(*etwas*) *annehmen*** etwas, nachdem man es geprüft hat, akzeptieren oder gut finden ↔ ablehnen ⟨einen Antrag, einen Vorschlag annehmen⟩ **4** **(*etwas*) *annehmen*** etwas (aufgrund einer Information) glauben: *„Kommt er noch?“ – „Ich nehme schon an“* **5** ***etwas annehmen*** etwas als Hypothese (voraus)setzen: *Nehmen wir einmal an, wir hätten kein Telefon - was würde sich dann in unserem Leben ändern?* **6** ***angenommen, …*** verwendet, um auszudrücken, dass etwas als Basis (Hypothese) für weitere Gedanken dient: *Angenommen, sie kommt nicht, was machen wir dann?*

◆ **An·non·ce** [a'nõːsə] *die*; -, *-n*; *bes* ⒸⒽ Ⓐ ≈ Anzeige ⟨eine Annonce aufgeben; sich auf eine Annonce melden⟩ || -K: ***Heirats-, Zeitungs-*** || *hierzu* **an·non·cie·ren** (*hat*)

a·no·nym *Adj*; ohne den Namen des Verfassers, Absenders *usw* ⟨ein Brief, ein Leserbrief, ein Anruf; anonym bleiben wollen⟩ || *hierzu* **A·no·ny·mi·tät** *die*

an·ord·nen[1] (*hat*) ***etwas anordnen*** (als Autorität) bestimmen oder befehlen, dass etwas so gemacht wird: *Die Regierung ordnete eine Untersuchung des Unglücks an* || *hierzu* **An·ord·nung** *die*

an·ord·nen[2] (*hat*) Dinge in eine besondere Ordnung bringen: *die Bücher im Regal anordnen* || *hierzu* **An·ord·nung** *die*

an·pas·sen (*hat*) ***sich* (*j-m* / *etwas*) *anpassen***; ***sich* (*an j-n* / *etwas*) *anpassen*** sich so verändern, dass man zu j-m oder zu den jeweiligen Umständen passt: *sich seinen / an seine Kollegen anpassen*; *In kürzester Zeit hat sich sein Kreislauf dem tropischen Klima angepasst* || *hierzu* **An·pas·sung** *die*

an·pro·bie·ren (*hat*) **(*etwas*) *anprobieren*** ein Kleid, eine Hose *usw* anziehen, damit man sieht, ob sie die richtige Größe haben || *hierzu* **An·pro·be** *die*

an·rech·nen (*hat*) **1** **(*j-m*) *etwas* (*auf etwas* (*Akk*)) *anrechnen*** beim Verkauf einer Ware den Wert von etwas anderem berechnen (und den Preis um dessen Wert senken): *j-m eine Gutschrift anrechnen* **2** ***j-m etwas hoch anrechnen*** j-s Verhalten sehr positiv bewerten: *Ich rechne (es) ihm hoch an*, dass *er mir geholfen hat*

An·re·de *die*; die sprachliche Form, in der man sich mündlich oder am Anfang eines Briefs an j-n wendet ⟨eine höfliche Anrede⟩

an·re·den (*hat*) **1** ***j-n anreden*** sich mit Worten an j-n wenden ≈ ansprechen (1) **2** ***j-n irgendwie anreden*** sich in dieser Form an j-n wenden ⟨j-n mit „du“, mit „Sie“, mit seinem Titel anreden⟩

an·re·gen (*hat*) **1** ***etwas anregen*** die Idee zu etwas geben: *Sie regte an, das Haus zu verkaufen* **2** ***j-n zu etwas anregen*** versuchen, durch einen Vorschlag j-n dazu zu bringen, etwas zu tun **3** ***etwas regt j-n / etwas an*** etwas hat eine stärkende Wirkung auf j-n / etwas ⟨etwas regt die Fantasie, den Appetit an⟩: *ein sehr anregendes Gespräch*

An·re·gung *die* **1** ***eine Anregung* (*zu etwas*)** ein Vorschlag, eine Aufforderung: *die Anregung zu einer Reise geben* **2** ***eine Anregung* (*für etwas*)** ein guter Rat, nützlicher Hinweis ≈ Tipp: *Für Anregungen wäre ich dir sehr dankbar*

An·rei·se *die*; *meist Sg*; die Fahrt zum Ziel (der Reise): *Die Anreise dauerte 6 Stunden*

an·rich·ten (*hat*) **1** ***etwas anrichten*** die Speisen (*bes* auf einem großen Teller oder in einer Schüssel) auf den Tisch stellen: *Ihr könnt kommen, das Essen ist angerichtet!* **2** ***etwas anrichten*** (*meist* ohne Absicht) etwas tun, das negative Wirkungen hat ⟨Schaden anrichten⟩

◆ **An·ruf** *der*; ein Gespräch am Telefon ⟨einen Anruf bekommen, erhalten; auf einen (dringenden) Anruf warten⟩ || Hinweis: ↑ ***Telefonat***

◆ **An·ruf·be·ant·wor·ter** *der*; *-s*, *-*; *meist* ***ein automatischer Anrufbeantworter*** ein Gerät am Telefon, das Nachrichten aufnehmen (speichern) kann

◆ **an·ru·fen** (*hat*) **(*j-n*) *anrufen*** mit j-m per Telefon in Kontakt treten: *Hat j-d angerufen?*; *Ich rufe dich morgen Abend an* || Hinweis: ↑ ***telefonieren*** || *hierzu* **An·ru·fer** *der*; **An·ru·fe·rin** *die*; -, *-nen*

An·sa·ge *die*; (im Radio / Fernsehen oder bei einer Veranstaltung) der (kurze) Text, mit dem man etwas bekannt macht ⟨die Ansage machen⟩

ạn·sa·gen (*hat*) ***j-n / etwas ansagen*** (im Radio / Fernsehen oder bei einer Veranstaltung) die Zuhörer / Zuschauer über die folgende Sendung informieren || *hierzu* **Ạn·sa·ger** *der*; **Ạn·sa·ge·rin** *die*; -, *-nen*

Ạn·satz *der*; die ersten sichtbaren Zeichen einer (möglichen) Entwicklung: *Schon in der Kindheit zeigten sich Ansätze seines künstlerischen Talents*

◆ **ạn·schaf·fen** (*hat*) (***sich*** (*Dat*)) ***etwas anschaffen*** ≈ kaufen: *sich einen Wohnwagen, eine neue Waschmaschine anschaffen*

ạn·schal·ten (*hat*) (***etwas***) ***anschalten*** ein elektrisches Gerät in Betrieb setzen ≈ einschalten (1) ↔ abschalten, ausschalten

◆ **ạn·schau·en** (*hat*) ***j-n / etwas anschauen*** *bes südd* Ⓐ Ⓒⓗ ≈ ansehen (1, 2, 3) || *hierzu* **Ạn·schau·ung** *die*; **ạn·schau·lich** *Adj*

Ạn·schein *der*; *nur Sg*; *geschr* **1** der äußere Eindruck (der oft nicht den Tatsachen entspricht) ⟨den Anschein erwecken, als ob …⟩ **2** ***dem / allem Anschein nach*** so, wie es zu sein scheint ≈ anscheinend, vermutlich

◆ **ạn·schei·nend** *Adv*; dem ersten Eindruck nach ≈ offenbar: *Anscheinend ist sie schon mit dem Fahrrad weggefahren* || Aber: ↑ ***scheinbar***

Ạn·schlag[1] *der*; ein Zettel oder Plakat, die so gehängt werden, dass sie viele Menschen lesen können: *den Anschlag am schwarzen Brett beachten*

Ạn·schlag[2] *der*; ***ein Anschlag*** (***auf j-n / etwas***) ein Versuch, (*meist* aus politischen Gründen) j-n zu ermorden oder etwas zu zerstören ≈ Attentat ⟨einen Anschlag auf einen Politiker, auf eine Botschaft verüben⟩ || -K: ***Bomben-, Mord-***

ạn·schlie·ßen (*hat*) **1** ***etwas*** (***an etwas*** (*Akk*)) ***anschließen*** ein (elektrisches) Gerät installieren, sodass es Strom bekommt: *den Herd, die Waschmaschine (an das Stromnetz) anschließen* **2** ***etwas schließt sich*** (***etwas*** (*Dat*)) ***an*** etwas kommt als weiterer Teil zu etwas hinzu: *Dem Vortrag schloss sich eine lebhafte Diskussion an* **3** ***sich j-m anschließen*** Kontakt zu j-m aufnehmen und etwas gemeinsam mit ihm machen: *sich einer Gruppe engagierter Tierschützer anschließen* || ▸ ***Anschluss***

ạn·schlie·ßend *Adv*; *geschr* ≈ danach, hinterher: *Zuerst gingen sie ins Theater, anschließend in ein Restaurant*

Ạn·schluss *der* **1** die Verbindung mit einem System von Leitungen || -K: ***Telefon-, Wasser-*** **2** die telefonische Verbindung mit einem anderen ⟨keinen Anschluss bekommen⟩ **3** eine Verbindung mit dem Zug oder Bus ⟨den Anschluss verpassen⟩: *In Hamburg haben Sie um 20 Uhr Anschluss nach Kiel* **4** *nur Sg*; persönliche Kontakte zu j-m ⟨Anschluss suchen, finden, haben⟩

◆ **ạn·schnal·len** (*hat*) **1** (***j-m / sich***) ***etwas anschnallen*** etwas mit einem Band oder mit Schnallen festmachen ⟨die Skier anschnallen⟩ **2** ***sich anschnallen*** *gespr*; sich mit einem Gurt am Sitz (eines Fahrzeugs) festmachen || K-: ***Anschnall-, -pflicht***

Ạn·schrift *die*; die Straße und der Ort, wo j-d wohnt ≈ Adresse

◆ **ạn·se·hen** (*hat*) **1** ***j-n / etwas ansehen*** den Blick aufmerksam auf j-n / etwas richten ≈ anschauen **2** ***sich*** (*Dat*) ***j-n / etwas ansehen*** j-n / etwas längere Zeit aufmerksam betrachten: *sich die Kleider im Laden ansehen* **3** ***sich*** (*Dat*) ***etwas ansehen*** als Zuschauer bei einer Veranstaltung sein: *sich ein Theaterstück, ein Fußballspiel (im Fernsehen) ansehen* **4** ***j-m etwas ansehen*** etwas an dem Verhalten erkennen: *j-m das schlechte Gewissen, die gute Laune ansehen* **5** ***j-n / etwas für / als etwas ansehen*** glauben, dass j-d / etwas so ist ≈ j-n / etwas für etwas halten ⟨j-n für einen Verbrecher ansehen⟩: *Ich sehe ihn nicht als meinen Freund an* || ID ***Sieh*** (***mal***) (***einer***) ***an!*** *gespr*; verwendet, um Erstaunen auszudrücken || ▸ ***Ansicht***

Ạn·se·hen *das*; *-s*; *nur Sg*; die gute Meinung, die andere Menschen von j-m haben ⟨großes Ansehen (bei j-m) genießen⟩

◆ **Ạn·sicht** *die*; -, *-en* **1** ***eine Ansicht*** (***über j-n / etwas, zu etwas***) j-s persönliche Meinung zu einer Person oder Sache ⟨eine Ansicht über j-n / etwas haben, äußern, vertreten; anderer Ansicht sein; meiner Ansicht nach⟩: *Er ist der Ansicht, dass Picasso der größte Maler des 20. Jahrhunderts ist* **2** ein gemaltes Bild oder ein Foto von einer Landschaft, einer Stadt, einem Haus *o.Ä.*

Ạn·spra·che *die*; eine (*meist* öffentliche) Rede, die j-d zu einem besonderen Anlass hält: *Auf der Jubiläumsfeier hielt der Chef eine kurze Ansprache* || -K: ***Begrüßungs-***

ạn·spre·chen (*hat*) **1** ***j-n ansprechen*** sich mit Worten an j-n wenden: *Er hat sie einfach auf der Straße angesprochen* **2** ***etwas ansprechen*** in einem Gespräch mit dem genannten Thema beginnen ≈ etwas zur Sprache bringen ⟨ein Problem ansprechen⟩ **3** ***j-d / etwas spricht j-n an*** j-d / etwas ruft eine positive Reaktion bei j-m hervor, gefällt j-m: *Moderne Malerei spricht mich sehr an* || ▸ ***Ansprache***

Ạn·spruch *der* **1** *oft Pl*; ***ein Anspruch*** (***an j-n / etwas***) (hohe) Erwartungen oder Forderungen: *Er stellt hohe Ansprüche an seine Mitarbeiter* || K-: ***anspruchs-, -los, -voll*** **2** (***ein***) ***Anspruch auf etwas*** ein Recht auf etwas ⟨Anspruch auf Urlaub, Rente, Schadenersatz haben, erheben⟩ || -K: ***Besitz-, Renten-***

Ạn·stalt *die*; -, *-en* **1** *oft veraltend*; eine öffentliche Institution, die *bes* der (Aus)Bildung dient ⟨eine technische, hauswirtschaftliche Anstalt⟩ **2** ein Gebäude, in dem psychisch Kranke behandelt und versorgt werden ⟨j-n in eine Anstalt einweisen⟩ || -K: ***Heil-***

Ạn·stand *der*; *-(e)s*; *nur Sg*; das Verhalten (Benehmen) nach dem Vorbild einer guten Erziehung ⟨(keinen) Anstand haben⟩

ạn·stän·dig *Adj* **1** so, wie es richtig ist und sich gehört ⟨sich anständig benehmen⟩ **2** mit einem guten Charakter ⟨ein Mensch, ein Kerl⟩ || *hierzu* **Ạn·stän·dig·keit** *die*

an·stạtt[1] *Konjunktion* ≈ statt[1]: *Er hat den ganzen Nachmittag gespielt, anstatt zu lernen*

an·stạtt[2] *Präp*; *mit Gen* ≈ anstelle, statt[2]: *Er kam anstatt seiner Frau*

ạn·ste·cken (*hat*) **1** ***j-n*** (***mit etwas***) ***anstecken*** eine Krankheit, die man selbst hat, auf j-n übertragen ≈ j-n infizieren: *Er hat mich mit seiner Grippe angesteckt* **2** (***j-m***) ***etwas anstecken*** j-m etwas auf der Kleidung, am Finger befestigen: *Er steckte ihr den Ehering an* **3** ***sich*** (***bei j-m***) (***mit etwas***) ***anstecken*** eine (Infektions)Krankheit von j-m bekommen ≈ sich infizieren || *zu* **1** und **3** **Ạn·ste·ckung** *die*

ạn·ste·ckend *Adj*; *nicht adv*; ⟨eine Krankheit⟩ so, dass sie von einem Menschen auf den anderen / von einem Tier auf das andere übergeht

ạn·stei·gen (*ist*) ***etwas steigt an*** etwas wird höher ↔ etwas fällt ⟨der Wasserstand, die Temperatur⟩

an·stẹl·le, **an Stẹl·le** *Präp*; *mit Gen*; (stellvertretend) für ≈ statt, anstatt: *Anstelle des Meisters führte der Lehrling die Reparatur aus* || Hinweis: auch in Verbindung mit *von*: *Anstelle von Bäumen wurden Büsche gepflanzt*

ạn·stel·len (*hat*) **1** ***etwas anstellen*** ein elektrisches Gerät mit einem Schalter in Betrieb setzen ≈ einschalten (1) ↔ abschalten: *den Fernseher, das Radio anstellen* **2** ***j-n anstellen*** j-m gegen Bezahlung für längere Zeit Arbeit geben ≈ einstellen ↔ entlassen: *Die Firma hat dieses Jahr schon drei neue Sekretärinnen angestellt* **3** ***etwas anstellen*** *gespr*; etwas tun, was *meist* negative Folgen hat: *Die Kinder sind so ruhig - wahrscheinlich haben sie wieder etwas angestellt* **4** ***sich*** (***um etwas***) ***anstellen*** sich in eine Reihe mit anderen (wartenden) Personen stellen

ạn·sto·ßen (*hat*) **1** ***j-n anstoßen*** j-m durch einen Stoß (mit dem Ellbogen oder Fuß) einen Hinweis auf etwas geben: *Sie stieß ihn heimlich unter dem Tisch an* **2** ***j-n / etwas anstoßen*** j-m / etwas (ohne Absicht) einen kleinen Stoß geben ⟨seinen Nachbarn anstoßen⟩ **3** ***j-d stößt mit j-m*** (***auf j-n / etwas***) ***an***; ⟨Personen⟩ ***stoßen*** (***auf j-n / etwas***) ***an*** zwei oder mehrere Personen stoßen, bevor sie trinken, die gefüllten Gläser mit dem Rand leicht gegeneinander, um etwas zu feiern ⟨auf j-s Erfolg, Geburtstag anstoßen⟩

◆ **ạn·stren·gen**; *strengte an, hat angestrengt* **1** ***etwas strengt j-n / etwas an*** etwas macht j-n müde: *Das Gespräch hat mich sehr angestrengt*; *Langes Lesen strengt die Augen an* **2** ***sich anstrengen*** sich große Mühe geben, um ein Ziel zu erreichen ⟨sich körperlich anstrengen⟩: *Er hat sich sehr angestrengt, um seinen Gästen einen schönen Abend zu bieten*

Ạn·stren·gung *die*; -, *-en* **1** die Tatsache, dass man sich große Mühe gibt ⟨in seinen Anstrengungen nachlassen⟩ **2** eine starke körperliche oder geistige Belastung ≈ Strapaze

Ạn·teil *der*; ***ein Anteil*** (***an etwas*** (*Dat*)) der Teil einer Sache, auf den j-d ein Recht hat oder an dem j-d beteiligt ist: *j-s Anteil am Gewinn*

Ạn·teil·nah·me *die*; -; *nur Sg*; das Gefühl der Solidarität, das man (nach außen) zeigt (*z.B.* bei einem Todesfall) ⟨j-m seine Anteilnahme ausdrücken, bekunden⟩

An·tẹn·ne *die*; -, *-n*; eine Konstruktion aus Metall, mit der man (Radio- oder Fernseh)Sendungen empfangen oder senden kann || ↑ *Illustration* **Das Auto** || -K: ***Fernseh-, Radio-***

An·ti·ba·by|pil·le *die*; *meist Sg*; *gespr*; eine Tablette, die eine Frau regelmäßig nimmt, um nicht schwanger zu werden

an·tik *Adj*; alt, aus einer alten Epoche (stammend) ⟨Möbel⟩ || *hierzu* **An·ti·ke** *die*

An·ti·qui·tät [-kv-] *die*; -, *-en*; *oft Pl*; ein Gegenstand (*z.B.* Möbel, Geschirr), der alt und selten und deshalb sehr wertvoll geworden ist || K-: ***Antiquitäten-, -geschäft***

An·to·nym *das*; *-s, -e*; *Ling*; ein Wort, das die entgegengesetzte Bedeutung eines anderen Wortes hat ≈ Gegenteil

♦ **An·trag** *der*; *-(e)s, An·trä·ge* **1** ***ein Antrag*** (***auf etwas*** (*Akk*)) die schriftliche Bitte (an eine Behörde oder Institution) ⟨einen Antrag stellen, zurückziehen⟩ **2** das Formular für einen Antrag (1) **3** ein Vorschlag, der beschlossen werden soll ⟨einen Antrag annehmen, ablehnen; über einen Antrag abstimmen⟩ **4** *Kurzwort* ↑ ***Heiratsantrag***: *seiner Freundin einen Antrag machen* || *zu* **1** **An·trag·stel·ler** *der*; **An·trag·stel·le·rin** *die*; -, *-nen*

an·tref·fen (*hat*) ***j-n*** (***irgendwo***) ***antreffen*** j-n irgendwo treffen, erreichen: *j-n im Büro antreffen*

an·trei·ben (*hat*) **1** ***j-n*** (***zu etwas***) ***antreiben*** j-n (*meist* mit Worten) dazu bringen, etwas schnell oder bald zu tun ⟨j-n zur Arbeit, zur Eile antreiben⟩ **2** ***etwas treibt j-n*** (***zu etwas***) ***an*** etwas motiviert j-n dazu, etwas zu tun **3** ***etwas treibt etwas an*** etwas setzt oder hält ein Gerät oder Fahrzeug in Funktion: *Das Boot wird von einem Elektromotor angetrieben*

an·tre·ten (*hat / ist*) **1** ***etwas antreten*** (*hat*) etwas beginnen ⟨eine Stelle, eine Arbeit, das / ein Studium antreten⟩ **2** ***etwas antreten*** (*hat*) etwas beginnen, nachdem man alles vorbereitet hat ⟨die Reise, den Heimweg antreten⟩ **3** ***zu etwas antreten*** (*ist*) zusammenkommen und sich in einer Reihe, Ordnung aufstellen, um dann etwas zu tun: *Die Schüler sind zum Turnen angetreten*

An·tritt *der*; *-(e)s*; *nur Sg*; der Beginn: *der Antritt des Studiums*; *bei Antritt der Reise*

♦ **Ant·wort** *die*; -, *-en*; ***eine Antwort*** (***auf etwas*** (*Akk*)) das, was j-d auf eine Frage sagt; die Worte, mit denen j-d auf eine Bitte oder einen Brief reagiert ↔ Frage ⟨eine höfliche, kluge, unverschämte Antwort geben⟩: *Ich habe immer noch keine Antwort auf meinen Brief erhalten* || K-: ***Antwort-, -brief, -schreiben***

♦ **ant·wor·ten**; *antwortete, hat geantwortet* **1** (***j-m***) ***etwas*** (***auf etwas*** (*Akk*)) ***antworten*** j-m etwas als Antwort auf eine Frage, Bitte oder einen Brief sagen / schreiben ↔ fragen: *Was hast du ihm darauf geantwortet?* **2** (***j-m***) (***auf etwas*** (*Akk*)) ***antworten*** auf eine Frage, Bitte oder einen Brief reagieren ≈ etwas beantworten ⟨mit Ja oder Nein antworten⟩: *Du hast auf meine Frage noch nicht geantwortet*

an·ver·trau·en; *vertraute an, hat anvertraut* **1** ***j-m etwas anvertrauen*** j-m, den man für ehrlich hält, etwas Wertvolles geben, damit er es aufbewahrt *o.Ä.*: *j-m seinen Schmuck, sein Geld anvertrauen* **2** ***j-m etwas anvertrauen*** einer Person, zu der man Vertrauen hat, etwas Geheimes oder Intimes sagen ⟨j-m ein Geheimnis, seinen Kummer anvertrauen⟩

♦ **An·walt** *der*; *-(e)s, An·wäl·te*; *Kurzwort* ↑ ***Rechtsanwalt*** || K-: ***Anwalts-, -büro, -kanzlei*** || *hierzu* **An·wäl·tin** *die*; -, *-nen*

An·wei·sung *die* **1** *geschr* ≈ Auftrag, Befehl ⟨j-s Anweisungen befolgen; strikte Anweisung haben + zu + *Infinitiv*⟩ **2** ein Heft, das beschreibt, wie man etwas macht ≈ Anleitung (2) || -K: ***Gebrauchs-***

an·wen·den; *wendete / wandte an, hat angewendet / angewandt*; ***etwas anwenden*** etwas zu einem bestimmten Zweck benutzen ⟨Gewalt anwenden; eine List, einen Trick anwenden⟩

An·wen·dung *die*; -; *nur Sg*; das Anwenden: *Unter Anwendung eines Tricks schaffte es der Betrüger, in die Wohnung zu kommen* || K-: ***Anwendungs-, -bereich, -möglichkeit***

♦ **an·we·send** *Adj*; *nicht adv*; ***anwesend sein*** an einem Ort sein ↔ abwesend ⟨Personen⟩: *bei einer Veranstaltung anwesend sein* || *hierzu* **An·we·sen·de** *der / die*

An·we·sen·heit *die*; -; *nur Sg*; die Tatsache, dass j-d da (anwesend) ist ↔ Abwesenheit ⟨während / in j-s Anwesenheit⟩

An·zahl *die*; *nur Sg* **1** ***eine Anzahl*** (+ *Gen* / ***von*** ⟨Personen / Dingen⟩) eine unbestimmte Menge: *eine Anzahl von Schülern*; *eine Anzahl Kinder* **2** ***die Anzahl*** (+ *Gen* / ***an*** ⟨Personen / Dingen⟩) ≈ Zahl: *Die Anzahl der Mitglieder im Verein ist gestiegen*

An·zei·chen *das* **1** ein Zeichen (Signal), das etwas Kommendes anzeigt: *die Anzeichen eines Gewitters bemerken* **2** eine Reaktion, die einen bestimmten (seelischen) Zustand erkennen lässt: *keine Anzeichen von Reue zeigen*

♦ **An·zei·ge** *die*; -, *-n* **1** ein *meist* kurzer Text, den man in einer Zeitung oder Zeitschrift drucken lässt, weil man etwas mitteilen oder verkaufen will oder weil man etwas sucht ≈ Annonce ⟨eine Anzeige aufgeben⟩ || -K: ***Geburts-, Heirats-, Todes-*** **2** eine Mitteilung *meist* an die Polizei, dass j-d etwas falsch gemacht hat und dafür eine Strafe bekommen soll ⟨Anzeige gegen j-n erstatten⟩ **3** *nur Sg*; die Information über etwas ⟨die Anzeige eines Resultats⟩

an·zei·gen (*hat*) **1** ***j-n anzeigen*** einer Behörde (*meist* der Polizei) sagen (melden), dass j-d gegen ein Gesetz verstoßen hat **2** ***etwas zeigt etwas an*** etwas gibt den Wert einer Messung oder andere Informationen an: *Die Waage zeigt 75 Kilo an*

◆ **an·zie·hen** (*hat*) **1** (***j-m / sich*** (*Dat*)) ***etwas anziehen*** Kleidung nehmen, um sie zu tragen ↔ ausziehen: *sich ein Hemd, eine Jacke anziehen* **2** ***j-n / sich anziehen*** j-n / sich mit der Kleidung versehen, die man am Körper trägt ↔ ausziehen ⟨ein Baby, ein kleines Kind anziehen⟩ **3** ***j-d / etwas zieht j-n an*** j-d / etwas weckt j-s Interesse stark: *Dieser Markt zog viele Käufer an* **4** ***etwas zieht etwas an*** etwas übt (elektro)magnetische Kräfte auf etwas aus: *Ein Magnet zieht Eisen an* **5** ***etwas anziehen*** einen Arm, ein Bein in Richtung zum Körper ziehen **6** ***sich irgendwie anziehen*** seine Kleidung so auswählen und tragen: *Er zieht sich immer sehr schick an* || ▸ ***Anzug***

◆ **An·zug** *der*; eine Kleidung (*bes* für Männer), die aus einer langen Hose und einer Jacke besteht, die aus dem gleichen Stoff gemacht sind

◆ **an·zün·den** (*hat*) (***sich*** (*Dat*)) ***etwas anzünden*** bewirken, dass etwas brennt ⟨sich eine Zigarette anzünden; ein Feuer, einen Ofen, eine Kerze anzünden⟩

◆ **Ap·fel** *der*; *-s, Äp·fel*; eine runde Frucht mit einer roten, grünen oder gelben Schale und kleinen braunen Kernen || ↑ *Illustration* ***Obst und Gemüse*** || K-: ***Apfel-, -baum***; ***-kuchen, -mus, -saft*** || ID ***in den sauren Apfel beißen*** (***müssen***) *gespr*; etwas tun (müssen), was man nicht will

◆ **Ap·fel·si·ne** *die*; -, *-n* ≈ Orange

◆ **A·po·the·ke** *die*; -, *-n*; ein Geschäft, in dem man Medizin kaufen kann || *hierzu* **A·po·the·ker** *der*; **A·po·the·ke·rin** *die*; -, *-nen*

◆ **Ap·pa·rat** *der*; *-(e)s, -e* **1** ein technisches Gerät || -K: ***Fernseh-, Foto-*** **2** *meist* ***am Apparat sein, bleiben*** am Telefon sein (und sprechen), am Telefon sein (und warten) || *hierzu* **Ap·pa·ra·tur** *die*

◆ **Ap·pe·tit** *der*; *-(e)s*; *nur Sg* **1** ***Appetit*** (***auf etwas*** (*Akk*)) der Wunsch, etwas zu essen ⟨keinen, großen Appetit (auf etwas) haben, bekommen⟩: *Hast du Appetit auf Fisch?* **2** ***Guten Appetit!*** verwendet als höfliche Formel, bevor man anfängt zu essen ≈ Mahlzeit! || *zu* **1** **Ap·pe·tit·lo·sig·keit** *die*; **ap·pe·tit·los** *Adj*

ap·plau·die·ren; *applaudierte, hat applaudiert*; (***j-m***) ***applaudieren*** ≈ j-m Beifall klatschen, spenden: *Das Publikum applaudierte dem Opernsänger begeistert*

Ap·plaus *der*; *-es*; *nur Sg*; Anerkennung vom Publikum (durch Klatschen) ≈ Beifall: *Der junge Opernsänger erhielt stürmischen Applaus*

◆ **Ap·ri·ko·se** *die*; -, *-n*; eine runde, kleine Frucht mit gelber (oder orangefarbener) weicher Schale und einem relativ großen Kern || K-: ***Aprikosen-, -baum, -marmelade***

Ap·ril *der*; *-(s)*; *nur Sg*; der vierte Monat des Jahres ⟨im April; Anfang, Mitte, Ende April; am 1., 2., 3. *usw* April⟩

◆ **Ar·beit** *die*; -, *-en* **1** ***die Arbeit*** (***an etwas*** (*Dat*)) die geistige oder / und körperliche Tätigkeit, die ein bestimmtes Ziel hat ⟨eine leichte, schwere, interessante, geistige, körperliche Arbeit; seine Arbeit erledigen, verrichten; an die Arbeit gehen⟩: *die Arbeit an einem Projekt* || K-: ***Arbeits-, -ablauf, -eifer, -weise*** || -K: ***Büro-, Garten-, Haus-***; ***Kopf-, Muskel-*** **2** *nur Sg*; die Tätigkeit, die man als Beruf ausübt || K-: ***Arbeits-, -kollege, -lohn, -raum, -stelle, -tag, -vertrag, -zeit, -zimmer*** || -K: ***Halbtags-, Ganztags-, Schicht-*** **3** *nur Sg* ≈ Stelle (2) ⟨Arbeit finden, suchen; seine Arbeit verlieren; zur / in die Arbeit gehen⟩ || K-: ***Arbeits-, -suche*** **4** ***Arbeit*** (***mit j-m / etwas***) *nur Sg*; die Mühe oder Anstrengung, die man hat, wenn man sich mit j-m / etwas beschäftigt ⟨viel Arbeit mit j-m / etwas haben; keine Mühe und Arbeit scheuen⟩ **5** das Ergebnis der Tätigkeit ⟨eine wissenschaftliche Arbeit; seine Arbeit vorlegen⟩: *die Arbeiten eines Künstlers ausstellen* || -K: ***Bastel-, Hand-***; ***Diplom-, Doktor-*** **6** eine schriftliche oder praktische Prüfung, ein Test: *Der Lehrer ließ heute eine Arbeit schreiben* || -K: ***Abschluss-, Prüfungs-***

◆ **ar·bei·ten**; *arbeitete, hat gearbeitet* **1** etwas körperlich oder geistig tun ⟨körperlich, geistig arbeiten; gewissenhaft, fleißig arbeiten⟩ **2** eine Tätigkeit als Beruf ausüben, für die man Lohn bekommt ⟨halbtags, ganztags arbeiten⟩: *bei der Post arbeiten*; *als Elektriker arbeiten* **3** ***etwas arbeitet*** etwas erfüllt regelmäßig seine Funktionen ⟨das Herz, die Lunge⟩ **4** ***an etwas*** (*Dat*) ***arbeiten*** (*z.B.* als Autor oder Handwerker) mit der Herstellung einer Sache beschäftigt sein: *an einem Roman, einer Vase arbeiten*

Ar·bei·ter *der*; *-s*, -; j-d, der für Lohn (bei einer Firma) *meist* körperliche Arbeiten macht || K-: ***Arbeiter-, -viertel*** || -K: ***Bau-, Fabrik-*** || *hierzu* **Ar·bei·te·rin** *die*; -, *-nen*

◆ **Ar·beit·ge·ber** *der*; *-s*, -; eine Person oder

Firma, die andere gegen Lohn beschäftigt ↔ Arbeitnehmer || *hierzu* **Ar·beit·ge·be·rin** *die*; -, *-nen*

◆ **Ar·beit·neh·mer** *der*; *-s*, -; j-d, der bei einer Firma arbeitet und dafür Geld bekommt ↔ Arbeitgeber || *hierzu* **Ar·beit·neh·me·rin** *die*; -, *-nen*

Ar·beits·amt *das*; eine (staatliche Behörde), die Stellen (Arbeitsplätze) an Menschen ohne Arbeit vermittelt ⟨aufs / zum Arbeitsamt gehen⟩

ar·beits·los *Adj*; *nicht adv*; ohne Arbeit (2), weil man entlassen wurde: *Er ist schon seit zwei Jahren arbeitslos*

Ar·beits·lo·sig·keit *die*; -; *nur Sg* **1** der Zustand, seine Stelle (2) verloren zu haben **2** der Mangel an Arbeitsplätzen ⟨die Arbeitslosigkeit bekämpfen⟩

Ar·beits·platz *der* **1** ≈ (Arbeits)Stelle (2) ⟨seinen Arbeitsplatz verlieren⟩ **2** der Platz oder Raum, wo j-d arbeitet ⟨seinen Arbeitsplatz aufräumen⟩

Ar·beits·zeit *die*; die genaue Zahl der Stunden, die man (als Arbeitnehmer) pro Tag, Woche oder Monat arbeiten muss ⟨eine feste Arbeitszeit⟩

Ar·chi·tekt *der*; *-en*, *-en*; j-d, der (an einer Hochschule) gelernt hat, wie man Häuser baut || *hierzu* **Ar·chi·tek·tin** *die*; -, *-nen*; **Ar·chi·tek·tur** *die*

Ar·chiv [-f] *das*; *-s*, *-e*; ein Ort / Gebäude, an / in dem (historisch) wichtige Dokumente gesammelt und aufbewahrt werden

Är·ger *der*; *-s*; *nur Sg*; ***Ärger (über j-n / etwas)*** ein Gefühl innerer Aufregung und leichter Wut: *Sie konnte ihren Ärger über sein schlechtes Benehmen nicht verbergen*

◆ **är·ger·lich** *Adj* **1** ***ärgerlich (auf, über j-n / etwas)*** mit einem leichten Gefühl von Ärger, Wut: *Der Präsident reagierte ärgerlich auf die Fragen des Reporters* **2** so, dass es Ärger hervorruft ≈ unangenehm ⟨ein Ereignis, ein Vorfall⟩: *Es war ja wirklich ärgerlich, dass du den Zug versäumt hast*

◆ **är·gern**; *ärgerte, hat geärgert* **1** ***j-n ärgern*** (durch sein Verhalten) bewirken, dass j-d Ärger empfindet: *seinen jüngeren Bruder ärgern* || Hinweis: ↑ ***necken*** **2** ***sich (über j-n / etwas) ärgern*** Ärger über j-n / etwas empfinden ≈ sich aufregen (3): *Der Lehrer ärgerte sich über die freche Antwort seines Schülers*

Ar·gu·ment *das*; *-(e)s*, *-e*; ***ein Argument (für, gegen j-n / etwas)*** etwas, womit man eine Behauptung, einen Standpunkt begründet, erklärt ⟨ein stichhaltiges, überzeugendes Argument⟩ || *hierzu* **ar·gu·men·tie·ren** (*hat*)

◆ **arm**, *ärmer*, *ärmst-*; *Adj* **1** ohne Besitz und genügend Geld ↔ reich ⟨ein Mensch, eine Familie, ein Land; arm sein⟩ **2** ***arm an etwas (Dat) sein*** von einer Sache nur sehr wenig haben oder enthalten ↔ reich an etwas sein: *Diese Speise ist arm an Kalorien* **3** in einem Zustand, der Mitleid erregt ≈ bedauernswert: *Peter, der arme Kerl, hat sich beide Beine gebrochen!* || *hierzu* **ärm·lich** *Adj*

◆ **Arm** *der*; *-(e)s*, *-e* **1** eines der beiden Glieder (des Körpers), die von der Schulter bis zu den Fingern reichen ⟨der rechte, linke Arm; die Arme ausbreiten, ausstrecken, verschränken; den Arm um j-n legen; j-n in die Arme nehmen; ein Kind auf den Arm nehmen⟩ **2** ein schmaler, langer Teil auf der Seite (eines Gerätes *o.Ä.*): *die Arme eines Wegweisers, eines Flusses, eines Leuchters* || -K: ***Fluss-, Meeres-*** || ID ***den längeren Arm haben*** mehr Einfluss haben; ***j-n mit offenen Armen aufnehmen / empfangen*** j-n sehr freundlich, mit großer Freude aufnehmen / empfangen; ***j-n auf den Arm nehmen*** *gespr*; einen Scherz mit j-m machen (sodass man über ihn lachen kann) ≈ sich über j-n lustig machen

Arm·band *das*; ein Band oder eine Kette, die man am Arm (Handgelenk) trägt || -K: ***Gold-, Leder-***

Arm·band·uhr *die*; eine Uhr, die man am Arm (Handgelenk) trägt

Ar·mee *die*; -, *-n* [-ˈmeːən]; alle Soldaten eines Staates ≈ die Streitkräfte ⟨zur Armee gehen⟩

Är·mel *der*; *-s*, -; der Teil der Kleidung, der den Arm teilweise oder ganz bedeckt ⟨kurze, lange Ärmel; die Ärmel hochkrempeln⟩

Ar·mut *die*; -; *nur Sg*; der Zustand, arm (1) zu sein ↔ Reichtum ⟨in Armut leben; in einem Land herrscht bittere Armut⟩

ar·ro·gant *Adj*; *pej*; ⟨ein Mensch⟩ so (stolz auf sich selbst), dass er anderen Menschen immer zeigen will, wie klug oder gut er ist ≈ überheblich || *hierzu* **Ar·ro·ganz** *die*

◆ **Art**[1] *die*; -, *-en* **1** *meist* ***Art (und Weise)*** *meist* mit einem Adjektiv, das sagt, wie etwas gemacht wird: *Er musste ihr den Unfall auf schonende Art (und Weise) beibringen* **2** *nur Sg*; die charakteristische Eigenschaft einer Person ≈ Natur (4) ⟨eine herzliche, stille, gutmütige Art⟩: *Es ist ganz seine Art, sofort zu helfen, wenn er gebraucht wird* **3** ***eine Art*** + *Gen*; ***eine Art von j-m / etwas*** (verwendet zur Einteilung von ähnlichen Gegenständen oder Personen in Gruppen) ≈ Sorte, Kategorie: *Diese Art (von) Menschen kann ich nicht leiden* || ID *gespr*; *meist* ***so eine Art (von)*** so etwas Ähnliches wie: *Ist das so eine Art Bettcouch?*

◆ **Art**[2] *die*; -, *-en*; *Biol*; eine niedrige Kategorie im System der Lebewesen: *Tiger und Löwe sind Arten der Gattung „Großkatzen"* || K-: ***Arten-, -reichtum, -schutz*** || -K: ***Pflanzen-, Tier-, Vogel-*** || ID ***aus der Art schlagen*** sich anders entwickeln als seine Familie: *Ihr jüngster Sohn ist ganz aus der Art geschlagen* || *hierzu* **ar·ten·reich** *Adj*

ar·tig *Adj*; so, wie es die Erwachsenen von Kindern erwarten ≈ brav, folgsam || *hierzu* **Ar·tig·keit** *die*

◆ **Ar·ti·kel** *der*; *-s*, -; **1** ein Text in einer Zeitung, Zeitschrift *o.Ä.* ⟨einen Artikel schreiben, verfassen⟩ || -K: ***Zeitungs-*** **2** eine Sorte von Gegenständen, die verkauft werden ≈ Ware: *Dieser Artikel ist gerade im Sonderangebot* **3** *Ling*; eine Wortart, die das Genus eines Substantivs bezeichnet: *„Der" ist der bestimmte, „ein" der unbestimmte männliche Artikel* **4** ein Abschnitt eines Gesetzes oder Vertrags

Ar·tist *der*; *-en, -en*; ein Künstler (*z.B.* ein Akrobat oder ein Jongleur), der sehr gewandt und gut trainiert ist und mit Geschick sein Können zeigt || *hierzu* **Ar·tis·tin** *die*; -, *-nen*

Arz·nei *die*; -, *-en*; ein Mittel gegen Krankheiten ≈ Medikament, Medizin (2) ⟨(j-m) eine Arznei verordnen⟩

◆ **Arzt** *der*; *-es, Ärz·te*; j-d, der an einer Universität gelernt hat, Kranke zu behandeln ≈ Mediziner, Doktor ⟨einen Arzt holen, rufen, konsultieren; zum Arzt gehen⟩ || -K: ***Augen-, Kinder-, Zahn-*** || *hierzu* **Ärz·tin** *die*; -, *-nen*; **ärzt·lich** *Adj*

◆ **Arzt·pra·xis** *die*; die Räume, in denen ein Arzt die Patienten empfängt und behandelt ⟨eine neu eröffnete, gut gehende Arztpraxis⟩

A·sche *die*; -, *-n*; die grauen Reste, die übrig bleiben, wenn etwas verbrannt (worden) ist

A·schen·be·cher *der*; ein Gefäß für die Asche und die Reste von Zigaretten *o.Ä.* ⟨den Aschenbecher ausleeren⟩

A·si·en ['aːzi̯ən] *-s*; *nur Sg*; der größte Kontinent der Erde

As·pekt *der*; *-(e)s, -e*; der Standpunkt, von dem aus man ein Problem betrachtet: *etwas unter finanziellem Aspekt betrachten*

aß ↑ ***essen***

Ass *das*; *-es, -e* **1** die höchste Spielkarte || ↑ *Abbildung unter* ***Spielkarten*** **2** *gespr*; j-d mit einer besonderen Begabung: *ein Ass in Physik*

As·sis·tent *der*; *-en, -en*; j-d, der j-m (*z.B.* einem Professor oder Arzt) bei der Arbeit hilft || *hierzu* **As·sis·ten·tin** *die*; -, *-nen*

Ast *der*; *-(e)s, Äs·te*; der Teil eines Baumes, der aus dem Stamm wächst ⟨ein dicker, starker, dürrer Ast; einen Ast abbrechen⟩

Äs·the·tik *die*; -; *nur Sg* **1** die Prinzipien oder Regeln, nach denen man darüber urteilt, ob etwas schön ist **2** das subjektiv Schöne: *die Ästhetik des Tanzes* || *hierzu* **äs·the·tisch** *Adj*

◆ **A·syl** *das*; *-(e)s, -e* **1** *nur Sg*; das Recht, das es Flüchtlingen erlaubt, in dem anderen Land zu bleiben ⟨um Asyl bitten; (j-m) politisches Asyl gewähren⟩ || K-: ***Asyl-, -antrag, -bewerber, -recht*** **2** ein Platz für Personen ohne Wohnung ≈ Heim

A·sy·lant *der*; *-en, -en*; j-d, der auf der Flucht ist und um politisches Asyl bittet || Hinweis: *Asylant* wird oft negativ verwendet, *Asylbewerber* oder *Asylsuchender* sind relativ neutrale Ausdrücke || *hierzu* **A·sy·lan·tin** *die*; -, *-nen*

A·tem *der*; *-s*; *nur Sg* **1** die Luft, die sich von der Lunge zu Mund oder Nase bewegt (und umgekehrt) ⟨den Atem anhalten; Atem holen, schöpfen⟩ **2** ***außer Atem sein*** vor Erschöpfung nicht gut atmen können

A·the·ist [ate'ɪst] *der*; *-en, -en*; j-d, der nicht an Gott glaubt || *hierzu* **A·the·is·tin** *die*; -, *-nen*; **A·the·is·mus** *der*; **a·the·is·tisch** *Adj*

Ath·let *der*; *-en, -en* **1** ein (trainierter) Sportler **2** ein Mann mit starken Muskeln und einer guten Figur || *zu* **1** **Ath·le·tin** *die*; -, *-nen*; *zu* **2** **ath·le·tisch** *Adj*

At·las *der*; - / *-ses, At·lan·ten / At·las·se*; eine Sammlung von Landkarten in einem Buch || -K: ***Welt-***

◆ **at·men**; *atmete, hat geatmet*; Luft durch Nase oder Mund in die Lunge kommen lassen ⟨stoßweise, schwer atmen⟩

◆ **At·mo·sphä·re** [-f-] *die*; -; *nur Sg* **1** die Mischung aus Gasen, die einen Planeten umgibt: *Die Atmosphäre der Erde besteht aus Luft* **2** die Stimmung innerhalb einer Gruppe ⟨eine frostige, gespannte, gelöste, heitere Atmosphäre⟩ || *zu* **1** **at·mo·sphä·risch** *Adj*

A·tom *das*; *-s, -e*; *Phys, Chem*; der kleinste charakteristische Teil eines chemischen Elements || K-: ***Atom-, -kern, -spaltung, -waffen***

A·tom·bom·be *die*; eine große Bombe, deren Explosion gefährliche (radioaktive) Strahlen erzeugt

A·tom·e·ner·gie *die*; *nur Sg*; Energie, die entsteht, wenn Atome (Atomkerne) gespalten werden

At·ten·tat *das*; *-(e)s, -e*; ***ein Attentat*** (***auf / gegen j-n***) ≈ Anschlag[2] ⟨einem Attentat zum Opfer fallen⟩ || *hierzu* **At·ten·tä·ter** *der*

At·test *das*; *-(e)s, -e*; die schriftliche Erklärung eines Arztes, dass eine Person krank ist ⟨(j-m) ein Attest ausstellen, ein Attest vorlegen⟩

at·trak·tiv [-f] *Adj* **1** ⟨ein Angebot⟩ so, dass man es sehr gerne haben möchte **2** ≈ hübsch ⟨eine Frau, eine Erscheinung⟩

At·tri·but *das*; *-(e)s, -e*; *geschr* **1** ein besonderes oder charakteristisches Merkmal, das j-d (nach Ansicht der anderen) hat: *Zuverlässigkeit ist eines seiner besten Attribute* **2** *Ling*; eine nähere Bestimmung *bes* zu einem Substantiv || *zu* **2 at·tri·bu·tiv** *Adj*

au! *Interjektion* **1** verwendet als Ausruf des Schmerzes **2** verwendet als Ausruf der Freude, Zustimmung ⟨au ja!⟩

◆**auch**[1] *Adv*; verwendet, um auszudrücken, dass für j-n / etwas das Gleiche gilt wie für eine andere Person / Sache ≈ ebenfalls, genauso: *„Mein Radio ist kaputt!" – „Meines funktioniert auch nicht"*; *Auch Christian war auf dem Fest* (nicht nur Werner)

◆**auch**[2] *Partikel*; *unbetont* **1** verwendet, wenn die Aussage auf alle / alles zutreffen soll, auch auf die genannte Person / Sache (von der man es nicht erwartet hat) ≈ selbst, sogar: *Auch der klügste Schüler macht mal einen Fehler*; *Sie geht jeden Tag spazieren, auch wenn es regnet*; *Auch der schönste Tag geht einmal zu Ende* **2** in Fragen verwendet, wenn man sicher sein will, dass etwas so ist, wie es sein sollte: *Hast du die Haustür auch wirklich abgeschlossen?*; *Bist du auch nicht zu müde zum Fahren?*; *Vergisst du das auch ganz bestimmt nicht?* **3** verwendet, wenn man j-n zu etwas ermahnt: *Sei auch schön brav bei der Oma!*; *Zieh dich auch immer warm an im Gebirge, damit du nicht krank wirst!* **4** verwendet, um einen Grund dafür zu nennen, warum etwas zu erwarten war: *„Ganz schön kalt hier!" – „Kein Wunder, die Heizung ist ja auch kaputt"*; *Er spielt sehr gut Klavier. Er übt aber auch in jeder freien Minute* **5** in (rhetorischen) Fragen verwendet, die einen Grund für etwas Negatives nennen, das j-d festgestellt hat: *„Mir ist so kalt!" – „Warum ziehst du dich auch nicht wärmer an?"*; *„Er hat mich betrogen!" – „Wie konntest du auch nur so naiv sein, ihm zu vertrauen?"*

◆**auch**[3] *meist in* **1 *wer / wie / was*** *usw* + ***auch*** (***immer***) verwendet, um eine Aussage allgemeiner zu formulieren ≈ egal + wer / wie / was *usw*: *Wie die Entscheidung auch* (*immer*) *ausfallen wird, wir müssen sie akzeptieren*; *Was er auch tut, macht er gründlich* || Hinweis: Wortstellung im Nebensatz *meist* wie in einem normalen Aussagesatz **2 *so*** + *Adj* ***j-d / etwas auch ist***; ***so*** + *Adv* / ***sooft / sosehr / soviel j-d / etwas auch*** + *Verb* verwendet, wenn etwas an der im Hauptsatz genannten Tatsache nichts ändern kann: *So groß der Hund auch ist, ich habe keine Angst vor ihm*; *Sooft ich den Film auch sehe, er wird mir nie langweilig* || Hinweis: ↑ ***nur***[2], ***sowohl, wenn***

◆**auf**[1] *Präp*; *mit Dat / Akk* **1** *mit Dat*; verwendet, um eine Lage, einen Kontakt von oben (nach unten) zu bezeichnen ↔ unter[1] (1): *Das Glas steht, der Brief liegt auf dem Tisch* **2** *mit Akk*; verwendet, wenn eine Fläche oder eine Stelle von oben her berührt wird ↔ unter[1] (2): *den Koffer auf den Boden stellen*; *den Verletzten auf eine Bahre legen* **3** *mit Dat*; verwendet, um zu sagen, dass j-d im Gebäude einer Institution ist: *auf der Post, auf der Bank sein* **4 *auf etwas*** (*Akk*) ***gehen*** zu einem Amt, einer Institution hingehen, um dort etwas zu tun: *Ich gehe jetzt auf die Bank* (*um Geld abzuheben*), *auf die Post* (*um Briefmarken zu kaufen*) **5** *mit Dat*; bei (einem Fest, einer Feier): *auf der Hochzeit, auf der Party sein*; *j-n auf einem Ball kennen lernen* **6 *auf etwas*** (*Akk*) ***gehen*** zu etwas (*z.B.* einem Fest) gehen, um daran teilzunehmen: *auf eine Feier, auf eine Party gehen* **7** *mit Dat*; bezeichnet einen Zustand: *auf Montage*; *auf Reisen*; *auf der Fahrt nach Berlin*; *auf der Flucht*; *auf der Suche nach j-m / etwas* **8** *mit Akk*; für die Bewegung von unten nach oben verwendet: *auf eine Leiter steigen*; *auf einen Berg klettern* **9 *auf etwas*** (*Akk*) ***zu*** verwendet, wenn etwas / man dem Ziel näher kommt ≈ in die Richtung: *Das Schiff steuerte auf den Hafen zu* **10** *mit Akk*; verwendet bei Bezeichnungen der räumlichen Distanz: *Die Explosion war auf einige Kilometer zu hören* **11** *mit Akk*; verwendet, um einen Zeitraum zu bezeichnen: *auf unbestimmte Zeit verreisen* **12 *auf etwas*** (*Akk*) (***genau***) verwendet, um einen genauen Zeitpunkt oder eine genaue Summe zu bezeichnen: *auf den*

Tag genau vor zehn Jahren; *Das stimmt auf den Cent genau!* **13** *mit Akk*; verwendet zur Bezeichnung der Art und Weise: *etwas auf Englisch sagen*; *ein Glas auf einen Schluck austrinken* **14** *mit Akk*; verwendet, um den Grund zu nennen: *auf Befehl*, *auf Veranlassung*, *auf Wunsch des Chefs*; *auf Anraten des Arztes* **15** *mit Akk*; verwendet, um eine Relation zu bezeichen: *Auf 30 Schüler kommt ein Lehrer* **16** verwendet in festen Verbindungen mit Verben, die ein Objekt fordern: *sich verlassen auf*, *warten auf*, *bestehen auf*

◆**auf²** *Adv* **1** verwendet, um j-n aufzufordern, etwas zu öffnen ↔ zu: *Mund auf!*; *Tür auf!* **2** verwendet, um j-m zu sagen, dass er es schnell machen soll: *Auf gehts!*; *Auf, wir gehen gleich!* **3** ***etwas ist auf*** *gespr*; etwas ist offen, geöffnet ↔ etwas ist zu: *Das Fenster war die ganze Nacht auf* **4** ***j-d ist auf*** *gespr*; j-d ist nicht mehr oder noch nicht im Bett: *Ich bin heute schon seit sechs Uhr auf* **5** ***auf und ab*** verwendet für eine Bewegung, die oft von oben nach unten oder von der einen Seite zur anderen geht: *im Zimmer auf und ab gehen* || ID ***auf und davon*** *gespr*; auf der Flucht und fort ≈ weg: *Der Dieb war auf und davon*

auf- *im Verb*; *betont und trennbar*; drückt aus, dass eine Handlung einen bestimmten Punkt (Anfang, Ende, eine höhere Ebene oder ein größeres Volumen) erreicht;
(*etwas*) *aufblenden* ein (helleres) Licht einschalten; ***etwas* (*auf etwas*) *aufdrucken*** etwas (mit einem Stempel, einer Maschine) auf Papier *o.Ä.* schreiben; ***etwas auffangen*** etwas (das in der Luft, in Bewegung ist) fangen und halten (können); ***etwas auffüllen*** etwas (was leer war) wieder voll machen; ***etwas aufhängen*** etwas (*z.B.* Wäsche) auf ein Gestell (auch eine Leine, einen Nagel) hängen; ***etwas aufheizen*** etwas warm machen oder (*z.B.* eine Stimmung) stark erregen; ***etwas leuchtet auf*** etwas leuchtet (oder blinkt) plötzlich kurz; ***j-n aufmuntern*** j-n in eine bessere Stimmung bringen; ***etwas aufreißen*** etwas durch eine schnelle Bewegung öffnen; ***etwas aufsaugen*** etwas Flüssiges in sich aufnehmen; ***etwas aufstauen*** etwas (Wasser, Luft, ein Gefühl) daran hindern, weiter zu fließen; ***etwas aufzeigen*** etwas deutlich machen, zeigen, darstellen

Auf·bau *der*; *nur Sg* **1** die Errichtung, das Aufbauen (1) ↔ Abbau ⟨der Aufbau eines Gerüsts, eines Lagers⟩ **2** die Organisation eines (funktionierenden) Systems: *den wirtschaftlichen Aufbau fördern*

auf·bau·en (*hat*) **1** ***etwas aufbauen*** etwas so bauen, dass man es aus einzelnen Teilen zusammensetzt ≈ aufstellen (1), errichten (2) ⟨ein Gerüst, ein Zelt aufbauen⟩ **2** (***sich*** (*Dat*)) ***etwas aufbauen*** etwas entstehen lassen, schaffen ⟨eine Organisation, eine Partei aufbauen⟩ **3** ***etwas baut auf etwas*** (*Dat*) ***auf*** etwas hat etwas als Basis, Voraussetzung: *Der Unterricht an der Universität baut auf dem Schulwissen auf*

auf·be·wah·ren; *bewahrte auf*, *hat aufbewahrt*; ***etwas aufbewahren*** etwas (*meist* Wertvolles) für einige Zeit sicher lagern: *Schmuck im Safe aufbewahren* || *hierzu* **Auf·be·wah·rung** *die*

auf·bla·sen (*hat*) ***etwas aufblasen*** etwas (mit dem Mund) mit Luft füllen ⟨einen Luftballon, eine Luftmatratze aufblasen⟩ || *hierzu* **auf·blas·bar** *Adj*

auf·bli·cken (*hat*) **1** (***von etwas***) ***aufblicken***; (***zu j-m*** / ***etwas***) ***aufblicken*** nach oben blicken: *Sie blickte kurz von ihrem Buch auf, als er vorüberging* **2** ***zu j-m aufblicken*** j-n sehr achten und bewundern ⟨zu seinen Eltern, Lehrern aufblicken⟩

auf·bre·chen (*hat* / *ist*) **1** ***etwas aufbrechen*** (*hat*) etwas (Verschlossenes) mit Gewalt öffnen ⟨eine Tür, ein Schloss, eine Kiste aufbrechen⟩ **2** ***etwas bricht auf*** (*ist*) etwas öffnet sich von selbst ⟨eine Eisdecke, eine Narbe, eine Blüte⟩ **3** (***zu etwas***) / (***irgendwohin***) ***aufbrechen*** (*ist*) weggehen, sich auf den Weg zum Ziel machen: *zu einer Expedition*, *nach Rom aufbrechen* || ▸ ***Aufbruch***

Auf·bruch *der*; *nur Sg*; der Beginn einer Reise ⟨ein allgemeiner, überstürzter Aufbruch; zum Aufbruch drängen, mahnen⟩

auf·de·cken (*hat*) ***etwas aufdecken*** etwas Verborgenes (und *meist* Negatives) allen bekannt machen ⟨j-s Schwächen, ein Verbrechen aufdecken⟩: *Die Reporter deckten den Skandal auf* || *hierzu* **Auf·de·ckung** *die*

auf·dring·lich *Adj*; so intensiv auf andere Menschen einwirkend, dass sie sich gestört fühlen: *Der aufdringliche Kerl soll mich in Ruhe lassen!* || *hierzu* **Auf·dring·lich·keit** *die*

auf·ei·nan·der *Adv* **1** eine Person / Sache auf die andere ⟨etwas (*Pl*) aufeinander legen, setzen, türmen *usw*; die Zähne aufeinander beißen⟩: *Man darf diese zerbrechlichen Gegenstände nicht aufeinander legen* **2** auf sich (gegenseitig): *Sie achten aufeinander*, *nehmen Rücksicht auf-*

einander **3** eine Person / ein Tier gegen die / das andere: *Sie gingen aufeinander los*; *Sie hetzten sogar die Hunde aufeinander*

◆ **Auf·ent·halt** *der*; *-(e)s*, *-e* **1** die Zeit, die man an einem Ort bleibt: *ein einjähriger Aufenthalt im Ausland* || K-: ***Aufenthalts-, -dauer, -ort*** || -K: ***Auslands-, Erholungs-, Studien-*** **2** die kurze Zeit, in der eine Fahrt oder Reise nicht weitergeht: *Der Zug hat in Köln 15 Minuten Aufenthalt*

auf·es·sen (*hat*) ***(etwas) aufessen*** etwas zu Ende essen, sodass kein Rest bleibt: *Der Braten wurde bis auf den letzten Bissen aufgegessen*

Auf·fahrt *die* **1** eine Straße, die direkt zu einer Autobahn führt ↔ Ausfahrt || -K: ***Autobahn-*** **2** eine (ansteigende) Straße, die zum Eingang eines größeren Gebäudes führt: *Die Kutsche fuhr die Auffahrt zum Schloss hinauf*

auf·fal·len (*ist*) **1** ***j-d / etwas fällt (j-m) auf*** j-d / etwas macht andere (durch etwas Besonderes) auf sich aufmerksam: *Sie fiel durch ihre Intelligenz auf* **2** ***etwas fällt (an j-m / etwas) auf*** etwas ist deutlich festzustellen, zu bemerken: *Mir fällt (an ihm) auf, dass er sehr nervös ist*

auf·fäl·lig *Adj*; so, dass es auffällt ⟨Kleidung, ein Benehmen⟩ || *hierzu* **Auf·fäl·lig·keit** *die*

auf·fas·sen (*hat*) ***etwas als etwas auffassen***; ***etwas irgendwie auffassen*** von etwas eine eigene, *meist* sehr subjektive Meinung haben ≈ verstehen ⟨Worte falsch, als Beleidigung, als Vorwurf, als Schmeichelei auffassen⟩

Auf·fas·sung *die*; ***eine Auffassung (von etwas) / (über etwas*** (*Akk*)***)*** die Meinung, die man darüber hat, wie etwas ist oder sein sollte ≈ Vorstellung ⟨der Auffassung sein, dass ...; die Auffassung vertreten, dass ...⟩: *Wir sind unterschiedlicher Auffassung* darüber, wie *man Kinder erzieht*

◆ **auf·for·dern** (*hat*) **1** ***j-n (zu etwas) auffordern*** j-n um etwas bitten ⟨j-n zum Tanz auffordern⟩: *Er forderte sie auf, sich zu setzen* **2** ***j-n zu etwas auffordern*** von j-m (offiziell oder nachdrücklich) verlangen, dass er etwas tut: *Sie forderte ihn auf, sofort das Zimmer zu verlassen* || *hierzu* **Auf·for·de·rung** *die*

auf·füh·ren (*hat*) ***etwas aufführen*** ein künstlerisches Werk (auf einer Bühne) einem Publikum zeigen ⟨ein Schauspiel, ein Ballett, eine Oper *usw* aufführen⟩

Auf·füh·rung *die*; ein Stück oder Spiel, das *z.B.* auf einer Bühne gezeigt wird || -K: ***Theater-***

◆ **Auf·ga·be**[1] *die*; *-*, *-n* **1** etwas, das man tun muss (*z.B.* weil man den Auftrag dazu hat) ≈ Verpflichtung ⟨eine interessante, unangenehme Aufgabe; eine Aufgabe bekommen, erfüllen; j-m eine Aufgabe geben, übertragen⟩ || K-: ***Aufgaben-, -bereich, -gebiet*** **2** der Zweck oder die Funktion, die von j-m / etwas erfüllt werden sollen: *Ampeln haben die Aufgabe, den Verkehr zu regeln* **3** ein *meist* mathematisches Problem ⟨eine Aufgabe lösen; j-m eine Aufgabe stellen⟩ || -K: ***Rechen-***

◆ **Auf·ga·be**[2] *die*; *-*; *nur Sg*; die Tatsache, dass man mit einer Sache oder einem Vorhaben aufhört ⟨die Aufgabe des Berufs; j-n zur Aufgabe zwingen⟩

Auf·gang *der* **1** eine Treppe, die nach oben führt: || -K: ***Bühnen-, Treppen-*** **2** das Erscheinen ↔ Untergang ⟨*meist* der Aufgang der Sonne, des Mondes⟩ || -K: ***Sonnen-***

◆ **auf·ge·ben**[1] (*hat*) **1** ***etwas aufgeben*** j-m / einer Institution etwas geben, damit sie es weitersendet ⟨einen Brief, ein Paket, ein Telegramm, eine Bestellung, eine Anzeige aufgeben⟩ **2** ***(j-m) etwas aufgeben*** (als Lehrer) seinen Schülern Arbeiten geben, die sie zu Hause machen müssen ⟨Hausaufgaben, eine Übersetzung aufgeben⟩: *Der Lehrer gibt uns zu viel auf!* || ▸ ***Aufgabe***[1]

◆ **auf·ge·ben**[2] (*hat*) **1** ***etwas aufgeben*** für immer aufhören, etwas zu tun ↔ anfangen ⟨das Rauchen, Trinken aufgeben⟩ **2** ***etwas aufgeben*** auf etwas verzichten (müssen), etwas nicht mehr tun können ⟨die Wohnung, das Geschäft, die Hoffnung, den Widerstand, einen Plan aufgeben⟩: *Wegen ihrer Krankheit musste sie ihren Beruf aufgeben* **3** (wegen einer Verletzung oder der Situation) einen (Wett)Kampf, eine Arbeit *o.Ä.* nicht zu Ende führen: *Der Läufer war so erschöpft, dass er kurz vor dem Ziel aufgeben musste* || ▸ ***Aufgabe***[2]

auf·ge·hen (*ist*) **1** ***etwas geht auf*** etwas öffnet sich ↔ etwas geht zu ⟨eine Tür, ein Fenster, eine Knospe, ein Regenschirm⟩ **2** ***etwas geht auf*** etwas erscheint (über dem Horizont) ↔ etwas geht unter ⟨*meist* die Sonne, der Mond⟩ **3** ***etwas geht auf*** etwas löst sich ⟨ein Knoten, eine Naht⟩ **4** ***j-d geht in etwas*** (*Dat*) ***auf*** j-d tut etwas mit großer Freude ⟨in seiner Arbeit, in einer Aufgabe völlig aufgehen⟩ **5** ***etwas geht j-m auf*** j-d versteht etwas (plötzlich): *Da ging ihm auf, was sie gemeint hatte* || ▸ ***Aufgang***

auf·ge·legt **1** ***zu etwas aufgelegt sein*** in der (guten) Stimmung sein, etwas zu tun: *zum Scherzen aufgelegt sein* **2** ***gut / schlecht aufgelegt sein*** in guter / schlechter Laune sein

auf·grund, auf Grund *Präp*; *mit Gen*; verwendet, um den Grund oder die Ursache zu nennen ≈ wegen: *aufgrund des schlechten Wetters* || Hinweis: auch adverbiell verwendet mit *von*: *Aufgrund von Zeugenaussagen wurde er verurteilt*

auf·ha·ben (*hat*) *gespr* **1** ***etwas aufhaben*** etwas geöffnet haben ↔ zuhaben: *die Augen aufhaben* **2** ***etwas aufhaben*** einen Hut oder eine Brille aufgesetzt haben **3** ***etwas aufhaben*** etwas als Aufgabe zu Hause machen müssen: *Wir haben heute einen Aufsatz auf* **4** ***etwas hat auf*** etwas ist geöffnet ↔ etwas hat zu ⟨ein Geschäft, ein Büro⟩

auf·hal·ten (*hat*) **1** ***j-n / etwas aufhalten*** j-n / etwas daran hindern, etwas weiter zu tun oder irgendwohin zu gehen: *Die Panne hat mich aufgehalten* **2** ***(j-m) etwas aufhalten*** für j-n eine Tür geöffnet halten **3** ***sich irgendwo aufhalten*** (für eine bestimmte Zeit) an einem Ort sein: *sich bei Verwandten aufhalten*

◆**auf·he·ben**[1] (*hat*) **1** ***etwas aufheben*** etwas, das auf dem Boden liegt, nehmen und in die Höhe heben: *am Strand eine schöne Muschel aufheben* || ↑ *Illustration* ***Verben der Bewegung*** **2** (***sich*** (*Dat*)) ***etwas aufheben*** etwas nicht sofort verbrauchen, sondern für später behalten ≈ aufbewahren: *sich ein Stück Kuchen für den nächsten Tag aufheben* **3** (***sich*** (*Dat*)) ***etwas aufheben*** etwas nicht wegwerfen, sondern behalten: *Die Ansichtskarte hebe ich (mir) zur Erinnerung an den Urlaub auf*

◆**auf·he·ben**[2] (*hat*) **1** ***etwas aufheben*** eine Regelung nicht länger gültig sein lassen ≈ abschaffen: *Das Parlament hob die Todesstrafe auf* **2** ***etwas hebt etwas auf*** etwas hat die entgegengesetzte Wirkung wie etwas anderes (und gleicht es dadurch aus): *Das Medikament hebt die Wirkung des Gifts auf* || *hierzu* **Auf·he·bung** *die*

◆**auf·hö·ren** (*hat*) **1** ***aufhören*** + ***zu*** + *Infinitiv* etwas nicht länger tun ↔ anfangen, beginnen + zu + *Infinitiv*: *Ende des Monats höre ich auf zu arbeiten* **2** (***mit etwas***) ***aufhören*** etwas nicht länger tun ↔ (mit etwas) anfangen, beginnen: *mit dem Rauchen aufhören* **3** ***etwas hört auf*** etwas ist zu Ende ↔ etwas fängt an: *Endlich hörte der Sturm auf*

◆**auf·klä·ren** (*hat*) **1** ***etwas aufklären*** deutlich machen, wie etwas wirklich ist ⟨ein Verbrechen, einen Irrtum, Widersprüche aufklären⟩ **2** ***j-n aufklären*** j-m, *meist* einem Kind, sexuelle Vorgänge erklären: *Sein Sohn wurde schon früh aufgeklärt*

Auf·klä·rung *die*; -, *-en*; *meist Sg* **1** das Aufklären (1) ⟨die Aufklärung eines Verbrechens, eines Irrtums⟩ **2** das Erklären sexuellen Verhaltens (*meist* gegenüber Kindern) ⟨Aufklärung betreiben⟩ **3** eine geistige Strömung des 18. Jahrhunderts in Europa, die alles Handeln aus der Vernunft ableitete

Auf·kle·ber *der*; *-s*, -; ein kleiner Zettel oder ein kleines Bild, die man auf etwas klebt || -K: ***Gepäck-, Paket-***

auf·la·den (*hat*) **1** ***etwas*** (***auf etwas*** (*Akk*)) ***aufladen*** etwas auf etwas laden (, um es zu transportieren) ↔ abladen: *die Fracht auf einen Lkw aufladen* **2** ***etwas aufladen*** elektrische Energie in etwas speichern ↔ entladen ⟨eine Batterie aufladen⟩

Auf·la·ge *die*; die Zahl der gedruckten Exemplare *z.B.* eines Buches oder einer Zeitung: *eine Zeitschrift mit einer hohen Auflage* || K-: ***Auflagen-, -höhe***

auf·las·sen (*hat*) *gespr* **1** ***etwas auflassen*** etwas offen, geöffnet lassen ↔ zulassen: *Lass die Tür auf, es ist so heiß hier!* **2** ***etwas auflassen*** eine Kopfbedeckung auf dem Kopf, eine Brille auf der Nase behalten ⟨den Hut, die Mütze auflassen⟩

auf·le·gen (*hat*) **1** ***etwas auflegen*** etwas (zu einem bestimmten Zweck) auf etwas legen, geben: *eine Schallplatte auflegen*; *Rouge auflegen* **2** ***etwas auflegen*** brennbares Material in den Ofen tun ⟨Kohle, Briketts, (ein Scheit) Holz auflegen⟩ **3** (***den*** (***Telefon***)***Hörer***) ***auflegen*** den Hörer auf die Gabel legen und dadurch das Gespräch abbrechen ↔ abheben: *In ihrer Wut hat sie einfach aufgelegt*

auf·lö·sen (*hat*) **1** ***etwas*** (***in etwas*** (*Dat*)) ***auflösen*** etwas Festes in eine Flüssigkeit geben, so dass es sich ganz mit dieser Flüssigkeit vermischt: *eine Tablette in Wasser auflösen* **2** ***etwas auflösen*** bewirken, dass etwas nicht mehr besteht oder nicht mehr gültig ist ⟨eine Demonstration, eine Partei, das Parlament, einen Vertrag auflösen⟩ **3** ***etwas löst sich*** (***in etwas*** (*Dat*)) ***auf*** etwas vermischt sich völlig mit der umgebenden Materie: *Salz löst sich in Wasser auf* || *zu* **2** **Auf·lö·sung** *die*

◆ **auf·ma·chen** (*hat*) **1** ***etwas aufmachen*** *gespr* ≈ öffnen ↔ zumachen ⟨eine Tür, eine Flasche, einen Brief, den Mund aufmachen⟩ **2** ***etwas aufmachen*** *gespr* ≈ eröffnen ⟨eine Firma, ein Geschäft aufmachen⟩ **3** ***etwas macht auf*** *gespr*; etwas wird für Kunden geöffnet ↔ etwas schließt: *Diese Boutique hat letzte Woche neu aufgemacht* **4** ***sich*** (***irgendwohin***) ***aufmachen*** einen Weg beginnen ≈ irgendwohin aufbrechen: *Nach der Arbeit machten sie sich* (*in die Berge*) *auf*

◆ **auf·merk·sam** *Adj* **1** mit voller Konzentration und großem Interesse ⟨aufmerksam zuhören, zuschauen⟩: *Sie ist eine aufmerksame Schülerin* **2** höflich und hilfsbereit: *Das ist sehr aufmerksam von Ihnen!* **3** ***j-n*** (***auf j-n / etwas***) ***aufmerksam machen*** j-s Interesse auf j-n / etwas lenken

Auf·merk·sam·keit *die*; -, *nur Sg*; die Konzentration, das große Interesse ⟨j-d / etwas erregt j-s Aufmerksamkeit⟩: *Die Aufmerksamkeit des Schülers lässt nach*

Auf·nah·me *die*; -, *-n* **1** *nur Sg*; der Beginn ⟨die Aufnahme von Verhandlungen⟩ **2** *nur Sg*; die Zulassung, das Aufnehmen (4) ⟨die Aufnahme eines Mitglieds in eine Organisation⟩ || K-: ***Aufnahme-, -antrag, -gebühr*** **3** ein Bild, das mit einer (Foto)Kamera gemacht wurde ≈ Fotografie ⟨Aufnahmen machen⟩ || -K: ***Film-*** **4** das, was auf einer Diskette *o.Ä.* gespeichert ist || K-: ***Aufnahme-, -studio*** || -K: ***Schallplatten-***

◆ **auf·neh·men** (*hat*) **1** ***etwas aufnehmen*** mit etwas beginnen ⟨Kontakte, Verhandlungen, die Arbeit, die Verfolgung aufnehmen⟩: *seine Tätigkeit als Arzt aufnehmen* **2** ***j-n aufnehmen*** j-n als Gast in seinem Haus wohnen und schlafen lassen ≈ beherbergen: *Wir wurden von unseren Bekannten sehr freundlich aufgenommen* **3** ***j-n*** (***in etwas*** (*Akk*)) ***aufnehmen*** j-n Mitglied in einer Organisation werden lassen ⟨neue Mitglieder in eine Partei, in einen Verein aufnehmen⟩ **4** ***etwas nimmt j-n / etwas*** (*Kollekt oder Pl*) ***auf*** etwas hat genügend Platz / Raum für j-n / etwas ≈ etwas fasst j-n / etwas: *Das Flugzeug nimmt 300 Passagiere auf*; *Der Tank kann 36 Liter aufnehmen* **5** ***etwas in etwas*** (*Akk*) ***aufnehmen*** etwas (zusätzlich) in etwas einfügen: *ein Theaterstück in den Spielplan, einen Aufsatz in eine Zeitschrift aufnehmen* **6** ***etwas irgendwie aufnehmen*** auf etwas in besonderer Weise reagieren: *eine Nachricht enttäuscht aufnehmen*; *Das Publikum nahm den Film begeistert auf* **7** ***etwas aufnehmen*** etwas schriftlich festhalten ⟨ein Protokoll, einen Unfall aufnehmen⟩: *Die Polizei nahm die Anzeige auf* **8** ***etwas aufnehmen*** etwas fotografieren oder filmen: *Wo ist der Film aufgenommen worden?* **9** ***etwas*** (***auf etwas*** (*Akk*)) ***aufnehmen*** Töne, Geräusche oder Bilder technisch speichern ↔ löschen: *Vogelgezwitscher auf Kassette aufnehmen, die Geburtstagsfeier auf Video aufnehmen* || ▸ ***Aufnahme***

◆ **auf·pas·sen** (*hat*) **1** seine Aufmerksamkeit auf etwas (*oft* Wichtiges) lenken, sich konzentrieren: *In der Schule musst du gut aufpassen*; *Pass auf, wenn du die Straße überquerst!* **2** ***auf j-n / etwas aufpassen*** j-n / etwas beobachten, sodass nichts (Schlimmes) passiert ≈ j-n / etwas beaufsichtigen: *auf die Kinder aufpassen*; *Kannst du mal schnell auf meine Tasche aufpassen?*

auf·pum·pen (*hat*) ***etwas aufpumpen*** etwas durch Pumpen mit Luft füllen ⟨einen Reifen, einen Fußball aufpumpen⟩

◆ **auf·räu·men** (*hat*) **1** (***etwas***) ***aufräumen*** Dinge an ihren Platz bringen, um Ordnung zu schaffen: *den Schreibtisch aufräumen* **2** ***mit etwas aufräumen*** die Existenz von alten und falschen Meinungen, schlimmen Zuständen *o.Ä.* beenden ⟨mit Vorurteilen aufräumen⟩

auf·recht *Adj*; in einer geraden, senkrechten Haltung ↔ krumm ⟨ein Gang; aufrecht sitzen, gehen⟩ || K-: ***aufrecht-, -erhalten***

◆ **auf·re·gen**; *regte auf, hat aufgeregt* **1** ***etwas regt j-n auf*** etwas macht j-n unruhig, nervös (*bes* weil er mit Spannung darauf wartet): *Der Gedanke an die Prüfung hat sie so aufgeregt, dass sie nicht schlafen konnte* **2** ***j-n aufregen*** *gespr* ≈ ärgern: *Reg mich bloß nicht auf!* **3** ***sich*** (***über j-n / etwas***) ***aufregen*** voller Angst oder Wut sein, *bes* weil man mit Sorge auf etwas wartet oder weil man von j-m sehr geärgert wurde ↔ sich beruhigen: *sich über seinen Chef fürchterlich aufregen*

auf·re·gend *Adj* **1** ⟨ein Erlebnis, ein Film⟩ spannend und so, dass sie j-n begeistern: *Ist es nicht aufregend, beim Pferderennen zuzusehen?* **2** ⟨eine Frau, ein Mann, ein Kleid, ein Parfüm⟩ so, dass sie j-s (sexuelles) Interesse erregen

Auf·re·gung *die*; ein Zustand (oder ein Ereignis), bei dem j-d sehr nervös ist ⟨in der Aufregung⟩: *Vor Aufregung bekam sie feuchte Hände*

auf·rich·ten (*hat*) ***sich aufrichten*** den Körper (aus einer sitzenden oder liegenden Position) in eine senkrechte Lage bringen: *sich im Bett aufrichten*

auf·ru·fen (*hat*) **1** ***j-n aufrufen*** den Namen von j-m (der auf etwas wartet) nennen: *den nächsten Patienten aufrufen* **2** ***j-n aufrufen*** *meist* einen Schüler im Unterricht etwas fragen **3** (***j-n*** (*Kollekt oder Pl*)) ***zu etwas aufrufen*** *meist* eine große Gruppe von Personen auffordern, etwas zu tun: *Die Gewerkschaften riefen (ihre Mitglieder) zum Streik auf* || *zu* **3** **Auf·ruf** *der*

aufs *Präp mit Artikel* ≈ auf das || Hinweis: *aufs* kann nicht durch *auf das* ersetzt werden in Wendungen wie: *sein Leben aufs Spiel setzen*

auf·sa·gen (*hat*) ***etwas aufsagen*** etwas, das man (auswendig) gelernt hat, vor anderen sprechen ⟨ein Gedicht aufsagen⟩

Auf·satz *der*; ein (kürzerer) Text, der das genannte Thema behandelt ⟨einen Aufsatz schreiben⟩ || K-: ***Aufsatz-, -thema***

auf·schlie·ßen (*hat*) (***etwas***) (***mit etwas***) ***aufschließen*** ein Schloss mit einem Schlüssel öffnen ↔ abschließen ⟨eine Tür, eine Kasse, ein Haus aufschließen⟩

Auf·schluss *der*; ***Aufschluss*** (***über j-n / etwas***) eine wichtige Information, die etwas erklärt ⟨(j-m) Aufschluss über etwas geben, liefern⟩ || K-: ***aufschluss-, -reich***

auf·schnei·den (*hat*) **1** ***etwas aufschneiden*** etwas durch Schneiden öffnen ⟨eine Verpackung, einen Knoten aufschneiden⟩ **2** ***etwas aufschneiden*** etwas Ganzes in Stücke oder Scheiben teilen ⟨einen Kuchen, eine Wurst aufschneiden⟩ || ▸ ***Aufschnitt***

Auf·schnitt *der*; *meist Sg*; eine Mischung von Scheiben verschiedener Sorten Wurst, Schinken oder Käse || -K: ***Käse-, Wurst-***

◆ **auf·schrei·ben** (*hat*) (***sich*** (*Dat*)) ***etwas aufschreiben*** etwas schreiben, damit man es nicht vergisst: *Sie hat sich seine Adresse aufgeschrieben* || ▸ ***Aufschrift***

Auf·schrift *die*; eine schriftliche Information über den Gegenstand, an dem sie befestigt ist: *eine Flasche mit der Aufschrift „Gift!"*

Auf·se·hen *das*; *-s*; *nur Sg*; das große (öffentliche) Interesse, das ein Ereignis findet ⟨für (großes) Aufsehen sorgen⟩: *eine Aufsehen erregende medizinische Entdeckung*

auf·set·zen¹ (*hat*) **1** (***sich*** (*Dat*)) ***etwas aufsetzen*** eine Kopfbedeckung auf den Kopf setzen ↔ abnehmen ⟨einen Hut, einen Helm, eine Mütze aufsetzen⟩ **2** ***eine Brille aufsetzen*** eine Brille auf die Nase setzen **3** ***etwas aufsetzen*** etwas auf den Herd stellen, damit es kochen kann ⟨Wasser, die Milch, das Essen aufsetzen⟩ **4** ***sich aufsetzen*** vom Liegen zum Sitzen kommen: *sich im Bett aufsetzen*

auf·set·zen² (*hat*) ***etwas aufsetzen*** einen Text entwerfen und schreiben ⟨einen Brief, einen Aufsatz aufsetzen⟩: *Ich habe die Bewerbung dreimal aufgesetzt, bevor ich sie endlich abschickte* || ▸ ***Aufsatz***

Auf·sicht *die*; -; ***die Aufsicht*** (***über j-n / etwas***) die Beobachtung und Kontrolle: *die Aufsicht im Museum, im Klassenzimmer, über die Schüler* || K-: ***Aufsichts-, -personal, -pflicht***

auf·sper·ren (*hat*) ***etwas*** (***mit etwas***) ***aufsperren*** *südd* Ⓐ ≈ aufschließen (1) ⟨eine Tür aufsperren⟩

◆ **auf·ste·hen** (*ist*) **1** aus einer liegenden / sitzenden Position in eine stehende Position kommen: *Sie stand auf und bot mir ihren Sitzplatz an* **2** (nach dem Aufwachen oder nach einer Krankheit) das Bett verlassen: *Ich bin heute schon um sechs Uhr aufgestanden*

auf·stei·gen (*ist*) **1** ***j-d / etwas steigt auf*** j-d / etwas steigt nach oben: *zur Spitze des Berges aufsteigen*; *Der Ballon stieg rasch auf* **2** (***zu etwas***) ***aufsteigen*** eine höhere soziale Position erhalten: *zum Abteilungsleiter, Chef aufsteigen* **3** *meist* ⟨eine Mannschaft⟩ ***steigt auf*** *Sport*; eine Mannschaft kommt in die nächste, höhere Klasse ↔ eine Mannschaft steigt ab

auf·stel·len (*hat*) **1** ***etwas aufstellen*** ≈ aufbauen (1) ⟨ein Zelt, ein Gerüst aufstellen⟩ **2** ***etwas aufstellen*** etwas, das umgefallen ist, wieder in die alte Lage bringen: *Er stellte das umgestoßene Glas schnell wieder auf* **3** ***etwas*** (*Kollekt oder Pl*) ***aufstellen*** etwas (in einer bestimmten Ordnung) irgendwohin stellen: *die Schachfiguren aufstellen* **4** ***etwas aufstellen*** sich etwas ausdenken und in allen Einzelheiten darstellen ⟨eine neue Theorie, einen Plan aufstellen⟩ **5** ***j-n*** (***als etwas***) (***für etwas***) ***aufstellen*** j-n bei einer Wahl als Kandidaten melden: *Er wurde als Kandidat für die Europawahlen aufgestellt* **6** ***j-d*** (*Kollekt oder Pl*) ***stellt sich*** (***irgendwie***) ***auf*** mehrere Personen stellen sich so, dass eine bestimmte Ordnung entsteht ⟨sich (*Pl*) nebeneinander, hintereinander aufstellen⟩ || *zu* **4** und **5** **Auf·stel·lung** *die*

Auf·stieg *der*; *-(e)s*, *-e*; *meist Sg* **1** der Weg vom Tal zum Berg hinauf ↔ Abstieg **2** eine Verbesserung der (Lebens)Verhältnisse: *der soziale Aufstieg*

auf·stüt·zen (*hat*) **1** ***etwas*** (***auf etwas***

(*Dat / Akk*)) ***aufstützen*** einen Körperteil auf etwas stützen: *die Arme auf dem Tisch aufstützen* **2 *sich*** (***mit etwas***) (***auf j-n / etwas***) ***aufstützen*** sich auf j-n / etwas stützen: *sich mit dem Arm aufstützen*

auf·tau·chen (*ist*) **1 *j-d / etwas taucht auf*** j-d / etwas kommt an die Oberfläche des Wassers ⟨ein Taucher, ein U-Boot⟩ **2 *j-d / etwas taucht auf*** j-d / etwas wird plötzlich sichtbar: *Aus dem Nebel tauchte ein Reh vor ihm auf*

auf·tei·len (*hat*) ***etwas aufteilen*** etwas teilen und mehreren Personen geben: *das Erbe untereinander aufteilen* || *hierzu* **Auf·tei·lung** *die*

◆ **Auf·trag** *der*; *-(e)s*, *Auf·trä·ge* **1** der Befehl, etwas (Bestimmtes) zu tun, eine Aufgabe zu erfüllen ≈ Anweisung ⟨j-m einen Auftrag erteilen; einen Auftrag bekommen, erledigen, ausführen⟩: *Seine Mutter gab ihm den Auftrag, mit dem Hund spazieren zu gehen* **2** die Bestellung von Waren (oder Leistungen) ⟨einer Firma, einem Handwerker einen Auftrag geben; etwas in Auftrag geben⟩ **3** *meist Sg*; eine wichtige Aufgabe, Pflicht: *Die Regierung hat den Auftrag, die Arbeitslosigkeit zu bekämpfen*

auf·tra·gen (*hat*) **1 *j-m etwas auftragen*** j-n bitten oder ihm die Aufgabe geben, etwas zu tun: *Mir wurde aufgetragen, dir herzliche Grüße* zu *sagen* **2 *etwas*** (***auf etwas*** (*Akk*)) ***auftragen*** eine dünne Schicht auf etwas streichen und (gleichmäßig) verteilen ⟨Lack, Farbe auftragen⟩

auf·tre·ten (*ist*) **1 *irgendwie auftreten*** sich auf eine bestimmte Weise verhalten ⟨(un)sicher, arrogant, überheblich auftreten⟩ **2 *irgendwie auftreten*** den Fuß / die Füße so auf den Boden setzen ⟨leise, laut, vorsichtig auftreten⟩ **3 *etwas tritt auf*** etwas entsteht ganz plötzlich ⟨eine Epidemie, ein Problem⟩ **4** in einem Theater oder Film eine Rolle spielen oder vor einem Publikum singen ⟨ein Schauspieler, ein Sänger, ein Tänzer⟩

Auf·tre·ten *das*; *-s*; *nur Sg*; die Art und Weise, wie j-d auftritt (1) ≈ Verhalten, Benehmen: *ein selbstsicheres Auftreten haben*

Auf·tritt *der*; das Erscheinen eines Schauspielers, Sängers *usw* (auf der Bühne, im Film): *Die Schauspielerin war während ihres gesamten Auftritts nervös*

◆ **auf·wa·chen** (*ist*) aufhören zu schlafen ≈ wach werden: *Bist du geweckt worden oder bist du von selbst aufgewacht?*

auf·wach·sen (*ist*) ***irgendwo / irgendwie aufwachsen*** seine Kindheit und Jugend dort / irgendwie verbringen ⟨auf dem Land, in der Stadt aufwachsen⟩

Auf·wand *der*; *-(e)s*; *nur Sg*; alles, was man tut, um ein Ziel zu erreichen (oder um einen Plan zu verwirklichen) ⟨unnötigen, übertriebenen Aufwand betreiben⟩: *Mit einem Aufwand von mehreren Millionen Euro baute die Stadt ein neues Theater* || -K: ***Arbeits-, Zeit-***

auf·wän·dig ↑ ***aufwendig***

◆ **auf·wärts** *Adv* **1** in Richtung nach oben ≈ hinauf ↔ abwärts: *ein aufwärts führender Weg* **2 *mit j-m / etwas geht es aufwärts*** j-s Situation / etwas wird besser: *Mit der Firma geht es langsam aufwärts* || K-: ***Aufwärts-, -trend***

auf·we·cken (*hat*) ***j-n aufwecken*** j-n wach machen ≈ wecken

auf·wen·den; *wandte / wendete auf, hat aufgewandt / aufgewendet*; ***etwas*** (***für etwas***) ***aufwenden*** etwas einsetzen (um ein Ziel zu erreichen) ⟨viel Energie, Zeit, Geld für ein Vorhaben, einen Plan aufwenden⟩ || ▸ ***Aufwand***

auf·wen·dig *Adj*; mit viel Arbeit, Zeit, Energie und Geld verbunden: *die aufwendige Inszenierung eines Dramas*

auf·zäh·len (*hat*) ***j-n / etwas aufzählen*** mehrere Personen oder Dinge der Reihe nach einzeln nennen: *Sie zählte auf, was sie auf der Reise brauchte* || *hierzu* **Auf·zäh·lung** *die*

auf·zeich·nen (*hat*) **1 *etwas aufzeichnen*** eine Zeichnung oder Skizze von etwas machen: *Ich zeichne dir den Weg auf* **2 *etwas aufzeichnen*** etwas Wichtiges (auf)schreiben ⟨Erinnerungen, Eindrücke, Gefühle im Tagebuch aufzeichnen⟩ **3** (***sich*** (*Dat*)) ***etwas aufzeichnen*** etwas (auf Tonband oder Video) speichern ⟨ein Konzert, eine Radiosendung, einen Spielfilm aufzeichnen⟩

Auf·zeich·nung *die* **1** *meist Pl*; die schriftlichen Notizen (von Erinnerungen, Eindrücken *o.Ä.*) **2** ein Film, der zu einem späteren Zeitpunkt gesendet wird

◆ **Auf·zug**[1] *der*; ein technisches Gerät, in dem j-d / etwas in einem Gebäude senkrecht nach oben oder unten transportiert wird ≈ Fahrstuhl, Lift: *Nehmen wir den Aufzug oder die Treppe?* || -K: ***Personen-, Speisen-***

◆ **Auf·zug**[2] *der*; *nur Sg*; *pej*; die Art und Weise, wie sich j-d gekleidet oder frisiert hat: *In diesem Aufzug kannst du doch nicht in die Schule gehen!*

◆ **Au·ge** *das*; *-s, -n* **1** das Organ, mit dem Menschen und Tiere sehen ⟨glänzende, sanfte, traurige, tränende Augen; mit den Augen zwinkern; sich (*Dat*) die Augen reiben〉: *Er ist auf einem Auge blind* || K-: ***Augen-, -arzt, -braue, -farbe, -lid*** **2** *nur Pl*; die Punkte auf einer Seite eines Würfels *o.Ä.* **3** ***ein blaues Auge*** ein Auge (1), um das herum die Haut nach einem Schlag oder Stoß rot oder blau (angelaufen) ist **4** ***gute / schlechte Augen haben*** gut / schlecht sehen **5** ***mit bloßem Auge*** ohne Brille, Fernglas *o.Ä.* 〈etwas mit bloßem Auge erkennen können〉 || ID ***j-n / etwas nicht aus den Augen lassen*** j-n / etwas scharf und dauernd beobachten; ***j-n / etwas im Auge behalten*** j-n / etwas scharf und konzentriert beobachten, j-n / etwas nicht vergessen; ***seinen Augen kaum / nicht trauen*** über etwas, das man sieht, so überrascht sein, dass man es kaum glauben kann; ***ein Auge / beide Augen zudrücken*** einen Fehler oder einen Mangel sehr milde behandeln; ***j-m die Augen (über j-n / etwas) öffnen*** j-m die Wahrheit über j-n / etwas sagen; 〈ein Gespräch〉 ***unter vier Augen*** zwischen nur zwei Personen; ***die Augen offen halten*** aufpassen, Acht geben; ***keine Augen im Kopf haben*** *gespr*; unaufmerksam sein, nicht aufpassen; ***j-n / etwas aus den Augen verlieren*** den Kontakt zu j-m / etwas verlieren; ***etwas mit anderen Augen sehen*** etwas aus einer anderen Perspektive sehen; ***etwas ins Auge fassen*** planen, etwas zu tun; ***ein Auge auf j-n / etwas werfen*** *gespr*; sich für j-n / etwas interessieren; ***Etwas fällt / springt / sticht ins Auge*** etwas ist sehr auffällig; *meist* ***Das kann ins Auge gehen*** das kann schlimme Konsequenzen haben; ***mit einem blauen Auge davonkommen*** *gespr*; eine unangenehme Situation ohne größeren Schaden überstehen; ***kein Auge zutun*** nicht schlafen können; ***große Augen machen*** *gespr* ≈ staunen; ***j-m schöne Augen machen*** mit j-m flirten; ***j-m*** 〈einen Wunsch, eine Bitte〉 ***von den Augen ablesen*** j-s Wunsch oder Bitte erkennen, ohne dass er sie ausspricht

◆ **Au·gen·blick** *der*; ein ganz kurzer Zeitraum ≈ Moment 〈der richtige, entscheidende Augenblick für etwas〉: *Warten Sie bitte einen Augenblick, ich komme gleich* || ID (***Einen***) ***Augenblick bitte!*** *gespr*; bitte warten Sie ein bisschen; ***im Augenblick*** ≈ jetzt: *Komm später vorbei, im Augenblick bin ich beschäftigt*; ***im letzten Augenblick*** gerade noch zur richtigen Zeit: *Der Ertrinkende wurde im letzten Augenblick gerettet*

◆ **au·gen·blick·lich** *Adj* **1** *nur attr oder adv*; gerade in diesem Augenblick ≈ momentan: *Sein augenblicklicher Zustand ist gut*; *Augenblicklich ist die Lage sehr schlecht* **2** *nur adv*; ohne Zeit zu verlieren ≈ sofort: *Verlassen Sie augenblicklich den Raum!*

Au·gust *der*; -(*e*)*s* / -, -*e*; *meist Sg*; der achte Monat des Jahres; *Abk* Aug.

◆ **aus**[1] *Präp*; *mit Dat* **1** verwendet, um die Richtung von innen nach außen zu bezeichnen: *den Bleistift aus der Schublade nehmen* **2** verwendet für die (Bewegungs)Richtung von einem Ausgangspunkt weg: *j-m ein Buch aus der Hand reißen* **3** verwendet, um anzugeben, woher j-d / etwas kommt oder stammt: *Er kommt aus Sizilien* **4** verwendet zur Bezeichnung des Materials, aus dem etwas gemacht wird: *Die Kette ist aus Gold*; *aus verschiedenen Zutaten einen Kuchen backen* **5** verwendet, um den Teil eines Ganzen zu bezeichnen: *eine Auswahl aus Dürers Gemälden*; *Einer aus der Klasse fehlt* **6** verwendet zur Bezeichnung eines Grundes oder einer Ursache: *aus Angst lügen*; *Aus welchem Grund hast du das gesagt?* **7** verwendet zur Bezeichnung des (Ausgangs)Zustandes vor einer Veränderung: *Aus der Raupe wird ein Schmetterling* **8** verwendet zur Bezeich-

Auge

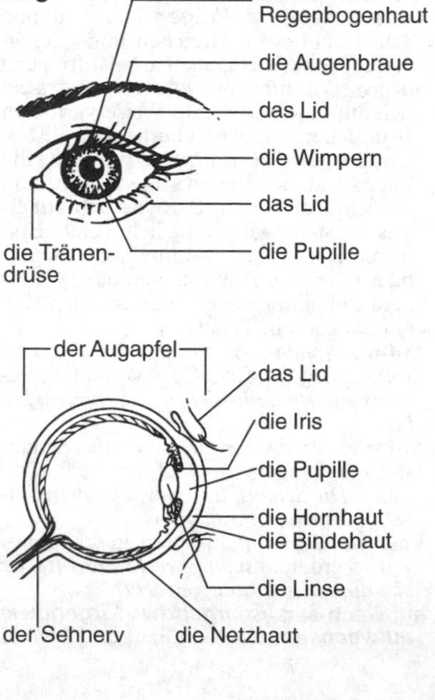

nung einer Distanz: *etwas aus weiter Ferne hören; etwas aus einer Entfernung von 100 Metern erkennen* **9** verwendet, um anzugeben, von welcher Zeit etwas stammt ≈ von: *eine Verordnung aus dem Jahr 1890; ein Foto aus seiner Kinderzeit* **10 aus ... heraus** mit Pronomen oder mit unbestimmtem Artikel verwendet, um die Motive für eine Handlung zu bezeichnen ≈ aus (6): *Aus einer Laune heraus lud er alle seine Freunde in die Kneipe ein* **11 von ... aus** verwendet, um den Punkt zu nennen, von dem eine Bewegung oder Richtung ausgeht: *Von Berlin aus flogen wir nach Hamburg* **12 von mir / ihm / ihr aus** *gespr*; j-d hat nichts dagegen: *„Kann ich hier rauchen?“ - „Von mir aus.“* || Hinweis: statt *aus was* verwendet man *woraus*

◆**aus²** *Adv*; *gespr* **1** verwendet, um j-n aufzufordern, etwas außer Funktion zu setzen ↔ an: *Licht aus!; Den Motor aus!* **2 Es ist aus (und vorbei) mit etwas** etwas ist für immer zu Ende oder gescheitert: *Du hast den Scheck verloren - nun ist es aus (und vorbei) mit unserer Urlaubsreise* **3 etwas ist aus** etwas ist zu Ende oder vorbei: *Um zwölf Uhr ist die Schule aus; Das Spiel ist bald aus* **4 etwas ist aus** etwas brennt nicht mehr ⟨das Feuer, die Kerze⟩ **5 etwas ist aus** etwas ist nicht in Betrieb oder nicht eingeschaltet ↔ etwas ist an ⟨elektrische Geräte: das Radio, der Staubsauger *usw*⟩ **6 j-d ist aus** j-d ist irgendwohin ausgegangen (1): *Gestern Abend waren wir aus. Wir waren im Theater* **7 mit j-m** (*Sg / Pl*) **/ zwischen j-m** (*Pl*) **ist es aus** die Liebe oder Freundschaft ist beendet || ID **weder aus noch ein wissen** nicht mehr wissen, was man tun soll

aus- *im Verb; betont und trennbar*; bedeutet oft, dass etwas bewirkt wird, nach außen dringt, das (gewünschte) Ende erreicht (oder dann auch außer Funktion ist);

etwas ausbessern etwas (wieder) in Ordnung bringen; **etwas ausbrüten** etwas (ganz) zu Ende bringen, sich etwas ausdenken; **etwas ausdenken** etwas nach langem Denken (er)finden; **etwas auslösen** etwas in Gang bringen, entstehen lassen; **etwas ausmachen** bewirken, dass etwas nicht mehr in Funktion ist; **etwas ausprägen** erreichen, dass etwas (am Ende) deutlich bestimmt ist; **etwas ausrufen** laut oder öffentlich sagen, rufen; **etwas ausschenken** etwas aus einem Behälter gießen; **etwas ausspucken** etwas aus dem Mund entfernen; **etwas austauschen** etwas durch etwas anderes ersetzen

aus·at·men (*hat*) **(etwas) ausatmen** Luft durch Nase oder Mund nach außen strömen lassen ↔ einatmen ⟨tief, hörbar ausatmen⟩

aus·bau·en (*hat*) **1 etwas ausbauen** ein Teil aus etwas (*meist* mit Werkzeug) entfernen ⟨einen Motor ausbauen⟩ **2 (etwas) ausbauen** ein Haus (oder Teile davon) größer machen: *Wir wollen nächstes Jahr ausbauen* || *hierzu* **Aus·bau** *der*

aus·bil·den (*hat*) **1 j-n (zu etwas / als etwas) ausbilden** (j-n) auf seinen Beruf vorbereiten ⟨einen Lehrling ausbilden; sich als Schauspieler ausbilden lassen⟩ **2 etwas bildet etwas aus** etwas bekommt oder entwickelt etwas ⟨eine Pflanze bildet Triebe, Wurzeln, Knospen aus⟩ || *zu* **1 Aus·bil·der** *der*; **Aus·bil·de·rin** *die*; -, *-nen*

◆**Aus·bil·dung** *die*; -, *-en*; *meist Sg*; die Vorbereitung eines Menschen auf seinen zukünftigen Beruf ⟨sich in der Ausbildung befinden⟩ || K-: **Ausbildungs-, -firma, -platz** || -K: **Berufs-**

aus·bor·gen (*hat*) ≈ ausleihen (2)

aus·bre·chen (*ist*) **1 (aus etwas) ausbrechen** sich (*oft* mit Gewalt) aus einem Gefängnis *o.Ä.* befreien ⟨aus dem Gefängnis, aus einem Käfig ausbrechen⟩ **2 etwas bricht aus** etwas beginnt oder entsteht plötzlich und heftig ⟨Feuer, Jubel, ein Krieg, eine Hungersnot, (eine) Panik, eine Krankheit, eine Seuche⟩ || ▸ **Ausbruch**

aus·brei·ten (*hat*) **1 etwas ausbreiten** etwas auseinander falten und offen hinlegen ⟨einen Plan, eine Decke ausbreiten⟩ **2 etwas breitet sich aus** etwas wird immer größer und bedeckt schließlich eine große Fläche ⟨das Feuer, der Nebel, eine Stadt⟩ **3 etwas breitet sich aus** etwas wird immer größer oder stärker ⟨politische Unruhen, eine Seuche⟩ || *zu* **2** und **3 Aus·brei·tung** *die*

Aus·bruch *der* **1 der Ausbruch (aus etwas)** die (gewaltsame) Aktion, sich zu befreien und aus dem Gefängnis zu fliehen ⟨einen Ausbruch vereiteln⟩ || K-: **Ausbruchs-, -versuch 2** *nur Sg*; der plötzliche, heftige Beginn von etwas ⟨der Ausbruch eines Krieges, einer Krankheit⟩ || -K: **Kriegs-**

Aus·dau·er *die*; die Fähigkeit, eine Arbeit lange und konzentriert tun zu können ⟨(keine) Ausdauer haben⟩ || *hierzu* **aus·dau·ernd** *Adj*

aus·deh·nen (*hat*) **1** ***etwas ausdehnen*** die Länge, Fläche oder das Volumen einer Sache größer machen: *ein Gummiband, ein Gebiet ausdehnen* **2** ***etwas dehnt sich aus*** etwas bekommt einen größeren Umfang, ein größeres Volumen: *Luft dehnt sich bei Erwärmung aus* || *hierzu* **Aus·deh·nung** *die*

aus·den·ken (*hat*) (***sich*** (*Dat*)) ***etwas ausdenken*** etwas durch Überlegen erfinden oder planen ⟨(sich) eine Geschichte ausdenken⟩ || ID ***etwas ist nicht auszudenken*** etwas ist so schlimm, dass man kaum daran zu denken wagt: *Die Folgen einer Klimaveränderung sind nicht auszudenken*

◆**Aus·druck**[1] *der*; *-(e)s, Aus·drü·cke*; ein gesprochenes oder geschriebenes Wort oder eine feste Wendung ⟨ein umgangssprachlicher, passender Ausdruck; einen Ausdruck gebrauchen⟩

◆**Aus·druck**[2] *der*; *-(e)s*; *nur Sg* **1** die künstlerische Wirkung, die j-d erzielt, wenn er ein (Musik)Stück spielt oder ein Gedicht vorliest: *ein Lied mit viel Ausdruck vortragen* **2** *geschr*; ***ein Ausdruck*** + *Gen* das, wodurch sich *bes* ein Gefühl oder eine Eigenschaft zeigt: *Sein Verhalten ist ein Ausdruck großer Gleichgültigkeit* **3** *meist* die Gefühle, die sich im Gesicht widerspiegeln ⟨ein fröhlicher, leidender, zufriedener Ausdruck; ein Ausdruck von Hass⟩ **4** ***etwas zum Ausdruck bringen*** *geschr*; etwas äußern, ausdrücken[2] (1) || *zu* **1** und **3** **aus·drucks·los** *Adj*; **aus·drucks·voll** *Adj*

◆**Aus·druck**[3] *der*; *-(e)s, -e*; die gedruckte Form eines Texts, der im Computer gespeichert ist oder war

aus·dru·cken (*hat*) ***etwas ausdrucken*** einen im PC gespeicherten Text (auf Papier) gedruckt wiedergeben: *eine Datei ausdrucken*

aus·drü·cken[1] (*hat*) ***etwas ausdrücken*** etwas so drücken oder pressen, dass die Flüssigkeit herauskommt ⟨eine Zitrone, einen Schwamm ausdrücken⟩

aus·drü·cken[2] (*hat*) **1** ***etwas*** (***irgendwie***) ***ausdrücken*** etwas so sagen oder schreiben ≈ formulieren: *einen Sachverhalt verständlich ausdrücken* **2** ***sich irgendwie ausdrücken*** in der genannten Weise sprechen oder schreiben ⟨sich gewählt, ungenau ausdrücken⟩

aus·drück·lich *Adj*; *nur attr oder adv*; klar und deutlich (formuliert), mit besonderem Nachdruck ⟨ausdrücklich um etwas bitten, auf etwas hinweisen⟩

aus·ei·nan·der *Adv* **1** räumlich voneinander getrennt ↔ zusammen: *Die Häuser liegen weit auseinander*; *Seine Zähne stehen etwas auseinander* **2** in verschiedene Richtungen: *Stäbe auseinander biegen*; *Die Vögel flogen erschreckt auseinander* **3** in mehrere Teile: *Schokolade auseinander brechen*

Aus·ei·nan·der·set·zung *die*; *-, -en*; ***eine Auseinandersetzung*** (***mit j-m***) ein Streit oder Kampf ⟨eine heftige, blutige Auseinandersetzung mit j-m haben⟩

◆**Aus·fahrt** *die* **1** eine Stelle, an der man aus einem Hof, einer Garage *o.Ä.* hinausfahren kann ↔ Einfahrt ⟨die Ausfahrt einer Tiefgarage; die Ausfahrt freihalten; j-m die Ausfahrt versperren⟩ **2** eine Straße, in die man einbiegt, um die Autobahn zu verlassen ↔ Auffahrt || -K: ***Autobahn-***

Aus·fall *der* **1** *nur Sg*; der (natürliche) Verlust *meist* der Haare oder Zähne || -K: ***Haar-, -ausfall*** **2** *nur Sg*; der Umstand, dass etwas (Geplantes) nicht stattfindet: *der Ausfall des Fußballspiels wegen Regens* **3** die Situation, dass etwas nicht mehr funktioniert: *der Ausfall eines Triebwerks* || -K: ***Strom-***

aus·fal·len (*ist*) **1** ***etwas fällt*** (***j-m / einem Tier***) ***aus*** etwas löst sich aufgrund des Alters oder einer Krankheit vom Körper ⟨*meist* die Haare, die Zähne, die Federn⟩ **2** ***etwas fällt aus*** etwas findet nicht statt ⟨ein Konzert, der Unterricht, eine Sendung *usw*⟩ **3** ***etwas fällt aus*** etwas funktioniert nicht mehr ⟨der Strom, ein Signal, eine Maschine⟩ **4** ***etwas fällt irgendwie aus*** etwas hat das genannte Ergebnis: *Die Ernte fiel schlecht aus*; *Das Urteil fiel milde aus*

◆**Aus·flug** *der*; eine Wanderung oder Fahrt zu einem interessanten Ort: *einen Ausflug in die Berge machen* || K-: ***Ausflugs-, -ort, -verkehr*** || -K: ***Sonntags-*** || *hierzu* **Aus·flüg·ler** *der*

Aus·fuhr *die*; *-*; *nur Sg*; der Verkauf von Waren an das Ausland ≈ Export ↔ Einfuhr, Import ⟨die Ausfuhr beschränken, erleichtern, verbieten⟩ || K-: ***Ausfuhr-, -genehmigung, -verbot***

aus·füh·ren[1] (*hat*) **1** ***etwas ausführen*** ≈ etwas exportieren ↔ einführen ⟨Rohstoffe, Getreide, Waren ausführen⟩ **2** ***j-n ausführen*** j-n zum Besuch eines Lokals, einer Veranstaltung *o.Ä.* einladen: *eine junge Frau zum Essen, zum Tanz ausführen*

aus·füh·ren[2] (*hat*) **1** ***etwas ausführen*** etwas (Geplantes) tun, in die Tat umsetzen ⟨einen Befehl, eine Idee ausführen⟩ **2** ***etwas ausführen*** etwas genau darstellen, erklären ≈ erläutern ⟨eine Idee, eine Theorie näher ausführen⟩ || *hierzu* **Aus·füh·rung** *die*; *zu* **1 aus·führ·bar** *Adj*

aus·führ·lich *Adj*; sehr genau, mit vielen Einzelheiten ⟨eine Beschreibung; etwas ausführlich erläutern⟩ || *hierzu* **Aus·führ·lich·keit** *die*

◆**aus·fül·len** (*hat*) **1** ***etwas (mit etwas) ausfüllen*** etwas (mit etwas) füllen oder voll machen **2** ***etwas ausfüllen*** Fehlendes in einem Text ergänzen ⟨ein Formular, einen Fragebogen, einen Scheck ausfüllen⟩ **3** ***etwas füllt j-n aus*** etwas beschäftigt j-n stark (und gibt ihm dabei Zufriedenheit): *Sein Beruf als Lehrer füllt ihn völlig aus*

Aus·ga·be[1] *die*; -, -*n* **1** *meist Pl*; eine Summe, die man für etwas zu zahlen hat ↔ Einnahme ⟨die Ausgaben beschränken⟩ **2** *nur Sg*; die Tatsache, dass man etwas zurückgibt oder verteilt: *die Ausgabe von Gepäck*

Aus·ga·be[2] *die*; -, -*n* **1** die Form, in der ein Buch veröffentlicht wird ⟨die erste, zweite *usw*, neueste Ausgabe⟩ **2** die Nummer oder Folge einer Zeitung, Zeitschrift oder einer regelmäßigen Sendung (*z.B.* im Fernsehen) || -K: ***Abend-, Samstags-***

◆**Aus·gang** *der* **1** die Tür, durch die man einen Raum oder ein Gebäude verlässt ↔ Eingang: *Alle Ausgänge waren versperrt* || K-: ***Ausgangs-, -tür*** || -K: ***Haupt-, Hinter-, Not-*** **2** *nur Sg*; die Art und Weise, wie etwas endet ≈ Ende ⟨ein (un)glücklicher, überraschender Ausgang⟩: *ein Unfall mit tödlichem Ausgang* || -K: ***Prozess-, Wahl-***

Aus·gangs·punkt *der*; die Stelle oder der Ort, wo etwas anfängt ↔ Ziel ⟨der Ausgangspunkt einer Reise⟩

◆**aus·ge·ben** (*hat*) **1** ***etwas (für etwas) ausgeben*** Geld zahlen, um eine Ware oder Leistung zu bekommen ↔ einnehmen: *Er gibt viel Geld für sein Hobby aus* **2** ***etwas (an j-n*** (*Kollekt oder Pl*)***) ausgeben*** etwas an mehrere Personen verteilen: *Essen, Getränke, Gutscheine an die Mitarbeiter ausgeben* **3** ***(j-m) etwas ausgeben*** j-n zu einem Getränk einladen: *seinen Freunden eine Runde Bier ausgeben* **4** ***sich als / für etwas ausgeben*** behaupten, etwas zu sein, was man nicht ist: *Um sie zu beeindrucken, gab er sich als Arzt aus* || ▸ ***Ausgabe***

◆**aus·ge·hen** (*ist*) **1** ***(mit j-m) ausgehen*** *bes* abends (mit j-m) zu einem Fest, in ein Lokal *o.Ä.* gehen **2** ***etwas geht (j-m) aus*** etwas geht zu Ende (obwohl es noch gebraucht wird) ⟨das Geld, die Kraft, die Geduld geht j-m aus⟩: *Mir ist das Benzin ausgegangen* **3** ***etwas geht aus*** etwas hört auf, in Funktion zu sein, zu leuchten oder zu brennen ↔ etwas geht an ⟨der Fernseher, das Radio *usw*; der Motor; das Licht, die Kerze, das Feuer⟩ **4** ***etwas geht irgendwie aus*** etwas endet auf die genannte Weise ↔ etwas fängt an: *Wenn das nur gut ausgeht!* **5** ***von etwas ausgehen*** etwas voraussetzen, etwas als Basis betrachten: *Ich gehe* davon *aus*, dass *alle einverstanden sind* **6** ***etwas geht (j-m / einem Tier) aus*** etwas löst sich aufgrund des Alters oder einer Krankheit vom Körper ≈ etwas fällt aus ⟨*meist* die Federn, die Haare, die Zähne⟩

aus·ge·las·sen *Adj*; übermütig, wild und fröhlich ⟨eine Stimmung; ausgelassen herumspringen, toben, tanzen⟩ || *hierzu* **Aus·ge·las·sen·heit** *die*

aus·ge·nom·men **1** *Konjunktion* ≈ außer dass, es sei denn: *Ich reise morgen ab, ausgenommen es kommt noch etwas dazwischen* **2** ***ausgenommen*** + *Subst* / *Subst* + ***ausgenommen*** ≈ außer: *Alle waren gekommen, ausgenommen der Präsident / der Präsident ausgenommen*

aus·ge·rech·net *Partikel* **1** *unbetont*; verwendet, wenn man etwas von der genannten Person nicht erwartet hätte: *Ausgerechnet du musst sagen, dass ich zu dick bin!* **2** *unbetont*; verwendet, um auszudrücken, dass etwas zur falschen Zeit passiert: *Ausgerechnet heute bin ich krank, wo ich doch einen wichtigen Termin habe!* **3** *unbetont*; verwendet, wenn man etwas für nicht wahrscheinlich hält: *Warum sollte j-d ausgerechnet mein Auto stehlen?*

◆**aus·ge·zeich·net** *Adj*; sehr gut ≈ hervorragend: *Das Essen schmeckt ausgezeichnet*

aus·gie·ßen (*hat*) **1** ***etwas ausgießen*** eine Flüssigkeit aus einem Gefäß gießen: *den Wein ausgießen* **2** ***etwas ausgießen*** ein Gefäß (in dem Flüssigkeit ist) leeren: *eine Flasche ausgießen*

aus·glei·chen (*hat*) **1** ***etwas (Pl) ausgleichen*** verschiedene Dinge einander nähern, sodass nur noch geringe oder gar keine Unterschiede mehr da sind ⟨Differenzen ausgleichen⟩ **2** ***etwas (durch etwas) ausgleichen*** einen Mangel, etwas Fehlendes durch eine andere Qualität ersetzen: *Er gleicht seine mangelnde technische Begabung durch viel Fleiß aus* **3** *Sport*; zuerst langsamer oder schlechter sein als der Gegner, dann aber gleich schnell oder gut

Aus·guss *der*; -*es*, *Aus·güs·se* **1** das Becken

in der Küche, in dem man Geschirr spült **2** das Rohr eines Beckens, durch das Wasser (ab)fließt

aus·hal·ten (*hat*) ***etwas aushalten*** schwierige Bedingungen *o.Ä.* ertragen ≈ erdulden ⟨Hunger, Kälte, Schmerzen aushalten müssen⟩

aus·ken·nen, sich (*hat*) ***sich (irgendwo) auskennen***; ***sich (mit etwas) auskennen*** etwas genau wissen, viel Erfahrung in Bezug auf etwas haben: *Kennst du dich in Paris aus?*; *Kennst du dich mit Computern aus?*

aus·kom·men (*ist*) **1** ***mit j-m (gut / schlecht) auskommen*** ein gutes / schlechtes Verhältnis zu j-m haben: *Kommt ihr gut miteinander aus oder streitet ihr häufig?* **2** ***mit j-m / etwas (irgendwie) auskommen*** auf die genannte Art und Weise mit j-m / etwas leben: *Mit diesem Gehalt komme ich überhaupt nicht aus*

◆ **Aus·kunft** *die*; -, *Aus·künf·te* **1** ***eine Auskunft (über j-n / etwas)*** eine Information, die man auf eine Frage erhält ⟨eine falsche, genaue, telefonische Auskunft; j-n um (eine) Auskunft bitten; j-m (eine) Auskunft geben; Auskünfte einholen⟩ **2** *nur Sg*; die Stelle (*z.B.* am Bahnhof), wo man um Auskunft (1) bitten kann ≈ Information (2) ⟨die Auskunft anrufen⟩ || -K: ***Telefon-, Zug-***

aus·la·chen (*hat*) ***j-n auslachen*** über j-n lachen oder spotten: *Er wurde ausgelacht, weil er so ungeschickt war*

aus·la·den (*hat*) **1** ***(etwas) ausladen*** etwas, das in einem Fahrzeug transportiert wurde, an sich nehmen ⟨das Gepäck ausladen⟩ **2** ***etwas ausladen*** Dinge aus dem Fahrzeug, Flugzeug *o.Ä.*, in dem sie transportiert wurden, nehmen: *einen Lieferwagen ausladen*

◆ **Aus·land** *das*; *-s*; *nur Sg*; jedes Land, das nicht das eigene ist ↔ Inland ⟨ins Ausland reisen⟩: *Er ist für drei Jahre ins Ausland gegangen* || K-: ***Auslands-, -aufenthalt***

◆ **Aus·län·der** *der*; *-s*, -; eine Person, die (Staats)Bürger eines fremden Landes ist || K-: ***Ausländer-, -behörde, -feindlichkeit***; ***ausländer-, -feindlich*** || *hierzu* **Aus·län·de·rin** *die*; -, *-nen*

◆ **aus·län·disch** *Adj*; *nur attr*, *nicht adv*; (aus Sicht des Sprechers) aus dem Ausland ⟨eine Firma, eine Zeitung⟩: *unsere ausländischen Mitbürger*

aus·las·sen (*hat*) **1** ***j-n / etwas auslassen*** j-n / etwas (in einer Reihenfolge) vergessen: *beim Abschreiben aus Versehen einen Satz auslassen* **2** ***etwas an j-m auslassen*** j-n aus Ärger, Enttäuschung oder Zorn schlecht behandeln ⟨seine Launen, Wut an j-m auslassen⟩

aus·lau·fen (*ist*) **1** ***etwas läuft aus*** etwas fließt durch ein Loch aus einem Gefäß: *Aus dem Leck lief Öl aus* **2** ***etwas läuft aus*** etwas wird leer, weil die Flüssigkeit herausfließt: *Nach dem Verkehrsunfall ist der Tank ausgelaufen* **3** ⟨ein Schiff *o.Ä.*⟩ ***läuft aus*** ein Schiff *o.Ä.* verlässt einen Hafen, um aufs Meer zu fahren

aus·le·gen (*hat*) **1** ***etwas mit etwas auslegen*** den Boden eines Raumes mit etwas (Schützendem) bedecken ⟨ein Zimmer mit Teppichen, eine Schublade mit Papier auslegen⟩ **2** ***j-m etwas auslegen / etwas für j-n auslegen*** j-m das Geld für etwas leihen: *Kannst du mir das Geld für die Kinokarte auslegen?* **3** ***etwas (irgendwie) auslegen*** eine Geschichte oder Erscheinung in ihrer tieferen Bedeutung zeigen ≈ etwas interpretieren ⟨einen Text falsch auslegen⟩: *die Bibel auslegen* || *zu* **3** **Aus·le·gung** *die*

aus·lei·hen (*hat*) **1** ***(j-m) etwas ausleihen*** j-m etwas für kurze Zeit (*meist* kostenlos) geben ≈ leihen: *Mein Rad kann ich dir leider nicht ausleihen* **2** ***(sich (Dat)) etwas (bei / von j-m) ausleihen*** sich etwas geben lassen, das man für einige Zeit (*meist* kostenlos) benutzen darf: *Kann ich (mir) einen Bleistift bei dir ausleihen?*

◆ **aus·ma·chen** (*hat*) **1** ***etwas ausmachen*** bewirken, dass etwas nicht mehr brennt ↔ anzünden ⟨das Feuer, eine Kerze, eine Zigarette ausmachen⟩ **2** ***etwas ausmachen*** *gespr*; bewirken, dass ein technisches Gerät nicht mehr in Funktion ist ≈ ausschalten ↔ anmachen ⟨den Fernseher, die Heizung, den Motor ausmachen⟩ **3** ***etwas macht etwas aus*** etwas hat einen Wert, eine bestimmte Bedeutung, ist etwas: *Die Differenz macht 3 Meter aus*; *Ruhe und Erholung machen einen wesentlichen Teil des Urlaubs aus* **4** ***j-d macht etwas mit j-m aus***; ⟨Personen⟩ ***machen etwas aus*** *gespr*; *meist* zwei Personen einigen sich (auf einen Zeitpunkt): *Hast du mit dem Zahnarzt schon einen Termin ausgemacht?* **5** *meist* ***etwas macht j-m etwas / nichts aus*** *gespr*; etwas stört j-n / etwas stört j-n nicht: *Hitze macht mir nichts aus*; *Macht es Ihnen etwas aus*, wenn *ich rauche?*

Aus·maß *das*; *meist Sg*; sehr viel, ein (hohes) Maß an etwas *meist* Negativem ≈ Umfang ⟨das ganze Ausmaß der Zerstörung; etwas nimmt solche Ausmaße an, dass …⟩

◆ **Aus·nah·me** *die*; -, *-n* **1** eine Person / Sache, die von der Regel oder Norm abweicht und etwas Besonderes darstellt ⟨eine rühmliche, seltene Ausnahme; mit einigen wenigen Ausnahmen; alle ohne Ausnahme⟩ || K-: ***Ausnahme-, -fall*** **2** ***eine Ausnahme machen*** anders handeln als sonst: *Das geht normalerweise nicht, aber heute machen wir eine Ausnahme* **3** ***mit Ausnahme*** + *Gen*; ***mit Ausnahme von j-m / etwas*** *geschr*; ohne, außer: *Er liest alles mit Ausnahme von Biografien* || ID ***Ausnahmen bestätigen die Regel*** verwendet, um zu sagen, dass (fast) jede Regel eine Ausnahme hat || *hierzu* **aus·nahms·los** *Adj*

aus·nahms·wei·se *Adv*; in einem besonderen, vom Normalen abweichenden Fall ⟨etwas ausnahmsweise erlauben⟩

aus·nut·zen (*hat*) **1** ***j-n ausnutzen*** von j-s Diensten oder Arbeit profitieren und dabei nur an seinen eigenen Vorteil denken: *seine Freunde, billige Arbeitskräfte schamlos ausnutzen* **2** ***etwas*** **(*zu / für etwas*)** ***ausnutzen*** etwas zu dem genannten Zweck verwenden oder nutzen ⟨eine günstige Gelegenheit ausnutzen⟩: *das schöne Wetter* dazu *ausnutzen, schwimmen* zu *gehen* || *hierzu* **Aus·nut·zung** *die*

aus·nüt·zen (*hat*) *bes südd* Ⓐ ≈ ausnutzen || *hierzu* **Aus·nüt·zung** *die*

◆ **aus·pa·cken** (*hat*) **1** ***etwas auspacken*** etwas, das eingepackt ist, aus der Verpackung nehmen **2** **(*etwas*)** ***auspacken*** einen Behälter leer machen, indem man den Inhalt herausnimmt ↔ einpacken ⟨ein Paket, eine Reisetasche auspacken⟩

aus·pro·bie·ren (*hat*) ***etwas ausprobieren*** etwas zum ersten Mal anwenden, um zu prüfen, ob es brauchbar ist: *ein neues Kochrezept, eine andere Route ausprobieren*

Aus·puff *der*; *-s*, *-e*; ein Rohr, durch das die Abgase aus einem Motor nach außen geleitet werden || K-: ***Auspuff-, -rohr***

◆ **aus·rech·nen** (*hat*) ***etwas ausrechnen*** etwas durch Rechnen erfassen, ermitteln ⟨die Entfernung, die Differenz, die Geschwindigkeit, die Kosten ausrechnen⟩

Aus·re·de *die* **1** ein (angeblicher) Grund, der als Entschuldigung dient ≈ Vorwand ⟨immer eine Ausrede wissen⟩ **2** ***eine faule Ausrede*** *gespr*; eine Entschuldigung, die niemand glaubt

◆ **aus·rei·chen** (*hat*) ***etwas reicht aus*** etwas ist in genügender Menge vorhanden ⟨Vorräte, Geldmittel⟩: *Das Heizöl muss bis März ausreichen*

aus·rei·chend *Adj*; Ⓓ verwendet als Bezeichnung für die relativ schlechte (Schul)Note „4" (auf der Skala von 1-6 *bzw* „sehr gut" bis „ungenügend") ⟨„ausreichend" in etwas (*Dat*) haben, bekommen⟩

Aus·rei·se *die*; *nur Sg*; das Verlassen eines Landes (*z.B.* mit einem Zug) ↔ Einreise

aus·rei·sen (*ist*) **(*aus einem Land*)** ***ausreisen*** ein Land (offiziell) verlassen

aus·rei·ßen (*hat / ist*) **1** **(*j-m*)** ***etwas ausreißen*** (*hat*) etwas (durch Reißen) entfernen: *j-m ein Haar ausreißen* **2** **(*aus / von irgendwo*)** ***ausreißen*** (*ist*) weglaufen ⟨von zu Hause ausreißen⟩: *j-d hat die Haustür offen gelassen, und der Hund ist ausgerissen* || *zu* **2** **Aus·rei·ßer** *der*; **Aus·rei·ße·rin** *die*; -, *-nen*

aus·rich·ten (*hat*) **1** ***etwas ausrichten*** (eine Veranstaltung) vorbereiten und durchführen ⟨Wettkämpfe, eine Olympiade ausrichten; eine Hochzeit ausrichten⟩ **2** **(*j-m*)** ***etwas ausrichten*** j-m eine Nachricht oder einen Gruß von einem anderen sagen ≈ j-m etwas bestellen ⟨j-m Glückwünsche ausrichten⟩: *Ich soll dir von Helga einen schönen Gruß ausrichten* || *zu* **1** **Aus·rich·tung** *die*

Aus·ruf *der*; ein kurzer, plötzlicher Ruf als Ausdruck eines Gefühls ⟨ein Ausruf des Schreckens, der Überraschung⟩ || K-: ***Ausrufe-, -satz***

aus·ru·fen (*hat*) **1** ***etwas ausrufen*** plötzlich und kurz etwas rufen: *„Toll!", rief sie aus, als sie von dem Vorschlag hörte* **2** ***etwas ausrufen*** etwas öffentlich bekannt geben und damit in Kraft setzen ⟨einen Streik ausrufen⟩ || *zu* **2** **Aus·ru·fung** *die*

Aus·ru·fe·zei·chen *das*; das Zeichen „!"

◆ **aus·ru·hen** (*hat*) **(*sich*)** **(*von etwas*)** ***ausruhen*** nach einer Anstrengung ruhen und sich erholen ⟨sich von der Arbeit ausruhen⟩

aus·rut·schen (*ist*) auf glattem Boden ins Gleiten kommen (und hinfallen)

Aus·sa·ge *die*; -, *-n* **1** ***eine Aussage*** **(*über j-n / etwas*)** das, was j-d sagt ≈ Äußerung: *nach Aussage eines Fachmanns* || K-: ***Aussage-, -satz*** **2** ***eine Aussage*** **(*zu etwas*)** (vor Gericht oder bei der Polizei) ein Bericht (*bes* über einen Unfall) ⟨eine Aussage (zu etwas) machen⟩ || K-: ***Aussage-, -verweigerung*** **3** der gedankliche Inhalt eines künstlerischen oder religiösen Werkes

aus·sa·gen (*hat*) **(*etwas*)** ***aussagen*** (vor Gericht, bei der Polizei) über ein Verbrechen oder einen Unfall berichten ⟨für, gegen j-n aussagen; als Zeuge aussagen⟩

◆**aus·schal·ten** (*hat*) **1** ***etwas ausschalten*** mit einem Schalter bewirken, dass ein Motor oder ein elektrisches Gerät nicht mehr in Betrieb ist **2** ***j-n / etwas ausschalten*** verhindern, dass j-d handeln kann oder dass etwas wirksam wird ⟨die Konkurrenz, störende Einflüsse ausschalten⟩: *Der Diktator schaltete das Parlament aus*

◆**aus·schau·en** (*hat*) *südd* Ⓐ ≈ aussehen

aus·schei·den (*hat / ist*) **1** ***etwas ausscheiden*** (*hat*) ⟨Kot, Harn, Urin⟩ durch den Darm oder die Blase fließen lassen **2** ***j-d / etwas scheidet aus*** (*ist*) j-d / etwas wird nicht mehr dabei sein ⟨eine Möglichkeit⟩ **3** ***j-d scheidet aus*** (*ist*) j-d nimmt an Spielen, Wettkämpfen nicht mehr teil: *Wegen einer Verletzung musste er nach der 2. Runde ausscheiden*

aus·schla·fen (*hat*) so lange schlafen, bis man nicht mehr müde ist ⟨ausschlafen wollen, können⟩

aus·schlag·ge·bend *Adj*; ***etwas ist ausschlaggebend*** (***für etwas***) etwas hat großen Einfluss (auf eine Entscheidung *o.Ä.*): *Seine Erfahrung war ausschlaggebend* dafür, dass *er den Posten bekam*

◆**aus·schlie·ßen** (*hat*) **1** ***j-n*** (***aus etwas***) ***ausschließen*** bestimmen, dass j-d nicht mehr Mitglied einer Gruppe oder Organisation ist: *Er wurde aus der Partei ausgeschlossen* **2** ***j-n*** (***von etwas***) ***ausschließen*** beschließen, dass j-d irgendwo nicht (mehr) teilnehmen darf ⟨j-n von einer Sitzung, einer Feier, einem Wettkampf ausschließen⟩ **3** ***etwas ausschließen*** etwas unmöglich machen ⟨einen Irrtum, jeden Zweifel, den Zufall ausschließen⟩ || *hierzu* **aus·schließ·lich** *Adj* || ▸ ***Ausschluss***

Aus·schluss *der*; *meist* ***ein Prozess findet unter Ausschluss der Öffentlichkeit statt*** bei einem Prozess darf kein Publikum zuhören || ▸ ***ausschließen***

Aus·schnitt *der* **1** (an Kleidern, Blusen) die (*meist* weitere) Öffnung für Kopf und Hals ⟨ein weiter, tiefer, runder Ausschnitt⟩ **2** ein (kleinerer) Teil eines Ganzen: *Von dem neuen Kinofilm habe ich in der Werbung schon einen Ausschnitt gesehen*

Aus·schuss *der*; eine Gruppe von Personen, die (für eine besondere Aufgabe) aus einer größeren Gruppe ausgewählt worden ist ⟨einen Ausschuss einsetzen⟩ || -K: ***Prüfungs-, Wahl-***

◆**aus·se·hen** (*hat*) **1** ***irgendwie aussehen*** (aufgrund äußerer Merkmale) einen bestimmten Eindruck machen ⟨gut, krank, freundlich, hübsch aussehen⟩ **2** ***etwas sieht irgendwie aus*** etwas scheint (aufgrund der Anzeichen) so zu sein ⟨etwas sieht gefährlich, schlimm aus⟩: *Die Situation der Arbeitslosen sieht ungünstig aus* **3** ***wie j-d / etwas aussehen*** ähnliche oder gleiche äußere Merkmale haben wie j-d / etwas ≈ j-m / etwas ähnlich sehen: *Er sieht aus wie James Dean* **4** ***etwas sieht nach etwas aus*** *gespr*; etwas ist (aufgrund der Anzeichen) wahrscheinlich: *Heute sieht es nach Regen aus*

◆**au·ßen** *Adv* **1** auf der Seite, die am weitesten vom Zentrum entfernt ist ↔ innen: *Ihr Mantel ist außen grau und innen rot gefüttert* || K-: ***Außen-, -fläche, -seite, -wand*** **2** außerhalb eines abgeschlossenen Raumes ≈ draußen: *Kein Laut dringt nach außen* || K-: ***Außen-, -rand, -temperatur***

◆**au·ßer**[1] *Präp*; *mit Dat* **1** mit Ausnahme von, ausgenommen: *Außer einer leichten Prellung war er unverletzt*; *Der Zug verkehrt täglich außer sonntags* **2** neben oder (gleichzeitig) mit: *Außer Gold wird auch Uran abgebaut*; *Außer Peter und Werner kommt auch noch Sabine mit ins Kino* **3** ***außer*** *mit Subst ohne Artikel*; (räumlich oder zeitlich) nicht innerhalb von, nicht in dem genannten Bereich von ≈ außerhalb ⟨außer Haus, Sichtweite sein⟩: *Der Schwerverletzte ist außer Lebensgefahr* **4** ***außer sich*** (*Dat*) ***sein*** (***vor etwas***) in einem emotionalen Zustand sein, in dem die Gefühle außer Kontrolle sind ⟨außer sich sein vor Freude, Glück, Ärger, Zorn⟩

◆**au·ßer**[2] *Konjunktion*; verwendet, um eine Einschränkung auszudrücken: *Wir gehen morgen schwimmen, außer es regnet* (= …, wenn es nicht regnet); *Das Konzert war sehr gut, außer* dass *es zu laut war* (= …, aber es war zu laut) || Hinweis: vor *außer* steht ein Komma

◆**au·ßer·dem** *Adv*; verwendet, um auszudrücken, dass noch etwas (Zusätzliches) hinzukommt ≈ zusätzlich, darüber hinaus: *Er spielt Trompete und außerdem noch Schlagzeug*; *Es ist viel zu spät zum Spazierengehen, außerdem regnet es*

◆**au·ßer·halb**[1] *Präp*; *mit Gen* **1** verwendet, um auszudrücken, dass etwas nicht in dem genannten Zeitraum liegt: *Außerhalb der Hochsaison ist es hier sehr ruhig*; *Unser Arzt ist auch außerhalb der Sprechzeiten* (= auch wenn er keine Sprechstunde hat) *telefonisch erreichbar* **2** verwendet, wenn etwas nicht in dem genannten Gebiet oder Bereich liegt ⟨außerhalb des Hauses⟩: *Diese Befugnisse liegen außer-*

halb meines Kompetenzbereichs || Hinweis: auch adverbiell verwendet mit *von*: *außerhalb von Köln*

◆ **au·ßer·halb**[2] *Adv*; *gespr*; nicht in der Stadt selbst, nicht in ihrem Gebiet: *Er wohnt weit außerhalb*

äu·ßern; *äußerte, hat geäußert* **1** ***etwas äußern*** etwas (mündlich oder schriftlich) mitteilen, etwas sagen ⟨seine Meinung, einen Verdacht, einen Wunsch äußern⟩: *Der Minister äußerte, er wolle noch im selben Jahr seinem Kollegen einen Besuch abstatten* **2** ***sich zu etwas äußern*** (mündlich oder schriftlich) offiziell seine Meinung zu etwas sagen: *Der Minister wollte sich zu den Fragen nicht äußern* **3** ***sich*** (***über j-n / etwas***) ***äußern*** seine Meinung über j-n / etwas sagen: *Der Abgeordnete äußerte sich kritisch über die Umweltpolitik der Regierung* **4** ***etwas äußert sich irgendwie / in etwas*** (*Dat*) etwas wird irgendwie / in Form von etwas nach außen sichtbar oder erkennbar: *Wie äußert sich diese Krankheit?* || *hierzu* **Äu·ße·rung** *die*

◆ **Aus·sicht** *die*; -, *-en* **1** *nur Sg*; ***Aussicht*** (***auf etwas*** (*Akk*)) der freie Blick auf die Umgebung ≈ Ausblick ⟨eine herrliche, weite Aussicht haben; j-m die Aussicht versperren⟩ || K-: ***Aussichts-, -punkt, -turm*** **2** *oft Pl*; ***Aussicht*** (***auf etwas*** (*Akk*)) eine berechtigte Erwartung ≈ Hoffnung, Chance ⟨(keine) Aussicht(en) auf Erfolg haben⟩: *Wie stehen deine Aussichten, eine Anstellung zu bekommen?* **3** ***etwas in Aussicht haben*** (mit guten Gründen) Hoffnung auf etwas haben: *Hast du schon eine neue Stelle in Aussicht?* || *zu* **2** **aus·sichts·reich** *Adj*

aus·sichts·los *Adj*; ohne Hoffnung auf Erfolg ↔ aussichtsreich ⟨eine Situation, ein Vorhaben⟩ || *hierzu* **Aus·sichts·lo·sig·keit** *die*

◆ **aus·spre·chen** (*hat*) **1** ***etwas aussprechen*** eine Folge von Lauten mit dem Mund produzieren ≈ artikulieren ⟨ein Wort, einen Satz richtig, laut und deutlich aussprechen⟩: *Wie spricht man dieses Wort aus?* **2** ***etwas aussprechen*** etwas mündlich oder schriftlich mitteilen ⟨einen Wunsch, sein Bedauern aussprechen⟩ **3** zu Ende sprechen **4** ***sich für / gegen j-n / etwas aussprechen*** *geschr*; j-m / etwas zustimmen *bzw* j-n / etwas ablehnen: *Die Mehrheit sprach sich für den Streik aus* **5** ***j-d spricht sich mit j-m aus***; ⟨Personen⟩ ***sprechen sich aus*** *meist* zwei Personen klären im Gespräch ihre unterschiedlichen Ansichten und Meinungen (*meist* nach einem Streit) || *zu* **1** und **5** **Aus·spra·che** *die*; *zu* **1** **aus·sprech·bar** *Adj*

Aus·stat·tung *die*; -, *-en*; *meist Sg*; die Einrichtung (*bes* die Möbel) in einer Wohnung || *hierzu* **aus·stat·ten** (*hat*)

◆ **aus·stei·gen** (*ist*) (***aus etwas***) ***aussteigen*** ein Fahrzeug verlassen ↔ einsteigen ⟨aus dem Auto, Bus, Flugzeug, Zug aussteigen⟩

◆ **aus·stel·len** (*hat*) **1** (***etwas***) ***ausstellen*** Gegenstände in der Öffentlichkeit, im Schaufenster oder in einer Galerie präsentieren ⟨Handarbeiten, Kunstwerke ausstellen⟩ **2** (***j-m***) ***etwas ausstellen*** ein Dokument für j-n schreiben und es ihm geben ⟨j-m einen Pass, eine Bescheinigung, ein Attest, ein Zeugnis ausstellen⟩ || *zu* **1** **Aus·stel·ler** *der*; **Aus·stel·le·rin** *die*; -, *-nen*

◆ **Aus·stel·lung** *die* **1** eine Veranstaltung, bei der dem Publikum besonders interessante oder neue Objekte gezeigt werden: *eine Ausstellung moderner Bilder* || K-: ***Ausstellungs-, -katalog, -räume*** || -K: ***Kunst-*** **2** *nur Sg*; das Schreiben, die Herstellung ⟨die Ausstellung eines Dokuments, Gutachtens⟩ || K-: ***Ausstellungs-, -datum***

aus·sto·ßen (*hat*) **1** ***j-n*** (***aus etwas***) ***ausstoßen*** j-m verbieten, weiter in einer Gruppe, Gemeinschaft zu leben **2** ***etwas ausstoßen*** etwas plötzlich hören lassen oder von sich geben ⟨einen Fluch, einen Schrei ausstoßen⟩ **3** ***etwas stößt etwas aus*** etwas bläst etwas mit Druck hinaus ⟨etwas stößt Dampf, Gase aus⟩ **4** ***etwas stößt etwas*** (*Pl*) ***aus*** etwas stellt eine bestimmte Zahl von Produkten her: *Die Fabrik stößt täglich 200 Maschinen aus*

aus·stre·cken (*hat*) ***etwas ausstrecken*** einen Teil des Körpers dehnen ⟨die Arme, die Beine ausstrecken⟩: *Die Schnecke streckte ihre Fühler aus*

◆ **aus·su·chen** (*hat*) (***j-n / etwas*** (***für j-n / etwas***)) ***aussuchen***; ((***sich***) ***j-n / etwas***) ***aussuchen*** ≈ auswählen

aus·tei·len (*hat*) (***j-m / an j-n***) ***etwas*** (*Kollekt oder Pl*) ***austeilen*** (aus einer Menge) jedem einen Teil geben: *den Kindern das Essen austeilen*

Aus·tra·li·en [-iən] (*das*); *-s*; *nur Sg*; der kleinste Kontinent der Erde || *hierzu* **Aus·tra·li·er** *der*; **Aus·tra·li·e·rin** *die*; -, *-nen*; **aus·tra·lisch** *Adj*

aus·tre·ten (*ist*) **1** ***etwas tritt*** (***aus etwas***) ***aus*** etwas kommt aus der Erde oder aus einem Behälter heraus ≈ etwas strömt aus: *Aus dem Tank traten gefährliche*

Dämpfe aus **2** (***aus etwas***) ***austreten*** eine Organisation verlassen ↔ (in etwas) eintreten ⟨aus der Kirche, einem Verein, einer Partei austreten⟩ || ▸ ***Austritt***

aus·trin·ken (*hat*) (***etwas***) ***austrinken*** ein Glas *o.Ä.* durch Trinken leeren

Aus·tritt *der* **1** *meist Sg*; die Tatsache, dass Gas oder Flüssigkeiten aus einem Behälter nach außen dringen **2** das Verlassen einer Organisation ↔ Beitritt: *Er gab seinen Austritt aus der Partei bekannt*

aus·üben (*hat*) **1** ***etwas ausüben*** in einem Handwerk, Beruf *o.Ä.* tätig sein ⟨einen Beruf, eine Tätigkeit ausüben⟩: *den Beruf eines Schreiners ausüben* **2** *meist* ***Macht ausüben*** Macht besitzen und sie nutzen **3** ***etwas*** (***auf j-n / etwas***) ***ausüben*** diese Wirkung (auf j-n / etwas) haben ⟨Druck, einen Einfluss, einen Reiz, eine Wirkung ausüben⟩ || *zu* **1** und **2** **Aus·ü·bung** *die*

Aus·wahl *die*; *nur Sg* **1** die Entscheidung für etwas: *Die Auswahl fiel ihm schwer* **2** ***eine Auswahl treffen*** etwas auswählen **3** ***eine Auswahl an etwas*** (*Dat*) (*Kollekt oder Pl*) die Menge oder der Vorrat, aus denen ausgewählt wird: *eine reiche Auswahl an Pullovern*

aus·wäh·len (*hat*) (***j-n / etwas*** (***für j-n / etwas***)) ***auswählen***; (***sich*** (*Dat*)) ***j-n / etwas auswählen*** j-n / etwas (nach besonderen Kriterien) aus einer Menge nehmen: *Sie wurde für den Wettkampf ausgewählt*

aus·wan·dern (*ist*) seine Heimat verlassen, um in einem anderen Land zu leben ≈ emigrieren ↔ einwandern || *hierzu* **Aus·wan·de·rer** *der*; **Aus·wan·de·rung** *die*

aus·wärts *Adv* **1** nicht in dem Ort, in dem man wohnt ⟨auswärts arbeiten⟩ **2** ***von auswärts*** von einem anderen Ort: *Er kommt von auswärts*

aus·wech·seln (*hat*) ***etwas auswechseln*** ein *meist* kaputtes oder abgenutztes Teil durch ein neues ersetzen ≈ austauschen: *eine Glühbirne auswechseln* || *hierzu* **Aus·wechs·lung** *die*

Aus·weg *der*; die Möglichkeit, aus einer schwierigen Situation herauszukommen ⟨nach einem Ausweg suchen⟩

aus·wei·chen (*ist*) **1** (***j-m / etwas***) ***ausweichen*** sich so bewegen oder zur Seite treten, dass man nicht getroffen wird: *Durch einen Sprung auf die Seite konnte er dem Auto gerade noch ausweichen* **2** (***j-m / etwas***) ***ausweichen*** versuchen, den Kontakt mit j-m zu vermeiden ⟨j-s Fragen, einer Entscheidung, einem Gespräch ausweichen⟩

◆ **Aus·weis** *der*; *-es, -e*; ein amtliches / offizielles Dokument, das den Namen und andere persönliche Informationen über den Besitzer enthält ⟨ein (un)gültiger Ausweis; einen Ausweis beantragen, ausstellen, vorzeigen; den Ausweis verlangen, die Ausweise kontrollieren⟩ || K-: ***Ausweis-, -kontrolle*** || -K: ***Behinderten-, Bibliotheks-, Schüler-, Studenten-*** || Hinweis: ↑ ***Personalausweis***

aus·wen·dig *Adv*; aus dem Gedächtnis ⟨ein Gedicht auswendig lernen, können, wissen⟩

aus·wir·ken, sich (*hat*) ***etwas wirkt sich*** (***irgendwie***) (***auf j-n / etwas***) ***aus*** etwas führt zu der genannten Reaktion: *Das kalte Wetter wird sich negativ auf die Ernte auswirken*

Aus·wir·kung *die*; ***eine Auswirkung*** (***auf j-n / etwas***) ≈ Wirkung, Effekt ⟨negative, verheerende Auswirkungen⟩

aus·zah·len (*hat*) **1** (***j-m***) ***etwas auszahlen*** das Geld an j-n zahlen ⟨den Lohn, den Gewinn, das Erbe auszahlen⟩ **2** ***etwas zahlt sich aus*** etwas ist nützlich, etwas lohnt sich oder bringt Gewinn ⟨der Aufwand, die Bemühungen, die Investitionen⟩ || *zu* **1** **Aus·zah·lung** *die*

aus·zäh·len (*hat*) ***etwas*** (*Pl*) ***auszählen*** die Anzahl der Dinge einer Menge (durch Zählen) genau bestimmen: *nach der Wahl die abgegebenen Stimmen auszählen* || *hierzu* **Aus·zäh·lung** *die*

aus·zeich·nen (*hat*) **1** ***j-n / etwas*** (***mit etwas***) ***auszeichnen*** j-n (mit einem Preis *o.Ä.*) ehren, die Leistung als besonders gut anerkennen: *Der Film wurde mit drei Oscars ausgezeichnet* **2** ***etwas zeichnet j-n / etwas aus*** etwas ist (im positiven Sinn) typisch oder charakteristisch für j-n / etwas: *Ehrlichkeit zeichnet sie aus*; *Hohe Leitfähigkeit zeichnet dieses Metall aus* **3** ***sich durch etwas auszeichnen*** durch besondere Eigenschaften oder Fähigkeiten auffallen ≈ herausragen: *Er zeichnet sich* dadurch *aus*, dass *er mehrere Sprachen spricht*

Aus·zeich·nung *die* **1** *nur Sg*; die Ehrung **2** ein Preis *o.Ä.*, mit dem j-d / etwas gewürdigt, ausgezeichnet (1) wird ⟨j-m eine Auszeichnung verleihen⟩

◆ **aus·zie·hen** (*hat / ist*) **1** ***etwas ausziehen*** (*hat*) aus einem Gegenstand andere Teile herausholen (schieben) und ihn dadurch länger, breiter oder größer machen ⟨eine Antenne, den Tisch, die Couch ausziehen⟩ || K-: ***Auszieh-, -tisch*** **2** (***sich*** (*Dat*)) ***etwas ausziehen*** (*hat*) sich ein

Kleidungsstück vom Körper nehmen ↔ anziehen 〈die Hose, die Socken, die Jacke *usw* ausziehen〉: *Zieh dir die Schuhe aus!* **3** ***j-n* / *sich ausziehen*** (*hat*) die ganze Kleidung vom Körper nehmen und ablegen ↔ anziehen 〈sich nackt ausziehen; das Baby ausziehen〉 **4** **(*aus etwas*) *ausziehen*** (*ist*) (mit allen Möbeln *usw*) eine Wohnung für immer verlassen ≈ wegziehen ↔ einziehen: *Familie Schmidt ist gestern ausgezogen* || *zu* **1** **aus·zieh·bar** *Adj* || ▸ ***Auszug***

◆ **Aus·zu·bil·den·de** *der* / *die*; *-n*, *-n*; *Admin*; ein Jugendlicher / eine Jugendliche, der / die in einem Betrieb oder einer Behörde einen Beruf erlernt ≈ Azubi, Lehrling

Aus·zug *der* **1** *nur Sg*; die Tatsache, dass man eine Wohnung verlässt und in eine andere zieht ↔ Einzug: *j-m beim Auszug helfen* **2** ein Teil von einem (schriftlichen oder mündlichen) Text 〈ein Auszug aus einer Predigt, einer Rede, einer Schrift〉: *einen Roman nur in Auszügen kennen*

◆ **Au·to** *das*; *-s*, *-s*; ein Fahrzeug mit Motor und gewöhnlich vier Rädern, in dem mehrere Personen fahren können 〈ein gebrauchtes Auto; ein Auto parken, abschleppen; (mit dem) Auto fahren〉: *Bist du zu Fuß oder mit dem Auto da?* || ↑ *Illustration* ***Das Auto*** || K-: ***Auto-, -abgase, -fahrer, -fahrt, -marke, -panne, -radio, -reifen, -rennen, -schlüssel, -unfall, -verkehr*** || -K: ***Polizei-*** || *hierzu* **Au·to·bus** *der*

◆ **Au·to·bahn** *die*; eine sehr breite Straße, die aus zwei getrennten (Fahr)Bahnen besteht, keine Kreuzung hat und die nur von schnellen Fahrzeugen benutzt werden darf 〈auf der Autobahn fahren〉 || K-: ***Autobahn-, -auffahrt, -ausfahrt, -gebühr***

◆ **Au·to·mat** *der*; *-en*, *-en*; ein Apparat, in den man Geld einwirft, um Dinge (wie Zigaretten oder Briefmarken) zu kaufen: *Briefmarken aus dem Automaten holen* || -K: ***Fahrkarten-, Getränke-***

◆ **au·to·ma·tisch** *Adj* **1** 〈eine Bremse, eine Kamera, ein Signal〉 so, dass sie von selbst funktionieren **2** nicht bewusst, nicht mit Absicht, sondern wie von selbst 〈eine Reaktion; etwas ganz automatisch tun〉 || *hierzu* **Au·to·ma·tik** *die*; *-*, *-en*

◆ **Au·tor** *der*; *-s*, *Au·to·ren* [-'toːrən]; j-d, der einen (literarischen oder wissenschaftlichen) Text geschrieben hat 〈ein klassischer, zeitgenössischer, viel gelesener Autor〉 || K-: ***Autoren-, -lesung*** || -K: ***Kinderbuch-, Roman-*** || *hierzu* **Au·to·rin** *die*; *-*, *-nen*

Au·to·ri·tät *die*; *-*, *-en* **1** das große Ansehen oder die Macht, die j-d oder eine Institution hat 〈staatliche Autorität; Autorität besitzen, genießen〉 **2** j-d, der aufgrund seines Wissens großes Ansehen hat: *Er gilt als Autorität auf seinem Gebiet* || *zu* **1** **au·to·ri·tär** *Adj*

Axt [akst] *die*; *-*, *Äx·te*; ein Werkzeug, mit dem man Bäume fällt und Holz hackt

A·zu·bi *der*; *-s*, *-s*; *gespr*, *Kurzwort* ↑ ***Auszubildende*** ≈ Lehrling || *hierzu* **A·zu·bi** *die*; *-*, *-s*

B

B, b [beː] *das*; *-*, *-* / *gespr auch -s*; der zweite Buchstabe des Alphabets

◆ **Ba·by** ['beːbi] *das*; *-s*, *-s*; ein kleines Kind in seinem ersten (Lebens)Jahr ≈ Säugling || K-: ***Baby-, -flasche***

Bach *der*; *-(e)s*, *Bä·che*; ein kleiner Fluss (oder Wasserlauf) 〈der Bach rauscht〉 || ID ***etwas geht den Bach runter*** *gespr*; etwas gelingt nicht 〈ein Plan〉

Ba·cke *die*; *-*, *-n*; einer der beiden Teile des Gesichts links und rechts von Nase und Mund ≈ Wange 〈rote, runde, volle Backen haben; eine geschwollene Backe haben〉 || ↑ *Abbildung unter* ***Kopf*** || K-: ***Backen-, -bart***

◆ **ba·cken**; *bäckt* / *backt*, *backte*, *hat gebacken* **1** **(*etwas*) *backen*** einen Teig aus Mehl *usw* machen, formen und im Ofen heiß machen 〈Brot, einen Kuchen backen〉 || K-: ***Back-, -rezept, -zutaten*** **2** ***etwas bäckt* / *backt*** etwas wird im Ofen so lange erhitzt, bis es fertig ist: *Das Brot muss eine Stunde backen*

Bä·cker *der*; *-s*, *-*; j-d, der (von Beruf) Brot,

Brötchen, Kuchen herstellt und verkauft || K-: ***Bäcker-, -meister*** || *hierzu* **Bä·cke·rin** *die*; -, *-nen*

◆**Bä·cke·rei** *die*; -, *-en*; ein Betrieb (mit Laden), in dem Brot, Kuchen *o.Ä.* gemacht werden

◆**Bad** *das*; -*(e)s*, *Bä·der* **1** das Baden (1,2): *sich durch ein Bad erfrischen* || -K: ***Warm-*** **2** das Wasser, das man in eine Wanne füllt, um (j-n / etwas) zu baden (1,2) ⟨ins Bad steigen; ein heißes Bad; ein Bad nehmen ≈ baden⟩ **3** ≈ Badezimmer: *eine Wohnung mit zwei Zimmern, Küche und Bad* **4** ein Ort mit Heilquellen || -K: ***Heil-, Kur-, Thermal-*** || Hinweis: *oft* als Teil von Ortsnamen: *Bad Wörishofen*

◆**ba·den**; *badete, hat gebadet* **1** ***(j-n / etwas) baden*** j-n oder sich selbst in einer Wanne waschen ⟨ein Baby, einen Patienten, eine Wunde baden⟩: *Willst du baden oder duschen?* **2** in einem Fluss, See, (Schwimm)Bad schwimmen ⟨baden gehen⟩: *Sie badet am liebsten im Meer*

◆**Ba·de·wan·ne** *die*; eine Wanne, in der man baden (1) kann ⟨in der Badewanne sitzen⟩

◆**Bahn**[1] *die*; -, *-en* **1** der Weg, den ein fliegender Körper zurücklegt ⟨die Bahn einer Rakete, eines Planeten bestimmen⟩ || -K: ***Flug-*** **2** eine (abgegrenzte) Strecke, auf der sportliche Wettkämpfe stattfinden || -K: ***Eis-, Renn-*** **3** ≈ Fahrspur: *eine Straße mit vier Bahnen* || ID ***auf die schiefe Bahn geraten / kommen*** ein kriminelles Leben beginnen; ***etwas wirft j-n aus der Bahn*** etwas bewirkt, dass j-d verzweifelt, seine Hoffnung verliert

◆**Bahn**[2] *die*; -, *-en* **1** *Kurzwort* ↑ ***Eisenbahn, Straßenbahn*** ein Fahrzeug auf Schienen ⟨mit der Bahn fahren, reisen⟩ || K-: ***Bahn-, -fahrt, -reise*** **2** das Gleis, die Schienen einer Eisenbahn ⟨eine neue Bahn bauen⟩

◆**Bahn·hof** *der*; -*(e)s*, *Bahn·hö·fe* **1** eine Haltestelle, Station für Züge mit ihren Gebäuden ⟨der Zug hält nicht an jedem Bahnhof; j-n zum Bahnhof bringen; auf dem Bahnhof⟩ || K-: ***Bahnhofs-, -viertel*** **2** ein großes Gebäude auf einem Bahnhof (1), in dem es Räume für die Wartenden, Schalter für Fahrkarten und Gepäck, Toiletten *usw* gibt ⟨im Bahnhof⟩ || K-: ***Bahnhofs-, -halle, -restaurant*** || ID ***(ein) großer Bahnhof*** *gespr*; ein festlicher Empfang *bes* auf einem Bahnhof (1) oder einem Flugplatz

◆**Bahn·steig** *der*; -*(e)s*, *-e*; der erhöhte Weg auf einem Bahnhof, wo die Reisenden ein- und aussteigen

Bak·te·rie [-ri̯ə] *die*; -, *-n*; *meist Pl*; sehr kleine Lebewesen, von denen einige Arten Krankheiten erregen können: *sich mit Bakterien infizieren*

Ba·lan·ce [ba'lãːs(ə)] *die*; -; *nur Sg* ≈ Gleichgewicht ⟨die Balance halten, verlieren⟩ || *hierzu* **ba·lan·cie·ren** *(hat)*

◆**bald** *Adv*; nach relativ kurzer Zeit ≈ schnell ⟨bald danach; so bald wie möglich⟩: *Ich hoffe, du besuchst mich bald wieder* || ID ***bis (auf) bald!*** *gespr*; verwendet, um sich von j-m zu verabschieden

Bal·ken *der*; *-s*, -; ein langes, schweres Stück Holz, das *bes* beim Bau von Häusern verwendet wird

◆**Bal·kon** [bal'kɔŋ, bal'koːn, bal'kõː] *der*; *-s*, *-s* / *-e* **1** eine Plattform (mit einem Geländer oder einer Mauer), die außen an die Wand eines Gebäudes gebaut ist ⟨auf den Balkon (hinaus)gehen⟩ || K-: ***Balkon-, -blume*** **2** die Sitzreihen im Kino oder Theater, die sich über den anderen befinden || ↑ *Abbildung unter* ***Theater***

◆**Ball**[1] *der*; -*(e)s*, *Bäl·le*; ein runder Gegenstand aus Leder, Gummi oder Plastik, der als Spielzeug (oder Sportgerät) verwendet wird ⟨einen Ball aufpumpen; den Ball ins Tor schießen; (mit dem) Ball spielen⟩ || K-: ***Ball-, -spiel*** || -K: ***Tennis-***

◆**Ball**[2] *der*; -*(e)s*, *Bäl·le*; eine große, festliche Veranstaltung mit Tanz ⟨einen Ball geben; auf einen Ball gehen⟩ || K-: ***Ball-, -kleid, -nacht*** || -K: ***Faschings-***

Bal·lett *das*; *-s*, *-e* **1** *nur Sg*; ein Tanz, der eine Geschichte erzählt ⟨das klassische Ballett; ein Ballett aufführen⟩: *Tschaikowskis Ballett „Schwanensee"* **2** eine Gruppe von Tänzern und Tänzerinnen, die ein Ballett (1) tanzen || K-: ***Ballett-, -schule, -tänzer(in)***

Bal·lon [ba'lɔŋ, ba'loːn, ba'lõː] *der*; *-s*, *-s* / *-e* **1** eine große Hülle, die mit heißer Luft oder mit Gas gefüllt wird und fliegen kann ⟨Ballon fahren⟩ || K-: ***Ballon-, -fahrer*** || -K: ***Heißluft-*** **2** *Kurzwort* ↑ ***Luftballon***

ba·nal *Adj* **1** *pej*; ohne gute Ideen, trivial ≈ geistlos ⟨ein Witz, eine Frage⟩ **2** nicht kompliziert, ohne Geist ≈ simpel ⟨eine Angelegenheit, eine Geschichte⟩

Ba·na·ne *die*; -, *-n*; eine weiche, süße tropische Frucht mit gelber Schale || ↑ *Illustration* ***Obst und Gemüse*** || K-: ***Bananen-, -schale***

band ↑ ***binden***

Band[1] *das*; -*(e)s*, *Bän·der* **1** ein schmaler Streifen aus Stoff, Leder, Kunststoff *usw*, mit dem etwas verbunden oder geschmückt wird: *ein Band im Haar tragen*

|| -K: ***Hals-*** **2** ein schmales Band (1), auf dem man Musik oder Filme speichern kann ⟨ein Band (mit dem Kassetten-, Videorekorder) aufnehmen, überspielen⟩ || -K: ***Ton-*** || ID ***am laufenden Band*** *gespr*; immer wieder, ohne Unterbrechung

Band² *der*; *-(e)s, Bän·de*; eines von mehreren Büchern, die zusammen ein Werk oder eine Reihe bilden: *ein Werk in zehn Bänden*

Band³ [bɛnt] *die*; -, *-s*; eine Gruppe von Musikern ⟨eine Band gründen; in einer Band spielen⟩ || -K: ***Rock-***

◆ **Bank¹** *die*; -, *Bän·ke* **1** ein (länglicher) Sitz (*meist* aus Holz) für mehrere Personen ⟨sich auf eine Bank setzen⟩ || -K: ***Garten-, Park-*** **2** ein Tisch mit einer Bank (1) oder einem Stuhl in der Schule ⟨in der ersten Bank sitzen⟩ || -K: ***Schul-*** || ID ***etwas auf die lange Bank schieben*** *gespr*; etwas, was man nicht gern tut, auf einen späteren Zeitpunkt verschieben

◆ **Bank²** *die*; -, *-en*; ein Unternehmen, das mit Geld handelt ⟨zur / auf die Bank gehen; ein Konto bei der Bank haben⟩ || K-: ***Bank-, -direktor, -konto, -kunde, -note***

◆ **Bank³** *die*; -, *-en*; die Kasse (bei einem Spiel um Geld, wie *z.B.* Roulette) ⟨gegen die Bank setzen; die Bank gewinnt⟩ || ID ***die Bank sprengen*** das gesamte Geld gewinnen, das sich in der Bank befindet

bank·rott *Adj* **1** nicht fähig, seine Schulden zu bezahlen ≈ zahlungsunfähig ⟨ein Unternehmen; bankrott sein⟩ **2** ***bankrott sein*** *gespr*; kein Geld mehr haben ≈ pleite sein

Bann *der*; *-(e)s*; *nur Sg*; die faszinierende Wirkung, die j-d / etwas auf j-n ausübt ⟨j-n in seinen Bann ziehen⟩: *Der spannende Film hielt ihn in Bann* || ID *meist* ***Endlich war der Bann gebrochen*** Endlich war die erste Zurückhaltung überwunden

◆ **bar¹** *Adj*; in Form von Münzen oder Geldscheinen ⟨bares Geld; etwas (in) bar bezahlen⟩: *100 Euro in bar!* || K-: ***Bar-, -zahlung***

◆ **bar²** *Adj*; *nur attr, nicht adv*; *geschr*; nichts anderes als ≈ rein, pur: *Das ist barer Unsinn*

◆ **Bar** *die*; -, *-s* **1** ein (Nacht)Lokal, in dem man Alkoholisches trinkt ⟨in eine Bar gehen⟩ || K-: ***Bar-, -musik*** **2** eine Theke in einem Lokal, an der man auf hohen Stühlen sitzt ⟨an der Bar sitzen⟩ **3** ein Möbelstück oder ein Fach eines Schrankes, in dem alkoholische Getränke aufbewahrt werden || -K: ***Getränke-***

Bär *der*; *-en, -en*; ein großes, schweres Raubtier mit dickem Pelz, das süße Nahrung (*bes* Honig) liebt ⟨der Bär brummt⟩ || K-: ***Bären-, -fell*** || -K: ***Braun-, Eis-***

bar·fuß *Adv*; ohne Schuhe und Strümpfe ⟨barfuß gehen, sein⟩

◆ **Bar·geld** *das*; *nur Sg*; Münzen oder Geldscheine: *Ich habe kein Bargeld bei mir, nehmen Sie auch einen Scheck an?* || *hierzu* **bar·geld·los** *Adj*

barm·her·zig *Adj*; ***barmherzig (gegen j-n / mit j-m)*** mit tiefem Mitgefühl für die Not eines anderen ⟨sich barmherzig zeigen⟩ || *hierzu* **Barm·her·zig·keit** *die*

Ba·ro·me·ter *das*; *-s*, -; das Gerät, mit dem der Luftdruck gemessen wird ⟨das Barometer fällt, steigt⟩ || ID ***Das Barometer steht auf Sturm*** es herrscht eine gespannte, gereizte Stimmung

◆ **Bart** *der*; *-(e)s, Bär·te* **1** Haare im Gesicht des Mannes, *bes* zwischen Mund und Nase, an den Backen und am Kinn ⟨ein gepflegter Bart; einen Bart tragen; den Bart abrasieren⟩ || K-: ***Bart-, -haare*** || -K: ***Kinn-, Spitz-*** **2** Haare an der Schnauze von Säugetieren || ID ***etwas in seinen Bart (hinein)murmeln / (hinein)brummen*** *gespr*; etwas leise und undeutlich vor sich hin sagen || *zu* **1 bart·los** *Adj*

Ba·sis *die*; -, *Ba·sen* **1** *meist Sg*; ***eine Basis (für etwas)*** etwas (bereits Vorhandenes), auf das man etwas aufbauen kann oder von dem aus man etwas weiterentwickeln kann ≈ Grundlage ⟨eine gemeinsame, solide Basis für eine Zusammenarbeit⟩ || -K: ***Verhandlungs-*** **2** (bei Bauwerken) ein Block aus Stein *o.Ä.*, auf dem eine Säule oder ein Pfeiler steht ≈ Sockel **3** *Mil* ≈ Stützpunkt || -K: ***Flotten-, Militär-***

bas·teln; *bastelte, hat gebastelt*; ***(etwas) basteln*** (als Hobby) *meist* kleine Gegenstände aus Papier, Holz, Draht, Stoff *usw* herstellen: *ein Mobile, ein Modellflugzeug basteln* || K-: ***Bastel-, -arbeit***

bat ↑ ***bitten***

Bat·te·rie *die*; -, *-n* [-ˈriːən]; ein Apparat, in dem elektrischer Strom erzeugt oder gespeichert wird: *Die Batterie seines Autos ist leer* || -K: ***Auto-***

Bau *der*; *-(e)s, -ten* **1** *nur Sg*; das Herstellen von Häusern, Straßen, Brücken: *Der Bau ihres Hauses geht nur langsam voran* || K-: ***Bau-, -arbeiten, -stelle, -teil*** || -K: ***Wohnungs-*** **2** ein Bauwerk oder Gebäude: *Das Kolosseum in Rom ist ein gigantischer Bau* **3** *nur Sg*; die besondere Art, wie ein Körper gewachsen ist ⟨von kräftigem, schwachem Bau sein⟩ || -K: ***Körper-*** **4** ***etwas befindet sich im / in Bau, etwas ist im / in Bau*** etwas wird gerade gebaut (1): *Die neue Klinik ist noch im Bau*

◆ **Bauch** *der*; *-(e)s, Bäu·che* **1** der vordere Teil des Körpers beim Menschen, der zwischen Brust und Becken liegt: *Schläfst du auf dem Bauch oder auf dem Rücken?* || K-: ***Bauch-, -gegend*** **2** der untere Teil des Rumpfes bei (Wirbel)Tieren **3** das überflüssige Fett am Bauch (1) bei Menschen, die zu viel essen und sich zu wenig bewegen: *Er hat schon mit 20 einen Bauch bekommen* **4** *gespr*; *meist* der Magen: *Mit einem leeren Bauch kann ich nicht arbeiten* || K-: ***Bauch-, -schmerzen*** **5** der dicke Teil eines Gegenstands, *bes* einer Flasche, einer Vase || ID ***sich den Bauch voll schlagen*** *gespr*; sich satt essen

◆ **bau·en**; *baute, hat gebaut* **1 (*etwas*) *bauen*** etwas aus verschiedenen Teilen und Materialien (*z.B.* Holz, Stein, Zement) errichten oder herstellen (lassen) ⟨ein Haus, Maschinen, Musikinstrumente bauen⟩ || -K: ***zusammen-*** **2 *etwas bauen*** (als Tier) sich einen Platz zum Schlafen bereiten ⟨ein Nest bauen⟩ **3 *auf j-n / etwas bauen*** festes Vertrauen zu j-m / etwas haben ≈ sich auf j-n / etwas verlassen: *Auf ihn kann man immer bauen*

◆ **Bau·er**[1] *der*; *-n / selten -s, -n* **1** j-d, der in der Landwirtschaft arbeitet || K-: ***Bauern-, -familie, -haus, -sohn*** || -K: ***Klein-*** **2** eine der acht kleinsten Figuren einer Farbe im Schachspiel || ↑ *Abbildung unter* ***Schachfiguren***

◆ **Bau·er**[2] *der, das*; *-s, -*; ein Käfig für Vögel || -K: ***Vogel-***

Bau·ern·hof *der*; Land und Haus eines Bauern, mit dem Stall und der Scheune ⟨auf dem Bauernhof arbeiten⟩

Bau·jahr *das*; das Jahr, in dem ein Haus errichtet, ein Fahrzeug gebaut wurde: *Mein Auto ist Baujahr 98*

◆ **Baum** *der*; *-(e)s, Bäu·me*; eine große Pflanze mit einem Stamm aus Holz, mit Nadeln oder Blättern ⟨einen Baum pflanzen; ein Baum wird grün, verliert seine Blätter / seine Nadeln, blüht, trägt Früchte⟩ || K-: ***Baum-, -frucht -krone, -stamm*** || -K: ***Laub-, Obst-***

Baum·wol·le *die*; *nur Sg* **1** eine Pflanze, die *bes* in heißen Gebieten angebaut wird. Sie hat Samen mit langen, weißen Fasern, aus denen Garn gemacht wird ⟨Baumwolle anbauen⟩ || K-: ***Baumwoll-, -ernte, -feld, -garn*** **2** Gewebe, das aus Baumwolle gemacht und zu Textilien verarbeitet wird: *ein Pullover aus 100% Baumwolle* || K-: ***Baumwoll-, -hemd, -stoff***

Bau·werk *das*; das, was erbaut worden ist, *z.B.* ein Turm, ein Wohnhaus, eine Schule *o.Ä.* ⟨ein eindrucksvolles, verfallenes Bauwerk⟩

be- *im Verb*; *unbetont und nicht trennbar*; hebt das auf ein Ziel gerichtete Tun hervor und macht intransitive Verben transitiv;

etwas beachten (genau) auf etwas achten, schauen (und sich danach richten); ***etwas bedenken*** über etwas (einen Aspekt des Handelns) nachdenken; ***etwas befolgen*** etwas so tun (ausführen), wie es gesagt (befohlen) worden ist; ***etwas begrenzen*** Grenzen um ein Gebiet ziehen (und es dadurch einschränken); ***j-n (irgendwo) beherbergen*** j-n als Gast bei sich wohnen lassen; ***etwas bejahen*** mit ja antworten; ***j-n (mit etwas) bekämpfen*** gegen j-n (mit Worten, Waffen) kämpfen und zu gewinnen versuchen; ***etwas beladen*** eine Last auf etwas legen, laden; ***etwas berechnen*** durch Rechnen erkennen und (heraus)finden, wie groß etwas ist; ⟨ein Tier⟩ ***besamen*** ein Tier (künstlich) durch Samen befruchten; ***j-n bewaffnen*** j-m die Waffen geben, die er braucht, um kämpfen zu können

be·ab·sich·ti·gen; *beabsichtigte, hat beabsichtigt*; ***etwas beabsichtigen*** den Wunsch oder Willen haben, etwas zu tun: *Sie beabsichtigen, nächstes Jahr zu heiraten*

◆ **be·ach·ten**; *beachtete, hat beachtet* **1 *etwas / j-n beachten*** auf etwas / j-n achten ↔ ignorieren ⟨Gesetze, Regeln beachten⟩: *Sie beachtet mich kaum* **2 *etwas beachten*** sich nach dem richten, was man sieht oder weiß ⟨Hinweise beachten⟩: *Beachten Sie bitte, dass wir unser Geschäft heute früher schließen!* || *hierzu* **Be·ach·tung** *die*

be·acht·lich *Adj* **1** von großer Bedeutung, Menge oder hoher Qualität ≈ beträchtlich: *Sein Ansehen als Politiker ist beachtlich* **2** so, dass man damit (sehr) zufrieden sein kann ≈ respektabel ⟨eine Leistung, ein Resultat⟩

◆ **Be·am·te** *der*; *-n, -n*; j-d (*z.B.* ein Lehrer oder Polizist), der im Dienst des Staates arbeitet und im Alter Pension erhält || K-: ***Beamten-, -beleidigung*** || -K: ***Finanz-, Post-, Verwaltungs-*** || *hierzu* **Be·am·tin** *die*; *-, -nen*

be·an·spru·chen; *beanspruchte, hat beansprucht* **1 *etwas beanspruchen*** etwas verlangen, auf das man ein Recht hat ⟨seinen Erbanteil, Schadenersatz beanspruchen⟩ **2 *etwas beanspruchen*** von etwas Gebrauch machen, das einem j-d angeboten oder gegeben hat ≈ etwas in Anspruch nehmen ⟨j-s Hilfe, Gastfreundschaft beanspruchen⟩ **3** ***j-n / etwas beanspruchen*** j-n / etwas sehr viel oder sehr oft in Anspruch nehmen: *Die drei kleinen Kinder beanspruchen sie sehr* **4** ***etwas beansprucht etwas*** etwas benötigt Zeit oder Raum: *Das neue Sofa beansprucht zu viel Platz* || *zu* **3 Be·an·spru·chung** *die*

◆ **be·an·tra·gen**; *beantragte, hat beantragt*; ***etwas*** (***bei j-m / etwas***) ***beantragen*** (*meist* eine Behörde) offiziell um etwas bitten ⟨Sozialhilfe, ein Visum beantragen⟩: *Als er seinen Job verlor, beantragte er Arbeitslosengeld* || *hierzu* **Be·an·tra·gung** *die*

be·ant·wor·ten; *beantwortete, hat beantwortet*; ***etwas beantworten*** auf eine Frage antworten

be·ar·bei·ten; *bearbeitete, hat bearbeitet* **1** ***etwas bearbeiten*** an etwas arbeiten, es prüfen und *meist* darüber entscheiden ⟨einen Antrag, ein Sachgebiet bearbeiten⟩ **2** ***etwas bearbeiten*** eine Arbeit über etwas schreiben ⟨ein Thema, eine Aufgabe bearbeiten⟩ **3** ***etwas*** (***mit etwas***) ***bearbeiten*** *meist* ein Material so verändern, dass es eine bestimmte Form oder Beschaffenheit hat ⟨Holz mit einem Messer bearbeiten⟩ **4** ***j-n bearbeiten*** *gespr*; intensiv auf j-n einreden, um ihn von etwas zu überzeugen || *hierzu* **Be·ar·bei·tung** *die*; *zu* **1** und **2 Be·ar·bei·ter** *der*; **Be·ar·bei·te·rin** *die*; *-, -nen*

be·auf·sich·ti·gen; *beaufsichtigte, hat beaufsichtigt*; ***j-n / etwas beaufsichtigen*** darauf achten, dass j-d sich so verhält oder arbeitet, wie er soll ≈ überwachen ⟨Kinder beaufsichtigen⟩ || *hierzu* **Be·auf·sich·ti·gung** *die*

be·auf·tra·gen; *beauftragte, hat beauftragt*; ***j-n*** (***mit etwas***) ***beauftragen*** j-m den Auftrag geben, etwas für einen zu tun: *j-n mit der Anfertigung eines Plans beauftragen*

Be·cher *der*; *-s, -*; **1** ein (Trink)Gefäß *meist* ohne Henkel und ohne Fuß: *aus einem Becher trinken* || -K: ***Plastik-, Silber-*** **2** eine Art Becher (1), der für andere Zwecke (als das Trinken) verwendet wird || -K: ***Eier-, Joghurt-, Würfel-***

Be·cken *das*; *-s, -*; **1** ein Behälter für Wasser in der Küche oder im Bad, der zum Waschen und Spülen dient || -K: ***Spül-, Wasch-*** **2** ein großer Behälter, der mit Wasser gefüllt wird, sodass man darin schwimmen kann || -K: ***Plansch-, Schwimm-*** **3** der Teil des menschlichen Skeletts, der den Rücken (die Wirbelsäule) mit den Beinen verbindet || ↑ *Abbildung unter* **Skelett**

◆ **be·dan·ken, sich**; *bedankte sich, hat sich bedankt*; ***sich*** (***bei j-m***) (***für etwas***) ***bedanken*** (j-m) seinen Dank für etwas ausdrücken: *Hast du dich* (*bei ihr*) (*für das Geschenk*) *bedankt?*

◆ **Be·darf** *der*; *-(e)s*; *nur Sg*; ***der Bedarf*** (***an etwas***) das Verlangen nach etwas, was man zu einem bestimmten Zweck braucht: *An neuen Wohnungen besteht großer Bedarf* || -K: ***Erdöl-, Energie-*** || ID *meist* ***Mein Bedarf ist gedeckt!*** *gespr*; ich habe genug davon

be·dau·ern; *bedauerte, hat bedauert* **1** ***j-n bedauern*** für j-n Mitleid zeigen: *einen kranken Menschen bedauern* **2** ***etwas bedauern*** ausdrücken, dass etwas schade ist: *Er bedauerte*, dass *er sie nicht persönlich kennen lernen konnte* || ID ***j-d ist zu bedauern*** mit j-m muss man Mitleid haben || *hierzu* **be·dau·er·lich** *Adj*; **be·dau·erns·wert** *Adj*

be·de·cken; *bedeckte, hat bedeckt* **1** ***j-n / etwas*** (***mit etwas***) ***bedecken*** eine Decke über j-n / etwas legen: *den Boden mit Matten bedecken* **2** ***etwas bedeckt etwas*** etwas befindet sich in großer Anzahl oder in dichter Form auf etwas, verbirgt etwas: *Schnee bedeckte die Wiesen*

Be·den·ken *das*; *-s, -*; *meist Pl*; ***Bedenken*** (***gegen j-n / etwas***) Zweifel oder Sorgen ⟨ernsthafte Bedenken haben; j-s Bedenken beseitigen⟩

be·den·ken; *bedachte, hat bedacht* **1** ***etwas bedenken*** etwas prüfend überlegen ≈ etwas berücksichtigen: *Er fährt ohne Helm Motorrad, ohne zu bedenken*, wie *gefährlich das ist* **2** (***j-m***) ***zu bedenken geben, dass ...*** *geschr*; j-n auf etwas hinweisen, das berücksichtigt werden muss

be·denk·lich *Adj* **1** so, dass es gefährlich sein könnte ≈ bedrohlich ⟨j-s Gesundheitszustand, eine Situation⟩ **2** voller Bedenken ≈ skeptisch, besorgt ⟨ein Gesicht⟩ **3** moralisch oder gesetzlich fragwürdig ≈ zweifelhaft: *bedenkliche Mittel anwenden, um sein Ziel zu erreichen*

◆ **be·deu·ten**; *bedeutete, hat bedeutet* **1** ***etwas bedeutet etwas*** etwas hat eine bestimmte (auch sprachliche) Bedeutung (1): *Rotes Licht im Verkehr bedeutet*, dass *man anhalten oder warten muss* **2** ***etwas bedeutet etwas*** etwas hat etwas Bestimmtes zur Folge oder ist ein Zeichen für etwas: *Dunkle Wolken bedeuten Regen*; *Sein Gesichtsausdruck bedeutete nichts Gutes* **3** (***j-m***) ***etwas bedeuten*** (für j-n) wichtig, viel wert sein: *Du bedeutest mir alles* || Hinweis: kein Passiv!

be·deu·tend *Adj* **1** ⟨ein Gelehrter, ein Künstler; ein Kunstwerk⟩ wichtig, hervorragend **2** mit weit reichenden Folgen ⟨ein Ereignis, eine Erfindung⟩ **3** *nur adv*; verwendet, um ein Adjektiv im Komparativ oder ein Verb zu verstärken ≈ wesentlich: *Der Kranke sieht heute schon bedeutend besser aus*

◆ **Be·deu·tung** *die*; -, *-en* **1** das, was mit Sprache oder Zeichen ausgedrückt werden soll: *Das Wort „Bank" hat mehrere Bedeutungen* || K-: ***Bedeutungs-, -lehre, -wörterbuch*** **2** *nur Sg*; etwas, das eine besondere Wirkung hat ≈ Wichtigkeit, Wert: *Diese Entscheidung war von besonderer politischer Bedeutung* **3** *nur Sg* ≈ Sinn (3) ⟨eine tiefere Bedeutung⟩

◆ **be·die·nen**; *bediente, hat bedient* **1** ***(j-n) bedienen*** (als Kellner) einem Gast Speisen und Getränke bringen ≈ servieren: *Wer bedient an diesem Tisch?* **2** ***j-n bedienen*** für j-n etwas tun, weil er selbst es nicht tun will oder kann: *Wenn er abends nach Hause kommt, lässt er sich gern von seiner Frau bedienen* **3** ***etwas bedienen*** *meist* ein Gerät oder eine Maschine korrekt gebrauchen und ihre Funktionen kontrollieren ⟨einen Kran, eine Waschmaschine bedienen⟩ **4** ***sich bedienen*** sich etwas zu essen oder trinken nehmen ≈ zugreifen: *Hier sind ein paar belegte Brote - bedient euch bitte!*

◆ **Be·die·nung** *die*; -, *-en* **1** *nur Sg*; das Bedienen (1,3) eines Gastes oder einer Maschine ⟨mit / ohne Bedienung⟩ || K-: ***Bedienungs-, -fehler*** **2** j-d, der in einem Lokal bedient: *Bedienung, zahlen bitte!*

be·din·gen; *bedingte, hat bedingt*; ***etwas bedingt etwas*** etwas hat etwas zur Folge: *Höhere Löhne bedingen höhere Preise*

◆ **Be·din·gung** *die*; -, *-en* **1** eine Forderung, Voraussetzung, von deren Erfüllung etwas abhängt ⟨(j-m) eine Bedingung stellen⟩: *Ihre Bedingungen sind für uns nicht akzeptabel* || -K: ***Liefer-, Zahlungs-*** **2** *nur Pl*; bestimmte Umstände, die j-n / etwas beeinflussen ⟨gute, (un)günstige Bedingungen⟩ || -K: ***Lebens-***

be·dro·hen; *bedrohte, hat bedroht* **1** ***j-n (mit etwas) bedrohen*** j-m mit Worten oder Taten drohen: *j-n mit einer Pistole bedrohen* **2** ***etwas bedroht j-n*** etwas stellt für j-n eine Gefahr dar: *Epidemien bedrohen die Menschheit* || *hierzu* **be·droh·lich** *Adj*; **Be·dro·hung** *die*

Be·dürf·nis *das*; *-ses, -se*; ***ein Bedürfnis (nach etwas)*** die Notwendigkeit oder der Wunsch, etwas zu bekommen, das man braucht ⟨ein Bedürfnis nach Liebe, Schlaf haben, verspüren⟩: *die Bedürfnisse des Marktes* || -K: ***Schlaf-***

◆ **be·ei·len, sich**; *beeilte sich, hat sich beeilt*; ***sich (bei / mit etwas) beeilen*** etwas schneller als üblich tun: *Sie musste sich beeilen, um ihr Flugzeug nicht zu verpassen*

be·ein·dru·cken; *beeindruckte, hat beeindruckt*; ***j-n beeindrucken*** eine große Wirkung auf das Bewusstsein, die Erinnerung haben ⟨j-n tief, stark beeindrucken⟩

◆ **be·ein·flus·sen**; *beeinflusste, hat beeinflusst*; ***j-n (bei etwas / in etwas*** (*Dat*)) ***beeinflussen*** auf j-n so einwirken, dass er anders denkt oder handelt: *j-n in seinem Urteil beeinflussen* || *hierzu* **be·ein·fluss·bar** *Adj*; **Be·ein·flus·sung** *die* || ▸ ***Einfluss***

be·ein·träch·ti·gen; *beeinträchtigte, hat beeinträchtigt*; ***etwas beeinträchtigt etwas*** etwas hat eine negative Wirkung auf etwas: *Lärm während der Arbeit beeinträchtigt die Konzentration* || *hierzu* **Be·ein·träch·ti·gung** *die*

be·en·den; *beendete, hat beendet*; ***etwas beenden*** etwas zu Ende führen ⟨einen Streit, eine Unterhaltung beenden⟩ || *hierzu* **Be·en·dung** *die*

be·er·di·gen; *beerdigte, hat beerdigt*; ***j-n beerdigen*** einen Verstorbenen in einem Sarg ins Grab legen (lassen) ≈ begraben || *hierzu* **Be·er·di·gung** *die*

Bee·re *die*; -, *-n*; essbare Früchte, die auf manchen kleinen Pflanzen oder Sträuchern wachsen (*z.B.* Erdbeeren, Himbeeren, Brombeeren) || K-: ***Beeren-, -obst, -strauch***

Beet *das*; *-(e)s, -e*; ein (*meist* rechteckiges) Stück Boden (in einem Garten), auf dem Blumen, Gemüse oder Salat angepflanzt werden ⟨ein Beet anlegen, umgraben⟩ || -K: ***Blumen-, Gemüse-***

be·fas·sen, sich; *befasste sich, hat sich befasst*; ***sich mit j-m / etwas befassen*** sich für j-n / etwas interessieren und sich mit ihm / damit beschäftigen ⟨sich mit einem Problem / Thema, mit Kindern befassen⟩

Be·fehl *der*; *-(e)s, -e* **1** ***der Befehl (zu etwas)*** eine (von einer Autorität ausgegebene) mündliche oder schriftliche Mitteilung, dass etwas Bestimmtes getan werden muss ⟨j-m einen Befehl geben; einen Befehl ausführen; den Befehl verweigern⟩: *Der General gab den Befehl zum Angriff / anzugreifen* || K-: ***Befehls-, -empfänger*** **2** *nur Sg*; *Mil* ≈ Kommando (2) ⟨den Befehl über j-n / etwas haben; unter j-s Befehl stehen⟩ **3** eine Anweisung an einen Computer

be·feh·len; *befiehlt, befahl, hat befohlen*;

(*j-m*) ***etwas befehlen*** j-m eine Anordnung, einen Befehl (1) erteilen: *Der General befahl den Rückzug*

be·fes·ti·gen; *befestigte, hat befestigt*; ***etwas*** (***an etwas*** (*Dat*)) ***befestigen*** machen, dass etwas fest ist: *ein Regal an der Wand befestigen* || *hierzu* **Be·fes·ti·gung** *die*

be·fin·den; *befand, hat befunden* **1** ***sich irgendwo befinden*** *geschr*; an einem bestimmten Ort sein: *sich im Ausland befinden*; *Das Büro des Chefs befindet sich im dritten Stock* **2** ***sich in etwas*** (*Dat*) ***befinden*** in einer Situation, in einem besonderen Zustand sein ⟨sich in einer peinlichen Lage befinden⟩: *Sein altes Auto befindet sich noch in gutem Zustand* || *hierzu* **be·find·lich** *Adj*

be·fol·gen; *befolgte, hat befolgt*; ***etwas befolgen*** etwas so tun, wie es verlangt oder empfohlen wird ⟨Befehle, Gesetze befolgen; Hinweise befolgen⟩

be·för·dern; *beförderte, hat befördert* **1** ***j-n / etwas*** (***mit / in etwas*** (*Dat*)) (***irgendwohin***) ***befördern*** j-n / etwas (*bes* mit einem Auto oder Zug) von einem Ort an einen anderen bringen ≈ transportieren: *Koffer mit der Bahn, Pakete mit der Post befördern* **2** ***j-n*** (***zu etwas***) ***befördern*** j-m eine höhere Stellung geben: *j-n zum Oberinspektor befördern* || *hierzu* **Be·för·de·rung** *die*

be·frei·en; *befreite, hat befreit* **1** ***sich / etwas*** (***von j-m / etwas***) ***befreien*** sich selbst / etwas von einer Last, einem äußeren Druck, einer Pflicht *o.Ä.* frei machen: *sich von seinen Sorgen befreien*; *einen Schüler wegen Krankheit vom Unterricht befreien* **2** ***j-n / ein Tier*** (***aus / von etwas***) ***befreien*** erreichen, dass j-d / ein Tier nicht länger gefangen oder in einer bedrohlichen Situation ist ⟨j-n aus einer Gefahr befreien; ein Tier aus seinem Käfig befreien⟩ || *hierzu* **Be·frei·ung** *die*

be·frie·di·gen; *befriedigte, hat befriedigt*; ***j-n befriedigen*** die Erwartungen einer Person erfüllen, sodass diese zufrieden ist ⟨j-n sexuell befriedigen⟩

◆ **be·frie·di·gend** *Adj* **1** so, dass es j-n zufrieden macht: *eine befriedigende Lösung finden* **2** Ⓓ die mittlere Note 3 (auf der Skala von 1-6) in der Schule ⟨„befriedigend" in etwas (*Dat*) haben⟩

be·fris·ten; *befristete, hat befristet*; ***etwas*** (***auf etwas*** (*Akk*)) ***befristen*** etwas nur eine bestimmte Zeit gültig sein lassen: *Die Aufenthaltserlaubnis ist auf drei Monate befristet* || *hierzu* **Be·fris·tung** *die*

be·fruch·ten; *befruchtete, hat befruchtet* **1** eine weibliche (Ei)Zelle besamen, sodass ein neues Lebewesen entsteht **2** ***ein Tier / etwas befruchtet eine Pflanze*** *meist* ein Insekt / der Wind bewirkt, dass aus einer Blüte eine Frucht entstehen kann (indem Blütenstaub auf sie gelangt) **3** ***etwas befruchtet j-n / etwas*** etwas hat eine kreative Wirkung auf j-n / etwas: *Die Ideen Rousseaus hatten eine befruchtende Wirkung auf die Literatur seiner Epoche* || *zu* **1** und **2** **Be·fruch·tung** *die*

be·fürch·ten; *befürchtete, hat befürchtet*; ***etwas befürchten*** Angst davor haben, dass etwas gefährlich oder unangenehm wird: *Er befürchtet*, dass *er entlassen wird* || *hierzu* **Be·fürch·tung** *die*

be·gabt *Adj*; *nicht adv*; (***für etwas***) ***begabt*** ⟨ein Schüler, ein Künstler⟩ so, dass sie eine Begabung (für etwas) haben

Be·ga·bung *die*; -, *-en*; ***eine Begabung*** (***für / zu etwas***) die Fähigkeit, die ein Mensch von Natur aus hat ≈ Talent ⟨eine musikalische Begabung haben⟩: *Er hat* (*die / eine*) *Begabung zum Schriftsteller*

be·gann ↑ ***beginnen***

◆ **be·geg·nen**; *begegnete, ist begegnet* **1** ***j-m begegnen*** j-n zufällig irgendwo treffen: *Wir sind uns / einander gestern in der Stadt begegnet* **2** ***etwas*** (*Dat*) ***irgendwie begegnen*** auf etwas so, entsprechend reagieren, etwas dagegen tun: *einer kritischen Situation mit Entschlossenheit begegnen*

be·ge·hen; *beging, hat begangen*; **1** ***etwas begehen*** etwas Negatives tun ⟨einen Fehler, eine Sünde, ein Verbrechen begehen⟩ **2** ***Selbstmord begehen*** ≈ sich töten **3** ***etwas begehen*** *geschr*; ein *meist* bedeutendes Fest feiern ⟨ein Jubiläum begehen⟩

be·gehrt *Adj*; ⟨ein Titel, ein Künstler⟩ so, dass sie vielen gefallen und von ihnen gewünscht werden ≈ beliebt: *Der Oscar ist für jeden Schauspieler eine begehrte Trophäe*

be·geis·tern; *begeisterte, hat begeistert* **1** (***j-n***) ***begeistern*** einen so starken Eindruck auf j-n machen, dass er Bewunderung, Freude oder großes Interesse fühlt: *Der Pianist begeisterte* (*die Zuhörer*) *durch sein virtuoses Spiel*; *j-n für seine Ideen begeistern* **2** ***sich für j-n / etwas begeistern*** sich sehr für j-n / etwas interessieren: *Er konnte sich nie für Mathematik begeistern* || *hierzu* **Be·geis·te·rung** *die*

◆ **Be·ginn** *der*; *-s*; *nur Sg* **1** der Zeitpunkt, zu dem etwas anfängt: *bei / zu Beginn einer Veranstaltung* **2** die Stelle, an der etwas anfängt: *der Beginn eines Buches, der Autobahn*

◆ **be·gin·nen**; *begann, hat begonnen* **1** (**etwas**) **beginnen** mit einer Tätigkeit anfangen (1): *die Arbeit beginnen; ein Gespräch beginnen; Sie begann, ein Bild zu malen* **2** **etwas beginnt irgendwann / irgendwo** etwas fängt zu einem bestimmten Zeitpunkt / an einer bestimmten Stelle an: *Das Seminar beginnt in einer Woche; Hinter der Brücke beginnt die Autobahn*

be·glei·ten; *begleitete, hat begleitet* **1** **j-n** (**irgendwohin**) **begleiten** mit j-m (irgendwohin) gehen oder fahren ⟨j-n zum Bahnhof, zu einem Ball begleiten⟩: *Nach dem Film begleitete er sie nach Hause* **2** **j-n** (**auf / an etwas** (*Dat*)) **begleiten** ein Instrument zu einem Gesang spielen: *einen Sänger auf dem Klavier begleiten*

be·gra·ben; *begräbt, begrub, hat begraben* **1** **j-n begraben** einen Toten in ein Grab legen und dieses mit Erde füllen **2** **etwas begräbt j-n / etwas** (**unter sich** (*Dat*)) (*meist* bei Naturkatastrophen) Erde, Steine oder Schnee decken j-n / etwas zu (und erdrücken ihn / es durch ihr Gewicht) ≈ etwas verschüttet j-n / etwas: *Die Lawine begrub ein ganzes Dorf unter sich* **3** **etwas begraben** etwas aufgeben, weil keine Chance mehr besteht, es zu verwirklichen ⟨seine Hoffnungen, Pläne, Träume begraben⟩

Be·gräb·nis *das; -ses, -se;* der Vorgang, bei dem ein Toter in einer Feier begraben wird ⟨einem Begräbnis beiwohnen⟩ || K-: **Begräbnis-, -feier** || ▸ **Grab**

be·grei·fen; *begriff, hat begriffen;* (**etwas**) **begreifen** geistig erfassen und verstehen, warum etwas so ist: *Ich kann diese komplizierten Formeln nicht begreifen; Er hat nicht begriffen, warum wir ihm nicht helfen* || ▸ **Begriff**

be·gren·zen; *begrenzte, hat begrenzt* **1** **etwas begrenzen** Grenzen für ein Gebiet oder einen Zeitraum setzen **2** **etwas begrenzen** verhindern, dass etwas größer wird ⟨einen Schaden, ein Risiko begrenzen⟩

be·grenzt *Adj* **1** *nicht adv;* nicht sehr groß oder deutlich: *nur begrenzte Möglichkeiten haben* **2** *nur adv;* nur zu einem bestimmten Grad ⟨begrenzt tauglich⟩

Be·griff *der; -(e)s, -e* **1** ein Ausdruck oder Wort, das einen Gegenstand oder einen Sachverhalt bezeichnet ⟨ein umgangssprachlicher Begriff; einen Begriff definieren⟩: *„Aquarell" ist ein Begriff aus der Malerei* || K-: **Begriffs-, -bestimmung** || -K: **Fach-** **2** *nur Sg;* die konkrete Vorstellung, die man sich von einer Sache macht ⟨sich (*Dat*) einen falschen Begriff von etwas machen⟩ **3** (**j-m**) **ein Begriff sein** j-m bekannt sein: *Mozart ist jedem ein Begriff* || ID **im Begriff sein / stehen** + **zu** + *Infinitiv* kurz davor sein, etwas zu tun

◆ **be·grün·den**; *begründete, hat begründet* **1** **etwas** (**mit etwas**) **begründen** Gründe / Argumente für etwas angeben (*bes* um sich zu rechtfertigen) ⟨sein Verhalten, seine Meinung begründen⟩ **2** **etwas begründen** *geschr;* etwas neu schaffen ≈ gründen: *eine wissenschaftliche Lehre begründen*

Be·grün·dung *die; -, -en;* **eine Begründung** (**für etwas**) etwas, das als Grund für etwas angegeben wird: *Sein Chef verlangte von ihm eine Begründung für sein unhöfliches Verhalten*

◆ **be·grü·ßen**; *begrüßte, hat begrüßt* **1** **j-n begrüßen** j-n (bei seiner Ankunft) mit einem Gruß empfangen: *Frau Mayer begrüßte ihre Gäste* **2** **etwas begrüßen** *geschr;* etwas als sehr positiv betrachten ≈ gutheißen ⟨einen Vorschlag, eine Entscheidung begrüßen⟩ || *zu* **1** **Be·grü·ßung** *die; zu* **2** **be·grü·ßens·wert** *Adj*

◆ **be·hal·ten**; *behält, behielt, hat behalten* **1** **etwas behalten** etwas nicht wieder zurückgeben (müssen), sondern weiterhin haben ↔ hergeben ⟨ein Geschenk, seinen Arbeitsplatz, seinen Humor behalten⟩: *Kann ich das Buch eine Weile behalten?* **2** **etwas behalten** (**können**) ≈ sich etwas merken (können): *Er kann mühelos viele Telefonnummern behalten* **3** **etwas irgendwo behalten** etwas an der gleichen Stelle lassen: *die Mütze auf dem Kopf behalten* **4** **die Nerven behalten** in einer schwierigen Situation ruhig bleiben **5** ⟨ein Geheimnis⟩ **für sich behalten** niemandem davon erzählen

Be·häl·ter *der; -s, -;* ein Gegenstand, in dem man etwas aufbewahrt oder transportiert: *Kisten, Dosen und Flaschen sind Behälter* || -K: **Öl-, Wasser-** || Hinweis: ↑ **Gefäß**

◆ **be·han·deln**; *behandelte, hat behandelt* **1** **j-n / etwas irgendwie behandeln** mit j-m / etwas in einer bestimmten Weise umgehen ⟨j-n gut, ungerecht, wie ein kleines Kind behandeln⟩ **2** **j-n / etwas** (**mit etwas**) **behandeln** versuchen, j-n / eine Verletzung *o.Ä.* mit bestimmten Mitteln zu heilen: *eine offene Wunde mit Jod behandeln; im Krankenhaus behandelt werden* **3** **etwas mit etwas behandeln** etwas bearbeiten: *Obstbäume mit Chemikalien behandeln* **4** **etwas behandelt etwas** *bes* ein Buch, Film hat etwas zum Thema

≈ etwas stellt etwas dar: *Seine Dissertation behandelt das Problem der Arbeitslosigkeit* **5** ***etwas behandeln*** ein Thema mit anderen diskutieren ≈ besprechen || *hierzu* **Be·hạnd·lung** *die*

◆ **be·haup·ten**; *behauptete, hat behauptet* **1** ***etwas behaupten*** etwas, das nicht bewiesen ist, für wahr oder richtig erklären: *Er behauptet, gestern krank gewesen zu sein* **2** ***etwas behaupten*** seine Position erfolgreich verteidigen, behalten ⟨seinen Standpunkt behaupten⟩: *den 2. Platz behaupten* **3** ***sich behaupten*** sich Respekt verschaffen: *Er konnte sich in der Firma nur schwer behaupten*

Be·haup·tung *die*; *-, -en*; eine Erklärung, in der etwas behauptet (1) wird ⟨eine Behauptung aufstellen, zurücknehmen⟩

be·hẹrr·schen; *beherrschte, hat beherrscht* **1** ***j-n / etwas beherrschen*** Macht, Kontrolle über j-n / etwas haben ⟨ein Volk beherrschen⟩ **2** ***etwas / sich beherrschen*** seine Emotionen, Äußerungen (*oft* mit großer Anstrengung) zurückhalten ≈ unterdrücken ⟨seinen Zorn, seine Leidenschaften beherrschen⟩: *Er musste sich sehr beherrschen, um ihm keine Ohrfeige zu geben* **3** ***etwas beherrschen*** etwas so gut gelernt haben, dass man es leicht gebrauchen kann ⟨eine Kunst, ein Musikinstrument, ein Fach (perfekt) beherrschen⟩: *drei Fremdsprachen beherrschen* || *hierzu* **Be·hẹrr·schung** *die*

◆ **be·hịn·dern**; *behinderte, hat behindert* **1** ***j-n (bei etwas) behindern*** j-n bei etwas stören: *Der Ring behinderte sie bei der Arbeit* **2** ***etwas behindern*** eine negative, störende Wirkung auf etwas haben ⟨den Verkehr behindern⟩

be·hịn·dert *Adj*; *nicht adv*; geistig oder körperlich beeinträchtigt || -K: ***geh-, körper-, seh-***

Be·hör·de *die*; *-, -n*; eine *meist* staatliche Institution, die für besondere Aufgaben des Rechts und der Verwaltung zuständig ist: *bei der zuständigen Behörde eine Genehmigung holen* || -K: ***Verwaltungs-*** || *hierzu* **be·hörd·lich** *Adj*

◆ **bei** *Präp*; *mit Dat* **1** verwendet zur Bezeichnung eines Ortes oder der räumlichen Nähe zu j-m / etwas ≈ in der Nähe von: *Der Kiosk ist direkt beim* (= bei dem) *Bahnhof*; *bei j-m wohnen* **2** verwendet zur Bezeichnung eines Arbeitsplatzes: *bei der Post arbeiten* **3** mit j-m zusammen: *bei j-m im Auto sitzen* **4** verwendet, um den Kontakt oder die Berührung auszudrücken ≈ an: *j-n bei der Hand nehmen* **5** verwendet zur Bezeichnung eines Zeitpunktes: *bei Beginn / Ende des Konzerts* **6** verwendet, um Bedingungen einer Handlung, eines Ereignisses anzugeben: *Bei schönem Wetter machen wir eine Radtour* **7** verwendet, um den Hintergrund eines Ereignisses, einer Handlung zu bezeichnen: *bei einem Unfall verletzt werden* **8** verwendet, um den Grund für etwas anzugeben: *Bei deinem Gehalt könntest du mich ruhig zum Essen einladen!* **9** was j-n / etwas betrifft, in Bezug auf j-n / etwas: *Er hat kein Glück bei den Frauen*

bei- *im Verb*; *betont und trennbar*; drückt aus, dass etwas zu etwas anderem hinzukommt;
etwas beibehalten etwas nicht ändern; (***etwas*** (*Dat*)) ***etwas beifügen*** etwas zu etwas anderem hinzutun; ***etwas beigeben*** etwas zu einer Sache hinzutun; ***j-m*** (***in etwas*** (*Dat*)) ***beistehen*** bei j-m sein und ihm helfen

beich·ten; *beichtete, hat gebeichtet* **1** (***j-m***) (***etwas***) ***beichten*** in einer religiösen Handlung erklären, welche Sünden man auf sich geladen hat ⟨beichten gehen⟩ **2** (***j-m***) ***etwas beichten*** j-m mitteilen, dass man etwas Verbotenes oder Schlimmes getan hat: *Ich muss dir beichten, dass ich viel Geld beim Pokern verloren habe*

bei·de *Pronomen* (*Pl*); verwendet, um zwei Personen, Sachen oder Vorgänge zusammen zu nennen: *Meine beiden Töchter sind bereits verheiratet*; *Sie sind beide jung*

bei·des *Pronomen* (*Sg Neutrum*) **1** *meist betont*; verwendet, um zwei verschiedene Sachen, Vorgänge *o.Ä.* zusammen zu nennen: *Beides ist zwar sehr schön, aber leider zu teuer* **2** *betont*; verwendet, um sich auf zwei verschiedene Sachen, Vorgänge *o.Ä.* zu beziehen, wobei der Unterschied zwischen beiden Sachen betont wird: *Er kann beides - Klavier und Gitarre spielen*

bei·ei·nạn·der *Adv*; eine Person / Sache neben der anderen, zu einer Gruppe vereinigt ≈ zusammen: *Zu Weihnachten ist die ganze Familie beieinander*

Bei·fall *der*; *-(e)s*; *nur Sg* ≈ Applaus ⟨lauter Beifall; Beifall klatschen⟩

bei·le·gen (*hat*) **1** (***etwas*** (*Dat*)) ***etwas beilegen*** etwas zu etwas legen ≈ beigeben, beifügen: *einem Brief ein Foto beilegen* **2** ***etwas beilegen*** etwas auf friedliche Weise beenden ⟨einen Streit beilegen⟩

Bei·leid *das*; *-(e)s*; *nur Sg*; die Worte, die man j-m sagt oder schreibt, um zu zeigen, dass man mit ihm über den Tod eines Menschen trauert ⟨j-m sein aufrichtiges

Beileid aussprechen, bezeigen⟩ || K-: ***Beileids-, -karte***

beim *Präp mit Artikel* ≈ bei dem || Hinweis: *beim* kann nicht durch *bei dem* ersetzt werden **a)** in festen Wendungen wie: *Das geht beim besten Willen nicht*; **b)** mit dem Infinitiv (als Substantiv): *j-m beim Kartenspielen zusehen*

◆ **Bein** *das*; *-(e)s, -e* **1** einer der beiden Körperteile, mit denen man geht ⟨lange, schlanke Beine haben⟩: *Sie hat schöne Beine* **2** ein Teil eines Möbelstücks oder Geräts: *ein Stuhl mit drei Beinen* || -K: ***Stuhl-, Tisch-*** || ID ***j-m ein Bein stellen*** **a)** sein Bein so stellen, dass ein anderer stolpert oder fällt **b)** (durch Intrigen) bewirken, dass j-d scheitert; ***wieder auf den Beinen sein*** *gespr*; wieder gesund sein; ***auf eigenen Beinen stehen*** ohne die Hilfe anderer durchkommen

bei·na·he *Partikel* **1** drückt aus, dass etwas erst im letzten Moment verhindert wird ≈ fast: *Ich hätte heute beinahe einen Unfall verursacht* **2** nicht ganz, aber fast: *Sie warteten beinahe drei Stunden*

bei·sei·te *Adv* **1** auf die Seite, aus dem Weg ⟨j-n beiseite drängen⟩ **2** ***etwas beiseite lassen*** etwas nicht erwähnen, sich nicht mit etwas beschäftigen

Bei·sel *das*; *-s, -n*; Ⓐ ≈ Kneipe

◆ **Bei·spiel** *das*; *-s, -e* **1** ***ein Beispiel (für etwas)*** typischer Fall, der etwas erklärt, illustriert ⟨ein treffendes Beispiel; ein Beispiel anführen; etwas an einem Beispiel / anhand eines Beispiels erklären⟩ || K-: ***Beispiel-, -satz*** **2** j-d oder j-s Verhalten, der / das ein Vorbild oder eine Warnung darstellt ⟨einem Beispiel folgen; ein abschreckendes Beispiel⟩: *Sein Mut sollte uns allen ein Beispiel sein* || ID ***sich*** (*Dat*) ***(an j-m / etwas) ein Beispiel nehmen*** sein Verhalten an einer Person / Sache orientieren, die man als Vorbild nimmt; ***mit gutem Beispiel vorangehen*** etwas (Schwieriges) als Erster tun, um so für andere ein Vorbild zu sein

bei·spiels|wei·se *Adv* ≈ zum Beispiel

bei·ßen; *biss, hat gebissen* **1** ***etwas beißen*** etwas mit den Zähnen kleiner machen, um es essen zu können ≈ kauen: *hartes Brot nicht beißen können* **2** ***j-n (in etwas*** (*Akk*)) ***beißen*** j-n mit den Zähnen verletzen: *j-n in den Finger beißen* **3** ***in etwas*** (*Akk*) ***beißen*** die Zähne in etwas drücken, um es zu essen ⟨in einen Apfel beißen⟩ || ▸ ***Biss***

Bei·trag *der*; *-(e)s, Bei·trä·ge* **1** ***ein Beitrag (für etwas)*** Geld, das j-d als Mitglied in einem Verein *o.Ä.* regelmäßig zahlt ⟨seinen Beitrag zahlen, entrichten⟩ || -K: ***Jahres-, Versicherungs-*** **2** ***ein Beitrag (zu etwas)*** die Leistung oder Mitarbeit, die j-d erbringt, um einem gemeinsamen Ziel zu dienen ⟨seinen Beitrag zum Umweltschutz leisten⟩ **3** ***ein Beitrag (zu etwas) / (über etwas*** (*Akk*)) ein Bericht oder ein Aufsatz, der in einer Zeitschrift *o.Ä.* veröffentlicht wird

◆ **be·kannt** *Adj* **1** im Gedächtnis vieler Menschen vorhanden ⟨ein Lied, ein Schauspieler; allgemein bekannt sein⟩ **2** ***(j-m) bekannt*** (etwas ist) so, dass j-d es kennt oder davon gehört hat ⟨etwas wird bekannt, kommt j-m bekannt vor⟩: *Der Ort ist als Ferienparadies bekannt* **3** ***mit j-m bekannt sein / werden*** j-n kennen gelernt haben / kennen lernen, über etwas informiert sein ⟨mit j-m gut, erst seit kurzem bekannt sein⟩ **4** ***etwas bekannt geben / machen*** etwas (*z.B.* durch die Presse) allen (in der Öffentlichkeit) mitteilen ⟨etwas im Fernsehen bekannt geben⟩ || *zu* **4 Be·kannt·ga·be** *die*

◆ **Be·kann·te** *der / die*; *-n, -n* **1** j-d, den man (*oft* durch seinen Beruf) kennt ↔ Fremde(r): *zufällig zwei alte Bekannte treffen* **2** ***ein guter Bekannter / eine gute Bekannte*** eine Person, die man zwar gut kennt und öfter trifft, die aber kein richtiger Freund / keine richtige Freundin ist

be·kla·gen; *beklagte, hat beklagt* **1** ***j-n / etwas beklagen*** *meist* über einen Verlust sehr traurig sein: *den Tod eines Freundes beklagen* **2** ***sich (bei j-m) (über j-n / etwas) beklagen*** j-m deutlich sagen, dass man mit einer Person / Sache nicht zufrieden ist ≈ sich beschweren: *sich über zu viel Arbeit / Lärm beklagen*

be·kom·men; *bekam, hat bekommen*; kein Passiv! **1** ***etwas (von j-m) bekommen*** etwas erhalten, kriegen ⟨einen Brief, ein Geschenk, eine Antwort, eine Nachricht bekommen⟩ **2** ***etwas (von j-m) bekommen*** das Ziel oder Opfer einer aggressiven Handlung sein ⟨einen Schlag auf den Kopf, eine Ohrfeige, einen Fußtritt bekommen⟩ **3** ***etwas bekommen*** durch Suchen oder eigenes Bemühen erreichen: *Karten für ein Konzert bekommen* **4** ***etwas bekommen*** durch Erfahrung oder Information erreichen, dass man etwas besser versteht oder weiß ⟨einen Eindruck von etwas bekommen⟩ **5** ***etwas bekommen*** einen (*meist* telefonischen) Kontakt herstellen ⟨einen Anschluss, eine Verbindung bekommen⟩ **6** ***etwas*** + *Partizip Perfekt* + ***bekommen*** der Adressat einer Mitteilung, der Empfänger eines

Geschenks sein: *Ich habe (von ihm) Blumen geschenkt bekommen* (= er hat mir Blumen geschenkt) || Hinweis: nur mit transitiven Verben verwendet, die zwei Objekte (Dativ und Akkusativ) haben können (*z.B. mitteilen, leihen, genehmigen*) **7** ***etwas bekommen*** eine körperliche oder emotionale Veränderung erfahren ⟨Durst, Hunger, Schmerzen, Angst bekommen; einen Bauch, graue Haare bekommen⟩ **8** ***eine Frau bekommt ein Baby / ein Kind*** eine Frau ist schwanger **9** ***etwas bekommt etwas*** etwas entwickelt etwas (Neues): *Die Pflanzen bekommen Blüten*

be·las·ten; *belastete, hat belastet* **1** ***j-n (mit / durch etwas) belasten*** stark auf j-s psychische oder physische Kräfte drücken: *Die Scheidung von seiner Frau hat ihn sehr belastet* **2** ***j-d / etwas belastet etwas (mit / durch etwas)*** j-d / etwas bewirkt, dass etwas eine negative Wirkung auf etwas hat: *Die Abgase belasten die Luft* **3** ***etwas (mit etwas) belasten*** bewirken, dass sich etwas Schweres in oder auf etwas befindet: *Die Brücke brach zusammen, da sie zu stark belastet wurde* || *hierzu* **be·last·bar** *Adj*; **Be·last·bar·keit** *die* || ▸ ***Last***

Be·las·tung *die*; *-, -en* **1** die Tatsache, dass etwas für eine Person schwer zu ertragen ist (und sie belastet) **2** das, was eine Last für j-n / etwas wird: *Seine Krankheit stellt für ihn eine schwere Belastung dar* || K-: ***Belastungs-, -grenze*** || -K: ***Umwelt-***

be·le·gen; *belegte, hat belegt* **1** ***etwas (mit etwas) belegen*** etwas (*z.B.* als Schicht) auf etwas legen: *ein Brot mit Wurst belegen* **2** ***etwas (mit / durch etwas) belegen*** etwas nachweisen oder beweisen: *Ausgaben, Spenden durch Quittungen belegen* || *zu* **2** **Be·leg** *der*; *-(e)s, -e*; **Be·le·gung** *die*

Be·leg·schaft *die*; *-, -en*; alle Personen, die in einem Betrieb arbeiten ≈ Personal

◆ **be·lei·di·gen**; *beleidigte, hat beleidigt*; ***j-n (durch / mit etwas) beleidigen*** j-s Gefühle oder Ehre stark verletzen ≈ kränken ⟨j-n schwer beleidigen⟩ || ▸ ***Leid***

Be·lei·di·gung *die*; *-, -en*; Worte oder eine Handlung, die die Gefühle eines anderen verletzen ⟨eine Beleidigung zurücknehmen; sich für eine Beleidigung entschuldigen⟩

be·leuch·ten; *beleuchtete, hat beleuchtet* **1** ***etwas (mit etwas) beleuchten*** etwas durch Licht hell machen: *Die Bühne mit Scheinwerfern beleuchten* **2** ***etwas beleuchten*** etwas (genauer) untersuchen ≈ betrachten ⟨ein Problem, Thema, einen Aspekt kritisch beleuchten⟩ || *hierzu* **Be·leuch·tung** *die*

be·lie·big *Adj* **1** gleichgültig welcher, welche, welches ↔ bestimmt: *zu jeder beliebigen Zeit erreichbar sein* **2** so, wie man es will, wie es einem gefällt: *Du kannst das Buch beliebig lange behalten*

◆ **be·liebt** *Adj*; *nicht adv* **1** ***(bei j-m) beliebt*** (von vielen) sehr geschätzt ⟨ein Politiker, ein Spiel, ein Urlaubsland⟩: *Er war bei seinen Kollegen sehr beliebt* **2** ***(bei j-m) beliebt*** sehr verbreitet oder oft angewandt ⟨ein Aufsatzthema⟩ || *hierzu* **Be·liebt·heit** *die*

bel·len; *bellte, hat gebellt*; ***ein Hund bellt*** ein Hund macht Laute, die für ihn typisch sind

be·loh·nen; *belohnte, hat belohnt*; ***j-n (für etwas) (mit etwas) belohnen*** j-m etwas geben, weil er Gutes getan hat: *Sie belohnte ihn für seine Hilfe mit 100 Euro* || *hierzu* **Be·loh·nung** *die*

◆ **be·mer·ken**[1]; *bemerkte, hat bemerkt*; ***j-n / etwas bemerken*** j-n / etwas sehen, hören ≈ wahrnehmen oder erkennen: *Hast du denn nicht bemerkt,* dass *man dich betrügen wollte?* || *hierzu* **be·merk·bar** *Adj*

◆ **be·mer·ken**[2]; *bemerkte, hat bemerkt*; ***etwas (zu etwas) bemerken*** etwas zu dem genannten Thema sagen ⟨etwas nebenbei, am Rande bemerken⟩: *Dazu möchte ich bemerken,* dass …

Be·mer·kung *die*; *-, -en*; eine kurze, *oft* mündliche Äußerung zu etwas ⟨eine ironische, kritische Bemerkung; eine Bemerkung über j-n / etwas, zu etwas machen⟩ || -K: ***Zwischen-***

◆ **be·mü·hen**; *bemühte, hat bemüht* **1** ***sich (um etwas) bemühen***; ***sich bemühen*** + ***zu*** + *Infinitiv* sich Mühe geben, um etwas zu erreichen ⟨sich umsonst, vergeblich bemühen⟩: *Sie bemüht sich, bessere Noten zu bekommen* **2** ***sich um j-n bemühen*** versuchen, j-m zu helfen ≈ sich um j-n kümmern: *Sie bemühte sich um den Verletzten*

Be·mü·hung *die*; *-, -en*; *meist Pl*; die Anstrengungen, mit denen man etwas erreichen will: *Seine Bemühungen um den Verletzten waren umsonst*

be·nach·rich·ti·gen; *benachrichtigte, hat benachrichtigt*; ***j-n (von etwas) benachrichtigen***; ***j-n benachrichtigen, dass …*** j-m eine Mitteilung von etwas machen ≈ informieren

be·nach·tei·li·gen; *benachteiligte, hat benachteiligt*; ***j-n (gegenüber j-m) benachteiligen*** j-n schlechter behandeln als andere ↔ bevorzugen ⟨sich benachteiligt fühlen⟩ || *hierzu* **Be·nach·tei·li·gung** *die*

be·neh·men, sich; *benimmt sich, benahm sich, hat sich benommen*; ***sich irgendwie benehmen*** ein besonderes Verhalten zeigen ⟨sich unhöflich, anständig (gegenüber j-m) benehmen⟩: *Er hat sich wie ein Kind benommen* || ID ***Benimm dich!*** Verhalte dich anständig!

be·nei·den; *beneidete, hat beneidet*; ***j-n (um etwas) beneiden*** Neid empfinden, weil man j-s Fähigkeiten oder das, was ihm gehört, selbst gern hätte ↔ j-m etwas gönnen: *Er beneidet mich um mein neues Auto* || ID ***nicht zu beneiden sein*** in einer schwierigen Situation sein

be·nö·ti·gen; *benötigte, hat benötigt*; ***j-n / etwas benötigen*** j-n / etwas (zu einem Zweck) haben müssen ≈ brauchen (1): *zur Einreise ein Visum benötigen*

◆**be·nut·zen**; *benutzte, hat benutzt* **1** ***etwas (zu / für etwas) benutzen*** etwas für einen bestimmten Zweck nehmen ≈ verwenden, gebrauchen: *ein Wörterbuch zum Nachschlagen benutzen*; *das Auto benutzen* (= damit fahren) **2** ***j-n / etwas (als / zu etwas) benutzen*** j-n / etwas so einsetzen, dass man den gewünschten Zweck erreicht: *Er benutzte die Ferien dazu, für die Prüfung zu lernen*; *j-n als Geisel benutzen* || *hierzu* **Be·nut·zer** *der*; **Be·nut·zung** *die*; **be·nutz·bar** *Adj*

◆**Ben·zin** *das*; *-s*; *nur Sg*; eine (leicht brennbare) Flüssigkeit, mit der man Motoren antreibt ⟨Benzin tanken⟩ || K-: ***Benzin-, -feuerzeug, -kanister, -motor***

◆**be·ob·ach·ten**; *beobachtete, hat beobachtet* **1** ***j-n / etwas beobachten*** eine Person, Sache oder einen Vorgang lange, aufmerksam, mit Interesse betrachten ⟨j-n / etwas kritisch, genau beobachten; sich beobachtet fühlen⟩: *Sie beobachtete (ihn dabei), wie er Geld stahl*; *Er beobachtete die Entwicklung seiner Kinder mit Sorge* **2** ***j-n beobachten*** ≈ überwachen: *Er wird von der Polizei beobachtet*

Be·ob·ach·tung *die*; *-, -en* **1** die Tatsache, dass man etwas mit den Augen verfolgt ⟨medizinische, militärische Beobachtung⟩: *Die Versuchstiere stehen unter ständiger Beobachtung* **2** das Ergebnis einer Beobachtung (1) ⟨seine Beobachtungen mitteilen⟩

◆**be·quem** [-kv-] *Adj* **1** so beschaffen, dass man sich darin oder damit wohl fühlt ⟨ein Kleid, ein Sessel, Schuhe⟩: *Auf deinem Sofa sitzt man sehr bequem* **2** *pej*; ⟨ein Mensch⟩ so, dass er sich nicht gern bewegt, anstrengt ≈ faul: *Er lässt seine Frau aufräumen, weil er zu bequem dazu ist* || ID ***Machen Sie es sich (Dat) bequem!*** verwendet als Aufforderung an einen Gast, sich zu setzen

◆**be·ra·ten**; *berät, beriet, hat beraten* **1** ***j-n (bei / in etwas (Dat)) beraten*** j-m durch seinen Rat helfen ⟨j-n klug, richtig beraten⟩: *Ein Fachmann hat mich in dieser Sache beraten* **2** ***j-d berät etwas (mit j-m)*** zwei oder mehrere Leute besprechen, erörtern ein Problem: *Sie berieten, was sie tun sollten*

Be·ra·tung *die*; *-, -en* **1** *nur Sg*; die Tatsache, dass j-d anderen (in seinem Gebiet) einen Rat oder eine Auskunft gibt ⟨ärztliche, juristische Beratung⟩ || K-: ***Beratungs-, -gespräch*** || -K: ***Berufs-, Studien-*** **2** ***etwas ist in Beratung, kommt zur Beratung*** über etwas wird diskutiert

be·rau·ben; *beraubte, hat beraubt*; *geschr* **1** ***j-n (etwas (Gen)) berauben*** j-m etwas mit Gewalt wegnehmen, stehlen **2** *meist* ***j-n / ein Tier seiner Freiheit berauben*** j-n / ein Tier in Gefangenschaft nehmen || *zu* **1** **Be·rau·bung** *die*

be·rech·nen; *berechnete, hat berechnet*; ***etwas berechnen*** durch Rechnen ermitteln, wie groß, teuer *usw* etwas ist ⟨die Kosten, den Schaden berechnen⟩ || *hierzu* **Be·rech·nung** *die*

be·rech·ti·gen; *berechtigte, hat berechtigt*; ***etwas berechtigt (j-n) zu etwas*** etwas gibt j-m das Recht, etwas zu tun: *Das Abitur berechtigt zum Studium an einer Universität*

Be·reich *der*; *-(e)s, -e* **1** eine bestimmte Fläche oder ein bestimmter Raum: *Die Fahrkarte gilt nur im Bereich der Stadt* || -K: ***Stadt-*** **2** ein Fachgebiet, das von anderen abgegrenzt ist ⟨im Bereich der Kunst, der Technik, der Familie; im politischen Bereich⟩ || -K: ***Aufgaben-, Fach-***

◆**be·reit** *Adj*; *nur präd, nicht adv* **1** ***(zu etwas) bereit (sein)*** ≈ fertig, vorbereitet: *Wir sind bereit zur Abfahrt* **2** ***(zu etwas) bereit*** den Willen haben, die Forderungen zu erfüllen ⟨sich (zu etwas) bereit finden, erklären, zeigen⟩: *zu allem bereit sein*; *Er ist nicht bereit, unsere Ideen zu akzeptieren* || *hierzu* **Be·reit·schaft** *die*

be·rei·ten; *bereitete, hat bereitet* **1** ***j-d / etwas bereitet j-m etwas*** j-d / etwas ruft bei j-m eine bestimmte geistige oder psychische Wirkung hervor ⟨j-d / etwas bereitet j-m Freude, Schwierigkeiten, Sorgen⟩ **2** ***(j-m) etwas bereiten*** *geschr*; etwas vorbereiten, anrichten: *j-m das Essen, einen Tee, ein Bad bereiten*

be·reits *Partikel*; *unbetont* **1** drückt aus, dass etwas früher als erwartet geschieht

≈ schon ↔ erst: *Er kommt bereits morgen, nicht erst übermorgen* **2** drückt aus, dass es später ist als erwartet ≈ schon: *Oh, es ist bereits sechs Uhr, eigentlich wollte ich noch einkaufen gehen* **3** verwendet für die Zeit von der Vergangenheit bis jetzt (zum Zeitpunkt, an dem das gesagt wird): *Ich habe bereits gehört, dass er die Firma verlässt* **4** drückt aus, dass etwas ein Grund für eine Aussage, Wirkung ist ≈ allein: *Bereits der Gedanke daran ist mir zuwider*

be·reu·en; *bereute, hat bereut*; ***etwas bereuen*** wünschen, dass man etwas nicht getan hätte ⟨einen Fehler, eine Sünde bitter, tief bereuen⟩

◆ **Berg** *der*; *-(e)s, -e* **1** eine große und massive Erhebung im Gelände ↔ Tal ⟨ein hoher, schneebedeckter Berg; auf einen Berg steigen, klettern⟩: *Die Zugspitze ist der höchste Berg Deutschlands* || K-: ***Berg-, -gipfel, -schuh, -wanderung*** **2** *gespr*; ***ein Berg*** + *Gen Pl*; ***ein Berg von*** + *Pl oder nicht zählbares Subst*; eine große Menge von etwas: *Hinter einem Berg (alter) Bücher / von (alten) Büchern sitzen* || -K: ***Bücher-, Wäsche-*** || ID ***(längst) über alle Berge sein*** *gespr*; (*meist* nach einem Verbrechen) schon sehr weit weg sein; ***über den / dem Berg sein*** *gespr*; *bes* eine Krankheit oder eine schwierige Situation überstanden haben || ▸ ***Gebirge***

ber·gen; *birgt, barg, hat geborgen* **1** ***j-n / etwas bergen*** j-n / etwas (*z.B.* nach einem Unfall oder Unglück) finden und an einen sicheren Ort bringen ⟨Verunglückte, ein Schiff bergen⟩: *Die vermissten Bergsteiger konnten nur noch tot geborgen werden* **2** ***etwas birgt etwas (in sich)*** *geschr*; etwas trägt ein Risiko in sich: *Eine Reise durch die Wüste birgt viele Gefahren (in sich)* || Hinweis: *zu* **2** kein Passiv!

Berg·werk *das*; Gänge und Geräte unter der Erde, mit denen man Mineralien oder Kohle gewinnt

◆ **Be·richt** *der*; *-(e)s, -e*; ***ein Bericht (über j-n / etwas)*** das, was j-d über j-n / etwas erzählt oder schreibt ⟨ein schriftlicher, wahrheitsgetreuer Bericht; nach Berichten von Augenzeugen⟩: *einen ausführlichen Bericht über den Unfall geben* || -K: ***Reise-***

◆ **be·rich·ten**; *berichtete, hat berichtet*; ***(j-m) etwas berichten*** j-m mitteilen, was man gesehen oder gehört hat ⟨j-m alles, vieles, nichts berichten⟩: *von einer Reise ausführlich berichten* || Hinweis: Das Akkusativobjekt ist nie ein Substantiv

◆ **be·rück·sich·ti·gen**; *berücksichtigte, hat berücksichtigt* **1** ***etwas berücksichtigen*** bei seinen Überlegungen an etwas denken, etwas in Erwägung ziehen, beachten ⟨eine Bestellung, eine Bitte berücksichtigen⟩: *Wenn man berücksichtigt*, dass *sie erst seit zwei Jahren Englisch lernt, kann sie es schon gut* **2** ***j-n berücksichtigen*** bei einer Auswahl j-m eine Chance geben ⟨einen Kandidaten berücksichtigen⟩: *Bei der Verteilung der Posten wurde sie wieder nicht berücksichtigt* || ▸ ***Rücksicht***

◆ **Be·ruf** *der*; *-(e)s, -e*; eine Tätigkeit, mit der man Geld verdient und zu der man eine spezielle Ausbildung braucht ⟨ein technischer Beruf; einen Beruf erlernen, wählen; keinen festen Beruf haben⟩: *Was sind Sie von Beruf?*; *Er ist Arzt von Beruf* || K-: ***Berufs-, -erfahrung, -kleidung*** || ID ***im Beruf stehen*** in seinem Beruf arbeiten

◆ **be·ruf·lich** *Adj* **1** *nur attr oder adv*; in Bezug auf die Arbeit ⟨beruflich verreist⟩: *Ich habe hier beruflich zu tun* **2** *nur adv*; als Beruf: *beruflich in einem Lokal Klavier spielen*

◆ **be·rufs·tä·tig** *Adj*; *nicht adv*; ***berufstätig sein*** einen Beruf ausüben ↔ arbeitslos sein || *hierzu* **Be·rufs·tä·ti·ge** *der / die*; **Be·rufs·tä·tig·keit** *die*

Be·ru·fung *die*; *-, -en* **1** *nur Sg*; ***die Berufung (zu etwas)*** die Fähigkeit, einen besonderen Beruf auszuüben oder eine schwere Aufgabe zu erfüllen: *Er fühlt die Berufung, den Kranken zu helfen* **2** *meist Sg*; die Auswahl einer Person für eine höhere Stellung ⟨die Berufung auf einen Lehrstuhl, ins Ministerium⟩: *Man erwartet seine Berufung zum Direktor*

be·ru·hen; *beruhte, hat beruht*; ***etwas beruht auf etwas*** (*Dat*) etwas stützt sich auf etwas, hat etwas als Basis (1): *Diese Geschichte beruht auf Tatsachen*

◆ **be·ru·hi·gen**; *beruhigte, hat beruhigt* **1** ***j-n beruhigen*** j-n wieder ruhig machen **2** ***sich beruhigen*** nach großer Aufregung wieder in einen normalen Zustand kommen: *Als wir das Kind trösteten, beruhigte es sich und hörte auf zu weinen*

◆ **be·rühmt** *Adj*; *nicht adv*; *meist* wegen besonderer Merkmale oder Leistungen sehr vielen Leuten bekannt ≈ prominent ⟨mit einem Schlag berühmt werden⟩: *ein berühmter Schriftsteller*

be·rüh·ren; *berührte, hat berührt* **1** ***j-n / etwas berühren*** zu j-m / etwas einen Kontakt herstellen: *Sie standen so eng beieinander, dass sie sich mit den Schultern berührten* **2** ***j-n / etwas berühren*** j-n / etwas mit der Hand anfassen: *Am Käfig stand „Bitte nicht berühren!“* **3** ***etwas berührt j-n*** j-d bekommt Mitleid ≈ etwas bewegt j-n: *Diese Geschichte hat sie so sehr berührt, dass sie fast zu weinen anfing* **4** ***etwas berühren*** kurz über ein Thema sprechen: *In seinem Vortrag hat er viele interessante Probleme berührt*

Be·rüh·rung *die*; -, *-en*; der Kontakt mit j-m / etwas ⟨mit j-m / etwas in Berührung kommen⟩: *Vermeiden Sie jede Berührung mit dem giftigen Stoff! Die Reise nach Ägypten brachte uns mit einer fremden Kultur in Berührung*

Be·sat·zung *die*; -, *-en* **1** alle Personen, die auf einem Schiff, in einem Flugzeug arbeiten || K-: ***Besatzungs-, -mitglied*** **2** *nur Sg*; *Mil*; die Truppen, die in das Gebiet eines anderen Staates ziehen und es besetzen || K-: ***Besatzungs-, -zone***

◆ **be·schä·digen**; *beschädigte, hat beschädigt*; ***etwas beschädigen*** einer Sache Schaden zufügen: *Bei dem Zusammenstoß wurde sein Auto schwer beschädigt* || *hierzu* **Be·schä·di·gung** *die*

be·schaf·fen[1]; *beschaffte, hat beschafft* **1** ***etwas (für etwas) beschaffen*** etwas, das man (dringend) braucht, von irgendwo nehmen oder bekommen: *Wie soll ich mir das Geld für den Urlaub beschaffen?* **2** ***(j-m / sich) j-n / etwas beschaffen*** bewirken oder erreichen, dass man / j-d eine Person oder Sache, die man / er braucht, auch bekommt: *Wer kann ihm eine Wohnung beschaffen?* || *hierzu* **Be·schaf·fung** *die*

be·schaf·fen[2] *Adj*; *nicht adv*; ***irgendwie beschaffen*** ⟨eine Person, eine Sache⟩ so, dass sie besondere Eigenschaften haben: *Das Material ist so beschaffen, dass es Druck aushält* || *hierzu* **Be·schaf·fen·heit** *die*

◆ **be·schäf·ti·gen**; *beschäftigte, hat beschäftigt* **1** ***j-n beschäftigen*** j-m Arbeit geben: *Der Betrieb beschäftigt 150 Personen* **2** ***etwas beschäftigt j-n*** etwas ruft bei j-m Nachdenken hervor: *Diese Frage beschäftigt mich schon lange* || Hinweis: *zu* **2** kein Passiv! **3** ***sich mit j-m beschäftigen*** sich um j-n kümmern: *Unsere Oma beschäftigt sich viel mit ihren Enkeln* **4** ***sich (mit etwas) beschäftigen*** mit einer Tätigkeit seine Zeit verbringen: *Er beschäftigt sich gern mit seinen Blumen*

Be·schäf·tig·te *der / die*; *-n, -n*; j-d, der für einen Betrieb gegen Bezahlung arbeitet: *Die Firma hat 500 Beschäftigte*

◆ **Be·schäf·ti·gung** *die*; -, *-en* **1** eine Tätigkeit, mit der man seine Zeit verbringt ⟨die Beschäftigung mit Fragen, Problemen⟩: *Sport zu treiben ist eine gesunde Beschäftigung* **2** die Arbeit, die man macht, um Geld zu verdienen ≈ Job ⟨ohne Beschäftigung sein⟩

◆ **Be·scheid** *ohne Artikel*; *nur Sg*; ***Bescheid (über etwas** (Akk))* eine erwartete Information / Nachricht über etwas ⟨j-m Bescheid geben; Bescheid bekommen, wissen⟩: *Sag mir bitte Bescheid, ob du kommen kannst!* || ID ***j-m Bescheid sagen*** *gespr*; j-m sehr deutlich sagen, dass man anderer Meinung ist als er

be·schei·den *Adj* **1** so, dass man nur wenig für sich selbst braucht und damit zufrieden ist ↔ anspruchsvoll: *Trotz seines Reichtums ist er ein bescheidener Mensch geblieben* **2** ≈ einfach, schlicht ⟨ein Haus, eine Mahlzeit⟩: *Sie führen ein bescheidenes Leben* **3** nicht den Erwartungen und Bedürfnissen entsprechend ⟨ein Lohn, Lebensverhältnisse⟩ || *zu* **1** **Be·schei·den·heit** *die*

be·schei·ni·gen; *bescheinigte, hat bescheinigt*; ***(j-m) etwas bescheinigen*** durch seine Unterschrift bestätigen, dass man etwas erhalten hat oder dass etwas wahr ist: *j-m bescheinigen, dass er an einem Kurs teilgenommen hat* || *hierzu* **Be·schei·ni·gung** *die*

be·schleu·ni·gen; *beschleunigte, hat beschleunigt* **1** ***(etwas) beschleunigen*** die Geschwindigkeit höher werden lassen ⟨die Fahrt beschleunigen⟩ **2** ***etwas beschleunigen*** den Ablauf eines Vorgangs schneller werden lassen ⟨eine Arbeit, einen Prozess beschleunigen⟩ **3** ***etwas beschleunigt sich*** etwas wird schneller ⟨das Tempo, die Atmung⟩

◆ **be·schlie·ßen**[1]; *beschloss, hat beschlossen* **1** ***etwas beschließen*** nach längerer Überlegung entscheiden, was gemacht wird: *Er beschloss, sich ein neues Auto zu kaufen* **2** ***(über) etwas** (Akk) **beschließen*** etwas durch eine Abstimmung festlegen ⟨ein Gesetz beschließen⟩: *Die Regierung beschloss, die Renten zu erhöhen* || ▸ ***Beschluss***

◆ **be·schlie·ßen**[2]; *beschloss, hat beschlossen*; ***etwas (mit etwas) beschließen*** *meist* eine Veranstaltung (mit etwas) beenden: *ein Fest mit einem Feuerwerk beschließen*

Be·schluss *der*; *-es, Be·schlüs·se* **1** ***ein Beschluss (über etwas** (Akk)**)***; ***der Beschluss** (+ **zu** + Infinitiv)* *meist* eine offizielle Entscheidung einer oder mehrerer Personen, etwas zu tun: *auf / laut Be-*

schluss des Parlaments || -K: ***Gerichts-, Regierungs-*** **2** ***einen Beschluss fassen*** *geschr*; etwas beschließen, entscheiden

be·schrän·ken; *beschränkte, hat beschränkt* **1** ***etwas*** **(*auf etwas*** (*Akk*)**)** ***beschränken*** einer Sache eine Grenze setzen ≈ begrenzen (2) ⟨Ausgaben, die Zahl der Teilnehmer beschränken⟩: *Die Redezeit ist auf 5 Minuten beschränkt* **2** ***sich*** **(*auf etwas*** (*Akk*)**)** ***beschränken*** den Verbrauch von etwas oder den Anspruch auf etwas reduzieren: *sich auf das Notwendigste beschränken*

◆**be·schrei·ben**; *beschrieb, hat beschrieben*; **(*j-m*)** ***j-n / etwas beschreiben*** mit Worten genau darstellen ⟨etwas ausführlich, anschaulich beschreiben⟩: *Können Sie uns beschreiben,* wie *das passiert ist?* || ID ***etwas ist nicht zu beschreiben*** etwas (*z.B.* ein Gefühl) ist äußerst groß oder stark

◆**Be·schrei·bung** *die*; -, *-en* **1** das Beschreiben **2** ein Text, der etwas beschreibt ⟨eine detaillierte Beschreibung⟩ || -K: ***Landschafts-***

be·schul·di·gen; *beschuldigte, hat beschuldigt*; ***j-n*** **(*etwas*** (*Gen*)**)** ***beschuldigen*** behaupten, dass j-d an etwas schuld ist ⟨j-n eines Mordes beschuldigen⟩ || *hierzu* **Be·schul·dig·te** *der / die*

be·schüt·zen; *beschützte, hat beschützt*; ***j-n*** **(*vor j-m / etwas*)** ***beschützen*** ≈ schützen (1): *seine Kinder vor einer Gefahr beschützen* || *hierzu* **Be·schüt·zer** *der*; **Be·schüt·ze·rin** *die*; -, *-nen*

Be·schwer·de *die*; -, *-n*; ***eine Beschwerde*** **(*gegen j-n / über j-n / etwas*)** eine Klage, mit der man sich bei j-m über j-n / etwas beschwert: *Er hat eine Beschwerde gegen seinen Nachbarn vorgebracht*

◆**be·schwe·ren, sich**; *beschwerte sich, hat sich beschwert*; ***sich*** **(*bei j-m*) (*über j-n / etwas*)** ***beschweren*** j-m mitteilen, dass man mit j-m / etwas nicht zufrieden ist ≈ sich über j-n / etwas beklagen: *Sie beschwerte sich bei ihrem Chef* darüber, dass *sie viel zu viel Arbeit hatte* || ▸ ***Beschwerde***

be·sei·ti·gen; *beseitigte, hat beseitigt*; ***etwas beseitigen*** bewirken, dass etwas nicht mehr vorhanden ist: *einen Fleck, ein Problem beseitigen* || *hierzu* **Be·sei·ti·gung** *die* || ▸ ***Seite***

Be·sen *der*; *-s*, -; ein Gegenstand, mit dem man kehren, fegen kann: *den Hof mit dem Besen fegen* || -K: ***Hand-*** || ID ***Neue Besen kehren gut*** wer irgendwo neu angestellt ist, erfüllt seine Aufgabe zuerst meist sehr gut

be·set·zen; *besetzte, hat besetzt* **1** ***etwas besetzen*** einen Platz freihalten ⟨einen Tisch im Restaurant besetzen; einen Liegestuhl am Strand für j-n besetzen⟩ **2** ⟨Truppen⟩ ***besetzen etwas*** Truppen dringen in das Territorium eines anderen Staates ein und üben dort ihre Macht aus: *seine Truppen aus den besetzten Gebieten abziehen*

◆**be·setzt** *Adj*; *nur präd, nicht adv* **1** ***etwas ist besetzt*** etwas ist nicht frei ⟨ein Stuhl, die Toilette⟩: *Der Zug war voll besetzt* **2** ⟨das Telefon⟩ ***ist besetzt*** j-d telefoniert gerade

◆**be·sich·ti·gen**; *besichtigte, hat besichtigt*; ***etwas besichtigen*** etwas (genau) ansehen ⟨eine Stadt, eine Kirche besichtigen⟩

Be·sich·ti·gung *die*; -, *-en*; der Besuch, um etwas anzuschauen: *Die Besichtigung des Doms* || K-: ***Besichtigungs-, -fahrt*** || -K: ***Stadt-***

be·sie·gen; *besiegte, hat besiegt* **1** ***j-n besiegen*** in einem (Wett)Kampf mit j-m gewinnen **2** ***etwas besiegen*** etwas überwinden ⟨seine Müdigkeit besiegen⟩ || *hierzu* **Be·sieg·te** *der / die*

be·sin·nen, sich; *besann sich, hat sich besonnen* **1** ***sich besinnen*** *geschr*; seine Gedanken intensiv auf ein Problem konzentrieren ≈ überlegen, nachdenken ⟨sich kurz, eine Weile besinnen⟩ **2** ***sich auf etwas*** (*Akk*) ***besinnen*** sich etwas in die Erinnerung rufen, sich einer Sache bewusst werden: *sich auf seine Fähigkeiten besinnen*

Be·sin·nung *die*; -; *nur Sg* **1** ≈ Bewusstsein (1) ⟨wieder zur Besinnung kommen⟩: *Der Verletzte verlor die Besinnung* **2** ≈ Vernunft ⟨j-n zur Besinnung bringen; zur Besinnung kommen⟩ **3** ruhiges und intensives Nachdenken über sich und sein Tun: *vor lauter Arbeit nicht zur Besinnung kommen*

Be·sitz *der*; *-es*; *nur Sg* **1** das, was j-d hat, besitzt (1) ≈ Eigentum (1) ⟨privater, staatlicher Besitz⟩: *Er verlor seinen ganzen Besitz* || -K: ***Haus-*** **2** das Recht, über etwas zu verfügen, das man bekommen hat ⟨im Besitz einer Sache sein⟩: *Wie kam er in den Besitz der geheimen Dokumente?*

◆**be·sit·zen**; *besaß, hat besessen* **1** ***etwas besitzen*** als Eigentum haben ⟨ein Haus, ein Auto, Aktien besitzen⟩ **2** ***etwas besitzen*** eine Eigenschaft, Qualität haben ⟨Fantasie, Talent besitzen⟩

Be·sit·zer *der*; *-s*, -; j-d, der etwas in seinem

Besitz, Eigentum hat: *Das Restaurant wechselte den Besitzer* || -K: ***Fabrik-*** || *hierzu* **Be·sịt·ze·rin** *die*; -, *-nen*

be·sọn·de·r- *Adj*; *nur attr, nicht adv* **1** so, dass etwas sich vom Gewöhnlichen, Normalen unterscheidet ⟨unter besonderen Umständen⟩: *keine besonderen Merkmale / Kennzeichen* **2** ≈ speziell ⟨eine Ausbildung, Fähigkeiten⟩: *Für diese Tätigkeit benötigen Sie eine besondere Ausbildung* **3** besser, intensiver oder schöner als der Durchschnitt ⟨Qualität; Freude, Mühe⟩: *Die Insel ist von besonderer Schönheit* || *hierzu* **Be·sọn·der·heit** *die*

◆**be·sọn·ders**[1] *Adv* **1** stärker als normal ≈ nachdrücklich ⟨etwas besonders betonen⟩ **2** verwendet, um Adjektive zu verstärken ≈ sehr: *Das Buch ist besonders interessant* **3** ***nicht besonders*** *gespr*; nicht gut: *Ich fühle mich heute nicht besonders*

◆**be·sọn·ders**[2] *Partikel* ≈ vor allem: *Er isst gerne Obst, besonders Äpfel und Birnen*

◆**be·sọr·gen**; *besorgte, hat besorgt*; ***(j-m) etwas besorgen*** bewirken, dass man / j-d etwas erhält ≈ beschaffen ⟨eine Theaterkarte, ein Taxi besorgen⟩

be·sọrgt *Adj*; ***besorgt (um j-n)*** von Sorge oder Angst erfüllt ⟨um j-s Gesundheit, Leben, Sicherheit besorgt sein⟩

be·sprẹ·chen; *bespricht, besprach, hat besprochen* **1** ***etwas (mit j-m) besprechen*** mit anderen über etwas sprechen: *Sie besprachen,* wohin *die Reise gehen sollte* **2** ***etwas besprechen*** seine kritische Meinung zu etwas äußern ⟨einen Film, ein Buch in einer Zeitung besprechen⟩

Be·sprẹ·chung *die*; -, *-en* **1** die Tatsache, dass man mit anderen über etwas spricht ⟨die Besprechung eines Problems⟩ **2** ***eine Besprechung (über etwas*** (*Akk*)) eine Sitzung, bei der etwas besprochen (1) wird ⟨in einer Besprechung sein; eine Besprechung haben⟩ **3** die Äußerung einer *meist* kritischen Meinung ⟨die Besprechung eines Buches, eines Films⟩

◆**bẹs·ser** *Adj* **1** ***besser (als j-d / etwas)*** verwendet als Komparativ zu *gut*: *Heute ist das Wetter besser als gestern*; *So ist es viel besser* **2** *nur attr, nicht adv*; so, dass j-d zu einer hohen sozialen Schicht gerechnet wird ⟨die besseren Leute; in besseren Kreisen verkehren⟩ || ID ***umso / desto besser*** *gespr*; verwendet, um j-m zu sagen, dass man mit einer Nachricht zufrieden ist; *meist* ***j-d hat Besseres zu tun*** j-d hat keine Zeit für j-n / etwas oder keine Lust zu etwas

Bẹs·se·rung *die*; -; *nur Sg* **1** der Übergang in einen erwünschten (besseren) Zustand ⟨eine soziale Besserung; eine Besserung der Lage⟩: *Der Kranke ist auf dem Wege der Besserung* **2** ***Gute Besserung!*** verwendet, um einem Kranken zu wünschen, dass er bald wieder gesund wird

bẹs·t- *Adj* **1** verwendet als Superlativ zu *gut*: *der beste Wein, den ich je getrunken habe*; *Dieses Kleid gefällt mir am besten*; *Er ist der Beste in seiner Mannschaft* || K-: ***best-, -bezahlt, -informiert*** **2** sehr gut, optimal: *Wir sind die besten Freunde* **3** ***Es ist das Beste*** (***, wenn ...***) *gespr*; es ist sinnvoll und sehr richtig: *Es ist das Beste, wenn du nach Hause gehst, bevor es dunkel wird* **4** ***am besten*** verwendet, um auszudrücken, dass etwas die vernünftigste Lösung ist: *Du gehst jetzt am besten ins Bett* || ID ***das Beste aus etwas machen*** in einer ungünstigen Situation dennoch etwas Positives erreichen; ***etwas zum Besten geben*** etwas Unterhaltsames erzählen; ***j-n zum Besten haben / halten*** j-n (auf spöttische Weise) ärgern

Be·stạnd·teil *der*; ein Teil eines Ganzen ⟨etwas in seine Bestandteile zerlegen⟩: *Eiweiße und Fette sind wichtige Bestandteile unserer Nahrung*

be·stạ̈r·ken; *bestärkte, hat bestärkt*; ***j-n (in etwas*** (*Dat*)) ***bestärken / j-n bestärken + zu +*** *Infinitiv* j-m sagen oder zeigen, dass man sein Verhalten oder seine Pläne für richtig hält ⟨j-n in seinem Glauben, in seiner Annahme bestärken⟩ || *hierzu* **Be·stạ̈r·kung** *die* || ▸ ***stark***

◆**be·stä̲·ti·gen**; *bestätigte, hat bestätigt* **1** ***etwas bestätigen*** von einer Aussage sagen, dass sie richtig ist ↔ bestreiten ⟨eine Behauptung, eine Meldung offiziell, schriftlich bestätigen⟩ **2** ***etwas bestätigt etwas*** etwas zeigt, dass eine Vermutung richtig ist ⟨etwas bestätigt einen Verdacht, eine Vermutung⟩ **3** ***etwas bestätigt sich*** etwas erweist sich als richtig: *Der Verdacht auf Krebs hat sich (nicht) bestätigt*

be·stẹ·chen; *besticht, bestach, hat bestochen* **1** ***j-n (mit etwas) bestechen*** j-m Geld oder ein Geschenk geben, um dadurch (gegen das Gesetz) einen Vorteil zu erhalten ⟨einen Richter, einen Zeugen mit Geld bestechen⟩ **2** ***j-d / etwas besticht durch etwas*** j-d / etwas macht (durch etwas Positives) auf andere einen sehr guten Eindruck: *Er bestach durch seinen Charme* || *zu* **1** **be·stẹch·lich** *Adj*

◆**Be·stẹck** *das*; *-(e)s, -e*; *meist Sg*; die Geräte (ein Messer, eine Gabel und ein Löffel), die man zum Essen verwendet ⟨das Besteck auflegen⟩ || -K: ***Fisch-, Silber-*** ||

Hinweis: Im Plural nur mit Mengenangaben gebräuchlich: *fünf Bestecke* (= *5 Messer, 5 Gabeln und 5 Löffel*)

◆**be·ste·hen**[1]; *bestand, hat bestanden*; ***etwas besteht*** etwas existiert oder ist vorhanden ⟨etwas bleibt bestehen⟩: *Unsere Firma besteht seit mehr als zehn Jahren*

◆**be·ste·hen**[2]; *bestand, hat bestanden* **1** ***etwas besteht aus etwas*** etwas hat mehrere Teile: *Die Wohnung besteht aus fünf Zimmern, Küche und Bad* **2** ***etwas besteht in etwas*** (*Dat*) etwas hat etwas zum Inhalt: *Ihre Aufgabe besteht* darin, *den Text auf Fehler* zu *überprüfen*

◆**be·ste·hen**[3]; *bestand, hat bestanden*; (***etwas***) ***bestehen*** bei einer Prüfung, einem Test Erfolg haben ⟨eine Prüfung, die Probezeit bestehen⟩: *Er hat* (*das Examen mit der Note „gut"*) *bestanden*

◆**be·ste·hen**[4]; *bestand, hat bestanden*; (***gegenüber j-m***) ***auf etwas*** (*Dat*) ***bestehen*** eine Meinung mit Nachdruck vertreten ⟨auf seiner Meinung, seinem Recht bestehen⟩: *Er besteht* darauf, dass *in seinem Zimmer nicht geraucht wird*

◆**be·stel·len**; *bestellte, hat bestellt* **1** ***etwas*** (***bei j-m / etwas***) ***bestellen*** die Lieferung / Reservierung von etwas veranlassen ⟨Möbel, ein Buch bestellen; etwas telefonisch bestellen⟩: *einen Tisch für vier Personen im Restaurant bestellen* || K-: ***Bestell-, -liste*** **2** (***etwas***) ***bestellen*** in einem Lokal (der Bedienung) sagen, was man essen oder trinken will ⟨ein Glas Wein bestellen⟩: *Haben Sie schon bestellt?* **3** ***j-n*** (***irgendwohin***) ***bestellen*** j-m den Auftrag geben, an den genannten Ort zu kommen ⟨ein Taxi (vor die Tür) bestellen⟩ **4** ***etwas bestellen*** den Boden bearbeiten ⟨ein Feld, den Acker bestellen⟩

Be·stel·lung *die*; -, *-en* **1** ***eine Bestellung*** (***über etwas*** (*Akk*)) der Auftrag, durch den man etwas bestellt (1,2) ⟨eine Bestellung aufgeben, entgegennehmen⟩ **2** die bestellte (1) Ware: *Ihre Bestellung liegt zum Abholen bereit*

◆**be·stim·men**; *bestimmte, hat bestimmt* **1** ***etwas bestimmen*** ≈ festlegen, feststellen ⟨das Ziel, einen Zeitpunkt bestimmen⟩: *das Alter eines Bauwerks bestimmen* **2** ***etwas für j-n / etwas bestimmen*** etwas einer Person oder einem besonderen Zweck zukommen lassen: *Das Geld ist für dich* (*allein*) *bestimmt* || Hinweis: *meist* im Zustandspassiv! **3** ***j-n zu etwas bestimmen*** j-n für ein Amt auswählen: *Er bestimmte ihn zu seinem Stellvertreter* **4** (***etwas***) ***bestimmen*** etwas so entscheiden, dass es für andere gilt ≈ anordnen ⟨etwas gesetzlich bestimmen⟩: *Der Chef bestimmt*, wer *welche Aufgaben zu erledigen hat*

◆**be·stimmt**[1] *Adj* **1** *nur attr, nicht adv*; so, dass es genau angegeben oder festgelegt ist ↔ unbestimmt: *eine bestimmte Summe Geld bezahlen*; *sich zu einer bestimmten Zeit treffen* **2** so, dass es Entschlossenheit demonstriert: *Der Ton des Redners war höflich, aber bestimmt*

◆**be·stimmt**[2] *Adv*; ganz sicher ≈ gewiss ⟨ganz bestimmt⟩: *Du wirst bestimmt mit deiner Bewerbung Erfolg haben*

Be·stim·mung *die*; -, *-en* **1** eine Regelung, die in einem Vertrag, Gesetz steht ≈ Vorschrift ⟨Bestimmungen einhalten, verletzen⟩ **2** *nur Sg*; ein starkes Gefühl, für etwas (von Gott, vom Schicksal) für eine besondere Aufgabe ausgewählt zu sein: *Er folgte seiner Bestimmung und ging ins Kloster* **3** der Zweck, für den etwas bestimmt ist: *Die Straße wurde ihrer Bestimmung übergeben*

◆**be·stra·fen**; *bestrafte, hat bestraft*; ***j-n*** (***für etwas***) ***bestrafen*** j-m eine Strafe geben ⟨j-n hart bestrafen; für seinen Leichtsinn bestrafen⟩: *Er wurde für den Diebstahl mit drei Monaten Gefängnis bestraft* || *hierzu* **Be·stra·fung** *die*

be·strei·ten; *bestritt, hat bestritten*; ***etwas bestreiten*** sagen, dass etwas nicht wahr ist ⟨eine Behauptung, eine Tatsache bestreiten⟩: *Er bestreitet entschieden, den Unfall verursacht* zu *haben* || *hierzu* **Be·strei·tung** *die*

◆**Be·such** *der*; *-(e)s, -e* **1** die Tatsache, dass man zu j-m geht, das Besuchen ⟨einen Besuch machen; bei j-m zu Besuch sein⟩: *Unsere Tante kommt einmal im Jahr für zwei Wochen zu Besuch*; *Der Besuch des Museums lohnt sich* || -K: ***Höflichkeits-, Kranken-*** **2** *nur Sg*; j-d, der bei j-m zu Besuch (1) ist ≈ Gast / Gäste ⟨Besuch haben, erwarten⟩: *Unser Besuch bleibt bis zum Abendessen*

◆**be·su·chen**; *besuchte, hat besucht* **1** ***j-n besuchen*** zu j-m gehen oder fahren, um bei ihm zu sein ⟨einen Freund, einen Kranken im Krankenhaus besuchen⟩: *In den Ferien besuchte er seine Großmutter* **2** ***etwas besuchen*** auf einer Veranstaltung sein ⟨eine Ausstellung, ein Konzert besuchen; eine Schule, eine Vorlesung regelmäßig besuchen⟩ || *hierzu* **Be·su·cher** *der*

be·tä·ti·gen; *betätigte, hat betätigt* **1** ***etwas betätigen*** *geschr*; eine mechanische Vorrichtung bedienen ⟨die Bremse, einen Hebel betätigen⟩ **2** ***sich irgendwie /***

als etwas betätigen auf einem bestimmten Gebiet aktiv sein ⟨sich sportlich, politisch, künstlerisch betätigen⟩ || *hierzu* **Be·tä·ti·gung** *die*

be·täu·ben; *betäubte, hat betäubt* **1** ***j-n / ein Tier / etwas betäuben*** *meist* vor einer Operation j-n / ein Tier gegen Schmerzen unempfindlich machen: *einen Patienten mit einer Narkose betäuben* **2** ***etwas betäubt j-n*** etwas bewirkt, dass j-d nicht mehr klar denken und fühlen kann ↔ etwas belebt j-n: *Der Lärm / der Schreck / der Duft betäubte ihn* || *hierzu* **Be·täu·bung** *die*

be·tei·li·gen; *beteiligte, hat beteiligt* **1** ***j-n*** (***an etwas*** (*Dat*)) ***beteiligen*** j-m die Möglichkeit geben, etwas aktiv zusammen mit anderen zu tun: *Die Bürger werden an der Straßenplanung beteiligt* **2** ***sich*** (***an etwas*** (*Dat*)) ***beteiligen*** an etwas aktiv teilnehmen ⟨sich an einer Diskussion, einem Spiel beteiligen⟩: *Der Schüler beteiligt sich lebhaft am Unterricht; Der Staat beteiligt sich an den Kosten des Projekts* || *hierzu* **Be·tei·li·gung** *die*

◆**be·ten**; *betete, hat gebetet*; (***für j-n / um etwas***) (***zu j-m***) ***beten*** mit bestimmten Worten (einen) Gott loben, (ihn) um etwas bitten oder für etwas danken: *für einen Kranken beten; um eine gute Ernte beten*

Be·ton [be'tɔŋ, be'toːn, be'tõː] *der; -s; nur Sg*; eine Mischung aus Zement, Sand, Kies und Wasser, die zum Bauen verwendet wird ⟨Beton mischen⟩

be·to·nen; *betonte, hat betont* **1** ***etwas betonen*** eine Silbe im Wort oder ein Wort im Satz hervorheben ⟨ein Wort richtig, falsch betonen; eine betonte Silbe⟩ **2** ***etwas betonen*** auf etwas besonders hinweisen: *Der Redner betonte*, dass *er mit dieser Regelung nicht zufrieden sei* || *hierzu* **Be·to·nung** *die*

be·trach·ten; *betrachtete, hat betrachtet* **1** ***j-n / etwas betrachten*** j-n / etwas genau ansehen ⟨j-n / etwas prüfend, nur flüchtig betrachten⟩: *ein Kunstwerk, j-s Verhalten betrachten* **2** ***j-n / etwas als etwas betrachten*** von einer Person / Sache eine eigene Meinung haben ⟨j-n als seinen Feind, Freund betrachten⟩: *Er betrachtet ihn als seinen größten Konkurrenten* || *zu* **1 Be·trach·ter** *der*; **Be·trach·te·rin** *die*; *-, -nen*; **Be·trach·tung** *die*

be·trächt·lich *Adj* **1** relativ groß, wichtig oder gut ≈ beachtlich ⟨Kosten, Gewinne, Schaden⟩: *die Preise beträchtlich erhöhen* **2** *nur adv*; verwendet, um ein Adjektiv im Komparativ zu verstärken ≈ wesentlich: *Er ist beträchtlich reicher als sein Bruder*

Be·trag *der; -(e)s, Be·trä·ge*; eine genau angegebene Menge Geld: *hohe Beträge überweisen* || -K: ***Rechnungs-***

◆**be·tra·gen**[1]; *beträgt, betrug, hat betragen*; ***etwas beträgt etwas*** etwas hat einen bestimmten Wert: *Die Rechnung beträgt 100 Euro* || Hinweis: kein Passiv!

◆**be·tra·gen**[2], **sich**; *beträgt sich, betrug sich, hat sich betragen*; ***sich irgendwie betragen*** sich (mehr oder weniger) nach den gesellschaftlichen Normen richten und verhalten ≈ sich benehmen ⟨sich anständig, schlecht betragen⟩

be·tref·fen; *betrifft, betraf, hat betroffen* **1** ***etwas betrifft j-n / etwas*** etwas ist für j-n / etwas wichtig: *Der Naturschutz ist eine Aufgabe, die uns alle betrifft* **2** ***was j-n / etwas betrifft*** verwendet, um den Bezug zu j-m / etwas auszudrücken: *Was mich betrifft, kannst du die Aktion vergessen* (= Ich mache bei der Aktion nicht mit)

be·trei·ben; *betrieb, hat betrieben* **1** ***etwas*** (***irgendwie***) ***betreiben*** auf dem genannten Gebiet aktiv sein ⟨Politik, Sport, ein Hobby betreiben⟩: *Er betreibt sein Studium sehr ernsthaft* **2** ***etwas betreiben*** für die Organisation eines *meist* wirtschaftlichen Unternehmens verantwortlich sein ⟨ein Geschäft, ein Gewerbe, ein Hotel betreiben⟩: *Das Kraftwerk wird vom Staat betrieben*

be·tre·ten[1]; *betritt, betrat, hat betreten*; ***etwas betreten*** in einen Raum hineingehen ↔ verlassen ⟨ein Zimmer betreten⟩

be·tre·ten[2] *Adj*; mit einem Gesichtsausdruck, der zeigt, dass man sich schuldig fühlt ≈ verlegen ⟨ein betretenes Gesicht machen; betreten schweigen⟩

◆**be·treu·en**; *betreute, hat betreut* **1** ***j-n betreuen*** auf j-n aufpassen und für ihn sorgen ⟨Kinder, Kranke betreuen⟩ **2** ***etwas betreuen*** (*bes* mit Ratschlägen) helfen, dass etwas gut funktioniert: *ein Projekt, ein Geschäft betreuen* || *hierzu* **Be·treu·ung** *die; nur Sg*; *zu* **1 Be·treu·er** *der*; **Be·treu·e·rin** *die*; *-, -nen* || ▸ ***treu***

◆**Be·trieb**[1] *der; -(e)s, -e* ≈ Firma, Unternehmen ⟨ein privater, staatlicher Betrieb; einen Betrieb gründen, leiten⟩ || K-: ***Betriebs-, -arzt, -kapital, -unfall*** || -K: ***Industrie-***

◆**Be·trieb**[2] *der; -(e)s; nur Sg* **1** ***etwas ist in / außer Betrieb*** ein Gerät, eine Maschine ist eingeschaltet / ist nicht eingeschaltet oder funktioniert nicht: *Der Lift, das Telefon ist nicht in Betrieb / ist außer Betrieb* **2** reges Leben, große Bewegung: *Zu Weihnachten herrscht auf dem Bahnhof viel Be-*

trieb || -K: ***Krankenhaus-, Schul-***

◆ **Be·trie̲bs·rat** *der*; die Vertretung aller Arbeiter und Angestellten in einem Betrieb: *Der Betriebsrat besteht in großen Unternehmen aus bis zu 31 Mitgliedern* || K-: ***Betriebsrats-, -mitglied, -wahlen***

be·trọf·fen *Adj*; **betroffen** (**über etwas** (*Akk*)) traurig, emotional sehr bewegt || *hierzu* **Be·trọf·fen·heit** *die*

Be·tru̲g *der*; *-(e)s*; *nur Sg*; eine Handlung, mit der man j-n betrügt ⟨einen schweren Betrug begehen⟩ || -K: ***Versicherungs-***

◆ **be·trü̲·gen**; *betrog, hat betrogen*; ***j-n*** (***um etwas***) ***betrügen*** j-n bewusst täuschen und sich so einen Gewinn verschaffen: *j-n beim Kauf eines Autos betrügen* || *hierzu* **Be·trü̲·ger** *der*; **Be·trü̲·ge·rin** *die*; *-, -nen*; **be·trü̲·ge·risch** *Adj*

be·trụn·ken *Adj*; in dem Zustand, dass man zu viel Alkohol getrunken hat ↔ nüchtern ⟨leicht, völlig betrunken⟩ || *hierzu* **Be·trụn·ke·ne** *der / die*

◆ **Bẹtt** *das*; *-(e)s, -en* **1** das Möbelstück mit Decken und Kissen, in dem man schläft ⟨ins / zu Bett gehen, sich ins Bett legen; die Kinder ins Bett schicken⟩ || K-: ***Bett-, -decke, -tuch, -wäsche*** || -K: ***Doppel-, Kinder-*** **2** ***das Bett machen*** das Bett nach dem Schlafen in Ordnung bringen || ID ***das Bett hüten müssen*** wegen einer Krankheit im Bett bleiben müssen

bẹt·teln; *bettelte, hat gebettelt* **1** (***um etwas***) ***betteln*** j-n intensiv um etwas bitten: *Das Kind bettelte so lange, bis die Mutter ihm ein Eis kaufte* **2** (***um etwas***) ***betteln*** j-n um Geld (oder andere Dinge) bitten, weil man arm ist ⟨um Geld, Brot betteln (gehen)⟩

be̲u̲·gen[1]; *beugte, hat gebeugt* **1** ***etwas beugen*** einen Körperteil nach unten, nach hinten oder zur Seite bewegen ↔ strecken ⟨den Arm, die Knie, den Kopf beugen⟩ **2** ***sich irgendwohin beugen*** den Oberkörper in eine bestimmte Richtung bewegen ⟨sich nach vorn, aus dem Fenster, über ein Kind beugen⟩ **3** ***sich j-m / etwas beugen*** *geschr*; j-m / etwas nachgeben ⟨sich dem Druck der Öffentlichkeit beugen⟩

be̲u̲·gen[2]; *beugte, hat gebeugt*; ***etwas beugen*** *Ling*; ein Wort in diejenige Form bringen, die es wegen des Kasus, des Tempus, der Anzahl *usw* braucht ≈ flektieren ⟨ein Adjektiv, ein Substantiv, ein Verb beugen⟩ || *hierzu* **Be̲u̲·gung** *die*

Be̲u̲·le *die*; *-, -n* **1** eine Stelle, an der die Haut nach einem Schlag dick geworden ist: *Nach seinem Sturz hatte er eine dicke Beule an der Stirn* **2** eine Stelle, an der ein Gegenstand durch einen Stoß eine andere Form bekommen hat: *Das Auto hat bei dem Unfall nur eine kleine Beule bekommen*

be·ụn·ru·hi·gen; *beunruhigte, hat beunruhigt*; ***j-n beunruhigen*** j-n unruhig oder besorgt machen || *hierzu* **Be·ụn·ru·hi·gung** *die*

be·ụr·tei·len; *beurteilte, hat beurteilt*; ***j-n / etwas*** (***irgendwie / nach etwas***) ***beurteilen*** seine Meinung darüber äußern, wie j-d / etwas ist ≈ bewerten ⟨j-n / etwas falsch, richtig beurteilen⟩: *Der Lehrer beurteilte ihren Aufsatz als gut* || *hierzu* **Be·ụr·tei·lung** *die* || ▸ ***Urteil***

Be̲u̲·te *die*; -; *nur Sg* **1** etwas, das j-d anderen raubt, (*oft* mit Gewalt) nimmt: *Die Diebe teilen sich die Beute* || -K: ***Kriegs-*** **2** ein Tier, das gejagt und gefangen worden ist: *Der Adler hielt seine Beute in den Krallen*

Be̲u̲·tel *der*; *-s, -*; ein Behälter in der Form eines Sackes (*bes* aus Stoff, Leder oder Plastik) || -K: ***Geld-, Einkaufs-, Müll-***

◆ **Be·vọ̈l·ke·rung** *die*; *-, -en*; die (Zahl der) Personen, die in einem Gebiet wohnen ⟨die einheimische Bevölkerung; die Bevölkerung einer Stadt, eines Landes⟩: *Die Bevölkerung nimmt ständig zu* || K-: ***Bevölkerungs-, -gruppe, -zahl***

◆ **be·vo̲r** *Konjunktion*; verwendet, um auszudrücken, dass eine Handlung früher als eine andere abläuft ↔ nachdem: *Bevor wir essen, musst du den Tisch decken*

be·vo̲r|ste·hen; *stand bevor, hat / südd* Ⓐ Ⓒⓗ *ist bevorgestanden*; ***etwas steht*** (***j-m***) ***bevor*** etwas wird bald geschehen: *die bevorstehenden Wahlen*

be|vo̲r·zu·gen; *bevorzugte, hat bevorzugt*; ***j-n / etwas*** (***vor j-m / etwas***) ***bevorzugen*** j-n / etwas lieber mögen ≈ vorziehen: *Sie bevorzugt* es, *allein zu leben* || *hierzu* **Be·vo̲r·zu·gung** *die*

be·wạ·chen; *bewachte, hat bewacht* **1** ***j-n bewachen*** aufpassen, dass j-d nicht wegläuft ⟨einen Gefangenen, einen Verbrecher bewachen⟩ **2** ***etwas bewachen*** aufpassen, dass niemand in ein Gebäude geht, der kein Recht dazu hat

be·wa̲h·ren; *bewahrte, hat bewahrt* **1** ***etwas bewahren*** *meist* etwas Positives auch in einer schwierigen Situation behalten ⟨die Fassung, seinen Humor, Ruhe bewahren⟩ **2** ***etwas bewahren*** etwas erhalten oder pflegen (2) ⟨Traditionen bewahren; das Andenken an j-n bewahren⟩ **3** ***j-n / etwas vor j-m / etwas bewahren*** j-n / etwas vor einer Gefahr oder einem Fehler schützen: *Er hat mich davor be-*

wahrt, eine große Dummheit zu *machen* || *hierzu* **Be·wah·rung** *die*

be·wäh·ren, sich; *bewährte sich, hat sich bewährt*; ***j-d / etwas bewährt sich*** eine Person / Sache zeigt nach längerer Arbeit deutlich, dass sie für etwas gut geeignet ist: *Er hat sich als Arzt bewährt*

be·wäl·ti·gen; *bewältigte, hat bewältigt* **1** ***etwas bewältigen*** eine schwierige Aufgabe mit Erfolg ausführen ⟨eine Arbeit kaum, spielend bewältigen⟩ **2** ***etwas bewältigen*** ein Problem geistig verarbeiten und oft darüber nachdenken, bis es einem keinen Kummer mehr macht ≈ überwinden: *ein furchtbares Erlebnis, die Vergangenheit bewältigen* || *hierzu* **Be·wäl·ti·gung** *die*

◆ **be·we·gen**[1]; *bewegte, hat bewegt* **1** ***etwas (irgendwohin) bewegen*** bewirken, dass etwas in eine andere Position kommt: *Nur zusammen konnten sie den schweren Schrank von der Stelle bewegen* **2** ***etwas bewegt j-n*** etwas beschäftigt j-n innerlich ⟨ein Gedanke, eine Frage bewegt j-n⟩: *Der Film hat mich tief bewegt* **3** ***sich bewegen*** seine Lage, Haltung ändern: *sich vor Schmerzen kaum bewegen können* **4** ***sich bewegen*** den Körper durch Sport gesund halten ⟨sich in der frischen Luft bewegen⟩ || *hierzu* **be·weg·lich** *Adj*

be·we·gen[2]; *bewog, hat bewogen*; ***j-n zu etwas bewegen*** bewirken, dass j-d etwas tut ≈ j-n zu etwas veranlassen ⟨j-n zur Mitarbeit an etwas (*Dat*) bewegen⟩: *Was hat ihn wohl* dazu *bewogen, dich noch einmal anzurufen?* || K-: ***Beweg-, -gründe***

◆ **Be·we·gung**[1] *die*; -, *-en* **1** die Änderung der Stellung eines Körperteils ⟨eine Bewegung mit dem Arm machen; eine ungeschickte Bewegung⟩ **2** *nur Sg*; die Veränderung der Position einer Person, eines Körpers ⟨in Bewegung kommen, sein, bleiben⟩: *Der Zug setzte sich in Bewegung* || ↑ *Illustration* ***Verben der Bewegung*** || -K: ***Hand-*** **3** *nur Sg*; eine starke Reaktion auf etwas Positives oder Negatives ≈ Erregung ⟨seine Bewegung (nicht) verbergen, zeigen (können, wollen)⟩: *Der Angeklagte nahm das Urteil ohne sichtbare Bewegung auf* || ID ***etwas kommt / gerät in Bewegung*** etwas beginnt sich zu ändern; ***einiges in Bewegung setzen*** mit vielen Mitteln versuchen, sein Ziel (trotz Hindernissen) zu erreichen || *zu* **1** **be·we·gungs·los** *Adj*

◆ **Be·we·gung**[2] *die*; -, *-en*; die Aktionen einer Gruppe von Menschen, um ein gemeinsames Ziel zu verwirklichen ⟨eine religiöse, patriotische Bewegung⟩ || -K: ***Friedens-, Frauen-***

◆ **Be·weis** *der*; *-es, -e* **1** ***ein Beweis (für etwas)*** eine Begründung, die zeigt, dass eine Ansicht richtig ist ⟨den Beweis für eine Behauptung liefern; ein überzeugender Beweis⟩: *Der Angeklagte wurde aus Mangel an Beweisen freigesprochen* **2** ***der Beweis*** (+ *Gen* / ***für etwas***) ein sichtbares Zeichen für eine innere Haltung oder Fähigkeit: *Als Beweis seiner Liebe kaufte er ihr einen teuren Brillantring* || -K: ***Vertrauens-***

◆ **be·wei·sen**; *bewies, hat bewiesen* **1** ***(j-m) etwas beweisen*** j-m mit Argumenten zeigen, dass eine Behauptung, Vermutung richtig ist ≈ nachweisen: *Ich werde dir noch beweisen,* dass *meine These stimmt* **2** ***(j-m) etwas beweisen*** j-m etwas deutlich zeigen, etwas erkennen lassen ⟨seine Klugheit, seinen Mut beweisen⟩

◆ **be·wer·ben, sich**; *bewirbt sich, bewarb sich, hat sich beworben* **1** ***sich (irgendwo) (um etwas) bewerben*** versuchen, eine (Arbeits)Stelle zu bekommen: *Er bewirbt sich bei einer Computerfirma (um eine Anstellung als Programmierer)* **2** ***sich (um etwas) bewerben*** sich um etwas bemühen ⟨sich um einen Studienplatz bewerben⟩ || *hierzu* **Be·wer·ber** *der*; **Be·wer·be·rin** *die*; -, *-nen*

◆ **Be·wer·bung** *die*; -, *-en*; ***eine Bewerbung (um etwas)*** der Versuch, eine Position oder Arbeit zu bekommen: *die Bewerbung um eine Stelle, um einen Studienplatz* || K-: ***Bewerbungs-, -formular, -schreiben, -unterlagen***

be·wer·ten; *bewertete, hat bewertet*; ***j-n / etwas bewerten*** beurteilen, wie gut oder schlecht j-s Leistung, Verhalten *usw* ist ⟨etwas gerecht, positiv, zu hoch bewerten⟩: *Der Lehrer bewertete das Referat mit einer guten Note*

be·wir·ken; *bewirkte, hat bewirkt*; ***etwas bewirken*** etwas als Ergebnis herbeiführen oder als Wirkung hervorrufen ≈ verursachen: *Durch sein schlechtes Benehmen bewirkte er genau das Gegenteil von dem, was er wollte*

◆ **be·woh·nen**; *bewohnte, hat bewohnt*; ***etwas bewohnen*** in einer Wohnung, in einem Haus *usw* wohnen: *ein Reihenhaus bewohnen* || *hierzu* **Be·woh·ner** *der*; **Be·woh·ne·rin** *die*; -, *-nen*

be·wun·dern; *bewunderte, hat bewundert* **1** ***j-n bewundern***; ***(an j-m) etwas bewundern*** j-n sehr gut finden ⟨j-s Ausdauer, j-s Mut bewundern⟩: *Ich bewundere sie wegen ihrer Geduld mit den Kindern* **2** ***etwas***

bewundern etwas anschauen, das einem sehr gut gefällt: *ein Gemälde von Rembrandt bewundern* || *hierzu* **Be·wun·de·rer** *der*; **Be·wun·de·rin** *die*; -, *-nen*

Be·wun·de·rung *die*; -; *nur Sg*; ein Gefühl der großen Anerkennung für j-n / etwas ⟨j-d / etwas erfüllt j-n mit Bewunderung; voller Bewunderung für j-n / etwas⟩

be·wusst *Adj* **1** *nur attr oder adv*; gut durchdacht und mit Absicht ⟨eine Tat; etwas bewusst tun⟩: *eine bewusst falsche Anschuldigung* **2** ***j-d ist sich*** (*Dat*) ***etwas*** (*Gen*) ***bewusst***; ***j-m ist etwas bewusst*** etwas ist j-m klar ⟨sich seiner / keiner Schuld bewusst sein⟩: *Mir wurde bewusst, wie schädlich das Rauchen ist* **3** von etwas fest überzeugt: *ein bewusster Atheist*

be·wusst·los *Adj*; *nicht adv*; ohne Bewusstsein (1) ≈ ohnmächtig ⟨bewusstlos sein, werden, zusammenbrechen⟩ || *hierzu* **Be·wusst·lo·sig·keit** *die*

Be·wusst·sein *das*; *-s*; *nur Sg* **1** der Zustand, in dem j-d (physisch) dazu in der Lage ist, die eigene Existenz und seine Umwelt normal wahrzunehmen ↔ Bewusstlosigkeit ⟨das Bewusstsein verlieren; wieder zu Bewusstsein kommen; bei / ohne Bewusstsein sein⟩ **2** der Zustand, in dem man sich einer Sache bewusst (2) ist und entsprechend handelt: *den Menschen die Folgen der Klimaerwärmung ins Bewusstsein bringen* || -K: ***Pflicht-, Verantwortungs-*** **3** die Ansichten und Überzeugungen eines Menschen ⟨j-s politisches, geschichtliches Bewusstsein⟩ || -K: ***Geschichts-, Standes-*** **4** *Psych*; die Fähigkeit, Vorgänge in seiner Umwelt durch den Verstand und die Sinne aufzunehmen und zu behalten || K-: ***Bewusstseins-, -störung, -veränderung***

◆ **be·zah·len**; *bezahlte, hat bezahlt* **1** (***etwas***) ***bezahlen*** für einen Gegenstand, den man kauft, für eine geleistete Arbeit das Geld zahlen ⟨etwas bar, mit Scheck bezahlen⟩: *Er bezahlte das neue Auto in Raten* **2** ***j-n*** (***für etwas***) ***bezahlen*** j-m Geld zahlen für die Arbeit, die er leistet: *einen Handwerker bezahlen* **3** ***j-m etwas bezahlen*** etwas für j-d anderen zahlen: *Sein reicher Onkel bezahlt ihm das Studium*

Be·zah·lung *die*; -, *-en*; *meist Sg* **1** das Bezahlen ⟨die Bezahlung der Arbeit, des Studiums, der Rechnung⟩ **2** das Geld, das j-d für seine Arbeit bekommt: *j-m gute Bezahlung für einen Job anbieten*

be·zeich·nen; *bezeichnete, hat bezeichnet* **1** ***etwas bezeichnet etwas*** ein Wort hat eine bestimmte Bedeutung: *Das Wort „Bank" bezeichnet ein Möbelstück und ein Geldinstitut* **2** ***etwas*** (***mit etwas***) ***bezeichnen*** etwas mit einem Zeichen zeigen ≈ kennzeichnen: *die Betonung der Silbe mit einem Akzent bezeichnen* **3** ***j-n / sich / etwas als etwas bezeichnen*** j-n oder etwas so nennen: *j-n als seinen Freund, Feind bezeichnen*; *j-n als geizig bezeichnen*

be·zeich·nend *Adj*; ***bezeichnend*** (***für j-n / etwas***) ≈ typisch: *Dieser Fehler ist bezeichnend für seinen Leichtsinn* || *hierzu* **be·zeich·nen·der·wei·se** *Adv*

Be·zeich·nung *die*; -, *-en*; ***eine Bezeichnung*** (***für j-n / etwas***) ein Wort, das j-n / etwas bezeichnet (1) ≈ Name: *eine Blume mit einer deutschen und einer lateinischen Bezeichnung* || -K: ***Pflanzen-, Tier-***

be·zie·hen[1]; *bezog, hat bezogen* **1** ***etwas*** (***mit etwas***) ***beziehen*** ein Kissen, eine Decke oder eine Matratze mit Bettwäsche bedecken ⟨das Bett frisch beziehen⟩ **2** ***etwas beziehen*** in ein Gebäude ziehen, um dort zu wohnen oder zu arbeiten ↔ aus etwas ausziehen: *Ein Elektrounternehmen bezieht die leer stehende Schule* || ▸ ***Bezug***[1]

be·zie·hen[2]; *bezog, hat bezogen*; ***etwas*** (***von j-m / aus etwas***) ***beziehen*** von einer Firma, einem Amt regelmäßig Geld bekommen ⟨von einer Firma Lohn beziehen; Sozialhilfe, eine Rente beziehen⟩ || *hierzu* **Be·zie·her** *der* || ▸ ***Bezug***[2]

be·zie·hen[3]; *bezog, hat bezogen* **1** ***etwas auf etwas*** (*Akk*) ***beziehen*** etwas in einem besonderen Zusammenhang betrachten: *Man muss die Preise auf die Löhne beziehen* **2** ***sich auf etwas*** (*Akk*) ***beziehen*** auf etwas hinweisen: *Sie bezog sich auf das Gespräch von gestern Abend* **3** ***etwas auf 'sich*** (*Akk*) ***beziehen*** glauben, dass man das Ziel von Worten *o.Ä.* ist: *Er hat die Kritik auf sich bezogen und ist beleidigt* **4** ***etwas bezieht sich auf etwas*** (*Akk*) etwas hängt mit etwas zusammen **5** ***sich auf j-n / etwas beziehen*** j-n / etwas als Quelle der eigenen Information nennen ≈ sich auf j-n / etwas berufen: *sich auf einen Artikel in der Zeitung beziehen* || ▸ ***Bezug***[3]

◆ **Be·zie·hung** *die*; -, *-en* **1** ***eine Beziehung*** (***zwischen etwas*** (*Dat*) ***und etwas*** (*Dat*)) ein Zusammenhang, eine Relation zwischen zwei oder mehreren Phänomenen ⟨etwas steht in Beziehung zu etwas⟩: *Sein Selbstmord steht sicher in Beziehung zu seiner langen Krankheit* **2** *meist Pl*; ***Beziehungen*** (***mit / zu j-m / etwas***) besondere Verbindungen zwischen Personen, Institutionen oder Staaten ⟨verwandtschaftliche, freundschaftliche Beziehungen; mit / zu j-m Beziehungen knüpfen⟩: *die diplomatischen Beziehungen zu einem Staat abbrechen* || -K: ***Wirtschafts-*** **3** *nur Pl*; ***Beziehungen*** **(*zu j-m*)** Kontakte zu j-m, die von Vorteil sind: *Er bekam den Job, weil er gute Beziehungen zum Chef der Firma hat* || ID ***seine Beziehungen spielen lassen*** *iron*; sich durch seine Beziehungen (3) einen Vorteil verschaffen

be·zie·hungs·wei·se *Konjunktion* **1** drückt aus, dass auf etwas zwei verschiedene Aussagen zutreffen; *Abk* bzw.: *Die Kandidaten kommen aus München bzw Köln* (= einige kommen aus München, einige aus Köln) **2** verwendet, um eine Aussage zu präzisieren; *Abk* bzw. ≈ genauer gesagt: *Großbritannien bzw Schottland verfügt über große Ölreserven in der Nordsee* **3** verwendet, um eine Alternative anzugeben; *Abk* bzw. ≈ oder (aber): *Ich könnte Sie heute bzw morgen besuchen*

Be·zirk *der*; *-(e)s, -e* **1** ein Gebiet, das für einen besonderen Zweck abgegrenzt ist ≈ Gegend ⟨ein ländlicher, städtischer Bezirk⟩ || K-: ***Bezirks-, -krankenhaus*** || -K: ***Stadt-*** **2** Ⓓ ein Gebiet (mit seinen Behörden), das Teil eines Bundeslandes ist: *Bayern ist in sieben Bezirke unterteilt* || K-: ***Bezirks-, -regierung*** || -K: ***Regierungs-***

Be·zug[1] *der*; der Stoff, mit dem man Möbel, ein Kissen *o.Ä.* bezieht (1) ≈ Überzug || -K: ***Bett-***

Be·zug[2] *der* **1** *nur Sg*; das Beziehen (2) von Geld ⟨zum Bezug von Arbeitslosengeld, Kindergeld berechtigt sein⟩ **2** *nur Pl*, Ⓐ *auch Sg*; das Einkommen, die Rente *o.Ä.*: *Seine monatlichen Bezüge belaufen sich auf fast 3000 Euro*

Be·zug[3] *der* **1 *Bezug auf j-n / etwas nehmen*** *geschr*; sich auf j-n / etwas beziehen (5): *Er nahm in seiner Rede Bezug auf unsere neuen Vorschläge* || K-: ***Bezugs-, -punkt, -wort*** **2 *in Bezug auf j-n / etwas*** hinsichtlich einer Person / Sache ≈ was j-n / etwas betrifft: *In Bezug auf seinen Beruf ist er sehr gewissenhaft* **3 *zu j-m / etwas keinen Bezug*** **(*mehr*)** ***haben*** *gespr*; j-n / etwas nicht (mehr) verstehen oder sich nicht (mehr) für ihn / dafür interessieren

be·züg·lich *Präp*; *mit Gen*; *Admin geschr* ≈ in Bezug auf, hinsichtlich: *Bezüglich Ihres Antrags möchten wir Ihnen Folgendes mitteilen …*

be·zwei·feln; *bezweifelte, hat bezweifelt*; ***etwas bezweifeln*** Zweifel an etwas haben (und äußern): *Ich bezweifle*, dass *er Recht hat*

◆ **Bi·bel** *die*; *-*; *nur Sg*; die Grundlage der christlichen Religion (Altes und Neues Testament) und der jüdischen Religion (Altes Testament) ≈ die Heilige Schrift ⟨die Bibel übersetzen⟩ || K-: ***Bibel-, -stelle, -übersetzung***

◆ **Bib·li·o·thek** *die*; *-, -en* **1** eine große Sammlung von Büchern ≈ Bücherei ⟨eine städtische Bibliothek; sich in / von der Bibliothek Bücher ausleihen⟩ || K-: ***Bibliotheks-, -angestellte(r), -benutzer*** || -K: ***Fach-, Privat-, Universitäts-*** **2** ein Gebäude oder Raum, in dem sich eine Bibliothek (1) befindet ⟨in der Bibliothek arbeiten⟩ || K-: ***Bibliotheks-, -gebäude***

bie·gen; *bog, hat / ist gebogen* **1 *etwas biegen*** (*hat*) etwas in seiner Form so verändern, dass es nicht mehr gerade ist ⟨einen Draht biegen; den Kopf nach hinten / vorn biegen⟩ **2 *in / um etwas*** (*Akk*) ***biegen*** (*ist*) durch eine Änderung seiner Richtung irgendwohin gehen oder fahren: *Das Auto bog um die Ecke* **3 *etwas biegt sich*** (*hat*) etwas wird krumm: *Der Baum bog sich im Wind* || *hierzu* **bieg·bar** *Adj*; **bieg·sam** *Adj* || ▸ ***Bogen***

Bie·gung *die*; *-, -en* ≈ Kurve: *Der Weg, die Straße, das Gleis macht eine Biegung* || -K: ***Straßen-, Weg-***

Bie·ne *die*; *-, -n*; ein Insekt, das Honig produziert ⟨Bienen summen; j-d züchtet Bienen; von einer Biene gestochen werden⟩ || K-: ***Bienen-, -haus, -königin*** || -K: ***Honig-*** || ID ***fleißig wie eine Biene*** sehr fleißig

Biene

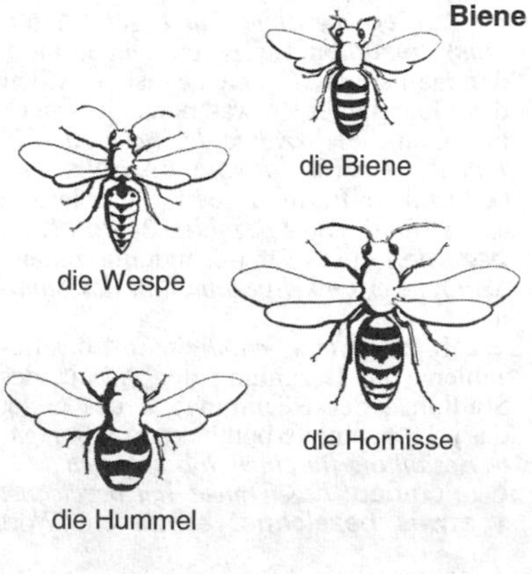

◆ **Bier** *das*; *-(e)s, -e* **1** ein alkoholisches Getränk ⟨helles, dunkles Bier; ein kleines, großes Bier; ein Fass, Glas Bier⟩ || Hinweis: Beim Bestellen in einem Lokal sagt man *zwei, drei Bier* || K-: ***Bier-, -flasche, -kasten, -krug*** **2** ***auf ein Bier (irgendwohin) gehen*** *gespr*; in ein Lokal gehen (um dort Bier zu trinken)

◆ **bie·ten**; *bot, hat geboten* **1** ***(j-m) etwas bieten*** j-m die Chance oder Möglichkeit zu etwas geben: *Der Urlaub bot ihm endlich die Gelegenheit, bei seiner Familie zu sein* **2** ***(j-m) etwas bieten*** j-m etwas gewähren oder geben ⟨j-m Trost, Hilfe bieten⟩: *seinen Kindern Liebe bieten; einer älteren Dame den Arm bieten* **3** ***(j-m) etwas bieten*** (vor j-m) eine besondere Leistung bringen: *Die Theatergruppe hat (den Zuschauern) eine großartige Vorstellung geboten* **4** ***etwas bietet sich (j-m)*** Möglichkeiten, Chancen sind für j-n vorhanden: *Eine so gute Gelegenheit bietet sich (dir) nicht oft* || ▸ ***Angebot***

Bi·lanz *die*; *-, -en* **1** *nur Sg*; das, was sich als Resultat aus einer Folge von Ereignissen ergibt: *Zahlreiche Verletzte sind die traurige Bilanz der Straßenkämpfe* **2** *Ökon*; das, was sich ergibt, wenn man (*z.B.* in einer Firma) das eingenommene und das ausgegebene Geld vergleicht **3** ***Bilanz ziehen***; ***die Bilanz aus etwas ziehen*** die Ergebnisse von vergangenen Ereignissen zusammenfassen

◆ **Bild** *das*; *-(e)s, -er* **1** das Werk eines Malers ⟨ein Bild malen, zeichnen, aufhängen⟩: *mit Wasserfarben ein Bild von dieser Landschaft malen* || K-: ***Bilder-, -galerie*** **2** eine Fotografie ⟨ein Bild (von j-m / etwas) machen; ein Bild vergrößern, verkleinern⟩: *Sind die Bilder von deinem Fest gut geworden?* || -K: ***Pass-*** **3** die Wiedergabe eines Gemäldes oder einer Fotografie ≈ Abbildung: *ein Buch mit vielen Bildern* **4** ***ein Bild*** + *Gen*; ***ein*** *Adj* + ***Bild*** die Szene, die einen tiefen Eindruck von einer Situation macht ≈ Anblick (2) ⟨ein Bild des Schreckens⟩: *Den Sanitätern bot sich am Unfallort ein grauenvolles Bild* **5** eine Vorstellung ⟨sich ein Bild von j-m / etwas machen⟩: *Ich hatte ein falsches Bild von ihm* || -K: ***Zukunfts-*** || ID ***(über j-n / etwas) im Bilde sein*** über j-n / etwas gut informiert sein; ***ein Bild des Jammers sein*** so aussehen, dass die anderen Mitleid bekommen

bil·den; *bildete, hat gebildet* **1** ***etwas (aus etwas) bilden*** aus einem Material ein Objekt herstellen ≈ formen: *Figuren aus Wachs bilden* **2** ***etwas bildet etwas*** etwas lässt etwas entstehen: *An der Stelle, an der sie verbrannt wurde, bildet die Haut Blasen; Der Fluss bildet die Grenze zwischen beiden Staaten* **3** ***etwas bilden*** eine neue Form (oder eine geometrische Figur) entstehen lassen: *Die Wartenden bilden eine Schlange von 200 Metern* **4** ⟨Personen⟩ ***bilden etwas*** aus einer Gruppe von Personen entsteht diese Organisation ⟨eine Kommission, eine Regierung bilden⟩ **5** ***(j-n) bilden*** j-n ausbilden, seine Kenntnisse vergrößern: *Reisen bildet (den Menschen)* **6** ***etwas bildet sich*** etwas entsteht (*meist* langsam): *Am Himmel bilden sich Wolken*

Bild·hau·er *der*; *-s, -*; ein Künstler, der Statuen und Skulpturen herstellt: *Michelangelo ist auch ein berühmter Bildhauer* || *hierzu* **Bild·hau·e·rei** *die*

Bild·schirm *der*; der Teil eines Fernsehgeräts oder eines Computers, auf dem das Bild oder der Text erscheint || ↑ *Illustration* ***Am Schreibtisch***

Bil·dung[1] *die*; *-*; *nur Sg* **1** das Bilden (2), die Entstehung ⟨die Bildung von Blasen, Geschwüren; die Bildung einer Meinung⟩ || -K: ***Knospen-, Wolken-*** **2** die Gründung, das Bilden (4) einer neuen Gruppe, Organisation ⟨die Bildung einer Regierung⟩ || -K: ***Kabinetts-***

Bil·dung[2] *die*; *-*; *nur Sg*; das (durch Erziehung) erworbene Wissen und Können auf verschiedenen Gebieten ⟨eine umfassende, humanistische Bildung besitzen, haben; Bildung vermitteln; ein Mensch mit / von Bildung⟩ || -K: ***Allgemein-, Schul-***

Bil·lett [bɪlˈjɛt] *das*; *-(e)s, -s / -e*; (CH) **1** ≈ Fahrkarte **2** eine Karte für einen Eintritt (1)

◆ **bil·lig** *Adj* **1** so, dass es relativ wenig Geld kostet ↔ teuer: *In diesem Geschäft kann man billig einkaufen* || K-: ***Billig-, -flug, -preis*** **2** *pej*; von schlechter Qualität: *Er trug einen billigen Anzug* || K-: ***Billig-, -ware*** **3** *pej*; moralisch verwerflich: *Das ist eine billige Ausrede*

bin ↑ ***sein***[1]

Bin·de *die*; *-, -n*; ein langer Streifen Stoff, mit dem man eine Verletzung schützt ≈ Verband: *den Arm in einer Binde tragen* || -K: ***Augen-***

bin·den[1]; *band, hat gebunden* **1** ***j-n / etwas (mit etwas) an etwas*** (*Akk*) ***binden*** eine Person / Sache *meist* mit einem Strick an etwas festmachen ≈ anbinden: *ein Boot mit einer Leine an einen Pflock binden* **2** ***(j-m / sich) etwas binden*** etwas mit einem Knoten *o.Ä.* festmachen ⟨die Schuhe binden; sich (*Dat*) die Krawatte binden⟩ **3 *etwas binden*** lose Blätter durch einen Einband zusammenfügen und so ein Buch herstellen ⟨ein Buch binden⟩

bin·den², sich; *band sich, hat sich gebunden*; sich für einen Partner entscheiden, mit dem man zusammenleben will: *Ich will mich noch nicht binden* || ▸ ***Bindung***

Bin·de·strich *der*; ein kurzer Strich, der zusammengehörige Wörter verbindet oder auf die Verbindung zu einem später folgenden Wort hinweist, *z.B.* in *Goethe-Gymnasium*; *Hin- und Rückfahrt* || Hinweis: Der Bindestrich kann auch gesetzt werden, um das Lesen einfacher zu machen: *Schifffahrt / Schiff-Fahrt*

Bin·dung *die*; -, *-en* **1 *eine Bindung* (*an j-n / etwas*)** eine starke emotionale Beziehung zu einer Person oder Sache ⟨eine Bindung eingehen, auflösen⟩: *eine enge Bindung an seine Familie* **2 *eine Bindung* (*an etwas*** (*Akk*)) eine Verpflichtung aufgrund eines Vertrags oder eines Versprechens ⟨eine vertragliche Bindung eingehen⟩

bi·o-, Bi·o- ['biːo-] *im Adj und Subst* **1** in Bezug auf Lebewesen; ***biochemisch***, die ***Biochemie***, die ***Biophysik***, der ***Biorhythmus*** **2** *gespr*; mit Substanzen und Methoden, die möglichst natürlich und gesund sind (ohne Gift, künstlichen Dünger *usw*); der ***Biobauer***, der ***Bioladen***, die ***Biokost***

Bi·o·gra·fie, Bi·o·gra·phie [-'fiː] *die*; -, *-n* [-'fiːən] **1** eine Beschreibung des Lebens einer *meist* berühmten Person ⟨eine Biografie verfassen⟩ **2** *geschr* ≈ Lebenslauf || *hierzu* **bi·o·gra·fisch, bi·o·gra·phisch** *Adj*

Bi·o·lo·gie *die*; -; *nur Sg*; die Wissenschaft, die sich mit allen Formen des Lebens von Menschen, Tieren und Pflanzen beschäftigt || K-: ***Biologie-, -lehrer, -unterricht***

◆**Bir·ne¹** *die*; -, *-n*; eine saftige, gelbgrüne Baumfrucht || K-: ***Birn-, -baum***; ***Birnen-, -saft***

◆**Bir·ne²** *die*; -, *-n*; *Kurzwort* ↑ ***Glühbirne*** eine Lampe für elektrisches Licht ⟨eine kaputte Birne auswechseln⟩

◆**bis¹ 1** *Präp*; *mit Akk oder mit einer weiteren Präp*; verwendet, um auf die Frage „wie lange?" zu antworten: *Sie bleibt bis zum Sonntag* **2** *Präp*; *mit Akk*; verwendet in einer Formel, wenn man sich von j-m verabschiedet: *Bis bald / morgen / später / Montag / nächste Woche!* **3** *Präp*; *mit Akk*; verwendet, um auf die Frage „wie weit?" zu antworten: *Bis Stuttgart fahre ich mit dem Auto, dann nehme ich den Zug* **4 *bis zu*** + *Zahlangabe / Subst* verwendet, um eine Grenze anzugeben: *Die Temperaturen erreichten bis zu 40°C im Schatten*; *bis zur Erschöpfung marschieren* **5 *bis auf j-n / etwas*** alle mit Ausnahme der genannten Person(en) / Sache(n) ≈ außer: *Bis auf zwei haben alle Studenten die Prüfung bestanden*

bis² *Konjunktion*; verwendet im Nebensatz, um anzugeben, wann eine Bedingung erfüllt oder die genannte Handlung (des Hauptsatzes) zu Ende ist: *Ich warte, bis du wiederkommst*

Bi·schof *der*; *-s, Bi·schö·fe*; *Rel*; ein Priester mit hohem Rang, der alle Kirchen und Priester eines großen Gebietes unter sich hat || K-: ***Bischofs-, -mütze, -synode*** || *hierzu* **bi·schöf·lich** *Adj*

◆**bis·her** *Adv*; bis jetzt ≈ bislang: *Bisher haben wir es immer so gemacht*

bis·he·ri·g- *Adj*; *nur attr, nicht adv*; bis zu diesem Zeitpunkt (so gewesen): *Ihre bisherige Karriere ist erfolgreich verlaufen*

bis·lang *Adv* ≈ bisher

Biss *der*; *-es, -e* **1** der Vorgang, bei dem j-d / ein Tier j-n / etwas beißt oder in etwas beißt: *der giftige Biss einer Kobra* **2** die Wunde, die durch einen Biss (1) entsteht || K-: ***Biss-, -wunde***

biss ↑ ***beißen***

◆**biss·chen** *Indefinitpronomen*; *indeklinabel* **1 *ein bisschen*** eine kleine Menge von etwas ≈ etwas, ein wenig: *Hast du ein bisschen Zeit für mich?*; *Ich möchte noch ein bisschen Suppe, bitte* **2 *kein bisschen*** + *Subst* ≈ überhaupt kein + Substantiv: *Sie hatte kein bisschen Angst*

Bis·sen *der*; *-s*, -; das Stück, das man von fester Nahrung abbeißt: *Kann ich einen Bissen von deinem Brot haben?* || ID ***keinen Bissen herunterbringen*** *gespr*; (*z.B.* wegen Übelkeit oder aus Nervosität) nichts essen können

bist ↑ ***sein¹***

bit·te *Partikel* **1** verwendet, um einen Wunsch, einen Vorschlag, eine Aufforderung *o.Ä.* höflich auszudrücken: *Reichst du mir die Butter, bitte?*; *Nehmen Sie bitte Platz!* **2** verwendet, um einen Wunsch, eine Aufforderung *o.Ä.* zu verstärken: *Würden Sie mir bitte erklären, was hier vor sich geht!* **3** *betont*; verwendet (als Antwort auf eine Frage), um Zustimmung auszudrücken: *„Darf ich das Fenster aufmachen?"* – *„Bitte!"* **4** *betont*; **bitte (*sehr / schön*)** verwendet als höfliche Antwort, nachdem sich j-d bei einem (mündlich) bedankt hat: *„Vielen Dank!"* – *„Bitte (schön)."* **5** *betont*; **bitte (*sehr / schön*)*!***

verwendet, um j-m etwas anzubieten **6** *betont*; ***(ja,) bitte!*** verwendet, um etwas anzunehmen, das einem j-d anbietet ↔ (nein,) danke: *„Möchten Sie noch einen Kaffee?“ - „(Ja,) bitte!“* **7** *betont*; ***ja, bitte?*** verwendet, *bes* wenn man den Telefonhörer abnimmt oder die Haustür aufmacht. Man fordert damit j-n auf zu sagen, warum er angerufen hat oder gekommen ist **8** ***('wie) bitte?*** verwendet, um j-n aufzufordern, das zu wiederholen, was er gerade gesagt hat, *meist* weil man es akustisch nicht verstanden hat

◆**Bit·te** *die*; -, *-n*; ***eine Bitte (an j-n) (um etwas)*** ein Wunsch, der an j-n gerichtet ist ⟨eine dringende Bitte; eine Bitte erfüllen⟩

◆**bit·ten**; *bat, hat gebeten*; ***(j-n) um etwas bitten*** einen Wunsch an j-n richten, damit er erfüllt wird ↔ j-m für etwas danken ⟨j-n höflich, herzlich um etwas bitten⟩: *j-n um einen Gefallen, um Auskunft bitten* || ID ***Ich bitte Sie / dich!*** *gespr*; verwendet, um Empörung / Ärger auszudrücken oder um j-n aufzufordern, etwas (Störendes) nicht zu tun

◆**bit·ter** *Adj* **1** von so herbem Geschmack, dass man es nicht essen mag ↔ süß ⟨eine Medizin, eine Pille⟩ **2** sehr enttäuschend oder sehr unangenehm ≈ schmerzlich ⟨eine bittere Enttäuschung erleben; eine bittere Erfahrung machen⟩

bla·mie·ren; *blamierte, hat blamiert* **1** ***j-n blamieren*** j-n lächerlich machen **2** ***sich (vor j-m) blamieren*** sich durch sein Verhalten lächerlich machen ⟨sich vor aller Welt / vor allen Leuten blamieren⟩

Bla·se *die*; -, *-n* **1** eine Art Kugel aus Luft oder Gas ⟨Blasen bilden sich, platzen, steigen auf⟩ || -K: ***Luft-, Seifen-*** **2** eine Art Hohlraum unter der Haut, der durch Reibung oder Verbrennung entstanden ist: *Blasen an den Füßen* || -K: ***Brand-*** **3** eine Art kleiner Sack im Körper von Menschen oder Tieren, in dem sich der Urin sammelt ≈ Harnblase ⟨eine schwache Blase haben⟩ || K-: ***Blasen-, -entzündung***

bla·sen; *bläst, blies, hat geblasen* **1** ***(irgendwohin) blasen*** die Luft kräftig (irgendwohin) ausstoßen: *ins Feuer blasen, damit es besser brennt* **2** ***etwas bläst*** etwas weht stark ⟨der Wind, der Sturm⟩ **3** ***(etwas) blasen*** auf einem (Musik)Instrument spielen ⟨ein Lied, eine Melodie blasen⟩ || K-: ***Blas-, -instrument, -musik***

◆**blass**, *blasser / blässer, blassest- / blässest-*; *Adj* **1** fast ohne die natürliche Farbe, fast weiß ≈ bleich ⟨ein Gesicht; blass aussehen, werden; blass vor Schreck⟩ || Hinweis: um *blass* zu verstärken, verwendet man in der gesprochenen Sprache *leichenblass* **2** ohne kräftigen Farbton ↔ kräftig: *ein blasses Grün* || K-: ***blass-, -blau*** || *zu* **1 Bläs·se** *die*

◆**Blatt** *das*; -*(e)s*, - / *Blät·ter* **1** (*Pl Blätter*) Teile einer Pflanze ⟨die Blätter fallen (ab), färben sich⟩ || K-: ***Blatt-, -pflanze*** || -K: ***Ahorn-, Salat-*** || Hinweis: ↑ ***Laub*** **2** (*Pl Blatt / Blätter*) ein Stück Papier (*meist* in einem festen Format) ⟨ein leeres Blatt⟩: *100 Blatt Papier* || -K: ***Kalender-, Zeichen-*** **3** (*Pl Blätter*) ≈ Zeitung || -K: ***Abend-, Wochen-*** || ID ***Das steht auf einem anderen Blatt*** das hat mit der betreffenden Sache nichts zu tun || *zu* **1 blatt·för·mig** *Adj*; **blatt·los** *Adj*

blät·tern; *blätterte, hat / ist geblättert* **1** ***in etwas (Dat) blättern*** (*hat*) die Seiten eines Buches oder einer Zeitung kurz betrachten und schnell zu den nächsten Blättern weitergehen: *in einer Illustrierten blättern* **2** ***etwas blättert (von etwas)*** (*ist*) etwas löst sich in kleinen, flachen Stücken von etwas und fällt herunter ⟨die Farbe, der Anstrich⟩

◆**blau**, *blauer, blau(e)st-*; *Adj* **1** die Farbe

Blasinstrumente

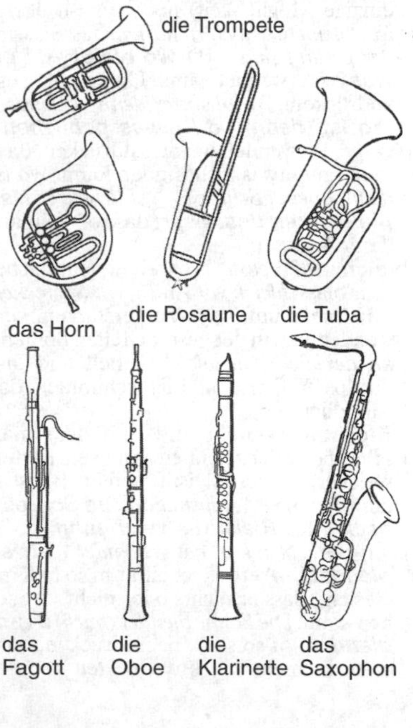

des Himmels bei sonnigem Wetter: *blaue Augen haben*; *ein Tuch blau färben* || ↑ *Illustration* **Farben** || K-: **blau-, -grün** || -K: **hell-, himmel-** **2** (aufgrund großer Kälte) blutleer: *vor Kälte blaue Lippen bekommen* || *hierzu* **bläu·lich** *Adj*

Blech *das*; -(e)s, -e **1** ein Metall in Form einer dünnen Schicht: *Das Blech ist verrostet* || K-: **Blech-, -eimer** || -K: **Weiß-** **2** ein Stück Blech (1), das man in den Ofen schiebt, um etwas darauf zu backen

Blei *das*; -(e)s; *nur Sg*; ein sehr schweres, grau glänzendes Metall ⟨schwer wie Blei⟩ || K-: **Blei-, -kugel** || ID **Blei in den Gliedern haben** *gespr*; sich sehr müde fühlen || *hierzu* **blei·arm** *Adj*; **blei·hal·tig** *Adj*

◆ **blei·ben**; *blieb, ist geblieben* **1** (**irgendwo**) **bleiben** einen Ort, einen Platz nicht verlassen: *Sie ist krank und bleibt heute im Bett*; *Er bleibt noch bis morgen, dann fährt er nach Hause* **2** (**irgendwie**) **bleiben**; **etwas** (*Nom*) **bleiben**; **in etwas** (*Dat*) **bleiben** weiterhin so sein wie bisher ⟨in Bewegung bleiben; bei seinem Entschluss, seiner Meinung bleiben⟩: *Er bleibt in jeder Situation höflich*; *Trotz aller Probleme blieben sie Freunde* **3** **am Leben bleiben** nicht sterben **4** **bei der Sache bleiben** das Thema nicht wechseln **5** **etwas bleibt** (**j-m**) (+ **zu** + *Infinitiv*) etwas ist (*oft* als einzige Möglichkeit) noch für j-n übrig: *Mir bleibt nur noch zu hoffen, dass sie wieder gesund sind* || ID **Wo bleibt j-d / etwas?** verwendet, um Ungeduld auszudrücken: *Wo bleibt er denn so lange?*; **Wo ist** (**denn**) **j-d / etwas geblieben?** *gespr*; verwendet, um auszudrücken, dass man j-n / etwas nicht finden kann: *Wo ist denn mein Schlüssel geblieben?*; **Das bleibt unter uns!** *gespr*; das soll kein anderer erfahren

bleich *Adj* **1** von fast weißer Hautfarbe, sehr blass: *bleich vor Angst, vor Schrecken* || Hinweis: um *bleich* zu verstärken, verwendet man in der gesprochenen Sprache *kreidebleich, totenbleich* **2** hell und fast farblos ≈ fahl ⟨ein Lichtschimmer, das Mondlicht⟩

◆ **Blei·stift** *der*; ein Stift, mit dem man schreiben oder zeichnen kann ⟨ein harter, weicher, spitzer Bleistift; einen Bleistift (an)spitzen⟩ || ↑ *Illustration* **Am Schreibtisch** || K-: **Bleistift-, -zeichnung**

blen·den; *blendete, hat geblendet* **1** **etwas blendet** (**j-n**) etwas scheint j-m so hell ins Gesicht, dass er nichts oder nicht viel sehen kann: *Die Sonne blendet* (*mich*) **2** (**j-n**) **blenden** j-n so stark beeindrucken, dass er nicht mehr objektiv urteilen kann ≈ täuschen: *sich von Macht, Reichtum, Schönheit blenden lassen* || *zu* **2** **Blen·der** *der*; *pej*

blen·dend *Adj*; sehr gut, großartig ⟨ein Aussehen, eine Erscheinung; sich blendend amüsieren, mit j-m verstehen⟩: *Mir geht es blendend*; *Du siehst blendend aus*

◆ **Blick** *der*; -(e)s, -e **1** **ein Blick** (**auf j-n / etwas**) die Bewegung der Augen zu j-m / etwas hin ⟨etwas mit einem Blick erkennen; j-s Blick fällt auf j-n / etwas⟩: *Bevor er in den Zug einstieg, warf er noch einen Blick auf den Fahrplan* || K-: **Blick-, -richtung** **2** *nur Sg*; der Ausdruck der Augen ⟨einen sanften, verzweifelten Blick haben⟩ **3** *nur Sg*; **ein Blick** (**auf etwas** (*Akk*)) die Möglichkeit, etwas von einer bestimmten Stelle aus zu sehen ≈ Aussicht (1): *ein Zimmer mit Blick aufs Gebirge* || ID **auf den ersten Blick** sofort, beim ersten Mal ⟨j-n / etwas auf den ersten Blick erkennen⟩; **j-n keines Blickes würdigen** (aus Ärger oder als Strafe) so tun, als ob man j-n nicht kenne; **Wenn Blicke töten könnten!** verwendet, um auszudrücken, dass j-s Blick (2) voller Hass oder Wut war

bli·cken; *blickte, hat geblickt* **1** **irgendwohin blicken** in eine Richtung sehen, schauen: *aus dem Fenster blicken* **2** **irgendwie blicken** einen besonderen Gesichtsausdruck haben ⟨freundlich, streng blicken⟩ || ID **sich** (**bei j-m**) **blicken lassen** *gespr*; bei j-m einen kurzen Besuch machen

Blick·win·kel *der*; die Perspektive, aus der man etwas beurteilt ≈ Standpunkt: *eine Sache aus dem Blickwinkel des Verbrauchers betrachten*

blieb ↑ **bleiben**

bließ ↑ **blasen**

◆ **blind** *Adj* **1** ohne die Fähigkeit zu sehen ⟨blind sein, werden⟩: *blind geboren werden* **2** *nur attr oder adv*; völlig unkritisch ⟨Glaube, Vertrauen⟩: *Er ist so ehrlich und zuverlässig, dass du ihm blind vertrauen kannst* **3** **blind vor** ⟨Wut, Hass, Liebe, Eifersucht⟩ **sein** so starke Gefühle haben, dass man nicht mehr klar denken kann **4** *nur adv*; ohne hinzusehen ⟨blind Schreibmaschine schreiben; blind Klavier spielen⟩

Blind·darm *der*; *gespr*; die kleine, wurmähnliche Fortsetzung des Dickdarms; *Med* Appendix || K-: **Blinddarm-, -entzündung**

blin·ken; *blinkte, hat geblinkt* **1** **etwas blinkt** etwas leuchtet in kurzen Abständen auf: *Nachts blinken die Lichter der Stadt* **2** (bei einem Fahrzeug) den Blinker aufleuchten lassen: *Er bog nach rechts ab, ohne zu blinken*

blịn·zeln; *blinzelte, hat geblinzelt*; die Augen mehrmals hintereinander schnell auf- und zumachen ⟨listig, vor Müdigkeit blinzeln⟩

◆ **Blịtz** *der*; *-es, -e*; ein sehr helles Licht, das man bei einem Gewitter plötzlich am Himmel sieht ⟨Blitz und Donner; j-d wird vom Blitz erschlagen⟩ || K-: ***Blitz-, -schlag*** || ID ***etwas kommt wie ein Blitz aus heiterem Himmel*** etwas Unangenehmes geschieht ganz überraschend

blịt·zen; *blitzte, hat geblitzt* **1** ***etwas blitzt*** etwas leuchtet mehrere Male kurz (und sehr schnell) auf ≈ etwas funkelt ⟨ein Diamant⟩: *Seine Augen blitzten vor Freude* **2** *gespr*; beim Fotografieren ein strahlendes Licht verwenden || K-: ***Blitz-, -licht*** **3** ***es blitzt*** am Himmel sind Blitze zu sehen: *Es blitzt und donnert*

Blọck *der*; *-(e)s, -s / Blö·cke* **1** (*Pl Blöcke*) ein schweres, massives Stück Holz, Metall oder Stein: *ein Block aus Granit* **2** (*Pl Blocks / Blöcke*) ein großes Wohngebäude mit mehreren Etagen || -K: ***Wohn-*** **3** (*Pl Blöcke*) politische Parteien ⟨einen Block bilden⟩ || -K: ***Militär-, Wirtschafts-*** **4** (*Pl Blocks / Blöcke*) eine große Zahl (ein Stapel) von Blättern, die an einer Seite zusammengeheftet sind || -K: ***Quittungs-, Zeichen-***

blo·ckie̲·ren; *blockierte, hat blockiert* **1** ***etwas blockieren*** ein Hindernis errichten, damit ein Weg nicht benutzt werden kann **2** ***etwas blockiert etwas*** etwas bewirkt, dass man auf einem Weg, einer Straße nicht mehr weiterkommt: *Ein umgestürzter Lastwagen blockiert die Autobahn* **3** ***(etwas) blockieren*** bewirken, dass eine konstante Bewegung aufhört ⟨den Verkehr, den Nachschub blockieren⟩ || *hierzu* **Blo·ckie̲·rung** *die*

blö̲d, blö̲·de *Adj*; *gespr pej* **1** ≈ dumm ⟨ein Fehler; sich blöd anstellen⟩ **2** unangenehm (und ärgerlich) ⟨ein Gefühl, eine Geschichte⟩ **3** verwendet, um Ärger über j-n / etwas auszudrücken: *Das blöde Auto springt nicht an!* || *zu* **1** und **2** **Blö̲d·heit** *die*; *zu* **3** **blö̲·der·wei̲·se** *Adv*

Blö̲d·sinn *der*; *nur Sg*; *pej*; dummes Zeug ≈ Unsinn ⟨Blödsinn reden; nur Blödsinn im Kopf haben⟩

blọnd *Adj* **1** von gelblicher, heller Farbe ⟨ein Bart, j-s Haar⟩ || -K: ***dunkel-, stroh-*** **2** mit blondem (1) Haar ⟨ein Mädchen, ein Junge; blond gelockt⟩

◆ **blo̲ß**[1] *Adj* **1** ≈ nackt: *mit bloßem Oberkörper in der Sonne sitzen* **2** ohne etwas Schützendes darauf, daran *o.Ä.*: *auf dem bloßen Erdboden liegen* **3** *nur attr, nicht adv*; ohne etwas Zusätzliches (darin, davor, dabei *o.Ä.*): *etwas mit bloßem Auge* (= ohne Brille, Fernglas *o.Ä.*) *erkennen*

◆ **blo̲ß**[2] *Adv*; verwendet, um etwas, das man vorher gesagt hat, einzuschränken ≈ nur: *Das habe ich ja gleich gesagt, du hast es mir bloß nicht geglaubt*

◆ **blo̲ß**[3] *Partikel* **1** verwendet, um eine Aussage einzuschränken ≈ nur, lediglich: *Ich habe bloß noch zwei Euro* **2** in Fragen verwendet, wenn man ratlos ist und hofft, dass einem der Partner helfen kann: *Wo ist denn bloß mein Schlüssel?*; *Was kann da bloß passiert sein?* **3** verwendet, um j-n zu trösten oder ihm Mut zu machen: *Bloß keine Angst!*

◆ **blü̲·hen**; *blühte, hat geblüht* **1** ***etwas blüht*** etwas hat Blüten bekommen ⟨etwas blüht rot, weiß, früh, spät⟩: *eine blühende Wiese*; *Die Mandelbäume blühen im März* **2** ***etwas blüht*** etwas entwickelt sich stark und günstig ≈ etwas floriert ⟨das Geschäft, der Handel⟩

◆ **Blu̲·me** *die*; *-, -n* **1** eine kleine Pflanze mit auffälligen Blüten ⟨eine blühende Blume; Blumen pflanzen⟩ || K-: ***Blumen-, -erde, -garten, -topf*** || -K: ***Garten-, Wiesen-, Herbst-*** **2** eine Blüte an einem Stiel oder Stängel ⟨frische, verwelkte, duftende Blumen; Blumen schneiden; ein Strauß Blumen⟩ || K-: ***Blumen-, -laden, -strauß*** || ID ***(j-m) etwas durch die Blume sagen*** j-m etwas nicht direkt sagen, sondern es nur andeuten

◆ **Blu̲·se** *die*; *-, -n*; ein Kleidungsstück, das Mädchen und Frauen am Oberkörper tragen ⟨eine kurzärmelige, langärmelige Bluse⟩

Blu̲t *das*; *-(e)s*; *nur Sg*; die rote Flüssigkeit in den Adern von Menschen und Tieren ⟨frisches Blut; Blut fließt; j-m Blut abnehmen; Blut spenden⟩ || K-: ***Blut-, -erguss, -fleck, -gefäß, -transfusion, -tropfen, -verlust***; ***blut-, -leer, -überströmt*** || ID ***Blut geleckt haben*** etwas kennen gelernt und daran Gefallen gefunden haben; ***j-d hat etwas im Blut***; ***etwas liegt j-m im Blut*** j-d hat ein Talent oder eine Fähigkeit (von Geburt an); ***(Nur) ruhig Blut!*** nicht aufregen!; ***Blut und Wasser schwitzen*** *gespr*; in einem Zustand großer Angst oder Aufregung sein

Blü̲·te *die*; *-, -n* **1** der Teil einer Pflanze, aus dem sich die Frucht entwickelt ⟨eine duftende, zarte, rote Blüte⟩ || K-: ***Blüten-, -knospe*** **2** die Zeit, in der Pflanzen blühen || K-: ***Blüte-, -zeit*** || -K: ***Baum-*** **3** *nur Sg*; die Zeit, in der sich etwas besonders gut entwickelt hat und erfolgreich ist ≈ Höhepunkt: *die Blüte der Kunst* || ID ***in der Blüte seiner Jahre*** *geschr*; in seinen besten Lebensjahren

◆ **blu·ten**; *blutete, hat geblutet*; Blut (aus einer Wunde) verlieren: *Meine Nase blutet; eine heftig blutende Wunde* || *hierzu* **Blu·tung** *die*

◆ **Bo·den** *der*; *-s, Bö·den* **1** die oberste Schicht auf der Erde ⟨fruchtbarer, steiniger, sandiger Boden⟩: *Kartoffeln gedeihen am besten in lockerem und sandigem Boden* || K-: ***Boden-, -bearbeitung, -qualität, -schatz*** || -K: ***Fels-, Sand-*** **2** *nur Sg*; die Fläche, auf der man steht und geht ⟨auf den / zu Boden fallen; etwas vom Boden aufheben; den Boden fegen, putzen⟩: *nach der Seereise wieder festen Boden unter den Füßen haben* || K-: ***Boden-, -heizung*** || -K: ***Holz-, Parkett-*** **3** die unterste, horizontale Fläche von etwas ⟨der Boden einer Kiste, eines Koffers, eines Schranks⟩ **4** *Adj* + ***Boden*** ein bestimmtes Gebiet ≈ Territorium ⟨deutscher, englischer Boden⟩ || ID ***etwas fällt auf fruchtbaren Boden*** etwas wird gern befolgt und übt somit eine sichtbare Wirkung aus; ***festen Boden unter den Füßen haben*** (*meist* wirtschaftlich) eine sichere Grundlage haben; ***j-m brennt der Boden unter den Füßen*** j-d spürt, dass er in Gefahr ist; ***den Boden unter den Füßen verlieren*** **a)** nicht mehr fest stehen können; **b)** wirtschaftlich keine sichere Grundlage haben

bog ↑ ***biegen***

Bo·gen[1] *der*; *-s, - / Bö·gen* **1** ein Teil einer nicht geraden Linie ≈ Biegung, Kurve: *in großem Bogen um etwas herumfahren* **2** ein Stück Mauer in der Form eines Bogens (1) ⟨ein romanischer, spitzer Bogen⟩ || -K: ***Rund-, Spitz-, Tor-*** **3** ein Holzstab, mit dem man (Streich)Instrumente spielt || -K: ***Geigen-*** **4** ein gebogener Stab aus Holz oder Kunststoff, dessen Enden mit einer Schnur verbunden sind, und der als Waffe verwendet wird ⟨mit Pfeil und Bogen schießen⟩ || K-: ***Bogen-, -schütze*** || ID ***den Bogen überspannen*** mit etwas zu weit gehen, etwas übertreiben; ***einen großen Bogen um j-n / etwas machen*** j-n / etwas bewusst meiden; ***den Bogen heraushaben*** *gespr*; wissen, welche Technik man anwenden muss, damit etwas funktioniert || *zu* **1 bo·gen·för·mig** *Adj*

Bo·gen[2] *der*; *-s, - / Bö·gen*; ein Blatt Papier, das man für besondere Zwecke benutzt ⟨ein Bogen Geschenkpapier, Briefmarken⟩ || -K: ***Brief-, Druck-***

◆ **Boh·ne** *die*; *-, -n* **1** eine Gemüsepflanze und ihre Früchte ⟨Bohnen pflücken⟩ || K-: ***Bohnen-, -blüte, -salat, -suppe*** **2** der Samenkern bestimmter Pflanzen (*z.B.* des Kaffeestrauchs, des Kakaobaums) || -K: ***Kaffee-***

boh·ren; *bohrte, hat gebohrt* **1** (***etwas***) (***irgendwohin***) ***bohren*** mit einem Werkzeug ein Loch, eine Öffnung in etwas machen: (*mit dem Bohrer*) *Löcher* (*in ein Brett / in die Wand*) *bohren* || K-: ***Bohr-, -maschine*** || *zu* ***Bohrmaschine*** ↑ *Abbildung unter* ***Werkzeug*** **2** (***nach etwas***) ***bohren*** mit Bohrmaschinen arbeiten, um auf Bodenschätze zu stoßen: *in der Nordsee nach Erdöl bohren* || K-: ***Bohr-, -loch*** **3** *gespr*; immer wieder fragen, um etwas zu erfahren: *Er bohrte so lange, bis ich ihm alles erzählte*

Bom·be *die*; *-, -n*; ein Gegenstand, der (mit Sprengstoff gefüllt ist und) viel zerstört, wenn er explodiert ⟨eine Bombe legen, entschärfen; eine Bombe (aus dem Flugzeug) abwerfen⟩ || K-: ***Bomben-, -anschlag, -drohung*** || -K: ***Atom-*** || ID ***etwas schlägt wie eine Bombe ein*** etwas verursacht Aufregung und Schrecken; ***Die Bombe ist geplatzt*** **a)** etwas (Unangenehmes), das man schon länger erwartet hat, ist jetzt geschehen; **b)** etwas, das längere Zeit geheim gehalten wurde, ist jetzt bekannt geworden

◆ **Bon·bon** [bɔŋ'bɔŋ, bõ'bõ:, 'bɔŋbɔŋ] *der / südd* Ⓐ *das*; *-s, -s*; ein kleines Stück aus Zucker(masse), das süß schmeckt ⟨einen / ein Bonbon lutschen⟩ || -K: ***Husten-, Zitronen-***

◆ **Boot** *das*; *-(e)s, -e*; ein kleines, offenes Wasserfahrzeug ≈ Kahn: *in einem Boot über den Fluss rudern* || K-: ***Boots-, -fahrt*** || -K: ***Motor-, Rettungs-*** || ID *meist* ***Wir sitzen alle im selben / in 'einem Boot*** wir sind alle in der gleichen schwierigen Situation

Bord[1] (*der*); *-(e)s*; *nur Sg* **1** der obere, seitliche Rand eines Schiffes ⟨j-n / etwas über Bord werfen⟩ **2** ***an Bord*** (+ *Gen*) auf einem Schiff, in einem Flugzeug: *Der Kapitän begrüßte die Passagiere an Bord der Boeing 767* || ID *meist* ***Mann über Bord!*** verwendet, um auszudrücken, dass j-d vom Schiff ins Wasser gefallen ist; ***etwas über Bord werfen*** *gespr*; etwas ganz aufgeben: *seine Pläne über Bord werfen*

Bord[2] *das*; *-(e)s*, *-e*; ein Brett, das an der Wand befestigt wird || K-: ***Bücher-, Wand-***

Bör·se[1] *die*; *-*, *-n*; eine Art Markt, der regelmäßig stattfindet und auf dem man mit Geld (Wertpapieren, Aktien) handelt ⟨an der Börse spekulieren⟩: *An der New Yorker Börse fiel der Kurs des Dollars* || K-: ***Börsen-, -makler, -nachrichten***

Bör·se[2] *die*; *-*, *-n*; eine kleine Tasche für das Geld ≈ Portemonnaie || -K: ***Geld-***

◆ **bö·se** *Adj* **1** ≈ schlecht, schlimm ↔ gut ⟨ein Mensch, Gedanken⟩: *das Böse im Menschen*; *Das war nicht böse gemeint* **2** ≈ schlimm, unangenehm ⟨eine Angelegenheit, eine Enttäuschung⟩: *Er ahnte nichts Böses* **3** *nicht adv*; **(*j-m*) *böse* (*wegen etwas*** (*Gen* / *Dat*)**) *sein*; (*auf j-n* / *mit j-m*) *böse sein*** voller Ärger und Wut auf j-n sein ≈ wütend auf j-n sein: *Ich habe unsere Verabredung vergessen. Bist du mir deswegen jetzt böse?* || ID ***mit j-m / etwas sieht es böse aus*** *gespr*; j-d / etwas befindet sich in einer schlimmen oder hoffnungslosen Situation

Bos·heit *die*; *-*, *-en* **1** *nur Sg*; das Schlechtsein, das Bösesein ⟨etwas aus Bosheit tun⟩ **2** eine böse Tat oder Aussage ≈ Gemeinheit: *j-m Bosheiten an den Kopf werfen* (= j-n beleidigen)

bot ↑ ***bieten***

Bo·te *der*; *-n*, *-n* **1** j-d, den man schickt, um einem anderen *bes* eine Nachricht zu bringen || -K: ***Eil-, Post-*** **2** *meist* ***die Boten*** + *Gen geschr*; etwas, das etwas direkt Bevorstehendes anzeigt: *Schwalben sind die Boten des Sommers* || -K: ***Frühlings-*** || *hierzu* **Bo·tin** *die*; *-*, *-nen*

Bot·schaft[1] *die*; *-*, *-en*; ***eine Botschaft*** (***für j-n***) (***von j-m***) eine Nachricht oder (offizielle) Mitteilung ⟨j-m eine Botschaft (über)senden; eine geheime Botschaft⟩: *Die Botschaft des Präsidenten wird im Fernsehen ausgestrahlt* || -K: ***Weihnachts-***

Bot·schaft[2] *die*; *-*, *-en*; das Büro (*oft* ein großes Haus), das für einen Staat in einem anderen Staat arbeitet und ihn offiziell vertritt: *Als er in Italien seinen Pass verloren hatte, wandte er sich an die deutsche Botschaft in Rom*

brach ↑ ***brechen***

brach·te ↑ ***bringen***

Brand *der*; *-(e)s*, *Brän·de* **1** ein Feuer, das großen Schaden anrichtet ⟨ein Brand bricht aus; einen Brand löschen, verursachen⟩: *Hamburg wurde 1842 durch einen großen Brand zerstört* || K-: ***Brand-, -geruch, -opfer*** || -K: ***Wald-*** **2** ***etwas in Brand setzen / stecken*** etwas anzünden

brann·te ↑ ***brennen***

◆ **bra·ten**; *brät, briet, hat gebraten* **1** ***etwas braten*** etwas in heißem Fett in der Pfanne braun werden lassen ⟨Fleisch, Fisch braten⟩ || K-: ***Brat-, -hähnchen*** **2** ***etwas brät*** etwas wird braun und gar: *Die Gans muss zwei Stunden braten*

◆ **Bra·ten** *der*; *-s*, *-*; ein Stück Fleisch, das gebraten wird oder wurde ⟨ein knuspriger, saftiger Braten; den Braten in den Ofen schieben⟩ || K-: ***Braten-, -duft*** || -K: ***Gänse-, Schweine-***

Brauch *der*; *-(e)s*, *Bräu·che*; etwas, das man bei besonderen Gelegenheiten tut, weil es Tradition ist ⟨ein alter, christlicher Brauch; einen Brauch pflegen⟩: *Es ist ein alter Brauch, an Weihnachten Geschenke zu machen* || -K: ***Hochzeits-***

◆ **brau·chen**; *brauchte, hat gebraucht* **1** ***j-n / etwas*** (***für j-n, für / zu etwas***) ***brauchen*** j-n / etwas *meist* zu einem besonderen Zweck haben müssen ≈ benötigen ⟨Freunde, Geld, Ruhe brauchen⟩: *Diese Pflanze braucht viel Licht und Wasser*; *Auf dem Oktoberfest hat er ziemlich viel Geld gebraucht* **2** ***etwas braucht etwas*** für etwas ist etwas nötig: *Diese Arbeit braucht Zeit / Geduld* **3** ***brauchen*** + ***nicht*** + ***zu*** + *Infinitiv* etwas nicht tun müssen: *Ihr braucht nicht länger zu warten*; *Ihr braucht keine Angst zu haben!* || Hinweis: Der Infinitiv ohne *zu* kommt in der gesprochenen Sprache oft vor (*Du brauchst es mir nur sagen*), aber nicht in der geschriebenen || *hierzu* **brauch·bar** *Adj*

◆ **braun**, *brauner / bräuner, braunst- / bräunst-*; *Adj* **1** von der Farbe, die Schokolade und Erde haben: *braune Augen haben* || ↑ *Illustration* **Farben** || -K: ***dunkel-, kakao-*** **2** von dunkler Hautfarbe (weil man lange in der Sonne war) ↔ blass: *braun aus dem Urlaub zurückkommen* || *hierzu* **bräu·nen** (*hat*)

Braut *die*; *-*, *Bräu·te* **1** eine Frau am Tag ihrer Hochzeit: *Braut und Bräutigam strahlten glücklich* **2** ≈ Verlobte ⟨j-s Braut sein⟩ || K-: ***Braut-, -eltern, -schmuck***

Bräu·ti·gam *der*; *-s*, *-e* **1** ein Mann am Tag seiner Hochzeit **2** ≈ Verlobter ⟨j-s Bräutigam sein⟩

brav [-f], *braver / gespr auch bräver* [-v-], *bravst- / brävst-* [-f-]; *Adj* **1** den Erwachsenen gehorchend ≈ folgsam, artig ↔ böse ⟨ein Kind⟩: *Wenn du brav bist, bekommst du ein Eis* **2** *nur attr oder adv*; *oft pej*; Pflichten oder Befehle korrekt erfüllend, ohne viel darüber nachzudenken ⟨ein Mann, ein Bürger, ein Schüler⟩ **3** *pej*; ohne besonderen Reiz ⟨ein Mädchen, ein Kleid⟩

brẹ·chen; *bricht, brach, hat / ist gebrochen* **1** ***etwas brechen*** (*hat*) etwas mit Gewalt in zwei oder mehrere Stücke teilen: *einen Ast in zwei Teile brechen* **2** ***sich*** (*Dat*) ***etwas brechen*** (*hat*) sich so verletzen, dass sich der Knochen eines Körperteils in zwei Teile teilt: *Er hat sich beim Skifahren das Bein gebrochen* **3** ***etwas brechen*** (*hat*) sich nicht an ein Versprechen oder eine Regelung halten ⟨einen Vertrag, ein Versprechen, den Waffenstillstand brechen⟩ **4** (***etwas***) ***brechen*** (*hat*) etwas aus seinem Magen durch den Mund von sich geben ≈ sich übergeben, sich erbrechen: *Ihm war schlecht und er musste brẹchen* **5** ***etwas bricht*** (*ist*) etwas teilt sich unter äußerem Druck oder durch Gewalt in zwei oder mehrere Stücke: *Das Brett ist in der Mitte gebrochen* **6** ***mit j-m / etwas brechen*** (*hat*) *geschr*; den Kontakt mit j-m oder die Fortführung einer Sache beenden ⟨mit der Tradition, mit der Vergangenheit, mit einer Gewohnheit brechen⟩ || ID ***etwas ist brechend / zum Brechen voll*** *gespr*; ein Lokal, ein Zug *o.Ä.* ist so voll mit Menschen, dass kein Platz mehr ist || ▸ ***Bruch***

Brei *der*; *-(e)s, -e*; *meist Sg* **1** eine dicke, flüssige Speise aus Grieß, Haferflocken, Kartoffeln, Reis *o.Ä.* || -K: ***Grieß-, Hafer-*** **2** eine zähe, flüssige Masse ⟨etwas zu Brei zerstampfen⟩ || ID ***um den*** (***heißen***) ***Brei herumreden*** *gespr*; es nicht wagen, ein Problem direkt anzusprechen || *hierzu* **brei·ig** *Adj*

breit, *breiter, breitest-*; *Adj* **1** *Maßangabe +* ***breit*** verwendet, um (im Gegensatz zur Länge oder Höhe) die kleinere horizontale Ausdehnung einer Fläche oder eines Körpers anzugeben ↔ lang, hoch: *Die Küche ist vier Meter lang und drei Meter breit* **2** *Maßangabe +* ***breit*** verwendet, um (im Gegensatz zur Höhe und Tiefe) die horizontale Ausdehnung eines Gegenstandes anzugeben, wenn man ihn von vorne sieht ↔ hoch, tief: *Der Schrank ist 1,50m breit und 40cm tief* || K-: ***Breit-, -format*** **3** so, dass es eine ziemlich große Ausdehnung von einer Seite zur anderen hat (im Vergleich mit anderen Objekten oder zur Norm) ↔ schmal ⟨ein Fluss, eine Straße, Schultern⟩: *Der Schreibtisch ist schön breit* **4** (bei einer Erzählung) oft vom zentralen Thema abkommend ≈ weitschweifig ⟨etwas breit erzählen, darstellen⟩ **5** *nur attr oder adv*; sehr viele Menschen betreffend ⟨die Öffentlichkeit, ein Interesse; eine breit angelegte Untersuchung⟩ **6** langsam und mit gedehnten Vokalen ⟨eine Aussprache⟩ || Hinweis: ↑ ***weit***

Brei·te *die*; *-, -n* **1** (im Vergleich zur Länge oder Höhe) die kleinere horizontale Ausdehnung einer Fläche oder eines Körpers ↔ Länge, Höhe **2** (im Gegensatz zur Höhe und Tiefe) die horizontale Ausdehnung eines Gegenstandes, wenn man ihn von vorn sieht ↔ Höhe, Tiefe: *Das Tor hat eine Breite von nur zwei Metern* **3** die relativ große Ausdehnung in seitlicher Richtung, zwischen zwei Seiten (im Vergleich mit anderen Objekten oder zur Norm): *ein Fluss von ungeheurer Breite* **4** (in der Geographie) die Entfernung eines Ortes auf einer gedachten Linie zwischen Süden und Norden ⟨nördliche, südliche Breite⟩: *Der Ort liegt auf dem 30. Grad südlicher Breite* || K-: ***Breiten-, -grad*** **5** *nur Pl*; ein Gebiet, das innerhalb bestimmter Breitengrade liegt: *In unseren gemäßigten Breiten wachsen kaum tropische Pflanzen* **6** ***in epischer Breite*** *pej*; sehr detailliert: *eine Geschichte in epischer Breite erzählen* || ID ***in die Breite gehen*** *gespr*; dick werden || Hinweis: ↑ ***Weite***

Brẹm·se *die*; *-, -n* **1** eine Vorrichtung, mit der man ein Fahrzeug oder eine Maschine verlangsamen oder zum Halten bringen kann ⟨eine automatische, hydraulische Bremse; die Bremsen quietschen; die Bremse betätigen⟩ || K-: ***Brems-, -pedal*** **2** *meist* ein Hebel oder Pedal, mit dem man die Bremse (1) betätigt ⟨(auf) die Bremse treten⟩ || ↑ *Illustration* ***Das Auto***

◆**brẹm·sen**; *bremste, hat gebremst* **1** (***etwas***) ***bremsen*** mithilfe einer Bremse die Geschwindigkeit eines Fahrzeugs reduzieren ↔ beschleunigen ⟨einen Wagen bremsen; kurz, scharf bremsen⟩ **2** ***etwas bremsen*** etwas so reduzieren, dass es langsamer wird ⟨eine Entwicklung bremsen⟩ **3** ***j-d ist nicht*** (***mehr***) ***zu bremsen*** j-d wird sehr aktiv, lustig: *Wenn er getrunken hat, ist er nicht mehr zu bremsen* || *zu* **1** und **2** **Brẹm·sung** *die*

◆**brẹn·nen**; *brannte, hat gebrannt* **1** ***etwas brennt*** etwas steht in Flammen ⟨ein Feuer, eine Kerze, eine Zigarette⟩: *Die Scheune brennt. Da hat der Blitz eingeschlagen* || K-: ***Brenn-, -stoff*** **2** ***etwas brennt*** ein Gerät, das Wärme oder Licht produziert, ist in Betrieb ≈ etwas ist an ⟨die Lampe, der Ofen⟩: *Er hat in der ganzen Wohnung das Licht brennen lassen* **3** ⟨die Sonne⟩ ***brennt*** die Sonne scheint heiß und intensiv **4** ***etwas brennt*** etwas verursacht ein Gefühl von Schmerz oder eine Reizung der Haut: *Das Desinfektionsmittel brannte in der Wunde*; *die Augen brennen* **5** ***vor etwas*** (*Dat*) ***brennen*** (wegen eines intensiven Gefühls) sehr ungeduldig sein ⟨vor Liebe, Ungeduld brennen⟩ **6** ***sich brennen*** *gespr*; sich durch Feuer verletzen ≈ sich verbrennen: *Ich habe mich am Ofen gebrannt* || ID *meist* ***Wo brennts denn?*** *gespr*; Welche dringenden Probleme gibt es? || *hierzu* **brenn·bar** *Adj*

Brett *das*; *-(e)s*, *-er* **1** ein langes, flaches Stück Holz ⟨ein dickes, schmales Brett; Bretter schneiden, sägen⟩ || K-: ***Bretter-, -boden*** || -K: ***Sitz-*** **2** eine Platte (aus Holz oder Pappe), auf der Quadrate oder Linien gezeichnet sind (für Spiele, wie *z.B.* Schach) || K-: ***Brett-, -spiel*** || -K: ***Schach-, Spiel-*** **3** ***das schwarze Brett*** eine Tafel, auf der wichtige und aktuelle Informationen stehen || ID ***die Bretter, die die Welt bedeuten*** die Bühne eines Theaters

bricht ↑ ***brechen***

◆ **Brief** *der*; *-(e)s*, *-e* **1** eine schriftliche Mitteilung, die man an j-n in einem Kuvert schickt ⟨j-m / an j-n einen Brief schreiben; einen Brief bekommen, lesen, beantworten⟩ || K-: ***Brief-, -papier, -umschlag*** **2** ***ein offener Brief*** ein Brief (1), der in der Presse veröffentlicht wird und ein aktuelles (*oft* politisches) Thema behandelt

Brettspiele

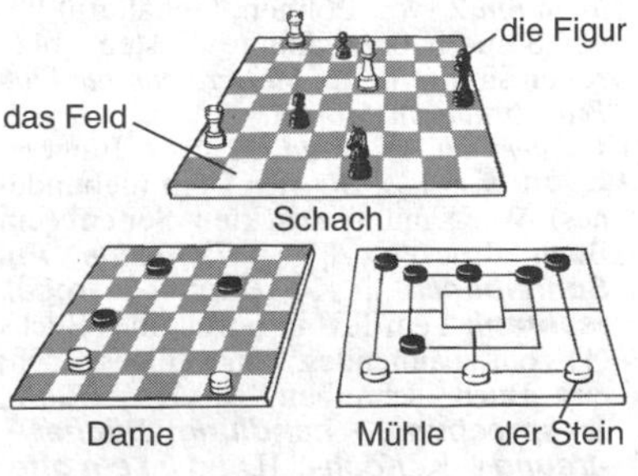

◆ **Brief·kas·ten** *der*; ein Behälter, in den man Briefe und Postkarten einwirft ⟨einen Brief in den Briefkasten werfen; ein Briefkasten wird geleert⟩

◆ **Brief·mar·ke** *die*; ein kleines, von der Post ausgegebenes Stück Papier, das man auf Briefe, Postkarten, Pakete klebt || K-: ***Briefmarken-, -album***

◆ **Brief·ta·sche** *die*; eine kleine Mappe, in der man den Ausweis und die Geldscheine mit sich trägt

◆ **Brief·trä·ger** *der*; *-s*, *-*; j-d, der (in seinem Beruf) Briefe und Päckchen zu den Adressaten bringt ≈ Postbote || *hierzu* **Brief·trä·ge·rin** *die*; *-*, *-nen*

briet ↑ ***braten***

Bril·le *die*; *-*, *-n*; geschliffene Gläser, die man in einem Gestell auf der Nase trägt und die einem helfen, besser zu sehen ⟨eine Brille tragen, aufsetzen, abnehmen; eine stärkere Brille brauchen⟩ || K-: ***Brillen-, -fassung*** || -K: ***Sonnen-***

◆ **brin·gen**; *brachte*, *hat gebracht* **1** ***etwas irgendwohin bringen***; ***j-m etwas bringen*** bewirken, dass etwas an einen bestimmten Ort / zu der genannten Person gelangt: *Briefe zur Post bringen*; *Ich habe meiner Mutter zum Geburtstag Blumen gebracht* **2** ***j-n irgendwohin bringen*** mit j-m irgendwohin gehen: *Ich habe meinen Gast zum Bahnhof gebracht* **3** ⟨das Fernsehen, eine Zeitung *usw*⟩ ***bringt etwas*** *gespr*; das Fernsehen, eine Zeitung *usw* informiert, unterhält die Zuschauer, Leser *usw* mit etwas: *Das Fernsehen bringt heute Abend einen tollen Film* **4** ***etwas bringt etwas*** etwas hat etwas zum Ergebnis: *Das bringt nur Ärger* **5** ***j-n zu etwas bringen*** erreichen, dass j-d etwas tut: *Er konnte mich immer wieder zum Lachen bringen* **6** ***j-n in Gefahr bringen*** bewirken, dass j-d in Gefahr gerät: *Durch seine unvorsichtige Fahrweise hat er andere in Gefahr gebracht* **7** ***etwas*** (***wieder***) ***in Ordnung bringen*** *gespr*; einen Fehler, den man selbst gemacht hat, korrigieren: *Mach dir keine Sorgen - das bringe ich schon wieder in Ordnung* **8** ***etwas bringt etwas mit sich*** etwas hat etwas zur Folge: *Mein Job bringt* es *mit sich*, dass *ich oft im Ausland bin* || ID ***Das bringt nichts*** *gespr*; das führt zu keinem sinnvollen Ergebnis

◆ **Brot** *das*; *-(e)s*, *-e* **1** *nur Sg*; ein wichtiges Nahrungsmittel, das aus Mehl, Wasser, Salz und Hefe gebacken wird ⟨frisches Brot; Brot backen⟩ || -K: ***Roggen-, Vollkorn-*** **2** ein einzelnes, ziemlich großes Stück Brot ⟨ein Laib, eine Scheibe Brot⟩ || K-: ***Brot-, -laib*** **3** eine Scheibe, die vom Brot abgeschnitten wird ⟨Brote schmieren⟩: *ein Brot mit Wurst und Käse belegen* || -K: ***Marmeladen-, Wurst-*** **4** ***das tägliche Brot*** alles, was man jeden Tag zum Essen braucht

◆ **Bröt·chen** *das*; *-s*, *-*; ein kleines Gebäck, das aus Mehl, Wasser oder Milch und Hefe hergestellt wird ⟨ein frisches, belegtes Brötchen⟩ || -K: ***Käse-***

Bruch *der*; -*(e)s*, *Brü·che* **1** der Vorgang, bei dem etwas in zwei oder mehrere Stücke geteilt wird ⟨der Bruch eines Wasserrohres; etwas geht zu Bruch / in die Brüche (= etwas bricht)⟩ **2** *nur Sg*; der Verstoß gegen eine mündliche oder schriftliche Regelung ⟨der Bruch des Waffenstillstands⟩ || -K: ***Vertrags-*** **3** *nur Sg*; die Beendigung eines Kontaktes ⟨der Bruch mit der Vergangenheit, mit seiner Familie⟩ **4** der Zustand, dass ein Knochen in zwei oder mehrere Stücke gebrochen ist ⟨ein glatter, komplizierter Bruch⟩ || -K: ***Arm-, Bein-***

Bruch·stück *das* **1** ein Teil von etwas, das beschädigt oder zerstört worden ist **2** ≈ Fragment

◆ **Brü·cke** *die*; -, *-n* **1 *eine Brücke*** (***über etwas*** (*Akk*)) ein Bauwerk, das *z.B.* über ein Tal oder über einen Fluss führt ⟨über eine Brücke fahren⟩: *Die Brücke führt über den Kanal* || K-: ***Brücken-, -bogen*** || -K: ***Eisenbahn-*** **2** etwas, das eine Verbindung zwischen verschiedenen Menschen möglich macht: *Die Musik schafft eine Brücke zwischen den Völkern*

◆ **Bru·der** *der*; *-s*, *Brü·der* **1** ein männlicher Verwandter, der dieselben Eltern hat ↔ Schwester ⟨mein jüngerer, älterer, leiblicher Bruder⟩: *Wie viele Geschwister hast du? - Einen Bruder und zwei Schwestern* || K-: ***Bruder-, -liebe*** || -K: ***Halb-*** **2** j-d, der dieselben Interessen hat || K-: ***Bruder-, -kuss***

Brü·he ['bryːə] *die*; -, *-n*; die Flüssigkeit, die entsteht, wenn man Fleisch, Knochen oder Gemüse in Wasser kocht ⟨eine kräftige, heiße Brühe⟩ || -K: ***Fleisch-, Gemüse-***

brül·len; *brüllte*, *hat gebrüllt* **1** (***etwas***) ***brüllen*** mit sehr lauter Stimme sprechen ≈ schreien **2** sehr laute Töne (keine Wörter) von sich geben ≈ schreien ⟨vor Lachen, Schmerzen brüllen⟩ **3** ⟨ein Löwe, ein Tiger, ein Rind⟩ ***brüllt*** ein Löwe, Tiger, Rind gibt die Laute von sich, die für seine Art typisch sind

brum·men; *brummte*, *hat gebrummt* **1** (***etwas***) (***vor sich*** (*Akk*) ***hin***) ***brummen*** etwas mit tiefer Stimme und undeutlich singen: *Er brummte ein Lied vor sich hin* **2** (***etwas***) ***brummen*** etwas undeutlich und unfreundlich sagen **3 *etwas brummt*** etwas erzeugt tiefe, monotone Laute ⟨ein Käfer, ein Bär, ein Motor⟩

Brun·nen *der*; *-s*, -; ein sehr tiefes Loch (oder ein Schacht) in der Erde, aus dem man das Wasser holt ⟨einen Brunnen graben⟩: *Der Brunnen ist versiegt* (= gibt kein Wasser mehr) || K-: ***Brunnen-, -wasser***

Brust *die*; -, *Brüs·te* **1** *nur Sg*; der vordere Teil des (Ober)Körpers von Menschen und Wirbeltieren, der Herz und Lunge enthält ↔ Rücken || K-: ***Brust-, -korb, -umfang*** **2** jeder der beiden Teile am Oberkörper einer Frau, in denen nach der Geburt eines Kindes Milch entsteht **3** *nur Sg* ≈ Busen ⟨eine straffe, volle, schlaffe Brust⟩ || ID ***mit geschwellter Brust*** (übertrieben) stolz

bru·tal *Adj*; ohne Rücksicht und mit roher Gewalt ≈ grausam, rücksichtslos ⟨ein Mensch, ein Verbrechen; j-n brutal misshandeln⟩ || *hierzu* **Bru·ta·li·tät** *die*

brü·ten; *brütete*, *hat gebrütet* **1** ⟨ein Vogel⟩ ***brütet*** ein Vogel sitzt so lange auf befruchteten Eiern, bis die Jungen herauskommen: *Die Henne brütet* **2** (***über etwas*** (*Dat*)) ***brüten*** *gespr*; lange und intensiv über ein Problem nachdenken ≈ über etwas (*Dat* / *Akk*) grübeln: *über einer Mathematikaufgabe brüten*

brut·to *Adv* **1** zusammen mit der Verpackung ≈ netto: *Das Päckchen Kaffee wiegt ein Kilogramm brutto / brutto ein Kilogramm* **2** (von Löhnen, Gehältern) bevor Steuern oder andere Kosten abgezogen sind ↔ netto: *Sie verdient nur 1200 Euro brutto im Monat*

Bub *der*; *-en*, *-en*; *südd*, Ⓐ Ⓒⓗ ≈ Junge[1]

◆ **Buch** *das*; -*(e)s*, *Bü·cher* **1** ein (gebundenes) Werk mit gedruckten Seiten ⟨ein Buch drucken⟩ || ↑ *Illustration* ***Am Schreibtisch*** || K-: ***Bücher-, -regal, -schrank*** **2** ein Text in Form eines Buchs (1) ⟨ein spannendes, langweiliges Buch; ein Buch schreiben⟩ || K-: ***Buch-, -besprechung, - handlung***; ***Bücher -, -freund*** || -K: ***Koch-*** || ID ***j-d ist ein offenes Buch für j-n*** j-d zeigt, was er fühlt, und man kann daran sehen, was er denkt || *hierzu* **Bü·che·rei** *die*

◆ **bu·chen**; *buchte*, *hat gebucht*; (***etwas*** (***für j-n***)) ***buchen*** (für j-n) einen Platz für eine Reise, in einem Hotel reservieren lassen ⟨ein Zimmer, einen Flug buchen⟩: *Buchen Sie für uns bitte einen Flug nach Rio de Janeiro* || *hierzu* **Bu·chung** *die*

Buch·füh·rung *die*; *nur Sg*; die Form, in der man die Einnahmen und Ausgaben (*z.B.* einer Firma) systematisch aufschreibt ⟨die Buchführung machen⟩

Buch·hand·lung *die*; ein Geschäft, in dem man Bücher kaufen kann || *hierzu* **Buch·händ·ler** *der*

Büch·se ['bʏksə] *die*; -, *-n*; ein kleines Gefäß aus Metall mit Deckel ≈ Dose: *Kekse in einer Büchse aufbewahren* || K-: ***Büchsen-, -milch*** || -K: ***Spar-***

Buch·sta·be *der*; *-ns, -n*; das einfachste Zeichen eines geschriebenen Wortes: *Das Wort „Rad" besteht aus drei Buchstaben* || -K: ***Groß-, Klein-***

◆ **buch·sta·bie·ren**; *buchstabierte, hat buchstabiert*; **(*etwas*) *buchstabieren*** die Buchstaben eines Wortes in ihrer Reihenfolge einzeln nennen: *Buchstabieren Sie bitte langsam und deutlich Ihren Namen!* || *hierzu* **Buch·sta·bie·rung** *die*

bü·cken, sich; *bückte sich, hat sich gebückt*; ***sich bücken*** den Oberkörper nach vorn und nach unten bewegen, beugen[1] (1): *Er bückte sich, um das Taschentuch aufzuheben*

Bug *der*; *-(e)s, -e*; der vordere Teil eines Schiffes oder Flugzeuges || ↑ *Abbildung unter* ***Flugzeug***

Bü·gel·ei·sen *das*; *-s, -*; ein (elektrisch) heizbares Gerät, mit dem man Kleidungsstücke oder Stoffe glatt macht || -K: ***Dampf-***

bü·geln; *bügelte, hat gebügelt*; **(*etwas*) *bügeln*** Kleidung oder Stoffe (mit einem heißen Bügeleisen) glatt machen ⟨eine Hose, eine Bluse bügeln⟩ || K-: ***Bügel-, -brett***

Büh·ne *die*; -, *-n* **1** die Fläche in einem Theater, auf der die Schauspieler zu sehen sind ⟨auf die Bühne treten⟩ || ↑ *Abbildung unter* ***Theater*** || K-: ***Bühnen-, -dekoration*** || -K: ***Dreh-*** **2** *geschr* ≈ Theater: *Das Stück wurde auf allen größeren Bühnen gespielt*

Bum·mel *der*; *-s*; *nur Sg*; ein Spaziergang ohne konkretes Ziel: *einen Bummel durch die Hauptstraße machen* || -K: ***Einkaufs-***

◆ **Bund** *der*; *-(e)s, Bün·de* **1** eine organisierte Verbindung von zwei oder mehreren Partnern ⟨sich zu einem Bund zusammenschließen; einem Bund beitreten, angehören⟩ || -K: ***Bauern-, Gewerkschafts-*** **2** (in einer Föderation) der gesamte Staat im Gegensatz zu den einzelnen (Bundes)Ländern, wie *z.B.* in der Bundesrepublik Deutschland: *Bund und Länder* || K-: ***Bundes-, -behörde, -rat, -regierung, -staat, -verfassung*** **3** Ⓓ *gespr*; *Kurzwort* ↑ ***Bundeswehr***: *Mit 18 muss er zum Bund* **4** *meist* zusammengebundene Kräuter ≈ Bündel ⟨ein Bund Petersilie, Radieschen⟩ || ID ***den Bund der Ehe (mit j-m) eingehen / schließen*** *geschr*; (j-n) heiraten || *hierzu* **Bünd·nis** *das*; *-ses, -se*

◆ **Bun·des·kanz·ler** *der* **1** Ⓐ Ⓓ der Leiter der Regierung im Staat **2** Ⓒⓗ der Leiter des Büros eines Rates der Bezirke (des Bundesrats)

◆ **Bun·des·land** *das* **1** Ⓓ Ⓐ ein Land in einem Bundesstaat **2** Ⓓ ***die alten Bundesländer*** die Bundesländer der Bundesrepublik Deutschland vor Oktober 1990 **3** Ⓓ ***die neuen Bundesländer*** die fünf Bundesländer in Deutschland, die früher das Territorium der DDR bildeten

Bun·des·re·pub·lik *die*; *nur Sg* **1** *Kurzwort* ↑ ***Bundesrepublik Deutschland*** **2** ein Verband[2] von Bundesländern (1) || *zu* **1** **bun·des·re·pub·li·ka·nisch** *Adj*

◆ **Bun·des·stra·ße** *die*; Ⓓ Ⓐ eine breite Straße, die viele Städte verbindet ↔ Autobahn, Landstraße

Bun·des·wehr *die*; -; *nur Sg*; Ⓓ alle militärischen Einheiten der Bundesrepublik Deutschland || K-: ***Bundeswehr-, -soldat***

bunt, *bunter, buntest-*; *Adj* **1** mit mehreren Farben ≈ farbig ⟨ein Bild, ein Blumenstrauß, ein Kleid⟩ **2** *nur attr*; mit gemischtem Inhalt ⟨ein Programm, ein Teller (= mit verschiedenen Speisen)⟩ || ID ***es bunt treiben*** *gespr, meist pej*; sich nicht an bestimmte (gesellschaftliche) Normen halten; *meist* ***Das wird mir jetzt zu bunt!*** *gespr*; das dulde ich nicht mehr || *zu* **1** **Bunt·heit** *die*

Burg *die*; -, *-en*; ein großes Gebäude, das im Mittelalter als Wohnsitz von Herrschern und zur Verteidigung diente ⟨eine Burg belagern⟩ || K-: ***Burg-, -ruine*** || -K: ***Ritter-***

Bür·ger *der*; *-s, -*; **1** j-d, der die Nationalität eines Landes besitzt ≈ Staatsbürger || K-: ***Bürger-, -pflicht*** **2** ein Einwohner eines Ortes, ein Mitglied der Gesellschaft ⟨ein braver Bürger⟩ || K-: ***Bürger-, -steig*** **3** *hist*; j-d, der zu einer gehobenen Schicht der Gesellschaft gehört (aber nicht adelig ist) || *hierzu* **Bür·ge·rin** *die*; -, *-nen*

bür·ger·lich *Adj* **1** in Bezug auf den Bürger ⟨die Rechte, die Pflichten⟩ **2** nach den (gesellschaftlichen) Normen der meisten Bürger ⟨eine Ehe, ein Leben, eine Partei⟩

◆ **Bür·ger·meis·ter** *der*; j-d, der eine Stadt oder Gemeinde leitet || *hierzu* **Bür·ger·meis·te·rin** *die*; -, *-nen*

◆ **Bü·ro** *das*; *-s, -s*; ein Raum oder Gebäude, in dem eine Firma oder eine Institution verwaltet, organisiert werden ⟨ins Büro gehen⟩ || K-: ***Büro-, -angestellte(r), -arbeit, -gebäude***

Bü·ro·klam·mer *die*; eine Klammer aus Draht, mit der man Blätter (2) aneinander befestigt || ↑ *Abbildung unter* ***Klammer***

Bürs·te *die*; -, *-n*; eine Art kleiner Besen, mit dem man etwas pflegt oder sauber macht || -K: ***Haar-, Kleider-; Schuh-, Zahn-***

◆**Bus** *der*; *-ses*, *-se*; ein langes und großes Auto, in dem viele Personen mitfahren können ≈ Autobus ⟨ein städtischer Bus; mit dem Bus fahren⟩ || K-: ***Bus-, -fahrer, -haltestelle***

Bürsten

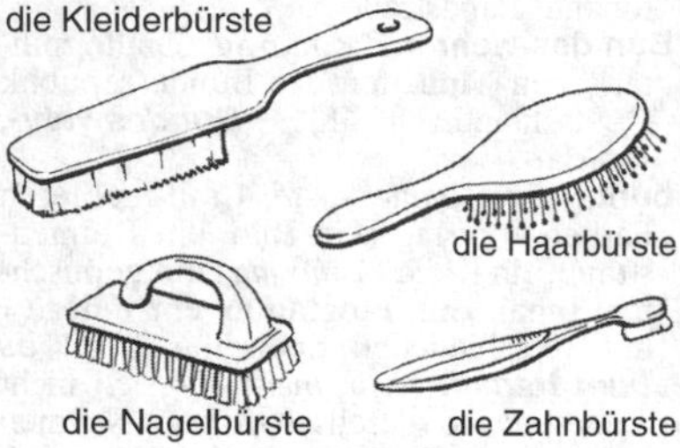

Busch *der*; *-(e)s*, *Bü·sche*; eine Pflanze ohne Stamm mit vielen Ästen aus Holz, die direkt aus dem Boden wachsen ≈ Strauch || -K: ***Rosen-*** || ID ***(bei j-m) auf den Busch klopfen*** *gespr*; vorsichtig Fragen stellen, um etwas Bestimmtes zu erfahren; ***Da ist doch (et)was im Busch!*** *gespr*; Da wird doch etwas heimlich geplant oder vorbereitet || *hierzu* **Bü·schel** *das*

Bu·sen *der*; *-s*, -; *meist Sg*; beide Brüste (2) der Frau ⟨ein üppiger, voller Busen⟩

bü·ßen; *büßte*, *hat gebüßt* **1** ***für etwas büßen (müssen)*** ≈ die Konsequenzen eines großen Fehlers, den man gemacht hat, ertragen (müssen): *Er musste für seinen Leichtsinn büßen* **2** ***etwas büßen*** von seinen Sünden oder seiner Schuld frei werden, indem man betet und Reue zeigt || Hinweis: kein Passiv! || ID ***Das sollst du mir büßen!*** dafür werde ich mich rächen

◆**But·ter** *die*; -; *nur Sg*; Fett, das aus Milch hergestellt wird und das man aufs Brot streicht oder beim Kochen verwendet ⟨frische Butter⟩ || K-: ***Butter-, -dose*** || ID ⟨es ist⟩ ***alles in Butter*** *gespr*; (es ist) alles in Ordnung

bzw. *Abk*; ↑ ***beziehungsweise***

C

C, c [tseː] *das*; -, - / *gespr auch -s*; der dritte Buchstabe des Alphabets

ca. [ˈtsɪrka] *Abk*; ↑ ***circa***

◆**Ca·fé** *das*; *-s*, *-s*; eine Gaststätte, in der man Kaffee trinken und Kuchen essen kann || -K: ***Straßen-***

Ca·fe·te·ria [-ˈriːa] *die*; -, *-s*; ein Restaurant, in dem man sich Essen und Getränke *meist* selbst holt

Ca·mi·on [kaˈmiõː] *der*; *-s*, *-s*; (CH) ≈ Lastwagen

◆**Cam·ping** [ˈkɛmpɪŋ] *das*; *-s*; *nur Sg*; das Wohnen im Zelt oder Wohnwagen, wenn man in Urlaub ist || K-: ***Camping-, -platz***

Car·toon [karˈtuːn] *der, das*; *-(s)*, *-s* **1** eine witzige Zeichnung, die *meist* Politiker und politische Ereignisse verspottet ≈ Karikatur **2** eine gezeichnete (*oft* satirische) Geschichte ≈ Comic

◆**CD** [tseːˈdeː] *die*; -, *-s*; (*Abk für* Compact Disc) eine silbern glänzende Scheibe mit elektronisch gespeicherten Daten (*meist* Musik)

◆**CD-ROM** [tsedeˈrɔm] *die*; -, *-(s)*; *EDV*; eine Art CD mit Daten, die ein Computer lesen, aber nicht verändern kann || ↑ *Illustration* ***Am Schreibtisch***

Cel·si·us *das*; *nur Sg*; eine (internationale) Einheit, in der man die Temperatur misst

Cham·pig·non [ˈʃampɪnjɔŋ] *der*; *-s*, *-s*; ein *meist* weißer essbarer Pilz || -K: ***Wiesen-, Zucht-***

◆**Chan·ce** [ˈʃãːsə, ʃãːs] *die*; -, *-n*; ***eine Chance (auf etwas (Akk))*** eine günstige Gelegenheit oder die Möglichkeit, ein Ziel zu erreichen ⟨eine Chance verpassen; j-m eine Chance bieten⟩: *Du hast gute Chancen, im Beruf weiterzukommen* || *hierzu* **chan·cen·los** *Adj*

Cha·os ['ka:ɔs] *das*; -; *nur Sg*; ein großes Durcheinander (*oft* verbunden mit Zerstörung): *Nach dem Sturm herrschte in der Stadt Chaos*

Cha·ot [ka'o:t] *der*; *-en, -en*; *gespr, pej*; j-d, der ohne Ordnung und Plan denkt und handelt || *hierzu* **Cha·o·tin** *die*; -, *-nen*

cha·o·tisch [ka'o:tɪʃ] *Adj*; ohne jede Ordnung ⟨Zeiten, Verhältnisse⟩: *Die Versammlung verlief ziemlich chaotisch*

◆**Cha·rak·ter** [ka-] *der*; *-s, Cha·rak·te·re* **1** alle Eigenschaften, die das Verhalten eines Menschen bestimmen ⟨ein schwacher, starker Charakter; etwas formt den Charakter⟩ || K-: ***Charakter-, -eigenschaft, -fehler, -zug***; ***charakter-, -schwach, -stark*** **2** das typische Merkmal einer Sache ⟨der feierliche, persönliche Charakter einer Sache⟩: *eine Landschaft von Charakter* || ID ***Charakter beweisen*** auch in schwierigen Situationen seinen Prinzipien treu bleiben || *hierzu* **cha·rak·ter·lich** *Adj*

cha·rak·te·ri·sie·ren [ka-]; *charakterisierte, hat charakterisiert* **1** ***j-n / etwas*** (***irgendwie***) ***charakterisieren*** die Eigenart einer Person oder Sache beschreiben ⟨j-n / etwas kurz, treffend charakterisieren⟩: *eine Romanfigur charakterisieren* **2** ***etwas charakterisiert j-n / etwas*** etwas ist typisch für j-n / etwas || *hierzu* **Cha·rak·te·ri·sie·rung** *die*

cha·rak·te·ris·tisch [ka-] *Adj*; ***charakteristisch*** (***für j-n / etwas***) ≈ bezeichnend und typisch ⟨eine Eigenschaft, ein Merkmal⟩: *Dieses Verhalten ist höchst charakteristisch für ihn*

char·mant [ʃar'mant] *Adj*; mit Charme ⟨eine Dame, ein Herr; charmant lächeln⟩

Charme [ʃarm] *der*; *-s*; *nur Sg*; der reizvolle, positive Eindruck, den eine Person oder Sache auf j-n macht ⟨der Charme einer Stadt; unwiderstehlicher Charme; Charme ausstrahlen; (viel) Charme haben⟩

char·tern ['tʃa-]; *charterte, hat gechartert*; ***etwas chartern*** ein Flugzeug, Schiff für eine Reise mieten || K-: ***Charter-, -flug, -gesellschaft***

Chauf·feur [ʃɔ'fø:ɐ] *der*; *-s, -e* ≈ Fahrer

che·cken ['tʃɛkn̩]; *checkte, hat gecheckt* **1** ***j-n / etwas checken*** j-n / etwas überprüfen oder kontrollieren ⟨Fahrzeuge, Listen checken⟩ **2** ***etwas checken*** *gespr* ≈ begreifen, verstehen: *Hast du das jetzt erst gecheckt?*

◆**Chef** [ʃɛf] *der*; *-s, -s*; ein Mann, der die Arbeit leitet und den anderen sagt, was sie tun sollen ≈ Leiter ⟨der Chef der Firma, des Betriebs⟩: *einen großzügigen, strengen Chef haben* || -K: ***Büro-, Personal-*** || *hierzu* **Che·fin** *die*; -, *-nen*

◆**Che·mie** [çe-, ke-] *die*; -; *nur Sg*; die Wissenschaft, die sich mit den Eigenschaften der Stoffe und ihren Verbindungen (4) beschäftigt ⟨die anorganische, organische Chemie⟩: *Chemie studieren* || K-: ***Chemie-, -werk***

che·misch ['çe:-, 'ke:-] *Adj*; *nur attr oder adv*; ⟨die Industrie, ein Element⟩ so, dass sie zur Chemie gehören (oder die Veränderung von Stoffen der Natur steuern)

◆**chic** [ʃɪk] *Adj*; ↑ ***schick*** || *hierzu* **Chic** *der*

chi·ne·sisch [çi-, ki-] *Adj*; in Bezug auf China, seine Bewohner oder deren Sprache || ID ***etwas ist chinesisch für j-n*** *gespr*; etwas ist so ausgedrückt, dass man es nicht verstehen kann

Chip [tʃɪp] *der*; *-s, -s* **1** ein sehr kleines Plättchen aus Silikon zum Speichern der Informationen in EDV-Anlagen || -K: ***Mikro-*** **2** eine Art Münze (Spielmarke) beim Glücksspiel **3** *meist Pl*; dünne Scheiben von Kartoffeln, die roh in Fett gebraten und in Tüten verkauft werden || -K: ***Kartoffel-***

Chi·rurg [çi-, ki-] *der*; *-en, -en*; ein Arzt mit einer (Spezial)Ausbildung für Operationen || *hierzu* **chi·rur·gisch** *Adj*

Chlor [klo:ɐ] *das*; *-s*; *nur Sg*; ein chemisches Element, das als Gas gelb und giftig ist; *Chem* Cl || K-: ***Chlor-, -gas***

Cho·le·ri·ker [ko-] *der*; *-s*, -; j-d, der schnell sehr wütend wird || *hierzu* **cho·le·risch** *Adj*

Chor [ko:ɐ] *der*; *-(e)s, Chö·re*; eine Gruppe von Personen, die gemeinsam singen ⟨ein gemischter Chor; einen Chor leiten⟩ || K-: ***Chor-, -gesang, -musik*** || -K: ***Knaben-***

Christ [krɪst] *der*; *-en, -en*; ein Mitglied einer christlichen Religion ⟨ein überzeugter, getaufter Christ⟩ || *hierzu* **Chris·tin** *die*; -, *-nen*; **Chris·ten·tum** *das*; **Chris·tus** (*der*); *Chris·ti*; *nur Sg*

Christ·baum *der*; *südd* Ⓐ ≈ Weihnachtsbaum

◆**Chris·ten·tum** *das*; *-s*; *nur Sg*; der Glaube, der sich auf die Lehre von Jesus Christus stützt

Christ·kind *das*; *nur Sg* **1** Jesus Christus als gerade erst geborenes Kind **2** eine Art

Engel, von dem Kinder (*bes* in Süddeutschland) glauben, er bringe (Weihnachten) die Geschenke || Hinweis: ↑ ***Weihnachtsmann***

christ·lich *Adj* **1** *nur attr oder adv*; auf der Lehre von Jesus Christus begründet ⟨der Glaube, die Religion⟩ **2** christlichen (1) Prinzipien entsprechend ⟨eine Erziehung⟩

Chro·nik ['kro:nɪk] *die*; -, *-en*; ein Bericht, der die (geschichtlichen) Ereignisse streng nacheinander schildert: *die Chronik eines Klosters, einer Epoche*

chro·nisch ['kro:-] *Adj* **1** ⟨eine Krankheit, Schmerzen⟩ so, dass sie sehr lange dauern ↔ akut: *eine chronische Erkältung haben* **2** *gespr* ≈ ständig, dauernd ⟨ein Geldmangel, ein Übel⟩

Chro·no·lo·gie [kro-] *die*; -, *-n* [-lo'gi:ən]; die zeitliche Folge von Ereignissen || *hierzu* **chro·no·lo·gisch** *Adj*

cir·ca ['tsɪrka] *Adv*; ↑ ***zirka***

cle·ver ['klɛvɐ] *Adj*; *oft pej*; so, dass alle Vorteile klug und geschickt genutzt werden ≈ raffiniert ⟨ein Geschäftsmann, ein Politiker, ein Plan⟩

Cli·que ['klɪkə] *die*; -, *-n* **1** eine Gruppe *meist* von Jugendlichen, die oft zusammen sind und alles gemeinsam machen **2** *pej*; eine Gruppe von Personen, die sich rücksichtslos nur für die eigenen Interessen einsetzen

Clou [klu:] *der*; *-s*, *-s*; der beste, überraschende (Höhe)Punkt einer Geschichte, einer Sache: *Jetzt kommt der Clou des Abends!*

Clown [klaun] *der*; *-s*, *-s*; j-d, der (*bes* im Zirkus) Späße macht und lustig geschminkt ist

◆**Club** *der*; *-s*, *-s*; ↑ ***Klub***

Coif·feur [koa'fø:ɐ] *der*; *-s*, *-e*; (CH) ≈ Friseur || *hierzu* **Coif·feu·se** [koa'fø:zə] *die*; -, *-n*

◆**Co·la** *das*; -(*s*), - / *-s oder die*; -, - / *-s*; eine braune Limonade, die Koffein enthält || K-: ***Cola-, -dose***

Co·mic ['kɔ-] *der*; *-s*, *-s*; eine Geschichte, die aus Zeichnungen mit kurzen Texten besteht || K-: ***Comic-, -heft***

◆**Com·pu·ter** [kɔm'pju:tɐ] *der*; *-s*, -; eine elektronische (Rechen)Maschine, die Daten speichern und wiedergeben kann || ↑ *Illustration* ***Am Schreibtisch*** || K-: ***Computer-, -programm***; ***computer-, -gesteuert***

Con·tai·ner [kɔn'te:nɐ] *der*; *-s*, -; ein großer Behälter für Abfall oder zum Transport || K-: ***Container-, -schiff*** || -K: ***Altpapier-, Glas-, Müll-***

◆**Couch** [kautʃ] *die*; -, *-s* / *auch -en* ≈ Sofa

Coup [ku:] *der*; *-s*, *-s* **1** eine *oft* illegale Handlung: *Den Bankräubern ist ein großer Coup gelungen* **2** ***einen Coup landen*** *gespr*; eine Aktion (1) mit Erfolg zu Ende bringen

◆**Cou·sin** [ku'zɛ̃:] *der*; *-s*, *-s*; der Sohn einer Schwester oder eines Bruders der Eltern ≈ Vetter

◆**Cou·si·ne** [ku-] *die*; -, *-n*; die Tochter einer Schwester oder eines Bruders der Eltern

Cou·vert [ku've:ɐ] *das*; *-s*, *-s*; (CH) ≈ Briefumschlag

◆**Creme** [kre:m] *die*; -, *-s* / (A) (CH) *-n* **1** eine dicke, flüssige, süße Speise: *eine Torte mit Creme füllen* || -K: ***Schokoladen-*** **2** eine weiche, fettige Masse, die man in die Haut reibt || -K: ***Gesichts-, Hand-, Sonnen-*** || *hierzu* **cre·mig** *Adj*

Cur·ry ['kœri] *der*; *-s*; *nur Sg*; eine scharfe, gelbbraune Mischung aus indischen Gewürzen || K-: ***Curry-, -pulver, -wurst***

D

D, d [de:] *das*; -, - / *gespr auch -s*; der vierte Buchstabe des Alphabets

◆**da**[1] *Adv* **1** weist darauf hin, wo j-d / etwas ist ≈ hier: *Da ist er!* || Hinweis: *Da* wird oft mit einer Geste verbunden **2** bezieht sich auf einen vorher erwähnten Ort ≈ dort: *Gehen wir ins Wohnzimmer, da können wir uns ungestört unterhalten* **3** in dieser Hinsicht, in diesem Fall: *Da hat er natürlich Recht* **4** aus diesem Grund: *Du warst sehr fleißig in letzter Zeit, da kannst du ruhig einmal Urlaub machen* **5** ***da sein*** (*ist*) anwesend oder zu Hause sein: *Ist Michael da?* **6** ***etwas ist da*** etwas ist vorhanden:

Ist noch Bier da? **7** ***da sein*** (*ist*) am Leben sein: *Keiner ihrer alten Freunde war mehr da* **8** ***für j-n da sein*** (*ist*) bereit sein, j-m zu helfen: *Du weißt, ich bin immer für dich da* **9** ***zu etwas da sein*** (*ist*) einen besonderen Zweck, eine bestimmte Aufgabe erfüllen: *Geld ist* dazu *da*, dass *man es ausgibt* || ID ***von da an*** von diesem Zeitpunkt an: *Er hatte einmal einen Unfall. Von da an war er sehr vorsichtig*

◆ **da²** *Konjunktion*; verwendet, um den Grund für etwas anzugeben ≈ weil: *Da es regnete, gingen wir nicht spazieren*

◆ **da- / da·r-** + *Präp* **1** verwendet, um sich auf ein Substantiv oder einen Satzteil zu beziehen, die man nicht wiederholen will; *ein Projekt planen und die* **dabei** (– bei dem Projekt) *entstehenden Kosten berechnen*; *Der Clown hat Späße gemacht und* **dadurch** (= durch die Späße) *die Kinder zum Lachen gebracht*; *Er hat sein Auto verkauft und noch 2000 Euro* **dafür** (= für das Auto) *bekommen*; *Du bist ja heiser* - **dagegen** (= gegen die Heiserkeit) *hilft warmer Tee*; *Siehst du den Busch? Die Kinder verstecken sich* **dahinter** (= hinter dem Busch); *Er nahm einen Lappen und putzte* **damit** (= mit dem Lappen) *sein Fahrrad*; *Jetzt macht sie Abitur und* **danach** (= nach dem Abitur) *will sie studieren*; *Da drüben ist mein Auto und* **daneben** (= neben meinem Auto) *das von meinem Chef*; *Er hat eine Gräte verschluckt und wäre fast* **daran** (= an der Gräte) *erstickt*; *Er kann gut mit Leuten umgehen.* **Darauf** (= auf dieser Fähigkeit) *beruht sein Erfolg*; *Sie nahm den Becher und trank* **daraus** (= aus dem Becher); *Siehst du das große Haus?* **Darin** (= in diesem Haus) *habe ich viele Jahre gewohnt*; *Preise von 200 Euro und* **darüber** (= über 200 Euro); *Ihr Finger blutete, und so machte sie einen Verband* **darum** (= um den Finger); *Ich habe Pflaumen gekauft, aber* **darunter** (= unter den Pflaumen) *waren einige schlechte Früchte*; *Da ist eine Bar und nicht weit* **davon** (= von der Bar) *ist eine Disko*; *Der Film beginnt um acht Uhr* - **davor** (= vor dem Film) *kommt nur Werbung*; *Ich koche Reis mit Gemüse* **dazu** (= zu dem Reis); *Am Vormittag finden zwei Vorträge statt.* **Dazwischen** (= zwischen den beiden Vorträgen) *ist eine kleine Pause* **2** verwendet (ohne eigene Bedeutung), um eine verbale Ergänzung anzuschließen (*meist* in Form eines dass-Satzes, eines wie-Satzes oder eines Infinitivsatzes), die eine Konstruktion mit einem Substantiv ersetzt; *j-m* **dabei** *helfen, die Wohnung zu tapezieren* (= beim Tapezieren der Wohnung); *Ich habe das Problem* **dadurch** *gelöst, dass ich den Termin verschoben habe* (= durch eine Verschiebung des Termins); *einem Freund* **dafür** *danken, dass er geholfen hat* (= für seine Hilfe danken); *Sie protestierten* **dagegen**, *dass in ihrer Nähe ein neuer Flughafen gebaut werden sollte* (= gegen den geplanten Bau ...); *Er hatte nicht* **damit** *gerechnet, dass sie noch anrufen würde* (= nicht mehr mit einem Anruf von ihr gerechnet); *Sie richtet sich* **danach**, *was in den Vorschriften steht* (= nach den Vorschriften); *Das Projekt wäre fast* **daran** *gescheitert, dass es nicht genug Geld gab* (= an Geldmangel gescheitert); *Ich habe* **darauf** *gewartet, dass sie so reagiert* (= auf eine solche Reaktion); *Ich mache mir nicht viel* **daraus**, *ins Kino zu gehen* (= nicht viel aus einem Kinobesuch); *Die Aufgabe besteht* **darin**, *die Fläche des Dreiecks zu berechnen* (= im Berechnen der Fläche des Dreiecks); *Ich habe mich* **darüber** *geärgert, dass mein Vorschlag abgelehnt wurde* (= über die Ablehnung meines Vorschlags); *Es ging ihm* **darum**, *die Produktivität zu steigern* (= um eine Steigerung der Produktivität); *Er leidet sehr* **darunter**, *dass er allein ist* (= unter dem Alleinsein); *Wir haben* **davon** *gesprochen, dass Paul befördert wird* (= von Pauls Beförderung); *Sie hat keine Angst* **davor** *zu sterben* (= keine Angst vor dem Tod); *Hat er sich* **dazu** *geäußert, wie er das alles organisieren will?* (= zu seinen Plänen für die Organisation) **3** (als Konjunktion) verwendet, um einen Teilsatz einzuleiten, der einen Gegensatz oder eine Einschränkung enthält: *Er ist schon ein Filmstar,* **dabei** *ist er fast noch ein Kind*; *Mein Bruder steht gern früh auf, ich* **dagegen** *schlafe lieber bis elf Uhr* || Hinweis: das **-r-** wird hinzugefügt, wenn die Präposition mit einem Vokal anfängt: *darum*

◆ **da·bei**, *betont* **da·bei 1** ↑ ***da- / dar-*** + *Präp* (1,2,3) **2** *Adv*; (***bei etwas***) ***dabei sein*** irgendwo anwesend oder an etwas beteiligt sein: *bei einer Feier dabei sein* **3** (***bei etwas***) ***dabei sein*** (zusätzlich) bei etwas vorhanden sein: *Bei dem Medikament war keine Gebrauchsanweisung dabei* || ID ***Ich bleibe dabei!*** ich ändere meine Meinung nicht

da·bei·blei·ben (*ist*) eine Tätigkeit fortsetzen: *Die Arbeit läuft gut - jetzt müssen wir dabeibleiben*

da·bei·ha·ben (*hat*) *gespr*; ***j-n / etwas dabeihaben*** von j-m begleitet werden / et-

D

was bei sich haben: *Hast du deinen Ausweis dabei?*

◆ **Dach** *das*; -*(e)s*, *Dä·cher*; die Konstruktion, die ein Gebäude bedeckt ⟨ein steiles, flaches Dach; das Dach decken⟩ || K-: ***Dach-, -fenster, -wohnung*** || -K: ***Flach-, Stroh-*** || ID ***etwas ist unter Dach und Fach*** etwas ist (mit Erfolg) abgeschlossen ⟨ein Vertrag⟩

dach·te ↑ ***denken***

da·durch, *betont* **da·durch 1** ↑ ***da- / dar-*** + *Präp* (1,2) **2** durch etwas hindurch: *Das Loch ist klein, aber eine Maus kommt dadurch* **3** *Adv*; **dadurch, dass ...** verwendet, um einen Nebensatz einzuleiten, mit dem man das Gesagte begründet ≈ weil: *Dadurch, dass sie nicht zum Arzt ging, verschlimmerte sich ihre Krankheit*

da·für, *betont* **da·für** ↑ ***da- / dar-*** + *Präp* (1,2)

da·ge·gen, *betont* **da·ge·gen 1** ↑ ***da- / dar-*** + *Präp* (1,2,3) **2** *Adv*; *gespr* im Vergleich: *Schau mal, wie dick er ist! Dagegen* (= im Vergleich zu ihm) *bin ich ja noch schlank*

da·heim *Adv*; *bes südd*; in der eigenen Wohnung ≈ zu Hause ⟨daheim sein, bleiben⟩

◆ **da·her** ['daːheːɐ̯, da'heːɐ̯] *Adv* **1** aus dem genannten Grund ≈ deshalb: *Sie will abnehmen, daher isst sie so wenig* **2** **(von) *daher*** von dem erwähnten Ort, von dort: *„Warst du im Konzert?" – „Ja, von daher komme ich gerade"*

da·her·kom·men (*ist*) drückt aus, dass eine Bewegung aus einer nicht näher bezeichneten Richtung zu dem Sprecher oder einem Ziel hin verläuft ≈ herbeikommen || Hinweis: ebenso ***dahergefahren kommen, dahergeflogen kommen***

da·her·re·den (*hat*) *meist pej*; drückt aus, dass j-d redet, ohne viel nachzudenken: *Ich wollte dich nicht beleidigen. Ich habe das nur so dahergeredet* || Hinweis: ebenso ***(etwas) daherplappern, (etwas) dahersagen***

da·hin, *betont* **da·hin** *Adv* **1** an den genannten Ort, in die genannte Richtung: *Stellen Sie bitte den Stuhl dahin!* || Hinweis: Wenn man auf eine bestimmte Stelle zeigt, verwendet man die betonte Form *dahin* **2** ***bis 'dahin*** bis zu der genannten Zeit: *Nächste Woche sind die Prüfungen. Bis dahin muss ich noch viel lernen*

da·hin·flie·ßen (*ist*) drückt aus, dass sich etwas ⟨ein Fluss, ein Bach⟩ ruhig und langsam in eine nicht näher bezeichnete Richtung bewegt || Hinweis: ebenso ***dahingleiten, dahinfliegen***

da·hin·sa·gen (*hat*) *gespr, meist pej*; drückt aus, dass j-d ohne nachzudenken etwas sagt, was er nicht so meint || Hinweis: ebenso ***dahinreden, dahinplappern***

da·hin·ten *Adv* ≈ dort hinten: *Hier habe ich gewohnt, und dahinten ist meine frühere Schule*

da·hin·ter, *betont* **da·hin·ter** ↑ ***da- / dar-*** + *Präp* (1)

da·ma·li·g- *Adj*; *nur attr, nicht adv*; in der Vergangenheit ≈ früher- ↔ jetzig-: *mein damaliger Freund*

◆ **da·mals** *Adv*; verwendet, um sich auf eine frühere Zeit zu beziehen, über die gerade gesprochen wird: *Als damals die Schule brannte, hatten wir schulfrei*

◆ **Da·me** *die*; -, *-n* **1** verwendet als höfliche Anrede oder Bezeichnung für eine Frau ↔ Herr: *Eine ältere Dame wartet auf Sie* || K-: ***Damen-, -(fahr)rad, -mode*** **2** eine Frau, die vornehm aussieht oder handelt ↔ Herr ⟨die große, vornehme Dame spielen⟩ **3** eine wichtige Figur im Schachspiel || ↑ *Abbildung unter* ***Schachfiguren*** || ID ***sehr geehrte / verehrte Damen und Herren*** eine höfliche, neutrale Anrede in einem offiziellen Brief oder für das Publikum einer Veranstaltung

◆ **da·mit**[1], *betont* **da·mit 1** ↑ ***da- / dar-*** + *Präp* (1,2) **2** *Adv*; *betont*; drückt aus, dass etwas die Folge von etwas ist ≈ darum: *Er spielt sehr gut Fußball und hat damit die Chance, Profi zu werden*

◆ **da·mit**[2] *Konjunktion*; verwendet, um das Ziel oder den Zweck einer Handlung anzugeben: *Lass uns rechtzeitig gehen, damit wir den Zug nicht verpassen*

Damm *der*; -*(e)s*, *Däm·me*; eine Art Mauer (aus Erde, Holz, Beton *o.Ä.*), mit der man Wasser staut ⟨einen Damm aufschütten, bauen⟩ || K-: ***Damm-, -bruch*** || -K: ***Stau-*** || ID ***nicht (ganz) auf dem Damm sein*** *gespr*; sich (leicht) krank fühlen

Däm·me·rung *die*; -; *nur Sg* **1** die Zeit am Abend, in der es langsam dunkel wird ⟨in der Dämmerung; bei Einbruch der Dämmerung⟩ || -K: ***Abend-*** **2** die Zeit am frühen Morgen, wenn es hell wird (bevor die Sonne aufgeht) || -K: ***Morgen-***

Dä·mon *der*; *-s*, *Dä·mo·nen*; ein Wesen, das die Macht des Bösen verkörpert, *oft* eine Art Teufel || *hierzu* **dä·mo·nisch** *Adj*

Dampf *der*; -*(e)s*, *Dämp·fe* **1** die heiße, feuchte Luft, die beim Erhitzen von Wasser entsteht: *Durch den Dampf sind die*

Küchenfenster beschlagen || -K: ***Wasser-, -dampf*** **2** *nur Pl*; die Gase, die bei chemischen Prozessen entstehen ⟨chemische, giftige Dämpfe⟩

damp·fen; *dampfte, hat gedampft*; ***etwas dampft*** etwas ist so heiß, dass Dampf entsteht: *Die heiße Suppe dampft auf dem Tisch*

dämp·fen; *dämpfte, hat gedämpft*; ***etwas dämpfen*** etwas schwächer machen ⟨ein Gefühl, den Schall⟩ || *hierzu* **Dämp·fung** *die*

da·nach, *betont* **da·nach** ↑ ***da-*** / ***dar-*** + *Präp* (1,2)

da·ne·ben, *betont* **da·ne·ben** ↑ ***da-*** / ***dar-*** + *Präp* (1)

da·ne·ben·wer·fen (*hat*) ***j-d wirft etwas daneben*** j-d wirft etwas, das sein geplantes Ziel nicht erreicht ≈ vorbeiwerfen: *Er hat den Ball danebengeworfen* || Hinweis: ähnlich ***danebengreifen, danebenschlagen, danebenzielen***

dank *Präp*; *mit Gen / Dat*; verwendet, um den Grund für etwas *meist* Positives anzugeben ≈ aufgrund: *Sie konnte das Problem dank ihrer Erfahrung lösen*

◆ **Dank** *der*; *-(e)s*; *nur Sg*; ***der Dank*** (***für etwas***) das Gefühl, das man hat, oder die Worte, die man sagt, wenn man von j-m Hilfe *o.Ä.* bekommt ⟨j-m seinen Dank ausdrücken, aussprechen; j-m Dank schulden; Besten / Herzlichen / Schönen Dank!⟩: *Haben Sie vielen Dank für Ihre Hilfe!* || K-: ***Dank-, -schreiben***; ***Dankes-, -worte***

◆ **dank·bar** *Adj* **1** (***j-m***) (***für etwas***) ***dankbar*** voll Dank ⟨sich j-m dankbar erweisen, zeigen⟩: *Ich bin Ihnen für Ihre Hilfe sehr dankbar* **2** *nicht adv*; ⟨eine Arbeit, eine Aufgabe⟩ so, dass man sie leicht ausführen kann ≈ lohnend || *zu* **1** **Dank·bar·keit** *die*

dan·ke *Partikel* **1** ***danke*** (***für etwas***) verwendet, wenn j-d glücklich über das ist, was er bekommen hat, und dafür seinen Dank ausdrückt ⟨(j-m) Danke / danke sagen; danke sehr! danke schön!⟩: *Danke für das Geschenk!*; *Danke* (*dafür*), dass *Sie mir geholfen haben* **2** (***nein***) ***danke*** verwendet, um eine Einladung oder ein Angebot höflich abzulehnen: „*Möchten Sie noch Tee?*" – „*Nein danke*" **3** (***ja***) ***danke*** verwendet, um eine Einladung oder ein Angebot höflich anzunehmen ≈ ja bitte: „*Kann ich dir helfen?*" – „*Ja danke*" **4** (formelhaft) verwendet in höflichen Antworten: „*Wie geht es dir?*" – „*Danke, gut*"; „*Viele Grüße von meiner Schwester*" – „*Danke!*"

◆ **dan·ken**; *dankte, hat gedankt* **1** ***j-m etwas*** (***irgendwie***) ***danken*** j-m zeigen, dass man ihm für etwas dankbar ist: *Kein Mensch dankte* (*es*) *ihr*, dass *sie sich solche Mühe gemacht hatte* **2** ***j-m*** (***für etwas***) ***danken*** j-m sagen, dass man ihm dankbar ist ≈ sich bei j-m bedanken ⟨j-m herzlich, vielmals, von ganzem Herzen danken⟩: *Er dankte ihr für das Geschenk*

◆ **dann** *Adv* **1** zeitlich nach dem Erwähnten ≈ danach, später: *Wir sind zuerst zum Essen und dann ins Kino gegangen* **2** zu dem genannten Zeitpunkt (in der Zukunft): *Er darf erst dann aufstehen, wenn er wieder gesund ist*; *Bald habe ich Geburtstag, dann wird gefeiert* **3** (in einer Reihenfolge) (räumlich) hinter der erwähnten Person oder Sache ≈ danach, dahinter: *An der Spitze des Konvois fuhren Polizisten, dann folgte der Wagen mit dem Präsidenten* **4** (in einer Rangfolge) hinter der erwähnten Person oder Sache: *Am liebsten esse ich Kartoffeln, dann Nudeln und dann erst Reis* **5** in diesem Fall: *Ich gehe nur dann, wenn du mitkommst* **6** ***dann und wann*** ≈ manchmal, ab und zu

da·ran, *betont* **da·ran** ↑ ***da-*** / ***dar-*** + *Präp* (1,2)

da·ran·set·zen (*hat*); *meist* ***alles daransetzen*** + ***zu*** + *Infinitiv* mit Energie versuchen, das Ziel zu erreichen: *Er hat alles darangesetzt, den Job zu bekommen*

da·rauf, *betont* **da·rauf** ↑ ***da-*** / ***dar-*** + *Präp* (1,2)

da·rauf·hin, *betont* **da·rauf·hin** *Adv* **1** als Konsequenz, Reaktion auf etwas ≈ deshalb: *Es gab einen Streit. Daraufhin verließen alle Gäste die Feier* **2** unter dem genannten Aspekt: *Das Wasser wird daraufhin überprüft, ob es Gift enthält*

da·raus, *betont* **da·raus** ↑ ***da-*** / ***dar-*** + *Präp* (1,2)

darf ↑ ***dürfen***

da·rin, *betont* **da·rin** ↑ ***da-*** / ***dar-*** + *Präp* (1,2)

dar·le·gen (*hat*) (***j-m***) ***etwas darlegen*** (j-m) etwas genau beschreiben und erklären ≈ erläutern ⟨seine Gründe darlegen; etwas schriftlich darlegen⟩ || *hierzu* **Dar·le·gung** *die*

Dar·le·hen [-leː(ə)n] *das*; *-s, -*; eine Summe, die j-d *z.B.* von einer Bank bekommt und die er (*meist* mit Zinsen) später zurückzahlen muss ≈ Kredit ⟨ein hohes, zinsloses Darlehen; ein Darlehen aufnehmen, zurückzahlen⟩ || K-: ***Darlehens-, -vertrag, -zins*** || -K: ***Wohnungsbau-***

Darm *der*; *-(e)s, Där·me*; ein Organ, das aussieht wie ein langer Schlauch und (im Bauch) zur Verdauung dient || -K: ***Dick-, Dünn-***

◆ **dar·stel·len** (*hat*) **1** ***etwas stellt j-n / etwas dar*** ein Bild *o.Ä.* zeigt j-n / etwas, gibt j-n / etwas wieder: *Dieses Ölbild stellt Adam und Eva dar* **2** ***j-n / etwas irgendwie darstellen*** j-n / etwas beschreiben oder erklären ≈ schildern: *eine These verständlich darstellen* **3** ***etwas (irgendwie) darstellen*** einen Sachverhalt zeichnen, abbilden: *eine mathematische Funktion grafisch darstellen* **4** ***j-n darstellen*** (als Schauspieler) eine Rolle auf der Bühne spielen: *den Hamlet darstellen* **5** ***etwas stellt etwas dar*** etwas ist etwas, bedeutet etwas: *Die Radioaktivität stellt ein enormes Problem dar* || *zu* **1-4 Dar·stel·lung** *die*

Dar·stel·ler *der*; *-s, -*; j-d, der im Theater oder Film spielt ≈ Schauspieler || -K: ***Haupt-, Neben-*** || *hierzu* **Dar·stel·le·rin** *die*; *-, -nen*; **dar·stel·le·risch** *Adj*

da·rü·ber, *betont* **da·rü·ber 1** ↑ ***da- / dar-*** + *Präp* (1,2) **2** *Adv* ≈ dabei, währenddessen: *Ich habe ein Buch gelesen und bin darüber eingeschlafen* **3** *Adv*; ***darüber hinaus*** ≈ außerdem: *Darüber hinaus müssen wir noch das Protokoll schreiben*

◆ **da·rum**, *betont* **da·rum 1** ↑ ***da- / dar-*** + *Präp* (1,2) **2** *Adv* ≈ deshalb, daher: *Sie war krank. Darum konnte sie nicht kommen*

da·run·ter, *betont* **da·run·ter** ↑ ***da- / dar-*** + *Präp* (1,2)

◆ **das** ↑ ***der***

Da·sein *das*; *-s*; *nur Sg*; *geschr*; das Leben, die Existenz des Menschen ⟨ein kümmerliches Dasein führen⟩: *Sein ganzes Dasein war bestimmt von der Musik* || K-: ***Daseins-, -berechtigung, -zweck***

◆ **dass** *Konjunktion* **1** leitet einen Nebensatz ein, der ein Subjekt oder Objekt im Hauptsatz vertritt: *Dass ich dich beleidigt habe, tut mir Leid*; *Stimmt es, dass sie morgen in Urlaub fährt?*; *Ich wusste nicht, dass sie auch da sein würde* **2** leitet einen Nebensatz ein, der ein präpositionales Objekt ersetzt: *Ich erinnere mich, dass sie ganz rote Haare hatte* **3** leitet einen Nebensatz ein, der ein Attribut ist: *Er war von seiner Überzeugung, dass alles noch klappen würde, nicht abzubringen* **4** verwendet in Verbindung mit bestimmten Adverbien, Konjunktionen, Partizipien oder Präpositionen ⟨als dass; (an)statt dass; außer dass; bis dass; kaum dass; nicht dass; nur dass; ohne dass; so, dass; angenommen, dass; vorausgesetzt, dass⟩ || Hinweis: die flektierte Verbform steht immer am Ende des Satzes

das·sel·be ↑ ***derselbe***

◆ **Da·tei** *die*; *-, -en*; *bes EDV*; eine Sammlung von Daten[2] (2), die nach Kriterien geordnet (und gespeichert) werden ⟨eine Datei erstellen, abspeichern⟩

◆ **Da·ten**[1] *Pl*; ↑ ***Datum***

◆ **Da·ten**[2] *die*; *Pl* **1** die Fakten oder Informationen, die man durch Messungen, Experimente *o.Ä.* gewinnt und in Zahlen ausdrückt ≈ Angaben ⟨technische, statistische Daten⟩: *die neuesten Daten zur Arbeitslosigkeit* **2** *EDV*; Fakten und Zahlen, die in einem Computer gespeichert werden ⟨Daten eingeben, speichern, abrufen⟩ || K-: ***Daten-, -austausch, -sicherung*** **3** ***j-s persönliche Daten*** die Angaben über Alter, Beruf, Verdienst *o.Ä.* einer Person

---

Am Schreibtisch

1 der Bildschirm
2 der Lautsprecher
3 die Tastatur
4 die Maus
5 das Mauspad
6 der Drucker
7 die CD-ROM
8 die Schere
9 der Scanner
10 das Klebeband
11 die Heftklammer(n)
12 der Hefter
13 der Leuchtstift
14 der Filzstift
15 der Klebestift
16 das Federmäppchen
17 das Ringbuch
18 der Zirkel
19 der Radiergummi
20 der (Bleistift)Spitzer
21 der Bleistift
22 der Kugelschreiber
23 das Lineal
24 der Füller
25 die Büroklammer(n)
26 der Taschenrechner
27 der Schreibtisch
28 der Computer, der Rechner
29 der CD-Brenner
30 das CD-ROM-Laufwerk
31 das DVD-Laufwerk
32 das Disketten-laufwerk
33 das (Schul)Heft
34 der Rucksack
35 das Handy
36 die Bücher

Am Schreibtisch

Die Bundesrepublik Deutschland

Dänemark
Schweden
Nordsee
Ostsee
Kiel
Schleswig
-Holstein
Mecklenburg-
Vorpommern
Hamburg
Schwerin
Niederlande
Bremen
Elbe
Niedersachsen
Brandenburg
Polen
Berlin
Potsdam
Hannover
Sachsen-
Belgien
Magdeburg
Nordrhein-Westfalen
Anhalt
Elbe
Düsseldorf
Dresden
Erfurt
Sachsen
Rhein
Hessen
Thüringen
Rheinland-
Pfalz
Wiesbaden
Mainz
Main
Main
Tschechische
Republik
Saarland
Saarbrücken
Bayern
Luxem-
burg
Neckar
Rhein
Stuttgart
Neckar
Donau
Frankreich
Baden-
Württemberg
München
Rhein
Donau
Chiemsee
Bodensee
Schweiz
Liechtenstein
Österreich

Die Schweiz und die Bundesrepublik Österreich

Verben der Bewegung

Da·tiv [-f] *der*; *-s*, *-e*; *Ling*; der Kasus, in dem das Objekt steht, nach dem man mit „wem oder was?" fragt ≈ Wemfall, dritter Fall ⟨etwas steht im Dativ⟩: *Die Präpositionen „seit" und „mit" fordern den Dativ: seit dem letzten Jahr* || K-: ***Dativ-, -objekt***

◆ **Da·tum** *das*; *-s*, *Da·ten* **1** die Angabe eines Tages (und Monats und Jahres) nach dem Kalender: *„Welches Datum haben wir heute?" – „Den vierten März / Den Vierten"* || -K: ***Geburts-*** **2** ein Zeitpunkt, zu dem *meist* etwas Besonderes geschieht ⟨ein denkwürdiges, historisches Datum⟩

Dau·er *die*; -; *nur Sg*; ein (längerer) Zeitraum, in dem etwas gültig ist oder geschieht: *für die Dauer von drei Jahren* || -K: ***Aufenthalts-, Gültigkeits-***

dau·er·haft *Adj* **1** ⟨eine Freundschaft, eine Lösung, ein Friede⟩ so (beschaffen), dass sie lange halten oder existieren ≈ beständig **2** fest und haltbar ⟨Materialien⟩ || zu **1 Dau·er·haf·tig·keit** *die*

◆ **dau·ern**; *dauerte, hat gedauert* **1** ***etwas dauert*** + *Zeitangabe* etwas findet in der genannten Zeit statt ≈ sich erstrecken über: *Sein Auftritt dauerte eine Stunde* **2** ***es dauert*** + *Zeitangabe* (***, bis …***) die genannte Zeit ist für etwas erforderlich: *Wie lange dauert es noch, bis du fertig bist?*

◆ **dau·ernd** *Adj*; *nur attr oder adv*; häufig ≈ fortwährend, ständig ↔ selten: *Ihre dauernden Klagen sind nicht mehr zu ertragen*; *Dauernd macht er Fehler*

Dau·men *der*; *-s*, -; der kurze, kräftigste Finger der Hand || ↑ *Abbildung unter* ***Hand*** || K-: ***Daumen-, -nagel*** || ID ***j-m den Daumen / die Daumen halten / drücken*** *gespr*; mit j-m hoffen, dass er Glück hat

da·von, *betont* **da·von** ↑ ***da- / dar-*** + *Präp* (1,2)

da·von·kom·men (*ist*) (***mit etwas***) ***davonkommen*** in einer gefährlichen Situation Glück haben und kaum Schaden erleiden ⟨mit dem Schrecken, noch einmal davonkommen⟩: *bei einem Unfall mit ein paar Kratzern davonkommen*; *Er ist noch einmal davongekommen!*

da·von·lau·fen (*ist*) drückt aus, dass j-d / ein Tier schnell von einem Ort weggeht ≈ fortlaufen, weglaufen: *Das Kind klingelte an der Haustür und lief davon*

da·vor, *betont* **da·vor** ↑ ***da- / dar-*** + *Präp* (1,2)

da·zu, *betont* **da·zu 1** ↑ ***da- / dar-*** + *Präp* (1,2) **2** *Adv* ≈ außerdem: *Sie isst am liebsten Rouladen und dazu Kartoffeln*

da·zu·ge·hö·ren; *gehörte dazu, hat dazugehört*; ***zu j-m / etwas dazugehören*** Teil eines Ganzen, einer Gruppe sein: *Er verkauft seine Angel und alles, was dazugehört*

da·zu·kom·men (*ist*) (***gerade***) ***dazukommen*** (***, als …***) (zufällig) an einem Ort erscheinen, an dem gerade etwas passiert: *Ich kam gerade dazu, als er den Unfall hatte* || Hinweis: aber: *dazu kommen* (getrennt geschrieben), *etwas zu tun* ≈ Zeit haben, etwas zu tun

da·zwi·schen, *betont* **da·zwi·schen** ↑ ***da- / dar-*** + *Präp* (1)

da·zwi·schen·kom·men (*ist*) ***etwas kommt*** (***j-m***) ***dazwischen*** etwas ereignet sich unerwartet und hindert j-n, etwas zu tun: *Wenn* (*mir*) *nichts dazwischenkommt, bin ich um 6 Uhr zu Hause*

DDR [de(ː)de(ː)'|ɛr] *die*; -; *nur Sg*; *hist*; (*Abk für* Deutsche Demokratische Republik) einer der beiden deutschen Staaten (von 1949 bis 1990) || K-: ***DDR-Bürger***

De·bat·te *die*; -, *-n*; *geschr*; ***eine Debatte*** (***über etwas*** (*Akk*)) eine *meist* öffentliche Diskussion über Probleme ⟨eine heftige Debatte⟩: *Zwischen Regierung und Opposition kam es zu einer hitzigen Debatte über die Pläne für die Steuerreform* || -K: ***Parlaments-***

◆ **De·cke**[1] *die*; -, *-n* **1** ein großes (rechteckiges) Stück Stoff, mit dem man den Körper schützt und wärmt ⟨j-n / sich mit einer Decke zudecken; unter die Decke kriechen, schlüpfen⟩ || -K: ***Woll-, Bett-*** **2** eine Schicht, die über etwas (*bes* einer waagrechten Fläche) liegt: *Am Morgen lag eine weiße Decke* (*Schnee*) *über / auf der Wiese* || -K: ***Eis-, Straßen-*** || ID ***mit j-m unter einer Decke stecken*** *gespr*; mit j-m ge-

---

Verben der Bewegung

1 schieben	4 stoßen	8 sitzen	11 hocken
2 werfen	5 fallen	9 hüpfen	12 stehen
3 rennen, laufen	6 gehen	10 (etwas) aufheben	13 knien
	7 springen		

meinsame Pläne (*oft* zum Nachteil anderer) haben

◆ **De·cke**[2] *die*; -, *-n*; die Fläche, die ein Zimmer nach oben begrenzt

De·ckel *der*; *-s*, -; der (obere) Teil, mit dem man einen Topf, eine Kiste *o.Ä.* (ver)schließt || -K: ***Koffer-, Topf-***

Deckel

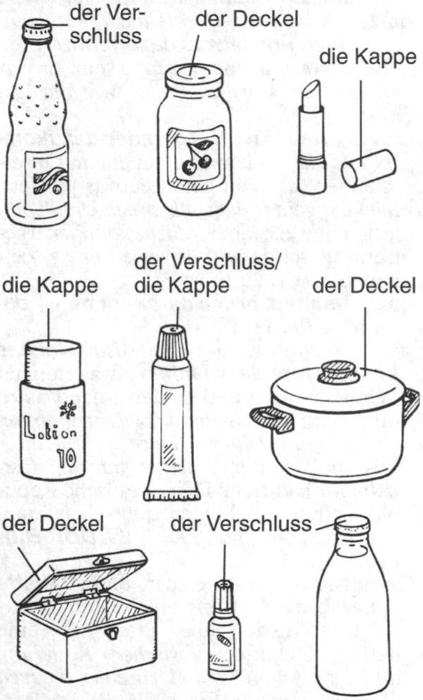

de·cken; *deckte, hat gedeckt* **1** ***etwas über j-n / etwas decken*** eine Art Decke über j-n / etwas legen: *das Dach mit Ziegeln decken* **2** ***etwas decken*** dafür sorgen, dass genug von einer Ware vorhanden ist ⟨den Bedarf (an etwas (*Dat*)), die Nachfrage (nach etwas (*Dat*)) decken⟩ **3** (***den Tisch***) ***decken*** Geschirr, Besteck, Gläser und Servietten auf den Tisch tun **4** ***etwas deckt*** eine Farbe *o.Ä.* ist so intensiv, dass man die Fläche darunter nicht sieht: *Diese Wandfarbe deckt gut* || K-: ***Deck-, -farbe, -weiß*** **5** ***etwas deckt sich mit etwas***; ⟨Ansichten, Aussagen, Beobachtungen, Meinungen *o.Ä.*⟩ ***decken sich*** die Ansichten, Aussagen *usw* verschiedener Leute sind gleich

de·fekt *Adj*; *nicht adv*; (auf technische Geräte angewendet) nicht in Ordnung ≈ kaputt ↔ intakt: *eine defekte elektrische Leitung*

de·fen·siv [-f] *Adj* **1** nicht zum Angriff, sondern zur Verteidigung bestimmt ↔ offensiv (1) ⟨eine Strategie, Waffen⟩ **2** mit Rücksicht auf andere ≈ rücksichtsvoll ⟨ein defensiver Autofahrer⟩ **3** *Sport*; im Spiel nicht angreifend, sondern verteidigend

de·fi·nie·ren; *definierte, hat definiert*; ***etwas*** (***irgendwie***) ***definieren*** die Bedeutung eines Wortes oder Begriffs genau beschreiben oder festlegen: *Abstrakte Begriffe wie „Freiheit" sind schwer zu definieren*

De·fi·ni·ti·on [-'tsio:n] *die*; -, *-en*; *geschr*; die genaue Erklärung eines Begriffs ⟨eine Definition von etwas geben⟩: *Versuchen Sie eine kurze Definition des Begriffs „Klassik"!*

De·fi·zit *das*; *-s*, *-e* **1** die Summe, die bei einem Betrag fehlt, wenn man mehr Geld ausgegeben als eingenommen hat ⟨ein Defizit decken⟩ || -K: ***Haushalts-*** **2** *geschr*; ***ein Defizit*** (***an etwas*** (*Dat*)) ≈ Mangel (1) ⟨ein Defizit ausgleichen⟩ || -K: ***Informations-***

def·tig *Adj*; *gespr* **1** einfach und so (nahrhaft), dass man schnell satt wird ⟨ein Essen, eine Mahlzeit⟩ **2** grob und direkt ≈ derb (1) ⟨Späße, ein Witz⟩

deh·nen; *dehnte, hat gedehnt*; ***etwas dehnen*** etwas länger oder breiter machen, indem man (von beiden Seiten) daran zieht: *einen Gummi so lange dehnen, bis er reißt* || K-: ***Dehn-, -übungen*** || *hierzu* **Deh·nung** *die*

◆ **dein** *Possessivpronomen der 2. Person Sg* (*du*); ↑ *Anhang 5*: ***Possessivpronomen***

◆ **dei·n-** *Possessivpronomen der 2. Person Sg* (*du*); ↑ ***mein-***

◆ **dei·ner** *Personalpronomen der 2. Person Sg* (*du*), *Genitiv*; ↑ *Anhang 4*: ***Personalpronomen***

dei·net·we·gen *Adv*; aus einem Grund, der dich betrifft: *Deinetwegen mussten wir so lange warten!*

de·kli·nie·ren; *deklinierte, hat dekliniert*; (***etwas***) ***deklinieren*** *Ling*; ein Substantiv, Adjektiv, Pronomen oder einen Artikel in die Form setzen, die eine grammatische Regel verlangt ≈ flektieren || *hierzu* **De·kli·na·ti·on** *die* || Aber: Verben werden nicht *dekliniert*, sondern *konjugiert*

De·ko·ra·ti·on [-'tsio:n] *die*; -, *-en* **1** *nur Sg*; das Schmücken: *Die Dekoration des Festsaals dauerte vier Stunden* **2** die Dinge, mit denen man *z.B.* einen Raum schmückt ≈ Schmuck (2): *Die Dekoration für den Kindergeburtstag bestand aus vielen bunten*

Luftballons || -K: ***Faschings-, Schaufenster-***

De·le·ga·ti·on [-ˈtsi̯oːn] *die*; -, *-en*; *geschr*; eine offizielle Gruppe von Personen, die für eine politische, wirtschaftliche Organisation auf einer Konferenz arbeitet ≈ Abordnung || K-: ***Delegations-, -leiter, -mitglied***

De·li·ka·tes·se *die*; -, *-n*; eine feine und seltene oder teure Speise

dem *Dat von* ***der*** *und* ***das***; ↑ ***der*** *und* ***das***

de·men·tie·ren; *dementierte, hat dementiert*; **(*etwas*) *dementieren*** *geschr*; (eine Behauptung oder Nachricht) offiziell für falsch erklären: *Der Politiker dementierte die Meldung über seinen Rücktritt*

dem·ge·gen·ü·ber *Adv*; im Vergleich zum vorher Erwähnten: *Sein neuer Roman ist sehr spannend. Die früheren sind demgegenüber fast langweilig*

dem·nach *Adv* ≈ also, folglich

dem·nächst *Adv* ≈ bald: *Sie wird demnächst umziehen*

◆ **De·mo·kra·tie** *die*; -, *-n* [-ˈtiːən] **1** eine Staatsform, in der die Bürger die Regierung selbst wählen **2** *nur Sg*; das Prinzip, nach dem die Mehrheit einer Gruppe etwas entscheidet: *Demokratie in der Schule, am Arbeitsplatz*

◆ **de·mo·kra·tisch** *Adj* **1** den Prinzipien der Demokratie (1) entsprechend ⟨ein Staat, eine Verfassung, Wahlen⟩ **2** nach dem Prinzip, dass das gilt, was die Mehrheit will ⟨eine Entscheidung⟩: *Der Beschluss wurde demokratisch gefasst*

◆ **De·monst·ra·ti·on** [-ˈtsi̯oːn] *die*; -, *-en*; eine Versammlung von Menschen im Freien, die öffentlich ihre Meinung zeigen wollen: *eine Demonstration gegen Atomkraftwerke* || K-: ***Demonstrations-, -recht*** || *hierzu* **de·monst·rie·ren** *(hat)*

de·monst·ra·tiv [-f] *Adj*; *geschr*; so deutlich, dass jeder die Absicht oder Einstellung sieht: *Die Opposition verließ demonstrativ den Parlamentssaal*

De·mut *die*; -; *nur Sg*; das völlige Fehlen von persönlichem Stolz, die Einstellung, dass man Unglück, Leid *o.Ä.* ertragen muss, ohne zu klagen: *Schicksalsschläge in Demut ertragen* || *hierzu* **de·mü·tig** *Adj*

de·mü·ti·gen; *demütigte, hat gedemütigt*; ***j-n demütigen*** j-n so behandeln, dass er in seiner Würde und in seinem Stolz verletzt wird ≈ erniedrigen: *j-n demütigen, indem man ihn vor den Kollegen lächerlich macht* || *hierzu* **De·mü·ti·gung** *die*

den *Akk von* ***der***; ↑ ***der***

den·ken; *dachte, hat gedacht* **1 (*etwas*) *denken*** mit dem Verstand arbeiten, Ideen entwickeln ≈ überlegen ⟨klar, logisch denken; abstraktes, analytisches Denken⟩: „*Das ist aber seltsam*“, *dachte sie* || K-: ***Denk-, -fehler, -prozess*** **2 (*etwas*) *denken*** vermuten, wie j-d / etwas vielleicht ist oder sein wird ≈ glauben (1): *Ich denke*, dass *es funktionieren wird* **3 *etwas von j-m denken*** glauben, dass j-d bestimmte (charakterliche) Eigenschaften hat: *Er denkt nichts Gutes von mir* **4 *sich*** (*Dat*) ***etwas*** (***irgendwie***) ***denken*** sich ein Bild davon machen, wie j-d / etwas ist, sein könnte oder sein wird ≈ sich etwas vorstellen: *Ich hätte mir gleich denken können*, dass *sie protestiert* **5 *irgendwie über j-n / etwas denken*** eine eigene Meinung von j-m / etwas haben: *Wie denkt er über mich?* **6 *an j-n / etwas denken*** sich an j-n / etwas erinnern, j-n / etwas nicht vergessen: *Wie nett, dass du an meinen Geburtstag gedacht hast* **7 *an j-n / etwas denken*** sein Interesse, seine Gedanken auf j-n / etwas (*bes* auf j-s Bedürfnisse) konzentrieren: *Er ist sehr egoistisch und denkt immer nur an sich selbst* **8 (*daran*) *denken* + *zu*** + *Infinitiv* die Absicht haben, etwas zu tun, etwas tun wollen: *Sie denkt daran, ihr Geschäft zu verkaufen* || ID ***sich*** (*Dat*) ***nichts*** (***weiter / Böses***) ***bei etwas denken*** keine böse Absicht bei etwas haben; *meist* ***Ich denke nicht daran*** (+ ***zu*** + *Infinitiv*) ich werde das auf keinen Fall tun: *Ich denke nicht daran, ihr zu helfen*

Denk·mal *das*; *-s, Denk·mä·ler / geschr selten -e* **1** eine Figur aus Stein oder Metall, die auf einem öffentlichen Platz an eine Persönlichkeit oder an ein wichtiges Ereignis erinnern soll ≈ Monument ⟨j-m ein Denkmal setzen⟩ || -K: ***Beethoven-, Grab-*** **2** ein Werk, das als Zeugnis einer alten Kultur wertvoll ist: *Das Nibelungenlied ist ein Denkmal der deutschen Literatur* || -K: ***Kultur-, Natur-, Sprach-***

Denk·wei·se *die*; *meist Sg* **1** die Art und Weise, wie j-d denkt (1) **2** die geistige Haltung, die man gegenüber j-m oder einer Sache hat ≈ Gesinnung ⟨eine fortschrittliche, konservative Denkweise⟩

◆ **denn**[1] *Konjunktion*; leitet einen Satz ein, in dem eine Ursache oder Begründung genannt wird ≈ weil: *Fahr vorsichtig, denn die Straßen sind glatt* || Hinweis: Wortstellung wie im Hauptsatz

◆ **denn**[2] *Partikel*; *unbetont* **1** verwendet, um eine Frage natürlicher klingen zu lassen: *Wie gehts dir denn?* **2** verwendet um Fragen oder Ausrufe zu verstärken: *Geht das denn wirklich?* **3** verwendet in Frage- und

Aussagesätzen, um Ungeduld oder einen Vorwurf auszudrücken: *Was macht ihr denn so lange?*

den·noch *Adv* ≈ trotzdem: *Die Arbeit war schwer, dennoch hatte ich Spaß daran*

De·pres·si·on [-'sioːn] *die*; -, *-en* **1** *meist Pl*; ein Zustand, in dem man (*oft* ohne richtigen Grund) längere Zeit traurig und unfähig ist, etwas zu tun: *Er leidet unter schweren Depressionen* **2** *Ökon*; ein Rückgang oder schlechter Zustand der Wirtschaft ≈ Wirtschaftskrise

de·pri·mie·ren; *deprimierte, hat deprimiert*; ***etwas deprimiert j-n*** etwas macht j-n traurig, nimmt ihm den Mut und die Hoffnung ⟨deprimiert aussehen⟩

◆ **der**[1], *die, das*; *bestimmter Artikel* **1** verwendet vor Substantiven, die etwas Einzelnes bezeichnen: *die Erde, der Mond, die UNO usw*; *Sie wohnt in der Bahnhofsstraße* **2** verwendet vor Substantiven, die im Gespräch, Text *o.Ä.* bereits (*meist* mit dem unbestimmten Artikel) erwähnt wurden: *Ein Mann und eine Frau standen vor der Tür. Der Mann war groß, …* **3** verwendet vor abstrakten Begriffen, wenn sie verwendet werden, um etwas allgemein zu fassen: *die Jugend, das Leben* **4** verwendet als Teil von geographischen Namen (der Seen, Gebirge *usw*) und einigen Ländernamen: *die Alpen, der Bodensee, die Türkei*, aber: *Frankreich, Spanien* **5** verwendet vor Substantiven, die eine ganze Gattung bezeichnen (und damit auch jeden einzelnen Vertreter dieser Gattung): *Der Mensch* (= jeder Mensch) *ist sterblich* **6** verwendet, um aus anderen Wortarten Substantive zu bilden: *das Wandern, die Mutigen* || ↑ *Anhang 3*: ***Artikel***

der[2], *die, das*; *Relativpronomen*; verwendet, um einen Nebensatz einzuleiten und sich dabei auf ein vorher genanntes Substantiv oder Pronomen zu beziehen: *das Buch, das er gelesen hat*; *Das sind die Freundinnen, mit denen ich mich gestern getroffen habe*

der[3], *die, das*; *Demonstrativpronomen* **1** *attr*; *betont*; verwendet, um ausdrücklich auf eine Person / Sache hinzuweisen, *meist* um sie von einer anderen Person / Sache abzuheben ≈ dieser, diese, dieses: *Gerade an dem Tag kann ich nicht zu dir kommen* **2** verwendet wie ein Substantiv, wenn man ein genanntes Substantiv nicht wiederholen will: *„Was hältst du von meinem Vorschlag?“ – „Den finde ich gut“* **3** ***das*** wie ein Substantiv verwendet, um sich (zusammenfassend) auf einen bereits erwähnten Satz oder Text zu beziehen: *Gestern war ich in den Bergen. Das war herrlich*

der·art *Adv*; so sehr, in solch hohem Maß: *Er war derart aufgeregt, dass er anfing zu stottern*

der·ar·ti·g- *Adj*; *nicht adv* ≈ solch-: *Derartige Beobachtungen habe ich nicht gemacht*

derb *Adj* **1** nicht so, wie es Takt und Anstand fordern ≈ anstößig ⟨Witze, Sprüche⟩ **2** zu kräftig, heftig ≈ grob (3): *j-n derb an der Schulter packen* **3** einfach, fest und gut haltbar ↔ fein ⟨Leder, Stoffe, Schuhe, Kleidung⟩: *Kartoffelsäcke aus derbem Leinen* || *hierzu* **Derb·heit** *die*

der·je·ni·ge, *diejenige, dasjenige*; *Demonstrativpronomen* **1** wie ein Substantiv verwendet, um mit besonderer Betonung auf eine Person oder Sache hinzuweisen: *Derjenige, der die Fensterscheibe eingeschlagen hat, kann was erleben!* **2** wie ein attributives Adjektiv verwendet, wenn das folgende Substantiv dann näher bestimmt wird: *Diejenigen Schüler, die an dem Kurs teilnehmen wollen, sollen sich im Sekretariat melden* || Hinweis: nur verwendet, wenn darauf ein Relativsatz folgt

der·ma·ßen *Adv*; in so hohem Maße, so (sehr): *Er ist dermaßen eingebildet, dass er niemals als Erster grüßt*

◆ **der·sel·be**, *dieselbe, dasselbe*; *Demonstrativpronomen*; verwendet, um auszudrücken, dass es sich bei j-m / etwas um die gleiche Person / Sache handelt: *Das ist doch dieselbe Person wie auf dem Foto*

der·zeit *Adv*; in der Gegenwart ≈ zurzeit, heute

◆ **des·halb** *Adv*; aus diesem Grund ≈ daher: *Sie kann sehr gut singen und will deshalb Sängerin werden*

Des·sert [dɛ'seːɐ̯] *das*; *-s, -s* ≈ Nachspeise

◆ **des·to** *Konjunktion* ≈ umso || Hinweis: ↑ ***je***

◆ **des·we·gen** *Adv*; aus diesem Grund ≈ deshalb

De·tail [de'tai̯] *das*; *-s, -s*; *geschr* ≈ Einzelheit ⟨etwas bis ins kleinste Detail beschreiben, erzählen⟩: *Der Zeuge konnte sich an alle Details des Unfalls erinnern* || K-: ***Detail-, -kenntnisse*** || *hierzu* **de·tail·liert** *Adj*

deu·ten; *deutete, hat gedeutet* **1** ***etwas*** **(*****als etwas*** **/** ***irgendwie*****)** ***deuten*** etwas, dessen Sinn nicht sofort klar ist, erklären ≈ interpretieren ⟨einen Traum, ein Gedicht deuten⟩: *j-s Schweigen als Zustimmung deuten* **2** **(*****mit etwas*****)** ***auf j-n*** **/** ***etwas, irgendwohin deuten*** (*meist* mit dem Finger) auf j-n / etwas, in eine Richtung zeigen:

Ich sah den Vogel erst, als sie mit dem Finger auf ihn deutete || *zu* **1 Deu·tung** *die*; **deut·bar** *Adj*

◆**deut·lich** *Adj* **1** gut zu erkennen ⟨eine Ahnung, ein Gefühl; etwas deutlich fühlen, hören, sehen (können)⟩ **2** ⟨eine Aussprache, eine Schrift⟩ so klar und genau, dass man sie gut verstehen, sehen oder hören kann: *Kannst du etwas deutlicher schreiben?* **3** so, dass man es nicht falsch verstehen kann ≈ eindeutig ⟨ein Hinweis, ein Wink⟩: *Ich habe ihm dazu deutlich meine Meinung gesagt* || *hierzu* **Deut·lich·keit** *die*

deutsch *Adj* **1** zu Deutschland und seinen Bürgern gehörig ⟨die Geschichte, der Staat, die Staatsangehörigkeit⟩: *die deutschen Dichter und Denker* **2** in der Sprache, die in Deutschland, Österreich und in Teilen der Schweiz gesprochen wird ⟨deutsch (mit j-m) sprechen; sich deutsch unterhalten⟩: *die deutsche Übersetzung der Werke Shakespeares* || Hinweis: aber: *etwas auf Deutsch sagen* (großgeschrieben) || ID ***mit j-m deutsch reden*** *gespr*; j-m offen und direkt seine Meinung sagen, ohne ihn dabei zu schonen || *zu* **2 deutsch·spra·chig** *Adj*

Deutsch *(das)*; *-(s)*; *nur Sg* **1** *ohne Artikel*; die deutsche Sprache ⟨Deutsch lernen, verstehen; (kein) Deutsch sprechen; etwas auf Deutsch sagen; sich (mit j-m) auf Deutsch unterhalten⟩: *Meine französische Freundin spricht fließend Deutsch*; *Was heißt denn das auf Deutsch?* || K-: ***Deutsch-, -kenntnisse, -unterricht*** || Hinweis: *oft* mit unbestimmtem Artikel verwendet, wenn man die Art beschreibt, wie j-d Deutsch (1) spricht: *(ein) akzentfreies, gutes Deutsch sprechen* **2** *mit Artikel*; verwendet, um auf einen besonderen Gebrauch der deutschen Sprache hinzuweisen: *das Deutsch der Juristen* || -K: ***Amts-, Zeitungs-*** || Hinweis: Die Komposita werden *meist* ohne Artikel verwendet **3** *ohne Artikel*; die deutsche Sprache und Literatur als Fach in der Schule ⟨Deutsch geben, unterrichten⟩ || K-: ***Deutsch-, -lehrer, -stunde***

Deut·sche[1] *der / die*; *-n, -n*; j-d, der die deutsche Staatsangehörigkeit hat

Deut·sche[2] *das*; *-n*; *nur Sg*; die deutsche Sprache ⟨etwas ins Deutsche, aus dem Deutschen übersetzen⟩

Deutsch·land *(das)*; *-s*; *nur Sg*; der Staat mitten in Europa, in dem die Deutschen leben: *im heutigen Deutschland* || -K: ***Nord-, Ost-, Süd-, West-***

De·vi·sen [-v-] *die*; *Pl*; Geld *o.Ä.* in einer anderen (ausländischen) Währung: *Touristen bringen Devisen ins Land* || K-: ***Devisen-, -einnahmen, -handel***

De·zem·ber *der*; *-(s), -*; *meist Sg*; der zwölfte Monat des Jahres; *Abk* Dez. ⟨im Dezember; Anfang, Mitte, Ende Dezember; am 1. Dezember⟩

de·zent *Adj* **1** unauffällig, aber mit viel Geschmack ⟨Farben, Kleidung, Musik⟩: *Sie ist dezent geschminkt* **2** zurückhaltend und taktvoll ⟨ein Auftreten, ein Hinweis⟩

d. h. *Abk für* das heißt

Dia *das*; *-s, -s*; ein kleines, durchsichtiges Foto (in einem Rahmen), das man als großes Bild an die Wand projizieren kann ⟨Dias zeigen, vorführen⟩ || K-: ***Dia-, -film, -projektor***

Di·ag·no·se *die*; *-, -n*; *Med*; die Feststellung eines Arztes, welche Krankheit der Patient hat ⟨eine Diagnose stellen⟩ || *hierzu* **di·ag·nos·ti·zie·ren** *(hat)*

Di·a·lekt *der*; *-(e)s, -e*; die Form einer Sprache, aus der man die (geographische) Herkunft des Sprechers erkennen kann ≈ Mundart ⟨der bayerische, hessische Dialekt⟩: *schwäbischen Dialekt sprechen* || K-: ***Dialekt-, -ausdruck, -forschung*** || *hierzu* **di·a·lekt·frei** *Adj*

Di·a·log *der*; *-(e)s, -e* **1** *geschr*; ein Gespräch zwischen zwei oder mehreren Personen ↔ Monolog ⟨einen Dialog führen⟩ **2** alle Gespräche in einem Film, Theaterstück

Di·a·mant *der*; *-en, -en*; ein kostbarer Edelstein, den man *bes* als Schmuck und zum Schneiden von hartem Material verwendet || K-: ***Diamant-, -schmuck***

◆**Di·ät** *die*; *-, -en*; *meist Sg* **1** eine spezielle Nahrung, die ein Kranker bekommt und die *z.B.* wenig Salz oder Fett enthält ⟨j-n auf Diät setzen; Diät halten (müssen)⟩ || K-: ***Diät-, -kost*** || -K: ***Kranken-*** **2** eine Art Kur, während der man wenig isst, um an Gewicht zu verlieren ⟨eine Diät machen⟩

dich[1] *Personalpronomen der 2. Person Sg (du), Akkusativ*; ↑ *Anhang 4*: ***Personalpronomen***

dich[2] *Reflexivpronomen der 2. Person Sg (du), Akkusativ*; ↑ *Anhang 8*: ***Reflexivpronomen***

◆**dicht**, *dichter, dichtest-*; *Adj* **1** mit wenig Platz zwischen den einzelnen Teilen, Personen oder Dingen ⟨Gestrüpp, Gewühl; dicht behaart, dicht gedrängt⟩: *Morgens herrscht auf den Straßen dichter Verkehr* **2** so, dass man kaum oder überhaupt nicht hindurchsehen kann ⟨Nebel, Rauch, ein Schneetreiben, eine Wolkendecke⟩ **3** so, dass Luft oder Wasser nicht

D

durchdringen können ≈ undurchlässig: *Ist das Boot / das Dach dicht?* || -K: ***luft-, schall-, wasser-*** **4** ***dicht an / hinter / bei etwas*** (*Dat*) nahe bei etwas

dịch·ten[1]; *dichtete, hat gedichtet*; **(*etwas*) (*über j-n / etwas*) *dichten*** in literarischer Form, *bes* in Versen, (darüber) schreiben ⟨eine Ballade dichten⟩

dịch·ten[2]; *dichtete, hat gedichtet*; ***etwas dichten*** etwas dicht (3) machen ≈ abdichten ⟨Fugen, ein Leck dichten⟩

◆ **Dịch·ter** *der*; *-s, -*; j-d, der literarische Werke schreibt, *bes* Dramen und Gedichte: *Goethe war ein großer Dichter* || K-: ***Dichter-, -lesung*** || Hinweis: Autoren, die Romane *o.Ä.* schreiben, nennt man in der Regel *Schriftsteller* || *hierzu* **Dịch·te·rin** *die*; -, *-nen*

Dịch·tung[1] *die*; -, *-en* **1** ein literarisches Werk (*z.B.* ein Gedicht oder ein Theaterstück) **2** *nur Sg*; alle literarischen Werke zusammen: *die Dichtung des Barock*

Dịch·tung[2] *die*; -, *-en*; ein Ring aus Gummi *o.Ä.*, der *bes* Rohre oder Schläuche dicht (3) miteinander verbindet: *Der Wasserhahn tropft, weil die Dichtung kaputt ist*

◆ **dịck** *Adj* **1** mit relativ großem Querschnitt ↔ dünn: *ein dicker Ast, ein Brot dick mit Wurst belegen* **2** verwendet nach Zahlwörtern, um die Größe des Durchmessers anzugeben: *eine zehn Zentimeter dicke Mauer* || -K: ***finger-, meter-*** **3** mit (zu) viel Fett am Körper ↔ schlank: *Iss nicht so viel Süßigkeiten, das macht dick!* || ID ***mit j-m durch dick und dünn gehen*** in allen Situationen j-s Freund sein und ihn nie verlassen || *zu* **2 Dị·cke** *die*; -; *zu* **3 Dị·cke** *der / die*

◆ **die** ↑ ***der***

◆ **Dieb** *der*; *-(e)s, -e*; j-d, der anderen etwas stiehlt ⟨einen Dieb fassen, auf frischer Tat ertappen⟩: *Haltet den Dieb!* || K-: ***Diebes-, -bande, -beute*** || -K: ***Auto-, Laden-*** || *hierzu* **Die·bin** *die*; -, *-nen*

Dieb·stahl *der*; *-(e)s, Dieb·stäh·le*; das verbotene Nehmen (Stehlen) von Dingen, die anderen gehören ⟨einen Diebstahl begehen; j-n wegen Diebstahls anzeigen, verurteilen⟩ || -K: ***Auto-, Laden-***

◆ **die·nen**; *diente, hat gedient* **1** ***etwas dient etwas*** (*Dat*) etwas fördert etwas, nützt einer Sache: *Die Fortschritte in der Medizin dienen der Gesundheit der Menschen* **2** ***etwas dient*** (***j-m***) ***als / zu etwas*** etwas wird von j-m zu einem bestimmten Zweck benutzt: *Die Schere dient mir auch als Brieföffner* **3** ***j-m / etwas dienen*** *geschr*; für j-n / etwas tätig sein und sich für ihn / es sehr einsetzen: *Sie haben der Firma viele Jahre* (*treu*) *gedient*

Die·ner *der*; *-s, -*; j-d, der in einem privaten Haushalt gegen Lohn arbeitet und andere Personen (*z.B.* beim Essen) bedient || *hierzu* **Die·ne·rin** *die*; -, *-nen*

Dienst *der*; *-(e)s, -e* **1** *nur Sg*; die Arbeit eines Beamten, Soldaten, Arztes *o.Ä.* ⟨den / zum Dienst antreten; im / außer Dienst sein; Dienst haben, tun⟩: *zu spät zum Dienst kommen*; *Hast du morgen Dienst?* || K-: ***Dienst-, -grad, -leistung, -reise, -schluss, -stelle*** || -K: ***Nacht-*** **2** etwas, das man für j-d anderen tut, um ihm zu helfen *o.Ä.* ⟨j-m / etwas einen guten, großen Dienst erweisen, leisten⟩ || -K: ***Freundschafts-*** **3** der persönliche Einsatz für eine gute Sache: *Sie stellte sich in den Dienst der Allgemeinheit* **4** ***etwas tut seinen Dienst / seine Dienste*** etwas funktioniert: *Das Fahrrad ist zwar alt, aber es tut noch seinen Dienst* **5** ***etwas tut / leistet j-m gute Dienste*** etwas ist j-m nützlich: *Im Urlaub leistete ihr dieses Buch gute Dienste* || *zu* **1 dienst·lich** *Adj*

Diens·tag *der*; der zweite Tag der Woche; *Abk* Di ⟨am Dienstag; letzten, diesen, nächsten Dienstag; Dienstag früh⟩ || K-: ***Dienstag-, -abend, -mittag*** *usw*

dies ≈ dieses || ↑ ***dieser***

die·se ↑ ***dieser***

die·sẹl·be ↑ ***derselbe***

◆ **die·ser**, *diese, dieses*; *Demonstrativpronomen* **1** verwendet, um deutlich zu machen, welche Person oder Sache der Sprecher meint: *Dieses Kleid gefällt mir gut* **2** verwendet, um etwas Bekanntes wieder zu erwähnen: *Dieser Fall liegt schon Jahre zurück* **3** verwendet, um die Zeit zu bezeichnen, in der man sich gerade befindet: *Dieses Jahr / diesen Monat / diese Woche wollen wir fertig sein* **4** **dies**(**es**) wie ein Substantiv verwendet, um sich (zusammenfassend) auf einen schon erwähnten Satz oder Text zu beziehen: *Er half uns bei der Arbeit. Dies war für uns von großem Nutzen*

◆ **dies·mal** *Adv*; bei dieser Gelegenheit, in diesem Fall: *Diesmal machen wir es richtig*

Dif·fe·rẹnz *die*; -, *-en* **1** ein Unterschied (zwischen Personen / Dingen) *geschr* ≈ Unterschied: *Es bestehen erhebliche Differenzen hinsichtlich der Qualität der Arbeiten* || -K: ***Preis-, Zeit-*** **2** ***die Differenz*** (***von / zwischen etwas*** (*Dat*) ***und etwas*** (*Dat*)) *Math*; das Ergebnis einer Subtraktion: *Die Differenz von / zwischen 18 und 14 ist 4* **3** *meist Pl*; ***Differenzen*** (***über etwas*** (*Akk*)) (***zwischen*** ⟨Personen⟩) ≈ Streit(igkeiten): *Über das Thema „Kinder-*

erziehung" kam es zu ernsthaften Differenzen zwischen ihnen

dif·fe·rie·ren; *differierten, haben differiert*; *geschr*; ⟨Ansichten, Meinungen, Ziele *o.Ä.*⟩ ***differieren*** (***voneinander***) Ansichten, Meinungen, Ziele unterscheiden sich, sind voneinander verschieden

Dik·tat *das*; *-(e)s, -e* **1** ein Text, den Schüler hören und dann aufschreiben müssen, damit sie richtig schreiben lernen ⟨ein Diktat geben, schreiben⟩: *Sie hat nur zwei Fehler im Diktat* **2** *nur Sg*; das Diktieren ⟨etwas nach Diktat schreiben⟩: *die Sekretärin zum Diktat rufen*

Dik·ta·tur *die*; *-, -en*; *Pol*; eine Form der Herrschaft, in der ein Mensch (oder eine Gruppe) die absolute Macht hat und keine Gegner duldet || -K: ***Militär-*** || *hierzu* **Dik·ta·tor** *der*

dik·tie·ren; *diktierte, hat diktiert*; (***j-m***) (***etwas***) ***diktieren*** einen Text langsam und deutlich sprechen, damit j-d ihn (mit-) schreiben kann: *der Sekretärin einen Brief diktieren*

Di·lem·ma *das*; *-s, -s*; eine Situation, in der man sich zwischen zwei schwierigen oder unangenehmen Möglichkeiten entscheiden muss ⟨in ein Dilemma geraten; sich in einem Dilemma befinden⟩

Di·men·si·on [-'zioːn] *die*; *-, -en* **1** *nur Pl*; *geschr*; die Größe eines Gegenstands ≈ Ausdehnung: *ein Gebäudekomplex von gewaltigen Dimensionen* **2** *nur Pl*; *geschr* ≈ Ausmaß, Umfang (3): *Die Pest hat im Mittelalter ungeheure Dimensionen angenommen* **3** *Math, Phys*; die Länge, Breite oder Höhe von etwas: *Eine Fläche hat zwei, ein Körper hat drei Dimensionen*

DIN [diːn] *nur Sg*; (*Abk für* Deutsches Institut für Normung) verwendet in Verbindung mit einer Nummer, um eine Norm zu bezeichnen (*z.B.* eine genormte Größe): *DIN A4, DIN-A4-Blatt*

◆ **Ding** *das*; *-(e)s, -e / gespr -er* **1** (*Pl Dinge*) *meist Pl*; ein Gegenstand oder eine Sache, die nicht genauer bezeichnet werden: *Sie hat auf die Reise nur die wichtigsten Dinge mitgenommen* **2** (*Pl Dinger*) *gespr*; ein Gegenstand, den man nicht kennt und deshalb nicht bezeichnen kann, oder ein Gegenstand, den man nicht mag: *Für diese hässlichen Dinger hast du so viel Geld bezahlt?* **3** (*Pl Dinge*) *nur Pl*; Themen, die j-n betreffen ≈ Angelegenheiten ⟨private, öffentliche, schulische Dinge⟩: *Wir mussten noch einige wichtige Dinge besprechen* || ID ***vor allen Dingen*** vor allem; ***guter Dinge sein*** fröhlich, optimistisch sein; ***über den Dingen stehen*** sich von (den alltäglichen) Schwierigkeiten nicht stören lassen, immer ruhig sein und alles unter Kontrolle haben

Dip·lom *das*; *-s, -e* **1** eine Urkunde, die ein Student oder Handwerker am Schluss nach seiner bestandenen Prüfung bekommt **2** ein akademischer Rang, den man erreicht, wenn man seine letzte Prüfung an der Universität oder Fachhochschule bestanden hat; *Abk* Dipl.: *sein Diplom machen* || K-: ***Diplom-, -ingenieur***

Dip·lo·mat *der*; *-en, -en* **1** j-d, der einen Staat offiziell im Ausland vertritt || K-: ***Diplomaten-, -laufbahn, -pass*** **2** j-d, der klug und taktvoll mit anderen Menschen umgeht || *hierzu* **Dip·lo·ma·tin** *die*; *-, -nen*

dip·lo·ma·tisch *Adj* **1** *nur attr oder adv*; die offiziellen Beziehungen zwischen Staaten betreffend: *diplomatische Beziehungen aufnehmen* **2** klug und (taktisch) geschickt: *Es war nicht sehr diplomatisch von dir, ihm so direkt deine Meinung zu sagen*

dir[1] *Personalpronomen der 2. Person Sg* (*du*), *Dativ*: *Sie gibt dir das Geld*; ↑ *Anhang 4*: ***Personalpronomen***

dir[2] *Reflexivpronomen der 2. Person Sg* (*du*), *Dativ*: *Kannst du dir das vorstellen?*; ↑ *Anhang 8*: ***Reflexivpronomen***

◆ **di·rekt**[1], *direkter, direktest-*; *Adj* **1** *nur attr oder adv*; auf dem kürzesten Weg zu einem Ort ≈ ohne Umweg: *Diese Straße geht direkt zum Bahnhof* || K-: ***Direkt-, -flug*** **2** ***direkt*** + *Präposition* + *Subst* ganz nahe bei der genannten Person / dem genannten Ort: *Sie stand direkt neben ihm* **3** *nur attr oder adv*; ***direkt*** + *Präposition* + *Subst* (zeitlich) sofort nach / vor etwas: *Ich gehe direkt nach der Arbeit nach Hause* **4** *nur attr oder adv*; ohne den Umweg über eine Person oder Institution ⟨sich direkt an j-n wenden⟩: *Ich möchte direkt mit dem Chef sprechen* || K-: ***Direkt-, -bezug, -verkauf*** **5** nicht sehr höflich, vorsichtig oder diskret ≈ offen (8) ⟨j-m eine direkte Frage stellen; j-m etwas direkt ins Gesicht sagen⟩ || *zu* **5** **Di·rekt·heit** *die*

◆ **di·rekt**[2] *Partikel*; *unbetont* **1** verwendet, wenn man etwas nicht erwartet hätte ≈ wirklich: *Diese Arbeit hat mir direkt Spaß gemacht* **2** verwendet, um auszudrücken, dass man etwas tun sollte ≈ eigentlich: *Wir müssten ihn direkt warnen*

Di·rek·tor *der*; *-s, Di·rek·to·ren*; der Leiter einer Schule, einer anderen Institution oder Firma ⟨ein kaufmännischer, technischer Direktor⟩ || -K: ***Museums-,***

Schul- || *hierzu* **Di·rek·to·rin** *die*; -, *-nen*

Di·ri·gent *der*; *-en*, *-en*; j-d, der ein Orchester oder einen Chor dirigiert || K-: ***Dirigenten-, -pult, -stab***

di·ri·gie·ren; *dirigierte, hat dirigiert*; ***etwas dirigieren*** einen Chor, ein Orchester (durch Zeichen, Bewegungen der Arme) führen

◆ **Dis·ket·te** *die*; -, *-n*; *EDV*; eine Art Karte, auf der man Daten speichert und die man aus dem Computer nehmen kann ⟨etwas auf Diskette speichern; eine neue Diskette einlegen⟩ || K-: ***Disketten-, -laufwerk*** || *zu* ***Diskettenlaufwerk*** ↑ *Illustration* ***Am Schreibtisch***

◆ **Dis·ko** *die*; -, *-s*; *gespr*; *Kurzwort* ↑ ***Diskothek*** ⟨in die Disko gehen⟩

◆ **Dis·ko·thek** *die*; -, *-en*; ein Lokal, in dem moderne Tanzmusik (*meist* von Schallplatten, CDs) gespielt wird

dis·kret; *diskreter, diskretest-*; *Adj*; mit Rücksicht und Takt, *bes* bei Dingen, die geheim oder unangenehm sind ↔ indiskret

dis·kri·mi·nie·ren; *diskriminierte, hat diskriminiert*; ***j-n diskriminieren*** j-n wegen seiner Nationalität, Rasse, Religion *o.Ä.* schlechter behandeln als andere ≈ benachteiligen || *hierzu* **Dis·kri·mi·nie·rung** *die*

◆ **Dis·kus·si·on** [-ˈsi̯oːn] *die*; -, *-en* **1** ***eine Diskussion*** (***über etwas*** (*Akk*)) ein Gespräch über ein Problem oder Thema, über das es verschiedene Meinungen gibt ≈ Aussprache ⟨eine lebhafte, öffentliche Diskussion; die Diskussion eröffnen, beenden; eine Diskussion (über etwas (*Akk*)) führen⟩ || K-: ***Diskussions-, -beitrag, -teilnehmer*** || -K: ***Fernseh-*** **2** ***etwas zur Diskussion stellen*** andere auffordern, offen über etwas zu reden

◆ **dis·ku·tie·ren**; *diskutierte, hat diskutiert* **1** ***j-d diskutiert mit j-m*** (***über etwas*** (*Akk*)); ⟨Personen⟩ ***diskutieren*** (***über etwas*** (*Akk*)) zwei oder mehrere Personen sprechen offen und sachlich über ein Thema, ein Problem: *über Politik diskutieren* **2** ⟨ein Ausschuss *o.Ä.*⟩ ***diskutiert etwas*** eine Gruppe von Personen spricht offen über ein Thema, zu dem es verschiedene Meinungen gibt: *einen Vorschlag, ein Problem diskutieren*

Dis·ser·ta·ti·on [-ˈtsi̯oːn] *die*; -, *-en*; ***eine Dissertation*** (***über etwas*** (*Akk*) / ***zu etwas***) eine wissenschaftliche Arbeit, die man schreiben muss, um den Doktortitel zu bekommen ≈ Doktorarbeit ⟨eine Dissertation schreiben, einreichen⟩

Dis·tanz *die*; -, *-en*; *geschr* **1** ***die Distanz*** (***zwischen j-m / etwas und j-m / etwas***) die räumliche Entfernung zwischen zwei Personen / Orten oder Punkten ≈ Abstand: *Aus dieser Distanz kann ich nichts erkennen* **2** *nur Sg*; ***Distanz*** (***zu j-m***) eine Haltung, bei der man wenig Gefühle für j-n zeigt und nur wenig Kontakt zu ihm hat ⟨Distanz (zu j-m) halten, wahren; auf Distanz (zu j-m) bleiben, gehen⟩

Dis·zip·lin *die*; -; *nur Sg* **1** ≈ Ordnung (*bes* innerhalb einer Gemeinschaft *bzw* von Schülern, Soldaten) ⟨äußerste, strenge Disziplin, wenig Disziplin haben; gegen die Disziplin verstoßen⟩ || -K: ***Partei-*** **2** strenge Kontrolle des eigenen Tuns ⟨etwas erfordert, verlangt eiserne Disziplin⟩: *Er hat nicht genug Disziplin, um sein Studium durchzuhalten* || -K: ***Selbst-***

di·vi·die·ren [-v-]; *dividierte, hat dividiert*; (***eine Zahl durch eine Zahl***) ***dividieren*** *Math*; berechnen, wie oft eine (*meist*) kleinere Zahl in einer anderen Zahl enthalten ist ≈ teilen (4): *Sechs dividiert durch zwei ist (gleich) drei (6:2=3)*

◆ **doch**[1] *Konjunktion*; leitet einen Teilsatz ein, der das Gegenteil zum vorher Gesagten ausdrückt: *Er tat alles, um rechtzeitig fertig zu sein, doch es gelang ihm nicht*

◆ **doch**[2] *Adv* **1** trotz des genannten Sachverhalts ≈ dennoch, trotzdem: *Er sagte, er würde es ihr nicht verraten, aber er hat es doch getan* || Hinweis: In diesem Sinn wird *doch* immer betont **2** verwendet, um eine negative Aussage oder eine verneinte Frage im positiven Sinne zu beantworten: *„Stimmt das etwa nicht?“ – „Doch!“*

◆ **doch**[3] *Partikel*; *unbetont* **1** verwendet, um Aussagen und Wünsche zu verstärken: *Sie ist doch kein Kind mehr!* **2** verwendet, wenn man betont, dass man etwas weiß oder sich an etwas erinnert: *Das war doch so, oder?* **3** verwendet in Fragen, wenn man die Sorge hat, dass etwas nicht gelingt: *Das schaffst du doch hoffentlich?* **4** verwendet (in Ausrufesätzen), um Überraschung, Empörung *o.Ä.* auszudrücken: *Das gibts doch gar nicht*

◆ **Dok·tor** [-toːɐ̯, -tɐ] *der*; *-s*, *Dok·to·ren* **1** *gespr*; die Anrede oder Bezeichnung für einen Arzt ⟨einen Doktor brauchen; zum Doktor gehen⟩ **2** *nur Sg*; ein akademischer Grad und Titel; *Abk* Dr.: *Er ist Doktor der Biologie* (= hat einen Doktortitel in Biologie); *Herr / Frau Dr. Baumann* || K-: ***Doktor-, -arbeit, -titel***

Do·ku·ment *das*; *-(e)s*, *-e* **1** ein offizielles Papier von einer Behörde (*z.B.* der Personalausweis, der Pass, die Geburtsurkunde) ≈ Urkunde: *Wenn man heiraten will, muss man mehrere Dokumente vorlegen* **2** ein Text oder ein Gegenstand, der als (historischer) Beweis dient ≈ Zeugnis (4) ⟨ein historisches Dokument⟩: *Die alten Namen sind für Historiker wichtige Dokumente* || -K: ***Bild-, Zeit-***

Dol·met·scher *der*; *-s, -*; j-d, der etwas Gesprochenes aus einer Sprache in eine andere übersetzt: *als Dolmetscher beim Europaparlament arbeiten* || -K: ***Konferenz-, Simultan-*** || *hierzu* **Dol·met·sche·rin** *die*; *-, -nen*

Dom *der*; *-(e)s, -e*; eine große Kirche, *meist* die Kirche eines Bischofs: *der Kölner Dom*; *der Mailänder Dom*

do·mi·nie·ren; *dominierte, hat dominiert*; *geschr* **1** ***(j-n / etwas) dominieren*** über j-s Handeln / den Ablauf von etwas bestimmen ≈ beherrschen: *den Ehepartner dominieren*; *eine dominierende Stellung haben* **2** ***etwas dominiert (etwas)*** etwas ist (irgendwo) besonders wichtig ≈ etwas herrscht vor: *In diesem Bild dominieren dunkle Farben*

Don·ner *der*; *-s, -*; *meist Sg*; das laute Geräusch, das man nach einem Blitz hört ⟨der Donner grollt, kracht⟩ || K-: ***Donner-, -grollen, -schlag*** || ID ***wie vom Donner gerührt*** starr vor Schrecken

don·nern; *donnerte, hat gedonnert* **1** ***es donnert*** es ertönt das laute Geräusch des Donners: *Es blitzt und donnert* **2** ***etwas donnert*** etwas macht ein lautes Geräusch, das dem Donner ähnlich ist ⟨Kanonen, Maschinen, Triebwerke⟩

Don·ners·tag *der*; der vierte Tag der Woche; *Abk* Do ⟨am Donnerstag; letzten, diesen, nächsten Donnerstag; Donnerstag früh⟩ || K-: ***Donnerstag-, -abend, -mittag*** *usw*

Dop·pel·punkt *der*; das Zeichen : , das im Satz vor direkter Rede, vor Aufzählungen und Beispielen steht

◆ **dop·pelt** *Adj* **1** zweimal so viel von etwas ⟨eine Menge, Ausgaben⟩ **2** ***doppelt so*** + *Adj / Adv* verwendet, um auszudrücken, dass etwas viel mehr, stärker zutrifft als sonst ⟨doppelt so oft, groß, viel, schön⟩ **3** *pej*; nicht ehrlich ⟨*meist* eine doppelte Moral, doppeltes Spiel mit j-m treiben⟩

◆ **Dorf** *das*; *-(e)s, Dör·fer*; ein kleiner Ort auf dem Land mit wenigen Häusern ↔ Stadt ⟨auf dem Dorf wohnen⟩ || K-: ***Dorf-, -bewohner, -kirche*** || -K: ***Fischer-***

Dorn *der*; *-(e)s, -en*; ein harter, spitzer Teil (Stachel), wie *z.B.* am Stiel einer Rose ⟨sich an einem Dorn stechen⟩ || K-: ***Dorn-, -busch***; ***Dornen-, -hecke*** || ID ***j-m ein Dorn im Auge sein*** j-n sehr stören, ärgern || *hierzu* **dor·nig** *Adj*

◆ **dort** *Adv*; verwendet, um darauf hinzuweisen, wo j-d / etwas ist ⟨dort drüben, hinten, oben *usw*⟩: *Die Brille liegt dort auf dem Tisch* || Hinweis: *Dort* wird *oft* mit einer Geste verbunden

dort·hin *Adv*; zu einem Ort hin

◆ **Do·se** *die*; *-, -n* **1** ein kleiner Behälter mit Deckel || -K: ***Blech-, Plastik-, Butter-, Keks-*** **2** eine Büchse aus Metall mit konservierten Lebensmitteln: *Thunfisch in Dosen* || K-: ***Dosen-, -bier, -wurst***

dö·sen; *döste, hat gedöst*; *gespr*; ruhen und dabei fast schlafen: *am Strand liegen und in der Sonne dösen*

Do·sis *die*; *-, Do·sen*; die Menge eines Medikaments, die man auf einmal (ein-) nimmt ⟨eine schwache, hohe, tödliche Dosis zu sich nehmen⟩ || -K: ***Tages-, Wochen-***

Do·zent *der*; *-en, -en*; j-d, der an einer Universität oder Hochschule lehrt (und nicht Professor ist) || *hierzu* **Do·zen·tin** *die*; *-, -nen*

Dra·che *der*; *-n, -n*; (*bes* in Märchen und Sagen) ein großes Tier mit Flügeln, Schuppen und Krallen, das Feuer spuckt

◆ **Draht** *der*; *-(e)s, Dräh·te*; eine Art Schnur aus Metall, die *z.B.* elektrischen Strom leitet ⟨einen Draht ziehen⟩ || K-: ***Draht-, -gitter, -zaun*** || -K: ***Kupfer-, Maschen-***

Dra·ma *das*; *-s, Dra·men* **1** ein Stück (in Dialogen), das im Theater gespielt wird ⟨ein Drama aufführen, inszenieren, spielen⟩: *„Hamlet" ist ein berühmtes Drama von Shakespeare* **2** *meist Sg*; ein aufregender Vorgang: *Das Drama der Kindesentführung nahm ein glückliches Ende* || -K: ***Geisel-, -drama***

dra·ma·tisch *Adj* **1** ≈ aufregend, spannend ⟨ein Wettkampf⟩: *Die Rettungsaktion verlief dramatisch* **2** *nur attr, nicht adv*; ⟨*meist* die Dichtung, die Literatur⟩ zur Gattung des Dramas gehörend

Drang *der*; *-(e)s*; *nur Sg*; ***der Drang (nach etwas)***; ***der Drang*** + ***zu*** + *Infinitiv* ein starkes Bedürfnis (nach etwas / etwas zu tun) ≈ Verlangen ⟨einen Drang verspüren; etwas aus einem Drang heraus tun⟩: *der Drang nach Freiheit* || -K: ***Bewegungs-, -drang***

drän·gen; *drängte, hat gedrängt* **1** ***j-n (irgendwohin) drängen*** j-n (*meist* indem man drückt oder schiebt) an einen Ort bewegen, ohne dass er es will ⟨j-n beiseite, hinaus, auf die Straße drängen⟩: *Die Polizisten drängten die Demonstranten in*

D

D

eine Ecke **2 *j-n* (*zu etwas*) *drängen*** energisch j-n dazu bringen wollen, dass er etwas tut: *Er drängte sie zum Verkauf des Hauses* **3 *sich irgendwohin drängen*** andere drücken oder schieben, damit man irgendwohin gelangt: *sich nach vorne drängen* **4** ⟨viele Personen⟩ ***drängen sich*** (***irgendwo***) viele Menschen stehen dicht beisammen: *Vor der Kasse drängten sich die Zuschauer* **5 *sich nach etwas drängen*** *gespr*; sich stark bemühen, etwas zu bekommen: *Er drängt sich nicht* danach, *diesen Posten* zu *übernehmen*

dran·kom·men (*ist*) *gespr* **1 *j-d kommt dran*** j-d wird (jetzt) bedient oder muss etwas tun ⟨als Erster, Nächster, Letzter drankommen⟩: *Bist du beim Arzt gleich drangekommen?* **2 *etwas kommt dran*** mit etwas wird etwas getan ⟨etwas kommt als Erstes, Nächstes, Letztes dran⟩: *Wenn die Küche geputzt ist, kommt das Bad dran*

dras·tisch *Adj*; so, dass dadurch die negativen Seiten eines Ereignisses deutlich gezeigt werden ⟨ein Beispiel, eine Schilderung; etwas drastisch darstellen, formulieren, schildern⟩: *Kinderarbeit ist ein drastischer Fall von Ausbeutung*

◆ **drau·ßen** *Adv* **1** außerhalb des Raumes, in dem man gerade ist, *meist* im Freien ↔ drinnen: *Die Kinder gehen zum Spielen nach draußen* **2** weit von bewohnten Gebieten entfernt: *draußen auf dem Meer*

Dreck *der*; *-(e)s*; *nur Sg*; *gespr*; etwas, das nicht sauber ist ⟨voller Dreck sein⟩: *Den Dreck vom Fußboden aufkehren* || -K: ***Hunde-***

dre·ckig *Adj*; *nicht adv*; *gespr*; voller Dreck ≈ schmutzig ⟨sich bei einer Arbeit dreckig machen; dreckige Hände haben⟩

◆ **dre·hen** ['dreːən]; *drehte*, *hat gedreht* **1 *j-n / etwas drehen*** j-n / etwas um sein Zentrum, um sich selbst bewegen ≈ herumdrehen, sich umdrehen: *Die Schraube sitzt so fest, dass man sie nicht mehr drehen kann*; *einen Schalter nach rechts drehen* || K-: ***Dreh-, -bewegung, -stuhl*** **2** (***an etwas*** (*Dat*)) ***drehen*** ein kleines Teil drehen (1), das zu einem größeren Gegenstand gehört: *an einem Knopf drehen*, *um das Radio lauter zu machen* **3 *etwas dreht sich um etwas*** etwas bewegt sich (*meist* in einem Kreis) um einen Punkt / eine Achse herum: *Die Erde dreht sich um die Sonne* **4** ⟨*meist* das Gespräch *o.Ä.*⟩ ***dreht sich um j-n / etwas*** man spricht über j-n / etwas: *Ihre Unterhaltung dreht sich um das Wetter*; Es *dreht sich darum*, dass *er nicht gekommen ist* **5** (***etwas***) ***drehen*** einen Film mit der Kamera aufnehmen || K-: ***Dreh-, -ort, -pause***

drei *Zahladj*; (als Ziffer) 3 || ID *meist* ***Er / Sie kann nicht bis drei zählen*** *gespr*; er / sie ist dumm || Hinweis: ↑ Beispiele unter ***vier***

Drei *die*; -, *-en* **1** die Zahl 3 **2** eine relativ gute Schulnote (auf der Skala von 1-6) ≈ befriedigend (2)

Drei·eck *das*; *-s*, *-e*; eine Fläche, die von drei geraden Linien begrenzt ist ⟨ein rechtwinkliges, gleichseitiges Dreieck⟩ || *hierzu* **drei·e·ckig** *Adj*

drei·ßig *Zahladj* **1** (als Zahl) 30 **2 *Anfang, Mitte, Ende dreißig sein*** ungefähr 30 bis 33, 34 bis 36, 37 bis 39 Jahre alt sein

drei·zehn *Zahladj*; (als Zahl) 13 || ID ***Jetzt schlägts aber dreizehn!*** *gespr*; verwendet als Ausdruck der Empörung ≈ das geht zu weit!

dres·sie·ren; *dressierte*, *hat dressiert*; ***ein Tier dressieren*** ein Tier bestimmte Dinge (*z.B.* Kunststücke) lehren: *Tiere für den Zirkus dressieren*

drin·gen; *drang*, *hat / ist gedrungen* **1 *etwas dringt irgendwohin*** (*ist*) etwas kommt (durch etwas hindurch) bis zu einer bestimmten Stelle: *Regen dringt durch das Dach* **2 *auf etwas*** (*Akk*) ***dringen*** (*hat*) fordern, dass etwas getan wird ≈ auf etwas drängen: *auf sofortige Antwort dringen* || ▸ ***Drang***

◆ **drin·gend** *Adj* **1** so, dass es sofort getan werden muss ≈ eilig ⟨Arbeiten, ein Fall⟩: *Ich muss dringend den Arzt sprechen* **2** sehr wichtig für j-n ≈ nachdrücklich ⟨eine Bitte, eine Frage; j-n dringend um etwas bitten⟩

◆ **drin·nen** *Adv*; im Haus, nicht im Freien ↔ draußen ⟨drinnen sein, bleiben, arbeiten⟩: *Draußen ist es kalt, aber hier drinnen ist es warm*

dritt *nur in* ***zu dritt*** (mit insgesamt) drei Personen

drit·t- *Zahladj* **1** *nur attr*, *nicht adv*; in einer Reihenfolge an der 3. Stelle **2** *oft Pl*; ***Dritte*** andere Personen, Länder *usw*, die nicht dazugehören: *geheime Informationen an Dritte weitergeben* || K-: ***Dritt-, -länder*** || ID ***der lachende Dritte*** j-d, der davon profitiert, dass zwei andere Personen sich streiten

Drit·tel *das*; *-s*, -; der 3. Teil von etwas: *Ein Drittel der Strecke liegt schon hinter uns*

drit·tens *Adv*; verwendet (bei einer Aufzählung) für etwas, das an 3. Stelle kommt

◆ **Dro·ge** *die*; -, *-n*; ein (*z.B.* pflanzlicher) Stoff (wie Heroin oder Kokain), der Menschen abhängig macht, die ihn (ein)nehmen ⟨von Drogen abhängig sein⟩ || K-:

Drogen-, -abhängigkeit, -rausch, -tote; ***drogen-, -süchtig***

◆**Dro·ge·rie** *die*; -, *-n* [-ˈriːən]; ein Geschäft, in dem man *bes* Mittel zur Kosmetik und Körperpflege kaufen kann

dro·hen; *drohte, hat gedroht* **1** (***j-m***) (***mit etwas***) ***drohen***; (***j-m***) ***drohen*** + ***zu*** + *Infinitiv* j-m sagen, dass man vielleicht etwas tun wird, was er fürchtet: *Sie drohte (ihrem Mann) mit der Scheidung*; *Ihr Chef drohte ihr (, sie zu entlassen)* || K-: ***Droh-, -brief*** **2** ***etwas droht*** (***j-m*** / ***etwas***) etwas kann (j-m / etwas) passieren ≈ etwas steht (j-m / etwas) bevor ⟨ein Unheil, ein Unwetter, eine drohende Gefahr⟩: *Der Firma droht der Bankrott* || *hierzu* **Dro·hung** *die*

dröh·nen; *dröhnte, hat gedröhnt*; ***etwas dröhnt*** etwas tönt lange, laut und dumpf ⟨ein Motor, eine Maschine, eine Stimme⟩ || ID *meist* ***Mir dröhnt der Kopf*** ich habe sehr starke Kopfschmerzen

Dro·hung *die*; -, *-en*; Worte oder Gesten, mit denen man eine schlimme Konsequenz ankündigt ⟨eine offene, versteckte Drohung; eine Drohung aussprechen, wahr machen⟩

◆**drü·ben** *Adv*; auf der anderen Seite ⟨da drüben; nach drüben fahren, von drüben kommen⟩: *Er war lange Zeit drüben in Kanada*; *Sie wohnt drüben auf der anderen Straßenseite*

◆**Druck**[1] *der*; *-(e)s*; *nur Sg* **1** die Kraft, mit der *bes* ein Gas oder eine Flüssigkeit (senkrecht) auf eine Fläche wirken ⟨etwas steht unter Druck⟩: *Je tiefer man taucht, desto größer wird der Druck* || K-: ***Druck-, -unterschied*** || -K: ***Luft-, Über-, Unter-*** **2** ***ein Druck*** (***auf etwas*** (*Akk*)) das Drücken (1), das Betätigen *z.B.* eines Hebels, einer Taste || -K: ***Knopf-*** **3** ein unangenehmes Gefühl im Körper, das einem Druck (1) ähnlich ist ⟨*meist* einen Druck im Kopf, im Magen haben⟩ **4** eine psychische Last oder Macht, die j-n *meist* zu etwas drängen oder zwingen ≈ Zwang ⟨j-n unter Druck setzen; unter finanziellem, seelischem Druck stehen⟩: *Die Demonstrationen verstärkten den Druck auf die Regierung* || -K: ***Leistungs-, Zeit-*** || ID ***in / unter Druck sein*** *gespr*; sehr viel zu tun und sehr wenig Zeit haben || ▸ ***drücken***

◆**Druck**[2] *der*; *-(e)s, -e* **1** *nur Sg*; eine Technik, mit der Texte, Bilder und Muster auf Papier oder Stoff übertragen werden || K-: ***Druck-, -grafik, -maschine*** || -K: ***Buch-, Farb-*** **2** *nur Sg*; das Drucken (2): *der Druck von Zeitungen* || K-: ***Druck-, -verbot*** **3** ein gedrucktes Bild, Buch oder Muster ⟨ein alter, kostbarer Druck⟩: *Das Gemälde ist nicht echt, es ist nur ein Druck* || K-: ***Druck-, -werk***

◆**dru·cken**; *druckte, hat gedruckt* **1** ***etwas*** (***auf etwas*** (*Akk*)) ***drucken*** Buchstaben, Muster oder Bilder mit mechanischen Mitteln auf Papier, Stoff *o.Ä.* bringen **2** (***etwas***) ***drucken*** Texte in großer Zahl durch Drucken (1) produzieren ⟨Bücher, Zeitungen drucken⟩

◆**drü·cken**; *drückte, hat gedrückt* **1** ***j-n / etwas irgendwohin drücken*** mit Kraft j-n / etwas irgendwohin bewegen: *einen Hebel nach unten drücken* **2** ***etwas drücken*** etwas auf ein niedrigeres Niveau bringen ⟨die Löhne, die Noten drücken⟩ **3** ***etwas drückt j-n*** etwas belastet j-n psychisch: *Sein Gewissen drückt ihn* **4** (***etwas***) ***drücken*** *bes* mit dem Finger oder der Hand einen Schalter, eine Taste *o.Ä.* bewegen ⟨die Hupe, die Klingel, den Knopf drücken⟩ **5** ***etwas drückt*** (***j-n***) (***irgendwo***) etwas ist zu klein, zu eng *o.Ä.* und macht deshalb leichte Schmerzen ⟨der Verband, die Schuhe, die Hose⟩ **6** ***sich*** (***vor etwas*** (*Dat*) / ***um etwas*** (*Akk*)) ***drücken*** *gespr*; eine (unangenehme) Pflicht oder Aufgabe nicht erfüllen: *sich vor dem Aufräumen drücken*

◆**Dru·cker** *der*; *-s, -*; **1** j-d, der beruflich mit dem Druck von Büchern, Zeitungen *o.Ä.* zu tun hat **2** eine Maschine, die Daten und Texte aus dem Computer auf Papier druckt || ↑ *Illustration* ***Am Schreibtisch*** || -K: ***Laser-, Tintenstrahl-***

Dru·cke·rei *die*; -, *-en*; eine Firma oder Werkstatt, in der Bücher, Zeitungen *usw* produziert (gedruckt) werden

Druck·knopf *der*; ein (Metall)Knopf an der Kleidung, den man einfach andrückt und der dann fest ist || ↑ *Abbildung unter* ***Knopf***

Druck·sa·che *die*; ein Brief, der nur einen gedruckten (und nicht persönlichen) Text enthält

Druck·schrift *die*; *nur Sg*; die Art der Schrift, bei der man gedruckte Buchstaben nachahmt: *ein Formular in Druckschrift ausfüllen*

Dschun·gel [ˈdʒʊŋl] *der*; *-s, -*; **1** ein sehr dichter Wald in den Tropen ≈ Urwald || K-: ***Dschungel-, -pfad*** **2** ein verwirrendes Durcheinander: *im Dschungel der Großstadt* || -K: ***Paragraphen-***

◆**du** *Personalpronomen, 2. Person Sg*; verwendet als (vertraute) Anrede für eine Person (*bes* ein Kind, einen Verwandten oder Freund): *Hast du Lust, ins Kino zu gehen?* || ↑ *Anhang 4*: ***Personalpro-***

nomen || ID ***per du sein*** „du" zueinander sagen ≈ sich duzen ↔ sich siezen

Dụft *der*; *-(e)s, Düf·te*; ein angenehmer Geruch ⟨der liebliche, zarte Duft einer Blume, eines Parfüms⟩

dụf·ten; *duftete, hat geduftet* **1** ***etwas duftet*** etwas hat einen angenehmen Geruch ⟨Rosen, Nelken *usw*⟩ **2** ***j-d / etwas duftet nach etwas*** j-d / etwas hat einen besonderen, angenehmen Geruch: *Die Seife duftet nach Lavendel*

dụl·den; *duldete, hat geduldet* **1** ***etwas dulden*** zulassen, dass etwas (was man nicht will) geschieht ≈ tolerieren: *In dieser Sache dulde ich keinen Widerspruch* || Hinweis: *meist* verneint! **2** ***j-n*** (***irgendwo***) ***dulden*** tolerieren, dass j-d irgendwo bleiben kann, wo man es verbieten könnte || *hierzu* **Dụl·dung** *die*

◆**dụmm**, *dümmer, dümmst-*; *Adj* **1** mit wenig Intelligenz ≈ klug, intelligent: *Natürlich begreife ich das - ich bin doch nicht dumm!* **2** ohne darüber nachzudenken ≈ unüberlegt: *Es war dumm von dir, die Schlüssel im Auto stecken zu lassen* **3** ohne logischen Zusammenhang, ohne Sinn ⟨eine Frage, j-s Gerede; dummes Zeug reden⟩ **4** *gespr*; unangenehm (und ärgerlich) ⟨*meist* ein Fehler, eine Angewohnheit⟩ || ID ***sich nicht für dumm verkaufen lassen*** *gespr*; sich von j-m nicht täuschen lassen || *hierzu* **Dụmm·heit** *die*

dụmpf, *dumpfer, dumpfst-*; *Adj* **1** ⟨Geräusche, Töne⟩ tief und gedämpft: *das dumpfe Grollen des Donners* **2** ⟨ein Geruch⟩ so, dass es nach Feuchtigkeit und Fäulnis riecht ≈ muffig: *In dem alten Gewölbe roch es dumpf* **3** ≈ unbestimmt, undeutlich ↔ klar, deutlich ⟨sich nur dumpf an etwas erinnern (können); einen dumpfen Schmerz spüren⟩

Dụ̈n·ger *der*; *-s, -*; flüssige oder feste Stoffe, die in die Erde gegeben werden, damit Pflanzen besser wachsen ⟨natürlicher, organischer, künstlicher Dünger⟩ || -K: ***Blumen-, Mineral-***

◆**dụn·kel**, *dunkler, dunkelst-*; *Adj* **1** *nicht adv*; ohne oder mit nur wenig Licht ↔ hell (1) ⟨ein Zimmer, eine Straße; im Dunkeln sitzen⟩ **2** ***es wird dunkel*** es wird Abend **3** *meist* braun oder (fast) schwarz ⟨eine Hautfarbe, Augen, Haar, Brot, Bier⟩ **4** *nicht adv*; ⟨Farben⟩ mit viel Schwarz vermischt ↔ hell (3): *ein dunkles Rot* || K-: ***dunkel-, -blau, -braun, -gelb*** || *zu* ***dunkelblau*** ↑ *Illustration* **Farben** **5** ≈ tief (14) ↔ hell (6) ⟨*meist* Töne, eine Stimme⟩ **6** ⟨*meist* eine Ahnung, ein Verdacht, eine Erinnerung⟩ nicht bestimmt, sondern undeutlich ↔ klar, deutlich: *Ich erinnere mich nur dunkel an ihn* || Hinweis: *dunkel → dunkles Haar*

Dụn·kel·heit *die*; *-*; *nur Sg* **1** der Zustand, bei dem Licht fehlt und man nichts sieht **2** ***bei Einbruch der Dunkelheit*** wenn es dunkel (2) wird

◆**dụnn** *Adj* **1** von geringem Umfang, geringer Dicke ↔ dick (1) ⟨ein Ast, ein Stoff, ein Buch *usw*⟩: *Salbe dünn auf die Wunde auftragen* **2** mit sehr wenig Fett am Körper ≈ mager ↔ dick (3)

dụ̈ns·ten; *dünstete, hat gedünstet*; ***etwas dünsten*** etwas (in einem geschlossenen Topf) mit wenig Wasser oder Fett bei geringer Hitze zubereiten ⟨Gemüse, Fisch dünsten⟩

Du̲r *das*; *-*; *nur Sg*; *Mus*; verwendet als Bezeichnung der Tonart ⟨in C-Dur⟩ ↔ Moll

◆**dụrch**[1] *Präp*; *mit Akk* **1** ***durch etwas*** (***hindurch***) auf der einen Seite in etwas hinein und auf der anderen Seite wieder heraus: *Sie ging durch den Park* **2** ***durch etwas*** (***hindurch***) so, dass man etwas sehen, hören *usw* kann, obwohl etwas anderes dazwischen ist: *Man hörte die Musik durch die Wand hindurch* **3** *meist Zeitangabe* (*im Akk*) + ***durch*** vom Anfang bis zum Ende ≈ hindurch: *Die ganze Nacht durch konnte sie nicht schlafen* **4** verwendet, um die Ursache für etwas anzugeben ≈ aufgrund, wegen: *Durch den Regen wurde die Straße glatt* **5** als Mittel (das etwas bewirkt): *Sie zerstörten die Stadt durch Bomben* **6** (*bes* in Passivsätzen) um den Träger einer Handlung zu nennen ≈ von: *Alle Arbeiten werden bei uns durch Spezialisten ausgeführt*

◆**dụrch**[2] *Adv*; *gespr* **1** verwendet als verkürzte Form für viele Verben mit *durch-*: *Der Zug ist schon durch* (= durchgefahren); *Lass mich mal durch* (= durchgehen) **2** ***durch und durch*** in einem sehr hohen Grad ≈ total, ganz und gar: *durch und durch nass sein*

dụrch-[1] *im Verb*; *betont und trennbar*; bezeichnet die Bewegung durch ein (*oft* hemmendes) Material hindurch, (gründlich) bis zu Ende;

j-n durchlassen j-n durch ein Hindernis *o.Ä.* gehen, fahren lassen; ***etwas lässt durch*** ein Material ist nicht dicht; ***etwas durchlesen*** bis zu Ende lesen; ***etwas durchrechnen*** etwas durch Rechnen überprüfen; ***etwas durchstehen*** bis zu Ende ertragen

durch-[2] *im transitiven Verb*; *unbetont und nicht trennbar*;

⟨ein Tal⟩ ***durchwạndern*** durch ein Tal

wandern; ⟨einen Tunnel⟩ ***durchfahren*** durch einen Tunnel fahren

durch·aus *Adv* **1** ganz und gar: *„Habe ich dich beleidigt?“ – „Aber nein, durchaus nicht!“* **2** ≈ auf jeden Fall, unbedingt: *Sie wollte durchaus allein spazieren gehen*

Durch·blu·tung *die; -; nur Sg;* das Fließen des Blutes im Körper ⟨die Durchblutung anregen; gute, schlechte Durchblutung⟩ || K-: ***Durchblutungs-, -störungen***

durch·bre·chen[1] **1** ***etwas durchbrechen*** (*hat*) etwas in zwei Teile brechen: *einen Stab durchbrechen* **2** ***etwas bricht durch*** (*ist*) etwas bricht in seine Teile, etwas zerfällt: *Der alte Stuhl ist durchgebrochen*

durch·bre·chen[2]; *durchbrach, hat durchbrochen;* ***etwas durchbrechen*** durch ein Hindernis kommen, wenn man sich schnell und mit Kraft bewegt: *Die Demonstranten durchbrachen die Absperrung* || ▸ ***Durchbruch***

durch·brin·gen (*hat*) **1** ***j-n durchbringen*** j-n, der sehr krank und schwach ist, so pflegen, dass er nicht stirbt: *Er war schwer verletzt, aber die Ärzte konnten ihn durchbringen* **2** ***j-n / sich*** (***mit etwas***) ***durchbringen*** für j-n / sich in einer schweren Zeit sorgen: *Nach dem Tod ihres Mannes musste sie die Kinder allein durchbringen* **3** ***etwas*** (***irgendwo***) ***durchbringen*** erreichen, dass ein Antrag oder Vorschlag (von einer Behörde, einem Parlament *o.Ä.*) angenommen wird: *Der Minister hat sein Gesetz im Bundestag durchgebracht*

Durch·bruch *der; -(e)s, Durch·brü·che* **1** ***der Durchbruch*** (***zu etwas***) ein Erfolg, auf den man lange gewartet hat und der für die Zukunft entscheidend ist ⟨j-m / etwas zum Durchbruch verhelfen⟩: *Mit diesem Roman gelang ihm der Durchbruch zu Ruhm und Reichtum* **2** ***ein Durchbruch*** (***durch etwas***) das (gewaltsame) Zerstören eines Hindernisses: *Den Truppen gelang der Durchbruch durch die feindlichen Stellungen*

durch·den·ken; *durchdachte, hat durchdacht;* ***etwas*** (***irgendwie***) ***durchdenken*** etwas überlegen und dabei alle Details und Konsequenzen beachten ⟨einen Plan, ein Vorhaben gründlich / in allen Einzelheiten durchdenken⟩: *ein gut / schlecht durchdachter Plan*

durch·dre·hen (*hat / ist*) **1** ⟨Räder, Reifen⟩ ***drehen durch*** (*ist*) Räder oder Reifen drehen sich auf der Stelle: *Auf Glatteis drehen die Räder durch* **2** (*ist*) *gespr;* sehr nervös werden, die Nerven verlieren: *Bei dem Stress dreh ich noch völlig durch!* **3** ***etwas*** (***durch etwas***) ***durchdrehen*** (*hat*) etwas durch eine Maschine drehen und dabei klein machen ⟨Fleisch, Kartoffeln durchdrehen⟩

durch·drin·gen[1] (*ist*) ***etwas dringt*** (***zu j-m***) ***durch*** j-d erfährt etwas: *Die Nachricht ist bis zu uns nicht durchgedrungen*

durch·drin·gen[2]; *durchdrang, hat durchdrungen;* ***etwas durchdringt etwas*** etwas kommt durch etwas Dichtes hindurch: *Radioaktive Strahlung durchdringt sogar dicke Wände*

◆ **durch·ei·nan·der** *Adv* **1** drückt aus, dass keine Ordnung mehr besteht (unter mehreren Dingen oder in einer Gruppe von Menschen): *Alle rannten in Panik durcheinander; in der Eile die Akten durcheinander bringen* **2** drückt aus, dass j-d verwirrt ist: *Sie hat die beiden Geburtstage durcheinander gebracht* (= verwechselt)

Durch·ei·nan·der *das; -s; nur Sg* **1** der Zustand, in dem Dinge irgendwo ohne Ordnung (herum)liegen ≈ Unordnung, Chaos **2** eine Situation, in der Menschen nicht wissen, was sie tun sollen ≈ Wirrwarr ⟨es entsteht, herrscht allgemeines, ein heilloses Durcheinander⟩

durch·fah·ren (*ist*) **1** (***durch etwas***) ***durchfahren*** durch eine enge Stelle, eine Öffnung (hindurch)fahren: *durch ein Tor durchfahren* **2** ***durchfahren*** (***bis*** + *Zeitangabe / Ortsangabe*) bis zu einem (zeitlichen oder räumlichen) Punkt ohne Pause fahren: *bis Mitternacht durchfahren; bis Berlin durchfahren*

Durch·fall *der; -(e)s, Durch·fäl·le; meist Sg;* eine Krankheit, bei der man flüssigen Kot ausscheidet; *Med* Diarrhöe ⟨*meist* Durchfall haben, bekommen⟩

durch·fal·len (*ist*) **1** ***j-d / etwas fällt*** (***durch etwas***) ***durch*** j-d / etwas fällt durch eine Öffnung *o.Ä.* ⟨durch ein Gitter, ein Netz durchfallen⟩ **2** (***bei etwas / in etwas*** (*Dat*)) ***durchfallen*** *gespr;* eine Prüfung nicht bestehen: *im Abitur durchgefallen sein*

durch·füh·ren (*hat*) ***etwas durchführen*** etwas nach einem Plan tun ⟨einen Auftrag, ein Experiment, eine Reparatur, eine Konferenz durchführen⟩ || *hierzu* **Durch·füh·rung** *die;* **durch·führ·bar** *Adj*

Durch·gang *der; -(e)s, Durch·gän·ge;* ***ein Durchgang*** (***zu etwas / zwischen etwas*** (*Dat*) ***und etwas*** (*Dat*)) ein Weg zwischen zwei Räumen, Gebäuden *o.Ä.*: *Bitte den Durchgang freihalten!*

durch·ge·hen (*ist*) **1** ***etwas*** (***auf etwas*** (*Akk*) (***hin***)) ***durchgehen*** einen Text genau lesen, um *z.B.* Fehler oder bestimmte Einzelheiten zu finden ≈ überprüfen (1): *einen Aufsatz auf Fehler (hin) durchgehen* **2 (*durch etwas*) *durchgehen*** durch etwas (hindurch)gehen: *durch ein Tor durchgehen* **3 (*j-m*) *etwas durchgehen lassen*** *gespr*; j-n nicht tadeln oder bestrafen (obwohl es nötig wäre): *Ich werde dir dein schlechtes Benehmen nicht durchgehen lassen!* **4 *etwas geht durch bis*** + *Zeitangabe / Ortsangabe* etwas dauert / führt ohne Pause bis zu einem (zeitlichen oder räumlichen) Punkt: *Die Party geht durch bis morgen früh*; *Der Zug geht durch bis Bonn*

D

durch·grei·fen (*hat*) **1 (*durch etwas*) *durchgreifen*** durch eine Öffnung greifen ⟨durch einen Zaun, einen Spalt durchgreifen⟩ **2 (*gegen j-n*) *durchgreifen*** energisch dafür sorgen, dass Normen oder Vorschriften befolgt werden ⟨energisch, hart durchgreifen⟩: *Die Polizei greift gegen betrunkene Autofahrer streng durch*

durch·hal·ten (*hat*) ***etwas durchhalten*** in einer sehr schwierigen Situation seine (körperliche oder seelische) Kraft nicht verlieren ≈ aushalten: *Obwohl er krank war, hielt er die Strapazen der Reise gut durch*

durch·kom·men (*ist*) **1 (*durch etwas*) *durchkommen*** durch ein Hindernis, eine enge Stelle gelangen können ⟨durch eine Absperrung, eine Menschenmenge durchkommen⟩ **2** *gespr*; j-n telefonisch erreichen können, eine freie Leitung bekommen ⟨sofort, nicht durchkommen (können)⟩ **3** *gespr*; eine Prüfung bestehen: *Wenn du nicht lernst, kommst du nie durch das Examen!* **4** *gespr* ≈ überleben **5 (*bei j-m*) *mit etwas durchkommen*** mit etwas das Ziel erreichen ≈ sich (bei j-m) (mit etwas) durchsetzen: *Mit deinen Ideen kommst du bei unserem Chef nicht durch*

durch·ma·chen (*hat*) **1 *etwas durchmachen*** etwas Negatives längere Zeit ertragen (müssen) ⟨eine schlimme Krankheit, eine schlimme Zeit durchmachen⟩: *Sie hat in ihrem Leben schon viel durchmachen müssen* **2 *durchmachen* (*bis*** + *Zeitangabe*) / *Zeitangabe* (*Akk*) + ***durchmachen*** *gespr* bei der Arbeit bleiben und sie nicht unterbrechen: *Ich muss bis Mitternacht durchmachen*; *die Mittagspause durchmachen*

Durch·mes·ser *der*; *-s*, *-*; das Doppelte des Radius eines Kreises oder einer Kugel

durch·neh·men (*hat*) ***etwas durchnehmen*** im Unterricht ein Thema (Lehrstoff) genau behandeln: *Heute haben wir eine neue Lektion in Latein durchgenommen*

durch·que·ren; *durchquerte*, *hat durchquert*; ***etwas durchqueren*** sich von einem Ende eines Gebiets, Raumes *o.Ä.* zum anderen bewegen: *Afrika*, *die Sahara durchqueren* || *hierzu* **Durch·que·rung** *die*

Durch·rei·se *die*; *-*, *-n*; *meist Sg*; *meist in* ***auf der Durchreise sein / sich auf der Durchreise befinden*** während einer Reise kurze Zeit an einem Ort bleiben, bevor man weiterfährt: *„Bleiben Sie längere Zeit in Frankfurt?“ – „Nein, ich bin nur auf der Durchreise“*

durch·rin·gen, sich (*hat*) ***sich zu etwas durchringen*** nach längerem Zögern etwas tun, was man nicht gerne tut ⟨sich zu einer Entscheidung, einer Entschuldigung durchringen⟩

◆**Durch·sa·ge** *die*; *-*, *-n*; eine Information *bes* im Radio, Fernsehen oder über Lautsprecher ⟨eine wichtige Durchsage bringen, machen⟩

durch·schau·bar *Adj*; so, dass man dahinter ein Ziel erkennen kann ⟨j-s Absichten, j-s Pläne⟩ || *hierzu* **Durch·schau·bar·keit** *die*

durch·schau·en; *durchschaute*, *hat durchschaut* **1 *j-n durchschauen*** j-s wahren Charakter erkennen: *Ich habe ihn durchschaut - er ist gar nicht so nett, wie er immer tut* **2 *etwas durchschauen*** etwas als List oder Betrug erkennen

durch·schla·gend *Adj*; *nicht adv* **1** ⟨*meist* ein Argument, ein Beweis⟩ so, dass sie andere Leute sofort und endgültig überzeugen **2** ⟨*meist* ein Erfolg, eine Wirkung⟩ sehr groß, bedeutsam

durch·schnei·den (*hat*) ***etwas durchschneiden*** etwas in zwei Teile schneiden: *eine Schnur durchschneiden*

Durch·schnitt *der*; *-(e)s*, *-e* **1** *meist Sg*; *Math*; die Zahl, die sich ergibt, wenn man mehrere Zahlen addiert und dann durch ihre Anzahl teilt ≈ Mittelwert ⟨den Durchschnitt ermitteln, errechnen⟩: *Der Durchschnitt von 3, 5 und 7 ist 5* || K-: ***Durchschnitts-, -alter, -temperatur*** **2** das normale, übliche Maß ⟨etwas liegt über, unter dem Durchschnitt⟩: *Peters Noten in der Schule liegen weit über dem Durchschnitt* **3 *im Durchschnitt*** ≈ normalerweise, im Allgemeinen: *Ich schlafe im Durchschnitt sieben Stunden pro Tag*

◆**durch·schnitt·lich** *Adj* **1** der Norm entsprechend, im Durchschnitt (3): *Sein durchschnittliches Jahreseinkommen liegt* *bei 30000 Euro* **2** weder besonders gut noch besonders schlecht ⟨eine Begabung, eine Leistung⟩: *von durchschnittlicher Intelligenz*

dụrch·set·zen (*hat*) **1** ***etwas*** (***gegen j-n***) ***durchsetzen*** erreichen, dass etwas gemacht oder realisiert wird, obwohl andere dagegen sind ⟨ein Gesetz, eine Regelung, seine Pläne, seinen Willen durchsetzen⟩ **2** ***sich durchsetzen*** trotz Widerstands seine Ziele erreichen ≈ sich behaupten **3** ***etwas setzt sich durch*** etwas wird von den meisten Leuten akzeptiert || *zu* **1 Dụrch·set·zung** *die*; **dụrch·setz·bar** *Adj*

dụrch·sich·tig *Adj*; *nicht adv*; so (beschaffen), dass man (wie *z.B.* bei Glas oder Wasser) hindurchsehen kann ≈ transparent: *eine durchsichtige Folie* || *hierzu* **Dụrch·sich·tig·keit** *die*

dụrch·si·ckern (*ist*) **1** ***etwas sickert*** (***durch etwas***) ***durch*** durch etwas dringt langsam eine Flüssigkeit: *Blut sickerte durch den Verband durch* **2** ***etwas sickert durch*** etwas wird (allmählich) bekannt, obwohl es geheim bleiben soll: *Von diesem Projekt darf nichts an die Öffentlichkeit durchsickern*

dụrch·strei·chen (*hat*) ***etwas durchstreichen*** einen Strich durch etwas Geschriebenes machen (um auszudrücken, dass es falsch, ungültig ist): *einen Satz durchstreichen und neu formulieren*

durch·su̲·chen; *durchsuchte, hat durchsucht* **1** ***etwas*** (***nach j-m / etwas***) ***durchsuchen*** an einem Ort nach j-m / etwas suchen: *alle Taschen, das Zimmer, den Wald durchsuchen* **2** ***j-n*** (***nach etwas***) ***durchsuchen*** in j-s Kleidung nach etwas suchen: *Die Polizei durchsuchte ihn nach einer Waffe* || *hierzu* **Durch·su̲·chung** *die*

Dụrch·wahl *die*; -; *nur Sg*; die direkte Wahl einer (Telefon)Nummer

◆ **dụ̈r·fen**[1]; *darf, durfte, hat dürfen*; *Modalverb* **1** *Infinitiv* + ***dürfen*** die Erlaubnis oder das Recht haben, etwas zu tun: *Darf ich heute Abend ins Kino gehen?* **2** *Infinitiv* + ***dürfen*** verwendet, um eine Bitte, eine Frage oder einen Wunsch zu betonen: *Du darfst nicht aufgeben!* (= Gib nicht auf; *meist* verneint); *Darf ich Sie kurz stören?* **3** *Infinitiv* + ***dürfte***(***n***) verwendet, um auszudrücken, dass etwas wahrscheinlich so ist: *Er dürfte der Täter sein* **4** Grund haben, sich so zu verhalten: *Er dürfte mit dem Verkauf des Buches zufrieden sein*

◆ **dụ̈r·fen**[2]; *darf, durfte, hat gedurft*; ***irgendwohin dürfen*** die Erlaubnis haben, irgendwohin zu gehen, zu fahren *o.Ä.*: *Dürfen wir heute ins Schwimmbad?* || Hinweis: *dürfen*[2] wird als Vollverb verwendet; zusammen mit einem Infinitiv wird es als Modalverb verwendet

dụ̈rf·tig *Adj* **1** ohne Luxus und Komfort ≈ ärmlich ⟨*meist* eine Behausung, eine Unterkunft, Kleidung⟩ **2** ⟨ein Ergebnis, Kenntnisse⟩ so, dass sie für ihren Zweck nicht ausreichen

dụ̈rr *Adj*; *nicht adv* **1** ≈ trocken, vertrocknet ↔ frisch, grün ⟨Holz, Äste, Gras *o.Ä.*⟩ **2** sehr dünn **3** ***mit dürren Worten*** ≈ knapp ↔ wortreich ⟨etwas mit dürren Worten sagen⟩

◆ **Dụrst** *der*; *-(e)s*; *nur Sg*; das Gefühl, etwas trinken zu müssen ↔ Hunger ⟨Durst bekommen, haben; den Durst löschen⟩

dụrs·tig *Adj*; *nicht adv*; so, dass man etwas trinken will: *Nach dem Ausflug waren alle hungrig und durstig*

◆ **Du̲·sche** *die*; -, *-n* **1** eine Anlage (*meist* im Bad), aus der von oben Wasser in dünnen Strahlen fließt und unter der man sich wäscht ≈ Brause ⟨unter die Dusche gehen; die Dusche auf- / zudrehen⟩ **2** der Raum oder die Kabine, in denen sich die Dusche (1) befindet || K-: ***Dusch-, -vorhang*** **3** das Duschen ⟨die tägliche Dusche; eine Dusche nehmen⟩ || K-: ***Dusch-, -gel***

◆ **du̲·schen**; *duschte, hat geduscht*; (***sich***) ***duschen*** sich unter die Dusche (1) stellen, um sich zu waschen

dü̲s·ter *Adj* **1** ziemlich dunkel (und deshalb beängstigend) ↔ hell (1): *ein düsterer Gang* **2** ≈ gedrückt, in schlechter Laune ⟨j-s Blick, eine Stimmung; ein düsteres Gesicht machen; düster dreinblicken⟩ || *hierzu* **Dü̲s·ter·keit** *die*

Dụt·zend[1] *das*; *-s, -*; *gespr*; eine Menge von zwölf Stück derselben Art: *ein Dutzend Eier*

Dụt·zend[2], **dụt·zend** *Zahlwort*; *indeklinabel*, *gespr*; eine relativ große Anzahl ⟨einige, ein paar Dutzend⟩ || Hinweis: verwendet wie ein Adjektiv oder Substantiv

du̲·zen; *duzte, hat geduzt* **1** ***j-n duzen*** j-n mit „du" anreden ↔ siezen: *seine Kollegen duzen* **2** ***j-d duzt sich mit j-m***; ⟨Personen⟩ ***duzen sich*** zwei oder mehrere Personen reden sich gegenseitig mit „du" an ↔ sich mit j-m siezen: *Er duzt sich mit seinem Chef*

Dy·na·mi̲t *das*; *-s*; *nur Sg*; ein Sprengstoff (aus Nitroglyzerin) für starke Explosionen

E

E, e [eː] *das*; -, - / *gespr auch -s*; der fünfte Buchstabe des Alphabets

Eb·be *die*; -, *-n*; *meist Sg*; der niedrige Stand des Wassers am Meer: *der Eintritt der Ebbe*

◆**e·ben**[1] *Adj* ≈ flach ⟨Land⟩: *Die Umgebung von Hannover ist ziemlich eben*

◆**e·ben**[2] *Adv*; einen Augenblick zuvor, gerade, in diesem Augenblick: *Er kommt eben die Treppe herunter*

◆**e·ben**[3] *Partikel* **1** verwendet, um ein Wort besonders zu betonen ≈ genau (1): *Eben dieses Buch (und kein anderes) habe ich die ganze Zeit gesucht* **2** *betont*; verwendet, um einer Aussage (ungeduldig) zuzustimmen: „*Du musst heute noch lernen.*" – „*Eben!*" (= also habe ich keine Zeit für dich)

E·be·ne *die*; -, *-n* **1** ein großes, flaches Stück Land ⟨*meist* eine weite Ebene⟩: *Zwischen den beiden Bergen liegt eine fruchtbare Ebene* || -K: ***Fluss-, Hoch-, Tief-*** **2** eine Stufe in einer Hierarchie ≈ Niveau (1) ⟨auf oberster, privater, wissenschaftlicher Ebene⟩: *ein Problem auf internationaler Ebene diskutieren*

◆**e·ben·falls** *Partikel*; *betont*; gleichfalls ≈ auch: *Als ich die Party verließ, ging er ebenfalls*

◆**e·ben·so** *Partikel*; *betont*; genauso ⟨ebenso gut, oft, wenig⟩: *Sie hat ebenso oft gewonnen wie ich*

echt[1], *echter, echtest-*; *Adj* **1** *nicht adv*; nicht gefälscht, nicht kopiert ≈ wirklich: *ein Armband aus echtem Gold* **2** *nur attr, nicht adv*; mit den charakteristischen Eigenschaften einer Person oder Sache ≈ typisch: *Er ist ein echter Münchner* || Hinweis: Steigerung nur in der gesprochenen Sprache möglich || *zu* **1 Echt·heit** *die*

echt[2] *Partikel*; *betont*; *gespr* **1** verwendet, um einen hohen Grad auszudrücken ≈ sehr: *Der Film ist echt spannend* **2** verwendet, um nachzufragen ≈ wirklich: „*Ich habe im Lotto gewonnen!*" – „*Echt?*"

◆**E·cke** *die*; -, *-n* **1** der Punkt, an dem sich zwei Linien treffen und einen Winkel bilden: *die Ecke eines Buches, Zimmers* || K-: ***Eck-, -fenster, -schrank*** **2** *gespr*; Teil eines Landes, eines Ortes, Gartens ≈ Winkel: *eine entlegene Ecke der Stadt* || ID ***an allen Ecken und Enden*** *gespr*; überall; ⟨gleich⟩ ***um die Ecke*** ⟨wohnen⟩ *gespr*; ganz in der Nähe (wohnen)

e·ckig *Adj*; mit Ecken ↔ rund: *ein eckiger Tisch*

e·del, *edler, edelst-*; *Adj* **1** nicht egoistisch, sondern nach hohen moralischen Prinzipien handelnd ⟨ein Mensch, ein Spender; eine Gesinnung, eine Tat⟩ **2** *meist attr*; von sehr guter Qualität (und teuer) ⟨Schmuck, Wein, Hölzer⟩ **3** *geschr*; von schöner, gleichmäßiger Form ⟨ein Wuchs, eine Gestalt⟩ || Hinweis: *edel* → *eine edle Gesinnung*

E·del·stein *der*; ein kleines Stück eines seltenen, wertvollen Minerals (*z.B.* eines Diamanten): *ein Ring mit Edelsteinen*

◆**e·gal** *Adj*; *nur präd, nicht adv*; ***etwas ist j-m egal*** *gespr*; etwas interessiert j-n nicht: *Mir ist egal, wann du nach Hause kommst*

e·he [ˈeːə] *Konjunktion*; *geschr* ≈ bevor: *Ehe ich nicht weiß, was er will, reagiere ich nicht*

◆**E·he** [ˈeːə] *die*; -, *-n* **1** die (Lebens)Gemeinschaft von Mann und Frau nach ihrer Heirat ⟨eine harmonische Ehe führen; eine kinderlose Ehe; eine Ehe wird geschieden⟩ || K-: ***Ehe-, -partner, -ring*** **2** ***eine Ehe schließen / eingehen*** ≈ heiraten || K-: ***Ehe-, -schließung***

E·he·frau *die*; die Frau, mit der ein Mann verheiratet ist

e·he·ma·li·g- *Adj*; *nur attr, nicht adv*; aus der Vergangenheit und nicht mehr aktuell ≈ früher- (2): *die ehemalige DDR*

E·he·mann *der*; der Mann, mit dem eine Frau verheiratet ist

E·he·paar *das*; ein Mann und eine Frau, die miteinander verheiratet sind

e·her [ˈeːɐ] *Adv* **1** ≈ früher: *je eher, umso besser* **2** *gespr* ≈ lieber: *Eher gehe ich zu Fuß, als dass ich ein Taxi nehme* **3** *gespr* ≈ mehr: *Die Sonne ist heute eher rot als gelb*

Eh·re *die*; -, *-n* **1** *nur Sg*; die eigene Würde, Anerkennung ⟨seine Ehre verlieren; j-s Ehre verletzen⟩: *Durch die Bemerkung fühlte er sich in seiner Ehre gekränkt* **2** eine Handlung oder ein Zeichen, mit denen man einer Person / Sache Respekt erweist ⟨j-m Ehre, große Ehren erweisen⟩ || ID ***j-m die letzte Ehre erweisen*** *geschr*; zu j-s Beerdigung gehen; ***auf Ehre und Gewissen***; ***bei meiner Ehre*** verwendet, um die Wahrheit einer Aussage zu betonen

◆ **eh·ren**; *ehrte, hat geehrt* **1** ***j-n ehren*** j-n achten: *seine Eltern ehren* **2** ***j-n*** (***mit etwas***) (***für etwas***) ***ehren*** j-m eine Urkunde oder einen Orden geben: *j-n für seine Leistungen ehren* || *hierzu* **Eh·rung** *die*

Ehr·geiz *der*; *nur Sg*; ein starkes Bemühen um Erfolg und Ruhm ⟨ein gesunder, krankhafter Ehrgeiz; den Ehrgeiz haben, etwas zu tun⟩ || *hierzu* **ehr·gei·zig** *Adj*

◆ **ehr·lich** *Adj* **1** so, dass der Betroffene die Wahrheit sagt ≈ aufrichtig: *ehrliche Absichten haben*; *es ehrlich mit j-m meinen* **2** echt und wirklich (empfunden) ↔ vorgetäuscht ⟨Gefühle, Freude, Trauer⟩ || ID ***Ehrlich währt am längsten*** wer ehrlich ist, wird am Ende Erfolg haben

◆ **Ei** *das*; *-(e)s, -er* **1** ein ovaler Körper, den Vögel, Hühner und andere Tiere produzieren und aus dem sich ein junges Tier entwickelt ⟨ein Vogel / Reptil legt Eier, brütet Eier aus⟩ || K-: ***Ei-, -zelle*** || -K: ***Hühner-, Schlangen-*** **2** das Ei (1), das man isst ⟨ein frisches, rohes, hart / weich gekochtes Ei⟩: *sich zwei Eier in die Pfanne schlagen* || K-: ***Ei-, -weiß*** || ID ⟨Personen⟩ ***gleichen sich wie ein Ei dem anderen*** zwei oder mehrere Personen sehen sich sehr ähnlich; ***j-n / etwas wie ein rohes Ei behandeln*** j-n / etwas sehr vorsichtig behandeln || *hierzu* **ei·för·mig** *Adj*

Ei·che *die*; -, *-n*; ein großer (Laub)Baum mit sehr hartem Holz ⟨eine knorrige, mächtige Eiche⟩ || K-: ***Eichen-, -holz***

Ei·fer *der*; *-s*; *nur Sg* **1** das intensive Bemühen, ein Ziel zu erreichen ⟨blinder Eifer; j-s Eifer anspornen⟩: *Er ging voller Eifer an die Arbeit* || -K: ***Arbeits-, Lern-*** **2** *meist pej*; eine leidenschaftliche Aktivität ⟨in Eifer geraten⟩: *Er war in seinem Eifer zu weit gegangen*

Ei·fer·sucht *die*; *nur Sg*; ***Eifersucht*** (***auf j-n***) die Angst, die Liebe eines anderen Menschen zu verlieren ⟨blinde, krankhafte Eifersucht⟩

ei·fer·süch·tig *Adj*; ***eifersüchtig*** (***auf j-n / etwas***) voll Eifersucht

eif·rig *Adj*; voll Eifer (1) ⟨ein Schüler; eifrig lernen, arbeiten⟩

Ei·gelb *das*; *-(e)s, -e*; der gelbe Teil des (Hühner)Eis || Hinweis: ↑ ***Eiweiß***

◆ **ei·gen** *Adj* **1** *meist attr, nicht adv*; verwendet, wenn etwas j-m gehört: *Mit 18 Jahren hatte er schon ein eigenes Auto* **2** *meist attr, nicht adv*; von einem selbst, persönlich: *Er hat immer eine eigene Meinung* || K-: ***Eigen-, -initiative, -kapital***

Ei·gen·art *die*; etwas (*meist* eine Verhaltensweise), das typisch für j-n ist ≈ Charakterzug

ei·gen·ar·tig *Adj*; wegen einiger Eigenschaften auffällig oder schwer erklärbar ≈ merkwürdig: *Was ist das für ein eigenartiges Geräusch?* || *hierzu* **ei·gen·ar·ti·ger|wei·se** *Adv*

Ei·gen·na·me *der*; der bestimmte Name, der mit einer Person, einem Land *usw* verbunden ist: *„Schiller", „Italien", „Hamburg" und „Rhein" sind Eigennamen*

Ei·gen·schaft *die*; -, *-en*; etwas, das für j-n / etwas typisch ist: *die Eigenschaft, leicht zu brechen* || -K: ***Charakter-***

◆ **ei·gent·lich** *Partikel* **1** in Wirklichkeit: *Eigentlich heißt sie Augustine, aber jeder nennt sie Gusti* **2** genau gesagt: *Eigentlich müsste ich heute lernen* **3** ursprünglich: *Eigentlich wollte ich um zehn Uhr gehen, und jetzt ist es schon zwölf* **4** verwendet, wenn man zu einem Ergebnis kommt: *Eigentlich war der Film ganz gut*

◆ **Ei·gen·tum** *das*; *-s*; *nur Sg* **1** das, was j-m gehört ⟨persönliches Eigentum; sich an fremdem Eigentum vergreifen⟩: *Dieses Haus ist mein Eigentum* || K-: ***Eigentums-, -wohnung*** **2** ***j-s geistiges Eigentum*** eine Idee, die j-d als Erster gehabt hat

ei·gen·wil·lig *Adj* **1** mit einem starken eigenen Willen und nur selten bereit, das zu tun, was andere sagen ≈ eigensinnig **2** für eine Person typisch ⟨ein Gedanke, j-s Geschmack⟩ || *zu* **1** **Ei·gen·wil·lig·keit** *die*

eig·nen, sich; *eignete sich, hat sich geeignet*; ***sich*** (***irgendwie***) ***für etwas eignen*** die Eigenschaften oder Fähigkeiten haben, die nötig sind, um die genannte Funktion zu erfüllen: *Sie eignet sich gut für diesen Beruf*

◆ **Ei·le** *die*; -; *nur Sg*; das Tempo, mit dem man etwas (sehr schnell) tut ⟨etwas in aller / großer Eile tun⟩: *Ich habe in der Eile vergessen, einen Schirm mitzunehmen* || K-: ***Eil-, -bote, -brief*** || ID ***mit etwas hat es*** (***keine***) ***Eile*** *gespr*; etwas ist (nicht) dringend

ei·len; *eilte, hat / ist geeilt* **1** ***irgendwohin eilen*** (*ist*) *geschr*; schnell gehen oder fahren: *Sie eilte nach Hause* **2** ***etwas eilt*** (*hat*) etwas ist eilig (1): *Der Brief eilt, er muss sofort zur Post*

ei·lig *Adj* **1** sehr wichtig und so, dass es schnell getan werden muss ≈ dringend **2** (zu) schnell gemacht: *Er hat den Brief zu eilig geschrieben* **3** ***es eilig haben*** keine oder nur wenig Zeit haben

Ei·mer *der*; *-s*, *-*; ein rundes Gefäß (für Flüssigkeiten oder Abfall) || -K: ***Müll-, Plastik-*** || ID ***etwas ist im Eimer*** *gespr*; etwas ist kaputt oder gescheitert: *Nach dieser Pleite waren ihre Pläne im Eimer*

◆ **ein**[1], *eine, ein*; *unbestimmter Artikel* **1** verwendet, um eine Person / Sache zu bezeichnen, die vorher noch nicht genannt wurde: *Ich wohne allein in einem großen Haus* **2** verwendet, um eine von mehreren Sachen zu bezeichnen: *Hast du eine Zigarette für mich?* **3** bestimmt näher eine Person / Sache als Vertreter einer Menge, Gattung: *Ein Hund bleibt dir immer treu* **4** drückt aus, dass j-d dem Sprecher unbekannt ist: *Ein* (*gewisser*) *Herr Sommer möchte Sie sprechen* || Hinweis: **a**) Der Artikel *ein* fällt im Plural weg: *Sg*: *ein altes Haus*, *Pl*: *alte Häuser*; **b**) *Ein* wird in der gesprochenen Sprache *oft* abgekürzt: *ne / eine Tasche*; *sone / so'ne / so eine Katze*; **c**) ↑ *Anhang 3*: ***Artikel***

◆ **ein**[2], *eine, ein*; *Zahladj*; *betont* **1** drückt bei zählbaren Begriffen die Zahl 1 aus || Hinweis: Wenn *ein* vor einem Substantiv steht, lautet seine Form wie die des unbestimmten Artikels **2** ***der / die / das eine*** eine von zwei Personen / Sachen: *Der eine Bruder lebt in Amerika* (*und der andere hier in Köln*)

ein- *im Verb*; *betont und trennbar*; bezeichnet die Bewegung (von außen) in etwas hinein, zu etwas heran, um etwas herum oder zu einem (End)Zustand hin; ***etwas einatmen*** atmend Luft in sich saugen; (***irgendwohin***) ***einbiegen*** die Richtung ändern und nach links oder rechts gehen oder fahren; ***etwas eindrücken*** etwas mit Druck, Kraft in etwas bringen, stoßen, etwas beschädigen; ***etwas einhalten*** etwas so lassen, wie es ist; das tun, was man gesagt (versprochen) hat; ***etwas einhüllen*** etwas in eine Hülle stecken (wickeln); ***etwas einmachen*** etwas so in etwas legen, dass es konserviert ist; (***j-m***) ***etwas einräumen*** j-m sagen, dass er (ein) Recht hat; ***j-n einreiben*** durch Reiben (Massieren) eine Flüssigkeit (Creme *o.Ä.*) in j-s Haut gelangen lassen; (***in etwas*** (*Dat*)) ***einsinken*** in eine weiche Masse sinken; ***etwas einstudieren*** etwas üben, bis man es dem Publikum zeigen kann; ***auf j-n / etwas einwirken*** Einfluss auf das Denken oder Verhalten eines anderen nehmen

◆ **ei·nan·der** *Pronomen*; sich (uns, euch) gegenseitig: *Sie fielen einander* (*=sich*) *um den Hals*

◆ **Ein·bahn|stra·ße** *die*; eine Straße, auf der man nur in einer Richtung fahren darf

Ein·band *der*; *-(e)s*, *Ein·bän·de* **1** der feste Teil eines Buches, der die Seiten zusammenhält und schützt ⟨ein lederner, kartonierter Einband⟩ **2** eine Art Hülle (*z.B.* aus Plastik) in die ein Heft oder Buch (zum Schutz) gesteckt wird

ein·be·zie·hen; *bezog ein, hat einbezogen*; ***j-n / etwas in etwas*** (*Akk*) (***mit***) ***einbeziehen*** j-n / etwas (an etwas) teilhaben lassen: *Der Vorsitzende bezog alle Teilnehmer in die Diskussion* (*mit*) *ein* || *hierzu* **Ein·be·zie·hung** *die*

ein·bil·den, sich (*hat*) **1** ***sich*** (*Dat*) ***etwas einbilden*** von etwas überzeugt sein, das es nicht gibt: *Du bist nicht krank - das bildest du dir nur ein* **2** ***sich*** (*Dat*) ***etwas / viel*** (***auf etwas*** (*Akk*)) ***einbilden*** deutlich (und arrogant) zeigen, dass man stolz auf etwas ist: *Sie bildete sich viel auf ihre Schönheit ein*

Ein·bil·dung *die*; *-*; *nur Sg*; die vorgestellten Gedanken als Produkte der Fantasie: *Dieses Problem existiert nur in seiner Einbildung* || Hinweis: *meist* mit Possessivpronomen

Ein·blick *der*; *meist Sg* **1** (***ein***) ***Einblick*** (***in etwas*** (*Akk*)) ein erster kurzer Eindruck einer neuen Tätigkeit, eines neuen Gebiets ⟨einen Einblick bekommen, gewinnen; j-m (einen) Einblick geben⟩: *ein umfassender Einblick in die neue Arbeit* **2** ***Einblick*** (***in etwas*** (*Akk*)) *bes Admin*; das Lesen von Dokumenten oder Briefen ⟨Einblick in etwas nehmen⟩: *Ihm wurde Einblick in die Akten der Polizei gewährt*

ein·bre·chen (*hat / ist*) **1** ***in etwas*** (*Akk*) ***einbrechen*** (*ist*) mit Gewalt in ein Haus, einen Raum *o.Ä.* dringen und dort etwas stehlen: *Die Täter brachen nachts in die Bank ein* **2** ***etwas bricht ein*** (*ist*) etwas zerfällt und stürzt nach unten: *Das Dach des alten Hauses ist eingebrochen* **3** (***in etwas*** (*Dat / Akk*)) ***einbrechen*** (*ist*) durch etwas, das an einer Stelle bricht, nach unten stürzen: *im / ins Eis einbrechen*

Ein·bre·cher *der*; *-s*, *-*; j-d, der mit Gewalt

(in ein Haus) eindringt, um etwas zu stehlen

ein·deu·tig *Adj*; völlig klar und verständlich, ohne jeden Zweifel: *Ihre Antwort war ein eindeutiges Nein* || *hierzu* **Ein·deu·tig·keit** *die*

ein·drin·gen (*ist*) **1** ***etwas dringt*** (***in etwas*** (*Akk*)) ***ein*** etwas gelangt (durch ein Hindernis) in etwas: *Der Splitter drang tief in den Finger ein* **2** ***in etwas*** (*Akk*) ***eindringen*** ohne Erlaubnis (und *oft* mit Gewalt) in ein fremdes Haus, Gebiet gehen: *Nachts in die Wohnung eindringen* **3** ***in etwas*** (*Akk*) ***eindringen*** genaue, große Kenntnisse von etwas gewinnen

ein·dring·lich *Adj*; mit viel Nachdruck ⟨eine Bitte, eine Warnung, Worte⟩ || *hierzu* **Ein·dring·lich·keit** *die*

◆**Ein·druck** *der*; *-(e)s, Ein·drü·cke*; die Wirkung, die ein Erlebnis auf j-n macht ⟨ein unauslöschlicher Eindruck⟩: *Ich habe den Eindruck, dass hier etwas nicht in Ordnung ist* || *hierzu* **ein·drucks·voll** *Adj*

ei·ne ↑ ***ein***

ei·ner ↑ ***ein***

ei·ner·seits *Adv*; *meist in* ***einerseits ... andererseits*** verwendet, um zwei Argumente zu vergleichen: *Einerseits möchte ich gerne in der Großstadt wohnen, andererseits ist mir das Leben dort zu teuer*

ei·nes ↑ ***ein***

◆**ein·fach**[1] *Adj* **1** nicht kompliziert ⟨eine Aufgabe, ein Problem; es j-m / sich einfach machen⟩: *Ich kann nicht mal die einfachsten Reparaturen ausführen* **2** ohne jeden Luxus ≈ schlicht ⟨Kleidung, eine Mahlzeit⟩ || *hierzu* **Ein·fach·heit** *die*

◆**ein·fach**[2] *Partikel* **1** drückt aus, dass etwas leicht möglich ist: *Komm doch einfach mal bei mir vorbei!* **2** verwendet, wenn man nicht weiter darüber diskutieren will ≈ nun mal: *Ich hab einfach keine Lust!* **3** drückt aus, dass etwas nicht geändert werden kann: *Wir haben einfach keine andere Möglichkeit (als das Haus zu verkaufen)* **4** verwendet als Mittel der Verstärkung: *Dieser Vorschlag ist einfach genial!*

◆**Ein·fahrt** *die*; eine Stelle, an der man in einen Hof, eine Garage fahren kann ↔ Ausfahrt: *Einfahrt freihalten!*

Ein·fall *der* **1** ein plötzlicher Gedanke ⟨ein glänzender, verrückter Einfall; einen Einfall haben⟩: *Er kam auf den Einfall, dass ...* **2** der Angriff (*z.B.* von Truppen) auf ein fremdes Gebiet

◆**ein·fal·len** (*ist*) **1** ***etwas fällt j-m ein*** j-d hat (plötzlich) eine Idee, denkt an etwas: *Ist das alles, was dir zu diesem Problem einfällt?* **2** ***etwas fällt ein*** etwas stürzt ein: *Das Dach der alten Scheune ist eingefallen* **3** ***in etwas*** (*Akk*) ***einfallen*** mit Gewalt (in ein fremdes Gebiet) dringen ⟨Truppen⟩ || ID *meist* ***Was fällt dir*** (***eigentlich***) ***ein!*** *gespr*; Was erlaubst du dir!

ein·far·big *Adj*; ⟨ein Kleid, ein Stoff⟩ nur in einer Farbe ↔ bunt

◆**Ein·fluss** *der*; *-es, Ein·flüs·se* **1** ***ein Einfluss*** (***auf j-n / etwas***) die Wirkung auf j-n / etwas ⟨Einfluss auf j-n haben, ausüben⟩: *Er stand unter dem Einfluss von Alkohol, als der Unfall passierte* || K-: ***Einfluss-, -bereich, -sphäre*** **2** Ansehen und Macht ⟨Einfluss besitzen⟩ || *zu* **2 ein·fluss·reich** *Adj*

ein·fü·gen (*hat*) **1** ***etwas*** (***in etwas*** (*Akk*)) ***einfügen*** etwas in etwas Vorhandenes einsetzen: *Anmerkungen in einen Text einfügen* **2** ***j-d / etwas fügt sich irgendwie*** (***in etwas*** (*Akk*)) ***ein*** j-d / etwas passt zu den anderen Menschen / Dingen: *Der neue Spieler fügt sich gut in unsere Mannschaft ein* || *hierzu* **Ein·fü·gung** *die*

ein·füh·ren (*hat*) **1** ***etwas*** (***irgendwohin***) ***einführen*** Waren im Ausland kaufen und in das eigene Land bringen ≈ importieren ↔ exportieren **2** ***etwas*** (***irgendwohin***) ***einführen*** etwas vorsichtig in eine Öffnung schieben: *Die Ärzte führten einen Schlauch in den Magen des Patienten ein* **3** ***j-n in etwas*** (*Akk*) ***einführen*** j-m (neue) Sachen, Theorien *usw* erklären: *Die Studenten in die Grundlagen der Psychologie einführen* **4** ***etwas*** (***irgendwo***) ***einführen*** etwas, das neu ist, irgendwo bekannt machen und durchsetzen: *In einem Betrieb die 35-Stunden-Woche einführen* || *hierzu* **Ein·füh·rung** *die*

◆**Ein·gang** *der* **1** eine Tür, ein Tor zu einem anderen Raum ↔ Ausgang: *am Eingang des Zoos warten* || K-: ***Eingangs-, -tür*** || -K: ***Haus-, Haupt-, Neben-*** **2** ***in etwas*** (*Dat / Akk*) ***Eingang finden*** akzeptiert werden: *Seine Theorien haben keinen Eingang in die Praxis gefunden*

ein·ge·bil·det *Adj* **1** nur in den Gedanken und nicht in Wirklichkeit vorhanden ⟨eine Krankheit⟩ **2** ≈ überheblich, arrogant

ein·ge·hen (*ist*) **1** ***etwas*** (***mit j-m***) ***eingehen*** eine Art von Vertrag machen ⟨ein Bündnis, einen Handel, eine Wette mit j-m eingehen⟩ **2** ***auf j-n / etwas eingehen*** sich (intensiv) mit j-m / etwas befassen ⟨auf j-s Fragen, j-s Probleme eingehen⟩ **3** ***auf etwas*** (*Akk*) ***eingehen*** etwas akzeptieren ⟨auf ein Angebot, einen Vorschlag eingehen⟩ **4** ***etwas geht ein*** (*bes* ein Kleidungsstück) wird beim Waschen kleiner oder enger **5** ⟨ein Tier, eine Pflanze⟩ ***geht*** (***an etwas*** (*Dat*)) ***ein*** ein Tier stirbt (an einer Krankheit *o.Ä.*) / eine Pflanze (die krank ist) stirbt ab **6** *gespr*; ***etwas geht j-m ein*** j-d versteht etwas: *Es wollte ihm nicht eingehen*, dass *er Unrecht hatte*

ein·ge·stellt *Adj*; *meist präd*, *nicht adv*; ***irgendwie eingestellt*** mit einer bestimmten Haltung: *Er ist sehr altmodisch eingestellt*

ein·grei·fen (*hat*) (***in etwas*** (*Akk*)) ***eingreifen*** sich einmischen, um auf das Tun anderer zu wirken: *in eine Diskussion eingreifen*

Ein·griff *der* **1** ***ein Eingriff*** (***in etwas*** (*Akk*)) ≈ Einmischung ⟨ein schwerwiegender Eingriff⟩: *Die Redakteure wehrten sich gegen die Eingriffe ihres Chefs in ihre Berichte* **2** *geschr* ≈ Operation (1) ⟨ein chirurgischer Eingriff; sich einem Eingriff unterziehen⟩

ein·hal·ten (*hat*) **1** ***etwas einhalten*** etwas, wozu man sich verpflichtet hat, auch tun ⟨einen Termin einhalten; eine Diät einhalten⟩ **2** ***etwas einhalten*** etwas so lassen, wie es vorher war ⟨eine Geschwindigkeit, eine Richtung einhalten⟩ || *hierzu* **Ein·hal·tung** *die*

ein·hei·misch *Adj*; *meist attr*, *nicht adv* **1** in dem Ort / dem Land geboren, in dem man lebt ↔ fremd ⟨die Bevölkerung⟩ **2** aus dem eigenen Land ⟨Produkte⟩ || *zu* **1 Ein·hei·mi·sche** *der / die*

Ein·heit[1] *die*; -; *nur Sg*; die feste Verbindung von Teilen zu einem Ganzen ⟨eine Einheit bilden, werden, darstellen; die staatliche, politische Einheit⟩ || K-: ***Einheits-, -gedanke***

Ein·heit[2] *die*; -, *-en*; ein bekanntes Maß (wie *z.B.* ein Meter, ein Kilo oder ein Liter): *In welcher Einheit misst man in England die Temperatur?* || -K: ***Längen-, Währungs-***

ein·heit·lich *Adj* **1** ⟨Kleidung; eine Regelung⟩ so, dass sie für alle gleich ist **2** ⟨eine Auffassung⟩ ohne Unterschiede || *hierzu* **Ein·heit·lich·keit** *die*

ein·ho·len (*hat*) **1** ***j-n / etwas einholen*** j-m / einem Fahrzeug folgen und ihn / es erreichen: *Wenn du dich beeilst, kannst du sie noch einholen* **2** ***etwas einholen*** etwas aufheben ⟨eine Verspätung, einen Vorsprung einholen⟩ **3** ***etwas*** (***bei j-m***) ***einholen*** *geschr*; sich von j-m etwas geben lassen ⟨eine Auskunft, eine Erlaubnis⟩

ein·hun·dert *Zahladj*; (als Zahl) 100 ≈ hundert

ei·nig *Adj* **1** ***sich*** (***über etwas*** (*Akk*)) ***einig sein*** die gleiche Meinung haben: *Alle Parteien sind sich / Wir sind uns* (*darüber*) *einig* **2** ***sich*** (*Dat*) ***mit j-m*** (***über etwas*** (*Akk*)) ***einig sein / werden*** zu der gleichen Meinung kommen: *Er ist sich mit ihr über das Projekt einig* || *zu* **1** und **2 Ei·nig·keit** *die*

◆**ei·ni·g-** *Indefinitpronomen* **1** *nur Pl*; verwendet für eine kleinere Anzahl (von Personen, Dingen *usw*) ≈ mehrere: *für einige Tage verreisen* **2** *nur Sg*; eine relativ kleine Menge: *mit einiger Übung* **3** (*meist betont*) ziemlich viel(e): *Es gibt noch einiges zu tun*

ei·ni·gen; *einigte*, *hat geeinigt*; ***sich*** (***mit j-m***) (***auf / über etwas*** (*Akk*)) ***einigen*** einen Streit beenden und eine Lösung finden, die für alle akzeptabel ist: *Sie einigten sich auf einen Kompromiss*

ei·ni·ger·ma·ßen *Partikel* **1** ≈ ziemlich: *Die Prüfung hat einigermaßen gut geklappt* **2** drückt aus, dass etwas nicht gut, aber auch nicht besonders schlecht ist: *„Wie gehts dir?“ – „Einigermaßen“*

ei·ni·ges ↑ ***einig-*** (***2, 3***)

Ei·ni·gung *die*; -, *-en*; *meist Sg*; *geschr*; eine (gemeinsame) Lösung zu einem Problem, die alle akzeptieren ⟨zu einer Einigung kommen⟩

Ein·kauf *der* **1** das Einkaufen ↔ Verkauf (1) ⟨Einkäufe machen⟩: *Achten Sie beim Einkauf auf unsere Sonderangebote!* **2** *meist Pl*; die Waren, die man eingekauft hat: *Sie holte ihre Einkäufe aus dem Korb* || K-: ***Einkaufs-, -tasche, -wagen***

◆**ein·kau·fen** (*hat*) (***etwas***) ***einkaufen*** etwas kaufen ↔ verkaufen: *Er hat vergessen, Brot einzukaufen*

◆**Ein·kom·men** *das*; *-s*, -; das Geld, das man (*meist* als Lohn, Gehalt, aus Geschäften) bekommt ⟨ein festes, hohes, monatliches, regelmäßiges Einkommen haben, bekommen⟩ || K-: ***einkommens-, -schwach, -stark***

◆**ein·la·den**[1] (*hat*) ***etwas*** (***in etwas*** (*Akk*)) ***einladen*** etwas in ein Fahrzeug bringen ↔ ausladen: *Die Spediteure luden die vollen Kisten* (*in den Lkw*) *ein*

◆**ein·la·den**[2] (*hat*) ***j-n*** (***zu etwas***) ***einladen*** j-n bitten, als Gast (1) zu kommen: *Ich habe ein paar gute Freunde zu uns eingeladen* || *hierzu* **Ein·la·dung** *die*

ein·las·sen[1] (*hat*) **1** ***j-n*** (***irgendwohin***) ***einlassen*** *geschr*; j-m erlauben, in ein Gebiet, ein Gebäude, einen Raum zu kommen: *Der Pförtner ließ mich* (*in die Fabrik*) *ein* **2** ***etwas*** (***in etwas*** (*Akk*)) ***ein-***

lassen einen großen Behälter mit Wasser füllen ⟨(Wasser in) ein Becken, einen Kanal, eine Wanne einlassen⟩

ein·las·sen[2]**, sich** (*hat*) **1** ***sich mit j-m einlassen*** *meist pej*; in Kontakt mit j-m treten: *Lass dich bloß nicht mit diesen Leuten ein!* **2** ***sich auf etwas*** (*Akk*) ***einlassen*** bei etwas mitmachen und dabei negative Folgen riskieren: *sich auf krumme Geschäfte einlassen*

ein·le·gen (*hat*) **1** ***etwas*** (***in etwas*** (*Akk*)) ***einlegen*** etwas irgendwo hineintun, damit man es benutzen kann ⟨einen Film, eine Kassette, eine CD einlegen⟩ **2** ***etwas*** (***in etwas*** (*Akk*)) ***einlegen*** Lebensmittel in einer Flüssigkeit konservieren und sie würzen ≈ einmachen: *Gurken, Bohnen* (*sauer, in Essig*)*, Kirschen* (*in Rum*) *einlegen* **3** ⟨Beschwerde, Einspruch, sein Veto, Widerspruch⟩ (***gegen etwas***) ***einlegen*** gegen etwas protestieren: *Beschwerde gegen den Bau der neuen Straße einlegen* **4** ***etwas einlegen*** eine Zeit der Ruhe zwischen Zeiten der Arbeit, Aktivität legen ⟨eine Pause, eine Rast einlegen⟩

ein·lei·ten (*hat*) **1** ***etwas mit etwas einleiten*** etwas mit etwas beginnen ≈ eröffnen: *Er leitete die Feier mit der Begrüßung der Ehrengäste ein* **2** ***etwas einleiten*** *oft Admin geschr*; (in einer Behörde) dafür sorgen, dass etwas getan wird ⟨gerichtliche Maßnahmen, Schritte einleiten; eine Untersuchung, ein Verfahren einleiten⟩ **3** ***etwas in etwas*** (*Akk*) ***einleiten*** Flüssigkeiten in etwas fließen lassen ⟨Abwässer in einen Kanal, Fluss einleiten⟩

Ein·lei·tung *die* **1** *nur Sg*; das Einleiten (1-3) **2** der Teil eines Textes, der den Leser auf das Thema vorbereitet

♦ **ein·mal** *Adv* **1** (nur) ein einziges Mal: *Ich war nur einmal in meinem Leben dort* **2** ***auf 'einmal*** ≈ plötzlich: *Auf einmal brach der Ast* **3** ***auf 'einmal*** zur gleichen Zeit: *Iss doch nicht alles auf einmal!*

ein·ma·lig *Adj* **1** nur ein einziges Mal ↔ mehrmalig: *eine einmalige Zahlung* **2** *gespr*; von besonders guter Qualität: *Das Essen war einmalig* (*gut*) || *hierzu* **Ein·ma·lig·keit** *die*

ein·mi·schen, sich (*hat*) ***sich in etwas*** (*Akk*) ***einmischen*** in eine Handlung eingreifen: *sich in einen Streit einmischen* || *hierzu* **Ein·mi·schung** *die*

Ein·nah·me *die*; -, *-n* **1** *oft Pl*; das Geld, das man durch Verkauf, Vermietung *usw* bekommt: *Die Einnahmen der Firma sind im letzten Jahr erheblich gestiegen* || -K: ***Jahres-, -einnahmen*** **2** *nur Sg*; die Tatsache, dass man ein Medikament schluckt

ein·neh·men (*hat*) **1** ***etwas einnehmen*** Geld für geleistete Arbeit, durch Verkaufen *o.Ä.* bekommen ↔ ausgeben (1): *Durch die Vermietung der Räume nimmt er im Jahr 30000 Euro ein* **2** ***etwas einnehmen*** ein Medikament schlucken: *Sie müssen die Tropfen dreimal täglich einnehmen* **3** ***j-d*** / ⟨eine Armee⟩ ***nimmt etwas ein*** j-d / eine Armee besetzt etwas mit Soldaten (*meist* nach einem Kampf): *Es war Napoleon, der 1812 Moskau einnahm* **4** ***etwas nimmt etwas ein*** etwas füllt einen Raum aus: *Der Schrank nimmt das halbe Zimmer ein* **5** ***etwas nimmt j-n für / gegen j-n / etwas ein*** etwas bewirkt in j-m ein positives / negatives Gefühl: *Ihr Lächeln nahm ihn für sie ein*

ein·ord·nen (*hat*) **1** ***etwas*** (***in etwas*** (*Akk*)) ***einordnen*** etwas an den Platz tun, an den es gehört: *Namen alphabetisch in ein Verzeichnis einordnen* **2** ***sich*** (***in etwas*** (*Akk*)) ***einordnen*** seinen Platz in einer Gruppe finden: *Der Mitarbeiter konnte sich nicht in das Team einordnen* **3** ***sich irgendwo einordnen*** mit dem Auto die richtige Spur (einer Straße) suchen: *Du musst dich jetzt links einordnen* || *zu* **2** **Ein·ord·nung** *die*

♦ **ein·pa·cken** (*hat*) ***etwas*** (***in etwas*** (*Akk*)) ***einpacken*** etwas in eine Hülle tun oder mit einem besonderen Papier umwickeln ↔ auspacken: *den Anzug* (*in den Koffer*) *einpacken*

ein·re·den (*hat*) **1** ***j-m / sich etwas einreden*** *gespr*; es immer wieder sagen, bis j-d / man es glaubt: *Wer hat dir denn diesen Unsinn eingeredet?* **2** ***auf j-n einreden*** längere Zeit zu j-m sprechen, um ihn zu überzeugen ⟨ununterbrochen auf j-n einreden⟩

ein·rei·sen (*ist*) (vom Ausland her) über die Grenze in ein Land kommen ⟨nach Italien einreisen⟩: *Die Flüchtlinge durften nicht in das Land einreisen* || *hierzu* **Ein·rei·se** *die*

ein·rei·ßen[1] (*hat*) **1** ***etwas einreißen*** ein Gebäude *o.Ä.* zerstören ⟨ein Haus, eine Wand einreißen⟩ **2** ***etwas einreißen*** einen Riss in etwas machen ⟨ein Stück Papier einreißen⟩

ein·rei·ßen[2] (*ist*) ***etwas reißt*** (***bei j-m***) ***ein*** *gespr*; etwas wird zu einer schlechten Gewohnheit: *Es darf nicht einreißen*, dass *du zu spät kommst*

♦ **ein·rich·ten** (*hat*) **1** ***etwas einrichten*** Möbel in einen Raum stellen ⟨eine Wohnung geschmackvoll einrichten⟩ **2** ***etwas einrichten*** eine Institution neu schaffen

≈ gründen ⟨einen Kindergarten einrichten⟩

Ein·rich·tung *die* **1** alle Möbel eines Raumes oder einer Wohnung ≈ Ausstattung ⟨eine alte, bequeme Einrichtung⟩ || K-: ***Einrichtungs-, -gegen- stand*** **2** ≈ Institution ⟨eine öffentliche, staatliche Einrichtung⟩

eins[1] *Zahladj*; (als Ziffer) 1: *eins plus / und eins ist / macht / gibt zwei* (1+1=2)

eins[2] *Indefinitpronomen*; *gespr* **1** ≈ etwas: *Eins verstehe ich nicht - woher hat sie meine Adresse?* **2** verwendet als kürzere Form von *eines*: *Ich brauche ein neues Hemd und zwar eins, das zu meiner roten Krawatte passt* || Hinweis: verwendet wie ein Substantiv

eins[3] *Adj*; *geschr*; **(*mit j-m*) *eins sein*** dieselbe Meinung haben: *Ich bin mit ihr eins darin / darüber, dass …*

Eins *die*; -, *-en* **1** die Zahl 1: *eine Eins würfeln* **2** die beste (Schul)Note (auf der Skala von 1-6): *Sie hat in Englisch eine Eins*

◆**ein·sam** *Adj* **1** ohne Kontakt zu anderen Menschen ⟨einsam leben; sich einsam fühlen⟩: *Viele alte Menschen sind so einsam* **2** weit entfernt von bewohnten Gebieten ⟨ein Gebirgsdorf, Haus⟩

Ein·satz *der* **1** die Verwendung einer Maschine, eines Geräts: *der Einsatz eines Computers* **2** das Einsetzen (2) von j-m (für eine Aufgabe oder Arbeit): *Wegen einer Verletzung ist sein Einsatz im nächsten Spiel gefährdet* **3** eine Handlung oder Tat, die Kraft oder Mut verlangt ⟨j-n für seinen Einsatz loben⟩ **4** eine Aktion des Militärs, der Polizei || K-: ***Einsatz-, -befehl, -leiter*** **5** der Zeitpunkt, zu dem ein Musiker zu spielen beginnen muss ⟨j-m den Einsatz geben; seinen Einsatz verpassen⟩ || K-: ***einsatz-, -bereit, -fähig***

◆**ein·schal·ten** (*hat*) **1 *etwas einschalten*** ein Gerät so bedienen, dass es funktioniert ↔ ausschalten ⟨ein Radio, das Licht einschalten⟩ **2 *sich einschalten*** in eine Angelegenheit eingreifen || *zu* **1** und **2 Ein·schal·tung** *die*

ein·schät·zen (*hat*) ***j-n / etwas irgendwie einschätzen*** sich eine eigene Meinung von j-m / etwas bilden ⟨j-n / etwas richtig, falsch einschätzen⟩ || *hierzu* **Ein·schät·zung** *die*

◆**ein·schla·fen** (*ist*) **1** anfangen zu schlafen: *erst spät einschlafen* **2 *etwas schläft ein*** etwas hört schließlich auf: *Unsere Freundschaft schlief allmählich ein*

ein·schla·gen (*hat / ist*) **1 *etwas einschlagen*** (*hat*) kräftig darauf schlagen und es zerstören ⟨eine Fensterscheibe einschlagen⟩ **2 *etwas* (*in etwas* (*Akk*)) *einschlagen*** (*hat*) auf einen Gegenstand schlagen, bis er fest in etwas steckt ⟨einen Nagel in die Wand, einen Pfahl in den Boden einschlagen⟩ **3 *etwas* (*in etwas* (*Akk*)) *einschlagen*** (*hat*) etwas einwickeln: *Das Geschenk war in Seidenpapier eingeschlagen* **4 *etwas einschlagen*** (*hat*) in eine bestimmte Richtung gehen oder fahren ⟨einen Weg einschlagen⟩ **5 *auf j-n / etwas einschlagen*** (*hat*) j-n / etwas längere Zeit heftig schlagen **6 *etwas schlägt* (*in etwas* (*Akk*)) *ein*** (*hat / ist*) etwas dringt mit lautem Knall irgendwo ein ⟨eine Bombe, ein Blitz⟩

ein·schlie·ßen (*hat*) **1 *j-n / etwas* (*in etwas* (*Dat / Akk*)) *einschließen*** (mit einem Schlüssel *o.Ä.*) dafür sorgen, dass j-d in einem Raum, etwas in einem Behälter bleibt: *Er schloss die Diamanten im / in den Safe ein* **2 *j-d / etwas wird / ist von etwas eingeschlossen*** j-d / etwas wird / ist auf allen Seiten von etwas umgeben: *Sie waren vom Schnee eingeschlossen*

ein·schließ·lich[1] *Präp*; *mit Gen / Dat*; drückt aus, dass das Genannte auch dazu gehört ≈ inklusive: *Der Preis beträgt 25 Euro einschließlich Porto*

ein·schließ·lich[2] *Adv*; ***bis einschließlich*** drückt aus, dass etwas auch für die genannte Zeit gilt: *Das Geschäft ist bis einschließlich Dienstag geschlossen*

ein·schrän·ken (*hat*) **1 *etwas einschränken*** etwas weniger tun als bisher: *Nach der Krankheit schränkte er das Rauchen ein* **2 *irgendwo / irgendwie eingeschränkt sein*** nur wenig Möglichkeiten haben ⟨in seinen Rechten, Freiheiten eingeschränkt sein⟩ **3 *sich einschränken* (*müssen*)** mit weniger Geld leben (müssen) als bisher

Ein·schrän·kung *die*; -, *-en* **1** eine Reduktion, Kürzung und ihr Ergebnis: *Wenn du keine Einschränkungen machst, wirst du deine Pläne nie realisieren können* **2** eine Äußerung, die etwas einschränkt (2) ⟨etwas mit einer Einschränkung sagen; eine Einschränkung machen⟩ **3 *ohne Einschränkung*** ohne Ausnahme ⟨etwas gilt ohne Einschränkung; etwas ohne Einschränkung behaupten, sagen⟩

ein·schrei·ben (*hat*) *meist* ***etwas eingeschrieben schicken*** ⟨einen Brief, ein Päckchen *o.Ä.*⟩ als Einschreiben schicken

◆**Ein·schrei·ben** *das*; ein Brief (oder ein Päckchen), den der Empfänger persönlich annehmen muss: *Den Brief als Ein-*

schreiben schicken

ein·se·hen (*hat*) **1** ***etwas einsehen*** etwas akzeptieren: *Ich sehe überhaupt nicht ein,* warum *ich immer die ganze Arbeit machen soll* **2** ***etwas einsehen*** erkennen ⟨seinen Fehler, sein Unrecht einsehen⟩: *Er sah ein,* dass *er sich getäuscht hatte* **3** ***etwas einsehen*** *Admin geschr*; Akten lesen

ein·sei·tig *Adj* **1** *pej*; so, dass etwas nur für einen Teil zutrifft (und nicht für das Ganze) ⟨eine Begabung, ein Interesse, eine Beurteilung⟩ **2** *meist adv*; nur auf der einen Seite eines Gegenstandes: *Das Papier ist einseitig bedruckt* || *zu* **1 Ein·sei·tig·keit** *die*

◆**ein·set·zen** (*hat*) **1** ***etwas*** (***in etwas*** (*Akk*)) ***einsetzen*** ein fehlendes Teil in etwas setzen ⟨j-m einen künstlichen Zahn einsetzen⟩ **2** ***j-n als / zu etwas einsetzen*** j-n für eine Aufgabe, eine Funktion auswählen ⟨j-n als Nachfolger, Stellvertreter einsetzen⟩ **3** ***sich / etwas*** (***für j-n / etwas***) ***einsetzen*** etwas für j-n / etwas riskieren ⟨sein Leben, viel Geld einsetzen⟩ **4** ***etwas setzt ein*** *geschr*; etwas fängt an ⟨Regen, Schneefall⟩ || *zu* **2 Ein·set·zung** *die*; *zu* **3 Ein·satz** *der*

Ein·sicht *die*; -, *-en* **1** ***Einsicht*** (***in etwas*** (*Akk*)) eine Erkenntnis, die einen komplizierten Zusammenhang betrifft: *neue Einsichten in die menschliche Psyche gewinnen* **2** *nur Sg*; die Erkenntnis, dass man Falsches getan hat ⟨zur Einsicht kommen; (späte) Einsicht zeigen⟩ **3** *nur Sg*; *Admin geschr*; die Möglichkeit, etwas zu sehen und zu lesen[1] (1) ⟨Einsicht in die Akten haben, nehmen⟩

ein·sper·ren (*hat*) ***j-n / sich*** (***in etwas*** (*Dat / Akk*)) ***einsperren*** ≈ einschließen ⟨j-n in einen Raum, in das Gefängnis einsperren⟩

einst *Adv*; *geschr*; vor langer Zeit ≈ früher

ein·ste·cken (*hat*) **1** ***etwas einstecken*** einen kleinen Gegenstand in seine Tasche stecken (1) ⟨einen Schlüssel, ein Taschentuch, Geld einstecken⟩ **2** ***etwas*** (***in etwas*** (*Akk*)) ***einstecken*** *gespr*; ein elektrisches Gerät an die Steckdose anschließen ⟨einen Stecker (in eine Steckdose) einstecken⟩ **3** (***etwas***) ***einstecken*** (***müssen***) *gespr*; etwas erleiden oder erdulden (müssen) ⟨Kritik, Schläge einstecken⟩

◆**ein·stei·gen** (*ist*) **1** (***in etwas*** (*Akk*)) ***einsteigen*** in das Innere eines Fahrzeugs steigen ↔ aussteigen ⟨in ein Auto, einen Zug einsteigen⟩ **2** ***bei j-m / etwas, in etwas*** (*Akk*) ***einsteigen*** bei etwas mitmachen ⟨in die Politik einsteigen; in ein Geschäft einsteigen⟩: *Er ist vor zehn Jahren bei uns eingestiegen* || *hierzu* **Ein·stei·ger** *der*

◆**ein·stel·len** (*hat*) **1** ***j-n einstellen*** j-n zum Arbeiter, Angestellten in einer Firma machen ⟨Lehrlinge, Lehrer einstellen⟩ **2** ***etwas*** (***in etwas*** (*Dat / Akk*)) ***einstellen*** etwas (Großes) für einige Zeit, in einem Raum abstellen (1) ⟨Möbel im Keller einstellen⟩ **3** ***etwas*** (***irgendwie / auf etwas*** (*Akk*)) ***einstellen*** ein technisches Gerät so bedienen, dass es funktioniert: *eine Kamera auf eine Entfernung einstellen* **4** ***etwas einstellen*** mit etwas aufhören ⟨die Produktion, Zahlungen, das Rauchen einstellen⟩ **5** ***sich auf j-n / etwas einstellen*** sich auf j-n / etwas vorbereiten ⟨sich auf eine Änderung, eine neue Situation einstellen⟩: *Sie hatte sich nicht auf das Kind eingestellt*

Ein·stel·lung *die* **1** die Vermittlung eines Arbeitsplatzes: *die Einstellung neuer Mitarbeiter* || K-: **Einstellungs-, -gespräch** **2** das Aufhören mit etwas: *die Einstellung der Feindseligkeiten* **3** ***eine Einstellung*** (***zu etwas***) die Art, wie man über etwas denkt oder urteilt ⟨eine fortschrittliche Einstellung; j-s Einstellung zu einem Problem⟩

ein·stim·mig *Adj*; mit allen Stimmen[2] (2) der Anwesenden ⟨ein Beschluss; etwas einstimmig beschließen⟩

ein·stür·zen (*ist*) ***etwas stürzt ein*** etwas fällt oder stürzt in Teilen oder als Ganzes nach unten ⟨ein Gebäude, eine Mauer⟩

ein·tei·len (*hat*) **1** ***etwas*** (***in etwas*** (*Akk*)) ***einteilen*** ein Ganzes in mehrere Teile gliedern: *Das Buch ist in drei Kapitel eingeteilt* **2** ***j-n*** (***zu / für etwas***) ***einteilen*** j-m eine von mehreren möglichen Aufgaben geben: *Die Krankenschwester wurde zum Nachtdienst eingeteilt* **3** ***j-n / etwas*** (***in etwas*** (*Akk*)) ***einteilen*** bestimmen, zu welcher Gruppe, Kategorie j-d / etwas gehört: *Die Boxer werden nach ihrem Gewicht in Klassen eingeteilt* **4** (***sich*** (*Dat*)) ***etwas einteilen*** (sich) eine Arbeit in verschiedene Abschnitte gliedern: *sich den Tag gut einteilen* || *hierzu* **Ein·tei·lung** *die*

ein·tö·nig *Adj*; monoton, ohne Abwechslung ⟨eine Arbeit, eine Landschaft, etwas verläuft eintönig⟩ || *hierzu* **Ein·tö·nig·keit** *die*

ein·tra·gen (*hat*) **1** ***sich / etwas*** (***in*** (*Akk*) ***/ auf etwas*** (*Dat*)) ***eintragen*** den eigenen Namen / etwas in etwas schreiben: *Wer die Prüfung machen will, soll sich bitte auf dieser Liste eintragen* **2** ***etwas trägt*** (***j-m***) ***etwas ein*** etwas hat ein (*meist* positives) Ergebnis: *Das Geschäft hat ihm viel Geld*

E

E

eingetragen || *zu* **1 Ein·tra·gung** *die*; **Eintrag** *der*

ein·tref·fen (*ist*) **1** (***irgendwo***) ***eintreffen*** nach einer Reise oder einem Transport irgendwo ankommen ⟨ein Brief, ein Zug, ein Reisender⟩: *Der Zug trifft in Hamburg mit Verspätung ein* **2** ***etwas trifft ein*** etwas wird Realität ⟨eine Befürchtung, eine Vermutung⟩

ein·tre·ten (*hat* / *ist*) **1** ***etwas eintreten*** (*hat*) etwas mit Gewalt öffnen, indem man mit dem Fuß dagegen tritt: *eine Tür eintreten*; *das Eis eintreten* **2** (***in etwas*** (*Akk*)) ***eintreten*** (*ist*) (durch die Tür oder ein Tor) in einen Raum gehen **3** (***in etwas*** (*Akk*)) ***eintreten*** (*ist*) Mitglied werden ⟨in einen Verein, einen Orden eintreten⟩ **4** ***etwas tritt ein*** (*ist*) etwas geschieht, beginnt zu sein: *Der Tod trat um acht Uhr ein* **5** ***für j-n / etwas eintreten*** (*ist*) sich für j-n / etwas einsetzen (3)

◆ **Ein·tritt** *der*; *meist Sg* **1** das Recht, etwas zu besuchen: *Was kostete der Eintritt?* || K-: ***Eintritts-, -karte, -preis*** **2** die Aufnahme in eine Organisation **3** der Beginn einer Veränderung: *Bei Eintritt der Dämmerung passierte der Unfall*

◆ **ein·ver·stan·den** *Adj*; (***mit etwas***) ***einverstanden sein*** etwas akzeptieren: *Ich bin mit deinem Vorschlag einverstanden*

Ein·ver·ständ·nis *das*; *meist Sg* **1** ***das Einverständnis*** (***zu etwas***) was man sagt, wenn man zustimmt, etwas erlaubt ⟨sein Einverständnis geben; j-s Einverständnis einholen; im Einverständnis mit j-m handeln⟩ **2** ***das Einverständnis*** (***über etwas*** (*Akk*)) ≈ Einigkeit: *Es besteht Einverständnis über die zukünftige Zusammenarbeit*

Ein·wand *der*; *-(e)s*, *Ein·wän·de*; eine Äußerung, mit der eine andere Meinung oder Kritik ausgedrückt wird ⟨einen Einwand vorbringen⟩: *Gibt es irgendwelche Einwände gegen den Plan?*

ein·wan·dern (*ist*) (***irgendwohin***) ***einwandern*** in ein fremdes Land gehen, um dort für immer zu bleiben ≈ immigrieren ↔ auswandern, emigrieren: *in die Schweiz, nach Italien einwandern*

ein·wand·frei *Adj* **1** ohne jeden Fehler ⟨eine Arbeit, ein Benehmen; etwas funktioniert einwandfrei⟩ **2** *meist adv*; *gespr*; so dass niemand daran zweifeln kann ≈ eindeutig ⟨etwas steht einwandfrei fest⟩

ein·wer·fen (*hat*) **1** ***etwas*** (***in etwas*** (*Akk*)) ***einwerfen*** einen Brief *o.Ä.* in einen Briefkasten stecken: *Kannst du die Karte an meine Eltern einwerfen, wenn du zur Post gehst?* **2** ***etwas*** (***in etwas*** (*Akk*)) ***einwerfen*** Geld in einen Automaten stecken **3** ***etwas einwerfen*** ein Fenster, eine Scheibe (2) durch einen Wurf zerstören **4** ***etwas einwerfen*** j-n, der spricht, unterbrechen, um selbst etwas zu sagen ⟨eine Bemerkung, eine Frage einwerfen⟩

ein·wi·ckeln (*hat*) **1** ***etwas*** (***in etwas*** (*Akk*)) ***einwickeln*** etwas in Papier *o.Ä.* legen, wickeln (4) ↔ auswickeln ⟨ein Geschenk, ein Paket einwickeln⟩ **2** ***j-n einwickeln*** *gespr*; j-n (durch Charme oder Worte) zu etwas überreden: *Lass dich von ihm nicht einwickeln!*

◆ **Ein·woh·ner** *der*; *-s*, *-*; j-d, der dort (in einer Stadt, in dem Land) lebt, wohnt: *München hat mehr als eine Million Einwohner* || K-: ***Einwohner-, -zahl*** || *hierzu* **Ein·woh·ne·rin** *die*; *-*, *-nen*; **Ein·woh·ner·schaft** *die*

◆ **ein·zah·len** (*hat*) (***etwas***) (***auf etwas*** (*Akk*)) ***einzahlen*** Geld zu einer Bank bringen: *Ich möchte 200 Euro auf mein Konto einzahlen*

Ein·zel·gän·ger *der*; *-s*, *-*; j-d, der nur wenig Kontakt zu anderen Menschen hat

◆ **Ein·zel·heit** *die*; *-*, *-en*; ein einzelner Teil eines größeren Ganzen ≈ Detail ⟨etwas in allen Einzelheiten erzählen⟩

◆ **ein·zeln** *Adj*; *nur attr oder adv* **1** allein und nicht mit anderen zusammen: *ein einzelnes Auto auf dem Parkplatz* **2** ***jeder / jede / jedes*** *usw* ***einzelne / Einzelne*** + *Subst* verwendet, um sich auf jeden (von allen) zu beziehen: *Jeder einzelne Fehler muss verbessert werden*

◆ **ein·zie·hen** (*hat / ist*) **1** ***etwas einziehen*** (*hat*) etwas, das im Wasser oder in der Luft war, (wieder) zu sich holen ≈ einholen ⟨eine Fahne, ein Netz, ein Segel einziehen⟩ **2** ***etwas einziehen*** (*hat*) einen Teil des Körpers zurückziehen ⟨den Kopf, den Bauch einziehen⟩ **3** (***irgendwo***) ***einziehen*** (*ist*) in neue Räume, in ein neues Haus ziehen, um dort zu wohnen ⟨in eine Wohnung einziehen⟩ **4** ***j-d zieht*** (***in etwas*** (*Akk*)) ***ein*** (*ist*) mehrere Personen gehen oder marschieren in einer festen Ordnung ⟨Soldaten⟩: *Die Truppen zogen in die Stadt ein* **5** ***etwas zieht*** (***in etwas*** (*Akk*)) ***ein*** etwas dringt in etwas ein ⟨Öl, Creme zieht ein⟩: *Das Wasser zog schnell in die trockene Erde ein* || *hierzu* **Ein·zug** *der*; **ein·zieh·bar** *Adj*

ein·zig *Adj* **1** auf die genannte(n) Person(en) / Sache(n) beschränkt: *Das war der einzige Grund*; *Kein Einziger war gekommen* **2** *nur adv*; ausschließlich ⟨das einzig Richtige⟩

ein·zig·ar·tig *Adj*; von einer sehr hohen Qualität ≈ einmalig

◆**Eis** *das*; *-es*; *nur Sg* **1** Wasser, das zu einer festen Masse gefroren ist ⟨das Eis taut, bricht⟩ || K-: ***Eis-, -fläche, -sport***; ***eis-, -frei*** **2** eine süße, kalte Speise ⟨Eis essen⟩ || K-: ***Eis-, -torte, -waffel*** || -K: ***Erdbeer-, Speise-*** || ID *meist* ***Das Eis ist gebrochen*** das Verhältnis zwischen Personen ist nicht mehr gespannt; ***sich auf dünnes / aufs Eis begeben*** sehr viel riskieren

◆**Ei·sen** *das*; *-s*; *nur Sg*; ein schweres Metall, das in feuchter Luft leicht rostet; *Chem* Fe ⟨Eisen schmieden; hart wie Eisen⟩ || K-: ***Eisen-, -industrie*** || ID ***ein heißes Eisen anfassen / anpacken*** sich an ein schwieriges Thema wagen || *hierzu* **ei·sen·hal·tig** *Adj*

◆**Ei·sen·bahn** *die* **1** *nur Sg*; die Züge (insgesamt), die auf Schienen fahren, die Bahnhöfe und ihre Organisation **2** ein Zug, der aus einer Lokomotive und mehreren Wagen (Waggons) besteht || K-: ***Eisenbahn-, -linie, -schiene, -verkehr, -wagen***

ei·sern *Adj* **1** *nur attr, nicht adv*; aus Eisen ⟨ein Nagel, ein Gitter⟩ **2** von / mit großer Stärke ≈ fest ⟨Disziplin, ein Wille, Gesundheit; mit eiserner Hand regieren, mit eiserner Faust durchgreifen⟩

ei·sig *Adj* **1** sehr kalt ⟨Wind, Kälte⟩ **2** sehr unfreundlich ⟨ein Blick, eine Begrüßung⟩

ei·tel, *eitler, eitelst-*; *Adj*; *pej*; ⟨ein Mensch⟩ so (gekleidet), dass er bewundert werden will ⟨eitel wie ein Pfau⟩ || Hinweis: *eitel* → *ein eitler Mann* || *hierzu* **Ei·tel·keit** *die*

Ei·ter *der*; *-s*; *nur Sg*; eine dicke, gelbliche Flüssigkeit, die in Wunden entstehen kann: *Die Wunde sondert Eiter ab* || *hierzu* **eit·rig** *Adj*

Ei·weiß *das*; *-es, - / -e* **1** (*Pl Eiweiß*) das Weiße im (Hühner)Ei **2** (*Pl Eiweiße*) eine komplexe chemische Verbindung ≈ Protein: *Das Essen soll viel Eiweiß enthalten* || *zu* **2 ei·weiß|hal·tig** *Adj*; **ei·weiß|reich** *Adj*

E·kel[1] *der*; *-s*; *nur Sg*; ***Ekel*** (***vor / gegenüber j-m / etwas***) eine sehr starke Abneigung, die man auch körperlich spürt ⟨Ekel vor etwas haben; Ekel erregend⟩: *Ekel vor Schlangen und Spinnen*

E·kel[2] *das*; *-s, -*; *gespr*; ein abscheulicher (sehr unsympathischer) Mensch

e·kel·haft *Adj* **1** so, dass Ekel[1] entsteht ⟨ein Geruch, ein Geschmack⟩: *Ich finde Regenwürmer ekelhaft* **2** sehr unangenehm oder lästig: *Er ist ein ekelhafter Kerl*

e·keln; *ekelte, hat geekelt* **1** ***sich*** (***vor j-m / etwas***) ***ekeln*** Ekel[1] (vor / gegenüber j-m / etwas) empfinden: *Er ekelte sich vor dem Geruch* **2** ***es ekelt j-n vor etwas*** j-d empfindet Ekel[1] gegenüber etwas: *Es ekelt mich vor Würmern*

e·las·tisch *Adj* **1** ⟨eine Binde, ein Material, ein Stoff⟩ so, dass sie sich leicht dehnen lassen **2** elegant und harmonisch ⟨Bewegungen, ein Gang⟩ || *hierzu* **E·las·ti·zi·tät** *die*

E·le·fant *der*; *-en, -en*; ein mächtiges Tier mit großen Ohren und einer sehr langen Nase (Rüssel) || ID ***sich wie ein Elefant im Porzellanladen benehmen*** *gespr*; taktlos handeln

e·le·gant, *eleganter, elegantest-*; *Adj* **1** sehr hübsch und geschmackvoll (geformt) ⟨eine Frisur, ein Kleid⟩ **2** mit Schwung und Harmonie ⟨ein Tanz, Sprung, eine Verbeugung⟩ **3** ***eine elegante Lösung*** eine Lösung, mit der man Probleme vermeidet || *hierzu* **E·le·ganz** *die*

◆**e·lekt·risch** *Adj* **1** *meist attr*; durch Elektrizität wirksam ⟨Strom, Spannung⟩: *Er bekam einen elektrischen Schlag* **2** mit Elektrizität betrieben ⟨eine Heizung, eine Kaffeemaschine; elektrisch kochen⟩ || K-: ***elektro-, -magnetisch***

E·lekt·ri·zi·tät *die*; *-*; *nur Sg*; eine Form der Energie ≈ Elektroenergie ⟨Elektrizität erzeugen; der Verbrauch von Elektrizität⟩

E·lekt·ro- *im Subst*; so, dass etwas durch elektrischen Strom entsteht oder dadurch funktioniert: das ***Elektroauto***, die ***Elektroenergie***, das ***Elektrofahrzeug***, das ***Elektrogerät***, der ***Elektroherd***

E·le·ment *das*; *-(e)s, -e* **1** ein Teil einer Konstruktion, eines Systems || -K: ***Bau-*** **2** einer der chemischen (Grund)Stoffe, wie *z.B.* Uran ⟨ein radioaktives Element⟩ **3** *meist Pl*; *pej*; Menschen, die schlecht leben ⟨asoziale, kriminelle Elemente⟩

e·lend *Adj* **1** in sehr schlechtem Zustand ⟨eine Behausung, eine Hütte⟩ **2** durch Armut, Not oder Krankheit geprägt ⟨ein Dasein, ein Leben⟩ **3** *nur adv*; auf schreckliche Weise ≈ jämmerlich ⟨elend zugrunde gehen⟩ **4** *nur adv*; *gespr*; krank oder unglücklich ⟨sich elend fühlen; elend aussehen⟩

E·lend *das*; *-s*; *nur Sg*; Armut und Not: *das Elend der Kinder* || K-: ***Elends-, -viertel***

elf *Zahladj*; (als Zahl) 11

Ell·bo·gen *der*; *-s, -*; **1** das Gelenk, das den Unterarm und den Oberarm verbindet ⟨die Ellbogen aufstützen⟩ **2** ***die Ellbogen einsetzen / gebrauchen*** keine Rücksicht auf andere nehmen, wenn

E

man sein Ziel erreichen will

◆ **El·tern** *die*; *Pl*; Vater und Mutter ⟨liebevolle, strenge Eltern⟩ || K-: ***Eltern-, -liebe*** || *hierzu* **el·tern·los** *Adj*

◆ **E-Mail** ['iːmeɪl] *die*; -, *-s*; *bes südd und* Ⓐ *auch das*; *-s, -s*; *EDV*; eine elektronische Nachricht auf dem Computer ⟨eine E-Mail senden, bekommen⟩ || *hierzu* **e-mai·len** *nur Infinitiv*

E

Emp·fang *der*; *-(e)s, Emp·fän·ge* **1** *nur Sg*; *geschr*; der Vorgang, wenn etwas bei j-m ankommt ⟨etwas in Empfang nehmen⟩: *Ich bestätige den Empfang Ihres Schecks* || K-: ***Empfangs-, -bescheinigung*** **2** die Begrüßung (auch offiziell) ⟨j-m einen freundlichen, frostigen Empfang bereiten; an einem Empfang teilnehmen⟩ || K-: ***Empfangs-, -raum*** **3** *nur Sg*; die (Ton)Qualität einer Sendung ⟨einen guten, schlechten Empfang haben⟩ || K-: ***Empfangs-, -gerät***

emp·fan·gen; *empfängt, empfing, hat empfangen* **1** ***etwas (von j-m) empfangen*** *geschr*; etwas (von j-m) bekommen ⟨ein Geschenk empfangen⟩ **2** ***j-n (irgendwie) empfangen*** j-n (irgendwie) begrüßen ⟨j-n freundlich, herzlich, kühl empfangen⟩ **3** ***etwas empfangen*** hören oder sehen (können) ⟨eine Sendung empfangen⟩

◆ **Emp·fän·ger** *der*; *-s, -*; **1** j-d, der etwas bekommt **2** ein Gerät, mit dem man Sendungen hören und sehen, empfangen kann

◆ **emp·feh·len**; *empfiehlt, empfahl, hat empfohlen* **1** ***(j-m) j-n / etwas empfehlen*** j-m einen Rat geben: *Dieses Buch kann ich dir sehr empfehlen* **2** ***(j-m) empfehlen*** + ***zu*** + *Infinitiv*; ***(j-m) etwas empfehlen*** j-m raten, etwas zu tun: *Der Arzt hat mir empfohlen, viel zu trinken*

Emp·feh·lung *die*; *-, -en* **1** ein (guter) Rat oder Vorschlag: *Auf seine Empfehlung habe ich den Arzt gewechselt* **2** ein lobendes Urteil ⟨j-m eine Empfehlung schreiben⟩: *Auf Empfehlung seines Chefs wurde er befördert* || K-: ***Empfehlungs-, -schreiben***

emp·fin·den; *empfand, hat empfunden* **1** ***etwas empfinden*** ein (körperliches oder seelisches) Gefühl haben ⟨Durst, Schmerzen empfinden; Liebe, Angst, Hass empfinden⟩ **2** ***etwas als etwas empfinden*** eine besondere Meinung von etwas haben: *Was du da Musik nennst, empfinde ich als (puren) Lärm*

emp·find·lich *Adj* **1** ⟨ein Zahn, eine Stelle am Körper⟩ so, dass sie schnell und oft wehtun **2** ⟨eine Haut, ein Stoff, ein Teppich, eine Pflanze⟩ so, dass sie geschont werden müssen **3** ***empfindlich gegen etwas sein*** schnell, leicht auf einen Einfluss reagieren: *empfindlich gegen Kälte, Zugluft sein* || -K: ***kälte-, licht-*** **4** sehr schnell zu beleidigen ≈ sensibel ⟨ein Mensch⟩ || *hierzu* **Emp·find·lich·keit** *die*

Emp·fin·dung *die*; *-, -en*; ein besonderes (körperliches oder seelisches) Gefühl ⟨die Empfindung von Kälte, Schmerz, Freude⟩ || *hierzu* **emp·fin·dungs·los** *Adj*

em·por [ɛm'poːɐ̯] *geschr*; (von unten) nach oben ≈ hinauf ⟨zu den Sternen empor⟩

em·pö·ren; *empörte, hat empört* **1** ***etwas empört j-n*** etwas, das j-d sagt oder tut, macht andere wütend **2** ***sich über j-n / etwas empören*** über j-n / etwas wütend werden: *Ich habe mich über seine Bemerkungen empört* || *hierzu* **Em·pö·rung** *die*

◆ **En·de** *das*; *-s, -n* **1** die Stelle, an der etwas aufhört ↔ Anfang ⟨am Ende der Straße, der Stadt; am Ende des Buches⟩ || K-: ***End-, -punkt, -silbe, -spiel*** **2** *nur Sg*; der letzte Zeitpunkt ⟨am Ende der Woche, des Monats⟩ || K-: ***End-, -phase*** **3** *nur Sg*; ***Ende*** + *Zeitangabe* am Schluss eines Zeitraums: *Er kommt Ende nächster Woche, Ende Januar* || ID ***etwas nimmt kein Ende*** etwas Negatives hört nicht auf; ***etwas geht zu Ende*** etwas endet (1); ***am Ende sein*** erschöpft sein; ***etwas zu Ende bringen*** eine Aufgabe oder eine Arbeit (erfolgreich) fertig machen; ***am Ende der Welt*** ⟨wohnen⟩ weit weg von jeder Stadt (wohnen)

en·den; *endete, hat / ist geendet* **1** ***etwas endet irgendwo / irgendwann*** (*hat*) etwas kommt an ein Ende (1,2): *Dort endet die Straße*; *Der Kurs endet im Mai* **2** ***j-d endet irgendwie*** (*hat / ist*) j-d stirbt (so) ⟨j-d endet tragisch, durch Selbstmord⟩

◆ **end·gül·tig** *Adj*; ⟨ein Entschluss, eine Fassung⟩ so, dass sie nicht mehr verändert werden (können) || *hierzu* **End·gül·tig·keit** *die*

◆ **end·lich** *Adv* **1** drückt (nach langem Warten) Erleichterung aus: *Gott sei Dank, wir sind endlich da!* **2** drückt Ungeduld aus: *Kommst du jetzt endlich?* **3** ≈ schließlich: *Endlich begriff er den Sinn ihrer Worte*

end·los *Adj*; so, dass es (scheinbar) kein Ende (1,2) hat ⟨eine Autokolonne, die Wartezeit⟩: *Die Reise zieht sich endlos hin*

En·dung *die*; *-, -en*; *Ling*; der letzte Teil eines Wortes, der (als Suffix) angefügt wird: *Im Akkusativ hat das Wort „Pilot" die Endung „-en" (den Piloten)* || *hierzu* **en·dungs·los** *Adj*

◆ **E·ner·gie** *die*; *-, -n* [-'giːən] **1** *meist Sg*; körperliche, seelische Kraft, die ein

Mensch hat ⟨voller Energie sein⟩ **2** *meist Sg*; die (*bes* elektrische) Kraft, durch die Maschinen angetrieben und andere Energien (wie *z.B.* Strom) erzeugt werden || K-: ***Energie-, -bedarf, -quelle, -verbrauch, -verschwendung*** || -K: ***Atom-, Sonnen-*** || *zu* **1 e·ner·gie·los** *Adj*

e·ner·gisch *Adj*; fest entschlossen, etwas zu tun ⟨ein Mensch; energisch handeln; etwas energisch anpacken⟩

eng *Adj* **1** schmal, nicht breit ⟨eine Gasse, eine Straße⟩ **2** sehr dicht nebeneinander: *eng schreiben*; *eine enge Umarmung* **3** direkt am Körper liegend ⟨Kleidung; etwas wird (j-m) zu eng⟩: *enge Jeans* **4** sehr gut ⟨Beziehungen, Kontakte; mit j-m eng befreundet sein⟩ || ID ***im engsten Familienkreis*** nur mit Eltern, Kindern und Geschwistern; ***einen engen Horizont haben*** geistig beschränkt sein

En·ge *die*; -; *nur Sg*; der Mangel an Platz || ID ***j-n in die Enge treiben*** j-n in eine schwierige Situation (ohne Ausweg) bringen

En·gel *der*; *-s*, -; **1** eine Figur mit Flügeln, die (nach christlicher Vorstellung) als Bote (Gottes) zu den Menschen kommt || -K: ***Schutz-*** **2** ein guter Mensch, der anderen hilft ⟨ein rettender Engel⟩

eng·lisch *Adj* **1** zu England gehörig **2** in der Sprache, die in England gesprochen wird

◆ **En·kel** ['ɛŋkl] *der*; *-s*, -; das Kind des Sohnes oder der Tochter || K-: ***Enkel-, -kind*** || *hierzu* **En·ke·lin** *die*; -, *-nen*

ent·beh·ren; *entbehrte*, *hat entbehrt* **1** ***etwas entbehren*** *geschr*; etwas brauchen, aber nicht haben: *Nach dem Krieg mussten die Menschen vieles entbehren* **2** ***j-n (nicht) entbehren können*** auf j-n (nicht) verzichten können: *Wir können keinen unserer Arbeiter entbehren* || *hierzu* **ent·behr·lich** *Adj*

ent·bin·den; *entband*, *hat entbunden* **1** ***j-n von etwas entbinden*** *geschr*; j-n von einer Aufgabe befreien oder aus einem Amt entlassen ⟨j-n von seinem Versprechen, Eid, einem Amt entbinden⟩ **2** ein Kind gebären: *Sie hat gestern entbunden*

◆ **ent·de·cken**; *entdeckte*, *hat entdeckt* **1** ***etwas entdecken*** etwas (Unbekanntes) finden: *Kolumbus hat Amerika entdeckt* **2** ***j-n / etwas (irgendwo) entdecken*** j-n / etwas plötzlich treffen oder finden: *Ich entdeckte Blutspuren am Boden*

Ent·de·ckung *die*; -, *-en*; das Erkennen, Entdecken von etwas Neuem: *Der Arzt machte eine überraschende Entdeckung auf dem Röntgenbild*

En·te[1] *die*; -, *-n*; ein (Schwimm)Vogel mit breitem Schnabel und kurzem Hals ⟨die Ente quakt⟩ || K-: ***Enten-, -braten, -jagd***

En·te[2] *die*; -, *-n*; eine falsche Nachricht in der Presse

ent·fal·ten; *entfaltete*, *hat entfaltet* **1** ***etwas entfalten*** *geschr*; etwas, das gefaltet ist, ausbreiten ⟨eine Tischdecke, eine Zeitung entfalten⟩ **2** ***sich entfalten (können)*** sich persönlich entwickeln (können) ⟨sich frei entfalten⟩ || *zu* **2 Ent·fal·tung** *die*

ent·fer·nen; *entfernte*, *hat entfernt*; *geschr* **1** ***etwas / j-n (aus / von etwas) entfernen*** bewirken, dass j-d / etwas nicht mehr da (in einer Position) ist: *einen Fleck aus einer Hose*, *j-n aus / von seinem Amt entfernen* **2** ***sich entfernen*** von einem Ort weggehen, wegfahren

◆ **entfernt** *Adj*; *nur attr*, *nicht adv*; weit weg ⟨ein Ort; ein weit entferntes Land⟩: *20km von der Stadt entfernt* **3** *Adj*; *nur attr oder adv*; nur in geringem Maße (vorhanden): *sich entfernt* (= ungenau) *an etwas erinnern*

◆ **Ent·fer·nung** *die*; -, *-en*; der Abstand zwischen zwei Punkten ≈ Distanz ⟨in respektvoller Entfernung (von j-m) stehen⟩

ent·füh·ren; *entführte*, *hat entführt*; ***j-n entführen*** j-n mit Gewalt an einen fremden Ort bringen ⟨ein Kind entführen⟩ || *hierzu* **Ent·füh·rung** *die*

◆ **ent·ge·gen** *Präp*; *mit Dat*; im Gegensatz: *entgegen unserer Abmachung* || Hinweis: auch nach dem Substantiv verwendet: *einem Befehl entgegen handeln* || K-: ***entgegen-, -setzen, -stellen, -wirken***

ent·ge·gen·ge·setzt *Adj* **1** in der umgekehrten Richtung: *Sie ist in die entgegengesetzte Richtung gefahren* **2** in Opposition zueinander: *Wir vertreten entgegengesetzte Ansichten in dieser Frage*

ent·ge·gen·kom·men (*ist*) **1** ***j-m entgegenkommen*** sich j-m aus der entgegengesetzten Richtung nähern: *Das Auto kam ihm entgegen* **2** ***j-m entgegenkommen*** die Wünsche oder Forderungen mit berücksichtigen: *Wir kommen Ihnen mit dem Preis etwas entgegen* || *zu* **2 Ent·ge·gen·kom·men** *das*; **ent·ge·gen·kom·mend** *Adj*

ent·geg·nen; *entgegnete*, *hat entgegnet*; ***(j-m) etwas entgegnen*** *geschr*; mit einer anderen Meinung antworten ≈ erwidern: *„Kommt nicht infrage!“*, *entgegnete sie* || *hierzu* **Ent·geg·nung** *die*

ent·ge·hen; *entging*, *ist entgangen* **1** ***j-m / etwas entgehen*** (durch Glück) von einer Gefahr nicht betroffen werden ⟨einer

E

Gefahr, Strafe, Verfolgung entgehen⟩ **2** ***etwas entgeht j-m*** j-d bemerkt etwas nicht

◆ **ent·hal·ten**; *enthält, enthielt, hat enthalten* **1** ***etwas enthält etwas*** etwas hat diesen Inhalt: *Orangen enthalten viel Vitamin C* || Hinweis: kein Passiv! **2** ***etwas ist in etwas*** (*Dat*) ***enthalten*** etwas ist schon darin: *In dem Mietpreis sind alle Nebenkosten enthalten*

E

ent·kom·men; *entkam, ist entkommen*; (***j-m / etwas***) ***entkommen*** vor j-m / etwas fliehen können ⟨seinen Verfolgern entkommen; dem Feuer entkommen⟩

ent·kräf·ten; *entkräftete, hat entkräftet* **1** ***etwas entkräften*** einer Aussage die Wirkung nehmen ⟨eine Behauptung, einen Verdacht entkräften⟩ **2** ***etwas entkräftet j-n*** etwas macht j-n schwach: *Sie war nach ihrer Krankheit völlig entkräftet*

◆ **ent·lang** *Präp*; *mit Dat oder Akk*; in einer Richtung, parallel zu etwas: *Sie gingen den schmalen Weg entlang* || Hinweis: seltener mit *Dat* und vor dem Substantiv: *entlang dem Weg*; selten mit *Gen* und vor dem Substantiv: *entlang des Weges*

◆ **ent·las·sen**; *entlässt, entließ, hat entlassen*; ***j-n entlassen*** j-m die Arbeit, Stelle nehmen ≈ j-m kündigen: *Es sollten 200 Arbeiter entlassen werden*

Ent·las·sung *die*; -, *-en* **1** ≈ Kündigung (1) || -K: ***Massen-*** **2** die Erlaubnis, eine Institution (*z.B.* ein Gefängnis, ein Krankenhaus) zu verlassen || K-: ***Entlassungs-, -gesuch, -zeugnis***

ent·las·ten; *entlastete, hat entlastet* **1** ***j-n entlasten*** j-m bei der Arbeit helfen: *Sein Sohn entlastet ihn bei der Planung* **2** ***etwas entlasten*** geringer werden lassen: *den Straßenverkehr durch den Ausbau der Eisenbahn entlasten* **3** ***j-n*** (***mit etwas***) ***entlasten*** (vor Gericht) etwas sagen, das dem Angeklagten hilft || *hierzu* **Ent·las·tung** *die*

ent·le·gen *Adj*; *nicht adv*; *geschr*; weit entfernt (von allen größeren Städten *o.Ä.*) ⟨in einem entlegenen Ort wohnen⟩

ent·leh·nen; *entlehnte, hat entlehnt*; ***etwas entlehnen*** etwas aus einem anderen (Fach)Gebiet nehmen und so ändern, dass es in das eigene passt: *Das Wort „Fenster" ist aus dem Lateinischen entlehnt* || *hierzu* **Ent·leh·nung** *die*

ent·neh·men; *entnimmt, entnahm, hat entnommen*; *geschr* **1** ***j-m*** / (***aus***) ***etwas etwas entnehmen*** etwas aus j-m / etwas nehmen ⟨einer Kasse Geld, einem Menschen Blut / eine Gewebeprobe entnehmen⟩ **2** (***aus***) ***etwas*** (*Dat*) ***etwas entnehmen*** aus dem, was j-d sagt oder tut, seine Schlüsse ziehen: (*Aus*) *ihren Andeutungen konnte ich nichts entnehmen*

◆ **ent·schei·den**; *entschied, hat entschieden* **1** ***etwas entscheiden*** bestimmen, wie ein Problem gelöst werden soll: *Diesen Fall kann ich nicht allein entscheiden* **2** ***über etwas*** (*Akk*) ***entscheiden*** ein Urteil fällen: *Über Schuld oder Unschuld des Angeklagten wird ein Gericht entscheiden* **3** ***sich*** (***für j-n / etwas***) ***entscheiden*** eine von zwei oder mehreren Möglichkeiten wählen: *Ich kann mich nicht entscheiden*, wohin *ich in Urlaub fahren soll* **4** ***etwas entscheidet sich*** eine (von mehreren) Möglichkeiten tritt ein: Es *wird sich bald entscheiden*, ob *ich den neuen Job bekomme oder nicht* || *hierzu* **ent·schei·dend** *Adj*

Ent·schei·dung *die*; -, *-en*; ein Urteil oder dessen Ergebnis ⟨eine Entscheidung treffen; zu einer Entscheidung kommen⟩

◆ **ent·schlie·ßen, sich**; *entschloss sich, hat sich entschlossen*; ***sich zu etwas entschließen*** etwas tun wollen ≈ entscheiden: *Wir haben uns entschlossen, ein Haus zu kaufen* || *hierzu* **Ent·schlos·sen·heit** *die*; **Ent·schluss** *der*

◆ **ent·schul·di·gen**; *entschuldigte, hat entschuldigt* **1** ***etwas entschuldigen*** ≈ verzeihen: *Entschuldigen Sie bitte die Störung!* **2** ***j-n*** (***irgendwo***) ***entschuldigen*** begründen, warum j-d etwas nicht getan hat: *Die Mutter entschuldigte das kranke Kind in der Schule* **3** ***sich*** (***bei j-m für / wegen etwas***) ***entschuldigen*** (j-n für / wegen etwas) um Verzeihung bitten: *Sie entschuldigte sich bei ihm für ihre Unhöflichkeit*

◆ **Ent·schul·di·gung** *die*; -, *-en*; der Grund und die Worte, mit dem man ein falsches Verhalten erklärt ⟨nach einer Entschuldigung suchen; eine Entschuldigung stammeln⟩

Ent·set·zen *das*; *-s*; *nur Sg*; ein sehr großer Schreck ≈ Grauen ⟨vor Entsetzen wie gelähmt sein⟩

ent·setz·lich *Adj*; sehr schlimm, schrecklich ⟨ein Verbrechen⟩

ent·sor·gen; *entsorgte, hat entsorgt*; ***etwas entsorgen*** Müll dorthin bringen, wo er verarbeitet wird ⟨Papier, Kunststoff, radioaktive Abfälle entsorgen⟩ || *hierzu* **Ent·sor·gung** *die*

ent·span·nen; *entspannte, hat entspannt* **1** ***sich*** (***bei etwas / mit etwas***) ***entspannen*** sich ausruhen und erholen: *sich in der Badewanne entspannen* **2** ***etwas entspannt sich*** ein Konflikt wird weniger gefährlich ⟨ein Konflikt, die Lage⟩ || *hierzu* **Ent·spạn·nung** *die*

◆**ent·spre·chen**; *entspricht, entsprach, hat entsprochen*; ***etwas entspricht etwas*** (*Dat*) etwas ist einer anderen Sache (ungefähr) gleich: *6 Mark entsprechen ungefähr 3 Euro*

ent·spre·chend[1] *Adj*; passend oder richtig: *Zu meinem eleganten Kleid brauche ich noch entsprechende Schuhe*

ent·spre·chend[2] *Präp*; *mit Dat*; in Übereinstimmung mit ≈ gemäß ⟨einer Anordnung, einem Befehl entsprechend⟩: *Er wurde entsprechend seinen Fähigkeiten bezahlt* || Hinweis: steht vor oder nach dem Substantiv

ent·sprin·gen; *entsprang, ist entsprungen* **1** ***etwas entspringt etwas*** (*Dat*) etwas hat seinen Grund in etwas: *Die Geschichte war ihrer Fantasie entsprungen* **2** ⟨ein Fluss⟩ ***entspringt irgendwo*** ein Fluss hat irgendwo seine Quelle: *Der Inn entspringt in den Alpen*

◆**ent·ste·hen**; *entstand, ist entstanden* **1** ***etwas entsteht*** etwas (Neues) wird begonnen: *Hier entsteht eine Schule* (= sie wird hier gebaut) **2** ***etwas entsteht*** etwas wird erzeugt: *Durch das Feuer entstand ein großer Schaden* || *hierzu* **Ent·ste·hung** *die*

ent·stel·len; *entstellte, hat entstellt* **1** ***etwas entstellt j-n*** etwas verändert das Aussehen negativ: *Sein Gesicht war durch die Narben entstellt* **2** ***etwas entstellen*** einen Text falsch wiedergeben: *In der Zeitung ist die Aussage des Politikers völlig entstellt worden*

◆**ent·täu·schen**; *enttäuschte, hat enttäuscht*; ***j-n enttäuschen*** j-n traurig (oder unzufrieden) machen, weil man seine Erwartung nicht erfüllt: *Sie war von ihrem Mann enttäuscht* || *hierzu* **Ent·täu·schung** *die*

◆**ent·we·der** ['ɛntveːdɐ, ɛnt'veːɐ] *Konjunktion*; ***entweder ... oder*** drückt aus, dass es zwei oder mehr Möglichkeiten gibt (von denen eine gewählt wird): *Nächstes Jahr fahren wir entweder nach Italien oder nach Frankreich*

ent·wer·fen; *entwirft, entwarf, hat entworfen*; ***etwas entwerfen*** etwas Neues (in der Art einer Skizze) darstellen ⟨ein Kleid, ein Programm entwerfen⟩ || ▸ ***Entwurf***

Ent·wer·ter *der*; *-s, -*; ein Gerät (*bes* in Straßenbahnen), in das man seine Fahrkarte steckt, die dadurch gültig wird || -K: ***Fahrkarten-***

◆**ent·wi·ckeln**; *entwickelte, hat entwickelt* **1** ***etwas entwickeln*** etwas erfinden und dann herstellen: *neue Kunststoffe, Verfahren entwickeln* **2** ***einen Film entwickeln*** aus einem (belichteten) Film Fotos machen **3** ***etwas entwickeln*** etwas entstehen lassen oder verbessern ⟨eine Fähigkeit entwickeln; Fantasie, Initiative entwickeln⟩ **4** ***sich*** (***irgendwie, zu j-m / etwas***) ***entwickeln*** (in einem langsamen Prozess) zu etwas werden: *Die Stadt hat sich zu einem kulturellen Zentrum entwickelt* || *hierzu* **Ent·wick·lung** *die*

Ent·wurf *der* **1** eine Zeichnung, anhand der man etwas bauen, konstruieren *o.Ä.* kann ≈ Skizze ⟨einen Entwurf ausarbeiten⟩ **2** ein Text, der die wichtigsten Gedanken schon enthält, aber noch nicht ganz fertig ist ⟨der Entwurf eines Vertrages, einer Rede⟩ || -K: ***Gesetzes-*** || ▸ ***entwerfen***

ent·zie·hen; *entzog, hat entzogen* **1** ***j-m etwas entziehen*** j-m etwas nicht länger geben, lassen ⟨j-m seine Hilfe, sein Vertrauen entziehen⟩ **2** ***j-m etwas entziehen*** j-m ein Recht oder eine Erlaubnis nehmen: *j-m den Führerschein entziehen* **3** ***sich etwas*** (*Dat*) ***entziehen*** etwas nicht mehr tun ⟨sich seinen Pflichten, der Verantwortung entziehen⟩ || *zu* **1** und **2** **Ent·zie·hung** *die*

Ent·zie·hungs·kur *die*; medizinische Behandlung einer Sucht (nach Drogen, Alkohol)

ent·zif·fern; *entzifferte, hat entziffert*; ***etwas entziffern*** einen Text lesen und verstehen (können), der nicht deutlich geschrieben ist || *hierzu* **Ent·zif·fe·rung** *die*

ent·zün·den, sich; *entzündete sich, hat sich entzündet*; ***etwas entzündet sich*** eine Stelle am / im Körper wird rot, dick und tut sehr weh: *Die kleine Wunde hat sich später entzündet* || *hierzu* **Ent·zün·dung** *die*; **ent·zünd·lich** *Adj*

E·pi·so·de *die*; *-, -n*; ein Ereignis oder Erlebnis ohne wichtige Folgen

E·po·che *die*; *-, -n*; ein geschichtlicher Zeitabschnitt (mit typischen Merkmalen) ⟨am Beginn einer neuen Epoche stehen⟩: *die Epoche der Renaissance*

◆**er** *Personalpronomen der 3. Person Sg*; verwendet anstelle eines Substantivs, dessen grammatisches Geschlecht maskulin ist: *Mein Bruder ist im Moment nicht da - er kommt erst am Abend wieder* || ↑ *Anhang 4*: ***Personalpronomen***

er- *im Verb*; *unbetont und nicht trennbar*; drückt aus, dass ein Vorgang beginnt oder ein Zustand (erfolgreich) erreicht wird; ***etwas erbringen*** ein Ergebnis (auch eine Summe Geld) erreichen; etwas durchfüh-

E

ren; ***etwas erdenken*** sich etwas Neues (aus)denken; ***etwas erdulden*** an etwas leiden und es auf sich nehmen; ***etwas erfolgt*** etwas geschieht als Folge; ***(an etwas** (Dat)**) erkranken*** krank (*z.B.* infiziert) werden; ***j-m etwas erlassen*** j-m sagen, dass er eine unangenehme Sache nicht auf sich nehmen muss; ***etwas erlassen*** ein Gesetz offiziell bekannt machen; ***etwas erlernen*** etwas ganz lernen, bis man es kann; ***j-n erniedrigen*** j-n so (schlecht) behandeln, dass er seine Würde verliert; ***etwas errechnen*** durch Rechnen zu einem Ergebnis kommen; ***(über j-n / etwas) erstaunen*** in einer positiven Reaktion zeigen, dass die Erwartungen übertroffen wurden; ***ertönen*** (erklingen und) zu hören sein; ***etwas (in j-m) erwecken*** bewirken, dass dieses Gefühl oder eine Meinung in dem anderen entsteht

er·bar·men, sich; *erbarmte sich, hat sich erbarmt*; ***sich j-s erbarmen*** *geschr*; mit j-m Mitleid haben und ihm helfen

Er·bar·men *das*; *-s*; *nur Sg* ≈ Mitleid ⟨*meist* Erbarmen mit j-m haben; kein Erbarmen kennen⟩

er·bärm·lich *Adj* **1** so schlimm, dass man Mitleid bekommt ⟨ein Anblick; in einem erbärmlichen Zustand⟩ **2** *gespr*; moralisch schlecht ⟨erbärmlich reagieren⟩

er·bar·mungs·los *Adj*; ohne Mitleid ≈ herzlos, unmenschlich

er·bau·en; *erbaute, hat erbaut*; ***etwas erbauen*** etwas (*meist* ein großes Gebäude) bauen, errichten: *Diese Kirche wurde im 15. Jahrhundert erbaut*

Er·be[1] *das*; *-s*; *nur Sg* **1** das Eigentum einer Person, das j-d nach deren Tod bekommt ⟨auf sein Erbe verzichten; sein Erbe antreten⟩ || K-: ***Erb-, -tante, -vertrag; erb-, -berechtigt*** **2** die Leistungen und Traditionen aus der Vergangenheit ⟨das geschichtliche, kulturelle Erbe⟩ || *zu* **1 er·ben** (*hat*)

Er·be[2] *der*; *-n, -n*; j-d, der ein Erbe[1] bekommt ⟨der alleinige, rechtmäßige Erbe; j-n zum Erben machen⟩ || *hierzu* **Er·bin** *die*; *-, -nen*; **er·ben** (*hat*)

er·bit·tert *Adj* **1** ***(über j-n / etwas) erbittert*** enttäuscht und zornig über j-n / etwas **2** sehr heftig, sehr intensiv ⟨ein Kampf; erbitterten Widerstand leisten⟩

er·bre·chen; *erbrach, hat erbrochen* **1** ***(etwas) erbrechen*** den Inhalt des Magens wieder (durch den Mund) von sich geben: *Er erbrach* (*alles, was er gegessen hatte*) **2** ***sich erbrechen*** (durch eine Reaktion des Magens) das Essen wieder von sich geben ≈ sich übergeben: *Vor Aufregung musste sie sich erbrechen*

Erb·se *die*; *-, -n* **1** eine kleine runde, grüne Kugel in einer länglichen Schale (Schote), die man im Garten erntet **2** *meist Pl*; das Gemüse aus Erbsen || K-: ***Erbsen-, -suppe; erbsen-, -groß***

Erd·ap·fel *der*; *südd* ≈ Kartoffel

Erd·be·ben *das*; *-s, -*; eine Erschütterung der Erde (1), die manchmal so stark ist, dass Häuser zerfallen || K-: ***Erdbeben-, -gebiet, -opfer***

Erd·bee·re *die* **1** eine Pflanze mit weißen Blüten und roten Früchten **2** die (rote, süße, saftige) Frucht der Erdbeere (1) || K-: ***Erdbeer-, -kuchen, -marmelade***

Erdbeere

die Erdbeere die Himbeere

Erd·bo·den *der*; *nur Sg*; die Oberfläche der Erde (1), auf der man geht und steht: *auf dem nackten Erdboden schlafen müssen* || ID ⟨eine Stadt⟩ ***dem Erdboden gleichmachen*** eine Stadt völlig zerstören

◆ **Er·de** *die*; *-*; *nur Sg* **1** der Planet, auf dem wir leben: *Die Erde dreht sich um die Sonne* || K-: ***Erd-, -oberfläche, -umfang*** **2** die oberste Schicht, Oberfläche der Erde (1) ≈ Erdreich ⟨fruchtbare, sandige Erde⟩: *im Garten die Erde umgraben* || K-: ***Erd-, -loch, -spalte*** || *hierzu* **Erd·reich** *das*

◆ **Erd·ge·schoss**, Ⓐ **Erd·ge·schoß** *das*; die erste Ebene eines Hauses über dem Keller ≈ Parterre

Erd·kun·de *die*; *nur Sg* **1** ≈ Geographie **2** ein Fach in der Schule, in dem Geographie unterrichtet wird || K-: ***Erdkunde-, -lehrer, -note*** || *zu* **1 erd·kund·lich** *Adj*

Erd·öl *das*; *nur Sg*; eine schwarze Flüssigkeit in der Erde (2), aus der man *z.B.* Benzin macht ⟨Erdöl exportierende Länder⟩ || K-: ***Erdöl-, -feld, -vorkommen***

er·drü·cken; *erdrückte, hat erdrückt* **1** ***etwas erdrückt j-n*** etwas fällt so schwer gegen j-s Brust, dass er stirbt: *Die Bergleute* *sind von Erde und Steinen erdrückt worden* **2 *etwas erdrückt j-n*** etwas belastet j-n psychisch so stark, dass er es nicht ertragen kann: *Die Last der Sorgen erdrückte sie fast*

Erd·teil *der* ≈ Kontinent

◆**er·eig·nen, sich**; *ereignete sich, hat sich ereignet*; ***etwas ereignet sich*** etwas (*meist* Ungewöhnliches) geschieht, passiert ⟨ein Unfall⟩: *Das Zugunglück ereignete sich am frühen Morgen*

◆**Er·eig·nis** *das*; *-ses, -se*; etwas (Ungewöhnliches), das (*oft* überraschend) geschieht: *Das Konzert war ein großes Ereignis für das kleine Dorf*

◆**er·fah·ren**; *erfährt, erfuhr, hat erfahren* **1 *etwas* (*durch j-n / von j-m*) (*über j-n / etwas*) *erfahren*; *etwas* (*von / aus etwas*) *erfahren*** eine neue Information (über j-n / etwas) bekommen: *Ich habe durch einen / von einem Freund, aus der Zeitung erfahren,* dass *sie gestorben ist* **2 *etwas erfahren*** *geschr*; etwas selbst erleben ⟨Freude, Glück, Liebe, Trauer erfahren⟩

◆**Er·fah·rung** *die*; *-, -en* **1** ein Wissen oder Können, das man durch die Praxis bekommt ⟨Erfahrung haben; etwas aus eigener Erfahrung wissen⟩: *Er hat viel Erfahrung als Arzt, in seinem Beruf, mit Autos* || K-: ***Erfahrungs-, -austausch***; ***erfahrungs-, -gemäß*** || -K: ***Auslands-, Lebens-*** **2** *meist Pl*; Erlebnisse, aus denen man etwas lernt ⟨Erfahrungen machen, sammeln⟩

er·fas·sen; *erfasste, hat erfasst* **1 *etwas erfassen*** das Wichtige begreifen: *Er hat sofort erfasst, worum es ging* **2 *j-n / etwas erfassen*** *Admin geschr*; in einer Liste registrieren ⟨etwas statistisch erfassen⟩ **3 *etwas erfasst j-n / etwas*** etwas reißt j-n / etwas durch eine Bewegung mit: *Der Radfahrer wurde von einem Auto erfasst* || *hierzu* **Er·fas·sung** *die*

◆**er·fin·den**; *erfand, hat erfunden* **1 *etwas erfinden*** (durch Forschung) etwas Neues entdecken, nutzen: *Rudolf Diesel hat einen neuen Motor erfunden* **2 *j-n / etwas erfinden*** von einer Person / Sache erzählen, die es nur in der Fantasie gibt: *Die Figuren des Films sind frei erfunden* || *hierzu* **Er·fin·der** *der*; **Er·fin·de·rin** *die*; *-, -nen*

◆**Er·fin·dung** *die*; *-, -en* **1** *nur Sg*; das Erfinden (1,2) **2** das Neue, das j-d entdeckt hat

◆**Er·folg** *der*; *-(e)s, -e*; das positive Ergebnis (oder Ziel), das man erreicht hat ↔ Misserfolg ⟨etwas ist ein großer Erfolg; mit etwas Erfolg haben; Erfolg (bei j-m) haben⟩ || K-: ***Erfolgs-, -aussichten, -meldung***

er·folg·los *Adj*; ohne positives Ergebnis ↔ erfolgreich: *ein erfolgloser Versuch*

er·folg·reich *Adj*; mit positiven Ergebnissen ↔ erfolglos: *ein erfolgreicher Unternehmer*

Er·folgs·er·leb·nis *das*; ein Gefühl der Freude, das j-d hat, dem etwas Schwieriges gelungen ist ⟨ein Erfolgserlebnis haben; etwas ist ein Erfolgserlebnis für j-n⟩

er·for·der·lich *Adj*; *nicht adv*; ***erforderlich* (*für etwas*)** unbedingt nötig: *Für das Studium an einer Universität ist das Abitur erforderlich*

er·for·dern; *erforderte, hat erfordert*; ***etwas erfordert etwas*** ⟨Geduld, Mut, viel Geld, Zeit *o.Ä.*⟩ *geschr*; etwas verlangt etwas: *Diese Aufgabe erfordert viel Sachkenntnis*

er·for·schen; *erforschte, hat erforscht*; ***etwas erforschen*** etwas (*meist* wissenschaftlich) genau untersuchen: *fremde Länder, Ursachen und Zusammenhänge erforschen* || *hierzu* **Er·for·schung** *die*

er·freu·en; *erfreute, hat erfreut* **1 *j-n mit etwas / durch etwas erfreuen*** j-m eine Freude machen: *seine Mutter mit einem kleinen Geschenk erfreuen* **2 *sich an j-m / etwas erfreuen*** Freude über j-n / etwas fühlen: *Sie erfreute sich an den Blumen*

er·freu·lich *Adj*; so, dass es froh oder glücklich macht: *Es ist sehr erfreulich*, dass *du die Prüfung bestanden hast*

er·freut *Adj* **(*über etwas* (*Akk*)) *erfreut*** froh über etwas: *Ich war sehr erfreut,* dass *er kam*

er·fri·schen; *erfrischte, hat erfrischt*; ***etwas erfrischt j-n*** etwas gibt j-m, der müde ist, neue Kraft: *Mich hat das Bad richtig erfrischt*

er·fri·schend *Adj* **1** kühl und mit angenehmem Geschmack ⟨ein Getränk⟩ **2** geistig anregend: *einen erfrischenden Humor haben*

◆**er·fül·len**[1]; *erfüllte, hat erfüllt* **1 *etwas erfüllen*** das tun, was man j-m versprochen hat oder was j-d von einem erwartet oder fordert ⟨eine Aufgabe, einen Vertrag, eine Pflicht erfüllen⟩ **2 *etwas erfüllt etwas*** etwas funktioniert in der gewünschten Weise ⟨etwas erfüllt eine Funktion, einen Zweck, j-s Bedürfnisse⟩: *Die Schuhe sind zwar alt, aber sie erfüllen noch ihren Zweck* **3 *j-m / sich etwas erfüllen*** das tun, was man / j-d sich gewünscht hat ⟨j-m eine Bitte, j-m / sich einen Traum, einen

E

Wunsch erfüllen⟩ **4** ***etwas erfüllt sich*** etwas wird Wirklichkeit ⟨eine Befürchtung, eine Hoffnung erfüllt sich⟩

◆ **er·fül·len**[2]; *erfüllte, hat erfüllt*; *geschr*; ***etwas erfüllt etwas / j-n (mit etwas)*** etwas wirkt so intensiv, dass man / j-d nichts anderes (mehr) spürt ⟨Freude, Wut⟩: *Die Blumen erfüllten den Raum mit ihrem Duft* || *hierzu* **Er·fül·lung** *die*

er·gän·zen; *ergänzte, hat ergänzt* **1** ***etwas (durch etwas) ergänzen*** etwas Fehlendes hinzufügen ⟨eine Sammlung, seine Vorräte ergänzen⟩ **2** ***sich*** (*Pl*) / ***einander ergänzen*** (*meist* von zwei Personen) eine (harmonische) Einheit bilden

Er·gän·zung *die*; -, *-en* **1** das Hinzufügen von etwas zu etwas (damit es vollständig wird) **2** eine grammatische Größe (*bes* ein Objekt), die zum Verb gehört: *Das Verb „lesen" fordert zwei Ergänzungen*

er·ge·ben[1]; *ergibt, ergab, hat ergeben* **1** ***etwas ergibt etwas*** etwas bringt ein konkretes Ergebnis (hervor): *Diese Aussage ergibt keinen Sinn* **2** ***etwas ergibt sich (aus etwas)*** etwas ist eine Folge von etwas: *Aus ihrem Unfall ergaben sich viele Komplikationen*

er·ge·ben[2], **sich**; *ergibt sich, ergab sich, hat sich ergeben*; ***sich (j-m) ergeben*** (*z.B.* im Krieg) aufhören zu kämpfen ⟨sich dem Gegner, der Polizei ergeben⟩: *Heben Sie die Hände hoch und ergeben Sie sich!*

er·ge·ben[3] *Adj*; ***j-m treu ergeben sein*** alles tun, was der andere will

◆ **Er·geb·nis** *das*; *-ses, -se* **1** ≈ Resultat (1) ⟨ein Ergebnis erzielen; etwas bleibt ohne Ergebnis⟩ || -K: ***Abstimmungs-, Wahl-*** **2** die Zahl, die bei einer Rechnung am Schluss (als Lösung) steht ⟨ein falsches, richtiges Ergebnis⟩: *Das Ergebnis der Addition von drei und zwei ist fünf* || -K: ***End-, Zwischen-*** || *zu* **1** **er·geb·nis·los** *Adj*

er·gie·big *Adj*; so, dass es viel (Nutzen) bringt ⟨ein Thema, eine Diskussion⟩

er·grei·fen; *ergriff, hat ergriffen* **1** ***j-n / etwas irgendwo ergreifen*** j-n / etwas mit der Hand fassen und halten: *Er ergriff den Hammer* **2** ***etwas ergreift j-n*** ein starkes Gefühl wirkt auf j-n: *Er wurde von Angst / Panik / Zorn ergriffen* || Hinweis: *meist* im Passiv! **3** ***etwas ergreift j-n*** etwas ruft ein starkes Mitgefühl hervor: *Die Nachricht vom Tod seines Freundes hat ihn tief ergriffen* || Hinweis: kein Passiv! **4** verwendet in Formeln wie: ***einen Beruf ergreifen*** einen Beruf wählen; ***die Flucht ergreifen*** flüchten; ***die Gelegenheit (zu etwas) ergreifen*** die Gelegenheit nutzen, etwas zu tun; ***die Initiative ergreifen*** als Erster etwas tun (damit ein Ziel erreicht wird); ***für j-n Partei ergreifen*** j-n (mit Worten) verteidigen || *hierzu* **Er·grei·fung** *die*

er·grei·fend *Adj*; von starker Wirkung auf die Gefühle ⟨eine Szene, eine Geschichte, ein Film⟩

◆ **er·hal·ten**[1]; *erhält, erhielt, hat erhalten*; ***etwas (von j-m) erhalten*** ≈ bekommen (1) ⟨eine Antwort, einen Auftrag, ein Geschenk erhalten⟩ || Hinweis: nicht im Passiv

◆ **er·hal·ten**[2]; *erhält, erhielt, hat erhalten* **1** ***etwas erhalten*** dafür sorgen, dass etwas weiterhin so existiert, bleibt: *ein historisches Bauwerk erhalten* **2** ***sich erhalten*** in derselben Form bleiben: *Die mittelalterliche Burg hat sich über Jahrhunderte erhalten* || *zu* **1** **Er·hal·tung** *die*; **Er·halt** *der*

er·hält·lich *Adj*; *nicht adv*; ***irgendwo erhältlich*** leicht zu kaufen: *Das Medikament ist nur in Apotheken erhältlich*

er·he·ben; *erhob, hat erhoben*; *geschr* **1** ***etwas erheben*** etwas in die Höhe heben, halten ⟨das / sein Glas auf j-s Wohl erheben; etwas mit erhobener Hand tun⟩ **2** ***etwas erheben*** etwas offiziell (rechtmäßig) fordern ⟨Anspruch auf etwas erheben; Anklage (gegen j-n wegen etwas) erheben; Einspruch gegen etwas erheben⟩ **3** ***sich erheben*** ≈ aufstehen: *sich aus dem Sessel erheben* **4** ***etwas erhebt sich*** etwas entsteht als Reaktion des Publikums, der Leser ⟨Beifall, Gelächter, Jubel, Lärm erhebt sich⟩: *Ein Sturm der Entrüstung erhob sich* || *hierzu* **Er·he·bung** *die*

er·heb·lich *Adj*; *geschr* **1** ≈ groß (in Ausmaß oder Menge): *ein erheblicher Unterschied, erhebliche Kosten* **2** *nur adv*; verwendet vor einem Komparativ ≈ viel: *Er ist erheblich größer als sie*

er·hei·tern; *erheiterte, hat erheitert*; ***j-n erheitern*** j-n in eine fröhliche Stimmung bringen || *hierzu* **Er·hei·te·rung** *die*

er·hel·len; *erhellte, hat erhellt* **1** ***etwas erhellen*** etwas durch (mehr) Licht hell und sichtbar machen: *Diese Lampe ist zu schwach, um das Zimmer richtig zu erhellen* **2** ***etwas erhellen*** eine (schwierige) Sache deutlicher machen / erklären: *Ihre Erläuterungen sollten die komplizierten Zusammenhänge erhellen*

er·hit·zen; *erhitzte, hat erhitzt* **1** ***etwas erhitzen*** etwas heiß machen **2** ***etwas erhitzt sich*** etwas wird heiß: *Der Motor hatte sich bei der Fahrt stark erhitzt* || ▸ ***Hitze***

er·hof·fen, sich; *erhoffte sich, hat sich erhofft*; ***sich*** (*Dat*) ***etwas (von j-m / etwas)***

erhoffen etwas Positives erwarten: *Er erhoffte sich einen großen Auftrag*

◆**er·hö·hen**; *erhöhte, hat erhöht* **1 etwas (um etwas) erhöhen** etwas höher, größer, intensiver machen 〈die Preise, die Steuern, die Geschwindigkeit erhöhen〉: *eine Mauer (um zwei Meter) erhöhen* **2 etwas erhöht sich (um etwas) (auf etwas)** (*Akk*) etwas wird größer oder mehr: *Die Miete hat sich im letzten Jahr erhöht*

◆**er·ho·len, sich**; *erholte sich, hat sich erholt*; **sich (von etwas) erholen** sich ausruhen und wieder zu Kräften kommen 〈sich gut, kaum erholen〉: *sich von einer schweren Krankheit erholen* || *hierzu* **Er·ho·lung** *die*

◆**er·in·nern**; *erinnerte, hat erinnert* **1 j-n an etwas** (*Akk*) **erinnern** j-n dazu bringen, dass er an etwas denkt und es nicht vergisst: *j-n an einen Termin erinnern* **2 sich (an j-n / etwas) erinnern** j-n / etwas im Gedächtnis haben und wieder an ihn / daran denken: *sich noch genau an die Großmutter erinnern*

◆**Er·in·ne·rung** *die*; -, *-en* **1 eine Erinnerung (an j-n / etwas)** ein Eindruck, den man nicht vergessen hat 〈eine Erinnerung wird wach; eine Erinnerung in j-m wecken; Erinnerungen mit j-m austauschen〉 **2** *nur Sg*; ein Ort im Gehirn, an dem die Informationen gespeichert sind, und die Fähigkeit, sie abzurufen ≈ Gedächtnis (2) 〈j-n / etwas in Erinnerung behalten; sich etwas in Erinnerung rufen〉: *Wenn mich meine Erinnerung nicht täuscht, dann sind wir uns schon einmal begegnet*

◆**er·käl·ten, sich**; *erkältete sich, hat sich erkältet*; eine Erkältung bekommen: *Wenn du dich nicht wärmer anziehst, wirst du dich noch erkälten*

◆**Er·käl·tung** *die*; -, *-en*; eine Krankheit (mit Schnupfen, Husten), die man meistens im Winter hat 〈eine leichte, starke Erkältung haben, bekommen〉

◆**er·ken·nen**; *erkannte, hat erkannt* **1 j-n / etwas erkennen** j-n / etwas so sehen und identifizieren: *Aus dieser Entfernung kann ich die Zahlen nicht erkennen* **2 j-n / etwas (an etwas** (*Dat*)**) erkennen** sofort wissen, um welche Person oder Sache es sich handelt: *j-n an einer typischen Geste erkennen* || K-: **Erkennungs-, -zeichen** **3 etwas erkennen** etwas richtig einschätzen, was man bisher falsch oder anders gesehen hatte 〈einen Fehler, Irrtum erkennen〉: *den Ernst der Lage erkennen* || *hierzu* **er·kenn·bar** *Adj*

Er·kennt·nis *die*; -, *-se* **1** *meist Pl*; ein neues Wissen, das j-d durch wissenschaftliche Arbeit oder durch Nachdenken gewinnt: *Erkenntnisse über die Ursachen von Krebs gewinnen* **2** die Einsicht, dass etwas so getan werden muss 〈zu einer Erkenntnis gelangen, kommen〉: *Die Politiker sind zu der Erkenntnis gekommen*, dass *der Umweltschutz gefördert werden muss*

◆**er·klä·ren**; *erklärte, hat erklärt* **1 (j-m) etwas erklären** j-m etwas klar und verständlich machen **2 etwas erklärt etwas** etwas ist der Grund für etwas: *Der Riss im Tank erklärt den hohen Benzinverbrauch* **3 j-n / etwas für etwas erklären** *geschr*; (offiziell) mitteilen, dass j-d / etwas so ist 〈j-n für tot, die Sitzung für geschlossen erklären〉 **4 sich** (*Dat*) **etwas (irgendwie) erklären** einen Grund für etwas finden: *Ich kann mir erklären*, wo *er war* || *zu* **1** und **2 er·klär·bar** *Adj*

◆**Er·klä·rung** *die*; -, *-en* **1** ≈ Erläuterung 〈j-m eine Erklärung geben, schuldig sein; eine Erklärung für etwas suchen, finden〉 **2** eine offizielle Mitteilung 〈eine Erklärung über etwas abgeben〉 || -K: **Kriegs-, Rücktritts-**

◆**er·kun·di·gen, sich**; *erkundigte sich, hat sich erkundigt*; **sich nach j-m / etwas erkundigen** ≈ nach j-m / etwas fragen: *sich nach dem Weg erkundigen*

er·lan·gen; *erlangte, hat erlangt*; **etwas erlangen** *geschr*; etwas (*meist* Positives) erreichen oder bekommen 〈die Freiheit, Gewissheit erlangen〉

◆**er·lau·ben**; *erlaubte, hat erlaubt* **1 (j-m) etwas erlauben** einverstanden sein, dass j-d etwas tun darf ↔ verbieten: *Erlauben Sie*, dass *ich rauche?* **2 etwas erlaubt (j-m) etwas** etwas macht etwas möglich 〈die Mittel, die Umstände erlauben etwas〉 **3 sich** (*Dat*) **etwas erlauben** sich das Recht nehmen, etwas zu tun 〈sich eine Frechheit, einen Scherz mit j-m erlauben〉

◆**Er·laub·nis** *die*; -, *-se*; *meist Sg*; die Tatsache, dass man etwas tun darf 〈(j-n) um Erlaubnis (für etwas) bitten; die Erlaubnis zu etwas erhalten, haben; j-m die Erlaubnis (zu etwas) geben, verweigern〉 || -K: **Einreise-, Fahr-**

er·läu·tern; *erläuterte, hat erläutert*; **(j-m) etwas erläutern** ≈ erklären (1): *j-m eine Theorie erläutern* || *hierzu* **Er·läu·te·rung** *die*

◆**er·le·ben**; *erlebte, hat erlebt*; **j-n / etwas erleben** j-n kennen lernen oder eine Erfahrung machen: *Sie musste viele Niederlagen und Enttäuschungen erleben*

Er·leb·nis *das*; *-ses, -se* **1** etwas, das einem

E

passiert: *Gestern hatte ich ein schreckliches Erlebnis - ich bin überfallen worden* **2** ein sehr schönes, eindrucksvolles Ereignis: *Das Konzert war wirklich ein Erlebnis!*

◆**er·le·di·gen**; *erledigte, hat erledigt*; ***etwas erledigen*** etwas tun, das man tun soll: *Ich muss noch meine Aufgaben erledigen*

er·le·digt *Adj* **1** *meist präd, nicht adv*; zu Ende ⟨ein Fall, eine Sache⟩: *Entschuldige dich bei ihm, dann ist der Fall (für mich) erledigt* **2** *gespr*; sehr müde, erschöpft

er·leich·tern; *erleichterte, hat erleichtert* **1** **(*j-m*) *etwas erleichtern*** für j-n etwas einfacher und bequemer machen: *Moderne Geräte erleichtern oft die Arbeit* **2** ***etwas erleichtert j-n*** etwas macht j-n frei von Sorgen: *Diese Nachricht hat uns alle sehr erleichtert* || *hierzu* **Er·leich·te·rung** *die*

er·leich·tert *Adj*; ***erleichtert*** (***über etwas*** (*Akk*)) froh, dass etwas Schlimmes nicht eingetreten ist: *Sie war erleichtert* (darüber), dass *ihm bei dem Unfall nichts passiert war*

er·lei·den; *erlitt, hat erlitten* **1** ***etwas erleiden*** etwas (körperlich oder seelisch) Unangenehmes erleben ⟨Angst, Enttäuschungen, Schmerzen erleiden⟩ **2** ***etwas erleiden*** eine schlechte Erfahrung machen ⟨eine Niederlage, Verluste erleiden⟩

Er·lös *der*; *-es, -e* ≈ Gewinn: *Den Erlös aus der Auktion bekommen Flüchtlinge*

er·lö·sen; *erlöste, hat erlöst* **1** ***j-n*** (***von etwas***) ***erlösen*** j-n von Schmerzen oder Sorgen befreien: *Der Tod erlöste ihn von seinen Leiden* **2** ***j-n aus etwas erlösen*** j-n aus einer unangenehmen Situation befreien ⟨j-n aus einer Notlage, einer peinlichen Situation erlösen⟩ || *hierzu* **Er·lö·sung** *die*

er·mah·nen; *ermahnte, hat ermahnt*; ***j-n*** (***zu etwas***) ***ermahnen*** j-n dringend bitten, etwas zu tun oder sich richtig zu verhalten: *die Kinder ermahnen, nicht auf der Straße* zu *spielen* || *hierzu* **Er·mah·nung** *die*

er·mä·ßi·gen; *ermäßigte, hat ermäßigt*; ***etwas ermäßigen*** den Preis für etwas senken ↔ erhöhen ⟨einen Beitrag, eine Gebühr ermäßigen⟩ || *hierzu* **Er·mä·ßi·gung** *die*

er·mit·teln; *ermittelte, hat ermittelt* **1** ***etwas ermitteln*** etwas suchen und auch finden ≈ feststellen: *j-s Adresse ermitteln* **2** ***gegen j-n ermitteln*** *Recht*; Beweise für j-s Schuld sammeln, um ihn vor Gericht stellen zu können || *hierzu* **Er·mitt·lung** *die*

er·mög·li·chen; *ermöglichte, hat ermöglicht*; **(*j-m*) *etwas ermöglichen*** (j-m) etwas möglich machen: *Seine Eltern ermöglichten ihm das Studium*

er·mor·den; *ermordete, hat ermordet*; ***j-n ermorden*** j-n mit Absicht töten || *hierzu* **Er·mor·dung** *die* || ▸ ***Mord, Mörder***

er·mü·den; *ermüdete, hat / ist ermüdet* **1** ***etwas ermüdet j-n*** (*hat*) etwas strengt j-n an: *Das Sprechen ermüdete den Kranken schnell* **2** (*ist*) müde, schläfrig werden || *hierzu* **Er·mü·dung** *die*

er·mun·tern; *ermunterte, hat ermuntert*; ***j-n zu etwas ermuntern*** j-n freundlich auffordern, etwas zu tun: *j-n zum Reden ermuntern* || *hierzu* **Er·mun·te·rung** *die*

er·mu·ti·gen; *ermutigte, hat ermutigt*; ***j-n*** (***zu etwas***) ***ermutigen*** (durch freundliche Worte) j-m den Mut und das Vertrauen geben, etwas zu tun: *Er ermutigte seinen Freund zu dieser Tat* || *hierzu* **Er·mu·ti·gung** *die*

◆**er·näh·ren**; *ernährte, hat ernährt* **1** ***j-n / ein Tier*** (***mit etwas***) ***ernähren*** j-m / einem Tier zu essen und zu trinken geben: *einen jungen Hund mit der Flasche ernähren* **2** ***j-n / sich*** (***mit / von etwas***) ***ernähren*** (mit etwas) für j-n / sich sorgen: *Von / mit seiner Arbeit kann er keine Familie ernähren* **3** ***sich*** (***von etwas***) ***ernähren*** von dieser Nahrung leben: *sich vegetarisch ernähren* || *hierzu* **Er·näh·rung** *die*

er·nen·nen; *ernannte, hat ernannt*; ***j-n*** (***zu etwas***) ***ernennen*** j-m ein Amt, eine Funktion geben: *j-n zum Minister ernennen* || *hierzu* **Er·nen·nung** *die*

er·neu·ern; *erneuerte, hat erneuert* **1** ***etwas erneuern*** etwas, das alt oder kaputt ist, ersetzen oder reparieren ⟨ein Dach erneuern⟩ **2** ***etwas erneuert sich*** etwas wird aus eigener Kraft wieder neu: *Haut und Haare erneuern sich ständig* || *hierzu* **Er·neu·e·rung** *die*

er·neut *Adj*; *nur attr oder adv*; *geschr*; noch einmal: *Als er auftrat, gab es erneut Beifall*

◆**ernst** *Adj* **1** ruhig und nachdenklich ↔ fröhlich, heiter: *ein ernstes Gesicht machen* **2** mit wichtigem oder traurigem Inhalt ⟨ein Film, ein Gespräch⟩ **3** tatsächlich so gemeint ⟨etwas ernst meinen, nehmen; j-m ist es ernst (mit etwas)⟩: *Wir nehmen die Drohung sehr ernst* **4** *nicht adv*; sehr groß oder intensiv ⟨ein Verdacht, ein Zweifel⟩ **5** *nicht adv*; gefährlich ⟨eine Gefahr, j-s Zustand⟩: *ein ernster Unfall* **6** ***j-n ernst nehmen*** das glauben und für sehr wichtig halten, was j-d sagt oder tut: *Ich kann ihn einfach nicht ernst nehmen*

Ernst *der*; *-es*; *nur Sg* **1** eine Haltung oder Einstellung, bei der man ruhig und nachdenklich ist: *Sie ging mit viel Ernst an ihre* *neue Aufgabe heran* **2** ***etwas ist j-s Ernst*** etwas ist tatsächlich so gemeint, wie es gesagt wurde: *Du willst also gehen - soll das dein Ernst sein?* **3** ***allen Ernstes / im Ernst*** verwendet, wenn etwas tatsächlich so (gemeint) ist: *„Ich kündige." - „Im Ernst?"*

ẹrnst·haft *Adj; nur attr oder adv* **1** seriös und verantwortungsvoll: *Er ist ein ernsthafter Mensch / wirkt sehr ernsthaft* **2** ≈ ernst (1): *Sie führten ein ernsthaftes Gespräch* **3** nicht vorgetäuscht, sondern wirklich so gemeint ⟨eine Absicht, ein Vorschlag; etwas ernsthaft bezweifeln⟩ || *hierzu* **Ẹrnst·haf·tig·keit** *die*

◆ **Ẹrn·te** *die; -, -n* **1** *nur Sg*; das Ernten (1): *bei der Ernte helfen* **2** das, was man geerntet hat ⟨eine gute, schlechte Ernte⟩: *die Ernte einbringen* || K-: ***Ernte-, -zeit*** || -K: ***Kartoffel-, Obst-***

ẹrn·ten; *erntete, hat geerntet* **1** ***etwas ernten*** Getreide, Obst oder Gemüse (auf dem Feld) einsammeln, mähen oder pflücken **2** ***etwas ernten*** etwas als Reaktion bekommen ⟨Beifall, Dank, Spott ernten⟩

er·o̲·bern; *eroberte, hat erobert* **1** ***etwas erobern*** ein fremdes Land (in einem Krieg) besetzen und unter die eigene Herrschaft bringen **2** (***sich*** (*Dat*)) ***etwas erobern*** etwas gewinnen: (*sich*) *auf dem Turnier den ersten Platz erobern* **3** ***j-n / etwas erobern*** für sich gewinnen ⟨j-n, j-s Herz erobern⟩: *Mit seinem Charme erobert er die Frauen* || *zu* **1** **Er·o̲·be·rer** *der*; **Er·o̲·be·rung** *die*

◆ **er·öff·nen**; *eröffnete, hat eröffnet* **1** ***etwas eröffnen*** etwas, das neu gebaut wurde, allen (Besuchern) zugänglich machen ↔ schließen ⟨einen Laden, ein Museum, eine Fluglinie eröffnen⟩ **2** ***etwas*** (***mit etwas***) ***eröffnen*** etwas offiziell beginnen lassen ↔ schließen ⟨eine Sitzung, eine Diskussion eröffnen⟩: *Der Richter erklärte die Verhandlung für eröffnet* **3** ***j-m etwas eröffnen*** j-m etwas (*meist* Unerwartetes) erzählen: *Er eröffnete ihnen,* dass *die Firma bankrott war* || *hierzu* **Er·ọ̈ff·nung** *die*

er·ọ̈r·tern; *erörterte, hat erörtert*; ***etwas erörtern*** *geschr*; lange und genau (detailliert) über ein Problem sprechen oder schreiben: *eine Frage wissenschaftlich erörtern* || *hierzu* **Er·ọ̈r·te·rung** *die*

e·ro̲·tisch *Adj* **1** ⟨eine Ausstrahlung, eine Frau, ein Mann, ein Buch, eine Darstellung, ein Film⟩ so, dass sie sexuell anziehend oder anregend wirken **2** ≈ sexuell ⟨ein Bedürfnis, ein Erlebnis⟩ || *hierzu* **E·ro̲·tik** *die*

er·prẹs·sen; *erpresste, hat erpresst* **1** ***j-n*** (***mit etwas***) ***erpressen*** j-n (durch Angst) dazu zwingen, einem viel Geld zu geben: *Er wurde mit Fotos erpresst, die seine Drogensucht zeigten* **2** ***etwas von j-m erpressen*** etwas von j-m durch Drohungen oder Gewalt bekommen ⟨ein Geständnis, Geld von j-m erpressen⟩: *Er hat insgesamt 3000 Euro von ihr erpresst* || *hierzu* **Er·prẹs·sung** *die*

er·ra̲·ten; *errät, erriet, hat erraten*; ***etwas erraten*** etwas richtig vermuten ⟨j-s Absichten, Gedanken, Gefühle erraten⟩: *Du hasts erraten!*

er·re̲·gen; *erregte, hat erregt* **1** ***etwas erregt j-n*** etwas macht j-n sehr wütend, nervös: *Er war so erregt, dass er zitterte* || Hinweis: *meist* im Zustandspassiv **2** ***j-n erregen*** j-n sexuell anregen **3** ***j-d / etwas erregt etwas*** j-d / etwas weckt eine starke (Gefühls)Reaktion ⟨j-d / etwas erregt Aufsehen, Mitleid⟩ || *hierzu* **Er·re̲·gung** *die*; *zu* **1** und **2** **Er·re̲gt·heit** *die*

Er·re̲·ger *der; -s, -*; etwas, das eine Krankheit verursacht (*z.B.* ein Virus)

◆ **er·re̲i̲·chen**; *erreichte, hat erreicht* **1** ***j-n / etwas erreichen*** bis an j-n / etwas herankommen: *Wenn ich mich strecke, kann ich die Zimmerdecke erreichen* **2** ***etwas erreichen*** an einen Ort kommen: *In wenigen Minuten erreichen wir Hamburg* **3** ***etwas erreichen*** in einen guten, positiven Zustand kommen ⟨ein hohes Alter, ein Ziel erreichen⟩ **4** ***j-n erreichen*** j-n am Telefon sprechen können: *Ich bin unter der Nummer 2186 zu erreichen* **5** ***etwas*** (***bei j-m***) ***erreichen*** Pläne verwirklichen können: *Mit Vorwürfen erreichst du bei mir nichts*

er·rị̲ch·ten; *errichtete, hat errichtet* **1** ***etwas errichten*** etwas Großes bauen ⟨eine Brücke, ein Hochhaus, einen Staudamm errichten⟩ **2** ***etwas errichten*** etwas aufbauen (das man später wieder zerlegen kann) ⟨Tribünen, Zelte errichten⟩ || *hierzu* **Er·rịch·tung** *die*

Er·rụn·gen·schaft *die; -, -en; geschr*; ein Fortschritt oder eine große Leistung ⟨eine soziale, technische Errungenschaft⟩

Er·sạtz *der; -es; nur Sg*; eine Person oder Sache, die eine andere ersetzt ⟨ein vollwertiger, schlechter Ersatz für j-n / etwas; als Ersatz für j-n einspringen⟩ || K-: ***Ersatz-, -reifen, -spieler***

◆ **Er·sạtz·teil** *das*; etwas, das in einer Maschine ein kaputtes Bauteil ersetzt (1): *Für den alten Wagen waren keine Ersatzteile mehr zu bekommen* || K-: ***Ersatzteil-, -lager***

er·schạf·fen; *erschuf, hat erschaffen*; ***j-n / etwas erschaffen*** *geschr*; j-n / etwas ganz neu entstehen lassen: *Gott erschuf den Menschen* || *hierzu* **Er·schaf·fung** *die*

◆**er·schei·nen**; *erschien, ist erschienen* **1** ***j-d / etwas erscheint (irgendwo)*** etwas wird irgendwo sichtbar, tritt auf: *Plötzlich erschien ein Flugzeug am Horizont; Er ist nicht zum Frühstück erschienen* **2** ***etwas erscheint (irgendwo)*** etwas wird veröffentlicht ⟨ein Buch; monatlich, regelmäßig erscheinen⟩ **3** ***j-d / etwas erscheint (j-m) irgendwie*** j-d / etwas macht (auf j-n) einen besonderen Eindruck: Es *erscheint (mir) merkwürdig,* dass *er noch nicht da ist*

E

Er·schei·nung *die*; -, *-en* **1** etwas, das man beobachten kann ⟨eine häufige, ungewöhnliche Erscheinung⟩ || -K: ***Alters-, Mode-*** **2** ein Gespenst, eine Vision *o.Ä.* (die als Mensch erscheint) ⟨eine Erscheinung haben⟩ **3** ≈ Veröffentlichung || K-: ***Erscheinungs-, -jahr, -ort***

er·schie·ßen; *erschoss, hat erschossen*; ***j-n* / ⟨ein Tier⟩ *erschießen*** j-n oder ein Tier durch einen Schuss töten

er·schla·gen[1]; *erschlug, hat erschlagen* **1** ***j-n (mit etwas) erschlagen*** j-n durch Schläge töten ≈ j-n totschlagen **2** ***etwas erschlägt j-n*** etwas fällt auf j-n und tötet ihn: *von einem Felsen erschlagen werden* || Hinweis: *meist* im Passiv!

er·schla·gen[2] *Adj*; *nur präd oder adv*; *gespr*; sehr müde, erschöpft ⟨sich wie erschlagen fühlen⟩

er·schlie·ßen; *erschloss, hat erschlossen* **1** ***etwas erschließen*** etwas durch Arbeiten so vorbereiten, dass es genutzt werden kann ⟨Öl(vorräte); einen neuen Markt für ein Produkt erschließen⟩ **2** ***etwas aus etwas erschließen*** aus den Beobachtungen ableiten, schließen ⟨die Bedeutung eines Wortes aus dem Zusammenhang erschließen⟩ || *hierzu* **Er·schlie·ßung** *die*

Er·schöp·fung *die*; -, *-en*; *meist Sg*; ein Zustand, in dem j-d nach einer Tätigkeit sehr müde ist ⟨vor Erschöpfung einschlafen⟩ || *hierzu* **erschöp·fen** *(hat)*

◆**er·schre·cken**[1]; *erschrickt, erschrak, ist erschrocken*; ***(vor j-m / etwas) erschrecken*** (plötzlich) Angst bekommen: *Er erschrickt vor Hunden, wenn sie bellen*

◆**er·schre·cken**[2]; *erschreckte, hat erschreckt*; ***j-n (irgendwie) erschrecken*** bewirken, dass j-d Angst bekommt ⟨j-n sehr, zu Tode erschrecken⟩

er·schüt·tern; *erschütterte, hat erschüttert* **1** ***etwas erschüttert j-n*** etwas trifft j-n so (stark), dass er tiefe Trauer fühlt: *Die Nachricht vom Tod seines Vaters hat ihn tief erschüttert* **2** ***etwas erschüttert etwas*** etwas bewirkt, dass sich etwas bewegt und schwankt: *Ein Erdbeben erschütterte das Haus* || *hierzu* **Er·schüt·te·rung** *die*

er·schwe·ren; *erschwerte, hat erschwert*; ***(j-m) (durch etwas) etwas erschweren*** etwas für j-n schwieriger machen ↔ erleichtern: *Nach dem Erdbeben erschwerten Regenfälle die Rettungsarbeiten*

er·schwing·lich *Adj*; nicht sehr teuer ⟨ein Preis⟩: *Ein eigenes Haus ist für uns nicht erschwinglich*

er·set·zen; *ersetzte, hat ersetzt* **1** ***(j-m) j-n / etwas ersetzen*** an die Stelle einer Person / Sache treten, die nicht (mehr) da ist: *Niemand kann einem Kind die Mutter ersetzen* **2** ***j-n / etwas (durch j-n / etwas) ersetzen*** j-n / etwas mit der gleichen Funktion bringen: *einen alten Fernseher durch einen neuen ersetzen* **3** ***(j-m) etwas ersetzen*** j-m Geld für einen Schaden, einen Verlust *o.Ä.* geben: *Ich ersetze dir die kaputte Vase* || *hierzu* **er·setz·bar** *Adj* || ▸ ***Ersatz***

er·sicht·lich *Adj*; ⟨ein Grund⟩ gut zu erkennen: *ohne ersichtlichen Grund*

er·spa·ren; *ersparte, hat erspart* **1** ***(sich (Dat)) etwas ersparen*** eine Summe Geld (an)sammeln: *Er lebt von seinem Ersparten* **2** ***j-m / sich etwas ersparen*** verhindern, dass j-d / man selbst etwas Unangenehmes hat, erfährt ⟨sich / j-m Ärger, Aufregung ersparen⟩ || ID *meist* ***Mir bleibt aber auch nichts erspart!*** *gespr*; verwendet, um auszudrücken, dass einem viele unangenehme Dinge passieren

◆**erst**[1] *Adv*; am Anfang ≈ zunächst: *Ich mache erst (einmal) das Abitur, dann sehe ich weiter*

◆**erst**[2] *Partikel*; *unbetont* **1** verwendet, um eine Person, Aussage besonders hervorzuheben: *„Ich bin ziemlich nervös." – „Und ich erst!"* **2** später als erwartet ↔ schon: *Ich bin erst gegen Mittag aufgewacht* **3** vor nicht sehr langer Zeit: *Ich habe ihn erst kürzlich / erst gestern gesehen* **4** *meist* ***es ist erst*** + *Zeitangabe* verwendet, um auszudrücken, dass es noch relativ früh ist ↔ schon: *Bleib noch ein bisschen, es ist erst halb elf* **5** weniger als erwartet ≈ nur ↔ schon: *Ich habe diese Woche erst zwei Anrufe bekommen*

ers·t-[1] *Zahladj* **1** in einer Reihenfolge an der Stelle eins ≈ 1. **2** in einer Reihe am Anfang: *im ersten Stock wohnen*

ers·t-[2] *Adj*; *nur attr, nicht adv* **1** so, dass es den Anfang eines Vorgangs darstellt: *bei j-m die ersten grauen Haare entdecken* **2** so, dass es in Bezug auf Rang oder Qualität an der Spitze steht: *im Zug erster Klasse fahren*

er·staun·lich *Adj*; so, dass man sich darüber wundert ≈ überraschend: *Er ist erstaunlich vital für sein Alter* || *hierzu* **er·stau·nen** (*hat / ist*)

er·staunt *Adj*; ***erstaunt sein*** (***über j-n / etwas***) ≈ staunen

Ers·te[1] *der / die*; *-n, -n*; j-d, der bei einem (sportlichen) Wettbewerb der / die Beste ist: *als Erster durchs Ziel gehen*

Ers·te[2] *der*; *nur Sg*; *in* ***am / zum Ersten*** (***des Monats***) am / zum ersten Tag eines Monats: *zum nächsten Ersten kündigen*

ers·tens *Adv*; an erster Stelle, vor allem: *Ich komme nicht mit. Erstens ist mir der Weg zu weit und zweitens habe ich keine Lust* (*dazu*)

er·sti·cken; *erstickte, hat / ist erstickt* **1** ***j-n ersticken*** (*hat*) verhindern, dass j-d noch atmen kann **2** ***etwas ersticken*** (*hat*) ein Feuer löschen: *die Flammen mit Sand, mit einer nassen Decke ersticken* **3** (***an etwas*** (*Dat*)) ***ersticken*** (*ist*) sterben, weil man nicht genug Luft zum Atmen bekommt: *Er ist an einem Hühnerknochen erstickt* || *hierzu* **Er·sti·ckung** *die*

erst·klas·sig *Adj*; ganz besonders gut ≈ ausgezeichnet: *erstklassige Leistungen*

erst·mals *Adv*; zum ersten Mal: *Die Stadt wurde erstmals im 13. Jahrhundert erwähnt*

er·stre·cken, sich; *erstreckte sich, hat sich erstreckt* **1** ***etwas erstreckt sich*** (***von etwas***) ***bis zu etwas*** etwas reicht von einem Punkt *o.Ä.* bis zu einem anderen: *Die Alpen erstrecken sich im Osten bis zur ungarischen Tiefebene* **2** ***etwas erstreckt sich über / auf etwas*** (*Akk*) etwas dauert längere Zeit: *Die medizinischen Versuche erstreckten sich über acht Jahre* **3** ***etwas erstreckt sich auf j-n / etwas*** etwas bezieht j-n / etwas mit ein: *Das neue Gesetz erstreckt sich auf alle Angestellten* || *zu* **1** **Er·stre·ckung** *die*

er·tra·gen; *erträgt, ertrug, hat ertragen*; ***etwas ertragen*** etwas (*meist* Unangenehmes) akzeptieren ⟨sein Schicksal ertragen; Kälte, Schmerzen, eine Krankheit ertragen (müssen)⟩ || *hierzu* **er·träg·lich** *Adj*

er·trin·ken; *ertrank, ist ertrunken*; sterben, weil man zu lange unter Wasser war: *j-n vor dem Ertrinken retten*

er·wa·chen; *erwachte, ist erwacht*; *geschr* **1** (***aus etwas***) ***erwachen*** nach dem Schlaf wach werden: *Aus der Narkose erwachen* **2** ***etwas erwacht*** (***in j-m***) etwas entsteht in j-m ⟨Misstrauen, Interesse⟩

er·wach·sen[1] [-ks-]; *erwächst, erwuchs, ist erwachsen*; *geschr*; ***etwas erwächst aus etwas*** etwas entsteht (allmählich) aus etwas: *Aus unserer Freundschaft erwuchs eine tiefe Zuneigung*

er·wach·sen[2] [-ks-] *Adj*; kein Kind oder Jugendlicher mehr ≈ volljährig: *Er hat zwei erwachsene Töchter*

◆ **Er·wach·se·ne** *der / die*; *-n, -n*; ein Mensch, der kein Jugendlicher, Kind mehr ist

Er·wä·gung *die*; *-, -en*; *geschr* **1** eine Überlegung, bei der man die Konsequenzen einer Sache prüft: *etwas aus finanziellen, gesundheitlichen Erwägungen tun* **2** ***etwas in Erwägung ziehen*** über etwas als Möglichkeit nachdenken

er·wäh·nen; *erwähnte, hat erwähnt*; ***j-n / etwas erwähnen*** kurz nennen ⟨j-n / etwas lobend, namentlich erwähnen⟩: *Er erwähnte nur nebenbei*, dass *er sie geküsst hatte* || K-: **erwähnens-, -wert** || *hierzu* **Er·wäh·nung** *die*

◆ **er·war·ten**; *erwartete, hat erwartet* **1** ***j-n / etwas erwarten*** darauf warten, dass sich etwas ereignet ⟨j-n / etwas sehnsüchtig, ungeduldig erwarten⟩: *Sie erwartete ihn an der verabredeten Stelle im Park* **2** ***etwas erwarten*** etwas für sehr wahrscheinlich halten: *Ich habe erwartet*, dass *unsere Mannschaft verliert* || *hierzu* **Er·war·tung** *die*

er·wei·sen; *erwies, hat erwiesen*; *geschr* **1** ***etwas erweisen*** ≈ beweisen (1), bestätigen: Es *ist erwiesen*, dass *Rauchen schädlich ist* || Hinweis: *meist* im Zustandspassiv! **2** ***j-m einen Gefallen erweisen*** ≈ j-m einen Gefallen tun **3** ***sich als j-d / etwas / irgendwie erweisen*** seine wahre Eigenschaft zeigen: *Die Klärung des Mordfalles hat sich als schwierig erwiesen*

er·wei·tern; *erweiterte, hat erweitert* **1** ***etwas erweitern*** etwas größer oder weiter machen: *eine Einfahrt, einen Flughafen erweitern* **2** ***etwas erweitern*** sein Wissen vergrößern ⟨seine Kenntnisse, seinen Horizont erweitern⟩ **3** ***etwas erweitert sich*** etwas wird größer: *Die Stadt erweitert sich nach Norden* || *hierzu* **Er·wei·te·rung** *die*

er·wer·ben; *erwirbt, erwarb, hat erworben*; *geschr* **1** ***etwas erwerben*** *meist* wertvolle, teure Dinge kaufen: *ein Grundstück erwerben* **2** (***sich*** (*Dat*)) ***etwas erwerben*** etwas durch Arbeit und Fleiß erlangen: *ein großes Vermögen erwerben* || *hierzu* **Er·wer·bung** *die*

er·wi·dern; *erwiderte, hat erwidert* **1** (***j-m***) ***etwas*** (***auf etwas*** (*Akk*)) ***erwidern*** j-m eine Antwort geben: *Ich wusste nicht,* *was ich ihm auf seinen Vorwurf erwidern sollte* **2 *etwas erwidern*** als Antwort oder Reaktion auf etwas das Gleiche tun ⟨j-s Gefühle, einen Gruß, einen Besuch, einen Blick erwidern⟩

er·wi·schen; *erwischte, hat erwischt*; *gespr* **1 *j-n / etwas erwischen*** j-n / etwas im letzten Moment noch erreichen: *den Bus in letzter Sekunde noch erwischen* **2 *j-n erwischen*** j-n, der etwas Verbotenes getan hat, fangen **3 *j-n (bei etwas) erwischen*** sehen oder beobachten, wie j-d etwas Verbotenes tut || ID ***j-n hat es erwischt*** *gespr*; **a)** j-d hat sich verliebt; **b)** j-d ist krank geworden, verletzt oder gestorben: *Mich hat es Gott sei Dank noch nicht erwischt*

er·wünscht *Adj* **1** *meist attr*; so, wie man es sich gewünscht hat: *Die Untersuchung brachte das erwünschte Resultat* **2** bei j-m oder an einem Ort gern gesehen ≈ willkommen

◆ **er·zäh·len**; *erzählte, hat erzählt* **1 *(j-m) etwas erzählen*; *(etwas) erzählen*** (j-m) ein Erlebnis oder eine Geschichte mitteilen ⟨(j-m) ein Märchen erzählen; Witze erzählen⟩: *Seine Großmutter kann ganz spannend erzählen* || K-: ***Erzähl-, -kunst*** **2 *(j-m) etwas (von j-m / etwas) erzählen*; *(j-m) etwas (über j-n / etwas) erzählen*** ≈ mitteilen: *Sie hat uns erzählt,* dass *ihr Mann schwer erkrankt ist* || *hierzu* **Er·zäh·ler** *der*

◆ **Er·zäh·lung** *die*; -, *-en* **1** das Erzählen (1) ⟨j-s Erzählung lauschen, zuhören; j-n in seiner Erzählung unterbrechen⟩ **2** eine relativ kurze (Prosa)Geschichte ⟨eine spannende, realistische Erzählung⟩

er·zeu·gen; *erzeugte, hat erzeugt* **1 *etwas erzeugen*** bewirken, dass etwas entsteht: *Der Autor weiß viel Spannung zu erzeugen* **2 *etwas erzeugen*** ≈ produzieren: *landwirtschaftliche Produkte, Strom erzeugen* || *hierzu* **Er·zeug·nis** *das*; **Er·zeu·gung** *die*

◆ **er·zie·hen**; *erzog, hat erzogen*; ***j-n (zu etwas) erziehen*** j-n, *meist* ein Kind, in seiner geistigen und charakterlichen Entwicklung formen ⟨j-n streng, zur Selbstständigkeit erziehen⟩

◆ **Er·zie·hung** *die*; -; *nur Sg* **1** alle Maßnahmen, mit denen man j-n formt, erzieht ⟨eine autoritäre, liebevolle Erziehung⟩ || K-: ***Erziehungs-, -fehler, -me- thode*** **2** das Benehmen als Resultat der Erziehung (1): *Ihr fehlt jede Erziehung*

er·zie·len; *erzielte, hat erzielt*; ***etwas erzielen*** das Ziel erreichen ⟨einen Erfolg, einen Gewinn erzielen⟩

er·zwin·gen; *erzwang, hat erzwungen*; ***etwas erzwingen*** etwas durch Druck, Gewalt erreichen ⟨eine Entscheidung, ein Geständnis erzwingen; sich (*Dat*) Zutritt zu etwas erzwingen⟩

◆ **es**[1] *Personalpronomen der 3. Person Sg* **1** verwendet, um ein neutrales Substantiv zu ersetzen: *Das Baby weint. Nimm es doch auf den Arm!* || ↑ *Anhang 4*: ***Personalpronomen*** **2** verwendet als demonstratives Pronomen anstelle von *er* oder *sie*: *Da kommt jemand. Es ist Herr Meyer* || Hinweis: Die Verbform wird vom Substantiv bestimmt und kann deswegen auch im Plural stehen: *Ich kenne sie alle - es sind Schüler aus meiner Klasse* **3** verwendet, um sich auf den Inhalt eines ganzen Satzes zu beziehen: *Er hat sein Versprechen nicht gehalten. - Ich habe es nicht anders erwartet*

◆ **es**[2] *unpersönliches Pronomen* **1** verwendet als formales (inhaltsleeres) Subjekt von manchen Verben: *Es klingelt*; *Es geht ihr gut*; *Es kommt auf das Wetter an*; *Es ist schon Nacht*; *Es wird kalt*; *Es regnet / schneit / blitzt* **2** verwendet als formales, inhaltsleeres Objekt in einzelnen Wendungen: *Ich habe es eilig* (= Ich bin in Eile); *Er meint es nur gut mit dir* (= Er will nur das Beste für dich): *Ich nehme es an*; *Ich weiß (es) nicht* **3** verwendet als Stellvertreter für ein Substantiv, ein Pronomen oder einen Nebensatz: *Es ist etwas Schlimmes passiert* (= Etwas Schlimmes ist passiert); *Mir fällt es schwer, Nein zu sagen* (= Nein zu sagen, fällt mir schwer)

E·sel *der*; *-s*, -; **1** ein Tier mit *oft* grauem Fell und langen Ohren, das einem kleinen Pferd ähnlich ist ⟨einen Esel bepacken⟩ **2** *gespr!* verwendet als Schimpfwort ≈ Dummkopf || *zu* **1 E·se·lin** *die*; -, *-nen*

ess·bar *Adj*; *nicht adv*; ⟨Beeren, Früchte, Pilze⟩ so, dass man sie gut essen kann

◆ **es·sen**; *isst, aß, hat gegessen* **1 *(etwas) essen*** in den Mund nehmen (kauen) und schlucken ⟨Brot, Fleisch essen; viel, hastig essen; im Restaurant essen⟩ || K-: ***Ess-, -besteck*** || Hinweis: Menschen *essen*, Tiere *fressen* **2 *(etwas) essen gehen*** in ein Lokal gehen, um dort zu essen **3 *zu Mittag / zu Abend essen*** die Mahlzeit am Mittag oder Abend zu sich nehmen

◆ **Es·sen** *das*; *-s*, -; **1** *nur Sg*; der Vorgang, bei dem man Nahrung zu sich nimmt: *Essen ist lebensnotwendig* **2** ≈ Speise(n) ⟨ein warmes, kaltes Essen; das / ein Essen kochen, servieren⟩: *Das Essen steht auf dem Tisch* || -K: ***Abend-, Mittag-*** **3** eine große, festliche Mahlzeit: *Der Kanzler gab ein*

Essen zu Ehren des Präsidenten

◆**Es·sig** *der*; *-s*; *nur Sg*; eine saure Flüssigkeit, mit der man *z.B.* Salate würzt ⟨ein milder Essig; etwas in Essig einlegen⟩: *einen Salat mit Essig und Öl anmachen* || K-: ***Essig-, -gurke*** || -K: ***Obst-***

Ess·löf·fel *der*; der große Löffel, mit dem man *z.B.* Suppe isst ↔ Kaffeelöffel, Teelöffel

Ess·zim·mer *das*; das Zimmer in der Wohnung, in dem man (täglich) isst

E·ta·ge [-ʒə] *die*; -, *-n*; *geschr* ≈ Stockwerk: *in der obersten Etage wohnen* || K-: ***Etagen-, -heizung, -wohnung***

E·ti·kett *das*; *-(e)s*, *-en* / *-s*; ein kleines Schild an Waren (*meist* mit dem Preis darauf)

et·li·ch- *Indefinitpronomen*; bezeichnet wie *manch-* *usw* eine nicht genau bestimmte Menge oder Anzahl ≈ einig-: *Das war schon etliche Jahre her*

◆**et·wa**[1] *Adv* **1** drückt aus, dass eine Größe, Menge, Zeit oder ein Ort nicht genau bestimmt ist ≈ ungefähr ↔ genau: *Um fünf Uhr etwa / Etwa um fünf Uhr können wir uns treffen* **2** (***so*** / ***wie***) ***etwa*** drückt aus, dass j-d / etwas als Beispiel genannt wird: *Viele amerikanische Künstler, wie etwa Hemingway, lebten lange in Paris*

et·wa[2] *Partikel*; *unbetont*; drückt in Fragesätzen aus, dass man beunruhigt, überrascht ist: *Du bist doch nicht etwa krank?* (ich bin besorgt um dich) || Hinweis: in verneinten Fragesätzen immer in Verbindung mit *doch*

◆**et·was**[1] *Indefinitpronomen* **1** verwendet für eine Sache, die nicht näher bestimmt ist: *Etwas beunruhigt mich*; *Ich würde dir gern etwas schenken* **2** verwendet vor einem Adjektiv als Substantiv oder vor Pronomen, um das zu bezeichnen, worauf es sich bezieht: *Heute wollen wir etwas Neues lernen*; *Morgen beschäftigen wir uns mit etwas anderem* || ID ***etwas gegen j-n haben*** *gespr*; j-n nicht mögen: *Ich glaube, sie hat etwas gegen mich*

◆**et·was**[2] *Partikel*; *unbetont*; verwendet vor einem Adjektiv, um etwas einzuschränken ≈ ein bisschen: *Wir sind etwas früher als erwartet angekommen*; *Ich bin noch etwas müde*

euch[1] *Personalpronomen der 2. Person Pl (ihr), Akkusativ und Dativ*: *Sie hat euch geholfen*; ↑ *Anhang 4*: **Personalpronomen**

euch[2] *Reflexivpronomen der 2. Person Pl (ihr), Akkusativ und Dativ*: *Schämt ihr euch nicht?*; ↑ *Anhang 8*: ***Reflexivpronomen***

euch[3] *reziprokes Pronomen der 2. Person Pl (ihr), Akkusativ und Dativ*: *Ihr liebt euch doch?*; ↑ *Anhang 8*: ***Reflexivpronomen***

eu·er[1] ['ɔyɐ] *Personalpronomen der 2. Person Pl (ihr), Genitiv*: *Sie erinnert sich euer*; ↑ *Anhang 4*: **Personalpronomen**

eu·er[2] ['ɔyɐ] *Possessivpronomen der 2. Person Pl (ihr)*: *Ist das euer Hund?*; ↑ *Anhang 5*: **Possessivpronomen**

◆**eu·r-** *Possessivpronomen der 2. Person Pl (ihr)*: *Habt ihr eure Pässe?* || ▸ ***mein-***

eu·ret·we·gen *Adv*; aus einem Grund, der euch betrifft: *Ich habe mir euretwegen Sorgen gemacht*

Eu·ro *der*; *-(s)*, *-(s)*; Bezeichnung für die gemeinsame Währung in einigen Staaten der Europäischen Union (seit 1999): *Ein Euro hat 100 Cent*

Eu·ro·pa *(das)*; *-s*; *nur Sg*; der Kontinent, der von Portugal (im Westen) bis zum Ural (im Osten) und von Norwegen (im Norden) bis Italien (im Süden) reicht || K-: ***Europa-, -politik*** || -K: ***Mittel-, Nord-, Ost-, Süd-, West-***

Eu·ro·pä·er *der*; *-s*, *-*; j-d, der in Europa geboren ist und lebt || -K: ***Nord-, Süd-, West-, Ost-, Mittel-***

eu·ro·pä·isch *Adj* **1** Europa betreffend ⟨europäische Interessen, Politik⟩ **2** ***die Europäische Union*** EU

◆**e·van·ge·lisch** [evaŋ'ge:-] *Adj*; zu der (protestantischen) Kirche (Luthers) gehörig; *Abk* ev. ⟨ein Pfarrer; evangelisch sein⟩

◆**e·ven·tu·ell** [even'tuel] *Adj*; *nur attr oder adv* **1** unter Umständen möglich ⟨ein Notfall; Probleme⟩ **2** *nur adv* ≈ vielleicht; *Abk* evtl.: *Eventuell fahre ich diesen Sommer nach Italien*

◆**e·wig** *Adj* **1** ohne Anfang und ohne Ende in der Zeit: *der ewige Kreislauf der Natur* **2** so, dass es immer stabil bleibt ⟨j-m ewige Liebe, Freundschaft, Treue schwören⟩ **3** *nur adv*; *gespr*; sehr lange (Zeit): *Ich habe dich schon ewig nicht mehr gesehen*

E·wig·keit *die*; *-*, *-en* **1** *nur Sg*; *geschr*; eine Dauer ohne Ende ↔ Vergänglichkeit: *die Ewigkeit Gottes* **2** *gespr*; eine Zeit, die viel zu lange dauert: *Wir haben uns ja seit einer Ewigkeit nicht mehr gesehen!*

e·xakt, *exakter*, *exaktest-*; *Adj* **1** ≈ präzise ↔ ungenau ⟨ein Ausdruck, eine Formulierung⟩ **2** sehr gründlich ⟨eine Arbeit, ein Arbeiter; etwas exakt ausführen⟩ || *hierzu* **E·xakt·heit** *die*

E·xa·men *das*; *-s*, *-* / *E·xa·mi·na*; die Prüfung am Ende eines Studiums, einer (Schul)Ausbildung ⟨ein / sein Examen machen, ablegen, bestehen, wiederholen;

durch ein Examen fallen⟩ || -K: ***Doktor-, Magister-, Staats-***

E·xemp·lar [-plaːɐ̯] *das*; *-s*, *-e*; ein einzelnes Stück oder Individuum (*z.B.* ein Tier, eine Pflanze; ein Buch) aus einer Gruppe oder Menge der gleichen Art ⟨ein einzelnes, seltenes Exemplar⟩

◆ **E·xis·tenz** *die*; -, *-en* **1** *nur Sg*; die Tatsache, dass j-d / etwas da, vorhanden ist ≈ Dasein ⟨die Existenz (von etwas) behaupten, bestreiten⟩: *Die Existenz von Leben auf anderen Planeten ist nicht bewiesen* **2** *nur Sg*; das Leben ⟨eine sorglose Existenz führen; um die nackte Existenz kämpfen⟩ || K-: ***Existenz-, -angst, -kampf*** **3** der Beruf, eine Position als finanzielle Basis ⟨eine gesicherte Existenz haben; sich eine Existenz aufbauen⟩ || K-: ***Existenz-, -grundlage***; ***existenz-, -bedrohend***

◆ **e·xis·tie·ren**; *existierte, hat existiert* **1** da sein: *in (der) Wirklichkeit, in der Einbildung existieren* **2** alles bezahlen (können), was für das Leben nötig ist ⟨mit / von etwas existieren müssen⟩: *Von 500 Euro im Monat kann man nicht existieren*

Ex·pe·ri·ment *das*; *-(e)s*, *-e* **1** ein wissenschaftlicher Versuch ⟨ein chemisches Experiment; ein Experiment durchführen⟩: *Experimente an Tieren* **2** ein Versuch, ein praktisches Problem zu lösen: *Die wirtschaftlichen Experimente der Regierung scheiterten schnell*

ex·pe·ri·men·tie·ren; *experimentierte, hat experimentiert*; ***(mit / an einem Tier / etwas) experimentieren*** Versuche machen, durch die man etwas Neues entdecken oder erkennen kann: *an Ratten experimentieren*

Ex·per·te *der*; *-n*, *-n*; ***ein Experte (für etwas / in etwas*** (*Dat*)) j-d, der sehr viel über sein (Fach)Gebiet weiß ≈ Fachmann ↔ Laie ⟨den Rat eines Experten einholen⟩ || -K: ***Finanz-, Kunst-*** || *hierzu* **Ex·per·tin** *die*; -, *-nen*

ex·plo·die·ren; *explodierte, ist explodiert* **1** ***etwas explodiert*** etwas kracht und wird plötzlich zerrissen ⟨ein Fass, eine Bombe⟩: *Das Flugzeug explodierte in der Luft* **2** ***etwas explodiert*** etwas wächst ganz schnell ⟨die Kosten, die Preise⟩ || Hinweis: Sonst wird das Perfekt der Verben auf *-ieren* mit *haben* gebildet

◆ **Ex·plo·si·on** [-ˈzi̯oːn] *die*; -, *-en* **1** das Explodieren (1) *z.B.* einer Bombe ⟨eine heftige Explosion; eine Explosion auslösen⟩ || K-: ***Explosions-, -gefahr*** || -K: ***Bomben-, Gas-*** **2** der schnelle Anstieg von Kosten, Preisen || -K: ***Bevölkerungs-, Kosten-***

◆ **Ex·port** *der*; *-(e)s*, *-e*; *nur Sg*; die Lieferung von Waren in ein anderes Land ↔ Import ⟨den Export erhöhen, fördern⟩

ex·por·tie·ren; *exportierte, hat exportiert*; ***etwas exportieren*** Waren in einem anderen Land verkaufen ≈ ausführen[1] (1) ↔ einführen: *Deutschland exportiert Maschinen und importiert Kaffee*

ext·ra *Adj*; *indeklinabel*; *gespr* **1** *nur attr oder adv* ≈ zusätzlich: *Das Kind bekommt heute 10 Euro extra* **2** nicht mit dem / den anderen zusammen, sondern getrennt ≈ gesondert **3** *nur adv*; nur für diesen besonderen Zweck ≈ speziell: *Ich habe den Kuchen extra für dich gebacken*

ext·rem[1] *Adj* **1** sehr groß, sehr intensiv: *In der Arktis herrscht extreme Kälte* **2** ≈ radikal (2): *extreme politische Ansichten*

ext·rem[2] *Partikel* ≈ sehr: *Er ist zurzeit extrem schlecht gelaunt*

F

F, f [ɛf] *das*; -, - / *gespr auch -s*; der sechste Buchstabe des Alphabets

fa·bel·haft *Adj* ≈ ausgezeichnet: *ein fabelhafter Koch*; *Das Essen war fabelhaft*

◆ **Fab·rik** *die*; -, *-en*; ein großer industrieller Betrieb[1], in dem Waren hergestellt werden ⟨eine Fabrik gründen, leiten⟩ || K-: ***Fabrik-, -anlage*** || -K: ***Möbel-, Papier-***

◆ **Fach**[1] *das*; *-(e)s*, *Fä·cher*; ein Teil eines Schrankes, in den man seine Sachen legt: *ein Schrank mit mehreren Fächern* || -K: ***Schreibtisch-***

◆ **Fach**[2] *das*; *-(e)s*, *Fä·cher*; ein spezielles Gebiet in der Schule und Forschung ⟨sein Fach beherrschen; das Fach Geschichte studieren⟩ || K-: ***Fach-, -bereich, -ge-***

biet, -lehrer || -K: ***Unterrichts-*** || ID ***vom Fach sein*** Spezialist sein

Fạch·aus·druck *der*; ein Wort, das man in einem speziellen Fach(gebiet) verwendet: *Der medizinische Fachausdruck für „Durchfall" ist „Diarrhö"*

Fạch·ge·biet *das*; das Fach oder das Thema, mit dem sich j-d (beruflich) beschäftigt: *Die Mechanik und die Elektronik sind zwei wichtige Fachgebiete der Physik*

Fạch|hoch·schu·le *die*; Ⓓ eine spezielle Art von Hochschule für technische und künstlerische Fächer

fạch·lich *Adj*; auf ein bestimmtes Fach[2] bezogen, zu ihm gehörend ⟨Kenntnisse, Probleme; sich fachlich weiterbilden⟩

Fạch·mann *der*; *-(e)s, Fach·leu·te*; ***ein Fachmann (für etwas)*** j-d, der seinen Beruf oder sein Fach (2) beherrscht ≈ Experte: *Er ist (ein) Fachmann für Heizungstechnik* || -K: ***Bank-, Heizungs-*** || *hierzu* **Fạch·frau** *die* || Hinweis: statt *Fachfrau* verwendet man *oft Expertin*

Fạch·spra·che *die*; alle terminologischen Ausdrücke und besonderen Formulierungen, die man in einem bestimmten Fach[2] oder Beruf verwendet: *die juristische, medizinische Fachsprache* || *hierzu* **fạch·sprach·lich** *Adj*

Fạch·werk *das*; *nur Sg*; eine Art zu bauen, bei der die Wände durch viele Holzbalken gegliedert werden, die man von außen sieht || K-: ***Fachwerk-, -haus***

Fachwerk

fa̲·de *Adj*; *pej* **1** ⟨Speisen⟩ so, dass sie ohne intensiven Geschmack sind: *Die Suppe schmeckt fade* **2** *bes südd* Ⓐ *gespr*; langweilig und gar nicht attraktiv ⟨Menschen, eine (Fernseh)Sendung⟩

Fa̲·den *der*; *-s, Fä·den*; ein Stück Garn oder Schnur, das *z.B.* zum Nähen verwendet wird ⟨einen Faden einfädeln, vernähen; ein Faden reißt⟩ || -K: ***Näh-, Woll-*** || ID ***der rote Faden*** ein (Grund)Gedanke oder ein Motiv, die *z.B.* in einem Buch oder einem Film immer wiederkehren; ***die Fäden (fest) in der Hand haben / halten*** Entscheidungen allein treffen und alles streng kontrollieren

fä·hig ['fɛːɪç] *Adj*; *nicht adv* **1** ***zu etwas fähig sein*** etwas tun können ≈ imstande sein, etwas zu tun: *Sie war nicht fähig, ein vernünftiges Wort* zu *sagen* **2** *meist attr*; durch sein Können oder Wissen für etwas besonders geeignet: *ein fähiger Arzt* || ID *meist* ***j-d ist zu allem fähig*** *gespr pej*; es ist möglich, dass j-d etwas (Schlechtes oder etwas Unerwartetes) tut

Fä̲·hig·keit *die*; -, *-en* **1** *meist Pl*; die positive(n) Eigenschaft(en), durch die j-d etwas Besonderes leisten kann ⟨handwerkliche, musikalische Fähigkeiten; j-s Fähigkeiten (nicht) unterschätzen⟩ **2** ***die Fähigkeit (zu etwas)*** *nur Sg*; die Eigenschaft oder das Talent, etwas besonders gut zu tun: *Er besaß die Fähigkeit, sich einfach und verständlich auszudrücken* || -K: ***Begeisterungs-***

fa̲hl *Adj*; *geschr*; fast ohne Farbe, blass ≈ bleich ⟨fahles Licht; fahl im Gesicht werden⟩

fa̲hn·den; *fahndete, hat gefahndet*; ***nach j-m / etwas fahnden*** intensiv nach einem Verbrecher oder *z.B.* gestohlenen Dingen suchen: *Die Polizei fahndet nach dem Dieb* || *hierzu* **Fa̲hn·dung** *die*

Fa̲h·ne *die*; -, *-n*; ein (*meist* rechteckiges) Stück Stoff in den Farben (mit Zeichen) eines Landes oder eines Vereins ⟨eine Fahne schwenken; die deutsche, spanische Fahne⟩ || K-: ***Fahnen-, -mast, -stange*** || ID ***die / seine Fahne nach dem Wind drehen / hängen*** *pej*; sich (opportunistisch) der herrschenden Meinung anschließen

Fa̲hr·bahn *die*; der Teil der Straße, der für Fahrzeuge bestimmt ist ≈ Straße ⟨von der Fahrbahn abkommen⟩

Fä̲h·re *die*; -, *-n*; ein Schiff, das regelmäßig über einen See oder Fluss fährt, um Menschen und Waren zu transportieren ⟨mit der Fähre übersetzen; die Fähre legt ab / an⟩: *die Fähre zwischen Dover und Calais*

◆ **fa̲h·ren**; *fährt, fuhr, hat / ist gefahren* **1** ***etwas fährt*** (*ist*) ein Fahrzeug bewegt sich fort ⟨ein Auto, ein Zug⟩: *Der Bus fährt regelmäßig* || K-: ***Fahr-, -geschwindigkeit, -spur, -strecke, -unterricht*** **2**

j-n / etwas (***mit etwas***) ***irgendwohin fahren*** (*hat*) j-n / etwas mit einem Fahrzeug an einen Ort bringen, transportieren: *den Kranken nach Hause fahren* **3 *etwas fahren*** (*ist*) sich so fortbewegen ⟨Auto, Rad, Schlittschuh, Ski fahren⟩ **4 *irgendwohin fahren*** (*ist*) sich auf ein Ziel hin bewegen: *ans Meer, ins Gebirge, nach München fahren* **5 *mit etwas*** (***irgendwohin***) ***fahren*** (*ist*) sich mit diesem Fahrzeug fortbewegen ⟨mit dem Auto, mit dem Lift fahren⟩ || ID *meist* ***Was ist denn in dich gefahren?*** *gespr*; warum verhältst du dich plötzlich so seltsam?

◆ **Fah·rer** *der*; *-s*, *-*; j-d, der ein Fahrzeug selbst steuert ⟨ein sicherer, rücksichtsloser Fahrer⟩ || -K: ***Bus-, Taxi-*** || *hierzu* **Fah·re·rin** *die*; *-*, *-nen*

Fahr·gast *der*; *Admin geschr*; j-d, der *z.B.* einen Bus oder Zug benutzt || Hinweis: Bei einem Flugzeug oder Schiff spricht man von einem *Passagier*

◆ **Fahr·kar·te** *die*; eine kleine Karte, für die man Geld bezahlen muss und mit der man dann in einem Bus oder Zug fahren darf ≈ Ticket ⟨eine Fahrkarte lösen, entwerten⟩ || K-: ***Fahrkarten-, -kontrolle*** || -K: ***Zug-***

fahr·läs·sig *Adj*; *geschr*; ohne die nötige Vorsicht, ohne an die Konsequenzen zu denken ⟨(grob) fahrlässig handeln⟩ || *hierzu* **Fahr·läs·sig·keit** *die*

◆ **Fahr·plan** *der*; ein Plakat, auf dem steht, wann ein Bus, Zug *usw* (an den Haltestellen *bzw* Bahnhöfen) abfährt ⟨den Fahrplan ändern⟩ || -K: ***Sommer-, Winter-***

◆ **Fahr·rad** *das*; ein Fahrzeug mit zwei Rädern, ohne Motor ⟨(mit dem) Fahrrad fahren⟩ || ↑ *Illustration* ***Das Fahrrad*** || K-: ***Fahrrad-, -reifen, -tour*** || -K: ***Kinder-*** || Hinweis: in der gesprochenen Sprache wird anstelle von *Fahrrad oft* kurz *Rad* gesagt

Fahr·schein *der*; *Admin geschr* ≈ Fahrkarte, Ticket

Fahr·schu·le *die*; eine Art private Schule, in der man lernt, wie man ein Auto, Motorrad *usw* fährt || *hierzu* **Fahr·schü·ler** *der*; **Fahr·schü·le·rin** *die*; *-*, *-nen*

Fahr·stuhl *der*; eine Kabine, mit der Personen in einem Gebäude nach oben und unten transportiert werden ≈ Aufzug[1] ⟨den Fahrstuhl nehmen; mit dem Fahrstuhl fahren⟩

◆ **Fahrt** *die*; *-*, *-en*; die Reise mit einem Fahrzeug (zum Ziel): *eine Fahrt nach Paris machen / unternehmen* || -K: ***Bus-, Zug-*** || ID ***in Fahrt sein*** *gespr*; in guter Stimmung sein (und viel reden und lachen)

Fähr·te *die*; *-*, *-n*; die (Fuß)Spuren und der Geruch eines Tieres, das gejagt wird ⟨eine Fährte aufspüren, verfolgen⟩ || ID ***auf der falschen Fährte sein*** ≈ sich irren

Fahr·zeug *das*; *-(e)s*, *-e*; eine technische Konstruktion, *z.B.* ein Auto, Fahrrad, Zug, Boot oder Schlitten, mit der man sich schnell und bequem fortbewegt *bzw* Lasten transportiert || -K: ***Luft-, Schienen-***

◆ **fair** [fɛːɐ̯] *Adj*; *gespr*; ohne Tricks und so (anständig), dass der andere keinen Schaden oder Nachteil hat ≈ gerecht ↔ unfair ⟨ein Verhalten; fair handeln, kämpfen, spielen; j-d / etwas ist fair⟩ || *hierzu* **Fairness** [ˈfɛːɐ̯nɛs] *die*

Fakt *der, das*; *-(e)s*, *-en*; *meist Pl*; *geschr* ≈ Tatsache

Fak·tor [-toːɐ̯] *der*; *-s*, *Fak·to·ren*; ein Ereignis *o.Ä.*, das zusammen mit anderen Ereignissen *o.Ä.* wirkt und zu einem Ergebnis führt ⟨ein bestimmender, entscheidender, wesentlicher Faktor⟩: *Verschiedene Faktoren führten in dem Atomkraftwerk zur Katastrophe*

Fa·kul·tät *die*; *-*, *-en*; mehrere einzelne Fächer oder Wissenschaften, die an einer Universität zu einer Abteilung gehören ≈ Fachbereich ⟨die Philosophische, Juristische Fakultät⟩

Fal·ke *der*; *-n*, *-n*; ein ziemlich großer Raubvogel, den man früher *oft* für die Jagd dressiert hat: *einen Falken zur Jagd abrichten*

◆ **Fall**[1] *der*; *-(e)s*; *nur Sg*; das Fallen, der Sturz: *sich bei einem Fall schwer verletzen*

◆ **Fall**[2] *der*; *-(e)s*; *Fäl·le* **1 *ein Fall*** + *Gen* / ***von etwas***; ***der Fall, dass ...*** eine Situation, die eintreten kann oder die j-n betrifft ⟨in diesem, keinem, jedem Fall; in den meisten Fällen; ein ungewöhnlicher Fall⟩: *Was würdest du in meinem Fall* (= wenn du in meiner Situation wärest) *tun?* || -K: ***Not-, Spezial-, Unglücks-*** **2** eine Sache, die *bes* von der Polizei oder einem Gericht untersucht wird ⟨einen Fall vor Gericht bringen⟩: *der Fall Alfred Meier* || -K: ***Kriminal-, Mord-*** **3** *Ling*; die jeweilige Form der Deklination ≈ Kasus: *Die vier Fälle im Deutschen heißen Nominativ, Genitiv, Dativ und Akkusativ* || -K: ***Wem-, Wen-*** || ID ***etwas ist*** (***nicht***) ***der Fall*** etwas ist (nicht) so: Es *ist oft der Fall*, dass *übertriebener Eifer schadet*; ***auf jeden Fall / auf alle Fälle*** **a)** ganz bestimmt, mit Sicherheit; **b)** ≈ jedenfalls; ***auf / für***

alle Fälle um kein Risiko zu haben; ***auf keinen Fall*** ganz bestimmt nicht, unter keinen Umständen

Fạl·le *die*; -, *-n* **1** eine Konstruktion, mit der man Tiere fängt ⟨eine Falle aufstellen; Fallen stellen, legen⟩: *Die Maus ist in die Falle gegangen* **2** ***j-m eine Falle stellen***; ***j-n in eine Falle locken*** einen Trick anwenden, um j-n zu täuschen und ihm zu schaden

◆ **fạl·len**; *fällt, fiel, ist gefallen* **1** ***etwas fällt*** etwas bewegt sich (aufgrund seines Gewichts) nach unten (und bleibt liegen): *Im Herbst fällt das Laub von den Bäumen* **2** ***j-d fällt*** j-d verliert das Gleichgewicht und stürzt: *Er rutschte am Ufer aus und fiel in den See* || ↑ *Illustration* **Verben der Bewegung** **3** ***etwas fällt*** **(*von irgendwoher*)** ***irgendwohin*** ⟨Licht, Schatten, j-s Blick⟩ gelangt (von irgendwoher) auf eine bestimmte Stelle: *Ihr Blick fiel zufällig auf das Foto* **4** ***etwas fällt*** etwas wird weniger, geringer ≈ etwas sinkt ↔ etwas steigt ⟨die Temperatur, die Preise⟩ **5** ***j-d fällt*** **(*im Krieg*)** *euph*; ein Soldat stirbt im Kampf **6** ***j-m um den Hals fallen*** j-n (vor Freude oder Begeisterung) umarmen **7** ***j-d fällt in etwas*** (*Akk*) j-d kommt (plötzlich) in einen anderen Zustand ⟨j-d fällt in schwere Depressionen⟩ **8** ***durch*** ⟨eine Prüfung, ein Examen⟩ ***fallen*** eine Prüfung, ein Examen nicht bestehen: *durchs Abitur fallen*

fạ̈l·len; *fällte, hat gefällt* **1** ***einen Baum fällen*** einen Baum oberhalb der Wurzel (mit einer Säge, einer Axt) abschneiden, sodass er zu Boden fällt **2** ***eine Entscheidung*** **(*über etwas*** (*Akk*)**)** ***fällen*** *geschr*; beschließen, etwas zu tun oder sich für *bzw* gegen etwas entscheiden **3** ***ein Urteil*** **(*über j-n / etwas*)** ***fällen*** *geschr*; ein Urteil finden und aussprechen: *Das Gericht fällte das Todesurteil über den Angeklagten*

fạ̈l·lig *Adj*; *nicht adv* **1** *Admin*; so, dass etwas zu einem genannten Zeitpunkt bezahlt werden muss: *Die Miete ist am Ersten jeden Monats fällig*; *eine längst fällige Rechnung bezahlen* **2** so, dass es zu einer bestimmten Zeit notwendig ist oder stattfindet: *Die Reparatur des Autos war schon längst fällig*

fạlls *Konjunktion*; für den Fall, dass ≈ wenn: *Falls du ihn noch triffst, gib ihm meine Adresse*

◆ **fạlsch**, *falscher, falschest-*; *Adj* **1** so, dass es dem realen Sachverhalt nicht entspricht ↔ richtig ⟨etwas falsch verstehen⟩: *Die Uhr geht falsch* || K-: ***Falsch-, -meldung*** **2** so, dass es nicht der Wahrheit entspricht: *unter falschem Namen reisen* **3** ein Original imitierend, in der Absicht, j-n damit zu betrügen ≈ gefälscht ↔ echt ⟨Banknoten, ein Pass, Edelsteine⟩ || K-: ***Falsch-, -geld*** **4** *nur attr, nicht adv*; von der Situation oder Moral her nicht richtig ⟨Scham, Stolz⟩

fạ̈l·schen; *fälschte, hat gefälscht*; ***etwas fälschen*** eine genaue Kopie von etwas machen, um damit j-n zu täuschen ⟨Banknoten, j-s Unterschrift fälschen⟩

Fạl·te *die*; -, *-n*; *meist Pl* **1** eine Art Linie in der Haut, die typisch ist für das Gesicht älterer Menschen ⟨die Stirn in Falten legen⟩ || -K: ***Lach-, Sorgen-*** **2** eine Linie in der Kleidung, die entsteht, wenn man sich *z.B.* hinsetzt ⟨ein Mantel wirft Falten⟩ || K-: ***falten-, -reich*** || -K: ***Knitter-*** || *hierzu* **fạl·tig** *Adj*

fạl·ten; *faltete, hat gefaltet* **1** ***etwas falten*** ein Stück Papier oder Stoff so legen, dass eine Falte (2) entsteht ⟨ein Handtuch, ein Blatt Papier doppelt falten⟩ **2** ***die Hände falten*** beide Hände zusammen oder aufeinander legen, *bes* um zu beten ⟨die Hände zum Gebet falten⟩

fa·mi·li·är [fami'li̯ɛːɐ̯] *Adj* **1** in Bezug auf die Familie ⟨Probleme, Verpflichtungen⟩ **2** freundschaftlich, natürlich und ohne Zwänge ↔ förmlich (1), steif (3) ⟨eine Atmosphäre⟩

◆ **Fa·mi·lie** [-i̯ə] *die*; -, *-n*; die Eltern und ihr Kind / ihre Kinder ⟨eine kinderreiche Familie; eine Familie gründen⟩ || ↑ *Illustration* **Die Familie** || K-: ***Familien-, -fest, -mitglied, -stand*** || -K: ***Groß-*** || ID *meist* ***So (et)was kommt in den besten Familien vor!*** *gespr*; das ist nicht so schlimm

◆ **Fa·mi·li·en·na·me** *der*; der Name, den man mit seiner Familie gemeinsam hat ≈ Nachname ↔ Vorname

fa·na·tisch *Adj*; *pej*; so, dass man sich mit zu großem Eifer für eine Sache einsetzt und andere Meinungen nicht gelten lässt (*bes* in Religion und Politik) ⟨ein Glaube, Hass⟩

fạnd ↑ ***finden***

Fạng *der*; *-(e)s*; *nur Sg* **1** die Ergreifung, das Fangen (1) von Tieren || -K: ***Fisch-, Wal-*** **2** alle Tiere, die man gefangen (1) hat ≈ Beute ⟨einen guten, fetten Fang machen⟩

fạn·gen; *fängt, fing, hat gefangen* **1** ***ein Tier fangen*** ein Tier (das man gejagt hat) fassen, um es für sich zu haben: *Fische mit der Angel fangen* **2** ***j-n fangen*** j-n, der wegläuft, wieder fassen und ihn festhalten **3** **(*etwas*)** ***fangen*** nach einem Gegenstand, der durch die Luft fliegt, greifen und ihn festhalten: *einen Ball mit beiden Händen sicher fangen* **4** ***sich fangen*** (nachdem man geschwankt hat oder gestolpert ist) wieder ins Gleichgewicht kommen: *Der Akrobat verlor für einen Augenblick die Balance, konnte sich aber wieder fangen*

Fan·ta·sie *die*; -, *-n* [-ˈziːən] **1** *nur Sg*; die Fähigkeit, sich Dinge, Ereignisse, Menschen vorzustellen, die es nicht gibt ≈ Einbildungskraft ⟨eine rege Fantasie haben; viel, keine Fantasie haben; seiner Fantasie freien Lauf lassen⟩ || K-: ***Fantasie-, -welt***; ***fantasie-, -arm, -los, -voll*** **2** *meist Pl*; etwas, das man sich in seiner Fantasie (1) vorstellt und das es in Wirklichkeit nicht gibt ↔ Realität ⟨etwas ist reine Fantasie; erotische Fantasien⟩ || ID ***eine blühende Fantasie haben*** Unwahres erzählen oder sehr stark übertreiben

F

fan·tas·tisch *Adj* **1** voll von Dingen, die es nur in der Fantasie (1) gibt ↔ realistisch ⟨eine Geschichte, ein Film⟩ **2** so ungewöhnlich, dass man es kaum glauben kann ⟨ein Erlebnis; etwas klingt (reichlich) fantastisch⟩ **3** *gespr*; so gut, dass man davon begeistert ist ≈ großartig ⟨ein Essen, Wetter; fantastisch tanzen, singen⟩

◆ **Far·be** *die*; -, *-n* **1** die Farben rot, blau, grün, gelb *usw* im Gegensatz zu schwarz und weiß ⟨eine grelle, warme Farbe⟩ || ↑ *Illustration* **Farben** || K-: ***Farb-, -film, -foto*** **2** die Farbe (1) der Haut, *bes*, wenn sie von der Sonne gebräunt ist: *im Urlaub eine gesunde Farbe bekommen* **3** eine Substanz, mit der man einen Gegenstand anmalt ⟨eine Farbe dick, dünn (auf etwas (*Akk*)) auftragen⟩: *Die Farbe ist noch frisch!* || K-: ***Farb-, -fleck*** || -K: ***Öl-***

fär·ben; *färbte, hat gefärbt* **1** ***etwas färben*** einer Sache mit einem Farbstoff eine besondere Farbe (1) geben ⟨einen Stoff färben⟩: *die Ostereier* (*bunt*) *färben* **2** ***etwas färbt sich*** (***irgendwie***) etwas nimmt eine bestimmte Farbe (1) an: *Im Herbst färben sich die Blätter bunt* || *hierzu* **Fär·bung** *die*

◆ **far·big** *Adj* **1** ≈ bunt: *eine Zeichnung farbig ausmalen* || -K: ***ein-, viel-*** **2** *nicht adv*; mit einer braunen oder schwarzen Hautfarbe ↔ weiß: *die farbige Bevölkerung Südafrikas* **3** mit lebhaften Worten ≈ anschaulich ⟨eine Schilderung⟩ || *zu* **1** und **3** **Far·big·keit** *die*

farb·los *Adj* **1** ohne Farbe (1) ≈ klar, durchsichtig ⟨Glas; eine Flüssigkeit⟩ **2** ⟨eine Erzählung, eine Frau⟩ so, dass sie nicht besonders auffallen ≈ langweilig

Farb·stoff *der*; eine Substanz, mit der man einer Sache eine besondere Farbe (1) geben kann ⟨pflanzliche Farbstoffe⟩

Fa·schier·te *das*; *-n*; *nur Sg*; Ⓐ ≈ Hackfleisch

Fa·sching *der*; *-s*; *nur Sg*; *bes südd* Ⓐ die Zeit (*bes* im Januar und Februar), in der (Masken)Bälle veranstaltet werden ≈ Karneval || K-: ***Faschings-, -dienstag, -kostüm***

Fa·schis·mus *der*; *-*; *nur Sg*; *Pol* **1** eine totalitäre Herrschaft in einem extrem nationalistischen politischen System, in dem der Staat alles kontrolliert und die Opposition unterdrückt: *der deutsche Faschismus im Nationalsozialismus*; *der Faschismus unter Mussolini* **2** die Ideologie, auf die sich der Faschismus (1) stützt || *hierzu* **Fa·schist** *der*; *-en*, *-en*; **fa·schis·tisch** *Adj*

Fa·ser *die*; -, *-n* **1** eine Art (feiner) Faden im (natürlichen) Gewebe von Pflanzen, Tieren oder Menschen || -K: ***Holz-, Muskel-*** **2** ein pflanzliches, tierisches oder synthetisches Material, aus dem Garn und Gewebe für Textilien gemacht werden || -K: ***Baumwoll-, Chemie-***

Fass *das*; *-es*, *Fäs·ser*; ein größerer Behälter (aus Holz, Metall oder Plastik) in Form eines Zylinders, in dem *bes* Flüssigkeiten aufbewahrt werden: *ein Fass Bier, Wein* || -K: ***Bier-, Holz-*** || ID ***ein Fass ohne Boden*** eine Sache, für die man Geld oder Mühe aufwendet, ohne zu einem Erfolg zu kommen

Fas·sa·de *die*; -, *-n* **1** die äußere Seite eines Gebäudes, die zur Straße zeigt ⟨eine Fassade streichen⟩ || -K: ***Barock-, Glas-*** **2** *pej*; der äußere Eindruck, der anders als der (wahre) Charakter ist: *Seine Freundlichkeit ist nur Fassade*

◆ **fas·sen**[1]; *fasste, hat gefasst*; ***j-n / etwas fassen*** eine Person / Sache (mit der Hand, den Händen) greifen und sie festhalten ↔ loslassen: *die Hand eines Kindes fassen*

◆ **fas·sen**[2]; *fasste, hat gefasst* **1** ***etwas irgendwie / in etwas*** (*Akk*) ***fassen*** Gedanken oder Gefühle in bestimmter Weise formulieren ≈ ausdrücken: *seine Gefühle in Worte fassen* **2** ***etwas kaum / nicht fassen*** (***können***) kaum / nicht verstehen können, warum etwas geschehen ist: *Sie konnte* (es) *nicht fassen*, dass *sie im Lotto gewonnen hatte* **3** ***einen Entschluss / Beschluss fassen*** *geschr*; sich entscheiden / etwas beschließen **4** ***sich fassen*** sich nach einem Schreck wieder beruhigen: *sich nach einem Schock nur* *mühsam wieder fassen* **5 *sich kurz fassen*** sich auf das Wesentliche konzentrieren und deshalb nicht lange sprechen

◆**fas·sen**[3]; *fasste, hat gefasst*; ***etwas fasst*** + *Zahl / Menge / Volumen* + *Subst* als Inhalt aufnehmen: *Der Tank fasst 3000 Liter*

Fas·sung[1] *die*; -, *-en* **1** eine Öffnung, in die man etwas so dreht, dass ein elektrischer Kontakt entsteht: *eine Glühbirne in die Fassung schrauben* **2** eine Art Rahmen, in dem etwas befestigt ist: *die goldene Fassung eines Diamanten*

Fas·sung[2] *die*; -, *-en*; die sprachliche Form und der Inhalt eines Textes, Filmes *o.Ä.* ≈ Version: *Ich habe nur die deutsche Fassung des Films gesehen* || -K: ***Original-***

Fas·sung[3] *die*; -; *nur Sg*; die Fähigkeit, seine Gefühle durch den Willen zu beherrschen und sie nicht zu zeigen ⟨die Fassung bewahren, verlieren⟩: *Er ist durch nichts aus der Fassung zu bringen*

◆**fast** *Partikel* **1** verwendet vor Adjektiven und Adverbien, wenn die genannte Qualität oder Quantität nicht ganz erreicht wird ≈ beinahe: *Es war schon fast dunkel, als er nach Hause kam*; *Wir haben uns seit fast einem Jahr nicht mehr gesehen* **2** verwendet mit Verben, wenn eine (mögliche oder wahrscheinliche) Handlung nicht eingetreten ist ≈ beinahe: *Ich wäre fast verzweifelt, wenn du mir nicht geholfen hättest*

fas·ten; *fastete, hat gefastet* **1** (zu manchen Zeiten) aus religiösen Gründen weniger (und *bes* kein Fleisch) essen **2** eine Zeit lang weniger oder nichts essen, um Gewicht zu verlieren || K-: ***Fast-, -tag***

Fast·nacht *die*; die letzten Tage des Faschings / Karnevals (*bes* Rosenmontag und Faschingsdienstag)

fas·zi·nie·ren; *faszinierte, hat fasziniert*; ***j-d / etwas fasziniert j-n*** j-d / etwas ruft bei j-m großes Interesse und große Bewunderung hervor: *Die Raumfahrt hat ihn seit langem fasziniert* || *hierzu* **Fas·zi·na·ti·on** *die*; **fas·zi·nie·rend** *Adj*

fa·tal *Adj*; mit schlimmen Folgen ≈ verhängnisvoll ⟨ein Fehler, ein Irrtum; Folgen; in einer fatalen Lage sein⟩

fau·chen; *fauchte, hat gefaucht* **1** ***(etwas) fauchen*** etwas mit wütender und unfreundlicher Stimme sagen: *„Hau endlich ab!", fauchte sie* **2 *ein Tier faucht*** ein Tier macht Geräusche wie eine wütende Katze: *Der Tiger fauchte im Käfig*

◆**faul**[1], *fauler, faulst-*; *Adj*; so (verdorben), dass man es nicht mehr essen oder brauchen kann ⟨ein Ei; etwas riecht faul⟩ || *hierzu* **Fäul·nis** *die*; **fau·len** (*hat / ist*)

◆**faul**[2], *fauler, faulst-*; *Adj*; ohne Lust zu arbeiten oder aktiv zu sein ↔ fleißig: *morgens zu faul zum Aufstehen sein* || *hierzu* **Faul·heit** *die*

fau·len·zen; *faulenzte, hat gefaulenzt*; faul[2] sein: *Im Urlaub möchte ich nur in der Sonne liegen und faulenzen*

Faust *die*; -, *Fäus·te*; die geschlossene Hand ⟨eine Faust machen; mit der Faust drohen, auf den Tisch schlagen⟩ || ID ***auf eigene Faust*** *gespr*; selbst, ohne die Hilfe anderer: *Urlaub auf eigene Faust machen*

Fau·teuil [fo'tøːj] *der*; *-s, -s*; Ⓐ ⒸⒽ ≈ Sessel

Fa·vo·rit [-v-] *der*; *-en, -en*; ***Favorit*** (***auf etwas*** (*Akk*)) der Teilnehmer an einem Wettkampf, von dem die meisten Leute glauben, dass er gewinnen wird ⟨klarer Favorit sein⟩ || *hierzu* **Fa·vo·ri·tin** *die*; -, *-nen*

◆**Fax** *das*; -, *-e* **1** ein System (und Gerät), mit dem man (durch die Leitungen des Telefons) genaue Kopien von Briefen, Dokumenten *o.Ä.* senden und empfangen kann || K-: ***Fax-, -gerät, -nummer*** **2** eine Kopie, die per Fax (1) empfangen wird || *hierzu* **fa·xen** (*hat*)

Fa·zit *das*; *-s*; *meist Sg*; *geschr*; das abschließende Urteil über eine Sache ⟨ein Fazit ziehen⟩

Feb·ru·ar ['feːbruaːɐ] *der*; *-s, -e*; *meist Sg*; der zweite Monat des Jahres; *Abk* Feb. ⟨im Februar; Anfang, Mitte, Ende Februar; am 1., 2., 3. Februar⟩

Fe·der[1] *die*; -, *-n*; das, was den Körper eines Vogels bedeckt, ihn wärmt und ihm zum Fliegen dient ⟨bunte Federn; ein Vogel sträubt die Federn⟩ || K-: ***Feder-, -kissen*** || -K: ***Schwanz-, Gänse-*** || ID ***sich mit fremden Federn schmücken*** *pej*; die Leistungen von anderen als seine eigenen bezeichnen und damit prahlen

Fe·der[2] *die*; -, *-n*; ein Teil aus Metall (*meist* in Form einer Spirale), das einen Druck oder Zug ausgleicht || -K: ***Uhr-, Matratzen-***

Feder

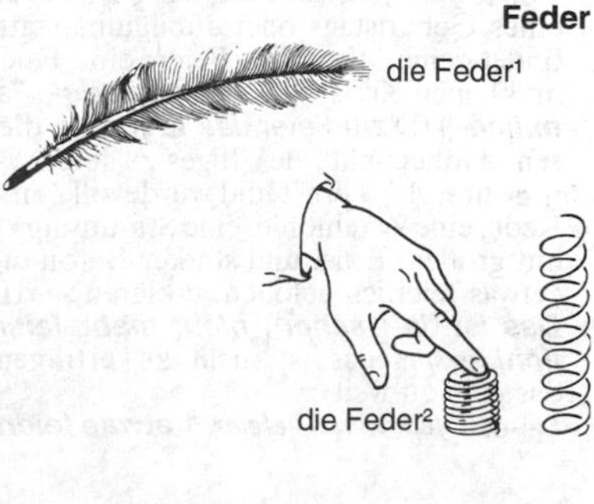

Fee *die*; -, *-n* ['fe:ən]; *meist* eine (schöne) Frau im Märchen, die übernatürliche Kräfte hat und Wünsche erfüllen kann ⟨eine gute, böse Fee erscheint j-m⟩ || K-: ***Feen-, -reich***

fe·gen; *fegte, hat gefegt*; ***etwas fegen*** etwas sauber machen, indem man (mit einem Besen *o.Ä.*) den Staub und Schmutz entfernt ≈ kehren[2] ⟨den Fußboden fegen⟩

◆ **feh·len**; *fehlte, hat gefehlt* **1** ***etwas / j-d fehlt*** etwas / j-d ist nicht (mehr) da: *Am Mantel fehlt ein Knopf*; *Die Kinder haben zwei Tage im Unterricht gefehlt* **2** ***etwas fehlt j-m*** etwas steht nicht für j-n bereit, obwohl er es braucht: *Mir fehlt das Geld für eine Urlaubsreise* **3** ***j-d fehlt j-m*** *gespr*; j-d wird von j-m vermisst: *„Komm bald nach Hause, du fehlst mir sehr!"* || ID ***Fehlt dir was?*** *gespr*; bist du krank, hast du Schmerzen?; ***Das hat / Du hast mir gerade noch gefehlt!*** *iron*; das passt nicht in meine Pläne, das / dich kann ich jetzt nicht gebrauchen

◆ **Feh·ler** *der*; *-s, -*; **1** etwas, das falsch (1) ist ⟨ein grober, schwerer Fehler; einen Fehler machen⟩: *Die Ursache des Unglücks war ein technischer Fehler* || K-: ***Fehler-, -analyse*** || -K: ***Druck-, Rechen-*** **2** ein falsches (4) Verhalten j-m gegenüber ⟨einen Fehler wieder gutmachen⟩: *Es war ein Fehler (von mir), ihn so anzuschreien* **3** eine schlechte Eigenschaft oder ein körperlicher Mangel: *Jeder Mensch hat seine Fehler* || K-: ***fehler-, -frei, -los*** || -K: ***Seh-, Sprach-*** || *zu* **1 feh·ler·haft** *Adj*

Fehl·griff *der*; *meist* ***(mit j-m / etwas) einen Fehlgriff tun*** eine schlechte Entscheidung treffen (*z.B.* beim Kauf von etwas oder der Anstellung von j-m)

Fehl·schlag *der* ≈ Misserfolg: *Sein neues Projekt erwies sich als Fehlschlag*

Fehl·tritt *der* **1** ein ungeschickter Schritt (der *z.B.* zu einem Sturz führt) **2** eine Tat, die moralisch falsch ist

◆ **Fei·er** *die*; -, *-n*; ein Fest, das *z.B.* wegen eines Geburtstags oder Jubiläums stattfindet ⟨eine öffentliche Feier; eine Feier im kleinen Kreis⟩ || -K: ***Abschieds-, Familien-*** || ID ***zur Feier des Tages*** um diesen „Höhepunkt" des Tages zu feiern

fei·er·lich *Adj* **1** ernst und würdevoll ⟨eine Rede, eine Zeremonie, eine Stimmung⟩ **2** mit großem Ernst und starker Betonung ⟨etwas feierlich geloben, erklären⟩ || ID ***Das ist (ja / schon) nicht mehr feierlich!*** *gespr*; das ist nicht zu ertragen, das geht zu weit

◆ **fei·ern**; *feierte, hat gefeiert* **1** ***etwas feiern*** wegen eines bestimmten Ereignisses ein Fest machen ⟨(den) Geburtstag, (die) Hochzeit, Weihnachten feiern⟩ **2** ***j-n feiern*** j-n ehren, indem man ihn (öffentlich) lobt (und ein Fest für ihn macht) ⟨das Geburtstagskind feiern⟩

◆ **Fei·er·tag** *der*; ein Tag, an dem man nicht arbeitet, weil er an ein wichtiges religiöses oder geschichtliches Ereignis erinnert ↔ Werktag ⟨ein kirchlicher, ein gesetzlicher Feiertag⟩ || -K: ***National-***

feig, **fei·ge** *Adj* **1** ohne Mut, ängstlich ↔ mutig, tapfer: *Er ist zu feig, um seine Meinung offen zu sagen* **2** so, dass das Opfer keine Chance hat, zu fliehen oder sich zu wehren ⟨ein Attentat, ein Mord, ein Mörder⟩ || *hierzu* **Feig·heit** *die*

Feig·ling *der*; *-s, -e*; *pej*; j-d, der ohne Mut ist

Fei·le *die*; -, *-n*; ein Stab aus Metall mit vielen kleinen Zähnen (und Rillen), mit dem man die Oberfläche (von Holz, Eisen *usw*) glatt macht

fei·len; *feilte, hat gefeilt* **1** ***etwas feilen*** etwas mit einer Feile bearbeiten ⟨ein Eisenstück feilen; sich (*Dat*) die Fingernägel feilen⟩ **2** ***an etwas*** (*Dat*) ***feilen*** *gespr*; immer wieder an einem Text arbeiten, um die Formulierungen zu verbessern: *Er feilt schon seit Tagen an seiner Rede*

◆ **fein** *Adj* **1** sehr dünn ↔ grob, dick ⟨Haar, eine Linie⟩ **2** aus sehr kleinen Teilchen (bestehend) ↔ grob (2) ⟨Mehl, Sand; fein gemahlener Kaffee⟩ **3** sensibel ⟨ein feines Gespür für etwas haben⟩ **4** ⟨Humor, Ironie⟩ so, dass man sie erst bemerkt, wenn man nachdenkt: *feine Unterschiede* **5** von sehr guter Qualität ≈ hochwertig ⟨Gebäck, Seife⟩ **6** (*bes* als Lob verwendet) nett, anständig: *Er ist ein feiner Mensch* **7** *gespr*; verwendet, wenn etwas als positiv beschrieben wird: *Das hast du fein gemacht*

◆ **Feind** *der*; *-(e)s, -e* **1** j-d, der eine andere Person hasst und ihr schaden will ↔ Freund ⟨sich (*Dat*) Feinde / sich (*Dat*) j-n zum Feind machen⟩ **2** *nur Sg*; die Soldaten eines Staates, mit dem ein Land Krieg führt ⟨den Feind besiegen⟩ || K-: ***Feindes-, -land*** || -K: ***Staats-*** || *zu* **1 Fein·din** *die*; -, *-nen*

feind·lich *Adj* **1** wie ein Feind (1) ⟨j-m feindlich gesinnt sein⟩ **2** voller Abneigung ≈ ablehnend ⟨eine feindliche Haltung, Einstellung (gegen j-n / j-m gegenüber)⟩ **3** vom Gegner (gesandt, gemacht *usw*) ⟨Truppen, ein Angriff⟩

Feind·schaft *die*; -, *-en*; *meist Sg*; ***Feindschaft zwischen*** ⟨Personen⟩ eine Beziehung zwischen zwei oder mehreren Personen, die durch Hass und Aggression gekennzeichnet ist ↔ Freundschaft ⟨mit j-m in Feindschaft leben⟩ || *hierzu* **feind·schaft·lich** *Adj*

fein·füh·lig *Adj* ≈ sehr sensibel für die Gefühle anderer Menschen: *Er ist ein feinfühliger Mensch*

Fein·heit *die*; -, *-en* **1** *nur Sg*; die besondere (feine) Qualität eines Stoffes: *die Feinheit des Gewebes* **2** *meist Pl*; die Einzelheiten einer Sache: *die Feinheiten der französischen Aussprache*

fein·sin·nig *Adj*; intelligent und sensibel ⟨ein Künstler⟩ || *hierzu* **Fein·sin·nig·keit** *die*

♦ **Fẹld** *das*; *-(e)s*, *-er* **1** eine abgegrenzte Fläche Land, auf der *z.B.* Weizen angebaut wird ≈ Acker ⟨das Feld pflügen, abernten⟩ || K-: ***Feld-, -arbeit*** || -K: ***Kartoffel-, Tulpen-*** **2** *nur Sg*; (*bes* in der Wissenschaft oder Forschung) ein thematischer Bereich, mit dem sich j-d beschäftigt: *das Feld der Psychologie, Wirtschaft* || -K: ***Tätigkeits-*** **3** eine Fläche, die für (Ball)Spiele genutzt wird ≈ Spielfeld || -K: ***Fußball-*** || ID ***das Feld räumen*** sich zurückziehen (weil man in einem Kampf oder einem Streit besiegt worden ist); ***Das ist ein weites Feld*** verwendet, um auszudrücken, dass über das Thema noch sehr viel zu sagen wäre

Fẹll *das*; *-(e)s*, *-e* **1** *meist Sg*; die dicht wachsenden Haare, die den Körper mancher Tiere bedecken ⟨ein glänzendes Fell⟩: *das Fell eines Bären* **2** die Haut eines Tieres mit dichten Haaren, die darauf wachsen ⟨einem Tier das Fell abziehen⟩ || K-: ***Fell-, -jacke*** || -K: ***Lamm-***

Fẹl·sen *der*; *-s*, *-*; ein großer Block aus festem Stein (*z.B.* an der Küste des Meeres) ⟨ein nackter, schroffer, steiler Felsen; auf einen Felsen klettern⟩ || K-: ***Felsen-, -küste*** || -K: ***Kreide-***

fe·mi·nin *Adj* **1** *geschr*; auf positive Art typisch für Frauen: *Sie hat eine sehr feminine Stimme* **2** *Ling* ≈ weiblich (6) ⟨ein Substantiv, der Artikel⟩

♦ **Fẹns·ter** *das*; *-s*, *-*; **1** das Glas, das in einem Haus eine Öffnung schließt, durch die das Licht kommt ⟨aus dem Fenster sehen; das Fenster öffnen, schließen⟩ || K-: ***Fenster-, -scheibe*** || -K: ***Küchen-*** **2** *EDV*; ein kleines Feld auf dem Monitor des Computers, in das man einen Text schreiben kann ⟨ein Fenster anklicken, öffnen, schließen⟩

♦ **Fe·ri·en** [-iən] *die*; *Pl* **1** die Zeit(periode), in der Institutionen (wie *z.B.* Schulen oder Ämter) geschlossen sind ⟨Ferien haben, machen; in den Ferien sein⟩ || K-: ***Ferien-, -zeit*** || -K: ***Sommer-*** **2** ≈ Urlaub ⟨die Ferien irgendwo verbringen; in Ferien sein⟩ || K-: ***Ferien-, -haus***

♦ **fẹrn** *Adj* **1** ***fern (von j-m / etwas)*** in, aus großer Distanz ↔ nahe ⟨Länder; etwas von fern beobachten, hören⟩: *Von fern sah man den Zug kommen* **2** zeitlich weit entfernt ↔ nahe ⟨in ferner Zukunft⟩

Fẹrn·be·die·nung *die*; ein kleines technisches Gerät, mit dem man ein anderes Gerät (*z.B.* einen Fernsehapparat) von weitem bedienen, steuern kann

Fẹr·ne *die*; -; *nur Sg* **1** eine große räumliche Distanz (von einem Punkt aus gesehen) ↔ Nähe: *In der Ferne sieht man die Berge* **2** ***in weiter Ferne*** (von einem bestimmten Zeitpunkt aus gesehen) weit in der Vergangenheit oder Zukunft: *Das Ende der Krise liegt noch in weiter Ferne*

fẹr·ner *Konjunktion*; *geschr* ≈ außerdem, des Weiteren: *Für das Dessert brauchen Sie Erdbeeren und Zucker, ferner Sahne und …* || ID ***unter „ferner liefen"*** ⟨erscheinen, rangieren⟩ *bes* in einem Wettbewerb einen sehr schlechten Platz belegen: *Unsere Mannschaft rangierte unter „ferner liefen"*

Fẹrn·ge·spräch *das*; das Telefonieren mit j-m, der in einer anderen Stadt (mit einer anderen telefonischen Vorwahl) ist

Fẹrn·glas *das*; ein optisches Gerät (mit zwei Rohren), durch das man Menschen und Dinge in der Ferne größer sieht als mit bloßem Auge: *ein Rennen durch ein Fernglas verfolgen*

Fẹrn·rohr *das*; eine Art sehr großes Fernglas ≈ Teleskop: *den Mond durch ein Fernrohr betrachten*

Fẹrn·seh·ap·pa·rat *der* ≈ Fernseher

♦ **fẹrn·se·hen**; *sieht fern, sah fern, hat ferngesehen*; Sendungen im TV ansehen: *Kinder sollen nicht stundenlang fernsehen*

♦ **Fẹrn·se·hen** *das*; *-s*; *nur Sg* **1** eine technische Anlage, die Filme, Nachrichten *usw*, also Bild und Ton sendet ≈ Television, TV || K-: ***Fernseh-, -antenne, -gerät*** || -K: ***Farb-*** **2** das Programm, das man im Fernsehen, TV sieht: *Was gibt es heute Abend im Fernsehen?* || K-: ***Fernseh-, -film, -sender, -sendung, -serie, -stück***

♦ **Fẹrn·se·her** *der*; *-s*, *-*; *gespr*; ein Gerät, mit dem man die Sendungen des TV (Fernsehens) empfangen kann ≈ Fernsehapparat ⟨ein tragbarer Fernseher⟩ || -K: ***Farb-***

fẹrn·steu·ern; *steuerte fern, hat ferngesteuert*; ***etwas fernsteuern*** einen Apparat oder ein Fahrzeug (durch ein elektronisches) Gerät aus der Entfernung steuern ⟨einen Satelliten, eine Rakete fernsteuern⟩ || *hierzu* **Fẹrn·steu·e·rung** *die*

Fẹr·se *die*; -, *-n* **1** der hinterste Teil des Fußes (*bes* beim Menschen): *sich einen Dorn in die Ferse treten* || ↑ *Abbildung unter* **Fuß** **2** der Teil eines Strumpfes, der die Ferse (1) bedeckt || ID ***j-m auf den Fersen bleiben*** nicht aufhören, j-m zu folgen, j-n zu verfolgen

F

◆ **fẹr·tig** *Adj* **1** *meist präd*; ganz vorbereitet und bereit, etwas zu tun: *zur Abreise fertig sein* || -K: ***reise-*** **2** als Ganzes abgeschlossen: *„Kommt bitte zu Tisch. Das Essen ist fertig"* || K-: ***Fertig-, -produkt*** **3** *meist präd*; *gespr*; müde und erschöpft: *Nach der Rennerei war ich völlig fertig* **4** ***etwas fertig bringen*** (*hat*) *gespr*; etwas Schwieriges, ganz Besonderes oder Seltenes schaffen, tun können: *Er hat es fertig gebracht, 10 km zu schwimmen* **5** ***es*** (***nicht***) ***fertig bringen*** + ***zu*** + *Infinitiv* (*hat*) *gespr*; (nicht) fähig sein, etwas zu tun, was einen anderen verletzt: *Sie brachte es nicht fertig, ihm die Wahrheit zu sagen* || Hinweis: *meist* verneint **6** ***sich / etwas*** (***für etwas***) ***fertig machen*** (*hat*) dafür sorgen, dass man selbst / etwas für einen bestimmten Zweck bereit steht, fertig (1) ist: *sich für eine Party fertig machen* **7** ***etwas fertig machen*** (*hat*) *gespr*; etwas zu Ende bringen, beenden: *Ich muss den Bericht bis morgen fertig machen* **8** ***j-n / sich fertig machen*** (*hat*) *gespr*; bewirken, dass j-d / man selbst verzweifelt oder körperlich erschöpft ist: *Dieser ständige Stress macht mich völlig fertig* **9** ***etwas fertig stellen*** (*hat*) etwas (das gebaut, produziert wird) zu Ende bringen, abschließen: *den Neubau des Theaters fertig stellen* || ID ***mit j-m fertig sein*** *gespr*; keine (freundschaftlichen) Kontakte mehr mit j-m haben wollen; ***mit etwas nicht fertig werden*** *gespr*; etwas seelisch nicht ertragen können: *Er wird mit der Trennung von seiner Frau einfach nicht fertig*

Fẹr·tig·keit *die*; -, *-en* **1** *nur Sg*; die Fähigkeit, etwas gut und rasch tun zu können ⟨eine Fertigkeit erlangen⟩ **2** *nur Pl*; die Fähigkeiten und speziellen Kenntnisse, die man *bes* für einen Beruf braucht

Fẹs·sel *die*; -, *-n*; *meist Pl*; eine Kette, ein Strick, mit denen man j-n bindet, fesselt ⟨j-n in Fesseln legen; j-m die Fesseln abnehmen⟩

fẹs·seln; *fesselte, hat gefesselt* **1** ***j-n*** (***an etwas*** (*Akk*)) ***fesseln*** j-s Arme, Beine so (zusammen)binden, dass er sich nicht mehr bewegen kann ⟨j-n an Händen und Füßen fesseln⟩ **2** ***etwas fesselt j-n*** etwas interessiert j-n so stark, dass er sich ganz darauf konzentriert: *Der Reisebericht fesselte ihn*

◆ **Fẹst** *das*; *-(e)s, -e*; eine Feier, bei der sich mehrere Personen treffen, um miteinander fröhlich zu sein ⟨ein frohes, gelungenes Fest⟩ || K-: ***Fest-, -essen*** || -K: ***Familien-*** || ID ***Man muss die Feste feiern, wie sie fallen*** *gespr*; man sollte keine Gelegenheit versäumen zu feiern

◆ **fẹst**, *fester, festest-*; *Adj* **1** nicht flüssig oder in Form von Gas ⟨ein Brennstoff, eine Nahrung⟩ **2** so haltbar, dass es nicht reißt oder bricht ≈ stabil ⟨Gestein⟩: *Für die Wanderung braucht man feste Schuhe* **3** in engem Kontakt und so, dass es sich nicht löst ↔ locker, lose ⟨ein Verband; etwas fest verbinden⟩ || K-: ***fest-, -klammern, -machen, -ziehen*** **4** sicher, energisch ⟨ein Blick; mit fester Stimme sprechen⟩ **5** so, dass es gleich bleibt und nicht wechselt ≈ konstant ⟨feste Pläne, Termine haben; ein Freundeskreis⟩

◆ **fẹst·hal·ten** (*hat*) **1** ***j-n / etwas*** (***mit etwas***) (***an etwas*** (*Dat*)) (***irgendwo***) ***festhalten*** mit den Händen greifen und halten ↔ loslassen ⟨j-n am Arm festhalten⟩: *Ein mutiger Mann hielt den Einbrecher fest* **2** ***an etwas*** (*Dat*) ***festhalten*** sich an etwas halten ≈ etwas beibehalten ↔ etwas aufgeben ⟨an alten Gewohnheiten festhalten⟩ **3** ***sich*** (***an j-m / etwas***) ***festhalten*** j-n / etwas ergreifen (*z.B.* damit man nicht stürzt): *sich am Geländer festhalten*

Fẹs·tig·keit *die*; -; *nur Sg* **1** die Eigenschaft eines Materials, zu halten und nicht zu zerbrechen ≈ Stabilität **2** die Eigenschaft (einer Beziehung, eines Systems oder eines Charakters), stabil zu bleiben: *die Festigkeit eines politischen Systems, einer Freundschaft, des Glaubens*

Fẹst·land *das*; *nur Sg*; das Land, das sich als eine große, einheitliche Fläche vom Meer abhebt ↔ Insel: *das griechische Festland und die griechischen Inseln* || *hierzu* **fẹst·län·di·sch-** *Adj*

fẹst·le·gen (*hat*) **1** ***etwas festlegen*** *geschr*; (offiziell) erklären, dass etwas Gesagtes gilt ≈ festsetzen ⟨den Preis für etwas, einen Termin festlegen⟩ **2** ***j-n / sich*** (***auf etwas*** (*Akk*)) ***festlegen*** erklären, dass etwas so gelten soll: *Er wollte sich auf keine Zusage festlegen*

fẹst·lich *Adj*; für ein großes Fest, zu ihm passend ≈ feierlich, prachtvoll ⟨Kleidung, ein Empfang; festlich geschmückt⟩

fẹst·neh·men (*hat*) ***j-n festnehmen*** (*bes*

als Polizist) j-n ergreifen und (vorläufig) festhalten ≈ verhaften: *Die Polizei nahm die Einbrecher fest*

fest·set·zen (*hat*) **1 etwas** (**für etwas / auf etwas** (*Akk*)) **festsetzen** ≈ bestimmen: *einen Termin für die nächste Sitzung festsetzen* **2 etwas setzt sich irgendwo fest** etwas bildet oder sammelt sich irgendwo und bleibt dort haften: *Am Blumentopf hat sich Kalk festgesetzt* || *zu* **1 Fest·set·zung** *die*

◆ **fest·stel·len** (*hat*) **1 etwas feststellen** Informationen über etwas gewinnen und sagen, wie es ist ≈ ermitteln ⟨j-s Personalien feststellen⟩: *die Ursache des Unfalls feststellen* **2 etwas** (**an j-m / etwas**) **feststellen** ≈ etwas bemerken, erkennen ⟨eine Veränderung (an j-m / etwas) feststellen⟩ **3 etwas feststellen** auf eine Tatsache hinweisen: *Ich möchte deutlich feststellen*, dass *wir unsere Planung ändern müssen* || *hierzu* **Fest·stel·lung** *die*; **fest·stell·bar** *Adj*

◆ **fett**, *fetter*, *fettest-*; *Adj* **1** mit / aus viel Fett ↔ mager ⟨Fleisch, Käse, Suppe⟩ **2** *gespr pej*; mit viel Fett am Körper ↔ mager, schlank: *Weil er zu viel Kuchen isst, ist er ziemlich fett geworden* **3** groß und breit (gedruckt): *eine fett gedruckte Überschrift*

Fett *das*; *-(e)s*, *-e* **1** *nur Sg*; die weiße bis gelbe Schicht, die bei Menschen und Tieren direkt unter der Haut ist ⟨Fett ansetzen⟩ || K-: **Fett-, -ansatz, -gewebe 2** *nur Sg*; eine feste oder flüssige Masse, die man aus dem Fett (1) von Tieren oder Pflanzen gewinnt und die man *oft* beim Kochen (oder Braten) braucht ⟨ranziges Fett; tierische, pflanzliche Fette⟩: *Kartoffeln in Fett (an)braten* || K-: **Fett-, -spritzer**; **fett-, -arm, -frei, -reich** || -K: **Pflanzen-, Schweine-** || ID **sein Fett abbekommen / abkriegen** *gespr*; Strafe, Tadel oder Kritik bekommen || *hierzu* **fet·tig** *Adj*

Fett·näpf·chen *das*; *nur in* (**bei j-m**) **ins Fettnäpfchen treten** *gespr hum*; etwas auf eine falsche (oder ungeschickte) Art sagen oder tun und damit andere verärgern

Fet·zen *der*; *-s*, *-*; ein abgerissenes Stück Papier oder Stoff: *ein Blatt Papier in kleine Fetzen reißen*

◆ **feucht**, *feuchter*, *feuchtest-*; *Adj* **1** nicht trocken und auch nicht ganz nass: *Wäsche lässt sich gut bügeln, wenn sie noch feucht ist* **2** mit viel (Wasser)Dampf in der Luft ↔ trocken ⟨Wetter, ein Klima⟩ || *hierzu* **Feuch·tig·keit** *die*

◆ **Feu·er** *das*; *-s*, *-*; **1** *meist Sg*; das Brennen von Kohle, Holz oder Öl ≈ Brand ⟨das olympische Feuer; das Feuer (im Kamin) anzünden⟩ || K-: **Feuer-, -alarm** || -K: **Holz- 2** eine Flamme, mit der man die Zigarette anzündet ⟨j-m Feuer geben⟩ **3** *nur Sg*; *meist Mil*; das Schießen mit Gewehren ≈ Beschuss ⟨das Feuer (auf j-n) eröffnen⟩ **4** *nur Sg*; ein starkes Temperament ⟨jugendliches Feuer besitzen⟩ || ID **mit dem Feuer spielen** aus Leichtsinn handeln und dadurch sich oder andere in Gefahr bringen; (**für j-n / etwas**) **Feuer und Flamme sein** von j-m / etwas begeistert sein

feu·ern; *feuerte*, *hat gefeuert*; **j-n feuern** *gespr*; j-n (sofort) aus dem Dienst entlassen ≈ j-m kündigen

◆ **Feu·er·wehr** *die*; *-*, *-en*; eine Gruppe von Personen, die Brände bekämpft ⟨die freiwillige Feuerwehr⟩: *die Feuerwehr alarmieren* || K-: **Feuerwehr-, -auto, -mann**

◆ **Feu·er·zeug** *das*; *-(e)s*, *-e*; ein kleines Gerät, mit dem man Zigaretten anzündet

Fi·as·ko *das*; *-s*, *-s*; *meist Sg*; ein großer Misserfolg ⟨etwas endet in einem Fiasko⟩

Fich·te *die*; *-*, *-n*; ein (Nadel)Baum mit kurzen Nadeln und hängenden Zapfen || K-: **Fichten-, -holz, -zapfen**

◆ **Fie·ber** *das*; *-s*; *nur Sg* **1** die zu hohe Temperatur des Körpers, die ein Anzeichen für eine Krankheit ist ⟨hohes Fieber; Fieber haben; (bei j-m) Fieber messen⟩ || K-: **Fieber-, -thermometer 2** *geschr*; ein starkes Verlangen nach etwas ≈ Leidenschaft || -K: **Fußball-, Reise-**

fie·ber·haft *Adj*; mit großer Eile, Aufregung verbunden ⟨Eile, Spannung⟩

fiel ↑ **fallen**

fies, *fieser*, *fiesest-*; *Adj*; *gespr pej* ≈ gemein[1] ⟨ein Kerl, ein Typ⟩

◆ **Fi·gur** *die*; *-*, *-en* **1** *meist Sg*; die Gestalt eines Menschen und ihre Proportionen ⟨eine gute, schlanke Figur haben⟩ || -K: **Ideal- 2** eine Person (auch eine fiktive Person), Persönlichkeit || -K: **Roman-, Symbol- 3** die (geformte oder gezeichnete) Abbildung eines Menschen oder Tieres ⟨eine Figur aus Holz, Ton⟩ || -K: **Gips- 4** ein kleiner Gegenstand, der zu manchen Spielen (wie *z.B.* Schach) gehört ≈ Spielstein || -K: **Schach-** || ↑ *Abbildung unter* **Brettspiele, Schachfiguren**

Fik·ti·on [-'tsi̯oːn] *die*; *-*, *-en*; *geschr*; etwas, das nicht wirklich, sondern nur in der Vorstellung existiert

fik·tiv [-f] *Adj*; *geschr*; nicht wirklich, sondern frei erfunden ≈ erdacht: *ein fiktiver Dialog zwischen Newton und Einstein*

Fi·li·a·le *die*; *-*, *-n*; eines von mehreren Büros oder Geschäften, das an einem anderen Ort als die Zentrale ist ⟨eine Filiale eröffnen, leiten⟩ || K-: ***Filial-, -leiter***

◆ **Fịlm**¹ *der*; *-(e)s, -e* **1** Material zum Fotografieren oder Filmen ⟨einen neuen Film (in die Kamera / den Fotoapparat) einlegen; einen Film entwickeln⟩ || K-: ***Film-, -kamera*** || -K: ***Schwarz-Weiß-*** **2** eine Geschichte in Bildern, die im Kino oder im Fernsehen gezeigt wird ⟨einen Film drehen, machen⟩: *Der Film läuft seit vielen Wochen im Kino* || K-: ***Film-, -regisseur, -schauspieler*** || -K: ***Abenteuer-***

◆ **Fịlm**² *der*; *-(e)s, -e*; eine dünne Schicht (auf einer Oberfläche), die *meist* als Schutz dient: *Das Sonnenöl bildet einen schützenden Film auf der Haut*

fịl·men; *filmte, hat gefilmt* **1** (***j-n / etwas***) ***filmen*** von j-m / etwas mit einer (Film)Kamera Aufnahmen machen, einen Film (2) drehen **2** in einem Film (2) als Schauspieler mitmachen (mitwirken): *Nach dem Unfall musste er aufhören zu filmen*

Fịl·ter *der*; *-s, -*; **1** eine Art feines Sieb, durch das man Flüssigkeit, Gas oder Rauch leitet, damit schädliche Stoffe zurückbleiben ⟨einen Filter einbauen⟩ || K-: ***Filter-, -papier*** || -K: ***Abgas-, Kaffee-*** **2** eine kleine Scheibe aus Glas, die man vor das Objektiv einer Kamera setzt, damit kein Licht auf den Film fällt || -K: ***Gelb-***

Fịlz *der*; *-es*; *nur Sg* **1** ein weiches Material, das aus vielen (Woll)Fasern gepresst wird || K-: ***Filz-, -hut, -pantoffeln*** **2** ein System, in dem sich Politiker gegenseitig (auf unrechtmäßige Art) Vorteile verschaffen

Fi·na·le *das*; *-s, - / -s* **1** der letzte Kampf in einer Reihe von Wettkämpfen, in dem der Sieger dann einen Titel gewinnt ≈ Endkampf, Endspiel ⟨ins Finale kommen; im Finale stehen⟩ || K-: ***Final-, -gegner, -spiel*** **2** der letzte Teil eines längeren musikalischen Werks, *z.B.* einer Oper

Fi·nạnz·amt *das*; das Amt, an das man seine Steuern zahlt

Fi·nạn·zen *die*; *Pl*; das Geld (*bes* die Einnahmen und Ausgaben) eines Staates oder einer Firma ⟨die Finanzen prüfen⟩ || K-: ***Finanz-, -lage, -ministerium***

◆ **fi·nan·zi·ẹll** *Adj*; *nur attr oder adv*; in Bezug auf das Geld ⟨Mittel, Hilfe, Unterstützung⟩: *Er kann sich ein Auto finanziell nicht leisten*

fi·nan·zie·ren; *finanzierte, hat finanziert*; *geschr*; ***etwas*** (***durch / mit etwas***) ***finanzieren*** das Geld geben oder besorgen, das für ein Projekt gebraucht wird: *Er finanziert sein Studium durch Ferienarbeit*

◆ **fịn·den**; *fand, hat gefunden* **1** ***j-n / etwas finden*** (zufällig oder durch Suchen) eine Person / Sache sehen oder etwas bekommen, das man haben wollte ≈ entdecken ⟨eine neue Arbeitsstelle, eine Wohnung finden⟩: *den richtigen Weg finden* **2** ***j-n / etwas irgendwie finden*** sein eigenes Urteil über j-n / etwas haben ≈ beurteilen ⟨etwas interessant, zum Lachen finden⟩: *Ich finde unseren neuen Nachbarn sehr nett* **3** ***finden*** (+ *Nebensatz*) die Meinung haben, dass ... ≈ meinen: *Ich finde, dass er lügt* || ID ***Das wird sich alles finden*** *gespr*; für all das wird es eine Lösung geben || ▸ ***Fund***

fịng ↑ ***fangen***

◆ **Fịn·ger** [-ŋɐ] *der*; *-s, -*; ein Teil (Glied) der Hand des Menschen, mit dem er greift ⟨geschickte Finger haben⟩: *einen goldenen Ring am Finger tragen* || ↑ *Abbildung unter* ***Hand*** || K-: ***Finger-, -nagel, -spitze*** || Hinweis: Die fünf Finger heißen *Daumen, Zeigefinger, Mittelfinger, Ringfinger, kleiner Finger* || ID ***keinen Finger rühren / krumm machen*** *gespr*; sehr faul sein und nichts tun; ***die Finger von etwas lassen*** etwas absichtlich nicht tun (weil es zu gefährlich ist); ***j-m auf die Finger schauen / sehen*** *gespr*; j-n kontrollieren und aus Misstrauen genau darauf achten, was er tut; ***sich*** (*Dat*) ***etwas aus den Fingern saugen*** *gespr*; sich etwas einfach ausdenken; ***sich*** (*Dat*) ***etwas an den fünf Fingern abzählen können*** *gespr*; etwas leicht vorhersehen können; ***sich*** (*Dat*) ***die Finger verbrennen*** *gespr*; etwas Unvorsichtiges tun und dadurch Schaden haben

Fịn·ger·ab·druck *der*; das Muster auf der Haut der Finger(kuppen), das für jeden Menschen typisch ist ⟨Fingerabdrücke hinterlassen⟩

Fịn·ger·na·gel *der*; der harte, flache Teil am Ende der Finger

Fịn·ger·spit·zen|ge·fühl *das*; *nur Sg* **1** ***Fingerspitzengefühl*** (***für etwas***) Geschicklichkeit bei feinen Arbeiten mit der Hand **2** ***Fingerspitzengefühl*** (***für etwas***) das intuitive Wissen, wie man sich in schwierigen Situationen richtig verhält ⟨Fingerspitzengefühl für etwas haben, brauchen⟩: *Ihm fehlt das nötige Fingerspitzengefühl für den Umgang mit Schülern*

Fịnk *der*; *-en, -en*; ein kleiner (Sing)Vogel mit kurzem dickem Schnabel und bunten Federn

fịns·ter *Adj* **1** ohne Licht ≈ dunkel (1) ↔

hell ⟨die Nacht, ein Keller⟩: *Er tastete im Finstern nach der Tür* **2** ziemlich dunkel und deshalb unheimlich ≈ düster (1) ⟨ein Hof, eine Kneipe⟩ **3** *pej*; unfreundlich oder ablehnend ⟨ein Mensch; j-n finster ansehen⟩

Fins·ter·nis *die*; -; *nur Sg*; *geschr*; das (völlige) Fehlen von Licht ≈ Dunkelheit ↔ Helligkeit: *eine tiefe Finsternis*

◆ **Fir·ma** *die*; -, *Fir·men*; ein Unternehmen, in dem man Waren *o.Ä* produziert oder mit ihnen handelt ≈ Betrieb || K-: ***Firmen-, -chef, -kapital*** || -K: ***Export-, Handels-***

◆ **Fisch** *der*; *-(e)s, -e* **1** ein Tier, das im Wasser lebt ⟨einen Fisch angeln⟩: *Fische haben Schuppen und atmen durch Kiemen* || K-: ***Fisch-, -teich*** || -K: ***Meeres-*** **2** der Fisch (1) als Speise ⟨gebackener, gebratener Fisch⟩ || K-: ***Fisch-, -filet*** || -K: ***Brat-*** **3** *nur Pl, ohne Artikel*; das Sternzeichen für die Zeit vom 20. Februar bis 20. März || ID ***weder Fisch noch Fleisch*** *gespr*; nichts Richtiges, weder das eine noch das andere

fi·schen; *fischte, hat gefischt*; ***(etwas) fischen*** versuchen, mit einer Angel oder mit einem Netz Fische zu fangen

Fi·scher *der*; *-s, -*; j-d, der (*bes* beruflich) Fische fängt || K-: ***Fischer-, -boot, -dorf***

Fi·so·le *die*; -, *-n*; Ⓐ ≈ Bohne (1)

◆ **fit** *Adj*; *nur präd oder adv*; bei guter Gesundheit ≈ in Form: *Er hält sich durch Gymnastik fit*

fix[1], *fixer, fixest-*; *Adj*; *gespr* **1** *nur adv* ≈ rasch, schnell: *die Arbeit ganz fix erledigen* **2** fähig, etwas schnell zu verstehen oder zu tun ≈ flink, geschickt ↔ schwerfällig: *ein fixer Junge*

fix[2] *Adj*; *meist attr, nicht adv* ≈ unveränderlich ⟨ein Gehalt, Kosten, ein Preis⟩ || K-: ***Fix-, -kosten, -stern***

fix[3] *Adj*; *nur präd oder adv*; *nur in* **fix und fertig** *gespr*; **a)** vollständig bis zum Ende gemacht: *Alles ist fix und fertig aufgeräumt*; **b)** (körperlich oder seelisch) erschöpft: *Die Hitze macht mich fix und fertig*

◆ **flach**, *flacher, flach(e)st-*; *Adj* **1** ≈ eben ↔ gebirgig ⟨ein Gebiet, ein Land; sich flach auf den Boden legen⟩ **2** mit nur geringer Höhe / Tiefe ↔ hoch / tief ⟨ein Bau, ein Wasser⟩: *Schuhe mit flachen Absätzen* **3** *pej*; ohne etwas Wichtiges oder Neues ⟨eine Unterhaltung, ein Vortrag⟩

◆ **Flä·che** *die*; -, *-n* **1** ein ebenes (begrenztes) Gebiet: *Weite Flächen Chinas sind mit Reis bebaut* || K-: ***Flächen-, -staat*** || -K: ***Rasen-*** **2** die flache Seite eines Körpers: *Ein Würfel besteht aus sechs quadratischen Flächen* || -K: ***Seiten-***

fla·ckern; *flackerte, hat geflackert*; ***etwas flackert*** etwas brennt so, dass sich die Flamme sehr unruhig bewegt ⟨eine Lampe, ein Licht⟩: *Im Kamin flackerte ein helles Feuer*

Flam·me *die*; -, *-n*; der obere (bläulich oder gelblich brennende) Teil des Feuers, der sich bewegt ⟨eine helle, schwache, starke Flamme⟩ || -K: ***Gas-***

◆ **Fla·sche** *die*; -, *-n*; ein (verschließbares) Gefäß (aus Glas) für Flüssigkeiten ⟨eine Flasche aufmachen, füllen⟩: *eine Flasche Limonade, Bier* || K-: ***Flaschen-, -öffner*** || -K: ***Baby-, Milch-***

flat·ter·haft *Adj*; schnell bereit, seine Meinung und sein Verhalten zu ändern ⟨ein Wesen, eine Person⟩

flat·tern; *flatterte, hat / ist geflattert* **1** ⟨ein Vogel, ein Schmetterling *o.Ä.*⟩ ***flattert irgendwo(hin)*** (*ist*) ein Vogel, ein Schmetterling *o.Ä.* fliegt so, dass sich die Flügel schnell und unruhig auf und ab bewegen: *Der Schmetterling flattert über die Wiese* **2** ***etwas flattert*** (*hat*) etwas bewegt sich im Wind heftig hin und her: *Die Wäsche flatterte auf / an der Leine*

flau, *flauer, flau(e)st-*; *Adj* **1** ***j-m ist flau*** *gespr*; j-d fühlt sich nicht wohl, ihm ist ein wenig übel: *Vor lauter Aufregung war mir ganz flau* **2** *nicht adv*; *gespr* ≈ langweilig: *Die Party war ziemlich flau*

Flau·te *die*; -, *-n* **1** der Zustand, in dem auf dem Meer kein Wind weht ≈ Windstille **2** die Zeit, in der eine Firma wenig Waren verkauft oder Aufträge hat: *In der Bauindustrie herrscht zurzeit eine Flaute*

flech·ten; *flicht, flocht, hat geflochten* **1** ***etwas flechten*** Haar, Wolle oder Stroh so in gleichen Teilen ineinander legen, dass eine Art Zopf entsteht: *die Haare (eines Mädchens) zu einem Zopf flechten* **2** ***etwas flechten*** durch Flechten (1) einen Gegenstand herstellen ⟨einen Korb flechten⟩

◆ **Fleck** *der*; *-s, -e(n)* **1** eine schmutzige Stelle: *sich mit Farbe Flecke auf das neue Hemd machen* || -K: ***Blut-, Rotwein-*** **2** ***ein blauer Fleck*** eine dunkle Stelle auf der Haut (ein Bluterguss): *nach einem Sturz blaue Flecke am Bein haben*

Fle·der·maus *die*; ein kleines (Säuge)Tier mit Flügeln, das *bes* in Höhlen lebt, nachts fliegt und beim Schlafen mit dem Kopf nach unten hängt

Fle·gel *der*; *-s, -*; *gespr pej*; verwendet als Schimpfwort für einen Mann oder Jungen, der sich frech und unhöflich benimmt || *hierzu* **fle·gel·haft** *Adj*

fle·hen ['fle:ən]; *flehte, hat gefleht*; **(*um etwas*) *flehen*** demütig und intensiv um etwas bitten ⟨um Hilfe, Vergebung flehen⟩

◆ **Fleisch** *das*; *-(e)s*; *nur Sg* **1** die weiche Substanz des Körpers (von Menschen und Tieren), die zwischen der Haut und den Knochen liegt: *Der Löwe riss ein großes Stück Fleisch aus dem Körper der Kuh* **2** essbare Teile von Tieren ⟨fettes, gebratenes Fleisch⟩ || K-: ***Fleisch-, -gericht*** || -K: ***Hühner-, Schweine-*** **3** die weichen (essbaren) Teile von Früchten und Gemüse: *das saftige Fleisch der Kirschen, Tomaten* || ID ***sich*** (*Dat / Akk*) ***ins eigene Fleisch schneiden*** (durch eine Dummheit, Unvorsichtigkeit) sich selbst schaden; *meist* ***etwas ist j-m in Fleisch und Blut übergegangen*** j-d beherrscht oder tut etwas automatisch || *hierzu* **flei·schig** *Adj*; *nicht adv*

Flei·scher *der*; *-s, -*; j-d mit dem Beruf, Tiere zu schlachten, Fleisch zu verkaufen, Wurst zu machen ≈ Metzger, Schlachter || K-: ***Fleischer-, -messer***

Fleisch·hau·e·rei *die*; *-, -en*; Ⓐ ≈ Metzgerei

Fleiß *der*; *-es*; *nur Sg*; die konzentrierte und intensive Arbeit ↔ Faulheit: *mit unermüdlichem Fleiß an etwas arbeiten* || *hierzu* **Fleiß·ar·beit** *die*

flei·ßig *Adj*; mit Fleiß und Ausdauer, mit viel Arbeit ↔ faul ⟨eine Hausfrau, ein Schüler; Bienen⟩

flek·tie·ren; *flektierte, hat flektiert*; ***etwas flektieren*** *Ling*; einem Wort (*z.B.* einem Verb oder Substantiv) die Endung geben, die grammatisch richtig ist

fle·xi·bel, *flexibler, flexibelst-*; *Adj* **1** ≈ biegsam, elastisch ↔ starr ⟨(ein) Material⟩ **2** in der Lage, sich anderen Bedingungen anzupassen ⟨eine Haltung, eine Planung; flexibel reagieren⟩: *den Tagesablauf flexibel gestalten* || Hinweis: *flexibel → eine flexible Haltung* || *hierzu* **Fle·xi·bi·li·tät** *die*

Fle·xi·on [-'ksio:n] *die*; *-, -en*; die Änderung der Form eines Substantivs, Adjektivs oder Verbs || K-: ***Flexions-, -endung*** || *hierzu* **flek·tie·ren** (*hat*)

fli·cken; *flickte, hat geflickt*; **(*etwas*) *flicken*** etwas (*meist* einen Gegenstand aus Stoff), das ein Loch hat oder zerrissen ist, ausbessern / reparieren ⟨eine Hose, einen Fahrradschlauch flicken⟩

Flie·der *der*; *-s*; *nur Sg*; ein Strauch mit kleinen weißen oder lila Blüten, die sehr stark duften und in Form von Trauben wachsen || K-: ***Flieder-, -busch***

Flie·ge[1] *die*; *-, -n*; ein schwarzes Insekt mit zwei Flügeln und kurzen Fühlern: *eine lästige Fliege fangen* || K-: ***Fliegen-, -schwarm*** || ID ***zwei Fliegen mit einer Klappe schlagen*** *gespr*; mit einer Handlung zwei Ziele erreichen; ***keiner Fliege*** (***et***)***was zuleide tun*** (***können***) *gespr*; einen sehr sanften Charakter haben

Flie·ge[2] *die*; *-, -n*; eine Art kurze Krawatte

◆ **flie·gen**; *flog, hat / ist geflogen* **1** ***etwas fliegen*** (*hat*) als Pilot etwas steuern: *ein Flugzeug fliegen* **2** ***etwas fliegt*** (*ist*) ein Vogel, ein Insekt bewegt sich durch die Luft fort: *Der Schmetterling fliegt von Blüte zu Blüte* **3** ***etwas fliegt*** (*ist*) etwas bewegt sich mit technischer Hilfe (oder *z.B.* durch Wind) in der Luft fort ⟨ein Flugzeug, ein Raumschiff⟩: *Die Blätter flogen durch den Windstoß vom Schreibtisch* **4** (***irgendwohin***) ***fliegen*** (*ist*) (als Pilot oder als Passagier) im Flugzeug reisen: *Ich fliege im Urlaub nach Amerika* **5** (*ist*) *gespr*; den Job verlieren oder aus der Schule entlassen werden

flie·hen ['fli:ən]; *floh, ist geflohen*; (***aus etwas, vor j-m / etwas***) (***irgendwohin***) ***fliehen*** (aus Angst oder um einen sicheren Platz zu suchen) schnell und *meist* heimlich einen Ort verlassen ≈ flüchten ⟨vor den Feinden, über die Grenze fliehen⟩: *Der Verbrecher ist aus dem Gefängnis geflohen*

Flie·se *die*; *-, -n*; eine kleine Platte (*meist* aus Keramik oder Stein), die man auf die Wand oder den Fußboden klebt ≈ Kachel ⟨Fliesen legen⟩ || K-: ***Fliesen-, -leger***

◆ **flie·ßen**; *floss, ist geflossen*; ***etwas fließt*** (***irgendwohin***) etwas bewegt sich wie Wasser fort ≈ etwas strömt ⟨Blut, der Fluss⟩ || ▸ ***Fluss***

◆ **flie·ßend** *Adj* **1** *nur adv*; ohne Mühe und ohne eine Pause ≈ flüssig: *fließend französisch sprechen* **2** *nicht adv*; nicht deutlich markiert oder definiert ⟨*meist* Übergänge, Grenzen⟩

flim·mern; *flimmerte, hat geflimmert*; ***etwas flimmert*** etwas leuchtet unruhig ⟨die Sterne⟩: *Heiße Luft flimmert in der Wüste*

flink, *flinker, flink(e)st-*; *Adj*; schnell und geschickt in den Bewegungen ⟨ein Bursche, ein Mädchen, ein Arbeiter⟩ || *hierzu* **Flink·heit** *die*

Flin·te *die*; *-, -n*; ein Gewehr für die Jagd, aus dem man mit vielen kleinen (Schrot)Kugeln schießt || -K: ***Jagd-*** || ID ***die Flinte ins Korn werfen*** *gespr* ≈ aufgeben (weil man keine Hoffnung mehr hat)

flir·ten ['flø:ɐtn̩]; *flirtete, hat geflirtet*; (***mit j-m***) ***flirten*** einer Person durch Blicke, Gesten oder Worte zeigen, dass man sie sympathisch und (erotisch) attraktiv findet

Flit·ter·wo·chen *die*; *Pl*; die ersten Wochen nach der Heirat

Flo·cke *die*; -, *-n* **1** ein kleines Stück einer weichen, lockeren Masse (wie *z.B.* Schaum, Wolle oder Watte): *Flocken aus Schaumstoff* || -K: ***Schnee-, Seifen-*** **2** *meist Pl*; ein (Getreide)Korn, das flach gepresst wurde || -K: ***Hafer-***

flog ↑ ***fliegen***

floh ↑ ***fliehen***

Floh [flo:] *der*; *-(e)s, Flö·he*; ein sehr kleines Insekt ohne Flügel, das hoch und weit springt: *Der Hund hat Flöhe* || ID ***j-m einen Floh ins Ohr setzen*** *gespr*; in j-m einen Gedanken oder Wunsch wecken, der schwer zu verwirklichen ist

Floh·markt *der*; ein Markt, auf dem bereits gebrauchte Gegenstände verkauft werden ⟨etwas auf dem Flohmarkt kaufen, verkaufen⟩

Flos·kel *die*; -, *-n*; *meist pej*; eine feste (stereotype) Redewendung oder Aussage, über deren Sinn man nicht mehr nachdenkt ⟨eine leere, nichts sagende, höfliche Floskel⟩ || -K: ***Höflichkeits-*** || *hierzu* **flos·kel·haft** *Adj*

floss ↑ ***fließen***

Floß *das*; *-es, Flö·ße*; eine Art Fahrzeug, das durch die Verbindung von großen Holzteilen entstanden ist und auf dem Wasser fährt ⟨auf, mit einem Floß fahren⟩ || K-: ***Floß-, -fahrt***

Flos·se *die*; -, *-n* **1** der Körperteil, mit dem sich Fische durch das Wasser fortbewegen || ↑ *Abbildung unter* **Hecht** || -K: ***Rücken-, Schwanz-*** **2** ein Gegenstand aus Gummi, den man an die Füße bindet, um besser schwimmen zu können || -K: ***Schwimm-, Taucher-***

Flö·te *die*; -, *-n*; ein (Musik)Instrument aus Holz oder Metall in Form eines Rohrs, auf dem man bläst ⟨Flöte spielen⟩ || K-: ***Flöten-, -konzert*** || -K: ***Block-, Quer-***

flott, *flotter, flottest-*; *Adj*; *gespr* **1** mit hoher Geschwindigkeit ≈ rasch, schnell ⟨eine Bedienung, ein Tempo⟩: *Der Bau (des Hauses) geht flott voran* **2** ≈ unterhaltsam ⟨eine Geschichte; flott geschrieben⟩ **3** attraktiv ⟨ein Mann, eine Frisur⟩

Flot·te *die*; -, *-n* **1** alle militärischen Schiffe, die einem Staat gehören: *die britische Flotte* || K-: ***Flotten-, -kommandant, -stützpunkt*** || -K: ***Kriegs-*** **2** alle Schiffe, die den gleichen Auftrag haben || -K: ***Fischerei-, Handels-***

Fluch *der*; *-(e)s, Flü·che* **1** ***ein Fluch*** (***über j-n / etwas***) Worte, die man in großer Wut spontan sagt ⟨einen kräftigen Fluch ausstoßen⟩ **2** *meist Sg*; ***ein Fluch*** (***gegen j-n***) (magische) Worte, mit denen man j-m etwas Böses wünscht ≈ Verwünschung **3** *geschr*; ***ein Fluch*** (***für j-n / etwas***) ≈ Unglück (2) ↔ Segen (3): *Wird die moderne Technologie zum Fluch für den Menschen?*

flu·chen; *fluchte, hat geflucht* **1** (***etwas***) ***fluchen*** böse Worte, Flüche aussprechen: „*Verdammt*", *fluchte er* || Hinweis: Das Objekt ist immer ein Satz **2** ***über j-n / etwas, auf etwas*** (*Akk*) ***fluchen*** mit bösen Worten heftig über j-n / etwas schimpfen: *auf / über das schlechte Wetter fluchen*

flüch·ten; *flüchtete, ist geflüchtet*; (***aus etwas, vor j-m / etwas, irgendwohin***) ***flüchten*** einen Ort schnell verlassen, *bes* weil plötzlich eine Gefahr droht: *Als das Feuer ausbrach, flüchteten die Hotelgäste auf das Dach* || *hierzu* **Flucht** *die*; **Flücht·ling** *der*

flüch·tig[1] *Adj*; *meist präd, nicht adv*; auf der Flucht: *Die Verbrecher sind immer noch flüchtig*

flüch·tig[2] *Adj*; von kurzer Dauer, leicht und nicht sehr intensiv ⟨ein Eindruck, ein Gruß; j-n flüchtig berühren; j-n nur flüchtig kennen⟩

◆ **Flug** *der*; *-(e)s, Flü·ge*; *nur Sg* **1** die Bewegung eines Vogels oder eines Flugzeugs durch die Luft: *den ruhigen Flug des Adlers beobachten* || -K: ***Probe-*** **2** eine Reise durch die Luft (im Flugzeug) ⟨einen angenehmen, (un)ruhigen Flug haben⟩ || K-: ***Flug-, -ticket*** || ID ***etwas vergeht*** (***wie***) ***im Flug***(***e***) eine Zeit vergeht sehr schnell

Flü·gel[1] *der*; *-s, -*; **1** einer der zwei oder vier Körperteile bei Vögeln oder Insekten,

Flöten

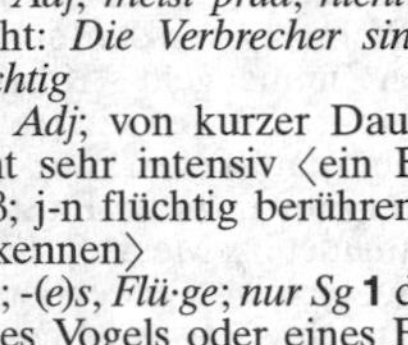

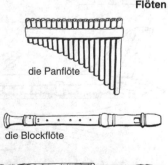

die Panflöte

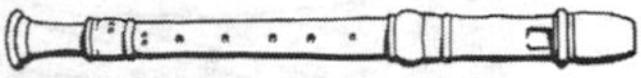

die Blockflöte

die Querflöte

mit deren Hilfe sie fliegen ⟨ein Vogel schlägt mit den Flügeln; ein Vogel breitet die Flügel aus⟩ || K-: ***Flügel-, -schlag*** || -K: ***Schmetterlings-*** **2** der rechte oder linke Teil eines (symmetrischen) Ganzen, das aus zwei oder mehreren Teilen besteht: *die Flügel eines Altars, eines Fensters* || K-: ***Flügel-, -tür*** || -K: ***Lungen-, Nasen-*** **3** der seitliche Teil eines großen Gebäudes, der sich an den zentralen Bau anschließt: *der östliche Flügel des Schlosses* || -K: ***Seiten-*** || ID ***j-m die Flügel stutzen*** j-n in seiner (Handlungs)Freiheit einschränken

Flü·gel[2] *der*; *-s*, *-*; eine Art großes Klavier, dessen Deckel *meist* geöffnet wird, wenn man darauf spielt || -K: ***Konzert-***

◆ **Flug·ha·fen** *der*; ein Ort, an dem Flugzeuge starten und landen ≈ Flugplatz

◆ **Flug·zeug** *das*; *-(e)s*, *-e*; ein Fahrzeug, das sich (schnell) durch die Luft bewegt ⟨ein Flugzeug startet, fliegt, landet⟩ || K-: ***Flugzeug-, -halle*** || -K: ***Passagier-***

◆ **Flur** [fluːɐ] *der*; *-(e)s*, *-e*; ein schmaler Raum in einer Wohnung, von dem aus man in die einzelnen Zimmer geht ≈ Korridor

◆ **Fluss** *der*; *-es*, *Flüs·se* **1** ein Gewässer, das sich seinen natürlichen Weg zum Meer sucht ⟨ein breiter, tiefer Fluss; ein Fluss fließt / mündet ins Meer⟩ || -K: ***Gebirgs-*** **2** *nur Sg*; *geschr*; verwendet, um auszudrücken, dass etwas ohne Unterbrechung gemacht wird oder stattfindet ⟨der Fluss der Arbeit, der Ereignisse⟩ || -K: ***Gedanken-*** **3** ***etwas kommt / gerät in Fluss*** etwas beginnt und geht dann ohne Unterbrechung weiter ⟨eine Arbeit, eine Unterhaltung⟩

flüs·sig *Adj* **1** so, dass es fließen kann: *Wachs wird flüssig, wenn man es erwärmt* || -K: ***dick-, dünn-*** **2** ohne Mühe ≈ gewandt ⟨etwas flüssig vortragen; einen flüssigen Stil schreiben⟩: *Er spricht ein flüssiges Englisch* || *hierzu* **Flüs·sig·keit** *die*

flüs·tern; *flüsterte*, *hat geflüstert*; **(*etwas*) *flüstern*** sehr leise sprechen ⟨j-m etwas ins Ohr flüstern⟩ || K-: ***Flüster-, -ton***

Flut *die*; *-*, *-en* **1** *nur Sg*; das (An)Steigen des Wassers (Wasserspiegels) im Meer, das auf die Ebbe folgt ⟨die Flut kommt⟩: *Das Schiff lief mit der Flut aus* || K-: ***Flut-, -katastrophe, -warnung*** **2** *meist Pl*; *geschr*; große Mengen von Wasser (die in Bewegung sind): *sich in die Fluten stürzen* (= ins Wasser springen)

Fö·de·ra·lis·mus *der*; *-*; *nur Sg* **1** das Streben nach einer staatlichen Ordnung, in der die einzelnen Regionen ziemlich selbstständig sind **2** das Streben von Ländern, die zusammen einen Staat bilden, nach größerer Unabhängigkeit von der zentralen Regierung ↔ Zentralismus || *hierzu* **Fö·de·ra·list** *der*; **fö·de·ra·lis·tisch** *Adj*

Föhn[1] *der*; *-(e)s*; *nur Sg*; ein warmer (Süd)Wind, der *bes* auf der nördlichen Seite der Alpen auftritt || K-: ***Föhn-, -wetter*** || *hierzu* **föh·nig** *Adj*

Föhn[2] *der*; *-(e)s*, *-e*; ein elektrisches Gerät, mit dem man sich die Haare trocknet

föh·nen; *föhnte*, *hat geföhnt* **1** ***j-n / sich föhnen*** j-s / seine Haare mit einem Föhn trocknen **2** **(*j-m / sich*) *die Haare föhnen*** j-m / sich mit einem Föhn die Haare trocknen

Flugzeug

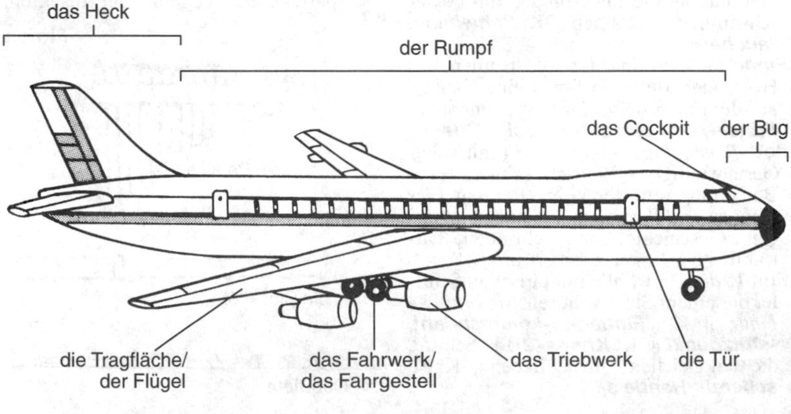

Fọl·ge[1] *die*; -, *-n* **1** eine Reihe von Dingen, die schnell nacheinander kommen: *Die Autos fuhren in dichter Folge* || -K: ***Gedanken-, Zahlen-*** **2** einer von mehreren Teilen *z.B.* einer Serie, die nacheinander kommen (*z.B.* eine Episode einer Fernsehserie): *die nächste Folge des dreiteiligen Kriminalfilms*

Fọl·ge[2] *die*; -, *-n*; ***eine Folge*** (+ *Gen* / ***von etwas***) etwas, das sich als Ergebnis einer Handlung ereignet ⟨(etwas hat) schlimme, verheerende Folgen; die Folgen von etwas tragen müssen⟩: *Sie starb an den Folgen des Autounfalls*

fọl·gen[1]; *folgte, ist gefolgt* **1** ***j-m / etwas folgen*** hinter j-m / etwas gehen ≈ nachgehen ⟨j-m auf Schritt und Tritt, in großem Abstand folgen⟩ **2** ***etwas*** (*Dat*) ***irgendwie folgen*** einem Gespräch aufmerksam zuhören: *dem Vortrag mit Interesse folgen* **3** ***j-m / etwas folgen*** j-n / etwas als Vorbild nehmen und danach handeln ⟨j-s Rat folgen⟩: *Er ist dem Beispiel seines Vaters gefolgt und ebenfalls Arzt geworden* **4** ***etwas folgt etwas*** (*Dat*) / ***auf etwas*** (*Akk*) etwas kommt in der Reihenfolge nach etwas

fọl·gen[2]; *folgte, hat gefolgt*; (***j-m***) ***folgen*** *gespr* ≈ gehorchen: *Das Kind hat seiner Mutter nicht gefolgt*

◆ **fọl·gend** *Adj*; *nur attr, nicht adv*; verwendet, um sich auf Personen / Sachen zu beziehen, die (in einer Liste) genannt werden: *Folgende Schüler haben die Prüfung bestanden: …*

fol·gen·der·ma̲·ßen *Adv*; auf die (anschließend) beschriebene Art und Weise ≈ wie folgt, so: *Der Salat wird folgendermaßen zubereitet: …*

fọlg·lich *Adv*; als Konsequenz oder Ergebnis von etwas ≈ deshalb: *Die Firma machte Bankrott, folglich mussten alle Mitarbeiter entlassen werden*

fọlg·sam *Adj*; immer bereit zu gehorchen ≈ gehorsam, brav ⟨*meist* ein Kind⟩ || *hierzu* **Fọlg·sam·keit** *die*

Fọl·ter *die*; -, *-n* **1** *nur Sg*; das Quälen, Foltern von Gefangenen: *Amnesty International setzt sich gegen Folter in aller Welt ein* || K-: ***Folter-, -methode*** **2** *gespr*; etwas, das einem sehr unangenehm oder lästig ist ≈ Qual: *Lange Vorträge sind für mich eine wahre Folter*

fọl·tern; *folterte, hat gefoltert* **1** ***j-n foltern*** j-m körperliche Schmerzen bereiten, um ihn durch diese Qualen zu etwas zu zwingen (*bes* zu einer Aussage, zu einem Geständnis) **2** ***etwas foltert j-n*** etwas bereitet j-m seelische Schmerzen || *zu* **1** **Fọl·te·rung** *die*

Fon·tä̲·ne *die*; -, *-n*; ein starker Strahl Wasser, der *bes* aus einem Brunnen nach oben spritzt

◆ **fọr·dern**; *forderte, hat gefordert* **1** (***von j-m / etwas***) ***etwas fordern*** j-m / einer Behörde mit Nachdruck sagen, dass man etwas von ihm / ihr will ≈ verlangen: *Sie forderte, freigelassen zu werden* **2** ***etwas fordert j-n*** etwas verlangt viel Energie von j-m: *Mein Beruf fordert mich nicht genug* || *hierzu* **Fọr·de·rung** *die*

fọ̈r·dern[1]; *förderte, hat gefördert*; ***j-n / etwas fördern*** j-n / etwas so unterstützen (*z.B.* durch persönliches Engagement oder Geld), dass er / es sich gut entwickelt: *junge Künstler, die Wissenschaften fördern* || *hierzu* **Fọ̈r·de·rung** *die*

fọ̈r·dern[2]; *förderte, hat gefördert*; ***j-d*** / ⟨eine Gesellschaft⟩ ***fördert etwas*** eine Gruppe von Personen / eine Gesellschaft gewinnt Kohle, Öl, Erz *o.Ä.* in großer Menge aus der Erde || K-: ***Förder-, -anlage, -menge***

Fo·rẹl·le *die*; -, *-n*; ein Fisch, der in kalten Bächen und in kleineren Gewässern lebt und der gut schmeckt || K-: ***Forellen-, -zucht***

◆ **Fọrm**[1] *die*; -, *-en* **1** die äußere Gestalt eines Gegenstandes ≈ Umriss: *Die Erde hat die Form einer Kugel* || -K: ***Ei-, Kugel-*** **2** die Art und Weise, in der etwas existiert ≈ Modus: *die Ehe als Form des Zusammenlebens von Mann und Frau* || -K: ***Lebens-, Regierungs-*** **3** die Art und Weise, in der ein Inhalt (künstlerisch) gestaltet ist ↔ Inhalt: *die Form der Novelle* || -K: ***Brief-, Lied-*** **4** *meist Pl*; die Konventionen, nach denen man sich verhalten soll ⟨die gesellschaftlichen Formen⟩ || ID ***etwas nimmt*** (***feste***) ***Formen an*** ein Plan, ein Projekt wird allmählich entwickelt und realisiert

◆ **Fọrm**[2] *die*; -, *-en*; ein Gegenstand, in den man eine flüssige Masse (*z.B.* Teig) gibt, die dann fest wird || -K: ***Back-, Kuchen-***

◆ **Fọrm**[3] *die*; -; *nur Sg*; der allgemeine (körperliche und geistige) Zustand ⟨gut, schlecht in Form sein; (nicht) in Form sein⟩ || -K: ***Best-***

for·ma̲l *Adj* **1** die Form[1] (3) von etwas betreffend ↔ inhaltlich: *der formale Aufbau eines Dramas, einer Rede* **2** die Bestimmungen des Gesetzes, die Regeln *o.Ä.* betreffend: *Der Prozess musste wegen eines formalen Fehlers unterbrochen werden*

For·ma·li·tä̲t *die*; -, *-en* **1** *meist Pl*; eine (bürokratische) Vorschrift, die man erfüllen muss, damit etwas offiziell gültig wird *o.Ä.* ⟨die Formalitäten einhalten, erledigen⟩ **2** eine gesellschaftliche Regel, Konvention, die nur die äußere Form betrifft

For·mat *das*; -(*e*)*s*, -*e* **1** eine (definierte) Größe oder Form, in der *bes* Papier und Bücher hergestellt (gedruckt) werden: *Fotos mit dem Format 18 x 24* || -K: ***Groß-, Postkarten-*** **2** ***Format haben*** in Bezug auf Charakter oder Fähigkeiten sehr bedeutend, vorbildlich sein ≈ eine Persönlichkeit sein

F

For·mel *die*; -, -*n* **1** eine Kombination von Buchstaben, Zahlen oder Zeichen (in einem mathematischen Lehrsatz, einer chemischen Verbindung oder einer physikalischen Regel): *Die chemische Formel für Wasser ist „H_2O"* **2** ein Ausdruck oder Satz, die immer wieder in der gleichen Form verwendet werden || -K: ***Gruß-, Zauber-*** || *zu* **2 for·mel·haft** *Adj*

for·mell *Adj* **1** korrekt und höflich, so wie es Regeln und Konventionen erfordern ⟨eine Begrüßung, eine Einladung, ein Empfang⟩ **2** den Vorschriften entsprechend ≈ offiziell ⟨ein Abkommen, eine Einigung⟩

for·men; *formte, hat geformt* **1** ***etwas*** (***aus etwas***) ***formen*** einen Gegenstand herstellen, indem man dem Material eine besondere Form gibt ≈ gestalten: *einen Krug aus Ton formen* **2** ***etwas formt j-n*** (***zu etwas***) ein Einfluss prägt den Charakter eines Menschen (positiv): *Die Erfahrungen in diesen Jahren haben ihn* (*zu einem verantwortungsbewussten Menschen*) *geformt* || *hierzu* **For·mung** *die*

förm·lich *Adj* **1** ≈ formell (1) ⟨eine Begrüßung, ein Umgangston⟩ **2** ≈ offiziell ⟨eine Erklärung, ein Vertrag⟩ || *hierzu* **Förm·lich·keit** *die*

form·los *Adj* **1** *nicht adv*; ohne feste Umrisse, ohne eine erkennbare Form[1] (1) ⟨eine Masse⟩ **2** ohne eine offiziell vorgeschriebene Form[1] (4) ⟨ein Antrag⟩ || *hierzu* **Form·lo·sig·keit** *die*

◆ **For·mu·lar** *das*; -*s*, -*e*; ein Blatt Papier, auf dem man Fragen beantworten muss ⟨ein Formular ausfüllen, unterschreiben⟩ || -K: ***Anmelde-***

for·mu·lie·ren; *formulierte, hat formuliert*; ***etwas*** (***irgendwie***) ***formulieren*** etwas, das man ausdrücken will, in eine entsprechende sprachliche Form[1] (3) bringen: *einen Satz knapp formulieren* || *hierzu* **For·mu·lie·rung** *die*

forsch, *forscher, forschest-*; *Adj*; (selbst)sicher und energisch ⟨ein Benehmen; forsch an etwas herangehen⟩ || *hierzu* **Forsch·heit** *die*

for·schen; *forschte, hat geforscht* **1** etwas systematisch und mit wissenschaftlichen Methoden untersuchen: *Er forscht auf dem Gebiet der Kernphysik* **2** ***nach j-m / etwas forschen*** *geschr*; sehr gründlich, intensiv nach j-m / etwas suchen ⟨nach einem Vermissten, den Ursachen von etwas forschen⟩: *nach der Herkunft seiner Familie forschen* || *zu* **1 For·scher** *der*; **For·sche·rin** *die*; -, -*nen*

◆ **For·schung** *die*; -, -*en* **1** die wissenschaftliche Arbeit: *Kopernikus hat bei seinen Forschungen herausgefunden, dass sich die Erde um die Sonne bewegt* **2** *nur Sg*; die Wissenschaften und ihre Institutionen ⟨die naturwissenschaftliche, medizinische Forschung⟩: *Sie ist in der Forschung tätig* || K-: ***Forschungs-, -arbeit, -gegenstand, -methode*** || -K: ***Geschichts-***

◆ **fort** *Adv*; ***j-d / etwas ist fort*** j-d / etwas ist weg, ist weggefahren oder verreist: *Mein Fahrrad ist fort!*; *Sie ist drei Wochen fort gewesen* || ID ***und so fort*** ≈ und so weiter, und Ähnliches

fort·be·we·gen (*hat*) ***sich / etwas*** (***irgendwie***) ***fortbewegen*** bewirken, dass man selbst / etwas von einem Ort an einen anderen kommt: *sich mühsam fortbewegen* || *hierzu* **Fort·be·we·gung** *die*

fort·bil·den, sich (*hat*) ***sich*** (***in etwas*** (*Dat*)) ***fortbilden*** seine (beruflichen) Kenntnisse erweitern (*meist* indem man besondere Kurse besucht): *sich in EDV fortbilden* || *hierzu* **Fort·bil·dung** *die*

◆ **fort·fah·ren** (*hat / ist*) **1** ***mit etwas fortfahren / fortfahren + zu*** + *Infinitiv*; (*ist*) *geschr*; etwas nach einer Unterbrechung wieder tun: *Er ließ sich durch den Lärm nicht stören und fuhr fort zu arbeiten* **2** ***j-n / etwas fortfahren*** (*hat*) j-n / etwas in einem Auto wegbringen **3** (*ist*) ≈ wegfahren

◆ **fort·füh·ren** (*hat*) ***etwas fortführen*** *geschr*; etwas, das ein anderer angefangen hat, (ohne Unterbrechung) fortsetzen: *Der Sohn führt das Unternehmen des Vaters fort* || *hierzu* **Fort·füh·rung** *die*

fort·ge·schrit·ten *Adj* **1** so, dass es ein späteres Stadium (der Entwicklung) erreicht hat ⟨j-d ist im fortgeschrittenen Alter⟩: *Die Krankheit ist schon weit fortgeschritten* **2** ***j-d ist*** (***in etwas*** (*Dat*)) ***fortgeschritten*** j-d hat in einem Fach ziemlich viel gelernt: *Kurt ist in Französisch schon ziemlich fortgeschritten* || *zu* **2 Fort·ge·schrit·te·ne** *der / die*

fort·pflan·zen, sich (*hat*) **1** ⟨Menschen / Tiere⟩ ***pflanzen sich fort*** Menschen / Tiere zeugen Kinder, neue Lebewesen ≈ sich vermehren (2): *Vögel pflanzen sich* *fort, indem sie Eier legen* **2 *etwas pflanzt sich fort*** *geschr*; etwas breitet sich aus: *Im Wasser pflanzen sich Schallwellen besser fort als in der Luft* || *zu* **1 Fort·pflan·zung** *die*

◆ **Fort·schritt** *der*; *nur Sg*; die positive Entwicklung ⟨der medizinische, wirtschaftliche Fortschritt; Fortschritte erzielen⟩: *Er macht große / keine Fortschritte mit seiner Doktorarbeit*

fort·schritt·lich *Adj* **1** ⟨ein Mensch, eine Persönlichkeit⟩ so, dass sie (progressiv) an die Zukunft denken und danach handeln: *fortschrittlich eingestellt sein* **2** ⟨eine Technologie⟩ so, dass sie etwas für den Fortschritt bringt ≈ zukunftsweisend || *hierzu* **Fort·schritt·lich·keit** *die*

fort·set·zen (*hat*) **1 *etwas fortsetzen*** nach einer Pause mit etwas weitermachen: *Nach einer kurzen Rast setzten sie die Fahrt fort* **2 *etwas setzt sich fort*** *geschr*; etwas bleibt so und dauert an: *Die Debatte setzte sich bis in den Abend fort*

Fort·set·zung *die*; -, *-en* **1** *nur Sg*; das Fortsetzen (1) einer Tätigkeit: *die Fortsetzung der Arbeit nach der Mittagspause* **2** der Teil *z.B.* eines Romans oder einer (Fernseh)Serie, der auf einen vorherigen Teil (*z.B.* desselben Romans) folgt ≈ Folge[1] (2) || K-: ***Fortsetzungs-, -roman***

◆ **Fo·to** *das*; *-s*, *-s* **1 *ein Foto*** (+ *Gen* / ***von j-m / etwas***) ein Bild, das man mit einer Kamera macht ≈ Fotografie ⟨ein Foto machen / schießen⟩ || K-: ***Foto-, -album, -apparat, -labor*** || -K: ***Farb-*** **2** *gespr* ≈ Fotoapparat || Hinweis: Anstelle von *Foto*, *fotogen usw* schreibt man (*bes* in älteren Texten) auch *Photo*, *photogen usw*

Fo·to·gra·fie *die*; -, *-n* [-ˈfiː(ə)n] **1** *nur Sg*; die Technik oder die Kunst, mithilfe eines Films und einer Kamera genaue Bilder von Menschen, Tieren oder Dingen zu machen **2** ≈ Foto (1) || *hierzu* **fo·to·gra·fisch** *Adj*

◆ **fo·to·gra·fie·ren**; *fotografierte, hat fotografiert*; (***j-n / etwas***) ***fotografieren*** (von j-m / etwas) ein Foto machen: *das Brautpaar vor der Kirche fotografieren* || *hierzu* **Fo·to·graf** *der*

Fracht *die*; -, *-en*; die Behälter und deren Inhalte, die mit *meist* großen Fahrzeugen transportiert werden ≈ Ladung ⟨die Fracht einladen, löschen⟩ || K-: ***Fracht-, -schiff***

◆ **Fra·ge** *die*; -, *-n* **1 *eine Frage*** (***nach j-m / etwas***) eine Äußerung, die eine Antwort fordert ↔ Antwort ⟨eine dumme, vorsichtige Frage; j-n mit Fragen bombardieren; eine Frage beantworten⟩ || K-: ***Frage-, -pronomen, -satz*** || -K: ***Prüfungs-, Scherz-*** **2** ≈ Problem ⟨eine offene Frage; eine Frage diskutieren, lösen⟩: *Die Außenminister beschäftigten sich mit Fragen der internationalen Zusammenarbeit* || ID *meist* ***Das / Es ist nur eine Frage von*** ⟨Sekunden, Minuten⟩ das dauert nur ein paar Sekunden, Minuten; ***Das ist noch die Frage***; ***Das ist die große Frage*** das ist noch nicht entschieden; ***Das ist keine Frage*** das ist ganz sicher

◆ **fra·gen**; *fragte, hat gefragt* **1 *nach j-m / etwas fragen***; (***j-n***) (***etwas***) ***fragen*** zu j-m sprechen, um eine Information über j-n / etwas zu bekommen: *einen Fremden nach seinem Namen fragen*; *nach dem Weg fragen*; *„Gehst du mit mir ins Kino?", fragte er* (*sie*) **2** (***j-n***) (***um Erlaubnis / um Rat***) ***fragen*** j-n darum bitten, etwas tun zu dürfen: *Er nahm das Auto, ohne zu fragen* **3 *sich fragen, ob / warum / wie ...*** über ein Problem nachdenken, zu dem man noch keine Antwort weiß: *Ich frage mich, wie sie es schafft, mit drei Kindern auch noch berufstätig zu sein* **4 *es fragt sich nur, wann / wie ...*** verwendet, wenn etwas unsicher ist: *Er kommt bestimmt zum Fest, es fragt sich nur, wann*

Fra·ge·zei·chen *das*; das Zeichen ?, das am Ende eines (Frage)Satzes steht

frag·lich *Adj*; *nicht adv* **1** noch nicht entschieden ≈ ungewiss, zweifelhaft: *Ob er den Job bekommt, ist noch sehr fraglich* **2** *nur attr, nicht adv*; *Admin geschr*; bereits erwähnt ≈ betreffend: *zum fraglichen Zeitpunkt*

frag·wür·dig *Adj*; ⟨Praktiken, eine Methode, ein Verfahren⟩ so, dass sie Zweifel und Misstrauen wecken ≈ zweifelhaft

Frak·ti·on [-ˈt͡si̯oːn] *die*; -, *-en*; die Gruppe aller Abgeordneten einer Partei im Parlament: *die sozialdemokratische Fraktion im Bundestag* || K-: ***Fraktions-, -mitglied, -sprecher***

◆ **Fran·ken** *der*; *-s*, -; (***Schweizer***) ***Franken*** die Währung des Geldes in der Schweiz: *Ein Franken hat hundert Rappen*

fran·kie·ren; *frankierte, hat frankiert*; ***etwas frankieren*** auf einen Brief *o.Ä.*, den man mit der Post schickt, eine Briefmarke kleben ⟨einen Brief frankieren⟩

fraß ↑ ***fressen***

Frat·ze *die*; -, *-n*; ein verzerrtes, hässliches Gesicht ⟨eine grinsende, höhnische Fratze⟩: *die Fratze eines Dämons*

◆ **Frau** *die*; -, *-en* **1** eine erwachsene, weibliche Person ↔ Mann ⟨eine junge, schöne, verheiratete Frau⟩ || K-: ***Frauen-, -beruf, -zeitschrift*** **2** *Kurzwort* ↑ ***Ehefrau*** ↔ Mann ⟨seine geschiedene, verstorbene Frau⟩ **3** *nur Sg*; verwendet *bes* in der Anrede (auch in Briefen vor dem Familiennamen) ↔ Herr: *„Guten Tag, Frau Müller!"*; *Sehr geehrte Frau Meier ...* || Hinweis: *Frau* (3) wird heute für verheiratete und unverheiratete Frauen verwendet; ↑ ***Fräulein*** **(2)** || *zu* **1 frau·en·haft** *Adj*

F

Fräu·lein *das*; *-s, - / gespr auch -s* **1** *veraltend*; eine Frau, die nicht verheiratet ist (und kein Kind hat) ⟨ein junges, älteres Fräulein⟩ **2** *nur Sg*; *veraltend*; verwendet in der Anrede von (jungen) nicht verheirateten Frauen (1); *Abk* Frl.: *„Wie gehts Ihnen, Fräulein Huber?"* || Hinweis: Heute wird *Fräulein* meistens durch *Frau* ersetzt

◆ **frech**, *frecher, frechst-*; *Adj*; ***frech*** **(*zu j-m*)** ohne Respekt gegenüber j-m ≈ unverschämt ↔ brav, gehorsam ⟨ein Kind, eine Antwort, eine Lüge; frech grinsen⟩ || *hierzu* **Frech·heit** *die*

◆ **frei**, *freier, frei(e)st-*; *Adj* **1** so unabhängig, dass man tun darf, was man will, und überall hingehen kann ⟨ein Land, ein Volk⟩ **2** ***frei von etwas*** ohne etwas: *frei von Fieber, Schmerzen sein* **3** ***frei*** **(*nach j-m / etwas*)** nicht streng nach dem Original ⟨eine Übersetzung⟩: *frei nach einer Novelle von Stefan Zweig* **4** *nicht adv* ≈ kostenlos: *Der Eintritt ist für Kinder frei* **5** nicht (von anderen Personen) besetzt ≈ verfügbar: *Ist dieser Platz noch frei?* **6** ⟨ein Journalist, ein Fotograf⟩ so, dass er ohne feste Zeiten arbeitet ≈ freischaffend: *als freier Mitarbeiter bei einer Zeitung arbeiten* || ▸ ***befreien***

Frei·bad *das*; ein öffentliches Schwimmbad im Freien ↔ Hallenbad

frei·be·ruf·lich *Adj*; *nur attr oder adv*; nicht fest (bei einer Firma *o.Ä.*) angestellt, sondern selbstständig (3): *ein freiberuflicher Journalist* || *hierzu* **Frei·be·ruf·ler** *der*

frei·ge·ben (*hat*) **1** ***j-n freigeben*** *geschr*; j-m die Freiheit wiedergeben ≈ freilassen ↔ festhalten: *Nach langen Verhandlungen gaben die Terroristen ihre Geiseln frei* **2** ***etwas freigeben*** *geschr*; etwas nicht mehr einschränken, sondern es (öffentlich) zur Verfügung stellen: *nach einem Unfall die Straße wieder (für den Verkehr) freigeben* **3** ***etwas zu etwas freigeben*** *geschr*; erlauben, dass etwas für den genannten Zweck verwendet werden kann ≈ zulassen: *einen Artikel zur Veröffentlichung freigeben* **4** ***j-m freigeben*** j-n für kurze Zeit von der Arbeit oder vom Unterricht befreien: *Der Chef gab ihr heute Nachmittag frei* || *zu* **1-3 Frei·ga·be** *die*

frei·ge·big *Adj*; gern bereit, anderen etwas zu schenken ≈ großzügig ↔ geizig || *hierzu* **Frei·ge·big·keit** *die*

frei·gie·big *Adj* ≈ freigebig

frei·ha·ben (*hat*) *gespr*; eine Zeit lang nicht zur Arbeit oder zur Schule gehen müssen: *Nächste Woche habe ich einen Tag frei, da könnten wir uns treffen*

frei·hal·ten (*hat*) **1** ***j-n freihalten*** für j-n (in einer Gaststätte) Essen und Getränke bezahlen ≈ j-n einladen: *Weil er Geburtstag hatte, hielt er uns alle frei* **2** **(*j-m / sich*) *etwas freihalten*** dafür sorgen, dass ein Platz / Raum leer (unbesetzt) bleibt: *j-m einen Stuhl freihalten*

frei·hän·dig *Adj*; *nur attr oder adv*; ohne sich mit den Händen aufzustützen oder festzuhalten ⟨freihändig (Rad) fahren⟩

◆ **Frei·heit** *die*; *-, -en* **1** *nur Sg* ≈ Unabhängigkeit ⟨für seine persönliche, für die nationale Freiheit kämpfen; die Freiheit der Wissenschaft⟩ || -K: ***Meinungs-, Presse-*** **2** *nur Sg*; der Zustand, frei (1) zu sein ↔ Gefangenschaft ⟨j-m / einem Tier die Freiheit schenken; in Freiheit sein⟩ **3** *meist Pl*; ein besonderes Recht, das j-d hat ≈ Privileg, Möglichkeit: *seinen Kindern viele Freiheiten lassen*

frei·las·sen (*hat*) ***j-n freilassen*** j-m, der gefangen war, die Freiheit wiedergeben: *Der Verhaftete wurde wieder freigelassen* || Hinweis: aber: *beim Schreiben eine Zeile frei lassen* (getrennt geschrieben) || *hierzu* **Frei·las·sung** *die*

frei·le·gen (*hat*) ***etwas freilegen*** *geschr*; etwas (wieder) sichtbar machen, indem man darüber liegende Schichten entfernt: *Reste eines römischen Amphitheaters freilegen* || *hierzu* **Frei·le·gung** *die*

frei·lich *Adv* **1** verwendet, um zuzugeben, dass etwas so ist, oder es als selbstverständlich zu charakterisieren ≈ allerdings: *Dass ich krank werden könnte, damit hatte ich freilich nicht gerechnet* **2** *gespr*; verwendet, um eine Frage nachdrücklich mit „ja" zu beantworten ≈ natürlich: *„Musst du morgen in die Arbeit?" - „Ja, freilich!"*

frei·ma·chen (*hat*) **1** ***etwas freimachen*** *Admin geschr* ≈ frankieren **2** ***etwas / sich freimachen*** beim Arzt Kleidung oder einen Teil von ihr ausziehen ⟨den Oberkörper freimachen⟩

frei·mü·tig *Adj*; offen, ohne den Versuch, etwas zu verbergen ≈ ehrlich ⟨ein Geständnis; etwas freimütig bekennen, gestehen⟩ || *hierzu* **Frei·mü·tig·keit** *die*

Frei·raum *der*; *geschr*; die Möglichkeit oder die Zeit, die j-d hat, um seine eigene Persönlichkeit zu entwickeln ⟨sich (*Dat*) / für sich einen Freiraum, Freiräume schaffen⟩

frei·spre·chen (*hat*) ***j-n*** **(*von etwas*)** ***freisprechen*** (als Richter oder Gericht) in einem Urteil erklären, dass j-d als nicht schuldig gilt ↔ schuldig sprechen: *Er wurde (von der Anklage des Mordes) freigesprochen* || *hierzu* **Frei·spruch** *der*

Frei·staat *der*; Ⓓ verwendet in der Bezeichnung für die Bundesländer Bayern, Sachsen und Thüringen

frei·stel·len (*hat*) **1** ***j-m etwas freistellen*** *geschr*; j-n zwischen mehreren Möglichkeiten entscheiden lassen ≈ überlassen: *Ich stelle Ihnen frei*, wann *Sie mit der Arbeit beginnen wollen* **2** ***j-n*** **(*von etwas*)** ***freistellen*** j-n für eine bestimmte Zeit (zu dem genannten Zweck) von seiner Arbeit befreien: *Sein Chef stellte ihn für den Fortbildungskurs (vom Dienst) frei*

Frei·tag *der*; *-s, -e*; der fünfte Tag der Woche; *Abk* Fr ⟨am Freitag; letzten, diesen, nächsten Freitag; Freitag früh⟩ || K-: ***Freitag-, -abend, -mittag*** *usw*

frei·wil·lig *Adj*; ohne Zwang ↔ zwangsweise: *Er musste den Aufsatz nicht schreiben, er hat es freiwillig gemacht* || *hierzu* **Frei·wil·lig·keit** *die*

◆ **Frei·zeit** *die*; *nur Sg*; die Zeit, in der man weder in seinem Beruf noch im Haushalt arbeiten muss: *Er verbringt seine Freizeit mit Lesen* || K-: ***Freizeit-, -gestaltung***

frei·zü·gig *Adj* **1** so, dass man sich nicht streng an Regeln und Vorschriften hält ⟨etwas freizügig handhaben⟩ **2** ⟨ein Film, eine Unterhaltung⟩ so, dass sie nicht auf sexuelle Tabus achten: *sich freizügig kleiden* || *hierzu* **Frei·zü·gig·keit** *die*

◆ **fremd**, *fremder, fremdest-*; *Adj* **1** ⟨Sitten, eine Sprache⟩ so, dass sie nicht zu dem eigenen, sondern zu einem anderen Land gehören **2** **(*j-m*)** ***fremd*** (j-m) von früher her nicht bekannt: *Die meisten Gäste auf der Party waren ihm fremd* **3** nicht so wie gewohnt: *Am Telefon klang ihre Stimme ganz fremd* **4** nicht zu j-m gehörend ↔ eigen-: *„Misch dich doch nicht immer in fremde Angelegenheiten!"* || *zu* **1** und **3** **Fremd·heit** *die*

Frem·de *der / die*; *-n, -n* **1** j-d, der einem nicht bekannt ist: *Die Mutter ermahnte das Kind, sich nicht von einem Fremden ansprechen zu lassen* **2** j-d, der aus einem anderen Ort oder einem anderen Land kommt ≈ Einheimische(r): *Nur selten kommt ein Fremder in das einsame Bergdorf* || K-: ***Fremden-, -hass***

Frem·den·füh·rer *der*; j-d, der (beruflich) Touristen eine Stadt oder eine Gegend zeigt

Frem·den·ver·kehr *der*; *nur Sg*; das Reisen und der Aufenthalt von Touristen in einem Land, einem Ort ≈ Tourismus ⟨den Fremdenverkehr fördern; eine Gegend lebt vom Fremdenverkehr⟩ || K-: ***Fremdenverkehrs-, -büro, -verein***

fremd·ge·hen (*ist*) *gespr*; eine sexuelle Beziehung außerhalb der Ehe oder der festen Partnerschaft haben ↔ treu sein

◆ **Fremd·spra·che** *die*; eine Sprache, die man zusätzlich zu seiner eigenen Sprache erlernt ↔ Muttersprache ⟨eine Fremdsprache beherrschen, (gut, fließend) sprechen⟩ || K-: ***Fremdsprachen-, -unterricht***

Fremd·spra·chen|kor·res·pon·dent *der*; ein Angestellter, der für eine Firma Briefe in einer oder mehreren Sprachen liest und schreibt || *hierzu* **Fremd·spra·chen|kor·res·pon·den·tin** *die*

Fremd·wort *das*; *-(e)s, Fremd·wör·ter*; ein Wort, das aus einer anderen Sprache in die eigene Sprache gekommen ist: *„Sauce" ist ein Fremdwort aus dem Französischen, das heute meist als „Soße" eingedeutscht wird* || ID ***etwas ist ein Fremdwort für j-n*** verwendet, wenn j-d das Genannte nicht beachtet: *Pünktlichkeit ist für ihn ein Fremdwort, er kommt immer zu spät*

Fre·quenz *die*; *-, -en* **1** *Phys*; die Anzahl der Schwingungen einer Welle (3) pro Sekunde **2** eine bestimmte Frequenz (1), auf der ein Radiosender sein Programm sendet **3** *nur Sg*; *geschr*; die Häufigkeit, mit der etwas geschieht

◆ **fres·sen**; *frisst, fraß, hat gefressen* **1** ***ein Tier frisst*** **(*etwas*)** ein Tier nimmt Futter zu sich: *Affen fressen gern Bananen* **2** **(*etwas*)** ***fressen*** *vulg pej*; (als Mensch) viel und gierig essen **3** ***etwas frisst an etwas*** (*Dat*) / ***in j-m*** etwas beginnt, etwas langsam zu zerstören / j-n seelisch zu zerstören ⟨ein Feuer, eine Säure; Hass, Neid, Sorge⟩

◆ **Freu·de** *die*; *-, -n* **1** *nur Sg*; das Gefühl von Glück oder Zufriedenheit ↔ Trauer ⟨eine große, echte Freude; j-m (mit etwas) eine Freude bereiten, machen⟩: *Es ist mir eine Freude, Sie heute hier zu sehen* || K-: ***Freuden-, -schrei, -träne*** || -K: ***Wiedersehens-, Lebens-*** **2** *nur Pl*; ***die Freuden*** ⟨des Lebens, des Sommers, der Liebe⟩ die freudigen Ereignisse oder Momente || ID ***j-d ist j-s*** (***ganze / einzige***) ***Freude*** j-d bedeutet j-m sehr viel || *hierzu* **freu·dig** *Adj*

◆ **freu·en**; *freute, hat gefreut* **1** ***sich*** (***über etwas*** (*Akk*)) / (***auf j-n / etwas*** (*Akk*)) ***freuen*** wegen etwas ein Gefühl der Freude empfinden 〈sich sehr, riesig freuen〉: *Ich freue mich, Sie wiederzusehen; sich auf den Urlaub freuen* **2** ***etwas freut j-n*** etwas macht j-n glücklich: *Dein Lob hat ihn sehr gefreut* || Hinweis: kein Passiv!

◆ **Freund** *der*; *-(e)s, -e* **1** ***ein Freund*** (***von j-m***) j-d, den man sehr gut kennt und zu dem man eine enge Beziehung hat ↔ Feind, Gegner 〈ein guter, treuer Freund; viele Freunde haben〉 || -K: ***Studien-, Partei-*** **2** ***j-s Freund*** der Mann, mit dem sich ein Mädchen eng verbunden fühlt (und zusammenlebt) 〈mein Freund; ein langjähriger Freund〉 || Hinweis: Spricht man von einem Freund (1), so sagt man meist: *ein Freund von mir*, spricht man von einem Freund (2), so sagt man meist: *mein Freund* **3** ***ein Freund*** + *Gen* / ***von etwas*** *geschr*; j-d, der für etwas besonders großes Interesse hat ↔ Gegner 〈ein großer Freund der Kunst〉 || -K: ***Bücher-, Natur-*** **4** ***kein Freund von*** (***vielen***) ***Worten sein*** *geschr*; lieber handeln als reden || *zu* **1** und **2** **Freun·din** *die*; *-, -nen*

◆ **freund·lich** *Adj* **1** ***freundlich*** (***zu j-m***) zu anderen Menschen höflich und hilfsbereit: *j-n freundlich begrüßen* **2** ≈ angenehm 〈eine Atmosphäre, eine Umgebung, ein Klima, Wetter〉 || *hierzu* **Freund·lich·keit** *die*

◆ **Freund·schaft** *die*; *-, -en*; *meist Sg*; die Beziehung zwischen Freunden ↔ Feindschaft, Gegnerschaft 〈mit j-m Freundschaft schließen (= Freunde werden)〉 || K-: ***Freundschafts-, -beweis*** || -K: ***Völker-***

freund·schaft·lich *Adj*; so, wie es unter Freunden üblich ist 〈ein Ratschlag, ein Verhältnis〉

◆ **Frie·den** *der*; *-s*; *nur Sg* **1** der Zustand, in dem Völker und Staaten in Ruhe (ohne Krieg) nebeneinander leben 〈den Frieden bewahren; in Frieden und Freiheit leben〉 || K-: ***Friedens-, -symbol, -vertrag*** || -K: ***Welt-*** **2** ein Zustand der Harmonie und des friedlichen Zusammenlebens ↔ Streit 〈der eheliche Frieden; Frieden halten〉: *mit seinen Nachbarn in Ruhe und Frieden leben* || -K: ***Haus-*** **3** ***Frieden stiften*** bewirken, dass Personen, die miteinander streiten, damit aufhören und sich wieder vertragen || ID ***j-n in Frieden lassen*** *gespr*; j-n nicht stören oder ärgern ≈ j-n in Ruhe lassen; ***keinen Frieden vor j-m haben*** *gespr*; von j-m immer wieder gestört (belästigt *usw*) werden

Fried·hof *der*; ein Platz (*oft* neben einer Kirche), wo die Toten begraben werden 〈j-d liegt auf dem Friedhof (begraben); auf den, zum Friedhof gehen〉 || K-: ***Friedhofs-, -mauer***

fried·lich *Adj* **1** ohne Gewalt und Waffen 〈eine Demonstration, eine Revolution〉: *einen Konflikt mit friedlichen Mitteln lösen* **2** 〈ein Mensch〉 so, dass er keinen Streit will ↔ aggressiv **3** *geschr*; ruhig, still: *ein friedlicher Abend* || *hierzu* **Fried·lich·keit** *die*

◆ **frie·ren**; *fror, hat / ist gefroren* **1** (***an etw*** (*Dat*)) ***frieren*** (*hat*) Kälte fühlen: *Mit den dünnen Schuhen wirst du im Winter* (*an den Füßen*) *frieren* **2** ***etwas friert*** (***zu etwas***) (*ist*) ≈ etwas wird zu Eis ↔ etwas taut (auf): *Das Wasser ist gefroren* **3** ***es friert*** (*hat*) die Temperatur ist unter 0° Celsius ≈ es herrscht Frost: *Laut Wetterbericht wird es heute Nacht frieren*

◆ **Fri·ka·del·le** *die*; *-, -n*; ein flaches und rund geformtes Stück (Hack)Fleisch, das mit Weißbrot, Zwiebeln und Ei vermischt und dann gebraten wird

◆ **frisch**, *frischer, frischest-*; *Adj* **1** noch nicht alt, nicht konserviert, sondern gerade erst geerntet, gemacht *o.Ä.* ↔ alt 〈Brot, Fleisch, Gemüse; frisch geerntet; ein frisch gekochtes Ei〉 || K-: ***Frisch-, -milch*** **2** *gespr*; noch nicht benutzt ≈ sauber, neu 〈frisch geputzt (Schuhe)〉: *ein frisches Hemd anziehen*; *ein Bett frisch* (= mit sauberer Wäsche) *beziehen* **3** nicht müde oder erschöpft 〈frisch und munter (aussehen)〉 **4** *nicht adv*; 〈Luft, Wind, Wasser〉 kühl und noch nicht verschmutzt: *frische Luft schnappen* **5** nicht welk oder trocken 〈Blumen, Gras, ein Zweig; frisch geschnitten (Blumen)〉 **6** *nur adv*; vor kurzer Zeit 〈frisch geerntet, geputzt, gewaschen, rasiert〉 **7** ***sich frisch machen*** sich noch einmal waschen, kämmen (und die Kleidung wechseln)

◆ **Fri·seur** [fri'zøːɐ̯] *der*; *-s, -e*; j-d, dessen Beruf es ist, Haare anderer Menschen zu schneiden und zu pflegen || K-: ***Friseur-, -salon*** || -K: ***Damen-, Herren-*** || *hierzu* **Fri·seu·se** [-'zøːzə] *die*; *-, -n*; **Fri·seu·rin** *die*; *-, -nen*; **fri·sie·ren** (*hat*)

frisst ↑ ***fressen***

Frist *die*; *-, -en*; ***eine Frist*** (***von*** + *Zeitangabe*) (***für etwas***) ein Zeitraum, in dem etwas gemacht sein muss 〈eine Frist vereinbaren, einhalten, verlängern; j-m eine Frist geben, setzen; eine Frist läuft ab〉:

eine Frist von acht Tagen || -K: ***Kündigungs-, Zahlungs-***

frist·los *Adj; nur attr oder adv;* ⟨eine Kündigung, eine Entlassung⟩ so, dass sie sofort gelten (und die Kündigungsfrist nicht eingehalten wird): *Er wurde fristlos entlassen*

Fri·sur *die; -, -en;* die Art und Weise, wie j-s Haar geschnitten und frisiert ist ⟨eine neue, moderne Frisur haben; sich eine neue Frisur machen lassen⟩ || -K: ***Kurzhaar-*** || *hierzu* **fri·sie·ren** *(hat)*

◆ **froh**, *froher, froh(e)st-; Adj* **1** voller Freude ≈ glücklich ↔ traurig ⟨froh gelaunt, gestimmt⟩: *frohe Gesichter* **2** ***froh*** **(*um / über etwas*** *(Akk)***) *sein*** *gespr;* dankbar, erleichtert sein: *Ich bin froh um jede Hilfe*

◆ **fröh·lich** *Adj;* in freudiger Stimmung ≈ vergnügt ↔ traurig ⟨ein Fest, ein Lied; fröhlich lachen⟩ || *hierzu* **Fröh·lich·keit** *die*

fromm, *frommer / frömmer, frommst- / frömmst-; Adj;* fest in dem Glauben an eine Religion (und im Gehorsam gegenüber ihren Geboten) ⟨ein Leben, ein Mensch⟩ || *hierzu* **Fröm·mig·keit** *die*

Front *die; -, -en* **1** die (vordere) Seite eines Gebäudes, an der sein (Haupt)Eingang liegt ≈ Vorderseite, Fassade: *An der Front des alten Hauses wuchs Efeu empor* || K-: ***Front-, -seite*** || -K: ***Häuser-*** **2** der vordere Teil eines Autos || K-: ***Front-, -scheibe*** **3** *Meteorologie;* die breite, kalte oder warme Luftschicht, die anderes Wetter mit sich bringt: *eine Front kalter Meeresluft* || -K: ***Kaltwetter-*** **4** *nur Sg; Mil;* die Zone, in der während eines Krieges gekämpft wird ≈ Kriegsschauplatz ⟨an der Front kämpfen⟩ || K-: ***Front-, -einsatz*** || ID ***gegen j-n / etwas Front machen*** sich ganz gegen j-n / etwas aussprechen, sich j-m / etwas widersetzen: *Die Bürgerinitiative macht Front gegen den Bau des neuen Atomkraftwerks*

fror ↑ ***frieren***

Frosch *der; -es, Frö·sche;* ein kleines Tier mit glatter Haut, ohne Schwanz (das große Hinterbeine zum Springen und Schwimmen hat): *Frösche quaken nachts im Teich* || ID ***einen Frosch im Hals haben*** *gespr;* (für kurze Zeit) eine raue Stimme haben

Frost *der; -(e)s, Frös·te;* ein Wetter, bei dem die Temperatur unter 0° Celsius liegt und Wasser gefriert ⟨starker, strenger Frost⟩: *Für morgen ist Frost angesagt* || K-: ***Frost-, -schaden; frost-, -empfindlich*** || -K: ***Boden-***

fros·tig *Adj* **1** *nicht adv;* sehr kalt ≈ eisig ⟨eine Nacht, ein Wind⟩ **2** sehr unfreundlich und ohne Wärme ⟨eine Atmosphäre, eine Begrüßung⟩

Frucht *die; -, Früch·te* **1** etwas (Obst), das an Bäumen und Sträuchern wächst, gegessen werden kann und *meist* süß schmeckt ⟨eine reife, saftige Frucht essen⟩: *Äpfel und Bananen sind Früchte* || K-: ***Frucht-, -eis, -saft*** **2** *Biol;* etwas, das aus der Blüte einer Pflanze entsteht und den Samen der Pflanze enthält: *Die Eichel ist die Frucht der Eiche* **3** *meist Pl; geschr;* ein positives Ergebnis (einer Anstrengung *o.Ä.*) ≈ Lohn (2): *die Früchte seiner Arbeit genießen*

frucht·bar *Adj* **1** so, dass die Pflanzen gut darauf wachsen ⟨ein Boden, die Erde⟩ **2** *geschr;* produktiv und mit Erfolg ⟨ein Gespräch, eine Zusammenarbeit⟩ **3 *nicht fruchtbar*** (von Menschen und Tieren) nicht fähig, Kinder *bzw* Junge zu bekommen ≈ unfruchtbar, steril || *hierzu* **Frucht·bar·keit** *die*

◆ **früh** [fryː], *früher* ['fryːɐ], *früh(e)st-* ['fryː(ə)st-]; *Adj* **1** *nur attr oder adv;* am Anfang eines Zeitabschnitts ↔ spät (1) ⟨früh am Morgen, Abend⟩: *von frühester Jugend an* || K-: ***Früh-, -barock, -herbst*** **2** *nur attr oder adv;* vor der erwarteten Zeit ↔ spät (2) ⟨ein Winter; früh altern, sterben⟩: *Ich habe einen früheren Zug genommen; Er ist zu früh gekommen* || K-: ***Früh-, -ehe, -kartoffel*** **3** *nur adv* ≈ morgens: *Morgen früh muss ich zum Arzt* || K-: ***Früh-, -nachrichten, -schicht***

◆ **frü·her** *Adv;* in der Vergangenheit: *Er lebte früher in Wien*

◆ **frü·he·r-** *Adj; nur attr, nicht adv* **1** ≈ vergangen- ⟨in früheren Jahren; eine Epoche⟩ **2** ≈ ehemalig- ↔ gegenwärtig-, heutig-: *sein früherer Freund, Kollege*

Früh·jahr *das* ≈ Frühling || K-: ***Frühjahrs-, -mode, -stürme***

Früh·ling *der; -s;* die (Jahres)Zeit, die auf den Winter folgt ⟨ein milder, regnerischer Frühling; es wird Frühling⟩ || K-: ***Frühlings-, -anfang***

◆ **Früh·stück** *das; -(e)s, -e; meist Sg;* das erste Essen am Tag ⟨das Frühstück machen; etwas zum Frühstück essen⟩: *Zum Frühstück gibt es Tee* || K-: ***Frühstücks-, -brot, -pause***

früh·stü·cken; *frühstückte, hat gefrühstückt;* **(*etwas*) *frühstücken*** etwas am Morgen essen ⟨ausgiebig frühstücken; ein Ei frühstücken⟩

Frust *der; -(e)s; nur Sg; gespr;* der Zustand, in dem j-d enttäuscht ist ⟨einen Frust haben⟩ || *hierzu* **frust·riert** *Adj*

F

F

Fuchs [-ks] *der*; *-es, Füch·se* **1** ein Raubtier, das im Wald lebt und dessen Fell rotbraun ist ⟨schlau, listig wie ein Fuchs⟩ || K-: ***Fuchs-, -jagd***; ***fuchs-, -rot*** **2** j-d, der listig oder raffiniert ist ⟨ein schlauer Fuchs⟩ || *zu* **1 Füch·sin** *die*; -, *-nen*

Fu·ge *die*; -, *-n*; ein ganz schmaler Raum zwischen den einzelnen Teilen, aus denen etwas gemacht ist, *z.B.* zwischen den Steinen einer Mauer ⟨Fugen abdichten, verstopfen⟩: *Der Wind pfiff durch alle Ritzen und Fugen* || ID ***etwas ist / geht / gerät aus den / allen Fugen*** ein (*meist* abstraktes) System verliert seine Ordnung: *Die Welt gerät / geht / ist aus den Fugen* || *hierzu* **fu·gen·los** *Adj*

fü·gen[1]; *fügte, hat gefügt* **1** ***etwas an etwas*** (*Akk*) ***fügen*** zwei Dinge so aneinander setzen, dass daraus ein Ganzes wird ≈ etwas mit etwas verbinden: *einen Stein an den anderen fügen* **2** ***etwas fügt sich in etwas*** (*Akk*) etwas passt zu etwas: *Dieses Bild fügt sich gut in den Hintergrund*

fü·gen[2], **sich**; *fügte sich, hat sich gefügt*; *geschr*; ***sich*** (***j-m / etwas***) ***fügen*** j-m gehorchen, sich einer Sache nicht (mehr) widersetzen: *Sie fügte sich den Wünschen ihres Vaters*

◆ **füh·len**; *fühlte, hat gefühlt* **1** ***etwas fühlen*** etwas wahrnehmen (auch in der Seele) ≈ spüren (verspüren): *einen Schmerz fühlen*; *Mitleid mit j-m fühlen* **2** ***sich irgendwie fühlen*** einen besonderen Zustand des Körpers spüren ⟨sich krank, jung, alt fühlen⟩: *Hast du noch Kopfschmerzen, oder fühlst du dich schon besser?* **3** ***sich irgendwie fühlen*** sich in einem bestimmten seelischen Zustand befinden ⟨sich glücklich, wohl fühlen⟩ **4** ***sich irgendwie fühlen*** glauben, dass man in einer besonderen Lage ist ⟨sich bedroht, schuldig fühlen⟩: *Ich fühle mich verpflichtet, ihm zu helfen*

Füh·ler *der*; *-s*, -; eines von mindestens zwei länglichen Organen, *z.B.* bei Insekten und Schnecken, mit denen diese Tiere tasten, riechen und schmecken können

fuhr ↑ ***fahren***

◆ **füh·ren**; *führte, hat geführt* **1** ***j-n / etwas*** (***irgendwohin***) ***führen*** mit j-m / einem Tier irgendwohin gehen / j-n auf einem Weg begleiten: *ein Kind an / bei der Hand (über die Straße) führen*; *Touristen durch die Stadt führen* **2** ***j-n irgendwohin führen*** mit j-m irgendwohin gehen und etwas für ihn bezahlen ≈ ausführen: *seine Freundin ins Kino, in ein Restaurant führen* **3** ***etwas führt j-n irgendwohin*** etwas ist der Grund dafür, dass j-d dahin kommt: *Ihre Reise führte sie in ferne Länder* **4** ***j-n / etwas führen*** j-n / etwas leiten (1), Einfluss auf j-n nehmen ⟨eine Firma, den Haushalt, Regie führen⟩: *Der Lehrer verstand es, die Jugendlichen zu führen* **5** ***etwas führen*** ein Fahrzeug selbst steuern ≈ lenken (1): *Er erhielt die Erlaubnis, einen Lastwagen zu führen* **6** ⟨ein Geschäft⟩ ***führt etwas*** ein Geschäft, ein Warenhaus bietet etwas als Ware an: *Wir* (= unser Geschäft) *führen keine Sportartikel* **7** ***etwas führen*** verwendet zusammen mit einem Substantiv, um ein Verb zu umschreiben; ***ein Gespräch*** (***mit j-m***) ***führen*** ≈ mit j-m sprechen; ***ein*** (***Telefon***)***Gespräch*** (***mit j-m***) ***führen*** ≈ (mit j-m) telefonieren; ***Krieg*** (***gegen j-n***) ***führen*** in einem Krieg gegen j-n kämpfen; ***ein*** ⟨aufregendes, ruhiges *usw*⟩ ***Leben führen*** ≈ aufregend, ruhig *usw* leben **8** ***etwas zu Ende führen*** etwas (erfolgreich) beenden ↔ etwas abbrechen **9** ***j-d / eine Mannschaft führt*** j-d / eine Mannschaft ist an der ersten Stelle einer Rangordnung (*bes* im Sport): *Unsere Firma ist in dieser Branche führend* **10** ***etwas führt zu etwas*** etwas hat etwas zur Folge: *Die Politik der Regierung hat zu Protesten der Bürger geführt*

Füh·rer *der*; *-s*, -; **1** j-d, der Fremden eine Stadt, ihre Gebäude *usw* zeigt und erklärt: *Der Besuch des Museums ist nur mit einem Führer möglich* || -K: ***Berg-, Fremden-*** **2** j-d, der ein Geschäft, eine Organisation *o.Ä.* leitet: *der Führer der Opposition im Parlament* || -K: ***Geschäfts-*** **3** ein Heft oder Buch, in dem eine Stadt (mit ihren Gebäuden), ein Land beschrieben werden: *einen Führer von Rom kaufen* || -K: ***Reise-, Stadt-*** **4** ***der Führer*** *hist*; verwendet im Nationalsozialismus als Bezeichnung für Adolf Hitler || *zu* **1** und **2 Füh·re·rin** *die*; -, *-nen*

Füh·rer·aus·weis *der*; (CH) ≈ Führerschein

◆ **Füh·rer·schein** *der* **1** ein Dokument, das j-m erlaubt, Autos, Motorräder oder Lastwagen zu lenken: *Wegen Trunkenheit am Steuer wurde ihm der Führerschein entzogen* || K-: ***Führerschein-, -kontrolle, -prüfung*** **2** ***den Führerschein machen*** Fahrunterricht nehmen und eine Prüfung ablegen, um den Führerschein (1) zu bekommen

◆ **Füh·rung** *die*; -, *-en* **1** die Besichtigung (*meist* einer Sehenswürdigkeit) mit Erklärungen: *an einer Führung durch das Museum teilnehmen* **2** *nur Sg* ≈ Leitung (1): *j-m die Führung eines Betriebes übertragen* || -K: ***Betriebs-, Staats-***

Fül·le *die*; -; *nur Sg* **1** ***eine Fülle von etwas***

(*Pl*); ***eine Fülle*** + *Gen* (*Pl*); *geschr*; eine große Menge von etwas: *eine Fülle neuer Eindrücke gewinnen* **2** ***die Fülle*** + *Gen*; *geschr*; das reiche Vorkommen (der genannten Sache): *die Fülle seiner Stimme* || -K: ***Haar-, Klang-***

fül·len; *füllte, hat gefüllt* **1** ***etwas*** (***mit etwas***) ***füllen*** etwas in einen Behälter geben, bis er voll wird: *einen Korb* (*mit Früchten*) *füllen* **2** ***etwas füllt etwas*** etwas braucht durch seine Menge, Anzahl viel Raum: *Die Akten des Staatsanwalts füllen mehrere Ordner* **3** ***etwas füllt sich*** (***mit*** ⟨Personen⟩ / ***etwas***) etwas wird voll (von Personen): *Das Theater füllte sich allmählich* (*mit Zuschauern*) || *hierzu* **Fül·lung** *die*

Fül·ler *der*; *-s, -*; ein Stift zum Schreiben, der mit Tinte gefüllt ist ≈ Füllfederhalter || ↑ *Illustration* **Am Schreibtisch** || -K: ***Schul-***

Fund *der*; *-(e)s, -e*; ein Gegenstand, den j-d gefunden (1) hat ⟨ein einmaliger, überraschender Fund; archäologische Funde⟩ || K-: ***Fund-, -ort, -sache***

Fun·da·ment *das*; *-(e)s, -e* **1** die stabile Basis (aus Mauerwerk oder Beton), auf der ein Gebäude errichtet wird ⟨ein Fundament errichten, legen⟩: *Die Kathedrale brannte bis auf die Fundamente ab* **2** die (geistige oder materielle) Grundlage ⟨ein Fundament legen⟩: *Diese Ausbildung ist ein gutes Fundament für deinen späteren Beruf*

◆ **Fund·bü·ro** *das*; *meist Sg*; eine Behörde, bei der man gefundene Gegenstände abgeben *bzw* verlorene Gegenstände abholen kann

fun·diert *Adj*; mit einer gesicherten, soliden Grundlage: *ein fundiertes Wissen*

◆ **fünf** *Zahladj*; (als Ziffer) 5 || ID ***fünf gerade sein lassen*** *gespr*; etwas nicht so genau nehmen

Fünf *die*; *-, -en* **1** die Zahl 5 **2** eine sehr schlechte Schulnote (auf der Skala von 1-6), mit der man eine Prüfung nicht bestanden hat ≈ mangelhaft

fünf·zehn *Zahladj*; (als Zahl) 15

fünf·zig *Zahladj* **1** (als Zahl) 50 **2** ***Anfang, Mitte, Ende fünfzig sein*** ungefähr 50 bis 53, 54 bis 56, 57 bis 59 Jahre alt sein

Funk *der*; *-s*; *nur Sg* **1** die Sendung von Informationen durch Radiowellen ⟨etwas über Funk anfordern, mitteilen⟩: *über Funk erreichbar sein, über Funk Hilfe holen* **2** ≈ Rundfunk: *Funk und Fernsehen* || -K: ***Hör-***

Fun·ke *der*; *-ns, -n* **1** ein glühendes Teilchen, das wegspringt, wenn etwas brennt ⟨Funken fliegen, sprühen⟩ **2** *meist* ***keinen Funken*** + *Subst* ***haben*** sehr wenig von etwas haben: *Er hat keinen Funken Verstand*

fun·ken; *funkte, hat gefunkt*; (***etwas***) ***funken*** mit elektromagnetischen Wellen Signale (und j-m so Informationen) senden ⟨eine Nachricht, einen Notruf funken⟩ || K-: ***Funk-, -gerät, -störung, -zeichen***

Funk·ti·on [-'tsi̯oːn] *die*; *-, -en* **1** der Zweck, den j-d / etwas in einem System erfüllt: *Welche Funktion hat dieser Schalter?* || K-: ***funktions-, -gerecht*** || -K: ***Schutz-, Überwachungs-*** **2** das Amt (1), die Stellung, die j-d in einer Organisation, *z.B.* einer Partei, hat ≈ Aufgabe ⟨eine leitende Funktion ausüben⟩ **3** *nur Sg* ≈ das Funktionieren: *die Funktion des Herzens überprüfen* || K-: ***Funktions-, -störung***; ***funktions-, -fähig*** **4** ***etwas ist in / außer Funktion*** eine Maschine, eine Anlage *o.Ä.* arbeitet / arbeitet nicht || *hierzu* **funk·ti·o·nal** *Adj*

funk·ti·o·nie·ren; *funktionierte, hat funktioniert* **1** ***etwas funktioniert*** etwas erfüllt seinen Zweck, seine Funktion (1): *Der Aufzug ist repariert, jetzt funktioniert er wieder* **2** ***etwas funktioniert*** etwas läuft gut, ohne Probleme: *Die Organisation des Stadtfestes funktionierte reibungslos*

◆ **für** *Präp*; *mit Akk* **1** verwendet zur Angabe des Ziels, des Zwecks, des Nutzens: *für etwas sparen*; *Das Geschenk ist für dich*; *ein Kurs für Fortgeschrittene* **2** verwendet, wenn etwas zum Vorteil einer Person oder Sache geschieht ≈ zugunsten ↔ gegen: *Die Mutter tut alles für ihren geliebten Sohn* || K-: ***für-, -einander*** **3** verwendet bei der Angabe eines Grundes ≈ wegen: *Der Angeklagte wurde für den Mord hart bestraft* **4** verwendet, um auszudrücken, dass j-d / etwas durch j-n / etwas vertreten wird ≈ anstelle von, statt: *Mein Vater hat für mich unterschrieben, weil ich noch nicht volljährig bin* **5** drückt einen Vergleich zur Norm aus: *Für die Jahreszeit ist es viel zu kalt* **6** drückt den Preis oder Wert einer Sache aus: *Er hat sich ein Auto für 15000 Euro gekauft* **7** verwendet bei der Angabe einer Dauer: *Er ist für drei Wochen verreist* **8** drückt aus (*meist* in Verbindung mit Adjektiven), dass einer Person / Sache eine Eigenschaft zugeschrieben wird: *j-n für intelligent halten*; *etwas für sinnvoll ansehen* **9** bei manchen Verben, Adjektiven und Substantiven, um Ergänzungen anzuschließen: *sich für Fußball interessieren*; *für j-n sorgen*

Furcht *die*; *-*; *nur Sg*; ***Furcht*** (***vor j-m / etwas***) *geschr*; das Gefühl der Sorge oder

F

Angst, das man vor einer Gefahr spürt ⟨aus Furcht vor j-m / etwas; Furcht und Schrecken verbreiten⟩: *Die Kinder versteckten sich aus Furcht vor Strafe* || ID ***keine Furcht kennen*** sehr mutig sein

◆**furcht·bar** *Adj*; *nicht adv*; so, dass es Schrecken erregt ≈ schrecklich, entsetzlich ⟨eine Katastrophe, ein Verbrechen⟩: *Der Sturm kam mit furchtbarer Gewalt*

◆**fürch·ten**; *fürchtete, hat gefürchtet* **1** ***j-n / etwas fürchten*** Angst, Furcht vor j-m oder etwas fühlen ⟨die Armut, den Tod, die Polizei fürchten⟩ **2** ***für / um j-n / etwas fürchten*** wegen einer Person / Sache in großer Sorge sein ⟨um seine Gesundheit, sein Leben fürchten⟩ **3** ***sich (vor j-m / etwas) fürchten*** Angst vor einer Person / Sache haben: *sich vor Hunden, vor dem Wasser fürchten*

Für·sor·ge *die*; *nur Sg* **1** die Hilfe und Pflege für j-n, der Hilfe braucht ⟨die elterliche, eine liebevolle Fürsorge⟩: *Kranke Kinder brauchen besondere Fürsorge* || K-: ***Fürsorge-, -pflicht*** **2** die Hilfe, die der Staat für Menschen in Not organisiert: *von der öffentlichen Fürsorge eine Unterstützung bekommen* || K-: ***Fürsorge-, -amt*** || -K: ***Sozial-***

Fürst *der*; *-en, -en*; ein Adelstitel: *Fürst Rainier von Monaco* || *hierzu* **Fürs·tin** *die*; *-, -nen*

◆**Fuß** *der*; *-es, Fü·ße* **1** der unterste Teil des Beines, auf dem man steht ⟨j-m auf den Fuß treten⟩: *breite, zierliche Füße haben* || K-: ***Fuß-, -abdruck, -spitze, -weg*** || Hinweis: Anstatt *Fuß* sagt man bei Katzen, Hunden *usw Pfote*, bei Kühen, Pferden *usw Huf*, bei Bären, Löwen *usw Pranke* oder *Tatze* **2** der unterste Teil (*z.B.* eines Möbelstücks): *eine Lampe mit hölzernem Fuß* || -K: ***Tisch-*** **3** ***zu Fuß (gehen)*** nicht mit einem Fahrzeug (fahren, sondern gehen): *„Soll ich dich mit dem Auto mitnehmen?" – „Nein danke, ich gehe lieber zu Fuß"* || ID ***auf eigenen Füßen stehen*** selbstständig und unabhängig (*z.B.* von seinen Eltern) sein; ***auf großem Fuß(e) leben*** so (verschwenderisch) leben, dass man zu viel Geld ausgibt; ***mit j-m auf gutem Fuß(e) stehen*** sich gut mit j-m vertragen; ***kalte Füße bekommen / kriegen*** *gespr*; einen Vorsatz, ein Ziel aufgeben, weil man plötzlich Angst vor dem Risiko bekommt; ***j-m auf den Fuß / die Füße treten*** j-n kränken, beleidigen

◆**Fuß·ball** *der* **1** *ohne Artikel, nur Sg*; Sportart ⟨Fußball spielen⟩ || K-: ***Fußball-, -fan, -(national)mannschaft*** **2** der Ball aus Leder, mit dem man Fußball (1) spielt

Fuß

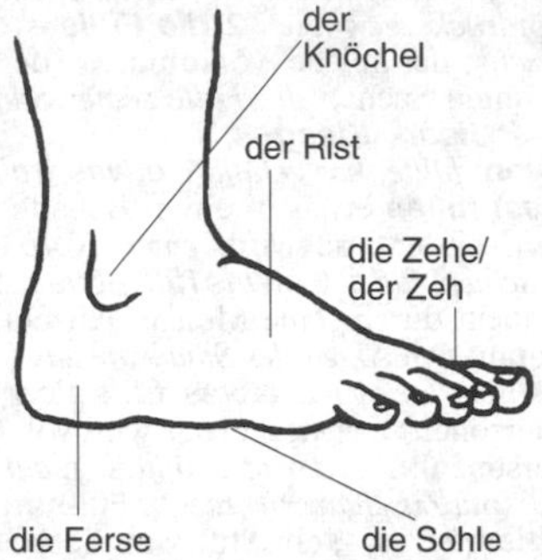

Fuß·bo·den *der*; die Fläche in einem Haus, auf der man geht, auf der Möbel stehen ⟨den Fußboden kehren⟩ || K-: ***Fußboden-, -belag***

◆**Fuß·gän·ger** *der*; *-s, -*; j-d, der zu Fuß geht ↔ Radfahrer, Autofahrer: *Die Fußgänger überquerten die Straße an einer Ampel* || K-: ***Fußgänger-, -weg*** || *hierzu* **Fuß·gän·ge·rin** *die*; *-, -nen*

◆**Fuß·gän·ger·zo·ne** *die*; ein Bereich im Zentrum einer Stadt, in dem man nur gehen und nicht fahren darf

Fuß·no·te *die*; eine Anmerkung zu einem Text, die am unteren Ende einer Seite steht (und auf die man im Text mit einer etwas höher gestellten Zahl hinweist)

Fuß·spur *die*; die Form der Füße, die man beim Gehen in einen weichen Boden drückt oder mit schmutzigen Füßen macht

Fut·ter[1] *das*; *-s*; *nur Sg*; die Nahrung, die Tiere fressen: *dem Papagei frisches Futter geben* || -K: ***Fisch-, Dosen-***

Fut·ter[2] *das*; *-s*; *nur Sg*; der Stoff *o.Ä.* auf der Innenseite von Kleidungsstücken || -K: ***Seiden-, Woll-***

füt·tern[1]; *fütterte, hat gefüttert* **1** ***j-n (mit etwas) füttern*** j-m (mit einem Löffel) das Essen in den Mund schieben ⟨einen Kranken, ein kleines Kind füttern⟩ **2** ***ein Tier (mit etwas) füttern*** einem Tier seine Nahrung, sein Futter[1] geben: *das Vieh mit Heu füttern*

füt·tern[2]; *fütterte, hat gefüttert*; ***etwas füttern*** in die Kleider *o.Ä.* ein Futter[2] nähen ⟨gefütterte Stiefel; eine Mütze mit Pelz füttern⟩: *Die Sommerjacke ist nicht gefüttert*

G

G, g [geː] *das*; -, - / *gespr auch -s*; der siebente Buchstabe des Alphabets

gab ↑ ***geben***

◆**Ga·bel** *die*; -, *-n*; ein Gerät zum Essen mit einem Griff und drei oder vier Spitzen: *mit Messer und Gabel essen*

Ga·le·rie *die*; -, *-n* [-'riːən]; ein großer Raum (oder ein Geschäft), in dem Kunstwerke ausgestellt (und verkauft) werden || -K: ***Gemälde-***

galt ↑ ***gelten***

◆**Gang**[1] *der*; *-(e)s, Gän·ge* **1** *nur Sg*; die Art und Weise, wie sich j-d beim Gehen (1) bewegt ⟨ein federnder, schleppender Gang⟩ **2** *nur Sg*; das Gehen (1) zu einem bestimmten Zweck an ein bestimmtes Ziel: *der Gang zum Zahnarzt* || -K: ***Bitt-, Boten-, Kirch-, Spazier-*** **3** *meist Sg*; die Bewegung einer (mechanischen oder elektrischen) Maschine / Apparatur: *der Gang einer Uhr* **4** ***etwas in Gang bringen / setzen*** bewirken, dass etwas (wieder) anfängt, sich zu bewegen oder zu funktionieren: *eine Maschine in Gang bringen* **5** ***etwas in Gang halten*** bewirken, dass etwas nicht aufhört, sich zu bewegen oder zu funktionieren **6** *nur Sg*; *geschr*; der (zeitliche) Prozess, in dem sich etwas entwickelt: *der Gang der Ereignisse*, *der Geschichte* || ID ***etwas ist im Gange*** etwas wird (heimlich) geplant, vorbereitet oder gerade gemacht ⟨eine Verschwörung ist im Gange⟩

◆**Gang**[2] *der*; *-(e)s, Gän·ge* **1** ein schmaler, langer Raum in einem Haus oder einer Wohnung, von dem aus man *meist* in alle Zimmer (einer Etage) gelangen kann: *Ich traf ihn beim Hinausgehen auf dem Gang* || -K: ***Haus-*** **2** ein schmaler, langer Weg unter der Erde ⟨ein unterirdischer Gang⟩

◆**Gang**[3] *der*; *-(e)s, Gän·ge*; ein einzelnes Gericht in einer Folge von Speisen, die während eines Essens serviert werden: *Das Diner bestand aus acht Gängen*

◆**Gang**[4] *der*; *-(e)s, Gän·ge*; einer von mehreren Teilen eines Mechanismus, durch den Kraft übertragen wird ⟨den ersten, zweiten *usw* Gang einlegen⟩: *vom dritten in den vierten Gang schalten* || K-: ***Gang-, -schaltung*** || -K: ***Rückwärts-, Vorwärts-*** || *zu* ***Gangschaltung*** ↑ *Illustration* ***Das Fahrrad***

Gans *die*; -, *Gän·se*; ein großer, *meist* weißer (Wasser)Vogel, dessen Fleisch man gern isst ⟨die Gans schnattert⟩ || K-: ***Gänse-, -braten, -feder***

◆**ganz**[1] *Adj*; *nur präd oder adv*; *gespr*; ohne Beschädigung ≈ heil ↔ kaputt: *die alte Puppe wieder ganz machen*

◆**ganz**[2] *Adv* **1** verwendet, um Adjektive oder Adverbien zu verstärken ≈ sehr: *vor Schreck ganz blass werden*; *Er wurde ganz traurig, als er das hörte* **2** ohne Rest ≈ völlig: *Er hat den Kuchen ganz aufgegessen*; *Das ist mir ganz egal* **3** verwendet, um eine Aussage einzuschränken und abzuschwächen ≈ relativ, ziemlich: *Der Film hat mir ganz gut gefallen*; *Er ist ja ganz nett, aber ziemlich langweilig* **4** ***'ganz schön*** *gespr* ≈ ziemlich: *Hier ist es ganz schön kalt* **5** ***im*** (***Großen und***) ***Ganzen*** ≈ insgesamt **6** ***ganz und gar*** ≈ völlig, vollständig **7** ***ganz und gar nicht*** überhaupt nicht

◆**gan·z-** *Adj*; *nur attr, nicht adv* **1** ohne Ausnahme oder Einschränkung ≈ gesamt-: *Die ganze Familie war versammelt*; *Ich habe dir nicht die ganze Wahrheit gesagt* || Hinweis: ohne Endung vor geographischen Namen ohne Artikel: *ganz Paris*, *ganz Amerika* **2** ***der / die / das*** *usw* ***ganze*** + *Subst*; *gespr* ≈ alle, alles: *Hast du die ganzen Bonbons aufgegessen?* **3** *gespr*; verwendet, um die Angabe einer Menge oder Zahl zu verstärken: *Er hat einen ganzen Haufen Bücher*

◆**gar**[1] [gaːɐ̯] *Adj*; ⟨Fleisch, Gemüse *o.Ä.*⟩ so, dass sie durch Kochen, Braten weich sind und gegessen werden können: *Die Kartoffeln sind noch nicht gar*

◆**gar**[2] [gaːɐ̯] *Adv* **1** verwendet, um eine Verneinung zu verstärken ≈ überhaupt ⟨gar kein, gar nicht(s)⟩: *Er war vor der Prüfung gar nicht nervös* **2** ***'gar so, 'gar zu*** verwendet, um *so* und *zu* zu verstärken: *Er hätte gar zu gern gewusst, was* *sie über ihn denkt*; *Seid doch nicht gar so laut!* **3** ≈ sogar: *Das Problem der Radioaktivität betrifft viele, wenn nicht gar alle Menschen*

◆**Ga·ra·ge** [-ʒə] *die*; -, *-n*; ein Gebäude oder Teil eines Gebäudes für Autos, Motorräder *o.Ä.* ⟨das Auto in die Garage fahren, stellen; das Auto aus der Garage holen⟩ || K-: ***Garagen-, -einfahrt, -tor***

◆**Ga·ran·tie** *die*; -, *-n* [-'tiːən] **1** (***eine***) ***Garantie*** (***für etwas***) eine Erklärung, in der man sagt, dass etwas wahr oder in Ordnung ist ≈ Gewähr ⟨(keine) Garantie für etwas übernehmen⟩: *Ich kann Ihnen keine Garantie geben, dass Sie den Job bekommen* **2** (***eine***) ***Garantie*** (***auf etwas*** (*Akk*)) die Tatsache, dass eine Firma Fehler oder Schäden (eines neuen Gerätes) kostenlos repariert ⟨etwas hat noch Garantie, keine Garantie mehr; die Garantie auf / für etwas ist abgelaufen⟩

ga·ran·tie·ren; *garantierte, hat garantiert* **1** (***j-m***) ***etwas garantieren*** j-m etwas ganz fest versprechen ≈ zusichern: *Mein Chef hat mir ein höheres Gehalt garantiert* **2** ***für etwas garantieren*** die Verantwortung für etwas übernehmen ≈ sich für etwas verbürgen: *Die Firma garantiert für die Qualität der Waren*

◆**Gar·de·ro·be** *die*; -, *-n* **1** *nur Sg*; die Kleidung, die j-d besitzt ⟨eine elegante, feine Garderobe haben⟩: *Auf dem Schild in dem Lokal stand*: *Bitte achten Sie auf ihre Garderobe!* **2** ein Gestell mit Haken, an das man *bes* Mäntel und Jacken hängt: *den Mantel an die Garderobe hängen* || K-: ***Garderoben-, -haken, -schrank, -ständer*** **3** ein Raum (*bes* in einem Theater, Museum *o.Ä.*), in dem die Besucher ihre Mäntel aufbewahren können ⟨etwas an der Garderobe abgeben, abholen⟩

Gar·di·ne *die*; -, *-n*; eine Art Vorhang aus sehr dünnem, durchsichtigem Stoff ⟨die Gardine / Gardinen aufziehen, zuziehen⟩

Garn *das*; *-(e)s* / *-e*; ein Faden aus mehreren Fasern zum Nähen oder Stricken || ↑ *Abbildung unter* ***nähen***

◆**Gar·ten** *der*; *-s*, *Gär·ten*; ein kleineres Stück Land (*meist* bei einem Haus) mit Gras, Blumen, Bäumen *usw* ⟨einen Garten anlegen; im Garten arbeiten; etwas im Garten anbauen⟩ || K-: ***Garten-, -arbeit, -fest, -tor, -zaun*** || -K: ***Blumen-, Gemüse-***

◆**Gas** *das*; *-es*, *-e* **1** eine nicht feste, nicht flüssige Substanz, die wie Luft ist ⟨ein brennbares, giftiges, hochexplosives Gas; Gase strömen aus⟩: *einen Ballon mit Gas füllen* || K-: ***Gas-, -flasche***; ***-leitung, -vergiftung*** || -K: ***Gift-*** **2** *nur Sg*; ein Gas (1), das man zum Kochen und Heizen verwendet: *Aus der defekten Leitung im Herd strömte Gas aus* || K-: ***Gas-, -hahn, -heizung, -herd*** **3** ***Gas geben*** *gespr*; die Geschwindigkeit eines Autos oder Motorrads erhöhen ≈ beschleunigen || K-: ***Gas-, -pedal*** || *zu* ***Gaspedal*** ↑ *Illustration* ***Das Auto***

Gas·se *die*; -, *-n*; eine schmale Straße zwischen Häusern ⟨eine enge, verwinkelte Gasse⟩

◆**Gast** *der*; *-(e)s*, *Gäs·te* **1** j-d, den man zu einem *meist* relativ kurzen Besuch in sein Haus eingeladen hat ⟨ein gern gesehener, willkommener, seltener Gast; Gäste bewirten, (zum Essen) einladen, erwarten; bei j-m zu Gast sein⟩: *Wir haben heute Abend Gäste* || K-: ***Gäste-, -bett, -zimmer*** **2** j-d, der in einem Hotel wohnt oder in einem Lokal isst (und dafür bezahlt) ⟨zahlende Gäste⟩ || -K: ***Ferien-, Hotel-***

◆**Gast·freund·schaft** *die*; *nur Sg*; die Sitte oder Eigenschaft, Gäste großzügig bei sich aufzunehmen (1) ⟨j-s Gastfreundschaft genießen⟩

Gast·ge·ber *der*; j-d, der gerade Gäste (1) hat ⟨ein aufmerksamer Gastgeber⟩ || *hierzu* **Gast·ge·be·rin** *die*; -, *-nen*

Gast·haus *das*; eine einfache Gaststätte

◆**Gast·stät·te** *die*; ein Haus, in dem man gegen Bezahlung essen und trinken (und schlafen) kann ≈ Lokal ⟨in einer Gaststätte einkehren, essen⟩

Gat·tung *die*; -, *-en* **1** eine Gruppe von einzelnen Dingen mit denselben (wesentlichen) Eigenschaften: *Lyrik, Epik und Dramatik sind literarische Gattungen* **2** *Biol*; eine Kategorie im System der Lebewesen: *In der Familie „Katzen" gibt es eine Gattung „Großkatzen", zu der z.B die Arten Löwe, Tiger und Leopard gehören*

Gau·men *der*; *-s*, -; der Teil, der das Innere des Mundes nach oben abschließt

◆**Ge·bäck** *das*; *-(e)s*; *nur Sg*; kleine gebackene (*meist* süße) Stücke aus Teig || K-: ***Gebäck-, -dose*** || -K: ***Weihnachts-***

ge·bä·ren; *gebärt, gebar, hat geboren*; (***ein Kind***) ***gebären*** als Frau ein Baby zur Welt bringen: *Wann bist du geboren?* || Hinweis: *meist* im Perfekt oder Passiv

◆**Ge·bäu·de** *das*; *-s*, -; ein (großes) Haus: *„Was ist das für ein Gebäude?" – „Das ist das neue Theater"* || K-: ***Gebäude-, -komplex*** || -K: ***Bank-, Schul-, Neben-***

◆**ge·ben**; *gibt, gab, hat gegeben* **1** ***j-m etwas geben*** j-m etwas in die Hände oder in seine Nähe legen, sodass er es nehmen kann ≈ j-m etwas reichen ↔ j-m etwas (weg)nehmen: *einem Kind ein Glas Milch geben* **2** ***j-m etwas geben*** j-m etwas schenken: *dem Kellner (ein) Trinkgeld geben* **3** **(*j-m*) *etwas für etwas geben*** ≈ bezahlen: *Wie viel gibst du mir für das Bild?* **4** ***etwas zu etwas / in etwas*** (*Akk*) ***geben*** etwas irgendwohin bringen, *bes* damit dort etwas getan wird: *den Fernseher in / zur Reparatur geben*; *j-m etwas zur Aufbewahrung geben*; *den Kuchen in den Ofen geben* **5** ***j-d gibt j-m / etwas etwas*** j-d äußert die Meinung, dass j-d / etwas etwas hat: *Gibst du dem Projekt eine Chance?* **6** ***etwas geben*** ein großes Fest, eine Party *o.Ä.* organisieren: *ein Bankett geben* **7** ***etwas 'von sich geben*** etwas so sagen: *Er gibt viel Unsinn von sich*; *Das Radio ist kaputt, es gibt keinen Ton von sich* **8** **(*et*)*was / viel / wenig / nichts auf etwas*** (*Akk*) ***geben*** einer Sache eine große / wenig / keine Bedeutung zumessen: *Sie gibt nicht viel auf teure Kleider* **9** ***es j-m geben*** *gespr*; j-m deutlich sagen, dass er sich falsch oder schlecht verhalten hat: *Er hat versucht, mich zu ärgern - aber dem habe ich es ordentlich gegeben!* || Hinweis: *meist* im Perfekt **10** ***es j-m geben*** *gespr*; j-n schlagen **11** ***etwas geben*** verwendet zusammen mit einem Substantiv, um ein Verb zu umschreiben; **(*j-m*) *eine Antwort geben*** ≈ j-m antworten; **(*j-m*) *einen Befehl geben*** ≈ (j-m) etwas befehlen; **(*j-m*) *eine Erlaubnis geben*** ≈ (j-m) etwas erlauben; ***j-m einen Kuss geben*** ≈ j-n küssen; ***j-m einen Rat geben*** ≈ j-m etwas raten; ***j-m einen Stoß geben*** ≈ j-n stoßen; **(*j-m*) *Unterricht geben*** ≈ (j-n) unterrichten **12** ***sich irgendwie geben*** durch das Verhalten einen besonderen Eindruck erwecken (wollen): *Sie gab sich ganz gelassen / ruhig* **13** ***etwas gibt sich*** **(*wieder*)** etwas lässt nach: *Zurzeit bin ich sehr beschäftigt, aber das gibt sich wieder* **14** ***es gibt j-n / etwas*** j-d / etwas existiert, ist tatsächlich vorhanden: *In Australien gibt es Kängurus*; *Damals gab es noch kein Telefon* **15** ***es gibt etwas*** etwas kommt, etwas tritt ein: *Morgen soll es Regen geben* **16** ***es gibt etwas*** etwas wird zu essen oder zu trinken angeboten: *Was gibts heute zum Mittagessen?* || ID ***Was gibts?*** *gespr*; was willst du von mir?; ***Was es nicht alles gibt!*** *gespr*; verwendet, um Überraschung auszudrücken; ***Das gibts ja gar nicht!*** *gespr*; verwendet, um Ärger oder Verwunderung auszudrücken; ***Wenn … nicht …, dann gibts was!*** *gespr*; verwendet als Drohung einem Kind gegenüber (damit es tut, was es tun soll); ***Da gibts*** **(*gar*)** ***nichts!*** *gespr*; verwendet, um eine Aussage zu verstärken: *Auf Peter kann man sich immer verlassen, da gibts gar nichts!*; *meist* ***ich gäbe viel / (et)was darum, wenn*** / + ***zu*** + *Infinitiv* ich habe den starken Wunsch nach etwas: *Ich gäbe etwas darum zu wissen, warum er das getan hat*

Ge·b<u>e</u>t *das*; *-(e)s*, *-e*; das Beten ⟨ein Gebet sprechen⟩ || K-: ***Gebet-, -buch*** || -K: ***Abend-, Dank-***

◆Ge·b<u>ie</u>t *das*; *-(e)s*, *-e* **1** ein (relativ großer) Teil einer Gegend oder Landschaft ⟨ein fruchtbares, sumpfiges Gebiet⟩: *Dieses Gebiet steht unter Naturschutz* || -K: ***Industrie-, Sumpf-, Wald-*** **2** *Pol*; die Fläche eines Staates oder ein Teil davon: *Der von Interpol gesuchte Verbrecher wurde auf französischem Gebiet gefasst* || -K: ***Bundes-, Staats-*** **3** das Fach oder das Thema, mit dem sich j-d (beruflich) beschäftigt ≈ Bereich: *auf dem Gebiet der Biochemie arbeiten* || -K: ***Arbeits-, Fach-, Forschungs-, Wissens-*** || *zu* **1** **ge·b<u>ie</u>ts·wei·se** *Adj*

ge·b<u>i</u>l·det *Adj*; mit einer guten Erziehung und großem Wissen ⟨ein Mensch⟩

◆Ge·b<u>i</u>r·ge *das*; *-s*, *-*; eine Gruppe von hohen Bergen: *Der Himalaya ist das höchste Gebirge der Welt* || K-: ***Gebirgs-, -bach***

ge·b<u>i</u>r·gig *Adj*; *nicht adv*; mit vielen Bergen ⟨eine Landschaft⟩

Ge·biss *das*; *-es*, *-e* **1** alle Zähne eines Menschen oder Tieres ⟨ein gesundes, gutes Gebiss⟩ **2** die obere und / oder untere Reihe künstlicher Zähne ⟨ein Gebiss tragen⟩

◆ge·b<u>o</u>·ren *Adj* **1** *nur attr, nicht adv*; verwendet, um den Familiennamen zu nennen, den j-d vor der Ehe hatte; *Abk* geb.: *Frau Meier, geborene Müller*; *Sie ist eine geborene Winkler* **2** *nur attr, nicht adv*; verwendet um auszudrücken, dass j-d an dem genannten Ort geboren wurde ≈ gebürtig: *Er ist ein geborener Berliner* **3** *nicht adv*; sehr begabt, gut geeignet für eine besondere Tätigkeit ⟨für / zu etwas geboren sein⟩: *Er ist der geborene Sänger*

Ge·br<u>au</u>ch *der*; *-(e)s*; *nur Sg* **1** ***der Gebrauch*** + *Gen* / ***von etwas*** das Verwenden, die Benutzung: *der Gebrauch vieler Fremdwörter* **2** die Anwendung, Handhabung: *Die Schüler müssen den Gebrauch eines Wörterbuches üben* **3** ***etwas ist in / im Gebrauch*** etwas wird regelmäßig benutzt, verwendet **4** ***von etwas Gebrauch / keinen Gebrauch machen***;

G

etwas (in einer besonderen Situation) (nicht) verwenden: *Die Polizei macht von der Schusswaffe Gebrauch* || *hierzu* **ge·bräuch·lich** *Adj*

◆ **ge·brau·chen**; *gebrauchte, hat gebraucht* **1** ***etwas gebrauchen*** etwas verwenden, benutzen: *Er gebraucht Fremdwörter, um die Leute zu beeindrucken* **2** ***j-n / etwas (irgendwie) gebrauchen können*** *gespr*; j-n / etwas in einer Situation nützlich, nicht störend finden: *Heute können wir einen Regenschirm gut gebrauchen*

◆ **Ge·brauchs·an·lei·tung** *die*; *bes* (CH) ≈ Gebrauchsanweisung

◆ **Ge·brauchs·an·wei·sung** *die*; ein Text, den man zusammen mit einer Ware bekommt und in dem steht, wie man sie verwendet ⟨die Gebrauchsanweisung studieren, sorgfältig lesen⟩

◆ **ge·braucht** *Adj*; schon verwendet und daher nicht mehr neu ↔ frisch (2), neu (2) ⟨ein Handtuch, Möbel⟩: *Ich habe mir ein gebrauchtes Auto gekauft* || K-: ***Gebraucht-, -möbel, -wagen***

◆ **Ge·bühr** [gəˈbyːɐ̯] *die*; -, *-en*; *oft Pl*; eine (Geld)Summe, die man für manche (öffentliche) Dienste einer Institution, eines Anwalts, eines Arztes *usw* zahlen muss ⟨Gebühren / eine Gebühr erheben, erhöhen, bezahlen / entrichten; etwas gegen (eine) Gebühr bekommen, leihen⟩ || K-: ***Gebühren-, -erhöhung, -ermäßigung***; ***gebühren-, -frei*** || -K: ***Anmelde-, Rundfunk-***

◆ **Ge·burt** *die*; -, *-en* **1** der Vorgang, bei dem ein Baby / ein Tier aus dem Leib seiner Mutter kommt ⟨eine leichte, schwere Geburt; vor, bei, nach j-s Geburt; von Geburt an⟩ || K-: ***Geburten-, -rate, -rückgang***; ***Geburts-, -datum, -jahr, -ort, -urkunde*** **2** *geschr*; die Position (der soziale Rang oder die Nationalität), in die man (hinein)geboren wird ≈ Abstammung, Herkunft ⟨von niedriger, hoher Geburt sein⟩: *Er ist Deutscher von Geburt* || ID ***etwas ist eine schwere Geburt*** *gespr*; etwas braucht viel Mühe und Zeit, bis es getan ist || *hierzu* **ge·bür·tig** *Adj*

◆ **Ge·burts·tag** *der*; das Datum, an dem j-d geboren wurde und das man jedes Jahr feiert ⟨Geburtstag feiern, haben; j-m zum Geburtstag gratulieren⟩: *Alles Gute zum Geburtstag!* || K-: ***Geburtstags-, -feier, -fest, -geschenk, -karte***

Ge·büsch *das*; -*(e)s*, *-e*; *meist Sg*; mehrere Büsche, die eng beieinander stehen ⟨ein dichtes Gebüsch⟩

Ge·dächt·nis *das*; *-ses*, *-se* **1** *meist Sg*; die Fähigkeit, sich an etwas zu erinnern ⟨ein gutes / schlechtes Gedächtnis haben; j-s Gedächtnis lässt nach⟩ **2** *nur Sg*; das Gedächtnis (1) als eine Art Speicher im Gehirn ⟨etwas im Gedächtnis behalten; sich (*Dat*) etwas ins Gedächtnis (zurück)rufen⟩

◆ **Ge·dan·ke** *der*; *-ns*, *-n* **1** das Ergebnis des Denkens ≈ Überlegung ⟨ein kluger, vernünftiger Gedanke; einen Gedanken fassen, haben; seine Gedanken sammeln⟩ || -K: (*mit Pl*) ***Flucht-, Heirats-*** **2** das, was j-m plötzlich in den Sinn, ins Bewusstsein kommt ≈ Einfall, Idee ⟨der rettende Gedanke; j-m kommt ein guter Gedanke⟩: *Dein Hinweis bringt mich auf einen (guten) Gedanken* **3** *nur Pl*; der Vorgang des Denkens ⟨(tief / ganz) in Gedanken verloren, versunken sein; aus seinen Gedanken gerissen werden⟩ || K-: ***gedanken-, -verloren, -versunken*** **4** ***sich über / um j-n / etwas Gedanken machen*** sich um j-n / etwas Sorgen machen **5** das (gedankliche) Bild, die Vorstellung von etwas (Abstraktem) ≈ Begriff, Idee: *der Gedanke der Freiheit, des Friedens* || -K: ***Freiheits-, Gleichheits-***

ge·dei·hen; *gedieh, ist gediehen*; *geschr* **1** ***(irgendwie) gedeihen*** gesund und kräftig (heran)wachsen: *Auf nassem Boden gedeihen Rosen nicht gut* **2** ***etwas gedeiht (irgendwie)*** etwas entwickelt sich (gut) ⟨Pläne, Vorhaben⟩

Ge·dicht *das*; -*(e)s*, *-e*; ein (kurzer) Text *meist* in Reimen, der in Verse gegliedert ist ⟨ein Gedicht auswendig lernen, aufsagen⟩

Ge·duld *die*; -; *nur Sg* **1** die Fähigkeit, warten zu können ⟨viel, wenig, keine Geduld haben⟩ **2** die Fähigkeit, etwas zu ertragen, das unangenehm oder ärgerlich ist ≈ Beherrschung ⟨die Geduld verlieren; mit seiner Geduld am Ende sein⟩

ge·dul·dig *Adj*; mit Geduld

ge·ehrt *Adj*; verwendet als Teil einer höflichen Anrede, *bes* in Briefen: *Sehr geehrter Herr …*; *Sehr geehrte Frau …*

◆ **ge·eig·net** *Adj*; ***(als / für / zu etwas) geeignet*** für den genannten Zweck oder ein Ziel passend ⟨eine Maßnahme, ein Mittel; im geeigneten Moment⟩: *Sie ist für schwere Arbeit, zur Ärztin nicht geeignet*

◆ **Ge·fahr** [gəˈfaːɐ̯] *die*; -, *-en*; die Möglichkeit oder die Wahrscheinlichkeit, dass ein Unglück geschieht ⟨in akuter, ernster, tödlicher Gefahr sein, schweben; in Gefahr geraten, kommen; j-n in Gefahr bringen; außer Gefahr sein⟩ || K-: ***Gefahren-, -bereich, -quelle***; ***gefahr-, -los, -voll*** || -K: ***Ansteckungs-, Explosions-, Feu-***

er-, Kriegs-, Unfall- || ID ***Gefahr laufen*** + ***zu*** + *Infinitiv*; *geschr*; ein Risiko eingehen: *Ein betrunkener Autofahrer läuft Gefahr, seinen Führerschein zu verlieren*

ge·fähr·den; *gefährdete, hat gefährdet*; ***j-n / etwas gefährden*** j-n / etwas in Gefahr bringen: *Rauchen gefährdet die Gesundheit* || *hierzu* **Ge·fähr·dung** *die*

◆ **ge·fähr·lich** *Adj*; ***gefährlich*** (***für j-n / etwas***) so, dass eine Gefahr für j-n / etwas besteht: *Krebs ist eine sehr gefährliche Krankheit* || *hierzu* **Ge·fähr·lich·keit** *die*

◆ **ge·fal·len**[1]; *gefällt, gefiel, hat gefallen*; (***j-m***) ***gefallen*** so sein, dass sich j-d anderer darüber freut oder es schön findet ⟨j-d / etwas gefällt j-m gut, sehr, wenig, gar nicht; etwas gefällt j-m an j-m / etwas⟩: *Gefalle ich dir mit meiner neuen Frisur?*

◆ **ge·fal·len**[2] *nur in* ***sich*** (*Dat*) ***etwas gefallen lassen*** *gespr*; sich gegen etwas nicht wehren, sondern es ruhig ertragen: *Warum lässt du dir seine Frechheit gefallen?*

Ge·fal·len *der*; *-s*; *nur Sg*; etwas, das man aus Freundlichkeit für j-n tut ⟨j-m einen (großen, kleinen) Gefallen tun / erweisen⟩

Ge·fan·gen·schaft *die*; *-*; *nur Sg* **1** der Zustand, ein Gefangener zu sein (*z.B.* als Soldat in einem Gefangenenlager) ⟨in Gefangenschaft geraten⟩ **2** (von Tieren) der Zustand, in einem Käfig, Zoo leben zu müssen ⟨Tiere in Gefangenschaft halten⟩

Ge·fäng·nis *das*; *-ses, -se*; ein Gebäude, in dem Personen eingesperrt werden, die ein Verbrechen begangen haben ⟨ins Gefängnis kommen; im Gefängnis sein, sitzen⟩ || K-: ***Gefängnis-, -zelle***

Ge·fäß *das*; *-es, -e* **1** ein relativ kleiner Behälter, *meist* für Flüssigkeiten ⟨etwas in ein Gefäß füllen / schütten, tun⟩: *Krüge und Schüsseln sind Gefäße* || -K: ***Trink-*** **2** *meist Pl*; sehr kleine Röhren im Körper von Menschen und Tieren (*z.B.* für das Blut)

Ge·fie·der *das*; *-s, -*; alle Federn eines Vogels ⟨ein Vogel putzt, sträubt sein Gefieder⟩

Ge·flü·gel *das*; *-s*; *nur Sg*; alle Vögel (wie *z.B.* Hühner, Enten oder Gänse), die man isst oder wegen der Eier hält

ge·frie·ren; *gefror, ist gefroren*; ***etwas gefriert*** etwas wird durch Kälte zu Eis oder fest und hart: *Der Boden ist gefroren*

◆ **Ge·fühl** *das*; *-s, -e* **1** ***ein Gefühl*** (+ *Gen* / ***von etwas***) *nur Sg*; das, was man mithilfe der Nerven am Körper spürt ≈ Empfindung ⟨ein Gefühl der / von Kälte, Wärme, Nässe *usw* haben, verspüren⟩: *Nach dem Unfall hatte sie kein Gefühl mehr in den Beinen* || K-: ***gefühl-, -los*** || -K: ***Durst-, Hunger-, Schwindel-*** **2** ***ein Gefühl*** (+ *Gen*) das, was man in seinem Inneren (nicht mit dem Verstand) empfindet, spürt ≈ Emotion, Empfindung ⟨ein beruhigendes Gefühl; ein Gefühl der Angst, Erleichterung *usw*; ein Gefühl verbergen, zeigen⟩: *das Gefühl, geliebt zu werden* || K-: ***gefühl-, -los***; ***Gefühls-, -ausbruch, -sache***; ***gefühls-, -betont*** || -K: ***Angst-, Glücks-, Hass-, Rache-, Schuld-*** **3** *nur Sg*; ein undeutliches Wissen, das nicht auf dem Verstand beruht ≈ Ahnung ⟨ein mulmiges, ungutes Gefühl bei etwas haben⟩: *Ich habe das dumpfe Gefühl*, dass *heute noch etwas Schlimmes passiert* **4** ***ein Gefühl*** (***für etwas***) *nur Sg*; die Fähigkeit, etwas richtig zu beurteilen oder zu machen ⟨etwas im Gefühl haben⟩: *ein Gefühl für Farben und Formen, Rhythmus, Recht und Unrecht haben* || -K: ***Ehr-, Pflicht-, Scham-, Verantwortungs-*** || ID ***mit gemischten Gefühlen*** mit positiven und auch mit negativen Gefühlen (2)

◆ **ge·gen** *Präp*; *mit Akk* **1** in Richtung auf j-n / etwas hin: *sich mit dem Rücken gegen die Wand lehnen* **2** in die Richtung, aus der j-d / etwas kommt ≈ entgegen: *gegen die Strömung schwimmen* || K-: ***Gegen-, -richtung*** **3** ***gegen*** + *Zeitangabe*; ungefähr zu dem genannten Zeitpunkt: *Wir treffen uns dann (so) gegen acht Uhr auf dem Rathausplatz* **4** verwendet mit bestimmten Substantiven und Adjektiven, um eine Ergänzung anzuschließen: *der Kampf gegen die Umweltverschmutzung*; *misstrauisch gegen j-n sein*; *allergisch gegen Pollen sein* **5** verwendet, um einen Gegensatz, einen Widerstand *o.Ä.* zu bezeichnen ≈ entgegen: *gegen alle Vernunft, gegen j-s Willen handeln* **6** verwendet, um die Bedingung auszudrücken, unter der man etwas erhält ≈ im Austausch für: *Diese Arznei ist nur gegen Rezept erhältlich*; *Die Ware wird nur gegen Barzahlung geliefert* **7** *gespr* ≈ im Vergleich zu: *Gegen ihn bist du ein Riese* **8** *Sport*; verwendet, um bei einem sportlichen Wettkampf *o.Ä.* den Gegner zu nennen ⟨gegen j-n spielen, gewinnen, verlieren⟩: *Das Pokalspiel Hamburg gegen Köln endete 3:1* **9** drückt aus, dass etwas verwendet wird, um eine Krankheit *o.Ä.* zu heilen ≈ für (11): *ein Mittel gegen Kopfschmerzen*

◆ **Ge·gend** *die*; *-, -en* **1** ein (relativ kleiner) Teil einer Landschaft, dessen Grenzen nicht genau bestimmt sind ⟨eine einsame Gegend; durch die Gegend fahren; sich die Gegend ansehen⟩: *Unsere Reise führte uns durch die schönsten Gegenden Frankreichs* **2** ein Teil der Stadt, dessen Grenzen nicht genau bestimmt sind ≈ Stadtviertel: *in einer vornehmen Gegend wohnen* || -K: ***Bahnhofs-, Villen-***

ge·gen·ei·nạn·der *Adv* **1** eine Person / Sache gegen die andere: *Gerhard und Peter kämpften oft gegeneinander* **2** bezeichnet die Richtung (von j-m / etwas) auf j-d anderen / etwas anderes zu und umgekehrt ⟨etwas (*Pl*) gegeneinander drücken, pressen, schlagen *usw*⟩: *Bei dem Unfall waren die beiden Autos gegeneinander gestoßen*

◆**Ge·gen·satz** *der* **1** ein großer, wichtiger Unterschied ≈ Kontrast: *Diese beiden Aussagen stehen in einem krassen Gegensatz zueinander* **2** ***im Gegensatz zu j-m / etwas*** im Unterschied zu j-m / etwas: *Im Gegensatz zu ihm ist sein Vater ziemlich klein* || *hierzu* **ge·gen·sätz·lich** *Adj*

ge·gen·sei·tig *Adj*; so, dass einer für den anderen tut, was der andere für ihn tut ⟨sich gegenseitig helfen, beeinflussen⟩ || *hierzu* **Ge·gen·sei·tig·keit** *die*; *nur Sg*

◆**Ge·gen·stand** *der* **1** ein *meist* relativ kleiner, fester Körper, den man nicht genauer benennen kann oder will ≈ Ding: *ein schwerer Gegenstand aus Glas* || -K: ***Gebrauchs-, Glas-, Metall-, Kunst-*** **2** *meist Sg*; ***der Gegenstand*** + *Gen* der zentrale Gedanke eines Gesprächs, einer (wissenschaftlichen) Untersuchung, Arbeit *o.Ä.* ≈ Thema: *Die Manipulation von Genen war der Gegenstand seines Vortrags* || -K: ***Diskussions-, Forschungs-, Gesprächs-***

◆**Ge·gen·teil** *das*; *meist Sg*; eine Person, Sache, Eigenschaft *usw*, die völlig andere Merkmale hat als eine andere Person, Sache, Eigenschaft *usw* ⟨ins Gegenteil umschlagen⟩: *Das Gegenteil von „groß" ist „klein"*; *Rita ist ein sehr ruhiges Mädchen - ihr Bruder ist genau das Gegenteil von ihr* || *hierzu* **ge·gen·tei·lig** *Adj*

◆**ge·gen·ü·ber**[1] *Präp*; *mit Dat* **1** genau dem Gesicht / der Vorderseite von j-m / etwas zugewandt: *Ihr Haus steht gegenüber der Kirche* || K-: ***gegenüber-, -liegen*** **2** verwendet, um einen Vergleich herzustellen: *Gegenüber der Hochsaison ist die Nachsaison besonders billig*; *Sie ist dir gegenüber im Vorteil* || K-: ***gegenüber-, -stellen*** **3** ***j-m gegenüber*** im Verhalten, Umgang mit j-m: *Mir gegenüber ist sie immer sehr nett* || Hinweis: Bei Personalpronomen wird *gegenüber* immer hinter das Pronomen gestellt: *Er wohnt ihr gegenüber*

◆**ge·gen·ü·ber**[2] *Adv*; auf der entgegengesetzten Seite von etwas ⟨genau, schräg gegenüber wohnen⟩

◆**Ge·gen·wart** *die*; -; *nur Sg* **1** die Zeit zwischen Vergangenheit und Zukunft, also jetzt ⟨in der Gegenwart⟩ **2** *meist* ***in j-s Gegenwart*** in Anwesenheit von j-m: *In seiner Gegenwart ist sie immer sehr nervös*

ge·gen·wär·tig *Adj*; *nur attr oder adv*; in der Gegenwart (1) ≈ derzeitig, zurzeit: *Er befindet sich gegenwärtig im Ausland*

Geg·ner *der*; *-s*, -; **1** die Person(en), gegen die man kämpft, spielt oder mit der / denen man Streit hat ≈ Widersacher ⟨ein politischer, militärischer, sportlicher, fairer, gefährlicher Gegner; einen Gegner besiegen, schlagen⟩ **2** ***ein Gegner*** + *Gen* / ***von etwas*** j-d, der etwas ablehnt, gegen etwas kämpft: *ein entschiedener Gegner der Todesstrafe* || *hierzu* **Geg·ne·rin** *die*; -, *-nen*

◆**Ge·hạlt** *das*, *bes* Ⓐ *der*; *-(e)s*, *Ge·häl·ter*; das Geld, das man (als ein Angestellter) für seine Arbeit (jeden Monat) bekommt ⟨ein hohes, niedriges, festes Gehalt haben; ein Gehalt bekommen, beziehen⟩ || K-: ***Gehalts-, -erhöhung, -kürzung*** || -K: ***Jahres-, Monats-*** || Hinweis: ↑ ***Lohn***

◆**ge·heim** *Adj* **1** so, dass andere Personen nichts davon erfahren (sollen) ⟨ein Auftrag, Pläne; Gedanken, Wünsche⟩ || K-: ***Geheim-, -nummer, -sprache*** **2** ***etwas (vor j-m) geheim halten*** über ein Ereignis schweigen, nicht von ihm sprechen: *Die Affäre wurde von der Regierung geheim gehalten* **3** ***im Geheimen*** ohne dass j-d etwas erfährt oder bemerkt ⟨etwas im Geheimen planen, vorbereiten⟩

Ge·heim·nis *das*; *-ses*, *-se*; etwas, das andere Leute nicht erfahren sollen ⟨j-m ein Geheimnis anvertrauen, verraten; (keine) Geheimnisse vor j-m haben⟩

◆**ge·hen** ['geːən]; *ging*, *ist gegangen* **1** sich aufrecht in Schritten fortbewegen ⟨barfuß, gebückt, langsam, schnell, am Stock, auf Zehenspitzen, geradeaus, auf und ab gehen⟩: *„Willst du im Auto mitfahren?" – „Nein, ich gehe lieber"* || ↑ *Illustration* ***Verben der Bewegung*** || K-: ***geh-, -behindert, -fähig*** || Hinweis: ↑ ***laufen*** **2** ***irgendwohin gehen***; ***gehen*** + *Infinitiv* sich irgendwohin begeben (um etwas zu tun) ⟨zur Schule, ins / aufs Gymnasium gehen; einkaufen, schlafen gehen; ins / zu Bett gehen; nach Hause gehen⟩ **3** einen Ort verlassen ≈ weggehen: *„Willst du schon wieder gehen? Du bist doch ge-*

rade erst gekommen!" **4 *an etwas*** (*Akk*) ***gehen*** mit einer Tätigkeit beginnen ⟨an die Arbeit, ans Werk gehen⟩ **5 *in etwas gehen*** einen neuen Lebensabschnitt anfangen ⟨in Pension, in Rente, in den Ruhestand gehen⟩ **6** seinen Arbeitsplatz aufgeben (müssen) ≈ ausscheiden (3): *Zwei unserer Mitarbeiter gehen Ende des Jahres* **7 *irgendwie gehen*** eine bestimmte Kleidung tragen: *Sie geht in Schwarz / in Trauer*; *Im Fasching gehe ich dieses Jahr als Indianer* **8 *mit j-m gehen*** *gespr*; (als Jugendlicher) mit j-m eine feste (Liebes)Beziehung haben **9 *etwas geht irgendwohin*** etwas passt irgendwohin: *In den Krug gehen drei Liter* **10 *etwas geht nach j-m / etwas*** etwas richtet sich nach j-s Wünschen, einem Maßstab *o.Ä.*: *Es kann nicht immer alles nach dir / deinem Kopf* (= deinen Wünschen) *gehen!* **11 *zu weit gehen*** das akzeptable Maß überschreiten: *Als er seinen Chef anschrie, ist er wohl zu weit gegangen* **12** *meist* ***Das geht zu weit!*** das ist übertrieben, das ist nicht mehr akzeptabel: *Sie will, dass wir alles noch einmal machen, aber das geht wirklich zu weit!* **13 *etwas geht irgendwohin*** etwas zeigt, bewegt sich in eine bestimmte Richtung: *Das Fenster geht auf die Straße*; *Geht der Zug pünktlich?* **14 *etwas geht an j-n / irgendwohin*** etwas ist für ein Ziel bestimmt: *Der Brief geht nach Köln, nach Amerika* **15 *etwas geht*** (***irgendwie***) etwas funktioniert, läuft irgendwie ab ⟨die Alarmanlage, das Telefon, die Uhr geht; es geht leicht, schwer, gut⟩ **16 *j-d / etwas geht noch / so*** *gespr*; j-d / etwas ist noch / so akzeptabel: *Geht das so oder soll ich mich umziehen?* **17 *etwas geht*** (***irgendwo***) ***vor sich*** etwas geschieht, läuft ab: *In diesem Haus gehen seltsame Dinge vor sich* **18 *etwas geht über etwas*** (*Akk*) etwas ist mit etwas nicht zu bewältigen ⟨etwas geht über j-s Kräfte, Geduld⟩: *Das Vorhaben geht über unsere finanziellen Möglichkeiten* **19 *etwas geht*** + *Präp* + *Subst* verwendet, um ein Verb zu umschreiben; ***etwas geht in Erfüllung*** ≈ etwas erfüllt sich; ***etwas geht in Produktion*** ≈ etwas wird produziert **20 *j-m geht es irgendwie*** j-d befindet sich (körperlich oder seelisch) in der genannten Verfassung: „*Wie geht es dir?*" - „*Mir gehts ganz gut, danke.*" **21 *es geht um etwas*** etwas ist das Thema, der Inhalt, der Anlass *o.Ä.* von etwas: *Worum ging es bei eurem Streit?*; *Worum geht es in dem Buch?* **22 *j-m geht es um etwas*** etwas ist j-m wichtig: *Mir geht es nur* darum, *die Wahrheit herauszufinden* || ID ***'in sich*** (*Akk*) ***gehen*** etwas bereuen und intensiv darüber nachdenken; ***wo er / sie geht und steht*** immer und überall; ***nichts geht über j-n / etwas*** es gibt nichts Besseres als j-n / etwas; ***Wie gehts, wie stehts?*** *gespr*; verwendet als formelhafte Frage nach j-s Verfassung || ▸ ***Gang***

Ge·hirn *das*; *-(e)s, -e*; das Organ im Kopf von Menschen und Tieren, mit dem sie denken und fühlen ≈ Hirn || K-: ***Gehirn-, -tumor, -zelle***

ge·hor·chen; *gehorchte, hat gehorcht*; (***j-m / etwas***) ***gehorchen*** das tun, was j-d verlangt: *Der Hund gehorchte seinem Herrn aufs Wort*

◆ **ge·hö·ren**; *gehörte, hat gehört* **1 *etwas gehört j-m*** etwas ist j-s Eigentum: *Das Haus, in dem wir wohnen, gehört meinen Eltern*; *Weißt du, wem diese Katze gehört?* **2 *j-d / etwas gehört zu etwas*** j-d / etwas ist (wichtiger) Teil eines Ganzen, einer Einheit ≈ j-d / etwas zählt zu etwas: *Sie gehört zur Familie, zum engsten Freundeskreis*; *Das gehört zum Allgemeinwissen* **3 *etwas gehört irgendwohin*** irgendwo ist der richtige Ort, Platz für etwas: *Die Fahrräder gehören in die Garage* **4 *etwas gehört zu etwas*** etwas ist für etwas notwendig: *Es gehört viel Geschick* dazu, *sein Auto selbst* zu *reparieren* **5 *etwas gehört sich*** (***nicht***) etwas entspricht den guten Sitten, den gesellschaftlichen Normen (nicht) ≈ etwas schickt sich (nicht): Es *gehört sich nicht*, *beim Essen* zu *schmatzen*

ge·hö·rig *Adj* **1** *nur attr oder adv*; so, wie es richtig oder angemessen ist ⟨der Respekt; sich gehörig entschuldigen⟩ **2** *nur attr oder adv*; *gespr*; viel, groß oder intensiv ⟨Angst, ein Schrecken; j-n gehörig schimpfen⟩: *eine gehörige Portion Glück* **3** (***zu***) ***j-m / etwas gehörig*** *geschr*; j-m gehörend, einen Teil von etwas bildend

ge·hor·sam *Adj*; (***j-m gegenüber***) ***gehorsam*** bereit, alles zu tun, was die Eltern, Lehrer *usw* wünschen ≈ artig, folgsam

Ge·hor·sam *der*; *-s*; *nur Sg*; ein Verhalten, bei dem man dem Willen anderer folgt ⟨(j-m) Gehorsam leisten⟩: *einem Hund Gehorsam beibringen*

Geh·steig *der*; *-(e)s, -e*; ein besonderer Weg für Fußgänger an der Seite einer Straße ≈ Bürgersteig ⟨den Gehsteig benutzen⟩

Geh·weg *der* **1** *südd* ≈ Gehsteig, Bürgersteig **2** ≈ Fußweg

Gei·ge *die*; *-, -n*; ein (Musik)Instrument (mit Saiten) ≈ Violine ⟨(auf einer) Geige spielen⟩ || ↑ *Abbildung unter* **Streichinstrumente** || ID **die erste Geige spielen** *gespr*; in einer Gruppe derjenige sein, der die Entscheidungen trifft

Geist[1] *der*; *-(e)s*; *nur Sg* **1** die Fähigkeit des Menschen zu denken ≈ Verstand ⟨einen regen, wachen Geist haben⟩ || K-: **geist-, -los, -reich**; **geistes-, -gestört, -krank**; **Geistes-, -krankheit** **2** die innere Einstellung oder Haltung, die j-n / etwas charakterisiert: *der demokratische, olympische Geist* || ID **etwas gibt den / seinen Geist auf** *gespr*; ein Gerät oder eine Maschine hört auf zu funktionieren

Geist[2] *der*; *-(e)s, -er* **1** ein gedachtes Wesen ohne Körper, das gut oder böse zu den Menschen ist, *z.B.* eine Fee oder ein Dämon ⟨Geister beschwören⟩ || -K: **Luft-, Wald-** **2** ein Mensch, der gestorben ist und den andere als Geist (1) zu hören oder zu sehen glauben ⟨ein Geist erscheint j-m, geht um, spukt⟩ || K-: **Geister-, -erscheinung, -schloss, -spuk** || *zu* **2 geis·ter·haft** *Adj*

geis·tig *Adj*; *nur attr oder adv*; in Bezug auf den menschlichen Verstand, Geist[1] (1) ⟨eine Tätigkeit; geistig aktiv, behindert, verwirrt⟩

geist·lich *Adj*; *nur attr oder adv*; in Bezug auf die Religion oder (christliche) Kirche ≈ kirchlich ↔ weltlich ⟨Musik⟩

Geist·li·che *der*; *-n, -n*; ein (*meist* christlicher) Priester

Geiz *der*; *-es*; *nur Sg*; *pej*; der innere Zwang, Geld zu sparen, nichts auszugeben || *hierzu* **gei·zig** *Adj*

Geiz·hals *der*; *pej*; ein geiziger Mensch

Ge·lặch·ter *das*; *-s, -*; *meist Sg*; das Lachen ⟨lautes, schallendes Gelächter; in Gelächter ausbrechen⟩

Ge·lặn·de *das*; *-s, -*; ein Stück Land mit seinen typischen Eigenschaften ≈ Gebiet ⟨ein bergiges, ebenes, unwegsames Gelände; ein Gelände absperren⟩ || -K: **Bahnhofs-, Fabrik-**

Ge·lặn·der *das*; *-s, -*; eine Art Zaun am Rand von Treppen, Balkonen *usw*, an dem man sich festhalten kann ⟨sich am Geländer festhalten; sich über das Geländer beugen⟩ || ↑ *Abbildung unter* **Treppenhaus** || -K: **Balkon-, Treppen-**

ge·lặng ↑ **gelingen**

ge·lặn·gen; *gelangte, ist gelangt* **1 irgendwohin gelangen** ein Ziel, einen Ort erreichen: *Er konnte nicht ans andere Ufer gelangen* **2 etwas gelangt irgendwohin** etwas kommt, gerät dorthin: *etwas gelangt an die Öffentlichkeit, in j-s Besitz*

ge·lặs·sen *Adj*; (seelisch) ganz ruhig und nicht nervös oder ärgerlich ⟨gelassen bleiben⟩ || *hierzu* **Ge·lặs·sen·heit** *die*

ge·launt *Adj*; *nicht adv*; **irgendwie gelaunt** in einer besonderen Laune, Stimmung (1) ≈ irgendwie aufgelegt ⟨gut, schlecht gelaunt sein⟩

◆**gẹlb** *Adj*; von der Farbe einer Zitrone: *ein gelbes Kleid tragen*; *eine Wand gelb streichen* || ↑ *Illustration* **Farben** || K-: **gelb-, -braun, -grün** || -K: **dotter-, gold-, mais-, zitronen-** || *hierzu* **Gẹlb** *das*; **gẹlb·lich** *Adj*

◆**Gẹld** *das*; *-es, -er* **1** *nur Sg*; Münzen oder Scheine (Banknoten), mit denen man etwas bezahlt ⟨Geld verdienen, sparen, auf der Bank / auf dem Konto haben, anlegen, vom Konto abheben, ausgeben, umtauschen; j-m Geld leihen, schulden⟩: *Wenn wir Karten spielen, spielen wir nie um Geld* || K-: **Geld-, -betrag, -gier, -schein, -summe, -stück, -umtausch, -wechsel** || -K: **Bar-**; **Münz-, Papier-, Falsch-**; **Eintritts-** **2** *meist Pl*; *meist* relativ viel Geld (1), das für einen besonderen Zweck ausgegeben werden soll ⟨öffentliche, private Gelder; Gelder beantragen, veruntreuen⟩ || -K: **Steuer-** || ID **etwas geht ins Geld** etwas ist sehr teuer; **etwas zu Geld machen** etwas verkaufen; **j-d hat Geld wie Heu / schwimmt im Geld / stinkt vor Geld** *gespr*; j-d ist sehr reich; **j-m (das) Geld aus der Tasche ziehen** *gespr*; j-n dazu bringen, Geld (1) auszugeben; **j-d wirft / schmeißt das / sein Geld zum Fenster hinaus** j-d verschwendet sein Geld

Gẹld·beu·tel *der* ≈ Geldbörse

◆**Gẹld·bör·se** *die*; eine kleine Tasche für das Geld, das man bei sich trägt

◆**Ge·le·gen·heit** *die*; *-, -en* **1** ein Zeitpunkt oder eine Situation, die für einen Zweck günstig sind ⟨eine gute Gelegenheit; die Gelegenheit ergreifen, verpassen⟩: *Er nutzt jede Gelegenheit, um Tennis* zu *spielen* **2** die Möglichkeit, etwas zu tun ⟨j-m (die) Gelegenheit zu etwas geben; j-m bietet sich eine Gelegenheit⟩: *Ich hatte keine Gelegenheit, sie anzurufen* **3** ≈ Anlass (1): *ein Kleid nur zu besonderen Gelegenheiten tragen* || ID **die Gelegenheit beim Schopf ergreifen / fassen / packen** eine günstige Gelegenheit (1) nutzen

ge·le·gent·lich *Adj*; manchmal, hin und wieder (erfolgend)

ge·lehrt; *gelehrter, gelehrtest-*; *Adj* **1** mit großem Wissen und sehr gebildet ⟨eine Frau, ein Mann⟩ **2** mit wissenschaftlichem Inhalt ⟨eine Abhandlung, Ausführungen⟩

Ge·lehr·te *der / die*; *-n, -n*; j-d, der große wissenschaftliche Kenntnisse hat ≈ Wissenschaftler ⟨ein bedeutender, namhafter Gelehrter⟩

Ge·lenk *das*; *-(e)s, -e*; eine bewegliche Verbindung zwischen Knochen ⟨ein steifes Gelenk⟩ || -K: ***Hand-, Hüft-, Knie-***

Ge·lieb·te *der / die*; *-n, -n*; j-d, zu dem man eine sexuelle Beziehung hat (*oft* neben der Ehe) ⟨einen Geliebten / eine Geliebte haben⟩

◆**ge·lin·gen**; *gelang, ist gelungen* **1** ***etwas gelingt*** (***j-m***) etwas verläuft so, wie es j-d gewollt oder geplant hat ≈ etwas glückt ↔ etwas misslingt, scheitert ⟨ein Plan, ein Versuch, j-s Flucht⟩: *Der Kuchen ist dir gut gelungen* **2** ***es gelingt j-m*** + ***zu*** + *Infinitiv* j-d bemüht sich, etwas zu erreichen, und hat damit Erfolg: *Es gelang mir, sie vom Gegenteil zu überzeugen*

◆**gel·ten**; *gilt, galt, hat gegolten* **1** ***etwas gilt etwas*** etwas hat einen bestimmten Wert ≈ etwas zählt etwas: *Deine Meinung gilt hier nichts!* **2** ***etwas gilt*** etwas kann eine Zeit lang rechtmäßig benutzt oder verwandt werden ≈ etwas ist gültig ⟨ein Ausweis, eine Fahrkarte, eine Regel, eine Vorschrift⟩: *Die Fahrkarte gilt eine Woche* **3** ***etwas gilt für j-n / etwas*** etwas betrifft j-n / etwas: *Die Gesetze gelten für alle* **4** ***etwas gilt j-m / etwas*** etwas ist für j-n / etwas bestimmt, an j-n / etwas gerichtet: *Der Gruß galt dir* **5** ***j-d / etwas gilt als etwas*** j-d / etwas hat nach Meinung vieler Menschen die genannte Eigenschaft, wird so angesehen: *Diese Straße gilt als gefährlich*; *Er gilt als großer Künstler* **6** ***etwas gilt*** etwas ist nach den (Spiel)Regeln erlaubt oder gültig: *Das Tor gilt nicht* **7** ***etwas gelten lassen*** etwas (als richtig) akzeptieren ⟨einen Einwand, eine Entschuldigung, einen Widerspruch gelten lassen⟩

Ge·mäl·de *das*; *-s, -*; ein Bild, das ein Künstler gemalt hat ⟨ein Gemälde anfertigen⟩ || K-: ***Gemälde-, -galerie, -sammlung*** || -K: ***Öl-***

ge·mäß *Präp*; *mit Dat*; *geschr* ≈ entsprechend, laut ↔ entgegen ⟨j-s Erwartungen, Vorschlägen, Wünschen gemäß⟩: *gemäß Paragraph 19 des Gesetzbuches* || Hinweis: *meist* nach dem Substantiv

ge·mein[1] *Adj*; moralisch schlecht und mit der Absicht, einem anderen zu schaden ⟨eine Lüge, eine Tat, ein Mensch, ein Verbrecher; gemein zu j-m sein⟩

ge·mein[2] *Adj* ≈ gemeinsam (3)

Ge·mein·de *die*; *-, -n* **1** das kleinste Gebiet innerhalb eines Staates, das seine eigene Verwaltung hat || K-: ***Gemeinde-, -haushalt, -rat, -verwaltung*** **2** ein Gebiet mit einer Kirche, das von einem Priester betreut wird || K-: ***Gemeinde-, -mitglieder*** || -K: ***Kirchen-, Pfarr-*** **3** die Menschen, die in einer Gemeinde (1) leben **4** die Menschen, die zu einer Gemeinde (2) gehören

Ge·mein·heit *die*; *-, -en* **1** *nur Sg*; eine böse, niedere Einstellung: *Er hat seinen Bruder aus purer Gemeinheit geschlagen* **2** eine niedere, gemeine Tat: *Es war eine große Gemeinheit, den Hund auszusetzen*

◆**ge·mein·sam** *Adj* **1** ≈ zusammen, miteinander: *Der Hund gehört den beiden Kindern gemeinsam* **2** mehreren Personen oder Sachen in gleicher Weise (an)gehörend ↔ getrennt, verschieden: *Sie haben gemeinsame Interessen und Ziele*; *eine gemeinsame Erklärung abgeben* **3** ⟨Personen⟩ ***haben etwas gemeinsam***; ***j-d / etwas hat etwas mit j-m / etwas gemeinsam*** zwei oder mehrere Personen / Dinge ähneln sich in einer Hinsicht ↔ sich in etwas unterscheiden: *Sie haben viel (miteinander) gemeinsam*

◆**Ge·mein·schaft** *die*; *-, -en* **1** eine Gruppe von Menschen (oder Völkern), die etwas gemeinsam haben, durch das sie sich verbunden fühlen ⟨eine dörfliche, unzertrennliche, verschworene Gemeinschaft; eine Gemeinschaft bilden; j-n in eine Gemeinschaft aufnehmen; Mitglied / Teil einer Gemeinschaft sein; j-n aus einer Gemeinschaft ausschließen / ausstoßen⟩ || K-: ***Gemeinschafts-, -besitz, -leben*** || -K: ***Arbeits-, Dorf-, Sprach-*** **2** die organisierte Form einer Gemeinschaft (1) ⟨eine kirchliche Gemeinschaft⟩: *die Europäische Gemeinschaft* || -K: ***Glaubens-, Interessen-*** **3** das Zusammensein mit anderen Menschen ≈ Gesellschaft[1] (4) ⟨j-s Gemeinschaft suchen⟩: *sich nur in Gemeinschaft mit Gleichgesinnten wohl fühlen* || K-: ***Gemeinschafts-, -erlebnis, -raum***

ge·mein·schaft·lich *Adj*; in einer Gemeinschaft, Gruppe mit anderen Menschen (verbunden oder handelnd) ≈ gemeinsam ⟨Eigentum, Interessen; eine Arbeit; etwas gemeinschaftlich tun⟩

Ge·misch *das*; *-(e)s, -e*; ***ein Gemisch*** (+ *Gen* / ***aus, von etwas***) etwas, das entsteht, wenn mehrere Dinge oder Stoffe durcheinander kommen ≈ Mischung: *ein Gemisch aus Wasser und Wein*

◆**Ge·mü·se** *das*; *-s, -*; (Teile von) Pflanzen, die man (*meist* gekocht) isst ⟨frisches, rohes, gedünstetes, gekochtes Gemüse; Ge-

G

müse anbauen, ernten, putzen, schneiden, kochen⟩: *Heute gibt es Fleisch, Kartoffeln, Gemüse und Salat* || ↑ *Illustration* ***Obst und Gemüse*** || K-: ***Gemüse-, -anbau, -beet, -eintopf, -garten, -pflanze, -sorte, -suppe*** || Hinweis: Kartoffeln, Obst und Getreide sind kein Gemüse

Ge·müt *das*; *-(e)s, -er* **1** *nur Sg*; die Gesamtheit der Gefühle, die ein Mensch entwickeln kann und die sein Wesen bestimmen ⟨ein ängstliches, freundliches, kindliches, sanftes Gemüt (haben); j-s Gemüt bewegen, erschüttern⟩ || K-: ***Gemüts-, -verfassung, -zustand*** **2** *nur Pl* ≈ Menschen ⟨etwas bewegt, erhitzt, erregt die Gemüter⟩ || ID ***sich*** (*Dat*) ***etwas zu Gemüte führen*** *hum*; *meist* etwas Gutes lesen, essen oder trinken: *sich eine Flasche Wein zu Gemüte führen*

◆ **ge·müt·lich** *Adj* **1** so, dass man sich sehr wohl fühlt ⟨eine Atmosphäre, ein Lokal, ein Sessel, eine Wohnung⟩ **2** in angenehmer Gesellschaft ⟨ein Beisammensein, ein Treffen; gemütlich beisammensitzen⟩ **3** langsam, ohne Eile ⟨ein Spaziergang, ein Tempo⟩: *Wir hatten vor der Abfahrt noch Zeit, gemütlich essen zu gehen* **4** ***es sich*** (*Dat*) ***irgendwo gemütlich machen*** (sich hinlegen oder -setzen und) sich entspannen || *zu* **1-3 Ge·müt·lich·keit** *die*

Gen *das*; *-s, -e*; *meist Pl*; *Biol*; der kleinste Träger von Eigenschaften in den Zellen eines Lebewesens, durch den ein Merkmal vererbt wird ≈ Erbanlage || K-: ***Gen-, -forschung, -manipulation***

◆ **ge·nau**, *genauer, genau(e)st-*; *Adj* **1** so, dass es in allen Einzelheiten (zu einer Regel, einem Vorbild *o.Ä.*) passt ≈ exakt ⟨eine Übersetzung; die Uhrzeit; sich genau an etwas (*Akk*) halten; etwas ist genau das Richtige⟩: *Die Schnur ist genau zwölf Meter lang* **2** so, dass nichts Wichtiges fehlt ⟨eine Beschreibung, ein Bericht, eine Untersuchung, eine Zeichnung⟩: *Wisst ihr schon Genaues über den Unfall?* **3** *nur adv*; sehr gut ⟨j-n / etwas genau kennen⟩ **4** *nur adv*; bewusst und konzentriert ⟨sich etwas genau merken; genau aufpassen⟩ **5** ***es mit etwas genau nehmen*** sehr sorgfältig sein ⟨es mit der Arbeit, dem Geld, den Vorschriften genau nehmen⟩ **6** ***genau genommen*** wenn man es genau betrachtet: *Sie nennt ihn „Vater", aber genau genommen ist er ihr Stiefvater* **7** *gespr* ≈ definitiv: *Ich weiß noch nicht genau, ob wir kommen*

Ge·nau·ig·keit *die*; *-*; *nur Sg* **1** das exakte Funktionieren (1) ⟨die Genauigkeit einer Uhr, einer Waage⟩ **2** eine strenge Sorgfalt ⟨etwas mit peinlicher Genauigkeit tun⟩

◆ **ge·nau·so** *Adv*; ***genauso*** **(*... wie ...*)** in der gleichen Weise oder im gleichen Maße wie j-d anderer / etwas anderes ≈ ebenso ⟨genauso gut, lange, oft, viel, weit, wenig *usw*⟩: *Ein Würfel ist genauso hoch wie breit* || Aber: *„Habe ich es richtig gemacht?"* – *„Ja, genau so macht mans"* (getrennt geschrieben)

◆ **ge·neh·mi·gen**; *genehmigte, hat genehmigt*; **(*j-m*)** ***etwas genehmigen*** j-m etwas (offiziell) erlauben: *Hat dein Chef dir den Urlaub genehmigt?*

◆ **Ge·neh·mi·gung** *die*; *-, -en* **1** ***eine Genehmigung*** **(*für* / *zu etwas*)** die Erlaubnis, etwas zu tun ⟨eine schriftliche Genehmigung einholen, erhalten; j-m eine Genehmigung erteilen⟩ **2** das Blatt Papier, auf dem eine Genehmigung (1) steht ⟨eine Genehmigung vorlegen⟩

Ge·ne·ral *der*; *-s, -e* / *Ge·ne·rä·le*; *Mil*; der höchste Offizier in einer Armee

Ge·ne·ra·ti·on [-'tsi̯oːn] *die*; *-, -en*; alle Menschen, die ungefähr gleich alt sind ⟨die junge, ältere, heutige Generation⟩

ge·ne·sen; *genas, ist genesen*; **(*von etwas*)** ***genesen*** *geschr*; wieder gesund werden

Ge·ne·sung *die*; *-, -en*; *meist Sg*; **(*j-s*)** ***Genesung*** **(*von etwas*)** die Tatsache, dass man wieder gesund wird ⟨j-m eine baldige, schnelle Genesung wünschen⟩

ge·ni·al [-'ni̯aːl] *Adj* **1** *nicht adv*; höchst klug und (*z.B.* künstlerisch) begabt ⟨ein Erfinder, ein Künstler⟩ **2** einmalig gut (gemacht) ⟨eine Erfindung, eine Idee, ein Kunstwerk⟩ || *hierzu* **Ge·ni·a·li·tät** *die*

Ge·nick *das*; *-(e)s, -e*; *meist Sg*; der hintere, feste Teil des Halses ⟨j-m / sich das Genick brechen⟩

Ge·nie [ʒe'niː] *das*; *-s, -s*; j-d, der äußerst klug, (künstlerisch) begabt ist: *Sie ist ein mathematisches Genie*

ge·nie·ßen; *genoss, hat genossen* **1** ***etwas genießen*** Freude bei etwas Angenehmem empfinden ⟨gutes Essen, Musik, die Ruhe, den Urlaub *usw* genießen⟩ **2** ***etwas genießen*** etwas, das nützlich oder erfreulich ist, besitzen ⟨*meist* hohes Ansehen, j-s Hochachtung genießen⟩ || ▸ ***Genuss***

Ge·ni·tiv [-f] *der*; *-s, -e* [-v-]; *Ling*; der Kasus, in dem ein Wort (*meist* Substantiv) steht, das auf die Frage „wessen" antwortet ≈ Wesfall, zweiter Fall

◆ **ge·nug** *Adv* **1** so viel, so sehr, wie nötig ist ≈ ausreichend: *Zeit genug / genug Zeit für seine Arbeit haben*; *nicht genug zu es-*

sen haben **2** *Adj* + **genug** verwendet, um auszudrücken, dass die genannte Eigenschaft ausreichend da ist: *Er ist schon alt genug, um das zu verstehen* **3** *Adj* + **genug** verwendet, um eine negative Aussage zu verstärken: *Das Problem ist auch so schon schwierig genug*; *Das ist schlimm genug!* || ID **von j-m / etwas genug haben** *gespr*; eine Person oder Sache nicht mehr mögen

ge·nü·gen; *genügte, hat genügt*; **etwas genügt** (**j-m**) (**für / zu etwas**) etwas ist genug (1): *Genügt dir eine Stunde zum Einkaufen / für den Einkauf?* || *hierzu* **ge·nü·gend** *Adj*

Ge·nug·tu·ung *die*; -; *nur Sg*; **Genugtuung** (**über etwas** (*Akk*)) ein Gefühl der Zufriedenheit ≈ Befriedigung ⟨Genugtuung empfinden⟩

Ge·nus *das*; -, *Ge·ne·ra*; *Ling*; eine der drei Klassen (männlich / maskulin, weiblich / feminin, sächlich), in die Substantive eingeteilt werden ≈ (grammatisches) Geschlecht

Ge·nuss *der*; *-es*, *Ge·nüs·se* **1** die Freude, die j-d empfindet, der etwas Angenehmes hört, sieht, schmeckt, riecht oder fühlt: *Sie aß die Torte mit Genuss* **2** *nur Sg*; *geschr*; **der Genuss** (+ *Gen* / **von etwas**) das Essen oder Trinken: *Jugendlichen den Genuss von Alkohol verbieten*

Ge·o·gra·fie, **Ge·o·gra·phie** *die*; -; *nur Sg* **1** die Wissenschaft, die die (Länder der) Erde erforscht ⟨Geographie studieren⟩ **2** das Schulfach, in dem Geographie (1) gelehrt wird ≈ Erdkunde || *zu* **1 ge·o·gra·fisch, ge·o·gra·phisch** *Adj*

◆**Ge·päck** *das*; *-(e)s*; *nur Sg*; die Koffer und Taschen, die man auf Reisen mit sich nimmt ⟨mit leichtem, viel, wenig Gepäck reisen⟩

ge·pflegt *Adj* **1** (durch sorgfältige Pflege) in einem guten Zustand und deshalb angenehm, schön: *Der Garten ist sehr gepflegt* **2** so, dass j-d sehr auf sein gutes Aussehen achtet: *Er macht einen sehr gepflegten Eindruck*

◆**ge·ra·de**[1] *Adj* **1** ohne Änderung der Richtung, ohne Kurve, Bogen *o.Ä.* ↔ gebogen, krumm ⟨sich gerade halten; gerade sitzen⟩: *mit dem Lineal eine gerade Linie ziehen*; *Der Baum ist gerade gewachsen* **2** ohne Abweichung von einer waagrechten oder senkrechten Linie ↔ schief, schräg: *eine gerade Ebene* **3** fest im Charakter ⟨ein Mensch⟩: *gerade und offen seine Meinung sagen* **4** *nur attr oder adv* ≈ genau (1) ⟨das gerade Gegenteil; gerade umgekehrt, entgegengesetzt⟩: *Er kommt gerade im rechten Augenblick* || Hinweis: ↑ **Zahl** || *zu* **3 Ge·rad·heit** *die*

◆**ge·ra·de**[2] *Adv* **1** in diesem Augenblick ≈ jetzt: *Ich habe gerade keine Zeit* **2** *meist* **ich** *usw* **wollte gerade** + *Infinitiv* ich war kurz davor, etwas zu tun: *Ich wollte gerade gehen, als er anrief* **3** vor sehr kurzer Zeit ≈ soeben: *Ich bin gerade erst zurückgekommen*

◆**ge·ra·de**[3] *Partikel* **1** verwendet, um auszudrücken, dass eine Aussage auf j-n / etwas besonders zutrifft: *Gerade du solltest das besser wissen!* **2** *unbetont*; verwendet, wenn man sich darüber ärgert, dass etwas zur falschen Zeit passiert oder die falsche Person trifft ≈ ausgerechnet (2,3): *Musste es gerade heute regnen, wo wir einen Ausflug machen wollten?*; *Warum passiert so etwas gerade mir?*

◆**ge·ra·de·aus** *Adv*; ohne die Richtung zu ändern, weiter nach vorn ⟨geradeaus gehen, fahren *usw*⟩

◆**Ge·rät** *das*; *-(e)s*, *-e* **1** ein Gegenstand (*z.B.* ein Werkzeug), den man bei der Arbeit zur Hand nimmt || -K: ***Arbeits-, Garten-, Schreib-, Sport-*** **2** ein technisches Gerät (1), das mit elektrischem Strom betrieben wird ≈ Apparat ⟨ein Gerät bedienen⟩ || -K: ***Fernseh-, Radio-, Video-*** **3** *meist Pl*; eine Konstruktion, an oder auf der man turnt ⟨an den Geräten turnen⟩ || K-: ***Geräte-, -turnen*** || -K: ***Turn-***

ge·ra·ten; *gerät, geriet, ist geraten* **1** ***irgendwohin geraten*** aus Zufall, ohne Absicht an einen (*oft* falschen) Ort kommen, irgendwohin kommen: *auf die falsche Fahrbahn geraten* **2** ***in etwas*** (*Akk*) ***geraten*** aus Zufall in eine unangenehme Situation kommen ⟨in Gefahr, in Not, in Schwierigkeiten, in Verdacht geraten; in einen Stau, in einen Sturm geraten⟩ **3** ***an j-n / etwas geraten*** (aus Zufall) mit einer Person / Sache zu tun bekommen: *Sie ist an eine Sekte geraten* **4** ***etwas gerät*** (***j-m***) ***irgendwie*** j-d produziert etwas mit viel / wenig Erfolg: *Der Kuchen ist dir gut / schlecht / nicht geraten*

ge·räu·mig *Adj*; ⟨ein Haus, eine Wohnung, ein Zimmer, ein Schrank *usw*⟩ so, dass sie viel Platz bieten || *hierzu* **Ge·räu·mig·keit** *die*

Ge·räusch *das*; *-(e)s*, *-e*; etwas, das man hören kann ⟨ein lautes, leises, dumpfes, störendes, (un)angenehmes Geräusch⟩ || K-: ***geräusch-, -los, -voll*** || Hinweis: ↑ ***Laut, Ton***

ge·recht, *gerechter, gerechtest-*; *Adj* **1** nach Recht oder Moral angemessen ↔ ungerecht ⟨eine Entscheidung, eine Strafe,

G

ein Urteil; j-n gerecht behandeln, bestrafen, beurteilen⟩ **2** *nicht adv*; gerecht (1) handelnd ↔ ungerecht ⟨ein Richter, ein Vater⟩ **3** *nur attr, nicht adv* ≈ gut begründet ⟨ein Anspruch, eine Forderung, ein Zorn⟩ **4** ***j-m / etwas gerecht werden*** über j-n / etwas richtig urteilen und so handeln: *Der Film wird dem Thema nicht gerecht*

Ge·re·de *das*; *-s*; *nur Sg*; *pej* **1** langes, sinnloses Reden über etwas (*meist* Unwichtiges) ≈ Geschwätz ⟨dummes, törichtes Gerede⟩ **2** ***Gerede (über j-n / etwas)*** das (Negative und *meist* Falsche), was über j-n / etwas gesagt wird ≈ Klatsch ⟨es gibt böses, viel Gerede⟩ **3** ***j-d / etwas kommt ins Gerede*** j-d / etwas wird (in negativer Form) zum öffentlichen Thema

ge·reizt, *gereizter, gereiztest-*; *Adj*; nervös und aggressiv ⟨eine Atmosphäre; gereizt sein, reagieren⟩ || *hierzu* **Ge·reizt·heit** *die*

◆**Ge·richt**[1] *das*; *-(e)s, -e* **1** *meist Sg*; eine öffentliche Einrichtung, bei der *oft* ein Richter darüber entscheidet, ob j-d gegen ein Gesetz verstoßen hat und welche Strafe es dafür gibt ⟨eine Sache vor Gericht bringen; mit einer Sache vor Gericht gehen; sich vor (dem) Gericht verantworten müssen⟩ || K-: ***Gerichts-, -prozess, -verfahren, -verhandlung*** **2** *nur Sg*; die Richter, die das Urteil in einem Prozess sprechen ⟨das Gericht spricht j-n frei, verurteilt j-n⟩ || K-: ***Gerichts-, -be- schluss, -urteil*** **3** das Gebäude, in dem das Gericht (1) urteilt || K-: ***Gerichts-, -gebäude, -saal*** **4** ***vor Gericht kommen / stehen*** angeklagt werden / sein || ID ***mit j-m hart / streng ins Gericht gehen*** j-n streng kritisieren oder bestrafen

◆**Ge·richt**[2] *das*; *-(e)s, -e*; ein warmes Essen ⟨ein Gericht zubereiten, auftragen / auf den Tisch bringen⟩: *ein vegetarisches Gericht* || -K: ***Fisch-, Fleisch-, Pilz-*** *usw*

ge·riet ↑ ***geraten***

◆**ge·ring** *Adj* **1** wenig oder klein (in Bezug auf die Menge, das Ausmaß, die Dauer *usw*) ⟨ein Gewicht, eine Größe, eine Entfernung, eine Dauer⟩: *Der Zug fuhr mit geringer Verspätung in den Bahnhof ein* **2** klein, nicht sehr wichtig ⟨ein Unterschied; von geringer Bedeutung⟩: *Er hat nur noch eine geringe Chance zu siegen* **3** wenig intensiv ⟨eine Anstrengung⟩: *Er gibt sich nicht die geringste Mühe bei seiner Arbeit* **4** ***j-n / etwas gering achten / schätzen*** j-n / etwas als unbedeutend ansehen ≈ verachten **5** ***nicht im Geringsten*** ≈ überhaupt nicht: *Das interessiert mich nicht im Geringsten!*

ge·rin·nen; *gerann, ist geronnen*; ***etwas gerinnt*** eine Flüssigkeit wird (allmählich) fest ⟨Blut, Milch⟩ || *hierzu* **Ge·rin·nung** *die*

Ge·rip·pe *das*; *-s, -*; ≈ Skelett

ge·ris·sen *Adj*; *gespr, meist pej* ≈ schlau (1) ⟨ein Betrüger, ein Geschäftsmann⟩ || *hierzu* **Ge·ris·sen·heit** *die*

Ger·ma·nis·tik *die*; *-*; *nur Sg*; die Wissenschaft, die *bes* die deutsche Sprache und Literatur erforscht ⟨Germanistik studieren, lehren⟩ || *hierzu* **Ger·ma·nist** *der*; **ger·ma·nis·tisch** *Adj*

◆**gern**, **ger·ne**, *lieber, am liebsten*; *Adv* **1** mit Freude und Vergnügen ⟨etwas gern tun, etwas gern haben (wollen), etwas gern mögen; ein gern gesehener Gast⟩: *Im Sommer gehe ich gern zum Schwimmen*; *Meinen alten Mantel trage ich viel lieber als den neuen*; *Am liebsten würde ich jetzt einen Spaziergang machen* **2** ≈ ohne weiteres: *Das glaube ich dir gern!*; *Du kannst gern ein Stück von meinem Kuchen haben* **3** ***j-n gern haben*** j-n mögen: *Ich habe ihn wirklich gern, aber ich liebe ihn nicht*

Gers·te *die*; *-*; *nur Sg*; ein Getreide, aus dem man *z.B.* Bier macht

Ge·ruch *der*; *-(e)s, Ge·rü·che* **1** etwas, das man mit der Nase wahrnehmen kann: *ein unangenehmer Geruch nach faulem Obst* || K-: ***geruch-, -los*** **2** *nur Sg*; die Fähigkeit zu riechen

Ge·rücht *das*; *-(e)s, -e*; eine Nachricht, die sich verbreitet, die aber *oft* nicht wahr ist ⟨ein Gerücht geht um; ein Gerücht ausstreuen / in die Welt setzen⟩

Ge·rüm·pel *das*; *-s*; *nur Sg*; *pej*; alte Dinge, die kaputt oder nutzlos sind (und doch irgendwo aufbewahrt werden)

Ge·rüst *das*; *-(e)s, -e*; eine (hohe) Konstruktion aus Stangen und Brettern ⟨ein Gerüst aufbauen / errichten, abbauen⟩ || -K: ***Bau-, Maler-***; ***Holz-, Stahl-***

◆**ge·samt-** *Adj*; *nur attr, nicht adv* **1** alle Mitglieder (einer Gruppe) ohne Ausnahme: *die gesamte Familie*; *die gesamte Bevölkerung* **2** alles (von einer Menge, Einheit) ohne Einschränkung: *die gesamte Ernte*; *sein gesamtes Einkommen* || K-: ***Gesamt-, -wert***

Ge·samt·heit *die*; *-*; *nur Sg*; alle Personen, Dinge, Erscheinungen, die gemeinsame Merkmale haben und deshalb mit einem Begriff genannt werden: *die Gesamtheit der Lehrer einer Schule*

Ge·sang *der*; *-(e)s*; *nur Sg*; das Singen ⟨der Gesang eines Vogels, eines Chores; der Gesang von Liedern⟩ || K-: ***Gesangs-, -unterricht, -verein***

Ge·säß *das*; *-es*, *-e*; der Teil des Körpers, auf dem man sitzt

◆**Ge·schäft** *das*; *-(e)s*, *-e* **1** das Kaufen oder Verkaufen von Waren oder Leistungen mit dem Ziel, einen (finanziellen) Gewinn zu machen ≈ Handel ⟨(mit j-m) Geschäfte machen, (mit j-m) ein Geschäft abschließen, abwickeln, tätigen; die Geschäfte gehen gut, schlecht⟩ || K-: ***Geschäfts-, -abschluss, -brief, -freund, -partner, -reise*** **2** eine (*meist* kaufmännische) Firma ≈ Betrieb[1], Unternehmen[2] ⟨ein Geschäft gründen, führen / leiten, aufgeben⟩: *Nach dem Tode seines Vaters übernahm er die Leitung des Geschäfts* || K-: ***Geschäfts-, -inhaber*** **3** ein Gebäude oder der Teil eines Gebäudes, in dem Dinge zum Verkauf angeboten werden ≈ Laden: *Dieses Geschäft ist / hat / bleibt über Mittag geöffnet* || K-: ***Geschäfts-, -räume, -straße*** || -K: ***Lebensmittel-, Schreibwaren-*** *usw* **4** eine Aufgabe, die j-d (regelmäßig) tun muss ≈ Funktion ⟨ein Geschäft übernehmen, erfüllen, abgeben⟩ **5** ***sein Geschäft verstehen*** seine (beruflichen) Aufgaben gründlich und gut machen

ge·schäft·lich *Adj*; in Bezug auf ein Geschäft (1) ↔ privat ⟨ein Gespräch, eine Vereinbarung; geschäftlich verreisen⟩

Ge·schäfts·füh·rer *der*; j-d, der (im Auftrag des Besitzers, eines Vorstandes) eine Firma, einen Verein oder eine Organisation leitet

Ge·schäfts·lei·tung *die*; *nur Sg* **1** die Führung des Unternehmens **2** alle Personen, die an der Leitung eines Unternehmens beteiligt sind

Ge·schäfts·mann *der*; *-(e)s*, *Ge·schäfts·leu·te*; ein Mann, der ein Geschäft (2) leitet oder besitzt || Hinweis: Wenn man von *Geschäftsleuten* spricht, können auch *Frauen* gemeint sein

◆**ge·sche·hen** [gəˈʃeːən]; *geschieht*, *geschah*, *ist geschehen* **1** ***etwas geschieht*** etwas ereignet sich in einer bestimmten Situation ≈ etwas passiert ⟨ein Unfall, ein Unglück, ein Unrecht, ein Wunder *usw*⟩: *Es geschieht immer wieder*, dass ... **2** ***etwas geschieht j-m*** etwas Unangenehmes tritt ein ≈ etwas widerfährt, passiert j-m: *Keine Angst, hier kann dir nichts geschehen!* **3** ***etwas geschieht*** (***mit j-m*** / ***etwas***) etwas wird (mit j-m / etwas) getan, etwas wird (mit j-m) unternommen: *„Was geschieht mit den Kindern, wenn ihr in Urlaub seid?" – „Sie bleiben bei der Oma"* || ID ***Gern(e) geschehen!*** verwendet, um höflich zu antworten, wenn einem j-d dankt: *„Vielen Dank für deine Hilfe" – „(Bitte,) gern geschehen!"*

ge·scheit; *gescheiter*, *gescheitest-*; *Adj*; mit viel Verstand, Intelligenz ≈ klug ⟨eine Äußerung, eine Idee; Menschen⟩ || *hierzu* **Ge·scheit·heit** *die*

◆**Ge·schenk** *das*; *-(e)s*, *-e* **1** ***ein Geschenk*** (***von j-m***) (***für j-n***) etwas, das man j-m kostenlos gibt, *meist* um ihm eine Freude zu machen ⟨ein kleines, großzügiges, wertvolles, (un)passendes Geschenk⟩: *Hast du schon ein Geschenk für Mutter zum Geburtstag?* || -K: ***Abschieds-, Geburtstags-, Hochzeits-*** **2** ***j-m ein Geschenk machen***; ***j-m etwas zum Geschenk machen*** ≈ j-m etwas schenken

◆**Ge·schich·te**[1] *die*; *-*; *nur Sg* **1** ***die Geschichte*** (*+ Gen*) die Entwicklung (eines Teils) der menschlichen Kultur oder der Natur ⟨der Gang / Lauf der Geschichte⟩: *die Geschichte Deutschlands, Amerikas usw*; *die Geschichte der Malerei, der Medizin, des Mittelalters, der Französischen Revolution* || K-: ***Geschichts-, -wissenschaft, -wissenschaftler*** || -K: ***Kultur-, Kunst-, Literatur-*** *usw* **2** ***die Geschichte*** (*+ Gen*) (der Verlauf) wie etwas entsteht, sich etwas (zu etwas) entwickelt || -K: ***Entstehungs-, Kranken-*** **3** die Wissenschaft, die sich mit der Geschichte (1) beschäftigt ⟨Geschichte studieren, lehren⟩ **4** ***eine Geschichte*** (*+ Gen*) ein Buch *o.Ä.*, das sich mit der Geschichte (1) beschäftigt: *eine Geschichte des Zweiten Weltkriegs schreiben* **5** ein Fach in der Schule, in dem die Kinder die gesellschaftliche, politische und wirtschaftliche Geschichte (1) lernen || K-: ***Geschichts-, -buch, -lehrer, -stunde*** || ID ***j-d / etwas geht in die Geschichte ein*** j-d / etwas ist so wichtig, dass sich spätere Generationen an ihn / daran erinnern werden

◆**Ge·schich·te**[2] *die*; *-*, *-n* **1** ***eine Geschichte*** (***über j-n / etwas***); ***eine Geschichte*** (***von j-m / etwas***) ein mündlicher oder schriftlicher Text, in dem von Ereignissen berichtet wird, die erfunden oder wirklich geschehen sind ⟨eine wahre, spannende, unterhaltsame, lustige, rührende Geschichte; (j-m) eine Geschichte erzählen, vorlesen⟩: *Sie schrieb eine Geschichte über eine romantische Liebe*; *Die Geschichte handelt von drei Hunden* || K-: ***Geschichten-, -erzähler*** || -K: ***Abenteuer-, Detektiv-, Liebes-, Tier-*** **2** *gespr, meist pej* ≈ Angelegenheit, Sache ⟨eine dumme, unangenehme Geschichte; sich aus einer Geschichte heraushalten⟩: *Mach bloß keine große Geschichte daraus!*

G

ge·schịcht·lich *Adj* **1** *nur attr oder adv*; in Bezug auf die Geschichte[1] (1) ⟨ein Rückblick, ein Überblick, eine Entwicklung⟩ **2** tatsächlich in der Geschichte[1] (1) geschehen ≈ historisch ⟨ein Ereignis, eine Tatsache, eine Wahrheit⟩

Ge·schịck *das*; *-(e)s*; *nur Sg*; die Fähigkeit, etwas gut und schnell zu machen ⟨ein, kein Geschick für / zu etwas haben⟩

ge·schịckt, *geschickter, geschicktest-*; *Adj* **1** mit der Fähigkeit, etwas gut und schnell zu machen ⟨ein Handwerker; (handwerklich) geschickt sein; sich bei etwas geschickt anstellen⟩ **2** gut, gewandt und klug: *Sein Anwalt hat ihn geschickt verteidigt* || *hierzu* **Ge·schịck·lich·keit** *die*

ge·schie·den *Adj*; nicht mehr verheiratet ⟨geschieden sein⟩

◆**Ge·schirr** [gəˈʃɪr] *das*; *-(e)s*; *nur Sg*; die Dinge aus Glas, Porzellan *o.Ä.*, aus / von denen man isst oder trinkt, *bes* Teller, Schüsseln und Tassen ⟨das Geschirr abräumen, (ab)spülen, abwaschen, abtrocknen⟩ || K-: ***Geschirr-, -schrank, -spülmaschine, -spülmittel***

Ge·schlẹcht *das*; *-(e)s, -er* **1** *nur Sg*; die Merkmale, durch die ein Mensch oder Tier als männlich oder weiblich bezeichnet wird: *Welches Geschlecht hat die Katze?* || K-: ***Geschlechts-, -drüsen, -organe*** **2** *nur Sg*; alle Menschen oder Tiere mit dem gleichen Geschlecht (1) ⟨das männliche, weibliche Geschlecht⟩ **3** *nur Sg*; *Ling* ≈ Genus

Ge·schlẹchts·ver·kehr *der*; *nur Sg* ≈ Sex ⟨(mit j-m) Geschlechtsverkehr haben⟩

◆**Ge·schmạck** *der*; *-(e)s, Ge·schmä·cke*, *gespr hum Ge·schmä·cker* **1** *nur Sg*; das, was man mit der Zunge beim Essen oder Trinken wahrnimmt ⟨ein süßer, salziger, saurer, bitterer, unangenehmer, guter, intensiver Geschmack⟩: *Die Wurst hat einen seltsamen Geschmack - Ich glaube, sie ist schlecht geworden* **2** *nur Sg*; die Fähigkeit, Schönes von Hässlichem und Gutes von Schlechtem zu unterscheiden ⟨ein guter, sicherer, schlechter Geschmack; viel, wenig, (keinen) Geschmack haben⟩: *Sie kleidet sich immer mit viel Geschmack* **3** eine persönliche Vorliebe für etwas ⟨etwas ist nach j-s Geschmack⟩: *Wir haben in vielen Dingen den gleichen Geschmack* || ID ***an etwas*** (*Dat*) ***Geschmack finden*** beginnen, etwas gern zu tun oder gern zu mögen; ***Die Geschmäcker sind verschieden*** *gespr hum*; verwendet, um auszudrücken, dass man j-s Vorliebe für j-n / etwas seltsam findet, nicht teilt || ▸ ***schmecken***

ge·schmạck·los *Adj* **1** ohne Geschmack (2) ↔ geschmackvoll: *eine geschmacklos eingerichtete Wohnung* **2** ohne Takt ⟨eine Bemerkung, ein Witz⟩ || *hierzu* **Ge·schmạck·lo·sig·keit** *die*

ge·schmạck·voll *Adj*; so, dass es ein sicheres ästhetisches Urteil erkennen lässt ↔ geschmacklos (1): *eine geschmackvoll gekleidete Dame*

Ge·schọ̈pf *das*; *-(e)s, -e* ≈ Lebewesen: *ein Geschöpf Gottes*

Ge·schọss[1] *das*; *-es, -e*; die aus einem Gewehr (einem Revolver, einer Kanone *usw*) abgeschossene Kugel

Ge·schọss[2], Ⓐ **Ge·schoß** *das*; *-es, -e* ≈ Etage, Stockwerk: *ein Haus mit drei Geschossen* / Ⓐ *Geschoßen* || -K: ***Dach-, Erd-, Ober-, Unter-***

Ge·schrei *das*; *-s*; *nur Sg*; *pej*; das (dauernde) Schreien || -K: ***Kinder-***

Ge·schwạ̈tz *das*; *-es*; *nur Sg*; *gespr pej*; langes Reden ≈ Klatsch ⟨dummes, leeres Geschwätz⟩: *Sie gibt nichts auf das Geschwätz der Leute*

◆**Ge·schwịn·dig·keit** *die*; *-, -en* **1** das Verhältnis der Strecke, die man / etwas geht, fährt *o.Ä.*, zu der Zeit, die man / etwas dafür braucht ≈ Tempo ⟨mit großer, hoher, niedriger Geschwindigkeit fahren; die Geschwindigkeit messen, erhöhen, reduzieren, beibehalten⟩ || K-: ***Geschwindigkeits-, -beschränkung*** **2** das Verhältnis der geleisteten Arbeit *o.Ä.* zu der Zeit, die dafür gebraucht wird ≈ Schnelligkeit: *Der Computer verarbeitet die Daten mit rasender Geschwindigkeit*

◆**Ge·schwịs·ter** *die*; *Pl*; die (männlichen und weiblichen) Kinder derselben Eltern: *„Hast du noch Geschwister?" – „Ja, ich habe einen Bruder und zwei Schwestern"* || *hierzu* **ge·schwịs·ter·lich** *Adj*

ge·sẹl·lig *Adj* **1** gern mit anderen Menschen zusammen: *Peter ist ein sehr geselliger Typ* **2** ≈ unterhaltsam ⟨ein Abend, ein Beisammensein⟩ || *hierzu* **Ge·sẹl·lig·keit** *die*

◆**Ge·sẹll·schaft**[1] *die*; *-, -en* **1** *meist Sg*; die Gesamtheit der Menschen, die in einem politischen, wirtschaftlichen und sozialen System zusammenleben ⟨die bürgerliche, sozialistische Gesellschaft⟩ || K-: ***Gesellschafts-, -form, -schicht, -system*** **2** *meist Sg*; die Verhältnisse, Strukturen und besonderen Merkmale, durch die eine Gesellschaft (1) bestimmt ist: *die Rolle der Frau in der Gesellschaft untersuchen* || K-: ***Gesellschafts-, -kritik*** || -K: ***Dienstleistungs-, Industrie-*** **3** *meist Sg*; die Menschen, die beieinander sind oder einen umgeben ⟨eine fröhliche, langweilige

Gesellschaft; sich in guter / schlechter Gesellschaft befinden⟩ || -K: ***Hochzeits-*** **4** *nur Sg*; ***j-s Gesellschaft*** das Zusammensein mit j-m ≈ Umgang ⟨j-s Gesellschaft suchen, meiden⟩: *Sie legt auf seine Gesellschaft keinen großen Wert* **5** ***j-m Gesellschaft leisten*** bei j-m bleiben, damit er nicht allein ist

♦**Ge·sẹll·schaft**[2] *die*; -, *-en*; *Ökon*; eine Vereinigung von mehreren Personen, die zusammen ein wirtschaftliches Unternehmen führen ≈ Firma, Unternehmen[2] || -K: ***Flug-, Handels-***

ge·sẹll·schaft·lich *Adj*; *nur attr oder adv*; so, dass es die ganze Gesellschaft (1) betrifft ≈ sozial (2) ⟨Entwicklungen, Zusammenhänge⟩

♦**Ge·sẹtz** *das*; *-es*, *-e* **1** eine rechtliche Norm des Staates, die alle beachten müssen ⟨die geltenden Gesetze; ein Gesetz verabschieden / erlassen; ein Gesetz einhalten, brechen / übertreten / verletzen; gegen ein Gesetz verstoßen; ein Gesetz tritt in / außer Kraft⟩: *ein Gesetz zur Bekämpfung des Drogenmissbrauchs* || K-: ***Gesetz-, -buch, -entwurf*** || -K: ***Straf-*** **2** *meist Pl*; ein Prinzip oder eine feste Regel, die allgemein beachtet werden: *die ungeschriebenen Gesetze der Höflichkeit* **3** eine feste Regel, nach der ein Vorgang in der Natur oder in der Gesellschaft verläuft ⟨ein physikalisches Gesetz⟩: *das Gesetz von der Erhaltung der Energie* || -K: ***Natur-*** || ID ***mit dem Gesetz in Konflikt kommen / geraten*** eine Straftat begehen

Ge·sẹtz·ge·ber *der*; *-s*; *nur Sg*; eine Institution (*z.B.* das Parlament), die Gesetze beschließt oder ändert

ge·sẹtz·lich *Adj*; durch ein Gesetz (1) festgelegt, geregelt ≈ rechtlich

♦**Ge·sịcht** *das*; *-(e)s*, *-er* **1** der vordere Teil des (menschlichen) Kopfes vom Kinn bis zu den Haaren ⟨ein hübsches, hässliches, schmales, rundliches, markantes Gesicht⟩ || K-: ***Gesichts-, -ausdruck, -hälfte*** || -K: ***Kinder-*** **2** *gespr*; der Ausdruck des Gesichts (1), der die Gefühle der Person zeigt ≈ Miene ⟨ein ängstliches, beleidigtes, ernstes, fröhliches, verlegenes Gesicht machen⟩ || ID ***j-d zeigt sein wahres Gesicht*** j-d zeigt nach einer Zeit der Täuschung seinen wahren (*meist* schlechten) Charakter und was er wirklich will; ***j-n / etwas zu Gesicht bekommen*** j-n / etwas sehen: *Ich habe meinen neuen Nachbarn noch nicht zu Gesicht bekommen*; ***j-m etwas ins Gesicht sagen / schleudern*** j-m etwas (Unangenehmes) direkt / rücksichtslos sagen; ***j-d ist j-m wie aus dem Gesicht geschnitten*** j-d ist j-m sehr ähnlich

Ge·sịn·nung *die*; -, *-en*; *meist Sg*; die (charakterliche) Haltung, die das Denken und Handeln bestimmt ≈ Einstellung: *seine politische Gesinnung ändern* || K-: ***Gesinnungs-, -wandel-, -wechsel***

Ge·spẹnst *das*; *-(e)s*, *-er*; das (scheinbare) Bild einer Person, das in der Vorstellung mancher Menschen nach ihrem Tod wieder erscheint ≈ Geist[2] (2), Spuk ⟨(nicht) an Gespenster glauben⟩ || ID ***Gespenster sehen*** *gespr*; sich Sorgen machen oder Angst haben, obwohl kein Grund dazu besteht || *hierzu* **ge·spẹns·ter·haft** *Adj*

♦**Ge·spräch** *das*; *-(e)s*, *-e* **1** ***ein Gespräch*** (***mit j-m / zwischen j-m*** (*Pl*)) (***über etwas*** (*Akk*)) das, was zwei oder mehrere Personen sich sagen oder einander erzählen ≈ Unterhaltung, Unterredung ⟨ein offenes, persönliches, dienstliches, fachliches Gespräch; mit j-m ein Gespräch anfangen; mit j-m ins Gespräch kommen; in ein Gespräch vertieft sein⟩: *Gespräche mit seinem Geschäftspartner führen* || K-: ***Gesprächs-, -partner, -stoff, -thema***; ***gesprächs-, -bereit*** **2** *nur Sg*; das Thema, über das man sich unterhält: *Die Hochzeit der Filmschauspielerin war das Gespräch des Tages* || -K: ***Stadt-, Tages-*** **3** ***ein Gespräch*** (***mit j-m***) (***über etwas*** (*Akk*)) ein Gespräch (1), das man am Telefon mit j-m führt ≈ Telefonat ⟨auf ein Gespräch warten⟩ || K-: ***Gesprächs-, -teilnehmer*** || -K: ***Auslands-, Fern-*** || ID ***j-d ist*** (***als etwas***) ***im Gespräch*** j-d ist Gegenstand von (öffentlichen) Diskussionen *o.Ä.*: *Er ist als neuer Direktor im Gespräch*

ge·sprä·chig *Adj*; ⟨ein Mensch⟩ so, dass er gern redet, viel erzählt ≈ mitteilsam ↔ schweigsam || *hierzu* **Ge·sprä·chig·keit** *die*

Ge·stạlt *die*; -, *-en* **1** *meist Sg*; die (äußere) Form des Körpers (in Hinsicht auf besondere Merkmale) ⟨von hagerer, schmächtiger, untersetzter Gestalt sein⟩: *Die Erde hat die Gestalt einer Kugel* **2** eine Person, die man *meist* nicht deutlich erkennen kann: *In der Ferne sah man eine dunkle Gestalt* **3** eine (erfundene) Person in einer Geschichte, einem Film ≈ Figur (2): *Die Gestalten des Romans sind frei erfunden* || -K: ***Märchen-, Fantasie-, Roman-***

ge·stạl·ten; *gestaltete, hat gestaltet*; ***etwas irgendwie gestalten*** eine Sache in die gewünschte Form bringen, ihr die gewünschten Merkmale geben: *ein Schaufenster künstlerisch, den Abend abwechs-*

lungsreich, sein Leben angenehm gestalten || *hierzu* **Ge·stal·tung** *die*

Ge·ständ·nis *das*; *-ses, -se*; die Aussage (*bes* vor Gericht oder vor der Polizei), dass man etwas (Verbotenes) getan hat ⟨ein Geständnis ablegen, verweigern, widerrufen⟩ || -K: ***Schuld-*** || ▸ ***gestehen***

Ge·stank *der*; *-(e)s*; *nur Sg*; ein schlechter, unangenehmer Geruch: *der Gestank fauler Eier* || ▸ ***stinken***

ge·stat·ten; *gestattete, hat gestattet*; ***(j-m) etwas gestatten*** ≈ j-m etwas erlauben ↔ j-m etwas verbieten: *Es ist den Schülern nicht gestattet, in der Schule* zu *rauchen*

G

Ges·te *die*; *-, -n* **1** eine Bewegung (*meist* mit den Händen oder Armen), die etwas ausdrücken soll ≈ Gebärde ⟨eine abwehrende, einladende, ungeduldige Geste⟩ **2** eine Handlung mit symbolischer Bedeutung ⟨eine höfliche, nette Geste⟩: *Es war eine nette Geste, ihr Blumen ins Krankenhaus zu schicken*

ge·ste·hen; *gestand, hat gestanden* **1** (***(j-m) etwas***) ***gestehen*** (nachdem man es längere Zeit geheim gehalten hat) sagen, dass man etwas (Verbotenes) oder Böses getan hat: *Der Angeklagte hat den Mord gestanden* **2** *meist* ***j-m seine Liebe gestehen*** j-m sagen, dass man ihn liebt || ▸ ***Geständnis***

Ge·stell *das*; *-(e)s, -e* **1** ein Gegenstand, der aus Stangen und Brettern zusammengebaut ist und auf den man *z.B.* Flaschen, Gläser oder Bücher stellen kann ≈ Regal || -K: ***Bücher-*** **2** der Rahmen eines Gegenstands, einer Maschine oder eines Apparats, an dem andere, kleinere Teile befestigt sind || -K: ***Brillen-***

◆**ges·tern** *Adv*; am zuletzt vergangenen Tag ↔ heute, morgen ⟨gestern früh, Vormittag, Mittag, Nachmittag, Abend⟩: *Gestern Abend kamen wir in Hamburg an, heute besichtigten wir die Stadt, und morgen wollen wir ans Meer fahren*

ge·streift *Adj*; *nicht adv*; mit Streifen: *Das Zebra hat ein gestreiftes Fell*

gest·ri·g- *Adj*; *nur attr, nicht adv* **1** vom vergangenen Tag ≈ von gestern: *Die Anzeige stand in der gestrigen Zeitung* **2** *geschr* ≈ altmodisch ↔ modern: *gestrige Ansichten vertreten*

◆**ge·sund**, *gesünder / gesunder, gesündest- / gesundest-*; *Adj* **1** frei von Krankheit ↔ krank (1): *nach einer Krankheit wieder gesund werden* **2** ohne die Schäden, die durch eine Krankheit verursacht werden ↔ krank ⟨ein Herz; Zähne, Haare *usw*⟩ **3** mit einer positiven Wirkung auf die Gesundheit (1) ⟨die Ernährung, eine Lebensweise; gesund leben⟩: *Rauchen ist nicht gesund* **4** (nach Meinung der meisten Menschen) natürlich, normal und vernünftig ⟨Ansichten; ein Ehrgeiz⟩: *eine gesunde Einstellung zur Sexualität haben*

ge·sun·den; *gesundete, ist gesundet*; *geschr*; wieder gesund werden ≈ genesen ↔ erkranken || *hierzu* **Ge·sun·dung** *die*

◆**Ge·sund·heit** *die*; *-*; *nur Sg* **1** der gute körperliche Zustand, in dem man ganz gesund ist ⟨etwas für seine Gesundheit tun; sich bester Gesundheit erfreuen; bei guter Gesundheit sein⟩: *Rauchen schadet der Gesundheit* || K-: ***Gesundheits-, -risiko, -zustand***; ***gesundheits-, -gefährdend, -schädlich*** **2** der Zustand, gesund (2) zu sein: *auf die Gesundheit der Zähne achten* || *zu* **1** und **2 ge·sund·heit·lich** *Adj*

◆**Ge·tränk** *das*; *-(e)s, -e*; eine Flüssigkeit, die man trinken kann ⟨ein alkoholisches, alkoholfreies, erfrischendes, kühles, heißes Getränk⟩ || K-: ***Getränke-, -automat*** || -K: ***Erfrischungs-***

◆**Ge·trei·de** *das*; *-s*; *nur Sg*; alle Pflanzen (wie Weizen, Roggen, Gerste, Hafer *o.Ä.*), aus deren Körnern man Mehl macht ⟨Getreide anbauen, mähen, ernten, dreschen⟩ || K-: ***Getreide-, -anbau, -ernte, -mühle, -sorte***

Ge·wächs [-ks] *das*; *-es, -e* ≈ Pflanze ⟨ein heimisches, tropisches Gewächs⟩

Ge·währ [gəˈvɛːɐ̯] *die*; *-*; *nur Sg*; *geschr*; die Sicherheit oder Garantie, dass etwas in Ordnung, richtig ist ⟨für etwas die Gewähr übernehmen⟩

ge·wäh·ren; *gewährte, hat gewährt*; *geschr* **1** ***j-m etwas gewähren*** j-m etwas geben, worum er gebeten hat ⟨j-m Asyl, Schutz gewähren; j-m einen Kredit gewähren⟩ **2** ***j-m etwas gewähren*** j-m etwas erlauben, das er sich gewünscht hat ≈ j-m etwas erfüllen ⟨*meist* j-m eine Bitte, einen Wunsch gewähren⟩

ge·währ·leis·ten; *gewährleistete, hat gewährleistet*; ***(j-m) etwas gewährleisten*** *geschr* ≈ (j-m) etwas garantieren: *Können Sie gewährleisten*, dass *die Lieferung morgen ankommt?* || *hierzu* **Ge·währ·leis·tung** *die*

◆**Ge·walt** *die*; *-, -en* **1** *nur Sg*; ***Gewalt*** (***gegen j-n / etwas***) das Benutzen von körperlicher Kraft, Macht, Drohungen, um j-n zu verletzen oder um j-n zu zwingen, etwas zu tun ⟨brutale, rohe Gewalt; Gewalt anwenden; j-m Gewalt androhen, antun⟩: *Wird im Fernsehen zu viel Gewalt gezeigt?* || K-: ***Gewalt-, -anwendung, -herrschaft***; ***gewalt-, -frei, -los*** || -K:

Waffen- **2** *nur Sg*; die Anwendung von körperlicher Kraft, um etwas (gegen Widerstand) zu erreichen: *Die Kiste ließ sich nur mit Gewalt öffnen* **3** *nur Sg*; die große natürliche Kraft, Heftigkeit: *die Gewalt einer Explosion, eines Sturmes, der Wellen* **4** ***Gewalt*** **(*über j-n / etwas*)** die Macht, über j-n / etwas zu herrschen oder zu bestimmen ⟨die elterliche, richterliche, staatliche Gewalt; Gewalt über j-n gewinnen, haben; in j-s Gewalt geraten, sein / stehen⟩: *Der Bankräuber brachte mehrere Geiseln in seine Gewalt* **5** ***sich / etwas*** (*Akk*) ***in der Gewalt haben*** sich / etwas beherrschen können, unter Kontrolle haben: *Sie erschrak, hatte sich aber sofort wieder in der Gewalt*

ge·wạl·tig *Adj* **1** sehr groß, hoch oder kräftig ⟨ein Baum, ein Bauwerk, ein Berg⟩ **2** sehr groß ⟨ein Irrtum, ein Unsinn⟩ **3** sehr groß und beeindruckend ⟨eine Leistung, ein Werk⟩

ge·wạlt·sam *Adj*; mit Gewalt (1, 2): *gewaltsam in ein Haus eindringen*; *eine Kiste gewaltsam öffnen*

ge·wạndt, *gewandter, gewandtest-*; *Adj*; (in seinem Verhalten) besonders geschickt: *ein gewandter Redner, Tänzer* || *hierzu* **Ge·wạndt·heit** *die*

ge·wạnn ↑ ***gewinnen***

Ge·wạ̈s·ser *das*; *-s, -*; **1** eine (relativ große) Fläche (oder Strecke) von Wasser, *z.B.* ein Fluss, See oder Meer ⟨ein trübes, verschmutztes Gewässer⟩ **2** ***ein fließendes Gewässer*** ein Bach, Fluss *o.Ä.* **3** ***ein stehendes Gewässer*** ein See, Meer *o.Ä.*

Ge·we̲·be *das*; *-s, -*; **1** ein Stoff², der durch Weben hergestellt worden ist ⟨ein dichtes, feines Gewebe⟩ **2** *Biol, Med*; die feste Substanz, aus der der Körper oder ein Organ eines Menschen oder Tieres besteht ⟨menschliches, tierisches Gewebe⟩ || -K: ***Muskel-, Nerven-***

Ge·wehr [gəˈveːɐ̯] *das*; *-(e)s, -e*; eine lange Schusswaffe, die man mit beiden Händen hält ⟨das Gewehr laden⟩ || ↑ *Abbildung unter* ***Schusswaffen***

Ge·wẹr·be *das*; *-s, -*; eine (selbstständige) berufliche Tätigkeit im Bereich des Handels, des Handwerks oder der Dienste (Dienstleistungen) ⟨ein Gewerbe ausüben, betreiben⟩ || -K: ***Bau-, Hotel-***

◆**Ge·wẹrk·schaft** *die*; *-, -en*; eine Organisation, die die Interessen der Arbeiter und Angestellten (gegenüber den Arbeitgebern *bzw* dem Staat) vertritt: *die Gewerkschaft der Angestellten* || K-: ***Gewerkschafts-, -führer, -funktionär, -mitglied*** || -K: ***Drucker-, Polizei-*** *usw* || *hierzu* **ge·wẹrk·schaft·lich** *Adj*

◆**Ge·wịcht** *das*; *-(e)s, -e* **1** *nur Sg*; die Schwere eines Körpers, die man *z.B.* in Gramm, Kilogramm angeben kann ⟨ein geringes, großes Gewicht haben; an Gewicht verlieren, zunehmen⟩: *Bei der Geburt hatte das Kind ein Gewicht von dreieinhalb Kilogramm* || K-: ***Gewichts-, -kontrolle, -verlust, -zunahme*** || -K: ***Körper-*** **2** *meist Pl*; Gegenstände (*bes* aus Metall) mit einem bestimmten Gewicht (1), mit denen man (beim Wiegen) das Gewicht (1) von etwas feststellt ⟨kleine, große Gewichte⟩ **3** *nur Sg*; die Bedeutung, Wichtigkeit einer Sache: *Sie maß seinen Versprechungen kein großes Gewicht bei* **4** ***etwas fällt*** **(*kaum, nicht*)** ***ins Gewicht*** etwas ist (nicht) von entscheidender Bedeutung: *Bei einem so großen Projekt fällt diese Summe kaum ins Gewicht* || ▸ ***wiegen***

◆**Ge·wịnn** *der*; *-(e)s, -e* **1** das Geld, das j-d oder ein Unternehmen bei einem Geschäft verdient (nachdem alle Kosten wie Lohn, Miete *o.Ä.* bezahlt sind) ↔ Verlust ⟨(einen) Gewinn machen, erzielen; etwas mit Gewinn verkaufen; etwas bringt Gewinn ein, wirft Gewinn ab⟩ **2** die Summe oder der Preis, die man bei einem Spiel oder in einer Lotterie gewinnen kann || K-: ***Gewinn-, -chance, -spiel, -zahl*** || -K: ***Lotto-, Millionen-***

◆**ge·wịn·nen**; *gewann, hat gewonnen* **1** (***etwas***) ***gewinnen*** in einem Kampf oder Wettstreit der Erste, Beste, Sieger sein ↔ verlieren² ⟨den Krieg, den Pokal, einen Wettkampf, eine Wette gewinnen; ein Spiel knapp, (haus)hoch gewinnen⟩: *Die italienische Mannschaft hat das Fußballspiel 3:0 gewonnen* **2** (***etwas***) ***gewinnen*** bei einem Wettkampf oder Glücksspiel einen Preis bekommen ↔ verlieren² (5): *beim Roulette tausend Euro gewinnen* **3** ***etwas gewinnen*** durch eigene Bemühungen, Anstrengungen etwas bekommen ↔ verlieren¹ (4) ⟨j-s Achtung, Liebe, Vertrauen gewinnen; Ansehen, Einfluss gewinnen⟩ **4** ***j-n für etwas gewinnen*** j-n dazu bewegen, für etwas aktiv zu werden: *Er konnte sie für die Partei gewinnen* **5** ***etwas aus etwas gewinnen*** etwas aus etwas (*meist* einem Naturprodukt) herstellen: *Wein gewinnt man aus Trauben* || *zu* **1** und **2** **Ge·wịn·ner** *der*; **Ge·wịn·ne·rin** *die*; *-, -nen*

ge·wịss, *gewisser, gewissest-*; *Adj* **1** *nur präd, nicht adv*; (***j-m***) ***gewiss*** so, dass es ganz sicher geschehen wird: *Der Sieg ist* *uns gewiss* **2** *nur adv*; mit Sicherheit ≈ sicher, zweifellos: *Wenn du dich nicht beeilst, kommst du gewiss zu spät*

Ge·wis·sen *das*; *-s, -*; *meist Sg* **1** ein Gefühl, das einem sagt, ob man richtig oder falsch gehandelt hat ⟨ein gutes, schlechtes Gewissen haben; sein Gewissen beruhigen, erleichtern⟩ **2** ***ein reines / ruhiges Gewissen*** ein gutes Gewissen (1) || *hierzu* **ge·wis·sen·haft** *Adj*

Ge·wis·sens·bis·se *die*; *Pl*; **(*wegen etwas*) *Gewissensbisse haben***; ***sich* (*über etwas* (*Akk*) / *wegen etwas*) *Gewissensbisse machen*** sich schuldig fühlen, weil man etwas (moralisch) Falsches oder Verbotenes getan hat

ge·wis·ser·ma·ßen *Adv* ≈ sozusagen

◆**Ge·wit·ter** *das*; *-s, -*; Wetter mit Blitz, Donner und starkem Regen und Wind ⟨ein Gewitter zieht auf, entlädt sich, zieht ab⟩ || K-: ***Gewitter-, -regen, -wolken***

◆**ge·wöh·nen, sich**; *gewöhnte sich, hat sich gewöhnt*; ***sich an etwas* (*Akk*) *gewöhnen*** sich (durch Übung *o.Ä.*) mit etwas so vertraut machen, dass es für einen normal, selbstverständlich wird: *sich an die neue Umgebung gewöhnen* || *hierzu* **Ge·wöh·nung** *die*

◆**Ge·wohn·heit** *die*; *-, -en*; ***die Gewohnheit*** (+ ***zu*** + *Infinitiv*) ein Handeln, das durch häufige Wiederholung (unbewusst) automatisch geworden ist ⟨eine alte, feste, liebe, schlechte Gewohnheit; etwas aus reiner Gewohnheit tun; seine Gewohnheiten ändern⟩: *Sie hat die Gewohnheit, nach dem Essen eine Zigarette zu rauchen* || K-: ***gewohnheits-, -gemäß, -mäßig*** || -K: ***Lebens-*** || *hierzu* **ge·wohn·heits·mä·ßig** *Adj*

◆**ge·wöhn·lich** *Adj* **1** so wie immer, nicht von der Regel abweichend ≈ üblich: *Sie wachte zur gewöhnlichen Zeit auf*; *Er benahm sich wie gewöhnlich* **2** nicht besonders auffallend, dem Durchschnitt, der Norm entsprechend ≈ normal: *Heute war ein ganz gewöhnlicher Arbeitstag*

ge·wohnt *Adj* **1** vertraut, üblich geworden ⟨die Umgebung; etwas wie gewohnt tun⟩ **2** ***etwas* (*Akk*) *gewohnt sein*** etwas als selbstverständlich ansehen, weil es immer so ist oder gemacht wird: *Ich bin* (es) *gewohnt, spät ins Bett* zu *gehen*

◆**Ge·würz** *das*; *-es, -e*; eine Substanz (wie *z.B.* Salz oder Pfeffer), die man in kleinen Mengen zum Essen gibt, damit es einen besonderen Geschmack bekommt ⟨ein getrocknetes, mildes, scharfes Gewürz⟩

gibt ↑ ***geben***

Gier [giːɐ̯] *die*; *-*; *nur Sg*; ***die Gier* (*nach etwas*)** der heftige Wunsch, etwas zu haben oder zu bekommen ≈ Begierde: *die grenzenlose Gier nach Macht und Reichtum*

gie·rig *Adj*; ***gierig* (*auf etwas* (*Akk*) / *nach etwas*)** voller Gier ⟨ein Mensch; etwas gierig verschlingen⟩

gie·ßen; *goss, hat gegossen* **1** ***etwas irgendwohin gießen*** eine Flüssigkeit aus einem Gefäß irgendwohin fließen lassen: *Wein in ein Glas gießen* **2** **(*etwas*) *gießen*** Blumen oder anderen Pflanzen (mit einer Gießkanne) Wasser geben || K-: ***Gieß-, -kanne***

◆**Gift** *das*; *-(e)s, -e*; ein schädlicher Stoff, der tödlich sein kann: *Gift gegen Ratten auslegen* || K-: ***Gift-, -müll, -schlange, -stoffe*** || -K: ***Ratten-, Schlangen-*** || ID ***etwas ist* (*das reinste*) *Gift* (*für j-n / etwas*)** etwas schadet j-m / etwas sehr: *Für ihn ist Alkohol das reinste Gift*; *meist* ***Darauf kannst du Gift nehmen!*** *gespr*; darauf kannst du dich verlassen, das ist ganz bestimmt so

gif·tig *Adj* **1** *nicht adv*; mit so viel Gift, dass es gefährlich ist ⟨eine Pflanze, ein Pilz⟩ **2** *nicht adv*; so, dass der Biss oder Stich Gift enthält und gefährlich ist ⟨Schlangen, Skorpione⟩

gilt ↑ ***gelten***

ging ↑ ***gehen***

Gip·fel *der*; *-s, -*; **1** die oberste Spitze eines Berges ⟨einen Gipfel besteigen⟩ **2** ***der Gipfel*** + *Gen* der höchste Grad, das höchste Ausmaß der genannten Sache: *Er befand sich auf dem Gipfel seines Ruhmes*

Gi·ro·kon·to [ˈʒiː-] *das*; ein (Bank)Konto mit sehr niedrigen Zinsen, von dem man sich (jederzeit) Geld holen (und auf das auch Geld geschickt werden) kann

◆**Gi·tar·re** *die*; *-, -n*; ein (Musik)Instrument (mit sechs Saiten), das man mit den Fingern spielt (zupft) ⟨Gitarre spielen; j-n auf der Gitarre begleiten⟩ || K-: ***Gitarren-, -spieler***

Git·ter *das*; *-s, -*; eine flache Konstruktion aus (dünnen) senkrechten und waagrechten Stäben: *ein Gitter vor dem Fenster anbringen* || K-: ***Gitter-, -fenster, -stab***

Glace [ˈglasə] *die*; *-, -n*; (CH) ≈ Eis (2)

Glanz *der*; *-es*; *nur Sg* **1** ***der Glanz*** + *Gen* / ***von etwas*** das Licht, das sich auf einem glatten Gegenstand spiegelt ⟨der Glanz eines Diamanten, des Goldes⟩ **2** das Leuchten ⟨*meist* der Glanz der Sterne, der Sonne⟩

glän·zen; *glänzte, hat geglänzt*; ***etwas***

glänzt etwas strahlt Glanz (1) aus ⟨Gold, ein Spiegel, die Sterne, die Augen⟩
glän·zend *Adj*; sehr gut ≈ hervorragend ⟨ein Tänzer, ein Redner *usw*; eine Idee; sich (mit j-m) glänzend verstehen⟩
◆ **Glas** *das*; *-es*, *Glä·ser* **1** *nur Sg*; ein durchsichtiges, hartes Material, das leicht zerbricht ⟨buntes, geschliffenes Glas; Glas (zer)bricht, splittert, springt⟩ || K-: ***Glas-, -flasche, -scheibe, -scherbe, -splitter, -stücke, -tür*** || -K: ***Fenster-, Flaschen-*** **2** ein (Trink)Gefäß aus Glas (1) ⟨mit seinem Glas anstoßen; die Gläser klirren⟩ || -K: ***Bier-, Wein-; Kristall-*** **3** die Menge einer Flüssigkeit, die in ein Glas (2) passt: *Sie hat schon drei Glas / Gläser Wein getrunken* || Hinweis: als Maßangabe bleibt *Glas* im Plural *oft* unverändert **4** ein Behälter aus Glas (1): *Auf dem Regal stehen Gläser mit Kompott* || -K: ***Marmeladen-*** **5** *meist Pl*; ein geschliffenes Stück Glas (1) für eine Brille: *eine Brille mit dicken Gläsern* || -K: ***Brillen-*** || ID ***zu tief ins Glas geschaut haben*** *gespr hum*; zu viel Alkohol getrunken haben
◆ **glatt**, *glatter / glätter, glattest- / glättest-*; *Adj* **1** ohne Löcher, Risse oder Erhebungen ↔ rau ⟨eine Oberfläche; etwas glatt hobeln, schleifen⟩ **2** ohne Falten *o.Ä.* ⟨Wäsche glatt bügeln⟩ **3** so glatt (1), dass man leicht darauf ausrutschen kann ⟨ein Parkettboden⟩: *Die Straße war sehr glatt* (= vereist) **4** ohne Locken ⟨Haar(e); sein Haar glatt kämmen⟩ **5** (verwendet in Bezug auf Zahlen): *Die Rechnung geht glatt auf* **6** *nur attr oder adv*; ohne Schwierigkeiten oder Probleme ⟨eine Fahrt, Landung; etwas geht, verläuft glatt⟩ **7** *nur attr oder adv*; *gespr* ≈ offensichtlich ⟨Betrug, Blödsinn, eine Lüge⟩: *Das ist glatt gelogen!* **8** *nur attr oder adv*; *gespr*; ohne Zögern ⟨eine Absage, ein Nein; etwas glatt ablehnen⟩ || *zu* **1** und **3 Glät·te** *die*
Glatt·eis *das*; *nur Sg*; gefrorenes Wasser auf Straßen und Wegen || K-: ***Glatteis-, -bildung, -gefahr*** || ID ***j-n aufs Glatteis führen*** j-n täuschen (überlisten)
Glat·ze *die*; -, *-n* **1** das Fehlen von Haaren am ganzen (Hinter)Kopf oder einer relativ großen Stelle **2** *gespr*; eine Person mit (kahl) geschorenem Kopf
Glau·be *der*; *-ns*; *nur Sg* **1** ***der Glaube*** (***an etwas*** (*Akk*)) die feste Überzeugung, dass j-d / etwas existiert oder dass etwas wahr, richtig oder möglich ist: *der Glaube an Gott*; *der Glaube an das Gute im Menschen* **2** ≈ Konfession, Religion ⟨der christliche, jüdische Glaube⟩ || K-: ***Glaubens-, -gemeinschaft***

◆ **glau·ben**; *glaubte, hat geglaubt* **1** (***etwas***) ***glauben*** eine bestimmte Meinung zu etwas haben: *Ich glaube*, dass *er kommen wird*; *„Wird es regnen?“* – *„Ich glaube nicht / schon“* **2** ***j-m*** (***etwas***) ***glauben***; ***etwas glauben*** das, was j-d gesagt oder behauptet hat, für wahr halten: *Ich kann einfach nicht glauben*, dass *er seine Kinder schlägt* **3** ***an etwas*** (*Akk*) ***glauben*** der Meinung sein, dass etwas möglich ist, existiert oder geschehen wird: *an den Sieg glauben*; *Ich glaube nicht an Wunder!* **4** ***an j-n glauben*** Vertrauen zu j-m haben und überzeugt sein, dass er das Richtige tut **5** ***an Gott glauben*** fest davon überzeugt sein, dass Gott existiert || ID ***Ob du es glaubst oder nicht*** *gespr*; verwendet (zur Verstärkung) wenn man j-m etwas Überraschendes mitteilt
◆ **gleich**[1] *Adj* **1** ohne Unterschied, von derselben Größe, Form, Zahl, Art *o.Ä.* ⟨gleich geartet, gesinnt sein⟩: *einen Kuchen in zwölf gleiche Teile schneiden*; *Christa und ich sind gleich groß und gleich alt* **2** sehr ähnlich, in vielen Merkmalen übereinstimmend: *Sie hat die gleiche Frisur wie du*; *Sie sind sich in vielem gleich* **3** (***ist***) ***gleich*** *Math* ≈ ist, ergibt: *Zwei plus drei (ist) gleich fünf* **4** *nur attr, nicht adv*; *gespr* ≈ derselbe / dieselbe / dasselbe: *Obwohl Petra und Kerstin im gleichen Stadtteil wohnen, sehen sie sich nur selten* **5** ***etwas ist j-m gleich*** etwas ist nicht interessant, nicht wichtig (für j-n) ≈ etwas ist j-m egal: *Wenn ich arbeiten muss, ist es mir gleich*, wie *das Wetter ist* || ID ***Gleiches mit Gleichem vergelten*** j-n genauso behandeln, wie er einen behandelt hat
◆ **gleich**[2] *Adv* **1** in sehr kurzer Zeit ≈ sofort: *Sie hat den Arzt angerufen, und er ist gleich gekommen* **2** ***gleich*** (+ *Präp*) + *Ortsangabe* in direkter Nähe: *Er wohnt gleich nebenan*
◆ **gleich**[3] *Partikel* **1** *unbetont*; verwendet in Fragen eines Sprechers, der sich im Augenblick nicht an etwas erinnern kann: *Wie war doch gleich ihre Telefonnummer?* **2** verwendet in (Aussage- und Aufforderungs)Sätzen, um Ungeduld oder leichten Ärger auszudrücken: *Ich habe dir doch gleich gesagt, dass das nicht geht!* **3** *unbetont*; verwendet, um auszudrücken, dass etwas überraschend viel ist: *Die Hemden haben mir so gut gefallen, da habe ich gleich drei davon gekauft*
◆ **gleich·be·rech·tigt** *Adj*; mit den gleichen Rechten ⟨gleichberechtigte Partner⟩: *Nicht in allen Ländern der Erde sind*

G

Mann und Frau gleichberechtigt || *hierzu* **Gleich·be·rech·ti·gung** *die*

glei·chen; *glich, hat geglichen*; ***j-m / etwas*** **(*in etwas* (*Dat*))** ***gleichen*** j-m / etwas (*meist* im Aussehen) sehr ähnlich sein ≈ j-m / etwas ähneln: *Er gleicht seinem Vater nicht nur äußerlich, sondern auch in seinem Temperament*

◆**gleich·falls** *Adv*; verwendet, um einen Wunsch oder einen Gruß zu erwidern: *„Schönen Tag noch!" – „Danke gleichfalls!"*

Gleich·ge·wicht *das*; *-(e)s*; *nur Sg* **1** der Zustand, dass das Gewicht eines Körpers so verteilt ist, dass er nicht schwankt ≈ Balance ⟨im Gleichgewicht sein; das Gleichgewicht halten, verlieren⟩ **2** die seelische Ruhe: *sich nicht so leicht aus dem (seelischen) Gleichgewicht bringen lassen*

gleich·gül·tig *Adj* **1** ohne Interesse: *sich (j-m gegenüber) gleichgültig verhalten* **2** *nicht adv*; ***j-m gleichgültig*** für j-n völlig unwichtig || *zu* **1 Gleich·gül·tig·keit** *die*

◆**gleich·mä·ßig** *Adj* **1** ohne den Rhythmus, den Druck, das Tempo *o.Ä.* dabei zu ändern: *gleichmäßig atmen*; *sich in gleichmäßigem Tempo bewegen* **2** zu gleichen Teilen: *die Bonbons gleichmäßig an die Kinder verteilen* || *hierzu* **Gleich·mä·ßig·keit** *die*

◆**gleich·zei·tig** *Adj*; *nur attr oder adv*; zur gleichen Zeit (stattfindend): *Die Kinder redeten alle gleichzeitig* || *hierzu* **Gleich·zei·tig·keit** *die*

◆**Gleis** *das*; *-es, -e*; die zwei Schienen, die parallel zueinander verlaufen und auf denen *z.B.* Züge, Straßenbahnen oder U-Bahnen fahren: *Der Zug fährt / läuft auf Gleis 2 ein* || K-: ***Gleis-, -anlage*** || -K: **(*Eisen*)*Bahn-, Straßenbahn-***

glei·ten; *glitt, ist geglitten* **1** ***über etwas*** (*Akk*) ***gleiten*** sich leicht und (scheinbar) mühelos über eine Fläche bewegen: *Das Segelboot glitt über das Wasser* **2** ***ein Vogel / etwas gleitet irgendwo(hin)*** ein Vogel / etwas fliegt (schwebt), nur von der Kraft des Windes getrieben ⟨ein Adler, ein Drachenflieger, ein Segelflugzeug⟩ || Hinweis: ↑ ***Arbeitszeit***

glich ↑ ***gleichen***

Glied[1] *das*; *-(e)s, -er* **1** ein beweglicher Teil des Menschen oder Tieres, *bes* ein Arm oder ein Bein: *Er hatte Rheuma und ständig Schmerzen in allen Gliedern* **2** das (männliche) Glied ≈ Penis

Glied[2] *das*; *-(e)s, -er*; eines der Teile, die eine Kette oder ein Ganzes bilden || -K: ***Ketten-, Satz-***

glie·dern; *gliederte, hat gegliedert* **1** ***etwas*** **(*in etwas* (*Akk*))** ***gliedern*** ein Ganzes in einzelne Teile oder Abschnitte einteilen: *Der Bericht ist in fünf Kapitel gegliedert* **2** ***etwas gliedert sich in etwas*** (*Akk*) ein Ganzes besteht aus den genannten Teilen (oder Abschnitten): *Dieser Satz gliedert sich in Haupt- und Nebensatz*

Glie·de·rung *die*; *-, -en*; die Einteilung in einzelne Teile oder Abschnitte ⟨eine Gliederung machen, anfertigen⟩: *die Gliederung eines Buches in acht Kapitel*

glim·men; *glimmte / geschr glomm, hat geglimmt / geschr geglommen*; ***etwas glimmt*** etwas brennt schwach und ohne Flamme: *Im Ofen glimmen noch Reste des Feuers*

glimpf·lich *Adv*; ohne (großen) Schaden oder Nachteil ⟨glimpflich davonkommen; etwas läuft glimpflich ab⟩

glit·zern; *glitzerte, hat geglitzert*; ***etwas glitzert*** etwas leuchtet mit (Licht)Reflexen an vielen Stellen hell (auf) ⟨die Sterne, der Schnee, das Wasser, Diamanten⟩

Glo·cke *die*; *-, -n*; **1** ein Gegenstand (aus Metall), der unten offen ist und hell klingt, wenn man ihn bewegt ⟨eine Glocke klingt, läutet, (er)tönt, schlägt⟩ || K-: ***Glocken-, -läuten, -schlag*** || -K: ***Kirchen-, Turm-*** **2** Ⓐ ≈ Klingel || ID ***etwas an die große Glocke hängen*** *gespr pej*; etwas Privates vielen Leuten erzählen

◆**Glück** *das*; *-(e)s*; *nur Sg* **1** günstige Umstände oder Zufälle, auf die man keinen Einfluss hat und die einem einen persönlichen Vorteil oder Erfolg bringen ↔ Pech ⟨großes Glück; (kein, wenig, viel) Glück (in der Liebe, im Spiel) haben; etwas bringt j-m Glück; j-m (viel) Glück für / zu etwas wünschen; sich auf sein Glück verlassen⟩: *Er hat noch einmal Glück gehabt - der Unfall hätte schlimmer sein können! Viel Glück im neuen Jahr!* || K-: ***Glücks-, -spiel*** **2** das Glück (als Person bezeichnet) ⟨j-m lacht, winkt das Glück; das Glück ist auf j-s Seite; j-n verlässt das Glück⟩ **3** das Empfinden, das man *z.B.* hat, wenn man etwas bekommen hat, das man sich sehr wünscht ⟨ein kurzes, tiefes, stilles Glück; etwas fehlt j-m noch zum / zu seinem Glück⟩ || K-: ***Glücks-, -gefühl*** || -K: ***Ehe-, Mutter-*** **4** **(*es ist*)** ***ein Glück*** **(*dass ...*)** es ist gut, günstig, dass ...: *Es war ein Glück, dass ich den Zug noch erwischt habe* || ID ***zum Glück*** ≈ glücklicherweise; **(*mit etwas*)** ***bei j-m kein Glück haben*** (mit etwas) bei j-m nichts erreichen können, nicht zum Ziel kommen

◆**glück·lich** *Adj* **1** *nur attr oder adv*; mit Glück (1): *der glückliche Gewinner des Preisausschreibens* **2** *nur attr oder adv*; mit günstigem Verlauf, ohne Probleme ⟨eine Heimkehr; irgendwo glücklich angekommen sein⟩ **3** ***glücklich*** (***über etwas*** (*Akk*)) von Glück (3) und innerer Zufriedenheit erfüllt ↔ unglücklich (1) ⟨ein Ehepaar, eine Familie, eine Mutter, eine Zeit; wunschlos glücklich sein; j-n glücklich machen⟩: *Sie waren 40 Jahre lang glücklich verheiratet* **4** ⟨ein Umstand, ein Zufall⟩ so, dass sie j-m einen Vorteil bringen ≈ günstig ↔ unglücklich (2): *Die Verhandlungen nahmen einen glücklichen Verlauf*

glück·li·cher·wei·se *Adv*; durch einen günstigen Umstand oder Zufall ≈ zum Glück: *Glücklicherweise wurde bei dem Unfall niemand verletzt*

Glücks·pilz *der*; *gespr*; j-d, der (oft und überraschend) Glück (1) hat

◆**Glück·wunsch** *der* **1** Worte, mit denen man j-m Gutes wünscht und sich über einen Erfolg, ein schönes Ereignis *o.Ä.* freut ≈ Gratulation ⟨j-m die besten, seine Glückwünsche aussprechen, senden, übermitteln⟩ || K-: ***Glückwunsch-, -karte, -telegramm*** **2** ***Herzlichen Glückwunsch*** (***zu etwas***)***!*** verwendet, um j-m zu etwas zu gratulieren: *Herzlichen Glückwunsch zum Geburtstag!*

Glüh·bir·ne *die*; eine Form aus Glas, in der ein Draht glüht, wenn elektrischer Strom hindurchfließt: *die Glühbirne auswechseln*

glü·hen ['gly:ən]; *glühte, hat geglüht* **1** ***etwas glüht*** etwas brennt ohne Flamme und Rauch rot (*bzw* bei sehr hohen Temperaturen weiß): *Unter der Asche glühen die Kohlen noch* **2** ***etwas glüht*** (***vor etwas*** (*Dat*)) ein Körperteil wird rot und heiß, weil j-d Fieber hat, aufgeregt ist *o.Ä.* ⟨das Gesicht, die Ohren, die Stirn⟩: *Ihr Gesicht glühte vor Eifer*

Gna·de *die*; -; *nur Sg*; die Milderung einer Strafe, die j-d verdient hat, oder die Befreiung von ihr (aus Mitleid, Güte oder Milde) ⟨(j-n) um Gnade bitten; um Gnade flehen; Gnade walten lassen⟩ || K-: ***gnaden-, -los*** || ID ***Gnade vor j-s Augen / j-m finden*** von j-m (wieder) akzeptiert werden; ***Gnade vor Recht ergehen lassen*** j-m eine Strafe, die er verdient hat, erlassen

gnä·dig *Adj* ≈ milde ↔ streng ⟨ein Richter⟩

Gold *das*; -(*e*)*s*; *nur Sg*; ein gelbes, relativ weiches und teures Metall, aus dem man vor allem Münzen und Schmuckstücke macht; *Chem* Au ⟨echtes, massives, reines Gold⟩ || K-: ***Gold-, -barren, -kette, -mine, -münze***; ***gold-, -gelb***

gol·den *Adj* **1** *nur attr, nicht adv*; aus Gold gemacht ⟨ein Armband, ein Becher, ein Ring, eine Uhr *usw*⟩ **2** mit der Farbe und dem Glanz von Gold ⟨Haar, die Sonne, die Sterne; etwas schimmert golden⟩

Golf (*das*); *-s*; *nur Sg*; eine Sportart, bei der man versucht, mit einem Schläger einen kleinen, harten Ball mit möglichst wenigen Schlägen in eine bestimmte Anzahl von Löchern zu bringen ⟨Golf spielen⟩ || K-: ***Golf-, -ball, -klub***

G

gön·nen; *gönnte, hat gegönnt*; ***j-m etwas gönnen*** es (ohne Neid) gut finden, dass j-d Glück oder Erfolg hat: *Er gönnte ihr den beruflichen Erfolg von Herzen*

goss ↑ ***gießen***

◆**Gott** *der*; -(*e*)*s*, *Göt·ter* **1** *nur Sg*; (im Christentum, Judentum und im Islam) das höchste Wesen außerhalb der normalen Welt, das die Welt erschaffen hat und ihr Schicksal lenkt ⟨der allmächtige, liebe Gott; Gott anrufen, fürchten, lästern, preisen; an Gott glauben; zu Gott beten; auf Gott vertrauen⟩ || Hinweis: außer in Verbindung mit einem attributiven Adjektiv ohne Artikel **2** (in vielen Kulturen) eines von vielen Wesen, die eine besondere Macht haben sollen und von den Menschen verehrt werden: *die germanischen, griechischen, heidnischen Götter*; *Amor ist der römische Gott der Liebe* || K-: ***Götter-, -sage*** || -K: ***Liebes-, Sonnen-*** || ID ***Gott sei Dank!*** *gespr*; verwendet, um Erleichterung auszudrücken; ***O 'Gott!***; (***Ach,***) ***du 'lieber Gott!***; ***Großer Gott!***; ***Mein 'Gott!***; ***Gott im 'Himmel!***; ***Um Gottes willen*** *gespr*; verwendet, um Überraschung, Entsetzen, Bedauern *o.Ä.* auszudrücken; ***leider Gottes*** *gespr* ≈ leider, bedauerlicherweise; ***so Gott 'will*** *gespr*; wenn alles wie geplant verläuft; ***weiß Gott*** *gespr*; verwendet, um eine Aussage zu betonen ≈ wirklich: *Es war weiß Gott nicht leicht*; ***Gott weiß, wann / wer / wo*** *usw gespr*; niemand weiß, wann / wer / wo *usw*; ***in Gottes Namen*** *gespr*; verwendet, wenn man j-m etwas (*meist* nach wiederholtem Bitten) gewährt; ***Grüß*** (***dich / euch / Sie***) ***Gott!*** *südd* Ⓐ verwendet als Gruß, wenn man j-n trifft ≈ Guten Tag! ⟨(j-m) Grüß Gott sagen⟩; *meist* ***Dein Wort in Gottes Ohr*** *gespr*; das wäre schön, das wollen wir hoffen; ***Gott und die Welt kennen*** *gespr*; viele Leute kennen; ***wie ein junger Gott*** ⟨singen, spielen, tanzen⟩ *gespr*; sehr gut singen, spielen oder tanzen || *hierzu* **gött·lich** *Adj*; *zu* **2 Göt·tin** *die*; -, *-nen*

Got·tes·dienst *der*; eine religiöse Feier zur Verehrung Gottes (1) (*bes* bei den christlichen Religionen) ⟨den Gottesdienst besuchen⟩

Grab *das*; *-(e)s*, *Grä·ber*; der Platz (auf einem Friedhof), an dem ein Toter begraben wird oder ist ⟨ein Grab ausheben, schaufeln⟩: *Blumen auf das Grab legen* || K-: ***Grab-, -kreuz, -schmuck*** || ID (***sich*** (*Dat*)) ***sein eigenes Grab graben / schaufeln*** sich (durch sein leichtsinniges Verhalten) selbst sehr schaden

G

gra·ben; *gräbt*, *grub*, *hat gegraben*; (***etwas***) ***graben*** (mit einer Schaufel *o.Ä.*) ein Loch, einen Graben *o.Ä.* in die Erde machen ⟨einen Brunnen, ein Grab graben⟩

Gra·ben *der*; *-s*, *Grä·ben*; eine lange, relativ schmale Vertiefung in der Erde (2) ⟨einen Graben ausheben⟩: *Um die Burg führt ein tiefer, mit Wasser gefüllter Graben* || -K: ***Burg-, Wasser-***

Grad *der*; *-(e)s*, *- / -e* **1** (*Pl Grad*) die Einheit, mit der man Temperaturen misst; Zeichen ° ⟨ein Grad Celsius, Fahrenheit⟩: *Das Thermometer zeigt zwölf Grad unter null / minus* (-12 °); *Der Patient hatte vierzig Grad Fieber* **2** (*Pl Grad*) die Einheit, mit der man Winkel misst; Zeichen °: *Der rechte Winkel hat 90 Grad* **3** (*Pl Grad*) eine der gedachten Linien, die von Norden nach Süden oder von Osten nach Westen um die Erde verlaufen || -K: ***Breiten-, Längen-*** || Hinweis: Die Pluralform der Komposita lautet *-grade* **4** (*Pl Grade*) ***der Grad*** + *Gen* / ***an etwas*** (*Dat*) das Maß, die Stärke oder Intensität, in der etwas vorhanden ist ⟨ein geringer, hoher Grad⟩: *der Grad der Umweltverschmutzung* || -K: ***Schwierigkeits-, Verschmutzungs-*** **5** (*Pl Grade*) ***ein*** (***akademischer***) ***Grad*** ein Titel, den man von einer Universität bekommt || -K: ***Doktor-***

Gramm *das*; *-s*, *-*; eine Einheit, mit der man das Gewicht misst; *Abk* g || -K: ***Kilo-***

Gram·ma·tik *die*; -, *-en* **1** *nur Sg*; die (Lehre von den) Regeln einer Sprache: *die deutsche Grammatik beherrschen* || K-: ***Grammatik-, -regel, -theorie*** **2** ein Buch, in dem die Grammatik (1) einer Sprache beschrieben ist || *hierzu* **gram·ma·tisch** *Adj*

◆ **Gras** *das*; *-es*, *Grä·ser* **1** *nur Sg*; die dicht wachsenden grünen Pflanzen, die den Boden bedecken und von vielen Tieren gefressen werden ⟨frisches, saftiges, dürres, hohes, niedriges Gras; das Gras mähen; im Gras liegen⟩ || K-: ***Gras-, -fläche, -samen*** **2** eine Pflanze mit einem hohen, schlanken Halm, langen, schmalen Blättern || K-: ***Gras-, -art, -halm*** || ID ***das Gras wachsen hören*** *gespr iron*; aus den kleinsten (oder auch eingebildeten) (An)Zeichen zu erkennen glauben, was sich in Zukunft ereignen wird; ***über etwas*** (*Akk*) ***Gras wachsen lassen*** *gespr*; warten, bis ein Skandal, ein Verbrechen *o.Ä.* vergessen wird

gräss·lich *Adj* **1** ⟨ein Verbrechen, ein Gestank⟩ so, dass sie Ekel oder sehr negative Gefühle hervorrufen ≈ abscheulich **2** *gespr*; sehr unangenehm ⟨ein Kerl; Wetter⟩

Grä·te *die*; -, *-n*; einer der feinen Teile, aus denen das Skelett eines Fisches besteht ⟨sich an einer Gräte verschlucken⟩

◆ **gra·tis** *Adj*; *nur präd oder adv*; so, dass man nichts dafür bezahlen muss ≈ kostenlos: *Der Eintritt ist heute gratis* || K-: ***Gratis-, -exemplar, -vorstellung***

Gra·tu·la·ti·on [-'t͡sioːn] *die*; -, *-en*; die Form und Art, in der man j-m (aus einem besonderen Grund) viel Glück wünscht ≈ Glückwunsch: *Meine Gratulation zur bestandenen Prüfung!*

◆ **gra·tu·lie·ren**; *gratulierte*, *hat gratuliert*; (***j-m***) (***zu etwas***) ***gratulieren*** j-m zu einem bestimmten Anlass seine Glückwünsche sagen ≈ j-n beglückwünschen ⟨j-m (herzlich) zur Hochzeit, zum bestandenen Examen gratulieren⟩: *seinem Onkel nachträglich zum Geburtstag gratulieren*

◆ **grau**, *grauer*, *grau(e)st-*; *Adj* **1** von der Farbe, die entsteht, wenn man schwarz und weiß mischt: *einen grauen, grau gestreiften Anzug tragen*; *Er hat schon graue Haare bekommen* || ↑ *Illustration* **Farben** || K-: ***grau-, -blau, -haarig*** || -K: ***blau-, dunkel-, hell-, maus-, silber-*** **2** ***j-d wird grau*** j-d bekommt graue (1) Haare **3** ohne Freude und langweilig ⟨der Alltag⟩: *Das Leben schien ihm grau* || *zu* **1** und **2** **Grau** *das*

grau·sam *Adj* **1** ***grausam*** (***zu*** / ***gegenüber j-m***) ⟨ein Mensch⟩ so, dass er ohne Mitleid handelt, Menschen oder Tiere quält **2** so, dass es (für den Betroffenen) sehr schlimm, schmerzhaft ist ⟨eine Rache, eine Strafe, eine Tat; j-n grausam quälen⟩

grei·fen; *griff*, *hat gegriffen* **1** ***irgendwohin greifen*** mit der Hand eine (gezielte) Bewegung machen, um so etwas zu fassen: *Sie griff in ihre Tasche und holte den Schlüssel heraus* **2** ***nach j-m / etwas***

greifen die Hand nach j-m / etwas ausstrecken und ihn / es (fest)halten: *Das Kind griff ängstlich nach der Hand der Mutter* **3** ***zu etwas greifen*** etwas (*meist* Negatives) anwenden: *zu einer List greifen* **4** ***etwas greift um sich*** etwas breitet sich schnell aus ⟨eine Epidemie, ein Feuer⟩ || ▸ ***Griff***

◆**Grẹn·ze** *die*; -, *-n* **1** ***die Grenze*** (***zu*** / ***nach etwas***) eine (gedachte) Linie, die zwei Länder *bzw* Staaten voneinander trennt ⟨die Grenzen sichern, öffnen, schließen; (irgendwo) die Grenze passieren, überschreiten⟩ || K-: ***Grenz-, -bezirk, -konflikt, -kontrolle, -polizei*** || -K: ***Landes-, Staats-*** **2** eine Linie, die *z.B.* durch Berge oder Flüsse gebildet wird und zwei (geographische) Gebiete oder Felder voneinander trennt: *Der Rhein bildet eine natürliche Grenze zwischen Deutschland und Frankreich* || K-: ***Grenz-, -fluss, -gebirge*** **3** das äußerste Maß, das nicht überschritten werden kann oder darf: *Auch meine Geduld hat Grenzen!* || -K: ***Alters-, Einkommens-, Schmerz-*** || ID ***etwas hält sich in Grenzen*** *meist hum*; etwas ist in nur geringem Maß vorhanden: *Seine Begeisterung für die Schule hält sich in Grenzen*

grịff ↑ ***greifen***

◆**Grịff**[1] *der*; *-(e)s, -e* **1** ***der Griff irgendwohin*** der Vorgang des Greifens (2): *Beim Griff in seine Jackentasche erschrak er - die Brieftasche war verschwunden* **2** eine Bewegung mit der Hand bei einer Tätigkeit ≈ Handgriff ⟨ein geübter, falscher Griff⟩: *Damit die Maschine reibungslos funktioniert, muss jeder Griff sitzen* || ID ***j-n / etwas im Griff haben*** ≈ j-n / etwas beherrschen, unter Kontrolle haben: *Wir hatten den Gegner voll im Griff*

◆**Grịff**[2] *der*; *-(e)s, -e*; der Teil eines Gegenstandes (*z.B.* einer Tasche), an dem man ihn gut festhalten kann ⟨der Griff eines Koffers, eines Messers, eines Schirms, einer Schublade, einer Tür *usw*⟩ || -K: ***Fenster-, Koffer-, Tür-*** *usw*

Grịll *der*; *-s, -s*; ein Gerät, auf dem man Fleisch *usw* röstet (über glühender Kohle oder durch elektrisch erzeugte Hitze)

grị·len; *grillte, hat gegrillt*; (***etwas***) ***grillen*** Fleisch *o.Ä.* auf einem Grill oder über offenem Feuer braten ⟨ein Steak, ein Hähnchen, Würstchen grillen⟩ || K-: ***Grill-, -kohle***

grịn·sen; *grinste, hat gegrinst*; mit breiten Lippen lächeln ⟨frech, höhnisch, spöttisch grinsen⟩

◆**Grịp·pe** *die*; -; *nur Sg*; eine (Infektions)Krankheit, die zu hohem Fieber und Kopfschmerzen führt ⟨(die / eine) Grippe haben; mit Grippe im Bett liegen; an Grippe erkranken⟩ || K-: ***Grippe-, -epidemie, -impfung, -mittel***

grob, *gröber, gröbst-*; *Adj* **1** rau, nicht glatt, nicht weich ↔ fein (1) ⟨ein Stoff⟩ **2** nicht fein (2), sondern in relativ großen Teilchen ⟨Sand; grob gemahlenes Mehl⟩ **3** *pej*; rücksichtslos und unhöflich ⟨ein Mensch; Späße⟩ **4** *nur attr oder adv*; nicht ganz genau, sondern nur ungefähr und ohne Details ⟨ein Überblick; etwas in groben Zügen wiedergeben⟩ **5** mit (möglichen) schlimmen Folgen ⟨ein Irrtum, Unfug, ein Verstoß⟩

Grọ·schen *der*; *-s, -*; **1** *hist*; die kleinste Münze in Österreich **2** *nur Pl*; *gespr* ≈ (wenig) Geld || ID ***bei j-m fällt*** (***endlich***) ***der Groschen*** *gespr*; j-d versteht endlich, was gemeint ist oder über welches Thema gesprochen wird

◆**groß**, *größer, größt-*; *Adj* **1** *Maßangabe* + ***groß*** verwendet, um die Maße eines Gegenstandes, eines Raumes oder einer Fläche oder die Länge des Körpers eines Menschen anzugeben: *Das Regal ist drei mal vier Meter groß*; *Das Schwimmbecken ist 250 m^2 groß* **2** so, dass es (in Bezug auf die Länge, Höhe, das Volumen *o.Ä.*) Vergleichbares übertrifft ↔ klein (1): *Der große Zeiger der Uhr zeigt die Minuten an, der kleine die Stunden* **3** *nicht adv*; mit vielen Personen, Tieren oder Dingen ↔ klein (2) ⟨eine Familie, eine Gruppe, eine Herde, ein Orchester, ein Verein *usw*⟩: *Hier finden Sie eine große Auswahl an Radios* || K-: ***Groß-, -betrieb, -familie*** **4** *nicht adv*; in der Menge oder im Wert über dem Durchschnitt ↔ klein (3) ⟨ein Betrag, ein Gewinn, eine Summe, ein Verlust, ein Vermögen *usw*; ein (Geld-)Schein⟩ **5** *meist attr, nicht adv*; zeitlich relativ lang ↔ kurz ⟨eine Pause, ein Zeitraum⟩ **6** *nicht adv*; besonders wichtig (und berühmt) ≈ bedeutend: *Picasso war ein großer Künstler*; *Kaiser Karl der Große* **7** *nicht adv*; sehr gut: *Das war eine große Leistung* **8** *nicht adv*; wichtig, bedeutend oder mit starker Auswirkung ⟨ein Unterschied; ein Fehler, ein Irrtum⟩ **9** *nicht adv*; intensiv, stark, heftig: *Ich habe große Angst, großen Hunger* **10** *meist attr, nicht adv*; *gespr*; älter (als andere) ↔ jünger ⟨*meist* j-s Bruder, j-s Schwester⟩ **11** *nur attr oder adv*; mit viel Arbeit, Zeit, Kosten *usw* verbunden ⟨ein Fest, eine Veranstaltung; groß ausgehen⟩: *Deinen 18. Geburtstag müssen wir groß feiern* **12** in der Form, die man *z.B.* am Anfang eines Satzes oder Namens verwendet (*z.B. A, B, C* im Unterschied zu *a, b, c*) ⟨Buchstaben⟩: *„Zu Fuß" schreibt man auseinander und mit einem großen F* || K-: ***Groß-, -buchstabe*** **13** ***etwas groß schreiben*** etwas als besonders wichtig ansehen: *Bei uns wird Kundendienst groß geschrieben* || Hinweis: *meist* im Passiv! Aber: *etwas großschreiben* etwas mit großem Anfangsbuchstaben schreiben || ID ***im Großen und Ganzen*** im Allgemeinen: *Im Großen und Ganzen war das Wetter im Urlaub schön*; ***Groß und Klein*** alte und junge Menschen ≈ alle, jeder

groß·ar·tig *Adj*; von hervorragender Qualität, sehr gut

♦**Grö·ße** *die*; -, *-n* **1** ***die Größe*** + *Gen* / ***von etwas*** die Maße (Breite, Länge, Höhe, Tiefe, Umfang, Volumen *usw*), die eine Fläche, ein Gegenstand oder ein Raum hat: *Die Größe des Zimmers beträgt vier mal fünf Meter / zwanzig Quadratmeter* || K-: ***Größen-, -angabe, -unterschied, -verhältnis*** **2** *nur Sg*; die Höhe, Länge des Körpers eines Menschen oder Tieres: *Er hat eine Größe von 1,80 Metern* || -K: ***Körper-*** **3** ein Maß, eine Norm für die Größe (1) von Kleidern, Schuhen *usw*: *Hosen der Größe 50* || -K: ***Kleider-, Schuh-*** **4** *meist Sg*; die Zahl der Personen, Tiere oder Dinge, die eine Gruppe bilden: *die Größe einer Familie, einer Herde, eines Angebots* **5** *meist Sg*; die Menge oder der Wert von etwas: *die Größe einer Summe, eines Gewinns, eines Verlustes* **6** *meist Sg*; die Bedeutung, die Wichtigkeit einer Person oder Sache: *die Größe Goethes*; *die Größe einer Leistung einschätzen* **7** *meist Sg*; der gute und edle Charakter einer Person ⟨menschliche, seelische Größe (zeigen)⟩ **8** eine wichtige Persönlichkeit, die sehr viel leistet: *Michelangelo zählt zu den Größen der italienischen Kunst* **9** *Math*, *Phys*; ein Begriff, mit dem man rechnen, den man in Zahlen ausdrücken kann: *die unbekannte Größe x*

♦**Groß·el·tern** *die*; *Pl*; die Eltern der Mutter oder des Vaters || *hierzu* **groß·el·ter·lich** *Adj*

Groß·macht *die*; ein wirtschaftlich und militärisch starker Staat, der die Weltpolitik entscheidend beeinflusst: *die Großmacht USA*

♦**Groß·mut·ter** *die*; die Mutter des Vaters oder der Mutter || *hierzu* **groß·müt·ter·lich** *Adj*

groß·schrei·ben; *schrieb groß*, *hat großgeschrieben*; ***etwas großschreiben*** ein Wort mit einem großen (12) Buchstaben beginnen: *Im Deutschen schreibt man Substantive groß* || Aber: ***etwas groß schreiben*** etwas als besonders wichtig ansehen || *hierzu* **Groß·schrei·bung** *die*

♦**Groß·stadt** *die*; eine Stadt mit mehr als 100000 Einwohnern ↔ Kleinstadt || K-: ***Großstadt-, -lärm, -verkehr*** || *hierzu* **Groß·städ·ter** *der*; **groß·städ·tisch** *Adj*

♦**Groß·va·ter** *der*; der Vater der Mutter oder des Vaters || *hierzu* **groß·vä·ter·lich** *Adj*

♦**groß·zü·gig** *Adj* **1** so, dass man von dem, was man besitzt, gern und viel gibt ⟨ein Mensch; ein Geschenk, eine Spende; großzügig sein; j-n großzügig beschenken, unterstützen⟩ **2** so, dass man Dinge, die einen stören, nicht beachtet ≈ tolerant ⟨ein Mensch; j-m großzügig verzeihen; großzügig über etwas (*Akk*) hinwegsehen⟩ || *hierzu* **Groß·zü·gig·keit** *die*

grub ↑ ***graben***

♦**grün** *Adj* **1** von der Farbe des Grases und der Blätter: *Die Ampel zeigte grünes Licht* || ↑ *Illustration* **Farben** || K-: ***grün-, -blau*** || -K: ***dunkel-, gras-, hell-***; ***gelb-, blau-*** **2** noch nicht reif und deswegen *meist* sauer ⟨Äpfel, Erdbeeren, Pflaumen *usw*; Tomaten⟩ **3** *meist pej oder iron*; jung und ohne Erfahrung ≈ unreif ⟨ein Junge⟩ **4** ***ein Baum wird grün*** ein Baum bekommt (im Frühling) frische Blätter || ID ***sich grün und 'blau ärgern*** *gespr*; sich sehr ärgern

♦**Grund**[1] *der*; -*(e)s*; *nur Sg* **1** der Erdboden (als Fläche, auf der man steht *bzw* geht) ⟨auf felsigem, festem, sandigem, schlüpfrigem, sumpfigem Grund stehen⟩ **2** ***j-s Grund und Boden*** verwendet als Bezeichnung für das Land, das j-d besitzt || K-: ***Grund-, -fläche, -form*** **3** der feste Boden eines Gewässers: *Das Wrack liegt auf dem Grund des Meeres* || -K: ***Meeres-*** **4** eine einheitliche (*meist* einfarbige) Fläche, die den Hintergrund *z.B.* für ein Muster bildet: *Dieser Stoff zeigt schwarze Streifen auf rotem Grund* || ID ***von Grund auf / aus*** ≈ völlig ⟨etwas von Grund auf / aus ändern, erneuern, kennen, lernen⟩; ***im Grunde*** (***genommen***) ≈ eigentlich (2); ***sich in Grund und 'Boden schämen*** *gespr*; sich sehr schämen; ***etwas*** (*Dat*) ***auf den Grund gehen*** versuchen, die (verborgenen) Ursachen *o.Ä.* von etwas zu finden || Hinweis: ↑ ***zugrunde***

♦**Grund**[2] *der*; -*(e)s*, *Grün·de*; das Motiv, der Anlass oder die Ursache, warum j-d etwas tut ⟨ein stichhaltiger, zwingender Grund; aus beruflichen, privaten Gründen; den Grund für etwas angeben⟩: *Ich habe meine Gründe für diese Entscheidung; Es besteht kein Grund zur Aufregung* || K-: ***grund-, -los*** || -K: ***Entschuldigungs-, Krankheits-, Scheidungs-*** || Hinweis: ↑ ***aufgrund***

◆**grün·den**; *gründete, hat gegründet*; ***etwas gründen*** etwas neu schaffen ⟨eine Firma, eine Partei, einen Staat, eine Stadt, ein Unternehmen, einen Verein gründen⟩: *Rom wurde 753 v. Chr. gegründet* || *hierzu* **Grün·der** *der*; **Grün·de·rin** *die*; -, *-nen*; **Grün·dung** *die*

Grund·ge·setz *das*; *nur Sg* Ⓓ verwendet als Bezeichnung für die geltende Verfassung[1] der Bundesrepublik Deutschland; *Abk* GG

◆**Grund·la·ge** *die*; etwas (bereits Vorhandenes), auf das man etwas aufbauen kann ≈ Basis (1) ⟨eine solide Grundlage; die Grundlagen für etwas schaffen⟩: *Eine gute Ausbildung ist die Grundlage für den beruflichen Erfolg*

gründ·lich *Adj*; sehr sorgfältig und genau ⟨eine Ausbildung, eine Reinigung; etwas gründlich vorbereiten; sich (*Dat*) etwas gründlich überlegen⟩ || *hierzu* **Gründ·lich·keit** *die*

◆**grund·sätz·lich** *Adj* **1** eine (allgemein anerkannte) Regel oder Norm betreffend (und deshalb wichtig) ≈ prinzipiell ⟨Bedenken, Fragen; eine Entscheidung, ein Unterschied; sich grundsätzlich zu etwas äußern⟩ **2** wegen einer festen (*z.B.* moralischen oder religiösen) Regel, Überzeugung, einem Prinzip (Grundsatz): *Apartheid grundsätzlich ablehnen* **3** *nur adv*; an und für sich, im Grunde (genommen): *Er ist zwar grundsätzlich damit einverstanden, aber …*

Grund·schu·le *die*; Ⓓ die Schule, in die die Kinder die ersten vier Jahre gehen || K-: ***Grundschul-, -lehrer, -unterricht*** || *hierzu* **Grund·schü·ler** *der*; **Grund·schü·le·rin** *die*

Grund·stück *das*; ein Stück Land, dessen Lage und Größe genau festgelegt ist und das j-m gehört ⟨ein Grundstück bebauen, (ver)pachten⟩

grun·zen; *grunzte, hat gegrunzt*; ***ein Schwein grunzt*** ein Schwein gibt die Laute von sich, die für seine Art typisch sind

◆**Grup·pe** *die*; -, *-n* **1** ***eine Gruppe*** + *Gen* / ***von Personen / Tieren / Dingen*** mehrere Personen, Tiere, Dinge *o.Ä.*, die zusammengehören oder gemeinsame Merkmale haben ⟨Gruppen bilden; Personen / Dinge in Gruppen einteilen⟩: *Die Kinder verließen das Schulhaus einzeln und in Gruppen* || K-: ***Gruppen-, -bild, -reise***; ***gruppen-, -weise*** || -K: ***Baum-, Menschen-*** *usw*; ***Alters-, Gehalts-*** *usw*; ***Bevölkerungs-*** **2** eine Zahl (3) von Menschen, die sich regelmäßig treffen, um gemeinsam etwas zu tun ⟨in einer Gruppe mitarbeiten⟩: *Unsere Gruppe kämpft für die Abschaffung der Tierversuche* || K-: ***Gruppen-, -leiter, -therapie*** || -K: ***Bastel-, Sport-, Theater-*** *usw*

gru·se·lig *Adj*; ⟨eine Geschichte, ein Erlebnis⟩ so (unheimlich), dass sie Angst machen

◆**Gruß** *der*; *-es, Grü·ße* **1** *meist Sg*; freundliche, höfliche Worte oder Gesten bei der Begegnung oder beim Abschied ⟨j-m die Hand zum Gruß reichen; j-s Gruß erwidern⟩ || K-: ***Gruß-, -formel*** || -K: ***Abschieds-, Willkommens-*** **2** etwas, das man j-m als Zeichen der Freundschaft gibt ⟨j-m herzliche, schöne Grüße (von j-m) ausrichten, bestellen, überbringen; j-m Grüße schicken, senden⟩: *Ich schicke dir die Blumen als Gruß* || -K: ***Blumen-, Geburtstags-, Weihnachts-*** **3** ***mit freundlichen Grüßen*** verwendet als Schlussformel in Geschäftsbriefen

◆**grü·ßen**; *grüßte, hat gegrüßt* **1** ***j-n grüßen*** j-m einen Gruß (2) zusenden: *Grüße bitte deine Schwester von mir!* **2** (***j-n***) ***grüßen*** j-m mit Worten oder Gesten sein Willkommen anzeigen *bzw* von ihm Abschied nehmen ⟨(j-n) freundlich, höflich, flüchtig grüßen⟩ **3** (***j-n***) ***grüßen lassen*** j-m durch einen Dritten Grüße sagen || ID ***Grüß dich!*** *gespr*; als Gruß verwendet, wenn man j-n trifft, zu dem man „du“ sagt

◆**gu·cken** ['gʊkn̩]; *guckte, hat geguckt*; *gespr* **1** ***irgendwohin gucken*** seinen Blick (bewusst) auf etwas richten ≈ sehen (10): *aus dem Fenster, durchs Schlüsselloch gucken* **2** ***irgendwie gucken*** einen bestimmten Gesichtsausdruck haben ⟨freundlich, finster, überrascht, verständnislos gucken⟩

◆**gül·tig** *Adj* **1** ⟨ein Ausweis, eine Eintrittskarte, eine Fahrkarte, ein Vertrag⟩ so, dass sie wirksam sind *bzw* verwendet werden können ↔ ungültig (1): *Der Reisepass ist noch bis Ende September gültig* **2** von der Gesellschaft oder einer Instanz anerkannt und daher verpflichtend ≈ verbindlich (2) ⟨ein Maßstab, ein Lehrsatz⟩ || *hierzu* **Gül·tig·keit** *die*

Gum·mi *der, das*; *-s, -s*; *nur Sg*; ein glattes, elastisches Material, durch das kein Wasser dringen kann || K-: ***Gummi-, -reifen, -stiefel***

G

◆ **gụ̈ns·tig** *Adj*; ***günstig*** (***für j-n / etwas***) für j-n von Vorteil, für einen Zweck, ein Vorhaben gut geeignet ⟨Umstände, eine Gelegenheit; etwas wirkt sich günstig aus⟩: *Die Verhandlung verlief für ihn sehr günstig*

Gụr·ke *die*; -, *-n*; eine längliche (Gemüse)Frucht (mit dicker grüner Schale), die man roh als Salat isst ⟨Gurken schälen, (in Scheiben) schneiden⟩ || ↑ *Illustration* ***Obst und Gemüse*** || K-: ***Gurken-, -salat, -schale***

G

Gụrt *der*; *-(e)s, -e* **1** ein breites, stabiles Band, das etwas trägt oder hält: *die Gurte eines Fallschirms* **2** *Kurzwort* ↑ ***Sicherheitsgurt***

Gụ̈r·tel *der*; *-s, -*; ein festes Band aus Leder oder Stoff, das man um die Taille trägt, um den Rock oder die Hose zu halten ⟨den Gürtel enger, weiter machen / schnallen⟩ || K-: ***Gürtel-, -schnalle*** || -K: ***Leder-, Stoff-***

◆ **gut**, *besser, best-*; *Adj* **1** so, wie es sein sollte, ohne Mängel, von oder mit hoher Qualität ↔ schlecht (1): *eine gute Leistung*; *Hast du gut geschlafen?*; *ein gut aussehender Mann* **2** *nicht adv*; ⟨Augen, Ohren, eine Nase, ein Gedächtnis, ein Gehör; ein Schüler, ein Student; ein Anwalt, ein Arzt, ein Lehrer *usw*⟩ so, dass die Leistung über dem Durchschnitt, der Norm liegt ↔ schlecht **3** darum bemüht, kein Unrecht zu tun und anderen zu helfen ↔ böse (1) ⟨ein Mensch; gut zu j-m sein; j-n gut behandeln; eine Tat, ein Werk⟩: *das Gute im Menschen* **4** so, wie es *bes* in einer Gesellschaft üblich ist, ihren moralischen Prinzipien entspricht ↔ schlecht (5) ⟨etwas verstößt gegen den guten Geschmack / die guten Sitten⟩ **5** ***gut*** (***für j-n***) ***sein***; ***j-m gut tun*** für j-n, j-s Gesundheit nützlich sein: *Es wäre gut für dich, dich einmal auszuruhen* **6** ≈ wirksam: *Kennst du ein gutes Mittel für / gegen Halsschmerzen?* **7** ≈ positiv, erfreulich ⟨eine Nachricht⟩: *Er macht einen guten Eindruck auf mich* **8** *gespr*; ⟨ein Kind, ein Junge, ein Mädchen, ein Hund⟩ so, dass sie einem gehorchen ≈ brav, artig ↔ böse (3): *Willst du jetzt wieder gut sein?* **9** Ⓓ verwendet als Bezeichnung für die zweitbeste (Schul)Note „2" (auf der Skala 1-6 *bzw* „sehr gut" bis „ungenügend") ⟨„gut" in etwas (*Dat*) haben, bekommen⟩ **10** ***sehr gut*** Ⓓ verwendet als Bezeichnung für die beste (Schul)Note „1" **11** ***etwas ist gut gemeint*** etwas wird in der freundlichen Absicht gemacht, j-m zu helfen *o.Ä.* (hat aber nicht den gewünschten Erfolg) ⟨ein Rat, ein Vorschlag⟩ **12** *nur attr oder adv*; ein bisschen mehr als (durch eine Zeit- oder Längenangabe) bezeichnet wird ↔ knapp: *eine gute / gut eine Stunde warten* **13** *nur attr, nicht adv*; verwendet als Teil eines Grußes, Wunsches ⟨Guten Abend!, Guten Morgen!, Guten Tag!, Gute Nacht!; Guten Appetit!, Gute Fahrt / Reise!, Gute Besserung!, Alles Gute!⟩ **14** *nur adv*; ohne Mühe ⟨sich (*Dat*) etwas gut merken können; gut lernen; sich gut an etwas erinnern⟩ **15** verwendet, um seine Zustimmung auszudrücken ⟨also, nun gut!⟩: *Gut, einverstanden!* **16** ***j-d hat es gut / ist gut dran*** *gespr*; j-d hat Glück, hat im Vergleich zu einem selbst einen Vorteil **17** ***j-m ist nicht gut*** j-d fühlt sich nicht wohl, hat das Gefühl, erbrechen zu müssen || ID ***so gut wie*** *gespr* ≈ beinahe, fast: *Bitte warte noch - ich bin schon so gut wie fertig*; ***im Guten*** ohne Streit ⟨sich im Guten einigen, trennen; im Guten auseinander gehen⟩; ***gut und gern***(***e***) *gespr* ≈ mindestens: *Das dauert gut und gern zwei Wochen*; ***j-m wieder gut sein*** nicht mehr wütend auf j-n sein; ***sich*** (*Dat*) ***für etwas zu gut sein*** *pej*; sich für zu wichtig, zu intelligent *o.Ä.* für eine bestimmte Tätigkeit halten; ***sich*** (*Dat*) ***gut vorkommen*** *pej*; (zu Unrecht) stolz auf etwas sein; *meist* ***Er / Sie hat gut lachen / reden*** er / sie braucht sich keine Sorgen zu machen, und kann leicht einen Rat geben, weil er / sie selbst (von etwas Unangenehmem) nicht betroffen ist; ***etwas kann gut sein / ist gut möglich*** *gespr*; etwas ist durchaus möglich, kann durchaus so sein; ***des Guten zu viel tun*** etwas Gutes übertreiben und dadurch Schlechtes bewirken; ***es gut sein lassen*** *gespr*; in einer Sache nichts mehr unternehmen; ***etwas hat sein Gutes*** etwas an sich Negatives hat auch positive Aspekte; *meist* ***Er / Sie führt nichts Gutes im Schilde*** er / sie plant etwas Böses

Gut·ach·ten *das*; *-s, -*; ***ein Gutachten*** (***über j-n / etwas***) ein Bericht, in dem ein Experte nach *meist* wissenschaftlicher Untersuchung seine Meinung zu einer Person, einem Sachverhalt gibt ⟨ein ärztliches, juristisches, psychiatrisches Gutachten⟩

Gü·te *die*; -; *nur Sg*; die Einstellung, sehr freundlich und gut, geduldig zu anderen zu sein

Gut·ha·ben *das*; *-s, -*; die Summe Geld, die man auf dem (Bank)Konto hat

gü·tig *Adj*; ***gütig*** (***gegenüber j-m / zu j-m***

/ ***gegen j-n***) freundlich, voll Verständnis und Geduld ⟨ein Mensch; gütig lächeln⟩

gut·mü·tig *Adj*; sehr geduldig und immer bereit, die Wünsche und Bitten anderer zu erfüllen || *hierzu* **Gut·mü·tig·keit** *die*

Gym·na·si·um [gym'naːzium] *das*; *-s*, *Gym·na·si·en*; eine höhere Schule, die mit dem Abitur abschließt ⟨aufs Gymnasium gehen⟩

Gym·nas·tik [gy-] *die*; -; *nur Sg*; Übungen, mit denen man den Körper trainiert, damit er beweglich bleibt ⟨Gymnastik treiben⟩ || K-: ***Gymnastik-, -kurs, -lehrer*** || *hierzu* **gym·nas·tisch** *Adj*

H

H, h [haː] *das*; -, - / *gespr auch -s*; der achte Buchstabe des Alphabets

◆ **Haar** *das*; *-(e)s, -e* **1** einer der Fäden, die aus der Haut von Menschen und vielen (Säuge)Tieren wachsen ⟨ein blondes, braunes, graues *usw* Haar; j-m ein Haar ausreißen⟩ || K-: ***Haar-, -ausfall, -büschel, -wuchs*** || -K: ***Bart-, Kopf-*** **2** ***das Haar / die Haare*** alle Haare (1) auf dem Kopf eines Menschen ⟨glattes, lockiges Haar (haben); die Haare fallen j-m in die Stirn, gehen j-m aus; das Haar / die Haare lang, kurz tragen; das Haar / die Haare föhnen, kämmen, bürsten, frisieren, färben, schneiden; (sich (*Dat*)) die Haare wachsen lassen⟩ || ↑ *Abbildung unter* ***Kopf*** || K-: ***Haar-, -bürste, -farbe, -shampoo(n)*** || *zu* ***Haarbürste*** ↑ *Abbildung unter* ***Bürsten*** **3** *nur Sg*; das Fell von Tieren: *eine Katze mit langem Haar* || ID ***um ein Haar / ums Haar*** *gespr*; beinahe, fast: *Ich hätte ihn um ein Haar überfahren*; ***etwas ist an den Haaren herbeigezogen*** *pej*; etwas ist sehr unwahrscheinlich: *Seine Ausrede war an den Haaren herbeigezogen*; ***kein gutes Haar an j-m / etwas lassen*** j-n / etwas sehr stark kritisieren; ***ein Haar in der Suppe finden*** einen Nachteil, Mangel, Fehler bei etwas entdecken; ***niemandem ein Haar / ein Härchen krümmen können*** sehr sanft und geduldig sein; ⟨Personen⟩ ***geraten / kriegen sich in die Haare*** *gespr*; zwei oder mehrere Personen fangen an, miteinander zu streiten

haa·ren; *haarte, hat gehaart*; ***ein Tier haart*** ein Tiere verliert Haare: *Unser Hund haart stark*

haar·ge·nau *Adj*; *gespr*; sehr genau, in allen Details ⟨eine Beschreibung; etwas stimmt haargenau⟩

◆ **ha·ben**[1]; *hat, hatte, hat gehabt*; (*kein Passiv!*) **1** ***j-d hat etwas*** j-d besitzt etwas (als Eigentum): *Sie hat ein Auto, ein Haus* **2** ***j-d / ein Tier hat etwas*** j-d / ein Tier besitzt etwas als Eigenschaft, Merkmal *o.Ä.*: *Peter hat Mut*; *Unser Hund hat lange Haare* **3** ***j-d / ein Tier hat etwas*** j-d / ein Tier spürt (*meist* vorübergehend) einen besonderen körperlichen Zustand oder das Gefühl, dass etwas nicht in Ordnung ist ⟨j-d hat Angst, Durst, Heimweh, Hunger, Schmerzen, Sorgen; j-d hat Durchfall, Krebs, Masern, Schnupfen⟩ **4** ***j-d / etwas hat etwas*** j-d / etwas ist mit etwas versorgt, bekommt etwas ⟨j-d hat viel Arbeit, eine Idee, j-s Vertrauen, Zeit; j-d hat die Absicht, die Pflicht, das Recht, etwas zu tun⟩: *Er hat Beziehungen*; *Die Pflanze hat am Fenster viel Licht*; *Sie hat Glück / Pech in der Liebe* **5** ***etwas haben*** verwendet zusammen mit einem Substantiv, um ein Verb zu umschreiben ***etwas in Besitz haben*** ≈ etwas besitzen; ***mit j-m Streit haben*** ≈ mit j-m streiten; ***ein Einsehen haben*** ≈ etwas einsehen **6** ***etwas nicht haben können*** *gespr*; eine starke Abneigung gegen etwas fühlen: *Ich kann seine blöden Bemerkungen nicht haben!* **7** ***etwas an j-m / etwas haben*** die Vorteile von j-m / etwas schätzen: *Erst als sie weg war, merkte er, was er an ihr gehabt hatte* **8** ***j-d / etwas hat es 'in sich*** (*Dat*) *gespr*; *meist* verwendet, um auf besondere Eigenschaften oder unerwartete Probleme hinzuweisen: *Dieser Artikel hats in sich!* (= ist sehr wichtig, schwierig) **9** ***j-d hat etwas hinter sich*** (*Dat*) / (***noch***) ***vor sich*** (*Dat*) j-d hat etwas schon / noch nicht getan oder erlebt: *Du hast noch dein ganzes Leben vor dir* **10** ***j-n / etwas zu*** + *Infinitiv* + ***haben*** etwas (mit j-m) tun müs-

H

sen: *Sie hat noch einen weiten Weg zurückzulegen; Hast du nichts zu tun?* **11 nichts zu** + *Infinitiv* + **haben** zu etwas kein Recht haben ⟨j-m / irgendwo nichts zu befehlen, sagen, verbieten haben⟩: *Du hast hier nichts zu suchen, verschwinde!* **12 *j-d hat j-n / etwas irgendwo* (*liegen, sitzen, stehen*)** j-d hat etwas, das ihm gehört, an den genannten Ort gebracht: *Geld auf der Bank (liegen) haben; das Telefon am Bett (stehen) haben* **13 *es irgendwie haben*** verwendet, um eine besondere Situation zu beschreiben ⟨es eilig, leicht, schwer, schön *o.Ä.* haben⟩: *Sehr gemütlich habt ihr es hier* **14 (*et*)*was gegen j-n / etwas haben*** j-n / etwas nicht mögen: *Er hat was gegen Raucher in seiner Wohnung* **15 *etwas ist zu haben*** etwas wird zum Verkauf angeboten: *Ist das Haus noch zu haben oder ist es schon verkauft?* **16 *für etwas zu haben sein*** etwas mögen oder gern tun: *Für ein Glas Wein bin ich immer zu haben* **17 (*etwas*) *zu* + *haben*** + *Infinitiv* etwas tun müssen: *Ich habe (viel) zu tun, zu arbeiten* || ID ***Er / Sie 'hats ja*** *gespr*; er / sie hat viel Geld; ***Da / Jetzt hast du's / haben wir's / habt ihr's!*** *gespr*; verwendet, wenn etwas, vor dem man Angst hat, kommt (eintritt); *meist* ***Du hast gut lachen!*** *gespr iron*; du kannst lachen, weil du diese Probleme nicht hast; ***Das werden wir gleich haben*** verwendet, wenn man glaubt, ein Problem leicht lösen zu können; **(*Und*) *damit hat sichs*** *gespr*; das ist alles ≈ basta; ***Haste was, biste was!*** *gespr*; wer reich ist, hat auch Macht und Einfluss; ***Wer 'hat, der 'hat*** *gespr hum oder iron*; verwendet, um auszudrücken, dass man stolz darauf ist, etwas zu besitzen, das andere nicht haben

◆ **ha·ben**[2] *Hilfsverb*; verwendet, um (zusammen mit dem Partizip Perfekt) das Perfekt, Plusquamperfekt und zweite Futur von allen transitiven, reflexiven und von manchen intransitiven und unpersönlichen Verben zu bilden: *Er hat geschlafen; Sie hatte geweint; Ich habe sie nicht gesehen; Falls es im Laufe des Tages geregnet haben sollte, brauchst du die Blumen morgen nicht zu gießen* || Hinweis: ↑ ***sein***[2]

Hab·gier *die*; *nur Sg*; *pej*; das (ständige) Verlangen, immer mehr zu besitzen || *hierzu* **hab·gie·rig** *Adj*

ha·cken; *hackte, hat gehackt* **1 *etwas hacken*** etwas mit einer Axt *o.Ä.* in (relativ große) Stücke teilen ⟨Holz hacken; ein Loch ins Eis hacken⟩ **2 (*etwas*) *hacken*** die Erde (um etwas) lockern ⟨ein Beet *usw* hacken; Kartoffeln, Rüben hacken⟩

Ha·cker *der*; *-s*, *-*; j-d, der den Code von Computern manipuliert

◆ **Hack·fleisch** *das*; Fleisch, das durch eine Maschine in kleinste Teile gepresst worden ist (und aus dem man *z.B.* Hamburger macht)

Ha·fen *der*; *-s*, *Hä·fen*; ein Teil des Ufers, an dem Schiffe ankommen und abfahren ⟨*meist* ein Schiff läuft einen Hafen an, läuft in den / im Hafen ein, läuft aus dem Hafen aus, liegt, ankert im Hafen⟩ || K-: ***Hafen-, -anlagen, -arbeiter, -rundfahrt, -stadt, -viertel*** || -K: ***Fischerei-, Jacht-***

Ha·fer *der*; *-s*; *nur Sg*; ein Getreide, das als Nahrung für Menschen (*bes* in Form von Flocken) und Pferde dient || K-: ***Hafer-, -flocken***

Haft *die*; *-*; *nur Sg*; der Zustand, (in einem Gefängnis) eingesperrt zu sein ≈ Arrest ⟨*meist* die Polizei nimmt j-n in Haft, entlässt j-n aus der Haft⟩ || K-: ***Haft-, -entlassung, -strafe***

haf·ten[1]; *haftete, hat gehaftet*; ***etwas haftet irgendwo*** etwas bleibt auf einer Fläche und löst sich nicht von selbst: *Das Etikett ist auf der Flasche haften geblieben*

haf·ten[2]; *haftete, hat gehaftet*; ***für etwas haften*** dafür sorgen, dass ein entstandener Schaden wieder ersetzt wird: *Bitte achten Sie selbst auf Ihre Garderobe, wir haften nicht für Verluste*

Häft·ling *der*; *-s*, *-e*; j-d, der im Gefängnis ist

Haf·tung *die*; *-*, *-en*; *meist Sg*; die Pflicht, einen entstandenen Schaden wieder gutmachen zu müssen ⟨(keine) Haftung für etwas übernehmen⟩

Ha·gel *der*; *-s*; *nur Sg*; eine Art Regen, der aus Körnern von Eis besteht || K-: ***Hagel-, -korn, -schauer***

ha·geln; *hagelte, hat gehagelt* **1 *es hagelt*** Hagel fällt **2 *es hagelt etwas*** (*Pl*) es gibt viele Reaktionen: *Nach der Rede hagelte es Proteste, Vorwürfe*

Hahn[1] *der*; *-(e)s*, *Häh·ne*; ein männliches Huhn (1) ↔ Henne ⟨der Hahn kräht⟩ || ID **(*irgendwo*) *der Hahn im Korb sein*** *gespr*; *meist* als einziger Mann unter vielen Frauen sein

Hahn[2] *der*; *-(e)s*, *Häh·ne*; der Teil einer (Wasser- oder Gas)Leitung *usw*, der dazu dient, diese zu öffnen und zu schließen ⟨der Hahn tropft; den Hahn aufdrehen, zudrehen⟩ || -K: ***Gas-, Wasser-***

◆ **Hähn·chen** *das*; *-s*, *-*; ein Hahn (oder Huhn) zum Essen ⟨ein Hähnchen rupfen, braten, grillen⟩ || -K: ***Brat-, Grill-***

hä·keln; *häkelte, hat gehäkelt*; **(*etwas*) *hä-***

keln etwas aus Garn, Wolle herstellen, indem man mit einer Art Nadel, die vorne einen Haken hat, Maschen macht ⟨einen Topflappen häkeln⟩ || K-: ***Häkel-, -garn, -nadel***

◆ **Ha·ken** *der*; *-s*, *-*; **1** ein gebogenes Stück Metall, Plastik *o.Ä*: *einen Spiegel mit Haken an der Wand befestigen*; *den Hut vom Haken nehmen* || ↑ *Abbildung unter* ***Knopf*** || -K: ***Angel-, Bilder-, Kleider-*** **2** eine Linie, die diese Form hat: *Die Lehrerin macht unter jede richtige Rechnung einen Haken* **3** *gespr*; ein Nachteil: *Pass auf, die Sache hat bestimmt einen Haken!* || *zu* **1 ha·ken·för·mig** *Adj*

◆ **halb**[1] *Adj* **1** *nur attr oder adv*; so, dass etwas die Hälfte von etwas umfasst, beträgt ↔ ganz: *ein halbes Brot, ein halber Liter*; *Die Züge fahren jede halbe Stunde* || K-: ***Halb-, -jahr, -kreis, -kugel, -mond*** **2** *nur attr oder adv*; zum Teil, nicht vollständig ↔ ganz ⟨ein Satz, ein Sieg, die Wahrheit; halb fertig, gar, offen, tot, voll *usw*⟩: *Ihre Augen sind halb geschlossen*; *Die Flasche ist halb leer* || K-: ***Halb-, -dunkel, -schlaf*** **3** *nur attr, nicht adv*; (*iron oder übertrieben*) verwendet, um eine sehr große Menge, lange Dauer *o.Ä.* zu bezeichnen: *Zu seiner Geburtstagsfeier war die halbe Stadt eingeladen*; *Das dauert ja eine halbe Ewigkeit!* **4** *nur attr oder adv*; nicht so stark oder intensiv wie sonst ⟨mit halber Kraft⟩ **5** *nur attr, nicht adv*; in der Mitte einer Strecke, eines Zeitabschnitts *o.Ä.* ⟨auf halbem Weg stehen bleiben, umkehren⟩ || K-: ***Halb-, -jahr*** || ID ***etwas ist nichts Halbes und nichts Ganzes*** etwas ist nicht so, wie es sein soll

halb[2] *Adv* **1** (als Zeitangabe verwendet) dreißig Minuten vor der vollen Stunde: *Wir treffen uns um halb zwölf* **2** ***halb ..., halb ...*** von beiden genannten Dingen, Tätigkeiten, Eigenschaften *usw* etwas ≈ sowohl ..., als auch ...; teils ..., teils ...: *halb lachen, halb weinen*

hal·bie·ren; *halbierte, hat halbiert*; ***etwas halbieren*** aus etwas (gleiche) Teile machen: *einen Apfel mit einem Messer halbieren* || *hierzu* **Hal·bie·rung** *die*

Halb·schuh *der*; ein geschlossener Schuh, der den Knöchel nicht bedeckt || ↑ *Abbildung unter* ***Schuhe***

halb·tags *Adv*; die halbe Zeit ↔ ganztags ⟨halbtags arbeiten, beschäftigt sein⟩ || K-: ***Halbtags-, -job, -stelle***

half ↑ ***helfen***

Half·pipe ['ha:fpaɪp] *die*; *-*, *-s*; eine Bahn[1] (2), etwa in der Form eines U, für bestimmte Sportarten

◆ **Hälf·te** *die*; *-*, *-n*; einer von zwei gleich großen Teilen eines Ganzen ⟨die Hälfte eines Betrags, einer Fläche, einer Größe, einer Menge, einer Zeit *usw*⟩: *Schneide den Apfel in der Mitte durch und gib mir die Hälfte* || ID ***j-s bessere Hälfte*** *gespr hum*; j-s Ehepartner

◆ **Hal·le** *die*; *-*, *-n* **1** ein großes Gebäude, das *meist* nur aus einem hohen und weiten Raum besteht: *die Hallen einer Fabrik, eines Flughafens* || K-: ***Hallen-, -bad*** || -K: ***Bahnhofs-, Fabrik-, Lager-, Markt-, Schwimm-, Sport-*** **2** ein großer Raum gleich hinter dem Eingang eines großen Hauses, eines Hotels || -K: ***Eingangs-, Empfangs-, Hotel-***

◆ **hal·lo!** *Interjektion* **1** verwendet, um andere auf sich aufmerksam zu machen: *Hallo!, hören Sie mich?* **2** verwendet als Form der Begrüßung

Halm *der*; *-(e)s*, *-e*; der (*meist* hohle) Stängel von Gräsern (und Getreide) || -K: ***Getreide-, Gras-***

◆ **Hals** *der*; *-es*, *Häl·se* **1** (beim Menschen und manchen Tieren) der schmale Teil des Körpers zwischen Kopf und Schultern ⟨den Hals strecken, (ver)drehen; sich (*Dat*) den Hals verrenken, brechen⟩: *sich ein Tuch um den Hals legen* || ↑ *Abbildung unter* ***Kopf*** || K-: ***Hals-, -kette, -tuch, -wirbel*** **2** ≈ Kehle, Rachen ⟨einen rauen, wunden Hals haben; j-m tut der Hals weh; j-m bleibt etwas im Hals stecken⟩ || K-: ***Hals-, -entzündung, -schmerzen, -weh*** **3** die (schmale) Öffnung bei einem Gefäß *o.Ä.* ⟨der Hals einer Flasche, einer Vase⟩ || -K: ***Flaschen-, Gebärmutter-*** || ID ***aus vollem Hals(e)*** ⟨rufen, schreien, singen⟩ ≈ laut; ***j-m um den Hals fallen*** j-n plötzlich und heftig umarmen; ***etwas hängt j-m zum Hals (he)raus*** *gespr*; j-d hat von etwas zu viel gehabt (und findet es nur noch lästig); ***bis an den / bis über den / bis zum Hals in etwas*** (*Dat*) ***stecken*** *gespr*; sehr viele Probleme bei etwas haben ⟨bis zum Hals in Arbeit, in Schulden, in Schwierigkeiten stecken⟩; ***Hals über Kopf*** (zu) plötzlich ≈ überstürzt; ***den / seinen Hals aus der Schlinge ziehen*** einen (Aus)Weg aus einer gefährlichen Situation finden

◆ **halt**[1] *Partikel*; *unbetont*, *gespr* **1** verwendet, um zu betonen, dass an einer Tatsache nichts geändert werden kann ≈ eben: *„Ist das kalt heute!“ - „Na ja, es wird halt Winter“* **2** verwendet, um eine Aufforderung zu verstärken: *Ruh dich halt aus, wenn du müde bist!*

◆ **halt!**[2] *Interjektion*; verwendet, wenn man will, dass j-d nicht weitergehen, etwas nicht tun soll: *Halt! Bleiben Sie stehen!*

Halt[1] *der*; *-(e)s*; *nur Sg*; etwas, das einen / etwas sicher macht, stützt ⟨irgendwo (festen) Halt suchen; (keinen) Halt finden / haben; den Halt verlieren⟩

Halt[2] *der*; *-(e)s, -e / -s*; *meist Sg*; das Unterbrechen einer Fahrt oder Tätigkeit ≈ Stopp ⟨irgendwo Halt machen⟩: *Sie fuhren ohne Halt durch bis ans Ziel*

◆ **halt·bar** *Adj*; *nicht adv* **1** (von Lebensmitteln) so, dass sie (nicht verderben und) lange Zeit gegessen werden können ↔ leicht verderblich ⟨etwas ist lange, nur begrenzt, kurz haltbar; etwas haltbar machen⟩ **2** lange Zeit stabil ⟨eine Frisur, Schuhe⟩ **3** ⟨eine Theorie, eine These⟩ so (durchdacht), dass man sie nicht aufgeben oder ändern muss ↔ unhaltbar: *Seine altmodischen Ansichten über Frauen sind nicht haltbar* || Hinweis: *meist* verneint || *zu* **1** und **2 Halt·bar·keit** *die*

◆ **hal·ten**; *hält, hielt, hat gehalten* **1** ***j-n / etwas halten*** eine Person oder Sache (mit der Hand) gefasst haben und nicht loslassen ⟨etwas in der Hand, mit beiden Händen, mit einer Zange halten; j-n am Arm, in seinen Armen halten⟩: *Hältst du bitte mal den Koffer?* **2** ***etwas irgendwohin halten*** etwas in eine bestimmte Position bringen: *die Hand vor den Mund halten* **3** ***etwas halten*** etwas nicht ändern ≈ beibehalten ⟨den Kurs, das Tempo halten; eine These nicht halten können⟩ **4** ***etwas halten*** bei etwas bleiben und es nicht ändern ≈ wahren ⟨Diät, Disziplin, Frieden, Ordnung, Ruhe halten⟩ **5** ***j-n / etwas irgendwie halten*** bewirken, dass j-d / etwas in einem Zustand bleibt: *das Essen warm halten*; *den Betrieb nicht halten können* **6** ***etwas halten*** *Sport*; verhindern, dass der Ball ins Tor gelangt ⟨einen Elfmeter halten⟩ **7** ***etwas halten*** das tun, was man versprochen hat ⟨(sein) Wort halten⟩ **8** (***sich*** (*Dat*)) ***ein Tier halten*** ein Tier besitzen: (*sich*) *eine Katze, Kühe, Schweine halten* **9** ***j-n / sich / etwas für etwas halten*** eine Ansicht über j-n / sich / etwas haben, die auch falsch sein kann: *Falschgeld für echt(es Geld) halten*; *j-n für einen Helden halten* **10** (***et***)***was / viel / nichts von j-m / etwas halten*** eine gute / schlechte Meinung von j-m / etwas haben: *Was hältst du von der Idee?*; *Der Lehrer hielt nicht viel von seinen Schülern* **11** *Subst* + ***halten*** verwendet, um ein Verb zu umschreiben; ***nach j-m / etwas Ausschau halten*** ≈ nach j-m / etwas ausschauen; ***Unterricht halten*** ≈ unterrichten; ***eine Rede halten*** ≈ reden **12** ≈ stehen bleiben, anhalten: *Der Zug hält* (*in fünf Minuten am Bahnhof*) **13** ***etwas hält*** etwas bleibt in einem guten Zustand, wird nicht zerstört ⟨eine Ehe, eine Naht; Blumen, eine Frisur, Lebensmittel⟩: *Das Wetter wird nicht halten - Es sieht nach Regen aus* **14** ***zu j-m halten*** j-m in einer schwierigen Situation helfen: *Ihr Mann hält zu ihr, was auch geschieht* **15** ***auf sich*** (*Akk*) ***halten*** darauf achten, dass man gut gekleidet ist, einen guten Ruf hat: *Wer auf sich hält, verkehrt nicht in schlechten Lokalen* **16** ***j-d / etwas hält sich*** j-d / etwas bleibt in seinem guten Zustand ⟨Blumen, Lebensmittel, das Wetter⟩: *Er hat sich gut gehalten. Man sieht ihm sein Alter nicht an* **17** ***sich irgendwie halten*** ≈ bei etwas gut, schlecht *usw* sein: *sich in einer Diskussion gut, in einer Prüfung schlecht halten* **18** ***sich an j-n halten*** mit j-m Kontakt pflegen, bei ihm Rat suchen, weil man ihm vertraut: *Halte dich nur an mich, wenn es Probleme gibt!*

◆ **Hal·te·stel·le** *die*; die Stelle, an der Busse und Bahnen (regelmäßig) stehen bleiben, damit man ein- oder aussteigen kann ≈ Station || -K: ***Bus-, U-Bahn-***

Hal·tung *die*; *-, -en* **1** *nur Sg*; die Art, in der man steht oder seinen Körper bewegt ⟨eine gute, schlechte, aufrechte Haltung haben; eine gebückte Haltung einnehmen⟩ || -K: ***Körper-*** **2** *meist Sg*; ***die Haltung*** (***zu / gegenüber j-m / etwas***) die (persönliche) Art, zu denken und zu reagieren ≈ Einstellung ⟨eine konservative, liberale *usw* Haltung; eine ablehnende, feindliche, zögernde Haltung einnehmen, bewahren⟩ **3** *nur Sg*; ***die Haltung*** (***von etwas*** (*Pl*)) der Besitz von Tieren: *In diesem Haus ist die Haltung von Hunden verboten* || -K: ***Geflügel-, Hunde-***

hä·misch *Adj*; so, dass man Freude über den Schaden eines anderen zeigt ⟨ein Grinsen, Blicke, Bemerkungen; hämisch grinsen; sich hämisch über etwas (*Akk*) freuen⟩

◆ **Ham·mer** *der*; *-s, Häm·mer* **1** ein Werkzeug (mit einem Stiel), mit dem man Nägel in Bretter oder Wände schlägt || ↑ *Abbildung unter* ***Werkzeug*** **2** *gespr*; ein großer Fehler ⟨sich einige grobe Hämmer leisten⟩

Hams·ter *der*; *-s, -*; ein (Nage)Tier, das in seinen Backen Futter sammelt

◆ **Hand** *die*; *-, Hän·de* **1** der Körperteil, mit dem man nach etwas greift, einen Gegenstand hält *usw* ⟨die rechte, linke Hand; etwas in die Hand nehmen, in der Hand halten, aus der Hand legen⟩: *sich vor dem Essen die Hände waschen*; *ein Buch in die Hand nehmen und darin blättern* || K-: ***Hand-, -creme, -gelenk*** **2** ***j-m die Hand geben / schütteln*** die rechte Hand (1) ausstrecken und damit die Hand eines anderen drücken, um ihn zu begrüßen **3** ***j-n bei der Hand nehmen*** die Hand (eines Kindes) fassen, um es zu führen **4** ***etwas zur Hand nehmen*** ein Ding mit der Hand (1) fassen (um es zu benutzen) **5** ***j-s rechte Hand*** der engste und wichtigste Mitarbeiter (*z.B.* eines Chefs) **6** ***eine Hand voll*** + *Subst* eine kleine Menge oder Anzahl ≈ wenig(e): *eine Hand voll Reis*; *eine Hand voll Zuschauer* **7** ***zu Händen*** **(*****von*****)** ***Herrn / Frau X*** verwendet auf Briefen, um so zu sagen, wer (in einer Institution oder Firma) den Brief haben soll; *Abk* z.H. / z. Hd.: *An das Finanzamt Wuppertal, z.H. Frau Wagner* || ID ***etwas in die Hand nehmen*** ein Projekt oder eine Arbeit selbst leiten (damit sie schneller fertig wird); ***j-n in der Hand haben*** so viel Macht über j-n haben, dass man über ihn bestimmen kann; ***etwas liegt*** **(*****klar*****)** ***auf der Hand*** etwas ist deutlich zu erkennen ≈ etwas ist offensichtlich: *Die Vorteile dieser neuen Methode liegen klar auf der Hand*; ***mit leeren Händen*** **a)** ohne ein Geschenk; **b)** ohne ein positives Ergebnis: *mit leeren Händen von den Verhandlungen zurückkommen*; ***j-m zur Hand gehen*** j-m bei einer Arbeit helfen; ***etwas*** **(*****nicht*****)** ***aus der Hand geben*** etwas, das man besitzt, (nicht) an andere weitergeben, oder eine Funktion, die man hat, (nicht) an andere geben: *Er ist nicht bereit, wichtige Aufgaben aus der Hand zu geben*; ***etwas fällt j-m in die Hände*** etwas kommt (*oft* durch Zufall) in j-s Besitz ⟨geheime Pläne, Dokumente fallen j-m in die Hände⟩; ***etwas geht mit etwas Hand in Hand*** eine Entwicklung ist eng mit einer anderen verbunden: *Die wirtschaftliche Krise ging mit einer Zunahme der Arbeitslosigkeit Hand in Hand*; ***alle / beide Hände voll zu tun haben*** *gespr*; sehr viel Arbeit haben; ***in festen Händen sein*** *gespr hum*; eine feste Beziehung mit einem Freund oder einer Freundin haben; ***zwei linke Hände haben*** *gespr*; mit den Händen sehr ungeschickt sein; ***etwas hat Hand und Fuß*** etwas ist gut überlegt, vorbereitet oder geplant: *Alles, was unser Chef macht, hat Hand und Fuß*; ***für j-n / etwas die / seine Hand ins Feuer legen*** *gespr*; volles Vertrauen zu j-m haben: *Manfred hat das Fahrrad nicht gestohlen. Dafür lege ich die Hand ins Feuer*; ***mit Händen und Füßen*** mit vielen deutlichen Gesten ⟨mit Händen und Füßen reden⟩ || ▸ ***anhand***

Hand

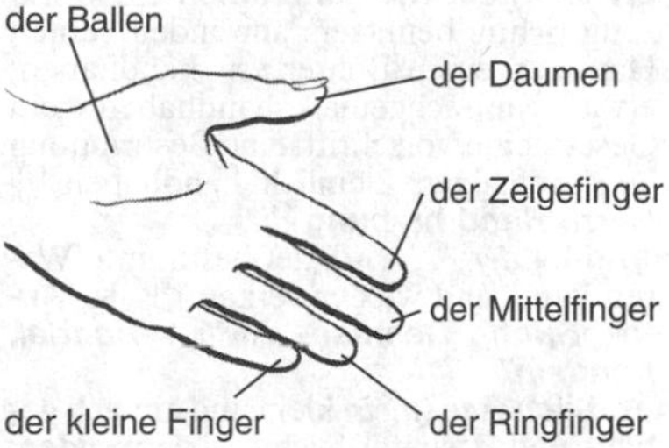

◆ **Hạnd·ar·beit** *die* **1** *meist Pl*; das Herstellen von etwas (Künstlerischem) ohne Hilfe von Maschinen (*meist* Stricken, Sticken oder Häkeln) ⟨Handarbeiten machen⟩ || K-: ***Handarbeits-, -geschäft, -unterricht*** **2** ein Gegenstand, der ohne Maschinen hergestellt wird: *Diese Schuhe sind echte indianische Handarbeit* || *zu* **1** **hạnd·ar·bei·ten** (*hat*)

◆ **Hạn·del** *der*; *-s*; *nur Sg* **1** ***Handel*** **(*****mit etwas*****)** das Einkaufen und Verkaufen von Waren ⟨lebhafter, blühender Handel; (mit etwas) Handel treiben⟩: *Der Handel mit Gewürzen floriert* || K-: ***Handels-, -abkommen, -partner*** || -K: ***Drogen-, Gewürz-, Teppich-*** **2** ***etwas ist im Handel*** etwas kann man jetzt kaufen

◆ **hạn·deln**[1]; *handelte, hat gehandelt* **1** ***mit etwas handeln*** eine Ware einkaufen und wieder verkaufen: *mit Antiquitäten, Gebrauchtwagen handeln* **2** **(*****mit j-m*****)** **(*****um etwas*****)** ***handeln*** (beim Kauf einer Ware) versuchen, die Ware billiger zu bekommen: *mit einem Händler um den Preis eines Teppichs handeln*

◆ **hạn·deln**[2]; *handelte, hat gehandelt* **1** **(*****irgendwie*****)** ***handeln*** in einer besonderen Situation aktiv werden, sich in der genannten Weise verhalten ⟨fahrlässig, verantwortungslos, übereilt, unüberlegt handeln⟩: *Als er den Unfall sah, handelte er sofort und leistete dem Verletzten erste Hilfe* **2** ***etwas handelt von etwas*** etwas hat etwas zum Thema ≈ etwas erzählt von etwas, behandelt etwas: *Der Film handelt vom Untergang des Römischen Reiches* **3** **(*****bei j-m / etwas*****)** ***handelt es sich um j-n / etwas*** *geschr*; j-d / etwas ist das, was über ihn / es gesagt wird: *Bei diesem*

Fund handelt es sich um eine Vase aus dem 3. Jahrhundert

Hand·flä·che *die*; die innere Seite einer Hand (1) ↔ Handrücken

Hand·ge·lenk *das*; das Gelenk zwischen der Hand und dem unteren Teil des Arms

hand·ha·ben; *handhabte, hat gehandhabt*; ***etwas irgendwie handhaben*** ein Werkzeug richtig benutzen, anwenden ⟨einen Hammer, einen Bohrer *usw* handhaben; etwas (un)sachgemäß handhaben; ein Gesetz, eine Vorschrift, eine Bestimmung lax, großzügig, kleinlich handhaben⟩ || *hierzu* **Hand·ha·bung** *die*

Händ·ler *der*; *-s, -*; j-d, der bestimmte Waren kauft und wieder verkauft || -K: ***Auto-, Buch-, Gemüse-*** *usw* || ▸ ***Handel, handeln***[1]

hand·lich *Adj*; (*meist* klein und einfach gebaut und deshalb) leicht zu verwenden: *Dieser Koffer ist recht handlich*

Hand·lung[1] *die*; *-, -en* **1** das, was j-d tut oder getan hat ≈ Tat ⟨eine (un)überlegte, strafbare Handlung⟩ || K-: ***Handlungs-, -spielraum, -weise*** **2** *meist Sg*; das, was sich in einer Geschichte[2] (1) ereignet: *die spannende Handlung eines Films*

Hand·lung[2] *die*; *-, -en*; *veraltet* ≈ Geschäft, Laden || -K: ***Buch-, Wein-, Zoo-*** *usw*

Hand·rü·cken *der*; die äußere Seite einer Hand ↔ Handfläche

Hand·schrift *die* **1** die typische Art, in der j-d mit der Hand auf Papier schreibt ⟨eine (un)saubere, (un)leserliche, (un)ordentliche Handschrift haben⟩ **2** ein Buch, das mit der Hand geschrieben ist ↔ Druck[2] (1): *Handschriften des 13. Jahrhunderts*

hand·schrift·lich *Adj*; mit der Hand geschrieben ≈ handgeschrieben ↔ maschinengeschrieben ⟨ein Lebenslauf, eine Notiz⟩

Hand·schuh *der*; ein Kleidungsstück für die Hände, das sie (vor Kälte, Schmutz oder Verletzungen) schützt || -K: ***Faust-, Finger-***; ***Gummi-, Leder-, Woll-***

◆**Hand·ta·sche** *die*; eine Tasche, in der man kleine Dinge (wie Geld, Schlüssel, Ausweise *usw*) bei sich trägt

◆**Hand·tuch** *das*; ein Tuch, mit dem man sich nach dem Waschen abtrocknet || -K: ***Bade-, Frottee-***

Hand·werk *das*; *-s*; *nur Sg* **1** eine Tätigkeit, die man als Beruf macht und bei der man *bes* mit den Händen arbeitet und mit Werkzeugen etwas herstellt ⟨ein Handwerk erlernen⟩: *das Handwerk des Zimmermanns, des Metzgers* || K-: ***Handwerks-, -beruf, -meister*** || -K: ***Schreiner-, Schuster-*** **2** alle Leute und Betriebe, die ein Handwerk betreiben ↔ Handel, Industrie || ID ***j-m das Handwerk legen*** *gespr*; bewirken, dass j-d nichts Böses mehr tun kann: *einem Dieb das Handwerk legen* || *hierzu* **hand·werk·lich** *Adj*

◆**Hand·wer·ker** *der*; *-s, -*; j-d, der als Beruf ein Handwerk ausübt: *Schlosser, Schreiner und Maurer sind Handwerker*

◆**Han·dy** ['hɛndɪ] *das*; *-s, -s*; ein Telefon, das man immer bei sich tragen kann || ↑ *Illustration* **Am Schreibtisch**

Hang[1] *der*; *-(e)s, Hän·ge*; der schräge Teil eines Berges oder Hügels ≈ Abhang ⟨ein steiler Hang⟩

Hang[2] *der*; *-(e)s*; *nur Sg*; ***der Hang zu etwas*** die Neigung, etwas zu tun, was sich oft negativ auswirkt: *einen Hang zur Übertreibung haben*

◆**hän·gen**[1]; *hing, hat / südd* Ⓐ Ⓒⓗ *ist gehangen* **1** ***etwas hängt irgendwo*** etwas ist mit dem oberen Teil an einer Stelle festgemacht (sodass der untere Teil frei beweglich bleibt): *An unserem Baum hängen viele reife Birnen*; *Das Bild hängt an der Wand* **2** ***etwas hängt irgendwie*** etwas hängt[1] (1) in der genannten Stellung oder Lage: *Der Spiegel hängt schief* **3** ***irgendwo hängen bleiben*** nicht weiterkommen, da man von etwas festgehalten wird: *Er blieb an einem Nagel hängen und zerriss sich die Hose* **4** ***irgendwo hängen*** sich *bes* mit den Händen an einer Stelle festhalten, sodass der Rest des Körpers

---

Das Fahrrad

1 der Fahrradhelm
2 der Radweg
3 die Fahrradtasche
4 das Mountainbike
5 der Gepäckträger
6 das Rücklicht
7 der Sattel
8 das Schloss
9 die Kette
10 das Trekkingbike
11 die Luftpumpe
12 das Pedal
13 die Gangschaltung
14 der Lenker
15 die Klingel
16 das Vorderlicht
17 der Dynamo
18 die Speiche(n)
19 der Strahler
20 das Ventil
21 der Reifen
22 das Rennrad
23 die Trinkflasche
24 die Radlerhose

Das Fahrrad

Das Auto

frei in der Luft ist: *Der Junge hing an einem dicken Ast und schaukelte hin und her* **5** ***etwas hängt irgendwo*** etwas klebt oder haftet an der genannten Stelle: *An seinen Stiefeln hing Schlamm* **6** ***an j-m / etwas hängen*** eine Person / Sache sehr mögen und sich nicht von ihr / davon trennen wollen: *sehr an den Eltern hängen*; *Er hing sehr an seinem alten Auto* || ID ***mit Hängen und Würgen*** *gespr*; mit sehr großer Anstrengung ≈ gerade noch: *das Ziel mit Hängen und Würgen erreichen*

◆ **hän·gen**[2]; *hängte, hat gehängt* **1** ***etwas irgendwohin hängen*** etwas so an einer Stelle befestigen, dass der untere Teil frei beweglich bleibt: *einen Mantel auf den Kleiderbügel hängen*; *eine Tasche über die Schulter hängen* **2** ***etwas irgendwohin hängen*** etwas in eine bestimmte Richtung gleiten lassen: *die Füße, Hände ins Wasser, den Arm aus dem Fenster hängen* **3** ***ein Tier / etwas irgendwohin hängen*** ein Tier irgendwo festmachen / etwas irgendwo befestigen: *den Hund an die Leine hängen*; *den Wagen an den Traktor hängen* **4** ***j-n hängen*** j-n töten, indem man ihm ein Seil um den Hals legt und ihn an einen Balken hängt[1] (1) ≈ aufhängen: *Der Mörder wurde gehängt*

Ha·rass *der*; *-es, -e*; (CH) ≈ Kasten (1)

harm·los *Adj*; nicht böse ↔ gefährlich, unangenehm ⟨ein Mensch, ein Zeitgenosse; ein Hund; eine Bemerkung, eine Frage⟩ || *hierzu* **Harm·lo·sig·keit** *die*

Har·mo·nie *die*; *-, -n* [-ˈniːən] **1** ***die Harmonie*** + *Gen*; ***die Harmonie von etwas und etwas*** der (schöne) Zustand, in dem alles gut zusammenpasst (und ein Ganzes bildet) ⟨die Harmonie der Töne, Klänge, Farben; die Harmonie von Körper und Geist⟩ **2** *nur Sg*; ein Zustand ohne Konflikte ≈ Eintracht ↔ Streit ⟨in Harmonie mit j-m / etwas leben⟩

har·mo·nisch *Adj* **1** so, dass die einzelnen Teile gut zueinander passen: *Die verschiedenen Elemente des Bildes fügen sich harmonisch zu einem Ganzen* **2** ohne große Konflikte und Streit: *eine harmonische Ehe führen*

Harn *der*; *-(e)s*; *nur Sg*; die gelbliche Flüssigkeit, die in den Nieren gebildet wird und mit der Stoffe aus dem Körper ausgeschieden werden ≈ Urin ⟨Harn ausscheiden, lassen⟩

◆ **hart**, *härter, härtest-*; *Adj* **1** fest und nur schwer zu zerbrechen oder in seiner Form zu ändern ↔ weich ⟨hart wie Fels / Stein; eine Bank, ein Bett, ein Holz, eine Schale; hart gefrorener Boden⟩: *Das Brot ist trocken und hart* || -K: ***eisen-, knochen-, stein-*** **2** ohne Mitleid, Rücksicht oder andere freundliche Gefühle ≈ streng ↔ mild, freundlich ⟨ein Blick, ein Herz, eine Strafe, ein Urteil, Worte; hart zu j-m sein; j-n hart bestrafen⟩: *Die vielen Enttäuschungen haben ihn hart gemacht* **3** so, dass sehr viel Kraft und Anstrengung nötig ist ≈ schwer ↔ leicht ⟨eine Arbeit, ein Kampf, ein Training; hart arbeiten, lernen⟩ **4** ***hart*** **(*für j-n*)** kaum zu ertragen ⟨Bedingungen, ein Leben, Strapazen, ein Winter; etwas trifft j-n hart⟩: *Es ist hart für ihn, dass seine Eltern so früh gestorben sind* || ID ***hart im Nehmen sein*** *gespr*; viele Niederlagen ertragen können

hart·her·zig *Adj*; ohne freundliche Gefühle (wie Mitleid) ≈ hart (2), unbarmherzig ⟨ein Mensch⟩ || *hierzu* **Hart·her·zig·keit** *die*

hart·nä·ckig *Adj*; nicht fähig oder bereit, seine Meinung oder Haltung zu ändern ≈ beharrlich ⟨ein Verfolger; sich hartnäckig weigern, etwas zu tun; hartnäckig Widerstand leisten⟩: *Wir bestürmten sie mit Fragen, aber sie schwieg hartnäckig* || *hierzu* **Hart·nä·ckig·keit** *die*

Ha·se *der*; *-n, -n*; ein (Säuge)Tier mit hellbraunem Fell und sehr langen Ohren, das *meist* auf Feldern lebt || K-: ***Hasen-, -jagd*** || -K: ***Feld-*** || ID ***ein alter Hase sein***

Das Auto

1 der Kofferraum	10 der Außenspiegel	17 der Tacho(meter)
2 das Rücklicht	11 die Radkappe	18 der Rückspiegel
3 der Blinker	12 der Reifen	19 die Antenne
4 die Windschutzscheibe	13 die Tür	20 das Dach
5 der Scheibenwischer	14 die Kupplung, das Kupplungspedal	21 das Lenkrad
6 die Motorhaube		22 der Schalthebel
7 der Kotflügel	15 die Bremse, das Bremspedal	23 die Handbremse
8 der Scheinwerfer		24 die Kopfstütze
9 die Stoßstange	16 das Gas(pedal)	25 der Sicherheitsgurt

gespr; (in einem Bereich) viel Erfahrung haben; ⟨erkennen, wissen⟩ ***wie der Hase läuft*** *gespr*; erkennen, wissen, wie sich eine Sache entwickelt

Hass *der*; *-es*; *nur Sg*; ***Hass gegen*** / *gespr* ***auf j-n*** / ***etwas*** das starke Gefühl der Feindschaft gegen j-n / etwas ↔ Liebe ⟨(abgrund)tiefer, glühender Hass; j-d ist von Hass erfüllt, ist voller Hass⟩ || K-: ***hass-, -erfüllt***

◆**has·sen**; *hasste, hat gehasst* **1** (***j-n*** / ***etwas***) ***hassen*** ganz von dem Gefühl erfüllt sein, dass j-d / etwas feindlich, schlimm ist ↔ lieben ⟨j-n zutiefst hassen⟩ **2** ***etwas hassen*** etwas nicht gern haben, nicht mögen: *Sie hasst* es, *früh aufstehen* zu *müssen*

◆**häss·lich** *Adj* **1** so, dass es überhaupt nicht schön ist ⟨ein Gesicht⟩ **2** moralisch schlecht oder abstoßend ⟨ein Mensch, Worte, Szenen; sich hässlich benehmen⟩ || *hierzu* **Häss·lich·keit** *die*

Hast *die*; *-*; *nur Sg*; die (hektische) Unruhe, mit der man etwas schnell tut ≈ Eile ⟨etwas in (großer), ohne, voller Hast tun⟩

has·tig *Adj*; schnell und unruhig ≈ eilig

hat, **hat·te** ↑ ***haben***

Hau·be *die*; *-*, *-n* **1** ein (fester) Schutz aus Tuch, mit dem manche Frauen Haare und Ohren (fast) vollständig bedecken ⟨die Haube einer Nonne, einer Krankenschwester⟩ **2** *Kurzwort* ↑ ***Motorhaube***

hau·chen; *hauchte, hat gehaucht*; (***irgendwohin***) ***hauchen*** Luft durch den offenen Mund ausstoßen: *in die Hände hauchen, um sie zu wärmen*

hau·en; *haute* / *geschr hieb, hat gehauen* **1** ***j-n hauen*** (*haute*) *gespr* ≈ schlagen, verprügeln **2** ***etwas in etwas*** (*Akk*) ***hauen*** (*haute* / *hieb*) etwas herstellen, indem man mit einem Werkzeug Stücke wegschlägt: *eine Statue in Marmor, ein Loch ins Eis hauen* **3** ***irgendwohin hauen*** (*haute* / *hieb*) irgendwohin schlagen: *mit der Faust auf den Tisch hauen*

Hau·fen *der*; *-s*, *-*; **1** ***ein Haufen*** + *Subst* / + *Gen* eine Menge einzelner Dinge, die so übereinander liegen, dass sie die Form eines kleinen Berges bilden ⟨alles auf einen Haufen legen, werfen⟩: *ein Haufen schmutziger Wäsche* || ↑ *Abbildung unter* ***Stapel*** || -K: ***Heu-, Kompost-, Mist-, Sand-*** **2** *nur Sg*; *gespr*; ***ein Haufen*** + *Subst* / + *Gen*; sehr viel(e): *Das Auto hat einen Haufen Geld gekostet* || K-: ***haufen-, -weise***

◆**häu·fig** *Adj*; immer wieder da (vorhanden) ↔ selten: *ein häufiger Fehler*; *eine häufig gestellte Frage*; *Er besucht uns häufig* || *hierzu* **Häu·fig·keit** *die*

Haupt *das*; *-(e)s*, *Häup·ter*; *geschr* **1** der Kopf eines Menschen ⟨mit stolz erhobenem Haupt⟩ **2** j-d, der an der Spitze einer Gruppe von Menschen steht und sie führt ≈ Oberhaupt ⟨das Haupt der Familie⟩

Haupt|bahn·hof *der*; der größte Bahnhof in einer (Groß)Stadt; *Abk* Hbf.

Häupt·ling *der*; *-s*, *-e*; der Anführer eines Stammes (bei Naturvölkern) || -K: ***Indianer-***

Haupt·per·son *die*; *die wichtigste Person* (in einer Geschichte oder einer bestimmten Situation)

◆**Haupt·sa·che** *die*; das Wichtigste ↔ Nebensache: *Die Hauptsache ist, dass Sie hier glücklich sind* / *Hauptsache, Sie sind hier glücklich*

haupt·säch·lich *Adv* ≈ vorwiegend, vor allem: *Er interessiert sich hauptsächlich für Kunst*

Haupt·satz *der*; *Ling*; ein Satz, der allein stehen kann und nicht von einem anderen Satz abhängig ist

Haupt·schu·le *die*; Ⓓ die Schule, die alle von der fünften bis zur neunten Klasse besuchen, die nicht auf die höhere Schule (Realschule, Gymnasium) gehen || K-: ***Hauptschul-, -abschluss, -lehrer*** || *hierzu* **Haupt·schü·ler** *der*; **Haupt·schü·le·rin** *die*

Haupt·stadt *die*; die (*oft* größte) Stadt eines Landes, in der die Regierung ihren Sitz hat: *Paris ist die Hauptstadt von Frankreich*

Haupt·ver·kehrs·zeit *die*; die Zeit, in der besonders viel Verkehr ist

◆**Haus** *das*; *-es*, *Häu·ser* **1** ein Gebäude, in dem Menschen wohnen ⟨ein einstöckiges, mehrstöckiges Haus; ein Haus bauen, beziehen, bewohnen, (ver)kaufen, (ver)mieten⟩ || K-: ***Haus-, -eigentümer, -eingang, -nummer, -tür*** || -K: ***Einfamilien-, Hoch-, Miets-, Reihen-*** **2** *geschr*; ein großes (öffentliches) Gebäude, in dem viele Leute arbeiten oder in dem man Konzerte *o.Ä.* hören kann: *Bei dem Gastspiel der berühmten Sängerin war das Haus ganz ausverkauft* || -K: ***Schul-*** **3** *nur Sg*; das Gebäude, in dem man wohnt: *Er hat um sieben Uhr das Haus verlassen, um zur Arbeit zu gehen* **4** *nur Sg*; *gespr*; alle Menschen, die in einem Haus (1) wohnen: *Durch den Knall wachte das ganze Haus auf* **5** ***j-d ist*** / ***bleibt zu Hause*** j-d ist / bleibt dort, wo er wohnt || Aber: *Hier ist mein Zuhause* **6** ***j-d geht*** / ***kommt nach Hause*** j-d geht / kommt dorthin, wo er wohnt **7** ***mit etwas Haus halten*** mit etwas sparsam umgehen ↔ etwas verschwenden: *mit seinen Kräften Haus halten* || ID ***in etwas*** (*Dat*) ***zu Hause sein*** *gespr*; über dieses Gebiet viel wissen; ***etwas steht*** (***j-m***) ***ins Haus*** *gespr*; j-m steht etwas (*meist* Unangenehmes) bevor; ***von Haus aus*** *gespr*; ohne besonderen Grund: *Er meint, er habe von Haus aus das Recht dazu*; ***das Haus hüten*** zu Hause bleiben (*meist* weil man krank ist)

Haus·auf·ga·be *die*; eine Arbeit, die ein Schüler zu Hause machen soll ⟨viele, wenig Hausaufgaben aufhaben⟩

◆ **Haus·frau** *die*; eine (*meist* verheiratete) Frau, die für die eigene Familie die Arbeit im Haus macht und *oft* keinen anderen Beruf ausübt: *Sie ist Hausfrau und Mutter* || *hierzu* **haus·frau·lich** *Adj*

◆ **Haus·halt** *der*; *-(e)s, -e* **1** *meist Sg*; alle Arbeiten (*z.B.* das Kochen, Putzen, Waschen, Einkaufen), die in einem Haus oder einer Wohnung getan werden müssen ⟨(j-m) den Haushalt führen / machen⟩: *Unsere Kinder helfen viel im Haushalt* || K-: ***Haushalts-, -führung*** **2** *meist Sg*; die Wohnung, die Möbel und Gegenstände, die zur Einrichtung gehören: *Nach dem Tod unserer Großmutter mussten wir ihren Haushalt auflösen* (= mussten wir alle Gegenstände aus ihrer Wohnung entfernen) **3** eine Familie in einer Wohnung: *Die Broschüren wurden an alle privaten Haushalte verschickt* **4** *Admin* ≈ Etat ⟨(über) den Haushalt beraten, den Haushalt beschließen⟩ || K-: ***Haushalts-, -ausschuss, -debatte, -defizit*** || -K: ***Sozial-, Staats-***

häus·lich *Adj*; gern zu Hause und bei der Familie ⟨ein Typ; sehr häuslich sein⟩ || *hierzu* **Häus·lich·keit** *die*

◆ **Haus·meis·ter** *der*; j-d, der dafür bezahlt wird, in einem größeren Haus für die Sauberkeit und kleinere Reparaturen zu sorgen

Haus·tier *das*; ein Tier, das man sich aus Freude oder zum (wirtschaftlichen) Nutzen hält

◆ **Haut** *die*; -, *Häu·te* **1** *nur Sg*; die äußerste dünne Schicht des Körpers von Menschen und Tieren, aus der die Haare wachsen ⟨eine helle, dunkle, empfindliche, raue, unreine, straffe, welke Haut (haben); sich (*Dat*) die Haut abschürfen⟩ || K-: ***Haut-, -creme, -farbe*** || -K: ***Gesichts-, Kopf-*** **2** eine Hülle, die etwas (*z.B.* eine Frucht) umgibt: *die sieben Häute der Zwiebel*; *die Haut von den Mandeln abziehen* || -K: ***Ei-, Pfirsich-, Wurst-*** || ID ***eine ehrliche / gute Haut*** *gespr*; ein ehrlicher / guter Mensch; ***nur noch Haut und Knochen sein*** *gespr*; sehr dünn sein, mager sein; ***mit Haut und Haar(en)*** *gespr* ≈ völlig, ganz und gar; ***aus der Haut fahren*** *gespr*; wütend werden; ***j-d fühlt sich in seiner Haut nicht wohl***; ***j-m ist in seiner Haut nicht wohl*** *gespr*; j-m ist eine Situation unangenehm; ***nicht aus seiner Haut*** (***heraus***)***können*** *gespr*; sich nicht ändern, anders verhalten können; ***mit heiler Haut davonkommen*** *gespr*; etwas ohne Schaden überstehen; ***nicht in j-s Haut stecken wollen / mögen*** *gespr*; nicht ein anderer sein wollen, der sich in einer schlechten Situation befindet; ***etwas geht j-m unter die Haut*** etwas berührt j-n emotional sehr stark; ***auf der faulen Haut liegen***; ***sich auf die faule Haut legen*** *gespr*; nichts tun, faulenzen

haut·eng *Adj*; ganz eng am Körper (anliegend) ⟨ein Pullover, ein Kleid, Jeans⟩

Heb·am·me *die*; -, *-n*; eine Frau, die (beruflich) bei Geburten hilft

He·bel *der*; *-s*, -; **1** eine Art Griff oder Stab, mit dem man ein Gerät oder eine Maschine bedient ⟨einen Hebel betätigen, umlegen⟩ || -K: ***Brems-, Schalt-*** || *zu* ***Schalthebel*** ↑ *Illustration* **Das Auto** **2** ein einfaches Werkzeug in Form einer Stange oder eines Bretts, mit dem man schwere Gegenstände heben und fortbewegen kann ⟨*meist* den Hebel (irgendwo) ansetzen⟩ || ID ***alle Hebel in Bewegung setzen*** alles Mögliche tun, um etwas zu erreichen; ***am längeren Hebel sitzen*** in einer besseren Position als der Gegner sein und so mehr Macht haben

◆ **he·ben**; *hob, hat gehoben* **1** ***j-n / etwas heben*** j-n / etwas nach oben bewegen: *Sie hob den Kopf und lauschte aufmerksam* **2** ***j-n / etwas irgendwohin, irgendwoher heben*** j-n / etwas (hoch)nehmen und an einen anderen Ort, in eine andere Lage bringen: *Sie hob das Baby aus der Wiege* **3** ***etwas hebt etwas*** *geschr*; etwas macht etwas besser ≈ etwas steigert etwas ↔ etwas senkt etwas ⟨etwas hebt den Lebensstandard, das Niveau⟩ **4** ***etwas heben*** *geschr*; etwas (Verborgenes) aus der Erde oder dem Wasser nach oben holen ≈ bergen (1) ⟨einen Schatz, ein Schiff heben⟩ || ID ***einen heben*** *gespr*; etwas Alkoholisches (*meist* Schnaps) trinken || *zu* **3** und **4** **He·bung** *die*

Hecht *der*; *-(e)s, -e*; ein (Raub)Fisch mit langem Kopf und starken Zähnen ⟨einen Hecht fangen⟩ || ↑ *Abbildung Seite 202*

Heck *das*; *-s, -e / -s*; der hinterste Teil eines Schiffes, Autos oder Flugzeugs ↔ Bug || ↑

Hecht

Abbildung unter ***Flugzeug*** || K-: ***Heck-, -fenster, -scheibe***

Hẹ·cke *die*; -, *-n*; Büsche oder Sträucher, die in einer Reihe so eng aneinander gepflanzt sind, dass sie eine Art Zaun bilden ⟨die Hecke schneiden, stutzen⟩ || K-: ***Hecken-, -schere***

Heer *das*; *-(e)s*, *-e*; der Teil der Armee eines Landes, der *bes* auf dem Land kämpft

He·fe *die*; -; *nur Sg*; eine weißliche Masse, die man zum Backen von Kuchen und Brot braucht || K-: ***Hefe-, -kuchen, -teig***

◆ **Hẹft** *das*; *-(e)s*, *-e* **1** ein ganz schmales, dünnes Buch mit mehreren leeren Blättern: *Der Lehrer sammelt die Hefte mit den Hausaufgaben ein* || -K: ***Aufsatz-, Rechen-, Schul-, Vokabel-*** || ↑ *Illustration* ***Am Schreibtisch*** **2** ein Exemplar einer Zeitschrift, die regelmäßig erscheint ≈ Nummer (5): *Die Zeitschrift erscheint jährlich in zwölf Heften*

hẹf·ten; *heftete, hat geheftet* **1** ***etwas heften*** Blätter (mit Fäden oder Klammern) zusammenfügen: *eine Broschüre heften* **2** ***etwas irgendwohin heften*** etwas mit einer Nadel oder Klammer an etwas festmachen: *ein Poster an die Wand heften*

hẹf·tig *Adj*; sehr stark ⟨ein Gewitter, ein Schlag; Schmerzen; ein Streit, (eine) Abneigung, Liebe; sich (*Pl*) heftig streiten⟩ || *hierzu* **Hẹf·tig·keit** *die*

Hẹft·pflas·ter *das*; ein schmaler Streifen, den man zum Schutz über kleinere Wunden klebt ⟨ein Heftpflaster abziehen⟩

heid·nisch *Adj*; *oft pej*; die Anhänger von einfachen Religionen betreffend, die keinen persönlichen Gott kennen ⟨ein Kult, ein Brauch⟩

hei·kel, *heikler, heikelst-*; *Adj* **1** ⟨eine Person⟩ so, dass sie selten (mit dem Essen) zufrieden ist ≈ wählerisch: *Das meiste Gemüse schmeckt Peter nicht. Er ist sehr heikel* **2** so (kompliziert), dass man nur sehr vorsichtig (und taktvoll) mit j-m darüber sprechen kann ⟨ein Thema, eine Frage, eine Angelegenheit⟩: *Der Redner schnitt das heikle Problem der Asylpolitik an*

heil *Adj* **1** gesund und ohne verletzt zu sein ⟨(bei etwas) heil davonkommen⟩: *Sie hat den schweren Unfall heil überstanden* **2** *gespr*; ganz und ohne Schaden ↔ kaputt: *Mir ist das Glas auf den Boden gefallen, aber es ist heil geblieben*

Heil *das*; *-(e)s*; *nur Sg*; *geschr*; etwas, das für j-n das höchste Glück bedeutet ⟨sein Heil in etwas (*Dat*) suchen, finden⟩ || ID ***sein Heil in der Flucht suchen*** *meist iron* ≈ fliehen

hei·len; *heilte, hat / ist geheilt* **1** ***j-n*** (***von etwas***) ***heilen*** (*hat*) einen Kranken wieder gesund machen: *Der Arzt hat den Patienten (von seinem Leiden) geheilt* **2** ***etwas heilt*** (*ist*) etwas wird gesund ⟨Verletzungen⟩: *Die Wunde ist gut / schnell geheilt* || K-: ***Heil-, -quelle***

◆ **hei·lig** *Adj* **1** durch den Bezug zur Religion von großer Würde: *Der Ganges ist für die Hindus ein heiliger Fluss* **2** eine (historische) Figur, die (von der katholischen Kirche) als Heilige verehrt wird; *Abk* hl.: *die heilige Elisabeth*; *der heilige Franz von Assisi* **3** ***j-m ist nichts heilig*** j-d hat vor nichts Respekt (oder Ehrfurcht)

Heil·prak·ti·ker *der*; j-d, der (beruflich) Kranke behandelt und dabei (im Gegensatz zum Arzt) *meist* nur natürliche Medizin verwendet || Hinweis: ↑ ***Arzt***

heil·sam *Adj*; so, dass es j-m dabei hilft, sein Verhalten oder Denken zu ändern ⟨eine Erfahrung, ein Schock⟩

Hei·lung *die*; -, *-en*; das Gesundmachen: *die Heilung eines Kranken* || K-: ***Heilungs-, -chance, -prozess***

◆ **Heim** *das*; *-(e)s*, *-e* **1** *nur Sg*; das Haus oder die Wohnung, in dem / der j-d lebt (und sich wohl fühlt) ≈ Zuhause ⟨ein behagliches, gemütliches Heim⟩: *Sie richtete sich ihr Heim geschmackvoll ein* **2** ***ein eigenes Heim*** das Haus, das einem selbst gehört: *Der Wunsch nach einem eigenen Heim* || -K: ***Eigen-*** **3** ein Haus, in dem Personen oder Tiere, die Hilfe brauchen, leben und versorgt werden ⟨in einem Heim untergebracht sein⟩: *Das Kind ist in einem / im Heim aufgewachsen* || K-: ***Heim-, -kind, -tier*** || -K: ***Alten-, Alters-, Kinder-, Obdachlosen-, Pflege-, Tier-*** **4** das Haus (eines Klubs oder Vereins), in dem sich alle treffen: *Alle haben geholfen, das neue Heim zu bauen* || -K: ***Vereins-***

◆ **Hei·mat** *die*; -; *nur Sg*; das Land, die Gegend oder der Ort, wo j-d (geboren und) aufgewachsen ist oder wo j-d eine sehr lange Zeit gelebt hat und wo er sich (wie) zu Hause fühlt ⟨seine Heimat verlieren; (irgendwo) eine neue Heimat finden⟩ || K-: ***Heimat-, -dorf, -land, -liebe, -stadt*** || *hierzu* **hei·mat·los** *Adj*

hei·misch *Adj* **1** *nur attr, nicht adv*; aus der Heimat ≈ einheimisch: *die heimische Tier- und Pflanzenwelt* **2** ***sich irgendwo heimisch fühlen*** sich (dort) so wohl wie in seiner Heimat fühlen

heim·keh·ren; *kehrte heim, ist heimgekehrt* (nachdem man längere Zeit fort war) wieder in seine Heimat kommen: *Die Soldaten kehrten aus dem Krieg verwundet heim* || *hierzu* **Heim·kehr** *die*; **Heim·keh·rer** *der*

heim·lich *Adj*; so, dass es andere nicht sehen, hören oder bemerken: *Sie traf sich heimlich mit ihrem Freund* || *hierzu* **Heim·lich·keit** *die*

heim·su·chen; *suchte heim, hat heimgesucht*; *geschr*; ***etwas sucht j-n / etwas heim*** etwas Schlimmes kommt (über j-n) ⟨Krankheiten, Epidemien, Seuchen⟩: *Sie wurden von einem Erdbeben heimgesucht* || Hinweis: *meist* im Passiv!

heim·tü·ckisch *Adj*; mit bösen Absichten oder Wirkungen, die man nicht erkennt ⟨ein Mensch, ein Überfall; Krankheiten⟩

◆**Heim·weh** *das*; *-s*; *nur Sg*; ***Heimweh*** (***nach j-m / etwas***) (wenn man weit weg von zu Hause ist) der starke Wunsch, nach Hause, zur Familie zurückzukehren ↔ Fernweh ⟨Heimweh haben, bekommen⟩

Hei·rat *die*; -, *-en*; ***die Heirat*** (***mit j-m***) die Verbindung zu einer Ehe || K-: ***Heirats-, -absichten, -antrag, -urkunde***

◆**hei·ra·ten**; *heiratete, hat geheiratet*; (***j-n***) ***heiraten*** als Mann und Frau (gemeinsam) (amtlich) den Willen erklären, in Zukunft zusammen zu leben ⟨kirchlich, standesamtlich heiraten⟩

hei·ser *Adj*; ⟨die Stimme⟩ so, dass sie (*z.B.* wegen einer Erkältung) sehr rau klingt ⟨heiser sein⟩ || *hierzu* **Hei·ser·keit** *die*

◆**heiß**, *heißer, heißest-*; *Adj* **1** mit / von sehr hoher Temperatur, sehr warm ↔ kalt ⟨glühend, kochend, siedend heiß⟩: *ein heißes Bad nehmen*; *An heißen Tagen gehe ich gern schwimmen* **2** *nur attr oder adv*; mit starken Gefühlen, sehr intensiv ≈ leidenschaftlich ⟨eine Liebe, eine Sehnsucht, ein Wunsch; eine Debatte; j-n heiß und innig lieben⟩: *Der heiß ersehnte neue Roman ist endlich erschienen* **3** ***j-m ist heiß*** j-d schwitzt ↔ j-m ist kalt

◆**hei·ßen**; *hieß, hat geheißen* **1** (*Name* +) ***heißen*** als Namen haben: *„Wie heißen Sie?" – „Ich heiße Helga Huber"*; *Wie heißt er denn mit Vornamen / Nachnamen?* **2** ***etwas heißt ...*** etwas entspricht einem Wort, Satz *o.Ä.* einer anderen Sprache: *„Wasser" heißt im Lateinischen „aqua"* **3** ***etwas heißt ...*** etwas hat einen speziellen Sinn, eine bestimmte Bedeutung: *„Das heißt also, du hast morgen keine Zeit für mich?"* **4** ***das heißt ...*** verwendet, um das vorher Gesagte näher zu erklären oder einzuschränken; *Abk* d.h.: *Ich lese viel, das heißt, wenn ich die Zeit dazu habe* **5** ***es heißt,*** (***dass***) ***...*** man vermutet, behauptet, dass ... ≈ man sagt, dass ...: *Es heißt, er habe geheiratet / dass er geheiratet hat* || ID ***Was soll das heißen?*** verwendet, um gegen etwas zu protestieren, Kritik zu äußern: *„Die Schnellste bist du ja nicht gerade!" – „Was soll das heißen?"*

hei·ter *Adj* **1** froh und gut gelaunt ≈ vergnügt ⟨ein Mensch, ein Wesen; in heiterer Laune, Stimmung sein⟩ **2** mit blauem Himmel und Sonnenschein ↔ trüb (3) ⟨*meist* ein Tag, Wetter, ein Himmel⟩

◆**hei·zen**; *heizte, hat geheizt* **1** (***etwas***) ***heizen*** einen Raum oder ein Haus *usw* (mit einem Ofen oder einer Heizung) warm machen ⟨ein Haus, ein Schwimmbad, eine Wohnung, ein Zimmer heizen⟩: *In unserem Schlafzimmer wird nicht geheizt* || K-: ***Heiz-, -kosten, -körper, -ofen*** **2** ***etwas*** (***mit etwas***) ***heizen*** Holz oder Kohle in einen Ofen *o.Ä.* geben und Feuer darin machen: *einen Ofen, einen Herd mit Holz, Briketts, Gas, Öl heizen* || K-: ***Heiz-, -öl*** **3** ***irgendwie / mit etwas heizen*** so in einem Ofen, einer Heizung Wärme erzeugen ⟨elektrisch, mit Gas, Kohle, Öl heizen⟩ || *hierzu* **heiz·bar** *Adj*

Hei·zung *die*; -, *-en*; eine technische Anlage, mit der man Räume *bzw* Häuser heizt (1) ⟨die Heizung anstellen, abstellen, bedienen⟩: *Die Heizung ist außer Betrieb* || -K: ***Gas-, Öl-***

Hek·tar *der, das*; *-s*, -; das Maß für eine Fläche von 10000 m^2; *Abk* ha

Hek·tik *die*; -; *nur Sg*; große Eile, die nervös macht ⟨irgendwo herrscht Hektik⟩

hek·tisch *Adj*; mit großer Eile, Nervosität und Unruhe ⟨eine Atmosphäre, ein Mensch; etwas hektisch tun⟩

Held *der*; *-en, -en* **1** ein sehr mutiger Mensch, der eine gefährliche Aufgabe löst (und damit anderen Menschen hilft): *Die Feuerwehrleute, die ihr Leben riskiert hatten, wurden als Helden gefeiert* || K-: ***Helden-, -mut, -tat*** **2** die zentrale männliche Figur (2) in einer Geschichte oder einem Film: *der tragische Held des Dramas* || K-: ***Helden-, -rolle*** || -K: ***Film-, Märchen-, Roman-*** || *hierzu* **Hel·din** *die*; -, *-nen*; *zu* **1 hel·den·haft** *Adj*

◆**hel·fen**; *hilft, half, hat geholfen* **1** (***j-m***) (***bei etwas***) ***helfen*** j-n unterstützen, damit er sein Ziel (schneller und leichter) erreicht ≈ j-m beistehen ⟨j-m finanziell, mit Rat und Tat helfen⟩: *Die Kinder helfen ihrer Mutter im Haushalt*; *Er half der alten Frau beim Einsteigen ins Auto* **2** ***etwas hilft*** **(*j-m*)** **(*bei* / *gegen etwas*)** etwas macht gesund oder bringt (j-m) Besserung: *Vitamin C hilft bei Erkältung* **3** ***sich nicht*** **(*mehr*)** ***zu helfen wissen*** in einer schwierigen Situation nicht (mehr) wissen, was man tun soll || *zu* **1** **Hẹl·fer** *der*; **Hẹl·fe·rin** *die*; -, *-nen* || ▸ ***Hilfe***

◆ **hẹll** *Adj* **1** mit (viel) Licht ↔ dunkel (1) ⟨Mondschein, ein Raum; ein hell erleuchtetes Fenster⟩: *Die Kerze brennt hell* **2** ***es wird hell*** die Sonne kommt hervor, der Morgen ist da **3** ⟨Farben⟩ mit Weiß vermischt ↔ dunkel (3): *ein helles Rot* || K-: ***hell-, -blau, -braun, -grau, -grün*** *usw* || *zu* ***hellblau, hellgrün*** *usw* ↑ *Illustration* ***Farben*** **4** ≈ blond ⟨Haar⟩: *Sie hat ihre Haare hell getönt* **5** ⟨Haut⟩ mit wenig Farbe ≈ blass **6** mit einer hohen Frequenz ≈ hoch, klar ↔ tief, dunkel (4) ⟨ein Ton, eine Stimme, ein Lachen; etwas klingt, tönt hell⟩: *Das Glöckchen hat einen hellen Klang* || *zu* **1** **Hẹl·lig·keit** *die*

hẹll·hö·rig *Adj*; misstrauisch und deswegen aufmerksam ⟨hellhörig werden; etwas macht j-n hellhörig⟩

hẹll·wạch *Adj*; ganz wach ⟨hellwach sein, daliegen⟩

Hẹlm *der*; *-(e)s, -e*; ein Schutz für den Kopf (aus Metall, Plastik *o.Ä.* geformt) ⟨der Helm eines Bauarbeiters, eines Ritters, eines Soldaten; einen Helm aufsetzen, tragen, abnehmen⟩ || -K: ***Schutz-, Sturz-***

◆ **Hẹmd** *das*; *-(e)s, -en* **1** ein Teil der Kleidung (für den Oberkörper) mit einem festen Kragen, mit Ärmeln und Knöpfen ⟨ein bügelfreies, kurzärmeliges, langärmeliges Hemd; ein Hemd anziehen, zuknöpfen, aufknöpfen, ausziehen⟩: *Er trägt Hemd und Krawatte* || K-: ***Hemd*(*s*)*-, -ärmel***; ***Hemd-, -kragen*** || -K: ***Freizeit-, Herren-*** **2** *Kurzwort* ↑ ***Unterhemd***

hẹm·men; *hemmte, hat gehemmt*; *geschr* **1** ***j-d* / *etwas hemmt etwas*** j-d / etwas hält eine Bewegung auf oder macht sie etwas langsamer ≈ j-d / etwas bremst etwas: *Die Bäume hemmten die Lawine / den Lauf der Lawine* **2** ***j-d* / *etwas hemmt etwas*** **(*in etwas*** (*Dat*)**)** j-d / etwas macht die Entwicklung von etwas langsam oder hält sie auf ↔ j-d / etwas fördert etwas: *die Wirtschaft in ihrer Entwicklung hemmen*

Hẹm·mung *die*; -, *-en* **1** *nur Pl*; *meist* ein Gefühl, das j-n sehr schüchtern, ängstlich und unsicher macht: *Sie hat Hemmungen, einen Bikini anzuziehen, weil sie sich für zu dick hält* **2** *meist Pl*; eine Scheu davor, Dinge zu tun, die von anderen moralisch nicht akzeptiert werden ≈ Skrupel ⟨keine Hemmungen haben, kennen⟩ || K-: ***hemmungs-, -los***

He̲n·del *das*; *-s, -n*; *südd*, Ⓐ ≈ Brathuhn, Brathähnchen

Hẹngst *der*; *-(e)s, -e*; das männliche Tier bei Pferd, Esel, Zebra, Kamel *o.Ä.*

Hẹn·kel *der*; *-s, -*; ein schmaler Griff (in Form eines Bogens) an einem Behälter ⟨der Henkel einer Tasse, eines Korbs; etwas am Henkel fassen, nehmen; ein Henkel bricht ab⟩

Hẹn·ne *die*; -, *-n*; ein weibliches Huhn ↔ Hahn

◆ **he̲r** *Adv* **1** ***von irgendwo her*** von einem Ort in Richtung auf den Sprecher zu: *Er hat mich von der anderen Straßenseite her gerufen* **2** ***von irgendwann her*** nach einem Zeitpunkt, seit einer bestimmten Zeit: *Ich kenne ihn von der Schulzeit her*; *Sie kannte ihn noch von früher her* **3** ***von etwas her*** unter einer besonderen Perspektive betrachtet: *Das Kleid gefällt mir vom Stoff her sehr gut* **4** ***etwas ist*** + *Zeitangabe* ***her*** etwas war / geschah vor der genannten Zeit: Es *muss zehn Jahre her sein*, dass *wir uns das letzte Mal gesehen haben* **5** ***hinter etwas her sein***; *oft pej*; etwas unbedingt haben wollen: *Ich glaube, er ist nur hinter ihrem Geld her*

he̲r- *im Verb*; *betont und trennbar*; bezeichnet die Bewegung von irgendwo zum Sprecher, und auch die Herkunft; in Verbindung mit Verben der Bewegung (wie *eilen, laufen*) oder des Tuns (wie *etwas holen, treiben*);

etwas herbewegen etwas zum Sprecher bringen, führen; **(*j-n* / *etwas*)** ***herfahren*** von einem Ort zum Sprecher bringen, kommen; ***hergehen*** (näher) zum Sprecher kommen

he·rab [hɛˈrap] *Adv*; bezeichnet die Richtung von oben nach unten (häufig zum Sprecher hin) ≈ herunter ↔ hinauf ⟨von oben, vom Himmel herab⟩ || Hinweis: ↑ ***hinab***

he·rạb·las·send *Adj*; arrogant, von oben herab ⟨j-n herablassend behandeln⟩

he·rạb·set·zen (*hat*) **1** ***etwas herabsetzen*** etwas auf eine niedrigere Stufe bringen ≈ senken ⟨die Geschwindigkeit, die Kosten, die Preise herabsetzen⟩ **2** ***j-n* / *etwas herabsetzen*** eine Person oder Sache mit Worten schlechter machen, als sie ist ⟨j-s Leistungen, j-s Verdienste herabsetzen⟩ || *hierzu* **He·rab·set·zung** *die*

he·ran [hɛ'ran] *Adv*; bezeichnet die Richtung von irgendwoher zu einem Objekt hin oder auch näher zum Sprecher oder Erzähler hin: *Etwas weiter rechts / an die Seite heran*

he·ran·kom·men (*ist*) **1** (***an j-n / etwas***) ***herankommen*** (von irgendwoher) zu j-m / etwas oder näher zum Sprecher oder Erzähler kommen ≈ sich (j-m / etwas) nähern: *Auf der Safari kamen die Elefanten bis auf wenige Meter an uns heran* **2** ***an etwas*** (*Akk*) ***herankommen*** es schaffen, etwas zu bekommen: *In vielen Großstädten kommen Jugendliche leicht an Rauschgift heran*

he·ran·wach·sen (*ist*) ***j-d / etwas wächst*** (***zu etwas***) ***heran*** ein Mensch oder ein Tier wird allmählich groß (und erwachsen)

he·rauf [hɛ'rau̯f] *Adv*; bezeichnet die Richtung von irgendwo (unten) nach oben, häufig zum Sprecher oder Erzähler hin ↔ hinab, hinunter: *Vom Tal bis zu uns herauf wanderte er zwei Stunden* || Hinweis: ↑ ***hinauf***

he·rauf·zie·hen (*hat / ist*) **1** ***j-n / etwas heraufziehen*** (*hat*) j-n / etwas (von irgendwo unten) nach oben oder zum Sprecher oder Erzähler hin ziehen: *Er hat sie an einem Seil heraufgezogen* **2** (*ist*) am Horizont erscheinen und näher kommen ⟨ein Unwetter, ein Gewitter, Regenwolken *usw*⟩

he·raus [hɛ'rau̯s] *Adv*; bezeichnet die Richtung von irgendwo (drinnen) nach draußen, häufig aus der Perspektive des Sprechers oder Erzählers ↔ hinein: *Heraus mit dir (in den Garten)!* || Hinweis: ↑ ***hinaus***

he·raus- *im Verb*; *betont und trennbar*; bezeichnet die Richtung von innen nach außen; in Verbindung mit Verben der Bewegung (wie *rennen*, *springen*) und des Tuns (wie *etwas schieben*, *tragen*);
herausfliegen sich schnell (im Flug) aus etwas herausbewegen; ***etwas kommt heraus*** etwas ist das Ergebnis (einer Rechnung, Produktion); etwas kommt in den Handel; ***herauskönnen*** in der Lage sein, aus etwas herauszukommen; ***herausragen*** viel besser als andere sein; ***herausstehen*** sich von anderen abheben, aus etwas hervorstehen; ***etwas herausstoßen*** etwas durch Stoßen aus etwas entfernen; ***etwas herausziehen*** etwas durch Ziehen aus etwas entfernen

he·raus·fin·den (*hat*) **1** ***etwas herausfinden*** nach etwas, das man wissen will, suchen und forschen ≈ ermitteln: *Habt ihr schon herausgefunden*, wie *der neue Fernseher funktioniert?* **2** (***aus etwas***) ***herausfinden*** es schaffen, den Weg nach draußen zu finden: *Er hat sich im Wald verirrt und findet nicht mehr heraus*

he·raus·for·dern (*hat*) ***j-n*** (***zu etwas***) ***herausfordern*** j-n (*bes* einen Sportler) dazu bringen, dass er gegen einen kämpft ⟨j-n zu einem Wettkampf herausfordern⟩ || *hierzu* **He·raus·for·de·rer** *der*; **He·raus·for·de·rin** *die*; -, -*nen*

He·raus·for·de·rung *die*; -, -*en* **1** die Aufforderung, Provokation zum Kampf **2** eine schwierige Aufgabe, die j-n reizt: *Es war für ihn eine Herausforderung, den Mont Blanc zu besteigen*

he·raus·ge·ben (*hat*) **1** ***etwas herausgeben*** eine Zeitung, Zeitschrift oder ein Buch machen (publizieren) ≈ veröffentlichen ⟨eine Zeitung, ein Magazin, ein Wörterbuch herausgeben⟩ **2** (***j-m***) ***etwas herausgeben*** j-m das Geld (zurück)geben, das er zu viel gezahlt hat: *Die Kassiererin hat mir zu wenig herausgegeben!* || *zu* **1 He·raus·ge·ber** *der*; **He·raus·ge·be·rin** *die*; -, -*nen*; **He·raus·ga·be** *die*

he·raus·neh·men (*hat*) **1** ***etwas*** (***aus etwas***) ***herausnehmen*** etwas aus einer Art Behälter nehmen ≈ entfernen: *Wäsche aus dem Schrank herausnehmen* **2** ***sich*** (*Dat*) ***etwas herausnehmen*** *gespr*; etwas tun, das andere frech finden ⟨sich allerhand, zu viel, einiges herausnehmen⟩

he·raus·re·den, sich (*hat*) ***sich*** (***aus etwas***) ***herausreden*** *gespr*; etwas so darstellen, als ob man es nicht getan hätte (obwohl man schuldig ist): *Erst wollte er sich herausreden, aber dann gab er seinen Fehler doch zu*

herb *Adj*; mit einem Geschmack oder Geruch, der leicht bitter oder sauer ist ⟨(ein) Wein, ein Parfüm⟩ || *hierzu* **Herb·heit** *die*

her·bei- *im Verb*; *betont und trennbar*; bezeichnet die Bewegung (von irgendwoher) zum Sprecher oder einem Objekt hin; in Verbindung mit Verben der Bewegung (wie *laufen*, *kommen*) und des Tuns (wie *etwas tragen*, *ziehen*);
etwas herbeiführen bewirken, dass etwas an einen Ort kommt, oder dass etwas geschieht; ***herbeikommen*** zum Sprecher hin fahren, gehen; ***etwas herbeiwünschen*** wünschen, dass etwas geschieht *o.Ä.*

her·bei·ei·len (*ist*) von irgendwoher an einen Ort kommen (an dem der Sprecher ist): *Als er mich sah, eilte er herbei*

her·bei·ru·fen (*hat*) ***j-n herbeirufen*** j-n rufen, damit er von irgendwoher an einen Ort (zum Sprecher) hin kommt ⟨Hilfe, die Polizei herbeirufen⟩

Her·ber·ge *die*; -, *-n*; *veraltend* **1** ein einfaches Gasthaus, in dem man schlafen und essen kann || -K: ***Jugend-*** **2** *nur Sg*; die Aufnahme als Gast ⟨um Herberge bitten⟩

Herbst *der*; *-(e)s*, *-e*; *meist Sg*; die Jahreszeit zwischen Sommer und Winter, in der die Blätter der Laubbäume bunt werden || *hierzu* **herbst·lich** *Adj*

Herd *der*; *-(e)s*, *-e*; die Stelle und technische Einrichtung in der Küche, auf der man kochen kann ⟨ein elektrischer Herd; den Herd anschalten, ausschalten; einen Topf auf den Herd stellen, vom Herd nehmen⟩ || K-: ***Herd-, -platte*** || -K: ***Elektro-, Gas-***

Her·de *die*; -, *-n*; ***eine Herde*** (+ *Gen*) eine Gruppe großer (Pflanzen fressender) Säugetiere derselben Art, die miteinander leben: *eine Herde Elefanten*; *eine Herde Schafe auf die Weide treiben* || -K: ***Elefanten-, Pferde-, Vieh-***

he·rein [hɛ'rain] *Adv* **1** bezeichnet die Richtung von irgendwo (draußen) nach drinnen, häufig zum Sprecher oder Erzähler hin ↔ hinaus: *Bis ins Zimmer herein drang der Lärm* || Hinweis: ↑ ***hinein*** **2** ***Herein!*** (nach einem Klopfen an der Tür) verwendet, um j-m zu erlauben, ins Zimmer zu kommen

he·rein·fal·len (*ist*) *gespr*; ***auf j-n / etwas hereinfallen*** von j-m / durch etwas getäuscht oder betrogen werden ⟨auf einen Betrüger, einen Trick hereinfallen⟩

he·rein·kom·men (*ist*) (***in etwas*** (*Akk*)) ***hereinkommen*** von irgendwo draußen in einen Raum treten, in dem der Sprecher ist: *Sie öffnete die Tür und kam ins Zimmer herein*

he·rein·le·gen (*hat*) **1** ***j-n / etwas*** (***irgendwohin***) ***hereinlegen*** j-n / etwas in einen Raum *o.Ä.* legen, häufig zum Sprecher oder Erzähler hin: *Sie legte das Baby zu uns ins Zimmer herein und ging weg* **2** ***j-n hereinlegen*** *gespr*; j-n betrügen oder täuschen: *Der Händler hat mich hereingelegt, denn das Gerät funktioniert nicht*

her·ge·ben (*hat*) **1** ***etwas hergeben*** j-m etwas reichen: *Gib mir mal das Buch her!* **2** ***etwas hergeben*** j-m etwas schenken oder verkaufen ⟨etwas freiwillig, ungern hergeben⟩

her·kom·men (*ist*) **1** von irgendwoher (*meist* zum Sprecher) kommen: *Komm sofort her zu mir!* **2** ***Wo kommst du / kommt er*** *usw* ***her?*** verwendet, um zu fragen, wo j-d geboren ist, gewohnt hat || ▸ ***Herkunft***

Her·kunft *die*; -, *Her·künf·te*; *meist Sg* **1** das Land, die Familie, die soziale Schicht *usw*, in denen j-d geboren und aufgewachsen ist ≈ Abstammung: *seiner Herkunft nach Schotte sein* **2** der Ort oder Bereich, an *bzw* in dem etwas entstanden ist ≈ Ursprung: *Diese Oliven sind italienischer Herkunft* || ▸ ***herkommen***

◆ **Herr** *der*; *-n*, *-en* **1** verwendet als formelle Bezeichnung für einen Mann ↔ Dame ⟨ein junger, älterer Herr⟩: *Die Herren fordern die Damen zum Tanzen auf* || K-: ***Herren-, -hemd, -rad*** **2** ***Herr*** (+ *Titel*) + *Name* / ***Herr*** + *Titel* verwendet als (formelle oder höfliche) Anrede oder Bezeichnung für einen Mann ↔ Frau: *Guten Tag, Herr Dr. Müller!* **3** ***Herr*** (***über j-n / etwas***) j-d, der große Macht über Menschen, Tiere und Dinge (die er besitzt) hat ⟨ein gütiger, strenger, gerechter Herr; sich zum Herrn machen⟩: *Der Hund gehorcht seinem Herrn aufs Wort* || -K: ***Kolonial-, Landes-*** **4** *Rel* ≈ Gott ⟨der Herr im Himmel; den Herrn loben, preisen⟩ || ID ***sein eigener Herr sein*** von seinem eigenen Geld leben können; ***Herr der Lage / Situation sein, bleiben*** eine (schwierige) Situation unter Kontrolle haben; ***j-s / etwas Herr werden*** eine Situation unter seine Kontrolle bringen

◆ **herr·lich** *Adj*; in hohem Maß schön, gut oder angenehm ⟨Wetter, ein Tag, Sonnenschein, ein Essen, ein Ausblick *usw*; etwas klingt, riecht, schmeckt herrlich⟩ || *hierzu* **Herr·lich·keit** *die*

Herr·schaft *die*; -; *nur Sg* **1** ***die Herrschaft*** (***über j-n / etwas***) die absolute Kontrolle (über j-n / etwas) ⟨die Herrschaft des Volkes, des Diktators, des Staates; die Herrschaft ausüben, innehaben; an die Herrschaft gelangen, kommen⟩ || K-: ***Herrschafts-, -anspruch, -ordnung*** || -K: ***Welt-*** **2** ***die Herrschaft über etwas*** (*Akk*) ***verlieren*** etwas nicht mehr unter Kontrolle haben: *Er verlor die Herrschaft über seinen Wagen und fuhr in den Graben*

◆ **herr·schen**; *herrschte, hat geherrscht* **1** (***über j-n / etwas***) ***herrschen*** (*bes* als Monarch) ein Land regieren: *Alexander der Große herrschte über ein riesiges Reich* **2** ***etwas herrscht*** etwas bestimmt (als Zustand) die Lage oder das Verhalten der Menschen ⟨es herrscht Armut, Not, Schweigen, Freude, Trauer, (Un)Ordnung⟩ || *zu* **1** **Herr·scher** *der*

◆ **he̱r·stel·len** (*hat*) **1** ***etwas herstellen*** ein Produkt machen ≈ anfertigen, produzieren ⟨etwas maschinell, von Hand herstellen⟩: *Diese Firma stellt Autos her* **2** ***etwas herstellen*** daran arbeiten, dass etwas entsteht ≈ schaffen ⟨eine telefonische Verbindung, einen Kontakt herstellen⟩ || *zu* **1** **He̱r·stel·ler** *der*

He̱r·stel·lung *die*; -; *nur Sg* **1** das Herstellen (1) ≈ Erzeugung, Produktion: *die industrielle Herstellung von Papier* || -K: ***Auto-, Glas-, Papier-*** *usw* **2** das Herstellen (2): *die Herstellung einer telefonischen Verbindung*

he·rü·ber [hɛˈryːbɐ] *Adv*; bezeichnet die Richtung von irgendwo nach der Seite hin, die gegenüber liegt (häufig zum Sprecher hin) || Hinweis: ↑ ***hinüber***

he·rum [hɛˈrʊm] *Adv* **1** (in Bezug auf Bewegungen) in einem Bogen oder Kreis um sich selbst / j-n / etwas ⟨nach rechts, nach links herum, im Kreis herum⟩ || K-: ***herum-, -beißen, -drehen, -rollen*** || -K: ***links-, rechts-*** **2** ***um j-n / etwas herum*** (in Bezug auf eine Lage, Anordnung) in einem Bogen oder Kreis um j-n / etwas: *Um das ganze Haus herum wachsen Rosen* || -K: ***rings-, rund-*** **3** ***um j-n / etwas herum*** in der Umgebung oder Nähe von j-m / etwas: *Um München herum gibt es viele Seen*

he·rụm- *im Verb*; *betont und trennbar*; bezeichnet eine Änderung der Bewegung, auch um etwas herum oder in die entgegengesetzte Richtung; in Verbindung mit Verben der Bewegung (wie *fahren, laufen*) und des Tuns (wie *etwas basteln, bauen*);

(*an etwas* (*Dat*)) *herumbeißen* (ohne Resultat) an etwas beißen, sich mit etwas beschäftigen; ***etwas herumdrehen*** etwas in eine andere Richtung drehen; ***etwas herumrollen*** etwas in verschiedene Richtungen rollen

he·rụm·fah·ren (*ist*) *gespr* **1** ohne ein bestimmtes Ziel von einem Ort zum anderen (hin und her) fahren ≈ umherfahren: *Wir sind in der Stadt herumgefahren* **2** ***um j-n / etwas herumfahren*** in einem Bogen an j-m / etwas vorbeifahren: *um ein Hindernis herumfahren* **3** (*bes* vor Schreck) sich plötzlich und schnell (um)drehen: *Als die Tür hinter ihr aufging, fuhr sie erschrocken herum*

he·rụm·füh·ren (*hat*) **1** ***j-n*** (***irgendwo***) ***herumführen*** j-n von einem Platz zum anderen führen, um ihm einige Dinge zu zeigen ⟨j-n in der Stadt, im Haus, in der Bibliothek, im Museum herumführen⟩ **2** ***etwas führt um etwas herum*** etwas liegt wie ein geschlossener Kreis um etwas herum: *Die Straße führt um den ganzen See herum*

he·rụm·ge·hen (*ist*) *gespr* **1** ***um j-n / etwas herumgehen*** in einem Kreis um j-n / etwas gehen (oder an j-m / etwas vorbei): *um ein Hindernis herumgehen* **2** (***irgendwo***) ***herumgehen*** ohne Plan (hin und her) gehen ≈ umhergehen: *„Wo warst du überall?" – „Ich bin einfach nur so herumgegangen."*

he·rụm·kom·men (*ist*) *gespr* **1** ***um etwas herumkommen*** eine (unangenehme) Sache nicht machen müssen ≈ etwas vermeiden können: *Um diese Prüfung wirst du nicht herumkommen* || Hinweis: *meist* verneint **2** *meist* ***viel / weit herumkommen*** viele Reisen machen

he·rụm·lau·fen (*ist*) *gespr* **1** ***um j-n / etwas herumlaufen*** in einem Kreis um j-n / etwas laufen (oder an j-m / etwas vorbei) **2** ***irgendwo herumlaufen*** ohne ein Ziel von einem Ort zum anderen (hin und her) laufen ≈ umherlaufen: *in der Stadt herumlaufen* **3** ***irgendwie herumlaufen*** in der genannten Kleidung gehen: *Sie läuft neuerdings im Minirock herum*

he·rụm·lie·gen (*hat / südd* Ⓐ Ⓒⓗ *ist*) *gespr* **1** ***etwas*** (*Kollekt oder Pl*) ***liegt irgendwo herum*** verschiedene Sachen sind dort ohne jede Ordnung: *Überall liegen Zeitschriften herum* **2** ***j-d liegt*** (***irgendwo***) ***herum*** j-d ist da und tut nichts Nützliches: *Sie liegt ständig im Bett herum und liest Comics*

he·rụm·trei·ben, sich (*hat*) ***sich*** (***irgendwo***) ***herumtreiben*** *gespr pej*; einmal hier und einmal dort sein und nichts Nützliches tun: *Hast du dich heute wieder auf der Straße herumgetrieben, statt in die Schule zu gehen?*

he·run·ter [hɛˈrʊntɐ] *Adv*; bezeichnet die Richtung von irgendwo (oben) nach unten, häufig zum Sprecher, Erzähler oder Handelnden hin ≈ herab ↔ hinauf: *Herunter mit dir von der Leiter!* || K-: ***herunter-, -hängen*** || Hinweis: ↑ ***hinunter***

he·rụn·ter·kom·men (*ist*) **1** (***etwas*** (*Akk*) / ***von etwas / irgendwo***) ***herunterkommen*** nach unten kommen (häufig zum Sprecher oder Erzähler hin) ⟨die Treppe, vom ersten Stock, vom Berg, von oben herunterkommen⟩ **2** ***heruntergekommen sein*** in einem sehr schlechten Zustand ≈ verwahrlost: *Das alte Schloss ist völlig heruntergekommen*

he·rụn·ter·neh·men (*hat*) **1** ***etwas*** (***von***

H

etwas) (**irgendwo**) **herunternehmen** etwas, das irgendwo oben liegt, nehmen und nach unten bringen: *Bücher vom Regal herunternehmen* **2 etwas** (**von etwas**) **herunternehmen** etwas von irgendwo entfernen: *Nimm bitte deine Spielsachen vom Tisch herunter*

he·ru̦n·ter·schlu·cken (*hat*) **1 etwas herunterschlucken** etwas (*meist* mit einer deutlichen Bewegung im Hals) in den Magen bringen: *eine Tablette herunterschlucken* **2 etwas herunterschlucken** *gespr*; etwas nicht sagen: *eine bissige Bemerkung herunterschlucken*

her·vo̲r|brin·gen (*hat*) **1 etwas bringt etwas hervor** etwas bewirkt, dass etwas wächst: *Die Kakteen brachten große Blüten hervor* **2 etwas hervorbringen** etwas produzieren, *bes* eine künstlerische Arbeit: *auf einem Instrument Töne hervorbringen*

her·vo̲r|ge·hen (*ist*) *geschr*; **etwas geht aus etwas hervor** man kann etwas aus einer Quelle schließen, erkennen: *Aus unseren Akten geht hervor*, dass *Sie rechtzeitig informiert wurden*

her·vo̲r|he·ben (*hat*) **etwas hervorheben** etwas besonders betonen ⟨etwas lobend hervorheben⟩

her·vo̲r·ra·gend *Adj*; (in Bezug auf Leistung, Talent *o.Ä.*) viel besser als der Durchschnitt ≈ ausgezeichnet: *Sie ist eine hervorragende Ärztin*

her·vo̲r|tun, sich (*hat*) **sich** (**als etwas**) **hervortun** etwas sehr gut machen und dadurch stark auf andere wirken: *Er hat sich als Fachmann für barocke Malerei hervorgetan*

◆**Hẹrz** *das*; *-ens*, *-en* **1** das Organ im Inneren der Brust, das das Blut durch die Adern pumpt ⟨das Herz schlägt, pocht, hämmert; ein starkes, schwaches Herz haben⟩ || K-: **Herz-, -schmerzen**; **herz-, -krank 2** das Zentrum der Gefühle ≈ Seele ⟨ein reines, fröhliches, warmes, weiches, gutes, hartes Herz haben⟩ **3** ein Gegenstand, der eine ähnliche Form wie ein Herz (1) hat: *ein Herz aus Lebkuchen* || -K: **Lebkuchen-, Schokoladen- 4** *nur Sg*; das geographische Zentrum von etwas ≈ Mittelpunkt: *Innsbruck liegt im Herzen Europas* **5** *ohne Artikel*, *nur Sg*; eine Spielfarbe im französischen und im deutschen Kartenspiel || ↑ *Abbildung unter* **Spielkarten** || ID **leichten / schweren Herzens** ohne / voller Zweifel und Sorge; **etwas auf dem Herzen haben** eine Bitte, einen Wunsch haben und mit j-m darüber sprechen wollen; **sich** (*Dat*) **ein Herz fassen** seine Angst überwinden (und etwas tun); **aus tiefstem Herzen** *geschr*; **von** (**ganzem**) **Herzen** aus einem ehrlichen oder starken Gefühl heraus ⟨j-m von (ganzem) Herzen alles Gute wünschen; j-n / etwas aus tiefstem Herzen bedauern, verabscheuen⟩; **j-d / etwas liegt j-m am Herzen** j-d / etwas ist für j-n sehr wichtig; **j-m etwas ans Herz legen** j-n bitten, sich intensiv um j-n / etwas zu kümmern; **j-d / etwas bricht j-m das Herz** j-d / etwas macht j-n sehr traurig und unglücklich; **sich** (*Dat*) **etwas zu Herzen nehmen** genau über etwas nachdenken und so handeln ⟨sich j-s Ratschläge, Ermahnungen, Vorwürfe, Kritik zu Herzen nehmen⟩; **etwas nicht übers Herz bringen** etwas nicht tun können, was für einen selbst oder für andere Schmerzen oder Kummer bringt; **j-m wird das Herz schwer** j-d wird traurig; **j-m blutet / bricht das Herz** j-d ist voller Mitleid oder Trauer über etwas; **j-m sein Herz ausschütten** j-m alle seine Sorgen erzählen; **das Herz auf dem rechten Fleck haben** *gespr*; ein Mensch sein, den Liebe und Vernunft leiten; *meist* **Sie sind 'ein Herz und 'eine Seele** sie mögen sich sehr gern || *zu* **1** und **3 hẹrz·för·mig** *Adj*

hẹrz·haft *Adj* **1** ≈ intensiv, kräftig (2) ⟨ein Händedruck, ein Kuss; herzhaft gähnen, lachen⟩ **2** ≈ nahrhaft ⟨Speisen⟩: *Es gab ein herzhaftes Frühstück mit Eiern, Speck und Schwarzbrot*

he̲r·zie·hen (*hat / ist*) **1 etwas herziehen** (*hat*) *gespr*; etwas von irgendwo zu sich ziehen (2): *den Tisch näher herziehen* **2 j-n / etwas hinter sich** (*Dat*) **herziehen** j-n / etwas ziehen und so mit sich führen: *einen Schlitten hinter sich herziehen* **3** (*ist*) von irgendwo an den Ort ziehen (11), an dem man (jetzt) wohnt ↔ fortziehen, wegziehen: *Sie sind erst vor kurzem aus Hamburg hergezogen* **4 hinter / vor / neben j-m / etwas herziehen** (*ist*) hinter / vor / neben j-m / etwas gehen oder laufen (und ihn / es so begleiten) **5 über j-n / etwas herziehen** (*hat / ist*) *gespr*; etwas Schlechtes über j-n, der nicht da ist, erzählen

Hẹrz·klop·fen *das*; *meist in* **Herzklopfen haben** sehr aufgeregt sein

◆**hẹrz·lich** *Adj* **1** freundlich und voll Liebe ⟨Worte, ein Blick, ein Lächeln; j-n herzlich begrüßen, empfangen; j-n herzlich zu etwas beglückwünschen; j-m herzlich danken⟩ **2** *meist* **Herzlichen Dank!**; **Herzlichen Glückwunsch!**; **Herzliche Grüße!**; **Herzliches Beileid!** verwendet in Formeln (Redewendungen), um das

Substantiv zu verstärken || *zu* **1 Hẹrz·lich·keit** *die*

hẹrz·los *Adj*; ohne Gefühl und Mitleid ≈ gefühllos, hart (2) ⟨ein Mensch; herzlos handeln⟩ || *hierzu* **Hẹrz·lo·sig·keit** *die*

hẹrz·zer·rei·ßend *Adj*; so, dass es großes Mitleid erregt ⟨ein Geschrei, ein Anblick; herzzerreißend weinen⟩

Hẹt·ze[1] *die*; -; *nur Sg*; *gespr* ≈ Eile, Hast

Hẹt·ze[2] *die*; -; *nur Sg*; ***eine Hetze*** **(*gegen j-n / etwas*)** *pej*; böse Worte und Aktionen, die Hass, Aggression, Wut erzeugen sollen ⟨antisemitische, rassistische Hetze; eine Hetze gegen j-n / etwas betreiben⟩ || -K: ***Juden-, Kommunisten-***

hẹt·zen[1]; *hetzte, hat gehetzt* **1 *ein Tier auf j-n / etwas hetzen*** einem Tier (*bes* einem Hund) befehlen, einen Menschen oder ein anderes Tier zu jagen: *die Hunde auf einen Hirsch hetzen* **2 *sich hetzen*** *gespr* ≈ sich sehr beeilen

hẹt·zen[2]; *hetzte, hat gehetzt*; **(*gegen j-n / etwas*) *hetzen*** *pej*; böse Dinge sagen oder tun, um bei j-m Hass, Aggression, Wut gegen j-n / etwas zu erzeugen || K-: ***Hetz-, -kampagne, -propaganda***

Heu *das*; -(*e*)*s*; *nur Sg*; getrocknetes Gras, das man dem Vieh als Futter gibt ⟨Heu machen⟩ || K-: ***Heu-, -gabel, -haufen***

Heu·che·lei *die*; -, -*en*; *pej*; eine Äußerung oder Handlung, mit der man freundliche Gefühle *o.Ä.* vortäuscht: *Ihr Mitleid ist doch nur Heuchelei!*

heu·cheln; *heuchelte, hat geheuchelt*; *pej*; **(*etwas*) *heucheln*** so tun, als ob man Gefühle oder Eigenschaften hätte, die man nicht hat ≈ etwas vortäuschen ⟨Freude, Liebe, Mitleid *usw* heucheln; Interesse heucheln⟩ || *hierzu* **Heuch·ler** *der*; **Heuch·le·rin** *die*; -, -*nen*; **heuch·le·risch** *Adj*

heu·er *Adv*; *südd* Ⓐ (CH) in diesem Jahr

heu·len; *heulte, hat geheult* **1** ⟨ein Wolf, ein Hund *o.Ä.*⟩ ***heult*** ein Wolf, ein Hund *o.Ä.* gibt lange (klagende) Laute von sich **2 *etwas heult*** etwas erzeugt lange und laute Töne ⟨eine Sirene, ein Motor⟩ **3** *gespr* ≈ weinen ⟨j-m ist zum Heulen zumute⟩

Heu·schnup·fen *der*; *nur Sg*; eine (allergische) Krankheit, die wie ein Schnupfen ist

◆**heu·te** *Adv* **1** an diesem Tag in der Gegenwart ↔ gestern, morgen ⟨heute früh, Morgen, Mittag, Abend, Nacht; ab, bis, seit heute; von heute ab / an⟩: *Heute ist mein Geburtstag*; *Heute ist Montag, der 10. April* **2** in unserer Zeit ≈ heutzutage: *Heute besitzen viele Leute einen Computer* || ID ***von heute auf morgen*** *gespr* ≈ rasch, schnell, sofort: *Eine Fremdsprache lernt man nicht von heute auf morgen*

◆**heu·ti·g-** *Adj* **1** heute, an diesem Tag (stattfindend): *das heutige Konzert* **2** von heute, von diesem Tag: *In der heutigen Zeitung ist ein langer Bericht über den Unfall* **3** zur Gegenwart (als Epoche) gehörend ≈ derzeitig-, jetzig- ↔ früher-, zukünftig- ⟨die Generation, die Jugend, die Technik⟩: *der heutige Stand der Wissenschaft*

heut·zu·ta·ge *Adv*; in der Gegenwart

Hẹ·xe *die*; -, -*n* **1** (in Märchen) eine *meist* alte und hässliche Frau, die zaubern kann und böse ist **2** *hist*; eine Frau, von der man glaubte, dass sie mit dem Teufel verbündet sei || K-: ***Hexen-, -prozess, -verbrennung, -verfolgung***

hielt ↑ ***halten***

◆**hier** [hiːɐ̯] *Adv* **1** an diesem Ort (an dem sich der Sprecher befindet) ↔ dort ⟨hier oben, unten, draußen, drinnen, vorn, hinten; hier sein, bleiben; j-n / etwas hier lassen⟩: *Hier soll eine Schule gebaut werden* **2 *hier*** + *Richtungsangabe* von dieser Stelle (1) aus (an der sich der Sprecher befindet): *Hier schräg gegenüber / über die Straße war früher eine Bäckerei* **3 *von hier sein*** *gespr*; in diesem Ort oder dieser Gegend wohnen *bzw* gewohnt haben **4** *Subst / Pronomen* + ***hier*** verwendet, um auf j-n / etwas (in der Nähe) hinzuweisen: *Mein Freund hier hat uns sehr geholfen* **5** bei diesem Thema (in einer Unterhaltung, Diskussion, Rede): *Darauf kann hier nicht näher eingegangen werden* **6** in diesem Fall: *Hier liegt ein Irrtum vor* **7** zu diesem Zeitpunkt ⟨von hier ab / an⟩: *Hier endet nun ein Zeitalter, und ein neues beginnt* || ID ***hier und da*** **a)** ≈ manchmal, ab und zu, hin und wieder; **b)** an manchen Stellen, da und dort

Hie·rar·chie *die*; -, -*n* [-ˈçiːən]; eine strenge Ordnung (*meist* in einem Staat oder einer Organisation), die von oben nach unten wirkt ≈ Rangordnung ⟨eine strenge Hierarchie; die staatliche, kirchliche Hierarchie; in einer Hierarchie aufsteigen, absteigen⟩ || *hierzu* **hie·rạr·chisch** *Adj*

hier·bei, *betont* **hier·bei** *Adv*; verwendet, um auf etwas hinzuweisen, das man j-m zeigt oder das man gerade (mit der Präposition *bei*) erwähnt hat: *Hierbei* (bei diesem Fall) *handelt es sich um Mord*

hier·für, *betont* **hier·für** *Adv*; verwendet, um auf etwas hinzuweisen, das man j-m zeigt oder das man vorher (mit der Präposition *für*) erwähnt hat: *Die Vorbereitungen hierfür* (für dieses Fest) *sind*

abgeschlossen
hier·her, *betont* **hier·her** *und* **hier·her** *Adv* **1** an diesen Ort, nach hier ↔ dorthin: *Sie wird nach der Feier hierher* (in unsere Wohnung) *kommen* **2** ***hierher*** + *Verb* bezeichnet die Richtung von irgendwo an den Ort, an dem sich der Sprecher befindet ≈ her- ⟨hierher kommen, laufen, schauen; j-n / etwas hierher bringen, holen, schicken *usw*⟩ **3** ***bis hierher*** bis zu diesem Zeitpunkt, bis zu diesem Stadium *o.Ä.*: *Bis hierher habe ich den Text verstanden, aber jetzt wirds schwierig*
hier·hin, *betont* **hier·hin** *Adv* ≈ hierher
hier·mit, *betont* **hier·mit** *Adv*; verwendet, wenn man auf etwas hinweist, das bekannt ist oder das man vorher (mit der Präposition *mit*) erwähnt hat: *Hiermit* (mit dieser Waffe) *wurde der Mord begangen*
hier·zu, *betont* **hier·zu** *Adv*; (als Ergänzung) zu dieser (vorher genannten) Sache
hie·si·g- *Adj*; *nur attr, nicht adv*; in, aus dieser Gegend (in der der Sprecher ist) ⟨die Bevölkerung, die Gebräuche⟩
hieß ↑ ***heißen***
◆**Hil·fe** *die*; -, *-n* **1** *nur Sg*; das Tun, das einen anderen unterstützt ⟨ärztliche, finanzielle, wirksame, gegenseitige Hilfe; j-m Hilfe leisten; j-m zu Hilfe eilen, kommen; j-m (seine) Hilfe anbieten; bei j-m / irgendwo Hilfe suchen; j-n um Hilfe bitten; um Hilfe rufen, schreien; auf j-s Hilfe angewiesen sein⟩: *Er sah sich Hilfe suchend um* || K-: ***Hilfe-, -leistung, -ruf, -schrei***; ***Hilfs-, -aktion, -maßnahme, -mittel, -organisation*** **2** j-d, der j-m (im Notfall, bei einer Tätigkeit) hilft (1) ⟨Hilfe herbeirufen, holen⟩: *eine Hilfe für den Haushalt benötigen* || -K: ***Haus(halts)-, Küchen-*** **3** ***erste Hilfe*** das Erste und Wichtigste, was man (an medizinischen Maßnahmen) bei einer Verletzung tun kann (bevor der Arzt da ist) ⟨j-m erste Hilfe leisten⟩ || K-: ***Erste-Hilfe-Kurs*** **4** **(*zu*) *Hilfe!*** verwendet, um Hilfe (2) zu rufen, wenn man in Gefahr ist **5** ***mit Hilfe*** + Gen / ***von etwas*** indem man etwas so anwendet: *Mit Hilfe eines Hebels gelang es ihm, den schweren Stein fortzubewegen* || Hinweis: ↑ ***mithilfe*** **6** ***etwas zu Hilfe nehmen*** etwas benutzen, um so das Ziel zu erreichen: *einen Stock zu Hilfe nehmen, um den Ball aus dem Bach zu fischen*
hilf·los *Adj*; nicht fähig, sich selbst zu helfen: *Nach dem Unfall war sie im Auto eingeklemmt und völlig hilflos* || *hierzu* **Hilf·lo·sig·keit** *die*
hilf·reich *Adj* **1** so, dass man anderen Menschen eine große Hilfe ist ⟨j-m hilfreich zur Seite stehen⟩ **2** ≈ nützlich (1) ⟨ein Hinweis, ein Umstand⟩
hilfs·be·reit *Adj*; gern bereit, anderen zu helfen: *Der Junge ist alten Menschen gegenüber immer sehr hilfsbereit* || *hierzu* **Hilfs·be·reit·schaft** *die*
hilft ↑ ***helfen***
Him·bee·re *die*; eine rote Beere, die man essen kann und aus der man Saft macht || ↑ *Abbildung unter* **Erdbeere** || K-: ***Himbeer-, -eis, -strauch***
◆**Him·mel** *der*; *-s*; *nur Sg* **1** der (Luft)Raum über der Erde ⟨ein blauer, bewölkter, bedeckter, klarer, wolkenloser Himmel⟩: *Am Himmel funkeln die Sterne* || K-: ***Himmels-, -körper*** || K-: ***himmel-, -blau*** || -K: ***Sternen-, Wolken-*** **2** der Ort, an dem (im Glauben mancher Religionen) Gott ist und an den die Menschen nach dem Tod kommen wollen ≈ Paradies ↔ Hölle ⟨in den Himmel kommen⟩ || K-: ***Himmels-, -tor*** **3** ***unter freiem Himmel*** ohne ein Dach (über dem Kopf) ⟨unter freiem Himmel schlafen, übernachten⟩ **4** *gespr*; verwendet in Ausrufen der Verwunderung und des Schreckens und in Flüchen: *Um Himmels willen!*; *(Ach) du lieber Himmel!* || ID ***aus heiterem Himmel*** plötzlich und ohne dass man damit rechnen, es erwarten konnte; ***Himmel und Hölle in Bewegung setzen*** alles tun oder veranlassen, um sein Ziel zu erreichen; ***im siebten Himmel sein***; ***sich*** (***wie***) ***im sieb***(***en***)***ten Himmel fühlen*** sehr glücklich sein (weil man verliebt ist); ***etwas schreit zum Himmel*** etwas ist so, dass sich alle darüber aufregen (sollten) ⟨ein Unrecht, eine Ungerechtigkeit⟩
Him·mels·rich·tung *die*; Norden *bzw* Süden *bzw* Osten *bzw* Westen
himm·lisch *Adj*; *gespr* ≈ herrlich, wunderbar ⟨ein Tag, eine Ruhe *o.Ä.*⟩
◆**hin** *Adv* **1** *räumliche Angabe* + ***hin*** in Richtung vom Sprecher (oder von dem vorher genannten Punkt) weg auf j-n / etwas zu: *Der Weg zum Stadion hin wird neu geteert*; *nach links hin* **2** *zeitliche Angabe* + ***hin*** in Richtung auf einen Zeitpunkt oder Zeitraum: *Gegen Abend hin wurde es kalt* **3** *räumliche Angabe* + ***hin*** verwendet, um auszudrücken, wie weit, groß etwas ist: *Der Kanal erstreckt sich über viele Kilometer hin* **4** *zeitliche Angabe* + ***hin*** verwendet, um auszudrücken, wie lange etwas dauert: *Über viele Jahre hin trafen sie sich regelmäßig* **5** ***auf etwas*** (*Akk*) ***hin*** wegen, aufgrund von etwas ⟨auf einen Verdacht, eine Vermutung, einen Hinweis, j-s Rat,

Warnung hin⟩ **6 auf etwas** (*Akk*) **hin** in Bezug auf etwas: *einen Plan auf Fehler hin überprüfen* **7 hin und zurück** für Hin- und Rückfahrt (oder Rückflug): *Bitte einmal (eine Fahrkarte nach) Frankfurt hin und zurück* **8 hin und her** ohne eine feste Richtung *bzw* mit wechselnder Richtung ≈ kreuz und quer ⟨hin und her gehen, fahren, laufen *usw*⟩: *Er war so nervös, dass er ständig hin und her ging* ‖ Aber: *hin- und herfahren, hin- und herfliegen, hin- und hergehen usw* (= hin und wieder zurück fahren, fliegen *usw* (zusammengeschrieben)) **9 es ist noch** + *Zeitangabe* **hin bis** (**zu**) **etwas** es dauert noch die genannte Zeit, bis etwas geschehen wird: *Es ist noch eine Woche hin bis Weihnachten* **10 hin sein** *gespr* ≈ kaputt sein: *Sein Auto ist hin* **11 hin sein** *gespr*; erschöpft sein: *Nach dem Training war er ganz hin* ‖ ID **hin und wieder** ≈ manchmal; **hin oder her** *gespr*; mehr oder weniger: *Zwei Tage hin oder her, darüber brauchen wir uns nicht zu streiten*; **nach einigem / langem / ewigem Hin und Her** nachdem etwas lange besprochen, diskutiert wurde; **nach außen hin** nur äußerlich, dem Anschein nach: *sich nach außen hin liberal geben*

hịn- *im Verb*; *betont und trennbar*; bezeichnet die Richtung auf ein Ziel, *oft* weg vom Sprecher; in Verbindung mit Verben der Bewegung (wie *fliegen*, *kommen*) und des Tuns (wie *etwas legen*, *stoßen*); **hinlaufen** zu einem Ziel laufen, rennen; **etwas hinnehmen** etwas zu sich nehmen, etwas ruhig ertragen; **hinsehen** seinen Blick auf etwas richten; **auf etwas hinweisen** auf etwas zeigen, aufmerksam machen

hi·nạb *Adv*; bezeichnet die Richtung von oben nach unten (vom Sprecher aus gesehen) ‖ Hinweis: ↑ **herab**

hi·nauf *Adv*; bezeichnet die Richtung von unten nach oben, *oft* weg vom Sprecher oder Erzähler ↔ herab, herunter: *Vom Tal bis zur Skihütte hinauf braucht man eine Stunde* ‖ Hinweis: ↑ **herauf**

hi·nauf·stei·gen (*ist*) (**etwas** (*Akk*) / **irgendwohin**) **hinaufsteigen** nach oben gehen, klettern (*oft* weg vom Sprecher oder Erzähler) ⟨die Treppe, zum Gipfel hinaufsteigen⟩

hi·naus *Adv* **1** bezeichnet die Richtung von drinnen nach irgendwo draußen, *oft* weg vom Sprecher oder Erzähler ↔ herein: (*zur Tür*) *hinaus ins Freie gehen* **2 hinaus** + *räumliche Angabe*; in Richtung auf einen freien Raum: *hinaus aufs Land, aufs Meer fahren*; *ein Fenster zum Hof hinaus*

hi·naus·ge·hen (*ist*) **1** (**aus etwas**) **hinausgehen** nach draußen gehen, einen Raum verlassen (häufig weg vom Sprecher oder Erzähler) ⟨(aus einem Zimmer) ins Freie hinausgehen⟩ **2 etwas geht über etwas** (*Akk*) **hinaus** etwas überschreitet ein Maß: *Diese Arbeit geht über meine Kräfte hinaus* **3 etwas geht irgendwohin hinaus** *gespr*; etwas liegt in der genannten Richtung: *Das Fenster geht nach vorn, zur Straße hinaus*

hi·naus·lau·fen (*ist*) **1** (**aus etwas**) **hinauslaufen** nach draußen laufen (häufig weg vom Sprecher oder Erzähler): *Weinend lief sie aus dem Zimmer hinaus* **2 etwas läuft auf etwas** (*Akk*) **hinaus** etwas hat das genannte Ergebnis: *Der Plan läuft auf eine Modernisierung der Fabrik hinaus*

hi·naus·schie·ben (*hat*) **1 etwas** (**irgendwo**) **hinausschieben** etwas nach draußen schieben (häufig weg vom Sprecher oder Erzähler): *Sie schob den Sessel zur Tür hinaus* **2 etwas hinausschieben** etwas nicht sofort tun, sondern erst später ⟨den Abschied, eine Entscheidung hinausschieben⟩

hi·naus·wer·fen (*hat*) **1 etwas** (**irgendwo**) **hinauswerfen** etwas nach draußen werfen (häufig weg vom Sprecher oder Erzähler): *Wütend warf sie sein Geschenk zum Fenster hinaus* **2 j-n hinauswerfen** *gespr*; j-m sofort kündigen: *Sie haben ihn hinausgeworfen, weil er so unzuverlässig ist* **3 j-n hinauswerfen** *gespr*; j-n zwingen, einen Raum oder ein Haus zu verlassen

◆ **hịn·dern**; *hinderte, hat gehindert* **1 j-d / etwas hindert j-n / etwas an etwas** (*Dat*) j-d / etwas bewirkt, dass j-d etwas nicht tut / nicht tun kann oder dass etwas nicht passiert: *Die Verletzung hindert sie am Schwimmen*; *Niemand hindert Sie daran zu gehen!* **2 etwas hindert** (**j-n**) **bei etwas** etwas stört j-n bei einer Tätigkeit ≈ etwas behindert j-n (bei etwas): *Helles Licht hindert (mich) beim Schlafen*

Hịn·der·nis *das*; *-ses, -se* **1** etwas, das im Weg liegt und das Weiterkommen schwer oder unmöglich macht ≈ Barriere ⟨ein Hindernis aufbauen, errichten, umgehen, überwinden⟩: *Ohne die Fähre wäre der Fluss ein unüberwindliches Hindernis* **2 ein Hindernis** (**für j-n / etwas**) etwas, das es schwierig macht, etwas zu tun ≈ Schwierigkeit ⟨ein Hindernis beseitigen; j-m Hindernisse in den Weg legen⟩

◆ **Hin·du·ịs·mus** *der*; *-*; *nur Sg*; eine Reli-

H

gion, die *bes* in Indien verbreitet ist || *hierzu* **hin·du·ịs·tisch** *Adj*

hin·dụrch *Adv* **1** ***durch etwas hindurch*** verwendet, um die Präposition *durch*[1] (1,2,3,4) zu verstärken: *Ich höre die Musik durch die Wand hindurch* **2** *räumliche Angabe* + ***hindurch*** verwendet, um eine Strecke, eine Distanz *o.Ä.* zu bezeichnen: *Die ganze Stadt hindurch hielt der Bus nur ein einziges Mal* **3** *Zeitangabe* + ***hindurch*** verwendet, um die Dauer eines Zeitraumes zu bezeichnen: *All die Jahre hindurch habe ich dich nicht vergessen*

hin·dụrch- *im Verb; betont und trennbar*; bezeichnet die Richtung in etwas hinein und (am anderen Ende) wieder heraus; verbunden mit Verben der Bewegung (wie *kriechen, laufen*) und des Tuns (wie *etwas drücken, ziehen*);
hindurchfahren durch einen Ort (einen Tunnel *usw*) fahren; ***etwas fließt irgendwo hindurch*** etwas fließt durch ein Gebiet (ein Tal *usw*); **(*j-n*) *hindurchführen*** durch einen Raum (Wald *usw*) führen; ***hindurchsehen*** durch einen Körper (Glas *usw*) sehen

hi·nein *Adv* **1** bezeichnet die Richtung von draußen nach (irgendwo) drinnen, häufig weg vom Sprecher oder Erzähler ↔ heraus: *Hinein* (*ins Bett*) *mit dir!* || Hinweis: ↑ ***herein*** **2** ***bis in etwas*** (*Akk*) ***hinein*** verwendet, um die Präposition *in* (11) zu verstärken: *Das Fest dauerte bis in die späte Nacht hinein*

hi·nein- *im Verb; betont und trennbar*; bezeichnet die Richtung von außen nach innen, häufig weg vom Sprecher; verbunden mit Verben der Bewegung (*wie fahren, ziehen*) oder des Tuns (wie *etwas werfen, treiben usw*);
(*in etwas* (*Akk*)) *hineinbeißen* in etwas (einen Apfel *o.Ä.*) beißen; ***etwas fließt* (*irgendwohin*) *hinein*** etwas fließt in etwas (einen See *o.Ä.*); ***hineinkommen*** in etwas gehen oder fahren; ***etwas* (*in etwas* (*Akk*)) *hineinlegen*** etwas in einen Behälter legen

hi·nein·ge·hen (*ist*) **1** **(*in etwas* (*Akk*)) *hineingehen*** nach drinnen, in einen Raum gehen (häufig weg vom Sprecher oder Erzähler): *Er ging in den Saal hinein* **2** ***etwas geht in etwas* (*Akk*) *hinein*** *gespr* ≈ etwas passt in etwas: *In den Tank gehen 50 Liter* (*Benzin*) *hinein*

hi·nein|ver·set·zen, sich; *versetzte sich hinein, hat sich hineinversetzt*; ***sich in j-n / etwas hineinversetzen*** sich vorstellen, man wäre eine andere Person

hịn·fah·ren (*hat / ist*) **1** **(*irgendwohin*) *hinfahren*** (*ist*) an einen bestimmten Ort fahren: *Bist du zu der Ausstellung hingefahren?* **2** ***j-n / etwas* (*irgendwohin*) *hinfahren*** (*hat*) ≈ hinbringen: *Sie fuhr ihre Freundin zum Arzt hin*

Hịn·fahrt *die*; die Fahrt zu einem bestimmten Ort oder Ziel hin ↔ Rückfahrt

hịn·fal·len (*ist*) zu Boden fallen ≈ stürzen: *Er stolperte über den Teppich und fiel hin*

hịng ↑ ***hängen***[1]

Hịn·ga·be *die; nur Sg*; der (selbstlose) Eifer, mit dem man etwas tut, das einem sehr wichtig ist ⟨etwas mit / voller Hingabe tun⟩

hịn·ge·gen *Konjunktion*; verwendet, um einen Gegensatz auszudrücken ≈ dagegen

hịn·ge·hen (*ist*) **1** **(*irgendwohin*) *hingehen*** zu j-m / etwas gehen, j-n / etwas besuchen: *Gehst du zu der Party hin?* **2** ***etwas geht hin*** etwas ist gerade noch zu akzeptieren ⟨etwas geht hin, mag (gerade noch) hingehen⟩

hịn·hal·ten (*hat*) **1** ***j-m etwas hinhalten*** etwas so halten, dass j-d anderer es nehmen oder sehen kann: *An der Grenze hielt er dem Beamten seinen Ausweis hin* **2** ***j-n hinhalten*** j-m immer wieder sagen, dass man etwas tun will, was man aber immer wieder unterlässt || K-: ***Hinhalte-, -taktik***

hịn·hö·ren (*hat*) konzentriert auf etwas hören ≈ zuhören ⟨genau, nicht richtig hinhören⟩

hịn·ken; *hinkte, hat gehinkt* **1** so gehen, dass ein Bein langsamer bewegt wird ⟨auf / mit dem linken / rechten Bein hinken⟩ **2** ***ein Vergleich hinkt*** ein Vergleich passt nicht, trifft nicht zu

hịn·le·gen (*hat*) **1** ***etwas* (*irgendwohin*) *hinlegen*** etwas an die genannte Stelle bringen: *Sie legte ihm eine Notiz auf den Tisch hin* **2** ***sich hinlegen*** sich auf ein Bett *o.Ä.* legen, um zu ruhen / schlafen: *sich für ein Stündchen hinlegen*

Hịn·rei·se *die*; die Reise zu einem Ziel hin ↔ Rückreise

hịn·rei·ßend *Adj*; sehr schön, sehr gut ≈ bezaubernd, zauberhaft ⟨ein Geschöpf, eine Frau; hinreißend sein, aussehen⟩

hịn·rich·ten (*hat*) ***j-n hinrichten*** j-n töten, der von einem Gericht zum Tode verurteilt wurde ⟨j-n auf dem elektrischen Stuhl hinrichten⟩ || *hierzu* **Hịn·rich·tung** *die*

◆ **hịn·set·zen** (*hat*) **1** ***sich / etwas* (*irgendwohin*) *hinsetzen***, einen bestimmten Platz einnehmen: *Setz dich dort aufs Sofa hin!* **2** ***sich hinsetzen und*** ⟨lernen, lesen, rechnen, schreiben *usw*⟩ beginnen, eine geistige Arbeit konzentriert zu tun: *Setz dich hin und lern!*

Hin·sicht *die*; -, *-en*; *meist Sg* **1** ***in ... Hinsicht*** unter einem bestimmten Aspekt, unter dem etwas betrachtet wird ≈ in Beziehung (1) ⟨in dieser, gewisser, mancher, vieler, jeder Hinsicht⟩: *In finanzieller Hinsicht geht es ihm gut* **2** ***in Hinsicht auf etwas*** (*Akk*) ≈ in Bezug auf, hinsichtlich

hin·sicht·lich *Präp*; *mit Gen*; *geschr* ≈ in Bezug auf, in Hinblick auf: *Hinsichtlich seiner Gesundheit brauchen Sie sich keine Sorgen zu machen*

hin·stel·len (*hat*) **1** ***j-n / etwas irgendwohin hinstellen*** j-n / etwas an den genannten Ort bringen, stellen: *Stell bitte die Blumen ans Fenster hin* **2** ***j-n / etwas als etwas hinstellen*** (*oft* zu Unrecht) behaupten, dass j-d / etwas so ist, diese Eigenschaft hat ⟨j-n als Dummkopf, Versager, Genie, Vorbild *usw* hinstellen; j-n als dumm, naiv, genial *usw* hinstellen⟩

◆**hin·ten** *Adv* **1** an einem Ort, der relativ weit vom Ziel entfernt ist ↔ vorne: *sich in der Schlange hinten anstellen* **2** dort(hin), wo das Ende eines Gegenstandes, Raumes *usw* ist ↔ vorne: *Das Register ist hinten im Buch*; *Der Geldbeutel lag ganz hinten in der Schublade* **3** auf der Seite eines Hauses, die am weitesten von der Straße entfernt ist ↔ vorne: *Das Haus hat hinten einen zweiten Ausgang*; *Die Fenster gehen nach hinten auf den Hof* **4** ***von hinten*** von der Seite des Rückens her ↔ von vorne ⟨j-n von hinten packen; sich j-m von hinten nähern⟩ || ID ***hinten und vorn(e) nicht*** *gespr*; überhaupt nicht ⟨etwas klappt, reicht, stimmt hinten und vorn(e) nicht⟩; ***j-n von hinten und vorn(e) bedienen*** *gespr*; sich viel zu viel um j-n kümmern

◆**hin·ter** *Präp* **1** *mit Dat*; im Rücken einer Person oder auf der weiter entfernten Seite einer Sache ↔ vor: *im Auto hinter dem Fahrer sitzen*; *sich hinter der Tür verstecken* || K-: ***Hinter-, -beine*** **2** *mit Dat*; in einer (Reihen)Folge oder Hierarchie nach j-m / etwas ↔ vor ⟨hinter j-m an die Reihe kommen⟩ **3** *mit Dat*; verwendet um auszudrücken, dass eine Zeit oder eine Handlung vorbei ist ↔ vor ⟨etwas liegt hinter j-m; j-d hat, bringt etwas hinter sich⟩: *eine schwere Zeit hinter sich haben* **4** *mit Akk*; in Richtung auf die Seite, die hinten ist ↔ vor: *sich hinter das Lenkrad setzen*

hin·ter·ei·nan·der *Adv* **1** drückt aus, dass mehrere Personen oder Dinge (räumlich) in einer Reihe sind (einer / eines hinter dem anderen) *bzw* in eine Reihe kommen ⟨hintereinander fahren, liegen, stehen; sich hintereinander aufstellen, setzen, stellen *usw*⟩ **2** ohne Unterbrechung: *Es regnet nun schon drei Wochen hintereinander*

Hin·ter·grund *der* **1** *meist Sg*; der Bereich, den man (auf einem Bild) ganz hinten sieht ↔ Vordergrund: *Das Foto zeigt im Vordergrund eine Stadt und im Hintergrund die Berge* **2** eine Position, in der j-d / etwas nicht bemerkt oder beachtet wird, oder die nicht auffällig oder wichtig ist ↔ Vordergrund ⟨im Hintergrund stehen, bleiben⟩: *Bei den Verhandlungen hielt er sich im Hintergrund* **3** *meist Pl* ≈ Gründe, Motive: *Vermutlich hatte der Mord politische Hintergründe*

hin·ter·häl·tig *Adj*; nach außen hin freundlich, aber mit bösen Absichten ≈ heimtückisch || *hierzu* **Hin·ter·häl·tig·keit** *die*

◆**hin·ter·her**[1] *Adv*; so, dass sich j-d / etwas (hinter j-m / etwas) in die gleiche Richtung bewegt ↔ voraus: *Beide sprangen ins Wasser: das Kind voraus und der Hund hinterher*

◆**hin·ter·her**[2] *Adv* ≈ danach, nachher ↔ vorher: *Wir wollen erst ins Kino und hinterher essen gehen*

hin·ter·her|lau·fen (*ist*) **1** ***j-m / etwas hinterherlaufen*** sich hinter j-m / etwas in die gleiche Richtung bewegen: *Ich bin ihm hinterhergelaufen, konnte ihn aber nicht mehr einholen* **2** ***(j-m / etwas) hinterherlaufen*** *gespr*; (zu) eifrig versuchen, j-n für sich zu gewinnen, etwas von ihm zu bekommen ⟨einem Mädchen hinterherlaufen; seinem Geld hinterherlaufen (müssen)⟩

Hin·ter·kopf *der*; der hintere Teil des Kopfes || ID ***etwas im Hinterkopf haben / behalten*** etwas nicht vergessen, sich etwas (für später) merken

Hin·ter·list *die*; *nur Sg*; die Absicht, j-n zu täuschen und ihm dadurch zu schaden ⟨voller Hinterlist sein⟩ || *hierzu* **hin·ter·lis·tig** *Adj*

Hin·tern *der*; *-s*, *-*; *gespr*; der hintere Teil des Körpers, auf dem man sitzt ≈ Gesäß ⟨einem Kind den Hintern verhauen⟩

hin·ter·rücks *Adv*; von hinten ⟨j-n hinterrücks erschießen, überfallen⟩

hi·nü·ber *Adv*; bezeichnet die Richtung von irgendwo nach einer anderen, gegenüberliegenden Seite hin, häufig weg vom Sprecher oder Erzähler: *Der Wald erstreckt sich nach rechts hinüber* || Hinweis: ↑ ***herüber***

hi·nun·ter *Adv*; bezeichnet die Richtung

von oben nach unten, häufig weg vom Sprecher oder Erzähler ≈ hinab ↔ herauf: *Wir sahen vom Turm hinunter zu ihr* || K-: ***hinunter-, -schlucken*** || Hinweis: ↑ ***herunter***

Hin·weg *der*; der Weg, die Reise zu einem Ziel hin ↔ Rückweg

hin·weg *Adv* **1** ***über j-n / etwas hinweg*** über j-n / etwas, der / das wie ein Hindernis wirkt: *Er blickte sie über die Zeitung hinweg böse an* **2** ***über etwas*** (*Akk*) ***hinweg*** eine Zeit lang: *Sie hatten sich über Jahre hinweg nicht gesehen* **3** ***über j-s Kopf / j-n hinweg*** ohne j-n zu fragen, mit dem man eigentlich hätte sprechen müssen ⟨etwas über j-n hinweg entscheiden⟩ **4** weg, fort von hier: *Hinweg mit ihm!* **5** ***über etwas*** (*Akk*) ***hinweg sein*** *gespr*; etwas (Trauriges) überwunden haben: *Er ist über die Trennung von seiner Freundin hinweg*

hin·weg·set·zen (*hat / ist*) **1** ***j-d / ein Tier setzt über etwas*** (*Akk*) ***hinweg*** (*hat / ist*) j-d / ein Tier bewegt sich mit einem großen Sprung über ein Hindernis: *Das Pferd setzte über den Zaun hinweg* **2** ***sich über etwas*** (*Akk*) ***hinwegsetzen*** (*hat*) bewusst nicht auf etwas achten ⟨sich über ein Verbot, j-s Bedenken, j-s Einwände hinwegsetzen⟩

◆ **Hin·weis** *der*; *-es, -e* **1** ***ein Hinweis*** (***auf etwas*** (*Akk*)) Worte oder Zeichen, die j-n auf etwas aufmerksam machen sollen ⟨ein deutlicher, freundlicher, nützlicher Hinweis; j-m einen Hinweis geben; einen Hinweis beachten⟩: *Die Polizei erhielt anonyme Hinweise auf den Täter* || K-: ***Hinweis-, -schild, -tafel*** **2** ***ein Hinweis für / auf etwas*** (*Akk*) eine Tatsache, aus der man logische Schlüsse zieht ≈ Anzeichen ⟨ein Hinweis liegt vor, existiert⟩: *Wir haben keinen Hinweis* dafür / darauf, dass *diese Krankheit ansteckend sein könnte*

hin·wei·sen (*hat*) (***j-n***) ***auf etwas*** (*Akk*) ***hinweisen*** (j-n) auf eine Tatsache aufmerksam machen: *Ich möchte* (*Sie*) darauf *hinweisen*, dass *das Rauchen hier verboten ist*

hin·wer·fen (*hat*) **1** (***j-m / einem Tier***) ***etwas hinwerfen*** etwas auf den Boden schleudern: *Wütend warf er das Buch hin*; *Sie warf dem Hund einen Knochen hin* **2** ***etwas hinwerfen*** *gespr*; sich plötzlich entscheiden, etwas nicht länger zu tun ⟨die Arbeit, den ganzen Kram hinwerfen⟩

hin·zie·hen (*hat / ist*) **1** ***j-n / etwas irgendwohin hinziehen*** (*hat*) j-n / etwas an eine Stelle holen, ziehen: *Sie zog das Boot ans Ufer hin* **2** ***irgendwohin hinziehen*** (*ist*) seinen Wohnsitz an einen anderen Ort verlegen **3** ***etwas zieht sich hin*** (*hat*) etwas dauert länger als angenehm oder nötig: *Ihre Ausbildung zog sich über Jahre hin* **4** ***sich zu j-m hingezogen fühlen*** (*hat*) j-n gern mögen

hin·zu *Adv*; ergänzend zu etwas

hin·zu·fü·gen (*hat*) (***etwas*** (*Dat*)) ***etwas hinzufügen*** etwas ergänzen: *einer Geschichte eine Fortsetzung hinzufügen*

hin·zu·kom·men (*ist*) **1** ***j-d kommt hinzu*** j-d kommt dorthin, wo sich gerade etwas ereignet: *Sie kamen gerade hinzu, als der Unfall passierte* **2** ***etwas kommt*** (***zu etwas***) ***hinzu*** etwas ereignet sich auch noch, muss auch noch erwähnt werden ⟨es kommt hinzu / hinzu kommt, dass ...⟩

Hirn *das*; *-(e)s, -e* **1** ≈ Gehirn ⟨das menschliche Hirn⟩ || K-: ***Hirn-, -tumor, -zelle*** **2** *gespr* ≈ Verstand ⟨sein Hirn anstrengen⟩

Hirsch *der*; *-(e)s, -e* **1** ein Tier (größer als ein Reh) mit mächtigen Hörnern (einem Geweih) || K-: ***Hirsch-, -geweih*** **2** ein männlicher Hirsch (1) ⟨der Hirsch röhrt⟩

Hir·te *der*; *-n, -n*; j-d, der eine Herde von Tieren führt und bewacht ⟨der Hirte hütet die Schafe⟩ || K-: ***Hirten-, -hund, -stab***

his·to·risch *Adj* **1** *nur attr oder adv*; in Bezug auf die Geschichte[1] ≈ geschichtlich (1) ⟨eine Entwicklung, Studien⟩ **2** *nur attr, nicht adv*; mit einem Thema aus der Geschichte[1] (1) ⟨ein Roman, ein Film⟩ **3** (*meist* im kulturellen oder politischen Bereich) von ganz besonderer Bedeutung ⟨ein Augenblick, ein Moment, ein Ereignis⟩

◆ **Hit** *der*; *-(s), -s*; *gespr* **1** ein Lied, das sehr bekannt ist und sehr viel gesungen wird ⟨einen Hit komponieren, schreiben⟩: *Der Schlager wurde ein Hit / zu einem Hit* **2** ein Produkt, das sehr viele Leute kaufen ≈ Renner, Schlager (2): *Miniröcke sind der Hit der Saison*

◆ **Hit·ze** *die*; *-*; *nur Sg* **1** eine sehr hohe Temperatur, große Wärme ↔ Kälte ⟨etwas bei mäßiger, mittlerer, starker Hitze kochen, braten, backen⟩: *Der Ofen strahlt große Hitze aus* **2** ein Wetter mit Temperaturen, die als (zu) hoch empfunden werden ↔ Kälte ⟨es herrscht (eine) brütende, glühende, große, schwüle, sengende, tropische Hitze⟩ || K-: ***Hitze-, -periode, -welle*** || -K: ***Mittags-, Sommer-***

hit·zig *Adj*; ⟨Menschen⟩ schnell von starken Gefühlen erfüllt ≈ leidenschaftlich ⟨eine Debatte, eine Diskussion; ein hitziges Temperament haben⟩

hob ↑ ***heben***

◆**Hob·by** ['hɔbi] *das*; *-s*, *-s*; etwas, das man gern (*oft* auch regelmäßig) in seiner Freizeit tut ⟨ein Hobby haben; etwas als Hobby betreiben⟩: *Ihre Hobbys sind Reiten und Skifahren*

◆**hoch**, *höher*, *höchst-*; *Adj* **1** nach oben ausgedehnt ↔ niedrig, flach: *ein hoher Berg*, *eine hohe Mauer*, *hohes Gras*; *Schuhe mit hohen Absätzen* || Aber: Menschen und Tiere sind *groß*, nicht *hoch* || K-: ***Hoch-, -gebirge, -haus*** || -K: ***haus-, meter-, turm-*** **2** *Maßangabe* + ***hoch*** verwendet, um die Ausdehnung nach oben zu bezeichnen ↔ tief: *ein zweitausend Meter hoher Berg*; *Der Tisch ist nur sechzig Zentimeter hoch* || K-: ***Hoch-, -sprung*** **3** in relativ großer Entfernung über dem Boden, dem Meer *o.Ä.* ↔ niedrig, tief: *die Hände hoch über den Kopf heben*; *ein hoch gelegenes Gebirgsdorf*; *Mittags steht die Sonne hoch am Himmel* || K-: ***Hoch-, -ebene, -nebel*** **4** groß, sehr viel oder sehr intensiv: *hohes Fieber*; *eine hohe Geschwindigkeit*; *ein hohes Gewicht*; *eine hohe Miete*; *ein hoher Preis* **5** weit oben in einer Hierarchie ⟨ein Gast, ein Offizier, ein Rang; eine hoch stehende Persönlichkeit; etwas auf höherer Ebene entscheiden⟩ || K-: ***Hoch-, -schätzung*** **6** ⟨eine Stimme, ein Ton⟩ so, dass sie hell klingen ↔ dunkel, tief **7** moralisch oder sittlich gut ≈ edel ↔ nieder ⟨Ideale, Ziele⟩ **8** in der Qualität auf einem guten Niveau ≈ groß ↔ niedrig ⟨j-s Ansprüche, j-s Lebensstandard⟩ || K-: ***hoch-, -wertig*** **9** relativ spät: *im hohen Alter* **10** *nur adv*; verwendet, um Verben und Adjektive zu verstärken ≈ sehr (stark) ⟨j-m etwas hoch anrechnen; j-n hoch achten; hoch erfreut, willkommen sein⟩ || Hinweis: vor einem Substantiv verwendet man *hoh-* statt *hoch*: *Das Haus ist hoch*; aber: *das hohe Haus* || ID ***(j-m) etwas hoch und heilig versprechen*** j-m etwas fest versprechen; ***hoch hinauswollen*** *gespr*; eine wichtige (berufliche, gesellschaftliche) Position erreichen wollen; *meist* ***es wird höchste Zeit*** verwendet, um auszudrücken, dass man sich beeilen muss: *Wenn wir den Zug noch erreichen wollen, wird es höchste Zeit!*

Hoch·ach·tung *die*; *-*; *nur Sg*; ***die Hochachtung*** (***vor j-m*** / ***etwas***) eine besonders große Achtung vor j-m / etwas ⟨Hochachtung vor j-m / etwas haben⟩

hoch·ar·bei·ten, sich (*hat*) ***sich hocharbeiten*** im Beruf von einer niederen zu einer (relativ) hohen Position kommen: *Er hat sich vom Kellner zum Direktor des Hotels hochgearbeitet*

Hoch·deutsch *das*; *-(s)*; *nur Sg*; die allgemeine deutsche Sprache (und nicht die Dialekte) ⟨auf, in Hochdeutsch⟩

Hoch·haus *das*; ein sehr hohes Haus mit vielen Etagen und Wohnungen

hoch·he·ben (*hat*) ***j-n*** / ***etwas hochheben*** j-n / etwas nach oben, in die Höhe heben: *Der Vater hob seine kleine Tochter hoch, damit sie besser sehen konnte*

Hoch·mut *der*; die Meinung, dass man besser, klüger oder schöner ist als andere Menschen ≈ Arroganz || *hierzu* **hoch·mü·tig** *Adj*

Hoch·sai·son *die*; *meist Sg*; die Zeit, in der die meisten Menschen in Urlaub fahren ⟨in der Hochsaison verreisen⟩

◆**Hoch·schu·le** *die*; eine Institution, an der man (mit einem guten Zeugnis) wissenschaftliche Fächer studieren kann || Hinweis: ↑ ***Universität, Fachhochschule*** || K-: ***Hochschul-, -abschluss, -studium*** || *hierzu* **Hoch·schü·ler** *der*; **Hoch·schü·le·rin** *die*

höchst *Adv* ≈ sehr, äußerst ⟨höchst interessant, leichtsinnig, ungenau, unwahrscheinlich *usw*⟩

◆**höchs·tens** *Adv* **1** ***höchstens*** + *Zahl* auf keinen Fall mehr als die angegebene Zahl ↔ mindestens: *Sie ist höchstens 15 Jahre alt* **2** drückt aus, dass nur das Genannte infrage kommt, aber auch das nicht wahrscheinlich ist: *Höchstens ein Wunder könnte ihn jetzt noch retten*

Höchst·ge·schwin·dig·keit *die*; *meist Sg*; die höchste Geschwindigkeit, die (für ein Fahrzeug, Flugzeug) möglich oder erlaubt ist

Hoch·was·ser *das*; *nur Sg* **1** der Zustand, dass ein Fluss sehr viel Wasser hat und es zu einer Überschwemmung kommen kann **2** ≈ Überschwemmung

◆**Hoch·zeit** *die*; *-*, *-en* **1** *meist Sg*; die Feier (und Zeremonie), bei der Mann und Frau (offiziell) erklären, dass sie als Paar zusammen leben wollen ≈ Heirat, Eheschließung ⟨die kirchliche, standesamtliche Hochzeit⟩ || K-: ***Hochzeits-, -feier, -geschenk, -kleid, -reise*** **2** eine Feier am Tag der Hochzeit ⟨Hochzeit feiern, halten; (j-n) zur Hochzeit (ein)laden⟩ || K-: ***Hochzeits-, -mahl*** || ID *meist* ***nicht auf zwei Hochzeiten tanzen können*** *gespr*; zwei Dinge nicht zur gleichen Zeit machen können

ho·cken; *hockte*, *hat* / *ist gehockt* **1** (***irgendwo***) ***hocken*** (*hat* / *südd* Ⓐ Ⓒⓗ *ist*) die Knie so beugen, dass man auf den Unterschenkeln sitzt ≈ kauern: *Sie hockte* *auf dem Boden und pflückte Erdbeeren* || ↑ *Illustration* **Verben der Bewegung** **2** ***irgendwo hocken*** (*ist*) *südd* Ⓐ sitzen, ohne etwas zu tun: *auf der Bank hocken*

◆ **Ho·cker** *der*; *-s*, *-*; ein Stuhl ohne Lehne (*oft* mit drei Beinen): *auf einem Hocker am Klavier sitzen* || -K: ***Bar-, Klavier-***

Ho·den *der*; *-s*, *-*; *meist Pl*; der Teil der (Geschlechts)Organe bei Männern, in dem die Samen gebildet werden

◆ **Hof** *der*; *-(e)s*; *Hö·fe* **1** ein Platz, der zu einem Haus oder mehreren Häusern gehört (und manchmal von Mauern umgeben ist) ⟨ein gepflasterter, geteerter Hof; auf dem / im Hof spielen; Fahrräder im Hof abstellen⟩: *Das Fenster geht auf den / zum Hof hinaus* || K-: ***Hof-, -tor*** || -K: ***Schul-*** **2** das Haus eines Bauern mit den Ställen, dem Garten, den Feldern *usw* ⟨einen Hof erben, pachten, verpachten⟩: *Nur noch wenige Höfe im Dorf werden bewirtschaftet* || K-: ***Hof-, -hund*** || -K: ***Bauern-*** **3** der Ort und die Häuser, in denen ein König, Fürst lebt und von wo aus er sein Land regiert ⟨der königliche, kaiserliche Hof; bei Hofe / am Hof eingeführt werden⟩: *der Hof Ludwigs XIV. in Versailles* || K-: ***Hof-, -dame, -narr*** || -K: ***Fürsten-, Kaiser-, Königs-***

◆ **hof·fen**; *hoffte*, *hat gehofft* **1** ***etwas hoffen*** wünschen und glauben, dass etwas geschehen wird ↔ etwas befürchten: *Ich hoffe,* dass *es morgen schönes Wetter gibt*; *Hoffen wir das Beste!* **2** (***auf etwas*** (*Akk*)) ***hoffen*** ≈ etwas hoffen (1): *Ich hoffe auf ein baldiges Wiedersehen*

◆ **hof·fent·lich** *Adv*; verwendet, wenn man etwas sehr stark wünscht: *Hoffentlich hatte er keinen Unfall!*

◆ **Hoff·nung** *die*; *-*, *-en* **1** ***eine Hoffnung*** (***auf etwas*** (*Akk*)) der (optimistische) Wunsch oder Glaube, dass etwas geschehen wird ⟨eine berechtigte, falsche, schwache Hoffnung; sich / j-m Hoffnung(en) machen; Hoffnung schöpfen; (keine, wenig) Hoffnung haben; die Hoffnung aufgeben, verlieren⟩: *Es gibt kaum noch Hoffnung,* dass *er gesund wird* || K-: ***hoffnungs-, -los, -voll*** **2** j-d / etwas, von dem man eine gute Leistung oder Hilfe erwartet: *Du bist / das ist meine letzte Hoffnung!*

◆ **höf·lich** *Adj*; ***höflich*** (***zu j-m***) freundlich und rücksichtsvoll, so wie es den sozialen Normen entspricht ≈ zuvorkommend ↔ unhöflich ⟨eine Antwort, ein Benehmen, eine Geste, ein Gruß, ein Mensch; (j-n) höflich um etwas bitten; j-n höflich grüßen; sich höflich bedanken⟩: *Er war so höflich, mir die Tür aufzuhalten* || *hierzu* **Höf·lich·keit** *die*

◆ **Hö·he** ['hø:ə] *die*; *-*, *-n* **1** die Ausdehnung von etwas nach oben ↔ Tiefe: *eine Mauer von zwei Meter Höhe*; *Dieser Berg hat eine Höhe von 3000 Metern*; *die Länge, Breite und Höhe eines Schranks abmessen* || -K: ***Schrank-, Stuhl-, Tisch-*** *usw* **2** die Entfernung, in der etwas (ein Ort *o.Ä.*) über einem bestimmten Punkt liegt: *Der Ort liegt in sechshundert Meter Höhe* || -K: ***Augen-, Brust-, Meeres-*** **3** eine (mathematische) Größe, die man messen und in Zahlen darstellen kann ⟨die Höhe eines Betrags, eines Lohnes, einer Steuer, einer Temperatur; die Höhe festlegen, verändern⟩: *Die Höhe der Preise richtet sich nach Angebot und Nachfrage* || -K: ***Preis-, Temperatur-*** **4** die Frequenz, die ein Geräusch hat ⟨die Höhe eines Tons⟩: *beim Singen nicht die richtige Höhe treffen* || -K: ***Ton-*** **5** ***auf der Höhe*** + *Gen* / ***von j-m / etwas***; ***auf gleicher Höhe*** (***mit j-m / etwas***) auf derselben (gedachten) Linie wie j-d / etwas: *Die beiden Pferde befinden sich kurz vor dem Ziel auf gleicher Höhe* **6** ***auf der Höhe*** + *Gen*; auf der obersten Stufe einer Entwicklung ≈ Höhepunkt: *Er befindet sich auf der Höhe seines Ruhms* || ID ***Das ist*** (***ja***) ***die Höhe!*** *gespr* ≈ das geht zu weit; ***nicht*** (***ganz***) ***auf der Höhe sein*** *gespr*; nicht ganz gesund sein

Hö·he·punkt *der*; ***der Höhepunkt*** + *Gen* / ***der Höhepunkt in etwas*** (*Dat*) der wichtigste (und schönste) Teil einer Entwicklung oder eines Vorgangs ⟨etwas erreicht einen Höhepunkt; auf dem Höhepunkt seiner Karriere sein⟩

hohl *Adj*; innen leer, ohne Inhalt ⟨ein Baum, eine Nuss, ein Zahn⟩ || K-: ***Hohl-, -raum***

Höh·le *die*; *-*, *-n*; ein Raum unter der Erde oder im Berg ⟨eine dunkle, tiefe, unterirdische Höhle⟩ || -K: ***Bären-, Fuchs-*** *usw*

Hohn *der*; *-(e)s*; *nur Sg*; böser Spott, der mit Verachtung gemischt ist ⟨beißender, blanker Hohn; j-d / etwas erntet nur Spott und Hohn⟩ || K-: ***Hohn-, -gelächter***

höh·nisch *Adj*; voller Hohn ⟨ein Grinsen, eine Bemerkung; höhnisch grinsen⟩

◆ **ho·len**; *holte*, *hat geholt* **1** ***j-n / etwas holen*** an einen Ort gehen und von dort (mit)bringen ↔ (weg)bringen: *Kartoffeln aus dem Keller holen*; *seine Nachbarin ans Telefon holen* **2** ***etwas aus etwas holen*** etwas aus einem Behälter (heraus)nehmen: *Milch aus dem Kühlschrank holen*

3 *j-n holen* j-n bitten zu kommen ≈ kommen lassen, rufen ⟨den Arzt, den Klempner, die Polizei holen⟩: *Der Pfarrer wurde ans Bett des Sterbenden geholt* **4 *etwas holen*** *gespr* ≈ einkaufen: *Brötchen holen* **5 *Atem / Luft holen*** ≈ einatmen ⟨tief Atem / Luft holen⟩ **6 *sich*** (*Dat*) ***etwas holen*** *gespr*; sich mit etwas infizieren und krank werden ⟨sich (*Dat*) die Grippe, einen Schnupfen *usw* holen⟩ **7 *sich*** (*Dat*) ***etwas holen*** sich etwas geben lassen ⟨sich (*Dat*) Anregungen, (einen) Rat, Tipp (von j-m) holen⟩

Höl·le *die*; -; *nur Sg*; der Ort, von dem man (in manchen Religionen) glaubt, dass dort nach dem Tod die Seelen der Menschen für ihre Sünden bestraft werden ↔ Himmel ⟨in die Hölle kommen⟩ || K-: ***Höllen-, -feuer, -qualen*** || ID ***j-m die Hölle heiß machen*** *gespr*; j-m durch Drohungen Angst machen; *meist* ***Hier ist die Hölle los*** *gespr*; hier ist viel Lärm und ein großes Durcheinander

◆ **Holz** *das*; *-es, Höl·zer* **1** *nur Sg*; das Material, aus dem Bäume bestehen und aus dem man *z.B.* Möbel und Papier macht ⟨dunkles, helles, gemasertes, hartes, weiches, trockenes Holz; Holz hacken, sägen, stapeln; (etwas aus) Holz schnitzen; mit Holz heizen⟩ || K-: ***Holz-, -balken, -brett, -klotz, -scheit, -span, stab, -teil***; ***holz-, -geschnitzt*** || -K: ***Buchen-, Eichen-*** *usw*; ***Bau-, Brenn-***; ***Hart-, Weich-*** || Hinweis: Als Plural wird *Holzarten* oder *Holzsorten* verwendet **2** *meist Pl*; eine bestimmte Sorte Holz (1): *Mahagoni und Teak sind edle Hölzer* || -K: ***Edel-, Laub-, Nadel-*** || ID ***j-d ist aus anderem / dem gleichen Holz geschnitzt*** j-d ist (charakterlich) ganz anders als / genau so wie eine andere Person

höl·zern *Adj*; *nur attr, nicht adv*; aus Holz (1) ⟨eine Brücke, ein Spielzeug⟩

ho·mo·se·xu·ell *Adj*; mit sexueller Neigung zu Menschen des gleichen Geschlechts ⟨Beziehungen; homosexuell veranlagt sein⟩ || Hinweis: Man bezeichnet *meist* nur Männer als *homosexuell*, Frauen dagegen als *lesbisch* || *hierzu* **Ho·mo·se·xu·a·li·tät** *die*

◆ **Ho·nig** *der*; *-s*; *nur Sg*; die süße, weiche Masse, die Bienen produzieren und die man aufs Brot streicht ⟨Honig sammeln⟩: *Die Bienen füllen ihre Waben mit Honig* || K-: ***Honig-, -biene***; ***honig-, -gelb, -süß*** || -K: ***Bienen-*** || ID ***j-m Honig um den Bart / ums Maul streichen / schmieren*** *gespr*; j-m schmeicheln || *hierzu* **ho·nig·far·ben** *Adj*

Ho·no·rar *das*; *-s, -e*; das Geld, mit dem die (einzelne) Arbeit in freien Berufen (*z.B.* bei Ärzten oder Anwälten) bezahlt wird ⟨ein Honorar vereinbaren, festsetzen, fordern⟩ || -K: ***Arzt-, Autoren-***

hor·chen; *horchte, hat gehorcht* **1** heimlich bei etwas zuhören ≈ lauschen ⟨an der Tür, an der Wand horchen⟩ **2** sehr aufmerksam auf Geräusche achten: *Er hielt die Uhr an sein Ohr und horchte, ob sie noch tickte*

Hor·de *die*; -, *-n*; ***eine Horde*** (+ *Gen* / ***von*** ⟨Personen⟩) *meist pej*; eine (wilde) Gruppe von Personen, die *oft* anderen Angst macht ⟨eine johlende, lärmende, wilde Horde; eine Horde Jugendlicher, Rocker⟩

◆ **hö·ren**; *hörte, hat gehört* **1** (***j-n / etwas***) ***hören*** Laute oder Geräusche mit den Ohren wahrnehmen ⟨einen Knall, einen Schrei hören; gut, schlecht, schwer hören; nur noch auf einem Ohr hören (können); Musik, ein Konzert, Radio hören⟩: *Bei dem Lärm konnte er das Ticken der Uhr nicht hören* || K-: ***Hör-, -test***; ***hör-, -behindert*** **2** ***etwas*** (***über j-n / etwas***) ***hören*** etwas über j-n / etwas erfahren, was geschehen ist: *Ich habe schon von den Nachbarn gehört*, dass *du umziehen willst* **3** ***einen Vortrag / eine Vorlesung hören*** ≈ besuchen **4** ***auf j-n / etwas hören*** einem Rat folgen ⟨auf die Eltern, auf einen Freund hören⟩: *Er hörte nicht auf die Warnungen* **5** ***von j-m / etwas hören*** Informationen über j-n / etwas bekommen: *Ich habe schon von seinem Unfall gehört* || ID ***(et)was / nichts von sich hören lassen*** *gespr*; sich (nicht) bei j-m melden: *Tschüs. - Und lass mal wieder was von dir hören!*; ***j-m vergeht Hören und Sehen*** j-d erlebt etwas Unangenehmes sehr intensiv: *Wenn du so weitermachst, verprügelt er dich, dass dir Hören und Sehen vergeht*; ***Hör mal / Hören Sie mal*** verwendet, um eine Bitte, Forderung *o.Ä.* zu betonen: *Hör mal, du musst aber wirklich ganz vorsichtig sein, ja?*; ***Na, hör mal / Na, hören Sie mal!*** verwendet, um einen Protest auszudrücken; ***Wer nicht hören will, muss fühlen*** wer Ratschläge nicht beachtet, muss die negativen Folgen tragen

Hö·rer *der*; *-s*, -; **1** j-d, der Musik im Radio hört ↔ Leser, Zuschauer **2** der Teil des Telefons, den man gegen das Ohr hält ⟨den Hörer abnehmen, auflegen⟩ || -K: ***Telefon-*** || *zu* **1 Hö·re·rin** *die*; -, *-nen*

Ho·ri·zont *der*; *-(e)s, -e* **1** *nur Sg*; die Linie in der Ferne, an der sich Himmel und Erde / Meer zu berühren scheinen: *Die Sonne versinkt am Horizont* **2** *meist Sg*; der Bereich, den ein Mensch mit seinem Verstand beurteilen, verstehen kann ⟨einen beschränkten, weiten Horizont haben; etwas geht über j-s Horizont hinaus⟩ || *hierzu* **ho·ri·zon·tal** *Adj*

Hor·mon *das*; *-s*, *-e*; eine Substanz, die der Körper selbst bildet und Prozesse wie das Wachstum *usw* steuert || -K: ***Sexual-, Wachstums-*** || *hierzu* **hor·mo·nal** *Adj*; **hor·mo·nell** *Adj*

Horn *das*; *-(e)s*, *Hörner* **1** eine der beiden harten Spitzen am Kopf mancher Tiere ⟨Hörner einer Kuh, einer Ziege *usw*⟩ || Hinweis: Hirsche, Rentiere *usw* haben keine *Hörner*, sondern ein *Geweih* **2** *nur Sg*; das Material, aus dem Hörner (1), Haare, Nägel bestehen || K-: ***Horn-, -brille*** || ID ***j-m Hörner aufsetzen*** *gespr*; den (Ehe)Mann mit einem anderen Mann betrügen

◆ **Hörn·chen** *das*; *-s*, *-*; ein süßes Gebäck, das wie ein Horn (1) gebogen ist

Hör·saal *der*; ein großer Raum in der Universität (für Vorträge und Vorlesungen)

◆ **Ho·se** *die*; *-*, *-n* **1** ein Stück der Kleidung, das jedes Bein einzeln umgibt ⟨eine lange, kurze, (haut)enge, weite Hose; eine Hose bügeln, anziehen, ausziehen⟩ || K-: ***Hosen-, -bein, -tasche*** || -K: ***Damen-, Herren-***; ***Leder-, Stoff-***; ***Anzugs-, Schlafanzug(s)-, Turn-*** || Hinweis: die Pluralform wird in der gesprochenen Sprache *oft* auch für *eine* Hose verwendet: *Er hat lange Hosen an* **2** *Kurzwort* ↑ ***Unterhose***: *Das Kind hat in die Hose gemacht* || ID ***die Hose (gestrichen) voll haben***; ***sich (vor Angst) in die Hose machen*** *gespr*; große Angst haben; ***die Hosen anhaben*** *gespr*; derjenige sein, der (*meist* zu Hause) bestimmt, was geschieht

◆ **Ho·tel** *das*; *-s*, *-s*; ein (großes) Haus, in dem man für Geld schlafen (und essen) kann ⟨ein teures, schäbiges Hotel; in einem Hotel absteigen, übernachten⟩ || K-: ***Hotel-, -gast, -halle, -zimmer*** || -K: ***Luxus-*** || Hinweis: einfache Hotels heißen *Pensionen* oder *Gasthöfe*

◆ **hübsch** *Adj* **1** so, dass der Betrachter die Person oder Sache schön findet ↔ hässlich ⟨eine Frau, ein Mädchen, ein Mann, ein Gesicht, ein Kleid; hübsch aussehen, sich hübsch machen⟩ **2** so (angenehm), dass man es gern hört ⟨eine Melodie, eine Stimme⟩ **3** *gespr, oft iron*; ziemlich groß, viel ⟨eine hübsche Stange (= Menge) Geld, ein hübsches Stück Arbeit⟩

Hub·schrau·ber *der*; *-s*; *-*; eine Art Flugzeug, das senkrecht nach oben fliegen, in der Luft stehen bleiben und auf kleinen Flächen landen kann

Huf *der*; *-(e)s*, *-e*; der harte (aus Horn gebildete) Teil des Fußes eines Pferdes oder Esels ⟨einem Pferd die Hufe beschlagen; ein Pferd scharrt mit den Hufen⟩ || ↑ *Abbildung unter* ***Pferd*** || K-: ***Huf-, -geklapper*** || -K: ***Pferde-***

Hüf·te *die*; *-*, *-n*; seitlicher Teil des Körpers zwischen (Ober)Schenkel und Taille ⟨breite, runde, schmale Hüften haben⟩ || K-: ***Hüft-, -gelenk, -umfang***

Hü·gel *der*; *-s*, *-*; eine Art kleiner Berg || -K: ***Ameisen-, Erd-, Sand-***

◆ **Huhn** *das*; *-(e)s*, *Hüh·ner* **1** ein Vogel auf dem (Bauern)Hof, dessen Fleisch und Eier man isst ⟨Hühner picken Körner, scharren im Mist, sitzen auf der Stange; ein Huhn schlachten, rupfen, braten⟩ || K-: ***Hühner-, -ei, -fleisch, -hof, -leiter, -stall, -suppe*** || -K: ***Brat-, Suppen-*** || Hinweis: ein *Huhn*, das gegessen wird, heißt *meist Hühnchen* oder *Hähnchen* **2** ein weibliches Huhn (1) ≈ Henne ↔ Hahn ⟨ein Huhn gackert, legt Eier, brütet⟩ || ID ***mit den Hühnern*** *hum*; sehr früh ⟨mit den Hühnern aufstehen, schlafen gehen⟩; ***Ein blindes Huhn findet auch einmal ein Korn*** *oft iron*; j-d, dem sonst nie etwas gelingt, hat auch einmal Erfolg || *hierzu* **Hühn·chen** *das*

Hül·le *die*; *-*, *-n*; etwas, das einen Gegenstand als Schutz bedeckt ⟨eine Hülle aus Plastik, Stoff; etwas in eine Hülle stecken; etwas aus einer Hülle nehmen⟩ || ID ***in Hülle und Fülle*** in großen Mengen: *Greift zu, es ist Essen in Hülle und Fülle da*

hül·len; *hüllte, hat gehüllt* **1** ***j-n / etwas in etwas*** (*Akk*) ***hüllen*** etwas um j-n / etwas legen (um ihn / es zu bedecken, zu wärmen oder zu schützen) ≈ j-n / etwas in etwas (*Akk*) wickeln: *sich in eine Decke hüllen* **2** ***etwas um j-n / etwas hüllen*** etwas um j-n / etwas wickeln: *ein Tuch um seine Schultern hüllen* **3** ***sich in Schweigen hüllen*** *geschr* ≈ gar nichts sagen

hu·man *Adj*; *geschr* **1** ≈ freundlich ⟨j-s Einstellung, ein Chef⟩ **2** so, dass die Würde des Menschen geachtet wird: *Gefangene human behandeln*

◆ **Hu·mor** [-'moːɐ] *der*; *-s*; *nur Sg* **1** ein heiterer Charakter ⟨Humor haben⟩ **2** die Fähigkeit, Negatives heiter und (seelisch) ruhig zu ertragen ⟨ein goldener, unverwüstlicher Humor; j-d hat viel, wenig, keinen Humor; etwas mit Humor ertragen / nehmen⟩ **3** die Fähigkeit, zu lachen, wenn andere Witze über einen machen ⟨(keinen) Sinn für Humor haben⟩ || *hierzu* **Hu·mor·lo·sig·keit** *die*; **hu·mor·los** *Adj*; **hu·mor·voll** *Adj*

hum·peln; *humpelte, hat gehumpelt*; (wegen Schmerzen) mit einem Fuß nicht richtig auftreten können und deshalb nicht gleichmäßig gehen (hinken): *Nach seinem Unfall hat er eine Woche lang gehumpelt*

◆ **Hund** *der*; *-(e)s, -e* **1** ein Tier, das gern bellt, dem Menschen sein Haus bewacht und sehr an ihm hängt ⟨ein reinrassiger, streunender, treuer, bissiger Hund; ein Hund bellt, jault, knurrt, winselt, hechelt, wedelt mit dem Schwanz; einen Hund halten, an die Leine nehmen, ausführen⟩ || K-: ***Hunde-, -gebell, -haare, -halter, -hütte, -leine, -rasse*** || -K: ***Haus-, Jagd-, Wach-*** **2** *vulg*; *meist* als Schimpfwort für einen Menschen verwendet ⟨ein dummer, fauler, feiger, gemeiner Hund⟩: *So ein blöder Hund!* **3** ***ein armer Hund*** *gespr*; verwendet, um j-n zu bezeichnen, den man bedauert: *Du bist wirklich ein armer Hund!* || ID *meist* ***Die sind wie Hund und Katze*** *gespr*; sie vertragen sich nicht; ***j-d / etwas geht vor die Hunde*** *gespr*; j-d / etwas wird ruiniert, zerstört; ***schlafende Hunde wecken*** j-n auf etwas aufmerksam machen und dabei das Risiko eingehen, sich selbst zu schaden

Hunde

hun·de·mü·de *Adj*; *gespr*; sehr müde

hun·dert *Zahladj*; (als Zahl) 100 || ID ***auf hundert sein*** *gespr*; sehr wütend sein

hun·derts·t- *Adj* ≈ 100.: *der hundertste Teilnehmer an einem Wettbewerb* || ID ***vom Hundertsten ins Tausendste kommen*** (beim Erzählen oder bei einer Unterhaltung) ständig das Thema wechseln || *hierzu* **hun·derts·tel** *Adj*

Hün·din *die*; *-, -nen*; ein weiblicher Hund

◆ **Hun·ger** *der*; *-s*; *nur Sg* **1** das körperliche Gefühl, etwas essen zu müssen ↔ Durst ⟨großen, viel, keinen Hunger haben; Hunger bekommen, verspüren; seinen Hunger stillen⟩: *„Hast du noch Hunger?"* – *„Nein, ich bin schon satt"* || K-: ***Hunger-, -gefühl*** **2** der Zustand, in dem ein Mensch nicht genug zu essen hat und an Gewicht verliert ⟨Hunger leiden; an, vor Hunger sterben⟩ || K-: ***Hunger-, -tod*** || ID ***Hunger ist der beste Koch*** wenn man Hunger hat, schmecken einem alle Speisen

◆ **hung·rig** *Adj*; ⟨Menschen, Tiere⟩ in dem Zustand, dass sie etwas essen / fressen wollen ↔ durstig ⟨hungrig wie ein Wolf (sein)⟩

◆ **hu·pen**; *hupte, hat gehupt*; mit einer Hupe einen (Signal)Ton erzeugen ⟨das Auto, das Taxi, der Fahrer; ärgerlich, laut, ungeduldig hupen⟩ || *hierzu* **Hu·pe** *die*

hüp·fen; *hüpfte, ist gehüpft*; mit einem oder beiden Füßen kleine Sprünge machen (und sich dadurch fortbewegen) ⟨in die Höhe hüpfen; auf einem Bein hüpfen⟩: *Der Vogel hüpfte von Ast zu Ast* || ↑ *Illustration* **Verben der Bewegung**

Hür·de *die*; *-, -n*; ***eine Hürde*** (***für etwas***) etwas, das j-n hindert, sein Ziel bequem und einfach zu erreichen ≈ Hindernis ⟨bürokratische Hürden überwinden (müssen)⟩

hur·ra! *Interjektion*; verwendet als Ausruf der Begeisterung oder des Beifalls ⟨hurra / Hurra rufen⟩

◆ **hus·ten**; *hustete, hat gehustet*; Luft laut ausstoßen (müssen) ⟨heftig, laut husten⟩: *Das Kind war erkältet und hustete die ganze Nacht*

Hus·ten *der*; *-s*; *nur Sg* **1** eine (Erkältungs)Krankheit, bei der man oft husten muss ⟨Husten haben⟩ || K-: ***Husten-, -bonbon, -saft*** **2** das Husten

Hut *der*; *-(e)s, Hü·te*; etwas, das man (als Teil der Kleidung) auf dem Kopf trägt ⟨ein Hut mit einer breiten Krempe; einen Hut aufsetzen; den Hut abnehmen⟩ || -K: ***Cowboy-, Sonnen-, Stroh-*** || ID ⟨Personen, Dinge〉 ***unter einen Hut bringen*** *gespr*; bewirken, dass mehrere Personen oder verschiedene Dinge in die gleiche Gruppe kommen

hü·ten; *hütete, hat gehütet* **1** ***ein Tier hüten*** so auf ein Tier achten, dass ihm nichts passiert und dass es nicht wegläuft 〈Gänse, Schafe *usw* hüten〉 **2** ***das Bett hüten*** im Bett bleiben (müssen), weil man krank ist **3** ***sich vor j-m / etwas hüten*** sich vor j-m / etwas in Acht nehmen: *sich vor falschen Freunden, einer Erkältung hüten* **4** ***sich hüten*** + ***zu*** + *Infinitiv* etwas (*meist* aus Vorsicht) nicht tun: *Er kann nicht schweigen, deshalb werde ich mich hüten, ihm ein Geheimnis zu erzählen!*

Hüt·te *die*; -, *-n*; ein kleines, einfaches Haus, das auch nur aus einem Zimmer bestehen kann 〈eine Hütte aus Holz, Lehm〉 || -K: ***Blech-, Holz-, Jagd-***

Hy·gi·e·ne [hy'gie:nə] *die*; -; *nur Sg*; alles, was dazu dient, den Körper sauber zu halten und ihn vor (Infektions)Krankheiten zu schützen 〈sehr auf Hygiene achten〉

Hy·po·the·se *die*; -, *-n*; *geschr*; eine vorläufige (wissenschaftliche) Annahme, Vermutung 〈eine Hypothese aufstellen, widerlegen〉 || *hierzu* **hy·po·the·tisch** *Adj*

Hys·te·rie *die*; -, *-n* [-'ri:ən]; ein Zustand der Aufregung, in dem man *z.B.* aus Angst nicht mehr vernünftig denkt und handelt 〈in Hysterie ausbrechen〉

hys·te·risch *Adj*; *meist pej*; in einem Zustand der Hysterie 〈ein Anfall; hysterisch sein, reagieren; hysterisch kreischen〉

I

I, i [i:] *das*; -, - / *gespr auch -s*; der neunte Buchstabe des Alphabets

◆ **ich** *Personalpronomen, 1. Person Sg*; bezeichnet die eigene Person (die gerade spricht, schreibt): *Ich bin müde* || ↑ *Anhang 4*: ***Personalpronomen***

i·de·al [ide'a:l] *Adj* **1** so, dass man es sich nicht besser vorstellen kann: *Das Wetter war ideal zum Skifahren* || K-: ***Ideal-, -fall*** **2** nur in der Vorstellung existierend: *der ideale Staat*

I·de·al [ide'a:l] *das*; *-s, -e* **1** ein hohes Ziel, das j-d erreichen will 〈Ideale verwirklichen〉 **2** *nur Sg*; die perfekte Verkörperung einer Person / Sache: *Er ist das Ideal eines Familienvaters*

I·de·a·lis·mus *der*; -; *nur Sg* **1** die Neigung, alles so zu sehen, wie es sein sollte **2** das Bemühen, Ideale (1) zu verwirklichen || *hierzu* **I·de·a·list** *der*; **i·de·a·lis·tisch** *Adj*

◆ **I·dee** *die*; -, *-n* [i'de:(ə)n] **1** ein *meist* spontaner Einfall (*z.B.* wie man ein Problem lösen könnte) 〈eine gute Idee〉: *Die Situation schien hoffnungslos, aber plötzlich hatte ich eine Idee* **2** *oft Pl*; ein allgemeiner Gedanke, Vorschlag oder Plan 〈fortschrittliche, revolutionäre Ideen; eine Idee vertreten〉

i·den·ti·fi·zie·ren; *identifizierte*; *hat identifiziert* **1** ***j-n / etwas (als j-n / etwas) identifizieren*** j-n / etwas *meist* an bestimmten Merkmalen (wieder)erkennen: *Der Zeuge konnte den Täter identifizieren* **2** ***j-n / etwas mit etwas identifizieren*** j-n / etwas mit etwas gedanklich verbinden: *Er wird immer mit der Rolle identifiziert, die er als junger Mann spielte* **3** ***sich mit j-m / etwas identifizieren*** mit j-m / etwas völlig einverstanden sein: *Mit den Zielen dieser Partei kann ich mich wirklich nicht identifizieren* **4** ***sich mit j-m / etwas identifizieren*** seine eigenen Erfahrungen *o.Ä.* in j-m / etwas wieder erkennen || *hierzu* **I·den·ti·fi·ka·ti·on** *die*; **I·den·ti·fi·zie·rung** *die*

i·den·tisch *Adj*; *geschr* **1** ohne irgendeinen Unterschied ≈ gleich: *Die Aussagen der beiden Zeugen waren identisch* **2** 〈Personen / Dinge〉 ***sind identisch***; ***j-d / etwas ist mit j-m / etwas identisch*** es handelt sich um ein und dieselbe Person / ein und dasselbe Ding

I·de·o·lo·gie *die*; -, *-n* [-'gi:ən] **1** alle Ansichten und Werte einer sozialen Gruppe **2** eine politische Theorie als Grundlage einer Staatsform 〈die kommunistische Ideologie〉 || *hierzu* **i·de·o·lo·gisch** *Adj*

I·di·ot [i'dio:t] *der*; *-en, -en*; *gespr!* verwendet als Schimpfwort für j-n, den man für dumm oder ungeschickt hält || *hierzu*

I·di·o·tin *die*; -, *-nen*; **i·di·o·tisch** *Adj*
I·dol *das*; *-s*, *-e*; j-d, der als Vorbild verehrt wird ⟨ein Idol vergöttern⟩
I·dyll [i'dʏl] *das*; *-s*, *-e*; der Zustand eines einfachen und friedlichen Lebens ⟨ein dörfliches Idyll⟩
i·dyl·lisch [i'dʏl-] *Adj* **1** wie in einem Idyll **2** ruhig und landschaftlich schön
I·gel *der*; *-s*, -; ein kleines Tier mit vielen Stacheln auf dem Rücken
ig·no·rie·ren; *ignorierte*, *hat ignoriert*; ***j-n / etwas ignorieren*** j-n / etwas absichtlich nicht sehen oder erkennen wollen: *Auf der Feier ignorierte sie mich*
◆ **ihm** *Personalpronomen der 3. Person Sg* (*er und es*), *Dativ*; ↑ *Anhang 4*: ***Personalpronomen***
◆ **ihn** *Personalpronomen der 3. Person Sg* (*er und es*), *Akkusativ*; ↑ *Anhang 4*: ***Personalpronomen***
◆ **ih·nen** *Personalpronomen der 3. Person Pl* (*sie*²), *Dativ*; ↑ *Anhang 4*: ***Personalpronomen***
◆ **Ih·nen** *Personalpronomen der höflichen Form der 2. Person Sg und Pl* (*Sie*), *Dativ*; ↑ Anhang 4: ***Personalpronomen***
◆ **ihr**¹ [iːɐ̯] *Personalpronomen der 2. Person Pl*; verwendet, um eine Gruppe von Personen anzureden, von denen man (fast) alle mit *du* anredet: *Kommt ihr mit zum Baden?* || ↑ *Anhang 4*: ***Personalpronomen***
◆ **ihr**² [iːɐ̯] *Personalpronomen der 3. Person Sg* (*sie*¹), *Dativ*; ↑ *Anhang 4*: ***Personalpronomen***
◆ **ihr**³ [iːɐ̯] *Possessivpronomen der 3. Person Sg und Pl* (*sie*¹ *und sie*²); ↑ ***mein*** *und Anhang 5*: ***Possessivpronomen***
◆ **Ihr** [iːɐ̯] *Possessivpronomen der höflichen Form der 2. Person Sg und Pl* (*Sie*); ↑ ***mein*** *und Anhang 5*: ***Possessivpronomen***
◆ **ih·r-** *Possessivpronomen der 3. Person Sg und Pl* (*sie*¹ *und sie*²); ↑ ***mein-***
◆ **Ih·r-** *Possessivpronomen der höflichen Form der 2. Person Sg und Pl* (*Sie*): *Ist das Ihre Tochter?*; ↑ ***mein-***
◆ **ih·rer** *Personalpronomen der 3. Person Sg und Pl* (*sie*¹ *und sie*²), *Genitiv*; ↑ *Anhang 4*: ***Personalpronomen***
◆ **Ih·rer** *Personalpronomen der höflichen Form der 2. Person Sg und Pl* (*Sie*), *Genitiv*; ↑ *Anhang 4*: ***Personalpronomen***
il·le·gal *Adj*; so, dass es gegen das Gesetz ist: *Er wurde wegen illegalen Waffenbesitzes verhaftet* || *hierzu* **Il·le·ga·li·tät** *die*
Il·lu·si·on [-'zioːn] *die*; -, *-en*; *oft Pl*; eine falsche, *meist* zu optimistische Vorstellung von etwas ⟨j-s Illusionen zerstören; sich (*Dat*) (über j-n / etwas) Illusionen machen⟩
Il·lus·tra·ti·on [-'tsioːn] *die*; -, *-en* **1** ein Bild, Foto *o.Ä.*, das zu einem Text gehört: *die Illustrationen in einem Lexikon* **2** das Illustrieren
il·lus·trie·ren; *illustrierte*, *hat illustriert* **1** ***etwas illustrieren*** Bilder für etwas machen ⟨ein Buch illustrieren⟩ **2** ***etwas*** (***mit etwas***) ***illustrieren*** etwas (mit etwas) deutlich machen: *eine These mit einem Beispiel illustrieren* || *hierzu* **Il·lus·trie·rung** *die*
◆ **Il·lus·trier·te** *die*; *-n*, *-n*; eine Zeitschrift, die viele Bilder enthält
im *Präp mit Artikel* **1** ≈ in dem: *im Garten sein* **2 im** + *Infinitiv als Substantiv* in Bezug auf: *Im Rechnen ist sie sehr gut* **3 im** + *Infinitiv als Substantiv* während einer Handlung: *Im Gehen drehte er sich noch einmal um und winkte*
Im·biss *der*; *-es*, *-e*; ein kleines Essen || K-: ***Imbiss-, -bude***
i·mi·tie·ren; *imitierte*, *hat imitiert* **1** ***j-n / etwas imitieren*** ≈ nachahmen: *j-s Stimme, einen Sänger imitieren* **2** ***etwas imitieren*** etwas künstlich herstellen: *imitiertes Leder*
Im·ker *der*; *-s*, -; j-d, der Bienen hält, um Honig zu produzieren
◆ **im·mer**¹ *Adv* **1** zu jeder Zeit: *Sie war immer freundlich zu mir* **2 *immer wenn*** jedes Mal, wenn: *Immer wenn ich ihn treffe, grüßt er freundlich* **3 *immer noch / noch immer*** schon seit einiger Zeit und auch jetzt noch: *Er hält immer noch den Weltrekord im Hochsprung*
◆ **im·mer**² *Partikel* **1** vor einem Komparativ verwendet, um eine ständige Steigerung auszudrücken: *Das Flugzeug stieg immer höher* **2** *betont*; ***wann, wo, wie, was*** *usw* (***auch***) ***immer*** gleichgültig, wann / wo / wie / was *usw*: *Wo immer ich* (*auch*) *bin, ich denke nur an dich*
im·mer·hin *Partikel* **1** schränkt eine negative Aussage ein: *Sie hat zwar nicht gewonnen, aber sie ist immerhin Zweite geworden* **2** drückt aus, dass man etwas bedenken sollte: *Das kann ich ihm nicht antun, er ist immerhin mein bester Freund*
Im·mo·bi·lie [-iə] *die*; -, *-n*; *meist Pl*; eine nicht bewegliche Sache als Eigentum (*meist* ein Haus, Grundstück oder eine Wohnung) || K-: ***Immobilien-, -makler***
im·mun *Adj*; *nur präd*; ***immun gegen etwas sein*** so, dass man bestimmte Krankheiten nicht (mehr) bekommt
Im·per·fekt *das*; *-s*, *-e*; *meist Sg*; *Ling*; eine grammatische Kategorie beim Verb ≈ Präteritum. Formen des Imperfekts *z.B.*

I

von *lachen* sind *ich lachte, du lachtest, er lachte, wir lachten.*

Im·pe·ri·a·lis·mus [-ia-] *der*; -; *nur Sg*; *Pol*; das Streben *bes* eines Staates, sein Gebiet oder seine Macht immer weiter auszudehnen || *hierzu* **Im·pe·ri·a·list** *der*; **im·pe·ri·a·lis·tisch** *Adj*

◆ **imp·fen**; *impfte, hat geimpft*; ***(j-n) (gegen etwas) impfen*** j-m ein Medikament geben, damit er vor einer Krankheit geschützt ist: *Kinder gegen Tuberkulose impfen* || K-: ***Impf-, -schutz*** || *hierzu* **Imp·fung** *die*

im·po·nie·ren; *imponierte, hat imponiert*; ***(j-m) imponieren*** ≈ j-n beeindrucken: *Diese Vorführung hat mir sehr imponiert*; *Er hat ein sehr imponierendes Auftreten*

◆ **Im·port** *der*; *-(e)s, -e* **1** *nur Sg*; der Einkauf von Waren aus dem Ausland: *Der Import von japanischen Autos hat abgenommen* || K-: ***Import-, -handel, -ware*** **2** *meist Pl*; eine Ware, die im Ausland gekauft wurde: *Importe aus der Dritten Welt*

im·pro·vi·sie·ren [-v-]; *improvisierte, hat improvisiert*; ***(etwas) improvisieren*** etwas ohne Vorbereitung tun: *eine Rede improvisieren* || *hierzu* **Im·pro·vi·sa·ti·on** *die*

Im·puls *der*; *-es, -e* **1** *meist Pl* ≈ Anregung (2): *Von ihr gingen wertvolle Impulse für die Arbeit unserer Firma aus* **2** ein spontaner innerer Drang, etwas zu tun ⟨einem Impuls folgen⟩

im·pul·siv [-'ziːf] *Adj* **1** einem Impuls (2) folgend ⟨impulsiv reagieren⟩ **2** (in seinem Charakter) so, dass man oft Impulsen (2) folgt || *hierzu* **Im·pul·si·vi·tät** *die*

im·stan·de, im Stan·de *meist in* ***imstande sein + zu*** + *Infinitiv* ≈ fähig (1) sein + zu + *Infinitiv*: *Er ist durchaus imstande, die Arbeit allein zu machen*; *Vor Aufregung war sie nicht imstande zu sprechen*

◆ **in** *Präp* **1** *mit Dat*; gibt an, dass sich j-d / etwas innerhalb eines Gebietes, Raumes befindet: *Sie lebt in Italien* **2** *mit Dat*; gibt an, dass j-d zu einer Gruppe, Institution *o.Ä.* gehört oder etwas Teil von etwas ist: *in der Armee sein* **3** *mit Dat*; gibt einen Zeitpunkt oder Zeitraum an, zu dem / innerhalb dessen etwas geschieht: *In diesem Sommer bleibe ich zu Hause* **4** *mit Dat*; gibt eine Zeit an, nach deren Ablauf etwas geschehen wird: *In zwei Stunden ist Mittagspause* **5** *mit Dat*; bezeichnet die Art und Weise: *In großer Eile packte sie die Koffer* **6** *mit Dat*; bezeichnet einen Zustand: *etwas ist in Betrieb* **7** ***in etwas*** (*Dat Pl*) bezeichnet eine relativ große Menge ⟨in Massen⟩ **8** ***in etwas*** (*Dat Pl*) gibt eine Maßeinheit an: *Die Amerikaner messen das Benzin in Gallonen, die Deutschen in Litern* || Hinweis: *zu* **7** und **8**: das Substantiv nach *in* wird ohne Artikel verwendet **9** *mit Akk*; gibt an, dass sich j-d / etwas in ein Gebiet, einen Raum *o.Ä.* hineinbewegt: *in die Stadt gehen* **10** *mit Akk*; drückt aus, dass j-d / etwas Teil einer Gruppe, Institution *o.Ä.* wird: *in die Schule kommen* **11** ***(bis) in*** + *Akk*; drückt aus, dass etwas bis zu einem Zeitpunkt dauert: *bis spät in die Nacht* **12** *mit Akk*; schließt bei bestimmten Substantiven, Adjektiven und Verben eine Ergänzung an: *Er hat sich in Anna verliebt*; *Das Wasser verwandelte sich in Eis*

In·be·griff *der*; *-(e)s*; *nur Sg*; ***der Inbegriff*** + *Gen Sg* eine Person oder Sache, die eine Eigenschaft in so großem Maße besitzt, dass sie als Symbol für diese Eigenschaft gilt: *Die Göttin Venus ist der Inbegriff der Schönheit*

in·be·grif·fen *Adj*; ***(in etwas*** (*Dat*)***) inbegriffen*** in etwas enthalten: *In diesem Preis ist die Mehrwertsteuer inbegriffen*

in·dem *Konjunktion*; leitet einen Nebensatz ein, der ausdrückt, wie es zur Handlung des Hauptsatzes kommt: *Er verschloss die Tür, indem er einen Riegel vorschob*

In·di·a·ner [ɪn'di̯aːnɐ] *der*; *-s, -*; j-d, der zur ursprünglichen Bevölkerung Amerikas gehört || K-: ***Indianer-, -stamm*** || *hierzu* **In·di·a·ne·rin** *die*; *-, -nen*; **in·di·a·nisch** *Adj*

In·di·ka·tiv [-f] *der*; *-s, -e*; *meist Sg*; *Ling*; die grammatische Kategorie des Verbs, bei der die Vorgänge *o.Ä.* als tatsächlich gegeben dargestellt werden || K-: ***Indikativ-, -form*** || *hierzu* **in·di·ka·ti·visch** *Adj*

in·di·rekt *Adj*; mit Absicht so gesagt, dass es nicht ganz deutlich ist ⟨etwas indirekt sagen, zum Ausdruck bringen⟩

In·di·vi·du·a·list [-v-] *der*; *-en, -en*; j-d, der ganz nach seinen eigenen Vorstellungen leben möchte || *hierzu* **In·di·vi·du·a·lis·tin** *die*; *-, -nen*; **in·di·vi·du·a·lis·tisch** *Adj*

In·di·vi·du·um [-'viːduʊm] *das*; *-s, In·di·vi·du·en* [-duən] **1** *geschr*; ein Mensch als einzelne Person **2** *pej*; j-d, der nicht sympathisch ist: *ein verdächtiges, seltsames Individuum* || *zu* **1 in·di·vi·du·ell** *Adj*

◆ **In·dust·rie** *die*; *-, -n* [-'triːən] **1** *meist Sg*; alle Betriebe der Wirtschaft, die mithilfe von Maschinen große Mengen an Waren oder Rohstoffen produzieren ⟨die chemische Industrie; in der Industrie tätig sein⟩ || K-: ***Industrie-, -arbeiter, -gebiet, -zweig*** || -K: ***Lebensmittel-, Rüs-***

***tungs-* 2** Ⓒⓗ ≈ Fabrik || *hierzu* **In·dust·ri·ell** *Adj*

in·ei·nan·der *Adv*; eine Person / Sache in die andere oder der anderen (drückt eine Gegenseitigkeit aus): *Sie sind ineinander verliebt* (= Er liebt sie, und sie liebt ihn)

In·farkt *der*; *-(e)s, -e*; *Med*; die Zerstörung von Gewebe (des Herzens), das nicht mehr genug Blut bekommt ⟨einen Infarkt erleiden⟩ || -K: ***Herz-***

In·fek·ti·on [-'tsi̯oːn] *die*; *-, -en* **1** das Übertragen einer Krankheit durch Bakterien, Viren *usw* || K-: ***Infektions-, -krankheit*** **2** eine Krankheit, die durch Infektion (1) übertragen wird || -K: ***Virus-***

In·fi·ni·tiv [-tiːf] *der*; *-s, -e* [-və]; *Ling*; die Grundform eines Verbs, in der es ins Wörterbuch eingetragen wird, *z.B. gehen, spazieren*

in·fi·zie·ren; *infizierte, hat infiziert*; ***j-n / sich infizieren*** j-n / sich mit einer Krankheit anstecken

◆**In·fla·ti·on** [-'tsi̯oːn] *die*; *-, -en*; *meist Sg*; eine wirtschaftliche Situation, die durch sehr hohe Preise und dadurch gekennzeichnet ist, dass das Geld weniger wert wird || K-: ***Inflations-, -rate*** || *hierzu* **in·fla·ti·o·när** *Adj*

In·fo *das*; *-s, -s* **1** *gespr*; ein Blatt oder Heft mit Informationen (über ein Thema) || K-: ***Info-, -heft*** **2** *nur Pl* ≈ Informationen: *zwei Seiten mit Infos über alle Spielfilme der Woche*

in·fol·ge *Präp*; *mit Gen*; *geschr* ≈ aufgrund, wegen

In·for·ma·tik *die*; *-*; *nur Sg*; die Wissenschaft, die sich mit Computern und ihrer Anwendung beschäftigt || *hierzu* **In·for·ma·ti·ker** *der*; **In·for·ma·ti·ke·rin** *die*; *-, -nen*

◆**In·for·ma·ti·on** [-'tsi̯oːn] *die*; *-, -en* **1** *meist Pl*; ***Informationen*** (***über j-n / etwas***) die Fakten, die man bekommt, wenn man *z.B.* Bücher oder Zeitungen liest, Radio hört, nach etwas fragt ⟨vertrauliche, zuverlässige Informationen; Informationen (von j-m) einholen; Informationen zurückhalten⟩ || K-: ***Informations-, -quelle, -zentrum*** || -K: ***Presse-*** **2** *nur Sg*; die Stelle, an der man Informationen (1) bekommen kann: *Herr Maier bitte zur Information!* **3** *nur Sg*; ***die Information*** (***über j-n / etwas***) das Informieren: *Zu ihrer Information legen wir unserem Brief eine Broschüre bei*

◆**in·for·mie·ren**; *informierte, hat informiert* **1** ***j-n / sich*** (***über j-n / etwas***) ***informieren*** j-m / sich Informationen zu einem bestimmten Thema beschaffen: *sich über die Preise informieren* **2** ***j-n*** (***von etwas***) ***informieren*** ≈ j-m etwas mitteilen

in·fra·ge, in Fra·ge *Adv* **1** ***j-d / etwas kommt*** (***für j-n / etwas***) ***infrage*** j-d / etwas ist die mögliche Lösung für ein Problem: *Für diese Stelle kommt nur ein Bewerber mit Sprachkenntnissen infrage* **2** ***etwas infrage stellen*** Zweifel an etwas haben oder äußern || ID *meist* ***das kommt nicht infrage!*** Das erlaube ich nicht

◆**In·ge·ni·eur** [ɪnʒe'ni̯øːɐ] *der*; *-s, -e*; j-d, der ein technisches Fach studiert hat; *Abk* Ing. || -K: ***Bau-, Diplom-*** || *hierzu* **In·ge·ni·eu·rin** *die*; *-, -nen*

Ing·wer ['ɪŋvɐ] *der*; *-s*; *nur Sg*; ein scharfes, süßes Gewürz aus einer Wurzel

In·ha·ber *der*; *-s, -*; **1** der Besitzer *bes* eines Geschäftes oder Lokals || -K: ***Firmen-*** **2** j-d, der ein Amt, eine Funktion hat || -K: ***Amts-*** || *hierzu* **In·ha·be·rin** *die*; *-, -nen*

◆**In·halt** *der*; *-(e)s, -e*; *meist Sg* **1** ***der Inhalt*** (+ *Gen*) das, was in einem Behälter ist: *Zeigen Sie mir bitte den Inhalt ihres Koffers* **2** das, was in einem Behälter / Raum Platz hat **3** das, was in einem Text, Film, Theaterstück erzählt wird ⟨den Inhalt wiedergeben, zusammenfassen⟩ || K-: ***Inhalts-, -verzeichnis*** || -K: ***Gesprächs-***

I·ni·ti·a·ti·ve [-tsi̯a'tiːvə] *die*; *-, -n* **1** *nur Sg*; der Wunsch und die Bereitschaft, eigene Ideen zu entwickeln (und zu realisieren) ⟨Initiative haben, besitzen⟩ **2** eine Anregung, die j-d gibt und durch die er etwas ändert ⟨etwas geht auf eine Initiative zurück⟩ || -K: ***Eigen-*** **3** ***auf eigene Initiative*** von sich aus, selbstständig **4** ***eine Initiative*** (***für / gegen etwas***) eine Gruppe von Menschen, die sich aktiv für ein bestimmtes Ziel einsetzen ⟨eine Initiative gründen⟩: *eine Initiative für Umweltschutz* || -K: ***Bürger-*** **5** Ⓒⓗ ≈ Volksbegehren

in·klu·si·ve [-və] *Präp*; *mit Gen*, *gespr auch Dat* ≈ einschließlich; *Abk* inkl., incl.: *Der Preis beträgt zwanzig Euro inklusive Mehrwertsteuer* || K-: ***Inklusiv-, -preis***

In·land *das*; *nur Sg*; das Gebiet, das innerhalb der Grenzen des eigenen Staates ist || K-: ***Inlands-, -flug***

◆**in·nen** *Adv*; in dem Bereich, der in einem Raum, Körper *usw* liegt: *Die Tür geht nach innen auf*

In·nen·mi·nis·ter *der*; der Minister, der für die öffentliche Ordnung, die Polizei *usw* zuständig ist || *hierzu* **In·nen·mi·nis·te·rin** *die*; *-, -nen*; **In·nen·mi·nis·te·ri·um** *das*

◆**In·nen·stadt** *die*; das Zentrum einer Stadt

◆**ịn·ne·r-**[1] *Adj; nur attr, nicht adv* **1** innen oder auf der Seite, die nach innen geht: *die innere Tasche einer Jacke* **2** j-s Gefühle und Gedanken betreffend ⟨Ruhe, Spannung⟩: *Seine innere Unruhe war ihm nicht anzusehen* **3** ***die inneren Organe*** die Organe (1), die sich im Körper befinden **4** das eigene Land betreffend ⟨Angelegenheiten, Probleme⟩ **5** als notwendiger Bestandteil in einer Sache enthalten ⟨die Ordnung, der Zusammenhang⟩

ịn·ner-[2] *im Adj; betont*; drückt aus, dass etwas innerhalb eines bestimmten Systems, einer bestimmten Organisation stattfindet; ***innerbetrieblich*** ⟨die Mitbestimmung⟩, ***innerparteilich*** ⟨die Auseinandersetzung⟩

Ịn·ne·re *das; -n; nur Sg*; der innere Bereich: *das Innere eines Hauses*

In·ne·rei·en *die; Pl*; die inneren Organe von Tieren, die man essen kann

◆**ịn·ner·halb** *Präp; mit Gen* **1** in einem bestimmten Gebiet: *Der Fußballplatz liegt innerhalb der Stadt* **2** in einem bestimmten Zeitraum: *Der Schulbus fährt nur innerhalb der Schulzeit* || Hinweis: auch als Adverb verwendet mit *von*: *innerhalb von Europa, innerhalb von zwei Jahren*

ịn·ner·lich *Adj* **1** innerhalb eines Körpers, Raumes: *ein Medikament zur innerlichen Anwendung* **2** die Seele, die Gedanken und Gefühle betreffend: *Äußerlich wirkte sie ruhig, aber innerlich war sie sehr nervös*

ịn·nert *Präp; mit Dat*; ⒸⒽ ≈ innerhalb (2)

ịn·nig *Adj* **1** mit einem tiefen, intensiven Gefühl ⟨eine Beziehung, Umarmung; j-n heiß und innig lieben⟩ **2** *meist* ***j-s inniger / innigster Wunsch*** j-s größter Wunsch || *hierzu* **Ịn·nig·keit** *die*

ịn·of·fi·zi·ell *Adj*; nicht offiziell ⟨ein Besuch, eine Feier, eine Mitteilung⟩

ịns *Präp mit Artikel* ≈ in das

Ịn·sas·se *der; -n, -n* **1** j-d, der in einem Fahrzeug sitzt: *Vier Insassen des Busses wurden bei dem Unfall schwer verletzt* **2** j-d, der in einem Heim lebt oder im Gefängnis ist || -K: ***Gefängnis-*** || *hierzu* **Ịn·sas·sin** *die; -, -nen*

Ịn·schrift *die*; etwas, das auf Stein, Holz oder Metall geschrieben ist || -K: ***Grab-***

In·sẹkt *das; -(e)s, -en*; ein kleines Tier, das keine Knochen und sechs Beine hat, *z.B.* eine Fliege, Ameise || K-: ***Insekten-, -gift, -spray, -stich***

◆**Ịn·sel** *die; -, -n*; ein Stück Land, das von Wasser umgeben ist ⟨auf einer Insel leben⟩: *Im Mittelmeer gibt es viele Inseln* || K-: ***Insel-, -staat, -volk*** || -K: ***Felsen-***

◆**ịns·ge·samt** *Adv*; so, dass alles mitgezählt oder berechnet ist: *„Ich hatte ein Bier und ein Schnitzel, was macht das insgesamt?"*

in·so·fern *Adv* **1** in dieser Hinsicht: *„Paul ist ein guter Schüler, insofern stimme ich Ihnen zu"* **2** ***insofern ... (als)*** aus dem genannten Grund: *Er hatte insofern Glück bei dem Unfall, als er sich nur die Hand gebrochen hat*

In·spẹk·tor *der; -s, In·spek·to·ren* **1** j-d, der etwas prüft und kontrolliert **2** Ⓓ ein Beamter im öffentlichen Dienst, der eine gehobene Stellung beginnt || -K: ***Polizei-*** || *hierzu* **In·spek·to·rin** *die; -, -nen*

In·stal·la·teur [-'tøːɐ̯] *der; -s, -e*; j-d, der beruflich Geräte anschließt, Leitungen und Rohre verlegt und repariert || -K: ***Elektro-, Wasser-***

in·stạnd, in Stạnd *Adv; nur in* **1** ***etwas instand setzen / bringen / ⒸⒽ stellen*** ≈ in Ordnung bringen, reparieren: *ein baufälliges Haus wieder instand setzen* **2** ***etwas instand halten*** dafür sorgen, dass etwas in einem guten Zustand bleibt **3** ***etwas ist ⟨gut⟩ instand*** etwas ist in einem guten Zustand und funktioniert: *Die alten Maschinen sind gut instand* || *zu* **1** **In·stạnd·set·zung** *die*; *zu* **2** **In·stạnd·hal·tung** *die*

In·stịnkt *der; -(e)s, -e* **1** die Art, sich zu verhalten, die schon bei der Geburt *bes* eines Tieres vorhanden ist || K-: ***Instinkt-, -handlung*** **2** ein sicheres Gefühl für die richtige Entscheidung in einer bestimmten Situation ⟨ein feiner, untrüglicher Instinkt; Instinkt beweisen⟩

in·stink·tiv [-'tiːf] *Adj*; vom Instinkt, von Gefühlen, nicht vom Verstand geleitet ⟨etwas instinktiv richtig machen⟩: *Tiere haben eine instinktive Angst vor Feuer*

◆**In·sti·tut** *das; -(e)s, -e* **1** eine Einrichtung (2), die sich mit der Lehre oder Erforschung eines Fachgebietes beschäftigt: *ein Institut für Meeresbiologie* || K-: ***Instituts-, -leiter*** || -K: ***Hochschul-*** **2** die Gebäude, in denen ein Institut (1) untergebracht ist

In·sti·tu·ti·on [-'tsi̯oːn] *die; -, -en* **1** eine Gruppe von Leuten, die zusammen eine Funktion erfüllen oder Tätigkeiten ausüben, im Auftrag des Staates, der Kirche, der Gesellschaft: *Schule und Polizei sind staatliche Institutionen; Er arbeitet bei der Caritas, einer kirchlichen Institution* **2** eine Gewohnheit, Sitte, die es schon lange gibt ⟨die Institution der Ehe, der Familie, der Taufe⟩

◆**In·stru·mẹnt** *das; -(e)s, -e* **1** ein Gegenstand, mit dem man Musik macht ⟨ein Instrument beherrschen, spielen⟩: *Er spielt* *zwei Instrumente*: *Klavier und Gitarre* || -K: ***Musik-***; ***Blas-***, ***Schlag-***, ***Streich-*** || ↑ *Abbildung unter* ***Blasinstrumente***, ***Schlaginstrumente***, ***Streichinstrumente*** **2** ein Gegenstand, mit dem Tätigkeiten ausgeführt werden ≈ Gerät ⟨ein medizinisches, technisches Instrument⟩ || K-: ***Instrumenten-***, ***-koffer*** **3** ***ein Instrument*** (+ *Gen*) ≈ Mittel: *Presse und Fernsehen sind Instrumente der Information* || -K: ***Macht-*** **4** ***ein Instrument*** (+ *Gen*) eine Person, die von j-m zu einem bestimmten Zweck benutzt wird

in·sze·nie·ren; *inszenierte, hat inszeniert*; ***etwas inszenieren*** als Regisseur ein Schauspiel im Theater vorbereiten und aufführen || *hierzu* **In·sze·nie·rung** *die*

in·takt *Adj*; *nicht adv* **1** ⟨ein technisches Gerät⟩ so, dass es funktioniert: *Der Kühlschrank ist alt, aber immer noch intakt* **2** ohne große Probleme ⟨eine Beziehung, Ehe⟩ || *hierzu* **In·takt·heit** *die*

◆ **in·tel·li·gent** *Adj*; ⟨ein Kind, eine Frage⟩ so, dass sie viel Intelligenz haben oder zeigen

In·tel·li·genz *die*; -; *nur Sg*; die Fähigkeit *bes* eines Menschen zu denken und vernünftig zu handeln || K-: ***Intelligenz-***, ***-test***

in·ten·siv [-'ziːf] *Adj* **1** mit viel Arbeit, Energie und Aufmerksamkeit verbunden: *sich intensiv auf eine Prüfung vorbereiten* **2** so, dass es sehr deutlich wahrgenommen werden kann ⟨eine Farbe, ein Schmerz⟩: *Mittags ist die Sonne am intensivsten* || *hierzu* **In·ten·si·tät** *die*

◆ **in·te·res·sant** *Adj* **1** so, dass es j-s Interesse (1) findet ⟨etwas interessant finden⟩: *ein interessantes Buch* **2** so, dass viele Leute es haben wollen ⟨ein Angebot⟩

◆ **In·te·res·se** *das*; *-s, -n* **1** *nur Sg*; ***Interesse*** (***an j-m*** / ***etwas***) der Wunsch, mehr über j-n / etwas zu wissen oder etwas zu tun ⟨großes Interesse zeigen; etwas weckt j-s Interesse⟩: *Er betrachtete die Bilder mit großem Interesse* **2** ***Interesse*** (***an etwas*** (*Dat*)) der Wunsch, etwas zu kaufen: *Bei diesem milden Wetter besteht kaum Interesse an Wintersportartikeln* **3** *nur Pl*; die Dinge, mit denen sich j-d gern beschäftigt ⟨gemeinsame Interessen⟩ || K-: ***Interessen-***, ***-gebiet*** **4** *meist Pl*; die wirtschaftlichen und politischen Ziele einer Person, Gruppe oder eines Staates ⟨j-s Interessen durchsetzen⟩: *Die Gewerkschaften vertreten die Interessen der Arbeitnehmer* || K-: ***Interessen-***, ***-gegensatz***, ***-verband***

In·te·res·sent *der*; *-en, -en* **1** ***ein Interessent*** (***für etwas***) j-d, der etwas kaufen oder mieten will: *Es haben schon viele Interessenten für die Wohnung angerufen* **2** j-d, der bei etwas mitmachen will: *Unsere Kurse haben zahlreiche Interessenten gefunden* || *hierzu* **In·te·res·sen·tin** *die*; -, *-nen*

◆ **in·te·res·sie·ren**; *interessierte, hat interessiert* **1** ***j-d*** / ***etwas interessiert j-n*** j-d / etwas ist so, dass man mehr über ihn / darüber wissen möchte: *Am meisten interessiert mich Geschichte* **2** ***j-n für etwas interessieren*** bewirken, dass j-d etwas haben möchte, an etwas teilnehmen möchte ⟨j-n für ein Projekt interessieren⟩ **3** ***sich für etwas interessieren*** etwas gern haben wollen, mehr über etwas wissen wollen, etwas gern tun wollen ⟨sich für den Preis einer Reise interessieren⟩

In·ter·jek·ti·on [-'tsi̯oːn] *die*; -, *-en*; *Ling*; ein Wort wie „oh", „pfui", „au" *usw*, das *meist* als Ausruf gebraucht wird

in·tern *Adj*; *geschr*; ⟨Angelegenheiten, eine Regelung⟩ so, dass sie nur eine bestimmte Gruppe, einen bestimmten Betrieb *o.Ä.* betreffen || -K: ***betriebs-***

In·ter·nat *das*; *-(e)s, -e*; eine Schule, in der die Schüler auch wohnen || K-: ***Internats-***, ***-schüler***

◆ **in·ter·na·ti·o·nal** *Adj*; ⟨ein Abkommen, eine Meisterschaft⟩ so, dass mehrere Nationen beteiligt sind

◆ **In·ter·net** *das*; *-s*; *nur Sg*; *EDV*; eine internationale Verbindung zwischen Computern, die den Austausch von Daten möglich macht ⟨im Internet surfen⟩

In·ter·nist *der*; *-en, -en*; ein Arzt mit einer Spezialausbildung für die Krankheiten *bes* des Herzens, des Magens und des Darms || *hierzu* **In·ter·nis·tin** *die*; -, *-nen*

in·ter·pre·tie·ren; *interpretierte, hat interpretiert* **1** ***etwas*** (***als etwas***) ***interpretieren*** j-s Verhalten, Worte in einer bestimmten Weise auffassen: *Sein Schweigen kann man als Zusage interpretieren* **2** ***etwas interpretieren*** versuchen, den tieferen Sinn von etwas zu erklären ⟨ein Gedicht, einen Gesetzestext interpretieren⟩ || *hierzu* **In·ter·pre·ta·ti·on** *die*

In·ter·punk·ti·on [-'tsi̯oːn] *die*; -; *nur Sg*; *Ling*; das Setzen von Kommas, Punkten *usw* in einem geschriebenen Text ⟨eine fehlerhafte, schlechte Interpunktion; die Regeln der Interpunktion⟩ || K-: ***Interpunktions-***, ***-fehler***

In·ter·ro·ga·tiv·pro·no·men *das*; *Ling*; ein Pronomen, das einen Fragesatz einleitet, *z.B.* „wer" oder „was" ≈ Fragewort

◆ **In·ter·view** [-vjuː] *das*; *-s, -s*; ***ein Interview mit j-m*** (***zu etwas***) ein Gespräch, das *meist* ein Journalist mit j-m führt und dann in der Zeitung oder im Fernsehen bringt ⟨ein Interview senden⟩ || K-: ***Interview-, -partner***

in·tim *Adj* **1** sehr gut, sehr eng ⟨ein Freund⟩ **2** private, persönliche Dinge betreffend ⟨ein Gespräch, ein Problem⟩ **3** ⟨eine Feier⟩ mit nur wenigen eingeladenen Gästen **4** *nur attr, nicht adv*; den Bereich des Körpers betreffend, in dem die Geschlechtsorgane sind ⟨die Hygiene⟩ || K-: ***Intim-, -pflege***

In·tu·i·ti·on [-ˈtsi̯oːn] *die*; -, *-en* **1** das Ahnen oder Verstehen von Zusammenhängen aufgrund eines Gefühls oder Instinkts **2** etwas, das man durch Intuition (1) fühlt oder weiß ⟨einer Intuition folgen⟩ || *hierzu* **in·tu·i·tiv** *Adj*

in·ves·tie·ren [-v-]; *investierte, hat investiert* **1 (*etwas*)** (***in etwas*** (*Akk*)) ***investieren*** in einer Firma Geld für neue Maschinen, neue Arbeitsplätze zur Verfügung stellen **2 *etwas* (*in j-n / etwas*) *investieren*** etwas mit einem bestimmten Ziel für j-n / etwas tun: *Sie hat sehr viel Mühe in diese Arbeit investiert*

In·ves·ti·ti·on [-ˈtsi̯oːn] *die*; -, *-en* **1** das Investieren (1) oder etwas, das man investiert (1) hat || K-: ***Investitions-, -anreiz*** **2** etwas, wofür man Geld ausgegeben hat: *Der Computer war eine gute Investition*

in·wie·fern[1] *Adv*; (*in direkten und indirekten Fragen*) fragt danach, in welcher Hinsicht etwas geschieht oder bis zu welchem Grad etwas zutrifft: *Inwiefern hat er Recht?*

in·wie·fern[2] *Konjunktion*; leitet einen Nebensatz ein, in dem ausgedrückt wird, in welcher Hinsicht etwas geschieht oder bis zu welchem Grad etwas zutrifft: *Wir müssen feststellen, inwiefern sich die Situation geändert hat*

in·wie·weit[1] *Adv* ≈ inwiefern[1]

in·wie·weit[2] *Konjunktion* ≈ inwiefern[2]

◆ **in·zwi·schen** *Adv* **1** während der Zeit, in der etwas geschieht: *Geht ruhig spazieren, ich arbeite inzwischen* **2** drückt aus, dass zwischen einem Zeitpunkt in der Vergangenheit und jetzt ein bestimmter Stand erreicht worden ist: *Ich habe vor zwei Jahren begonnen, Russisch zu lernen. Inzwischen kann ich russische Zeitungen lesen* **3** in der Zeit zwischen jetzt und einem Ereignis in der Zukunft: *Morgen gebe ich ein großes Fest. Inzwischen habe ich noch viel zu tun*

◆ **ir·gend·ein**, *irgendeine, irgendein*; *Indefinitpronomen* **1** eine Person oder Sache, die man nicht (genauer) kennt: *Irgendeine Frau hat angerufen* **2** eine beliebige Person oder Sache: *Für den Urlaub kaufe ich mir irgendein Buch*

◆ **ir·gend·et·was** *Indefinitpronomen* ≈ etwas[1] (1)

◆ **ir·gend·wann** *Adv*; zu einer Zeit, die man noch nicht kennt: *Er möchte irgendwann nach Indien reisen*

◆ **ir·gend·was** *Indefinitpronomen*; *gespr* ≈ irgendetwas

◆ **ir·gend·wie** *Adv* **1** auf irgendeine Weise: *Irgendwie werden wir es schon schaffen* **2** *gespr* ≈ in gewisser Hinsicht: *Irgendwie hast du schon Recht*

◆ **ir·gend·wo** *Adv*; an irgendeinem Ort: *Wir werden irgendwo am Meer Urlaub machen*

ir·gend·wo·her *Adv*; von irgendeinem Ort

◆ **ir·gend·wo·hin** *Adv*; an irgendeinen Ort: *Ich möchte irgendwohin, wo nie Winter ist*

I·ro·nie *die*; -; *nur Sg*; eine Art zu sprechen, bei der man bewusst das Gegenteil von dem sagt, was man meint ⟨mit feiner, bitterer Ironie⟩ || *hierzu* **i·ro·ni·sie·ren** (*hat*)

i·ro·nisch *Adj*; voller Ironie ⟨ein Lächeln, eine Bemerkung⟩

irr *Adj*; geistig krank, verrückt

Ir·re[1] *der / die*; *-n, -n*; *gespr, oft pej*; j-d, der geistig krank ist

Ir·re[2] *die*; -; *nur Sg*; *nur in* **in die Irre** so, dass man einem falschen Weg folgt ⟨j-n in die Irre führen, locken⟩

◆ **ir·ren**[1]; *irrte, hat geirrt* **1 *sich*** (***mit / in etwas*** (*Dat*)) ***irren*** etwas Falsches für echt oder wahr halten: *sich in der Richtung irren* || K-: ***Irr-, -glaube*** **2 *sich in j-m irren*** einen falschen Eindruck von j-m haben

◆ **ir·ren**[2]; *irrte, ist geirrt*; ***irgendwohin irren*** in einem Gebiet von einem Punkt zum anderen gehen oder fahren, ohne das Ziel oder den richtigen Weg zu finden: *durch den Wald irren* || K-: ***Irr-, -fahrt***

Irr·tum *der*; *-s, Irr·tü·mer* **1** ein Fehler, der dadurch entsteht, dass man sich nicht richtig konzentriert, informiert ⟨ein bedauerlicher Irrtum; einem Irrtum erliegen; ein Irrtum liegt vor⟩: *Diese Annahme beruht auf einem Irrtum* **2 *im Irrtum sein / sich im Irrtum befinden*** sich irren[1] **3 *sich über j-n / etwas im Irrtum befinden*** *geschr*; einen falschen Eindruck von j-m / etwas haben

irr·tüm·lich *Adj*; so, dass es einen Irrtum enthält ⟨eine Annahme⟩ || *hierzu* **irr·tüm·li·cher·wei·se** *Adv*

Is·lam *der*; -(*s*); *nur Sg*; der Glaube, der auf der Lehre Mohammeds beruht || *hierzu* **is·la·misch** *Adj*

I·so·la·ti·on [-ˈt̮si̯oːn] *die*; -, *-en*; *meist Sg* **1** das Isolieren (1): *die Isolation elektrischer Leitungen* **2** das Material, mit dem etwas gegen Strom, Hitze *usw* isoliert (1) ist: *Die Isolation des Kabels war defekt* **3** der Zustand, bei dem man mit anderen keinen Kontakt hat: *die Isolation in der Großstadt* **4** das Isolieren (2): *die Isolation von Cholerakranken*

i·so·lie·ren; *isolierte, hat isoliert* **1** ***etwas isolieren*** etwas an seiner äußeren Seite mit einer Schicht eines Materials bedecken, um es oder seine Umgebung vor Strom, Hitze, Lärm *o.Ä.* zu schützen ⟨Leitungen, Rohre, Wände isolieren⟩ || K-: ***Isolier-, -glas*** **2** ***j-n*** (***von j-m / etwas***) ***isolieren*** verhindern, dass j-d Kontakt mit anderen bekommt ⟨einen Häftling, Kranke isolieren⟩ || K-: ***Isolier-, -station*** **3** ***etwas isoliert*** etwas schützt gegen Strom, Hitze, Lärm *o.Ä*

isst ↑ ***essen***

ist ↑ ***sein***[1]

J

J, j [jɔt], Ⓐ [jeː] *das*; -, - / *gespr auch -s*; der zehnte Buchstabe des Alphabets

◆ **ja** *Partikel* **1** gibt die Antwort (auf eine Frage), mit der man sagt, dass etwas richtig oder wahr oder tatsächlich so ist: *„Bist du müde?" - „Ja"; „Ist New York Sitz der UNO?" - „Ja"* **2** gibt die Zustimmung zu einem Vorschlag: *„Hast du Lust baden zu gehen?" - „Ja, gern"* **3** drückt aus, dass man zuhört: *„Ja, … ja, ich verstehe, …"* **4** ***ja?*** drückt aus, dass man darüber erstaunt ist, was der andere sagt, oder dass man es nicht ganz glaubt: *„Der Fisch war zwei Meter lang!" - „Ja?"* **5** …, ***ja?*** verwendet am Ende des Satzes, wenn man Zustimmung erwartet: *Du hilfst mir doch, ja?* **6** ***ja*** (***sogar***) betont, dass der folgende Teil des Satzes ebenfalls richtig ist: *Mein Sohn liebt Fußball über alles, ja er ist (sogar) ganz verrückt danach* **7** verwendet im Aussagesatz, um einem Teil der Aussage zuzustimmen, aber gleichzeitig eine Einschränkung dazu zu machen: *Ich kann es ja versuchen, aber ich glaube nicht, dass es geht* **8** in Aussagesätzen; drückt aus, dass etwas bekannt ist oder dass man Zustimmung erwartet: *Mach dir keine Sorgen, du hast ja noch genug Zeit* **9** drückt Erstaunen über etwas aus: *Du bist ja ganz nass!* **10** verstärkt eine Aufforderung und spricht gleichzeitig eine Warnung aus: *Mach das ja nicht noch mal!*

Ja (*das*); -(*s*), -(*s*); die Antwort „ja" oder eine Zustimmung ⟨bei seinem Ja bleiben⟩

Jacht *die*; -, *-en*; ein leichtes, schnelles Schiff, das man zum Sport oder Vergnügen benutzt || K-: ***Jacht-, -hafen*** || -K: ***Segel-***

◆ **Ja·cke** *die*; -, *-n*; ein Kleidungsstück für den Oberkörper, das vorne offen ist und geschlossen werden kann || K-: ***Jacken-, -tasche*** || -K: ***Damen-, Strick-***

Ja·ckett [ʒa-, ʃa-] *das*; *-s, -s*; eine Jacke, die Teil eines Anzugs oder Kostüms ist

Jagd *die*; -; *nur Sg* **1** ***die Jagd*** (***auf ein Tier***) das Jagen (1) ⟨Jagd auf ein Tier machen⟩ || K-: ***Jagd-, -gewehr*** || -K: ***Fuchs-*** **2** ***die Jagd auf j-n*** das Jagen oder Verfolgen von j-m: *Jagd auf Terroristen machen* || -K: ***Verbrecher-*** **3** ein Gebiet, in dem man jagen (1) kann || K-: ***Jagd-, -hütte, -schloss*** **4** ***auf die / zur Jagd gehen*** Tiere jagen (1)

ja·gen; *jagte, hat gejagt* **1** (***ein Tier***) ***jagen*** Tiere verfolgen, um sie zu fangen oder zu töten ⟨Hasen jagen; jagen gehen⟩ **2** ***j-n jagen*** j-n verfolgen, *bes* um ihn gefangen zu nehmen ⟨Verbrecher jagen⟩

Jä·ger *der*; *-s*, -; j-d, der Tiere jagt || *hierzu* **Jä·ge·rin** *die*; -, *-nen*

Ja·gu·ar [ˈjaːguaːɐ̯] *der*; *-s, -e*; eine große Raubkatze mit schwarzen Kreisen und Flecken auf dem Fell || ↑ *Abbildung unter* ***Raubkatzen***

jäh *Adj*; *meist attr*; *geschr* **1** plötzlich und so, dass man es nicht erwartet (und *meist* heftig) ⟨eine Bewegung, ein Schmerz, ein Windstoß, ein jähes Ende nehmen⟩ **2** sehr steil ⟨ein Abgrund⟩

Jahr *das*; *-(e)s, -e* **1** die Zeit vom 1. Januar bis 31. Dezember ⟨letztes, nächstes Jahr⟩: *im Jahr 1839* || K-: ***Jahres-, -anfang,***

-wechsel **2** ein Zeitraum von ungefähr 365 Tagen, den man von einem beliebigen Zeitpunkt an zählt: *Heute vor zwei Jahren haben wir uns kennen gelernt* || ID ***in den besten Jahren*** im Alter von ungefähr 30 bis zu 50 Jahren

jah·re·lang *Adj*; *nur attr oder adv*; so, dass etwas mehrere oder viele Jahre dauert: *Wir haben jahrelang gespart, um uns dieses Auto kaufen zu können*

◆ **Jah·res·zeit** *die*; einer der vier Teile des Jahres, die sich *bes* durch das Wetter voneinander unterscheiden (Frühling, Sommer *usw*) ⟨die kalte, warme Jahreszeit⟩ || ↑ *Illustration* **Die Zeit** || *hierzu* **jah·res·zeit·lich** *Adj*

Jahr·gang *der* **1** alle Menschen, die im selben Jahr geboren sind: *Der Jahrgang 1994 kam 2000 in die Schule* **2** das Jahr, in dem j-d geboren ist: *Wir sind beide Jahrgang '70*; *Er ist mein Jahrgang*

J

Jahr·hun·dert *das*; *-s, -e*; ein Zeitraum von 100 Jahren; *Abk* Jh.; ⟨im nächsten, vorigen Jahrhundert⟩: *das 3. Jahrhundert* (*vor, nach Christi Geburt*) || K-: ***jahrhunderte-, -lang***

jähr·lich *Adj*; *nur attr oder adv*; **1** so, dass etwas jedes Jahr stattfindet, vorkommt: *eine jährliche Veranstaltung* **2** in Bezug auf ein Jahr: *ein jährliches Einkommen von 40 000 Euro*

Jahr·zehnt *das*; *-s, -e*; ein Zeitraum von zehn Jahren

jäh·zor·nig *Adj*; ⟨Menschen⟩ so, dass sie plötzlich sehr wütend werden || *hierzu* **Jäh·zorn** *der*

jäm·mer·lich *Adj* **1** in einem Zustand, der Mitleid oder Verachtung hervorruft: *Du bist ein jämmerlicher Feigling!* **2** ⟨Geschrei, Weinen⟩ so, dass es großen Kummer ausdrückt **3** *nur adv*; verstärkt ein Verb oder Adjektiv, das etwas Negatives ausdrückt ⟨jämmerlich frieren⟩ || *zu* **1** und **2** **Jäm·mer·lich·keit** *die*

jam·mern; *jammerte, hat gejammert* **1** (***über j-n / etwas***) ***jammern*** (*meist* mit vielen Worten und in klagendem Ton) Sorgen oder Schmerzen äußern: *Sie jammerte* (darüber), dass *sie kein Geld hatte* **2** eine Aussage machen, in der man über etwas klagt: „ *Ich bin so einsam!*“, *jammerte er*

◆ **Jän·ner** *der*; *-s, -*; *meist Sg*; Ⓐ ≈ Januar

◆ **Ja·nu·ar** *der*; *-s, -e*; *meist Sg*; der erste Monat des Jahres ⟨Anfang, Ende Januar⟩

jä·ten; *jätete, hat gejätet*; (***etwas***) ***jäten*** kleine Pflanzen, die als störend empfunden werden, aus der Erde ziehen ⟨Unkraut jäten⟩

jau·len; *jaulte, hat gejault*; lange, laute Töne von sich geben, die traurig klingen ⟨Hunde⟩

Jau·se *die*; *-, -n*; Ⓐ ≈ Imbiss, Snack || K-: ***Jausen-, -brot*** || *hierzu* **jau·sen** (*hat*)

◆ **Jazz** [dʒɛs] *der*; *-*; *nur Sg*; eine Art der modernen Musik, die aus der Musik der schwarzen Bevölkerung Nordamerikas entstanden ist || K-: ***Jazz-, -band, -sänger***

ja·wohl *Partikel*; *betont* **1** verwendet, um Zustimmung energisch auszudrücken ≈ ja (1,2) **2** verwendet, um auszudrücken, dass man einen Befehl befolgen wird

je[1] *Adv* **1** zu irgendeinem Zeitpunkt in der Vergangenheit bis jetzt oder in der Zukunft: *Das ist das Schönste, was ich je gehört habe*; *Wirst du dich je ändern?* **2** nennt die Zahl von Personen / Sachen, die auf jede Person / Sache kommt: *Die Prüflinge bekommen je drei Fragen gestellt* **3** ***je nach etwas*** nennt die Bedingung, von der eine Auswahl oder Entscheidung abhängt: *Je nach Saison gibt es Erdbeer- oder Apfelkuchen*

◆ **je**[2] *Konjunktion* **1** ***je*** + *Komparativ* … + ***desto / umso*** + *Komparativ* drückt aus, dass etwas in Abhängigkeit von etwas anderem größer oder kleiner, mehr oder weniger wird: *Je mehr er aß, umso dicker wurde er* **2** ***je nachdem*** + ***ob / wie / wie viel*** *o.Ä.* nennt die Bedingung, von der eine Entscheidung abhängt: *Sie kommt um zehn oder elf Uhr, je nachdem, welchen Zug sie nimmt*

◆ **Jeans** [dʒiːnz] *die*; *-, -*; eine *meist* blaue Hose aus festem Baumwollstoff

◆ **je·den·falls** *Partikel*; *unbetont* **1** drückt aus, dass etwas unabhängig von den Bedingungen geschieht oder getan wird: *Meinst du, es wird regnen? Ich nehme jedenfalls einen Schirm mit* **2** schränkt eine Aussage so ein, dass sie nur für die genannte Bedingung gilt: *Wir hatten tolles Wetter im Urlaub, jedenfalls am Anfang*

◆ **je·der**, *jede, jedes*; *Indefinitpronomen* **1** verwendet, um alle einzelnen Mitglieder einer Gruppe zu bezeichnen (oder alle einzelnen Teile einer Menge), oder um sich auf sie zu beziehen: *Ich lese jedes Buch, das sie schreibt* || Hinweis: *jeder* verwendet man wie ein Adjektiv (*jeden Tag*) oder wie ein Substantiv (*Das kann jeder sagen!*) **2** ≈ jeglicher

je·der·mann *Indefinitpronomen* **1** ***etwas ist nicht jedermanns Sache / Geschmack*** *gespr*; nicht alle Menschen finden die genannte Sache gut oder angenehm: *Früh aufstehen ist nicht jedermanns*

Sache **2** *veraltend*; jeder, jede Person: *wie jedermann weiß* || Hinweis: *jedermann* wird wie ein Substantiv verwendet

je·der·zeit *Adv* **1** ≈ immer: *Sie können sich jederzeit an mich wenden* **2** drückt aus, dass man sehr bald mit etwas rechnen muss: *Die Lawine kann jederzeit herunterkommen*

◆**je·doch** *Adv*; drückt aus, dass die genannte Handlung keinen oder nur wenig Erfolg hatte: *Ich wollte sie anrufen, sie war jedoch nicht zu Hause*; *Die Polizei suchte ihn überall, fand ihn jedoch nicht*

jeg·li·cher, *jegliche, jegliches*; *Indefinitpronomen*; verstärkt *jede(r/s)*: *Ihr fehlt jeglicher Ehrgeiz*

je·her ['je:he:ɐ] *nur in* ***seit / von jeher*** seit man sich erinnern kann, schon immer: *Wir kennen uns schon seit jeher*

je·mals *Adv*; zu irgendeinem Zeitpunkt bis jetzt ≈ je[1] (1): *Hast du schon jemals so etwas Schönes gesehen?*

◆**je·mand** *Indefinitpronomen*; bezeichnet eine nicht näher genannte Person: *Jemand muss doch wissen, wo Karin ist* || Hinweis: *jemand* wird wie ein Substantiv verwendet

◆**je·ner**, *jene, jenes*; *Demonstrativpronomen* **1** weist auf eine Person oder Sache hin, die bereits erwähnt worden ist: *Es war der 6. Juli. An jenem Abend beschlossen sie zu heiraten* **2** weist auf eine Person oder Sache hin, die vom Standpunkt des Sprechers weiter entfernt ist: *Jenes Bild, das Sie dort sehen, ist von van Gogh* **3** verwendet wie ein Substantiv, um sich auf die zweite von zwei vorher erwähnten Personen zu beziehen: *Frau Günter und Frau Bauer waren auch da. Jene* (= Frau Bauer) *ist Redakteurin bei einer Zeitung*

jen·seits *Präp*; *mit Gen* **1** auf der Seite der genannten Sache, die vom Standpunkt des Sprechers weiter entfernt ist ⟨jenseits des Flusses⟩ **2** so, dass etwas nicht mehr in dem Bereich des Genannten ist: *jenseits des Gesetzes*

Jen·seits *das*; -; *nur Sg*; (*bes* im Christentum) der Bereich, der außerhalb dieser Welt liegt und in den man kommt, wenn man stirbt

jet·zi·g- *Adj*; *nur attr, nicht adv* ≈ momentan, gegenwärtig: *ihr jetziger Freund*

◆**jetzt** *Adv* **1** genau zu dem Zeitpunkt, zu dem man spricht: *Ich habe jetzt leider keine Zeit* **2** im Zeitraum der Gegenwart: *Silberfarbene Autos sind jetzt groß in Mode* **3** bezeichnet einen Zeitpunkt der Vergangenheit: *Sie hatte jetzt alles, was sie wollte*

je·wei·li·g- *Adj*; *nur attr, nicht adv*; in einer bestimmten Situation gerade vorhanden: *sich den jeweiligen Umständen anpassen*

◆**je·weils** *Adv* **1** ≈ je[1] (2): *Für die Testfragen gibt es jeweils vier Punkte* **2** jedes Mal, immer: *Die Miete ist jeweils am Monatsersten zu zahlen*

◆**Job** [dʒɔp] *der*; *-s, -s*; *gespr* **1** eine Arbeit, mit der man für relativ kurze Zeit Geld verdient: *Im Sommer hat er einen Job als Kellner* || K-: ***Job-, -vermittlung*** || -K: ***Ferien-*** **2** ≈ Arbeitsstelle ⟨seinen Job verlieren⟩ **3** ≈ Beruf: *In meinem Job muss man hart arbeiten*

Jod *das*; *-(e)s*; *nur Sg*; ein chemisches Element, mit dem man *bes* offene Wunden behandelt; *Chem* J || K-: ***Jod-, -tinktur***

jo·deln; *jodelte, hat gejodelt*; in schnellem Wechsel von sehr hohen und tiefen Tönen einzelne Silben singen (wie es *bes* in den Alpen typisch ist)

jog·gen ['dʒɔgn̩]; *joggte, hat / ist gejoggt*; (um fit zu bleiben) in einem gleichmäßigen Tempo ziemlich lange Strecken laufen || *hierzu* **Jog·ger** *der*; **Jog·ge·rin** *die*; -, *-nen*

◆**Jog·ging** ['dʒɔgɪŋ] *das*; *-s*; *nur Sg*; der Sport des Joggens || K-: ***Jogging-, -hose***

Jo·ghurt, **Jo·gurt** ['jo:gʊrt] *der, bes* Ⓐ *das*; *-(s), -s*; ein Produkt aus Milch, das durch Bakterien leicht sauer und dick geworden ist || K-: ***Joghurt-, -becher*** || -K: ***Kirsch-***

Jo·han·nis·bee·re *die* **1** ein Strauch, an dem rote, weiße oder schwarze Beeren in kleinen Trauben wachsen || K-: ***Johannisbeer-, -strauch*** **2** *meist Pl*; die Beeren dieses Strauchs || K-: ***Johannisbeer-, -marmelade***

jon·glie·ren [ʒɔŋ'(g)li:rən]; *jonglierte, hat jongliert* **1** ***(mit etwas) jonglieren*** mehrere Gegenstände schnell hintereinander in die Luft werfen und wieder auffangen ⟨mit Bällen jonglieren⟩ **2** ***mit etwas jonglieren*** mit Worten oder Zahlen sehr geschickt umgehen

Jour·nal [ʒʊr-] *das*; *-s, -e* **1** eine Zeitschrift mit Bildern, die der Unterhaltung und Information dient || -K: ***Mode-*** **2** eine Sendung im Radio oder Fernsehen mit längeren Berichten zu verschiedenen Themen

◆**Jour·na·list** [ʒʊr-] *der*; *-en, -en*; j-d, der Berichte *usw* für Zeitungen, Fernsehen oder Rundfunk macht || -K: ***Fernseh-, Sport-*** || *hierzu* **Jour·na·lis·tin** *die*; -, *-nen*

ju·beln; *jubelte, hat gejubelt*; ***(über etwas*** *(Akk)*) ***jubeln*** seine Freude über etwas laut zeigen: *Der Torschütze jubelte über seinen Treffer*

Ju·bi·lä·um *das*; *-s, Ju·bi·lä·en*; ein Tag, an dem man ein Ereignis feiert, das vor einer

J

bestimmten Zahl von Jahren stattgefunden hat ⟨ein Jubiläum begehen⟩ || K-: ***Jubiläums-, -tag*** || -K: ***Dienst-***

jụ·cken; *juckte, hat gejuckt* **1** ***etwas juckt*** **(*j-n*)** von einer Stelle der Haut geht ein unangenehmes Gefühl aus, auf das man mit Kratzen reagiert: *Die Mückenstiche juckten ihn; Mein Fuß juckt* || K-: ***Juck-, -reiz*** **2** ***etwas juckt*** **(*j-n*)** etwas verursacht bei j-m dieses unangenehme Gefühl ⟨eine Narbe, ein Pullover, ein Schal, ein Stich⟩ **3** ***etwas juckt j-n nicht*** *gespr*; etwas bewirkt bei j-m kein Interesse, keine Sorge **4** ***j-n juckt es an etwas*** (*Dat*) / ***irgendwo*** etwas juckt (1) j-n: *Es juckt mich am Kopf* **5** ***es juckt j-n + zu +*** *Infinitiv gespr*; etwas ist so interessant, dass es j-d gern tun würde: *Es juckt mich schon lange, Surfen zu lernen*

Ju̲·de *der; -n, -n*; j-d, der zu der Religion gehört, die das Alte Testament der Bibel als wichtigste Grundlage hat: *Viele Juden leben heute in Israel* || *hierzu* **Jü̲·din** *die; -, -nen*; **jü̲·disch** *Adj*

◆ **Ju̲·den·tum** *das; -s; nur Sg* **1** alle Juden **2** die Religion und Kultur der Juden

Ju̲·den·ver·fol·gung *die*; Handlungen gegen die Rechte, den Besitz und das Leben der Juden (*meist* aus rassistischen Gründen), *bes* während der Zeit des Nationalsozialismus in Deutschland

◆ **Ju̲·gend** *die; -; nur Sg* **1** die Zeit des Lebens, in der man kein Kind mehr, aber noch kein Erwachsener ist: *In ihrer Jugend war sie sehr sportlich* || K-: ***Jugend-, -traum, -zeit*** **2** junge Menschen dieses Alters ⟨die Jugend von heute⟩ || K-: ***Jugend-, -arbeitslosigkeit, -buch, -kriminalität*** || -K: ***Dorf-***

ju̲·gend·lich *Adj* **1** im Alter von Jugendlichen **2** von einer Art, die für junge Menschen typisch ist ⟨Leichtsinn⟩ || *hierzu* **Ju̲·gend·lich·keit** *die*

◆ **Ju̲·gend·li·che** *der / die; -n, -n*; j-d, der kein Kind mehr, aber noch kein Erwachsener ist

Ju̲·li *der; -(s), -s; meist Sg*; der siebte Monat des Jahres ⟨Anfang Juli; am 3. Juli⟩

◆ **jụng**, *jünger, jüngst-; Adj* **1** ⟨ein Mensch, Tier, eine Pflanze⟩ so, dass sie erst seit relativ kurzer Zeit leben: *Junge Hunde nennt man Welpen* || K-: ***Jung-, -vogel*** **2** (in Bezug auf ein Ding oder einen Zustand) so, dass sie erst seit relativ kurzer Zeit bestehen: *Sie sind jung verheiratet – die Hochzeit war erst vor zwei Wochen* **3** ⟨Personen⟩ so, dass sie Eigenschaften haben, die für junge (1) Menschen typisch sind: *Ich fühle mich jung und beschwingt!* **4** ***in jüngster Zeit*** seit kurzer Zeit

◆ **Jụn·ge**[1] *der; -n, -n* ein Kind oder Jugendlicher männlichen Geschlechts || K-: ***Jungen-, -schule*** || *hierzu* **jụn·gen·haft** *Adj*

◆ **Jụn·ge**[2] *das; -n, -n*; ein sehr junges Tier: *Unsere Katze kriegt Junge* || -K: ***Löwen-***

Jụn·ge[3] *der / die; -n, -n; meist Pl*; ein junger Mensch

Jün·ger ['jʏŋɐ] *der; -s, -*; **1** *Rel*; einer der zwölf Männer, die Jesus Christus folgten **2** ***ein Jünger*** + *Gen geschr*; ein Anhänger einer bestimmten Lehre oder eines Lehrers: *ein Jünger Platons*

Jụng·frau *die* **1** ein Mädchen, eine Frau ohne sexuelle Erfahrung **2** *nur Sg*; das Sternzeichen für die Zeit vom 24. August bis 23. September

Jụng·ge·sel·le *der; -n, -n*; ein Mann, der nicht verheiratet ist || K-: ***Junggesellen-, -wohnung***

Ju̲·ni *der; -(s), -s; meist Sg*; der sechste Monat des Jahres; *Abk* Jun. ⟨Ende Juni; am 1. Juni⟩

Ju̲·ni·or *der; -s, Ju·ni·o̲·ren* **1** *nur Sg*; (in einer Firma) der Sohn des Besitzers oder der jüngere Partner **2** *meist Sg; hum*; verwendet als Bezeichnung für den jüngsten oder einzigen Sohn einer Familie: *Unser Junior kommt dieses Jahr in die Schule* **3** *meist Pl*; *Sport*; ein junger Sportler (*meist* zwischen 18 und 21 Jahren) || K-: ***Junioren-, -meister*** || *zu* **1** und **3** **Ju·ni·o̲·rin** *die; -, -nen*

◆ **Jupe** [ʒyːp] *die; -, -s / auch der; -s, -s*; (CH) ≈ (Damen)Rock

Ju̲·pi·ter *der; -s; nur Sg*; der fünfte und größte Planet unseres Sonnensystems

Ju̲·ra *ohne Artikel*; die Wissenschaft, die sich mit Gesetz und Recht beschäftigt ⟨Jura studieren⟩ || K-: ***Jura-, -student***

Ju·rịst *der; -en, -en*; j-d, der Jura studiert hat und auf diesem Gebiet arbeitet, *z.B.* als Rechtsanwalt oder Richter || *hierzu* **Ju·rịs·tin** *die; -, -nen*

Jus·ti̲z *die; -; nur Sg* **1** der Teil der staatlichen Verwaltung, der die geltenden Gesetze anwendet und durchsetzt || K-: ***Justiz-, -minister*** || -K: ***Zivil-*** **2** eine Behörde, die für die Justiz (1) verantwortlich ist ⟨j-n der Justiz übergeben⟩ || K-: ***Justiz-, -beamte(r)***

Ju·we̲l *das / der; -s, -en*; ein sehr wertvoller Edelstein || K-: ***Juwelen-, -raub***

Ju·we·li̲e̲r *der; -s, -e*; j-d, der beruflich Schmuck herstellt oder verkauft || K-: ***Juwelier-, -geschäft***

Jụx *der; -es; nur Sg; gespr* ≈ Spaß, Scherz ⟨einen Jux machen; etwas aus Jux sagen, tun⟩

K

K, k [kaː] *das*; -, - / *gespr auch -s*; der elfte Buchstabe des Alphabets

Ka·ba·rett [kaba'rɛt, -'reː, 'kabarɛt, -re] *das*; *-s, -s*; eine Art Theater, das *bes* politische und aktuelle Ereignisse auf witzige Art kritisiert || *hierzu* **Ka·ba·ret·tịst** *der*; **Ka·ba·ret·tịs·tin** *die*; -, *-nen*; **ka·ba·ret·tịs·tisch** *Adj*

Ka̱·bel *das*; *-s*, -; **1** eine Art dicke Schnur aus langen Drähten und einer Schicht aus Plastik ⟨ein elektrisches Kabel; ein Kabel verlegen⟩ || K-: ***Kabel-, -rolle*** || -K: ***Strom-, Telefon-*** **2** ein dickes Seil aus starken Drähten

◆ **Ka·bi̱·ne** *die*; -, *-n* **1** ein kleiner Raum, der *z.B.* durch einen Vorhang von anderen Räumen abgetrennt ist: *Sie können das Kleid in der Kabine anprobieren* || -K: ***Umkleide-*** **2** ein Raum auf einem Schiff, in dem die Passagiere schlafen

Ka·bi·nẹtt *das*; *-s, -e*; alle Minister einer Regierung ⟨ein Kabinett einberufen, auflösen⟩ || K-: ***Kabinetts-, -mitglied***

Kạ·chel *die*; -, *-n*; eine dünne, harte (*meist* viereckige) Platte, die man *bes* auf Wände, Böden (*z.B.* im Bad) klebt

Kä̱·fer *der*; *-s*, -; ein Insekt, das in vielen Arten vorkommt ⟨ein Käfer summt / brummt⟩: *Viele Käfer können fliegen und ihre Flügel durch Schalen schützen* || -K: ***Kartoffel-***

◆ **Kạf·fee** *der*; *-s, -s* **1** *nur Sg*; ein dunkelbraunes, *meist* heißes Getränk aus gemahlenen Bohnen und kochendem Wasser, das etwas bitter schmeckt und anregend wirkt ⟨starker Kaffee; Kaffee kochen⟩: *„Nehmen Sie Ihren Kaffee mit Milch und Zucker?" - „Nein, schwarz"* || K-: ***Kaffee-, -pulver***; ***-tasse*** **2** die Bohnen, aus denen man Kaffee macht ⟨Kaffee mahlen⟩ **3** *nur Sg*; eine Pflanze, aus deren Samen man Kaffee macht ⟨Kaffee ernten⟩ || K-: ***Kaffee-, -plantage*** **4** *nur Sg*; eine kleine Mahlzeit am Nachmittag ⟨Kaffee und Kuchen⟩

Kä̱·fig *der*; *-s, -e*; ein Raum oder Kasten mit Gittern oder Draht, in dem Tiere gehalten werden: *Der Tiger ist aus seinem Käfig ausgebrochen* || -K: ***Löwen-, Hamster-*** || K-: ***Käfig-, -tür***

ka̱hl, *kahler, kahlst-*; *Adj* **1** (fast) ohne Haare **2** ohne Blätter ⟨ein Baum⟩ **3** ohne Bäume und Sträucher ⟨ein Berg⟩ **4** ohne Bilder, Möbel ⟨eine Wand⟩ || *hierzu* **Ka̱hl·heit** *die*

Ka̱hn *der*; *-(e)s, Käh·ne*; ein kleines, offenes Boot zum Rudern || K-: ***Kahn-, -fahrt***

Ka̱i *der*; *-s, -s*; das Ufer im Hafen, an dessen Mauer die Schiffe liegen ⟨ein Schiff liegt am Kai⟩ || K-: ***Kai-, -mauer***

Ka̱i·ser *der*; *-s*, -; **1** der oberste Herrscher in einer Monarchie (über einem König) || K-: ***Kaiser-, -krone*** **2** *nur Sg*; der Titel des Kaisers ⟨j-n zum Kaiser krönen⟩ || *hierzu* **Ka̱i·se·rin** *die*; -, *-nen*; **Ka̱i·ser·tum** *das*; **ka̱i·ser·lich** *Adj*

Ka·kao [ka'kau̯] *der*; *-s*; *nur Sg* **1** ein braunes Pulver, aus dem man Schokolade macht || K-: ***Kakao-, -pulver*** **2** die Pflanze, an der Kakaosamen wachsen || K-: ***Kakao-, -plantage*** **3** ein Getränk aus Milch, Kakao und Zucker ⟨eine Tasse Kakao⟩

Kạk·tus *der*; - / *-ses, Kak·te·en* [-'teːən]; eine Pflanze mit dicken Blättern und vielen Stacheln, die *meist* in trockenen Regionen wächst || K-: ***Kakteen-, -zucht*** || -K: ***Zimmer-***

Kạlb *das*; *-(e)s, Käl·ber* **1** ein junges Rind || K-: ***Kalb-, -fleisch***; ***Kalbs-, -braten*** **2** das Junge[2] einiger Säugetiere || -K: ***Elefanten-***

◆ **Ka·lẹn·der** *der*; *-s*, -; *meist* ein Blatt, Heft oder Buch, auf denen alle Tage, Wochen und Monate eines Jahres dargestellt sind: *Termine in den Kalender schreiben* || -K: ***Termin-***

Ka·li̱·ber *das*; *-s*, -; der Durchmesser von Gewehr- oder Pistolenkugeln: *eine Kugel vom Kaliber 32*

Kạlk *der*; *-(e)s*; *nur Sg*; ein weißes Pulver, mit dem man *bes* beim Bauen die Mauern mit einer weißen Schicht bedeckt || *hierzu* **kạl·kig** *Adj*

Ka·lo·ri̱e *die*; -, *-n* [-'riːən]; *meist Pl*; eine Einheit, die angibt, wie viel Energie ein Nahrungsmittel im Körper erzeugt; *Zei-*

chen cal: *Schokolade hat viele Kalorien* || K-: ***Kalorien-, -gehalt***

◆ **kạlt**, *kälter, kältest-*; *Adj* **1** von niedriger Temperatur ⟨eisig kalt⟩: *Das Wetter: kalt mit weiteren Schneefällen* || -K: ***bitter-*** **2** ⟨Essen⟩ so, dass es nicht (mehr) warm ist: *Abends essen wir immer kalt* **3** ohne Freundlichkeit und Gefühl ⟨ein Lächeln⟩ **4** ⟨Farben⟩ so, dass sie unangenehm wirken **5** ***j-m ist kalt*** j-d friert

kạlt·blü·tig *Adj* **1** *pej*; so, dass man bei etwas Bösem kein schlechtes Gewissen hat ⟨j-n kaltblütig ermorden⟩ **2** in einer gefährlichen Situation fähig, ruhig zu bleiben: *der Gefahr kaltblütig ins Auge sehen* || *hierzu* **Kạlt·blü·tig·keit** *die*

◆ **Kạ̈l·te** *die*; -; *nur Sg* **1** die niedrige Temperatur (der Luft, des Wassers), die man als unangenehm empfindet ⟨vor Kälte zittern⟩: *Bei dieser Kälte brauchst du unbedingt Schal und Mütze* **2** Temperaturen unter 0 Grad Celsius: *20 Grad Kälte* (= -20°) **3** das Fehlen jeglichen Mitgefühls für andere: *In seinen Worten lag eine eisige Kälte*

kam ↑ ***kommen***

Ka·mel *das*; *-s, -e*; ein großes Tier (mit zwei Buckeln), das in der Wüste lebt und über weite Entfernungen Lasten tragen kann || -K: ***Last-***

◆ **Kạ·me·ra** *die*; *-, -s* **1** ein Apparat zum Filmen ⟨die Kamera läuft⟩ || K-: ***Kamera-, -team*** || -K: ***Film-*** **2** ≈ Fotoapparat: *einen Film in die Kamera einlegen*

Ka·me·rad *der*; *-en, -en*; ein Freund *meist* eines Jungen || -K: ***Klassen-, Spiel-*** || *hierzu* **Ka·me·ra·din** *die*; *-, -nen*

Ka·mil·le *die*; *-, -n*; *meist Sg*; eine Pflanze, deren Blüten man als Tee bei Entzündungen und Magenproblemen verwendet || K-: ***Kamillen-, -tee***

Ka·min *der*; *-s, -e* **1** eine Art offener Ofen in der Wand eines Zimmers ⟨am Kamin sitzen⟩: *Im Kamin prasselt ein Feuer* || K-: ***Kamin-, -feuer*** **2** *bes südd* Ⓐ Ⓒⓗ ≈ Schornstein

Kạmm[1] *der*; *-(e)s, Käm·me*; ein flacher Gegenstand, mit dem man die Haare frisiert: *Sie fuhr sich mit dem Kamm durch die Haare*

Kạmm[2] *der*; *-(e)s, Käm·me* **1** der oberste Teil eines Gebirges || -K: ***Berg-*** **2** der höchste Punkt einer Welle

kạ̈m·men; *kämmte, hat gekämmt*; ***j-n / sich kämmen***; ***j-m / sich die Haare kämmen*** j-s / die eigenen Haare mit einem Kamm[1] glatt und ordentlich machen

Kạm·mer[1] *die*; *-, -n* **1** ein kleiner Raum, *bes* zum Lagern von Sachen || -K: ***Speise-*** **2** ein hohler Raum im Herzen: *Das Herz hat vier Kammern*

Kạm·mer[2] *die*; *-, -n* **1** *Pol*; die Mitglieder oder ein Teil eines Parlaments || -K: ***Abgeordneten-*** **2** eine Organisation, die die Interessen bestimmter Berufe vertritt || -K: ***Ärzte-***

Kạmpf *der*; *-(e)s, Kämp·fe* **1** ***der Kampf*** (***gegen j-n / mit j-m***) militärische Aktionen während eines Krieges ⟨ein blutiger Kampf; ein Kampf tobt⟩ || K-: ***Kampf-, -flugzeug, -pause*** || -K: ***Luft-*** **2** ***der Kampf*** (***gegen j-n / mit j-m***) ein Streit, bei dem man den Gegner mit körperlicher Kraft oder Waffen besiegen will ⟨j-n zum Kampf herausfordern⟩ **3** ein Konflikt zwischen Menschen, die verschiedene Interessen oder Meinungen vertreten: *der Kampf der Geschlechter* **4** ***der Kampf*** (***für, um, gegen j-n / etwas***) die intensiven Anstrengungen, mit denen man ein Ziel zu erreichen oder etwas zu verhindern versucht: *der Kampf ums Überleben*; *der Kampf gegen die Umweltverschmutzung* || K-: ***Kampf-, -schrift*** **5** die Anstrengungen, mit denen man einen seelischen Konflikt lösen will ⟨einen inneren Kampf mit sich (selbst) austragen⟩

◆ **kạ̈mp·fen**; *kämpfte, hat gekämpft* **1** (***gegen j-n / mit j-m***) ***kämpfen*** im Krieg mit Waffen versuchen, feindliche Soldaten zu besiegen ⟨tapfer kämpfen⟩ **2** (***gegen j-n / mit j-m***) ***kämpfen*** (körperliche) Gewalt gegen j-n anwenden und versuchen, ihn zu besiegen **3** ***für, um, gegen j-n / etwas kämpfen*** sich sehr stark bemühen, etwas zu erreichen *bzw* zu verhindern: *für die Gleichberechtigung der Frau kämpfen* **4** (***mit sich***) ***kämpfen*** lange über die positiven und negativen Seiten eines Problems nachdenken, um sich richtig zu entscheiden: *Er kämpfte lange (mit sich), bevor er seiner Frau die Wahrheit sagte*

Kạ̈mp·fer *der*; *-s, -*; j-d, der für ein Ziel, gegen j-n / etwas kämpft || -K: ***Freiheits-*** || *hierzu* **Kạ̈mp·fe·rin** *die*; *-, -nen*

Ka·nal *der*; *-s, Ka·nä·le* **1** ein breiter, *meist*

Kamm

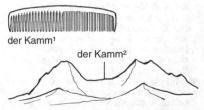

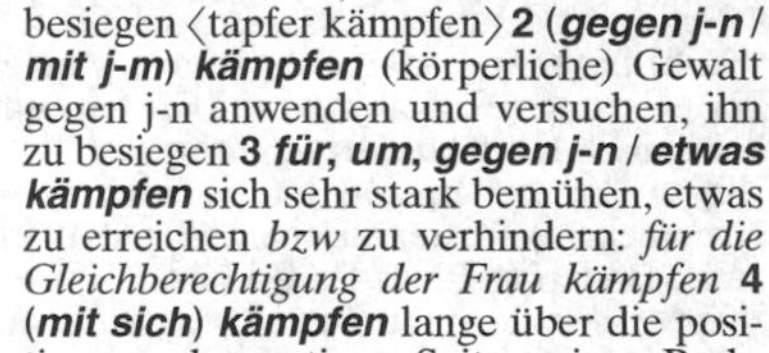

gerader, künstlicher Graben mit Wasser, auf dem Schiffe fahren können **2** ein relativ großes Rohr oder ein bedeckter Graben, durch die schmutziges Wasser aus den Häusern geleitet wird || K-: ***Kanal-, -deckel*** || -K: ***Abwasser-*** **3** *TV, Radio*; ein Frequenzbereich, in dem man einen bestimmten Sender empfangen kann

Ka·na·li·sa·ti·on [-'tsio:n] *die*; -, *-en*; ein System von Kanälen (2), durch das das gebrauchte schmutzige Wasser geleitet wird

Ka·na·ri·en·vo·gel [-'na:riən-] *der*; ein gelber oder rötlicher kleiner Singvogel, den man als Haustier hält

Kan·di·dat *der*; *-en, -en*; ***ein Kandidat (für etwas)*** j-d, der sich um ein Amt, eine Stelle oder öffentliche Funktion bewirbt: *j-n als Kandidaten für die Bundestagswahl aufstellen* || K-: ***Kandidaten-, -liste*** || -K: ***Spitzen-*** || *hierzu* **Kan·di·da·tin** *die*; -, *-nen*

Kän·gu·ru *das*; *-s, -s*; ein großes Tier, das in Australien lebt, weit springen kann und seine Jungen in einer Art Beutel trägt

Ka·nin·chen *das*; *-s*, -; ein Tier, ähnlich einem Hasen, aber mit kürzeren Ohren || K-: ***Kaninchen-, -stall***

Ka·nis·ter *der*; *-s*, -; ein großer Behälter aus Blech oder Plastik, in dem man *bes* Wasser, Öl oder Benzin aufbewahrt || -K: ***Reserve-***

kann ↑ ***können***

Kan·ne *die*; -, *-n*; ein relativ hohes Gefäß mit einem Henkel und einem Ausguss: *eine Kanne Kaffee* || -K: ***Gieß-, Tee-***

kann·te ↑ ***kennen***

Ka·no·ne *die*; -, *-n*; eine große Waffe mit einem langen Rohr, aus der man große Kugeln schießt ⟨eine Kanone laden⟩ || K-: ***Kanonen-, -kugel***

Kan·te *die*; -, *-n*; eine gerade Linie zwischen zwei Flächen, die aufeinander treffen ⟨eine scharfe Kante⟩: *sich an einer Kante des Tisches stoßen* || -K: ***Bett-***

kan·tig *Adj*; mit Kanten

◆ **Kan·ti·ne** *die*; -, *-n*; eine Art Restaurant in einem Betrieb *o.Ä.* || K-: ***Kantinen-, -essen***

Kan·ton *der*; *-s, -e*; einer von insgesamt 23 Bezirken in der Schweiz || *hierzu* **kan·to·nal** *Adj*

Ka·nu *das*; *-s, -s*; ein schmales Boot || K-: ***Kanu-, -sport*** || -K: ***Indianer-***

Kanz·ler *der*; *-s*, -; *Kurzwort* ↑ ***Bundeskanzler*** || K-: ***Kanzler-, -amt***

Kap *das*; *-s, -s*; ein Teil einer Küste, der weit ins Meer hinausgeht: *das Kap der Guten Hoffnung*

Ka·pa·zi·tät[1] *die*; -, *-en*; *Ökon*; die Leistungsfähigkeit einer Firma ⟨die Kapazität voll (aus)nutzen⟩

Ka·pa·zi·tät[2] *die*; -, *-en*; ein Experte: *Er ist eine Kapazität auf dem Gebiet der Neurochirurgie*

Ka·pel·le[1] *die*; -, *-n*; eine kleine Kirche || -K: ***Wallfahrts-***

Ka·pel·le[2] *die*; -, *-n*; *veraltend*; ein kleines Orchester || -K: ***Tanz-***

ka·pie·ren; *kapierte, hat kapiert*; ***(etwas) kapieren*** *gespr* ≈ verstehen (1): *Das kapiere ich einfach nicht!*

Ka·pi·tal *das*; *-s, -e* / *-ien* [-iən] **1** *Ökon*; das Geld, die Maschinen *usw*, die eine Firma *o.Ä.* besitzt || K-: ***Kapital-, -besitz*** **2** Geld, das Gewinn bringt ⟨sein Kapital Gewinn bringend anlegen⟩ || K-: ***Kapital-, -vermögen*** || ID ***aus etwas Kapital schlagen / ziehen*** etwas so ausnutzen, dass man einen Gewinn davon hat

Ka·pi·ta·lis·mus *der*; -; *nur Sg*; *Ökon*; ein gesellschaftliches System, in dem die Produktionsmittel in Privateigentum sind und der Markt durch Angebot und Nachfrage bestimmt wird || *hierzu* **ka·pi·ta·lis·tisch** *Adj*

Ka·pi·tän *der*; *-s, -e* **1** der Kommandant eines Schiffes **2** der Pilot eines Verkehrsflugzeugs

Ka·pi·tel *das*; *-s*, -; ein Abschnitt eines (längeren) Textes, *meist* mit einer eigenen Überschrift; *Abk* Kap.: *Der Roman hat 10 Kapitel* || K-: ***Kapitel-, -überschrift*** || -K: ***Schluss-***

ka·pi·tu·lie·ren; *kapitulierte, hat kapituliert* **1** *meist* ⟨die Armee, das Land⟩ ***kapituliert*** die Armee oder das Land hören auf zu kämpfen, weil sie besiegt sind **2** ***(vor etwas*** *(Dat)****) kapitulieren*** ≈ aufgeben ⟨vor den Schwierigkeiten kapitulieren⟩

Kap·pe *die*; -, *-n* **1** eine relativ feste Kopfbedeckung, die eng auf dem Kopf sitzt ⟨eine Kappe tragen⟩ || -K: ***Bade-*** **2** ein Stück Metall, Plastik *o.Ä.*, mit dem man etwas schützt oder verschließt || ↑ *Abbildung unter* ***Deckel*** || -K: ***Rad-*** || *zu* ***Radkappe*** ↑ *Illustration* ***Das Auto***

Kap·sel *die*; -, *-n* **1** ein kleiner, runder oder ovaler Behälter aus dünnem, aber festem Material || -K: ***Blech-*** **2** ein Medikament (*meist* in Form von Pulver), das von einer Hülle umgeben ist

◆ **ka·putt** *Adj*; *nicht adv*; *gespr* **1** so, dass etwas nicht mehr funktioniert ⟨eine Maschine⟩: *Der Fernseher ist kaputt* **2** erschöpft und müde: *Nach der Arbeit war ich ganz kaputt*

K

◆ **ka·putt·ge·hen** (*ist*) *gespr*; ***etwas geht kaputt*** etwas zerbricht *o.Ä.*, sodass es nicht mehr zu gebrauchen ist

◆ **ka·putt·ma·chen** (*hat*) *gespr*; ***etwas kaputtmachen*** etwas zerstören, sodass es nicht mehr funktioniert

Ka·pu·ze *die*; -, *-n*; eine Kopfbedeckung, die an einem Mantel, einer Jacke festgemacht ist

Kar·frei·tag *der*; der Freitag vor Ostern

karg, *karger / kärger, kargst- / kärgst-*; *Adj* **1** nicht sehr reichlich in der Menge ⟨ein Mahl, Lohn⟩ **2** *nicht adv*; wenig fruchtbar ⟨ein Boden⟩ || *hierzu* **Karg·heit** *die*

ka·riert *Adj* **1** mit einem Muster aus Karos (1): *ein kariertes Hemd* **2** mit Linien, die Quadrate oder Rechtecke bilden ⟨Papier⟩

Ka·ri·ka·tur *die*; -, *-en*; eine (*meist* witzige) Zeichnung, auf der bestimmte Merkmale einer Person / Sache übertrieben dargestellt werden || -K: ***Zeitungs-***

Kar·ne·val [-val] *der*; *-s, -e / -s*; *meist Sg*; die Zeit (*bes* im Februar), in der Leute sich verkleiden, lustig sind und feiern || K-: ***Karnevals-, -kostüm*** || *hierzu* **kar·ne·va·lis·tisch** *Adj*

Ka·ro *das*; *-s, -s* **1** eines von vielen Vierecken (*oft* Quadraten), die als Muster auf Papier oder Stoffe gedruckt werden || K-: ***Karo-, -stoff*** **2** eine Spielfarbe im internationalen Kartenspiel || ↑ *Abbildung unter* ***Spielkarten***

Ka·rot·te *die*; -, *-n* ≈ Möhre || ↑ *Illustration* ***Obst und Gemüse*** || K-: ***Karotten-, -saft***

Karp·fen *der*; *-s*, -; ein großer Fisch, der in Teichen lebt || K-: ***Karpfen-, -zucht***

Kar·ri·e·re [-ˈri̯eːrə] *die*; -, *-n*; der Weg, der im Beruf zu Erfolg führt ⟨eine glänzende Karriere vor sich haben; Karriere machen⟩ || -K: ***Beamten-***

◆ **Kar·te** *die*; -, *-n* **1** ein rechteckiges Stück aus festem Papier, auf das man etwas schreibt || -K: ***Kartei-*** **2** eine Karte (1) mit einem aufgedruckten Bild, mit der man anderen eine Nachricht sendet ⟨j-m aus dem Urlaub eine Karte schicken⟩ || -K: ***Geburtstags-*** **3** ≈ Eintrittskarte || K-: ***Karten-, -vorverkauf*** || -K: ***Kino-*** **4** (in Restaurants, Bars *o.Ä.*) eine Liste, auf der Speisen, Getränke *usw* und ihre Preise stehen ⟨die Karte verlangen⟩ || -K: ***Speise-*** **5** ein *meist* großes Blatt Papier, auf dem ein Gebiet mit seinen Bergen, Straßen, Flüssen *usw* dargestellt ist ⟨etwas auf der Karte suchen⟩ || -K: ***Welt-*** **6** eine Karte (1) mit Zahlen und / oder Symbolen, die beim Spiel verwendet wird ⟨die Karten mischen⟩ || K-: ***Karten-, -spiel*** || -K: ***Spiel-; Rommé-*** **7** ≈ Fahrkarte ⟨eine Karte lösen⟩ || -K: ***Monats-*** **8** *Kurzwort* ↑ ***Kreditkarte*** ⟨mit Karte zahlen⟩ || ID ***alles auf eine Karte setzen*** alles riskieren, um etwas zu erreichen

Kar·tei *die*; -, *-en*; eine geordnete Sammlung von Karten (1) gleicher Größe in einem Kasten, auf denen bestimmte Informationen stehen ⟨eine Kartei anlegen⟩ || K-: ***Kartei-, -karte*** || -K: ***Patienten-***

Kar·ten·spiel *das* **1** ein Spiel mit Karten (wie Skat oder Bridge) **2** alle Karten, die man für ein bestimmtes Kartenspiel (1) braucht

◆ **Kar·tof·fel** *die*; -, *-n* **1** eine runde Knolle mit brauner Schale, die unter der Erde wächst. Man isst sie gekocht oder gebraten ⟨Kartoffeln schälen⟩ || ↑ *Illustration* ***Obst und Gemüse*** || K-: ***Kartoffel-, -suppe*** || -K: ***Speise-*** **2** die Pflanze, an der die Kartoffeln (1) wachsen

Kar·ton [-ˈtɔŋ, -ˈtõ, -ˈtoːn] *der*; *-s, -s* **1** ein Behälter aus Pappe, der die Form eines Kastens hat **2** *nur Sg*; das feste Papier, aus dem Kartons (1) gemacht werden

◆ **Kä·se** *der*; *-s*; *nur Sg*; ein weißes oder gelbes Produkt aus Milch, das man *meist* zu Brot isst: *Der Camembert ist ein französischer Käse* || K-: ***Käse-, -brot*** || -K: ***Schafs-***

Ka·ser·ne *die*; -, *-n*; ein Komplex von Häusern, in denen Soldaten untergebracht sind || K-: ***Kasernen-, -hof***

◆ **Kas·sa** *die*; -, *Kas·sen*; Ⓐ ≈ Kasse

◆ **Kas·se** *die*; -, *-n* **1** ein Kasten aus Stahl, in dem Geld aufbewahrt wird **2** ein Gerät, mit dem in Geschäften die Preise der gekauften Waren zusammengerechnet werden **3** (in einem Supermarkt, Theater *usw*) die Stelle, an der man bezahlt ⟨sich an der Kasse anstellen⟩ || -K: ***Kino-*** **4** (*bes* in einer Bank) der Ort, an dem man Geld einzahlt oder bekommt

◆ **Kas·set·te** *die*; -, *-n*; ein flacher, rechteckiger Behälter (mit einem Tonträger) aus Kunststoff, mit dem man Musik, Filme *o.Ä.* aufnehmen und abspielen kann ⟨eine Kassette einlegen⟩: *eine Kassette mit Beatles-Songs* || -K: ***Musik-, Video-***

◆ **Kas·set·ten·re·kor·der** *der*; ein Gerät, mit dem man Musik *usw* auf Kassetten aufnehmen und abspielen kann

kas·sie·ren; *kassierte, hat kassiert*; **(*etwas*) *kassieren*** von j-m Geld für eine Ware, Leistung *o.Ä.* nehmen: *Die Kellnerin hatte vergessen zu kassieren*

Kas·ta·nie [-ni̯ə] *die*; -, *-n* **1** ein Laubbaum mit braunen, harten Früchten in einer grünen, stacheligen Schale || K-: ***Kas-***

tanien-, -allee **2** die Frucht der Kastanie (1) || -K: ***Ess-***

◆ **Kas·ten** *der*; *-s, Käs·ten* **1** ein rechteckiger Behälter aus Holz, Metall (*meist* mit Deckel), in den man Sachen legen kann || -K: ***Brief-, Werkzeug-*** **2** ***ein Kasten*** (+ *Subst*) ein rechteckiger Behälter ohne Deckel, mit dem man Flaschen transportiert ⟨ein Kasten Bier⟩ **3** *südd* Ⓐ ⒸⒽ ≈ (Kleider)Schrank

Ka·sus *der*; *-, -*; *Ling* ≈ Fall[2] (3)

Ka·ta·log *der*; *-(e)s, -e* **1** eine Art Liste oder Kartei, in der alle Gegenstände eines bestimmten Museums, Lagers *o.Ä.* genannt sind: *der alphabetische Katalog einer Bibliothek* || -K: ***Sach-*** **2** ein Buch oder Heft, in dem alle Stücke einer Ausstellung *o.Ä.* oder alle Waren einer Firma enthalten sind ⟨etwas aus dem Katalog bestellen⟩ || K-: ***Katalog-, -preis*** || -K: ***Ausstellungs-***

Ka·ta·ly·sa·tor *der*; *-s, Ka·ta·ly·sa·to·ren* **1** ein technisches Gerät in Autos, das die Abgase reinigt || K-: ***Katalysator-, -auto, -technik*** **2** etwas, das eine bestimmte Entwicklung auslöst oder beschleunigt ⟨etwas wirkt als Katalysator⟩

Ka·tarr(h) *der*; *-s, -e* eine Entzündung *bes* der Organe, mit denen man atmet

ka·ta·stro·phal [-ˈfaːl] *Adj*; sehr schlimm ⟨ein Fehler, Folgen⟩: *In dem Erdbebengebiet herrschen katastrophale Zustände*

◆ **Ka·ta·stro·phe** [-fə] *die*; *-, -n*; ein großes Unglück mit schlimmen Folgen: *Der Wegfall des Exports wäre eine Katastrophe für das Unternehmen* || -K: ***Natur-***

Ka·ter[1] *der*; *-s, -*; eine männliche Katze

Ka·ter[2] *der*; *-s, -*; *gespr*; die Kopfschmerzen, die man nach dem Genuss von zu viel Alkohol hat

Ka·the·dra·le *die*; *-, -n*; eine große Kirche

◆ **ka·tho·lisch** *Adj*; zu der christlichen Konfession gehörig, deren höchster Vertreter der Papst in Rom ist; *Abk* kath. || *hierzu* **Ka·tho·lik** *der*; **Ka·tho·li·kin** *die*; *-, -nen*

Ka·tho·li·zis·mus *der*; *-*; *nur Sg*; die Lehre der katholischen Kirche ⟨sich zum Katholizismus bekennen⟩

◆ **Kat·ze** *die*; *-, -n* **1** ein Haustier mit einem langen Schwanz und Krallen, das Mäuse fängt ⟨die Katze miaut, schnurrt⟩ || -K: ***Haus-*** || K-: ***Katzen-, -fell*** **2** eine der verschiedenen Tierarten, die mit der Katze (1) verwandt sind: *Tiger und Löwen sind Katzen*

kau·en; *kaute, hat gekaut* **1** ***(etwas) kauen*** Nahrung mit den Zähnen kleiner machen ⟨etwas gründlich kauen⟩ || K-: ***Kau-, -muskel*** **2** ***an / auf etwas*** (*Dat*) ***kauen*** auf etwas herumbeißen ⟨an den Fingernägeln kauen⟩

kau·ern; *kauerte, hat / südd* Ⓐ ⒸⒽ *ist gekauert*; ***(irgendwo) kauern*** mit gebeugten Knien so auf den Fersen sitzen, dass die Beine fest an den Körper gedrückt sind

Kauf *der*; *-(e)s, Käu·fe* **1** das Kaufen (1) ⟨etwas zum Kauf anbieten⟩ || -K: ***Haus-*** **2** etwas, das man gegen Bezahlung bekommen hat ⟨ein günstiger, schlechter Kauf⟩: *Stolz präsentierte sie ihren neuen Kauf* || ID ***etwas in Kauf nehmen*** die negative Seite einer sonst guten Sache akzeptieren

◆ **kau·fen**; *kaufte, hat gekauft* **1** ***(von j-m) (etwas) kaufen*** etwas dadurch bekommen, dass man Geld dafür zahlt ⟨etwas gebraucht kaufen⟩: *Sie kauft ihre Eier auf dem Markt* || K-: ***Kauf-, -vertrag*** **2** ***(sich*** (*Dat*)***) etwas kaufen*** etwas für sich selbst kaufen (1)

Käu·fer *der*; *-s, -*; j-d, der etwas kauft || K-: ***Käufer-, -schicht*** || *hierzu* **Käu·fe·rin** *die*; *-, -nen*

Kauf·frau *die*; eine Frau mit einer abgeschlossenen kaufmännischen Lehre

◆ **Kauf·haus** *das*; ein großes Geschäft (*meist* mit mehreren Stockwerken), in dem man viele verschiedene Waren kaufen kann

käuf·lich *Adj* **1** so, dass man es für Geld bekommen kann ⟨etwas käuflich erwerben⟩ **2** ≈ bestechlich ⟨ein Zeuge⟩ **3** ***käufliche Liebe*** ≈ Prostitution || *zu* **2 Käuf·lich·keit** *die*

Kauf·mann *der*; *-(e)s, Kauf·leu·te* **1** j-d, dessen Beruf es ist, Dinge zu kaufen und zu verkaufen: *Er arbeitet als Kaufmann bei einer Bank* || -K: ***Industrie-*** **2** *veraltend*; der Besitzer eines kleinen Geschäfts

Kau·gum·mi *der*; eine weiche Masse, die man lange kauen kann und die nach Pfefferminz, einer Frucht *o.Ä.* schmeckt ⟨Kaugummi kauen⟩

◆ **kaum** *Adv* **1** ≈ fast nicht: *Die Musik war kaum zu hören* **2** nur mit Mühe oder Schwierigkeiten: *Ich kann das kaum glauben* **3** drückt aus, dass man etwas nicht für wahrscheinlich hält: *Es ist schon spät - jetzt wird sie kaum noch kommen* **4** drückt aus, dass zwischen zwei Ereignissen nur sehr wenig Zeit liegt: *Ich hatte kaum mit der Arbeit angefangen, da klingelte das Telefon*

Kau·ti·on [-ˈtsi̯oːn] *die*; *-, -en* **1** eine Summe Geld, die man zahlen muss, wenn man *z.B.* eine Wohnung oder ein Fahr-

K

zeug mietet: *Die Kaution bekommt man später zurück* **2** eine Summe Geld, die j-d zahlen muss, damit er vor dem Prozess nicht im Gefängnis sein muss

Ke·gel *der*; *-s*, -; **1** *Geometrie*; ein Körper, der einen Kreis als Grundfläche hat und nach oben immer schmaler wird **2** etwas, das die Form eines Kegels (1) hat || -K: ***Berg-*** **3** eine der 9 Figuren, die man beim Kegeln zum Fallen bringt

ke·geln; *kegelte, hat gekegelt*; (im Spiel) mit einer schweren Kugel versuchen, möglichst viele von 9 Figuren am Ende einer Bahn zum Fallen zu bringen || K-: ***Kegel-, -klub***

Keh·le *die*; -, *-n* **1** der vordere (äußere) Teil des Halses: *Der Wolf biss dem Schaf die Kehle durch* **2** der hohle Raum im Hals, durch den die Luft und die Speisen in den Körper kommen ⟨eine raue Kehle haben⟩ || ID ***aus voller Kehle schreien*** laut schreien

Kehl·kopf *der*; das Organ im Hals, mit dem man *z.B.* die Töne beim Singen erzeugt || K-: ***Kehlkopf-, krebs***

Keh·re *die*; -, *-n*; eine Biegung, bei der sich eine Straße in die Gegenrichtung wendet

keh·ren[1]; *kehrte, hat / ist gekehrt* **1** ***etwas irgendwohin kehren*** (*hat*) etwas so drehen, dass es in eine bestimmte Richtung zeigt: *Sie saß mit dem Gesicht zur Tür gekehrt da* **2** ***nach Hause kehren*** (*ist*) *geschr*; nach Hause zurückkommen

keh·ren[2]; *kehrte, hat gekehrt*; ***etwas*** (***aus etwas / von etwas / irgendwohin***) ***kehren*** etwas mit dem Besen entfernen ⟨das Laub von der Straße kehren; die Treppe kehren⟩ || K-: ***Kehr-, -besen***

Keim[1] *der*; *-(e)s, -e* **1** das, was sich als Erstes aus dem Samen oder der Zwiebel einer Pflanze entwickelt || K-: ***Keim-, -blatt*** **2** der erste Anfang eines Gefühls, eines Gedankens, der noch schwach ist ⟨der Keim der Hoffnung; etwas ist im Keim vorhanden⟩ || ID ***etwas im Keim ersticken*** etwas bereits am Anfang zerstören

Keim[2] *der*; *-(e)s, -e*; *meist Pl*; eines der ganz kleinen Teilchen (*z.B.* Bakterien), die Krankheiten erzeugen || K-: ***Keim-, -träger***

kei·men; *keimte, hat gekeimt* **1** ***etwas keimt*** etwas bildet einen Keim[1] (1) ⟨die Saat⟩ **2** ***etwas keimt*** (***in / bei j-m***) etwas entsteht als Gefühl oder Gedanke || *zu* **1** **Kei·mung** *die*

keim·frei *Adj*; ohne Krankheitserreger: *keimfreie Milch*

◆ **kein** *Indefinitpronomen* **1** nicht ein, eine: *Kein Mensch, kein Laut war zu hören* **2** nichts an, nichts von: *Sie hat keine Zeit* **3** (allein stehend verwendet für Personen und Sachen) niemand, nicht einer / eine / eines: *Das glaubt dir keiner!*

kei·ner·lei *Indefinitpronomen*; *nur attr, indeklinabel*; wirklich, überhaupt kein(e): *Wir haben darauf keinerlei Einfluss*

kei·nes·falls *Adv*; unter keinen Umständen: *Keinesfalls wird dieses Geheimnis verraten*

kei·nes·wegs *Adv*; so, dass etwas wirklich nicht zutrifft: *Ich hatte keineswegs die Absicht, dich zu kränken*

kein·mal *Adv*; nicht ein einziges Mal: *Er hat mir keinmal widersprochen*

Keks *der*; *-es, -e oder bes* Ⓐ *auch das*; -, *-(e)*; ein kleines, flaches, haltbares Gebäck || K-: ***Keks-, -dose*** || -K: ***Butter-***

Kelch *der*; *-(e)s, -e*; ein großes Glas mit rundem Fuß und schlankem Stiel: *Wein in kostbaren Kelchen* || -K: ***Trink-***

◆ **Kel·ler** *der*; *-s*, -; **1** der Teil eines Hauses, der unter der Erde liegt: *Kartoffeln im Keller lagern* || K-: ***Keller-, -fenster*** **2** ein Raum im Keller (1) eines Hauses: *Jeder Mieter hat seinen eigenen Keller* || -K: ***Heizungs-***

◆ **Kell·ner** *der*; *-s*, -; ein Mann, der den Gästen in einem Restaurant *o.Ä.* die Getränke oder das Essen bringt ⟨den Kellner rufen⟩ || *hierzu* **Kell·ne·rin** *die*; -, *-nen*; **kell·nern** (*hat*)

◆ **ken·nen**; *kannte, hat gekannt* **1** ***j-n / etwas kennen*** Informationen über j-n / etwas haben, *bes* über die charakteristischen Eigenschaften ⟨j-s Schwächen kennen⟩: *Ich kenne ihn genau, er würde nie etwas Böses tun!* **2** ***j-n*** (***irgendwie / von irgendwo / von irgendwann***) ***kennen*** j-n schon gesehen (und mit ihm gesprochen) haben ⟨j-n flüchtig kennen⟩: *Wir kennen uns vom Studium* **3** ***j-n / etwas kennen*** wissen, wer j-d oder wie etwas ist ⟨j-n dem Namen nach kennen⟩: *Ich kenne dieses Spiel, das haben wir früher immer gespielt* **4** ***etwas kennen*** etwas nennen können ⟨j-s Alter kennen⟩: *Ich kenne ein nettes Lokal in der Nähe* **5** ***etwas kennen*** etwas schon einmal erlebt haben und wissen, was und wie es ist: *Kennst du dieses Glücksgefühl?* **6** ***j-n / etwas irgendwie kennen*** bestimmte Eigenschaften von j-m / etwas kennen (1): *Ich kenne ihn nur als liebevollen Familienvater* **7** ***j-n kennen lernen*** j-m zum ersten Mal begegnen und mit ihm sprechen: *Die beiden haben sich im Urlaub kennen gelernt* **8** ***j-n / etwas kennen lernen*** Erfahrungen mit j-m / etwas machen: *Wenn du* *die Arbeit erst besser kennen gelernt hast, wird sie dir bestimmt gefallen*

Ken·ner *der*; *-s*, *-*; j-d, der von einer Sache sehr viel versteht: *Er ist ein Kenner der feinen Küche* || *hierzu* **Ken·ne·rin** *die*; *-*, *-nen*

◆ **Kennt·nis** *die*; *-*, *-se* **1** *meist Pl*; das gesamte Wissen, das man von etwas hat ⟨Kenntnisse vertiefen⟩ || -K: ***Sach-*** **2** *nur Sg*; das konkrete Wissen von etwas ⟨Kenntnis von etwas erhalten⟩: *Ohne Kenntnis der genauen Umstände kann ich keine Entscheidung treffen* **3** ***von j-m / etwas Kenntnis nehmen*** bemerken, dass j-d / etwas da ist: *Er nahm von dem Unfall keine Kenntnis und fuhr weiter* **4** ***j-n (nicht) zur Kenntnis nehmen*** ≈ j-n (nicht) beachten

Kenn·wort *das*; *-(e)s*, *Kenn·wör·ter* **1** ein Wort, das als Erkennungszeichen für etwas dient: *Senden Sie die Lösung des Rätsels unter dem Kennwort „Ostern" an die Zeitung* **2** ein geheimes Wort, das man nennen muss, um Zugang zu j-m zu bekommen

Kenn·zei·chen *das* **1** etwas Besonderes, an dem man j-n / etwas erkennen kann: *Im Pass gibt es einen Eintrag für besondere Kennzeichen* **2** ein Symbol, das dazu dient, dass man j-n / etwas erkennen kann **3** ein Schild mit einer Kombination von Buchstaben und Zahlen am Auto, Motorrad *usw* ⟨das amtliche Kennzeichen⟩ || -K: ***Fahrzeug-***

kenn·zeich·nen; *kennzeichnete*, *hat gekennzeichnet* **1** ***ein Tier / etwas (irgendwie) kennzeichnen*** an etwas ein Zeichen anbringen: *Vögel mit Fußringen kennzeichnen* **2** ***etwas kennzeichnet j-n / etwas (als etwas)*** etwas ist ein typisches Merkmal einer Person / Sache: *Der schwarze Humor ist kennzeichnend für Briten* || *zu* **1** **Kenn·zeich·nung** *die*

ken·tern; *kenterte*, *ist gekentert*; ***etwas kentert*** ein Boot, Schiff wird *z.B.* durch Sturm oder Wellen umgeworfen

Ke·ra·mik *die*; *-*, *-en* **1** *nur Sg*; eine Art schwerer Erde, die durch große Hitze in einem Ofen sehr hart geworden ist: *„Ist die Vase aus Porzellan?" - „Nein, aus Keramik"* || K-: ***Keramik-, -geschirr*** **2** etwas, das aus Keramik (1) hergestellt ist: *eine alte Keramik*

Kerl *der*; *-s*, *-e / nordd -s*; *gespr*; ein Junge oder Mann

◆ **Kern** *der*; *-(e)s*, *-e* **1** der innere Teil einer Frucht, aus dem eine neue Pflanze wachsen kann und der eine Schale hat || -K: ***Apfel-*** **2** der innere, *meist* essbare Teil einer Nuss || -K: ***Mandel-*** **3** der Teil in der Mitte von etwas ⟨der Kern einer Stadt⟩: *Die Sonne ist in ihrem Kern noch viel heißer als an der Oberfläche* || K-: ***Kern-, -holz*** || -K: ***Erd-*** **4** der wichtigste Teil einer Sache ⟨der Kern einer Aussage⟩ || K-: ***Kern-, -problem*** **5** *Phys*; der innere Teil eines Atoms, der die Protonen und Neutronen enthält || K-: ***Kern-, -energie, -spaltung*** || -K: ***Atom-*** || ID ***in j-m steckt ein guter Kern*** j-d hat einen guten Charakter

Ker·ze *die*; *-*, *-n* **1** ein Gegenstand aus Wachs *o.Ä.* mit einer Schnur (dem Docht) in der Mitte, den man anzündet, um Licht zu haben ⟨eine Kerze anzünden, ausmachen; eine Kerze brennt⟩ || K-: ***Kerzen-, -schein, -ständer*** || -K: ***Wachs-*** **2** etwas, das wie eine längliche Kerze (1) aussieht: *Die Kastanie hat in der Blüte rosa oder weiße Kerzen*

Kes·sel *der*; *-s*, *-*; **1** ein Metallgefäß, in dem man Wasser heiß macht ⟨den Kessel aufsetzen⟩ || -K: ***Tee-***; ***Wasser-*** **2** ein sehr großer Behälter aus Metall für Gase oder Flüssigkeiten || -K: ***Heiz-***; ***Gas-*** **3** ein tiefes Tal, das auf allen Seiten von Bergen umgeben ist || -K: ***Tal-***

Ket·chup, **Ket·schup** ['kɛtʃap] *das*, *der*; *-s*, *-s*; eine dicke Soße aus Tomaten und Gewürzen ⟨Pommes frites mit Ketchup⟩ || -K: ***Tomaten-***

◆ **Ket·te** *die*; *-*, *-n* **1** eine Reihe von Ringen aus Metall, die aneinander hängen ⟨einen Hund an die Kette legen⟩: *Der Parkplatz ist mit einer Kette abgesperrt* || -K: ***Stahl-*** **2** ein Schmuck in Form eines Bandes aus Gold, Silber, Perlen *o.Ä.*, den man *meist* um den Hals trägt ⟨eine Kette tragen⟩ || -K: ***Perlen-*** **3** eine Art Kette (1), die dazu dient, die Kraft von einem Teil einer Maschine auf einen anderen zu übertragen || ↑ *Illustration* **Das Fahrrad** || K-: ***Ketten-, -säge*** || -K: ***Fahrrad-*** **4** mehrere Geschäfte, Betriebe, die sich an verschiedenen Orten befinden, aber zum gleichen Unternehmen gehören || -K: ***Laden-*** **5** ***eine Kette*** + *Gen* / ***von etwas*** (*Pl*) eine Folge von ganz ähnlichen Ereignissen, Handlungen

keu·chen; *keuchte*, *hat gekeucht*; (*bes* vor Anstrengung) laut und tief atmen: *Der Marathonläufer kam keuchend am Ziel an*

Keu·le *die*; *-*, *-n* **1** eine längliche Waffe aus Holz, die an einem Ende dünn und am anderen Ende dick ist || K-: ***Keulen-, -schlag*** **2** der Oberschenkel von bestimmten Tieren || -K: ***Hühner-***

Kfz [ka:|ɛf'tsɛt] *das*; *-*, *-(s)*; *gespr*, *Kurzwort* ↑ ***Kraftfahrzeug*** || K-: ***Kfz-, -Steuer***

K

ki·chern; *kicherte, hat gekichert*; leise und mit hohen Tönen lachen: *Als der Lehrer stolperte, kicherten die Kinder*

Kie·fer[1] *der*; *-s, -*; die beiden Knochen, aus denen die Zähne wachsen || K-: ***Kiefer-, -bruch*** || -K: ***Ober-, Unter-*** || *zu* ***Unterkiefer*** ↑ *Abbildung unter* ***Kopf***

Kie·fer[2] *die*; *-, -n*; ein Baum, dessen lange Nadeln eine Art runden Pinsel bilden || K-: ***Kiefern-, -holz***

Kie·me *die*; *-, -n*; *meist Pl*; eine der Spalten am Kopf eines Fisches, durch die er atmet

Kies *der*; *-es*; *nur Sg*; viele kleine Steine, die *z.B.* am Fluss oder auf Fußwegen liegen ⟨grober Kies⟩ || K-: ***Kies-, -weg***

Ki·lo *das*; *-s, - / -s*; *gespr*; *Kurzwort* ↑ ***Kilogramm***

Ki·lo·gramm *das*; tausend Gramm; *Abk* kg

Ki·lo·me·ter *der*; tausend Meter; *Abk* km

◆ **Kind** *das*; *-(e)s, -er* **1** ein junger Mensch in der Zeit von seiner Geburt bis zu dem Zeitpunkt, an dem er körperlich reif ist: *Die großen Kinder gehen in die Schule, die kleinen in den Kindergarten* || K-: ***Kinder-, -arzt, -zimmer*** || -K: ***Schul-*** **2** ***(j-s) Kind*** j-s Sohn oder Tochter: *Unsere Kinder sind schon erwachsen* || -K: ***Waisen-*** **3** ***von Kind an / auf*** seit der Zeit, als man noch ein Kind (1) war || ID ***ein gebranntes Kind sein*** durch schlechte Erfahrungen vorsichtig geworden sein

◆ **Kin·der·gar·ten** *der*; eine Einrichtung, in der Kinder von 3-6 Jahren in Gruppen zusammen spielen und lernen || *hierzu* **Kin·der·gärt·ne·rin** *die*; *-, -nen*

Kin·der·mäd·chen *das*; eine Frau, die von einer Familie dafür bezahlt wird, dass sie für die Kinder sorgt

Kin·der·wa·gen *der*; ein kleiner Wagen mit vier Rädern, in dem man ein Baby fährt

Kinderwagen

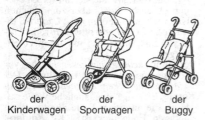

Kin·des·miss·hand·lung *die*; *Recht*; das Quälen und Schlagen von Kindern

Kind·heit *die*; *-, -en*; *meist Sg*; die Zeit, in der j-d ein Kind ist oder war ⟨eine glückliche Kindheit⟩ || K-: ***Kindheits-, -traum***

kin·disch *Adj*; *pej*; (als Erwachsene(r)) mit einem Benehmen wie ein Kind

kind·lich *Adj*; wie ein Kind || *hierzu* **Kind·lich·keit** *die*

Kinn *das*; *-(e)s, -e*; der Teil des Gesichts unterhalb des Mundes ⟨ein spitzes Kinn; das Kinn in / auf die Hand stützen⟩ || ↑ *Abbildung unter* ***Kopf*** || K-: ***Kinn-, -bart***

◆ **Ki·no** *das*; *-s, -s* **1** ein Raum oder Haus, in dem Filme gezeigt werden ⟨etwas läuft im Kino; ins Kino gehen⟩ || K-: ***Kino-, -film, -programm*** **2** *nur Sg*; eine Vorstellung im Kino (1): *Das Kino beginnt um halb neun*

◆ **Ki·osk** ['kiːɔsk, kiɔsk] *der*; *-(e)s, -e*; ein kleines Haus oder ein Stand, in dem *bes* Zigaretten, Zeitschriften und Süßigkeiten verkauft werden || -K: ***Zeitungs-***

◆ **Kip·ferl** *das*; *-s, -(n)*; *südd* Ⓐ ≈ Hörnchen

kip·pen; *kippte, hat / ist gekippt* **1** ***etwas kippen*** (*hat*) etwas in eine schräge Lage bringen: *das Fenster kippen* || K-: ***Kipp-, -schalter*** **2** ***etwas irgendwohin kippen*** (*hat*) etwas aus einem Gefäß irgendwohin schütten ⟨Wasser in den Ausguss kippen⟩ **3** ***j-d / etwas kippt*** (*ist*) j-d / etwas bewegt sich so aus einer festen Position, dass er / es schließlich umfällt: *Als sie das letzte Buch in das Regal stellte, kippte es nach hinten*

◆ **Kir·che** *die*; *-, -n* **1** ein großes Gebäude, in dem Christen den Gottesdienst abhalten || K-: ***Kirchen-, -glocke***; ***Kirch-, -turm*** || -K: ***Dorf-*** **2** eine religiöse Gemeinschaft ⟨die evangelische Kirche; aus der Kirche austreten⟩: *Der Papst ist das Oberhaupt der katholischen Kirche* || K-: ***Kirchen-, -lehre*** **3** die Kirche (2) als Institution: *die Trennung von Kirche und Staat* **4** *nur Sg*; *gespr* ≈ Gottesdienst ⟨in die Kirche gehen⟩

kirch·lich *Adj* **1** *nur attr oder adv*; in Bezug auf die Kirche ⟨ein Fest⟩ **2** nach dem Recht oder den Bräuchen der (katholischen, evangelischen) Kirche ⟨kirchlich heiraten⟩

Kir·sche *die*; *-, -n* **1** eine kleine, runde, rote Frucht mit einem harten Kern in der Mitte || ↑ *Illustration* ***Obst und Gemüse*** || K-: ***Kirsch-, -kuchen, -saft*** **2** der Baum, an dem die Kirschen (1) wachsen || K-: ***Kirsch-, -blüte***

Kis·sen *das*; *-s, -*; eine Hülle (*meist* aus Stoff) mit einer weichen Füllung, auf der man bequem sitzen oder liegen kann ⟨den Kopf auf ein Kissen legen⟩ || K-: ***Kissen-, -bezug*** || -K: ***Sofa-, Kopf-***

◆ **Kis·te** *die*; *-, -n* **1** ein rechteckiger Behälter aus Holz ⟨Kisten aufeinander stapeln⟩ || -K: ***Bücher-*** **2** ***eine Kiste*** + *Subst* die Menge, die in eine Kiste (1) passt: *eine Kiste Äpfel*

Kịtsch *der*; *-(e)s*; *nur Sg*; *pej*; etwas, das keinen künstlerischen Wert hat, geschmacklos ist: *Dieser gemalte Sonnenuntergang ist der reinste Kitsch* || *hierzu* **kịt·schig** *Adj*

Kịt·tel *der*; *-s*, *-*; eine Art Mantel aus dünnem Stoff, den man bei der Arbeit trägt

kịt·ze·lig, **kịtz·lig** *Adj* **1** ***j-d ist kitzelig*** j-d reagiert sehr empfindlich, wenn er gekitzelt wird: *am Bauch ist er besonders kitzlig* **2** ≈ heikel (2) ⟨eine Situation⟩

kịt·zeln; *kitzelte*, *hat gekitzelt* **1** ***j-n kitzeln*** j-n so berühren, dass er lachen muss ⟨j-n an den Fußsohlen kitzeln⟩ **2** ***etwas kitzelt*** (***j-n***) etwas verursacht bei j-m einen Juckreiz: *Das Haar kitzelte sie an der Nase*

Kị·wi *die*; *-*, *-s*; eine ovale Frucht mit weichem, grünem Fleisch || ↑ *Illustration* ***Obst und Gemüse***

Kla̲·ge *die*; *-*, *-n* **1** *geschr*; laute Worte, mit denen man Kummer oder Schmerzen äußert: *in laute Klagen ausbrechen* **2** ***Klage*** (***über j-n / etwas***) Worte, mit denen man Unzufriedenheit oder Angst äußert ⟨Klagen kommen j-m zu Ohren⟩: *Das Betragen ihrer Tochter gibt keinen Grund zur Klage* **3** ***Klage*** (***auf etwas*** (*Akk*)) (***gegen j-n / etwas***) die Einleitung eines Prozesses ⟨eine Klage erheben⟩ || K-: ***Klage-, -schrift*** || -K: ***Räumungs-, -klage***

◆ **kla̲·gen**; *klagte*, *hat geklagt* **1** ***j-m sein Leid / seine Not klagen***; ***über j-n / etwas klagen*** j-m sagen, dass man Sorgen oder Schmerzen hat: *Sie klagte beim Doktor über starke Schmerzen* **2** (***gegen j-n / etwas***) (***auf etwas*** (*Akk*)) ***klagen*** versuchen, in einem Prozess zu seinem Recht zu kommen ⟨vor Gericht klagen⟩ || *zu* **3** **Klä̲·ger** *der*; **Klä̲·ge·rin** *die*; *-*, *-nen*

klạmm, *klammer*, *klammst-*; *Adj*; *nicht adv* **1** etwas feucht und deshalb unangenehm kühl ⟨Wäsche⟩ **2** vor Kälte steif und unbeweglich ⟨Finger⟩

Klạm·mer *die*; *-*, *-n* **1** ein kleiner Gegenstand, mit dem man zwei Dinge so aneinander presst, dass sie zusammenbleiben: *zwei Blätter mit Klammern aneinander heften* || -K: ***Wäsche-*** **2** eines von zwei Zeichen, mit denen man ein Wort oder einen Satz einfügt ⟨etwas in Klammern setzen⟩: *eckige Klammern* [ ]; *runde Klammern* ( )

klạm·mern; *klammerte*, *hat geklammert* **1** ***etwas an etwas*** (*Akk*) ***klammern*** etwas mit Klammern (1) an etwas befestigen: *Wäsche an die Leine klammern* **2** ***sich an j-n / etwas klammern*** sich an j-m / etwas so kräftig festhalten, wie man kann: *Das Äffchen klammerte sich an seine Mutter* || K-: ***Klammer-, -griff*** **3** ***sich an etwas*** (*Akk*) ***klammern*** etwas nicht aufgeben wollen ⟨sich an eine Hoffnung klammern⟩

Klammer (1)

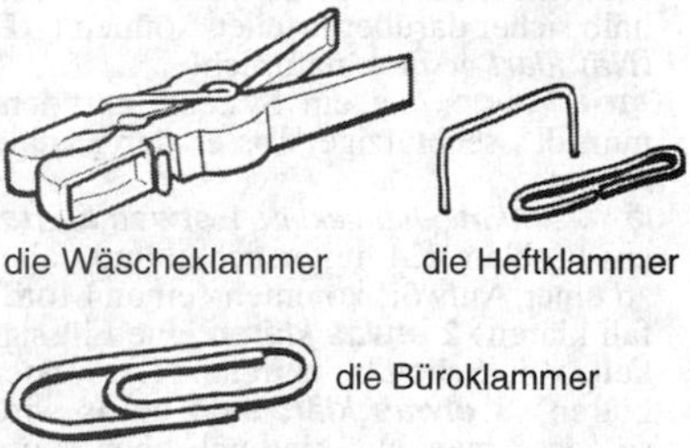

klạng ↑ ***klingen***

Klạng *der*; *-(e)s*, *Klän·ge*; ein angenehmer Ton ⟨ein voller, warmer Klang⟩ || *hierzu* **klạng·lich** *Adj*

Klạp·pe *die*; *-*, *-n* **1** eine Art Deckel, mit dem man eine Öffnung an einem Kasten verschließt oder öffnet **2** *gespr pej* ≈ Mund || ID ***Halt die Klappe!*** *gespr!* sei still!

◆ **klạp·pen**[1]; *klappte*, *hat / ist geklappt* **1** ***etwas irgendwohin klappen*** (*hat*) etwas Festes, das mit etwas auf einer Seite verbunden ist, in eine andere Richtung wenden: *den Mantelkragen nach oben klappen* **2** ***etwas klappt irgendwohin*** (*ist*) etwas bewegt sich (wie eine Klappe) von selbst in eine bestimmte Richtung: *Der Kinositz klappte plötzlich nach oben*

◆ **klạp·pen**[2]; *klappte*, *hat geklappt*; ***etwas klappt*** *gespr*; etwas gelingt so, wie man es geplant hat: *Hoffentlich klappt unser Plan!*

klạp·pern; *klapperte*, *hat geklappert* **1** ***etwas klappert*** etwas macht schnell hintereinander Geräusche, die hell und hart klingen: *Die Fensterläden klappern im Wind* **2** ***j-d klappert mit etwas*** j-d lässt etwas klappern (1)

klạpp·rig *Adj*; *gespr* **1** so alt und abgenutzt, dass einige Teile locker geworden sind ⟨ein Auto⟩ **2** alt und schwach oder dünn ⟨ein Pferd⟩

◆ **kla̲r**, *klarer*, *klarst-*; *Adj* **1** so sauber, dass man gut hindurchsehen kann ⟨Wasser, eine Fensterscheibe⟩ || -K: ***kristall-*** **2** ohne Wolken, Nebel *o.Ä.* ⟨der Himmel⟩ **3** so, dass man genau versteht, was gemeint ist ⟨sich klar ausdrücken⟩: *Er hat mir klar und deutlich gesagt, was er will* **4** gut und deutlich zu hören ⟨eine Aussprache, ein Ton⟩ **5** ⟨Umrisse⟩ so deutlich, dass man sie genau sehen kann **6** so, dass der Unterschied zu anderen deutlich ist ⟨j-n klar besiegen⟩: *Er hat das Rennen klar gewonnen* **7** ***sich*** (*Dat*) ***über etwas klar / im Klaren sein*** etwas genau wissen und deshalb sicher darüber urteilen können || ID (***Na***) ***klar!*** *gespr* ≈ natürlich!

Klär·an·la·ge *die*; ein System, mit dem man das schmutzige Wasser der Kanäle reinigt

klä·ren; *klärte, hat geklärt* **1** ***etwas klären*** ein Problem *o.Ä.* untersuchen und dabei zu einer Antwort kommen ⟨einen Mordfall klären⟩ **2** ***etwas klären*** eine Flüssigkeit von Schmutz befreien ⟨Abwässer klären⟩ **3** ***etwas klärt sich*** etwas wird so, dass man gut hindurchsehen kann ⟨Wasser⟩ **4** ***etwas klärt sich*** etwas wird so deutlich, dass man es verstehen kann ⟨ein Missverständnis⟩ || *hierzu* **Klä·rung** *die*

K

Klar·heit *die*; *meist Sg* **1** der Zustand oder die Eigenschaft, klar (1,2,3,4) zu sein **2** ***sich*** (*Dat*) ***über etwas*** (*Akk*) ***Klarheit verschaffen*** sich über etwas genau informieren

Kla·ri·net·te *die*; -, *-n*; ein Musikinstrument aus Holz mit Klappen aus Metall || ↑ *Abbildung unter* **Blasinstrumente**

klar·stel·len; *stellte klar, hat klargestellt*; ***etwas klarstellen*** etwas so deutlich sagen, dass es andere richtig verstehen: *Ich möchte ein für alle Mal klarstellen, dass ich mir das nicht gefallen lasse!* || *hierzu* **Klar·stel·lung** *die*

klar·wer·den; *wurde klar, ist klargeworden*; ***etwas wird*** (***j-m***) ***klar*** etwas wird (j-m) deutlich, verständlich: *Ist klargeworden, was ich meine?*

◆ **Klas·se**[1] *die*; -, *-n* **1** eine Gruppe von Kindern, die ungefähr gleich alt sind und in der Schule gemeinsam unterrichtet werden: *Er unterrichtet die Klasse in Englisch* || K-: ***Klassen-, -zimmer*** || -K: ***Schul-*** **2** ein Zeitraum von einem Jahr innerhalb der Schulausbildung, während dessen ein bestimmter Stoff gelehrt wird ⟨eine Klasse wiederholen⟩: *Sie kommt im Herbst in die erste Klasse*

◆ **Klas·se**[2] *die*; -, *-n* **1** ***die Klasse*** (+ *Gen Pl*) eine soziale Schicht ⟨die herrschende Klasse⟩ || K-: ***Klassen-, -ge- sellschaft*** **2** ***die Klasse*** (+ *Gen Pl*) eine Gruppe von Personen / Dingen, die gemeinsame Merkmale oder Interessen haben: *Er startet in der Klasse der Junioren* || -K: ***Alters-*** **3** ***die Klasse*** (***von etwas*** (*Pl*)) eine qualitative Stufe in einer Rangfolge ⟨ein Abteil erster, zweiter Klasse⟩ || -K: ***Preis-*** **4** ***j-d / etwas ist Klasse*** *gespr*; j-d / etwas ist sehr gut

◆ **Klas·sen·ar·beit** *die*; ein schriftlicher Test für Schüler

Klas·sik *die*; -; *nur Sg* **1** eine Epoche, in der die Kunst, Literatur *usw* eines Volkes ihren Höhepunkt erreicht hat: *Die bedeutendsten Vertreter der deutschen Klassik sind Goethe und Schiller* **2** die griechische und römische Antike **3** *Mus*; die Zeit, die von Haydn, Mozart und Beethoven geprägt ist **4** Musik wie aus der Zeit der Klassik (3) ⟨Klassik hören⟩

◆ **klas·sisch** *Adj* **1** die griechische und römische Antike betreffend ⟨klassische Sprachen⟩ **2** zur Kunst, Literatur der Klassik (1) gehörig ⟨ein Dichter⟩ **3** zur Musik gehörig, die von bedeutenden Komponisten früherer Zeiten geschaffen wurde **4** nicht von der Mode abhängig und zeitlos schön: *ein klassisches Kostüm* **5** ≈ typisch ⟨ein Fehler⟩

klat·schen; *klatschte, hat geklatscht* **1** ***etwas klatscht*** (***irgendwohin***) etwas trifft auf etwas mit dem Geräusch, das entsteht, wenn Wasser plötzlich auf die Erde geschüttet wird: *Die Wellen klatschten gegen den Bug des Schiffes* **2** (***in die Hände***) ***klatschen*** die Hände so gegeneinander schlagen, dass man es weit hört: *Der Trainer klatschte (in die Hände), um seine Mannschaft anzufeuern* **3** (***Beifall***) ***klatschen*** aus Anerkennung klatschen (2) ≈ applaudieren ⟨stürmisch (Beifall) klatschen⟩

Klaue *die*; -, *-n*; *meist Pl* **1** die Füße und langen Krallen der Raubvögel und Raubkatzen: *Der Adler packte die Maus mit seinen Klauen* **2** ≈ Huf

klau·en; *klaute, hat geklaut*; *gespr*; ((***j-m***) ***etwas***) ***klauen*** j-m etwas (*meist* Kleineres) stehlen oder es ohne Erlaubnis benutzen: *Wer hat meinen Füller geklaut?*

◆ **Kla·vier** [-'viːɐ] *das*; *-s, -e*; ein großes Musikinstrument mit weißen und schwarzen Tasten ⟨Klavier spielen⟩ || K-: ***Klavier-, -konzert***

Kle·be·band *das*; ein Band aus Plastik mit einer Schicht Klebstoff || ↑ *Illustration* **Am Schreibtisch**

◆ **kle·ben**; *klebte, hat geklebt* **1** ***etwas kleben*** etwas, das kaputt ist, mit Klebstoff wieder verbinden: *eine zerbrochene Vase kleben* **2** ***etwas*** (***irgendwohin***) ***kleben*** etwas mit Klebstoff irgendwo befestigen:

Fotos in ein Album kleben **3** ***etwas klebt*** etwas ist klebrig **4** ***etwas klebt irgendwo*** etwas ist fest mit etwas verbunden: *An dem Tisch klebt ein Kaugummi*

Kle·ber *der*; *-s*, *-*; *gespr* ≈ Klebstoff

kle·b·rig *Adj*; ⟨Bonbons, Hände⟩ an der Oberfläche so, dass eine Art Klebstoff an ihnen haftet || *hierzu* **Kleb·rig·keit** *die*

Kleb·stoff *der*; eine weiche oder flüssige Substanz mit der man Gegenstände fest miteinander verbinden kann

kle·ckern; *kleckerte*, *hat gekleckert*; *gespr*; ***(etwas irgendwohin) kleckern*** eine dicke Flüssigkeit oder weiche Masse irgendwohin fallen lassen: *Sie hat Soße auf ihren Rock gekleckert*

Klee *der*; *-s*; *nur Sg*; eine niedrige Pflanze mit drei (selten auch vier) runden Blättern || K-: ***Klee-, -feld***

◆ **Kleid** *das*; *-(e)s*, *-er* **1** ein Kleidungsstück für Frauen, das *meist* von den Schultern bis etwa zu den Knien reicht ⟨ein kurzärmliges Kleid; ein Kleid anziehen⟩ || -K: ***Abend-, Woll-*** **2** *nur Pl* ≈ Kleidung ⟨die Kleider ausziehen⟩ || K-: ***Kleider-, -bürste*** || *zu* ***Kleiderbürste*** ↑ *Abbildung unter* ***Bürsten***

klei·den; *kleidete*, *hat gekleidet*; ***j-n / sich irgendwie kleiden*** für j-n / sich eine bestimmte Art von Kleidung wählen und sie anziehen ⟨sich elegant, nach der neuesten Mode kleiden⟩

Klei·der·bü·gel *der*; ein Gegenstand (*meist* aus Holz oder Plastik) in Form eines Bogens, über den man Kleider, Hosen und Hemden hängt

Klei·der·schrank *der*; ein hoher Schrank, in dem man Kleidung aufbewahrt

◆ **Klei·dung** *die*; *-*; *nur Sg*; alles, was man am Körper trägt, um ihn zu bedecken || K-: ***Kleidungs-, -stück*** || -K: ***Sommer-, Sport-***

◆ **klein**, *kleiner*, *kleinst-*; *Adj* **1** so, dass die Länge, Höhe, Größe unter dem Durchschnitt liegt: *Er hat nur eine kleine Wohnung* **2** *nicht adv*; mit vergleichsweise wenigen Personen, Tieren oder Dingen ⟨eine Familie⟩: *ein kleines Angebot an Fachbüchern* **3** *nicht adv*; in der Menge oder im Wert nicht sehr groß ⟨eine Summe⟩ **4** *meist attr*, *nicht adv*; zeitlich relativ kurz ⟨eine Pause⟩: *Warten Sie bitte einen kleinen Moment* **5** *nicht adv*; von geringer Bedeutung ⟨ein Fehler⟩ **6** *meist attr*, *nicht adv* ≈ jünger- ⟨*meist* j-s Bruder, Schwester⟩: *Ist das deine kleine Schwester?* **7** *nicht adv*; *gespr*; noch nicht erwachsen: *Als ich klein war, wollte ich Ärztin werden* || ID ***von klein an / auf*** seit der Kindheit; ***bis ins Kleinste*** so, dass alle Details berücksichtigt werden || *zu* **1-5** **Klein·heit** *die*

Klein·geld *das*; *nur Sg* ≈ Münzen

Klei·nig·keit *die*; *-*, *-en* **1** etwas, das nicht sehr teuer ist: *der Nachbarin eine Kleinigkeit zum Geburtstag schenken* **2** unwichtige Details: *sich über jede Kleinigkeit aufregen*

Klein·kind *das*; ein Kind, das etwa zwischen 18 Monaten und 4 Jahren alt ist

klein·lich *Adj*; *pej* **1** nicht großzügig, und davon überzeugt, dass jede Kleinigkeit wichtig ist **2** ≈ geizig || *hierzu* **Klein·lich·keit** *die*

klem·men; *klemmte*, *hat geklemmt* **1** ***etwas irgendwohin klemmen*** etwas so zwischen zwei Dinge schieben, dass es dort bleibt: *die Bücher unter den Arm klemmen* **2** ***sich*** (*Dat*) ***etwas*** (***in etwas*** (*Dat*)) ***klemmen*** mit dem Finger *o.Ä.* so zwischen zwei Dinge geraten, dass man sich dabei verletzt **3** ***etwas klemmt*** etwas lässt sich nicht mehr oder nur sehr schwer bewegen ⟨ein Fenster, eine Schublade⟩

Klemp·ner *der*; *-s*, *-*; ein Handwerker, der *bes* Rohrleitungen aus Metall herstellt und die Wasserversorgung in Häusern baut || K-: ***Klempner-, -meister*** || *hierzu* **klemp·nern** (*hat*)

◆ **klet·tern**; *kletterte*, *ist geklettert*; ***(irgendwohin) klettern*** nach oben (*bzw* unten), über ein Hindernis gelangen, indem man Füße und Hände benutzt ⟨auf einen Baum klettern⟩ || *hierzu* **Klet·te·rer** *der*; **Klet·te·rin** *die*; *-*, *-nen*

Klett·ver·schluss *der*; ein Verschluss (an Kleidern oder Schuhen) aus zwei Bändern, die aneinander haften

◆ **kli·cken**; *klickte*, *hat geklickt*; ***(auf etwas*** (*Akk*)***) klicken*** *EDV*; eine der Tasten der Maus eines Computers drücken

Kli·ent [kli'ɛnt] *der*; *-en*, *-en*; *Recht*; der Kunde eines Rechtsanwalts *o.Ä.* || *hierzu* **Kli·en·tin** *die*; *-*, *-nen*

◆ **Kli·ma** *das*; *-s*, *-s* / *geschr -ta* [-'maːtə] **1** die Wetterbedingungen, die für eine Region typisch sind ⟨ein mildes, tropisches Klima⟩ || K-: ***Klima-, -veränderung*** || -K: ***Wüsten-*** **2** *nur Sg*; die Art und Weise, wie Menschen miteinander umgehen ⟨irgendwo herrscht ein herzliches, frostiges Klima⟩

◆ **Kli·ma·an·la·ge** *die*; ein Apparat, der die Temperatur und die Feuchtigkeit in einem Raum regelt

Klin·ge *die*; *-*, *-n* **1** der Teil eines Messers oder einer Stichwaffe, mit dem man schneidet *bzw* sticht ⟨eine scharfe, stumpfe Klinge⟩ **2** *Kurzwort* ↑ ***Rasierklinge***

◆ **Klịn·gel** *die*; -, *-n*; ein kleiner Apparat (*z.B.* an der Tür einer Wohnung oder an einem Fahrrad), mit dem man helle Töne erzeugen kann, um ein Signal zu geben ⟨eine elektrische Klingel⟩ || ↑ *Illustration* ***Das Fahrrad*** || -K: ***Tür-***

◆ **klịn·geln**; *klingelte, hat geklingelt* **1** eine Klingel ertönen lassen ⟨bei j-m klingeln⟩ **2** ***etwas klingelt*** etwas gibt helle, hohe Töne von sich ⟨der Wecker, das Telefon⟩ **3** ***es klingelt*** eine Klingel ist zu hören: *Kannst du bitte die Tür aufmachen, es hat geklingelt*

klịn·gen; *klang, hat geklungen* **1** ***etwas klingt*** etwas gibt helle, schöne Töne von sich ⟨Glocken, Gläser⟩ **2** ***etwas klingt irgendwie*** etwas wirkt durch seinen Klang auf eine bestimmte Weise ⟨j-s Stimme klingt abweisend⟩ **3** ***j-d / etwas klingt irgendwie*** j-s Aussagen *o.Ä.* erwecken einen bestimmten Eindruck: *Du klingst müde*

K

Kli·nik *die*; -, *-en*; ein Krankenhaus ⟨j-d wird in eine Klinik eingeliefert⟩ || K-: ***Klinik-, -aufenthalt*** || -K: ***Frauen-, Haut-***

Klịn·ke *die*; -, *-n*; *Kurzwort* ↑ ***Türklinke***

Klịp·pe *die*; -, *-n* **1** ein großer Felsen im oder am Meer **2** *gespr*; eine Schwierigkeit: *Es gelang ihm, bei der Prüfung alle Klippen zu überwinden*

klị·ren; *klirrte, hat geklirrt*; ***etwas klirrt*** etwas gibt ein helles, unharmonisches Geräusch von sich ⟨Gläser⟩: *Bei dem leichten Erdbeben klirrten die Fenster*

◆ **Klo** *das*; *-s, -s*; *gespr* ≈ Toilette || K-: ***Klo-, -bürste, -papier***

◆ **klọp·fen**; *klopfte, hat geklopft* **1** (***an etwas*** (*Dat / Akk*)) ***klopfen*** (mit dem Finger) mehrere Male leicht *meist* an eine Tür schlagen, wenn man ein Zimmer betreten will ⟨an der / die Tür klopfen⟩: *Ich habe dreimal geklopft, aber es hat niemand aufgemacht* **2** ***an / auf etwas*** (*Akk*) ***/ gegen etwas klopfen*** mehrere Male leicht an / auf / gegen etwas schlagen ⟨j-m freundschaftlich auf die Schulter klopfen⟩ **3** ***das Herz klopft*** das Herz schlägt spürbar (*bes* weil man Angst hat) **4** ***es klopft*** man hört, dass j-d klopft (1): *Es hat geklopft. - Sieh bitte nach, wer da ist*

◆ **Kloß** *der*; *-es, Klö·ße*; eine Speise in Form einer Kugel, die aus einem Teig (von *z.B.* Kartoffeln oder Weißbrot oder Fleisch) gemacht ist || -K: ***Fleisch-***

Klos·ter *das*; *-s, Klös·ter* **1** ein Komplex aus mehreren Gebäuden und einer Kirche, in dem Mönche oder Nonnen leben || K-: ***Kloster-, -kirche*** **2** ***ins Kloster gehen*** Mönch *bzw* Nonne werden || *zu* **1** **klös·ter·lich** *Adj*

Klọtz *der*; *-es, Klöt·ze* **1** ein großes, dickes Stück Holz *o.Ä.* ⟨Klötze spalten⟩ **2** ≈ Block (2) || -K: ***Beton-***

◆ **Klụb** *der*; *-s, -s* **1** eine Gruppe von Menschen, die gleiche Interessen haben ⟨einem Klub beitreten⟩ || K-: ***Klub-, -mitglied*** || -K: ***Golf-, Jugend-*** **2** das Haus, der Raum, in dem sich die Mitglieder eines Klubs (1) treffen

Klụft *die*; -, *Klüf·te* **1** eine tiefe Spalte in einem Berg oder Felsen **2** ein tiefer Gegensatz zwischen zwei Personen: *Eine unüberbrückbare Kluft trennte die beiden Familien*

◆ **klug**, *klüger, klügst-*; *Adj* **1** *nicht adv*; mit vielen Kenntnissen und der Fähigkeit, Unterschiede sicher zu erkennen ⟨ein kluger Kopf⟩: *In der Schule war sie die Klügste ihrer Klasse* **2** von der Vernunft und Logik bestimmt ⟨j-m einen klugen Rat geben⟩ || ID ***aus etwas nicht klug werden*** etwas nicht verstehen; ***Der Klügere gibt nach*** verwendet, wenn man in einem unwichtigen Streit, der sonst kein Ende finden würde, nachgibt || *hierzu* **Klug·heit** *die*

Kna·be *der*; *-n, -n*; *geschr veraltend* ≈ Junge[1] || K-: ***Knaben-, -chor***

knạ·cken; *knackte, hat geknackt* **1** ***etwas knacken*** eine Frucht öffnen, die mit einer harten Schale umgeben ist ⟨Nüsse knacken⟩ **2** ***etwas knackt*** etwas macht ein Geräusch wie trockenes Holz, das zerbricht

knạ·ckig *Adj*; *gespr*; ⟨*meist* Karotten, Salat; Äpfel⟩ so frisch und fest, dass es knackt (2), wenn man hineinbeißt

Knạll *der*; *-(e)s, -e*; *meist Sg*; ein sehr lautes Geräusch, wie *z.B.* von einem Schuss ⟨ein ohrenbetäubender Knall⟩

knạl·len; *knallte, hat / ist geknallt* **1** ***etwas knallt*** (*hat*) etwas gibt einen Knall von sich ⟨ein Schuss⟩ **2** ***mit etwas knallen*** (*hat*) mit etwas das Geräusch eines Knalls erzeugen: *mit der Peitsche knallen* **3** ***irgendwohin knallen*** (*ist*) *gespr*; aus einer schnellen Bewegung heraus plötzlich gegen etwas stoßen oder auf etwas fallen: *Er knallte mit dem Auto gegen einen Baum*

◆ **knạpp**, *knapper, knappst-*; *Adj* **1** so wenig, dass es kaum für das Nötigste ausreicht ⟨Vorräte⟩ **2** so, dass das Ergebnis gerade noch erreicht wird ⟨knapp gewinnen⟩: *Der Vorsitzende wurde nur mit einer knappen Mehrheit gewählt* **3** *nur attr oder adv*; ***knapp*** + *Mengen- / Zeitangabe* etwas weniger als die genannte Zahl: *Er ist knapp fünf Jahre alt* **4** ⟨Kleider⟩ so eng, dass sie nicht richtig passen: *Die Hose sitzt sehr knapp* **5** so kurz, dass nur das Wichtigste gesagt wird ⟨etwas knapp zusammenfassen⟩ || *zu* **1, 2** und **5 Knapp·heit** *die*

Knast *der*; *-(e)s*; *nur Sg*; *gespr* ≈ Gefängnis ⟨im Knast sitzen⟩

knau·se·rig *Adj*; *gespr* ≈ geizig || *hierzu* **Knau·se·rig·keit, Knaus·rig·keit** *die*

kne·beln; *knebelte, hat geknebelt*; ***j-n knebeln*** j-m ein Tuch in den Mund stecken, damit er nicht sprechen kann || *hierzu* **Kne·be·lung** *die*

knei·fen; *kniff, hat gekniffen* **1** ***j-n*** (***in etwas*** (*Akk*)) ***kneifen*** *nordd* ≈ zwicken ⟨j-n in den Arm kneifen⟩ **2** ***etwas kneift*** (***j-n***) etwas drückt sich in j-s Haut und tut dabei weh: *Die Hose kneift (mich) am Bauch*

◆ **Knei·pe** *die*; *-, -n*; *gespr*; ein einfaches Lokal, in das man geht, um *bes* alkoholische Getränke zu trinken ⟨in die Kneipe gehen⟩ || -K: ***Studenten-***

kne·ten; *knetete, hat geknetet* **1** (***etwas***) ***kneten*** etwas so lange fest mit den Händen drücken, bis es eine glatte Masse ist ⟨Teig kneten⟩ **2** ***etwas*** (***aus etwas***) ***kneten*** etwas aus einer weichen Masse mit den Händen formen: *Figuren aus Ton kneten*

Knick *der*; *-(e)s, -e* **1** eine Stelle, an der etwas, das vorher gerade verlaufen ist, stark abbiegt: *Die Straße macht hier einen scharfen Knick* **2** eine Stelle auf einem Blatt Papier *o.Ä.*, an der es gefaltet ist

◆ **Knie** *das*; *-s, -* ['kniː(ə)]; das Gelenk in der Mitte des Beines, mit dem man das Bein abbiegt ⟨j-m zittern die Knie⟩: *Ihr Rock reicht bis zum Knie* || K-: ***Knie-, -gelenk*** || ID ***in die Knie gehen*** aus dem Stand die Knie (1) beugen, bis sie den Boden berühren || ▸ ***knien***

knien ['kniː(ə)n]; *kniete, hat / südd* Ⓐ ⒸⒽ *ist gekniet*; (***irgendwo***) ***knien*** eine Haltung einnehmen, bei der der Körper aufrecht ist und *meist* beide Knie am Boden sind: *Sie kniete vor dem Altar und betete* || ↑ *Illustration* ***Verben der Bewegung***

Knirps *der*; *-, -es, -e*; *gespr*; ein kleiner Junge

knir·schen; *knirschte, hat geknirscht* **1** ***etwas knirscht*** etwas macht das Geräusch, das man hört, wenn *z.B.* j-d über Kies geht **2** ***mit den Zähnen knirschen*** die Zähne so aufeinander beißen und bewegen, dass ein knirschendes (1) Geräusch entsteht

knis·tern; *knisterte, hat geknistert*; ***etwas knistert*** etwas macht das Geräusch von *z.B.* brennendem Holz: *das Feuer knistert im Ofen*

Knob·lauch *der*; *-(e)s*; *nur Sg*; eine Pflanze mit einer Art Zwiebel, die intensiv riecht und als Gewürz dient || K-: ***Knoblauch-, -brot***

Knö·chel *der*; *-s, -*; **1** einer von zwei Knochen hinten am Fuß ⟨sich (*Dat*) den Knöchel verstauchen⟩ || ↑ *Abbildung unter* ***Fuß*** || -K: ***Fuß-*** **2** das Gelenk in der Mitte des Fingers *bzw* das Gelenk, wo die Finger in die Hand übergehen || -K: ***Finger-***

Kno·chen *der*; *-s, -*; einer der festen, harten Teile des Körpers, aus denen das Skelett besteht || K-: ***Knochen-, -bruch*** || -K: ***Oberarm-***

kno·chig *Adj*; so, dass die Knochen deutlich zu sehen sind ⟨ein Gesicht⟩

◆ **Knö·del** *der*; *-s, -*; *südd* Ⓐ ≈ Kloß || -K: ***Semmel-***

Knol·le *die*; *-, -n*; ein runder, dicker Teil einer Pflanze, der an den Wurzeln wächst || -K: ***Kartoffel-***

◆ **Knopf** *der*; *-(e)s, Knöp·fe* **1** ein kleiner, *meist* runder Gegenstand an Kleidern, mit dem man diese öffnet und schließt ⟨einen Knopf annähen⟩: *An deinem Hemd ist ein Knopf offen* || -K: ***Jacken-*** **2** ein kleines, *meist* rundes Teil an einem Gerät, auf das man drückt oder an dem man dreht, um es in Funktion zu setzen || K-: ***Knopf-, -druck***

Knopf

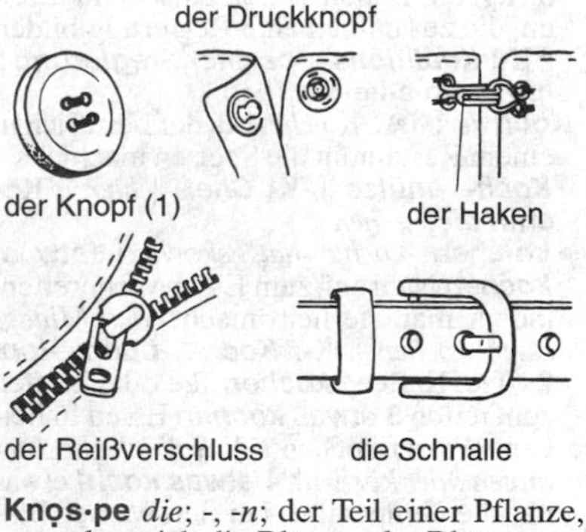

Knos·pe *die*; *-, -n*; der Teil einer Pflanze, aus dem sich die Blüten oder Blätter entwickeln ⟨die Knospen sprießen⟩ || -K: ***Rosen-***

Kno·ten *der*; *-s, -*; **1** die Verbindung, die entsteht, wenn man die Enden eines Fadens oder mehrerer Fäden fest zusammenbindet **2** eine Frisur für Frauen, bei der das lange Haar hinten am Kopf zu einer Art Kugel verbunden wird **3** ein dicker (krankhafter) Teil im Gewebe: *ein Knoten in der Brust* **4** verwendet als Maßeinheit für die Geschwindigkeit eines Schiffes; *Abk* kn

knüp·fen; *knüpfte, hat geknüpft* **1** ***etwas an etwas*** (*Akk*) ***knüpfen*** etwas durch einen Knoten an etwas festmachen **2** ***etwas an etwas*** (*Akk*) ***knüpfen*** etwas mit etwas verbinden ⟨Hoffnungen an etwas knüpfen⟩ **3** *meist* ***Kontakte, Verbindungen*** (***zu j-m***) ***knüpfen*** Kontakt mit j-m aufnehmen

Knüp·pel *der*; *-s*, -; ein kurzer, dicker Stock || -K: ***Gummi-***

knur·ren; *knurrte, hat geknurrt*; ***ein Hund knurrt*** ein Hund gibt aus der Kehle drohende Laute von sich || ID ***j-m knurrt der Magen*** (***vor Hunger***) j-d hat solchen Hunger, dass sein Magen laute Geräusche produziert

knus·pe·rig, **knusp·rig** *Adj*; frisch gebraten oder gebacken, mit einer harten Oberfläche ⟨etwas knusperig braten⟩

knut·schen; *knutschte, hat geknutscht*; *gespr*; ***mit j-m knutschen*** j-n intensiv küssen

k.o. [kaːˈ|oː] *Adj*; *nur präd oder adv* **1** ***k.o. sein*** nach einem Schlag nicht mehr fähig sein aufzustehen **2** ***k.o. sein*** *gespr*; sehr müde sein || *hierzu* **K.o.** *das*

Ko·a·li·ti·on [-ˈtsioːn] *die*; -, *-en*; ***eine Koalition*** (***mit*** ⟨einer Partei *o.Ä.*⟩ / ***zwischen*** ⟨einer Partei⟩ ***und*** ⟨einer Partei *o.Ä.*⟩) ein Bündnis *meist* zwischen Parteien, die zusammen eine Regierung bilden || K-: ***Koalitions-, -partner, -regierung*** || *hierzu* **ko·a·lie·ren** (*hat*)

Koch *der*; *-(e)s, Kö·che*; j-d, der beruflich in einem Restaurant die Speisen macht || K-: ***Koch-, -mütze*** || -K: ***Chef-*** || *hierzu* **Kö·chin** *die*; -, *-nen*

◆ **ko·chen**; *kochte, hat gekocht* **1** (***etwas***) ***kochen*** Nahrung zum Essen vorbereiten, indem man sie heiß macht: *das Mittagessen kochen* || K-: ***Koch-, -buch, -topf*** **2** ⟨Tee, Kaffee⟩ ***kochen*** Tee oder Kaffee zubereiten **3** ***etwas kochen*** Essen in heißem Wasser kochen (1): *Soll ich die Eier braten oder kochen?* **4** ***etwas kocht*** etwas hat die Temperatur, bei der Wasser Blasen macht und zu Dampf wird (ungefähr 100°C) ⟨etwas zum Kochen bringen⟩: *Die Suppe fünf Minuten kochen lassen*

Kö·der *der*; *-s*, -; ein Stück Nahrung, mit dem man ein Tier anlocken will, um es zu fangen ⟨einen Köder auslegen⟩ || -K: ***Angel-***

◆ **Kof·fer** *der*; *-s*, -; ein großer, fester, *meist* rechteckiger Behälter aus Leder, Plastik *o.Ä.*, in den man Kleidung und andere Dinge für eine Reise legt ⟨den Koffer packen⟩

◆ **Kof·fer·raum** *der*; der Raum hinten im Auto, in den man das Gepäck legt || ↑ *Illustration* ***Das Auto***

Kohl *der*; *-(e)s*; *nur Sg*; eine Pflanze mit dicken, festen Blättern, die eng aufeinander liegen und die man gekocht als Gemüse isst || K-: ***Kohl-, -kopf, -suppe*** || -K: ***Rot-, Weiß-*** || *zu* **Kohlkopf** ↑ *Illustration* ***Obst und Gemüse***

◆ **Koh·le** *die*; -, *-n*; *nur Sg*; eine harte, braune oder schwarze Substanz aus der Erde, die man *bes* zum Heizen verwendet ⟨Kohle fördern⟩ || K-: ***Kohle-, -kraftwerk***

Ko·ka·in *das*; *-s*; *nur Sg*; ein Rauschgift (*meist* in Pulverform) ⟨Kokain schnupfen⟩

Ko·kos·nuss *die*; die Frucht einer großen Palme (der Kokospalme)

Kol·ben *der*; *-s*, -; **1** ein Stab in einem Motor, der in einer engen Röhre bewegt wird und so die Energie weitergibt || K-: ***Kolben-, -antrieb*** **2** der breite Teil eines Gewehres, den man beim Schießen fest an den Körper drückt || -K: ***Gewehr-*** **3** eine Frucht in Form eines Stabes, die aus den Blüten mancher Pflanzen entsteht || K-: ***Kolben-, -hirse*** || -K: ***Mais-*** **4** *Chem*; ein kleines Gefäß, in dem Flüssigkeiten heiß gemacht werden

◆ **Kol·le·ge** *der*; *-n, -n*; j-d, der mit einem oder mehreren anderen die gleiche Arbeit macht: *mit den Kollegen gut auskommen* || *hierzu* **Kol·le·gin** *die*; -, *-nen*

kol·le·gi·al *Adj*; freundlich und bereit zu helfen ⟨kollegial handeln⟩ || *hierzu* **Kol·le·gi·a·li·tät** *die*

Kol·leg·stu·fe *die*; Ⓓ die beiden obersten Klassen des Gymnasiums

Kol·lek·ti·on [-ˈtsioːn] *die*; -, *-en* **1** eine Auswahl von neuen Kleidern, die für den Verkauf zusammengestellt wird || -K: ***Frühjahrs-*** **2** Dinge derselben Art, die j-d gesammelt hat: *Um an Geld zu kommen, musste er die besten Stücke seiner Kollektion verkaufen*

kol·li·die·ren; *kollidierte, ist / hat kollidiert* **1** *meist* ***ein Fahrzeug kollidiert mit einem Fahrzeug***; ⟨Fahrzeuge⟩ ***kollidieren*** (*ist*) zwei oder mehrere Fahrzeuge stoßen zusammen **2** ***etwas kollidiert mit etwas***; ⟨Termine, Pläne⟩ ***kollidieren*** (*hat*) Termine, Pläne sind nicht miteinander vereinbar: *Der Termin kollidiert mit meiner Reise nach Bonn* || *hierzu* **Kol·li·si·on** *die*

ko·lo·ni·al- *Adj*; *nur attr, nicht adv*; in Bezug auf eine oder mehrere Kolonien (1) ||

K-: ***Kolonial-, -reich***

Ko·lo·ni·a·lis·mus *der*; -; *nur Sg*; die Politik und Ideologie eines Staates, der andere Länder als Kolonien besetzt hat || *hierzu* **ko·lo·ni·a·lis·tisch** *Adj*

Ko·lo·nie *die*; -, *-n* [-ˈniːən] **1** ein Land oder Gebiet, das von einem anderen Staat beherrscht wird: *die ehemaligen britischen Kolonien* || -K: ***Kron-*** **2** eine Siedlung (1), die von Auswanderern gegründet wird **3** eine große Gruppe von Tieren / Pflanzen, die eng zusammenleben || -K: ***Vogel-***

Ko·lon·ne; *die*; -, *-n* **1** eine lange Reihe von Autos **2** eine große Gruppe von Personen, die miteinander zu einem Ziel gehen

Kom·bi·na·ti·on [-ˈtsioːn] *die*; -, *-en* **1** eine geistige Leistung, durch die Fakten, Wissen und Beobachtungen logisch miteinander verbunden werden: *Der Detektiv löste seine Fälle oft durch verblüffende Kombinationen* || K-: ***Kombinations-, -gabe*** **2** die Zusammenstellung verschiedener Dinge zu einer Einheit: *eine geschmackvolle Kombination von Farben* || -K: ***Farb-*** **3** eine feste Folge von Zahlen, die man auf einem Schloss einstellen muss: *die Kombination für einen Safe* || -K: ***Zahlen-***

kom·bi·nie·ren; *kombinierte, hat kombiniert* **1** ***(etwas) kombinieren*** aus bestimmten Anzeichen einen logischen Schluss ziehen: *Sherlock Holmes hatte wieder einmal richtig kombiniert* **2** ***etwas mit etwas kombinieren*** verschiedene Dinge zu einem Ganzen verbinden: *eine kombinierte Bahn-Schiffs-Reise* || *zu* **2** **kom·bi·nier·bar** *Adj*

Ko·met *der*; *-en, -en*; ein Himmelskörper, der am Himmel wie ein Stern mit leuchtendem Schwanz zu sehen ist || K-: ***Kometen-, -schweif***

Kom·fort [-ˈfoːɐ̯] *der*; *-s*; *nur Sg*; Geräte, Vorrichtungen, die das Leben angenehm und bequem machen: *ein Auto mit allem / jedem Komfort*

kom·for·ta·bel *Adj*; mit viel Komfort || Hinweis: *komfortabel → eine komfortable Wohnung*

Ko·mik *die*; -; *nur Sg*; das, was man an einer Situation, einem Witz lustig findet || -K: ***Situations-***

Ko·mi·ker *der*; *-s*, -; ein Künstler, der die Menschen zum Lachen bringt || *hierzu* **Ko·mi·ke·rin** *die*; -, *-nen*

◆ **ko·misch** *Adj* **1** ⟨eine Geschichte, ein Film⟩ so, dass sie zum Lachen anregen **2** *gespr* ≈ seltsam ⟨ein Mensch; ein Gefühl⟩: *Er hat so eine komische Art zu reden*

Ko·mi·tee *das*; *-s, -s*; eine Gruppe von Personen, die an einer gemeinsamen Aufgabe arbeiten ⟨einem Komitee angehören⟩: *das Internationale Olympische Komitee* || -K: ***Fest-***

Kom·ma *das*; *-s, -s / -ta* **1** das Zeichen „ , “ in geschriebenen Texten ⟨ein Komma setzen⟩ || K-: ***Komma-, -fehler*** **2** ein Komma (1), das in einer Reihenfolge von Zahlen steht: *Er hatte im Examen die Note 2,3* (*gesprochen „zwei Komma drei“*)

kom·man·die·ren; *kommandierte, hat kommandiert* **1** ***etwas kommandieren*** einen Befehl geben: *„Halt!“, kommandierte er* **2** ***(j-n / etwas) kommandieren*** Befehle an *z.B.* Truppen geben

Kom·man·do *das*; *-s, -s* **1** ein kurzer Befehl ⟨ein Kommando geben, erteilen⟩: *Auf das Kommando „los!“ beginnt das Rennen* || K-: ***Kommando-, -ton*** **2** *oft Mil*; die Macht, in einer Gruppe die Befehle geben zu dürfen ⟨unter j-s Kommando stehen⟩ || K-: ***Kommando-, -gewalt*** **3** eine Gruppe von Personen, die eine bestimmte Aufgabe erfüllen soll || -K: ***Sonder-, Überfall-***

kom·men; *kam, ist gekommen* **1** ***irgendwohin kommen*** sich zu einem genannten Ort, zum Sprecher *o.Ä.* bewegen: *Meine Tante kommt morgen zu uns* **2** ***(irgendwohin) kommen*** ein bestimmtes Ziel erreichen ⟨nach Hause kommen⟩: *Ist mein Paket schon gekommen?* **3** ***durch etwas kommen*** auf dem Weg zu einem bestimmten Ziel durch etwas gehen, fahren *o.Ä.*: *Wir kamen dann durch ein wunderschönes Tal* **4** ***irgendwoher kommen*** aus dem genannten Land, der genannten Stadt *o.Ä.* stammen: *Ich komme aus Schottland* **5** ***zu etwas kommen*** die Zeit oder Gelegenheit finden, etwas zu tun: *Bist du* dazu *gekommen, ihr zu schreiben? Ich komme kaum mehr zum Lesen* **6** ***etwas kommt irgendwoher*** etwas bewegt sich von einem bestimmten Ausgangspunkt zu einem genannten Ort hin: *Der Wind kommt von den Bergen* **7** ***etwas kommt irgendwann*** etwas findet zum genannten Zeitpunkt statt: *Nach dem Essen kommt die große Überraschung* **8** ***etwas kommt*** etwas erscheint oder wird sichtbar: *Bei unserem Baby kommen jetzt die ersten Zähne* **9** ***etwas kommt irgendwie*** etwas ereignet sich auf die genannte Art und Weise: *Es kam alles so, wie ich es vorhergesagt habe* **10** ***etwas kommt irgendwie*** etwas (*meist* eine Reaktion) erfolgt auf die genannte Art und Weise: *Ihre Antwort kam nur zögernd* **11** ***j-m kommt***

etwas j-d hat eine Idee, Bedenken: *Mir kommen langsam Zweifel* **12** ***etwas kommt über j-n*** j-d wird von einem (*meist* negativen) Gefühl ergriffen: *Ein Gefühl der Hilflosigkeit kam über sie* **13** ***j-d / etwas kommt j-m gelegen / ungelegen*** j-d erscheint, etwas passiert zu einem günstigen / ungünstigen Zeitpunkt: *Das kommt mir sehr gelegen* **14** *meist* ***etwas kommt daher, dass ...*** etwas hat den genannten Grund: *„Ich kann nicht mehr laufen" - „Das kommt daher, dass du so viel rauchst"* **15** ***auf etwas*** (*Akk*) ***kommen*** die Lösung, das Ergebnis eines Rätsels, Problems finden ⟨auf die Lösung kommen⟩ **16** ***hinter etwas*** (*Akk*) ***kommen*** etwas entdecken ⟨hinter ein Geheimnis kommen⟩ **17** ***zu etwas kommen*** etwas (*meist* Positives) bekommen ⟨zu Geld kommen⟩ **18** ***an etwas*** (*Akk*) ***kommen*** eine (*meist* wichtige) Position erlangen ⟨an die Macht kommen⟩ **19** ***um etwas kommen*** etwas verlieren ⟨um sein Geld kommen⟩ **20** ⟨in die Schule, ins Krankenhaus⟩ ***kommen*** mit einer Ausbildung, einer Behandlung oder einem Aufenthalt bei einer Institution beginnen: *Mein Sohn kommt bald in die Schule* **21** ***zu etwas kommen*** einen bestimmten Punkt (*meist* in einer Reihenfolge) erreichen: *Wir kommen nun zum nächsten Thema* **22** ***zu*** + *Subst* + ***kommen*** umschreibt ein Verb; ***zu einem Entschluss kommen*** ≈ sich entschließen; ***j-m zu Hilfe kommen*** ≈ j-m helfen **23** ***es kommt zu etwas*** ein *meist* negativer Zustand tritt ein: *Es kam zu schweren Unruhen* **24** ***zu etwas kommen*** ein Ziel *o.Ä.* erreichen ⟨zu einem Ergebnis kommen⟩ || ID ***Komme, was will / was*** (***da***) ***wolle ...*** nichts wird etwas daran ändern; (***wieder***) ***zu Kräften kommen*** nach einer Krankheit wieder völlig gesund werden

Kom·men·tar *der*; *-s*, *-e* **1** ***ein Kommentar*** (***zu etwas***) ein Text, in dem ein Journalist *z.B.* in der Zeitung, im Fernsehen seine Meinung zu einem Ereignis gibt || -K: ***Zeitungs-*** **2** die mündliche Beschreibung eines Ereignisses für ein Publikum **3** ***ein Kommentar*** (***zu etwas***) eine schriftliche und wissenschaftlich begründete Erklärung oder Auslegung von etwas || *hierzu* **Kom·men·ta·tor** *der*; **Kom·men·ta·to·rin** *die*; -, *-nen*

◆ **kom·mer·zi·ell** *Adj*; auf finanziellen Gewinn gerichtet ⟨Interessen⟩

Kom·mis·sar *der*; *-s*, *-e*; ein relativ hoher Dienstgrad bei der Polizei || -K: ***Haupt-*** || *hierzu* **Kom·mi·sa·rin** *die*; -, *-nen*

◆ **Kom·mis·si·on** [-ˈsioːn] *die*; -, *-en*; eine Gruppe von Personen, die beauftragt ist, gemeinsam eine bestimmte Aufgabe zu lösen || -K: ***Kontroll-***

Kom·mo·de *die*; -, *-n*; ein niedriger Schrank mit Schubladen

kom·mu·nal *Adj*; in Bezug auf die Gemeinde (1) || K-: ***Kommunal-, -wahlen***

◆ **Kom·mu·ni·ka·ti·on** [-ˈtsioːn] *die*; -, *-en*; *meist Sg*; ***die Kommunikation*** (+ *Gen* / ***von etwas***); ***die Kommunikation*** (***mit j-m / zwischen*** ⟨Personen (*Dat*)⟩) das Sprechen mit anderen oder die Mitteilung durch Zeichen: *Während des Sturmes war keine Kommunikation zwischen Festland und Insel möglich* || K-: ***Kommunikations-, -mittel***

Kom·mu·ni·on [-ˈnioːn] *die*; -, *-en* **1** ein religiöser Akt in der katholischen Messe (bei dem die Hostien ausgeteilt werden) ⟨zur Kommunion gehen⟩ **2** das erste Mal, wenn ein Kind zur Kommunion (1) geht || K-: ***Kommunions-, -kleid***

Kom·mu·nis·mus *der*; -; *nur Sg*; eine politische Ideologie nach Karl Marx und Friedrich Engels, die sich gegen den Kapitalismus richtet und *bes* von den Regierungen Osteuropas vertreten wurde || *hierzu* **Kom·mu·nist** *der*; **Kom·mu·nis·tin** *die*; -, *-nen*; **kom·mu·nis·tisch** *Adj*

Ko·mö·die [-diə] *die*; -, *-n*; ein lustiges Theaterstück oder ein lustiger Film || K-: ***Komödien-, -schreiber***

kom·pakt *Adj* **1** fest und dicht ⟨eine Masse⟩ **2** klein, aber sehr praktisch || K-: ***Kompakt-, -kamera***

Kom·pa·ra·tiv [-f] *der*; *-s*, *-e*; *Ling*; eine Form des Adjektivs oder Adverbs, die eine Zunahme von *z.B.* Qualität, Quantität ausdrückt: *„leiser" ist der Komparativ zu „leise"*

Kom·pass *der*; *-es*, *-e*; ein kleines Gerät mit einer magnetischen Nadel, die immer nach Norden zeigt || K-: ***Kompass-, -nadel***

kom·pa·ti·bel *Adj*; *EDV*; so, dass *meist* Computer zusammen mit anderen Geräten und anderer Software benutzt werden können || Hinweis: *kompatibel* → *kompatible Geräte* || *hierzu* **Kom·pa·ti·bi·li·tät** *die*

kom·plett *Adj* **1** mit allen Teilen, die dazugehören: *Eine Münze fehlt mir noch, dann ist meine Sammlung komplett* **2** so, dass niemand fehlt: *Jetzt sind wir komplett und können abfahren* || *zu* **1** **kom·plet·tie·ren** (*hat*)

Kom·plex *der*; *-es*, *-e* **1** eine Verbindung aus mehreren Dingen, die eng zusammenhängen ⟨ein Komplex von Maßnahmen⟩ || -K: ***Fragen-*** **2** eine Gruppe von Gebäuden, die zusammengehören: *Hier entsteht ein neuer Komplex von Wohnhäusern* || -K: ***Fabrik-*** **3** *Psych*; Vorstellungen, Erinnerungen oder Gefühle, die negativ auf die Persönlichkeit wirken ⟨an einem Komplex leiden⟩: *Er hat Komplexe wegen seiner vielen Pickel* || -K: ***Ödipus-***

Kom·pli·ment *das*; *-(e)s, -e*; ***ein Kompliment*** (***zu etwas*** (*Akk*)) freundliche Worte, mit denen man j-m eine Freude machen oder seine Bewunderung zeigen will ⟨j-m ein Kompliment machen⟩: *Er machte ihr ein Kompliment zu ihrem neuen Kleid*

♦ **kom·pli·ziert** *Adj* **1** schwer zu begreifen ⟨ein Problem⟩ **2** schwierig ⟨ein Mensch, Charakter⟩ **3** mit vielen technischen Details und daher schwer zu bedienen || *hierzu* **Kom·pli·ziert·heit** *die*

kom·po·nie·ren; *komponierte, hat komponiert*; (***etwas***) ***komponieren*** ein Musikstück schreiben

Kom·po·nist *der*; *-en, -en*; j-d, der (beruflich) Musikstücke schreibt || *hierzu* **Kom·po·nis·tin** *die*; *-, -nen*

Kom·po·si·tum *das*; *-s, Kom·po·si·ta*; *Ling*; ein Wort, das aus zwei (oder mehreren) selbstständigen Wörtern besteht: *„Milchkanne" ist ein Kompositum aus „Milch" und „Kanne"*

Kom·pott *das*; *-(e)s, -e*; Obst, das mit Zucker und Wasser gekocht wurde || K-: ***Kompott-, -schale*** || -K: ***Kirsch-***

Kom·pro·miss *der*; *-es, -e*; ***ein Kompromiss*** (***mit j-m***) (***über etwas*** (*Akk*)) die Einigung bei Verhandlungen oder bei einem Streit, wobei jeder der Partner einen Teil der Forderungen des / der anderen akzeptiert ⟨einen Kompromiss eingehen; sich (*Pl*) auf einen Kompromiss einigen⟩: *Wer in der Politik Erfolg haben will, muss Kompromisse machen können* || K-: ***Kompromiss-, -vorschlag***

Kon·dens·milch *die*; dickflüssige, haltbare Milch in Dosen oder Tüten, die *bes* für den Kaffee benutzt wird

Kon·di·ti·on[1] [-ˈtsi̯oːn] *die*; *-*; *nur Sg*; die Fähigkeit des Körpers, etwas zu leisten: *Sie treibt regelmäßig Sport und hat deswegen eine gute Kondition* || K-: ***Konditions-, -training*** || *hierzu* **kon·di·ti·o·nell** *Adj*

Kon·di·ti·on[2] [-ˈtsi̯oːn] *die*; *-, -en*; *Ökon*; eine der Bedingungen für die Lieferung oder den Verkauf einer Ware

Kon·di·tor *der*; *-s, Kon·di·to·ren*; j-d, der beruflich Torten, Kuchen *usw* herstellt und verkauft || *hierzu* **Kon·di·to·rin** *die*; *-, -nen*

♦ **Kon·dom** *das*; *-s, -e*; eine Hülle aus Gummi für den Penis des Mannes, zum Schutz vor einer Infektion beim Sex oder zur Verhinderung einer Schwangerschaft

♦ **Kon·fe·renz** *die*; *-, -en*; ***eine Konferenz*** (***über etwas*** (*Akk*)) ein Treffen, bei dem Personen über bestimmte Themen diskutieren || K-: ***Konferenz-, -teilnehmer*** || *hierzu* **kon·fe·rie·ren** (*hat*)

Kon·fes·si·on [-ˈsi̯oːn] *die*; *-, -en* **1** eine religiöse Gruppe innerhalb einer Religion, *z.B.* die Katholiken oder die Protestanten **2** die Religion, der man offiziell angehört || K-: ***Konfessions-, -schule***

Kon·fir·ma·ti·on [-ˈtsi̯oːn] *die*; *-, -en*; eine Feier (mit dem ersten Abendmahl) in der evangelischen Kirche, durch die Jugendliche als erwachsene Mitglieder in die Gemeinde aufgenommen werden || *hierzu* **kon·fir·mie·ren** (*hat*)

♦ **Kon·fi·tü·re** *die*; *-, -n*; eine Art Marmelade, in der manche Früchte noch ganz sind || -K: ***Erdbeer-***

Kon·flikt *der*; *-(e)s, -e* **1** eine schwierige Situation, in der zwei oder mehrere Personen / Gruppen verschiedene Wünsche, Absichten haben ⟨ein offener Konflikt; einen Konflikt austragen⟩ || K-: ***Konflikt-, -herd*** **2** eine (psychisch) schwierige Situation, in der sich j-d *meist* zwischen verschiedenen Möglichkeiten nicht entscheiden kann ⟨ein innerer Konflikt; etwas bringt j-n in Konflikte⟩

kon·fus, *konfuser, konfusest-*; *Adj* **1** ⟨Worte⟩ so, dass sie nicht klar durchdacht und deshalb schwer zu verstehen sind **2** verwirrt, nervös: *Sein Gerede macht mich ganz konfus* || *hierzu* **Kon·fu·si·on** *die*

Kon·gress *der*; *-es, -e* **1** ein Treffen von Fachleuten, bei dem Meinungen, Informationen *usw* ausgetauscht werden ⟨ein medizinischer, internationaler Kongress⟩ || K-: ***Kongress-, -halle*** **2** eine der Kammern im Parlament der USA

♦ **Kö·nig** *der*; *-s, -e* **1** der männliche Herrscher eines Landes mit einer Monarchie: *Juan Carlos, der König von Spanien* || K-: ***Königs-, -krone*** || Hinweis: auch als Titel verwendet: *König Ludwig II.* **2 *der König*** (+ *Gen*) eine Person oder Sache, die besonders wichtig, gut *o.Ä.* ist: *Elvis Presley, der König des Rock'n' Roll* **3** die wichtigste Figur im Schachspiel || ↑ *Abbildung unter* ***Schachfiguren*** **4** eine Spielkarte, auf der ein König (1) zu sehen ist || ↑ *Abbildung unter* ***Spielkarten*** || *zu* **1** und **2 Kö·ni·gin** *die*

K

kö·nig·lich *Adj*; *nur attr oder adv*; von einem König (1), einer Königin ⟨die Familie, das Schloss⟩

Kö·nig·reich *das* **1** ein Reich, das von einem König / einer Königin regiert wird **2** ein Staat, an dessen Spitze ein König / eine Königin steht (*z.B.* Großbritannien)

Kon·junk·tiv [-f] *der*; *-s*, *-e*; *Ling*; eine Form eines Verbs, die besonders in der indirekten Rede und in Sätzen, die mit *wenn* beginnen, verwendet wird: *„Ich sei" und „ich wäre" sind die Formen Konjunktiv I und II der ersten Person Singular von „sein"* || K-: ***Konjunktiv-, -satz*** || *hierzu* **kon·junk·ti·visch** *Adj*

Kon·junk·tur *die*; *-*, *-en*; die allgemeine wirtschaftliche Situation und Entwicklung eines Landes || K-: ***Konjunktur-, -aufschwung***

kon·kret, *konkreter, konkretest-*; *Adj* **1** bis ins Detail genau ⟨ein Vorschlag⟩: *Drück dich bitte etwas konkreter aus!* **2** ⟨die Welt, die Wirklichkeit⟩ so, dass man sie mit den Sinnen wahrnehmen kann

Kon·kur·rent *der*; *-en*, *-en*; j-d, der die gleichen Waren oder Leistungen anbietet oder das gleiche Ziel erreichen will wie ein anderer ⟨ein gefährlicher Konkurrent⟩ || *hierzu* **Kon·kur·ren·tin** *die*; *-*, *-nen*

Kon·kur·renz *die*; *-*, *-en* **1** *nur Sg*; ***die Konkurrenz*** (***mit j-m / um j-n / etwas***) die Situation, die entsteht, wenn mehrere Personen das gleiche Ziel erreichen oder mehrere Hersteller *o.Ä.* die gleichen Waren verkaufen wollen ⟨j-m Konkurrenz machen; mit j-m in Konkurrenz treten⟩ || K-: ***Konkurrenz-, -kampf*** **2** *nur Sg*; alle Hersteller *o.Ä.*, die die gleichen oder ähnliche Waren anbieten ⟨zur Konkurrenz gehen; die Konkurrenz ausschalten⟩: *Für dieses Auto zahlen Sie bei der Konkurrenz 1000 Euro mehr* || K-: ***Konkurrenz-, -unternehmen*** **3** *nur Sg*; alle anderen Personen, die (*z.B.* in einem Wettkampf, bei einer Bewerbung) das gleiche Ziel erreichen wollen ⟨gegen starke Konkurrenz antreten; die Konkurrenz aus dem Feld schlagen⟩ || ID ***j-d / etwas ist ohne Konkurrenz*** j-d / etwas ist viel besser als jeder / alles andere

Kon·kurs *der*; *-es*, *-e*; die Situation, wenn eine Firma Waren, Leistungen oder Schulden nicht mehr bezahlen kann ⟨j-d / eine Firma geht in Konkurs, meldet den Konkurs an⟩

◆ **kön·nen**[1]; *kann, konnte, hat können*; *Modalverb*; *Infinitiv* + ***können*** **1** die Fähigkeit haben, etwas zu tun: *Sie kann Gitarre spielen* **2** die Möglichkeit haben, etwas zu tun: *Ich kann / konnte nicht kommen, weil meine Tochter krank ist* **3** die Erlaubnis haben, etwas zu tun: *Kann ich noch ein Stück Kuchen haben? Sie können jetzt gehen* **4** so, dass die Möglichkeit da ist: *Es kann sein, dass sie morgen schon kommt* **5** gute Gründe dafür haben, etwas zu tun: *Ich konnte ihm nur zustimmen*

◆ **kön·nen**[2]; *kann, konnte, hat gekonnt*; *gespr* **1** (***etwas***) ***können*** fähig sein, etwas zu tun: *Sie kann gut Englisch* **2** ***irgendwohin können*** die Erlaubnis oder die Möglichkeit haben oder bekommen, irgendwohin zu gehen, fahren: *Kann ich heute ins Kino?* **3** noch die Energie für etwas haben: *Kannst du noch oder sollen wir eine Pause machen?* || ID ***nicht(s) für etwas können*** an etwas nicht schuld sein

kon·se·quent *Adj* **1** so, dass es einem Plan enspricht und ohne Widersprüche ist ⟨konsequent handeln⟩ **2** *meist adv*; so, dass man sich von etwas nicht abbringen lässt ⟨ein Ziel konsequent verfolgen⟩

◆ **Kon·se·quenz** *die*; *-*, *-en*; eine Folge, Wirkung: *Der Unfall wird rechtliche Konsequenzen haben* || ID (***aus etwas***) ***die Konsequenzen ziehen*** aus einem Vorfall Schlüsse ziehen und sich danach richten: *Er zog die Konsequenzen und trat zurück*

◆ **kon·ser·va·tiv** [-f] *Adj*; an alten oder bestehenden Werten und gesellschaftlichen Strukturen orientiert ⟨Vorstellungen; ein Politiker⟩ || *hierzu* **Kon·ser·va·ti·ve** *der / die*; **Kon·ser·va·ti·vis·mus** *der*; **Kon·ser·va·ti·vi·tät** *die*

Kon·ser·ve [-və] *die*; *-*, *-n* **1** eine Dose oder ein Glas mit haltbar gemachten Lebensmitteln || K-: ***Konserven-, -dose*** || -K: ***Fisch-*** **2** Lebensmittel aus der Konserve (1): *sich von Konserven ernähren*

kon·ser·vie·ren [-v-]; *konservierte, hat konserviert*; ***etwas konservieren*** etwas (*bes* Lebensmittel) haltbar machen

Kon·so·nant *der*; *-en*, *-en*; einer der Laute, die nicht zu den Vokalen gehören (*z.B.* [b, k, t]) ⟨ein stimmloser Konsonant⟩ || *hierzu* **kon·so·nan·tisch** *Adj*

kon·stant *Adj* **1** ⟨Preise, Mengen, Maße⟩ so, dass sie sich nicht ändern: *mit konstanter Geschwindigkeit fahren* **2** *meist adv*; ohne Unterbrechung und sehr lange ⟨eine Weigerung⟩: *Er hat sich konstant geweigert* || *hierzu* **Kon·stanz** *die*

kon·stru·ie·ren; *konstruierte, hat konstruiert* **1** ***etwas konstruieren*** etwas planen und bauen ⟨ein Flugzeug, eine Brücke konstruieren⟩ **2** ***etwas konstruieren*** *pej*; einen falschen Sachverhalt als wahr darstellen ⟨ein Alibi, einen Beweis konstruieren⟩ **3** ***etwas konstruieren*** (nach den Regeln einer bestimmten Sprache) etwas aus Wörtern bilden ⟨einen Satz konstruieren⟩ || *zu* **1 Kon·struk·teur** [-'tøːɐ̯] *der*

Kon·struk·ti·on [-'tsi̯oːn] *die*; -, *-en* **1** das Konstruieren (1): *Die Konstruktion des neuen Satelliten dauerte zwei Jahre* || K-: ***Konstruktions-, -skizze*** **2** das Zeichnen von geometrischen Figuren **3** *Ling*; das Konstruieren (3) || -K: ***Passiv-***

Kon·sum *der*; *-s*; *nur Sg*; *geschr*; ***der Konsum*** (***von / an etwas*** (*Dat*)) das Verbrauchen von Waren: *einen hohen Konsum an Alkohol haben* || K-: ***Konsum-, -güter*** || -K: ***Bier-, Zigaretten-***

Kon·su·ment *der*; *-en*, *-en*; *Ökon* ≈ Verbraucher || *hierzu* **Kon·su·men·tin** *die*; -, *-nen*

kon·su·mie·ren; *konsumierte, hat konsumiert*; ***etwas konsumieren*** *geschr*; etwas essen, trinken oder verbrauchen ⟨Alkohol konsumieren⟩

◆ **Kon·takt** *der*; *-(e)s*, *-e* **1** ***Kontakt*** (***mit / zu j-m / etwas***) die Beziehung, die man zu Freunden *o.Ä.* hat und die man durch Treffen, Gespräche *o.Ä.* pflegt ⟨enger Kontakt; den Kontakt abbrechen⟩: *Er ist sehr schüchtern und hat daher kaum Kontakt mit / zu seinen Mitschülern* || K-: ***Kontakt-, -anzeige*** **2** das Austauschen von Informationen *o.Ä.* ⟨telefonischer Kontakt⟩: *Die Polizei versuchte, Kontakt zu den Geiselnehmern zu bekommen* || K-: ***Kontakt-, -aufnahme*** **3** *geschr* ≈ Berührung: *Vermeiden Sie jeden Kontakt mit dem giftigen Stoff!* || -K: ***Körper-***

Kon·takt·lin·se *die*; *meist Pl*; eine kleine Scheibe, die direkt auf dem Auge liegt und wie eine Brille funktioniert

◆ **Kon·ti·nent** *der*; *-(e)s*, *-e*; einer der großen Erdteile, wie *z.B.* Afrika, Amerika, Asien || *hierzu* **kon·ti·nen·tal** *Adj*

◆ **Kon·to** *das*; *-s*, *-s / Kon·ten*; eine Art Vertrag zwischen einer Bank und einem Kunden. Der Kunde kann sein Geld an die Bank geben und von dort wieder nehmen ⟨etwas von einem Konto abheben; etwas auf ein Konto einzahlen, überweisen⟩: *Ist das Gehalt schon auf mein(em) Konto eingegangen?* || K-: ***Konto-, -stand*** || -K: ***Giro-***

Kon·to·aus·zug *der*; ein Ausdruck einer Bank, auf dem steht, wie viel Geld man auf dem Konto hat

Kon·tra *das*; *-s*, *-s* **1** ***das Pro und Kontra*** + *Gen* das, was für und gegen etwas gesagt werden kann **2** ***j-m Kontra geben*** *gespr*; j-m mit scharfen Worten widersprechen

Kon·tra·bass *der*; das größte Streichinstrument

Kon·trast *der*; *-(e)s*, *-e* **1** ein auffälliger Unterschied ⟨ein scharfer Kontrast⟩ || K-: ***Kontrast-, -farbe*** || -K: ***Farb-*** **2** der Unterschied zwischen den hellen und dunklen Teilen eines Fotos, Bildes ⟨den Kontrast einstellen⟩ || *hierzu* **kon·tras·tie·ren** (*hat*)

◆ **Kon·trol·le** *die*; -, *-n* **1** die Handlungen, mit denen man prüft, ob j-d / etwas in Ordnung ist ⟨Kontrollen durchführen⟩: *die Kontrolle des Gepäcks am Flughafen* || K-: ***Kontroll-, -gang*** || -K: ***Führerschein-*** **2** ***die Kontrolle*** (***über j-n / etwas***) die Aufsicht über j-n / etwas *bzw* die Beherrschung einer Situation ⟨unter j-s Kontrolle stehen⟩: *Er verlor die Kontrolle über sich*

kon·trol·lie·ren; *kontrollierte, hat kontrolliert* **1** (***j-n / etwas***) ***kontrollieren*** prüfen, ob alles in Ordnung ist: *An der Grenze wurden unsere Pässe kontrolliert* **2** ***etwas kontrollieren*** sehr großen Einfluss auf etwas haben: *Der Firmenkonzern kontrolliert den gesamten Markt*

Kon·tur *die*; -, *-en*; *meist Pl*; eine Linie, die die Grenzen, Formen von Personen oder Dingen zeigt: *In der Dämmerung waren die Konturen der Häuser kaum noch zu sehen*

Kon·ven·ti·on [-'tsi̯oːn] *die*; -, *-en* **1** *geschr*; eine alte, anerkannte Regel des sozialen Verhaltens, die in einer Gesellschaft als Norm gilt ⟨gegen Konventionen verstoßen⟩ **2** ein Vertrag zwischen mehreren Staaten ≈ Abkommen: *die Genfer Konvention zum Schutz der Menschenrechte*

kon·ven·ti·o·nell *Adj*; *geschr* **1** wie es den gesellschaftlichen Traditionen entspricht ⟨Ansichten⟩ **2** *Mil*; ⟨Waffen⟩ in der Art, wie sie vor der Erfindung von Atomwaffen üblich waren

Kon·zent·ra·ti·on [-'tsi̯oːn] *die*; -, *-en* **1** *nur Sg*; ***die Konzentration*** (***auf j-n / etwas***) der Zustand, in dem man besonders aufmerksam ist: *Sein Beruf als Fluglotse erfordert enorme Konzentration* || K-: ***Konzentrations-, -fähigkeit*** **2** *nur Sg*; die Fähigkeit, sich konzentrieren (1) zu können: *Die Konzentration der Schüler lässt vor den Ferien stark nach* **3** ***die Konzentration auf etwas*** (*Akk*) das Sammeln von Gedanken, Kräften auf eine Sache: *Jetzt ist die Konzentration aller Kräfte nötig* **4** ***die Konzentration*** + *Gen*; ***die Konzentration von j-m / etwas*** (*Pl*) das Zusammenbringen von vielen Personen / Dingen an eine bestimmte Stelle || -K: ***Truppen-*** **5** *Chem*; der Anteil eines bestimmten Stoffes in einer Lösung

◆ **kon·zent·rie·ren, sich**; *konzentrierte sich, hat sich konzentriert* **1 sich (auf j-n / etwas) konzentrieren** für (kurze) Zeit intensiv über j-n / etwas nachdenken ⟨sich stark konzentrieren⟩: *Bei diesem Lärm kann ich mich nicht auf meine Arbeit konzentrieren* **2** ⟨j-s Aufmerksamkeit *o.Ä.*⟩ **konzentriert sich auf j-n / etwas** j-s Aufmerksamkeit *o.Ä.* richtet sich ganz auf eine bestimmte Person oder Sache **3 sich (auf j-n / etwas) konzentrieren** seine ganze Energie und seine Kräfte auf eine Person oder Sache richten: *Sie hat ihren Beruf aufgegeben und konzentriert sich jetzt ganz auf ihr Baby*

Kon·zept *das*; *-(e)s, -e*; *geschr*; **ein Konzept (für etwas)** ein Programm für ein bestimmtes Ziel ⟨ein Konzept entwickeln⟩: *ein Konzept für den Abbau der Arbeitslosigkeit* || ID **aus dem Konzept kommen** vergessen, was man sagen wollte; **j-n aus dem Konzept bringen** j-n vom Thema ablenken oder verwirren

Kon·zern *der*; *-s, -e*; mehrere große Firmen, die sich zu einer größeren Einheit zusammengeschlossen haben und zentral geleitet werden || -K: **Rüstungs-**

◆ **Kon·zert** *das*; *-(e)s, -e* **1** eine Veranstaltung, auf der Künstler Musik machen ⟨in ein Konzert gehen; ein Konzert geben⟩ || K-: **Konzert-, -saal** || -K: **Jazz- 2** ein Musikstück für ein Orchester und *meist* ein Soloinstrument || -K: **Klavier-**

◆ **Kopf** *der*; *-(e)s, Köp·fe* **1** der Teil des Körpers von Menschen und Tieren, in dem Augen, Ohren, Mund und Nase sind || K-: **Kopf-, -schmerzen, -verletzung 2 der Kopf** + *Gen* eine Person oder Gruppe, die etwas leiten ⟨der Kopf eines Unternehmens⟩ **3** eine von mehreren Personen: *Pro Kopf* (= für jede Person) *werden 15 Euro Eintritt verlangt* **4 den Kopf schütteln** den Kopf (1) hin und her bewegen und damit etwas verneinen, ablehnen **5 von Kopf bis Fuß** ganz und gar ⟨sich von Kopf bis Fuß neu einkleiden⟩ || ID **bis über den Kopf in** ⟨Arbeit, Schulden, Schwierigkeiten⟩ **stecken** viel zu viel Arbeit, Schulden *usw* haben; **etwas im Kopf behalten / haben** sich etwas merken und nicht vergessen: *Ich habe deine Telefonnummer im Kopf*; **etwas im Kopf rechnen** etwas ohne Hilfsmittel rechnen; **sich** (*Dat*) **etwas durch den Kopf gehen lassen** längere Zeit über eine Idee, einen Vorschlag nachdenken; **den Kopf verlieren** in Panik geraten; **einen klaren / kühlen Kopf behalten / bewahren** ruhig bleiben; **etwas steht auf dem Kopf** etwas hängt oder steht so, dass die obere Seite unten ist ⟨ein Bild⟩

Kopf

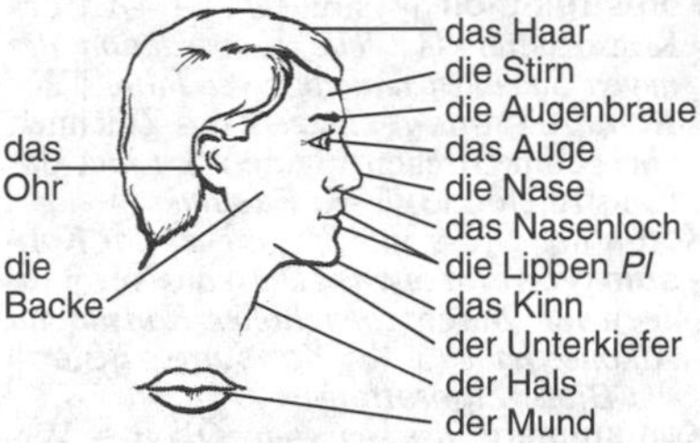

köp·fen; *köpfte, hat geköpft* **1 j-n köpfen** j-n töten, indem man ihm den Kopf abschlägt **2 etwas köpfen** den oberen Teil von etwas abschlagen, abschneiden: *ein Ei köpfen* **3 (etwas) köpfen** einen Ball mit dem Kopf irgendwohin stoßen: *den Ball ins Tor köpfen*

Kopf·sa·lat *der*; eine Pflanze, deren grüne Blätter man als Salat isst

◆ **Ko·pie** *die*; *-, -n* [-ˈpiː(ə)n] **1** die genaue Nachahmung eines Gegenstands ⟨die Kopie eines Gemäldes, Schlüssels⟩ **2** ein Blatt Papier, auf das der Text eines anderen Blattes übertragen wurde: *Bitte machen Sie vom Vertrag drei Kopien!* || -K: **Farb- 3** *EDV*; eine zweite Datei mit demselben Inhalt wie eine andere

◆ **ko·pie·ren**; *kopierte, hat kopiert* **1 (etwas) kopieren** eine Kopie von etwas machen **2 j-n / etwas kopieren** j-n / etwas nachahmen

◆ **Ko·pie·rer** *der*; *-s, -*; ≈ Kopiergerät

Ko·pier·ge·rät *das*; ein Gerät, das Kopien von Texten oder Bildern herstellt

Ko·ral·le *die*; *-, -n*; *meist Pl* **1** eines von vielen kleinen Tieren, die in Meeren in großer Zahl zusammenleben und Wände aus einer harten, weißen oder rötlichen Substanz bilden || K-: **Korallen-, -kolonie 2** ein Stück aus abgestorbenen Korallen (1) || K-: **Korallen-, -riff 3** ein kleines Stück Koralle (2), das man als Schmuck trägt || K-: **Korallen-, -kette**

Ko·ran *der*; *-s*; *nur Sg*; das heilige Buch des Islam

Korb *der*; *-(e)s, Kör·be* **1** ein leichter Behälter aus gebogenen Stäben, geflochtenen Streifen *o.Ä.*: *Unser Hund schläft in seinem Korb* || K-: **Korb-, -flechter** || -K: **Brot-, Papier-; Einkaufs- 2 ein Korb** + *Subst* die Menge von etwas, die in einem

Korb (1) Platz hat ⟨ein Korb Äpfel⟩ **3** *nur Sg*; ein geflochtenes Material aus Zweigen *o.Ä.*, aus dem man Körbe (1) und Möbel herstellt || K-: ***Korb-, -sessel*** || ID ***j-m einen Korb geben*** ein Angebot (*bes* einen Heiratsantrag) ablehnen

Kọrd *der*; *-(e)s*; *nur Sg*; ein dicker Stoff aus Baumwolle || K-: ***Kord-, -hose***

Kọrk (*der*); *-(e)s*; *nur Sg*; ein leichtes Material aus der Rinde einer bestimmten Eiche, mit dem man etwas isolieren oder dicht machen kann

Kọr·ken *der*; *-s, -*; ein kleines, rundes Stück Kork oder Plastik, mit dem man Flaschen verschließt || -K: ***Sekt-***

Kọr·ken·zie·her *der*; *-s, -*; ein Gerät mit einem Griff und einer Spirale aus Metall, mit dem man den Korken aus der Flasche zieht

◆ **Kọrn** *das*; *-(e)s, Kör·ner* **1** der Samen, aus dem eine Pflanze wächst: *Hühner mit Körnern füttern* || -K: ***Samen-, Weizen-*** **2** ***ein Korn*** + *Subst* etwas von der Form eines Korns (1) ⟨ein paar Körner Sand⟩ || -K: ***Hagel-*** **3** *nur Sg*; Getreide, aus dem man Brot macht ⟨Korn anbauen⟩ || K-: ***Korn-, -feld***

◆ **Kọ̈r·per** *der*; *-s, -*; **1** die Haut, Muskeln, Knochen *usw*, aus denen ein Mensch oder Tier besteht ⟨ein muskulöser Körper; am ganzen Körper zittern⟩ || K-: ***Körper-, -pflege, -teil*** **2** *Math*; eine (dreidimensionale) Figur **3** *Phys*; ein Gegenstand || -K: ***Himmels-***

kọ̈r·per·lich *Adj*; *nur attr oder adv*; in Bezug auf den Körper (1) ⟨Arbeit; körperlich behindert sein⟩: *in guter körperlicher Verfassung sein*

kor·rẹkt *Adj* **1** so, dass bestimmte (gesellschaftliche) Normen genau eingehalten werden ⟨sich korrekt benehmen, kleiden⟩ **2** ≈ richtig ⟨ein Ergebnis⟩ || *hierzu* **Kor·rẹkt·heit** *die*

Kor·rek·tur *die*; *-, -en* **1** die Verbesserung eines Textes, der Fehler hat: *Lehrer machen ihre Korrekturen meist mit roter Farbe* || K-: ***Korrektur-, -taste*** **2** *geschr*; die Änderung von etwas, das nicht (mehr) richtig ist || -K: ***Kurs-***

Kor·res·pon·dẹnt *der*; *-en, -en*; ein Journalist, der *z.B.* für die Presse, den Rundfunk von einem anderem Ort berichtet: *Wir schalten um zu unserem Korrespondenten nach Moskau* || K-: ***Korrespondenten-, -bericht*** || -K: ***Auslands-*** || *hierzu* **Kor·res·pon·dẹn·tin** *die*; *-, -nen*

Kor·res·pon·dẹnz *die*; *-, -en*; *geschr* **1** *nur Sg*; das Schreiben von Briefen ⟨die Korrespondenz erledigen⟩ **2** die Briefe, die j-d geschrieben und bekommen hat

Kọr·ri·dor *der*; *-s, -e*; ein Gang in einem Haus, einer Wohnung

◆ **kor·ri·gie·ren**; *korrigierte, hat korrigiert* **1** (***etwas***) ***korrigieren*** einen Text lesen und die Fehler verbessern: *Die Lehrerin korrigiert die Aufsätze* **2** ***j-n / sich / etwas korrigieren*** einen Fehler bemerken und ihn beseitigen ⟨j-s Aussprache korrigieren⟩ **3** ***etwas korrigieren*** ≈ (positiv) ändern ⟨seine Meinung korrigieren⟩

kor·rụpt, *korrupter, korruptest-*; *Adj*; *pej* ≈ bestechlich: *ein korrupter Beamter* || *hierzu* **Kor·rụpt·heit** *die*

Kos·me·tik *die*; *-*; *nur Sg*; die Anwendung von Cremes, Lippenstift, Puder *usw*, um den Körper, *bes* das Gesicht zu pflegen und schöner zu machen || K-: ***Kosmetik-, -koffer***

Kọs·mos *der*; *-*; *nur Sg*; *geschr*; das Weltall

Kọst *die*; *-*; *nur Sg*; das, womit sich j-d ernährt ⟨einfache, vegetarische Kost⟩ || K-: ***Kost-, -geld*** || -K: ***Roh-; Schon-***

kọst·bar *Adj* **1** sehr wertvoll und selten: *ein kostbarer Teppich* **2** sehr wichtig für j-n, sodass man sorgfältig damit umgeht: *Meine Zeit ist mir zu kostbar, um sie mit solchem Unsinn zu verbringen*

Kọst·bar·keit *die*; *-, -en* **1** ein seltener, kostbarer (1) Gegenstand **2** *nur Sg*; ein sehr hoher Wert: *Der Ring ist von großer Kostbarkeit*

◆ **kọs·ten**[1]; *kostete, hat gekostet* **1** ***etwas kostet*** + *Wertangabe*; etwas hat einen bestimmten Preis: *Die Fahrt nach Hamburg kostet 150 Euro* **2** ***etwas kostet j-n etwas*** (*Akk*) für etwas muss j-d etwas hergeben oder ertragen ⟨etwas kostet j-n schlaflose Nächte⟩ || Hinweis: kein Passiv!

◆ **kọs·ten**[2]; *kostete, hat gekostet*; (***etwas***) ***kosten*** eine kleine Menge von etwas essen oder trinken, um zu prüfen, wie es schmeckt: *einen Löffel Suppe kosten*

◆ **Kọs·ten** *die*; *Pl*; ***die Kosten*** (***für etwas***) das Geld, das man für etwas ausgeben muss ⟨steigende Kosten⟩ || K-: ***Kosten-, -senkung*** || -K: ***Benzin-*** || ID ***etwas geht auf Kosten*** + *Gen* / ***von j-m / etwas*** ≈ etwas schadet j-m / etwas: *Das Rauchen geht auf Kosten deiner Gesundheit*

kọs·ten·los *Adj*; so, dass man nichts dafür zahlen muss

kọ̈st·lich *Adj* **1** so, dass es besonders gut schmeckt **2** sehr witzig ⟨eine Idee⟩ || *zu* **1 Kọ̈st·lich·keit** *die*

◆ **Kos·tüm** *das*; *-s, -e* **1** eine Art der Kleidung für Damen, bei der Rock und Jacke *meist* aus demselben Material sind und die gleiche Farbe haben || K-: ***Kostüm-,***

-jacke || -K: ***Frühjahrs-, Woll-*** **2** die Kleidung, die von Schauspielern oder im Karneval getragen wird: *Die Sänger traten in Kostümen des späten Barock auf* || K-: ***Kostüm-, -fest*** || -K: ***Karnevals-***

Kot *der*; -*(e)s*; *nur Sg*; ein Produkt der Verdauung bei Mensch und Tier, das den Darm in fester Form verlässt || -K: ***Hunde-***

◆ **Ko·te·lett** [kɔ'tlɛt, 'kɔtlɛt] *das*; *-s, -s*; ein Stück Fleisch mit einem Knochen vom Schwein, Kalb oder Lamm, das man brät oder grillt || -K: ***Lamm-***

kot·zen; *kotzte, hat gekotzt*; *gespr!* ≈ sich erbrechen

Krab·be *die*; -, *-n*; eine Art kleiner Krebs, der im (Meer)Wasser lebt || ↑ *Abbildung unter* ***Schalentiere*** || K-: ***Krabben-, -fischer***

krab·beln; *krabbelte, ist gekrabbelt* **1** (*bes* als kleines Kind) sich auf Händen und Knien vorwärts bewegen: *Das Baby krabbelte zum Tisch und zog sich an ihm hoch* || K-: ***Krabbel-, -kind*** **2** ⟨ein Insekt⟩ ***krabbelt*** (***irgendwo***) ein Insekt *o.Ä.* bewegt sich am Boden *o.Ä.* fort

K

Krach *der*; -*(e)s*, *Krä·che* **1** *nur Sg*; *pej*; unangenehm laute Geräusche ⟨ein ohrenbetäubender Krach⟩ **2** *meist Sg*; das Geräusch, das entsteht, wenn zwei harte Dinge zusammenstoßen: *Es gab einen lauten Krach, als die Tür zuschlug* **3** ***Krach*** (***mit j-m***) *gespr* ≈ Streit || -K: ***Ehe-***

kra·chen; *krachte, hat / ist gekracht* **1** ***etwas kracht*** (*hat*) etwas macht ein kurzes lautes Geräusch wie zwei harte Gegenstände, die zusammenstoßen ⟨Donner⟩ **2** ***etwas kracht*** (*hat*) etwas bricht oder reißt mit einem lauten Geräusch ⟨der Balken, das Eis⟩ **3** ***irgendwohin krachen*** (*ist*) mit einem lauten Geräusch gegen etwas stoßen, irgendwohin fallen ⟨zu Boden krachen⟩

krạch·zen; *krächzte, hat gekrächzt* **1** ***ein Vogel krächzt*** ein Vogel produziert raue Laute ⟨ein Rabe⟩ **2** (***etwas***) ***krächzen*** etwas mit leiser und rauer Stimme sagen || *hierzu* **Krạch·zer** *der*

◆ **Kraft** *die*; -, *Kräf·te* **1** die Fähigkeit, etwas Schweres zu heben oder tragen *bzw* etwas Anstrengendes zu leisten ⟨seine ganze Kraft (für etwas) aufbieten; etwas kostet j-n Kraft⟩: *Mit letzter Kraft schleppte er sich durchs Ziel und brach dann zusammen* || K-: ***Kraft-, -aufwand*** || -K: ***Muskel-*** **2** die Fähigkeit, etwas mithilfe seines Verstandes zu tun: *j-n nach besten Kräften beraten* || -K: ***Überzeugungs-, Vorstellungs-*** **3** die seelische Fähigkeit, eine schwierige Situation zu bewältigen: *Ihm fehlte die Kraft, ihr die Wahrheit zu sagen* || -K: ***Willens-*** **4** die Fähigkeit von etwas, etwas zu bewirken: *Im Winter hat die Sonne nur wenig Kraft* || -K: ***Heil-, Zauber-*** **5** *Phys*; die Ursache für die Änderung der Bewegung oder Form eines Körpers || -K: ***Schwer-*** **6** ***in / außer Kraft*** gültig und wirksam / nicht mehr gültig ⟨ein Gesetz tritt in Kraft; etwas außer Kraft setzen⟩

Kraft|fahr·zeug *das*; *Admin geschr*; ein Fahrzeug mit einem Motor, das auf Straßen fährt (ein Auto oder Motorrad); *Abk* Kfz || K-: ***Kraftfahrzeug-, -mechaniker, -steuer***

◆ **kräf·tig** *Adj* **1** gesund und stark **2** mit relativ viel körperlicher Kraft (1) ⟨ein Händedruck⟩: *die Flasche vor Gebrauch kräftig schütteln* **3** von intensiver Wirkung ⟨eine Farbe, ein Wind⟩

◆ **Kraft·werk** *das*; ein technischer Betrieb, in dem Elektrizität erzeugt wird || -K: ***Atom-, Wasser-***

Kra·gen *der*; *-s*, - / *südd* Ⓐ Ⓒⓗ *Krä·gen*; der (feste) Teil eines Hemds, einer Jacke *o.Ä.*, der um den Hals geht: *Als Schutz gegen den kalten Wind schlug er den Kragen seines Mantels hoch* || K-: ***Kragen-, -knopf*** || -K: ***Jacken-, Pelz-***

Krä·he ['krɛːə] *die*; -, *-n*; ein relativ großer, schwarzer Vogel

krä·hen ['krɛːən]; *krähte, hat gekräht*; ***ein Hahn kräht*** ein Hahn gibt typische Laute von sich

Kral·le *die*; -, *-n*; der scharfe, spitze Nagel an den Füßen bestimmter Tiere, *z.B.* bei Katzen und Vögeln

Krampf *der*; -*(e)s*, *Krämp·fe*; der Zustand, in dem sich Muskeln schmerzhaft zusammenziehen und starr werden: *einen Krampf im Bein haben* || -K: ***Muskel-***

Kran *der*; -*(e)s*, *Krä·ne*; eine Maschine mit einem langen, beweglichen Querbalken, der (*bes* auf Baustellen) große und schwere Dinge heben und bewegen kann || K-: ***Kran-, -führer***

◆ **krank**, *kränker, kränkst-*; *Adj* **1** in dem Zustand, in dem sich ein Lebewesen nicht wohl fühlt, schwach ist oder Schmerzen, Fieber hat ⟨geistig, schwer, unheilbar krank⟩: *Geh doch zum Arzt, wenn du krank bist!* || -K: ***herz-, tod-*** **2** ⟨Pflanzen⟩ so, dass sie nicht gut wachsen, die Blätter verlieren **3** psychisch schwach und leidend ⟨vor Eifersucht, Liebe *usw* krank⟩ || ▸ ***Krankheit***

◆ **Kran·ke** *der / die*; *-n*, *-n*; j-d, der krank (1) ist: *einen Kranken pflegen* || K-: ***Kranken-, -besuch, -wagen***

krän·ken; *kränkte, hat gekränkt*; ***j-n kränken*** etwas tun oder sagen, was die Gefühle eines anderen verletzt ⟨sich (in seinem Stolz) gekränkt fühlen⟩: *Ihre böse Bemerkung hat mich sehr gekränkt* || *hierzu* **Krän·kung** *die*

◆ **Kran·ken·haus** *das*; ein Gebäude, in dem Kranke liegen und behandelt werden ⟨im Krankenhaus liegen⟩ || K-: ***Krankenhaus-, -aufenthalt***

◆ **Kran·ken·kas·sa** *die*; Ⓐ ≈ Krankenkasse

◆ **Kran·ken·kas·se** *die*; die (gesetzliche) Krankenversicherung

Kran·ken·pfle·ger *der*; ein Mann, dessen Beruf es ist, kranke Menschen zu pflegen

◆ **Kran·ken·schwes·ter** *die*; eine Frau, deren Beruf es ist, kranke Menschen zu pflegen

Kran·ken·ver·si·che·rung *die*; eine Institution, an die man jeden Monat eine Summe zahlt und die dafür die Kosten einer ärztlichen Behandlung bezahlt ⟨die gesetzliche, eine private Krankenversicherung⟩

krank·haft *Adj* **1** zu einer Krankheit gehörig oder durch sie bewirkt: *eine krankhafte Vergrößerung der Prostata* **2** so stark ausgeprägt, dass der Betreffende nicht mehr normal handelt ⟨Ehrgeiz⟩: *Er ist krankhaft eifersüchtig* || *hierzu* **Krank·haf·tig·keit** *die*

◆ **Krank·heit** *die*; -, *-en* **1** der Zustand, bei dem die Körper, Organe oder Teile von Menschen, Tieren oder Pflanzen nicht richtig funktionieren ⟨eine schwere Krankheit; eine Krankheit heilen⟩: *Als Kind litt sie an Krankheiten wie Masern, Windpocken oder Röteln* || K-: ***Krankheits-, -erreger, -verlauf*** || -K: ***Haut-; Tropen-; Kinder-*** **2** die Zeit, in der j-d an einer Krankheit (1) leidet: *Während seiner zweiwöchigen Krankheit konnte er nicht arbeiten*

Kranz *der*; *-es, Krän·ze*; ein *meist* ringförmiges Gebilde aus Blumen, Zweigen *o.Ä.* ⟨einen Kranz binden, niederlegen⟩: *Im Advent haben wir einen Kranz aus Tannenzweigen mit vier Kerzen* || -K: ***Advents-, Blumen-, Lorbeer-*** **2** etwas in der Form eines Ringes

Kra·ter *der*; *-s, -*; ein tiefes Loch in der Erde, das *oft* wie ein Kegel aussieht und *meist* durch eine Explosion oder einen Vulkan entstanden ist || K-: ***Krater-, -see***

krat·zen; *kratzte, hat gekratzt* **1** ***j-n / sich (irgendwo) kratzen; j-m / sich etwas kratzen*** die Fingernägel, Krallen *o.Ä.* mit leichtem Druck auf der Haut an den Stellen hin und her bewegen, wo sie juckt ⟨j-n am / j-m den Rücken kratzen⟩ **2** ***j-n / sich kratzen*** die Haut mit einem spitzen oder scharfen Gegenstand verletzen: *Die Katze hat mich gekratzt* || K-: ***Kratz-, -wunde*** **3** ***etwas aus / von etwas kratzen*** einen spitzen, scharfen oder harten Gegenstand so hin und her bewegen, dass etwas entfernt wird oder die Oberfläche von etwas verändert wird: *einen Topf leer kratzen*; *Farbe von der Wand kratzen* **4** ***etwas kratzt (j-n)*** etwas reizt die Haut: *Der neue Pullover kratzt (mich)*

Krat·zer *der*; *-s, -*; eine kleine Wunde oder kaputte Stelle, die durch Kratzen entstanden ist: *ein Kratzer im Lack* || -K: ***Haut-***

krau·len[1]; *kraulte, hat gekrault*; ***j-n (irgendwo) kraulen; j-m / sich etwas kraulen*** einen Menschen oder ein Tier streicheln, indem man die Finger hin und her bewegt ⟨den Hund zwischen den Ohren kraulen⟩

krau·len[2]; *kraulte, hat / ist gekrault*; schwimmen, indem man die Arme in einem großen Bogen von vorn nach hinten durch das Wasser zieht und die gestreckten Beine auf und ab bewegt || K-: ***Kraul-, -stil*** || *hierzu* **Krau·ler** *der*

kräu·seln; *kräuselte, hat gekräuselt* **1** ***etwas kräuseln*** kleine Falten, Locken, Wellen in etwas machen ⟨die Lippen kräuseln⟩: *Der Wind kräuselte die Oberfläche des Sees* **2** ***etwas kräuselt sich*** etwas bildet kleine Falten, Wellen, Locken || *hierzu* **Kräu·se·lung** *die*

Kraut *das*; *-(e)s, Kräu·ter* **1** *meist Pl*; kleine Pflanzen, die hauptsächlich aus Blättern bestehen und die man als Medizin oder Gewürz verwendet ⟨Kräuter trocknen⟩: *Für diese Soße braucht man Petersilie, Dill, Basilikum und andere Kräuter* || K-: ***Kräuter-, -bad, -tee*** || -K: ***Heil-, Küchen-*** **2** *nur Sg*; die Blätter und Stiele einer Pflanze, die nicht gegessen werden: *das Kraut von Kartoffeln* **3** *nur Sg*; *bes südd* Ⓐ eine Bezeichnung für bestimmte Arten von Kohl: *Würstchen mit Kraut* || K-: ***Kraut-, -salat*** || -K: ***Sauer-*** || ID ***wie Kraut und Rüben*** ohne Ordnung

Kra·wat·te *die*; -, *-n*; ein Kleidungsstück aus einem langen, schmalen Streifen Stoff, den man unter dem Kragen um den Hals legt und vorne zu einem Knoten bindet ⟨die Krawatte binden⟩ || K-: ***Krawatten-, -knoten***

kre·a·tiv [-f] *Adj*; mit neuen und originellen Ideen ⟨kreativ tätig sein⟩ || *hierzu* **Kre·a·ti·vi·tät** [-v-] *die*

Krebs[1] *der*; *-es, -e* **1** ein Tier mit acht Bei-

K

nen und einer harten Schale, das im Wasser lebt. Die zwei vorderen Beine sehen wie Zangen aus || K-: ***krebs-, -rot*** **2** *nur Sg*; das Sternzeichen für die Zeit vom 22. Juni bis 22. Juli

Krebs[2] *der*; *-es*; *nur Sg*; eine gefährliche Krankheit, bei der bestimmte Zellen im Körper unnatürlich stark wachsen ⟨Krebs im Frühstadium, Endstadium⟩ || K-: ***Krebs-, -forschung, -geschwür*** || -K: ***Lungen-, Magen-***

◆**Kre·dit** *der*; *-(e)s, -e* **1** eine Geldsumme, die *bes* eine Bank j-m für eine bestimmte Zeit *meist* gegen Zinsen leiht ⟨einen Kredit aufnehmen⟩ || K-: ***Kredit-, -anstalt*** **2** *nur Sg*; die Möglichkeit, eine Ware oder Leistung später zu bezahlen ⟨etwas auf Kredit kaufen⟩

◆**Kre·dit·kar·te** *die*; eine kleine Karte aus Plastik, mit der man, statt mit barem Geld, zahlen kann

Krei·de *die*; -, *-n* **1** *nur Sg*; eine Substanz aus weichem, weißem Stein || K-: ***Kreide-, -felsen*** **2** ein Stück Kreide (1), das man zum Schreiben oder Zeichnen verwendet ⟨ein Stück Kreide⟩: *etwas mit Kreide an die Tafel schreiben* || K-: ***Kreide-, -zeichnung***

K

◆**Kreis** *der*; *-es, -e* **1** eine geschlossene Linie, die so um einen Punkt herum verläuft, dass sie an jeder Stelle gleich weit davon entfernt ist || K-: ***kreis-, -rund*** **2** die Fläche, die von dieser Linie umschlossen wird **3** etwas, das ungefähr die Form eines Kreises (2) hat: *Der Adler zog seine Kreise am Himmel* **4** mehrere Personen, die (oft) zusammen sind, um gemeinsam etwas zu tun ⟨ein geselliger Kreis; in familiärem Kreis⟩: *Er verbrachte Weihnachten im Kreis seiner Freunde* || -K: ***Arbeits-*** **5** *Kurzwort* ↑ ***Landkreis*** || ID ***sich im Kreis bewegen / drehen*** immer wieder dasselbe denken, sagen oder tun und dabei zu keinem Ergebnis kommen; ***etwas zieht (weite) Kreise*** etwas hat (starke) Auswirkungen

krei·schen; *kreischte, hat gekreischt*; ***(etwas) kreischen*** (etwas) mit lauter und hoher Stimme schreien ⟨schrill kreischen⟩: *„Achtung!", kreischte sie*

krei·sen; *kreiste, hat / ist gekreist* **1** (*hat / ist*) sich so bewegen, dass ein Kreis (1) entsteht: *Der Adler kreiste am Himmel* **2** ***etwas kreisen lassen*** etwas (in einer Runde) von einer Person zur anderen gehen lassen ⟨eine Flasche kreisen lassen⟩ **3** ***mit etwas kreisen*** (*hat*) etwas so bewegen, dass ein Kreis (2) entsteht ⟨mit den Armen kreisen⟩ **4** ***etwas kreist um etwas*** (*hat / ist*) etwas kommt immer wieder auf dasselbe Thema zurück ⟨Gedanken⟩

Kreis·lauf *der* **1** die Art der Bewegung, bei der etwas immer wieder zum Ausgangspunkt zurückkehrt || -K: ***Wasser-*** **2** *meist Sg*; die Bewegung des Blutes im Körper ⟨einen schwachen Kreislauf haben⟩ || K-: ***Kreislauf-, -kollaps, -schwäche*** || -K: ***Blut-*** **3** *nur Sg*; ein Ablauf, bei dem in regelmäßigen Abständen immer wieder dasselbe geschieht: *der Kreislauf der Natur*

kreuz *nur in* ***kreuz und quer*** ohne Plan oder Ordnung: *mit dem Auto kreuz und quer durch die Stadt fahren*

Kreuz *das*; *-es, -e* **1** Zeichen wie x oder +, die man *z.B.* schreibt, um eine bestimmte Stelle auf einer Karte zu markieren oder um eine von mehreren Möglichkeiten auf einem Formular zu wählen ⟨etwas mit einem Kreuz versehen⟩ **2** etwas mit der Form eines Kreuzes (1) || -K: ***Fenster-*** **3** ein Kreuz (1), das *bes* in der christlichen Religion als Symbol verwendet wird || -K: ***Altar-, Holz-*** **4** *hist*; ein Gerüst mit einem langen senkrechten und einem kurzen waagrechten Balken, an dem früher Menschen getötet wurden: *Jesus Christus starb am Kreuz* || K-: ***Kreuzes-, -tod*** **5** der untere Teil des Rückens ⟨j-m tut das Kreuz weh⟩ || K-: ***Kreuz-, -schmerzen*** || -K: ***Hohl-*** **6** eine Spielfarbe im internationalen Kartenspiel || ↑ *Abbildung unter* ***Spielkarten*** **7** *Mus*; das Zeichen ♯, durch das eine Note einen halben Ton höher gesetzt wird **8** ***über Kreuz*** so, dass dabei ein Kreuz (1) entsteht: *Sie legte Messer und Gabel über Kreuz auf ihren Teller* || ID ***mit j-m / etwas sein Kreuz haben*** *gespr*; durch j-n / etwas viel Mühe oder Ärger haben

kreu·zen; *kreuzte, hat gekreuzt* **1** ***etwas kreuzt etwas*** zwei Wege *o.Ä.* überschneiden sich **2** *meist* ⟨die Arme, Beine⟩ ***kreuzen*** die Arme oder die Beine so übereinander legen, dass eine Art Kreuz entsteht **3** ⟨Dinge⟩ ***kreuzen*** Dinge so zusammenlegen, dass eine Art Kreuz entsteht ⟨die Schwerter kreuzen⟩ **4** ⟨ein Tier und ein Tier / eine Pflanze und eine Pflanze⟩ ***kreuzen***; ⟨ein Tier, eine Pflanze⟩ ***mit*** ⟨einem Tier, einer Pflanze⟩ ***kreuzen*** männliche und weibliche Tiere oder Pflanzen verschiedener Arten so zusammenbringen, dass aus ihnen Nachkommen einer neuen Art hervorgehen

kreu·zi·gen; *kreuzigte, hat gekreuzigt*; ***j-n kreuzigen*** *hist*; j-n an ein Kreuz (4) hängen und ihn dort sterben lassen

Kreu·zi·gung *die*; -; *-en*; *hist*; der Vorgang, bei dem j-d gekreuzigt wird ⟨die Kreuzigung Jesu Christi⟩

◆ **Kreu·zung** *die*; -, *-en* **1** eine Stelle, an der sich zwei oder mehrere Straßen schneiden ⟨an der Kreuzung abbiegen⟩ **2** *Biol*; das Kreuzen (4) von Tieren oder Pflanzen verschiedener Arten *bzw* das Ergebnis davon

Kreuz·wort|rät·sel *das*; ein gedrucktes Rätsel, bei dem man Wörter erraten muss, die man in ein Muster von Kästchen einträgt ⟨ein Kreuzworträtsel lösen⟩

krib·beln; *kribbelte, hat gekribbelt*; *gespr* **1** ***etwas kribbelt*** etwas juckt oder kitzelt: *Meine Haut kribbelt am Rücken* **2** ***es kribbelt j-n irgendwo*** es juckt j-n irgendwo

krie·chen; *kroch, ist gekrochen* **1** sich auf Händen und Knien fortbewegen **2** sich so fortbewegen, dass der Bauch den Boden berührt: *Das Krokodil kroch aus dem Fluss* **3** ***irgendwohin kriechen*** sich an einen Ort begeben, wo wenig Platz ist oder der Körper von etwas (Schützendem) bedeckt wird ⟨unter die Decke, hinter den Ofen kriechen⟩

◆ **Krieg** *der*; *-(e)s, -e* **1** ***ein Krieg*** (***gegen j-n / mit j-m***); ***ein Krieg*** (***zwischen*** ⟨Ländern, Völkern *o.Ä.*⟩) eine Auseinandersetzung, bei der verschiedene Länder oder Teile eines Landes / Volkes mit Waffen gegeneinander kämpfen ⟨zum Krieg rüsten; es herrscht Krieg⟩: *Der Krieg wurde mit einem Waffenstillstand beendet* || K-: ***Kriegs-, -gefangene(r), -schauplatz, -verbrecher*** || -K: ***Welt-*** **2** ein politischer oder persönlicher Kampf mit harten Worten und bösen Taten: *mit den Nachbarn im Krieg liegen* || -K: ***Nerven-***

◆ **krie·gen**; *kriegte, hat gekriegt*; ***etwas kriegen*** *gespr* ≈ bekommen: *Ich kriege noch zwei Euro von dir* || Hinweis: kein Passiv!

krie·ge·risch *Adj* **1** ⟨ein Volk⟩ so, dass es oft und gern kämpft **2** in der Form eines Krieges ⟨Auseinandersetzungen⟩

Kriegs·dienst *der* **1** die Aufgaben, die der Soldat im Krieg erfüllt **2** die Zeit, in der ein junger Mann beim Militär ist, um eine Ausbildung als Soldat zu machen || K-: ***Kriegsdienst-, -verweigerer***

◆ **Kri·mi** *der*; *-s, -s*; *gespr*; ein Roman oder Film, der von Verbrechen (und *meist* der Entdeckung des Täters) handelt

Kri·mi·nal·po·li·zei *die*; der Teil der Polizei, der Verbrechen untersucht

kri·mi·nell *Adj* **1** bereit, Verbrechen zu begehen ⟨Menschen, Organisationen⟩ **2** ⟨Handlungen⟩ so, dass sie ein Verbrechen darstellen **3** *gespr*; ⟨ein Leichtsinn, eine Rücksichtslosigkeit⟩ so, dass sie zu einem Unglück führen könnten || *zu* **1 Kri·mi·nel·le** *der / die*

◆ **Kri·se** *die*; -, *-n*; eine schwierige oder gefährliche Situation oder Zeit ⟨eine wirtschaftliche Krise; eine Krise durchmachen⟩: *Die Firma befindet sich in einer finanziellen Krise* || -K: ***Energie-, Regierungs-***

Kri·te·ri·um *das*; *-s, Kri·te·ri·en* [-riən]; ***ein Kriterium*** (***für etwas***) ein Merkmal, nach dem man eine Frage entscheidet oder etwas beurteilt ⟨Kriterien aufstellen⟩

◆ **Kri·tik** *die*; -, *-en* **1** *nur Sg*; ***Kritik*** (***an j-m / etwas***) die Beurteilung einer Person / Sache nach bestimmten Maßstäben *bzw* die Worte, die diese Beurteilung ausdrücken ⟨sachliche, schonungslose Kritik üben⟩: *Der Reporter äußerte Kritik an dem Einsatz der Polizei* || -K: ***Gesellschafts-*** **2** ***eine Kritik*** (***von j-m / etwas***) (***über j-n / etwas***) ein Bericht, in dem ein Buch, Film *o.Ä.* beurteilt wird ⟨eine vernichtende Kritik⟩: *Über ihren neuen Film konnte man nur gute Kritiken lesen* || -K: ***Theater-*** || *hierzu* **Kri·ti·ker** *der*; **Kri·ti·ke·rin** *die*; -, *-nen*

◆ **kri·tisch** *Adj* **1** ⟨ein Kommentar, Leser⟩ so, dass sie j-n / etwas genau prüfen und streng beurteilen: *sich kritisch mit etwas auseinander setzen* **2** negativ in der Beurteilung von j-m / etwas: *Sie äußerte sich kritisch zu den neuen Beschlüssen der Regierung* **3** in Gefahr, schlecht zu enden ⟨eine Lage⟩: *Der Kranke befindet sich in einem äußerst kritischen Zustand*

kri·ti·sie·ren; *kritisierte, hat kritisiert* **1** ***j-n / etwas kritisieren*** Kritik (1) an j-m / etwas äußern: *Sein Verhalten wurde von der Geschäftsleitung scharf kritisiert* **2** ***j-n / etwas kritisieren*** eine Kritik (2) verfassen

kroch ↑ ***kriechen***

Kro·ko·dil *das*; *-s, -e*; ein großes Tier (Reptil), das in manchen warmen Ländern im und am Wasser lebt. Krokodile haben scharfe Zähne und eine harte Haut || K-: ***Krokodil-, -leder***

Kro·ne *die*; -, *-n* **1** ein Schmuck aus Gold und Edelsteinen, den ein König, eine Königin *usw* zu besonderen Anlässen auf dem Kopf tragen || -K: ***Königs-*** **2** *nur Sg*; das Amt und die Macht, die ein König, eine Königin hat ⟨die Krone niederlegen (= abdanken)⟩ **3** die Familie eines Königs oder Kaisers: *Die englische Krone besitzt große Reichtümer* || K-: ***Kron-,***

-juwelen **4** *Kurzwort* ↑ ***Baumkrone*** **5** eine feste Schicht, die vom Zahnarzt auf den gesunden Teil eines Zahnes gesetzt wird || -K: ***Gold-*** **6** *nur Sg*; eine Person oder Sache, die perfekt ist: *Der Mensch wird oft die Krone der Schöpfung genannt* **7** die Währung mancher skandinavischen Länder

krö·nen; *krönte, hat gekrönt* **1** ***j-n (zu etwas) krönen*** j-n zum König *o.Ä.* machen und ihm dabei die Krone (1) aufsetzen **2** ***etwas krönt etwas*** etwas ist der Höhepunkt einer Sache ⟨der krönende Abschluss eines Festes⟩ **3** ***etwas mit etwas krönen*** eine gute Leistung noch besser machen || ID ***etwas ist von Erfolg gekrönt*** etwas hat großen Erfolg || *hierzu* **Krö·nung** *die*

Krö·te *die*; -, *-n*; ein Tier, das einem Frosch ähnelt und *meist* an Land lebt

Krü·cke *die*; -, *-n*; ein Stock mit einem Griff und einer Armstütze für j-n, der nur schlecht laufen kann ⟨an Krücken gehen⟩

Krug *der*; *-(e)s, Krü·ge* **1** ein Gefäß aus Glas, Porzellan *o.Ä.* mit einem oder zwei Henkeln, für Flüssigkeiten || -K: ***Bier-***; ***Ton-*** **2** ***ein Krug*** + *Subst* die Menge Flüssigkeit, die in einen Krug (1) passt: *einen Krug Wein bestellen*

Krü·mel *der*; *-s, -*; ein sehr kleines Stück (*bes* von Brot, Kuchen, Tabak) || -K: ***Brot-***

krumm, *krummer / krümmer, krummst- / krümmst-*; *Adj*; so, dass etwas bogenförmige Abweichungen hat ⟨krumm und bucklig⟩: *Die Katze macht einen krummen Buckel* || K-: ***Krumm-, -schwert***

krüm·men; *krümmte, hat gekrümmt* **1** ***etwas krümmen*** etwas Gerades krumm machen: *den Rücken krümmen* **2** ***etwas krümmt sich*** etwas ist / wird krumm ⟨eine Linie, Fläche⟩ **3** ***sich (vor etwas (Dat)) krümmen*** den Rücken krumm machen ⟨sich vor Schmerzen krümmen⟩

Krüm·mung *die*; -, *-en*; eine bogenförmige Abweichung von einem geraden Verlauf: *die Krümmung der Erdoberfläche*

Krus·te *die*; -, *-n*; eine harte Schicht auf etwas Weichem ⟨eine knusprige Kruste⟩: *Auf der Wunde hat sich eine Kruste aus Blut gebildet* || -K: ***Brot-***

Kü·bel *der*; *-s, -*; **1** ein rundes, weites Gefäß || K-: ***Kübel-, -pflanze*** || -K: ***Sekt-*** **2** *südd* Ⓐ ≈ Eimer

Ku·bik·me·ter *der*; eine Einheit, mit der das Volumen von etwas gemessen wird. Ein Kubikmeter ist 1 Meter hoch, 1 Meter lang und 1 Meter breit; *Math* m^3

◆ **Kü·che** *die*; -, *-n* **1** ein Raum, in dem man *bes* kocht, bäckt oder Speisen zubereitet: *Die Küche ist groß genug, um darin zu essen* || K-: ***Küchen-, -gerät, -schrank*** || -K: ***Wohn-*** **2** die Möbel, mit denen eine Küche (1) eingerichtet ist: *eine neue Küche kaufen* **3** eine bestimmte Art, das Essen zu kochen ⟨die französische Küche⟩

◆ **Ku·chen** *der*; *-s, -*; ein relativ großes, süßes Gebäck ⟨einen Kuchen backen; j-n zu Kaffee und Kuchen einladen⟩: *Zum Geburtstag gibt es einen Kuchen mit Kerzen* || K-: ***Kuchen-, -teig, -teller*** || -K: ***Apfel-, Schokoladen-***

Ku·ckuck *der*; *-s, -e*; ein Vogel, der seine Eier in fremde Nester legt und von anderen Vögeln ausbrüten lässt || K-: ***Kuckucks-, -ruf***

Ku·gel *die*; -, *-n* **1** ein runder, fester, *meist* relativ kleiner Körper, der leicht rollt: *Murmeln sind kleine bunte Kugeln aus Glas, mit denen Kinder spielen* || K-: ***kugel-, -rund*** || -K: ***Eisen-*** **2** eine schwere Kugel (1) aus Metall, die man *z.B.* im Sport schleudert oder beim Kegeln rollt **3** ein kleiner, *meist* runder Gegenstand aus Metall, den man mit einem Gewehr *o.Ä.* abschießt ⟨von einer Kugel getroffen, gestreift werden⟩ || K-: ***Kugel-, -hagel*** || -K: ***Schrot-***

◆ **Ku·gel·schrei·ber** *der*; ein Stift zum Schreiben mit einer Mine, die Farbe enthält || ↑ *Illustration* **Am Schreibtisch**

Kuh *die*; -, *Kü·he* **1** ein weibliches Rind ⟨eine Kuh melken⟩ || K-: ***Kuh-, -euter*** || -K: ***Milch-*** **2** *gespr*; ein (Haus)Rind allgemein || K-: ***Kuh-, -stall*** **3** das weibliche Tier bei manchen Tierarten || -K: ***Elefanten-***

◆ **kühl** *Adj* **1** von relativ niedriger Temperatur, aber nicht richtig kalt: *Im September sind die Nächte oft schon kühl* **2** höflich, aber nicht freundlich ⟨j-n kühl ansehen⟩ **3** so, dass der Betreffende ohne Gefühle und nur mit dem Verstand urteilt ⟨kühl und sachlich⟩

Küh·le *die*; -; *nur Sg* **1** der Zustand, wenn etwas kühl (1) ist: *die Kühle der Nacht* **2** die wenig freundliche Art: *die Kühle eines Empfangs* **3** ≈ Sachlichkeit: *die Kühle des Verstandes*

◆ **Kühl·schrank** *der*; ein Gerät, in dem man Lebensmittel kühlt und sie frisch hält

kühn *Adj* **1** so, dass j-d trotz einer Gefahr keine Furcht zeigt ⟨ein Held⟩ **2** ganz neu, ungewöhnlich oder alles andere übertreffend ⟨eine Idee; j-s kühnste Träume⟩ || *hierzu* **Kühn·heit** *die*

Kü·ken *das*; *-s*, *-*; **1** ein junges Huhn **2** ein junger Vogel || -K: ***Enten-***

Ku·li *der*; *-s*, *-s*; *gespr* ≈ Kugelschreiber

Ku·lis·se *die*; *-*, *-n* **1** die Gegenstände auf einer Bühne, die darstellen sollen, an welchem Ort die Handlung spielt **2** die Umgebung: *Die Alpen bildeten eine malerische Kulisse für den Film* || ID ***hinter den Kulissen*** der Öffentlichkeit nicht bekannt

Kult *der*; *-(e)s*, *-e* **1** eine Art einfache Religion ⟨ein heidnischer Kult⟩ || K-: ***Kult-, -stätte*** **2** das Verehren von bestimmten Dingen oder Personen wie etwas Heiliges ⟨aus etwas einen Kult machen⟩ || K-: ***Kult-, -buch*** || -K: ***Schönheits-*** || *zu* **1** **kul·tisch** *Adj*

◆ **Kul·tur** *die*; *-*, *-en* **1** *nur Sg*; die Dinge und Werte der menschlichen Gesellschaft, wie Kunst, Wissenschaft, Religion, Sprache *usw* || K-: ***Kultur-, -wissenschaft*** **2** die Stufe oder die Art der Kultur (1), die ein Volk erreicht hat ⟨eine hoch entwickelte Kultur⟩: *die Kultur der Inkas* || K-: ***Kultur-, -volk*** **3** die künstlerischen und wissenschaftlichen Aufgaben, Aktivitäten und Produkte, die zu einer Kultur (2) gehören ⟨die Kultur fördern⟩ || K-: ***Kultur-, -politik*** **4** *nur Sg*; die Bildung und das gute Benehmen eines Menschen ⟨ein Mensch von Kultur⟩ **5** *nur Sg*; die Maßnahmen, die den Boden für den Anbau von Pflanzen geeignet machen || K-: ***Kultur-, -landschaft*** **6** *nur Sg*; das Züchten und Anbauen von Pflanzen || -K: ***Getreide-, -kultur***

kul·tu·rell *Adj*; *nur attr oder adv* **1** ⟨die Entwicklung⟩ so, dass sie die menschliche Kultur (1) fördert **2** in Bezug auf die Kultur (3) ⟨eine Veranstaltung⟩

Kul·tus *der*; *-*; *nur Sg*; *Admin geschr*; der Bereich der Kultur (3) ⟨der Minister für Unterricht und Kultus⟩ || K-: ***Kultus-, -ministerium***

Küm·mel *der*; *-s*, *-*; **1** *nur Sg*; eine Pflanze mit braunen, länglichen Samen, die als Gewürz verwendet werden **2** *nur Sg*; der Samen des Kümmels (1) als Gewürz || K-: ***Kümmel-, -brot***

Kum·mer *der*; *-s*; *nur Sg* **1** ***Kummer*** (***über j-n / etwas***) große Sorgen ⟨j-d / etwas bereitet j-m Kummer⟩ **2** ***Kummer*** (***mit j-m / etwas***) ein Problem, das einem Schwierigkeiten oder Enttäuschungen bereitet ⟨Kummer gewöhnt sein⟩: *Mit seiner Tochter hat er nur Kummer*

küm·mer·lich *Adj* **1** ⟨Tiere, Pflanzen⟩ so, dass sie nicht so groß und kräftig sind wie andere ihrer Art: *Auf dem schlechten Boden gedeihen nur wenige kümmerliche Bäume* **2** ⟨ein Lohn, Rest⟩ so, dass sie weit hinter den Erwartungen und Wünschen zurückliegen

◆ **küm·mern**; *kümmerte*, *hat gekümmert* **1** ***etwas kümmert j-n*** etwas macht j-m Sorgen oder interessiert ihn: Es *kümmert ihn nicht*, dass *er so unbeliebt ist* **2** ***etwas kümmert*** etwas wächst schlecht: *Die Pflanzen kümmern in dem dunklen Raum* **3** ***sich um j-n kümmern*** auf j-n aufpassen oder j-n pflegen ⟨sich um einen Kranken kümmern⟩ **4** ***sich um etwas kümmern*** bestimmte Arbeiten ausführen, die notwendig sind: *Wer kümmert sich um Ihre Blumen, wenn Sie im Urlaub sind?* **5** ***sich um etwas kümmern*** sich mit etwas in Gedanken beschäftigen ⟨sich um seine eigenen Angelegenheiten kümmern⟩: *Sie kümmert sich nicht* darum, was *die Leute über sie sagen*

◆ **Kun·de** *der*; *-n*, *-n*; j-d, der in einem Geschäft einkauft oder Dienste in Anspruch nimmt ⟨ein guter Kunde⟩ || K-: ***Kunden-, -beratung*** || -K: ***Stamm-*** || *hierzu* **Kun·din** *die*; *-*, *-nen*

Kun·den·dienst *der*; *nur Sg* **1** die Leistungen, die eine Firma ihren Kunden anbietet: *Die kostenlose Lieferung gehört bei uns zum Kundendienst* **2** die Stelle, die die Maschinen einer bestimmten Firma pflegt und repariert ⟨den Kundendienst kommen lassen⟩: *Autos sollten regelmäßig zum Kundendienst*

Kund·ge·bung *die*; *-*, *-en*; eine Veranstaltung, bei der eine (politische) Meinung öffentlich ausgesprochen wird: *Der Demonstrationszug endete mit einer Kundgebung am Rathausplatz*

◆ **kün·di·gen**; *kündigte*, *hat gekündigt* **1** (***etwas***) ***kündigen*** eine vertragliche Vereinbarung zu einem bestimmten Termin beenden ⟨eine Wohnung kündigen; (etwas) fristgerecht kündigen⟩: *Er hat* (*seine Stelle*) *gekündigt und sucht einen neuen Job* **2** ***j-m kündigen*** als Arbeitgeber einen Arbeitsvertrag lösen oder als Vermieter den Vertrag mit dem Mieter lösen: *Die Firma kündigte ihm fristlos*

Kün·di·gung *die*; *-*, *-en* **1** die Lösung eines Vertrags ⟨eine fristgerechte, fristlose Kündigung; j-m die Kündigung aussprechen⟩ || K-: ***Kündigungs-, -frist*** **2** ein Schreiben, das die Kündigung (1) enthält **3** die Frist, bis zu der eine Kündigung (1) wirksam wird ⟨ein Vertrag mit monatlicher, jährlicher Kündigung⟩

Kund·schaft *die*; *-*, *-en* **1** *meist Sg*; die Kunden (1) eines Geschäfts, Betriebs **2** j-d, der in einem Laden einkauft: *Es ist Kundschaft da!*

kụ̈nf·tig *Adj*; *nur attr oder adv*; in der Zukunft: *Ich will das künftig anders machen*

◆ **Kụnst** *die*; -, *Küns·te* **1** eine Tätigkeit des Menschen, durch die er ästhetische Werke schafft oder Dinge tut, für die er eine besondere Begabung braucht (*z.B.* Malerei, Musik, Literatur) ⟨die bildende Kunst⟩ || K-: ***Kunst-, -werk*** || -K: ***Bau-, Dicht-*** **2** die Produkte der Architektur, Bildhauerei, Malerei *o.Ä.* ⟨Kunst studieren⟩ || K-: ***Kunst-, -geschichte*** **3** die Fähigkeit, etwas besonders gut oder etwas Schwieriges zu können: *die Kunst, mit wenig Worten viel zu sagen* **4** *ohne Artikel, nur Sg*; etwas, das nicht natürlich entstanden ist, sondern vom Menschen gemacht wurde || K-: ***Kunst-, -leder***

◆ **Kụ̈nst·ler** *der*; *-s*, -; **1** j-d, der Tätigkeiten im Bereich der Kunst (1) ausübt ⟨ein darstellender Künstler⟩: *Picasso war ein großer Künstler* **2** j-d, der einen bestimmten Bereich sehr gut beherrscht || -K: ***Lebens-*** || *hierzu* **Kụ̈nst·le·rin** *die*; -, *-nen*

kụ̈nst·le·risch *Adj*; *nur attr oder adv* **1** in Bezug auf die Kunst (1): *ein Bild mit künstlerischem Wert* **2** in Bezug auf den Künstler (1)

kụ̈nst·lich *Adj* **1** von Menschen als Ersatz hergestellt ⟨Licht, Zähne⟩ **2** mithilfe von Geräten, Maschinen ⟨Beatmung, Befruchtung⟩ **3** nicht echt, nicht wirklich ⟨Fröhlichkeit⟩ || *hierzu* **Kụ̈nst·lich·keit** *die*

Kụnst·stoff *der*; ein Material, das chemisch hergestellt wird ⟨Folien, Spielzeug aus Kunststoff⟩: *Teller aus Kunststoff zerbrechen nicht so leicht wie Teller aus Porzellan*

Kụnst·stück *das* **1** eine geschickte artistische Leistung, die ein Zauberer, ein dressiertes Tier *usw* vorführt ⟨ein Kunststück vorführen⟩ **2** eine schwierige Handlung

Kụnst·werk *das*; ein Produkt künstlerischer (1) Arbeit ⟨ein architektonisches Kunstwerk⟩: *Dieses Bild ist ein großes Kunstwerk* || -K: ***Film-***

Kụp·fer *das*; *-s*; *nur Sg*; ein rötliches Metall, *Chem* Cu ⟨ein Kessel, eine Münze aus Kupfer⟩ || K-: ***Kupfer-, -dach***

Kụp·pe *die*; -, *-n* **1** ein relativ flacher, runder Berggipfel: *Auf der Kuppe des Berges steht eine Kirche* **2** das runde Ende eines Fingers

Kụp·pel *die*; -, *-n*; ein Dach *o.Ä.*, das wie eine Halbkugel gewölbt ist: *die Kuppel des Petersdomes in Rom* || K-: ***Kuppel-, -dach***

Kụpp·lung *die*; -, *-en* **1** eine technische Vorrichtung in einem Auto *o.Ä.* (*zum Schalten*), mit der die Verbindung zwischen Motor und dem Teil des Fahrzeugs, das er bewegt, unterbrochen werden kann || K-: ***Kupplungs-, -pedal*** **2** ein Pedal, mit dem man die Kupplung (1) eines Autos betätigt ⟨die Kupplung treten⟩ || ↑ *Illustration* ***Das Auto*** **3** eine Art Hebel, mit dem man zwei Fahrzeuge aneinander hängt || -K: ***Anhänger-***

Ku̲r *die*; -, *-en* **1** eine Behandlung über eine Zeit von einigen Wochen, die der Gesundheit dient ⟨eine Kur machen⟩ || K-: ***Kur-, -mittel*** || -K: ***Entziehungs-, Saft-*** **2** ein Aufenthalt in einem Ort mit besonderem Klima, Heilquellen *o.Ä.*, bei dem man eine Kur (1) macht ⟨(irgendwo) zur / auf Kur sein⟩ || K-: ***Kur-, -klinik, -park***

Kụr·bel *die*; -, *-n*; eine kurze Stange, die man im Kreis dreht, um einen Mechanismus in Bewegung zu setzen: *Früher wurde der Automotor mit einer Kurbel angeworfen*

Kụ̈r·bis *der*; *-ses*, *-se* **1** eine niedrige Pflanze mit sehr großen runden, *meist* gelben Früchten, die man als Gemüse isst **2** die Frucht des Kürbisses (1) || K-: ***Kürbis-, -kern***

◆ **Kụrs**[1] *der*; *-es*, *-e* **1** die Richtung, in die sich *bes* ein Schiff oder Flugzeug bewegt ⟨auf Kurs gehen⟩: *Das Schiff nahm Kurs auf den Hafen* || K-: ***Kurs-, -wechsel*** || -K: ***Heimat-*** **2** der Preis, den Aktien an der Börse haben ⟨der Kurs fällt, steigt⟩: *Wenn du das Geld erst im Urlaubsort umtauschst, bekommst du einen besseren Kurs* || K-: ***Kurs-, -sturz, -wert*** || -K: ***Börsen-***; ***Dollar-*** **3** die politischen Ziele, die j-d, eine Partei *o.Ä.* verfolgt: *Die Regierung steuert einen neuen Kurs* || ID ***j-d / etwas steht*** (***bei j-m***) ***hoch im Kurs*** j-d / etwas ist beliebt

◆ **Kụrs**[2] *der*; *-es*, *-e*; eine Folge von Lektionen und Stunden, in denen man bestimmte Kenntnisse erwerben kann ⟨einen Kurs belegen, geben⟩: *Er macht zurzeit einen Kurs in Spanisch* || K-: ***Kurs-, -leiter*** || -K: ***Ski-, Tanz-***

◆ **Kụr·ve** [-və] *die*; -, *-n* **1** eine Linie ohne Ecken, in der Form eines Bogens: *Das Flugzeug flog eine weite Kurve* **2** eine Stelle, an der eine Straße eine Kurve (1) hat ⟨eine scharfe Kurve; eine Kurve schneiden⟩: *Das Auto fuhr zu schnell in die Kurve* || -K: ***Links-***

◆ **kụrz**, *kürzer*, *kürzest-*; *Adj* **1** von einer relativ geringen Länge ↔ lang (1): *Er hat ganz kurze Haare* || K-: ***Kurz-, -strecke***

2 so, dass es sich nur über einen kleinen Zeitraum erstreckt ↔ lange: *Ich kann leider nur kurz bleiben* || K-: ***Kurz-, -urlaub*** **3** ***kurz vor, kurz hinter / nach*** + *Subst* (räumlich) nicht weit vor, hinter etwas: *Das Gasthaus kommt kurz hinter / nach der Kirche* **4** so, dass es nur wenige Zeilen oder Worte umfasst ⟨eine Ansprache, ein Brief⟩ || K-: ***Kurz-, -nachricht*** **5** *meist adv*; so, dass der Betreffende ohne zu zögern handelt ⟨etwas kurz entschlossen tun; etwas kurz abtun⟩ **6** ***seit / vor kurzem*** seit / vor kurzer Zeit: *Sie sind seit kurzem verheiratet* || ID ***sich kurz fassen*** etwas in wenigen Worten ausdrücken; ***kurz angebunden sein*** unfreundlich sein; ***j-d / etwas kommt zu kurz*** j-d / etwas wird zu wenig beachtet

Kụrz·ar·beit *die*; -; *nur Sg*; eine Arbeitszeit, die kürzer ist als normal, weil es im Betrieb gerade nur wenig Arbeit gibt

Kụ̈r·ze *die*; -, -*n*; *meist Sg* **1** die geringe Länge von etwas: *die Kürze des Briefes* **2** die geringe Dauer von etwas: *die Kürze der Feier* **3** die geringe Entfernung oder räumliche Ausdehnung von etwas: *die Kürze des Abstands* **4** ***in Kürze*** ≈ bald: *Sie werden in Kürze von uns hören* **5** ***in aller Kürze*** sehr kurz (4) und knapp: *j-m in aller Kürze das Nötigste erklären*

kụ̈r·zen; *kürzte, hat gekürzt* **1** ***etwas kürzen*** etwas kürzer (1) machen ⟨einen Rock kürzen lassen⟩ **2** **(*j-m*) *etwas kürzen*** j-m von etwas, das er regelmäßig bekommt, weniger geben ⟨(j-m) das Gehalt kürzen⟩ **3** **(*etwas*) *kürzen*** etwas durch Streichungen kürzer (4) machen ⟨einen Aufsatz, einen Roman kürzen⟩ || *hierzu* **Kụ̈r·zung** *die*

kụrz·fris·tig *Adj* **1** so, dass es nicht vorher angekündigt wurde ⟨eine Änderung⟩: *ein Rennen wegen schlechten Wetters kurzfristig verschieben* **2** relativ kurze Zeit gültig ⟨ein Vertrag⟩ **3** in kurzer Zeit: *kurzfristig eine Entscheidung treffen*

kụrz·le·big *Adj*; *nicht adv*; so, dass es nur kurze Zeit existiert oder funktioniert ⟨eine Mode⟩

◆ **kụ̈rz·lich** *Adv*; vor wenigen Tagen

kụrz·sich·tig *Adj* **1** *nicht adv*; so, dass j-d nur die Dinge gut sehen kann, die nahe bei ihm sind **2** so, dass wichtige Konsequenzen oder Aspekte nicht beachtet werden ⟨kurzsichtig handeln⟩ || *hierzu* **Kụrz·sich·tig·keit** *die*

kụ·scheln; *kuschelte, hat gekuschelt*; ***sich an j-n kuscheln***; ***sich in etwas*** (*Akk*) ***kuscheln*** j-n / etwas so mit dem Körper berühren, dass man sich geborgen fühlt und nicht friert: *Das Kind kuschelte sich eng an seine Mutter und schlief ein*

Ku·si̱·ne *die*; -, -*n*; ↑ ***Cousine***

◆ **Kụss** *der*; -*es*, *Küs·se*; eine Berührung mit den Lippen, mit der man Freundschaft, Liebe oder Zärtlichkeit ausdrückt oder j-n begrüßt ⟨ein leidenschaftlicher Kuss; j-m einen Kuss (auf die Wange / den Mund / die Stirn) geben⟩ || -K: ***Abschieds-, Hand-***

◆ **kụ̈s·sen**; *küsste, hat geküsst*; ***j-n*** (***irgendwohin***) ***küssen*** j-m einen oder mehrere Küsse geben: *Zum Abschied küsste sie ihn flüchtig auf die Wange*

◆ **Kụ̈s·te** *die*; -, -*n*; der Bereich, an dem Meer und Land sich berühren ⟨eine flache, felsige Küste⟩: *Wir verbrachten den Urlaub an der Küste* || K-: ***Küsten-, -gewässer***

Kụt·sche *die*; -, -*n*; *bes hist*; ein Wagen, der von Pferden gezogen wird und *bes* Fahrgäste transportiert ⟨in eine Kutsche steigen⟩ || -K: ***Pferde-***

◆ **Ku·vert** [ku'veːɐ̯] *das*; -*s*, -*s* ≈ Briefumschlag || -K: ***Brief-***

L

L, l [ɛl] *das*; -, - / *gespr auch -s*; der zwölfte Buchstabe des Alphabets

la·bi̱l *Adj* **1** ⟨eine Lage, Situation⟩ so, dass sie sich oft verändern **2** ⟨Gesundheit⟩ so, dass die betroffene Person oft krank wird || *hierzu* **La·bi·li·tä̱t** *die*

La·bor [la'boːɐ̯] *das*; -*s*, -*s* / -*e*; ein Raum, in dem man technische und medizinische Untersuchungen macht || -K: ***Zahn-***

La·by·rịnth *das*; -(*e*)*s*, -*e*; ein kompliziertes System von Straßen und Wegen, in dem man leicht die Orientierung verliert

La·che *die*; -, *-n* ≈ Pfütze || -K: ***Blut-, Öl-***

◆ **lä·cheln**; *lächelte, hat gelächelt*; (***über etwas*** (*Akk*)) ***lächeln*** den Mund breit machen, um zu zeigen, dass man sich freut oder etwas lustig findet ⟨freudig lächeln⟩: *Sie lächelte über seine Schüchternheit*

◆ **la·chen**; *lachte, hat gelacht* **1** (***über etwas*** (*Akk*)) ***lachen*** den Mund öffnen und Laute erzeugen, um zu zeigen, dass man sich freut oder lustig ist ⟨laut lachen⟩: *Alle lachten über den Witz* **2** ***über j-n / etwas lachen*** sich über eine Eigenschaft lustig machen: *Alle lachen über seinen Sprachfehler* || ID ***Du hast / kannst gut / leicht lachen*** *gespr*; du bist in einer besseren Situation als ich; ***Wer zuletzt lacht, lacht am besten*** es ist wichtig, wer am Ende Erfolg hat

lä·cher·lich *Adj* **1** so unpassend, dass es stört oder nicht ernst genommen werden kann ⟨ein Verhalten, Vorhaben⟩: *Es ist lächerlich, sich über diese Kleinigkeit aufzuregen* **2** sehr klein oder gering ⟨ein Betrag⟩: *Sie verdient lächerlich wenig* || *zu* **1** **Lä·cher·lich·keit** *die*

lach·haft *Adj*; *pej*; so, dass man etwas nicht ernst nehmen kann, sich aber trotzdem darüber ärgert ⟨ein Verhalten, Pläne⟩

L

Lachs [laks] *der*; *-es*, *-e* **1** ein großer Fisch, der in den nördlichen Meeren lebt **2** das rosafarbene Fleisch dieses Fisches ⟨geräucherter Lachs⟩

Lack *der*; *-(e)s*, *-e*; eine Flüssigkeit, die man über Holz, Metall oder eine Farbe streicht, damit diese geschützt sind ⟨Lack auftragen⟩ || K-: ***Lack-, -schaden***

la·ckie·ren; *lackierte, hat lackiert* **1** (***etwas***) ***lackieren*** Lack auf etwas streichen **2** ***sich*** (*Dat*) ***die Fingernägel lackieren*** Nagellack auf die Fingernägel streichen || *zu* **1** **La·ckie·rung** *die*

la·den[1]; *lädt, lud, hat geladen* **1** ***etwas lädt etwas*** etwas nimmt etwas auf, um es zu transportieren: *Die Schiffe laden Bananen und bringen sie nach Europa* || K-: ***Lade-, -raum*** **2** ***etwas irgendwohin laden*** etwas, das man transportieren will, in ein Fahrzeug bringen: *Säcke auf einen Lastwagen laden* **3** ***etwas laden*** *EDV*; eine Datei oder ein Programm öffnen **4** ***etwas aus / von etwas laden*** etwas, das transportiert wurde, aus einem Fahrzeug nehmen: *die Kisten aus dem Waggon laden* **5** ⟨Schuld, Verantwortung⟩ ***auf sich*** (*Akk*) ***laden*** *geschr*; schuldig, für etwas verantwortlich werden || ▸ ***Ladung***[1]

la·den[2]; *lädt, lud, hat geladen* **1** (***etwas***) ***laden*** Munition in eine Waffe tun **2** ***etwas laden*** elektrischen Strom in eine Batterie schicken, damit diese wieder funktioniert || ▸ ***Ladung***[2]

la·den[3]; *lädt, lud, hat geladen*; ***j-n laden*** j-n auffordern, vor Gericht zu erscheinen || ▸ ***Ladung***[3]

◆ **La·den** *der*; *-s*, *Lä·den*; ein Raum oder Haus, in dem man Dinge kaufen kann ≈ Geschäft ⟨ein teurer Laden⟩ || -K: ***Buch-, Lebensmittel-***

La·den·schluss *der*; *nur Sg*; der Zeitpunkt, ab dem in Geschäften nichts mehr verkauft werden darf

La·dung[1] *die*; -, *-en*; die Dinge, die mit einem Fahrzeug transportiert werden: *eine Ladung Holz*

La·dung[2] *die*; -, *-en*; eine Menge Munition oder Sprengstoff: *eine Ladung Dynamit*

La·dung[3] *die*; -, *-en*; eine Aufforderung, vor Gericht oder zu einer Behörde zu kommen

lag ↑ ***liegen***

◆ **La·ge** *die*; -, *-n* **1** die Art und Weise, wie sich j-d / etwas im Raum befindet ⟨in schiefer Lage⟩ **2** *meist Sg*; der Ort, an dem etwas in der Umgebung liegt ⟨in ruhiger Lage⟩: *ein Haus in sonniger Lage* || K-: ***Lage-, -plan*** || -K: ***Hang-*** **3** ≈ Situation ⟨in einer schlechten Lage sein⟩: *Um sie zu verstehen, musst du dich in ihre Lage versetzen* || K-: ***Lage-, -besprechung*** || -K: ***Finanz-*** || ID ***in der Lage sein, etwas zu tun*** dazu fähig sein, etwas zu tun

La·ger *das*; *-s*, *-*; **1** ein Raum oder eine Halle, wo man Waren abstellt, die man gerade nicht braucht || K-: ***Lager-, -halle*** **2** Zelte oder Hütten, die man aufbaut, um dort zu übernachten ⟨ein Lager aufschlagen⟩: *Nach dem Erdbeben wurden Lager errichtet, um die Menschen zu versorgen* || -K: ***Ferien-*** **3** alle Personen, die die gleiche Meinung haben: *Beim Thema „Gentechnik" ist das Parlament in zwei Lager gespalten* || -K: ***Feindes-***

la·gern; *lagerte, hat gelagert* **1** ***etwas lagern*** etwas, das man gerade nicht braucht, an eine Stelle tun, an der es bleiben kann: *Holz muss trocken gelagert werden* **2** ***j-n / etwas irgendwie lagern*** j-n / etwas in eine bestimmte Stellung bringen: *einen Ohnmächtigen richtig lagern* **3** ***etwas lagert irgendwo*** etwas ist an der genannten Stelle, an der es bleiben kann: *Der Weinbrand lagert in Holzfässern* **4** ***irgendwo lagern*** *geschr*; an der genannten Stelle im Freien übernachten oder ein Lager (2) aufbauen || *zu* **1** und **3** **La·ge·rung** *die*

lahm *Adj*; ⟨Körperteile⟩ so beschädigt oder müde, dass man sie nicht normal bewegen kann: *Er hat ein lahmes Bein* || *hierzu* **Lahm·heit** *die*

läh·men; *lähmte, hat gelähmt* **1** ***etwas lähmt j-n / etwas*** etwas bewirkt, dass man einen Körperteil nicht mehr bewegen kann: *ein Gift, das Arme und Beine lähmt* **2** ***etwas lähmt j-n / etwas*** etwas bewirkt, dass j-d seine Energie verliert oder etwas nicht mehr funktioniert: *Der Bürgerkrieg lähmte die Wirtschaft des Landes*

Laib *der*; *-(e)s, -e*; die runde oder längliche Form von Brot oder Käse || -K: ***Brot-***

Laie *der*; *-n, -n*; j-d, der auf einem Gebiet keine besonderen Kenntnisse hat || *hierzu* **lai·en·haft** *Adj*

La·ken *das*; *-s, -*; ≈ Betttuch || -K: ***Bett-***

Lamm *das*; *-(e)s, Läm·mer* **1** das Junge des Schafs **2** *nur Sg*; das Fleisch des Lamms (1) || K-: ***Lamm-, -braten***

◆**Lam·pe** *die*; *-, -n* **1** ein (*meist* elektrisches) Gerät, das Licht erzeugt || -K: ***Tisch-*** **2** das Teil eines Geräts, das künstliches Licht erzeugt, wie Glühbirnen oder Scheinwerfer || K-: ***Lampen-, -schein*** || -K: ***Glüh-***

◆**Land**[1] *das*; *-(e)s*; *nur Sg* **1** der Teil der Erde, der nicht vom Wasser bedeckt ist: *Ein Frosch kann im Wasser, aber auch an Land leben* **2** ein bestimmtes Gebiet, wo man *bes* Pflanzen anbaut ⟨das Land bebauen⟩ || -K: ***Weide-*** **3** ***das Land*** das Gebiet außerhalb der Stadt ⟨auf dem Land leben⟩ || K-: ***Land-, -leben, -luft***

◆**Land**[2] *das*; *-(e)s, Län·der* **1** ein Gebiet, das eine Regierung hat und politisch selbstständig ist ≈ Staat ⟨ein neutrales Land⟩: *Spanien, Schweden und Frankreich sind europäische Länder* || K-: ***Länder-, -name***; ***Landes-, -grenze, -hauptstadt*** || -K: ***Urlaubs-*** **2** Ⓓ Ⓐ ein Teil eines Landes[2] (1), der eine eigene Regierung und Verfassung hat, über dem aber eine zentrale Regierung steht ≈ Bundesland

Lan·de·bahn *die*; die Fläche, ähnlich einer sehr breiten Straße, auf der Flugzeuge landen

◆**lan·den**; *landete, hat / ist gelandet* **1** ***j-n / etwas landen*** (*hat*) j-n / etwas aus der Luft oder aus dem Wasser an Land bringen ⟨ein Flugzeug landen⟩ **2** ***etwas landet*** (*ist*) etwas kommt aus der Luft oder aus dem Wasser an Land ⟨ein Schiff⟩: *Die Maschine landete pünktlich in Amsterdam* || K-: ***Lande-, -platz***

Land·kar·te *die*; eine Karte, die eine Gegend, ein Land oder die Welt darstellt: *Dieser Fluss ist nicht auf der Landkarte eingezeichnet*

Land·kreis *der*; Ⓓ ein Bezirk, der mehrere Dörfer oder / und kleine Städte umfasst, die zusammen verwaltet werden

länd·lich *Adj* **1** zum Land[1] (3) gehörig **2** typisch für das Land[1] (3) ⟨Sitten, Bräuche⟩

◆**Land·schaft** *die*; *-, -en* **1** ein Teil der Oberfläche der Erde, so wie der Betrachter ihn sieht ⟨eine hügelige Landschaft⟩ || -K: ***Berg-, Winter-*** **2** das gemalte Bild einer Landschaft (1) || K-: ***Landschafts-, -malerei***

Land·stra·ße *die*; eine Straße zwischen zwei Orten: *Sie können die Autobahn bis Würzburg nehmen, aber die Landstraße ist schöner*

◆**Land·wirt·schaft** *die*; *-, -en*; *nur Sg*; der Anbau von Pflanzen und die Zucht von Tieren mit dem Ziel, die Bevölkerung zu versorgen || K-: ***Landwirtschafts-, -maschine***

◆**lang**, *länger, längst-*; *Adj* **1** so, dass etwas eine große Ausdehnung von einem Ende bis zum anderen hat ↔ kurz (1): *Claudia hat lange Haare* **2** so, dass es sich über einen relativ großen Zeitraum erstreckt ↔ kurz ⟨endlos lang⟩: *Wir haben uns seit langer Zeit nicht mehr gesehen* || -K: ***stunden-*** **3** so, dass es viele Seiten und viele Details umfasst ⟨ein Brief⟩ **4** *Maßangabe* + ***lang*** mit der genannten Ausdehnung, Dauer oder Seitenzahl: *Das Zimmer ist 5 Meter lang und 4 Meter breit* **5** ***seit langem*** seit einem großen Zeitraum: *Wir haben uns seit langem nicht gesehen*

◆**lan·ge**, *länger, längst-*; *Adv*; seit einer langen Zeit: *Das weiß ich schon lange!*

◆**Län·ge** *die*; *-, -n* **1** (bei Flächen) die Ausdehnung von einem Ende bis zum anderen (die *meist* größer ist als die der anderen Seiten) ↔ Breite: *ein Rechteck mit 5 cm Länge und 3 cm Breite* **2** die Ausdehnung von einem Ende bis zum anderen: *Die Länge des Rheins beträgt 1320 km* **3** *meist Sg*; die zeitliche Dauer: *Der Film hat eine Länge von zweieinhalb Stunden* **4** *meist Sg*; die Anzahl der Seiten oder Zeilen eines Schreibens ⟨die Länge eines Briefes⟩

lan·gen[1]; *langte, hat gelangt*; ***irgendwohin langen*** *gespr*; mit der Hand irgendwohin fassen, um etwas zu greifen: *in eine Dose langen*

lan·gen[2]; *langte, hat gelangt*; *gespr* **1** ***j-d / etwas langt irgendwohin*** j-d / etwas reicht bis zu einem bestimmten Punkt: *Ihre Haare langen bis zur Schulter* **2** ***etwas langt*** etwas ist in genügendem Maß vorhanden ⟨Vorräte⟩: *Das Brot dürfte noch bis Ende der Woche langen*

län·ger ['lɛŋɐ] **1** *Komparativ*; ↑ ***lang, lange*** **2** *Adj*; *nur attr oder adv*; relativ lang / lange: *Ich habe schon längere Zeit nichts von ihr gehört*

lang·fris·tig *Adj*; 〈Vereinbarungen〉 so, dass sie lange Zeit dauern oder gültig sind

lang·jäh·ri·g- *Adj*; *nur attr, nicht adv*; seit vielen Jahren dauernd oder vorhanden 〈ein Mitarbeiter〉

läng·lich *Adj*; relativ lang und nicht sehr breit

längs[1] *Präp*; *mit Gen*; *geschr* ≈ entlang: *die Bäume längs des Flusses*

längs[2] *Adv*; der längeren Seite nach: *Die Streifen verlaufen längs über das Hemd* || K-: ***Längs-, -achse***

◆ **lang·sam** *Adj* **1** mit geringer Geschwindigkeit 〈ein Rennen〉: *langsam und vorsichtig durch die Straßen fahren* **2** 〈ein Mensch〉 so, dass er etwas mit geringer Geschwindigkeit macht: *Er arbeitet sehr langsam* **3** ≈ allmählich: *Es wird langsam Zeit, dass du zur Schule gehst!* || *zu* **1** und **2** **Lang·sam·keit** *die*

längst *Adv* **1** schon seit langer Zeit: *Das war für ihn nichts Neues - er wusste es längst* **2** ***längst nicht*** verwendet, um die Verneinung zu verstärken: *Hier liegt längst nicht so viel Schnee, wie ich dachte*

Lan·ge·wei·le *die*; -; *nur Sg*; das unangenehme Gefühl, wenn man nichts oder nichts Sinnvolles zu tun hat

lang·wei·len; *langweilte, hat gelangweilt* **1** ***j-d / etwas langweilt j-n*** j-d / etwas ruft bei j-m Langeweile hervor: *Mit seinen alten Geschichten langweilte er die anderen Gäste* **2** ***sich langweilen*** Langeweile haben

◆ **lang·wei·lig** *Adj*; so uninteressant, dass man dabei Langeweile hat: *ein langweiliger Roman* || *hierzu* **Lang·wei·lig·keit** *die*

lang·wie·rig *Adj*; mit so viel Mühe und Schwierigkeiten verbunden, dass es lange Zeit dauert 〈Verhandlungen〉 || *hierzu* **Lang·wie·rig·keit** *die*

Lap·pa·lie [la'paːli̯ə] *die*; -, -*n*; etwas, das völlig unwichtig ist ≈ Kleinigkeit

Lap·pen *der*; -*s*, -; ein Stück Stoff oder Leder, mit dem man *bes* putzt || -K: ***Wisch-***

Lär·che *die*; -, -*n* **1** ein hellgrüner Nadelbaum, der seine Nadeln im Herbst verliert **2** *nur Sg*; das Holz der Lärche

◆ **Lärm** *der*; -*s*; *nur Sg*; laute und unangenehme Geräusche ↔ Ruhe 〈ein furchtbarer Lärm〉: *der Lärm eines startenden Flugzeuges* || K-: ***Lärm-, -belästigung*** || -K: ***Motoren-*** || ID ***Viel Lärm um nichts*** *geschr*; viel Aufregung wegen einer unwichtigen Sache

Lar·ve [-fə] *die*; -, -*n*; ein Tier, das *oft* wie ein Wurm aussieht und aus dem später ein Käfer, Schmetterling *o.Ä.* wird

las ↑ ***lesen***

lasch *Adj*; ohne Energie und Ehrgeiz || *hierzu* **Lasch·heit** *die*

◆ **las·sen**[1]; *lässt, ließ, hat j-n / etwas gelassen, hat j-n / etwas + Infinitiv + lassen* **1** ***j-n*** + *Infinitiv* + ***lassen*** j-m erlauben oder ermöglichen, etwas zu tun: *Die Eltern ließen die Kinder nicht ins Kino gehen* **2** ***j-n irgendwohin lassen*** j-m erlauben, irgendwohin zu gehen: *Die Besucher werden erst eine Stunde vor dem Spiel ins Stadion gelassen* **3** ***etwas*** + *Infinitiv* + ***lassen***; ***etwas irgendwohin*** (+ *Infinitiv* +) ***lassen*** bewirken, dass etwas irgendwohin gelangt: *ein Glas fallen lassen*; *Wasser in die Wanne* (*laufen*) *lassen* **4** ***j-n / etwas irgendwie / irgendwo lassen*** j-n / etwas nicht verändern, entfernen *o.Ä.*: *Lass die Koffer einfach im Flur!*; *Lass mich in Ruhe!* **5** ***j-m etwas lassen*** j-m erlauben, etwas, was man ihm gegeben hat, eine bestimmte Zeit zu behalten: *Ich lasse dir mein Fahrrad noch bis morgen Abend* **6** ***etwas*** (***bleiben / sein***) ***lassen*** *gespr*; mit etwas aufhören oder etwas, das man tun wollte, doch nicht tun: *Komm, lass deine Arbeit sein - wir gehen ins Kino* **7** ***lass / lasst uns*** + *Infinitiv!* verwendet, um eine Gruppe von Personen (zu der der Sprecher gehört) freundlich aufzufordern, etwas zu tun: *Lasst uns doch morgen eine Radtour machen!* **8** ***etwas lässt sich irgendwie*** + *Infinitiv* etwas gibt j-m die Möglichkeit, die genannte Handlung auf die genannte Weise auszuführen: *Das Fenster lässt sich nur schwer öffnen* || Hinweis: Die Perfektform ist *hat gelassen*, wenn kein Infinitiv folgt, und *hat lassen*, wenn ein Infinitiv folgt

◆ **las·sen**[2]; *lässt, ließ, hat j-n / etwas + Infinitiv + lassen* **1** ***j-n*** (***etwas***) + *Infinitiv* + ***lassen*** j-n beauftragen oder zwingen, etwas zu tun: *Er lässt seine Angestellten auch am Samstag arbeiten* **2** ***etwas*** + *Infinitiv* + ***lassen*** veranlassen, dass etwas getan wird: *Ich habe das Kleid reinigen lassen* **3** ***j-m / sich etwas*** + *Infinitiv* + ***lassen*** j-m den Auftrag geben, *meist* gegen Bezahlung etwas zu tun: *sich beim Friseur die Haare schneiden lassen*

läs·sig *Adj*; sehr natürlich und locker 〈Verhalten, Kleidung〉 || *hierzu* **Läs·sig·keit** *die*

Last *die*; -, -*en* **1** etwas Schweres, das j-d oder ein Tier tragen muss: *Der Esel hatte eine schwere Last zu tragen* **2** *meist Sg*; et-

L

was, das j-m viel Arbeit und Schwierigkeiten macht ⟨die Last des Alltags⟩ **3** *geschr*; das Geld, das man j-m schuldet oder an den Staat zahlen muss || -K: ***Steuer-*** **4** ***j-m zur Last fallen*** j-m viel Arbeit und Mühe machen

Las·ter[1] *der*; *-s*, *-*; ≈ Lastwagen

Las·ter[2] *das*; *-s*, *-*; eine Verhaltensweise oder Gewohnheit, die man als schlecht empfindet: *Er hat zwei Laster: Er raucht und trinkt zu viel* || *hierzu* **las·ter·haft** *Adj*

läs·tig *Adj*; **(*j-m*)** ***lästig*** ⟨eine Person, Sache⟩ so, dass sie j-n stören und ärgern: *Diese Mücken sind sehr lästig!* || *hierzu* **Läs·tig·keit** *die*

◆**Last|kraft·wa·gen** *der*; *Admin geschr* ≈ Lastwagen; *Abk* Lkw

◆**Last·wa·gen** *der*; ein großes Fahrzeug, das schwere Gegenstände transportiert || K-: ***Lastwagen-, -fahrer***

La·tein *das*; *-s*; *nur Sg* **1** die Sprache der alten Römer **2** das Schulfach, in dem Latein (1) gelehrt wird || K-: ***Latein-, -lehrer*** || *zu* **1** **la·tei·nisch** *Adj*

La·ter·ne *die*; *-*, *-n* **1** eine Lampe, die nachts die Straße beleuchtet || -K: ***Straßen-*** **2** ein Behälter aus Metall und Glas, der die Flamme einer Kerze *o.Ä.* schützt

Lat·te *die*; *-*, *-n* **1** ein schmales und relativ langes Stück Holz mit vier Kanten: *die Latten eines Holzzaunes* || K-: ***Latten-, -zaun*** || -K: ***Dach-*** **2** *Sport*; eine Stange aus Holz oder Metall, über die man springt

Latz *der*; *-es*, *Lät·ze* **1** ein Tuch, das man *bes* Kindern beim Essen um den Hals bindet, damit sie sich nicht schmutzig machen **2** ein Stück Stoff (an einer Hose, Schürze oder einem Rock), das die Kleidung über der Brust bedeckt

Laub *das*; *-(e)s*; *nur Sg*; die Blätter von Bäumen oder Sträuchern, *bes* wenn sie abgefallen sind || K-: ***Laub-, -baum***

Lauch *der*; *-(e)s*; *nur Sg*; ein Gemüse, das einen langen, weißen Stängel und grüne Blätter hat und ähnlich wie eine Zwiebel schmeckt

lau·ern; *lauerte*, *hat gelauert* **1** ***auf j-n / etwas lauern*** sich verstecken und warten, bis eine Person / Sache kommt, um sie zu fangen oder anzugreifen: *Die Katze lauert auf die Maus* **2** ***auf etwas*** (*Akk*) ***lauern*** *gespr*; ungeduldig darauf warten, dass etwas passiert, das zum eigenen Vorteil ist: *Der Mittelstürmer lauerte auf eine gute Torchance*

Lauf *der*; *-(e)s*, *Läu·fe* **1** *nur Sg*; das Laufen (1): *Er übersprang den Zaun in vollem Lauf* **2** ein Wettbewerb, bei dem man eine bestimmte Strecke laufen muss || -K: ***Langstrecken-*** **3** *nur Sg*; die Art und Weise, wie etwas verläuft, stattfindet: *der Lauf der Geschichte* **4** *nur Sg*; die Bahn oder Strecke, die ein Fluss, Stern oder die Erde nimmt: *den Lauf der Erde beobachten* **5** (bei Schusswaffen) das Rohr, durch das die Kugel nach außen schießt **6** ***im Laufe*** + *Gen* innerhalb des genannten Zeitraumes ⟨im Laufe des Tages⟩ || ID ***etwas nimmt seinen / ihren Lauf*** etwas passiert, ohne dass man es beeinflussen kann ⟨das Schicksal⟩

◆**lau·fen**; *läuft*, *lief*, *ist gelaufen* **1** sich auf den Füßen schnell fortbewegen: *Mit erhobenen Armen lief sie durchs Ziel* || ↑ *Illustration* ***Verben der Bewegung*** || K-: ***Lauf-, -training*** **2** *gespr* ≈ gehen ⟨auf und ab, am Stock laufen⟩: *Unser Kind hat schon sehr früh laufen gelernt* **3** ***etwas läuft*** (***irgendwie***) etwas ist in Betrieb (und funktioniert auf eine bestimmte Weise) ⟨Maschinen⟩: *Seit der Reparatur läuft das Auto einwandfrei* **4** ***etwas läuft irgendwo***(***hin***) etwas bewegt sich irgendwo(hin): *Der Wagen läuft auf Schienen* **5** ***etwas läuft irgendwohin*** eine Flüssigkeit bewegt sich irgendwohin: *Er ließ Wasser in den Eimer laufen* **6** ***etwas läuft*** (***irgendwann***) (***irgendwo***) etwas steht auf dem Programm und wird gezeigt: *Was läuft gerade im Kino?* **7** ***etwas läuft irgendwie*** etwas entwickelt sich oder geschieht auf eine bestimmte Weise: *Die Verhandlungen sind günstig gelaufen* **8** ***Schlittschuh, Ski laufen*** sich auf Schlittschuhen, Skiern bewegen || ID ***etwas ist gelaufen*** *gespr*; etwas ist nicht mehr zu ändern

lau·fend **1** *Partizip Präsens*; ↑ ***laufen*** **2** *Adj*; *nur attr*, *nicht adv*; zurzeit stattfindend oder erscheinend ⟨der Monat; eine Zeitschrift⟩ **3** *Adj*; *nur attr oder adv*; so, dass es in regelmäßigen Abständen auftritt ⟨Kosten⟩ || ID ***auf dem Laufenden sein / bleiben*** über das aktuelle Geschehen gut informiert sein / bleiben

Läu·fer *der*; *-s*, *-*; **1** ein Sportler, der an einem Wettbewerb im Laufen teilnimmt || -K: ***Marathon-*** **2** eine Figur beim Schach || ↑ *Abbildung unter* ***Schachfiguren*** **3** ein schmaler Teppich || *zu* **1** **Läu·fe·rin** *die*; *-*, *-nen*

◆**Lauf·werk** *das*; *Tech*; der Antrieb bei bestimmten Maschinen und Geräten: *Das Laufwerk meines Computers ist kaputt* || -K: ***Disketten-***

Lau·ge *die*; *-*, *-n*; Wasser, in dem Salz, Seife, Waschmittel oder eine ähnliche che-

L

mische Substanz gelöst ist

◆ **Lau·ne** *die*; -, *-n* **1** die Stimmung, in der j-d zu einem bestimmten Zeitpunkt ist ⟨guter, schlechter Laune sein⟩ **2** *nur Pl*; die schnell wechselnden Stimmungen, die j-d hat: *Ich habe unter den Launen meiner Kollegen zu leiden*

Laus *die*; -, *Läu·se*; ein kleines Insekt, das vom Blut von Menschen und Tieren oder vom Saft von Pflanzen lebt || -K: ***Blatt-***

lau·schen; *lauschte, hat gelauscht* **1** sich konzentrieren, damit man etwas hört: *an der Tür lauschen* **2** ***j-m / etwas lauschen*** j-m / etwas konzentriert zuhören || *zu* **1 Lau·scher** *der*; **Lau·sche·rin** *die*; -, *-nen*

◆ **laut**[1], *lauter, lautest-*; *Adj* **1** ⟨eine Maschine, Schreie⟩ so, dass ihre Klänge oder Geräusche auch von weitem gehört werden können: *Stelle bitte das Radio leiser, die Musik ist zu laut!* **2** *nicht adv*; ⟨eine Straße, die Nachbarn⟩ so, dass es viel Lärm gibt

◆ **laut**[2] *Präp*; *mit Dat / Gen*; wie es gesagt oder angegeben wird: *Laut Fahrplan müsste der Bus schon da sein*

Laut *der*; *-(e)s, -e*; ein Ton, der von j-m erzeugt wird ⟨ein klagender Laut⟩

lau·ten; *lautete, hat gelautet*; ***etwas lautet ... / etwas lautet irgendwie*** etwas besteht aus den genannten Worten, Zahlen oder hat den beschriebenen Inhalt: *Früher lautete der Text dieses Liedes anders als heute*

läu·ten; *läutete, hat geläutet* **1** ***etwas läuten*** bewirken, dass eine Glocke Töne erzeugt ⟨die Glocken läuten⟩ **2** ***etwas läutet*** eine Glocke erzeugt Töne **3** ***irgendwo läuten*** *bes südd* Ⓐ an einer Tür klingeln ⟨bei j-m läuten⟩ **4** ***es läutet*** (***an der Tür***) ≈ j-d läutet (3)

laut·los *Adj*; ohne dass ein Geräusch zu hören ist || *hierzu* **Laut·lo·sig·keit** *die*

◆ **Laut·spre·cher** *der*; *-s, -*; ein Gerät, das Geräusche, Stimmen oder Musik wiedergibt und deren Stärke regelt: *die Lautsprecher der Stereoanlage* || ↑ *Illustration* ***Am Schreibtisch***

lau·warm *Adj*; nicht richtig warm, aber auch nicht kalt ⟨Wasser⟩

La·wi·ne *die*; -, *-n*; eine große Masse *meist* aus Schnee und Eis, die von einem Berg ins Tal rutscht und dabei immer größer wird || K-: ***Lawinen-, -unglück***

◆ **Le·ben** *das*; *-s, -*; *meist Sg* **1** der Zustand, als Mensch, Tier oder Pflanze zu existieren ↔ Tod ⟨am Leben sein⟩: *Der Feuerwehrmann rettete dem Kind das Leben* || K-: ***lebens-, -fähig*** **2** der Zeitraum, während dessen j-d lebt (1) ⟨ein langes Leben⟩: *Mit 80 Jahren stieg er zum ersten Mal in seinem Leben in ein Flugzeug* || K-: ***Lebens-, -abschnitt, -erfahrung, -jahr*** **3** die Art und Weise, wie man lebt (2) ⟨ein einfaches Leben führen⟩ || K-: ***Lebens-, -weise*** || -K: ***Land-*** **4** alle Ereignisse und Einflüsse, die man jeden Tag erlebt ⟨das Leben meistern⟩ || -K: ***Familien-*** **5** ***das ewige Leben*** *Rel*; das Leben nach dem Tod || ID ***seinem Leben ein Ende machen / setzen***; ***sich das Leben nehmen*** sich selbst töten; ***ums Leben kommen*** sterben; ⟨ein Kampf⟩ ***auf Leben und Tod*** **a)** ein Kampf, bei dem einer der Gegner sterben kann oder wird; **b)** eine Angelegenheit, bei der es um alles oder nichts geht

◆ **le·ben**; *lebte, hat gelebt* **1** auf der Welt sein und einen funktionierenden Organismus haben ↔ tot sein: *Leben deine Großeltern noch?* **2** ***irgendwie leben*** sein Dasein auf der Welt in der genannten Weise gestalten ⟨gut, in Armut leben⟩ **3** ***irgendwo leben*** an einem Ort oder bei j-m die meiste Zeit sein ⟨auf dem Land, in der Stadt leben⟩ **4** ***von etwas leben*** etwas als Nahrung zu sich nehmen: *Während des Krieges lebten viele Leute hauptsächlich von Kartoffeln* **5** ***von etwas leben*** irgendwoher Geld bekommen, um sich Essen, Kleidung *usw* kaufen zu können ⟨von Ersparnissen leben⟩: *Von seinem Gehalt kann er sehr gut leben* || ID ***leben und leben lassen*** tolerant sein und sich nicht bei anderen Leuten einmischen; *meist* ***es lebe ...!*** verwendet, um den Wunsch auszudrücken, dass die genannte Person / Sache (lange) so bleiben möchte: *Es lebe die Freiheit!*

◆ **le·bẹn·dig** *Adj* **1** voller Energie und Temperament ⟨ein Kind⟩ **2** interessant und lebhaft vorgetragen ⟨eine Erzählung⟩ **3** am Leben ↔ tot (1) || *hierzu* **Le·bẹn·dig·keit** *die*

◆ **Le·bens·ge·fahr** *die*; *nur Sg*; eine große Gefahr für j-s Leben ⟨in Lebensgefahr schweben⟩: *Der Patient ist außer Lebensgefahr* || *hierzu* **le·bens·ge·fähr·lich** *Adj*

Le·bens·ge·fähr·te *der*; ein Mann, mit dem eine Frau zusammenlebt, ohne dass sie verheiratet sind || *hierzu* **Le·bens·ge·fähr·tin** *die*

le·bens·läng·lich *Adj*; für den Rest des Lebens ⟨eine Haftstrafe⟩

Le·bens·lauf *der*; ein Text, in dem man die wichtigsten Ereignisse seines Lebens angibt und den man *bes* für eine Bewerbung schreibt

◆**Le·bens·mit·tel** *die*; *Pl*; die Dinge, die man isst und trinkt, besonders die wichtigsten, wie Brot, Gemüse, Fleisch || K-: ***Lebensmittel-, -vergiftung***

le·bens·mü·de *Adj*; ohne den Willen weiterzuleben

Le·bens·un·ter·halt *der*; das Geld, das man braucht, um Nahrung, Kleidung und Wohnung zu bezahlen: *seinen Lebensunterhalt als Taxifahrer verdienen*

le·bens·wich·tig *Adj*; absolut notwendig, damit j-d leben kann

Le·ber *die*; -, *-n*; ein großes, rotbraunes inneres Organ, das das Blut reinigt: *Alkohol schadet der Leber* || K-: ***Leber-, -schaden***

Le·be·we·sen *das*; *-s*, -; ein lebender Organismus ⟨ein pflanzliches, tierisches Lebewesen⟩

leb·haft *Adj* **1** voller Schwung und Temperament ⟨ein Kind, eine Diskussion⟩ **2** klar und deutlich: *Ich kann mir lebhaft vorstellen, wie sie reagiert hat* **3** sehr groß und stark ⟨Beifall⟩ || *zu* **1 Leb·haf·tig·keit** *die*

Leck *das*; *-(e)s*, *-e* / *-s*; ein Loch oder ein Riss in einem Behälter oder Schiff

le·cken; *leckte*, *hat geleckt*; ***etwas lecken*** etwas durch die Bewegung der Zunge in den Mund bringen: *Die Katze leckte ihre Milch*

le·cker *Adj*; so, dass es sehr gut aussieht oder schmeckt ⟨etwas riecht, schmeckt lecker⟩

◆**Le·der** *das*; *-s*; *nur Sg*; die Haut von Tieren, die so bearbeitet wurde, dass sie haltbar ist ⟨weiches, glattes Leder⟩: *eine Jacke aus echtem Leder* || K-: ***Leder-, -hose, -tasche*** || -K: ***Kunst-, Schlangen-*** || *hierzu* **led·rig** *Adj*

◆**le·dig** *Adj*; *nicht adv* **1** nicht verheiratet: *Ist er ledig, verheiratet oder geschieden?* **2** ***etwas*** (*Gen*) ***ledig sein*** *geschr*; von etwas (*meist* Unangenehmem) befreit sein ⟨seiner Pflichten ledig sein⟩

le·dig·lich ≈ nur: *Lediglich Renate war gekommen*

◆**leer** [leːɐ̯] *Adj* **1** ohne Inhalt ↔ voll ⟨eine Kiste, Flasche⟩: *Ich muss einkaufen, der Kühlschrank ist leer* **2** ohne Menschen darin ≈ unbewohnt ⟨ein Zimmer⟩: *Die Wohnung steht schon seit Monaten leer* **3** nur mit sehr wenigen oder keinen Menschen (darin) ↔ voll ⟨ein Bus, Straßen⟩ || -K: ***menschen-*** **4** so, dass nichts darauf geschrieben oder gedruckt ist ⟨ein Blatt Papier⟩ **5** *nur attr, nicht adv*; ohne Ausdruck oder Gefühl ⟨j-n mit leeren Augen anstarren⟩

lee·ren; *leerte*, *hat geleert* **1** ***etwas leeren*** ein Gefäß oder einen Behälter leer (1) machen: *Der Briefkasten wird jeden Tag geleert* **2** ***etwas leert sich*** etwas wird leer (3): *Nach dem Konzert leerte sich der Saal nur langsam*

le·gal *Adj*; im Rahmen des Gesetzes erlaubt || *hierzu* **Le·ga·li·tät** *die*

◆**le·gen**; *legte*, *hat gelegt* **1** ***j-n / sich / etwas irgendwohin legen*** eine Person / sich / eine Sache so irgendwohin bringen, dass sie / man dort liegt ⟨sich ins Bett, auf den Bauch legen⟩: *Er legte Messer und Gabel neben den Teller* **2** ***etwas legen*** etwas an einer bestimmten Stelle oder auf einer Fläche befestigen ⟨Rohre, Fliesen legen⟩ **3** ***sich / j-n schlafen legen*** ins Bett gehen, um zu schlafen / ein Kind zu Bett bringen **4** ***ein Vogel legt ein Ei*** ein Vogel produziert ein Ei || K-: ***Lege-, -henne***

le·gen·där *Adj* **1** durch eine Legende (1) bekannt, aber nicht unbedingt wahr **2** so unwahrscheinlich oder erstaunlich wie in einer Legende (1): *Sie erreichte das legendäre Alter von 118 Jahren* **3** so, dass man noch lange Zeit später davon spricht: *der legendäre Auftritt der Beatles in Hamburg*

Le·gen·de *die*; -, *-n* **1** eine Geschichte aus früherer Zeit, *oft* mit religiösem Inhalt **2** die Erklärung der Zeichen und Symbole *bes* in einer Landkarte

le·ger [leˈʒɛːɐ̯] *Adj* **1** so, wie man sich unter Freunden und in der Familie benimmt ⟨ein Verhalten⟩ **2** nicht sehr vornehm, aber trotzdem passend ⟨Kleidung⟩

Lehm *der*; *-(e)s*; *nur Sg*; schwere gelbbraune Erde, durch die kein Wasser dringt || *hierzu* **leh·mig** *Adj*

Leh·ne *die*; -, *-n*; der Teil eines Stuhls, Sessels oder einer Bank, auf den man die Arme oder den Rücken stützen kann || K-: ***Lehn-, -stuhl*** || -K: ***Arm-***

leh·nen; *lehnte*, *hat gelehnt* **1** ***etwas / sich an / gegen etwas*** (*Akk*) ***lehnen*** etwas oder den Körper schräg an etwas Stabiles stellen, damit es / man eine Stütze hat: *das Fahrrad an / gegen die Mauer lehnen* **2** ***an etwas*** (*Dat*) ***lehnen*** in schräger Lage an etwas Stabilem stehen, damit man / es eine Stütze hat: *Die Leiter lehnt an der Wand* **3** ***sich irgendwohin lehnen*** sich auf etwas stützen und den Oberkörper darüber beugen: *sich aus dem Fenster lehnen*

◆**Leh·re** *die*; -, *-n* **1** die Ausbildung zu einem Beruf als Handwerker oder Angestellter ⟨in die Lehre gehen⟩: *eine Lehre als Schreinerin* || K-: ***Lehr-, -jahr, -zeit*** ||

-K: ***Bäcker-*** **2** eine Erfahrung, die man macht und aus der man etwas lernt ⟨eine Lehre aus etwas ziehen; eine bittere Lehre⟩: *Dieser Vorfall wird ihm immer eine Lehre sein* **3** die Prinzipien von Wissenschaften oder Religionen ⟨die christliche Lehre⟩ || -K: ***Glaubens-*** **4** der Unterricht an einer Hochschule

leh·ren; *lehrte, hat gelehrt* **1** **(*j-n*) *etwas lehren***; ***j-n*** + *Infinitiv* + ***lehren*** j-m Informationen geben und mit ihm üben, damit er Wissen und spezielle Fähigkeiten bekommt ⟨j-n lesen lehren⟩: *Der Deutschlehrer lehrt die Kinder Rechtschreibung und Grammatik* || K-: ***Lehr-, -buch*** **2** ***etwas lehrt* (*j-n*), *dass ...*** *geschr*; etwas zeigt (j-m) deutlich, dass etwas so ist: *Die Erfahrung hat gelehrt, dass wir in Zukunft Rohstoffe sparen müssen*

◆ **Leh·rer** *der*; *-s, -*; j-d, der *bes* an einer Schule Unterricht gibt: *Er ist Lehrer für Physik und Sport an einem Gymnasium* || -K: ***Grundschul-, Deutsch-*** || *hierzu* **Leh·re·rin** *die*; *-, -nen*

Lehr·ling *der*; *-s, -e*; j-d, der eine Lehre (1) macht

Leib *der*; *-(e)s, -er*; *geschr oder veraltend*; der Körper eines Menschen oder Tiers || ID ***etwas am eigenen Leib erfahren*** eine Erfahrung selbst machen; ***mit Leib und Seele*** *gespr*; sehr gern und mit viel Energie

Lei·che *die*; *-, -n*; der Körper eines toten Menschen ⟨eine Leiche identifizieren⟩ || K-: ***Leichen-, -wagen***

◆ **leicht**[1], *leichter, leichtest-*; *Adj* **1** mit wenig Gewicht ↔ schwer ⟨leichtes Gepäck⟩ || K-: ***Leicht-, -gewicht*** || -K: ***feder-*** **2** aus dünnem Stoff ⟨ein Hemd; leicht bekleidet sein⟩ **3** von geringer Intensität ⟨ein Wind, eine Erkältung⟩: *Bei dem Unfall wurden zwei Personen leicht verletzt* **4** so, dass es den Organismus wenig belastet ⟨ein Wein⟩: *Nach meiner Operation durfte ich nur leichte Kost essen* || *hierzu* **Leicht·heit** *die*

◆ **leicht**[2], *leichter, leichtest-*; *Adj* **1** so, dass es wenig Arbeit oder Mühe macht: *eine leichte Rechnung* **2** so, dass man nur wenig Kraft dazu braucht: *leichte körperliche Arbeit* **3** ***j-d / etwas ist leicht*** + ***zu*** + *Infinitiv* es ist leicht[2] (1), etwas zu tun: *Diese Aufgabe ist leicht zu bewältigen* || ID *meist* ***Das ist leichter gesagt als getan*** *gespr*; das ist schwieriger zu tun, als man denkt || *hierzu* **Leich·tig·keit** *die*

◆ **leicht**[3], *leichter, leichtest-*; *Adv* **1** ohne besonderen Anlass: *Sie wird sehr leicht wütend* **2** verwendet, um auszudrücken, dass etwas passieren kann: *Bei Eis und Schnee passiert leicht ein Unfall*

Leicht·ath·le·tik *die*; *-*; *nur Sg*; die Sportarten Laufen, Gehen, Springen, Stoßen und Werfen || *hierzu* **Leicht·ath·let** *der*; **Leicht·ath·le·tin** *die*; **leicht·ath·le·tisch-** *Adj*

Leicht·sinn *der*; *-(e)s*; *nur Sg*; die Eigenschaft, zu wenig über die Konsequenzen einer Handlung nachzudenken ⟨sträflicher Leichtsinn⟩: *Der Unfall passierte aufgrund des Leichtsinns des Autofahrers*

leicht·sin·nig *Adj*; so, dass der Betreffende nicht genug über die Konsequenzen einer Handlung nachdenkt: *Es ist leichtsinnig, ohne Helm Motorrad zu fahren* || *hierzu* **Leicht·sin·nig·keit** *die*

leid *Adj*; ***es leid sein*** + *Infinitiv* **/ *, dass / wenn ...***; ***j-n / etwas leid haben, sein*** j-n / etwas nicht mehr mögen oder ertragen können: *Ich bin es leid, dass sie immer zu spät kommen*

◆ **Leid** *das*; *-(e)s*; *nur Sg* **1** sehr große seelische Schmerzen ⟨schweres Leid; Leid erfahren⟩: *Der Tod ihres Sohnes hat den Eltern großes Leid zugefügt* **2** ***j-d / etwas tut j-m Leid*** j-d / etwas wird von j-m bedauert: (*Es*) *tut mir Leid, ich wollte nicht stören*

◆ **lei·den**; *litt, hat gelitten* **1** **(*etwas*) *leiden*** Schmerzen oder unangenehme Verhältnisse ertragen müssen ⟨Hunger, Not leiden⟩ **2** ***j-n / etwas nicht leiden können*** j-n / etwas nicht mögen oder dulden: *Ich kann ihn nicht leiden, er ist so ein Angeber* **3** ***an etwas*** (*Dat*) ***leiden*** eine Krankheit haben ⟨an Schlaflosigkeit, Depressionen leiden⟩ **4** ***unter etwas*** (*Dat*) ***leiden*** große Probleme oder Kummer wegen etwas haben: *Als er im Ausland studierte, litt er sehr unter seiner Einsamkeit* **5** ***etwas leidet unter etwas*** (*Dat*) ***/ durch etwas*** etwas nimmt durch den Einfluss einer Sache Schaden: *Die Bilder haben unter der Feuchtigkeit sehr gelitten*

Lei·den *das*; *-s, -*; **1** eine lange und *meist* schlimme Krankheit ⟨ein chronisches Leiden⟩ || -K: ***Rücken-*** **2** *nur Pl*; das Gefühl von Schmerzen und Kummer: *die Freuden und Leiden des Alltags*

Lei·den·schaft *die*; *-, -en* **1** ***j-s Leidenschaft* (*für j-n*)** *nur Sg*; die starke Liebe, die man für j-n empfindet ⟨eine stürmische Leidenschaft⟩: *In Filmen geht es oft um Liebe und Leidenschaft* **2** ***j-s Leidenschaft* (*für etwas*)** *nur Sg*; die Liebe zu Dingen oder Tätigkeiten, die man sehr interessant findet: *eine Leidenschaft für schnelle Autos haben* || -K: ***Spiel-***

◆ **lei·der** *Adv* **1** verwendet, um Bedauern auszudrücken: *Ich kann leider nicht ins Kino gehen, ich bin krank* **2 leider** (**ja** / **nein**) verwendet als Antwort auf eine Frage, wenn man etwas bedauert: *„Hast du den Job bekommen?“ – „Leider nein.“*

◆ **lei·hen**; *lieh, hat geliehen* **1 *j-m etwas leihen*** j-m etwas für eine Zeit geben, damit er es verwenden kann: *Kannst du mir bis morgen zehn Euro leihen?* || K-: **Leih-, -bücherei, -gebühr 2 *sich*** (*Dat*) ***etwas*** (***von j-m***) ***leihen*** von j-m etwas für eine bestimmte Zeit bekommen, um es zu benutzen: *Er hat sich das Motorrad von einem Freund geliehen*

Lei·ne *die*; -, *-n* **1** ein dünnes Seil, an das man *bes* Wäsche hängt || -K: ***Wäsche-*** **2** ein dünnes Band *meist* aus Leder, an dem man *bes* einen Hund führt

Lei·nen *das*; *-s*; *nur Sg*; ein sehr fester und glatter Stoff: *eine Tischdecke aus Leinen*

◆ **lei·se** *Adj* **1** so, dass man es kaum hört ⟨Musik⟩: *Er öffnete leise die Tür* **2** *nur attr oder adv*; kaum vorhanden, nicht stark ausgeprägt ⟨ein Verdacht⟩: *Er hatte nicht die leiseste Ahnung von unserem Plan*

◆ **leis·ten**[1]; *leistete, hat geleistet* **1 *etwas leisten*** etwas tun oder fertig machen, das *oft* viel Mühe kostet ⟨gute Arbeit leisten⟩: *Er hat in seinem Leben schon viel geleistet* **2 *etwas leisten*** *geschr*; mit einem Substantiv verwendet, um ein Verb zu umschreiben; ***j-m gute Dienste leisten*** j-m gut dienen

◆ **leis·ten**[2], **sich**; *leistete sich, hat sich geleistet* **1 *sich*** (*Dat*) ***etwas leisten*** sich erlauben, etwas zu tun, was andere stört ⟨sich einen Fehler leisten⟩: *Er kann* (es) *sich nicht leisten, zu spät zur Arbeit* zu *kommen* **2 *sich*** (*Dat*) ***etwas leisten*** etwas kaufen oder tun, um sich eine Freude zu machen: *Diesen Pullover habe ich mir gestern geleistet* **3 *sich*** (*Dat*) ***etwas leisten können*** genug Geld haben, um sich etwas zu kaufen: *Wir können uns keinen Urlaub mehr leisten*

◆ **Leis·tung** *die*; -, *-en* **1** der Prozess, bei dem j-d etwas leistet[1] (1) oder das Ergebnis dieser Arbeit ⟨eine gute Leistung zeigen⟩: *Gauß vollbrachte großartige Leistungen im Bereich der Mathematik* || K-: **Leistungs-, -druck; leistungs-, -stark 2** *meist Pl*; Geld, das eine Firma oder eine Versicherung zahlt: *die Leistungen einer Krankenkasse* || -K: ***Sozial-***

◆ **lei·ten**; *leitete, hat geleitet* **1 *j-n / etwas leiten*** die Tätigkeit einer Gruppe von Menschen beeinflussen und dafür verantwortlich sein ⟨eine Firma, einen Chor leiten⟩ **2 *etwas irgendwohin leiten*** bewirken, dass etwas an einen Ort kommt: *den Verkehr in eine andere Richtung leiten* **3 *j-n irgendwohin leiten*** mit j-m irgendwohin gehen, um den Weg zu zeigen: *einen Gast in sein Zimmer leiten* **4 *sich von etwas leiten lassen*** sich bei einer Entscheidung von etwas beeinflussen lassen: *Er ließ sich von finanziellen Erwägungen leiten* **5 *etwas leitet*** (***etwas***) etwas transportiert Wärme, Strom oder Schall

Lei·ter[1] *der*; *-s*, -; **1** j-d, der eine Gruppe von Menschen leitet (1) ⟨der Leiter eines Unternehmens⟩ || -K: ***Abteilungs-, Betriebs-, Chor-*** **2** *bes* ein Metall, das elektrischen Strom leitet (5) || *zu* **1 Lei·te·rin** *die*; -, *-nen*

Lei·ter[2] *die*; -, *-n*; zwei lange parallele Stangen aus Holz oder Metall, die durch mehrere kurze Stücke miteinander so verbunden sind, dass man irgendwo hinaufsteigen kann ⟨auf die Leiter steigen⟩

◆ **Lei·tung** *die*; -, *-en* **1** *nur Sg*; die Funktion oder die Aufgabe, etwas zu leiten (1) ⟨j-n mit der Leitung beauftragen⟩: *Das Orchester spielt unter der Leitung von Sir Colin Davis* **2** *nur Sg*; die Personen, die etwas leiten (1) || -K: ***Firmen-*** **3** ein Rohr oder Röhren, die Flüssigkeiten oder Gase irgendwohin leiten (2) ⟨eine Leitung legen⟩ || K-: ***Leitungs-, -rohr, -wasser*** || -K: ***Wasser-*** **4** Drähte oder Kabel, die Strom leiten (5) **5** das Kabel, das eine telefonische Verbindung herstellt ⟨die Leitung ist besetzt⟩

Lek·ti·on [lɛkˈtsi̯oːn] *die*; -, *-en* **1** eine Einheit in einem Lehrbuch ⟨eine Lektion durchnehmen, behandeln⟩: *Lektion 14* **2** etwas, durch das man lernt, sich in Zukunft anders zu verhalten, *bes* eine unangenehme Erfahrung ⟨eine bittere Lektion; eine Lektion begreifen⟩

Lek·tü·re *die*; -, *-n*; *meist Sg* **1** etwas zum Lesen ⟨eine spannende Lektüre⟩ || -K: ***Urlaubs-*** **2** das Lesen von Literatur, *bes* im Unterricht

lẹn·ken; *lenkte, hat gelenkt* **1** (***etwas***) ***lenken*** die Richtung eines Fahrzeugs bestimmen: *Du musst das Auto mehr nach rechts lenken* **2 *etwas auf j-n / etwas lenken*** bewirken, dass sich ein Gespräch oder j-s Aufmerksamkeit auf etwas konzentriert: *das Gespräch auf ein anderes Thema lenken* **3 *etwas lenken*** die Entwicklung einer Sache bestimmen ⟨die Wirtschaft, den Staat lenken⟩ || *zu* **1** und **3 lẹnk·bar** *Adj*

Lẹr·che *die*; -, *-n*; ein kleiner brauner (Sing)Vogel, der steil in die Höhe fliegen kann ⟨die Lerche trillert⟩

◆ **ler·nen**; *lernte, hat gelernt* **1** **(*von j-m*) *etwas lernen*** durch Erfahrung sein Verhalten ändern ⟨aus Fehlern lernen⟩: *Er hat nie gelernt, pünktlich* zu *sein* || K-: ***Lern-, -prozess*** **2** ***einen Beruf lernen*** eine Ausbildung für einen Beruf machen ⟨Bäcker, Maler lernen⟩ **3** **(*etwas*) *lernen*** ein besonderes Wissen erwerben ⟨eine Fremdsprache lernen; kochen lernen⟩: *Sie lernt Spanisch in der Schule* || K-: ***Lern-, -eifer*** **4** **(*etwas*) *auswendig lernen*** etwas so lernen, dass man es aus dem Gedächtnis wiederholen kann: *Wir müssen das Gedicht bis morgen auswendig lernen* || *zu* **3** **Ler·ner** *der*; *zu* **1** und **3** **lern·bar** *Adj*

les·bisch *Adj*; mit homosexuellen Neigungen ⟨eine Frau⟩ || *hierzu* **Les·be** *die*; -, *-n*

◆ **le·sen**[1]; *liest, las, hat gelesen* **1** **(*etwas*) *lesen*** etwas Geschriebenes ansehen und den Inhalt erfassen ⟨ein Buch lesen⟩: *Er liest jeden Tag die Zeitung* || K-: ***Lese-, -brille*** **2** ***etwas liest sich irgendwie*** etwas ist in der genannten Weise geschrieben: *Sein neuer Krimi liest sich sehr gut*

◆ **le·sen**[2]; *liest, las, hat gelesen*; ***etwas lesen*** Früchte einzeln von der Pflanze abnehmen und sammeln ⟨Trauben lesen⟩

Le·ser *der*; *-s, -*; j-d, der etwas liest ⟨ein kritischer, aufmerksamer Leser⟩ || -K: ***Zeitungs-*** || *hierzu* **Le·se·rin** *die*; -, *-nen*

le·ser·lich *Adj*; so deutlich, dass man es gut lesen kann ⟨eine Handschrift⟩ || *hierzu* **Le·ser·lich·keit** *die*

Le·sung *die*; -, *-en*; eine Veranstaltung, bei der *meist* ein Autor einen Teil seines Werkes vorliest || -K: ***Dichter-***

◆ **letz·t-** *Adj*; *nur attr, nicht adv* **1** so, dass etwas ganz am Ende einer Reihenfolge kommt: *Silvester ist der letzte Tag des Jahres* **2** direkt vor dem jetzigen Zeitpunkt: *Letzte Woche war es sehr warm* **3** am Ende als Rest übrig geblieben: *Das ist der letzte Rest vom Kuchen*

Leuch·te *die*; -, *-n* ≈ Lampe || -K: ***Decken-***

leuch·ten; *leuchtete, hat geleuchtet* **1** ***etwas leuchtet*** etwas verbreitet Licht ⟨eine Lampe, der Mond⟩ || K-: ***Leucht-, -schrift*** **2** ***irgendwohin leuchten*** den Lichtstrahl einer Lampe irgendwohin richten: *j-m mit einer Lampe ins Gesicht leuchten*

Leucht·turm *der*; ein Turm an der Küste, an dessen Licht sich Schiffe orientieren können

leug·nen; *leugnete, hat geleugnet* **1** **(*etwas*) *leugnen*** sagen, dass das, was ein anderer von einem behauptet, nicht wahr ist ⟨ein Verbrechen leugnen⟩: *Er leugnete*, dass *er an dem Banküberfall beteiligt war* **2** ***etwas leugnen*** sagen, dass etwas nicht wahr ist: *Ich kann nicht leugnen*, dass *mir das Bild sehr gut gefällt* || Hinweis: *meist* verneint! || *hierzu* **Leug·nung** *die*

◆ **Leu·te** *die*; *Pl* **1** ≈ Menschen: *Auf dem Bahnsteig standen viele Leute* **2** ***die Leute*** die Menschen in j-s Nachbarschaft oder Umgebung: *Schrei nicht so – was sollen denn die Leute denken?* **3** ***vor allen Leuten*** in der Öffentlichkeit

Le·xi·kon *das*; *-s, Le·xi·ka* **1** ein Buch mit Wörtern (in alphabetischer Reihenfolge), über die man sachliche Informationen findet || -K: ***Tier-*** **2** *gespr* ≈ Wörterbuch

◆ **li·be·ral** *Adj* **1** ⟨ein Mensch, eine Einstellung⟩ so, dass sie persönliche Freiheiten anderer Menschen kaum einschränken **2** mit den Prinzipien des Liberalismus ⟨eine Partei⟩ || *zu* **1** **Li·be·ra·li·tät** *die*; **li·be·ra·li·sie·ren** (*hat*)

Li·be·ra·lis·mus *der*; -; *nur Sg*; eine politische Anschauung, die es für gut hält, wenn sich der Mensch in der Politik und Gesellschaft frei entfalten kann

licht, *lichter, lichtest-*; *Adj*; mit relativ großen Zwischenräumen ⟨ein Wald, j-s Haare⟩

◆ **Licht** *das*; *-(e)s, -er* **1** *nur Sg*; das, was die Umgebung oder einen Gegenstand hell macht ⟨helles Licht; etwas gegen das Licht halten⟩: *Kannst du bitte aus dem Licht gehen, ich sehe nichts* || K-: ***Licht-, -strahl*** || -K: ***Kerzen-, Mond-*** **2** *nur Sg*; elektrisches Licht (1) ⟨das Licht anmachen⟩: *In ihrem Zimmer brannte noch spät Licht* || K-: ***Licht-, -schalter*** **3** *nur Pl*; die Lampen und Glühbirnen, die leuchten ⟨die Lichter der Großstadt⟩ || ID ***j-n hinters Licht führen*** j-n täuschen; ***etwas ans Licht bringen*** etwas öffentlich bekannt machen

Lid *das*; *-(e)s, -er*; die Haut, mit der man das Auge schließen kann || ↑ *Abbildung unter* ***Auge*** || -K: ***Augen-***

◆ **lieb** *Adj* **1** ***lieb*** **(*zu j-m*)** freundlich und angenehm im Verhalten: *Unser Nachbar ist sehr lieb zu unseren Kindern* || -K: ***kinder-*** **2** gern gesehen ⟨Gäste⟩ **3** *nur attr, nicht adv*; ⟨Worte⟩ so, dass sie Freundlichkeit oder Liebe zeigen: *liebe Grüße an j-n senden* **4** *nur attr, nicht adv*; verwendet, um Personen oder Dinge zu beschreiben, die man schätzt oder liebt ⟨meine lieben Eltern, ein lieber Freund⟩ **5** *nur attr, nicht adv*; verwendet, um j-n, den man gut kennt, (in einem Brief) anzureden: *Liebe Oma!*

◆**Lie·be** *die*; -; *nur Sg* **1** ***die Liebe*** (***zu j-m***) die starken Gefühle der Zuneigung zu j-m, der zur Familie gehört oder den man sehr schätzt ⟨mütterliche Liebe⟩ || -K: ***Geschwister-*** **2** ***die Liebe*** (***zu j-m***) die intensiven Gefühle für j-n, von dem man auch sexuell angezogen wird ⟨leidenschaftliche Liebe; j-m seine Liebe gestehen⟩ || K-: ***Liebes-, -erklärung, -film*** **3** ***die Liebe*** (***zu etwas***) das starke Interesse für etwas, das man mag oder gerne tut: *Im Alter hat er seine Liebe zur Malerei entdeckt* || -K: ***Heimat-*** **4** j-d, für den man Liebe (2) empfindet: *Sie ist seine große Liebe* || ID ***Liebe auf den ersten Blick*** Liebe (2), die man spürt, wenn man j-n zum ersten Mal sieht

◆**lie·ben**; *liebte, hat geliebt* **1** ***j-d liebt j-n***; ⟨Personen⟩ ***lieben sich*** j-d empfindet Liebe (1, 2) für j-n / Personen empfinden Liebe füreinander ⟨den Vater, seine Frau lieben⟩ **2** ***etwas lieben*** ein sehr intensives Verhältnis zu etwas haben, das man gern mag ⟨die Heimat lieben⟩ **3** ***etwas lieben*** etwas sehr gern haben: *Sie liebt Sonne, Sand und Meer* **4** ***j-d liebt j-n***; ⟨zwei Personen⟩ ***lieben sich*** zwei Personen haben Sex miteinander

◆**lie·ber** **1** *Komparativ*; ↑ ***lieb*** **2** *Komparativ*; ↑ ***gern*** **3** *Adj*; ***j-d / etwas ist j-m lieber*** (***als j-d / etwas***) j-d zieht j-n / etwas einer anderen Person / Sache vor: *In der Stadt ist mir ein Fahrrad lieber als ein Auto* **4** *Adv*; (mit einem Verb im Konjunktiv) verwendet, um auszudrücken, dass etwas sinnvoller wäre: *Das hättest du lieber nicht sagen sollen*

◆**Lieb·ling** *der*; *-s, -e* **1** verwendet als Anrede für j-n, den man liebt: *Bist du bald fertig, Liebling? Wir müssen los* **2** ***Liebling*** + *Gen* j-d, den andere gerne mögen: *Karl ist der Liebling unserer Lehrerin* || -K: ***Publikums-***

liebs·t- **1** *Superlativ*; ↑ ***lieb*** **2** ***am liebsten*** *Superlativ*; so, dass man etwas *bes* gern hat oder tut: *Mein Sohn isst am liebsten Pommes frites*

◆**Lied** *das*; *-(e)s, -er*; eine Melodie, die man zu einem Text singt ⟨ein Lied singen⟩ || K-: ***Lieder-, -buch*** || -K: ***Kinder-***

lief ↑ ***laufen***

◆**lie·fern**; *lieferte, hat geliefert* **1** ((***j-m***) ***etwas***) ***liefern*** j-m eine bestellte oder gekaufte Ware bringen ⟨etwas per Post, frei Haus liefern⟩: *Wir können Ihnen die Möbel in sechs Wochen liefern* || K-: ***Liefer-, -zeit*** **2** ***ein Tier / etwas liefert etwas*** ein Tier / etwas bringt etwas Essbares oder Rohstoffe hervor: *Bienen liefern Honig* || *zu* **1** **Lie·fe·rant** *der*; **Lie·fe·ran·tin** *die*

Lie·fe·rung *die*; *-, -en* **1** das Liefern (1) einer Ware ⟨eine sofortige Lieferung⟩: *Die Lieferung der Ware erfolgt in zwei Wochen* **2** die Ware, die geliefert (1) wird

Lie·ge *die*; *-, -n*; eine Art Bett ohne Rahmen (und ohne Matratze), das man *meist* zusammenklappen kann

◆**lie·gen**; *lag, hat / südd* Ⓐ Ⓒⓗ *ist gelegen* **1** ***irgendwo / irgendwie liegen*** in waagrechter Lage an der genannten Stelle oder in der genannten Art und Weise sein ⟨bequem, auf dem Bauch liegen⟩: *Die Kinder liegen in der Sonne*; *Er lag noch im Bett* **2** ***etwas liegt irgendwo / irgendwie*** etwas ist an dem genannten Ort oder in der genannten geographischen Lage ⟨etwas liegt zentral⟩: *Köln liegt am Rhein* **3** ***etwas liegt irgendwo*** etwas ist oberhalb oder über einer Fläche: *Schnee liegt auf der Wiese* **4** ***j-d / etwas liegt irgendwo*** j-d / etwas ist an der genannten Stelle ⟨in Führung liegen⟩: *Nach der zehnten Runde lag die Favoritin erst an siebter Stelle* **5** ***etwas liegt j-m*** j-d hat Begabung, Fähigkeit für etwas: *Singen liegt ihm mehr als Klavier spielen* **6** ***etwas liegt an j-m / etwas*** etwas wird von j-m / etwas verursacht: *Ich glaube, das schlechte Bild des Fernsehers liegt an der Antenne* **7** ***etwas liegt bei j-m*** etwas wird von j-m übernommen: *Die Verantwortung für die Entscheidung liegt beim Bundeskanzler*

Lie·ge·stuhl *der*; eine Art Stuhl aus einem Rahmen aus Holz und einem festen Stoff, den man zusammenklappen kann und in dem man sitzen oder liegen kann || ↑ *Abbildung unter* ***Stühle***

lieh ↑ ***leihen***

ließ ↑ ***lassen***

liest ↑ ***lesen***

◆**Lift** *der*; *-(e)s, -e* **1** ≈ Aufzug[1] ⟨den Lift nehmen⟩ **2** *Kurzwort* ↑ ***Skilift*** eine Vorrichtung, die Skifahrer den Berg hinauf transportiert

Li·ga *die*; *-, Li·gen*; *Sport*; eine Anzahl von Mannschaften, die während einer Saison gegeneinander spielen, um zu sehen, wer der Beste ist || -K: ***Bundes-***

Li·kör [li'køːɐ̯] *der*; *-s, -e*; ein süßes, relativ starkes alkoholisches Getränk

li·la *Adj*; *indeklinabel*; von violetter Farbe: *ein lila Kleid*

◆**Li·mo·na·de** *die*; *-, -n*; ein alkoholfreies Getränk aus Saft, Zucker und Wasser || -K: ***Orangen-***

lin·dern; *linderte, hat gelindert*; ***etwas lindern*** eine schlechte Situation oder

L

Krankheit angenehmer machen ⟨das Elend lindern⟩ || *hierzu* **Lin·de·rung** *die*

Li·ne·al *das*; *-s, -e*; ein gerades Stück Holz, Metall oder Plastik, mit dem man gerade Striche ziehen und kurze Abstände messen kann || ↑ *Illustration* ***Am Schreibtisch***

◆**Li·nie** ['liːni̯ə] *die*; -, *-n* **1** ein langer und *meist* gerader Strich ⟨eine Linie ziehen⟩ **2** Personen oder Dinge, die eine Art Linie (1) bilden ≈ Reihe: *Die Soldaten stehen in einer Linie* **3** der Weg, den ein Bus, Zug, Schiff, Flugzeug regelmäßig fährt oder fliegt (oder der Bus *usw* selbst, der diesen Weg fährt): *Die Linie 3 fährt zum Olympiastadion* || K-: ***Linien-, -bus*** || -K: ***Flug-*** **4** die Prinzipien, nach denen man handelt: *Die Regierung muss eine klare Linie im Kampf gegen die Arbeitslosigkeit verfolgen* || ID ***in erster Linie*** ≈ vor allem; ***auf die*** (***schlanke***) ***Linie achten*** aufpassen, dass man nicht dick wird

li·niert *Adj*; mit Linien (1) zum Schreiben ⟨Papier⟩

◆**lin·k-** *Adj*; *nur attr, nicht adv* **1** auf der Seite, auf der das Herz ist ↔ recht-: *sich den linken Arm brechen* **2** mit den Prinzipien des Kommunismus, des Sozialismus oder einer sozialdemokratischen Partei ⟨eine Zeitung⟩

◆**links**[1] *Adv* **1** ***links*** (***von j-m / etwas***) auf der Seite, auf der das Herz ist ↔ rechts ⟨nach links abbiegen⟩: *Links von der Post ist ein Parkplatz* **2** ⟨eine Partei, Person⟩ so, dass die Prinzipien des Sozialismus, des Kommunismus oder der Sozialdemokratie vertreten werden ⟨links wählen⟩

◆**links**[2] *Präp*; *mit Gen*; auf der linken Seite von: *links des Rheins*

Lin·se[1] *die*; -, *-n* **1** eine runde, leicht gebogene Scheibe aus Glas oder Plastik, die Lichtstrahlen in eine Richtung konzentriert: *die Linse einer Kamera* **2** der Teil des Auges, der die Form und Funktion einer Linse[1] (1) hat || ↑ *Abbildung unter* ***Auge***

Lin·se[2] *die*; -, *-n* **1** eine Pflanze, deren essbare Samen die Form einer kleinen Linse[1] (1) haben **2** die Samen dieser Pflanze || K-: ***Linsen-, -eintopf***

Lip·pe *die*; -, *-n*; der obere oder der untere Rand des Mundes ⟨schmale Lippen⟩: *Sie setzte das Glas an die Lippen* || ↑ *Abbildung unter* ***Kopf*** || -K: ***Ober-, Unter-***

Lip·pen·stift *der*; eine Art Stift, den *bes* Frauen verwenden, um ihre Lippen *meist* rot zu färben

lis·peln; *lispelte, hat gelispelt*; beim Sprechen eines „s" mit der Zunge die Zähne berühren, sodass man eine Art englisches „th" spricht

List *die*; -, *-en* **1** eine Handlung, durch die man j-n täuscht, um so ein Ziel zu erreichen **2** *nur Sg*; ein Verhalten, bei dem man oft eine List (1) anwendet: *seine Pläne mit List anpacken*

◆**Lis·te** *die*; -, *-n*; eine schriftliche Zusammenstellung von Personen oder Dingen ⟨eine Liste erstellen; j-n / etwas auf eine Liste setzen⟩ || -K: ***Einkaufs-***

Li·ter *der, das*; *-s*, -; die Einheit, mit der man das Volumen von Flüssigkeiten (1000 Kubikzentimeter) und Gasen angibt; *Abk* l: *einen Liter Milch kaufen*

li·te·ra·risch *Adj*; zur Literatur (1) gehörig oder die Literatur (1) betreffend ⟨Werke, Gattungen⟩

Li·te·ra·tur *die*; -, *-en* **1** Gedichte, Dramen, Geschichten und Romane (von relativ hoher Qualität) ⟨moderne Literatur⟩ || K-: ***Literatur-, -epoche, -geschichte*** **2** *nur Sg*; ***die Literatur*** (***zu / über etwas***) alles, was über ein bestimmtes Thema oder Fachgebiet geschrieben wurde ⟨medizinische Literatur⟩ || K-: ***Literatur-, -verzeichnis*** || -K: ***Fach-***

litt ↑ ***leiden***

Li·zenz *die*; -, *-en*; ***die Lizenz*** (***für etwas***) die offizielle Erlaubnis (vom Staat oder einer Institution), bestimmte Dinge herzustellen, zu verkaufen oder bestimmte Berufe auszuüben || -K: ***Verkaufs-, Trainer-***

◆**Lkw**, **LKW** ['ɛlkaːveː] *der*; *-(s), -s*; (*Abk für* Lastkraftwagen) ≈ Lastwagen || K-: ***Lkw-Fahrer***

Lob *das*; *-(e)s*; *nur Sg*; die positive Reaktion auf eine Leistung oder Tat, die Worte der Anerkennung ⟨ein verdientes Lob; voll des Lobes für j-n sein⟩: *Sie bekam viel Lob für ihren guten Aufsatz*

◆**lo·ben**; *lobte, hat gelobt*; ***j-n / etwas*** (***für etwas***) ***loben*** sagen, dass j-d etwas gut gemacht hat oder etwas gut ist ⟨j-n überschwänglich loben⟩: *Der Firmenchef lobte den Mitarbeiter für seinen Fleiß*

◆**Loch** *das*; *-(e)s, Lö·cher*; eine Stelle, an der vorher etwas war und jetzt nichts mehr ist ⟨ein Loch graben, bohren⟩: *Er hat ein großes Loch im Strumpf*

Lo·cke *die*; -, *-n*; mehrere Haare, die zusammen eine runde Form haben: *Unsere Tochter hat glattes Haar, aber unser Sohn hat Locken*

lo·cken; *lockte, hat gelockt* **1** ***j-n / ein Tier*** (***irgendwohin***) ***locken*** versuchen, j-n / ein Tier durch Rufe oder etwas Angenehmes an einen bestimmten Ort zu bringen:

mit Käse eine Maus in die Falle locken **2** ***etwas lockt j-n irgendwohin*** etwas Angenehmes bringt j-n dazu, irgendwohin zu gehen: *Das warme Wetter lockte viele Menschen an die Seen* || *zu* **1 Lo·ckung** *die*

lo·cker *Adj* **1** nicht gut befestigt ⟨ein Nagel⟩: *Seit seinem Unfall sind bei ihm zwei Zähne locker* **2** ⟨eine Masse, ein Material⟩ so, dass viele kleine Luftlöcher darin sind ⟨Teig⟩: *Würmer machen die Erde locker* **3** nicht fest und gespannt ⟨ein Seil; Muskeln⟩ **4** ⟨eine Beziehung; Regeln⟩ so, dass man dabei viele Freiheiten hat: *die Vorschriften locker handhaben* **5** *gespr*; unkompliziert im Verhalten: *Er ist ein recht lockerer Typ*

◆ **Löf·fel** *der*; *-s, -*; **1** der Gegenstand, mit dem man *z.B.* die Suppe isst ⟨ein silberner Löffel⟩ || -K: ***Ess-, Tee-*** **2** ***ein Löffel*** + *Substanz* die Menge der Substanz, die auf einen Löffel (1) passt ⟨ein gehäufter Löffel Zucker⟩

löf·feln; *löffelte, hat gelöffelt*; ***etwas löffeln*** etwas mit einem Löffel (1) essen

log ↑ ***lügen***

Lo·gik *die*; *-*; *nur Sg* **1** eine Denkweise, bei der ein Gedanke sinnvoll oder notwendigerweise zum nächsten führt **2** die Wissenschaft, die sich mit den Prinzipien und Gesetzen des Denkens beschäftigt || *zu* **2 Lo·gi·ker** *der*; **Lo·gi·ke·rin** *die*; *-, -nen*

lo·gisch *Adj* **1** so, dass es den Prinzipien der Logik (1, 2) entspricht **2** *gespr*; so, dass man keinen weiteren Grund dafür nennen muss: *Das ist doch logisch!*

Lo·go *das*; *-s, -s*; ein Symbol, das als Warenzeichen für eine Firma verwendet wird

lo·go *Adj*; *nur präd, nicht adv*; *gespr*; (*bes* von Jugendlichen verwendet) ≈ logisch (2): *Das ist doch logo!*

◆ **Lohn** *der*; *-(e)s, Löh·ne* **1** das Geld, das Arbeiter für ihre Arbeit bekommen ⟨die Löhne erhöhen, kürzen⟩ || K-: ***Lohn-, -empfänger, -verhandlungen*** || -K: ***Wochen-, Brutto-*** **2** *nur Sg*; ***der Lohn*** (***für etwas***) das, was man für seine Mühe, Leistung oder Tat bekommt ⟨ein angemessener Lohn⟩: *Als Lohn für sein gutes Zeugnis bekam er ein Fahrrad* **3** Ⓐ Ⓒⓗ ≈ Gehalt

◆ **loh·nen**; *lohnte, hat gelohnt*; ***etwas lohnt sich*** etwas bringt einen Vorteil oder Gewinn: *Es lohnt sich nicht mehr, den alten Fernseher reparieren zu lassen*

◆ **Lo·kal** *das*; *-(e)s, -e*; ein Raum oder Räume, in denen man für Geld etwas essen und trinken kann: *Nach der Wanderung gingen wir in ein Lokal*

Lo·ko·mo·ti·ve [-v-] *die*; *-, -n*; die Maschine, die die Wagen eines Zuges zieht

◆ **los**[1] *Adj*; *nur präd, nicht adv* **1** ***j-n / etwas los sein*** *gespr*; von einer (unangenehmen) Person / Sache befreit sein ⟨den Schnupfen los sein⟩ **2** ***etwas los sein*** *gespr*; etwas nicht mehr haben, weil man es verloren oder ausgegeben hat: *Er ist seinen Job los* **3** ***irgendwo / irgendwann ist viel / wenig / nichts / (et)was los*** *gespr*; irgendwo / irgendwann geschieht viel / wenig / nichts Interessantes: *In diesem Dorf ist nichts los* **4** ***Was ist (denn) los?*** **a)** was ist passiert?; **b)** verwendet, um Verärgerung auszudrücken, *bes* wenn man gestört wird

◆ **los**[2] *Adv*; verwendet, um j-n aufzufordern, sich zu beeilen: *Los, wir gehen jetzt!*

Los *das*; *-es, -e* **1** ein Stück Papier mit einer Nummer, das man kauft, um etwas zu gewinnen ⟨ein Los ziehen⟩ || K-: ***Los-, -nummer*** **2** eine Methode, bei der man den Zufall bestimmen lässt, welche Entscheidung fällt ⟨das Los entscheidet⟩: *Die Teilnehmer des Finales werden durch Los ermittelt* || K-: ***Los-, -entscheid*** **3** *geschr* ≈ Schicksal ⟨ein schweres Los haben⟩ || ID ***mit j-m / etwas das große Los gezogen haben*** gut gewählt haben

lö·schen; *löschte, hat gelöscht* **1** (***etwas***) ***löschen*** bewirken, dass etwas nicht mehr brennt: *Die Feuerwehr löschte den Brand* || K-: ***Lösch-, -fahrzeug*** **2** ***das Licht löschen*** einen Schalter so stellen, dass das (elektrische) Licht nicht mehr brennt **3** ***etwas löschen*** bewirken, dass das Genannte oder dessen Inhalt nicht mehr vorhanden sind ⟨Daten, eine Kassette löschen⟩ || K-: ***Lösch-, -taste*** || *zu* **3 Lö·schung** *die*

lo·se *Adj* **1** nicht mehr an etwas befestigt ⟨eine Schraube, ein Knopf⟩ **2** nicht aneinander befestigt ⟨Blätter⟩: *Seine Hefte bestehen nur noch aus losen Blättern* **3** leicht provozierend ⟨ein loses Mundwerk haben⟩

lo·sen; *loste, hat gelost*; (***um etwas***) ***losen*** etwas durch ein Los (2) entscheiden: *Meine Söhne losten* (*darum*), *wer mit meinem Auto fahren durfte*

◆ **lö·sen**[1]; *löste, hat gelöst* **1** ***etwas*** (***von / aus etwas***) ***lösen*** etwas von der Sache / Stelle trennen, an der es befestigt ist: *die Tapete von der Wand lösen* **2** ***etwas lösen*** etwas, das fest ist, locker(er) machen ⟨einen Knoten lösen⟩ **3** ***etwas löst etwas*** etwas beseitigt etwas teilweise oder ganz ⟨etwas löst Krämpfe⟩ **4** ***etwas lösen*** eine Fahrkarte kaufen: *ein Ticket am Au-*

tomaten lösen **5 *der Husten löst sich*** der Husten wird besser

◆**lö·sen**[2]; *löste, hat gelöst*; ***etwas lösen*** durch Nachdenken und Handeln zu einem Ergebnis kommen ⟨eine Aufgabe lösen⟩

◆**lö·sen**[3]; *löste, hat gelöst* **1 *etwas löst etwas*** etwas bildet mit etwas eine Mischung und entfernt es auf diese Weise: *Terpentin löst Farben und Öle* **2 *etwas (in etwas*** (*Dat*)) ***lösen*** eine Substanz in eine Flüssigkeit geben, damit sich eine Mischung bildet ⟨Salz in Wasser lösen⟩

◆**los·fah·ren** (*ist*) ***(von etwas) losfahren*** einen Ort mit einem Fahrzeug verlassen: *Wir fuhren um drei Uhr los*

◆**los·ge·hen** (*ist*) **1 *etwas geht los*** *gespr* ≈ etwas beginnt ⟨Kino, Theater⟩: *Das Fest geht um 3 Uhr los* **2 *(mit etwas) auf j-n losgehen*** *gespr* ≈ j-n angreifen, attackieren: *Plötzlich gingen zwei Männer mit Messern aufeinander los*

◆**los·las·sen** (*hat*) ***j-n / etwas loslassen*** eine Person / Sache, die man mit der Hand hält, nicht länger halten: *Du darfst die Zügel nicht loslassen!*

L

◆**Lö·sung**[1] *die*; -, *-en* **1** das Lösen[2] ⟨eines Problems, einer Aufgabe⟩ || K-: ***Lösungs-, -vorschlag*** || -K: ***Problem-*** **2** das, womit ein Problem gelöst[2] wird oder werden kann ⟨eine elegante Lösung⟩: *versuchen, die Lösung einer mathematischen Aufgabe zu finden* || K-: ***Lösungs-, -wort***

◆**Lö·sung**[2] *die*; -, *-en*; eine Flüssigkeit, die mit einer anderen Substanz eine Mischung bildet: *eine Lösung aus Wasser und Säure* || -K: ***Salz-***

Lot·te·rie *die*; -, *-n* [-'riːən]; ein System oder eine Veranstaltung, bei denen man Lose (1) kauft und etwas gewinnen kann ⟨in der Lotterie spielen⟩ || K-: ***Lotterie-, -gewinn***

Lot·to *das*; *-s*; *nur Sg*; eine Art Lotterie, bei der Zahlen gezogen werden und bei der man Geld gewinnen kann, wenn man auf einem Blatt Papier (einem Schein) einige oder alle der gezogenen Zahlen gewählt hat ⟨Lotto spielen⟩ || K-: ***Lotto-, -gewinn*** || -K: ***Zahlen-***

Lö·we *der*; *-n, -n* **1** ein großes, gelbbraunes Tier (eine Raubkatze), das *bes* in Afrika lebt; die Männchen haben lange Haare auf dem Kopf ⟨der Löwe brüllt⟩ || ↑ *Abbildung unter* ***Raubkatzen*** || K-: ***Löwen-, -käfig*** **2** *nur Sg*; das Sternzeichen für die Zeit vom 23. Juli bis 22. August || ID ***kämpfen wie ein Löwe*** mit viel Mut und Energie kämpfen || *zu* **1 Lö·win** *die*; -, *-nen*

Lü·cke *die*; -, *-n* **1** eine Stelle, an der etwas fehlt, das dort sein sollte ⟨eine Lücke füllen⟩: *Die Kinder krochen durch eine Lücke im Zaun* || -K: ***Zahn-*** **2** das Fehlen von etwas, das nützlich wäre: *In der Grammatik hat er große Lücken* || -K: ***Wissens-***

lü·cken·haft *Adj*; mit einer oder mehreren Lücken (1, 2) ⟨ein Gebiss; Kenntnisse⟩ || *hierzu* **Lü·cken·haf·tig·keit** *die*

lud ↑ ***laden***

◆**Luft** *die*; -, *Lüf·te* **1** *nur Sg*; das Gemisch aus Gasen, das die Erde umgibt und das Menschen und Tiere zum Atmen brauchen ⟨warme Luft; Luft einatmen⟩: *Nach dem Regen war die Luft wieder frisch und angenehm* || K-: ***Luft-, -masse, -schicht, -verschmutzung*** || -K: ***Frisch-*** **2** *nur Sg*; der Raum direkt über der Oberfläche der Erde: *einen Ball in die Luft werfen* **3 *Luft holen*** ≈ einatmen ⟨tief Luft holen⟩ **4 *die Luft anhalten*** die Luft nicht aus Mund und Nase strömen lassen || ID ***etwas liegt in der Luft*** etwas steht direkt bevor; ***j-d / etwas löst sich in Luft auf*** j-d / etwas verschwindet plötzlich

Luft·bal·lon *der*; eine Hülle aus Gummi, die man mit Luft oder Gas füllt, *bes* als Spielzeug für Kinder

lüf·ten; *lüftete, hat gelüftet* **1 *(etwas) lüften*** die Fenster öffnen, damit frische Luft in das Zimmer kommt **2 *ein Geheimnis lüften*** ein Geheimnis verraten

Luft·li·nie *die*; *nur Sg*; die kürzeste Distanz zwischen zwei Orten auf der Oberfläche der Erde: *500 Kilometer Luftlinie*

◆**Luft·post** *die*; *nur Sg* **1** das System, bei dem Briefe *usw* mit dem Flugzeug transportiert werden ⟨etwas per Luftpost schicken⟩ **2** die Post, die mit dem Flugzeug transportiert wird || K-: ***Luftpost-, -brief***

Lüf·tung *die*; -, *-en* **1** *nur Sg*; das Lüften (1) eines Raumes **2** ein System aus Rohren, durch die frische Luft in die Räume eines Gebäudes geleitet wird

◆**Lü·ge** *die*; -, *-n*; eine absichtlich falsche oder unwahre Aussage ⟨eine Lüge verbreiten⟩: *Was du da sagst, ist eine glatte Lüge!* || ID ***etwas straft j-n Lügen*** etwas beweist, dass j-d gelogen hat; ***Lügen haben kurze Beine*** Lügen werden meist schnell erkannt

◆**lü·gen**; *log, hat gelogen*; absichtlich etwas sagen, das nicht wahr oder richtig ist || *hierzu* **Lüg·ner** *der*; **Lüg·ne·rin** *die*; -, *-nen*

Lu·ke *die*; -, *-n*; ein kleines Fenster oder

eine kleine (verschließbare) Öffnung im Keller oder auf dem Dachboden || -K: ***Dach-***

Lụm·pen *der*; *-s*, *-*; **1** ein altes Stück Stoff, das *meist* schmutzig und zerrissen ist **2** *meist Pl*; *pej*; ein altes Kleidungsstück

Lụn·ge *die*; *-*, *-n*; das Organ, das beim Atmen die Luft aufnimmt und die verbrauchte Luft dann wieder abgibt || K-: ***Lungen-, -entzündung***

Lu̲·pe *die*; *-*, *-n*; ein rundes und gebogenes Stück Glas, durch das man kleine Dinge größer sieht: *einen Käfer unter der Lupe betrachten* || -K: ***Lese-*** || ID ***j-n / etwas unter die Lupe nehmen*** j-n / etwas genau beobachten und prüfen

◆ **Lụst** *die*; *-*, *Lüs·te* **1** ***Lust*** (***auf etwas*** (*Akk*)) *nur Sg*; der (momentane) Wunsch, etwas zu haben ⟨keine Lust auf etwas haben⟩: *Ich hätte jetzt große Lust auf ein Stück Kuchen* **2** *nur Sg*; ***Lust*** (***zu etwas*** (*Dat*)) der (*meist* momentane) Wunsch, etwas zu tun: *Ich habe heute keine Lust zum Wandern* **3** *nur Sg*; ***die Lust*** (***an etwas*** (*Dat*)) die Freude und Zufriedenheit, die man *bes* bei einer Tätigkeit bekommt ⟨die Lust an etwas verlieren⟩: *Bei diesem schlechten Wetter kann einem die Lust am Reisen vergehen!* || K-: ***Lust-, -gewinn*** **4** ***die Lust*** (***auf j-n / etwas***) der starke Wunsch nach Sex || K-: ***Lust-, -gefühl*** || ID ***nach Lust und Laune*** so, wie es einem gefällt

◆ **lụs·tig** *Adj* **1** so, dass es j-n fröhlich macht oder zum Lachen bringt ⟨eine Geschichte⟩: *Seine Witze waren sehr lustig* **2** ⟨eine Person⟩ so, dass sie guter Laune ist und Freude verbreitet: *Auf dem Fest waren alle recht lustig* **3** ***sich*** (*Akk*) ***über j-n / etwas lustig machen*** über j-n / etwas Späße machen: *In der Schule machten sich die Kinder über seine Haare lustig* || *zu* **1** und **2** **Lụs·tig·keit** *die*

lụt·schen; *lutschte*, *hat gelutscht* **1** ***etwas lutschen*** etwas *meist* Süßes im Mund zergehen lassen ⟨ein Eis, ein Bonbon lutschen⟩ **2** ***an etwas*** (*Dat*) ***lutschen*** etwas in den Mund nehmen und daran saugen ⟨am Daumen lutschen⟩

Lụ·xus *der*; *-*; *nur Sg*; alle Dinge von sehr guter Qualität, die man nicht unbedingt zum Leben braucht und die *meist* sehr teuer sind ⟨im Luxus leben⟩ || K-: ***Luxus-, -artikel*** || *hierzu* **lu·xu·ri·ö̲s** *Adj*

Ly̲·rik *die*; *-*; *nur Sg*; eine Form der Dichtung in Versen, *meist* mit einem bestimmten Reim oder Rhythmus: *die romantische Lyrik* || -K: ***Liebes-*** || *hierzu* **Ly̲·ri·ker** *der*; **Ly̲·ri·ke·rin** *die*; *-*, *-nen*; **ly̲·risch** *Adj*

M

M, m [ɛm] *das*; *-*, *-* / *gespr auch -s*; der dreizehnte Buchstabe des Alphabets

mạch·bar *Adj*; *meist in* ***etwas ist*** (***nicht***) ***machbar*** etwas kann (nicht) erreicht, durchgeführt werden

◆ **mạ·chen**; *machte*, *hat gemacht* **1** ***etwas machen*** durch Arbeit und aus verschiedenen Materialien etwas produzieren ⟨Tee, das Essen machen⟩: *Soll ich euch was zu trinken machen?* **2** ***etwas machen*** bewirken, dass etwas entsteht ⟨Feuer, Musik machen⟩: *In seinem Diktat machte er zehn Fehler* **3** ***etwas machen*** eine Tätigkeit ausüben, etwas tun ⟨seine Arbeit machen⟩: *Was machst du morgen Nachmittag?* **4** ***j-m etwas machen*** (durch eine Handlung) bewirken, dass j-d in den genannten Zustand kommt ⟨j-m Mut, Sorgen machen⟩: *Die Kinder machen ihr viel Freude* **5** ***j-n / etwas*** + *Adj* + ***machen*** bewirken, dass j-d / etwas in den genannten Zustand kommt: *j-n nass machen* **6** ***j-m etwas irgendwie / zu etwas machen*** bewirken, dass etwas für j-n in den genannten Zustand kommt: *j-m das Leben schwer, zur Hölle machen* **7** ***j-n / etwas zu j-m / etwas machen*** bewirken, dass j-d / etwas sich irgendwie verändert: *Der Kummer machte ihn zu einem kranken Mann* **8** ***j-n zu etwas machen*** j-m eine bestimmte Funktion geben ⟨j-n zum Direktor machen⟩ **9** ***etwas machen*** zusammen mit einem Substantiv verwendet, um ein Verb zu umschreiben; ***eine Bemerkung machen*** ≈ etwas bemerken; ***ein Foto*** (***von j-m / etwas***) ***machen*** ≈ fotografieren; ***eine Reise machen*** ≈ verreisen; ***(j-m) einen Vorschlag machen*** ≈ etwas vorschlagen **10** ***(eine) Pause machen*** die Arbeit für kurze Zeit unterbrechen **11** ***etwas macht (j-m) Spaß*** etwas gibt j-m Freude und Vergnügen **12** ***sich*** (*Dat*) ***Sorgen machen*** voll Angst und Sorge sein **13** ***sich an etwas*** (*Akk*) ***machen*** mit einer Tätigkeit beginnen **14** ***sich auf die Reise / den Weg machen*** ≈ abreisen, losgehen oder losfahren **15** ***etwas macht etwas*** *gespr*; etwas ist eine bestimmte Zahl oder Summe: *Die Reparatur macht 50 Euro* **16** ***das Bett machen*** Kissen und Bettdecke schütteln und das Bett wieder in einen ordentlichen Zustand bringen || ID *meist* ***(Das) macht nichts!*** das ist nicht schlimm!; ***sich*** (*Dat*) ***nichts / nicht viel aus j-m / etwas machen*** sich nicht (sehr) für j-n / etwas interessieren: *Sie macht sich nichts aus eleganten Kleidern*; ***Mach's gut!*** *gespr*; verwendet, um sich von j-m zu verabschieden

◆**Macht** *die*; -, *Mäch·te* **1** *nur Sg*; ***Macht (über j-n / etwas)*** die Möglichkeit oder Fähigkeit, über Personen oder Dinge zu bestimmen oder sie zu beeinflussen ⟨(große) Macht über j-n / etwas ausüben; seine Macht missbrauchen; alles tun, was in seiner Macht steht / liegt⟩: *Es steht nicht in ihrer Macht, diese Frage zu entscheiden* **2** *nur Sg*; die Kontrolle über ein Land, *bes* als Regierung ⟨an der Macht sein; an die / zur Macht gelangen⟩ || K-: ***Macht-, -ergreifung, -streben*** **3** *nur Sg*; eine große physische oder psychische Kraft, mit der etwas auf j-n / etwas wirkt ⟨sich mit (aller) Macht gegen etwas wehren; die Macht der Gewohnheit⟩ **4** ein Staat, der *meist* politisch oder wirtschaftlich besonders stark ist || -K: ***Groß-, See-*** **5** *meist Pl*; Wesen, von denen man glaubt, dass sie besondere Kräfte haben ⟨die Mächte der Finsternis, überirdische Mächte⟩

Macht·ha·ber *der*; *-s*, *-*; *meist pej*; einer der Menschen, die in einem Staat viel Macht haben

mäch·tig *Adj* **1** *nicht adv*; mit viel Einfluss und Macht (1) ⟨ein Herrscher, Land⟩ **2** *nicht adv*; sehr groß oder stark ⟨ein Baum, Berg⟩ **3** ***etwas*** (*Gen*) ***mächtig sein*** *geschr*; etwas beherrschen oder es unter Kontrolle haben: *Vor Angst war er seiner Stimme nicht mehr mächtig*

macht·los *Adj*; nicht mehr fähig, etwas zu tun ⟨j-m / etwas völlig machtlos gegenüberstehen⟩ || *hierzu* **Macht·lo·sig·keit** *die*

Ma·cke *die*; -, *-n*; *gespr* **1** eine Besonderheit im Verhalten eines Menschen, die ein bisschen verrückt erscheint ⟨eine Macke haben⟩ **2** etwas, das nicht ganz in Ordnung ist ≈ Fehler, Schaden

◆**Mäd·chen** *das*; *-s*, -; **1** ein Kind weiblichen Geschlechts oder eine Jugendliche || K-: ***Mädchen-, -stimme*** || -K: ***Schul-*** **2** *gespr*; eine junge Frau ⟨ein Mädchen kennen lernen⟩ **3** *veraltend* ≈ Hausangestellte || -K: ***Kinder-, Zimmer-*** || *zu* **1** **Mäd·chen·haf·tig·keit** *die*; **mäd·chen·haft** *Adj*

Mäd·chen·na·me *der* **1** ein Vorname, den man einem Mädchen gibt, *z.B. Susanne* **2** der Familienname der Frau vor der Ehe

Ma·de *die*; -, *-n*; eine Larve, die wie ein Wurm aussieht

mag ↑ ***mögen***

Ma·ga·zin *das*; *-s*, *-e*; eine Zeitschrift, die mit aktuellen Berichten und Fotos *bes* der Information dient || -K: ***Mode-, Nachrichten-***

◆**Ma·gen** *der*; *-s*, *Mä·gen*; das Organ, in dem die Nahrung nach dem Essen bleibt, bis sie in den Darm kommt ⟨sich (*Dat*) den Magen verderben⟩ || K-: ***Magen-, -krebs, -schmerzen*** || ID ***j-m knurrt der Magen*** j-d hat Hunger; ***etwas liegt j-m (schwer) im Magen*** *gespr*; etwas macht j-m Sorgen

◆**ma·ger** *Adj* **1** *nicht adv*; ⟨ein Tier, Mensch⟩ mit wenig Muskeln und Fett: *Durch die lange Krankheit ist sie sehr mager geworden* **2** mit wenig oder gar keinem Fett ⟨Fleisch, Käse⟩ || K-: ***Mager-, -milch*** **3** nicht so, wie man es erwartet oder gehofft hat ⟨die Ernte, der Lohn⟩ || *zu* **1** **Ma·ger·keit** *die*

Ma·gie *die*; -; *nur Sg*; eine Kunst, die versucht, mit geheimen und übernatürlichen Kräften die Menschen und Ereignisse zu beeinflussen

ma·gisch *Adj* **1** in der Magie verwendet **2** mit einer starken Wirkung, die man kaum erklären kann ⟨von etwas magisch angezogen werden⟩

Mag·net *der*; *-s / -en*, *-e(n)*; ein Stück Eisen, das andere Eisenstücke anzieht oder abstößt

mag·ne·tisch *Adj* **1** mit der Wirkung eines Magneten **2** von besonderer persönlicher Wirkung: *Sie zog alle Blicke magnetisch auf sich*

Ma·ha·go·ni [maha-] *das*; *-s*; *nur Sg*; ein sehr hartes Holz von rötlicher Farbe

mä·hen[1]; *mähte, hat gemäht*; ***etwas mähen*** Gras, *meist* in größeren Flächen, abschneiden ⟨Gras mit der Sense mähen; den Rasen mähen⟩

M

mä·hen²; *mähte, hat gemäht*; ⟨ein Schaf⟩ ***mäht*** ein Schaf gibt die Laute von sich, die für seine Art typisch sind

mah·len; *mahlte, hat gemahlen* **1** ***etwas mahlen*** Körner zu Pulver machen ⟨Getreide zu Mehl mahlen; Pfeffer mahlen⟩ **2** ***etwas mahlen*** durch Mahlen (1) herstellen ⟨Mehl mahlen⟩

◆ **Mahl·zeit** *die* **1** die Nahrung, die man zu einer bestimmten Tageszeit isst ⟨eine warme Mahlzeit⟩ || -K: ***Haupt-, Zwischen-*** **2** ***Mahlzeit!*** *gespr*; verwendet, um einen guten Appetit zu wünschen

Mäh·ne *die*; -, *-n* **1** die langen und dichten Haare am Kopf oder Hals mancher Tiere, *bes* bei Löwen und Pferden || ↑ *Abbildung unter* ***Pferd*** || -K: ***Löwen-*** **2** *gespr*; lange und dichte Haare am Kopf eines Menschen || -K: ***Künstler-***

mah·nen; *mahnte, hat gemahnt* **1** ***j-n*** (***wegen etwas***) ***mahnen*** j-n daran erinnern, dass er noch Geld zahlen oder etwas tun muss || K-: ***Mahn-, -schreiben*** **2** (***j-n***) ***zu etwas mahnen*** j-n auffordern, sich in einer bestimmten Weise zu verhalten ⟨(j-n) zur Ruhe, Geduld mahnen⟩

Mah·nung *die*; -, *-en* **1** ***die Mahnung*** (***zu etwas***) eine Äußerung, die j-n auffordert, etwas zu tun, oder j-n daran erinnert, seine Pflicht zu erfüllen ⟨eine Mahnung befolgen, überhören⟩ **2** ein Brief, der einen auffordert, *bes* eine Rechnung zu zahlen

Mai *der*; *-(e)s, -e*; *meist Sg*; der fünfte Monat des Jahres ⟨Mitte Mai; am 2. Mai⟩: *Am siebten Mai hat Gabi Geburtstag*

Mais *der*; *-es*; *nur Sg* **1** eine Art von Getreide, das sehr hoch wächst und große, gelbe Körner hat || K-: ***Mais-, -feld, -kolben*** **2** die Körner dieser Pflanze

Ma·jes·tät *die*; -, *-en*; *bes hist*; der Titel und die Anrede für Kaiser und Könige

Ma·kel *der*; *-s*, -; *geschr*; ein Fehler, den eine Person / Sache hat, durch den sie weniger wert ist

◆ **Mak·ler** *der*; *-s*, -; j-d, der für andere Leute Geschäfte macht, *bes* Häuser oder Wohnungen an Käufer oder Mieter vermittelt || K-: ***Makler-, -gebühren*** || -K: ***Immobilien-, Börsen-*** || *hierzu* **Mak·le·rin** *die*; -, *-nen*

◆ **Mal**¹ *das*; *-(e)s, -e* **1** die Gelegenheit, bei der man etwas tut oder etwas geschieht ⟨das erste, nächste Mal; beim letzten Mal⟩: *Sie fliegt zum dritten Mal nach Amerika* **2** ***von Mal zu Mal*** **a**) jedes Mal (1) aufs Neue ⟨etwas von Mal zu Mal entscheiden⟩; **b**) bei jedem Mal (1) ⟨etwas ändert sich von Mal zu Mal⟩ **3** ***von Mal zu Mal*** + *Komparativ* bei jedem Mal (1) mehr *bzw* weniger als zuvor: *Die Stadt wird von Mal zu Mal lauter* **4** ***ein für alle Mal*** *gespr*; drückt aus, dass etwas ab jetzt für immer gültig ist

Mal² *das*; *-(e)s, Ma·le / Mä·ler*; ein Fleck auf der Haut || -K: ***Brand-***

◆ **mal**¹ *Adv*; *gespr*; zu irgendeiner Zeit in der Vergangenheit oder Zukunft ≈ einmal: *Er war mal ein guter Sportler*

mal² *Partikel*; *unbetont*; *gespr* **1** verwendet, um j-n zu etwas aufzufordern: *Gibst du mir bitte mal das Salz?* **2** ***nun mal*** drückt aus, dass man eine Tatsache nicht ändern kann: *Das ist nun mal so*

mal³ *Präp*; multipliziert mit: *vier mal vier ist sechzehn* ($4 \times 4 = 16$)

◆ **ma·len**; *malte, hat gemalt* **1** (***etwas***) ***malen*** mit Farbe ein Bild herstellen ⟨ein Porträt malen; in Öl, mit Wasserfarben malen⟩ || K-: ***Mal-, -kreide, -kurs*** **2** (***etwas***) ***malen*** *bes südd*; etwas mit Farbe anstreichen ⟨die Wohnung malen (lassen)⟩ **3** ***j-n / etwas malen*** mit Farbe von j-m / etwas ein Bild machen

Ma·ler *der*; *-s*, -; **1** j-d, der als Künstler Bilder malt: *Picasso ist ein berühmter Maler* || -K: ***Landschafts-, Straßen-*** **2** j-d, der als Handwerker Wände, Fenster *usw* streicht ⟨den Maler kommen lassen⟩ || *hierzu* **Ma·le·rin** *die*; -, *-nen*

Ma·le·rei *die*; -, *-en* **1** *nur Sg*; die Kunst, Bilder zu malen ⟨die abstrakte Malerei⟩ **2** ein gemaltes Bild || -K: ***Landschafts-, Höhlen-***

Mal·heur [maˈløːɐ̯] *das*; *-s, -e / -s*; *gespr*; ein *meist* kleiner unangenehmer Vorfall || ID ***Das ist doch kein Malheur!*** das ist doch nicht so schlimm

mal·neh·men; *nahm mal, hat malgenommen*; ((***etwas***) ***mit etwas***) ***malnehmen*** ≈ multiplizieren

Malz *das*; *-es*; *nur Sg*; Getreide (*meist* Gerste), nachdem es im Wasser gelegen hat und anschließend getrocknet und geröstet worden ist

Ma·ma *die*; -, *-s*; *gespr*; von und gegenüber Kindern verwendet als Anrede oder Bezeichnung für die Mutter

◆ **man**¹ *Indefinitpronomen* **1** bezeichnet irgendeine Person oder eine Gruppe von Personen, die man nicht genauer bestimmen kann oder will: *Weiß man schon, wie die Wahlen ausgegangen sind?* **2** verwendet, um sich selbst zu bezeichnen und um auszudrücken, dass eine Aussage auch für andere Menschen gilt: *Von meinem Platz aus konnte man nichts sehen* **3** verwendet, um *bes* die Öffentlichkeit oder die Gesellschaft zu bezeichnen, in der es eine bestimmte Norm gibt: *In diesem Sommer trägt man Miniröcke* || Hinweis: *man* wird nur im Nominativ verwendet. Im Akkusativ wird *man* durch *einen* ersetzt und im Dativ durch *einem*. Es gibt keinen Genitiv

◆**man²** *Partikel*; *unbetont, bes nordd gespr* ≈ mal² (1): *Lass man gut sein, ist nicht so schlimm!*

Ma·na·ger ['mɛnɛdʒɐ] *der*; *-s, -*; **1** eine von *meist* mehreren Personen, die ein großes Unternehmen leiten **2** j-d, der dafür sorgt, dass ein Künstler oder Sportler neue Verträge bekommt und gut bezahlt wird || *hierzu* **Ma·na·ge·rin** *die*; *-, -nen*

◆**manch** *Indefinitpronomen*; verwendet, um eine oder mehrere einzelne Personen oder Sachen einer unbestimmten Anzahl zu bezeichnen, die man nicht genauer bestimmen kann oder will ≈ einige, mehrere: *mancher Mann*; *mancher junge Mann*; *Sie hat dem Kind so manches Märchen erzählt*; *Er hat auf seiner Reise manches erlebt* || Hinweis: **a)** Steht *manch* vor einem unbestimmten Artikel oder vor einem schwach flektierten Adjektiv, bleibt es unverändert (*manch einen Tag*), **b)** *manch* verwendet man auch wie ein attributives Adjektiv (*an manchen Tagen*) oder wie ein Substantiv (*Manche mögen keinen Kaffee*)

M

◆**manch·mal** *Adv*; nicht oft: *Manchmal fahre ich mit dem Fahrrad zur Arbeit*

Man·da·ri·ne *die*; *-, -n*; eine Frucht, die der Orange ähnlich, aber kleiner und süßer ist || K-: ***Mandarinen-, -schale***

Man·dat *das*; *-(e)s, -e* **1** *geschr*; der Auftrag an einen Rechtsanwalt, j-n juristisch zu beraten oder (vor Gericht) zu vertreten ⟨j-m ein Mandat erteilen⟩: *Der Anwalt übernahm das Mandat* **2** das Amt eines Abgeordneten im Parlament || K-: ***Mandats-, -verteilung***

Man·del¹ *die*; *-, -n*; ein ziemlich langer, flacher und essbarer Kern, aus dem man *z.B.* Marzipan herstellt

Man·del² *die*; *-, -n*; *meist Pl*; eines von zwei Organen im oberen hinteren Teil des Halses ⟨eitrige Mandeln⟩ || K-: ***Mandel-, -entzündung***

Ma·ne·ge [-ʒə] *die*; *-, -n*; der *meist* runde, große Platz im Zirkus

Man·gel *der*; *-s, Män·gel* **1** *nur Sg*; ***ein Mangel (an j-m / etwas)*** der Zustand, in dem etwas Wichtiges nicht genug vorhanden ist: *Sein Mangel an Selbstvertrauen macht ihn schüchtern* || -K: ***Lehrer-, Platz-*** **2** *meist Pl*; *meist* ein Fehler an einer Ware ⟨leichte, schwere Mängel⟩: *Ein gebrauchtes Auto weist oft Mängel auf* || K-: ***Mängel-, -haftung***

man·gel·haft *Adj* **1** nicht gut, mit vielen Mängeln (2) ⟨eine Ware⟩ **2** Ⓓ verwendet als Bezeichnung für die schlechte Schulnote 5 (auf der Skala von 1-6 *bzw* „sehr gut" bis „ungenügend") || *zu* **1 Man·gel·haf·tig·keit** *die*

man·geln; *mangelte, hat gemangelt* **1** ***etwas mangelt j-m*** *geschr*; etwas ist bei j-m nicht vorhanden: *Ihm mangelt der Mut zum Risiko* **2** ***es mangelt j-m an j-m / etwas*** j-d hat nicht die Personen oder die Dinge, die er braucht: *Es mangelt ihr am nötigen Geld*

man·gels *Präp*; *mit Gen*; *geschr*; weil etwas nicht vorhanden ist: *Mangels finanzieller Unterstützung konnte das Projekt nicht durchgeführt werden*

Ma·nie *die*; *-, -n* [-'niːən]; *meist Sg*; *geschr* **1** der psychische Zwang, immer wieder bestimmte Dinge tun zu müssen (auch wenn man es gar nicht will) ⟨eine Manie entwickeln; etwas wird zur Manie⟩ **2** *Psych*; eine Phase einer psychischen Krankheit, in der der Kranke sehr selbstbewusst und übertrieben lebhaft ist ↔ Depression || *hierzu* **ma·nisch** *Adj*

Ma·nie·ren *die*; *Pl*; die Art und Weise, wie man sich benimmt ⟨keine Manieren haben; j-m Manieren beibringen⟩ || -K: ***Tisch-***

Ma·ni·fest *das*; *-(e)s, -e*; eine schriftliche Erklärung, die die Prinzipien und Ziele einer Gruppe enthält

Ma·ni·kü·re *die*; *-, -n*; *meist Sg*; die Pflege der Hände und Fingernägel

ma·ni·pu·lie·ren; *manipulierte, hat manipuliert* **1** ***j-n manipulieren*** j-n absichtlich beeinflussen, ohne dass er es merkt, um zu erreichen, dass er in bestimmter Weise denkt und handelt: *Durch die Werbung wird der Käufer oft manipuliert* **2** ***etwas manipulieren*** etwas in betrügerischer Weise (leicht) verändern, um sich dadurch einen Vorteil zu verschaffen || *hierzu* **Ma·ni·pu·la·ti·on** *die*; **ma·ni·pu·lier·bar** *Adj*

◆**Mann** *der*; *-(e)s, Män·ner / Mann* **1** (*Pl Männer*) eine erwachsene männliche Person || K-: ***Männer-, -chor*** **2** (*Pl Männer*) *Kurzwort* ↑ ***Ehemann***: *Kann ich mal Ihren Mann sprechen?* **3** (*Pl Mann*) alle *meist* männlichen Mitglieder einer Gruppe oder auf einem Schiff: *ein Schiff mit hundert Mann Besatzung* || ID ***ein gemachter Mann sein*** *gespr*; (als Mann) reich sein und gut leben können; ***der (kleine) Mann auf der Straße*** der einfache Bürger

Männ·chen *das*; *-s*, *-*; ein männliches Tier ↔ Weibchen || Hinweis: *bes* dann verwendet, wenn es keine eigene Bezeichnung für das männliche Tier gibt

Man·ne·quin [-kɛ̃] *das*; *-s*, *-s*; eine Frau, die *bes* bei einer (Moden)Schau die neueste Kleidung trägt und zeigt

◆**männ·lich** *Adj* **1** *nicht adv*; zu dem Geschlecht gehörig, das durch Samen Leben erzeugen kann ↔ weiblich ⟨ein Mensch, ein Tier⟩ **2** *nicht adv*; von einer männlichen (1) Person ⟨einVorname⟩ **3** ⟨ein Mann⟩ mit Eigenschaften, die als typisch für Männer gelten: *Sie findet Männer mit Bart sehr männlich* **4** *nicht adv*; in der Grammatik mit dem Artikel *der* verbunden ⟨ein Substantiv⟩

◆**Mann·schaft** *die*; *-*, *-en* **1** die Sportler, die (in einem Wettkampf) zusammengehören ⟨eine Mannschaft aufstellen⟩ || K-: ***Mannschafts-, -sportart*** || -K: ***Damen-, National-, Fußball-*** **2** alle Menschen, die während der Fahrt auf einem Schiff oder während des Fluges in einem Flugzeug arbeiten || -K: ***Schiffs-*** **3** alle Soldaten einer militärischen Einheit || *zu* **1 mann·schaft·lich** *Adj*

Ma·nö·ver [-v-] *das*; *-s*, *-*; **1** eine militärische Übung *meist* in der Landschaft **2** eine geschickte und schnelle Bewegung *meist* mit einem Fahrzeug || -K: ***Ausweich-***

Man·schet·te *die*; *-*, *-n* **1** das steife Stück Stoff am Ärmel *meist* eines Hemdes oder einer Bluse || K-: ***Manschetten-, -knopf*** **2** eine Hülle, *meist* aus Papier, um einen Blumentopf

◆**Man·tel**[1] *der*; *-s*, *Män·tel*; ein Kleidungsstück mit langen Ärmeln, das *meist* bis über die Knie reicht und das man über dem Kleid oder Anzug trägt ⟨j-m aus dem, in den Mantel helfen⟩ || K-: ***Mantel-, -tasche*** || -K: ***Leder-, Regen-, Winter-***

Man·tel[2] *der*; *-s*, *Män·tel*; die äußere Hülle aus dickem Gummi, die den Schlauch eines Reifens umgibt

Ma·nu·skript *das*; *-(e)s*, *-e*; ein Text, der mit der Hand, Schreibmaschine *bzw* dem Computer geschrieben ist und gedruckt werden soll ⟨ein druckfertiges Manuskript⟩

Map·pe *die*; *-*, *-n* **1** ein gefaltetes Stück Karton oder Plastik, in das man *z.B.* Dokumente, Briefe oder Zeichnungen hineinlegen oder dort aufbewahren kann || -K: ***Zeichen-*** **2** eine flache Tasche, in der *meist* Dokumente, Bücher oder Hefte getragen werden || -K: ***Akten-, Schul-***

Ma·ra·thon *der*; *-s*, *-s*; ein Wettlauf über 42 Kilometer || K-: ***Marathon-, -läufer***

◆**Mär·chen** *das*; *-s*, *-*; eine Erzählung, in der Personen wie Hexen, Riesen oder Zwerge und unwirkliche Ereignisse vorkommen ⟨(j-m) ein Märchen vorlesen⟩: *das Märchen von Rotkäppchen und dem bösen Wolf*; *die Märchen der Brüder Grimm* || K-: ***Märchen-, -buch, -prinz*** || -K: ***Volks-, Weihnachts-***

Mar·der *der*; *-s*, *-*; ein kleines Raubtier, das gut klettern kann

◆**Mar·ga·ri·ne** *die*; *-*; *nur Sg*; ein Fett (ähnlich wie Butter), das aus dem Öl von Pflanzen gemacht wird

Ma·ri·en·kä·fer [ma'riːən-] *der*; ein kleiner, rundlicher Käfer mit roten Flügeln und schwarzen Punkten

Ma·ri·hu·a·na [-hu-] *das*; *-s*; *nur Sg*; ein Rauschgift, das geraucht wird ≈ Haschisch

◆**Ma·ril·le** *die*; *-*, *-n*; Ⓐ ≈ Aprikose || K-: ***Marillen-, -marmelade***

Ma·ri·ne *die*; *-*, *-n*; *meist Sg* **1** der Teil der Armee, der auf dem Meer kämpft ⟨zur Marine gehen⟩ || K-: ***Marine-, -offizier*** **2** alle militärischen Schiffe eines Staates || -K: ***Kriegs-***

Ma·ri·o·net·te *die*; *-*, *-n* **1** eine Puppe, deren Körperteile man an Fäden bewegen kann || K-: ***Marionetten-, -theater*** **2** *pej*; j-d, der alles tut, was andere fordern

Marionette

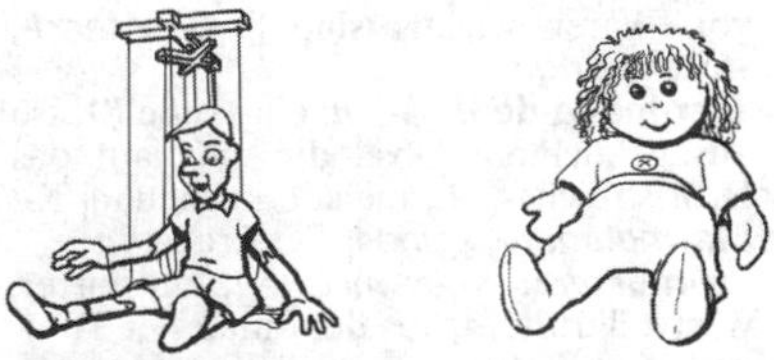

die Marionette — die Puppe

◆**Mark**[1] *die*; *-*, *-*; *hist*; die Währung Deutschlands vor der Einführung des Euro; *Abk* DM

◆**Mark**[2] *das*; *-s*; *nur Sg* **1** die weiche Masse in den Knochen und in der Wirbelsäule || -K: ***Knochen-, -mark*** **2** ein Brei aus weichen Früchten oder Gemüsearten || -K: ***Erdbeer-, Tomaten-*** || ID ***j-n bis ins Mark erschüttern, treffen*** j-n sehr schockieren oder beleidigen; ***etwas geht j-m durch Mark und Bein*** ⟨ein Schrei⟩ ist so intensiv, dass es sehr unangenehm für j-n ist

◆**Mar·ke**[1] *die*; *-*, *-n*; *meist gespr*; ein Stück Papier oder Blech, das etwas bestätigt oder durch das man das Recht auf etwas

M

hat || -K: ***Brief-, Essens-***

Mar·ke[2] *die*; -, *-n*; ein Zeichen, das einen bestimmten Wert angibt oder eine bestimmte Stelle kennzeichnet: *Das Hochwasser stieg über die Marke des Vorjahres* || -K: ***Best-***

◆**Mar·ke**[3] *die*; -, *-n*; eine Warensorte mit einem bestimmten Namen ⟨eine führende Marke⟩ || K-: ***Marken-, -artikel, -name*** || -K: ***Auto-***

◆**mar·kie·ren**; *markierte, hat markiert* **1 *etwas (mit / durch etwas) markieren*** ein Zeichen auf etwas machen, damit man es schnell erkennen kann: *eine Textstelle mit einem roten Stift markieren* **2 *etwas markiert etwas*** etwas macht durch Zeichen etwas deutlich: *Weiße Linien markieren das Spielfeld*

◆**Markt** *der*; *-(e)s, Märk·te* **1** ein regelmäßiges Zusammentreffen von Händlern, die ihre Waren an einem bestimmten Ort und zu bestimmten Zeiten verkaufen ⟨auf den Markt gehen⟩: *Freitags ist Markt* || K-: ***Markt-, -tag*** || -K: ***Weihnachts-, Wochen-*** **2** der Platz, auf dem der Markt (1) stattfindet || K-: ***Markt-, -platz*** **3** ein Gebiet oder Land, in dem Leute etwas kaufen wollen ⟨der internationale Markt⟩ || -K: ***Welt-, -markt*** **4 *der Markt (für etwas)*** das Interesse an einer Ware: *Der Markt für Computer ist im Moment sehr groß* **5** *Ökon*; die Bedingungen, die für den Kauf, den Verkauf und den Preis von Waren wichtig sind || K-: ***Markt-, -forschung***

◆**Mar·me·la·de** *die*; -, *-n*; eine süße Masse aus gekochtem Obst, die man auf das Brot streicht ⟨Marmelade kochen⟩ || K-: ***Marmeladen-, -glas*** || -K: ***Erdbeer-***

Mar·mor *der*; *-s, -e*; *meist Sg*; ein harter, wertvoller Stein, aus dem man *bes* Treppen und Statuen macht || K-: ***Marmor-, -säule***

Ma·ro·ne *die*; -, *-n* **1** eine essbare Kastanie: *geröstete Maronen* **2** ein essbarer Pilz mit einer braunen Kappe

Mars *der*; -; *nur Sg*; der vierte Planet des Sonnensystems, zwischen Erde und Jupiter

Marsch *der*; *-es, Mär·sche* **1** *Mil*; das Gehen *meist* mit kurzen und rhythmischen Schritten in einer Gruppe || K-: ***Marsch-, -route*** || -K: ***Nacht-*** **2** eine Wanderung, bei der man eine ziemlich lange Strecke geht || -K: ***Fuß-*** **3** ein Musikstück im Rhythmus eines Marsches (1)

mar·schie·ren; *marschierte, ist marschiert* **1** *gespr*; eine lange Strecke ziemlich schnell zu Fuß gehen **2** in einer geordneten Gruppe in regelmäßigen Schritten gehen: *Die Soldaten marschierten auf dem Kasernengelände*

Mär·ty·rer *der*; *-s*, -; j-d, der wegen seiner (*meist* politischen oder religiösen) Überzeugungen verfolgt und getötet wird || K-: ***Märtyrer-, -tod*** || *hierzu* **Mär·ty·re·rin** *die*; -, *-nen*

Mar·xis·mus *der*; -; *nur Sg*; eine von Karl Marx und Friedrich Engels begründete Lehre, die durch Revolution eine klassenlose Gesellschaft schaffen will || *hierzu* **mar·xis·tisch** *Adj*

März *der*; *-(es), -e*; *meist Sg*; der dritte Monat des Jahres ⟨Anfang März; am 3. März⟩: *Ostern ist dieses Jahr im März*

Mar·zi·pan *das / der*; *-s, -e*; *meist Sg*; eine weiche Masse aus Mandeln und Puderzucker, aus der man Süßigkeiten macht || K-: ***Marzipan-, -schweinchen***

Ma·sche *die*; -, *-n* **1** eine der Schlingen, aus denen ein gestricktes oder gehäkeltes Kleidungsstück besteht ⟨Maschen aufnehmen; eine Masche fallen lassen⟩ **2** *nur Pl*; die Schlingen eines Netzes

◆**Ma·schi·ne** *die*; -, *-n* **1** ein Gerät, das die Arbeit für den Menschen leichter macht und dabei Energie verbraucht ⟨eine Maschine anschalten, in Betrieb nehmen⟩ || K-: ***Maschinen-, -öl*** || -K: ***Kaffee-, Spül-*** **2** *Kurzwort* ↑ ***Schreibmaschine*** **3** *Kurzwort* ↑ ***Nähmaschine*** **4** *Kurzwort* ↑ ***Waschmaschine*** **5** ≈ Flugzeug: *Die Maschine aus New York hat heute Verspätung*

Ma·sern *die*; -; *Pl*; eine ansteckende (Kinder)Krankheit, bei der man hohes Fieber hat und sich rote Flecken auf der Haut bilden ⟨die Masern haben⟩

Mas·ke *die*; -, *-n* **1** etwas, mit dem man *bes* in Theaterstücken oder bei bestimmten Festen das Gesicht bedeckt ⟨eine Maske aufsetzen, tragen⟩ **2** etwas, das man zum Schutz vor dem Gesicht trägt || -K: ***Gas-, Schutz-*** || ID ***die Maske fallen lassen*** den anderen zeigen, wer man wirklich ist und was man wirklich denkt

mas·kie·ren; *maskierte, hat maskiert* **1 *j-n / sich maskieren*** j-m / sich selbst eine Maske (1) aufsetzen oder ein Kostüm anziehen **2 *sich maskieren*** das Gesicht so verdecken oder verändern, dass man nicht erkannt werden kann: *Die Bankräuber hatten sich gut maskiert* || *hierzu* **Mas·kie·rung** *die*

mas·ku·lin *Adj* **1** mit Eigenschaften, die als typisch für Männer gelten **2** *nicht adv*; *Ling*; in der Grammatik mit dem Artikel *der* verbunden: *Das Substantiv „Baum" ist im Deutschen maskulin*

Ma·so·chist *der; -en, -en* **1** j-d, der (zur sexuellen Befriedigung) gern Schmerzen und Strafen erleidet **2** *meist iron*; j-d, der (scheinbar) gern leidet || *hierzu* **Ma·so·chis·tin** *die; -, -nen*; **Ma·so·chis·mus** *der*; **ma·so·chis·tisch** *Adj*

◆ **Maß** *das; -es, -e* **1** eine Einheit, mit der man Größen, Gewichte und Mengen messen kann: *Das Maß für die Bestimmung der Länge ist der Meter* || -K: ***Raum-, Flächen-*** **2** ein Gegenstand, mit dem man die Länge, das Volumen oder Gewicht von Dingen bestimmen kann || -K: ***Meter-*** **3** eine Zahl, die man durch Messen erhält: *einen Anzug nach Maß machen lassen* **4** *Adj* + ***Maß*** eine bestimmte Menge oder Intensität ⟨in geringem, hohem Maße⟩ **5** ***in / mit Maßen*** ≈ mäßig (1) **6** ***über alle Maßen*** viel mehr oder besser / schlechter als normal

Mas·sa·ge [ma'saːʒə] *die; -, -n*; eine Behandlung, bei der die Muskeln mit den Händen gedrückt und geklopft werden || K-: ***Massage-, -praxis*** || -K: ***Rücken-***

Mas·se *die; -, -n* **1** eine (*meist* zähe oder breiige) Menge eines Stoffes oder Materials ohne feste Form ⟨eine weiche Masse⟩ || -K: ***Knet-, Teig-*** **2** *oft pej*; eine große Zahl von Menschen, die man als Gesamtheit betrachtet ⟨die breite Masse⟩: *Die Rufe des Verletzten gingen in der Masse unter* || K-: ***Massen-, -arbeitslosigkeit, -entlassungen*** || -K: ***Menschen-*** **3** *oft pej*; eine große Anzahl oder Menge von etwas: *Dieses Jahr treten die Mücken in Massen auf* || K-: ***Massen-, -produktion*** **4** *Phys*; das Maß (1) für die Eigenschaft der Materie, ein Gewicht zu haben und andere Körper anzuziehen

Mas·seur [ma'søːɐ̯] *der; -s, -e*; j-d, der beruflich Massagen gibt || *hierzu* **Mas·seu·rin** *die; -, -nen*

mas·sie·ren; *massierte, hat massiert*; ***(j-n) massieren*** j-m eine Massage geben

mä·ßig *Adj* **1** so, dass ein bestimmtes Maß (4) bewusst eingehalten wird ⟨mäßig trinken, rauchen⟩ **2** auf ein relativ geringes Maß (4) beschränkt: *Die Weinernte war dieses Jahr nur mäßig* **3** nicht besonders gut: *Die Vorspeise war gut, die Hauptspeise mäßig*

mas·siv [ma'siːf] *Adj* **1** stabil und kräftig ⟨ein Gebäude⟩ **2** nur aus einem einzigen Material: *eine Statue aus massivem Gold* **3** nicht hohl **4** sehr stark und heftig ⟨Vorwürfe, Drohungen; j-n massiv unter Druck setzen⟩ || *zu* **1** und **4** **Mas·si·vi·tät** *die*

maß·los *Adj*; über das normale Maß (4) weit hinausgehend ⟨Zorn; maßlos übertrieben; maßlos enttäuscht sein⟩

Maß·nah·me *die; -, -n*; ***eine Maßnahme (zu / gegen etwas)*** eine Handlung, die man ausführt, um ein bestimmtes Ziel zu erreichen ⟨durchgreifende, politische Maßnahmen treffen⟩: *Die Regierung leitete Maßnahmen zum Abbau der Arbeitslosigkeit ein* || -K: ***Gegen-, Vorsichts-***

Maß·stab *der* **1** das Verhältnis der Größen auf einer Landkarte oder bei einem Modell zu den Größen in der Realität ⟨etwas in vergrößertem Maßstab zeichnen⟩: *Das Modell hat den Maßstab eins zu hundert (1:100)* || K-: ***maßstab(s)-, -gerecht, -getreu*** **2** eine Norm, nach der j-d / etwas beurteilt wird ⟨strenge Maßstäbe setzen⟩: *Selbst wenn man hohe Maßstäbe anlegt, war das eine sehr gute Leistung*

Mast *der; -(e)s, -e / -en* **1** eine hohe senkrechte Stange auf einem Schiff, an der die Segel festgemacht werden || ↑ *Abbildung unter* ***Segelboot*** **2** eine hohe Stange, die *bes* Fahnen, Antennen oder elektrische Leitungen trägt || -K: ***Telegrafen-***

◆ **Ma·te·ri·al** *das; -s, -ien* [-i̯ən] **1** die Substanz, aus der etwas hergestellt ist oder wird ⟨teure, billige Materialien⟩: *Bei uns werden nur hochwertige Materialien verarbeitet* || K-: ***Material-, -fehler*** || -K: ***Bau-*** **2** *meist Sg*; etwas Schriftliches, das zu einem bestimmten Zweck gesammelt wird ⟨wissenschaftliches Material zusammentragen⟩: *dem Staatsanwalt entlastendes Material übergeben* || K-: ***Material-, -sammlung*** || -K: ***Belastungs-***

Ma·te·rie [-i̯ə] *die; -, -n* **1** *nur Sg*; etwas, das als Substanz vorhanden ist **2** *meist Sg*; ein Thema, *meist* mit Problemen ⟨eine schwierige Materie⟩

ma·te·ri·ell *Adj* **1** *nicht adv*; die Dinge betreffend, die j-d zum Leben braucht oder haben möchte ⟨materielle Werte⟩ **2** *nicht adv*; in Bezug auf den (Geld)Wert einer Sache ⟨ein Schaden⟩ **3** ≈ finanziell ⟨in materiellen Schwierigkeiten sein⟩ **4** *nicht adv*; in Bezug auf die Materie (1)

◆ **Ma·the·ma·tik** *die; -; nur Sg*; die Wissenschaft, die sich mit Zahlen, Mengen und dem Berechnen von Formeln beschäftigt ⟨Mathematik studieren⟩ || K-: ***Mathematik-, -lehrer*** || Hinweis: als Schul- oder Studienfach *oft* abgekürzt zu *Mathe* || *hierzu* **Ma·the·ma·ti·ker** *der*; **Ma·the·ma·ti·ke·rin** *die; -, -nen*; **ma·the·ma·tisch** *Adj*

Mat·rat·ze *die; -, -n*; der Teil eines Bettes, der mit weichem Material gefüllt ist und auf dem man liegt

Mat·ro·se *der; -n, -n*; j-d, der beruflich als

M

Seemann auf einem Schiff ist ⟨als Matrose anheuern⟩ || K-: ***Matrosen-, -uniform***

Matsch *der*; *-es*, *-e*; *meist Sg*; *gespr* **1** eine Mischung aus Wasser, Schmutz und Schnee oder Erde || -K: ***Schnee-*** **2** eine feuchte Masse: *Die Äpfel sind nur noch Matsch* || *hierzu* **mat·schig** *Adj*

matt, *matter, mattest-*; *Adj* **1** (körperlich) erschöpft und schwach: *Nach dem Marathon war er matt und ausgelaugt* **2** von geringer Intensität ⟨eine Stimme, ein Lächeln⟩ **3** ohne Glanz ⟨eine Oberfläche, Gold⟩: *Möchten Sie Ihre Fotos matt oder glänzend?* || K-: ***Matt-, -gold*** **4** so, dass es nur schwach leuchtet ⟨Licht, Farben⟩ || *hierzu* **Matt·heit** *die*

Mat·te *die*; *-*, *-n*; eine Unterlage für den Fußboden, die *meist* aus grobem Material (1) geflochten ist: *eine Matte aus Bast*

◆ **Ma·tu·ra** *die*; *-*; *nur Sg*; Ⓐ Ⓒⓗ ≈ Abitur || *hierzu* **Ma·tu·rant** *der*; **Ma·tu·ran·tin** *die*; *-*, *-nen*

◆ **Mau·er** *die*; *-*, *-n* **1** etwas aus Steinen oder Beton, das ein Gebiet begrenzt ⟨eine Mauer bauen, einreißen⟩: *Er hat um sein Grundstück eine zwei Meter hohe Mauer ziehen lassen* || -K: ***Stein-*** **2** ≈ Wand: *die Mauern eines Hauses*

M

mau·ern; *mauerte, hat gemauert*; ***(etwas) mauern*** Steine aufeinander bauen und sie mit einer speziellen feuchten Masse verbinden

Maul *das*; *-(e)s*, *Mäu·ler* **1** (bei Tieren) der Teil des Kopfes, mit dem sie die Nahrung aufnehmen **2** *gespr! pej* ≈ Mund (1)

Maul·wurf *der*; *-(e)s*, *Maul·wür·fe*; ein Tier mit einem schwarzen Fell und kräftigen vorderen Beinen, das Gänge unter der Erde gräbt || K-: ***Maulwurfs-, -hügel*** || ID ***blind wie ein Maulwurf*** sehr kurzsichtig

Mau·rer *der*; *-s*, *-*; j-d, der beruflich auf einer Baustelle *bes* die Mauern macht || K-: ***Maurer-, -meister***

◆ **Maus** *die*; *-*, *Mäu·se* **1** ein kleines graues Tier mit dünnem Schwanz: *Die Katze jagt die Maus* || K-: ***Mause-, -falle, -loch*** || -K: ***Feld-*** **2** ein kleines technisches Gerät, mit dem man einen Pfeil auf dem Bildschirm eines Computers steuern kann || ↑ *Illustration* ***Am Schreibtisch***

Maut *die*; *-*, *-en*; *meist südd* Ⓐ *oder hist*; das Geld, das man bezahlen muss, wenn man auf einer bestimmten Straße, durch einen Tunnel oder über einen Pass fährt

ma·xi·mal *Adj* **1** *nicht adv*; höchst-, größt-, längst-, stärkst- *usw* || K-: ***Maximal-, -gewicht, -preis*** **2** *nur adv*; verwendet, um die oberste Grenze anzugeben: *Im Lift haben maximal 5 Personen Platz*

Ma·xi·mum *das*; *-s*, *Ma·xi·ma*; die größte Anzahl oder Menge von etwas

Ma·yon·nai·se [majɔ'neːzə] *die*; *-*, *-n*; eine dicke gelbliche Soße aus Eiern, Öl und Gewürzen

Me·cha·nik *die*; *-*, *-en* **1** *meist Sg*; *Phys*; die Wissenschaft davon, wie äußere Kräfte auf Körper und Systeme wirken **2** *nur Sg*; die Art und Weise, wie die verschiedenen Teile einer Maschine zusammen funktionieren

◆ **Me·cha·ni·ker** *der*; *-s*, *-*; j-d, der beruflich Maschinen zusammenbaut und repariert || -K: ***Auto-***

me·cha·nisch *Adj* **1** ⟨Energie, Kräfte⟩ in Bezug auf die Mechanik (1) **2** ⟨ein Verfahren⟩ mit einem Mechanismus **3** ⟨eine Bewegung; etwas läuft mechanisch ab⟩ so, dass man dabei nicht denken muss

Me·cha·nis·mus *der*; *-*, *Me·cha·nis·men* **1** die verschiedenen Teile einer technischen Konstruktion, die so zusammenwirken, dass die Maschine funktioniert: *Der Mechanismus der Uhr muss repariert werden* **2** die Art und Weise, wie die Teile eines Ganzen zusammen funktionieren ⟨ein biologischer Mechanismus⟩ || -K: ***Bewegungs-***

me·ckern; *meckerte, hat gemeckert* **1** ***(über j-n / etwas) meckern*** *gespr pej* ≈ schimpfen **2** ***ein Tier meckert*** *bes* eine Ziege macht die Laute, die für ihre Art typisch sind || *zu* **1 Me·cke·rer** *der*

Me·dail·le [me'daljə] *die*; *-*, *-n*; ein rundes Stück Metall, das j-d für besondere Leistungen (*meist* im Sport) bekommt || K-: ***Medaillen-, -gewinner*** || -K: ***Gold-***

Me·di·en *die*; *Pl von* ***Medium***

◆ **Me·di·ka·ment** *das*; *-(e)s*, *-e*; ein Mittel zum Einnehmen, Einatmen *usw*, das ein Arzt einem kranken Patienten gibt ⟨j-m ein Medikament verschreiben⟩ || K-: ***Medikamenten-, -missbrauch***

me·di·tie·ren; *meditierte, hat meditiert* **1** ***(über etwas*** (*Akk*)***) meditieren*** intensiv über etwas nachdenken **2** ***(über etwas*** (*Akk*)***) meditieren*** (*meist* aus religiösen Gründen) sich stark konzentrieren, um Ruhe zu finden || *hierzu* **Me·di·ta·ti·on** *die*; **me·di·ta·tiv** *Adj*

Me·di·um *das*; *-s*, *Me·di·en* [-di̯ən] **1** ein Mittel, mit dem man Informationen weitergeben kann: *Fernsehen und Rundfunk sind die wichtigsten Medien der heutigen Gesellschaft* || K-: ***Medien-, -forschung*** || -K: ***Massen-*** **2** j-d, von dem man glaubt, er könne *z.B.* Kontakte zu toten Personen herstellen

◆ **Me·di·zin** *die*; -, *-en* **1** *nur Sg*; die Wissenschaft, die sich damit beschäftigt, wie der Körper des Menschen (und der Tiere) funktioniert, wie man Krankheiten erkennt und behandelt ⟨Medizin studieren⟩ || -K: ***Tier-, Zahn-*** **2** ≈ Medikament ⟨eine Medizin einnehmen; j-m eine Medizin verschreiben⟩ || *hierzu* **me·di·zi·nisch** *Adj*

◆ **Meer** *das*; *-(e)s, -e* **1** eine große Menge von salzigem Wasser, die einen Teil der Erde bedeckt ⟨das offene Meer; auf das Meer hinausfahren; ans Meer fahren⟩: *das Schwarze Meer* || K-: ***Meeres-, -grund***; ***meer-, -blau*** || -K: ***Binnen-, Welt-*** **2** ***ein Meer von etwas*** eine sehr große Menge der genannten Sache: *ein Meer von Blumen* || -K: ***Lichter-***

Mee·res·spie·gel *der*; *nur Sg*; die durchschnittliche Höhe des Meeres, die man als Grundlage für die Messung von Höhen auf dem Land benutzt: *München liegt 518 Meter über dem Meeresspiegel*

Meer·ret·tich *der*; *-s, -e*; eine Pflanze, deren Wurzeln man als scharfes Gewürz verwendet

Meer·schwein·chen *das*; ein kleines Nagetier, das ein sehr beliebtes Haustier ist

◆ **Mehl** *das*; *-(e)s*; *nur Sg* **1** gemahlenes Getreide, aus dem man Brot, Kuchen *usw* herstellt ⟨weißes, feines, grobes Mehl⟩ || K-: ***Mehl-, -sack*** || -K: ***Roggen-, Vollkorn-*** || Hinweis: als Plural wird *Mehlsorten* verwendet **2** ein Pulver, das entsteht, wenn man Holz sägt oder Knochen mahlt || -K: ***Säge-***

meh·lig *Adj*; *nicht adv* **1** mit Mehl (1) bedeckt: *Er hatte mehlige Hände vom Backen* **2** ⟨Sand, Staub⟩ so fein wie Mehl **3** ⟨Kartoffeln⟩ so, dass sie beim Kochen schnell sehr weich werden

◆ **mehr**¹ *Indefinitpronomen* **1** verwendet, um eine Menge zu bezeichnen, die größer ist als eine andere Menge: *Möchtest du mehr Milch in den Kaffee?* || K-: ***Mehr-, -kosten*** **2** verwendet als Komparativ zu *viel*: *Anna verdient als Ärztin mehr als ich*

◆ **mehr**² *Adv* **1** verwendet mit Verben, um eine Intensität, einen höheren Grad auszudrücken: *Du solltest dich mehr schonen!* **2** ***mehr als*** + *Adj* ≈ sehr: *Es war mehr als dumm von ihm, so viele Schulden zu machen* **3** ***mehr*** + *Subst* + ***als*** + *Subst*; ***mehr*** + *Adj* + ***als*** + *Adj* verwendet, um auszudrücken, dass die genannte Person / Sache eher das eine als das andere ist: *Er ist mehr Künstler als Architekt* **4** *verneinter Ausdruck* + ***mehr*** drückt aus, dass etwas, das bisher vorhanden war, nun nicht da ist: *Wir haben nichts mehr zu trinken*; *Wir haben kein Brot mehr* **5** ***mehr oder minder / weniger*** wenn man das Ganze betrachtet: *Die Expedition war mehr oder weniger sinnlos* **6** ***umso mehr, als ...*** bes aus dem genannten Grund: *Er freute sich umso mehr über das Geschenk, als er davon nichts gewusst hatte*

mehr·deu·tig *Adj*; so, dass man es auf mehr als eine Art und Weise verstehen kann ⟨eine Bemerkung⟩

◆ **meh·re·r-** *Indefinitpronomen*; mehr als zwei: *Ich musste mehrere Stunden warten*; *Mehrere mussten wieder umkehren*

mehr·fach *Adj*; *nur attr oder adv*; mehrere Male: *Er ist mehrfach vorbestraft*

◆ **Mehr·heit** *die*; -, *-en* **1** der größere Teil einer Gruppe ⟨in der Mehrheit sein⟩: *Die Mehrheit der Deutschen fährt einmal im Jahr in Urlaub* || K-: ***Mehrheits-, -beteiligung*** || -K: ***Aktien-*** **2** *meist Sg*; *meist Pol*; ***eine Mehrheit*** (***von etwas***) der Unterschied in der Zahl zwischen einer größeren und einer kleineren Gruppe ⟨die Mehrheit haben⟩: *Sie wurde mit einer knappen Mehrheit von nur zwei Stimmen gewählt* || K-: ***Mehrheits-, -beschluss*** || -K: ***Dreiviertel-*** **3** ***die absolute Mehrheit*** mehr als 50% der Stimmen oder Mandate **4** ***die einfache / relative Mehrheit*** weniger als 50% der Stimmen oder Mandate, aber mehr als jede andere Partei oder Gruppe || *hierzu* **mehr·heit·lich** *Adj*

mehr·mals *Adv*; mehr als zweimal: *Ich habe mehrmals bei euch angerufen*

Mehr·wert|steu·er *die*; *nur Sg*; das Geld, das der Käufer zusätzlich zum Preis für bestimmte Produkte zahlen muss und das der Verkäufer als Steuer abgeben muss; *Abk* MwSt., MWSt.: *Die Preise sind inklusive Mehrwertsteuer*

Mehr·zahl *die* **1** ≈ Plural **2** *nur Sg* ≈ Mehrheit: *Die Mehrzahl der Demonstranten war friedlich*

mei·den; *mied, hat gemieden* **1** ***j-n / etwas meiden*** mit j-m / etwas keinen Kontakt haben wollen: *Seit ihrem Streit meiden sich Peter und Jörg* **2** ***etwas meiden*** absichtlich etwas nicht essen oder trinken ⟨Alkohol meiden⟩

Mei·le *die*; -, *-n*; die Einheit, mit der in vielen englischsprachigen Ländern große Entfernungen gemessen werden: *Eine Meile entspricht 1609 Metern*

◆ **mein** *Possessivpronomen der 1. Person Sg* (*ich*); wie ein Adjektiv verwendet, um auszudrücken, dass dem Sprecher etwas gehört oder dass er ein besonderes Verhältnis zu j-m / etwas hat: *mein Bruder und* *meine Schwester*; *Ich finde meinen Schlüssel nicht mehr*; *Ich gehe jetzt in mein Hotel* || ↑ *Anhang 5*: ***Possessivpronomen***

mei·n- *Possessivpronomen der 1. Person Sg* (*ich*); wie ein Substantiv verwendet, um sich auf eine (bereits erwähnte) Sache / Person zu beziehen, die zu dem Sprecher gehört: *Ist das dein Bleistift oder meiner?*

Mein·eid *der*; eine Lüge, die man (*meist* in einer Gerichtsverhandlung) verwendet, obwohl man geschworen hat, die Wahrheit zu sagen ⟨einen Meineid leisten⟩

◆ **mei·nen**; *meinte*, *hat gemeint* **1** (***etwas***) (***zu etwas***) ***meinen*** eine bestimmte Meinung zu etwas haben: *Was meinen Sie dazu?* **2** ***etwas*** (***mit etwas***) ***meinen*** etwas ausdrücken wollen: *Was meinst du mit deiner Anspielung?* **3** ***etwas meinen*** ≈ glauben (1): *Sie meint wohl*, *Recht* zu *haben* **4** ***j-n / etwas meinen*** sich auf j-d Bestimmten / etwas Bestimmtes beziehen: *Er meinte nicht Markus, sondern Bernd* **5** (***zu j-m***) ***etwas meinen*** zu j-m etwas sagen: *„Besuch mich doch mal wieder!" meinte sie freundlich zu mir* || ID ***Man könnte meinen, ...*** es entsteht der Eindruck, dass ...: *Man könnte meinen, du freust dich nicht über deinen Erfolg*; ***etwas gut / böse meinen*** eine gute / böse Absicht bei etwas haben; ***es 'gut mit j-m meinen*** wollen, dass es j-m gut geht (und ihm deshalb helfen)

mei·ner *Personalpronomen der 1. Person Sg* (*ich*), *Genitiv*; ↑ *Anhang 4*: ***Personalpronomen***

◆ **mei·net·we·gen** *Adv*; verwendet, um zu sagen, dass man nichts gegen eine Entscheidung oder einen Plan hat: *Meinetwegen braucht Peter nicht zu kommen*; *„Kann ich morgen dein Auto haben?" – „Meinetwegen!"*

◆ **Mei·nung** *die*; -, *-en* **1** ***j-s Meinung*** (***zu etwas***); ***j-s Meinung*** (***über j-n / etwas***) das, was j-d über j-n / etwas denkt ⟨j-n nach seiner Meinung fragen; sich eine Meinung bilden⟩: *Ich bin der Meinung*, dass *zu wenig Geld für Umweltschutz ausgegeben wird* || K-: ***Meinungs-, -bildung, -freiheit*** **2** ***meiner*** *usw* ***Meinung nach*** so, wie ich *usw* die Situation beurteile: *Meiner Meinung nach war seine Entscheidung gerecht* **3** ***eine schlechte, gute / hohe Meinung von j-m haben*** glauben, dass j-d schlecht *bzw* gut ist **4** ***'einer Meinung sein*** dieselbe Meinung (1) wie andere haben || ID ***j-m*** (***gehörig***) ***die Meinung sagen*** j-m deutlich sagen, dass man ihn oder seine Taten nicht für gut hält

Mei·se *die*; -, *-n*; ein kleiner, bunter Singvogel

◆ **meist** *Adv* ≈ meistens

◆ **meis·t-** *Adj* **1** *Superlativ*; ↑ ***viel***; die größte Anzahl, Menge von etwas: *Sie hat immer das meiste Glück von allen* || K-: ***meist-, -verkauft*** **2** *nur attr*, *nicht adv*; drückt aus, dass etwas der größte Teil von etwas ist: *Die meisten Artikel in diesem Geschäft sind sehr teuer*

◆ **meis·tens** *Adv*; fast immer: *Er steht meistens um 7 Uhr auf*

◆ **Meis·ter** *der*; *-s*, -; **1** j-d, der in einem Handwerk die Qualifikation hat, andere Menschen auszubilden und selbst ein Geschäft zu führen || K-: ***Meister-, -prüfung*** || -K: ***Bäcker-, Friseur-*** **2** j-d, der etwas sehr gut kann: *Louis Armstrong war ein Meister des Jazz* **3** *Sport*; ein Sportler oder eine Mannschaft, die einen offiziellen Wettkampf gewonnen haben: *Er wurde deutscher Meister im Marathonlauf* || K-: ***Meister-, -titel*** || -K: ***Europa-, Welt-*** || *hierzu* **Meis·te·rin** *die*; -, *-nen*

Meis·ter·schaft *die*; -, *-en* **1** *Sport*; ein Wettkampf, bei dem die Sportler einen Titel gewinnen können || -K: ***Fußball-, Welt-*** **2** eine Fähigkeit, die weit über dem Durchschnitt liegt ⟨es in einer Kunst zur Meisterschaft bringen⟩

◆ **mel·den**; *meldete*, *hat gemeldet* **1** ***etwas melden*** eine Nachricht (im Fernsehen, Radio oder in der Zeitung) mitteilen: *Die Korrespondentin meldet neue Unruhen aus Südamerika* **2** ***j-n / etwas*** (***j-m / bei j-m***) ***melden*** einer zuständigen Person oder Institution Informationen über j-n / etwas geben ⟨einen Unfall bei der Polizei melden⟩ **3** ***sich*** (***bei j-m***) ***melden*** (wieder) Kontakt mit j-m aufnehmen: *Ich melde mich nach dem Urlaub bei dir* **4** ***sich melden*** in der Schule dem Lehrer zeigen, dass man etwas sagen möchte (indem man die Hand hebt) **5** ***sich zu / für etwas melden*** sagen, dass man bei etwas mitarbeiten oder mitmachen will: *Wer meldet sich freiwillig zum Geschirrspülen?* **6** ***sich*** (***am Telefon***) ***melden*** am Telefon den (eigenen) Namen sagen

Mel·dung *die*; -, *-en* **1** etwas, das man im Fernsehen, Radio oder in der Zeitung mitteilt ⟨eine amtliche Meldung⟩ || -K: ***Such-*** **2** ***eine Meldung von / über etwas*** die Informationen, die man einer Institution über j-n / etwas gibt ⟨eine Meldung übermitteln, erhalten; (j-m) Meldung erstatten⟩: *Der Polizei liegt noch keine Meldung über den Unfall vor* || -K: ***Krank-*** **3** *nur Sg*; das Melden (5) **4** ***eine Meldung***

(für / zu etwas) die (schriftliche) Erklärung, dass man bei etwas mitmachen will: *seine Meldung für einen Wettkampf zurückziehen*

mẹl·ken; *melkt, melkte, hat gemelkt / veraltend milkt, molk, hat gemolken*; ***(ein Tier) melken*** Milch von einem weiblichen Tier nehmen ⟨Kühe, Schafe, Ziegen melken⟩ || K-: ***Melk-, -maschine*** || *hierzu* **Mẹl·ker** *der*; **Mẹl·ke·rin** *die*; -, *-nen*

Me·lo·die *die*; -, *-n* [-'diːən]; eine Folge von musikalischen Tönen, die ein Ganzes bilden ⟨eine Melodie spielen⟩: *Wer hat den Text zu dieser Melodie geschrieben?*

Me·lo·ne *die*; -, *-n*; eine große runde Frucht mit sehr saftigem Fleisch || -K: ***Wasser-***

Me·moi·ren [me'mo̯aːrən] *die*; *Pl*; ein Bericht einer Person über die Erlebnisse und Ereignisse des eigenen Lebens

◆ **Mẹn·ge** *die*; -, *-n* **1** ein bestimmter Teil einer Sache, die man nicht genau zählt oder eine bestimmte Anzahl von Personen / Dingen, die als Einheit angesehen werden: *Eine kleine Menge dieses Medikaments genügt* **2** eine große Anzahl (von Personen / Dingen): *eine Menge Bücher besitzen* **3** eine große Zahl von Menschen an einem Ort ⟨durch die Menge gehen⟩ || -K: ***Menschen-, Zuschauer-*** **4** *Math*; mehrere Dinge, die wegen gemeinsamer Eigenschaften als gleich angesehen werden: *die Menge der positiven Zahlen* || K-: ***Mengen-, -lehre*** || -K: ***Schnitt-***

◆ **Mẹnsch** *der*; *-en, -en* **1** *nur Sg*; das Lebewesen, das sprechen und denken kann und sich dadurch vom Tier unterscheidet || -K: ***Steinzeit-*** **2** ein Mann, eine Frau oder ein Kind als Individuum: *Auf der Erde leben ungefähr 6 Milliarden Menschen* || K-: ***Menschen-, -masse*** **3** ***kein Mensch*** ≈ niemand: *Ich habe keinem Menschen davon erzählt* || ID ***unter Menschen gehen*** irgendwohin gehen, wo man anderen Leuten begegnet

Mẹn·schen·rech·te *die*; *Pl*; die grundsätzlichen Rechte des Individuums (*z.B.* auf freie Äußerung der Meinung), wie sie in vielen Staaten in der Verfassung enthalten sind || K-: ***Menschenrechts-, -verletzung***

Mẹn·schen·wür·de *die*; *nur Sg*; das Recht, das jeder Mensch hat, als Person respektiert und behandelt zu werden ⟨die Menschenwürde achten, verletzen⟩

Mẹnsch·heit *die*; -; *nur Sg*; alle Menschen zusammen || K-: ***Menschheits-, -entwicklung, -traum***

◆ **mẹnsch·lich** *Adj* **1** in Bezug auf den Menschen **2** ⟨eine Person⟩ so, dass sie auf andere Menschen Rücksicht nimmt ⟨menschlich handeln, denken⟩ **3** so, dass man dafür Verständnis haben kann ⟨eine menschliche Schwäche; Irren ist menschlich⟩ || *hierzu* **Mẹnsch·lich·keit** *die*

Menst·ru·a·ti·on [-'tsi̯oːn] *die*; -, *-en*; die Blutung aus der Gebärmutter, die eine Frau ca. alle vier Wochen hat, wenn sie nicht schwanger ist || *hierzu* **menst·ru·ie·ren** (*hat*)

Men·ta·li·tät *die*; -, *-en*; die Art zu denken, wie sie für eine Person oder Gruppe typisch ist

◆ **Me·nü** *das*; *-s, -s* **1** ein Essen aus mehreren Gängen: *Das Menü bestand aus drei Gängen: Suppe, Hauptspeise und Nachspeise* **2** *EDV*; eine Liste mehrerer Programme, Dateien oder Funktionen, aus denen der Benutzer eines Computers auswählen kann **3** Ⓒⓗ ≈ Mahlzeit

Mẹrk·blatt *das*; ein kurzer, gedruckter Text mit Erklärungen

◆ **mẹr·ken**; *merkte, hat gemerkt* **1** ***etwas merken*** etwas sehen oder bewusst wahrnehmen: *Ich habe nicht gemerkt*, dass *sie gekommen ist* **2** ***sich*** (*Dat*) ***etwas merken*** etwas nicht vergessen ⟨sich (*Dat*) Zahlen, Namen merken⟩: *Deine Telefonnummer kann ich mir gut merken*

mẹrk·lich *Adj*; deutlich wahrnehmbar: *Es ist merklich kühler geworden*

Mẹrk·mal *das*; *-(e)s, -e*; eine besondere Eigenschaft einer Person / Sache, mit der man sie leicht von anderen unterscheiden kann ⟨ein charakteristisches, typisches Merkmal⟩ || -K: ***Haupt-, Unterscheidungs-***

◆ **mẹrk·wür·dig** *Adj*; anders als das Normale und so, dass es Aufmerksamkeit oder Misstrauen weckt: *Ihr Verhalten ist in letzter Zeit sehr merkwürdig* || *hierzu* **Mẹrk·wür·dig·keit** *die*; **mẹrk·wür·di·ger·wei·se** *Adv*

Mẹ·se[1] *die*; -, *-n*; (in der katholischen Religion) ein Gottesdienst mit Gebeten, Gesang und Abendmahl || K-: ***Mess-, -wein*** || -K: ***Früh-***

Mẹs·se[2] *die*; -, *-n*; eine Ausstellung, auf der neue Artikel vorgestellt werden || K-: ***Messe-, -gelände*** || -K: ***Buch-***

◆ **mẹs·sen**; *misst, maß, hat gemessen* **1** ***etwas messen*** die Größe oder Menge von etwas feststellen: *Ich muss erst messen, wie breit das Fenster ist* || K-: ***Mess-, -gerät, -wert*** **2** ***etwas misst*** + *Zahl* etwas hat eine bestimmte Größe, Länge, Höhe *o.Ä.*: *Das Zimmer misst 15m²* **3** ***j-n / etwas an j-m / etwas messen*** eine Person / Sache beurteilen, indem man sie mit j-d / etwas anderem vergleicht: *Du solltest seine Leistungen nicht immer an deinen messen*

◆ **Mẹs·ser** *das*; *-s*, *-*; ein scharfer, flacher Gegenstand *meist* aus Metall (mit einem Griff), den man zum Schneiden oder als Waffe benutzt ⟨ein scharfes, stumpfes, Messer⟩: *Legst du bitte noch Messer und Gabel neben die Teller?* || K-: ***Messer-, -schnitt, -stich*** || -K: ***Brot-, Küchen-*** || ID ***etwas steht auf des Messers Schneide*** etwas ist in einem Zustand, in dem man (noch) nicht weiß, ob das Ergebnis positiv oder negativ sein wird

Mẹs·sing *das*; *-s*; *nur Sg*; ein gelbes Metall, das aus Kupfer und Zink besteht || K-: ***Messing-, -schild***

Mẹs·sung *die*; *-*, *-en* **1** das Messen (1) **2** der Wert, den man beim Messen (1) feststellt

◆ **Me·tạll** *das*; *-s*, *-e*; eine *meist* harte, glänzende Substanz (wie Eisen, Gold und Silber), die Wärme und Elektrizität gut leitet ⟨Metall gießen, schweißen⟩ || K-: ***Metall-, -industrie*** || -K: ***Edel-, Schwer-***

Me·te·o·ro·lo·gie *die*; *-*; *nur Sg*; die Wissenschaft, die sich mit dem Wetter beschäftigt || *hierzu* **Me·te·o·ro·lo·ge** *der*; **Me·te·o·ro·lo·gin** *die*; *-*, *-nen*; **me·te·o·ro·lo·gisch** *Adj*

Me·ter *der / auch das*; *-s*, *-*; eine Einheit, mit der man messen kann, wie lang, breit, hoch etwas ist; *Abk* m: *Ein Meter hat hundert Zentimeter, ein Kilometer hat tausend Meter* || K-: ***Meter-, -stab***; ***meter-, -lang***

◆ **Me·tho·de** *die*; *-*, *-n*; die Art und Weise, wie man etwas tut, um ein Ziel zu erreichen ⟨eine wissenschaftliche Methode; nach einer bestimmten Methode verfahren⟩ || -K: ***Erziehungs-*** || *hierzu* **me·tho·disch** *Adj*

◆ **Mẹtz·ger** *der*; *-s*, *-*; *bes südd* Ⓐ Ⓒⓗ ein Mann, der beruflich Tiere schlachtet und Fleisch und Wurst verkauft || *hierzu* **Mẹtz·ge·rin** *die*; *-*, *-nen*

◆ **Metz·ge·rei** *die*; *-*, *-en*; *bes südd* Ⓐ Ⓒⓗ ein Geschäft, in dem man Fleisch und Wurst kaufen kann

Meu·te·rei *die*; *-*, *-en*; eine Aktion *bes* von Matrosen oder Gefangenen, die sich weigern zu gehorchen, und die selbst die Macht übernehmen wollen || *hierzu* **meu·tern** (*hat*)

mịch[1] *Personalpronomen der 1. Person Sg* (*ich*), *Akkusativ*; ↑ *Anhang 4*: ***Personalpronomen***

mịch[2] *Reflexivpronomen der 1. Person Sg* (*ich*), *Akkusativ*; ↑ *Anhang 8*: ***Reflexivpronomen***

mied ↑ ***meiden***

Mie·ne *die*; *-*, *-n*; ein Ausdruck im Gesicht, der anderen zeigt, wie man sich gerade fühlt ⟨eine feierliche Miene aufsetzen⟩ || -K: ***Unschulds-*** || ID ***keine Miene verziehen*** nicht zeigen, was man gerade fühlt oder denkt; ***gute Miene zum bösen Spiel machen*** obwohl man gegen etwas ist, nichts dagegen tun

◆ **Mie·te** *die*; *-*, *-n* **1** das Geld, das man jeden Monat zahlt, um in einer Wohnung oder in einem Haus wohnen zu können ⟨die Miete überweisen, erhöhen⟩: *Sie bezahlen monatlich 550 Euro Miete für ihre Wohnung* || K-: ***Miet-, -vertrag*** || -K: ***Monats-, Wohnungs-*** **2** das Geld, das man zahlt, wenn man sich ein Auto, Boot *o.Ä.* für eine bestimmte Zeit leiht || K-: ***Miet-, -auto***

◆ **mie·ten**; *mietete*, *hat gemietet*; ***etwas mieten*** gegen Bezahlung einer bestimmten Summe eine Wohnung, ein Haus, ein Büro *o.Ä.* bewohnen und benutzen dürfen || *hierzu* **Mie·ter** *der*; **Mie·te·rin** *die*; *-*, *-nen* || ▸ ***vermieten***

Mig·rä·ne *die*; *-*, *-n*; sehr starke Kopfschmerzen, die oft sehr lange dauern

Mik·ro·fon [-f-] *das*; *-s*, *-e*; ein Gerät, in das man spricht oder singt, um die Stimme lauter zu machen, sie aufzunehmen oder sie zu übertragen

Mik·ro·skop *das*; *-s*, *-e*; ein Gerät, das sehr kleine Dinge optisch größer macht, damit man sie untersuchen kann || *hierzu* **mik·ro·sko·pie·ren** (*hat*)

Mịk·ro·wel·len|herd *der*; ein Gerät, mit dem man das Essen sehr schnell heiß machen kann

◆ **Mịlch** *die*; *-*; *nur Sg* **1** die weiße Flüssigkeit, die Babys und junge Tiere bei ihrer Mutter trinken || -K: ***Mutter-*** **2** die Milch (1) von Kühen, Ziegen und Schafen, die man trinkt und aus der man *z.B.* Butter, Käse macht ⟨frische, fettarme Milch⟩ || K-: ***Milch-, -flasche, -reis*** || -K: ***Butter-, Voll-*** **3** eine (weiße) Flüssigkeit von bestimmten Pflanzen || -K: ***Kokos-*** **4** eine weiße, flüssige Creme für die Haut || -K: ***Sonnen-***

Mịlch·stra·ße *die*; *nur Sg*; ein breiter heller Streifen aus Sternen, den man in der Nacht am Himmel sieht ≈ Galaxis

mịld, **mịl·de** *Adj* **1** voller Verständnis für den anderen ⟨ein Richter; mild urteilen⟩ **2** weder sehr kalt noch sehr heiß ⟨das Wetter⟩ **3** nicht sehr intensiv und deshalb angenehm ⟨ein Licht⟩ **4** nicht sehr intensiv im Geschmack ⟨ein Käse⟩ || *hierzu* **Mịl·de** *die*

mịl·dern; *milderte*, *hat gemildert* **1** ***etwas***

mildern etwas so verändern, dass es weniger schlimm ist ⟨eine Strafe mildern⟩ **2** ***etwas mildert sich*** etwas wird schwächer || *hierzu* **Mil·de·rung** *die*

Mi·li·tär[1] *das*; *-s*; *nur Sg*; alle Soldaten eines Landes ⟨beim Militär sein⟩ || K-: ***Militär-, -bündnis, -putsch***

Mi·li·tär[2] *der*; *-s*, *-s*; ein Mann, der beim Militär[1] einen hohen Rang hat

mi·li·tä·risch *Adj* **1** in Bezug auf das Militär ⟨Einrichtungen, Stützpunkte, eine Intervention⟩ **2** ⟨die Disziplin, die Ordnung⟩ so, dass sie den Prinzipien folgen, die im Militär üblich sind

Mil·li- *im Subst, vor Maßeinheiten*; der tausendste Teil der genannten Einheit; das ***Milligramm***, der ***Millimeter***

Mil·li·ar·de *die*; *-*, *-n*; tausend Millionen (1 000 000 000); *Abk* Md., Mrd.

Mil·li·on [-'li̯oːn] *die*; *-*, *-en*; tausend mal tausend (1 000 000); *Abk* Mill., Mio.: *Österreich hat über 7 Millionen Einwohner*

Mil·li·o·när *der*; *-s*, *-e*; j-d, der Dinge und Geld im Wert von mindestens einer Million hat || *hierzu* **Mil·li·o·nä·rin** *die*; *-*, *-nen*

mi·men; *mimte, hat gemimt* **1** ***etwas mimen*** *gespr pej*; so tun, als ob man ein bestimmtes Gefühl oder eine Eigenschaft hätte **2** ***j-n / etwas mimen*** als Schauspieler eine bestimmte Rolle spielen

◆ **Min·der·heit** *die*; *-*, *-en* **1** *nur Sg*; der kleinere Teil einer Gruppe ⟨in der Minderheit sein⟩ **2** eine kleine Gruppe von Menschen in einem Staat, die sich von den anderen (*z.B.* in ihrer Kultur, Religion) unterscheidet || K-: ***Minderheiten-, -recht***

min·der·jäh·rig *Adj*; *nicht adv*; ⟨eine Person⟩ noch nicht so alt, dass sie vor dem Gesetz für ihre Taten verantwortlich ist || *hierzu* **Min·der·jäh·ri·ge** *der / die*

min·der·wer·tig *Adj* **1** von schlechter Qualität ⟨Fleisch, Papier⟩ **2** ***sich minderwertig fühlen*** das Gefühl haben, nicht so gut zu sein wie die anderen || *hierzu* **Min·der·wer·tig·keit** *die*

◆ **min·des·tens** **1** *vor einer Zahl*; nicht weniger, sondern eher mehr als die Zahl angibt: *Mindestens 80000 Zuschauer sahen das Fußballspiel* **2** drückt aus, dass etwas das Minimum ist, was man erwarten kann: *Du hättest mindestens anrufen müssen, wenn du schon nicht kommen konntest*

Mi·ne[1] *die*; *-*, *-n*; eine Anlage unter der Erde, in der man Stoffe wie *z.B.* Gold oder Kupfer gewinnt ⟨eine Mine stilllegen⟩ || K-: ***Minen-, -arbeiter*** || -K: ***Silber-***

Mi·ne[2] *die*; *-*, *-n*; eine Art dünner Stab in einem Bleistift oder Kugelschreiber, aus dem die Farbe kommt || -K: ***Bleistift-***

Mi·ne[3] *die*; *-*, *-n*; eine Art Bombe, die in den Boden oder unter Wasser gelegt wurde, wo sie bei Berührung explodiert || K-: ***Minen-, -feld*** || -K: ***Land-***

Mi·ne·ral *das*; *-s*, *-e* / *Mi·ne·ra·li·en* [-'raːli̯ən] **1** ein fester Stoff (wie *z.B.* Salz oder Diamanten), der in der Erde gebildet wurde **2** *nur Pl*; Salze, die ein Mineral (wie *z.B.* Natrium oder Kalium) haben: *Dieses Getränk enthält sieben wichtige Mineralien*

◆ **Mi·ne·ral·was·ser** *das*; Wasser aus einer Quelle, das viele Mineralien enthält

mi·ni·mal *Adj* **1** sehr klein; so klein, dass man es kaum erkennen kann ⟨ein Vorsprung, Unterschiede⟩ **2** so, dass es nicht mehr kleiner sein könnte ⟨Kosten⟩ || K-: ***Minimal-, -forderung***

Mi·ni·mum *das*; *-s*, *Mi·ni·ma*; ***ein Minimum*** (***an etwas*** (*Dat*)) die kleinste Anzahl oder Menge von etwas, die möglich, notwendig oder akzeptabel ist ⟨etwas auf ein Minimum reduzieren; ein Minimum an Aufwand⟩

◆ **Mi·nis·ter** *der*; *-s*, *-*; j-d, der als Mitglied der Regierung ein Ministerium leitet ⟨j-n zum Minister ernennen; einen Minister entlassen⟩ || -K: ***Außen-, Finanz-, Premier-*** || *hierzu* **Mi·nis·te·rin** *die*; *-*, *-nen*

Mi·nis·te·ri·um *das*; *-s*, *Mi·nis·te·ri·en* [-i̯ən]; eine der höchsten Behörden in einem Staat, die für einen bestimmten Bereich der Verwaltung verantwortlich ist ⟨das Ministerium für Wissenschaft und Forschung⟩ || -K: ***Außen-, Justiz-***

Mi·nis·ter·prä·si·dent *der*; der Chef der Regierung in vielen Bundesländern Deutschlands || *hierzu* **Mi·nis·ter·prä·si·den·tin** *die*

mi·nus[1] *Konjunktion*; *Math*; das Zeichen -, das eine Subtraktion anzeigt: *drei minus zwei ist* (*gleich*) *eins* (*3-2=1*) || K-: ***Minus-, -zeichen***

mi·nus[2] *Adv*; verwendet, um auszudrücken, dass ein Zahlenwert kleiner als Null ist: *Es sind fünf Grad minus*

Mi·nu·te *die*; *-*, *-n* **1** einer der 60 Teile einer Stunde; *Abk* Min., min. ⟨eine knappe Minute⟩: *zehn Minuten zu spät kommen* || K-: ***minuten-, -lang*** || -K: ***Schweige-*** **2** ein kurzer Zeitraum ⟨keine ruhige Minute haben⟩: *Hätten Sie eine Minute Zeit für mich?* **3** ***in letzter Minute***; ***in der letzten Minute*** so kurz vor einem bestimmten Zeitpunkt, dass es fast schon zu spät ist || ID *meist* ***Es ist fünf*** (***Minuten***) ***vor zwölf*** wenn man jetzt nichts tut, wird es zu spät sein

mir[1] *Personalpronomen der 1. Person Sg*

M

(*ich*), *Dativ*; ↑ *Anhang 4*: ***Personalpronomen***

mi̲r[2] *Reflexivpronomen der 1. Person Sg* (*ich*), *Dativ*; ↑ *Anhang 8*: ***Reflexivpronomen***

◆**mị·schen**; *mischte*, *hat gemischt* **1** ***etwas*** (***mit etwas***) ***mischen*** etwas so in etwas anderes tun, dass man die einzelnen Teile nicht mehr voneinander trennen kann ⟨Wasser mit Wein mischen⟩ || K-: ***Misch-, -kost*** **2** ***etwas mischen*** etwas durch Mischung herstellen ⟨einen Cocktail, Gift mischen⟩ || K-: ***Misch-, -getränk*** **3** (***etwas***) ***mischen*** eine Reihenfolge so verändern, dass keine Ordnung besteht ⟨Karten mischen⟩ **4** ***sich unter*** ⟨die Menge, das Volk, die Zuschauer⟩ ***mischen*** in eine (Menschen)Menge gehen **5** ***sich in etwas*** (*Akk*) ***mischen*** etwas sagen oder tun, das einen selbst nicht betrifft ⟨sich in einen Streit mischen⟩

Mịsch·masch *der*; *-(e)s*, *-e*; *meist Sg*; *gespr*, *oft pej*; etwas, das aus verschiedenen Dingen besteht, die nicht zueinander passen: *ein Mischmasch aus Deutsch und Englisch*

Mị·schung *die*; *-*, *-en*; ***eine Mischung*** (***aus / von etwas***) etwas, in dem verschiedene Dinge vorkommen ⟨eine gelungene, bunte Mischung; eine Mischung aus Wut und Trauer⟩ || -K: ***Gewürz-***

mi·se·ra̲·bel, *miserabler*, *miserabelst-*; *Adj* **1** *pej*; so schlecht, dass man sich darüber ärgert ⟨ein Film, Wetter⟩ **2** sehr schlecht oder krank ⟨sich miserabel fühlen⟩ || Hinweis: *miserabel* → *ein miserabler Film*

Mịss·brauch *der*; *meist Sg* **1** der falsche oder nicht erlaubte Gebrauch ⟨der Missbrauch von Macht⟩ || -K: ***Medikamenten-*** **2** ***sexueller Missbrauch*** eine strafbare Handlung, bei der *meist* ein Erwachsener ein Kind oder ein Mann eine Frau zu sexuellem Kontakt zwingt

miss·bra̲u̲·chen; *missbrauchte*, *hat missbraucht* **1** ***etwas missbrauchen*** etwas so verwenden, dass das Ergebnis schlecht oder schädlich ist ⟨Rechte, Alkohol missbrauchen⟩: *Er hat sein Amt missbraucht, um sich zu bereichern* **2** ***j-n missbrauchen*** j-n zu sexuellen Kontakten zwingen

◆**Mịss·er·folg** *der*; ein sehr schlechtes Ergebnis für j-n

miss·hạn·deln; *misshandelte*, *hat misshandelt*; ***j-n / ein Tier misshandeln*** einen Menschen oder ein Tier grausam und brutal behandeln || *hierzu* **Miss·hạnd·lung** *die*

Mis·si·on [-'si̯oːn] *die*; *-*, *-en* **1** *geschr*; ein sehr wichtiger und ernster Auftrag ⟨eine politische Mission; in geheimer Mission⟩ || -K: ***Militär-*** **2** *nur Sg*; die Verbreitung eines religiösen Glaubens || K-: ***Missions-, -schwester***

mịsst ↑ ***messen***

◆**Mịss·trau·en** *das*; *-s*; *nur Sg*; ***Misstrauen*** (***gegen j-n / etwas***) der Zweifel daran, ob man j-m / etwas vertrauen kann ⟨j-m Misstrauen entgegenbringen; Misstrauen hegen⟩

mịss·trau·isch *Adj*; ***misstrauisch*** (***gegen j-n / etwas***) voll von Misstrauen ⟨j-n misstrauisch machen⟩

◆**Mịss·ver·ständ·nis** *das*; das Missverstehen ⟨ein Missverständnis aufklären; etwas führt zu einem Missverständnis⟩: *Hier liegt wohl ein Missverständnis vor*

◆**mịss·ver·ste·hen**; *missverstand*, *hat missverstanden* **1** ***j-n / etwas missverstehen*** eine Äußerung oder eine Handlung von j-m anders verstehen, als dieser es wollte **2** ***j-n / etwas missverstehen*** nicht richtig hören, was j-d gesagt hat

Mịst *der*; *-(e)s*; *nur Sg* **1** eine Mischung aus Kot, Urin und Stroh, die man als Dünger verwendet || K-: ***Mist-, -haufen*** **2** *gespr pej*; etwas, das sehr schlecht, dumm oder wertlos ist

◆**Mịst·kü·bel** *der*; Ⓐ ≈ Abfalleimer

◆**mịt**[1] *Präp*; *mit Dat* **1** verwendet, um das Mittel oder Instrument zu nennen, das benutzt wird: *einen Nagel mit dem Hammer in die Wand schlagen* **2** drückt aus, dass zwei oder mehrere Personen zusammen sind und dasselbe tun: *Sie fuhr mit ein paar Freundinnen nach Rom* **3** drückt aus, dass zwei Personen oder Sachen zusammen sind oder zusammen gehören: *eine Dose mit Bonbons* **4** verwendet, um eine Bestimmung der Art und Weise einzuleiten: *Ich hoffe, du hast das nicht mit Absicht getan!* **5** im genannten Alter: *Mit 19 Jahren machte sie das Abitur* **6** verwendet nach bestimmten Verben, Substantiven und Adjektiven, um deren Ergänzungen anzuschließen: *mit dem Gegner kämpfen*

◆**mịt**[2] *Adv*; *gespr*; zusammen mit einer oder mehreren Personen oder Sachen: *Warst du mit dabei, als der Unfall passierte?*

◆**mịt·ar·bei·ten** (*hat*) (***irgendwo***) ***mitarbeiten*** einen Teil einer Arbeit machen ⟨an / bei einem Projekt mitarbeiten⟩ || *hierzu* **Mịt·ar·beit** *die*

◆**Mịt·ar·bei·ter** *der* **1** j-d, der in einem Betrieb angestellt ist ⟨ein Unternehmen mit 50 Mitarbeitern⟩ **2** j-d, der an etwas arbeitet, ohne fest angestellt zu sein ⟨ein freier, ständiger Mitarbeiter beim Rundfunk⟩ ||

hierzu **Mịt·ar·bei·te·rin** *die*

mit·be·stim·men; *bestimmte mit, hat mitbestimmt*; (***über etwas*** (*Akk*)) ***mitbestimmen*** etwas zusammen mit anderen entscheiden

◆ **Mịt·be·stim·mung** *die*; *nur Sg*; ***die Mitbestimmung*** (***über etwas*** (*Akk*)) das Recht der Mitarbeiter in einem Betrieb, zusammen mit der Leitung des Unternehmens über Dinge zu entscheiden, die den Betrieb betreffen || K-: ***Mitbestimmungs-, -recht***

mịt·brin·gen (*hat*) **1** ***j-n / etwas mitbringen*** j-n / etwas bei sich haben, wenn man irgendwohin kommt **2** (***j-m***) ***etwas mitbringen*** etwas als Geschenk bei sich haben, wenn man j-n besucht **3** ***etwas*** (***für etwas***) ***mitbringen*** eine bestimmte Fähigkeit haben, die für etwas nützlich ist: *das nötige Fachwissen für einen Job mitbringen*

mit·ei·nan·der *Adv* ≈ zusammen: *miteinander spielen, streiten*

Mịt·es·ser *der*; *-s, -*; ein kleiner weißer oder schwarzer Punkt auf der Haut, wo eine Pore verstopft ist

◆ **mịt·fah·ren** (*ist*) dabei sein, wenn j-d / etwas irgendwohin fährt: *in den Urlaub mitfahren* || *hierzu* **Mịt·fah·rer** *der*; **Mịt·fah·re·rin** *die*

Mịt·ge·fühl *das*; das traurige Gefühl, das man spürt, wenn andere Schmerzen, Trauer, Sorgen haben ⟨Mitgefühl äußern⟩

◆ **Mịt·glied** *das*; j-d, der zu einer (organisierten) Gruppe (*z.B.* zu einem Verein oder zu einer Partei) gehört ⟨ein aktives, langjähriges Mitglied; irgendwo Mitglied sein⟩ || K-: ***Mitglieds-, -beitrag*** || -K: ***Familien-, Partei-***

◆ **mịt·hel·fen** (*hat*) j-m helfen, etwas zu tun: *Ihre Kinder müssen zu Hause viel mithelfen* || *hierzu* **Mịt·hil·fe** *die*

mit·hịl·fe, mit Hịl·fe *Präp*; *mit Gen*; mit j-s Unterstützung oder unter Verwendung einer Sache: *den Text mithilfe des Wörterbuches übersetzen* || Hinweis: auch wie ein Adverb verwendet mit *von*: *mithilfe von Werkzeugen*

Mịt·laut *der* ≈ Konsonant

Mịt·leid *das*; das Gefühl, dass man einem Menschen helfen oder ihn trösten möchte ⟨Mitleid mit j-m haben; Mitleid erregen⟩ || *hierzu* **mịt·lei·dig** *Adj*

◆ **mịt·ma·chen** (*hat*) *gespr* **1** ***etwas*** (*Akk*) / ***bei etwas / an etwas*** (*Dat*) ***mitmachen*** ≈ an etwas teilnehmen: *einen Wettbewerb mitmachen* **2** ***etwas mitmachen*** eine Arbeit *o.Ä.* zusätzlich zur eigenen machen: *Als sie krank war, machten die Kollegen ihre Arbeit mit* **3** ***etwas mitmachen*** schwierige oder harte Zeiten erleben: *Seit ihr Mann trinkt, macht sie eine Menge mit*

Mịt·mensch *der*; *meist Pl*; die Menschen, mit denen man zusammen in der Gesellschaft lebt

mit·sạmt *Präp*; *mit Dat*; zusammen mit: *Er kam mitsamt der ganzen Familie*

Mịt·schü·ler *der*; *bes* ein Kind, das zusammen mit anderen in eine bestimmte Klasse oder Schule geht || *hierzu* **Mịt·schü·le·rin** *die*

mịt·spie·len (*hat*) **1** mit anderen zusammen spielen: *in einer Band mitspielen* **2** ***etwas spielt*** (***bei j-m / etwas***) ***mit*** etwas beeinflusst etwas || *zu* **1** **Mịt·spie·ler** *der*; **Mịt·spie·le·rin** *die*

Mịt·tag *der*; *-s, -e* **1** *nur Sg*; zwölf Uhr am Tag ⟨gegen Mittag; es ist Mittag⟩ **2** die Tageszeit zwischen ungefähr 11 und 14 Uhr: *Manche Geschäfte schließen über Mittag* || K-: ***Mittag-, -essen***; ***Mittags-, -pause*** || -K: ***Sonntag-*** **3** (***zu***) ***Mittag essen*** zwischen 12 und 14 Uhr etwas *meist* Warmes essen || *zu* **1** und **2** **mịt·täg·lich** *Adj*

mịt·tags *Adv*; am Mittag (1,2)

◆ **Mịt·te** *die*; *-, -n*; *meist Sg* **1** der Teil, der *z.B.* bei einem Kreis von allen Teilen des Randes gleich weit entfernt ist ⟨in der Mitte sein, stehen; in die Mitte gehen⟩: *In der Mitte des Saales hing eine große Lampe* || K-: ***Stadt-*** **2** ***Mitte*** + *Zeitangabe* in der Mitte (1) des genannten Zeitraumes: *Der Vertrag gilt bis Mitte April*; *Ich komme Mitte nächster Woche zurück* || -K: ***Monats-*** **3** ***Mitte*** + *Zahl* ungefähr so alt wie die genannte Zahl plus etwa 4 bis 6 Jahre ⟨Mitte zwanzig sein⟩ **4** eine Gruppe von Leuten, die keine extremen politischen Meinungen haben

◆ **mịt·tei·len** (*hat*) **1** ***j-m etwas mitteilen*** etwas sagen, schreiben *o.Ä.*, damit j-d es erfährt ⟨j-m etwas brieflich, mündlich, telefonisch mitteilen⟩: *Sie hat uns ihre neue Adresse noch nicht mitgeteilt* **2** ***sich j-m mitteilen*** mit j-m über die eigenen Gefühle, Gedanken sprechen

Mịt·tei·lung *die*; *-, -en*; etwas, das man j-m mitteilt (1) ⟨eine vertrauliche Mitteilung⟩ || K-: ***Mitteilungs-, -bedürfnis***

◆ **Mịt·tel** *das*; *-s, -*; **1** ***ein Mittel*** (***zu etwas***) etwas, mit dessen Hilfe man etwas tun oder erreichen kann ⟨ein sicheres Mittel; rechtliche Mittel; zu einem Mittel greifen⟩ || -K: ***Nahrungs-, Verkehrs-***; ***Hilfs-*** **2** ***ein Mittel*** (***für / zu etwas***) eine (chemische) Substanz als Mittel (1): *Wo ist denn das Mittel zum Reinigen von Pin-*

seln? || -K: ***Spül-, Wasch-*** **3** ***ein Mittel*** (***für / gegen etwas***); ***ein Mittel*** (***zu etwas***) ≈ Medikament ⟨ein Mittel für / gegen Kopfschmerzen (ein)nehmen⟩: *Der Arzt verschrieb ihr ein Mittel zum Einreiben* || -K: ***Husten-, Schlaf-*** **4** *nur Pl*; das Geld, das j-d für einen bestimmten Zweck hat: *Der Kindergarten wird aus / mit öffentlichen Mitteln finanziert*

Mịt·tel- *im Subst* **1** in der Mitte; ***Mittelamerika***, der ***Mittelfinger*** ⟨der Hand⟩ **2** von mittlerer, durchschnittlicher Größe, Höhe *o.Ä.*; das ***Mittelgebirge***

mịt·tel- *im Adj*; so, dass die Größe oder die Qualität durchschnittlich ist; ***mitteldick*** ⟨ein Brett⟩, ***mittelfein*** ⟨Papier⟩, ***mittelgroß*** ⟨ein Mann, eine Frucht⟩

Mịt·tel·al·ter *das*; *-s*; *nur Sg*; (in der europäischen Geschichte) der Zeitraum zwischen Antike und Renaissance, den man *meist* vom 4. / 5. bis zum 15. Jahrhundert rechnet; *Abk* MA ⟨das frühe, hohe, späte Mittelalter⟩ || *hierzu* **mịt·tel·al·ter·lich** *Adj*

Mịt·tel·eu·ro·pa (*das*) der Teil von Europa zwischen Nordsee und Ostsee und den Alpen

Mịt·tel·maß *das*; *oft pej* ≈ Durchschnitt || *hierzu* **Mịt·tel·mä·ßig·keit** *die*; **mịt·tel·mä·ßig** *Adj*

Mịt·tel·meer *das*; *nur Sg*; das Meer, das zwischen Europa und Afrika liegt || K-: ***Mittelmeer-, -länder***

◆ **Mịt·tel·punkt** *der* **1** (in einem Kreis oder einer Kugel) der Punkt, der von allen Punkten des Kreises oder von der Oberfläche der Kugel gleich weit entfernt ist **2** eine Person oder Sache, die von allen beachtet wird ⟨im Mittelpunkt der Aufmerksamkeit stehen⟩

Mịt·tel·schicht *die*; der Teil der Bevölkerung, der relativ gebildet ist und dem es finanziell gut geht

◆ **mịt·ten** *Adv* **1** in der oder in die Mitte (1) ⟨mitten darin, hindurch, hinein; mitten auf⟩: *Der Schuss traf ihn mitten ins Herz* **2** ***mitten in etwas*** (*Dat*) ≈ während: *Sie schlief mitten im Film ein*

Mịt·ter·nacht (*die*); -; *nur Sg*; 12 Uhr in der Nacht ⟨vor, um, nach Mitternacht⟩: (*Um*) *Mitternacht fährt die letzte U-Bahn* || K-: ***Mitternachts-, -messe*** || *hierzu* **mịt·ter·nächt·lich** *Adj*

◆ **mịtt·le·r-** *Adj*; *nur attr*, *nicht adv* **1** in der Mitte (1) befindlich: *Der mittlere Teil des Bratens ist noch nicht ganz gar* **2** weder alt noch jung ⟨eine Frau / ein Mann mittleren Alters⟩ **3** ≈ normal: *ein mittleres Einkommen haben* **4** ≈ durchschnittlich: *Die mittlere Jahrestemperatur ist in den letzten Jahren gestiegen*

Mịtt·woch *der*; *-s*, *-e*; der dritte Tag der Woche; *Abk* Mi ⟨letzten, diesen, nächsten Mittwoch; Mittwoch früh⟩ || K-: ***Mittwoch-, -abend, -mittag*** *usw*

Mị·xer *der*; *-s*, -; ein elektrisches Gerät, mit dem man Nahrungsmittel kleiner machen oder mischen kann || -K: ***Hand-, -mixer*** || *hierzu* **mị·xen** (*hat*)

◆ **Mö·bel** *das*; *-s*, -; *meist Pl*; *meist* ziemlich große Gegenstände (wie *z.B.* ein Tisch, Bett, Schrank), die man in einer Wohnung, einem Büro benutzt ⟨gebrauchte, moderne Möbel⟩ || K-: ***Möbel-, -geschäft*** || -K: ***Garten-, Küchen-***

mo·bil *Adj* **1** gut zu transportieren und daher so, dass es an verschiedenen Orten verwendet werden kann ⟨eine Bücherei, ein Krankenhaus⟩ **2** bereit, den Wohnort zu wechseln || *hierzu* **Mo·bi·li·tät** *die*

mo·bi·li·sie·ren; *mobilisierte*, *hat mobilisiert* **1** ***j-n mobilisieren*** j-n dazu bringen, für einen bestimmten Zweck aktiv zu werden: *Um den Brand zu löschen, wurden alle Feuerwehrleute aus der Umgebung mobilisiert* **2** ***etwas mobilisieren*** bewirken, dass etwas zur Verfügung steht ⟨alle Kräfte mobilisieren⟩ **3** (***etwas***) ***mobilisieren*** in der Armee solche Vorbereitungen machen, dass bald ein Krieg geführt werden kann || *hierzu* **Mo·bi·li·sie·rung** *die*

möb·lie·ren; *möblierte*, *hat möbliert*; ***etwas möblieren*** Möbel in einen Raum stellen, damit man darin wohnen kann

◆ **möb·liert** **1** *Partizip Perfekt*; ↑ ***möblieren*** **2** *Adj*; *nicht adv*; *meist in* ***ein möbliertes Zimmer*** ein Zimmer, das der Besitzer mit den Möbeln darin vermietet

mọch·te ↑ ***mögen***

Mo·dal·verb *das*; *Ling*; ein Verb, das man mit einem anderen Verb (im Infinitiv; ohne *zu*) verbindet, um einen Willen, eine Erlaubnis, eine Fähigkeit oder eine Wahrscheinlichkeit auszudrücken. Modalverben sind *mögen*, *müssen*, *können*, *dürfen*, *sollen* und *wollen*

◆ **Mo·de** *die*; -, *-n* **1** Kleidung, Frisuren und Schmuck, wie sie in einer bestimmten Zeit üblich und beliebt sind ⟨die neueste Pariser Mode tragen⟩ || K-: ***Mode-, -schöpfer, -zeitschrift***; ***Moden-, -schau*** || -K: ***Herren-, Sommer-*** **2** *oft pej*; ein Verhalten, das viele Leute zu einer bestimmten Zeit zeigen ⟨etwas kommt, ist in Mode⟩: *Silberfarbene Autos sind jetzt groß in Mode* || K-: ***Mode-, -tanz, -wort***

Mo·dẹll *das*; *-s*, *-e* **1** ein kleiner Gegenstand, der einen großen Gegenstand genau darstellt: *Ein Modell des Kölner Domes im Maßstab eins zu tausend* || K-: ***Modell-, -flugzeug*** || -K: ***Schiffs-*** **2** eine Person / Sache, die so gut ist, dass sie ein Vorbild ist || K-: ***Modell-, -projekt*** **3** ein bestimmter Typ eines *meist* technischen Gerätes: *Sein Auto ist das neueste Modell* || -K: ***Kühlschrank-*** **4** eine Person / Sache, die von einem Künstler fotografiert, gemalt *usw* wird **5** j-d, dessen Beruf es ist, sich fotografieren, malen, zeichnen zu lassen || -K: ***Foto-*** **6** eine Darstellung, mit der ein komplizierter Vorgang oder Zusammenhang erklärt werden soll: *ein Modell des Atomkerns* || -K: ***Denk-***

Mo·de·ra·tor *der*; *-s*, *Mo·de·ra·to·ren*; j-d, der im Rundfunk oder Fernsehen Sendungen moderiert || *hierzu* **Mo·de·ra·to·rin** *die*; *-*, *-nen*

mo·de·rie·ren; *moderierte, hat moderiert*; **(*etwas*) *moderieren*** im Rundfunk oder Fernsehen als Sprecher eine Sendung machen ⟨eine Sendung moderieren⟩ || *hierzu* **Mo·de·ra·ti·on** *die*

mo·dern; *moderte, hat / ist gemodert*; ***etwas modert*** ≈ etwas fault ⟨Holz, Laub⟩

◆ **mo·dern** *Adj* **1** so, wie es im Augenblick zur Kultur und Technik passt: *nach modernen Methoden arbeiten* **2** zur jetzigen Zeit gehörig ⟨Kunst⟩: *Die moderne Staatsform ist die Demokratie* **3** so, wie es gerade Mode (1,2) ist ⟨eine Frisur, ein Kleid⟩ || *zu* **1** und **2** **Mo·der·ni·tät** *die*

mo·der·ni·sie·ren; *modernisierte, hat modernisiert* **1 (*etwas*) *modernisieren*** etwas auf den neuesten Stand der Technik bringen ⟨einen Betrieb modernisieren⟩ **2 *etwas modernisieren*** etwas *bes* in Musik und Literatur so verändern, dass es dem Geschmack und dem Stil von heute entspricht || *hierzu* **Mo·der·ni·sie·rung** *die*

mo·di·fi·zie·ren; *modifizierte, hat modifiziert*; ***etwas modifizieren*** *geschr*; etwas (leicht) verändern (um es den neuen Kenntnissen und Bedingungen anzupassen) ⟨eine Theorie, ein Programm modifizieren⟩ || *hierzu* **Mo·di·fi·ka·ti·on** *die*; **mo·di·fi·zier·bar** *Adj*

mo·disch *Adj*; so, wie es gerade Mode (1,2) ist ⟨eine Frisur; sich modisch kleiden⟩

Mo·dus *der*; *-*, *Mo·di* **1** *geschr*; die Art und Weise, wie man handelt und wie man etwas durchführt ⟨einen Modus finden; einen neuen Modus suchen⟩ **2** *Ling*; die grammatische Kategorie des Verbs, mit der man *z.B.* den Willen, die Wahrscheinlichkeit, die Tatsächlichkeit ausdrücken kann: *Indikativ, Konjunktiv und Imperativ sind die Modi des Deutschen*

Mo·fa *das*; *-s*, *-s*; eine Art Fahrrad mit einem Motor, das höchstens 25 Kilometer pro Stunde fahren darf

mo·geln; *mogelte, hat gemogelt*; **(*bei etwas*) *mogeln*** *gespr*; kleine Tricks anwenden, die gegen die Regeln verstoßen

◆ **mö·gen**[1]; *mag, mochte, hat mögen*; *Modalverb* **1** *Infinitiv* + ***mögen*** verwendet, um auszudrücken, dass etwas möglich oder wahrscheinlich ist: *Er mag mit seiner Behauptung durchaus Recht haben* **2 *j-d möchte*** + *Infinitiv* j-d hat den Wunsch, etwas zu tun: *Sie möchte nach dem Abitur studieren*; *Heute möchte ich lieber zu Hause bleiben* **3** *Fragewort* + ***mag j-d / etwas ...*** (+ *Partizip Perfekt*) + ***sein / haben*** verwendet, wenn man sich Gedanken über etwas macht: *Warum mag er so unvernünftig gewesen sein?* **4 *j-d möge / möchte*** + *Infinitiv* in der indirekten Rede verwendet, um einen Wunsch auszudrücken: *Sie bat ihn, er möge / möchte in ihrer Wohnung nicht rauchen*

◆ **mö·gen**[2]; *mag, mochte, hat gemocht* **1 *j-n mögen*** j-n sehr nett und angenehm finden ⟨j-n gern, sehr mögen⟩ **2 *etwas mögen*** etwas gut finden: *Magst du Erdbeeren?*; *Ich mag Jazz* **3 *etwas mögen*** im Indikativ oder Konjunktiv II verwendet, um auszudrücken, dass j-d etwas haben will: *Magst / Möchtest du ein Stück Kuchen?* **4 *irgendwohin mögen*** den Wunsch haben, irgendwohin zu gehen, zu fahren *usw*: *Magst du in den Zoo?* **5** Lust haben, etwas zu tun: *Möchten Sie tanzen?*

◆ **mög·lich** *Adj* **1** so, dass es getan werden kann, geschehen oder existieren kann ⟨so bald wie möglich; j-m etwas möglich machen⟩: *Wäre es möglich*, dass *du mir dein Auto leihst?* **2** so, dass es vielleicht getan wird, geschieht oder existiert ⟨etwas liegt im Bereich des Möglichen⟩: *„Ob sie wohl schon zu Hause ist?" - „Schon möglich!"* **3** ≈ richtig ⟨eine Antwort, Lösung⟩: *Auf diese Frage gibt es mehrere mögliche Antworten* **4 *sein Möglichstes tun*** alles tun, was man tun kann **5 *alle möglichen*** + *Pl*; ***alles Mögliche*** *gespr* ≈ viele Arten von etwas: *Sie waren auf alle möglichen Schwierigkeiten / alles Mögliche vorbereitet*

mög·li·cher·wei·se *Adv* ≈ vielleicht

◆ **Mög·lich·keit** *die*; *-*, *-en* **1** drückt aus, dass etwas sein oder geschehen kann ⟨mit einer Möglichkeit rechnen; an einer Möglichkeit zweifeln⟩: *Es besteht die Möglich-*

keit, dass *es auch auf anderen Planeten Lebewesen gibt* **2** ***die Möglichkeit*** (+ ***zu*** + *Infinitiv*) eine (günstige) Situation, in der etwas möglich ist ⟨von einer Möglichkeit Gebrauch machen⟩: *Ich hatte leider keine Möglichkeit, dich anzurufen* **3** eine Art, wie man etwas tun kann: *Sie probierte verschiedene Möglichkeiten, bevor sie die richtige Lösung fand*

◆**mög·lichst** *Adv* **1** ***möglichst*** + *Adj / Adv* ≈ so + Adjektiv / Adverb wie möglich: *Ich versuche, möglichst schnell zu kommen* **2** wenn es möglich (1) ist: *Versuche doch möglichst, heute pünktlich zu sein*

Mo·ham·me·da·ner *der*; *-s*, *-*; *veraltend* ≈ Moslem || *hierzu* **Mo·ham·me·da·ne·rin** *die*; *-*, *-nen*

Mohn *der*; *-(e)s*; *nur Sg* **1** eine Pflanze mit großen roten Blüten. Aus manchen Arten von Mohn kann man eine Droge (Opium) gewinnen **2** die Samenkörner dieser Pflanze || K-: ***Mohn-, -kuchen***

Möh·re *die*; *-*, *-n* **1** eine Pflanze mit einer länglichen, orangen Wurzel, die man als Gemüse anbaut ≈ Karotte **2** die Wurzel dieser Pflanze, die man isst: *Hasen fressen gern Möhren* || K-: ***Möhren-, -saft***

Moll *das*; *-*; *nur Sg*; *Mus*; verwendet als Bezeichnung für Tonarten, die vom zweiten zum dritten Ton Halbtöne haben ↔ Dur || K-: ***Moll-, -tonart*** || -K: ***a-Moll***

mol·lig *Adj*; *gespr* **1** ein bisschen dick, aber nicht so, dass es unangenehm wirkt **2** weich und warm ⟨ein Pullover⟩

◆**Mo·ment**[1] *der*; *-(e)s*, *-e* **1** ≈ Augenblick ⟨der entscheidende Moment; einen Moment warten⟩ **2** ***im Moment*** jetzt

Mo·ment[2] *das*; *-(e)s*, *-e*; etwas, das für ein Geschehen sehr wichtig ist ⟨das auslösende Moment⟩: *Seine Entschuldigung brachte ein versöhnliches Moment in die Diskussion* || -K: ***Überraschungs-***

◆**mo·men·tan** *Adj*; *nur attr oder adv* ≈ augenblicklich: *Die momentane Lage ist beunruhigend*

Mo·narch *der*; *-en*, *-en*; j-d, der allein über ein Reich herrscht und *meist* König oder Kaiser ist || *hierzu* **Mo·nar·chin** *die*; *-*, *-nen*; **mo·nar·chisch** *Adj*

Mo·nar·chie *die*; *-*, *-n* [-iːən]; eine Staatsform, in der ein König oder Kaiser herrscht

◆**Mo·nat** *der*; *-s*, *-e* **1** einer der zwölf Teile eines Jahres, wie *z.B.* Januar, Februar ⟨jeden Monat; im kommenden Monat⟩: *Die Miete muss bis zu Beginn des Monats gezahlt werden* || K-: ***Monats-, -anfang, -lohn***; ***monate-, -lang*** || -K: ***Sommer-*** **2** ein Zeitraum von (ungefähr) vier Wochen ⟨in, vor einem Monat⟩: *Seine Tochter ist jetzt drei Monate alt*

mo·nat·lich *Adj*; *nur attr oder adv* **1** jeden Monat stattfindend, pro Monat: *Ihr monatliches Einkommen beträgt dreitausend Euro* **2** so, dass es einen Monat dauert: *eine monatliche Kündigungsfrist*

Mönch *der*; *-s*, *-e*; ein Mann, der einer Religion in besonderer Weise sein Leben lang dient (*z.B.* nicht heiratet und *meist* in einem Kloster lebt) || K-: ***Mönchs-, -kloster*** || -K: ***Benediktiner-, Bettel-*** || *hierzu* **mön·chisch** *Adj*

◆**Mond** *der*; *-(e)s*, *-e* **1** *nur Sg*; der große, runde Körper, der sich um die Erde dreht und in der Nacht am Himmel zu sehen ist || K-: ***Mond-, -landung*** **2** der Mond (1), wie man ihn zu bestimmten Zeiten sehen kann ⟨abnehmender, zunehmender Mond; der Mond geht auf / unter⟩ || K-: ***Mond-, -nacht, -sichel*** || -K: ***Voll-***

◆**Mo·ni·tor** *der*; *-s*, *-e* / *auch Mo·ni·to·ren* **1** ein Bildschirm, auf dem man beobachten kann, was eine Kamera filmt || K-: ***Monitor-, -überwachung*** **2** der Bildschirm eines Computers || -K: ***Farb-***

Mo·no·log *der*; *-s*, *-e*; eine (lange) Rede einer einzelnen Person (*bes* in Theaterstücken oder Filmen) ⟨einen Monolog halten⟩

Mo·no·pol *das*; *-s*, *-e*; ***das Monopol*** (***auf etwas*** (*Akk*)) das absolute Recht, die absolute Kontrolle über die Produktion einer Ware oder das Leisten einer Arbeit ⟨ein Monopol ausüben⟩ || K-: ***Monopol-, -stellung*** || -K: ***Handels-, Informations-*** || *hierzu* **mo·no·po·lis·tisch** *Adj*

mo·no·ton *Adj*; so, dass dasselbe ständig wiederholt wird und somit langweilig ist || *hierzu* **Mo·no·to·nie** *die*

Mons·ter *das*; *-s*, *-*; ein (großes) Wesen, das einem Angst macht || K-: ***Monster-, -film***

Mon·tag *der*; *-s*, *-e*; der erste Tag der Woche; *Abk* Mo ⟨am Montag; nächsten Montag⟩ || K-: ***Montag-, -nacht***; ***montag-, -mittags*** || -K: ***Oster-***

Mon·ta·ge [-ˈtaːʒə] *die*; *-*, *-n*; das Montieren (1,2)

mon·tie·ren; *montierte*, *hat montiert* **1** ***etwas montieren*** mehrere Teile fest miteinander verbinden, sodass ein fertiges Gerät entsteht **2** ***etwas montieren*** etwas *meist* mit Schrauben an einem Ort befestigen

Moor *das*; *-(e)s*, *-e*; ein Gebiet mit einem sehr nassen und weichen Boden, auf dem *bes* Gras und Moos wachsen || K-: ***Moor-, -pflanze*** || *hierzu* **moo·rig** *Adj*

Moos *das*; *-es*, *-e*; eine Pflanze, die auf

feuchtem Boden oder auf Bäumen wächst und dort kleine, grüne Polster bildet || K-: ***moos-, -grün***

Mo·ped *das*; *-s, -s*; ein Fahrzeug mit zwei Rädern und einem Motor, das höchstens 40 Kilometer pro Stunde fahren darf

Mo·ral[1] *die*; *-*; *nur Sg* **1** die (ungeschriebenen) Regeln, die in einer Gesellschaft bestimmen, welches Verhalten als gut oder als schlecht gilt ⟨die bürgerliche Moral; die Moral verletzen⟩ || K-: ***Moral-, -vorstellungen*** **2** die Art, wie sich j-d nach den Regeln der Moral[1] (1) richtet ⟨eine lockere, strenge Moral haben⟩

Mo·ral[2] *die*; *-*; *nur Sg*; das Vertrauen in die eigenen Fähigkeiten: *Nach der Niederlage sank die Moral der Mannschaft*

Mo·ral[3] *die*; *-*; *nur Sg*; etwas, das man aus einer Geschichte lernen kann

mo·ra·lisch *Adj*; *nur attr oder adv*; in Bezug auf die Moral ≈ sittlich ⟨Druck, Zwang, Bedenken, Skrupel⟩: *Er fühlte sich moralisch dazu verpflichtet, ihr zu helfen*

◆ **Mord** *der*; *-es, -e*; ***der Mord*** (***an j-m***) eine kriminelle Tat, bei der j-d einen Menschen mit Absicht tötet ⟨einen Mord begehen; j-n des Mordes verdächtigen; Mord aus Eifersucht⟩ || K-: ***Mord-, -anklage, -drohung, -waffe*** || -K: ***Raub-, Völker-***

Mör·der *der*; *-s, -*; ein Mann, der einen Mord begangen hat ⟨der mutmaßliche Mörder; den Mörder fassen⟩ || -K: ***Raub-*** || *hierzu* **Mör·de·rin** *die*; *-, -nen*

◆ **mor·gen** *Adv* **1** an dem Tag, der auf heute folgt ⟨morgen Abend, früh; bis morgen⟩: *Ich habe morgen Geburtstag* **2** in der Zukunft: *die Technik von morgen*

◆ **Mor·gen** *der*; *-s, -*; **1** die Tageszeit vom Aufgehen der Sonne bis ungefähr 11 Uhr ⟨der Morgen graut; am (frühen / späten) Morgen⟩ || K-: ***Morgen-, -dämmerung, -sonne*** || -K: ***Sonntag-*** **2** am Morgen (1) ⟨gestern, heute Morgen⟩ **3** ***Guten Morgen!*** verwendet als Gruß am Morgen (1) || *zu* **1 mor·gend·lich** *Adj*

Mor·gen·es·sen *das*; (CH) ≈ Frühstück

◆ **mor·gens** *Adv*; am Morgen (1), an jedem Morgen (1)

◆ **mor·gi·g-** *Adj*; *nur attr, nicht adv*; den Tag betreffend, der auf heute folgt: *Er hat Angst vor dem morgigen Tag*

Mor·phi·um *das*; *-s*; *nur Sg*; ein Schmerzmittel, das aus einer Droge (Opium) hergestellt wird und süchtig machen kann; *Med, Chem* Morphin || K-: ***morphium-, -süchtig***

morsch, *morscher, morschest-*; *Adj*; *nicht adv*; durch Feuchtigkeit oder hohes Alter weich und brüchig geworden ⟨Holz⟩ || *hierzu* **Morsch·heit** *die*

Mor·se·al·pha·bet *das*; *nur Sg*; ein Alphabet, dessen Buchstaben aus Punkten und Strichen bestehen, mit denen man Nachrichten sendet

Mo·sa·ik *das*; *-s, -e / -en*; ein Bild oder ein Muster aus bunten Glasstücken oder Steinchen || K-: ***Mosaik-, -fußboden*** || -K: ***Stein-***

Mo·schee *die*; *-, -n* [-'ʃeːən]; ein Gebäude, in dem die Moslems Gott verehren

Mos·lem *der*; *-s, -s*; j-d, der zur Religion des Islam gehört || *hierzu* **mos·le·misch** *Adj*

Mo·tiv[1] [-f] *das*; *-(e)s, -e*; ***ein Motiv*** (***für etwas***) ein Grund oder eine Ursache dafür, dass j-d etwas tut ⟨ein politisches, religiöses Motiv⟩: *Das Motiv für den Mord war Eifersucht* || -K: ***Tat-***

Mo·tiv[2] [-f] *das*; *-(e)s, -e* **1** etwas, das ein Maler, Fotograf, Bildhauer *usw* künstlerisch darstellt: *Stillleben sind ein beliebtes Motiv der Malerei* **2** ein Thema, das in der Literatur oder in der Musik oft vorkommt ⟨ein Motiv aufgreifen⟩: *Das Motiv der bösen Stiefmutter kommt im Märchen häufig vor*

mo·ti·vie·ren; *motivierte, hat motiviert* **1** (***j-n / sich***) (***zu etwas***) ***motivieren*** j-n / sich zu etwas anregen oder j-m / sich Motive[1] geben, etwas zu tun: *einem Kind eine Belohnung versprechen, um es zum Lernen zu motivieren* **2** ***etwas motiviert etwas*** etwas ist ein Grund, ein Motiv[1] für eine Tat || *hierzu* **Mo·ti·va·ti·on** *die*

◆ **Mo·tor** *der*; *-s, Mo·to·ren*; eine Maschine, die ein Fahrzeug oder Gerät antreibt ⟨der Motor läuft, stirbt ab; einen Motor anlassen, ausschalten⟩: *Das Taxi wartete mit laufendem Motor vor der Tür* || K-: ***Motor-, -boot, -öl***; ***Motoren-, -lärm*** || -K: ***Flugzeug-, Elektro-***

◆ **Mo·tor·rad** *das*; ein Fahrzeug mit zwei Rädern und einem Motor, das hohe Geschwindigkeiten erreicht ⟨Motorrad fahren⟩ || K-: ***Motorrad-, -helm, -rennen***

Mot·te *die*; *-, -n*; ein kleiner Schmetterling, dessen Raupen oft Stoffe, Wolle *usw* fressen

Mot·to *das*; *-s, -s*; ein Gedanke, der *meist* in einem kurzen Satz formuliert ist, an den man sich hält: *Sie handelt nach dem Motto „leben und leben lassen"*

Mö·we *die*; *-, -n*; ein Vogel mit *meist* heller Farbe, der *bes* am Meer lebt

Mü·cke *die*; *-, -n*; ein kleines Insekt mit Flügeln, das *bes* am Wasser lebt ⟨von einer Mücke gestochen werden⟩ || K-: ***Mücken-, -schwarm*** || -K: ***Stech-***

◆ **mü·de** *Adj* **1** *nicht adv*; ***müde*** **(*****von etwas*****)** ⟨ein Mensch, Tier⟩ so, dass sie schlafen wollen: *Sie war so müde von der Arbeit, dass sie früh ins Bett ging* **2** ⟨ein Mensch, Tier⟩ so, dass sie nach einer langen Anstrengung keine Kraft mehr haben: *Nach der langen Sitzung klang seine Stimme sehr müde* **3** ***nicht müde werden*** + ***zu*** + *Infinitiv* etwas immer wieder tun: *Er wurde es nicht müde, die Vorzüge des neuen Modells anzupreisen* **4** ***j-s / etwas müde werden*** *geschr*; j-n / etwas (allmählich) nicht mehr mögen

Mü·dig·keit *die*; -; *nur Sg*; der Zustand, in dem man am liebsten schlafen möchte ⟨Müdigkeit spüren; gegen die Müdigkeit ankämpfen⟩

muf·fig *Adj* **1** ⟨Luft, Kleidung⟩ so, dass sie schlecht riechen, weil sie *z.B.* lange nicht gewaschen oder nicht mit frischer Luft in Berührung gekommen sind **2** *gespr pej*; unfreundlich

◆ **Mü·he** ['myːə] *die*; -, *-n*; *meist Sg*; eine große geistige oder körperliche Anstrengung ⟨etwas kostet viel, wenig Mühe; Mühe haben, etwas zu tun; keine Mühe scheuen⟩: *Es bereitete ihr große Mühe, ihn von ihrer Ansicht zu überzeugen* || K-: ***mühe-, -los, -voll*** || ID ***Mach dir / Machen Sie sich keine Mühe*** verwendet, um j-m höflich zu sagen, dass er etwas nicht tun muss

Müh·le *die*; -, *-n* **1** ein Gerät, mit dem man *bes* Körner sehr klein machen kann:⟩ *Kaffee mit der Mühle mahlen* || -K: ***Pfeffer-*** **2** ein Gebäude, in dem man Mehl macht

müh·sam *Adj*; mit viel Mühe oder großer Anstrengung verbunden ⟨sich mühsam beherrschen⟩

Mul·de *die*; -, *-n*; eine Stelle, an der eine Fläche etwas nach unten geht ⟨eine flache Mulde⟩

◆ **Müll** *der*; *-s*; *nur Sg* **1** alle Dinge, die ein Haushalt, ein Betrieb *usw* nicht mehr braucht und wegwirft ⟨der Müll wird abgeholt⟩: *Kannst du bitte den Müll rausbringen?* || K-: ***Müll-, -beutel, -eimer*** || -K: ***Atom-, Haus-, Industrie-*** **2** ***etwas in den Müll tun / werfen*** etwas in einen Mülleimer oder eine Mülltonne tun

Müll·ab·fuhr *die*; -; *nur Sg* **1** das Abholen von Müll **2** die Einrichtung, die den Müll abholt

mul·ti·pli·zie·ren; *multiplizierte, hat multipliziert*; **(*****etwas mit etwas*****)** ***multiplizieren*** *Math*; eine Zahl um eine andere vervielfachen: *fünf multipliziert mit acht ist (gleich) / macht vierzig* (5 × 8 = 40) || *hierzu* **Mul·ti·pli·ka·ti·on** *die*

Mu·mie [-iə] *die*; -, *-n*; der Körper eines Toten, der durch besondere Methoden vor dem Verfall geschützt worden ist ⟨eine ägyptische Mumie⟩ || *hierzu* **mu·mi·enhaft** *Adj*

◆ **Mund** *der*; *-(e)s, Mün·der*; der Teil des Kopfes, mit dem man spricht und isst ⟨ein breiter Mund; sich den Mund verbrennen; etwas in den Mund nehmen, stecken⟩ || ↑ *Abbildung unter* ***Kopf*** || K-: ***Mund-, -geruch*** || Hinweis: Tiere haben ein *Maul*, Vögel einen *Schnabel* || ID ***nicht auf den Mund gefallen sein*** in jeder Situation eine passende Antwort haben; ***den Mund halten*** (über ein Geheimnis) nicht reden; ***j-m den Mund verbieten wollen*** versuchen, j-n daran zu hindern, seine Meinung zu sagen; ***j-d / etwas ist in aller Munde*** j-d / etwas ist so bekannt, dass man oft über ihn / darüber spricht; ***offenen Mundes / mit offenem Mund*** staunend ⟨dastehen, zuhören⟩; ***sich*** (*Dat*) ***den Mund verbrennen*** *gespr*; ohne Überlegen etwas sagen, das unangenehme Folgen haben kann

mün·den; *mündete, hat / ist gemündet*; ***etwas mündet in etwas*** (*Akk*) ein Fluss fließt in einen anderen Fluss, in einen See oder ein Meer: *Der Rhein mündet in die Nordsee*

mün·dig *Adj* **1** *meist präd, nicht adv*; ⟨ein junger Mann, eine junge Frau⟩ so alt, dass sie vor dem Gesetz als Erwachsene gelten: *In der Bundesrepublik Deutschland wird man mit achtzehn Jahren mündig* **2** fähig, selbstständig vernünftige Entscheidungen zu treffen ⟨ein Bürger⟩ || *hierzu* **Mün·dig·keit** *die*

◆ **münd·lich** *Adj*; gesprochen und nicht geschrieben ⟨eine Prüfung⟩

Mu·ni·ti·on [-'tsi̯oːn] *die*; -, *-en*; *meist Sg*; Gegenstände wie Bomben, Kugeln, mit denen im Kampf oder Krieg getötet oder zerstört wird

mun·ter *Adj* **1** lebhaft und voll Energie ⟨ein Kind⟩ **2** fröhlich, heiter ⟨ein Lied⟩ **3** *nur präd, nicht adv*; wach ⟨j-n munter machen⟩ || K-: ***Munter-, -macher*** **4** *nur präd, nicht adv*; in guter körperlicher Verfassung ⟨gesund und munter sein⟩ || *hierzu* **Mun·ter·keit** *die*

Mün·ze *die*; -, *-n*; ein kleines, flaches, *meist* rundes Stück aus Metall, das *meist* als Geld benutzt wird ⟨eine antike Münze; Münzen prägen⟩ || K-: ***Münz-, -telefon*** || -K: ***Silber-*** || ID ***etwas für bare Münze***

nehmen etwas glauben, was nicht wahr ist

Murks *der; -es; nur Sg; gespr pej;* etwas, bei dem j-d Fehler gemacht hat ≈ Pfusch ⟨etwas ist Murks; Murks machen⟩ || *hierzu* **murk·sen** *(hat)*

Mur·mel *die; -, -n;* eine kleine, bunte Kugel *meist* aus Glas, mit der Kinder spielen

mur·meln; *murmelte, hat gemurmelt;* **(*etwas*) *murmeln*** etwas sehr leise und undeutlich sagen: *ein Gebet murmeln*

Mus *das; -es, -e; meist Sg;* eine weiche Masse, *meist* aus gekochtem oder zerdrücktem Obst || -K: ***Apfel-***

Mu·schel *die; -, -n* **1** ein Tier, das im Wasser lebt und durch eine harte Schale geschützt ist: *Die Auster ist eine Muschel, in der man manchmal Perlen findet* || ↑ *Abbildung unter* ***Schalentiere*** || K-: ***Muschel-, -schale*** || -K: ***Meeres-*** **2** die Schale einer Muschel (1) || K-: ***Muschel-, -sammlung*** **3** jeder der beiden dicken Teile von Telefonhörern || -K: ***Hör-***

◆ **Mu·se·um** *das; -s, Mu·se·en* [-'zeː(ə)n]; ein Gebäude, in dem interessante Objekte aufbewahrt und ausgestellt werden ⟨ein naturkundliches, technisches Museum; ins Museum gehen⟩: *Im Museum für moderne Kunst ist zurzeit eine Picasso-Ausstellung zu sehen* || K-: ***Museums-, -führer, -katalog*** || -K: ***Heimat-***

◆ **Mu·sik** *die; -, -en* **1** *meist Sg;* Töne, die harmonisch und rhythmisch angeordnet sind ⟨leise, klassische, moderne Musik; Musik spielen⟩: *die Musik Mozarts* || K-: ***Musik-, -instrument*** || -K: ***Klavier-, Pop-, Volks-*** **2** *nur Sg;* die Kunst, Töne zu Musik (1) anzuordnen: *Er studiert Musik* || K-: ***Musik-, -hochschule*** **3** *ohne Artikel; indeklinabel;* ein Fach in der Schule, in dem Musik (2) unterrichtet wird || K-: ***Musik-, -lehrer***

mu·si·ka·lisch *Adj* **1** mit einer Begabung für Musik ⟨ein Kind⟩ **2** mit angenehmem Klang ⟨eine Sprache⟩ **3** *nur attr, nicht adv;* in Bezug auf Musik ⟨ein Genuss⟩ || *zu* **1** und **2 Mu·si·ka·li·tät** *die*

Mu·si·ker *der; -s, -;* j-d, der (beruflich) ein Instrument spielt || -K: ***Berufs-*** || *hierzu* **Mu·si·ke·rin** *die; -, -nen*

Mus·kel *der; -s, -n; meist Pl;* einer der elastischen Teile des Körpers bei Mensch und Tier, der sich zusammenziehen kann, um einen Teil des Körpers oder ein Organ zu bewegen ⟨kräftige Muskeln; einen Muskel anspannen⟩ || K-: ***Muskel-, -kraft, -krampf*** || -K: ***Bein-, Herz-***

Mus·kel·ka·ter *der; -s; nur Sg;* der Schmerz, den man spürt, wenn man Muskeln bewegt, die man am Tag zuvor stark belastet hat ⟨(einen) Muskelkater haben⟩

mus·ku·lös, *muskulöser, muskulösest-; Adj; nicht adv;* mit kräftigen Muskeln ⟨Arme⟩

Müs·li *das; -s, -s;* eine Mischung aus Haferflocken, Rosinen, Nüssen *usw*, die man mit Milch zum Frühstück isst

Muslim *der; -s, -s* ≈ Moslem

◆ **müs·sen**[1]; *musste, hat müssen; Modalverb* **1** drückt aus, dass etwas notwendig ist *bzw* der Sprecher es für notwendig hält: *Wir müssen um 11 Uhr gehen, sonst verpassen wir den Zug; Ich muss wirklich abnehmen!* **2** drückt aus, dass der Sprecher etwas annimmt, glaubt: *Sie müssen sehr stolz auf ihre Tochter sein; Ich rufe ihn jetzt an, er muss eigentlich schon im Büro sein* **3** drückt aus, dass der Betroffene nicht anders handeln kann: *Ich muss immer husten, wenn die anderen rauchen* **4** drückt aus, dass der / die Betroffene gezwungen ist, etwas zu tun: *Sie musste eine Haftstrafe von 5 Jahren verbüßen* **5** drückt aus, dass der Sprecher etwas für wichtig oder wünschenswert hält: *Paris bei Nacht muss man einfach erlebt haben* **6** drückt aus, dass sich der Sprecher über etwas ärgert: *Muss es denn ausgerechnet jetzt regnen?* **7** verwendet in verneinter Form, um j-n aufzufordern, etwas nicht zu tun: *Das musst du ihm nicht glauben*

◆ **müs·sen**[2]; *musste, hat gemusst* **1 *aufs Klo müssen*** *gespr;* das Bedürfnis haben, den Darm oder die Blase zu leeren **2 *irgendwohin müssen*** irgendwohin gehen oder fahren müssen[1] (1): *Sie muss ins Büro* **3 *etwas muss irgendwohin*** etwas muss[1] (1) an einen Ort gebracht werden: *Der Brief muss zur Post*

Mus·ter *das; -s, -;* **1** eine bestimmte Reihenfolge von Farben, Zeichen *usw*, die sich wiederholt ⟨ein buntes Muster; ein Muster entwerfen⟩: *Der Teppich hat ein Muster aus orientalischen Ornamenten* || -K: ***Blumen-, Tapeten-*** **2 *ein Muster*** (+ *Gen* / ***von etwas***) eine kleine Menge eines Materials, die dazu dient zu zeigen, wie das Material / etwas ist: *In diesem Katalog finden Sie Muster unserer Vorhangstoffe* || K-: ***Muster-, -stück*** || -K: ***Stoff-*** **3** die Art, wie etwas (immer wieder) geschieht ⟨etwas läuft nach einem bestimmten Muster ab⟩ || -K: ***Handlungs-*** **4 *ein Muster*** (***für etwas***) etwas, das so gestaltet ist, dass es nachgeahmt werden kann: *Das Urteil in diesem Prozess diente vielen Richtern als Muster* || K-: ***Muster-, -brief*** **5 *ein Muster*** (***an etwas*** (*Dat*)) j-d, der eine bestimmte Eigenschaft in hohem Maße hat: *Er ist ein Muster an Pünktlichkeit*

◆ **Mut** *der*; *-(e)s*; *nur Sg* **1 der Mut (für / zu etwas)** die Eigenschaft oder Bereitschaft, etwas zu tun, das gefährlich ist ⟨all seinen Mut zusammennehmen; viel Mut zeigen⟩: *Er hatte nicht den Mut, ihr die Wahrheit zu sagen* || -K: **Helden- 2** das Vertrauen darauf, dass etwas gut oder wieder besser wird ⟨den Mut sinken lassen; j-m Mut geben⟩: *Sie ging mit frischem Mut an die Arbeit* || K-: **mut-, -los** || -K: **Lebens-**

mu·tig *Adj*; mit viel Mut (1) ⟨ein Mensch, eine Tat; mutig für j-n / etwas eintreten⟩

◆ **Mut·ter**[1] *die*; -, *Müt·ter* **1** eine Frau, die ein Kind geboren hat ⟨eine allein erziehende, strenge Mutter⟩: *Sie ist Mutter von zwei Kindern* || K-: **Mutter-, -gefühle, -rolle 2** eine Frau, die Kinder so versorgt, als wäre sie ihre Mutter[1] (1): *Er bekam eine neue Mutter, als sein Vater wieder heiratete* || -K: **Pflege-, Stief- 3 die Mutter Gottes** *Rel*; Maria, die Mutter von Jesus

Mut·ter[2] *die*; -, *-n*; ein Stück Metall mit sechs Ecken und einem runden Loch, das auf eine Schraube geschraubt wird, um diese zu befestigen || ↑ *Abbildung unter* **Werkzeug** || -K: **Schrauben-**

müt·ter·lich *Adj* **1** *nur attr, nicht adv*; zu einer Mutter[1] (1) gehörig ⟨die Liebe⟩ **2** wie eine Mutter[1] (1) ⟨mütterlich für j-n sorgen⟩ || zu **2 Müt·ter·lich·keit** *die*

Mut·ter·spra·che *die*; die Sprache, die ein Kind lernt, wenn es zu sprechen beginnt || *hierzu* **mut·ter·sprach·lich** *Adj*

Müt·ze *die*; -, *-n*; eine Kopfbedeckung aus weichem Material (*meist* Wolle), die man *bes* bei kaltem Wetter trägt ⟨eine Mütze aufsetzen⟩ || -K: **Woll-; Schirm-**

MwSt, MWSt *Abk für* Mehrwertsteuer

mys·te·ri·ös, *mysteriöser, mysteriösest-*; *Adj*; so, dass man es sich nicht erklären kann

My·thos *der*; -; *My·then* **1** eine sehr alte Geschichte, die *meist* religiöse oder magische Vorstellungen enthält: *der Mythos von der Erschaffung der Welt* **2** eine *meist* positive Meinung, die bei vielen mit einer Sache oder Person, Gruppe verbunden ist: *der Mythos von der Tüchtigkeit der Deutschen*

N

N, n [ɛn] *das*; -, - / *gespr auch -s*; der vierzehnte Buchstabe des Alphabets

na *Interjektion*; *gespr* **1** verwendet, um eine Frage auszudrücken oder einzuleiten: *Na, wie hat dir der Film gefallen?* **2** verwendet, um Ärger oder Ungeduld auszudrücken: *Na endlich!* **3 na 'ja** *gespr*; verwendet am Anfang des Satzes, drückt Zögern oder Skepsis aus: *Na ja, ich weiß nicht so recht …* **4 na 'gut / na 'ja / na 'schön** verwendet, um auszudrücken, dass man etwas akzeptiert, obwohl man lieber etwas anderes möchte: *Na gut, dann bleibe ich eben hier* **5 na 'so was!** verwendet, um Erstaunen auszudrücken **6 na 'und?** verwendet, um unhöflich auszudrücken, dass man nicht interessiert ist

Na·bel *der*; *-s*; *nur Sg*; die kleine, runde und etwas tiefere Stelle am Bauch des Menschen

◆ **nach** *Präp*; *mit Dat* **1** später als zum genannten Zeitpunkt oder Vorgang: *Schon wenige Minuten nach dem Unfall war die Polizei da*; *Nach dem Streit haben wir uns wieder versöhnt* **2** *gespr*; (bei der Uhrzeit) verwendet, um die Minuten anzugeben, die nach der genannten Stunde vergangen sind: *(Um) zehn nach vier geht mein Zug*; *(um) Viertel nach acht* **3** in die genannte Richtung: *von Osten nach Westen*; *den Kopf nach links drehen* **4** zu dem genannten Ort oder Land: *nach Marokko fliegen*; *von Köln über Stuttgart nach München fahren* || Aber: *zum Arzt gehen*; *in die Toskana fahren*; *ans Meer fahren*; ↑ **an, in, zu(m) 5** verwendet, um auszudrücken, dass j-d / etwas in einer Reihenfolge (direkt) der Nächste ist: *Nach dem fünften Haus kommt eine große Eiche – dort biegen Sie rechts ab!* **6** *in Verbindung mit einem Superlativ*; in der Reihenfolge direkt unter dem Genannten:

Nach dem Mont Blanc ist der Monte Rosa der höchste Berg Europas **7** so, wie es das genannte Vorbild sagt oder angibt: *Nach Ptolemäus ist die Erde eine Scheibe*; *Fischfilet nach Marseiller Art*; *einen Vers nach Goethe zitieren* **8** ***nach etwas*** (*Dat*) innerhalb der genannten Ordnung, des genannten Systems ≈ gemäß, zufolge: *86° Fahrenheit sind nach der Celsiusskala 30°* **9** ***nach etwas / etwas nach*** ≈ etwas (*Dat*) entsprechend, etwas (*Dat*) folgend: *Meiner Meinung nach müssen wir das Problem anders lösen*; *nach Ansicht führender amerikanischer Krebsforscher ...* **10** ***etwas*** (*Dat*) ***nach*** wenn man die genannte Person / Sache betrachtet, beurteilt: *Ihrem Akzent nach stammt sie wohl aus Österreich* **11** mit bestimmten Substantiven, Adjektiven und Verben verwendet: *das Streben nach Macht und Reichtum*; *die Suche nach Erdöl*; *sich nach j-m sehnen* || ID ***nach und nach*** im Lauf der Zeit ≈ allmählich: *die Schulden nach und nach bezahlen*; ***nach wie vor*** noch immer

nach- *im Verb*; *betont und trennbar*; drückt aus, dass etwas noch einmal geschieht oder sich auf ein Objekt (*z.B.* ein Original) bezieht, das schon da war;
etwas nachbilden etwas so machen, dass es dem Original ähnlich wird; ***j-m nachfolgen*** hinter j-m hergehen, fahren; ***etwas nachstellen*** etwas genau so wie das Original stellen, oder so, wie es vorher war; ***etwas nachziehen*** etwas noch einmal tun (*z.B.* zeichnen, drehen), so dass es dadurch deutlicher, fester *o.Ä.* wird

nach·ah·men; *ahmte nach*, *hat nachgeahmt*; ***j-n / etwas nachahmen*** sich mit Absicht so verhalten, dass es einer Person oder einer Sache sehr ähnlich ist: *die Lässigkeit Humphrey Bogarts nachahmen* || *hierzu* **Nach·ah·mer** *der*; **Nach·ah·mung** *die*

◆ **Nach·bar** *der*; *-n / -s, -n* **1** eine Person, die direkt neben einer anderen oder in deren Nähe wohnt **2** j-d, der *z.B.* im Kino, Restaurant, in der Schule neben einem sitzt || -K: ***Tisch-*** || *hierzu* **Nach·ba·rin** *die*; -, *-nen*

◆ **nach·dem** *Konjunktion*; *meist* mit Plusquamperfekt verwendet, um auszudrücken, dass die Handlung des Nebensatzes schon beendet ist, wenn die Handlung des Hauptsatzes beginnt: *Nachdem er gegessen hatte, schaute er noch ein wenig fern*; *Nachdem der Zahn gezogen war, gingen die Schmerzen zurück*

◆ **nach·den·ken** (*hat*) (***über j-n / etwas***) ***nachdenken*** sich eine Situation vorstellen und dabei *bes* an wichtige Einzelheiten oder Probleme denken: *Ich muss erst mal (darüber) nachdenken! Er dachte lange nach* || *hierzu* **nach·denk·lich** *Adj*

Nach·druck *der*; *nur Sg*; die Worte, mit denen man sagt, dass etwas sehr wichtig ist ⟨etwas mit Nachdruck sagen⟩

nach·drück·lich *Adj*; mit Nachdruck ⟨eine Forderung; j-n nachdrücklich warnen⟩

nach·ei·nan·der *Adv*; eine Person / Sache nach der anderen: *nacheinander drankommen*; *Kurz nacheinander landeten vier Flugzeuge*

nach·er·zäh·len; *erzählte nach*, *hat nacherzählt*; ***etwas nacherzählen*** den Inhalt einer Geschichte mit eigenen Worten (genau) erzählen

Nach·fol·ge *die*; *nur Sg*; das Übernehmen der Arbeit oder der Funktion eines anderen ⟨die Nachfolge regeln; j-s Nachfolge antreten⟩ || *hierzu* **Nach·fol·ger** *der*; **Nach·fol·ge·rin** *die*; -, *-nen*

nach·for·schen (*hat*) intensiv versuchen, zu Informationen oder Kenntnissen über j-n / etwas zu kommen || *hierzu* **Nach·for·schung** *die*

◆ **Nach·fra·ge** *die*; ***die Nachfrage*** (***nach etwas***) *nur Sg*; die Absicht, bestimmte Produkte zu kaufen ⟨es herrscht große Nachfrage nach etwas⟩

nach·ge·ben (*hat*) **1** (***j-m / etwas***) ***nachgeben*** auf Bitten oder Drängen anderer etwas erlauben oder tun, zu dem man vorher nicht bereit war: *Ich gab meiner Tochter schließlich nach und ließ sie nach Kanada fliegen* **2** ***etwas gibt nach*** etwas biegt sich bei starker Belastung (und geht dann kaputt)

nach·ge·hen (*ist*) **1** ***j-m nachgehen*** j-m folgen, um ihn einzuholen oder um in dieselbe Richtung zu gehen **2** ***etwas*** (*Dat*) ***nachgehen*** etwas prüfen und aufklären ≈ untersuchen ⟨einem Verbrechen nachgehen⟩ **3** ***etwas*** (*Dat*) ***nachgehen*** eine Arbeit, Tätigkeit regelmäßig machen ⟨einer geregelten Arbeit nachgehen⟩ **4** ⟨eine Uhr⟩ ***geht nach*** eine Uhr zeigt weniger an, als es tatsächlich ist: *Meine Uhr geht schon wieder zehn Minuten nach* **5** ***etwas geht j-m nach*** etwas ist so, dass j-d immer wieder daran denkt: *Der Unfall geht mir immer noch nach*

nach·gie·big *Adj*; *nicht adv*; so, dass man bereit ist nachzugeben (1)

nach·hau·se *Adv*; Ⓐ Ⓒⓗ ≈ nach Hause

◆ **nach·her** *Adv*; etwas später, danach: *Ich rufe ihn nachher noch an*

Nach·hil·fe *die*; ***Nachhilfe*** (***in etwas*** (*Dat*)) *nur Sg*; zusätzlicher Unterricht, den ein Schüler außerhalb der Schule bekommt ⟨Nachhilfe bekommen⟩

nach·ho·len (*hat*) ***etwas nachholen*** etwas, das man versäumt hat oder das nicht stattgefunden hat, später tun oder durchführen ⟨eine Prüfung, Versäumtes nachholen⟩ || K-: ***Nachhol-, -spiel***

Nach·lass *der*; *-es, Nachlässe*; das Eigentum einer Person, das (nach ihrem Tod) an die Erben geht

nach·las·sen (*hat*) **1** ***etwas lässt nach*** etwas wird weniger intensiv ⟨Schmerzen, das Fieber; eine Spannung, der Regen⟩: *Wenn der Regen nicht bald nachlässt, müssen wir uns unterstellen* **2** in der Leistung oder Qualität schlechter werden ⟨das Gehör, das Gedächtnis⟩: *Du lässt nach - früher hast du viel schneller reagiert*

nach·läs·sig *Adj* **1** so, dass etwas nicht ordentlich gemacht wird ⟨die Aufgaben nachlässig machen⟩ **2** nicht ganz korrekt, aber trotzdem elegant ⟨nachlässig elegant⟩

nach·ma·chen (*hat*) **1** (***j-m***) ***etwas nachmachen*** genau das tun oder machen, was ein anderer tut oder macht: *Kinder machen den Eltern alles nach* **2** ***etwas nachmachen*** etwas so herstellen, dass es wie das Original aussieht: *nachgemachte Barockmöbel*

N

Nach·mit·tag *der*; die Zeit zwischen Mittag und Abend (von ca. 13-17 Uhr) ⟨am frühen, späten Nachmittag; gestern Nachmittag⟩ || K-: ***Nachmittags-, -zeit*** || -K: ***Sommer-; Sonntag-***

Nach·nah·me *die*; *-, -n* **1** *nur Sg*; ***per / gegen Nachnahme*** gegen Bezahlung (der Ware) bei der Lieferung: *ein Buch per Nachnahme schicken* || K-: ***Nachnahme-, -gebühr, -sendung*** **2** die Ware selbst, die per Nachnahme geliefert wird

Nach·na·me *der* ≈ Familienname

◆**Nach·richt** *die*; *-, -en* **1** ***eine Nachricht*** (***von j-m / etwas***)/ (***über j-n / etwas***); ***eine Nachricht*** (***von j-m***) (***an / für j-n***) eine *meist* kurze Information über ein aktuelles Ereignis ⟨eine Nachricht überbringen, übermitteln; j-m eine Nachricht hinterlassen; (eine) Nachricht erhalten⟩: *Die Nachricht vom Ausmaß der Katastrophe hat alle erschüttert*; *eine Nachricht von Klaus an Renate*; *Wir haben noch keine Nachricht über ihn erhalten* || -K: ***Todes-, Unglücks-*** **2** *nur Pl*; eine Sendung im Radio oder Fernsehen, die über die wichtigsten Ereignisse informiert ⟨etwas kommt in den Nachrichten⟩ || K-: ***Nachrichten-, -sendung***

Nach·ruf *der*; *-(e)s, -e*; ***ein Nachruf*** (***auf j-n***) ein Text, mit dem man *bes* die persönlichen Qualitäten und Verdienste einer Person beschreibt, die vor kurzem gestorben ist

◆**nach·schla·gen** (*hat*) (***etwas***) ***nachschlagen*** ein Wort oder einen Abschnitt in einem Buch suchen, um sich zu informieren ⟨etwas im Lexikon nachschlagen⟩

Nach·schub *der*; *nur Sg* **1** ***der Nachschub*** (***an etwas*** (*Dat*)) das Essen, die Kleidung und die Munition, mit denen die Truppen im Krieg versorgt werden ⟨Nachschub (an Material) anfordern⟩ **2** *gespr hum*; zusätzliches Essen oder Getränke

nach·se·hen (*hat*) **1** ***j-m / etwas nachsehen*** den Blick auf eine Person oder Sache richten, die sich entfernt: *einem Zug nachsehen, der aus dem Bahnhof fährt* **2** (***etwas***) ***nachsehen*** etwas betrachten, um es zu prüfen, um Fehler zu finden oder um bestimmte Informationen zu bekommen: *die Hausaufgaben der Kinder nachsehen*; *im Wörterbuch nachsehen, wie man „Chanson" ausspricht* **3** ***j-m etwas nachsehen*** j-s Fehler oder Schwäche(n) akzeptieren: *Sie sieht ihm alle seine Fehler nach*

nach·sen·den; *sandte / sendete nach, hat nachgesandt / nachgesendet*; (***j-m***) ***etwas nachsenden*** etwas an j-n senden, der inzwischen anderswo ist || *hierzu* **Nach·sen·dung** *die*

◆**Nach·spei·se** *die*; eine *meist* süße Speise am Ende des Essens

nächs·t- **1** *Superlativ*; ↑ ***nahe*** **2** *Adj*; *nur attr, nicht adv*; so, dass etwas in einer Reihe als Erstes folgt: *In der nächsten Lektion wird das Passiv behandelt*; *Biegen Sie nach der nächsten Ampel rechts ab!*; *Wer kommt als Nächster dran?* **3** *Adj*; *nur attr, nicht adv*; zeitlich direkt folgend: *Wir haben vor, nächstes Jahr nach Kanada zu fliegen*; *Nächsten Samstag / Am nächsten Samstag beginnt das Oktoberfest*

Nacht *die*; *-, Näch·te* **1** der Teil des Tages (1), an dem es dunkel ist ⟨letzte, heute Nacht; bei Nacht; in der Nacht; es wird Nacht⟩: *die Nacht vom Montag auf Dienstag* || K-: ***Nacht-, -arbeit, -zeit*** || -K: ***Sommer-; Sonntag-*** **2** ***die Heilige Nacht*** die Nacht vor dem 25. Dezember **3** ***Gute Nacht!*** als Wunsch oder Verabschiedung verwendet, wenn j-d zum Schlafen geht **4** ***über Nacht*** innerhalb kurzer Zeit ⟨über Nacht berühmt werden⟩ || ID ⟨hässlich, dumm *usw*⟩ ***wie die Nacht*** *gespr*; sehr hässlich, dumm *usw*

◆ **Nach·teil** *der*; *-s, -e* **1** die ungünstigen negativen Auswirkungen, die eine Sache hat oder haben könnte ⟨etwas ist für j-n / etwas von Nachteil⟩: *Der Nachteil dieses Gerätes ist, dass es viel Energie verbraucht* **2** (***j-m gegenüber***) ***im Nachteil sein*** in einer ungünstigeren Situation sein als ein anderer

Nacht·hemd *das*; ein Kleidungsstück, das wie ein sehr langes Hemd aussieht und das man nachts im Bett trägt

◆ **Nach·tisch** *der*; *nur Sg* ≈ Nachspeise

nach·tra·gen (*hat*) **1** (***j-m***) ***etwas nachtragen*** etwas zu j-m tragen, der sich schon von einem entfernt hat: *Muss ich dir denn alles nachtragen? Wo hast du deine Gedanken?* **2** ***j-m etwas nachtragen*** etwas Böses, das j-d einem getan hat, nicht vergessen und ihm nicht verzeihen: *Sie trägt ihrem Nachbarn heute noch nach*, dass *er sie damals verklagt hat*

nach·tra·gend *Adj*; mit der Neigung, sich lange über j-n / etwas zu ärgern: *Seine Mutter ist sehr nachtragend - sie verzeiht ihm nicht den kleinsten Fehler*

nachts *Adv*; während der Nacht, in der Nacht

Nacht·tisch *der*; eine Art kleiner Tisch oder Schrank neben dem Bett, auf den man *z.B.* den Wecker stellt

Nach·weis *der*; *-es, -e* **1** eine Handlung, ein Argument oder eine Tatsache, die zeigen, dass etwas richtig war / ist: *den Nachweis für eine Theorie führen* **2** die Dokumente, mit denen man etwas nachweisen kann: *den Nachweis der Arbeitsunfähigkeit erbringen*

nach·wei·sen (*hat*) **1** ***etwas nachweisen*** (mit Dokumenten) zeigen, dass man etwas hat ⟨einen festen Wohnsitz nachweisen⟩ **2** ***etwas nachweisen*** mit Argumenten oder Dokumenten zeigen, dass das, was man behauptet, wahr ist: *Zusammenhänge nachweisen* **3** ***j-m etwas nachweisen*** beweisen, dass j-d etwas getan hat ⟨j-m einen Diebstahl nachweisen⟩ || *hierzu* **nach·weis·bar** *Adj*

nach·wir·ken (*hat*) ***etwas wirkt nach*** etwas hat auch später noch eine Wirkung: *Die Krankheit wirkt immer noch nach* || *hierzu* **Nach·wir·kung** *die*

Nach·wuchs *der*; *-es*; *nur Sg* **1** das Kind oder die Kinder (in einer Familie) ⟨keinen Nachwuchs bekommen⟩ **2** die jüngere Generation (beim Sport, in der Kunst *o.Ä.*) || K-: ***Nachwuchs-, -förderung, -künstler***

Na·cken *der*; *-s, -*; der hintere Teil des Halses ≈ Genick || ID ***j-m im Nacken sitzen*** j-m Angst oder Sorgen machen

nackt *Adj* **1** ohne Kleidung ⟨sich nackt ausziehen⟩: *Er arbeitete mit nacktem Oberkörper* || K-: ***Nackt-, -foto*** **2** ohne schützende Hülle / Decke oder Schmuck: *ein nackter Baum* (= ohne Blätter); *ein nackter Raum* (= ohne Möbel) **3** *nur attr, nicht adv*; sehr groß, sehr schlimm ⟨die Angst, das Elend, die Verzweiflung⟩ **4** *meist* ***nur das nackte Leben retten können*** nur das Leben retten (können), aber nicht den Besitz *o.Ä.* **5** ***die nackten Tatsachen*** nur die reinen Fakten || *zu* **1** und **2 Nackt·heit** *die*

Na·del *die*; *-, -n* **1** ein dünner, spitzer Gegenstand, mit dem man näht ⟨eine Nadel einfädeln⟩ || K-: ***Nadel-, -öhr*** || -K: ***Näh-*** **2** ein kleiner Gegenstand mit einer Nadel (1), den man irgendwo (*bes* als Schmuck) befestigt || -K: ***Haar-*** **3** der Teil einer Spritze, mit dem man j-m in die Haut sticht ⟨die Nadel sterilisieren⟩ **4** ein kleiner, dünner Zeiger bei einem Gerät ⟨die Nadel schlägt aus⟩: *Die Nadel des Kompasses zeigt nach Norden* || -K: ***Kompass-*** **5** die feine Spitze am Arm eines Plattenspielers **6** *meist Pl*; die schmalen grünen Teile etwa in der Form einer Nadel (1) an manchen Arten von Bäumen ↔ Blatt || -K: ***Fichten-*** || ID (***wie***) ***auf Nadeln sitzen*** *gespr*; nervös sein

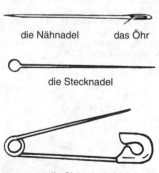

Nadel (1)

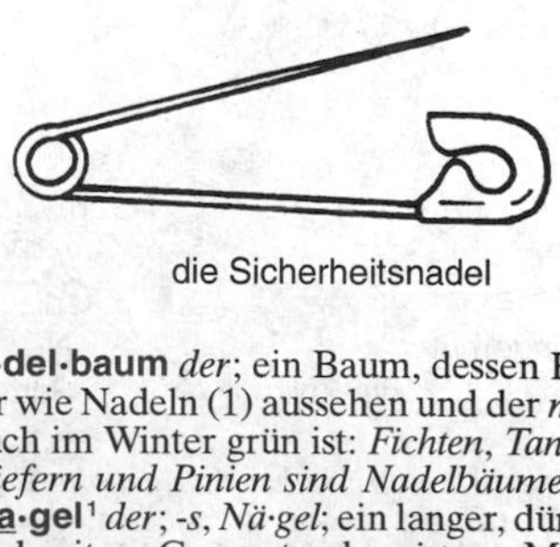

Na·del·baum *der*; ein Baum, dessen Blätter wie Nadeln (1) aussehen und der *meist* auch im Winter grün ist: *Fichten, Tannen, Kiefern und Pinien sind Nadelbäume*

◆ **Na·gel**[1] *der*; *-s, Nä·gel*; ein langer, dünner und spitzer Gegenstand *meist* aus Metall

N

mit einem flachen Kopf, den man irgendwo hineinschlägt, um etwas zu befestigen ⟨einen Nagel (mit dem Hammer) einschlagen⟩ || ID ***den Nagel auf den Kopf treffen*** *gespr*; das Wesentliche einer Sache erkennen und sagen; ***Nägel mit Köpfen machen*** eine Aufgabe konsequent durchführen

◆**Na·gel**[2] *der*; *-s*, *Nä·gel*; der harte, flache Teil am Ende von Fingern und Zehen ⟨(sich) die Nägel schneiden⟩ || K-: ***Nagel-, -bürste, -lack*** || -K: ***Finger-, Zehen-***

◆**na·he**[1] ['na:ə]; *näher, nächst-*; *Adj* **1** ***nahe*** **(*bei* / *an j-m* / *etwas*)** räumlich nicht weit entfernt: *in die nahe Stadt gehen*; *Der nächste Friseur ist gleich um die Ecke*; *nahe beim Bahnhof wohnen* **2** *gespr* ≈ kurz (1) ⟨der nächste Weg⟩: *Wenn wir die Abkürzung nehmen, haben wir es näher* **3** nicht weit in der Zukunft ⟨der Abschied, die Abreise; in naher Zukunft⟩ **4** *meist* ***aus / von nah und fern*** von überall her **5** ***nahe d(a)ran sein*** + ***zu*** + *Infinitiv* bereit sein, etwas zu tun; etwas fast schon tun: *Er war nahe daran, aus dem Verein auszutreten* **6** ***etwas*** (*Dat*) ***nahe sein*** kurz davor sein, etwas zu erleben, das gefährlich oder unangenehm ist ⟨den Tränen, der Verzweiflung nahe sein⟩ || ID ***j-m zu nahe treten*** etwas sagen oder tun, das j-s Gefühle verletzt

◆**na·he**[2] ['na:ə] *Präp*; *mit Dat*; *geschr*; nicht weit entfernt von: *nahe der Universität*

◆**Nä·he** ['nɛ:ə] *die*; -; *nur Sg*; eine kleine räumliche Entfernung, von einem bestimmten Punkt aus gesehen ⟨etwas aus der Nähe betrachten; in der Nähe von j-m / etwas wohnen; in unmittelbarer Nähe⟩: *Ganz in unserer Nähe gibt es einen See* || -K: ***Erd-, Grenz-, Stadt-***

nähen

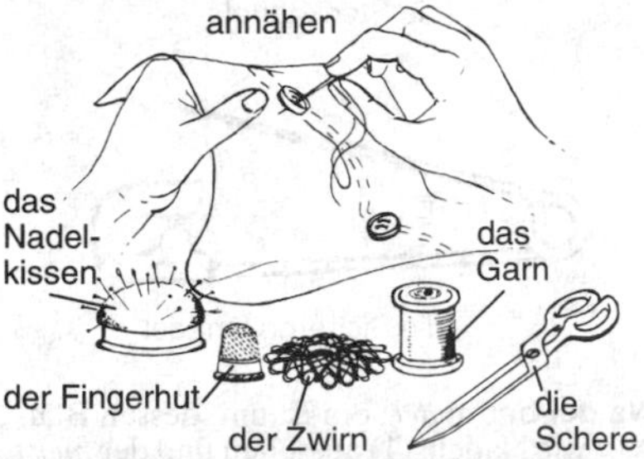

◆**nä·hen** ['nɛ:ən]; *nähte, hat genäht* **1** **(*etwas*) *nähen*** etwas herstellen, indem man Stoffteile mit Nadel und Faden verbindet ⟨ein Kleid nähen⟩ || K-: ***Näh-, -maschine, -nadel*** **2** ***etwas nähen*** etwas reparieren, indem man die Teile mit Nadel und Faden verbindet ⟨ein Loch in der Jacke nähen⟩ **3** ***etwas*** / *gespr auch* ***j-n nähen*** eine Wunde mit einem Faden schließen || ▸ ***Naht***

◆**nä·hern, sich**; *näherte sich, hat sich genähert* **1** ***sich*** **(*j-m* / *etwas*)** ***nähern*** räumlich näher zu j-m / etwas kommen: *Der Hund näherte sich, blieb aber kurz vor uns stehen* **2** ***etwas nähert sich*** etwas kommt zeitlich näher: *Der Sommer nähert sich* **3** ***j-d / etwas nähert sich etwas*** (*Dat*) j-d / etwas hat etwas bald erreicht: *Der Sommer nähert sich seinem Ende*

nahm ↑ ***nehmen***

nahr·haft *Adj*; *nicht adv*; mit vielen Nährstoffen, die man braucht, um gesund und kräftig zu sein

Nähr·stoff *der*; *-(e)s*, *-e*; *meist Pl*; die wichtigen Substanzen, die Lebewesen in der Nahrung brauchen

◆**Nah·rungs·mit·tel** *das*; etwas, das Menschen essen oder trinken, um zu leben

Naht *die*; -, *Näh·te* **1** die Linie, die entsteht, wenn man zwei Stücke Stoff mit einem Faden verbindet ⟨eine Naht nähen, auftrennen⟩ **2** die Stelle, an der eine Wunde genäht worden ist: *Die Naht ist gut geheilt* || ID ***j-d platzt aus allen Nähten*** *gespr hum*; j-d ist sehr dick; ***etwas platzt aus allen Nähten*** *gespr*; etwas braucht so viel Platz, dass der vorhandene Raum zu eng wird: *Die Bibliothek platzt aus allen Nähten*

na·iv [na'i:f] *Adj* **1** voller Vertrauen und ohne Gedanken an etwas Böses ⟨ein Mensch; naiv wie ein Kind⟩ **2** *meist pej*; nicht fähig, Situationen richtig zu erkennen und sich entsprechend zu verhalten: *Es war ziemlich naiv von ihm zu glauben, er würde auf diese Weise zu viel Geld kommen* || *hierzu* **Na·i·vi·tät** [-v-] *die*

◆**Na·me** *der*; *-ns*, *-n* **1** das Wort (oder die Wörter), unter dem man eine Person oder Sache kennt ⟨j-m einen Namen geben; seinen Namen nennen, sagen, verschweigen⟩: *Jeder nennt sie Nini, aber ihr wirklicher Name ist Martina*; *Sein Name ist Meier* || K-: ***Namen(s)-, -verzeichnis*** || -K: ***Familien-, Frauen-, Länder-, Orts-*** **2** ≈ Begriff: *Tannen, Fichten und Föhren fasst man unter dem Namen „Nadelbäume" zusammen* || -K: ***Gattungs-*** **3** ≈ Ruf ⟨einen guten Namen haben⟩ || ID ***etwas beim Namen nennen*** klar die Meinung sagen, *bes* bei einem Problem; ***j-n nur dem Namen nach kennen*** j-n nicht

N

persönlich kennen, aber schon von ihm gehört haben || Hinweis: *der Name*; *den, dem Namen, des Namens*

Na·mens·tag *der*; der Tag im Jahr, der dem Heiligen (der katholischen Kirche) gewidmet ist, dessen (Vor)Namen man hat

◆**näm·lich** *Adv* **1** verwendet, um eine Aussage noch genauer zu formulieren: *Nächstes Jahr, nämlich im Mai, fliegen wir in die USA* **2** verwendet, um etwas zu begründen: *Er ist gut gelaunt - er hat nämlich seine Prüfung bestanden*

nann·te ↑ ***nennen***

Nar·be *die*; -, *-n*; eine Stelle auf der Haut, an der man sieht, dass dort eine Wunde war ⟨eine Narbe bleibt zurück⟩ || -K: ***Brand-, Operations-***

Nar·ko·se *die*; -, *-n*; *meist Sg*; der Zustand der Schmerzlosigkeit, in den man Patienten bringt, um sie zu operieren; *Med* Anästhesie ⟨j-m eine Narkose geben⟩ || K-: ***Narkose-, -mittel*** || -K: ***Teil-*** || *hierzu* **nar·ko·ti·sie·ren** (*hat*)

Narr *der*; *-en, -en* **1** ein dummer Mensch, der sich sehr oft falsch verhält **2** j-d, der sich ein buntes, lustiges Kleid anzieht und so Karneval feiert || ID ***j-n zum Narren halten*** versuchen, j-n zu täuschen, einen Spaß mit j-m zu machen || *hierzu* **När·rin** *die*; -, *-nen*

na·schen; *naschte, hat genascht*; **(*etwas*) *naschen*** von etwas, das man sehr gern mag (*bes* Süßigkeiten), ein bisschen essen ⟨Schokolade, Kekse naschen⟩

◆**Na·se** *die*; -, *-n* **1** der Teil des Gesichts, mit dem man riecht (und atmet) ⟨durch die Nase atmen; sich (*Dat*) die Nase putzen⟩ || ↑ *Abbildung unter* ***Kopf*** || K-: ***Nasen-, -bluten*** **2 *eine Nase für etwas*** *gespr*; die Fähigkeit zu wissen, was man tun muss, um etwas zu erreichen ⟨die richtige Nase für etwas haben⟩ || ID ***j-m gefällt / passt j-s Nase nicht*** *gespr*; j-d mag j-n nicht, ohne dass es einen besonderen Grund dafür gibt; ***die Nase vorn haben*** *gespr*; gegenüber Konkurrenten erfolgreich sein; ***auf die Nase fallen*** *gespr*; einen Misserfolg haben; ***die Nase hoch tragen*** arrogant oder eingebildet sein; **(*über j-n / etwas*) *die Nase rümpfen*** j-n / etwas schlecht finden (und verachten); ***j-n an der Nase herumführen*** *gespr*; j-n mit Absicht täuschen; ***j-n mit der Nase auf etwas*** (*Akk*) ***stoßen*** *gespr*; auf sehr direkte Art j-n auf etwas aufmerksam machen; ***sich*** (*Dat*) ***eine goldene Nase verdienen*** *gespr*; sehr viel Geld verdienen

◆**nass**, *nasser / nässer, nassest- / nässest-*; *Adj* **1** auf der Oberfläche mit Wasser (oder einer ähnlichen Flüssigkeit), nicht trocken: *die nassen Haare mit einem Föhn trocknen*; *Die Straßen sind nass vom Regen* **2** mit viel Regen ⟨das Wetter, ein Sommer⟩ **3** *nur präd, nicht adv*; noch nicht ganz trocken ≈ frisch ⟨die Farbe, die Tinte⟩

Na·ti·on [-'tsi̯oːn] *die*; -, *-en* **1** alle Menschen, die *meist* dieselbe Sprache und Kultur haben und *meist* innerhalb gemeinsamer politischer Grenzen leben ≈ Volk ⟨die deutsche, französische Nation⟩ **2** ≈ Staat: *Sportler verschiedenster Nationen* || -K: ***Industrie-, -nation*** **3 *die Vereinten Nationen*** eine internationale Organisation, die für den Frieden auf der Welt arbeitet; *Abk* UNO, UN

na·ti·o·nal [-tsi̯o-] *Adj* **1** in Bezug auf eine Nation || K-: ***National-, -hymne, -museum*** **2** die Angelegenheiten innerhalb eines Staates betreffend ↔ international ⟨auf nationaler Ebene⟩

na·ti·o·na·lis·tisch *Adj*; *meist pej*; so, dass man (sehr) stolz auf die eigene Nation ist

Na·ti·o·na·li·tät *die*; -, *-en* **1** die Tatsache, dass man Bürger eines bestimmten Staats ist ≈ Staatsangehörigkeit, Staatsbürgerschaft **2** eine Gruppe von Menschen, die dieselbe Sprache und Kultur haben und mit Menschen anderer Sprache oder Kultur zusammen in einem Staat leben: *Im alten Österreich gab es viele verschiedene Nationalitäten*

Na·ti·o·nal·rat *der* **1** *nur Sg*; das Parlament in Österreich und der Schweiz **2** ein Mitglied des Nationalrates (1)

Na·ti·o·nal·so·zi·a·lis·mus *der*; -; *nur Sg* **1** die politische (faschistische) Bewegung, die nach dem 1. Weltkrieg in Deutschland entstand und mit der Hitler an die Macht kam **2** die Diktatur Hitlers in Deutschland von 1933-1945 || *zu* **1 Na·ti·o·nal·so·zi·a·list** *der*; **na·ti·o·nal·so·zi·a·lis·tisch** *Adj*

◆**Na·tur** *die*; -, *-en* **1** *nur Sg*; alles, was es gibt, das der Mensch nicht geschaffen hat (*z.B.* die Erde, die Tiere, das Wetter *usw*) ⟨die belebte, unbelebte Natur; die Gesetze der Natur⟩ || K-: ***Natur-, -gesetz, -katastrophe*** **2** *nur Sg*; Wälder, Wiesen *o.Ä.*, die nur wenig oder nicht vom Menschen verändert wurden (*oft* im Gegensatz zur Stadt) ⟨die freie Natur⟩ || K-: ***Natur-, -freund*** **3** *nur Sg*; ein Material, das in seinem natürlichen Zustand geblieben ist: *Ihre Haare sind nicht gefärbt, das ist Natur* || K-: ***Natur-, -farbe***

4 die Eigenschaften, die den einen von dem anderen unterscheiden: *Sie ist von Natur (aus) sehr freundlich* **5** *nur Sg*; die Art, wie etwas ist ⟨Fragen grundsätzlicher Natur; ein Fehler, eine Verletzung schwerer Natur⟩ || ID ***Das liegt in der Natur der Sache / der Dinge*** das ist eben so; *meist* ***Das ist gegen / wider die Natur*** das ist moralisch nicht gut oder richtig

◆**na·tür·lich**[1] *Adj* **1** so, wie es in der Natur (1) vorkommt ↔ künstlich: *Die Stadt hat einen natürlichen Hafen*; *Mäuse haben viele natürliche Feinde* **2** so, wie es von der Erfahrung her erwartet wird ≈ normal: *Es ist doch nur natürlich*, dass *das Kind vor dem großen Hund Angst hat* **3** so, dass es von Geburt an da ist ⟨eine Begabung⟩ **4** nach den Gesetzen der Physik, Chemie: *Es muss eine natürliche Erklärung für dieses Ereignis geben* **5** ⟨eine Person⟩ entspannt und nicht unter Stress oder Zwang: *eine natürliche junge Frau* **6** so, wie es der Natur (2) entspricht und der Gesundheit nicht schadet ⟨eine Ernährung, eine Lebensweise⟩ **7** ***eine natürliche Zahl*** *Math*; eine positive ganze Zahl (1, 2, 3 *usw*) **8** ***ein natürlicher Tod*** ein Tod, den kein Mensch oder Unglück bewirkt hat || *zu* **1, 3** und **5 Na·tür·lich·keit** *die*

◆**na·tür·lich**[2] *Adv* **1** verwendet, um auszudrücken, dass der Sprecher etwas für ganz klar und logisch hält: *Natürlich habe ich ihm vertraut, sonst hätte ich den Vertrag ja nicht unterschrieben* **2** so, wie man es erwartet (oder befürchtet) hat: *Wir hatten uns sehr auf den Ausflug gefreut. Natürlich hat es dann geregnet* **3** (*meist* mit *aber*) verwendet, um etwas, das klar und selbstverständlich ist, einzuschränken: *Natürlich hast du Recht, aber man muss auch seine Position verstehen* || *zu* **1 na·tür·li·cher·wei·se** *Adv*

Na·tur·schutz *der*; *nur Sg*; die Maßnahmen und Gesetze, durch die man bestimmte Landschaften und seltene Tiere und Pflanzen erhalten will: *Orchideen stehen unter Naturschutz* || K-: ***Naturschutz-, -gebiet*** || *hierzu* **Na·tur·schüt·zer** *der*; **Na·tur·schüt·ze·rin** *die*; *-, -nen*

Na·tur·wis·sen·schaft *die*; die Wissenschaften (wie *z.B.* Physik, Chemie, Biologie), die sich mit den Erscheinungen in der Natur (1) befassen || *hierzu* **Na·tur·wis·sen·schaft·ler** *der*; **Na·tur·wis·sen·schaft·le·rin** *die*; *-, -nen*; **na·tur·wis·sen·schaft·lich** *Adj*

Na·zi *der*; *-s, -s*; *gespr pej* ≈ Nationalsozialist

◆**Ne·bel** *der*; *-s, -*; **1** die Art von Wolken, die sich über dem Boden bilden und durch die man nicht weit sieht ⟨dichter Nebel⟩: *Nebel mit Sichtweiten um / unter fünfzig Meter* || K-: ***Nebel-, -scheinwerfer*** || -K: ***Boden-, Früh-, Herbst-*** **2** eine Gruppe von (sehr weit entfernten) Sternen || -K: ***Andromeda-***

◆**ne·ben** *Präp* **1** *mit Dat*; an einer Seite und ganz nahe von j-m / etwas: *Die Klingel ist neben der Haustür*; *Monika steht neben ihrem Freund*; *Die Kinder gingen neben ihr* **2** *mit Dat*; zusätzlich zu j-m / etwas: *Neben Getränken gibt es hier auch Zeitungen* **3** *mit Akk*; zur Seite von j-m / etwas hin: *Der Bräutigam stellte sich neben die Braut*

◆**ne·ben·an** *Adv*; im Haus, Zimmer oder in der Wohnung eines Nachbarn: *nach nebenan gehen*; *Er wohnt im Haus nebenan*

◆**ne·ben·bei** *Adv* **1** zusätzlich zu einer anderen, wichtigeren Tätigkeit: *Er ist Lehrer und verdient nebenbei ein paar Euro mit Nachhilfestunden* **2** verwendet, um auszudrücken, dass das, was man sagt, eine Ergänzung oder eine Einschränkung zu etwas anderem ist ⟨etwas nebenbei bemerken⟩: *Sie haben geheiratet - nebenbei gesagt, hat mich das aber nicht überrascht*

ne·ben·ei·nan·der *Adv* **1** eine Person / Sache neben die andere oder neben der anderen ⟨Personen stellen sich nebeneinander auf⟩ **2** gleichzeitig oder zusammen mit j-d / etwas anderem ⟨friedlich nebeneinander leben⟩

Ne·ben·kos·ten *die*; *Pl*; die Kosten, die zusätzlich zu etwas entstehen: *Zur Miete kommen noch die Nebenkosten für Heizung und Wasser hinzu*

Ne·ben·sa·che *die*; etwas, das nicht sehr wichtig ist ↔ Hauptsache ⟨etwas ist Nebensache⟩ || *hierzu* **Ne·ben·säch·lich·keit** *die*; **ne·ben·säch·lich** *Adj*

Ne·ben·satz *der*; ein Satz, der *meist* von einer Konjunktion eingeleitet wird und von einem anderen Satz abhängt ↔ Hauptsatz: *In dem Satz „Ich ging zu Bett, weil ich müde war" ist „weil ich müde war" der Nebensatz*

◆**neb·lig** *Adj*; *nicht adv*; mit Nebel ⟨das Wetter⟩

◆**Nef·fe** *der*; *-n, -n*; der Sohn des Bruders oder der Schwester (oder des Bruders oder der Schwester des Ehepartners)

◆**ne·ga·tiv** [-f] *Adj* **1** ⟨eine Antwort, ein Bescheid⟩ so, dass sie „nein" ausdrücken **2** ⟨eine Haltung, eine Einstellung⟩ so, dass sie Ablehnung ausdrücken **3** nicht so, wie es sein sollte ≈ ungünstig ⟨ein Einfluss, ein Ergebnis⟩ || K-: **Negativ-** **4** *Chem*, *Phys*; mit mehr Elektronen als Protonen ↔ positiv ⟨eine elektrische Ladung, ein Pol⟩ **5** *Med*; ⟨ein Befund⟩ so, dass dabei eine (vermutete) Krankheit oder ein vermuteter Zustand nicht bestätigt wird ↔ positiv **6** ***eine negative Zahl*** *Math*; eine Zahl, die kleiner als Null ist und ein Minuszeichen hat, *z.B. -5*

Neger *der*; *-s*, *-*; *veraltet oder pej*; ein Mensch mit dunkler Haut, der aus einem der Völker kommt, die (ursprünglich) in Afrika waren || *hierzu* **Ne·ge·rin** *die*; *-*, *-nen*

◆ **neh·men**; *nimmt*, *nahm*, *hat genommen* **1** ***etwas nehmen*** etwas mit der Hand greifen und (fest)halten, von irgendwo entfernen oder zu sich (heran)holen: *eine Tasse aus dem Schrank nehmen*; *eine Katze auf den Schoß nehmen*; *ein Glas in die Hand nehmen* **2** ***etwas nehmen*** etwas für eine bestimmte Tätigkeit, zu einem Zweck benutzen oder auswählen: *Weil das Auto kaputt war, nahm er den Zug in die Stadt*; *Der grüne Pullover gefällt mir am besten, den nehme ich* **3** ***j-n / etwas nehmen*** ≈ annehmen, akzeptieren: *Er nahm die Wohnung, obwohl sie teuer war* **4** (***für etwas***) ***etwas nehmen*** etwas (als Zahlung) fordern und bekommen: *Er nimmt zwei Euro für die Tomaten* **5** ***etwas nehmen*** eine Medizin schlucken ⟨Tabletten nehmen⟩ **6** (***sich*** (*Dat*)) ***etwas nehmen*** etwas greifen, um es zu haben: *Er nahm* (*sich*) *ein Stück Kuchen* **7** (***sich*** (*Dat*)) ***etwas nehmen*** von etwas, *bes* worauf man ein Recht hat, Gebrauch machen ⟨(sich (*Dat*)) Urlaub nehmen⟩ **8** (***sich*** (*Dat*)) ***j-n nehmen*** j-m eine Aufgabe geben und ihn dafür bezahlen ⟨(sich (*Dat*)) einen Anwalt nehmen⟩ **9** ***j-d / etwas nimmt j-m etwas*** *geschr*; j-d / etwas bewirkt, dass j-d etwas nicht mehr hat: *einem Kind das Spielzeug nehmen* **10** ***j-d / etwas nimmt j-m etwas*** j-d / etwas verhindert, dass j-d etwas hat: *Der Regen nahm uns die Freude am Fest* **11** ***j-d / etwas nimmt etwas von j-m*** j-d / etwas befreit j-n von etwas Unangenehmem ⟨die Angst von j-m nehmen⟩ **12** ***etwas an sich*** (*Akk*) ***nehmen*** etwas bei sich aufbewahren: *Ich habe die Dokumente an mich genommen* **13** ***etwas auf sich*** (*Akk*) ***nehmen*** etwas Unangenehmes freiwillig ertragen ⟨Verantwortung auf sich nehmen⟩ **14** ***etwas zu sich nehmen*** *geschr*; etwas essen oder trinken: *einen kleinen Imbiss zu sich nehmen* **15** ***etwas irgendwie nehmen*** etwas in der beschriebenen Weise verstehen, behandeln: *Er fiel in der Prüfung durch, weil er sie zu leicht nahm* **16** ***j-n zur Frau / zum Mann nehmen*** j-n heiraten **17** verwendet, um zusammen mit einem Substantiv eine Handlung zu beschreiben; ***Abschied*** (***von j-m***) ***nehmen*** ≈ sich (von j-m) verabschieden; ⟨ein Recht⟩ ***in Anspruch nehmen*** ≈ es beanspruchen; ***ein Bad nehmen*** ≈ baden || ID ***hart im Nehmen sein*** viel ertragen können; ***sich*** (*Dat*) ***das Leben nehmen*** Selbstmord begehen; ***sich*** (*Dat*) ***etwas nicht nehmen lassen*** darauf bestehen, etwas zu tun: *Er ließ* (es) *sich nicht nehmen, die Gäste selbst* zu *begrüßen*; ***wie mans nimmt*** *gespr*; verwendet, um auszudrücken, dass man eine Sache auch anders beurteilen kann: „*Er ist wohl sehr fleißig?*" - „*Wie mans nimmt*"

Neid *der*; *-(e)s*; *nur Sg*; das Gefühl der Unzufriedenheit, dass andere Leute etwas haben, das man selbst nicht hat, aber gern hätte ⟨Neid empfinden⟩ || ID *meist* ***das muss ihm / ihr der Neid lassen*** *gespr*; das muss man anerkennen, auch wenn man sonst Zweifel hat || K-: ***neid-, -erfüllt, -los***

nei·disch *Adj*; ***neidisch*** (***auf j-n / etwas***) so, dass man Neid empfindet

nei·gen; *neigte*, *hat geneigt* **1** ***j-d / etwas neigt zu etwas*** j-d / etwas ist so, dass ein bestimmter Zustand leicht eintreten kann oder dass man etwas oft tut ⟨zu Depressionen, Übergewicht neigen⟩: *Eisen neigt* dazu, *schnell* zu *rosten* **2** ***etwas neigen*** etwas aus einer senkrechten Lage in eine schräge (Lage) bringen ⟨den Kopf zur Seite neigen⟩

Nei·gung *die*; *-*, *-en* **1** *meist Sg*; der Winkel, Grad, den eine Linie oder Fläche hat ⟨etwas hat eine leichte, starke Neigung⟩: *die sanfte Neigung eines Hügels*; *Die Neigung der Straße beträgt zehn Grad* **2** ***eine Neigung*** (***für etwas***) ein starkes Interesse (für etwas) ≈ Vorliebe: *Er hat eine Neigung für moderne Kunst* **3** ***die Neigung*** (***zu etwas***) verwendet, um auszudrücken, dass j-d / etwas zu einem bestimmten Zustand, Verhalten neigt ≈ Veranlagung, Tendenz ⟨eine krankhafte Neigung⟩

◆ **nein** *Partikel* **1** *meist betont*; als Antwort verwendet, um auszudrücken, dass man eine Bitte, Aufforderung ablehnt oder dass man einer Aussage nicht zustimmt ↔ ja: „*Willst du noch ein Stück Kuchen?*" „*Nein danke!*"; „*Bist du fertig?*" - „*Nein* (*noch nicht*)."; „*Ich glaube, wir kommen zu spät.*" - „*Nein, wir haben noch genug Zeit.*" **2** verwendet, um Erstaunen oder Erschrecken auszudrücken: *Nein, dass* *es so etwas gibt!*; *Nein, wie schön!*; *O nein, wie schrecklich!* **3** verwendet, um eine Aussage zu korrigieren, genauer zu formulieren: *Das Wasser war angenehm warm, nein, geradezu heiß* **4** *betont*; ***nein?*** verwendet am Ende von verneinten Fragesätzen, wenn man Zustimmung erwartet: *Du bist mir doch nicht mehr böse, nein?*

◆**nen·nen**; *nannte, hat genannt* **1** ***j-n / etwas*** + *Name* + ***nennen*** j-m / etwas einen bestimmten Namen geben: *Sie nannten ihre Tochter Christa* **2** ***j-n*** + *Name* + ***nennen*** j-n mit einem bestimmten Namen ansprechen ⟨j-n mit seinem Vornamen nennen⟩: *Du kannst mich ruhig Robbi nennen, wie alle meine Freunde* **3** ***j-n / etwas*** + *Adj / Subst* + ***nennen*** sagen, dass j-d / etwas eine bestimmte Eigenschaft hat oder dass er etwas ist: *Sie nannte ihn einen Dummkopf*; *Das nenne ich ein schönes Fest*; *Fleißig kann man ihn nicht gerade nennen* (= er ist ein bisschen faul) **4** ***(j-m) etwas nennen*** (j-m) etwas sagen: *Er wollte die Gründe für seine Tat nicht nennen*

Nerv [-f] *der*; *-s, -en* **1** eine Art natürlicher Faden im Körper, der die Informationen zwischen den Teilen des Körpers und dem Gehirn leitet ⟨den Nerv eines Zahnes abtöten, betäuben⟩ || K-: ***Nerven-, -arzt, -system*** || -K: ***Hör-, Seh-*** **2** *nur Pl*; die seelische Verfassung ⟨gute, schlechte, schwache Nerven haben; die Nerven behalten, verlieren⟩ || K-: ***Nerven-, -zusammenbruch***; ***nerven-, -aufreibend, -stark*** || ID ***j-m auf die Nerven gehen / fallen*** *gespr*; j-n sehr stören; ***einen empfindlichen Nerv treffen*** etwas tun oder sagen, was der Betroffene als schlimm empfindet; ***j-m gehen die Nerven durch*** j-d tut oder sagt etwas, das unvernünftig oder aggressiv ist

◆**ner·vös** [-v-] *Adj* **1** (wegen einer starken psychischen Belastung) voller innerer Unruhe oder Anspannung ↔ ruhig ⟨etwas macht j-n nervös⟩: *In der Prüfung machte er einen nervösen Eindruck* **2** in Bezug auf die Nerven (1) ⟨eine Störung, Zuckungen⟩ || *zu* **1 Ner·vo·si·tät** *die*

Nest *das*; *-(e)s, -er* **1** der Platz, an dem ein Vogel seine Eier legt, sie ausbrütet und die jungen Vögel ernährt || -K: ***Vogel-, -nest*** **2** eine Art kleine Höhle, in der kleine Tiere leben || -K: ***Mäuse-, Wespen-*** **3** *gespr pej*; ein kleiner Ort, in dem es langweilig ist || ID ***sich ins warme / gemachte Nest setzen*** *meist* ohne große Anstrengung (*z.B.* durch Heirat) in eine günstige Situation kommen; ***das eigene Nest beschmutzen*** schlecht über die eigene Familie, das eigene Land *o.Ä.* reden

◆**nett**[1], *netter, nettest-*; *Adj* **1** im Verhalten freundlich und angenehm ⟨nett zu j-m sein; etwas Nettes sagen⟩: *Es war nett von dir, mich zu besuchen* / dass *du mich besucht hast*; *Würden Sie so nett sein und das Fenster schließen?* **2** so, dass es angenehm wirkt ⟨nett aussehen; sich nett anziehen⟩: *Durch die hellen Möbel ist das Zimmer sehr nett geworden*

◆**nett**[2] *Adv*; *gespr*; *meist in* ***ganz nett*** ≈ ziemlich: *Wir haben ganz nett gefroren*

net·to *Adv* **1** ohne die Verpackung ↔ brutto: *Der Inhalt dieser Dose wiegt 250g netto / netto 250g* || K-: ***Netto-, -gewicht*** **2** ⟨Löhne, Gehälter⟩ nachdem Steuern oder andere Kosten abgezogen sind ↔ brutto: *Er verdient 1600 Euro netto im Monat / Er verdient netto 1600 Euro* || K-: ***Netto-, -einkommen***

◆**Netz**[1] *das*; *-es, -e* **1** Fäden oder Schnüre, die miteinander so verbunden sind, dass sie Gegenstände einer bestimmten Größe halten können ⟨ein feines Netz; ein Netz knüpfen⟩ **2** ein Netz, mit dem man *bes* Fische fängt ⟨die Fische gehen ins Netz⟩ **3** *Sport*; ein Netz, das (im Tennis) das Spielfeld in zwei Teile trennt oder (beim Fußball) einen Teil des Tors bildet || -K: ***(Tisch)Tennis-, Tor-*** **4** ein Netz, in dem man Dinge transportiert oder etwas (*z.B.* Gepäck) aufbewahrt: *die Waren ins Netz packen* || -K: ***Einkaufs-, -netz*** **5** eine Art Netz, wie es eine Spinne macht

◆**Netz**[2] *das*; *-es, -e* **1** ein System *bes* von Straßen, Schienen, Kanälen *o.Ä.* || -K: ***Autobahn-, Bahn-, Kanal-*** **2** ein System (von Leitungen), mit dem man Gas, elektrischen Strom, Nachrichten *o.Ä.* verteilt || -K: ***Computer-, Kabel-, Strom-*** **3** Personen oder Institutionen, die an verschiedenen Orten arbeiten, aber durch eine Organisation verbunden sind || -K: ***Handels-, Spionage-*** **4** ***das soziale Netz*** ein System von sozialen Hilfen, das der Bevölkerung einen bestimmten Lebensstandard garantieren soll

◆**neu** *Adj* **1** *nicht adv*; erst seit kurzer Zeit vorhanden oder vor kurzer Zeit hergestellt ↔ alt ⟨neu erbaut, eröffnet⟩: *eine neue Methode ausprobieren* || K-: ***Neu-, -anfertigung, -anschaffung, -eröffnung*** **2** von niemandem vorher benutzt oder besessen ↔ gebraucht: *ein neues Auto* || K-: ***Neu-, -wagen*** **3** ≈ sauber, frisch: *nach dem Duschen ein neues Hemd anziehen* **4** *nicht adv*; aktuell oder vorher nicht bekannt ⟨eine Erfindung; einen neuen Stern entdecken⟩ || K-: ***Neu-, -entdeckung*** **5** ***etwas ist j-m neu*** j-d hat von etwas noch nichts gewusst **6** nicht lange zurückliegend, in letzter Zeit geschehen und noch aktuell ⟨in neuerer, neuester Zeit; etwas ist neueren Datums; die neuesten Nachrichten; was gibt es Neues?⟩ **7** *nicht adv*; aus der Ernte dieses Jahres ↔ alt ⟨Kartoffeln⟩ **8** erst seit kurzer Zeit bekannt *bzw* an einem bestimmten Ort oder in einer bestimmten Position ⟨neu in einem Betrieb, in einer Stadt sein; eine Freundin, Bekannte⟩ **9** *nur adv*; noch einmal und dabei anders als vorher ⟨etwas neu schreiben⟩ || K-: ***Neu-, -bearbeitung, -gestaltung*** **10** ***seit neuestem*** seit sehr kurzer Zeit

Neu·bau *der*; *-s, Neu·bau·ten* **1** *nur Sg*; das Bauen eines Hauses, *bes* wenn es ein altes ersetzt: *der Neubau des Krankenhauses* **2** ein Haus, das erst vor kurzem gebaut worden ist (oder gerade gebaut wird) || K-: ***Neubau-, -wohnung***

neu·er·dings *Adv*; seit kurzer Zeit

Neu·gier, **Neu·gier·de** *die*; -; *nur Sg*; ***die Neugier*** (***auf j-n / etwas***) der Wunsch, etwas Bestimmtes zu wissen, kennen zu lernen oder zu erfahren ⟨etwas erregt j-s Neugier, befriedigt die Neugier⟩

◆ **neu·gie·rig** *Adj*; ***neugierig*** (***auf j-n / etwas***) so, dass man etwas gerne wissen oder erleben möchte: *ein neugieriges Kind*; *Ich bin neugierig*, ob *du das schaffst*; *Jetzt bin ich aber neugierig*, wie *du das Problem lösen willst*; *Ich bin neugierig* darauf, was *er sagen wird*

Neu·ig·keit *die*; -, *-en*; eine Information oder Nachricht, die neu (6) ist ⟨Neuigkeiten haben, erzählen⟩

Neu·jahr *das*; *nur Sg* **1** der erste Tag des neuen Jahres (der in vielen Ländern ein Feiertag ist) ⟨Neujahr feiern⟩ || K-: ***Neujahrs-, -fest, -grüße, -tag*** **2** ***Prosit Neujahr!*** verwendet, um zu Beginn des neuen Jahres alles Gute zu wünschen

◆ **neu·lich** *Adv*; zu einem Zeitpunkt, der noch nicht weit in der Vergangenheit liegt: *Ich habe ihn erst neulich gesehen*

Neu·ling *der*; *-s, -e* ≈ Anfänger

neun *Zahladj*; (als Zahl) 9

neun·zehn *Zahladj*; (als Zahl) 19

neun·zig *Zahladj* **1** (als Zahl) 90 **2** ***Anfang, Mitte, Ende neunzig sein*** ungefähr 90 bis 93, 94 bis 96, 97 bis 99 Jahre alt sein

neu·sprach·lich *Adj* ⟨ein Gymnasium⟩ mit einem besonderen Gewicht auf dem Unterricht in modernen Fremdsprachen

neut·ral *Adj* **1** weder für noch gegen einen der Gegner in einem Streit ⟨ein Beobachter; neutral bleiben⟩ **2** ⟨ein Land, ein Staat⟩ so, dass sie in einem Krieg keiner Seite helfen: *die neutrale Schweiz* **3** so, dass dabei keine starken Emotionen entstehen ⟨ein neutrales Thema⟩

neu·wer·tig *Adj*; gebraucht, aber noch fast neu ⟨ein Auto, ein Fahrrad⟩

◆ **nicht**[1] *Partikel* **1** verwendet, um eine verneinte Aussage zu machen: *Schnee ist nicht schwarz, sondern weiß*; *Er kommt nicht mit, er bleibt lieber zu Hause* **2** verwendet zur Verneinung anstelle eines ganzen Ausdrucks: *„Meinst du, dass sie noch kommen werden?"* - *„Ich glaube nicht"*; *Fährst du jetzt mit oder nicht?*; *„Wer mag ein Stück Kuchen?"* – *„Ich nicht"* **3** ***nicht ein*** ≈ kein: *Nicht einer hatte den Mut, Nein zu sagen*

◆ **nicht**[2] *Partikel* **1** *unbetont*; in Fragen verwendet, wenn man vom anderen eine positive Antwort erwartet: *Ist diese Aussicht nicht wunderbar?*; *Hast du nicht auch Lust, baden zu gehen?* **2** ..., ***nicht*** (***wahr***)***?*** verwendet am Ende des Satzes, um den anderen zur Zustimmung aufzufordern: *Diese Aussicht ist wunderbar, nicht wahr?* **3** *unbetont*; in Ausrufen verwendet, um (auch ironisch) zu betonen, dass man überrascht ist: *Was du nicht sagst!*

◆ **nicht**[3] *Konjunktion*; ***nicht, dass ...*** *meist iron*; kurz für „es ist nicht so, dass ...": *Nicht, dass ich neugierig bin, aber ich würde gern wissen, was er macht*

◆ **Nich·te** *die*; -, *-n*; die Tochter des Bruders oder der Schwester (oder des Bruders oder der Schwester des Ehepartners)

◆ **Nicht·rau·cher** *der* **1** j-d, der nicht die Gewohnheit hat, zu rauchen **2** *gespr*; ein Raum, *bes* ein Abteil oder Wagen in einem Zug, in dem man nicht rauchen darf

◆ **nichts** *Indefinitpronomen* **1** verwendet, um auszudrücken, dass etwas nicht vorhanden, nicht da ist: *Er hat nichts zu tun*; *Wir müssen Wasser trinken, es gibt sonst nichts*; *Er ist mit nichts zufrieden*; *Kannst du bitte das Licht einschalten, ich sehe nichts* **2** ***nichts als ...*** *gespr*; es ist immer so, dass: *Mit ihm hat man nichts als Ärger*

◆ **ni·cken**; *nickte, hat genickt*; den Kopf (mehrere Male) kurz nach vorn beugen, *bes* um „ja" oder Zustimmung auszudrücken ⟨beifällig nicken⟩: *Ich fragte sie, ob sie gehen wolle, und sie nickte*

◆ **nie** *Adv* **1** zu keiner Zeit: *Ich werde nie vergessen, wie schön der Urlaub war* **2** kein einziges Mal: *Er war noch nie in London* **3** auf keinen Fall; unter keinen Umständen: *Sie wird dir das nie glauben* **4** ***nie wieder / nie mehr*** (in Zukunft) nicht noch einmal: *Dieser Fehler wird mir nie mehr passieren!*

nie·der *Adv*; ***nieder (mit j-m / etwas)!*** *meist* bei Demonstrationen *o.Ä.* verwendet als Ausdruck der Opposition gegen die genannte Person / Sache: *Nieder mit dem Terror!*

nie·de·r- *Adj*; *nur attr, nicht adv* **1** auf einer der unteren Stufen einer Hierarchie ⟨der Adel, ein Beamter⟩ **2** unmoralisch und primitiv ⟨Motive, Triebe⟩ **3** *südd* Ⓐ ⒸⒽ, *gespr* ≈ niedrig ⟨ein Raum, eine Tür⟩

Nie·der·gang *der*; *nur Sg*; der Vorgang, bei dem etwas weniger oder schlechter wird

Nie·der·la·ge *die*; -, *-n*; das Verlieren eines Wettkampfs, Streits ↔ Sieg ⟨eine schwere, knappe, klare Niederlage⟩

Nie·der·schlag *der*; *-(e)s*, *Nie·der·schlä·ge* **1** *meist Pl*; (die Menge an) Regen, Schnee *usw*, die auf die Erde fällt: *Am späten Nachmittag kann es zu Niederschlägen kommen* || K-: ***Niederschlags-, -menge*** **2** *meist in* ***etwas findet seinen Niederschlag in etwas*** (*Dat*) etwas kommt in etwas zum Ausdruck: *Die Politik der Regierung fand ihren Niederschlag in zahlreichen neuen Gesetzen*

nied·lich *Adj*; so hübsch und lieb, dass man es sofort gern hat ⟨ein kleines Mädchen; ein Baby; niedlich aussehen⟩

◆ **nied·rig** *Adj* **1** nicht sehr hoch ⟨eine Mauer, ein Berg, ein Haus⟩: *Dieser Tisch ist zu niedrig für mich* **2** nicht weit über dem Boden: *Die Zweige sind so niedrig, dass man die Äpfel mit der Hand pflücken kann* **3** im Ausmaß, Umfang, Wert oder Grad relativ gering ⟨ein Einkommen, Preise; eine Geschwindigkeit; Temperaturen; eine Zahl; die Kosten⟩ **4** moralisch schlecht ⟨eine Gesinnung, Instinkte⟩

nie·mals *Adv* ≈ nie (2): *Ich hatte noch niemals solche Angst*

◆ **nie·mand** *Indefinitpronomen*; (wie ein Substantiv verwendet) kein einziger Mensch ≈ keiner: *„Hat heute jemand angerufen?“ – „Nein, niemand“*; *Ich habe geläutet, aber es hat niemand geöffnet*

Nie·re *die*; -, *-n* **1** das Organ (aus zwei Teilen bestehend), das das Blut von Giftstoffen sauber macht und den Urin produziert || K-: ***Nieren-, -entzündung***; ***nieren-, -krank*** **2** *meist Pl*; dieses Organ bestimmter Tiere, das man essen kann ⟨saure Nieren⟩ **3** ***etwas geht j-m an die Nieren*** *gespr*; etwas belastet j-n psychisch

nie·seln; *nieselte, hat genieselt*; ***es nieselt*** es regnet (*oft* lange) leicht und mit feinen Tropfen || K-: ***Niesel-, -regen***

nie·sen; *nieste, hat geniest*; die Luft plötzlich und laut (nach einer Reizung) aus der Nase stoßen (*bes* wenn man Schnupfen hat): *Wenn jemand niest, sagt man meist „Gesundheit“*

Nie·te *die*; -, *-n* **1** ein Los (1), mit dem man nichts gewinnt ⟨eine Niete ziehen⟩ **2** *gespr pej*; j-d, von dem man glaubt, dass er zu nichts fähig ist

Ni·ko·laus·tag *der*; *nur Sg*; der 6. Dezember. An diesem Tag erhalten Kinder kleine Geschenke

nimmt ↑ ***nehmen***

◆ **nir·gends** *Adv*; an keiner Stelle: *Ich kann den Schlüssel nirgends finden*

nir·gend·wo *Adv* ≈ nirgends

Ni·veau [ni'voː] *das*; *-s, -s*; *meist Sg* **1** eine bestimmte Stufe auf einer Skala, mit der etwas bewertet oder gemessen wird ⟨das geistige, künstlerische Niveau⟩: *Dieser Roman hat ein niedriges Niveau*; *Die Preise haben ihr höchstes Niveau erreicht* **2** eine gedachte Linie oder Fläche parallel zur Oberfläche der Erde ≈ Höhe: *Die Brücke hat ein höheres Niveau als die Straße*

no·bel *Adj* **1** *geschr* ≈ großmütig, edel ⟨ein Charakter, eine Geste, eine Haltung⟩ **2** *meist hum*; sehr vornehm und für die meisten zu teuer ≈ luxuriös ⟨ein Hotel⟩ || Hinweis: *nobel* → *ein nobles Hotel*

◆ **noch** *Partikel* **1** verwendet, um auszudrücken, dass ein Zustand andauert: *Hast du dein altes Fahrrad noch?*; *Wir haben noch etwas Zeit, bevor der Zug fährt*; *Ich habe heute noch gar nichts gegessen* **2** *unbetont*; bevor etwas geschieht, vor einem Zeitpunkt: *Können Sie das noch vor Montag erledigen?*; *Ich muss erst noch abwaschen* **3** *unbetont*; verwendet, um eine Warnung oder Mahnung auszudrücken: *Wenn du so weitermachst, bringst du dich noch um!* **4** *unbetont*; verwendet, um auszudrücken, dass etwas in nächster Zeit wahrscheinlich geschehen wird: *Sie kommt bestimmt noch*; *Ich komme noch darauf zu sprechen* **5** verwendet, um auszudrücken, dass etwas sehr schnell eingetreten ist: *Sie haben noch am selben Tag geheiratet*; *Sie starb noch am Unfallort* **6** *unbetont*; verwendet, um auszudrücken, dass etwas von etwas übrig geblieben ist oder bald zu Ende sein wird: *Ich habe nur noch zehn Euro*; *Hast du noch fünf Minuten Zeit?* **7** verwendet, um auszudrücken, dass j-d / etwas zu j-d / etwas anderem hinzukommt: *Noch ein Bier, bitte!*; *Und was hat sie noch gesagt?*

8 *unbetont*; verwendet, um auszudrücken, dass etwas im Vergleich mit etwas anderem relativ positiv ist: *Da hast du noch Glück gehabt – das hätte schlimmer ausgehen können* **9 noch** (**viel**) + *Komparativ*; verwendet, um eine Steigerung zu verstärken: *Die alte Wohnung war schon sehr schön, aber diese ist noch schöner*

noch·mals *Adv*; noch einmal, wieder: *Er versuchte nochmals, sie anzurufen*

No·men *das*; *-s, -*; *No·mi·na*; *Ling* ≈ Substantiv

No·mi·na·tiv [-f] *der*; *-s, -e*; *Ling*; der Kasus, in dem das Subjekt des Satzes steht ⟨ein Substantiv im Nominativ⟩

Non·ne *die*; *-, -n*; eine Frau, die zu einem religiösen Orden gehört und *meist* in einem Kloster lebt

◆**Nord** *ohne Artikel, indeklinabel*; *Seefahrt, Meteorologie* ≈ Norden (1)

◆**Nor·den** *der*; *-s*; *nur Sg* **1** die Richtung, die auf der Landkarte oben ist ↔ Süden ⟨der Wind weht aus / von Norden; aus, in Richtung Norden⟩: *Die Nadel im Kompass zeigt nach Norden* || K-: ***Nord-, -küste, -seite***; ***-osten, -westen*** **2** der Teil eines Gebietes, der im Norden (1) ist: *Er wohnt im Norden des Landes, der Stadt* || K-: ***Nord-, -afrika, -amerika, -europa*** **3 der** (**hohe**) **Norden** der Teil der Erde, der sehr weit im Norden (1), in der Nähe des Nordpols ist

nörd·lich[1] *Adj* **1** in die Richtung nach Norden ⟨ein Kurs; in nördliche Richtung fahren⟩ **2** *nur attr, nicht adv*; von Norden nach Süden ⟨ein Wind; aus nördlicher Richtung⟩ **3** *nur attr oder adv*; im Norden (1, 2) ⟨ein Land, die Seite, der Teil⟩

nörd·lich[2] *Präp*; ***etwas ist nördlich etwas*** (*Gen*) etwas liegt weiter im Norden als etwas: *fünf Kilometer nördlich der Grenze* || Hinweis: folgt ein Wort ohne Artikel, verwendet man *nördlich von*: *nördlich von Italien*

Norm *die*; *-, -en* **1** *meist Pl*; eine allgemein anerkannte Regel, nach der sich die Menschen verhalten sollen ⟨ethische Normen; sich an Normen halten⟩ **2** das, was als normal oder üblich empfunden wird ⟨j-d / etwas entspricht der Norm⟩ **3** eine bestimmte Leistung, die j-d in einer bestimmten Zeit schaffen soll ⟨die Norm erfüllen, erhöhen⟩ || -K: ***Arbeits-*** **4** eine Regel, wie etwas hergestellt, getan werden soll, aussehen soll ⟨technische Normen⟩ || -K: ***Industrie-, -norm*** || *hierzu* **nor·men** (*hat*)

◆**nor·mal** *Adj* **1** so, wie es die allgemeine Meinung für üblich oder gewöhnlich hält: *Ist es normal*, wenn *ein Kind mit 14 Jahren schon arbeiten muss?*; *Unter normalen Umständen wäre sie jetzt schon hier* || K-: ***Normal-, -fall, -gewicht, -zustand*** **2** geistig und körperlich gesund: *Ihre Angst vor Fremden ist doch nicht mehr normal!*

◆**nor·ma·ler·wei·se** *Adv*; so wie es sonst (üblich) ist oder sein sollte: *Normalerweise müsste ich jetzt zur Arbeit gehen, aber heute habe ich frei*

nor·ma·li·sie·ren; *normalisierte, hat normalisiert* **1** ***etwas normalisieren*** bewirken, dass etwas normal wird: *Das Gespräch hat ihr gespanntes Verhältnis zueinander normalisiert* **2** ***etwas normalisiert sich*** etwas wird normal: *Sie war sehr krank, aber inzwischen hat sich ihr Zustand wieder normalisiert* || *hierzu* **Nor·ma·li·sie·rung** *die*

◆**Not** *die*; *-, Nö·te* **1** *nur Sg*; der Zustand, in dem j-d sehr arm ist und nicht genug Geld und Essen zum Leben hat ≈ Armut ⟨große, schlimme Not; Not leiden; in Not geraten⟩ || -K: ***Hungers-*** **2** *meist Sg*; eine schlimme Situation, in der man Hilfe braucht ⟨Rettung aus / in höchster Not⟩ || K-: ***Not-, -signal, -situation*** **3** der Zustand, in dem j-d leidet oder verzweifelt ist **4 *ohne Not*** ohne wichtigen Grund: *j-m ohne Not wehtun* **5 *zur Not*** wenn es nicht anders geht: *Zur Not kann ich dir mein Auto leihen* **6 *mit knapper Not*** gerade noch: *den Zug mit knapper Not erreichen* || ID ***Not macht erfinderisch*** wenn etwas Notwendiges fehlt, lernt man oft, sich selbst zu helfen; ***In der Not frisst der Teufel Fliegen*** *gespr*; wenn es nötig ist, ist man auch mit etwas zufrieden, das man sonst nicht nähme

Not·arzt *der* **1** ein Arzt, der in einem Notfall (1) mit dem Krankenwagen kommt **2** ein Arzt, den man rufen kann, wenn andere Ärzte keinen Dienst haben

◆**Not·aus·gang** *der*; ein Ausgang, durch den man schnell nach draußen kommt, wenn *z.B.* ein Feuer ausbricht

◆**No·te**[1] *die*; *-, -n* **1** ein geschriebenes Zeichen, das einen Ton in einem Musikstück darstellt || ↑ *Abbildung unter* ***Tonleiter*** || -K: ***Viertel-, Achtel-*** **2** *nur Pl*; ein Blatt oder Heft mit Noten[1] (1), das ein Musikstück darstellt

◆**No·te**[2] *die*; *-, -n* **1** eine Zahl oder ein Ausdruck, mit dem die Leistung eines Schülers, Studenten *usw* bewertet wird ≈ Zensur ⟨eine gute, schlechte Note in etwas (*Dat*)⟩: *Der Aufsatz wurde mit der Note 3 / „befriedigend" bewertet* || -K: ***Prüfungs-***; ***Deutsch-*** *usw* **2** eine Zahl, mit der die Leistung eines Sportlers, (*z.B.* beim Turnen oder Tanzen) bewertet wird ⟨eine hohe, niedrige Note⟩

No̱t·fall *der* **1** eine gefährliche Situation, in der man schnell Hilfe braucht, *oft* von einem Arzt oder von der Polizei ⟨j-m in einem Notfall Hilfe leisten⟩ **2** der Zustand, in dem man in Not (1) ist

no̱t·falls *Adv*; wenn es wirklich nötig sein sollte: *Ich kann notfalls auch mit dem Taxi fahren*

◆**nö̱·tig** *Adj*; ***nötig für j-n / etw*; *nötig zu etwas*** so, dass es gebraucht wird oder getan werden muss ⟨etwas ist nötig; etwas für nötig halten; alles Nötige tun⟩: *mit der nötigen Vorsicht vorgehen*; *Bei diesem Wetter ist* es *nötig, sich warm anzuziehen*; *Wenn nötig, helfe ich dir* || ID ***falls nötig*** für den Fall, dass es nötig ist; ***etwas nicht nötig haben*** etwas nicht tun müssen (und stolz darauf sein, es nicht tun zu müssen): *Ich habe es nicht nötig, ihn um Verzeihung* zu *bitten*; *meist* ***Das ist doch nicht nötig / Das wäre doch nicht nötig gewesen!*** verwendet, um sich höflich zu bedanken

◆**No·ti̱z** *die*; -, *-en* **1** etwas, das man aufgeschrieben hat ⟨sich (*Dat*) Notizen machen⟩ || K-: ***Notiz-, -buch*** || -K: ***Akten-, Tagebuch-*** **2** eine kurze Meldung in der Zeitung || ID **(*keine*) *Notiz von j-m / etwas nehmen*** j-n / etwas (nicht) beachten

◆**No̱t·ruf** *der*; ein Telefonanruf *o.Ä.*, mit dem man die Polizei, die Feuerwehr oder einen Arzt um Hilfe in einem Notfall bittet

No̱t·wehr *die*; -; *nur Sg*; die Anwendung von Gewalt, die erlaubt ist, wenn man damit einen Angriff gegen sich selbst bekämpft ⟨in / aus Notwehr handeln⟩

◆**no̱t·wen·dig** *Adj* **1** ≈ nötig (1): *eine notwendige Reparatur vornehmen*; *Er hielt es für notwendig, sie über die neue Entwicklung* zu *informieren*; *Es ist nicht notwendig*, dass *du hier bleibst* **2** *meist attr*; ⟨eine Konsequenz, eine Reaktion⟩ so, dass sie nicht verhindert werden kann || *hierzu* **No̱t·wen·dig·keit** *die*

No·vẹl·le *die*; -, *-n*; eine Erzählung von mittlerer Länge, *oft* mit einer überraschenden Wende: *die Novellen von Gottfried Keller*

No·vẹm·ber [-v-] *der*; *-s*, -; *meist Sg*; der elfte Monat des Jahres; *Abk* Nov. ⟨im November; Anfang, Mitte, Ende November; am 1. November⟩ || K-: ***November-, -tag***

nụch·tern *Adj* **1** so, dass die betroffene Person längere Zeit nichts gegessen hat und der Magen leer ist ⟨mit nüchternem Magen⟩ **2** so, dass man kein alkoholisches Getränk getrunken hat ⟨vollkommen nüchtern sein⟩ **3** von sachlichen Überlegungen und nicht vom Gefühl geleitet ⟨ein Mensch, eine Überlegung; die Sache nüchtern betrachten, beurteilen⟩ **4** nur an Zweck und Funktion orientiert ≈ funktional ⟨ein Raum, ein Stil⟩ || *hierzu* **Nụch·tern·heit** *die*

◆**Nụ·del** *die*; -, *-n*; *meist Pl*; ein Nahrungsmittel aus Mehl, Wasser und Eiern, das man in Wasser kocht und mit einer Soße, in Suppen oder mit Fleisch isst, *z.B.* Spaghetti: *Hühnersuppe mit Nudeln* || K-: ***Nudel-, -suppe, -teig***

◆**Nụll** *die*; -, *-en* **1** die Ziffer 0: *Die Zahl 100 hat zwei Nullen* **2** *meist Sg*; *gespr pej*; j-d, der nichts kann und in seinem Leben nichts erreicht

◆**nụll** *Zahladj*; *indeklinabel* **1** (als Ziffer) 0 **2** *Sport*; verwendet, um auszudrücken, dass keine Punkte oder Tore erzielt wurden: *Es steht null zu null* **3** ***null*** (***Grad*** (***Celsius***)) die Temperatur, bei der Wasser beginnt, zu Eis zu werden ≈ 0°C ⟨Temperaturen über, unter null⟩ **4** *nur Sg*; die Stellung eines Schalters oder Zeigers, die zeigt, dass ein Gerät nicht eingeschaltet ist ⟨etwas steht auf null, zeigt auf null⟩ **5** ***null Uhr*** *Admin geschr*; zwölf Uhr nachts ≈ 24 Uhr: *Der Zug kommt um null Uhr zweiundzwanzig* (*0:22 Uhr*) *an* || ID ***null und nichtig*** ≈ ungültig ⟨einen Vertrag für null und nichtig erklären⟩; ***etwas ist gleich null*** *gespr*; das Ergebnis, der Erfolg ist ohne Bedeutung und Wert

◆**Nụm·mer** *die*; -, *-n* **1** eine Zahl, die den Platz einer Person / Sache in einer Reihe oder Liste angibt; *Abk* Nr. ⟨eine hohe, niedrige Nummer⟩: *Karten für die Sitze Nummer 11 und 12*; *das Los mit der Nummer 13*; *Ich wohne in der Goethestraße Nummer 41* || -K: ***Haus-, Konto-, Los-, Scheck-, Zimmer-*** **2** die Reihe von Ziffern, die man zum Telefonieren wählt: *unter der Nummer 2859 erreichbar sein* || -K: ***Telefon-*** **3** die Ziffern und Buchstaben auf dem Schild, das Autos, Motorräder *usw* haben || -K: ***Auto-*** **4** die Zahl, die die Größe von Kleidern, Schuhen *usw* angibt: *Damenschuhe Nummer 38*; *Haben Sie dieses Kleid eine* (*halbe*) *Nummer größer?* || -K: ***Kleider-, Schuh-*** **5** ein Heft einer Zeitschrift oder Zeitung **6** ein Stück in einem Programm ⟨eine Nummer vorführen⟩: *Wir spielen jetzt eine Nummer aus unserer letzten CD* || ID ***j-d ist die Nummer eins*** j-d ist auf einem bestimmten

Gebiet der Beste; *meist* **Dort ist man (nur, bloß) eine Nummer** dort ist man nur einer von vielen und wird deshalb nicht beachtet; **auf Nummer Sicher / sicher gehen** *gespr*; kein Risiko eingehen; **etwas ist eine Nummer zu groß, ein paar Nummern zu groß (für j-n)** *gespr*; etwas ist zu schwierig für j-n

Num·mern·schild *das*; ein Schild mit einer Nummer (3)

◆**nun**[1] *Adv* **1** in dem Moment, in dem der Sprecher etwas sagt ≈ jetzt (1) ⟨von nun ab, von nun an⟩: *Nun bist du an der Reihe*; *Kommen wir nun zum Programm der nächsten Woche* **2** im Zeitraum der Gegenwart: *Früher war an dieser Stelle eine Wiese, nun stehen hier Hotels* **3** inzwischen, mittlerweile: *Die wirtschaftliche Lage hat sich nun wieder etwas gebessert* **4 was nun?** verwendet, um Ratlosigkeit auszudrücken

◆**nun**[2] *Partikel*; *unbetont* **1** in Fragen verwendet, um (Ungeduld darüber) auszudrücken, dass man die gewünschte Information noch nicht erhalten hat: *Hat sie den Job nun bekommen oder nicht?*; *Glaubst du mir nun endlich?* **2 nun (ein)mal** *gespr*; verwendet, um auszudrücken, dass etwas so ist, wie es ist, und dass man daran nichts ändern kann: *Die Entscheidung ist nun mal so getroffen worden - da lässt sich nichts ändern*

◆**nur**[1] *Adv*; verwendet, um etwas, das man gesagt hat, einzuschränken: *Das Konzert war toll, nur war die Musik zu laut*

◆**nur**[2] *nur in* **nicht nur ..., sondern auch** verwendet, um auszudrücken, dass zu etwas noch etwas anderes hinzukommt: *Er ist nicht nur ein guter Schauspieler, sondern auch ein guter Sänger*

◆**nur**[3] *Partikel* **1** verwendet, um auszudrücken, dass eine Aussage genau auf die genannte Sache / Person zutrifft. *Nur* bezieht sich auf den Teil des Satzes, der direkt folgt: *Nur Hans hat den Kuchen gekauft* (und sonst niemand); *Hans hat nur den Kuchen gekauft* (und nichts anderes) **2** *unbetont*; verwendet, um eine Aussage zu verstärken: *Komm, wann immer du nur willst*; *Ich tue alles, was du nur willst* || ID **nur so** *gespr*; ohne bestimmten Grund: *„Warum hast du das denn getan?“ - „Ach, nur so, ich weiß nicht“*

◆**nur**[4] *Partikel* **1** in Fragen verwendet, um auszudrücken, dass man nicht weiß, was jetzt zu tun ist: *Wo ist denn nur mein Schlüssel?* **2** in Ausrufesätzen und rhetorischen Fragen verwendet, um Bewunderung, Kritik auszudrücken: *Was hast du da nur wieder angestellt!* **3** verwendet, um j-n zu beruhigen, zu trösten oder ihm Mut zu machen: *Nur keine Angst!* **4** verwendet, um aus einer Aufforderung eine Drohung oder Warnung zu machen: *Sei nur nicht so frech!* **5** verwendet, um einen dringenden Wunsch auszudrücken: *Wenn es doch nur schon Abend wäre!*

nu·scheln; *nuschelte, hat genuschelt*; relativ leise und undeutlich sprechen

Nuss *die*; -, *Nüs·se* **1** eine trockene Frucht mit einem Kern, der in einer harten Schale ist ⟨Nüsse knacken⟩ || K-: **Nuss-, -schale 2** der Kern einer solchen Frucht, den man *meist* essen kann || K-: **Nuss-, -kuchen** || -K: **Hasel-, Wal-** || ID **eine harte Nuss** ein schwieriges Problem

nüt·ze *meist in* **j-d / etwas ist zu nichts nütze** j-d ist keine Hilfe, etwas ist so, dass man nichts Sinnvolles damit tun kann: *Viele Produkte sind doch zu gar nichts nütze!*

nut·zen; *nutzte, hat genutzt* **1 etwas (zu etwas) nutzen** etwas für einen bestimmten Zweck sinnvoll verwenden ⟨eine Gelegenheit, eine Chance nutzen⟩: *die Wasserkraft zur Erzeugung von Strom nutzen*; *landwirtschaftlich genutzte Gebiete* **2 etwas nutzt (j-m / etwas) (etwas / viel)** etwas bringt j-m / etwas einen Vorteil, hilft ihm irgendwie: *Ein günstiger Kredit würde der Firma viel nutzen*

◆**nüt·zen**; *nützte, hat genützt*; *bes südd* Ⓐ ↑ **nutzen**

◆**nütz·lich** *Adj* **1** *nicht adv*; so, dass j-d / etwas davon einen Nutzen (1) hat ⟨ein Hinweis⟩ **2 j-m (bei etwas) nützlich sein**; **sich (bei j-m / etwas) nützlich machen** j-m helfen || *zu* **1 Nütz·lich·keit** *die*

nutz·los *Adj*; ohne sinnvollen Zweck ⟨Bemühungen⟩: *Es ist völlig nutzlos, ihr Ratschläge zu geben* || *hierzu* **Nutz·lo·sig·keit** *die*

N

O

O, o *das*; -, - / *gespr auch -s*; der fünfzehnte Buchstabe des Alphabets

o! *Interjektion*; verwendet als Ausruf des Erstaunens oder des Erschreckens: *o nein!*

O·a·se *die*; -, *-n* **1** eine Stelle in der Wüste, an der es Wasser und deshalb auch Pflanzen gibt **2** ***eine Oase*** + *Gen* ein Ort, der angenehm ist oder große Vorteile hat ⟨eine Oase der Ruhe⟩

◆**ob** *Konjunktion* **1** verwendet (nach bestimmten Verben und Substantiven und Adjektiven), um einen Nebensatz einzuleiten, der eine Frage, Zweifel oder Ungewissheit ausdrückt: *Wissen Sie, ob heute noch ein Zug nach Berlin fährt?*; *Sie konnte sich nicht entscheiden, ob sie ihn anrufen sollte oder nicht* **2** **(*egal*) *ob ... oder nicht*** drückt aus, dass etwas auf jeden Fall geschieht oder geschehen muss: *Ob er will oder nicht, er muss den Schaden ersetzen* **3** ***ob ... , ob*** **(, *...ob*)** drückt aus, dass etwas für alle Personen oder Sachen gilt, die genannt werden: *Ob Frau, ob Mann, ob Kind*

Ob·dach·lo·se *der / die*; *-n*, *-n*; eine Person, die (aus Not oder nach einer Katastrophe) ohne Wohnung ist || *hierzu* **Ob·dach·lo·sig·keit** *die*; **ob·dach·los** *Adj*

O-Bei·ne *die*; *Pl*; *gespr*; krumme, nach außen gebogene Beine || *hierzu* **o-bei·nig** *Adj*

◆**o·ben** *Adv* **1** (vom Sprecher aus gesehen) an einer Stelle, die höher ist ↔ unten ⟨hoch, weit oben⟩: *Das Haus hat oben vier Zimmer und unten drei*; *Das Buch steht im Regal rechts oben* **2** auf der höher gelegenen Seite eines Gegenstandes ↔ unten ⟨etwas oben zumachen⟩ **3** in die / der Luft ⟨nach oben blicken; etwas fliegt, schwebt oben⟩ **4** in der Höhe ⟨hier oben⟩ **5** in den ersten Zeilen eines Blatts Papier: *der erste Absatz auf Seite fünf oben* **6** weiter vorn im Text ↔ unten ⟨wie oben erwähnt⟩ **7** auf der Oberfläche von Flüssigkeiten: *Öl schwimmt oben* **8** *gespr*; weiter im Norden: *hoch oben im Norden* **9** *gespr*; von höherem Status oder von höherer dienstlicher Stellung: *die* (*Leute*) *da oben* **10** ***oben ohne*** *gespr hum*; (*bes* als Frau) mit nacktem Oberkörper || ID ***von oben herab*** so, als ob man viel besser als andere sei; ***von oben bis unten*** ≈ völlig: *Das Haus muss von oben bis unten renoviert werden*

◆**O·ber** *der*; *-s*, *-*; **1** *gespr* ≈ Kellner **2** **(*Herr*) *Ober!*** verwendet als höfliche Anrede für den Kellner

◆**o·be·r-** *Adj*; *nur attr, nicht adv* **1** über etwas anderem gelegen oder höher als etwas anderes ↔ unter-: *die obere Stufe*; *das obere Stockwerk*; *Das Buch steht im obersten Fach des Regals* **2** in einer Hierarchie höher als die anderen: *die Schüler der oberen Klassen*; *der oberste Gerichtshof* || K-: ***Ober-, -stufe*** **3** *nur Superlativ* ≈ wichtigst- ⟨der oberste Grundsatz⟩

O·ber·arm *der*; der Teil des Armes vom Ellbogen bis zur Schulter

O·ber·flä·che *die*; -, *-n* **1** die Seite eines Materials oder eines Körpers, die man von außen sieht ⟨eine glänzende, raue Oberfläche⟩ **2** die oberste Schicht einer Flüssigkeit oder Masse: *die Oberfläche des Sees*

o·ber·fläch·lich *Adj* **1** nicht gründlich und ohne Einzelheiten ⟨Kenntnisse; etwas nur oberflächlich behandeln⟩ **2** kurz und nicht intensiv ⟨eine Bekanntschaft; etwas nur oberflächlich kennen⟩ || *hierzu* **O·ber·fläch·lich·keit** *die*

o·ber·halb *Präp*; *mit Gen*; weiter oben als etwas ≈ über: *oberhalb 2000 Meter* || Hinweis: auch verwendet mit *von*: *oberhalb von dieser Stelle*

O·ber·haupt *das*; *geschr*; j-d, der in einer Gruppe die höchste Position hat ⟨ein geistliches, weltliches Oberhaupt; das Oberhaupt der Familie⟩: *Der Papst ist das Oberhaupt der katholischen Kirche*

O·ber·hemd *das*; ein Hemd (1), das Männer (über einem Unterhemd) tragen

O·ber·kör·per *der*; der Teil des menschlichen Körpers von den Rippen bis einschließlich des Kopfes

O·ber·lip·pe *die*; die obere Lippe

O·ber·schen·kel *der*; der Teil des Beins zwischen Knie und Hüfte

O·ber·teil *das / der*; das / der obere Teil von etwas || Hinweis: *das* Oberteil sagt man vor allem dann, wenn es sich um ein einzelnes, getrenntes Stück handelt: *das Oberteil eines Bikinis*

ob·gleich *Konjunktion* ≈ obwohl

Ob·jekt *das*; *-(e)s, -e* **1** etwas, das interessant ist und mit dem man sich beschäftigt ⟨ein lohnendes Objekt; ein Objekt der Forschung⟩ || -K: ***Versuchs-, -objekt*** **2** ein Gebäude, Grundstück *o.Ä.*, *bes* ein solches, das man kauft oder verkauft ≈ Immobilie **3** *Ling*; ein Satzteil *meist* mit einem Substantiv, der ein Verb ergänzt, aber nicht das Subjekt ist. Objekte stehen *meist* im Dativ oder im Akkusativ ⟨das direkte, indirekte Objekt⟩ || -K: ***Akkusativ-***

ob·jek·tiv [-f] *Adj*; von Fakten und nicht von persönlichen Gefühlen bestimmt ↔ subjektiv ⟨ein Grund; etwas objektiv berichten⟩ || *hierzu* **Ob·jek·ti·vi·tät** *die*; **Ob·jek·ti·vie·rung** *die*; **ob·jek·ti·vie·ren** (*hat*)

◆ **Obst** *das*; *-(e)s*; *nur Sg*; die *meist* süßen und saftigen Früchte (von Bäumen und Sträuchern), die man roh essen kann, wie *z.B.* Äpfel oder Pfirsiche || ↑ *Illustration* ***Obst und Gemüse*** || K-: ***Obst-, -baum, -saft*** || -K: ***Kern-, Stein-***

◆ **ob·wohl** *Konjunktion*; verwendet, um in dem Nebensatz mit *obwohl* etwas zu sagen, das normalerweise nicht zu den Umständen passt, die im Hauptsatz genannt werden: *Er ist überhaupt nicht müde, obwohl er die ganze Nacht nicht geschlafen hat*; *Obwohl es schon Herbst ist, kann man noch im Freien sitzen*

Och·se ['ɔksə] *der*; *-n, -n*; ein männliches Rind (Stier), das keine Hoden hat || K-: ***Ochsen-, -zunge***

ö·de *Adj* **1** ⟨eine Landschaft⟩ so, dass nichts oder nur wenig wächst **2** ≈ langweilig ⟨ein Dasein, ein Tag⟩ || *hierzu* **Ö·de** *die*

◆ **o·der** *Konjunktion* **1** verwendet, um auszudrücken, dass es mehrere Möglichkeiten gibt; *Abk* od.: *In diesem See kann man schwimmen, surfen oder segeln* **2** verwendet, wenn es nur eine von zwei Möglichkeiten gibt: *Er kommt heute oder morgen*; *Ja oder nein?* **3** verwendet, um auszudrücken, dass j-d / etwas auch anders genannt wird: *elektronische Datenverarbeitung oder kurz EDV* **4** verwendet, um eine unangenehme Folge zu nennen oder um zu drohen: *Ihr benehmt euch sofort anständig, oder ihr fliegt raus!* **5 *..., oder?*** verwendet am Ende eines Satzes, wenn der Sprecher Zustimmung erwartet: *Wir machen jetzt eine Pause, oder?* **6 *oder so*** (***was / ähnlich***) *gespr*; verwendet, um zu sagen, dass man etwas nicht genau weiß: *Er studiert Sinologie oder so was* || Hinweis: Nach *oder* ist die Wortstellung wie in einem normalen Aussagesatz

◆ **O·fen** *der*; *-s, Öfen* **1** ein Gerät, in dem man Feuer macht, um ein Zimmer zu heizen || -K: ***Kohle-*** **2** der Teil des Ofens oder Herdes, in dem man Kuchen backt oder einen Braten macht

◆ **of·fen** *Adj* **1** so, dass man hinein-, hinaus- oder hindurchgehen, -greifen, -sehen *o.Ä.* kann ↔ geschlossen, zu: *bei offenem Fenster schlafen*; *Du brauchst keinen Schlüssel, die Tür / das Auto ist offen* **2** so, dass man ohne Hindernis weiterfahren kann ≈ frei ⟨die Straße, der Pass, die Grenze⟩: *Die Zufahrt zum Gletscher ist nur im Sommer offen* **3** so, dass Kunden, Gäste, Besucher hineingehen können ↔ geschlossen, zu ⟨Banken, Behörden, Geschäfte, Parks⟩: *Die Läden sind bis 18 Uhr offen* **4** nicht in Tüten, Flaschen ⟨Mehl, Milch, Wein; etwas offen verkaufen⟩ **5** so, dass viel Raum ist und man weit sehen kann ≈ frei ⟨ein Feld; auf offenem Meer⟩ **6** noch nicht erledigt oder entschieden ⟨eine Entscheidung, eine Frage⟩: *Es ist noch offen, wohin wir in Urlaub fahren* **7** noch zu haben ≈ frei ⟨ein Arbeitsplatz, eine Stellung⟩ **8** so, dass man seine Gefühle zeigt, ehrlich ist: *Sie sagte ihm offen ihre Meinung* **9** für jeden deutlich erkennbar ⟨Feindschaft, Hass⟩ **10 *offen für j-n / etwas*; *gegenüber j-m / etwas offen*** bereit, etwas Neues zu akzeptieren: *offen für alles Neue sein* **11** noch nicht geheilt ⟨eine Wunde⟩ **12** so, dass jeder teilnehmen oder mitmachen kann ⟨eine Meisterschaft⟩ **13** nicht zusammengebunden ⟨die Haare offen tragen⟩ || *zu* **8-10 Of·fen·heit** *die*

◆ **of·fen·bar**[1] *Adj*; *geschr*; ⟨eine Absicht⟩ so, dass sie jeder deutlich sehen und leicht verstehen kann

◆ **of·fen·bar**[2] *Adv*; wie es den Eindruck macht, wie es scheint: *Er geht viel spazieren*: *offenbar hat er nichts zu tun*

of·fen·siv [-f] *Adj* **1** mit der Absicht anzugreifen ⟨eine Strategie⟩ || K-: ***Offensiv-, -krieg*** **2** so, dass man dabei aktiv ein Ziel verfolgt ⟨offensiv spielen, diskutieren⟩ || K-: ***Offensiv-, -spiel***

◆ **öf·fent·lich** *Adj* **1** so, dass alle daran teilnehmen, ihre Meinung sagen können ⟨Wahlen; öffentlich abstimmen⟩ **2** so, dass es alle benutzen dürfen ↔ privat ⟨die Verkehrsmittel⟩ **3** *nur attr oder adv*; von allen oder für alle ⟨ein Ärgernis, die Meinung, die Sicherheit; etwas liegt im öffentlichen Interesse⟩ **4** so, dass es alle wissen ≈ bekannt: *Missstände öffentlich machen* **5** *nur attr, nicht adv* ≈ staatlich ⟨ein Gebäude, eine Schule⟩

◆ **Öf·fent·lich·keit** *die*; -; *nur Sg* **1** alle Personen, die in einer Stadt, einem Land *o.Ä.* wohnen ⟨die Öffentlichkeit informieren; etwas dringt an die Öffentlichkeit⟩ **2** ***in aller Öffentlichkeit*** so, dass viele dabei sind, wenn etwas geschieht

◆ **of·fi·zi·ell** *Adj* **1** im Auftrag der Regierung oder eines Amtes ⟨der Kurs; etwas offiziell bestätigen⟩ **2** öffentlich und feierlich: *ein offizieller Anlass*

Of·fi·zier *der*; *-s*, *-e*; j-d, der beim Militär eine höhere Position hat und Befehle erteilen kann

◆ **öff·nen**; *öffnete, hat geöffnet* **1** ***etwas (mit etwas) öffnen*** bewirken, dass etwas offen (1) wird ↔ schließen: *die Tür öffnen; einen Brief mit einem Messer öffnen; eine Dose öffnen* **2** ***etwas öffnen*** etwas offen machen ⟨den Pass, die Grenze öffnen⟩ **3** ***etwas öffnen*** bewirken, dass etwas, das gefaltet ist, aufgeht ⟨den Regenschirm öffnen⟩ **4** ***j-d / etwas öffnet (etwas)*** j-d lässt Besucher, Kunden, Gäste herein: *Die Bank öffnet (ihre Schalter) um 8 Uhr* **5** ***etwas öffnet sich*** etwas wird offen (1): *Das Tor öffnete sich* || zu **1 Öff·ner** *der*

Öff·nung *die*; -, *-en* **1** eine Stelle, an der etwas offen (1) ist oder die in das Innere von etwas führt || -K: ***Fenster-, Mauer-*** **2** *nur Sg*; der Vorgang, bei dem etwas (*bes* offiziell) geöffnet (2) wird oder sich öffnet: *die Öffnung der Grenzen*

Öff·nungs·zeit *die*; -, *-en*; *meist Pl*; die Zeit, in der ein Geschäft, eine Institution offen hat

◆ **oft**, *öfter, öftest-*; *Adv* **1** viele Male, immer wieder ≈ häufig ↔ selten: *Das ist mir schon oft passiert; Ich bin oft nicht zu Hause* **2** in vielen Fällen ↔ selten: *Es ist oft schwer, seinen Akzent zu verstehen* **3** verwendet, um zu fragen oder zu sagen, in welchen Abständen oder wie viele Male etwas geschieht: *„Wie oft hast du schon angerufen?" – „Zweimal"*

◆ **öf·ter(s)** *Adv*; mehrere oder einige Male: *Ich habe diesen Film schon öfter gesehen*

oh! *Interjektion*; verwendet als Ausruf der Freude, des Erstaunens oder des Erschreckens: *Oh, das ist aber lieb von dir!*

◆ **oh·ne** *Präp*; *mit Akk* **1** verwendet, um auszudrücken, dass die genannte Person / Sache nicht vorhanden oder nicht dabei ist, nicht benutzt wird ↔ mit: *ein Zimmer ohne Fenster; Bier ohne Alkohol; Er ist ohne seine Frau in Urlaub gefahren; der Mietpreis ohne Strom und Heizung* **2** ***ohne weiteres*** **a)** ohne Probleme oder Mühe **b)** ohne darüber nachzudenken oder j-n um Erlaubnis zu fragen: *Du kannst doch da nicht einfach ohne weiteres hineingehen!* **3** ***ohne viel ...*** *gespr* ≈ mit wenig: *Sie hat ihr Studium ohne viel Mühe beendet* || ID *meist* ***ohne mich*** *gespr*; verwendet, um auszudrücken, dass man bei etwas nicht dabei sein will: *„Bei dem Wetter wollt ihr schwimmen gehen? - Ohne mich!"*

oh·ne·hin *Partikel*; völlig unabhängig von allem ≈ auf jeden Fall: *Ich kann leider ohnehin nicht kommen – ich muss arbeiten*

Ohn·macht *die*; -, *-en* **1** ein Zustand, in dem j-d (*meist* für kurze Zeit) ohne Bewusstsein ist ⟨in Ohnmacht fallen⟩ || K-: ***Ohnmachts-, -anfall*** **2** *nur Sg*; ***Ohnmacht (gegenüber j-m / etwas)*** ein Zustand, in dem man etwas nicht tun oder etwas nicht ändern kann

ohn·mäch·tig *Adj* **1** (für eine kurze Zeit) ohne Bewusstsein **2** ⟨Wut, Zorn, Verzweiflung⟩ so, dass die betroffene Person dabei nichts tun oder ändern kann

◆ **Ohr** *das*; *-(e)s*, *-en* **1** jedes der beiden Organe, mit denen Menschen und Tiere hören ⟨das linke, das rechte Ohr; auf einem Ohr taub sein⟩ || ↑ *Abbildung unter* **Kopf** || K-: ***Ohr-, -muschel, -ring; Ohren-, -arzt, -schmerzen*** || -K: ***Elefanten-, Hasen-*** **2** *Adj* + ***Ohr(en)*** verwendet, um auszudrücken, dass eine Person diese Fähigkeit zu hören hat ≈ Gehör ⟨gute Ohren haben⟩ || ID ***ganz Ohr sein*** sehr aufmerksam zuhören; ***die Ohren spitzen*** aufmerksam oder neugierig zuhören; ***nur mit halbem / 'einem Ohr hinhören / zuhören*** nicht genau zuhören; ***auf 'dem / 'diesem Ohr taub sein*** *gespr*; von einer bestimmten Sache nichts hören wollen; ***etwas geht bei j-m zum / beim 'einen Ohr hinein und zum / beim 'anderen hinaus*** *gespr*; etwas macht auf j-n keinen Eindruck, wird schnell wieder vergessen; ***ein offenes Ohr für j-n / etwas haben*** Verständnis und Interesse für j-s Bitten, Wünsche oder Vorschläge haben; ***j-m kommt etwas zu Ohren*** j-d erfährt etwas (*meist* das er nicht wissen sollte); ***seinen Ohren kaum / nicht trauen*** etwas, das man hört, kaum glauben können; ***bis über beide Ohren verliebt sein*** *gespr*; sehr verliebt sein

Ohr·fei·ge *die*; -, -*n*; ein Schlag, den man j-m mit der offenen Hand ins Gesicht gibt ⟨j-m eine Ohrfeige geben⟩

Ohr·läpp·chen *das*; -*s*, -; der untere, weiche Teil des menschlichen Ohrs

Ö·ko·no·mie *die*; -, -*n* ≈ Wirtschaft (1)

Ok·to·ber *der*; -*s*, -; *meist Sg*; der zehnte Monat des Jahres; *Abk* Okt. ⟨im Oktober; Anfang, Mitte, Ende Oktober; am 1. Oktober⟩

◆**Öl** *das*; -*(e)s*, -*e* **1** eine Substanz (ähnlich einem flüssigen Fett), die in Wasser oben schwimmt. Öle verwendet man zum Kochen, als Brennstoff oder damit Maschinen leichter laufen ⟨ein tierisches, pflanzliches Öl⟩: *eine Salatsoße aus Essig und Öl* || -K: ***Haut-, Salat-***; ***Oliven-*** **2** *nur Sg*; die schwarze Flüssigkeit, die aus dem Inneren der Erde kommt und aus der man Benzin und Plastik macht ⟨Öl fördern⟩ || K-: ***Öl-, -bohrung, -preis, -quelle*** || -K: ***Heiz-, Roh-*** || ID ***Öl ins Feuer gießen*** einen Streit, eine Aufregung noch schlimmer machen; ***Öl auf die Wogen gießen*** etwas sagen oder tun, was aufgeregte oder streitende Menschen beruhigt || *hierzu* **ö·lig** *Adj*

O·li·ve [-və] *die*; -, -*n* **1** die Frucht des Olivenbaums, die man essen kann und aus der man auch Öl macht ⟨grüne, schwarze Oliven⟩ || K-: ***Oliven-, -öl*** **2** der Baum, an dem Oliven wachsen

O·lym·pi·a·de *die*; -, -*n*; ein internationaler Wettkampf zwischen den besten Sportlern, der alle vier Jahre (in einem anderen Land) stattfindet ≈ Olympische Spiele

o·lym·pi·sch- *Adj*; *nur attr*, *nicht adv*; zur Olympiade gehörig ⟨ein Rekord; die Olympischen Spiele⟩

O·ma *die*; -, -*s*; *gespr* **1** *bes* von und gegenüber Kindern verwendet als Anrede oder Bezeichnung für die Großmutter **2** *oft pej*; eine alte Frau

Om·ni·bus *der*; -, -*se* ≈ Bus

◆**On·kel** *der*; -*s*, - / *gespr auch* -*s*; der Bruder der Mutter oder des Vaters, oder der Ehemann der Tante: *(mein) Onkel Kurt*

O·pa *der*; -*s*, -*s*; *gespr* **1** *bes* von und gegenüber Kindern verwendet als Anrede oder Bezeichnung für den Großvater **2** *oft pej*; ein alter Mann

O·per *die*; -, -*n* **1** eine Art Theaterstück mit Musik, bei dem ein großes Orchester spielt und die Darsteller ihren Text singen ⟨eine Oper aufführen⟩: *Verdis Oper „Aida"* || K-: ***Opern-, -arie, -komponist*** **2** *nur Sg*; eine Veranstaltung, bei der eine Oper (1) aufgeführt wird: *Heute gehen wir in die Oper* || K-: ***Opern-, -besucher*** **3** eine Einrichtung für die Aufführung von Opern || -K: ***Staats-, -oper*** **4** das Gebäude, in dem Opern (1) aufgeführt werden

◆**O·pe·ra·ti·on** [-'tsi̯oːn] *die*; -, -*en* **1** das Operieren (1) ⟨eine harmlose, komplizierte Operation; eine Operation ausführen⟩ || K-: ***Operations-, -narbe, -tisch*** || -K: ***Augen-, Herz-, Krebs-*** **2** relativ große militärische Kampfhandlungen || K-: ***Operations-, -plan*** **3** *geschr*; eine komplizierte, *meist* technische Handlung

O·pe·ret·te *die*; -, -*n*; eine Art lustige Oper; *z.B.* „Die Fledermaus" von Johann Strauß || K-: ***Operetten-, -melodie***

◆**o·pe·rie·ren**; *operierte*, *hat operiert* **1** ***(j-n / etwas) operieren*** als Arzt den Körper eines Menschen durch Schneiden öffnen, um eine Krankheit oder Verletzung zu behandeln ⟨einen Tumor operieren⟩: *Er muss operiert werden* **2** ***j-n an etwas*** (*Dat*) ***operieren*** j-n an einem bestimmten Teil des Körpers operieren (1): *j-n am Magen operieren* **3** ***irgendwie operieren*** *geschr* ≈ irgendwie handeln ⟨vorsichtig operieren⟩

◆**Op·fer** *das*; -*s*, -; **1** eine Handlung, mit der man einen anderen unterstützt. Dabei hat man selbst Nachteile oder verzichtet auf etwas ⟨ein schweres Opfer; ein Opfer für j-n / etwas bringen⟩: *Nur unter großen finanziellen Opfern konnte sie ihre Kinder studieren lassen* || K-: ***Opfer-, -bereitschaft***; ***opfer-, -bereit*** **2** ein Tier oder Ding, das man in religiösen Handlungen als Gabe bringt ⟨ein Opfer bringen⟩ || K-: ***Opfer-, -gabe*** || -K: ***Dank-*** **3** ≈ Spende **4** j-d, der (durch einen Unfall, eine Katastrophe, ein Verbrechen) Schaden leidet oder stirbt || -K: ***Todes-, Verkehrs-*** **5** ***j-m / etwas zum Opfer fallen*** von j-m / etwas verletzt, getötet, beschädigt oder zerstört werden: *Ich bin einem Betrüger zum Opfer gefallen*

◆**Op·po·si·ti·on** [-'tsi̯oːn] *die*; -, -*en*; *meist Sg* **1** die Parteien in einem Parlament, die nicht an der Regierung sind ⟨die parlamentarische Opposition; ein Mitglied der Opposition⟩ || K-: ***Oppositions-, -führer, -partei*** **2** die Menschen, die gemeinsam eine andere als die offizielle Meinung, Lehre oder Politik haben **3** *geschr* ≈ Widerstand: *Opposition gegen die Atomenergie* || *hierzu* **op·po·si·ti·o·nell** *Adj*

op·ti·mal *Adj*; so gut, wie es in einer Situation überhaupt möglich ist ⟨eine Lösung; etwas optimal nutzen⟩ || *hierzu* **op·ti·mie·ren** (*hat*)

Op·ti·mum *das*; *-s*, *Op·ti·ma*; *geschr*; das beste Ergebnis, das in einer Situation möglich ist: *ein Optimum an Leistung*

op·tisch *Adj* **1** mit den Augen gesehen ≈ visuell ⟨ein Eindruck⟩ **2** *nur attr, nicht adv*; mit Linsen, Spiegeln *o.Ä.* ausgestattet ⟨Instrumente⟩

O·ran·ge [o'rã:ʒə, o'raŋʒə] *die*; -, *-n*; eine süße, runde Frucht mit dicker, rotgelber Schale, die in warmen Ländern wächst und die innen in Spalten unterteilt ist || ↑ *Illustration* ***Obst und Gemüse*** || K-: ***Orangen-, -limonade, -marmelade, -saft, -schale***

Or·ches·ter [ɔr'kɛstɐ] *das*; *-s*, -; eine ziemlich große Gruppe von Musikern, die gemeinsam mit einem Dirigenten Musik machen und Konzerte geben ⟨ein sinfonisches Orchester; ein Orchester dirigieren⟩ || K-: ***Orchester-, -konzert*** || -K: ***Sinfonie-***

Or·chi·dee [-'de:(ə)] *die*; -, *-n*; eine Pflanze (mit den meisten Arten in den Tropen), *meist* mit relativ dicken Blättern und schönen Blüten

Or·den[1] *der*; *-s*, -; *meist* ein kleines Stück Metall an einem farbigen Band, das j-d (als Auszeichnung) für eine besondere Leistung bekommt ⟨j-m einen Orden verleihen⟩

Or·den[2] *der*; *-s*, -; eine Gruppe von Menschen, die gemeinsam nach festen Regeln ihrer Religion *bes* in einem Kloster leben

◆ **or·dent·lich** *Adj* **1** so, dass alle Dinge gepflegt, sauber und an ihrem Platz sind: *das Zimmer ordentlich aufräumen*; *die Wäsche ordentlich in den Schrank legen* **2** ⟨Menschen⟩ so, dass sie dafür sorgen, dass ihre Sachen ordentlich (1) sind **3** so, wie es den Normen der Gesellschaft entspricht ⟨sich ordentlich benehmen; ein ordentliches Leben führen⟩ **4** *gespr*; so, wie es dem Zweck entspricht (und wie man es sich daher wünscht): *Wir brauchen einen ordentlichen Plan* **5** *nur attr oder adv*; *gespr*; sehr stark, sehr intensiv: *Gestern hat es ordentlich geregnet*; *Du hast mir einen ordentlichen Schrecken eingejagt* || *zu* **1** und **2** **Or·dent·lich·keit** *die*

or·di·när *Adj* **1** *pej*; (*bes* in Bezug auf Sexualität) nicht so zurückhaltend und höflich, wie es den Normen entspricht ⟨Menschen, Witze, Wörter⟩ **2** *nur attr, nicht adv*; nicht von besonderer Art: *Das ist kein besonderer Stoff, sondern ganz ordinäre Baumwolle*

Or·di·na·ti·on [-'tsio:n] *die*; -, *-en* **1** Ⓐ die Sprechstunde oder die Praxis eines Arztes **2** die Feier, bei der ein Priester in sein Amt eingeführt wird

◆ **ord·nen**; *ordnete, hat geordnet* **1** ***etwas (irgendwie) ordnen*** Dinge in eine bestimmte Reihenfolge oder an ihre Plätze bringen, sodass sie leicht zu finden sind: *die Briefmarkensammlung ordnen*; *die Gedanken ordnen* **2** ***etwas ordnen*** dafür sorgen, dass etwas so wird, wie es sein soll ⟨die privaten Angelegenheiten ordnen⟩

◆ **Ord·nung** *die*; -, *-en* **1** *nur Sg*; der Zustand, in dem alle Dinge an ihrem Platz sind ⟨Ordnung halten, machen, schaffen; etwas in Ordnung bringen; für Ordnung sorgen⟩ || K-: ***Ordnungs-, -sinn***; ***ordnungs-, -liebend*** **2** *nur Sg*; der Zustand, in dem j-d gesund ist, etwas funktioniert oder alles so ist, wie es sein soll ⟨etwas ist in Ordnung⟩: *Mit dem Staubsauger ist etwas nicht in Ordnung* **3** *nur Sg*; *gespr*; der Zustand, in dem j-d mit etwas zufrieden oder einverstanden ist: *„Wir treffen uns im Schwimmbad" – „(Ist / Geht) In Ordnung!"* **4** *nur Sg*; die Gesetze und Regeln, nach denen sich die Menschen richten ⟨die demokratische, öffentliche, verfassungsmäßige Ordnung⟩ || -K: ***Gesellschafts-, Studien-*** **5** *nur Sg* ≈ Reihenfolge

ORF [o:|ɛr'|ɛf] *der*; -; *nur Sg*; (*Abk für* Österreichischer Rundfunk) die staatlichen österreichischen Radio- und Fernsehsender

Or·gan *das*; *-s*, *-e* **1** ein Teil des Körpers, der eine spezielle Funktion hat, wie Herz, Leber, Lunge, Augen ⟨die inneren Organe; ein Organ spenden, verpflanzen⟩ || K-: ***Organ-, -funktion, -spende*** || -K: ***Atmungs-*** **2** eine Zeitung oder Zeitschrift, die von einer Organisation herausgegeben wird || -K: ***Partei-, -organ*** **3** eine Abteilung (*z.B.* einer Regierung oder Verwaltung) für bestimmte Aufgaben || -K: ***Kontroll-, -organ*** **4** *gespr* ≈ Stimme (1)

◆ **Or·ga·ni·sa·ti·on** [-'tsio:n] *die*; -, *-en* **1** eine Gruppe von Menschen mit einem gemeinsamen Ziel oder einer gemeinsamen Aufgabe (*z.B.* ein Verein, eine Partei) ⟨eine kirchliche, politische Organisation; einer Organisation angehören; Mitglied einer Organisation sein⟩ || -K: ***Arbeiter-, Hilfs-*** **2** *nur Sg*; das Organisieren (1): *für die Organisation eines Festes verantwortlich sein* || K-: ***Organisations-, -fehler*** **3** *nur Sg*; der Aufbau und der Ablauf nach einem festen Plan ⟨die Organisation eines Betriebes, der Verwaltung⟩ || -K: ***Betriebs-***

◆ **or·ga·ni·sie·ren**; *organisierte, hat organi-*

O

siert **1** **(*etwas*) *organisieren*** etwas, an dem *meist* viele Personen beteiligt sind, planen, vorbereiten und durchführen ⟨eine Veranstaltung organisieren⟩ **2** ⟨Personen⟩ ***organisieren sich*** mehrere Personen bilden eine Gruppe oder Organisation ⟨sich gewerkschaftlich organisieren⟩

Or·ga·nis·mus *der*; -, *Or·ga·nis·men*; *geschr* **1** der Körper eines Menschen oder Tieres (als ein System von Organen) ⟨der menschliche, tierische Organismus; ein lebender Organismus⟩: *Sein Organismus ist durch die Operation geschwächt* **2** ein (sehr kleines) Lebewesen ⟨mikroskopische, winzige Organismen⟩ **3** ein System von vielen einzelnen Teilen, von denen jeder eine wichtige Aufgabe erfüllt: *Der Staat ist ein komplizierter Organismus*

Or·gel *die*; -, *-n*; ein sehr großes Musikinstrument mit vielen unterschiedlich hohen und dicken Pfeifen, das *meist* in Kirchen steht || K-: ***Orgel-, -musik, -pfeife***

O·ri·ent ['oːri̯ɛnt, o'ri̯ɛnt] *der*; *-s*; *nur Sg* **1** ***der* (*Vordere*) *Orient*** das Gebiet von Ägypten, dem Iran und den Ländern dazwischen **2** der Orient (1) und das Gebiet der Länder im Osten vom Iran bis einschließlich Bangladesch

o·ri·en·ta·lisch [ori̯ɛn-] *Adj*; im Orient oder in Bezug auf den Orient ⟨Sitten, Kunst⟩ || *hierzu* **O·ri·en·ta·le** *der*; **O·ri·en·ta·lin** *die*; -, *-nen*

o·ri·en·tie·ren [ori̯ɛn-]; *orientierte, hat orientiert* **1** ***j-n / sich* (*über etwas* (*Akk*)) *orientieren*** *geschr*; j-n / sich über etwas informieren: *Der Minister wird seinen Gast über die innenpolitische Lage orientieren* **2** ***sich* (*nach / an etwas* (*Dat*)) *orientieren*** herausfinden, wo man ist und in welche Richtung man gehen will ⟨sich nach dem Kompass orientieren⟩ **3** ***j-d / etwas orientiert sich an j-m / etwas*** *geschr*; j-d / etwas richtet sich nach j-m / etwas ⟨sich an einem Ideal orientieren⟩

◆**O·ri·gi·nal** *das*; *-(e)s, -e* **1** ein literarisches oder künstlerisches Werk in der (ursprünglichen) Form, die der Künstler selbst geschaffen hat: *Dürers Aquarelle im Original* || K-: ***Original-, -fassung***; ***original-, -getreu*** **2** das erste Exemplar eines geschriebenen Textes ↔ Kopie ⟨ein Original kopieren, verkleinern; eine Urkunde im Original vorlegen⟩ **3** *gespr*; j-d, dessen Kleidung, Benehmen, Ansichten ungewöhnlich und interessant sind

o·ri·gi·nell *Adj* **1** neu, ungewöhnlich und *meist* witzig ⟨ein Gedanke, ein Gedicht⟩ **2** mit guten, neuen Ideen ⟨Menschen⟩

Or·kan *der*; *-s, -e*; ein sehr starker Sturm ⟨ein Orkan bricht los⟩ || K-: ***Orkan-, -stärke***; ***orkan-, -artig***

◆**Ort** *der*; *-(e)s, -e* **1** eine Stelle, an der etwas ist oder geschieht ⟨an einem Ort⟩: *Ort und Zeit eines Unfalls melden*; *Diese Pflanze wächst am besten an schattigen Orten* || -K: ***Aufenthalts-, Unglücks-*** **2** *nur Sg*; der Ort (1), an dem etwas normalerweise ist: *Ich habe das Buch nicht gefunden, es steht nicht an seinem Ort* **3** ein Dorf oder eine Stadt ⟨in einem Ort⟩: *Orte mit mehr als 50000 Einwohnern* || K-: ***Orts-, -mitte, -name, -teil*** || -K: ***Geburts-, Wohn-***; ***Ferien-*** **4** ***am Ort*** (hier) in diesem Ort (3): *Er ist der einzige Arzt am Ort*

ört·lich *Adj* **1** einen bestimmten Ort (1), nur einen Teil eines Gebiets betreffend ≈ regional ⟨eine Besonderheit, ein Gewitter, Schauer⟩ **2** *nur attr, nicht adv*; in Bezug auf einen Ort (3) ≈ lokal ⟨die Behörden, die Feuerwehr⟩ **3** auf einer Körperstelle ≈ lokal ⟨eine Betäubung⟩

Ort·schaft *die*; -, *-en*; ein *meist* kleiner Ort (3)

Orts·ge·spräch *das*; ein Telefongespräch innerhalb einer Stadt, eines Ortes (3)

Os·si *der*; *-s, -s*; *gespr*; verwendet als Bezeichnung für eine Person, die aus dem Osten Deutschlands (der früheren DDR) kommt

◆**Ost** *ohne Artikel, indeklinabel*; *Seefahrt, Meteorologie* ≈ Osten (1) ⟨Wind aus / von Ost⟩ || -K: ***Nord-, Süd-***

◆**Os·ten** *der*; *-s*; *nur Sg* **1** die Richtung, die auf der Landkarte nach rechts zeigt ↔ Westen ⟨der Wind weht aus / von Osten; aus, in Richtung Osten⟩: *Die Sonne geht im Osten auf* || K-: ***Ost-, -küste, -seite*** **2** der Teil eines Gebietes, der im Osten (1) liegt: *Er wohnt im Osten der Stadt* || K-: ***Ost-, -afrika, -amerika, -europa*** **3** *hist*; die frühere Sowjetunion und deren Verbündete **4** ***der Nahe Osten*** das Gebiet von Ägypten, dem Iran und den Ländern dazwischen **5** ***der Mittlere Osten*** das Gebiet der Länder im Osten (1) vom Iran bis einschließlich Bangladesch **6** ***der Ferne Osten*** das Gebiet von China, Japan, Indonesien und den Ländern dazwischen

Os·tern (*das*); -, -; das Fest im Frühling, mit dem die Christen feiern, dass Christus wieder lebt ⟨an / zu Ostern⟩ || K-: ***Oster-, -sonntag, -woche*** || *hierzu* **ös·ter·lich**

öst·lich[1] *Adj* **1** in die Richtung nach Osten ⟨ein Kurs; in östliche Richtung fahren⟩ **2** *nur attr, nicht adv*; von Osten nach Westen ⟨ein Wind; aus östlicher Richtung⟩ **3** *nur attr oder adv*; im Osten (1,2) ⟨ein Land,

O

die Seite, der Teil〉: *Wir befinden uns auf zehn Grad östlicher Länge* **4** *meist attr*; in Bezug auf die Länder Asiens und die Menschen, die dort leben ≈ asiatisch ↔ westlich **5** *meist attr, nicht adv*; zu den früher kommunistischen Ländern im Osten Europas, zum Osten (3) gehörig

öst·lich[2] *Präp*; ***etwas ist östlich etwas*** (*Gen*) etwas liegt weiter im Osten als etwas: *fünf Kilometer östlich der Grenze* || Hinweis: folgt ein Wort ohne Artikel, verwendet man *östlich von*: *östlich von München*

Ost·see *die*; -; *nur Sg*; das Meer zwischen Dänemark, Schweden, Finnland und den Ländern südlich davon

o·val [-v-] *Adj*; mit einer Form wie ein Ei, wenn man es sich flach vorstellt

O·ze·an *der*; *-s*, *-e*; ein großes Meer zwischen Kontinenten 〈der Atlantische, der Pazifische Ozean〉 || K-: ***Ozean-, -dampfer***

O·zon *das* / *gespr auch der*; *-s*; *nur Sg*; ein giftiges blaues Gas, das eine Form von Sauerstoff ist; *Chem* O_3 || K-: ***Ozon-, -loch, -schicht***; ***ozon-, -haltig***

P

P, **p** [peː] *das*; -, - / *gespr auch -s*; der sechzehnte Buchstabe des Alphabets

◆ **Paar** *das*; *-(e)s*, - / *-e* **1** (*Pl Paar*) zwei gleiche Dinge, die zusammengehören 〈ein Paar Handschuhe〉 **2** (*Pl Paare*) zwei Menschen, die einander lieben, miteinander verwandt sind oder zusammen arbeiten || -K: ***Ehe-, Zwillings-*** || ID *meist* ***Das sind zwei Paar Stiefel*** *gespr*; das sind zwei ganz unterschiedliche Sachen

◆ **paar** *Indefinitpronomen*; *indeklinabel*; **1** *meist* ***ein paar*** wenige: *Es sind nur noch ein paar Stücke übrig* **2** *meist* ***ein paar*** + *Zahl* ≈ mehrere 〈ein paar hundert, tausend〉

P

pach·ten; *pachtete, hat gepachtet*; ***etwas pachten*** j-m Geld dafür geben, dass man ein Stück Land, einen Raum *o.Ä.* nutzen darf 〈ein Lokal pachten〉 || *hierzu* **Pacht** *die*; **Päch·ter** *der*; **Päch·te·rin** *die*; -, *-nen*

◆ **Päck·chen** *das*; *-s*, -; eine kleine Packung oder ein kleines Paket

◆ **pa·cken**; *packte, hat gepackt* **1** ***etwas*** (***in etwas*** (*Akk*)) ***packen*** Dinge in Schachteln, Kisten *usw* legen, um sie zu transportieren oder um sie dort zu lassen: *Kleider in den Koffer packen* **2** ***j-n / etwas*** (***an etwas*** (*Dat*)) ***packen*** j-n / etwas greifen und sehr fest halten: *Er packte mich am Arm* **3** ***etwas packt j-n*** j-d hat plötzlich ein starkes Gefühl 〈j-n packt die Wut〉 **4** ***etwas packen*** *gespr*; etwas gerade noch schaffen oder erreichen: *Meinst du, er hat die Prüfung noch gepackt?* **5** (***etwas***) ***packen*** etwas mit Sachen füllen, weil man verreisen will: *den Koffer packen*

pa·ckend *Adj*; aufregend und spannend 〈ein Roman, ein Film〉

Pa·ckerl *das*; *-s*, -; Ⓐ ≈ Päckchen

Pa·ckung *die*; -, *-en* **1** eine bestimmte Menge von Dingen gleicher Art, die zusammen (in einer Hülle) verkauft werden 〈eine Packung Zigaretten〉 || -K: ***Haushalts-*** **2** die Hülle oder der Behälter, in denen diese Dinge sind

Pä·da·go·gik *die*; -; *nur Sg*; die Wissenschaft vom Unterrichten und Erziehen || *hierzu* **Pä·da·go·ge** *der*; **Pä·da·go·gin** *die*; -, *-nen*; **pä·da·go·gisch** *Adj*

Pad·del *das*; *-s*, -; ein Stock (mit einem breiten, flachen Teil an einem oder beiden Enden), den man ins Wasser taucht, um so ein Boot zu bewegen

paf·fen; *paffte, hat gepafft*; (***etwas***) ***paffen*** *gespr* ≈ eine Zigarette, Pfeife *usw* rauchen

◆ **Pa·ket** *das*; *-(e)s*, *-e* **1** eine Art Behälter aus Pappe, den man mit der Post an j-n schickt **2** ein Behälter aus Pappe, *z.B.* für Waschpulver

Pa·last *der*; *-(e)s*, *Pa·läs·te*; ein großes Gebäude, in dem ein König, Fürst *o.Ä.* lebt oder lebte: *der Buckingham-Palast in London*

Pa·lat·schin·ke *die*; -, *-n*; *meist Pl*; Ⓐ ein dünner Pfannkuchen

Pal·me *die*; -, *-n*; ein tropischer Baum ohne Äste, der nur ganz oben große Blätter hat || K-: ***Palmen-, -strand*** || -K: ***Kokos-*** || ID

j-n auf die Palme bringen *gespr*; j-n wütend machen

pa·nie·ren; *panierte, hat paniert*; ***etwas panieren*** etwas vor dem Braten in Ei und Mehl tauchen ⟨ein Schnitzel panieren⟩

Pa·nik *die*; -, *-en*; *meist Sg*; eine sehr große Angst ⟨j-d gerät in Panik; in Panik wegrennen⟩ || K-: ***Panik-, -stimmung***

◆ **Pan·ne** *die*; -, *-n* **1** ein plötzlicher Schaden an einem Fahrzeug, wegen dem man dann halten muss: *Mein Auto hatte eine Panne* || K-: ***Pannen-, -hilfe*** || -K: ***Auto-*** **2** ein Fehler oder ein technisches Problem

Pa·no·ra·ma *das*; *-s, Pa·no·ra·men*; der weite Blick, den man von einem *meist* hoch gelegenen Punkt hat

Pan·ter, **Pan·ther** *der*; *-s*, -; ein Raubtier, ähnlich einer sehr großen schwarzen Katze

Pan·tof·fel *der*; *-s, -n*; eine Art weicher Schuh, den man im Haus trägt || ↑ *Abbildung unter* **Schuhe** || ID ***unter dem Pantoffel stehen*** als Ehemann zu Hause nichts ohne seine Frau entscheiden dürfen

Pan·to·mi·me *die*; -, *-n*; eine Art Theaterstück mit vielen Gesten und Bewegungen, aber ohne Worte || *hierzu* **pan·to·mi·misch** *Adj*

Pan·zer *der*; *-s*, -; **1** eine harte Schale, die den Körper mancher Tiere bedeckt und schützt ⟨der Panzer einer Schildkröte⟩ **2** ein schweres militärisches Fahrzeug, das sich auf zwei breiten Ketten vorwärts bewegt

Pa·pa, **Pa·pi** *der*; *-s, -s*; *gespr*; von und gegenüber Kindern als Anrede für den Vater verwendet

Pa·pa·gei *der*; *-en / -s, -en*; ein *meist* bunter Vogel mit gebogenem Schnabel, der in tropischen Ländern lebt und lernen kann, Wörter zu sprechen

◆ **Pa·pier** *das*; *-(e)s, -e* **1** *nur Sg*; das dünne, *meist* weiße Material, auf das man schreibt, zeichnet und druckt ⟨ein Blatt, Stück Papier; auf Papier zeichnen⟩ || K-: ***Papier-, -block*** || -K: ***Schreib-*** **2** ein Material, ähnlich wie Papier, das zu verschiedenen Zwecken benutzt wird || K-: ***Papier-, -handtuch, -taschentuch*** || -K: ***Filter-, Pack-*** **3** ein Text mit wichtigen Informationen **4** *nur Pl*; Dokumente wie Pass, Führerschein || ID ⟨ein Recht, ein Vertrag *o.Ä.* besteht⟩ ***nur auf dem Papier*** ein Recht, ein Vertrag *o.Ä.* steht irgendwo geschrieben, wird aber nicht beachtet; ***Papier ist geduldig*** verwendet, um Zweifel am Wert von etwas, das geschrieben wurde, auszudrücken

Pa·pier·korb *der*; ein Behälter, für Abfälle aus Papier

Pap·pe *die*; -, *-n*; *meist Sg*; eine Art dickes, stabiles Papier: *eine Schachtel aus Pappe* || K-: ***Papp-, -becher, -karton*** || ID ***j-d / etwas ist nicht von Pappe*** *gespr*; j-d / etwas ist stark

Pap·ri·ka *der*; *-s, -(s) oder die*; -, *-(s)* **1** (*der Paprika*) eine Pflanze mit großen, hohlen Früchten von grüner, gelber oder roter Farbe, die als Gemüse gegessen werden || K-: ***Paprika-, -schote*** **2** (*der oder die Paprika*); die Frucht des Paprikas (1) **3** (*der Paprika*); ein rotes Pulver, das man als (scharfes) Gewürz verwendet || K-: ***Paprika-, -gulasch***

Papst *der*; *-es, Päps·te*; der höchste Bischof der römisch-katholischen Kirche || K-: ***Papst-, -wahl*** || *hierzu* **päpst·lich** *Adj*

Pa·ra·de *die*; -, *-n*; eine Art Feier, bei der Soldaten sich in Reihen aufstellen oder durch die Straßen ziehen ⟨eine Parade abhalten⟩ || -K: ***Militär-, Truppen-*** || ID ***j-m in die Parade fahren*** *gespr*; j-n plötzlich stören und ihn dadurch an einer Handlung hindern

Pa·ra·de·bei·spiel *das*; ein sehr gutes Beispiel ≈ Musterbeispiel

Pa·ra·dei·ser *der*; *-s*, -; Ⓐ ≈ Tomate

Pa·ra·dies *das*; *-es, -e* **1** (in der Bibel) der schöne Ort, an dem Adam und Eva gelebt haben **2** ein besonders schöner und angenehmer Ort: *Diese Insel ist ein wahres Paradies* || -K: ***Ferien-, Urlaubs-*** || *hierzu* **pa·ra·die·sisch** *Adj*

pa·ra·dox *Adj*; so, dass es einen Gegensatz enthält oder dass darin zwei Dinge nicht zusammenpassen: *Es ist paradox, dass es in diesem reichen Land so viel Armut gibt*

Pa·ra·graf, **Pa·ra·graph** [-f] *der*; *-en, -en*; ein Teil eines Gesetzes, Vertrages, der eine Nummer hat; Zeichen §

pa·ral·lel *Adj*; ⟨Linien⟩ so, dass sie an jeder Stelle gleich weit voneinander entfernt sind || K-: ***Parallel-, -straße*** || *hierzu* **Pa·ral·le·le** *die*

Pa·ra·sit *der*; *-en, -en*; ein Tier oder eine Pflanze, die auf oder in anderen Tieren oder Pflanzen leben und von ihnen die Nahrung nehmen: *Wanzen und Misteln sind Parasiten* || -K: ***Baum-*** || *hierzu* **pa·ra·si·tär** *Adj*

pa·rat *Adj*; *nur präd, nicht adv*; so, dass man etwas (zur Hand) hat, wenn man es braucht ≈ bereit ⟨eine Antwort, eine Ausrede parat haben⟩

Par·don [par'dõː] *das*; *-s*; *nur Sg* **1** ***Pardon!*** verwendet, um sich bei j-m zu entschuldi-

P

gen ≈ Entschuldigung! **2 *kein Pardon kennen*** *geschr*; keine Rücksicht nehmen und schonungslos handeln

Par·füm *das*; *-s*, *-s* / *-e*; eine Flüssigkeit, die man in kleinen Mengen auf die Haut gibt, um gut zu riechen ⟨ein Parfüm auftragen⟩

◆ **Park** *der*; *-(e)s*, *-s*; eine ziemlich große und gepflegte Fläche mit Gras, Blumen und Bäumen (*meist* in einer Stadt) || K-: ***Park-, -bank*** || -K: ***Schloss-, Stadt-***

◆ **par·ken**; *parkte, hat geparkt* **1 (*etwas*)(*irgendwo*) *parken*** ein Fahrzeug dorthin stellen, wo man aussteigen will: *das Auto direkt vor dem Haus parken* || K-: ***Park-, -gebühr*** **2 *j-d / etwas parkt irgendwo*** j-s Auto ist irgendwo geparkt: *Ich parke hier um die Ecke*

Par·kett *das*; *-(e)s*, *-e* **1** ein Fußboden aus Holz **2** *nur Sg*; die Plätze in der Höhe der Bühne (in einem Theater oder Kino) || ↑ *Abbildung unter* ***Theater***

◆ **Park·haus** *das*; ein Gebäude, in dem viele Autos parken können

◆ **Park·platz** *der* **1** ein großer Platz, auf dem Autos parken können **2** die Fläche, auf der ein Auto parkt

Park·schei·be *die*; eine Scheibe mit einer Art Uhr, auf der man den Zeitpunkt einstellt, wenn man nur begrenzte Zeit parken darf

◆ **Park·uhr** *die*; ein Automat, in den man Geld wirft, damit man eine bestimmte Zeit parken darf ⟨eine Parkuhr läuft ab⟩

◆ **Par·la·ment** *das*; *-(e)s*, *-e* **1** eine demokratische Institution, die Gesetze beschließt. Die Mitglieder des Parlaments werden (in den meisten Ländern) vom Volk gewählt ⟨ein Parlament auflösen, wählen; ein Parlament tritt zusammen, tagt⟩ || K-: ***Parlaments-, -abgeordnete, -wahlen*** **2** das Gebäude für das Parlament

◆ **Par·tei** *die*; *-*, *-en* **1** eine Organisation mit einem politischen Programm ⟨eine demokratische Partei; ein Anhänger, ein Mitglied, ein Funktionär einer Partei; eine Partei stellt die Regierung⟩ || K-: ***Partei-, -mitglied*** || -K: ***Oppositions-, Regierungs-*** **2** eine Gruppe von Menschen, die in einem Streit die gleiche Meinung haben **3** einer der Gegner in einem Streit vor Gericht ⟨die klagende Partei⟩ || ID ***für j-n / etwas Partei ergreifen / nehmen*** j-n / etwas in einem Streit *o.Ä.* unterstützen

Par·ter·re [-'tɛr(ə)] *das*; *-s*, *-s*; der Teil eines Hauses, der ungefähr auf der Höhe des Erdbodens ist || K-: ***Parterre-, -wohnung***

Par·tie *die*; *-*, *-n* [-'tiːən] **1** ein Teil von etwas (*bes* von Körperteilen): *Die untere Partie ihres Gesichtes war verletzt* || -K: ***Nacken-*** **2** ein einzelnes Spiel (*bes* bei Brett- und Kartenspielen) || -K: ***Schach-*** || ID **(*bei etwas*) *mit von der Partie sein*** bei etwas mitmachen

Par·ti·kel[1] *das*; *-s*, *-*; ein sehr kleiner Teil einer Substanz ⟨ein radioaktives Partikel⟩

Par·ti·kel[2] *die*; *-*, *-n*; *Ling*; ein Wort, dessen Form sich nicht ändert und das *meist* ein Gefühl oder eine subjektive Einstellung ausdrückt, *z.B. bloß, eigentlich*

Par·ti·tur *die*; *-*, *-en*; *Mus*; die schriftliche Form eines Musikstücks mit allen Noten

Par·ti·zip *das*; *-s*, *-ien* [-'t͡siːpi̯ən]; *Ling* **1** eine Wortform, die von einem Verb abgeleitet wird und aus der man die Person, die Zahl und das Tempus nicht erkennen kann **2 *das Partizip Perfekt / das Partizip des Perfekts*** eine Form wie *geholt, gewonnen*, im Perfekt, im Passiv, auch *oft* als Adjektiv verwendet **3 *das Partizip Präsens / das Partizip des Präsens*** die Form des Verbs, die auf *-(e)nd* endet und *oft* wie ein Adjektiv verwendet wird, wie *z.B. schlafend, laufend*

◆ **Part·ner** *der*; *-s*, *-*; **1** einer von zwei Menschen, oder eine von zwei Gruppen, die etwas gemeinsam tun || -K: ***Gesprächs-, Verhandlungs-, Vertrags-*** **2** j-d, der mit einer anderen Person ein enges Verhältnis hat, mit ihm zusammenlebt || K-: ***Partner-, -wahl*** || -K: ***Ehe-*** **3** einer von mehreren Besitzern eines Geschäfts oder einer Firma || *hierzu* **Part·ne·rin** *die*; *-*, *-nen*

Part·ner·stadt *die*; eine Stadt, die zu einer Stadt in einem anderen Land in regelmäßigem Kontakt steht (*bes* damit sich die Leute der verschiedenen Länder und Kulturen besser kennen lernen)

◆ **Par·ty** [-ti] *die*; *-*, *-s*; ein privates Fest mit Essen, Trinken, Musik *usw* ⟨eine Party geben⟩ || K-: ***Party-, -service*** || -K: ***Geburtstags-***

◆ **Pass** *der*; *-es*, *Päs·se*; eine Art Personalausweis, für Reisen ins Ausland ⟨einen Pass beantragen⟩ || K-: ***Pass-, -kontrolle*** || -K: ***Reise-***

◆ **Pas·sa·gier** [-'ʒiːɐ̯] *der*; *-s*, *-e*; j-d, der mit einem Flugzeug oder Schiff reist || *hierzu* **Pas·sa·gie·rin** *die*; *-*, *-nen*

Pas·sant *der*; *-en*, *-en* ≈ Fußgänger || *hierzu* **Pas·san·tin** *die*; *-*, *-nen*

◆ **pas·sen**; *passte, hat gepasst* **1 *etwas passt (j-m)*** etwas hat die richtige Größe oder Form für j-n ⟨das Hemd, die Hose passt ihm⟩ **2 *etwas passt (irgendwohin)*** etwas kann von der Form, Größe oder

P

Menge her irgendwo untergebracht oder irgendwohin gestellt werden: *Passen alle Koffer ins Auto?* **3** ***zu j-m passen*** ähnliche Eigenschaften und Interessen haben wie ein anderer: *Die beiden passen gut zueinander* **4** ***etwas passt j-m*** *gespr*; etwas ist so, wie es j-d will: *Passst es dir, wenn ich dich morgen besuche?*

pas·send *Adj* so, dass es für den Zweck gut geeignet oder richtig ist ⟨eine Rede, eine Antwort⟩

◆**pas·sie·ren**; *passierte, ist passiert* **1** ***etwas passiert*** etwas ist in einer Situation plötzlich da und bewirkt eine *oft* unangenehme Veränderung: *Da kommt die Feuerwehr – es muss etwas passiert sein*; *Wie konnte das nur passieren?* **2** ***etwas passiert j-m*** j-d erlebt etwas ⟨j-m passiert etwas Komisches⟩ **3** ***etwas passiert mit j-m / etwas*** *gespr*; etwas geschieht oder wird getan, so dass es j-n / etwas betrifft: *„Was passiert mit den Abfällen?" – „Die kommen hier in den Eimer"* **4** ***etwas passiert j-m*** etwas bewirkt, dass j-d verletzt ist ⟨j-m passiert ein Unfall⟩ || ID ***Das kann jedem*** (***mal***) ***passieren*** das ist nicht so schlimm; *meist* ***Das kann auch nur dir passieren!*** *gespr*; es ist typisch, dass gerade du etwas falsch gemacht hast

◆**pas·siv** [-f] *Adj*; *oft pej*; so, dass j-d akzeptiert, was geschieht, ohne zu reagieren oder ohne Interesse daran ↔ aktiv ⟨sich passiv verhalten⟩ || *hierzu* **Pas·si·vi·tät** *die*

Pas·siv [-f] *das*; *-s*; *nur Sg*; *Ling*; die Form des (transitiven) Verbs, die mit *werden* oder *sein* und mit dem Partizip Perfekt gebildet wird ↔ Aktiv: *In dem Satz „Das Fenster wird geschlossen" steht das Verb im Passiv* || K-: ***Passiv-, -satz*** || *hierzu* **pas·si·visch** [-v-] *Adj*

Pas·te *die*; *-, -n* **1** eine weiche Masse, die aus Puder und einer Flüssigkeit oder aus Fett besteht ⟨eine Paste auf die Haut, eine Wunde auftragen⟩ **2** eine weiche Masse, die *z.B.* aus klein gemachtem Fleisch oder Fisch besteht und aufs Brot gestrichen wird

Pas·te·te *die*; *-, -n* **1** ein rundes Gebäck (aus lockerem Teig), das mit Fleisch, Gemüse *o.Ä.* gefüllt wird || -K: ***Gemüse-*** **2** eine weiche Masse aus feinem Fleisch oder Leber, die man *meist* aufs Brot streicht

Pas·tor *der*; *-s, -en* [-'to:rən]; *bes nordd*; ein evangelischer Pfarrer || *hierzu* **Pas·to·rin** *die*; *-, -nen*

Pa·te *der*; *-n, -n*; eine Person, die bei der Taufe eines Kindes verspricht, bei der (religiösen) Erziehung zu helfen || -K: ***Tauf-, -pate*** || ID ***bei etwas Pate stehen*** dazu beitragen, dass etwas entsteht || *hierzu* **Pa·tin** *die*; *-, -nen*

Pa·tent *das*; *-(e)s, -e*; ***ein Patent*** (***für etwas***) das Recht, eine Erfindung wirtschaftlich zu nutzen

pa·tent *Adj*; *gespr* **1** gut und praktisch ⟨eine Idee, eine Lösung⟩ **2** tüchtig und sympathisch ⟨eine Person⟩

◆**Pa·ti·ent** [pa'tsi̯ɛnt] *der*; *-en, -en*; j-d, der von einem Arzt behandelt wird ⟨einen Patienten pflegen, heilen⟩ || *hierzu* **Pa·ti·en·tin** *die*; *-, -nen*

Pat·ri·ot *der*; *-en, -en*; *auch pej*; j-d, der sein (Heimat)Land liebt || *hierzu* **Pat·ri·o·tis·mus** *der*; **pat·ri·o·tisch** *Adj*

Pat·ro·ne *die*; *-, -n* **1** ein rundes, längliches Stück Metall, das man mit einem Gewehr oder einer Pistole schießt **2** eine kleine Röhre aus Plastik, die mit Tinte gefüllt ist ⟨eine neue Patrone in den Füller einlegen⟩ **3** die Hülle, in der ein Film ist, wenn man ihn in die Kamera legt

pat·zen; *patzte, hat gepatzt*; *gespr*; einen kleinen Fehler machen

pau·schal *Adj* **1** *nur attr oder adv*; in Bezug auf das Ganze und nicht auf einzelne Teile ≈ insgesamt ⟨etwas pauschal zahlen⟩ || K-: ***Pauschal-, -angebot*** **2** so, dass man sich dabei sehr allgemein ausdrückt, ohne Details ⟨etwas pauschal verurteilen⟩ || K-: ***Pauschal-, -urteil*** || *zu* **2** **pau·scha·li·sie·ren** (*hat*)

◆**Pau·se** *die*; *-, -n*; eine *meist* kurze Zeit der Ruhe, in der man nicht lernt oder arbeitet ⟨eine kurze Pause; eine Pause machen⟩ || -K: ***Arbeits-, -pause***

Pa·vil·lon ['pavɪljɔŋ] *der*; *-s, -s* **1** ein kleines, *meist* rundes und *oft* offenes Haus *bes* in Parks und Gärten || -K: ***Konzert-*** **2** ein Haus mit *meist* nur einem großen Raum, in dem man *bes* Waren und Bilder ausstellt || -K: ***Messe-***

Pa·zi·fis·mus *der*; *-*; *nur Sg*; die Überzeugung, dass Gewalt und Kriege nicht sein dürfen || *hierzu* **Pa·zi·fist** *der*; **Pa·zi·fis·tin** *die*; *-, -nen*; **pa·zi·fis·tisch** *Adj*

PC [pe:'tse:] *der*; *-s, -s*; (*Abk für* Personal Computer) ein einzelner Computer, mit dem j-d (in der Firma oder zu Hause) arbeitet

◆**Pech** *das*; *-s*; *nur Sg*; etwas Unangenehmes oder Schlechtes, das j-m passiert und an dem niemand Schuld hat ↔ Glück ⟨Pech haben⟩: *Sie hatte das Pech, den Zug zu verpassen*

Pe·dal *das*; *-s, -e*; eine Art Hebel, den man bewegt, indem man mit dem Fuß darauf

P

drückt || ↑ *Illustration* **Das Fahrrad** || -K: ***Brems-, Fahrrad-***

pe·dan·tisch *Adj*; *pej*; zu genau und ordentlich ⟨ein Mensch, eine Ordnung⟩ || *hierzu* **Pe·dan·te·rie** *die*; **Pe·dant** *der*; **Pe·dan·tin** *die*; -, *-nen*

Pe·gel *der*; *-s*, -; die Höhe, bis zu der (in einem Fluss oder See) das Wasser steht || K-: ***Pegel-, -stand***

pein·lich *Adj*; unangenehm und so, dass man sich dabei schämt ⟨eine Situation; etwas ist j-m / für j-n peinlich⟩ || *hierzu* **Pein·lich·keit** *die*

Peit·sche *die*; -, *-n*; eine lange Schnur an einem Stock, mit der man *bes* Tiere schlägt, um sie anzutreiben

Pelz *der*; *-es*, *-e* **1** die Haut mit den vielen und dicht wachsenden Haaren bei bestimmten Tieren (wie bei Bären, Füchsen) || -K: ***Fuchs-*** || K-: ***Pelz-, -mantel*** **2** *nur Sg*; ein Kleidungsstück aus Pelz || ID ***j-m (mit etwas) auf den Pelz rücken*** *gespr*; immer wieder mit einer Bitte zu j-m kommen

pen·deln; *pendelte, hat / ist gependelt* **1** ***etwas pendelt*** (*ist*) etwas hängt an etwas und schwingt langsam hin und her **2** ***j-d pendelt*** (*hat / ist*) j-d fährt regelmäßig von einem Ort zum anderen, *bes* von der Wohnung zum Arbeitsplatz: *zwischen Hamburg und Berlin pendeln* || K-: ***Pendel-, -verkehr, -zug*** || *zu* **2 Pend·ler** *der*; **Pend·le·rin** *die*; -, *-nen*

pe·ni·bel *Adj*; übertrieben genau und ordentlich ≈ pedantisch ⟨ein Mensch, eine Ordnung⟩ || Hinweis: *penibel → ein penibler Mensch*

P

Pe·nis *der*; -, *-se*; das Organ beim Mann und bei verschiedenen männlichen Tieren, aus dem der Samen und der Urin kommen

pen·nen; *pennte, hat gepennt*; *gespr* ≈ schlafen

◆**Pen·si·on**[1] [-'zi̯oːn] *die*; -; *nur Sg* **1** das Geld, das ein Beamter vom Staat bekommt, wenn er (*meist* aus Gründen des Alters) nicht mehr arbeitet **2** die Zeit, in der ein Beamter eine Pension bekommt ⟨in Pension gehen⟩ **3** Ⓐ ≈ Rente || *zu* **2 Pen·si·o·när** *der*; **Pen·si·o·nä·rin** *die*; -, *-nen*; **Pen·si·o·nist** *der*; **Pen·si·o·nis·tin** *die*; -, *-nen*

◆**Pen·si·on**[2] [-'zi̯oːn] *die*; -, *-en*; ein Haus, in dem man *bes* im Urlaub schlafen und essen kann. Eine Pension ist *meist* billiger als ein Hotel

pen·si·o·nie·ren [pɛnzi̯o'niːrən]; *pensionierte, hat pensioniert*; *meist* ***j-d wird pensioniert*** j-d arbeitet ab jetzt nicht mehr und bekommt eine Pension[1] oder Rente || *hierzu* **Pen·si·o·nie·rung** *die*

per *Präp*; *mit Akk* **1** ***per*** + *Subst* verwendet, um das Mittel zu nennen, mit dem j-d / etwas von einem Ort zu einem anderen gelangt ⟨per Bahn, per Schiff, per Luftpost⟩ **2** ***per*** + *Subst geschr*; verwendet, um das Mittel zu nennen, das man zu einem bestimmten Zweck gebraucht: *etwas per Vertrag regeln* **3** ***per*** + *Subst geschr*; verwendet, um anzugeben, wie etwas gemessen oder gezählt wird ≈ pro: *ein Preis von fünf Euro per Stück, per Kilo*; *hundert Umdrehungen per Sekunde* || Hinweis *zu* **1-3**: Das folgende Substantiv wird ohne Artikel verwendet **4** ***(mit j-m) per du, per Sie sein*** zu j-m „du", „Sie" sagen ≈ j-n duzen, siezen: *Sie ist mit dem Chef per du*

Per·fekt *das*; *-s*; *nur Sg*; *Ling*; die Form des Verbs im Aktiv, die mit *sein* oder *haben* gebildet wird, wie in *Ich habe gewonnen*; *Sie ist gegangen*

◆**per·fekt**, *perfekter, perfektest-*; *Adj* **1** ***perfekt (in etwas*** (*Dat*)) so, dass niemand / nichts besser sein kann: *ein perfekter Ehemann*; *perfekt Französisch sprechen* **2** ***etwas ist perfekt*** etwas ist so, dass man nichts mehr daran ändern kann oder muss ⟨ein Vertrag⟩

Per·le *die*; -, *-n*; eine kleine Kugel aus Glas, Holz *o.Ä.*, die *meist* mit anderen eine Kette bildet. Perlen von Muscheln sind „echte Perlen" || -K: ***Glas-*** || ID ***Perlen vor die Säue werfen*** etwas für eine Person tun oder ihr etwas geben, das diese nicht schätzt

per·ma·nent *Adj* ≈ ständig, dauernd ⟨ein Zustand, eine Bedrohung⟩ || *hierzu* **Per·ma·nenz** *die*

Per·ron [pɛ'rõː] *das*, *der*; *-s*, *-s*; Ⓒⓗ ≈ Bahnsteig

◆**Per·son** *die*; -, *-en* **1** ein einzelner Mensch: *ein Auto mit Platz für fünf Personen* **2** ein Mensch mit einer besonderen Eigenschaft ⟨eine intelligente, interessante Person⟩ || K-: ***Personen-, -beschreibung*** **3** eine Frau ⟨eine reizende, eingebildete Person⟩ **4** *nur Sg*; *Ling*; eine grammatische Form des Verbs oder des Pronomens, die zeigt, wer spricht (die erste Person), wen man anspricht (die zweite Person) oder über wen man spricht (die dritte Person) ⟨die erste, zweite, dritte Person Sg / Pl⟩

Per·so·nal *das*; *-s*; *nur Sg*; die Personen, die bei einer Firma oder einer Organisation beschäftigt sind || -K: ***Hotel-, -personal***

Per·so·nal·aus·weis *der*; ein Dokument (Ausweis) mit Angaben zu der Person. Dieser Ausweis gilt nur in Deutschland und in den Ländern der Europäischen Union

Per·so·nal·com·pu·ter *der*; *geschr* ≈ PC

◆ **per·sön·lich** *Adj* **1** in Bezug auf die eigene Person ⟨meine persönlichen Angelegenheiten⟩ **2** ≈ privat: *Darf ich Ihnen eine ganz persönliche Frage stellen?* **3** so, dass eine Beziehung oder ein Kontakt zwischen Personen besteht ⟨ein Gespräch; persönliche Beziehungen zu j-m haben; j-n persönlich kennen⟩ **4** *nur attr oder adv*; so, dass j-d etwas selbst tut: *Der Minister kam persönlich* || ID ***persönlich werden*** in einem Gespräch oder Streit Dinge sagen, die den anderen privat betreffen; ***etwas persönlich nehmen*** etwas als Beleidigung verstehen; ***das war nicht persönlich gemeint*** das war keine Kritik an dir / Ihnen

Per·sön·lich·keit *die*; -, *-en* **1** *nur Sg*; alle charakteristischen Eigenschaften eines Menschen: *Die Krankheit hat ihre Persönlichkeit verändert* **2** j-d, der einen besonderen, festen Charakter hat: *Schon als Kind war sie eine richtige Persönlichkeit* **3** j-d, der in der Öffentlichkeit bekannt ist

Per·spek·ti·ve [-v-] *die*; -, *-n* **1** das Verhältnis der Linien in einem Bild, das den Eindruck des Raumes macht ⟨die Perspektive eines Gemäldes⟩ **2** der Punkt, von dem aus man etwas sieht oder beurteilt **3** die Möglichkeiten, die sich in der Zukunft bieten ⟨keine Perspektive haben⟩

Pe·rü·cke *die*; -, *-n*; eine künstliche Frisur, die man statt eigener Haare trägt, oder auch über den eigenen Haaren

per·vers [-v-] *Adj*; *pej* **1** (*bes* im sexuellen Bereich) so weit von der Norm entfernt, dass es als nicht natürlich bewertet wird **2** *gespr* ≈ widerlich, abscheulich || *hierzu* **Per·ver·si·on** *die*; **Per·ver·si·tät** *die*

Pes·si·mis·mus *der*; -; *nur Sg*; eine Art zu denken, bei der man immer Negatives annimmt ↔ Optimismus || *hierzu* **Pes·si·mist** *der*; **Pes·si·mis·tin** *die*; -, *-nen*; **pes·si·mis·tisch** *Adj*

Pest *die*; -; *nur Sg*; eine Krankheit mit hohem Fieber und eitrigen Entzündungen, an der früher sehr viele Menschen starben

Pe·ter·si·lie [-liə] *die*; -, *-n*; *meist Sg*; eine kleine (Garten)Pflanze, deren grüne Blätter und Wurzeln man als Gewürz verwendet ⟨ein Bund Petersilie⟩

Pfad *der*; *-(e)s*, *-e*; ein schmaler Weg

Pfand *das*; *-(e)s*, *Pfän·der* **1** ein Gegenstand, den man j-m als Garantie für ein Versprechen gibt ⟨etwas als Pfand behalten⟩ **2** eine Summe Geld, die man für einen Gegenstand bezahlt und die man wieder bekommt, wenn man den Gegenstand (*z.B.* eine Flasche) zurückgibt: *Auf dieser Bierflasche ist Pfand* || K-: ***Pfand-, -flasche*** || -K: ***Flaschen-***

pfän·den; *pfändete, hat gepfändet* **1** ***etwas pfänden*** j-m etwas wegnehmen, um damit dessen Schulden zu bezahlen **2** ***j-n pfänden*** bestimmte Dinge bei j-m pfänden ⟨j-n pfänden lassen⟩ || *hierzu* **Pfän·dung** *die*; **pfänd·bar** *Adj*

Pfan·ne *die*; -, *-n* **1** ein *meist* rundes und flaches Gefäß mit einem langen Stiel, in dem man *z.B.* Fleisch und Kartoffeln braten kann: *ein Schnitzel in der Pfanne braten* || -K: ***Brat-*** **2** (CH) ein Kochtopf (mit Stiel) || ID ***j-n in die Pfanne hauen*** *gespr*; j-m absichtlich schaden oder ihn stark kritisieren

◆ **Pfann·ku·chen** *der* **1** *südd*; eine Art dünner, weicher, flacher Kuchen, den man in der Pfanne bäckt **2** *nordd*; ein kleiner, runder, weicher Kuchen, in heißem Fett gebacken

Pfar·rer *der*; *-s*, -; ein Mann, der in einer christlichen Kirche Priester ist ⟨ein evangelischer, katholischer Pfarrer⟩ || *hierzu* **Pfar·re·rin** *die*; -, *-nen*

◆ **Pfef·fer** *der*; *-s*; *nur Sg*; kleine Körner, die man (*meist* gemahlen) als scharfes Gewürz verwendet ⟨eine Prise Pfeffer; Salz und Pfeffer⟩ || ID *meist* ***Der kann bleiben, wo der Pfeffer wächst*** *gespr*; er interessiert mich nicht, und ich will ihn nicht sehen

Pfei·fe *die*; -, *-n* **1** ein einfaches Musikinstrument, das einen Ton erzeugt, wenn man hineinbläst **2** ein schmales Rohr mit einem dicken runden Ende, mit dem man Tabak raucht || K-: ***Pfeifen-, -tabak*** || ID ***nach j-s Pfeife tanzen*** alles tun, was ein anderer will

pfei·fen; *pfiff, hat gepfiffen* **1** (***etwas***) ***pfeifen*** einen Ton oder mehrere Töne produzieren, indem man die Lippen rund und spitz macht und Luft hindurchpresst ⟨ein Lied pfeifen⟩ **2** ***auf j-n / etwas pfeifen*** *gespr*; j-n / etwas nicht (mehr) wichtig finden

Pfeil *der*; *-(e)s*, *-e* **1** ein dünner gerader Stab, der vorne eine Spitze hat und den man *meist* mit einem Bogen abschießt **2** ein Zeichen, ähnlich wie ein Pfeil (1), das in eine bestimmte Richtung zeigt: *der Pfeil zum Ausgang*

Pfẹn·nig *der*; *-s*, *-* / *-e*; *hist*; die kleinste Einheit des Geldes in Deutschland vor dem Euro; *Abk* Pf: *Eine Mark hat 100 Pfennig* || ID ***etwas ist keinen Pfennig wert*** *gespr*; etwas hat keinen Wert

Pfẹrd *das*; *-(e)s*, *-e* **1** ein großes Tier mit einem Schwanz aus langen Haaren. Man reitet auf einem Pferd und lässt es auch *z.B.* einen Wagen ziehen || K-: ***Pferde-, -rennen, -zucht*** || -K: ***Reit-*** **2** *gespr*; eine Figur im Schachspiel ≈ Springer || ↑ *Abbildung unter* ***Schachfiguren*** || ID ***wie ein Pferd arbeiten / schuften*** *gespr*; sehr viel und schwer arbeiten; ***das beste Pferd im Stall*** *gespr hum*; der oder die Beste in einer Gruppe (*z.B.* in einem Betrieb); ***auf das richtige / falsche Pferd setzen*** *gespr*; mit etwas Erfolg haben / keinen Erfolg haben

Pfe̲r·de·schwanz *der* **1** der Schwanz des Pferdes **2** eine Frisur, bei der man lange Haare hinten am Kopf zusammenbindet und nach unten fallen lässt

pfịff ↑ ***pfeifen***

Pfịff *der*; *-(e)s*, *-e*; ein hoher kurzer Ton, den man durch Pfeifen oder mit einer Pfeife (1) erzeugt

Pfịngs·ten (*das*); *-*; *nur Sg*; das christliche Fest im Mai oder Juni (50 Tage nach Ostern) ⟨zu / an Pfingsten⟩ || K-: ***Pfingst-, -feiertage, -ferien*** || Hinweis: *Pfingsten* wird *meist* ohne Artikel verwendet

Pfịr·sich *der*; *-s*, *-e*; eine süße, runde Frucht mit saftigem, gelbem Fleisch, einer rotgelben, rauen Haut und einem großen Kern in der Mitte

◆ **Pflạn·ze** *die*; *-*, *-n*; ein Lebewesen (wie *z.B.* ein Baum oder eine Blume), das *meist* in der Erde wächst und Wurzeln, Blätter und Blüten hat ⟨eine Pflanze wächst, blüht, stirbt ab⟩ || K-: ***Pflanzen-, -fett*** || -K: ***Garten-, Salat-***

pflạn·zen; *pflanzte, hat gepflanzt*; ***etwas (irgendwohin) pflanzen*** kleine Pflanzen mit Wurzeln in die Erde stecken, damit sie dort wachsen ⟨Salat pflanzen⟩

Pflạs·ter[1] *das*; *-s*, *-*; **1** die Oberfläche einer Straße, eines Platzes, die man aus einzelnen Steinen macht || K-: ***Pflaster-, -stein*** || -K: ***Straßen-*** **2** *meist* ***ein gefährliches / teures Pflaster*** *gespr*; ein Ort, der gefährlich / teuer ist

◆ **Pflạs·ter**[2] *das*; *-s*, *-*; ein Streifen, den man über eine Wunde klebt, damit diese besser heilt

◆ **Pfl<u>au</u>·me** *die*; *-*, *-n*; eine süße, dunkelblaue, rötliche oder gelbe Frucht mit einer glatten Haut und einem relativ großen Kern in der Mitte || ↑ *Illustration* ***Obst und Gemüse*** || K-: ***Pflaumen-, -kuchen***

Pfle̲·ge *die*; *-*; *nur Sg* **1** alles, was j-d tut, der sich um die Gesundheit einer Person oder eines Tiers kümmert ⟨eine liebevolle Pflege; die Pflege der Kranken⟩ || K-: ***pflege-, -bedürftig*** || -K: ***Alten-, Kranken-*** **2** das, was man tut, damit etwas in einem guten Zustand bleibt ⟨etwas

Pferd

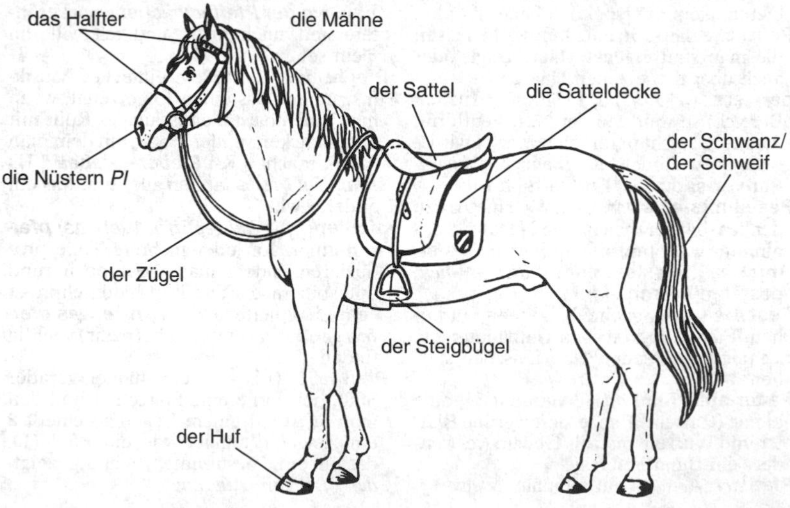

P

braucht Pflege⟩ || K-: ***Pflege-, -mittel*** || -K: ***Körper-***

◆ **pfle·gen**; *pflegte, hat gepflegt* **1** ***j-n pflegen*** für einen kranken oder alten Menschen sorgen **2** ***etwas pflegen*** alles tun, was nötig ist, damit etwas in einem guten Zustand bleibt: *den Garten pflegen* **3** ***etwas / sich pflegen*** sich um sein Aussehen kümmern (indem man sich schön anzieht, frisiert *usw*) ⟨das Gesicht pflegen⟩

Pfle·ger *der*; *Kurzwort* ↑ ***Krankenpfleger***

◆ **Pflicht** *die*; -, *-en*; das, was man tun muss, weil es die Gesellschaft, die Moral, das Gesetz, der Beruf verlangt ⟨eine sittliche, moralische Pflicht; j-s Rechte und Pflichten⟩ || K-: ***Pflicht-, -gefühl*** || ID ***j-n in die Pflicht nehmen*** dafür sorgen, dass j-d seine Pflicht tut

pflicht·be·wusst *Adj*; ⟨eine Person⟩ so, dass sie genau weiß, was ihre Pflicht ist, und entsprechend handelt || *hierzu* **Pflicht·be·wusst·sein** *das*

pflü·cken; *pflückte, hat gepflückt*; ***etwas pflücken*** Blätter oder Früchte abreißen oder abschneiden und sammeln ⟨Äpfel, Blumen pflücken⟩

Pflug *der*; *-(e)s, Pflü·ge*; ein Gerät, mit dem man auf einem Acker den Boden locker macht, indem man ihn aufreißt und umdreht || *hierzu* **pflü·gen** (*hat*)

Pfört·ner *der*; *-s, -*; j-d, der beruflich den Eingang eines großen Gebäudes bewacht || *hierzu* **Pfört·ne·rin** *die*; -, *-nen*

Pfo·te *die*; -, *-n* **1** ein Fuß (mit Zehen), wie ihn viele Säugetiere haben || -K: ***Hunde-, Katzen-*** **2** *gespr* ≈ Hand

pfui *Interjektion*; verwendet, um auszudrücken, dass man etwas schmutzig oder unangenehm findet: *Pfui! Was für ein Wetter!*

Pfund *das*; *-(e)s, - / -e* **1** eine Einheit, mit der man das Gewicht misst; *Abk* Pfd ⟨ein halbes, ganzes Pfund⟩: *Ein Pfund hat 500g* **2** die Einheit des Geldes in bestimmten Ländern ⟨englische Pfund / Pfunde kaufen⟩

Pfüt·ze *die*; -, *-n*; Wasser, das sich bei Regen an einer Stelle am Boden sammelt

Phan·ta·sie, phan·tas·tisch ↑ ***Fantasie, fantastisch***

Pha·se [f-] *die*; -, *-n*; eine Zeit während einer Entwicklung oder eines Ablaufs ⟨in einer kritischen Phase sein⟩: *Der Wahlkampf geht jetzt in die entscheidende Phase* || -K: ***Anfangs-, -phase***

Phi·lo·so·phie [filozo'fiː] *die*; -, *-n* [-'fiːən] **1** *nur Sg*; die Wissenschaft, die den Sinn und Zweck des Lebens untersucht ⟨Philosophie studieren; die Philosophie Platons⟩ || -K: ***Moral-*** **2** die Art und Weise, wie j-d das Leben sieht: *Ihre Philosophie ist: Zu viel arbeiten ist ungesund* || -K: ***Lebens-***

phleg·ma·tisch [f-] *Adj*; ⟨ein Mensch⟩ so, dass er körperlich und geistig wenig aktiv ist, sich auch kaum ärgert oder freut || *hierzu* **Phleg·ma·ti·ker** *der*; **Phleg·ma·ti·ke·rin** *die*; -, *-nen*

Pho·ne·tik [f-] *die*; -; *nur Sg*; die Wissenschaft, die sich mit der Bildung der sprachlichen Laute beschäftigt || *hierzu* **Pho·ne·ti·ker** *der*; **Pho·ne·ti·ke·rin** *die*; -, *-nen*; **pho·ne·tisch** *Adj*

◆ **Phy·sik** [f-] *die*; -; *nur Sg* **1** die Wissenschaft, die sich mit den Zuständen von Materie, ihrer Bewegung und mit den Kräften, die auf sie wirken, beschäftigt ⟨theoretische Physik⟩: *Die Optik, die Mechanik und die Akustik sind Gebiete der Physik* || -K: ***Atom-*** **2** ein Fach in der Schule, in dem die Schüler etwas über Physik lernen || K-: ***Physik-, -lehrer*** || *zu* **1 Phy·si·ker** *der*; **Phy·si·ke·rin** *die*; -, *-nen*

phy·sisch [f-] *Adj*; *geschr*; so, dass es den Körper betrifft ⟨eine Krankheit, ein Schmerz⟩

Pi·a·nist *der*; *-en, -en*; j-d, der beruflich Klavier spielt || -K: ***Konzert-*** || *hierzu* **Pi·a·nis·tin** *die*; -, *-nen*

Pi·ckel *der*; *-s, -*; eine kleine, runde Stelle auf der Haut, die *meist* rot (und entzündet) ist

pi·cken; *pickte, hat gepickt*; ***ein Vogel pickt etwas*** ein Vogel stößt mit dem Schnabel nach etwas, um es zu fressen ⟨ein Huhn pickt Körner⟩

Pi·ckerl *das*; -, -; Ⓐ ein kleines Schild, das man auf etwas klebt

◆ **Pick·nick** *das*; *-s, -s*; ein Essen im Freien, während eines Ausflugs ⟨(ein) Picknick machen⟩ || K-: ***Picknick-, -korb***

pi·co·bel·lo [-k-] *Adj*; *nur präd oder adv*; *gespr*; sehr sauber und ordentlich: *ein Zimmer picobello aufräumen*

pi·kant *Adj* **1** mit angenehm intensivem Geschmack ⟨etwas pikant würzen⟩ **2** mit erotischem Inhalt ⟨ein Witz⟩

Pil·ger *der*; *-s, -*; j-d, der eine (weite) Reise zu einem heiligen Ort macht, um dort zu beten || *hierzu* **Pil·ge·rin** *die*; -, *-nen*

◆ **Pil·le** *die*; -, *-n* **1** ein kleines, rundes Medikament, das man schluckt ⟨eine Pille (ein)nehmen, schlucken⟩ || -K: ***Beruhigungs-*** **2** ***die Pille*** eine Pille, die eine Frau regelmäßig nimmt, um nicht schwanger zu werden ≈ Antibabypille

⟨die Pille absetzen⟩

Pi·lot *der*; *-en*, *-en*; eine Person, die ein Flugzeug, einen Hubschrauber *o.Ä.* steuert || *hierzu* **Pi·lo·tin** *die*; *-*, *-nen*

Pils *das*; -, -; ein (helles) Bier, das relativ bitter ist

◆ **Pilz** *der*; *-es*, *-e* **1** eine niedrige Pflanze mit einem Stiel und einer Art Hut (Kappe), ohne Blüten und Blätter, *z.B.* ein Champignon || K-: ***Pilz-, -gericht, -vergiftung*** || -K: ***Gift-*** **2** sehr kleine Organismen, die wie Puder oder Pulver aussehen und auf Pflanzen, Lebensmitteln *usw* wachsen || K-: ***Pilz-, -erkrankung*** || -K: ***Schimmel-*** || ID ⟨Fabriken, neue Häuser *o.Ä.*⟩ ***schießen wie Pilze aus dem Boden*** viele Fabriken / Häuser *o.Ä.* entstehen sehr schnell

Pilz

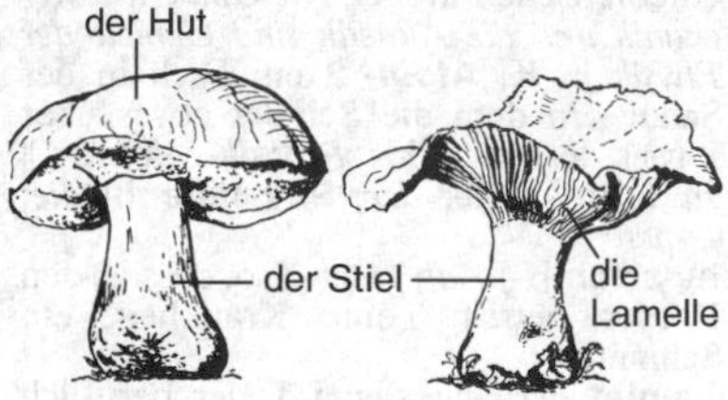

Pin·gu·in ['pɪŋguiːn] *der*; *-s*, *-e*; ein großer Vogel in der Antarktis, der nicht fliegen, aber gut schwimmen kann

Pin·sel *der*; *-s*, -; ein Gerät, mit dem man Farbe auf Papier, Stoff *o.Ä.* malt

Pin·zet·te *die*; -, *-n*; ein Instrument, mit dem man sehr kleine Dinge greifen kann: *Haare mit der Pinzette auszupfen*

Pis·to·le *die*; -, *-n*; eine kurze Waffe, die Kugeln schießt ⟨eine Pistole laden⟩ || ↑ *Abbildung unter* **Schusswaffen** || ID ***j-m die Pistole auf die Brust setzen*** *gespr*; j-n durch Drohungen zwingen, etwas zu tun

Pkw, PKW ['peːkaːveː, peːkaː'veː] *der*; *-(s)*, *-s*; (*Abk für* Personenkraftwagen) ein Auto für Personen ≈ Personenwagen || K-: ***Pkw-Fahrer***

Pla·ge *die*; -, *-n* **1** etwas, das für j-n (lange) unangenehm und belastend ist ≈ Qual || -K: ***Insekten-*** **2** *gespr*; eine Arbeit, die schwer und anstrengend ist

pla·gen; *plagte, hat geplagt* **1** ***etwas plagt j-n*** etwas ist für j-n (*meist* lange Zeit) unangenehm und macht Arbeit, Probleme oder Schmerzen: *Die Hitze plagte uns sehr* **2** ***j-n (mit etwas) plagen*** immer wieder etwas tun, sagen, das für j-n lästig oder unangenehm ist: *Er plagte uns mit seinen Fragen* **3** ***sich (mit etwas) plagen*** viel Mühe mit etwas haben ⟨sich mit Problemen plagen müssen⟩

Pla·kat *das*; *-(e)s*, *-e*; ein großes Blatt mit Bildern, Fotos und Informationen oder Werbung ⟨etwas auf Plakaten ankündigen⟩ || K-: ***Plakat-, -werbung*** || -K: ***Film-***

◆ **Plan** *der*; *-(e)s*, *Plä·ne* **1** eine Art Programm, das genau beschreibt, was man bis zu einem bestimmten Zeitpunkt tun muss ⟨einen Plan verwirklichen; einen Plan, Pläne machen⟩: *Er hatte einen genauen Plan, wie alles gemacht werden sollte* || -K: ***Arbeits-, Fahr-, Termin-*** **2** ≈ Absicht, Intention ⟨einen Plan, Pläne haben; einen Plan fassen (= etwas beabsichtigen)⟩: *Sie fassten den Plan, sich ein Haus zu kaufen* || -K: ***Flucht-*** **3** eine Zeichnung, die zeigt, wie etwas gebaut ist oder gebaut werden soll ⟨einen Plan zeichnen⟩: *Pläne für den Umbau* || -K: ***Bau-*** **4** eine Zeichnung, die *meist* eine Stadt in einem kleinen Maßstab darstellt: *ein Plan von Salzburg* || -K: ***Stadt-*** **5** ***Pläne schmieden*** Pläne (1,2) machen **6** ***etwas steht auf dem Plan*** etwas ist geplant, steht bevor **7** ***nach Plan*** so, wie man es sich vorgestellt hat

◆ **pla·nen**; *plante, hat geplant* **1** ***etwas planen*** sich gut überlegen, wie man etwas machen will ⟨den Urlaub planen⟩: *Wir müssen genau planen, was wir tun wollen* **2** ***etwas planen*** die Absicht haben, etwas zu tun: *Wir planen, nächstes Jahr nach Japan zu fliegen* **3** ***etwas planen*** eine Zeichnung, ein Modell *o.Ä.* von etwas machen, damit man weiß, wie man es bauen muss ⟨ein Haus planen⟩

Pla·net *der*; *-en*, *-en*; ein Himmelskörper, der sich um eine Sonne dreht, *z.B.* Mars, Venus, Erde || K-: ***Planeten-, -system*** **2** ***unser Planet*** die Erde

plan·mä·ßig *Adj* **1** genau wie es im Plan (1,2) steht ⟨etwas verläuft planmäßig⟩ **2** so, wie es im Fahrplan steht ⟨die Ankunft, die Abfahrt⟩: *Der Zug kam planmäßig an* || *hierzu* **Plan·mä·ßig·keit** *die*

Pla·nung *die*; -, *-en*; die Handlungen, durch die ein Plan (1,3) entsteht ⟨eine gründliche, rechtzeitige Planung⟩ || -K: ***Verkehrs-***

◆ **Plas·tik**[1] *das*; *-s*; *nur Sg*; ein künstliches Material. Man kann es so herstellen, dass es weich und dünn ist (wie *z.B.* für Folien) oder biegsam oder hart || K-: ***Plastik-, -beutel***

Plas·tik[2] *die*; -, *-en*; eine Figur, die von einem Künstler gemacht worden ist: *Plastiken von Rodin* || -K: ***Bronze-***

plạtt, *platter, plattest-*; *Adj* **1** flach und breit ⟨etwas platt drücken⟩ **2** ohne Luft ⟨ein Reifen⟩ **3** *pej*; allgemein bekannt, also weder wichtig noch interessant ≈ banal, trivial

◆**Plạt·te** *die*; -, *-n* **1** ein flaches, dünnes *meist* rechteckiges Stück aus einem harten Material || -K: ***Kunststoff-, Marmor-; Tisch-*** **2** *Kurzwort* ↑ ***Schallplatte*** ⟨eine Platte hören, spielen⟩ || K-: ***Platten-, -sammlung*** || -K: ***Jazz-; Langspiel-*** **3** ein großer und flacher Teller für Speisen || -K: ***Fleisch-*** **4** die Speisen auf einer Platte (3) || *zu* **1 Plạ̈tt·chen** *das*

Plạt·ten·spie·ler *der*; ein Gerät, mit dem man Schallplatten spielt

◆**Plạtz** *der*; *-es, Plät·ze* **1** eine große Fläche, die vor einem Gebäude oder zwischen mehreren Häusern liegt: *Auf dem Platz vor dem Rathaus steht ein großer Brunnen* || -K: ***Bahnhofs-, Dom-, Dorf-*** **2** eine große Fläche im Freien, die einen bestimmten Zweck hat || -K: ***Camping-, Fußball-*** **3 *Platz* (*für j-n / etwas*)** *nur Sg*; ein Raum oder Bereich, in dem man sein kann oder den man mit etwas füllen kann ⟨keinen, viel, wenig Platz haben⟩: *Haben wir in diesem kleinen Auto zu fünft Platz?* || K-: ***Platz-, -mangel*** **4** ein Sitz (oder eine Stelle, an der man stehen kann) ⟨einen Platz suchen; Plätze reservieren lassen⟩: *Sind hier noch Plätze frei?* || K-: ***Platz-, -reservierung*** || -K: ***Sitz-, Steh-*** **5** die Position, die j-d in einem Wettkampf erreicht ⟨der erste, zweite Platz; den ersten Platz belegen, machen⟩ || -K: ***Tabellen-*** **6 *Platz nehmen*** ≈ sich setzen: *Bitte nehmen Sie Platz!* **7 *Platz behalten*** ≈ sitzen bleiben: *Bitte behalten Sie Platz!* **8 *fehl am Platz(e) sein*** zu etwas nicht passen ≈ deplatziert sein **9 *Platz!*** verwendet, um einem Hund zu befehlen, dass er sich setzen oder legen soll || ID ***j-n vom Platz fegen*** *gespr*; j-n in einem Wettkampf sehr deutlich schlagen

plat·zen; *platzte, ist geplatzt* **1 *etwas platzt*** etwas geht plötzlich (*oft* mit einem Knall) kaputt, *meist* weil der Druck im Inneren zu stark ist ⟨der Reifen, der Luftballon, die Naht⟩ **2 *etwas platzt*** *gespr*; etwas hat keinen Erfolg und wird deshalb beendet ⟨eine Konferenz, die Verhandlungen⟩ **3 *etwas platzt*** *gespr*; etwas findet nicht statt ⟨j-d lässt eine Verabredung platzen⟩ **4 *vor etwas* (*fast / schier*) *platzen*** *gespr*; von einem *meist* negativen Gefühl erfüllt sein ⟨vor Eifersucht platzen⟩

plat·zie·ren; *platzierte, hat platziert* **1 *etwas irgendwohin platzieren*** etwas an einen bestimmten Platz setzen, stellen oder legen **2 *etwas irgendwohin platzieren*** *Sport*; den Ball so schießen oder werfen, dass er an eine ganz bestimmte Stelle kommt **3 *sich platzieren*** *Sport*; in einem Wettkampf auf eine bestimmte Position kommen: *sich unter den ersten fünf Läufern platzieren*

plau·dern; *plauderte, hat geplaudert*; **(*mit j-m*) (*über j-n / etwas*) / (*von j-m / etwas*) *plaudern*** mit j-m auf angenehme und freundliche Art sprechen, ohne etwas sehr Wichtiges, Ernstes zu sagen ⟨gemütlich mit der Nachbarin plaudern⟩

plau·si·bel, *plausibler, plausibelst-*; *Adj*; klar und verständlich ⟨ein Grund, eine Antwort; etwas plausibel erklären, begründen; etwas klingt plausibel⟩ || Hinweis: *plausibel → eine plausible Antwort* || *hierzu* **Plau·si·bi·li·tät** *die*

Plei·te *die*; -, *-n*; *gespr* **1** der Zustand, in dem ein Geschäft kein Geld mehr hat ≈ Bankrott ⟨(kurz) vor der Pleite stehen⟩ **2** etwas, das ohne Erfolg geblieben ist: *Das Konzert war eine totale Pleite - Es kamen nur 200 Zuschauer* **3 *Pleite gehen / machen*** ≈ Bankrott gehen / machen

Plọm·be *die*; -, *-n*; ein Material, mit dem man ein Loch im Zahn füllt: *eine Plombe aus Amalgam* || -K: ***Gold-*** || *hierzu* **Plom·bie·rung** *die*; **plom·bie·ren** (*hat*)

◆**plọ̈tz·lich** *Adj*; sehr schnell und überraschend ⟨eine Bewegung, eine Wende⟩ || *hierzu* **Plọ̈tz·lich·keit** *die*

plụmp, *plumper, plump(e)st-*; *Adj* **1** so dick und schwer, dass man sich nicht leicht und geschickt bewegen kann **2** nicht höflich und ohne Rücksicht auf die spezielle Situation ⟨j-d benimmt sich plump⟩ **3** wenig intelligent ⟨eine Lüge⟩ || *hierzu* **Plụmp·heit** *die*

plụ̈n·dern; *plünderte, hat geplündert* **1 (*etwas*) *plündern*** aus Geschäften und Häusern Dinge stehlen (*bes* im Krieg oder während einer Katastrophe) **2 *etwas plündern*** *hum*; (fast) alles wegnehmen, essen *o.Ä.*, was da ist ⟨den Kühlschrank plündern⟩ || *zu* **1 Plụ̈n·de·rer** *der*; **Plụ̈n·de·rung** *die*

Plu·ral *der*; *-s, -e*; *meist Sg*; *Ling*; die Form eines Wortes, die zeigt, dass von zwei oder mehr Personen oder Dingen gesprochen wird ≈ Mehrzahl ↔ Singular; *Abk* Pl., Plur. ⟨den Plural eines Wortes bilden⟩: *„Männer" ist der Plural von „Mann"* || K-: ***Plural-, -bildung, -endung, -form*** || Hinweis: Als Mehrzahl wird statt *Plurale oft Pluralformen* verwendet

plụs[1] *Konjunktion*; *Math*; das Zeichen +,

das eine Addition anzeigt ≈ und ↔ minus: *Drei plus zwei ist (gleich) fünf* || K-: ***Plus-, -zeichen***

plus[2] *Präp*; *mit Nominativ oder Gen*; zusätzlich zu einer bestimmten Summe oder Menge ↔ minus: *Die Wohnung kostet 450 Euro plus Nebenkosten* || Hinweis: *meist* ohne Artikel verwendet: *plus Trinkgeld*

plus[3] *Adv* **1** verwendet, um auszudrücken, dass ein Wert größer als null ist ↔ minus: *Am Morgen waren es fünf Grad plus* (+5 °); *Minus zwei mal minus zwei ist plus vier* (-2 x -2 = +4) **2** etwas besser als die angegebene (Schul)Note: *Er hat im Aufsatz die Note „zwei plus" bekommen*

Plus·quam·per·fekt *das*; *-(e)s, -e*; *meist Sg*; die Form des Verbs, die mit dem Präteritum von *sein* oder *haben* und dem Partizip Perfekt gebildet wird: *„Er hatte gegessen" ist das Plusquamperfekt zu „er isst"*

Pneu *der*; *-s, -s*; Ⓒⓗ ≈ Reifen

Po *der*; *-s, -s*; *gespr* ≈ Gesäß

Po·e·sie [poe'ziː] *die*; *-*; *nur Sg*; *geschr*; Gedichte, die angenehm zu lesen sind ≈ Lyrik ↔ Prosa || *hierzu* **po·e·tisch** *Adj*

Poin·te ['po̯ɛ̃ːtə] *die*; *-, -n*; ein überraschender Schluss bei einer Geschichte oder einem Witz

Po·kal *der*; *-s, -e* **1** eine Art Becher (*meist* aus Metall), den ein Sportler oder eine Mannschaft nach dem Sieg bekommt || K-: ***Pokal-, -sieger, -spiel*** **2** ein wertvoller Becher ≈ Kelch || -K: ***Gold-***

Pol *der*; *-s, -e* **1** der Punkt auf einem Planeten (*bes* der Erde), der am weitesten im Süden oder Norden ist, und das Gebiet um ihn herum || -K: ***Nord-, Süd-*** **2** eine der Stellen an einer Batterie, an der der Strom heraus- oder hineinfließt || -K: ***Minus-, Plus-***

P

◆**Po·li·tik** *die*; *-*; *nur Sg* **1** der Teil des öffentlichen Lebens, der das Zusammenleben der Menschen in einem Staat und die Beziehungen der Staaten bestimmt ⟨sich für Politik interessieren; sich mit Politik befassen; in die Politik gehen; die internationale Politik⟩ || -K: ***Außen-, Innen-, Sozial-, Wirtschafts-*** **2** eine Form der Politik, die ein bestimmtes Programm zeigt ⟨eine konservative, eine liberale Politik⟩ **3** die Absichten, die j-d hat ≈ Taktik

◆**Po·li·ti·ker** *der*; *-s, -*; j-d, der ein politisches Amt hat || *hierzu* **Po·li·ti·ke·rin** *die*; *-, -nen*

◆**po·li·tisch** *Adj* **1** in Bezug auf die Politik (1) ⟨der Gegner, j-s Gesinnung, die Lage, eine Partei, j-s Überzeugung⟩: *j-n aus politischen Gründen verfolgen* || -K: ***außen-, innen-*** **2** mit politischem (1) Inhalt ⟨Dichtung, Kabarett, Lyrik⟩ **3** aus politischen (1) Gründen ⟨ein Verfolgter⟩

◆**Po·li·zei** *die*; *-*; *nur Sg* **1** eine staatliche Institution, die die Menschen vor Verbrechen schützt und Verbrechen aufklärt || K-: ***Polizei-, -beamte(r)*** || -K: ***Kriminal-, Verkehrs-*** **2** ein einzelner Polizist oder mehrere Polizisten ⟨die Polizei holen, rufen, verständigen⟩ **3** das Gebäude der Polizei

◆**Po·li·zist** *der*; *-en, -en*; ein Mitglied der Polizei || -K: ***Kriminal-, Verkehrs-*** || *hierzu* **Po·li·zis·tin** *die*; *-, -nen*

Pols·ter *das*, Ⓒⓗ Ⓐ *der*; *-s, -*; **1** ein kleiner, weicher Gegenstand, auf dem man bequem sitzen oder liegen kann || K-: ***Polster-, -sessel*** **2** *gespr*; das Geld, das man gespart hat ⟨ein finanzielles Polster⟩ || *zu* **1 pols·tern** (*hat*)

Pol·ter·a·bend *der*; der Abend vor der Hochzeit, den man *meist* mit Freunden feiert

pol·tern; *polterte, hat gepoltert*; ***etwas poltert*** (*hat*) etwas macht beim Fallen laute und dumpfe Geräusche

Pommes frites [pɔm'frɪt(s)] *die*; *Pl*; Kartoffeln, die in kurze, dünne Stücke geschnitten sind und in Fett gebacken werden ⟨eine Portion Pommes frites⟩

Po·ny[1] ['pɔni] *das*; *-s, -s*; ein Tier, das zu einer Rasse von Pferden gehört, die ziemlich klein sind

Po·ny[2] ['pɔni] *der*; *-s, -s*; eine Frisur, bei der die glatten Haare vom Kopf her auf die Stirn fallen ⟨einen Pony haben⟩ || K-: ***Pony-, -frisur***

Po·po *der*; *-s, -s*; *gespr* ≈ Po, Gesäß

po·pu·lär *Adj* **1** bekannt und beliebt ⟨eine Auffassung, ein Politiker; durch etwas populär werden⟩ **2** so, dass viele Menschen es verstehen können ⟨eine Darstellung⟩ || *hierzu* **Po·pu·la·ri·tät** *die*

Porte·mon·naie [pɔrtmɔ'neː] *das*; *-s, -s*; eine kleine Tasche für das Geld, das man bei sich hat

Por·ti·er [pɔr'ti̯eː] *der*; *-s, -s*; j-d, dessen Aufgabe es ist, in großen Hotels die Gäste zu empfangen || -K: ***Hotel-***

◆**Por·ti·on** [-'tsi̯oːn] *die*; *-, -en* **1** die Menge Essen, die für eine Person bestimmt ist ⟨eine Portion Eis, Kartoffelsalat⟩ **2** ***eine Portion Kaffee / Tee*** zwei Tassen (ein Kännchen) Kaffee / Tee || ID ***eine halbe Portion*** *gespr hum*; j-d, der klein und dünn ist || *zu* **1 por·ti·o·nie·ren** (*hat*)

Por·to *das*; *-s, -s*; das Geld, das man zahlt, wenn man j-m einen Brief, ein Paket schicken will || -K: ***Brief-, Paket-***

Por·zel·lan *das*; *-s, -e*; eine harte weiße

Substanz, aus der *bes* Teller und Tassen gemacht sind ⟨Porzellan brennen⟩ || K-: ***Porzellan, -figur, -geschirr***

Po·si·ti·on [-'tsi̯oːn] *die*; -, *-en* **1** die Aufgabe oder die Funktion, die j-d in einem Betrieb oder einer Organisation hat ⟨eine leitende, wichtige Position haben⟩ || -K: ***Führungs-, Macht-*** **2** ein bestimmter Platz in einer Reihenfolge || -K: ***Spitzen-*** **3** *meist Sg*; der Ort oder die Stelle, an denen etwas (zu einer bestimmten Zeit) ist ⟨die Position eines Schiffes berechnen⟩ **4** die Situation, in der j-d ist ⟨sich in einer günstigen Position befinden⟩

◆ **po·si·tiv** [-f] *Adj* **1** so, dass der Betreffende etwas akzeptiert ⟨eine Antwort, ein Bescheid, eine Haltung⟩ **2** angenehm oder so, wie es sein sollte ⟨ein Einfluss, ein Ergebnis; etwas wirkt sich positiv aus⟩ **3** *Med*; mit einem Ergebnis, das einen Verdacht bestätigt ⟨ein Befund⟩ **4** *Math*; größer als null ↔ negativ ⟨eine Zahl⟩

◆ **Post** *die*; -; *nur Sg* **1** ein Unternehmen, das *bes* Briefe und Pakete befördert ⟨etwas mit der Post schicken⟩ **2** die Briefe, Pakete *usw*, die die Post (1) befördert ⟨die heutige Post; Post bekommen⟩: *Ist Post für mich da?* || K-: ***Post-, -bote, -sendung*** || -K: ***Eil-, Geschäfts-, Luft-*** **3** ≈ Postamt ⟨zur Post gehen⟩: *Wann macht die Post auf?* || ID ***'ab (geht) die Post*** *gespr*; verwendet, wenn j-d sofort losfährt oder losfahren soll oder wenn etwas sofort beginnt oder beginnen soll

Post·amt *das*; ein Gebäude, in dem die Post (1) ist

Pos·ten[1] *der*; *-s*, -; ein Arbeitsplatz in einer Firma oder Institution || -K: ***Direktor-***

Pos·ten[2] *der*; *-s*, -; eine Person, die etwas bewacht oder schützt || -K: ***Grenz-*** || ID ***wieder auf dem Posten sein*** *gespr*; wieder gesund sein; ***auf verlorenem Posten sein / stehen / kämpfen*** *gespr*; ohne Erfolg für etwas kämpfen

Pos·ten[3] *der*; *-s*, -; eine bestimmte Menge einer Ware: *einen größeren Posten Hosen auf Lager haben*

◆ **Post·kar·te** *die* **1** eine Karte mit einem Bild, die man j-m *bes* aus dem Urlaub schickt **2** eine Karte mit einer kurzen Nachricht, die man (ohne Umschlag) mit der Post schickt ↔ Brief

post·la·gernd *Adj*; wenn ein Brief postlagernd ist, bleibt er auf dem Postamt, bis der Empfänger ihn holt

◆ **Post·leit·zahl** *die*; die Zahl, mit der man auf Briefen, Paketen *o.Ä.* einen Ort (oder Teil eines Ortes) kennzeichnet

Pöst·ler *der*; *-s*, -; (CH) ≈ Briefträger

Pou·let [pu'leː] *das*; *-s*, *-s*; (CH) ≈ Hühnchen, Hähnchen

Pracht *die*; -; *nur Sg*; große Schönheit oder Luxus, großer Aufwand ⟨verschwenderische, üppige Pracht⟩ || -K: ***Blumen-, Blüten-***

Prä·di·kat *das*; *-(e)s*, *-e* **1** eine Bezeichnung, die aussagt, von welch guter Qualität etwas ist: *Qualitätswein mit Prädikat* **2** *Ling*; der Teil des Satzes, der etwas über das Subjekt aussagt (*meist* das Verb oder das Verb plus Objekt) ≈ Satzaussage

prä·di·ka·tiv [-f] *Adj*; ⟨ein Adjektiv⟩ so, dass es einer Form von *sein* oder *werden* folgt, wie in *Er ist glücklich*

Prä·fix *das*; *-es*, *-e*; *Ling*; ein Wortteil, der vor ein anderes Wort gesetzt wird ↔ Suffix: *das Präfix „un-" in dem Wort „unfreundlich"* || K-: ***Präfix-, -verb***

prä·gen; *prägte*, *hat geprägt* **1** ***etwas (auf / in etwas*** (*Akk*)) ***prägen*** ein Bild oder eine Schrift in festes Material pressen **2** ***Münzen prägen*** Münzen herstellen **3** ***etwas prägt j-n*** etwas hat einen starken Einfluss auf j-n **4** ***etwas prägen*** etwas in der Sprache neu bilden ⟨ein Schlagwort prägen⟩

prag·ma·tisch *Adj*; so, dass sich eine Person an den gegebenen Tatsachen und an der konkreten Situation orientiert ⟨pragmatisch denken, handeln⟩ || *hierzu* **Prag·ma·tik** *die*; **Prag·ma·ti·ker** *der*; **Prag·ma·ti·ke·rin** *die*; -, *-nen*

prah·len; *prahlte*, *hat geprahlt*; (***mit etwas***) ***prahlen*** mit großem Stolz erzählen, was man alles hat oder geleistet hat: *mit Erfolgen prahlen* || *hierzu* **prah·le·risch** *Adj*

◆ **Prak·ti·kant** *der*; *-en*, *-en*; j-d, der ein Praktikum macht || *hierzu* **Prak·ti·kan·tin** *die*; -, *-nen*

◆ **Prak·ti·kum** *das*; *-s*, *Prak·ti·ka*; ein Teil einer Ausbildung in einem Betrieb, um dort Erfahrungen zu sammeln ⟨ein Praktikum machen⟩ || -K: ***Betriebs-***

◆ **prak·tisch** *Adj* **1** in Bezug auf die konkrete Praxis[1] (1) ↔ theoretisch ⟨Erfahrungen; etwas praktisch erproben⟩: *ein Problem durch ein praktisches Beispiel erklären* **2** für einen bestimmten Zweck gut geeignet ⟨Hinweise; Kleidung⟩: *Diese Schuhe sind nicht modisch, aber sehr praktisch* **3** fähig, die Probleme des täglichen Lebens gut zu lösen ≈ geschickt ⟨ein Mensch; praktisch denken⟩ **4** ***ein praktischer Arzt*** ein Arzt, der sich (anders als *z.B.* ein Augenarzt) nicht spezialisiert hat

Pra·li·ne *die*; -, *-n*; ein kleines Stück Schokolade, das mit einer Masse gefüllt ist

Prä·pa·rat *das*; *-(e)s*, *-e*; ein (Heil)Mittel,

bes eines, das chemisch hergestellt ist ⟨ein wirksames Präparat⟩

Prä·po·si·ti·on [-'tsioːn] *die*; -, *-en*; *Ling*; ein Wort, das *meist* vor einem Substantiv (*oft* mit Artikel) oder Pronomen steht und Adverbiale oder Ergänzungen bildet: *Im Satz „Das Buch lag auf dem Tisch" ist „auf" eine Präposition* || ↑ *Illustration* **Präpositionen**

Prä·sens *das*; -; *nur Sg*; *Ling*; eine grammatische Kategorie beim Verb. Die Formen des Präsens von *gehen* sind *ich gehe, du gehst, er geht, wir gehen usw*. Mit dem Präsens wird *z.B.* ausgedrückt, dass etwas gerade geschieht oder dass etwas immer der Fall ist ⟨das Verb steht im Präsens⟩ || Hinweis: als Plural wird *Präsensformen* verwendet

Prä·sen·ta·ti·on [-'tsioːn] *die*; -, *-en*; eine Veranstaltung, bei der etwas Neues vorgestellt wird || -K: ***Buch-***

Prä·ser·va·tiv [-f] *das*; *-s*, *-e* [-və] ≈ Kondom

◆ **Prä·si·dent** *der*; *-en*, *-en*; ein Mann, der an der Spitze eines Staates oder einer großen Organisation steht ⟨einen Präsidenten wählen⟩: *der Präsident der Vereinigten Staaten* || K-: ***Präsidenten-, -wahl*** || -K: ***Bundes-, Regierungs-*** || Hinweis: vor Namen steht *Präsident* ohne Endung: *Er empfing Präsident Mitterand* || *hierzu* **Prä·si·den·tin** *die*; -, *-nen*; **Prä·si·dent·schaft** *die*

Prä·te·ri·tum *das*; *-s*, *Prä·te·ri·ta*; *Ling*; eine Form des Verbs, die Vergangenheit ausdrückt: *Der Satz „Ich las ein Buch" steht im Präteritum*; *Das Präteritum von „er tut" ist „er tat"*

◆ **Pra·xis**[1] *die*; -; *nur Sg* **1** das konkrete Tun und Handeln ⟨etwas durch die Praxis bestätigen; Beispiele aus der Praxis⟩ || K-: ***Praxis-, -bezug***; ***praxis-, -orientiert*** **2** die Erfahrung, die j-d in einem bestimmten Bereich (*bes* in seinem Beruf) hat ⟨(viel, wenig, keine) Praxis haben⟩: *Dafür brauchen wir eine Person mit langjähriger Praxis* || -K: ***Berufs-, Fahr-***

◆ **Pra·xis**[2] *die*; -, *Pra·xen*; die Räume, in denen ein Arzt oder Rechtsanwalt arbeitet || -K: ***Anwalts-, -praxis***

prä·zis, prä·zi·se *Adj*; genau und korrekt und mit den notwendigen Details ↔ vage ⟨eine Beschreibung, eine Formulierung; etwas präzis berechnen⟩ || *hierzu* **Prä·zi·si·on** *die*

pre·di·gen; *predigte*, *hat gepredigt* **1** ***(etwas) predigen*** als Pfarrer in der Kirche über religiöse Themen sprechen **2** ***(j-m) etwas predigen*** *gespr*; j-m immer wieder sagen, wie er sich verhalten soll ⟨Sparsamkeit, Moral predigen⟩ || *hierzu* **Pre·digt** *die*

◆ **Preis**[1] *der*; *-es*, *-e*; ***der Preis (für etwas)*** die Summe Geld, für die j-d etwas kauft, verkauft ⟨ein hoher, niedriger, günstiger, angemessener Preis; die Preise steigen, sinken, schwanken, sind stabil; die Preise erhöhen, reduzieren, senken; einen Preis verlangen⟩ || K-: ***Preis-, -erhöhung*** || -K: ***Fahr-*** || ID ***etwas hat seinen Preis*** etwas Positives kann nur erreicht werden, wenn man dafür auch etwas Negatives in Kauf nimmt; ***um jeden Preis*** ≈ unbedingt: *Er will um jeden Preis gewinnen*; ***um keinen Preis*** überhaupt nicht

◆ **Preis**[2] *der*; *-es*, *-e*; eine Belohnung für die beste oder eine sehr gute Leistung ⟨der erste Preis; einen Preis gewinnen⟩ || K-: ***Preis-, -verleihung, -verteilung*** || -K: ***Literatur-, Nobel-***

◆ **preis·wert** *Adj*; billig im Verhältnis zur Qualität ⟨preiswert einkaufen⟩

prel·len; *prellte*, *hat geprellt*; ***sich (Dat) etwas prellen*** so stark gegen etwas stoßen, dass ein Teil des Körpers schmerzt || *hierzu* **Prel·lung** *die*

Pre·mi·e·re [pre'mieːrə] *die*; -, *-n* **1** die erste öffentliche Vorführung eines Theaterstücks, Films *o.Ä* ⟨etwas hat Premiere⟩ || K-: ***Premieren-, -publikum*** || -K: ***Theater-*** **2** *gespr hum*; das erste Mal, dass man etwas tut

◆ **Pres·se** *die*; -; *nur Sg* **1** alle Zeitungen und Zeitschriften in einem Land ⟨die deutsche Presse⟩ || K-: ***Presse-, -bericht*** || -K: ***Auslands-*** **2** die Redakteure, Journalisten *usw* bei Fernsehen, Rundfunk und Zeitungen **3** ***eine gute / schlechte Presse haben*** von den Zeitungen *o.Ä.* gut / schlecht beurteilt werden

pres·sen; *presste*, *hat gepresst* **1** ***etwas pressen*** mit starkem Druck etwas herstellen oder in eine bestimmte Form bringen ⟨Briketts, Stroh pressen⟩ **2** ***etwas pressen*** etwas durch starken Druck glatt oder flach machen: *in einem Buch Blumen pressen* **3** ***etwas pressen*** *bes* Obst kräftig drücken, damit man daraus eine Flüssigkeit bekommt ⟨Trauben, Zitronen, Oliven pressen⟩ **4** ***j-n / etwas irgendwohin pressen*** j-n / etwas mit großer Kraft irgendwohin drücken: *den Gegner an die Wand pressen*; *die Luft durch die Nase pressen*

pres·sie·ren; *pressierte*, *hat pressiert* **1** ***es pressiert (j-m) (mit etwas)*** *gespr*; etwas ist (für j-n) sehr eilig: *Mit dieser Entschei-*

dung pressiert es dir aber sehr **2** (CH) ≈ sich beeilen

Pres·ti·ge [prɛsˈtiːʒ(ə)] *das*; *-s*; *nur Sg*; der Respekt, den man vor einer Person hat, die gute Leistungen und gute Arbeit bringt || K-: ***Prestige-, -verlust***

Prie·ster *der*; *-s*, *-*; **1** ein Mann, der (*bes* in der katholischen Kirche) die Messe hält **2** j-d, der ein religiöses Amt hat: *die Priester im Tempel des Zeus* || K-: ***Priester-, -amt*** || *hierzu* **Prie·ster·schaft** *die*; **Prie·ster·tum** *das*; **prie·ster·lich** *Adj*; *zu* **2 Pries·te·rin** *die*; *-*, *-nen*

◆ **pri·ma** *Adj*; *indeklinabel*; *gespr* ≈ sehr gut: *ein prima Sportler*; *Das Wetter ist prima*

pri·mi·tiv [-f] *Adj* **1** in der Entwicklung auf einem niedrigen Niveau ⟨ein Lebewesen⟩ **2** sehr einfach ↔ kompliziert ⟨eine Waffe, Werkzeuge, eine Methode⟩ **3** nur mit solchen Dingen, die man unbedingt zum Leben braucht ⟨eine Unterkunft, Verhältnisse; primitiv leben⟩ **4** *pej*; geistig auf niedrigem Niveau ⟨ein Witz⟩ || *hierzu* **Pri·mi·ti·vi·tät** [-v-] *die*

Prinz *der*; *-en*, *-en*; der Sohn oder ein anderer naher Verwandter eines Königs oder eines Fürsten || *hierzu* **Prin·zes·sin** *die*; *-*, *-nen*

Prin·zip *das*; *-s*, *Prin·zi·pi·en* [-piən] **1** eine Regel *o.Ä.*, nach der eine Person oder eine Gruppe lebt ≈ Grundsatz ⟨demokratische, sittliche Prinzipien; Prinzipien haben; seinen Prinzipien treu bleiben, untreu werden⟩: *nach dem Prinzip der Gleichberechtigung handeln* || K-: ***prinzipien-, -treu*** || -K: ***Gleichheits-, Grund-, Lebens-*** **2** die Idee *bzw* die Gesetze, auf die etwas aufgebaut ist: *Er erklärte uns, nach welchem Prinzip die Maschine funktioniert* || -K: ***Ordnungs-*** **3** ***aus Prinzip*** weil man bestimmte Prinzipien (1) hat ⟨etwas aus Prinzip (nicht) tun⟩ **4** ***im Prinzip*** im Grunde, eigentlich: *Im Prinzip hast du Recht, aber es geht trotzdem nicht* **5** ***es geht (j-m) ums Prinzip*** für j-n ist eine Idee wichtiger als ein konkreter Fall **6** ⟨ein Mann, eine Frau⟩ ***mit Prinzipien*** eine Person, die ihren moralischen Regeln immer folgt || *hierzu* **prin·zi·pi·ell** *Adj*

Pri·o·ri·tät *die*; *-*, *-en*; *geschr* **1** ***etwas hat Priorität (vor etwas)*** eine bestimmte Sache ist wichtiger als eine andere: *Der Umweltschutz hat Priorität vor wirtschaftlichen Interessen* **2** ***Prioritäten setzen*** entscheiden, was wichtig ist und was nicht, und dann entsprechend handeln

Pri·se *die*; *-*, *-n*; eine kleine Menge von etwas (die zwischen zwei Fingern Platz hat) ⟨eine Prise Salz, Zucker⟩

◆ **pri·vat** [-v-] *Adj* **1** nur für sich selbst und nicht für andere ≈ persönlich ⟨die Angelegenheiten, die Interessen⟩: *Ich möchte mit niemandem darüber sprechen, das ist eine rein private Sache* || K-: ***Privat-, -angelegenheit, -besitz*** **2** außerhalb des beruflichen oder dienstlichen Bereiches ⟨ein Brief, Mitteilungen, ein Gespräch, j-s Meinung⟩ || K-: ***Privat-, -adresse, -brief, -leben*** **3** nicht vom Staat oder einer öffentlichen Institution finanziert oder geführt ⟨ein Unternehmen, eine Schule⟩ || K-: ***Privat-, -bank, -fernsehen*** **4** nur für eine bestimmte Gruppe von Personen ⟨eine Party, eine Veranstaltung; im privaten Rahmen⟩

Pri·vat·pa·ti·ent *der*; ein Patient, der die Rechnung des Arztes selbst zahlt

Pri·vi·leg [-v-] *das*; *-s*, *Pri·vi·le·gi·en* [-ˈleːgiən]; ein besonderer Vorteil, den nur eine bestimmte Person oder Gruppe hat || *hierzu* **pri·vi·le·giert** *Adj*; **pri·vi·le·gie·ren** (*hat*)

◆ **pro** *Präp*; *mit Akk* **1** ***pro*** + *Subst* für jede einzelne Person oder Sache: *Der Eintritt kostet 10 Euro pro Person* **2** ***pro*** + *Zeitangabe* drückt aus, dass etwas für den genannten Zeitraum gilt: *Er verdient pro Stunde 25 Euro* || Hinweis: Das folgende Substantiv wird ohne Artikel verwendet

Pro·be *die*; *-*, *-n* **1** die Handlung, durch die man feststellt, ob etwas eine bestimmte Eigenschaft hat oder ob es funktioniert ≈ Test, Prüfung ⟨eine Probe machen, bestehen⟩: *eine Zeitung für eine Woche zur Probe abonnieren* || K-: ***Probe-, -alarm, -bohrung, -fahrt, -jahr, -zeit*** **2** eine kleine Menge von etwas, an der man erkennen kann, wie es ist ≈ Muster ⟨eine Probe von etwas nehmen, untersuchen⟩: *Die Astronauten brachten Proben vom Mond mit* || K-: ***Probe-, -packung*** || -K: ***Blut-*** **3** das Proben, Üben (vor der Aufführung vor dem Publikum): *Die Theatergruppe hat dreimal in der Woche Probe* || -K: ***Chor-, Theater-*** **4** *gespr*; eine (schriftliche) Prüfung in der Schule **5** ***auf Probe*** für kurze Zeit (um zu sehen, ob man mit j-m / etwas zufrieden ist) || ID ***die Probe aufs Exempel machen*** eine Theorie in der Praxis prüfen

◆ **pro·bie·ren**; *probierte*, *hat probiert* **1** ***etwas probieren*** versuchen, ob oder wie etwas (in der Praxis) geht ⟨ein neues Verfahren probieren⟩: *probieren*, wie *schnell ein Auto fahren kann* **2** ***(etwas) probieren*** eine kleine Menge essen oder trinken, um den Geschmack zu prüfen: *probieren*, ob *genug Salz in der Suppe ist* **3** ***(etwas) probieren*** etwas anziehen, um zu sehen, ob es passt, gut aussieht: *ein Kleid probieren* || ID ***Probieren geht über Studieren*** man sollte etwas probieren (1), bevor man lange darüber nachdenkt || ▸ ***Probe***

◆**Prob·lem** *das*; *-s, -e* **1** eine schwierige Aufgabe, über die man nachdenken muss, um sie zu lösen ≈ Schwierigkeit ⟨ein großes, schwieriges, technisches Problem; ein Problem lösen; vor einem Problem stehen⟩ || K-: ***Problem-, -lösung*** || -K: ***Haupt-, Zukunfts-*** **2** *meist Pl*; Ärger, Schwierigkeiten ⟨j-m Probleme machen⟩ || -K: ***Alkohol-, -probleme*** || ID ***kein Problem!*** *gespr*; das ist nicht schwierig; *meist* ***Das ist dein Problem*** das musst du allein, ohne Hilfe, lösen

prob·le·ma·tisch *Adj*; ⟨eine Beziehung, eine Lösung⟩ so, dass sie Probleme mit sich bringen

◆**Pro·dukt** *das*; *-(e)s, -e* **1** etwas, das Menschen erzeugen oder herstellen ≈ Erzeugnis ⟨ein industrielles, landwirtschaftliches Produkt; ein Produkt herstellen⟩ || -K: ***Industrie-*** **2** etwas, das unter bestimmten Bedingungen entsteht: *Unser Erfolg ist das Produkt unserer Bemühungen* **3** *Math*; die Zahl, die man beim Multiplizieren erhält: *27 ist das Produkt von 3 mal 9*

◆**Pro·duk·ti·on** [-'tsi̯oːn] *die*; *-, -en* **1** das Herstellen von Waren (*meist* in großer Menge) ⟨die industrielle Produktion⟩ || K-: ***Produktions-, -kosten*** || -K: ***Auto-*** **2** die Menge der hergestellten Waren ⟨die Produktion steigern, reduzieren⟩ || K-: ***Produktions-, -steigerung*** || -K: ***Jahres-*** **3** *nur Sg*; der Vorgang, bei dem etwas entsteht: *die Produktion von Speichel im Mund* **4** ein Film, eine Reportage *o.Ä.*: *eine Produktion des Westdeutschen Rundfunks* || -K: ***Fernseh-***

pro·duk·tiv [-f] *Adj* **1** ⟨ein Unternehmen, ein Industriezweig⟩ so, dass sie viel produzieren (1) und auch rentabel arbeiten **2** ⟨eine Arbeit, eine Sitzung⟩ so, dass viele konkrete Ergebnisse dabei herauskommen || *hierzu* **Pro·duk·ti·vi·tät** [v-] *die*

◆**pro·du·zie·ren**; *produzierte, hat produziert* **1** ***etwas produzieren*** Waren (in großer Menge) herstellen ⟨Kunststoffe, Lebensmittel produzieren⟩ **2** ***etwas produziert etwas*** etwas bewirkt, dass etwas entsteht: *Die Drüsen im Mund produzieren Speichel* **3** ***etwas produzieren*** für einen Film *o.Ä.* das Geld geben und den Ablauf organisieren ⟨einen Film produzieren⟩ || *zu* **1** und **3** **Pro·du·zent** *der*

◆**Pro·fes·sor** *der*; *-s, Pro·fes·so·ren* **1** j-d, der an einer Hochschule ein Fach lehrt: *Er ist Professor für Geschichte* **2** Ⓐ ein Lehrer an einem Gymnasium || -K: ***Gymnasial-*** || *hierzu* **Pro·fes·so·rin** *die*; *-, -nen*; **pro·fes·so·ral** *Adj*

◆**Pro·fi** *der*; *-s, -s*; j-d, der *bes* eine Sportart beruflich ausübt ↔ Amateur || K-: ***Profi-, -sportler*** || -K: ***Fußball-***

Pro·fil *das*; *-s, -e* **1** ein Gesicht oder ein Kopf von der Seite gesehen || K-: ***Profil-, -zeichnung*** **2** das Muster aus hohen und tiefen Linien auf einem Reifen oder einer (Schuh)Sohle || K-: ***Profil-, -reifen*** || -K: ***Reifen-*** **3** *geschr*; die (positiven) Eigenschaften, die typisch für eine Person oder Sache sind || -K: ***Berufs-, Verlags-***

Pro·fit *der*; *-(e)s, -e*; das Geld, das j-d oder eine Firma bei einem Geschäft (1) verdient ≈ Gewinn ⟨Profit machen; hohe Profite erzielen; etwas mit Profit verkaufen⟩ || *hierzu* **pro·fi·ta·bel** *Adj*

pro·fi·tie·ren; *profitierte, hat profitiert* **1** ***von etwas profitieren*** einen Vorteil von etwas haben: *von guter Allgemeinbildung profitieren* **2** ***bei etwas profitieren*** bei einem Geschäft *o.Ä.* Gewinn machen

Prog·no·se *die*; *-, -n*; ***eine Prognose (zu etwas)*** *geschr*; eine (wissenschaftlich begründete) Aussage darüber, wie sich etwas entwickeln wird ⟨eine Prognose stellen⟩: *die Prognosen zum Ausgang einer Wahl* || -K: ***Konjunktur-, Wahl-*** || *hierzu* **prog·nos·ti·zie·ren** (*hat*)

◆**Pro·gramm** *das*; *-s, -e* **1** das Angebot *bes* von Kinos, von Theatern oder vom Fernsehen: *das Programm für die nächste Woche* || K-: ***Programm-, -änderung, -gestaltung*** || -K: ***Fernseh-, Kino-*** **2** die einzelnen Punkte bei einer Veranstaltung ⟨das Programm eines Konzerts, einer Tagung⟩ **3** ein Heft oder Blatt, das Informationen über das Programm (1,2) gibt **4** ein Kanal eines Radio- oder Fernsehsenders: *Im Ersten Programm kommt heute ein Krimi* **5** ein Plan dafür, wann man etwas machen muss oder will || -K: ***Arbeits-, Forschungs-, Wahl-*** **6** eine Reihe von Befehlen, die einem Computer gegeben werden ≈ Softwareprogramm ⟨ein Programm schreiben, installieren⟩ || K-: ***Programm-, -datei*** || -K: ***Computer-*** **7** die Waren, die ein Betrieb zu einer bestimmten Zeit herstellt und verkauft || -K: ***Möbel-, Verlags-*** || ID ***nach Programm*** so, wie es geplant ist; ***etwas steht auf dem Programm*** etwas ist geplant || *zu* **4** und **6** **pro·gram·mie·ren** (*hat*)

◆**Pro·jekt** *das*; *-(e)s, -e*; eine Arbeit, die ge-

P

nau geplant werden muss und ziemlich lange dauert ⟨ein Projekt verwirklichen, in Angriff nehmen⟩ || -K: ***Forschungs-***

Pro·jek·tor [-toːɐ̯] *der*; *-s, Pro·jek·to·ren*; ein Gerät, mit dem man Bilder auf einer großen Tafel *o.Ä.* zeigen kann || -K: ***Dia-, Film-***

Pro·mil·le *das*; -(*s*), -; ein Tausendstel; *bes* verwendet, um anzugeben, wie viel Alkohol j-d im Blut hat; Zeichen ‰: *mehr als 0,5 Promille* (*Alkohol im Blut*) || K-: ***Promille-, -grenze, -wert***

pro·mi·nent *Adj*; *nicht adv*; ⟨ein Politiker, ein Schauspieler⟩ bei sehr vielen Leuten bekannt || *hierzu* **Pro·mi·nen·te** *der / die*

pro·mo·vie·ren; *promovierte, hat promoviert*; ***j-d wird promoviert*** j-d erhält den akademischen Titel eines Doktors || *hierzu* **Pro·mo·ti·on** *die*

prompt, *prompter, promptest-*; *Adj* **1** ⟨eine Antwort, eine Bedienung, eine Lieferung⟩ so, dass sie ohne Zögern und sofort erfolgen **2** *nur adv*; *gespr*, *oft iron*; wie nicht anders zu erwarten war: *Er fuhr zu schnell und prompt hatte er einen Unfall*

Pro·no·men *das*; *-s, - oder Pro·no·mi·na*; *Ling*; ein Wort, das man statt eines Substantivs benutzt und das sich auf dieselbe Person oder Sache bezieht wie das Substantiv, *z.B. er* oder *sie* ≈ Fürwort || -K: ***Demonstrativ-, Interrogativ-, Personal-*** || *hierzu* **pro·no·mi·nal** *Adj*

Pro·pa·gan·da *die*; -; *nur Sg*; *oft pej*; Informationen, die *bes* eine Partei oder Regierung verbreitet, um die Meinung der Menschen zu beeinflussen ⟨Propaganda (be)treiben; Propaganda für etwas machen⟩ || K-: ***Propaganda-, -film, -material, -schrift*** || -K: ***Kriegs-*** || *hierzu* **Pro·pa·gan·dist** *der*; **Pro·pa·gan·dis·tin** *die*; *-, -nen*; **pro·pa·gan·dis·tisch** *Adj*

Pro·phet [-f-] *der*; *-en, -en* **1** j-d, der die Lehre Gottes den Menschen erklärt und von dem man glaubt, Gott habe ihn geschickt: *der Prophet Elias*; *Mohammed, der Prophet Allahs* **2** ***Ich bin doch kein Prophet*** *gespr*; ich weiß auch nicht, was sein wird || *zu* **1 pro·phe·tisch** *Adj*

Pro·por·ti·on [-'tsioːn] *die*; *-, -en*; *meist Pl* **1** das Verhältnis der Größe eines Teils zur Größe des Ganzen: *Auf der Zeichnung stimmen die Proportionen nicht ganz*: *Im Vergleich zum Körper ist der Kopf zu groß* **2** *geschr* ≈ Umfang, Größe: *Die Verschuldung hat Besorgnis erregende Proportionen angenommen*

Pro·sa *die*; -; *nur Sg*; ein Text, der keine Reime und keine Verse hat || K-: ***Prosa-, -text, -übersetzung***

◆ **Pros·pekt** *der*; -(*e*)*s, -e*; ein Heft mit Text und Bildern, das über Waren und Angebote informiert || -K: ***Reise-***

◆ **prost!** *Interjektion*; verwendet, bevor man in Gesellschaft den ersten Schluck eines alkoholischen Getränks trinkt

◆ **Pro·test** *der*; -(*e*)*s, -e*; ***Protest*** (***gegen j-n / etwas***) Worte, Handlungen, die deutlich zum Ausdruck bringen, dass man nicht einverstanden ist ⟨heftiger, scharfer Protest; Protest erheben⟩ || K-: ***Protest-, -aktion***

pro·tes·tan·tisch *Adj*; ⟨ein Geistlicher, die Kirche⟩ zum Protestantismus gehörig ≈ evangelisch

Pro·tes·tan·tis·mus *der*; -; *nur Sg*; die Lehre der christlichen Kirchen, die sich im 16. Jahrhundert (nach der Reformation) von der katholischen Kirche getrennt haben || *hierzu* **Pro·tes·tant** *der*; **Pro·tes·tan·tin** *die*; *-, -nen*; **pro·tes·tan·tisch** *Adj*

◆ **pro·tes·tie·ren**; *protestierte, hat protestiert*; (***gegen j-n / etwas***) ***protestieren*** deutlich zum Ausdruck bringen, dass man nicht einverstanden ist: *gegen eine schlechte Behandlung protestieren*; *Er protestierte* dagegen, dass *man ihm die Miete erhöht hatte*

Pro·the·se *die*; *-, -n*; ein künstlicher Körperteil ⟨eine Prothese tragen⟩ || -K: ***Arm-, Zahn-***

Pro·to·koll *das*; *-s, -e* **1** ein Text, in dem genau steht, was in einer Sitzung (*z.B.* im Gericht oder bei geschäftlichen Verhandlungen) gesagt wurde || -K: ***Gerichts-, Sitzungs-*** **2** ein Text, in dem ein (wissenschaftlicher) Versuch *o.Ä.* genau beschrieben wird **3** die Regeln, nach denen sich *bes* Diplomaten und Politiker bei offiziellen Anlässen verhalten sollen ⟨das Protokoll einhalten⟩ || *zu* **1** und **3 pro·to·kol·la·risch** *Adj*

Pro·vi·ant [-v-] *der*; *-s, -e*; *meist Sg*; das Essen, das man auf einem Ausflug oder einer Reise dabeihat (oder als Soldat im Krieg)

Pro·vinz [-v-] *die*; *-, -en* **1** (in manchen Staaten) ein relativ großes Gebiet mit eigener Verwaltung || K-: ***Provinz-, -hauptstadt*** **2** *nur Sg*; *oft pej*; ein Gebiet, in dem es (im Gegensatz zu großen Städten) wenig kulturelle oder gesellschaftliche Ereignisse gibt || K-: ***Provinz-, -stadt, -theater***

Pro·vi·si·on [provi'zioːn] *die*; *-, -en*; das Geld, das j-d dafür bekommt, dass er für einen anderen etwas verkauft oder gekauft hat || -K: ***Verkaufs-***

pro·vi·so·risch [-v-] *Adj*; nur so lange verwendet, bis man etwas Besseres hat

pro·vo·zie·ren [-v-]; *provozierte, hat provoziert* **1** ***j-n*** (***zu etwas***) ***provozieren*** etwas tun, um j-n zu ärgern und ihn dadurch zu einer Reaktion zu bringen ⟨sich nicht provozieren lassen⟩ **2** ***etwas provozieren*** bewirken, dass etwas (Negatives) passiert, ausbricht *o.Ä.* ⟨einen Krieg, eine Schlägerei provozieren⟩ || *hierzu* **Pro·vo·ka·ti·on** *die*

Pro·zent *das*; *-(e)s*, *- / -e* **1** *Math*; einer von hundert Teilen einer Menge; *Zeichen* %: *vier Prozent* (4%) *Zinsen*; *Zehn Prozent von fünfzig Euro sind fünf Euro* || Hinweis: nach einer Zahl lautet der Plural *Prozent*: *zehn Prozent* **2** *nur Pl*; *gespr*; ein Teil eines Gewinns ⟨Prozente bekommen⟩

♦ **Pro·zess**[1] *der*; *-es*, *-e* **1** das Verfahren, bei dem ein Gericht ein Verbrechen oder einen Streit untersucht und beurteilt ⟨einen Prozess gegen j-n führen, gewinnen, verlieren⟩ || K-: ***Prozess-, -gegner*** || -K: ***Mord-, Straf-*** **2** ***j-m den Prozess machen*** *gespr*; j-n vor Gericht bringen || ID ***kurzen Prozess mit j-m machen*** *gespr*; j-n kurz und heftig tadeln; ***kurzen Prozess mit etwas machen*** *gespr*; etwas sehr schnell entscheiden

♦ **Pro·zess**[2] *der*; *-es*, *-e*; ein Vorgang, der aus mehreren Phasen besteht und in dem eine Veränderung stattfindet ⟨ein chemischer, natürlicher Prozess⟩ || -K: ***Entwicklungs-***

Pro·zes·si·on [-'sio:n] *die*; *-*, *-en*; eine religiöse Feier, bei der die Leute hinter dem Priester zu einem bestimmten Ort gehen

prü·de *Adj*; ⟨eine Person⟩ so, dass sie es als unangenehm empfindet, über sexuelle Dinge zu sprechen || *hierzu* **Prü·de·rie** *die*

♦ **prü·fen**; *prüfte, hat geprüft* **1** ***j-n / etwas prüfen*** feststellen, ob j-d / etwas eine bestimmte Eigenschaft hat ⟨j-n / etwas gründlich prüfen⟩: *prüfen, ob eine Rechnung stimmt*; *mit dem Finger die Temperatur des Wassers prüfen* || K-: ***Prüf-, -gerät*** **2** ***etwas prüfen*** darüber nachdenken, ob man etwas annimmt oder ablehnt ⟨ein Angebot prüfen⟩ **3** (***j-n***) ***prüfen*** j-m Fragen stellen, um zu erfahren, ob er etwas gelernt hat ⟨einen Schüler prüfen⟩

♦ **Prü·fung** *die*; *-*, *-en* **1** eine mündliche oder schriftliche Aufgabe, mit der Kenntnisse oder Fähigkeiten beurteilt werden ≈ Test, Examen ⟨eine mündliche, schriftliche Prüfung; eine Prüfung machen, bestehen⟩ || K-: ***Prüfungs-, -ergebnis, -fach*** || -K: ***Abitur-, Diplom-, Sprach-*** **2** eine Untersuchung, mit der man feststellt, ob etwas richtig ist, funktioniert oder welche Eigenschaften es hat: *Die genaue Prüfung der Rechnung hat einen Fehler ergeben* || -K: ***Brems-, Gehör-***

prü·geln; *prügelte, hat geprügelt*; ***j-n prügeln*** j-n mehrere Male kräftig schlagen

pst! *Interjektion*; verwendet, um j-n aufzufordern, still oder leise zu sein

Psy·che *die*; *-*, *-n*; *geschr*; das seelische oder geistige Leben des Menschen ≈ Geist, Seele ⟨eine kindliche, kranke, labile Psyche⟩

psy·chisch *Adj*; in Bezug auf die Psyche ≈ seelisch ↔ körperlich, physisch ⟨eine Belastung, eine Krankheit; psychisch gesund sein⟩

♦ **Psy·cho·lo·gie** *die*; *-*; *nur Sg* **1** die Wissenschaft, die sich mit dem seelischen Verhalten beschäftigt ⟨Psychologie studieren⟩ || -K: ***Kinder-, Schul-*** **2** die Fähigkeit, andere Menschen zu verstehen und dieses Wissen anwenden: *Manchmal braucht man ein wenig Psychologie*

Pu·ber·tät *die*; *-*; *nur Sg*; die Zeit, in der sich der Körper des Kindes zu dem eines Erwachsenen verändert ⟨in die Pubertät kommen⟩ || *hierzu* **pu·ber·tär** *Adj*

♦ **Pub·li·kum** *das*; *-s*; *nur Sg* **1** die Menschen, die bei einer Veranstaltung zuhören und zuschauen ⟨j-d ist beim Publikum beliebt⟩ || K-: ***Publikums-, -erfolg*** || -K: ***Fernseh-, Theater-*** **2** die Menschen, die sich für Bücher, Filme, Theater *usw* interessieren ⟨ein festes, treues Publikum haben⟩ **3** die Gäste, die ein Lokal, Hotel oder einen Ort besuchen ⟨ein gutes, elegantes, feines Publikum⟩

pub·li·zie·ren; *publizierte, hat publiziert* **1** (***etwas***) ***publizieren*** ein Buch oder einen Text drucken lassen **2** ***etwas publizieren*** *geschr*; etwas bekannt machen ≈ publik machen || *hierzu* **Pub·li·ka·ti·on** *die*

♦ **Pud·ding** *der*; *-s*, *-e / -s*; eine weiche, süße Speise, die entsteht, wenn man (Pudding)Pulver mit Milch und Zucker kocht || K-: ***Pudding-, -pulver*** || -K: ***Vanille-***

Pu·del *der*; *-s*, *-*; ein Hund, der ein Fell mit dichten, kleinen Locken hat || ↑ *Abbildung unter* ***Hunde*** || ID ***des Pudels Kern*** der wichtigste Punkt einer Sache, den man aber *meist* erst spät erkennt; ***wie ein begossener Pudel*** *gespr*; traurig und enttäuscht

Pu·der *der*; *-s*, *-*; ein Pulver, das man auf die Haut gibt ⟨Puder auftragen⟩ || K-: ***Puder-, -dose*** || -K: ***Gesichts-, Wund-***

♦ **Pul·lo·ver** *der*; *-s*, *-*; ein Kleidungsstück aus Wolle, das man über dem Hemd oder der Bluse trägt

Puls *der*; *-es*; *nur Sg* **1** die rhythmische Bewegung, mit der das Herz das Blut durch den Körper transportiert ⟨ein (un)regelmäßiger Puls; j-s Puls schlägt schnell; j-m den Puls fühlen, messen⟩ || K-: ***Puls-, -schlag*** **2** die Frequenz der Schläge des Pulses (1) pro Minute ⟨ein hoher, niedriger Puls⟩: *ein Puls von 75* || K-: ***Puls-, -frequenz***

Pult *das*; *-(e)s*, *-e* **1** eine Art kleiner, hoher Tisch (mit einer schrägen Platte), hinter den man sich stellt, *bes* wenn man eine Rede hält oder ein Orchester dirigiert ⟨am Pult stehen⟩ || -K: ***Dirigenten-, Redner-*** **2** ein Tisch, an dem ein Kind *bzw* ein Lehrer in der Schule sitzt

Pul·ver [-fɐ, -vɐ] *das*; *-s*, *-*; **1** eine Substanz aus vielen sehr kleinen Körnern: *ein feines Pulver*; *ein Pulver gegen Insekten ausstreuen*; *ein Pulver für / gegen Kopfschmerzen in Wasser auflösen* || K-: ***Pulver-, -kaffee*** || -K: ***Back-, Pudding-, Wasch-*** **2** ein schwarzes Pulver (1), das leicht explodiert und in Schusswaffen verwendet wird **3** *gespr* ≈ Geld || ID ***sein (ganzes) Pulver verschossen haben*** *gespr*; keine Energie oder keine Ideen mehr haben; *meist* ***Er / Sie hat das Pulver nicht erfunden*** *gespr*; er / sie ist dumm || *zu* **1 pul·ve·rig, pulv·rig** *Adj*; **pul·ve·ri·sie·ren** (*hat*)

pum·me·lig, pumm·lig *Adj*; *gespr* ≈ (ein wenig) dick, aber doch nett ⟨ein Baby⟩

Pum·pe *die*; *-*, *-n* **1** ein Gerät, mit dem man Flüssigkeiten, Luft *o.Ä.* (*bes* durch Ansaugen oder durch Druck) durch Rohre leitet ⟨eine elektrische Pumpe⟩ || -K: ***Benzin-, Luft-*** || *zu* ***Luftpumpe*** ↑ *Illustration* ***Das Fahrrad*** **2** *gespr hum* ≈ Herz || *zu* **1 pum·pen** (*hat*)

◆**Punkt** *der*; *-(e)s*, *-e* **1** eine kleine runde Stelle: *ein rotes Kleid mit gelben Punkten* **2** eine bestimmte Stelle: *An welchen Punkten willst du die Löcher in die Wand bohren?* || -K: ***Aussichts-, Halte-, Treff-*** **3** ein Zeichen (.) , das am Ende eines Satzes oder einer Abkürzung steht ⟨einen Punkt setzen⟩ || -K: ***Doppel-, Strich-*** **4** *Geometrie*; eine genau festgelegte Stelle in einer Ebene oder auf einer Geraden || -K: ***Schnitt-*** **5** eine bestimmte Stufe in einer Entwicklung ⟨einen Punkt erreichen⟩ || -K: ***Gefrier-, Null-*** **6** eine der Einheiten, mit der man eine Leistung oder einen Erfolg in einem Spiel oder Wettkampf misst ⟨einen Punkt erzielen, machen, gewinnen, verlieren⟩: *vier Punkte Vorsprung haben* || K-: ***Punkt-, -sieg, -zahl*** || -K: ***Minus-, Plus-, Straf-*** **7** eines von mehreren Themen ⟨die Punkte einer Tagesordnung; ein strittiger, wichtiger Punkt⟩ || -K: ***Beratungs-*** **8** ***Punkt*** + *Zeitangabe*; *gespr*; genau dieser Zeitpunkt: *Es ist jetzt Punkt zwölf* (*Uhr*) **9** ***Punkt für Punkt*** ein Thema *o.Ä.* nach dem anderen (in der richtigen Reihenfolge) ⟨eine Liste Punkt für Punkt prüfen⟩ **10** ***der grüne Punkt*** Ⓓ ein rundes (*meist* grünes) Zeichen, das bedeutet, dass die Verpackung für das Recycling geeignet ist **11** ***der springende Punkt*** der Kern einer Sache **12** ***der tote Punkt*** ein Zeitpunkt, zu dem man völlig erschöpft ist **13** ***j-s wunder Punkt*** *meist* ein Thema, bei dem j-d schnell beleidigt ist || ID ***ohne Punkt und Komma reden*** *gespr*; sehr viel und ohne Pausen sprechen; ***Nun mach (aber) mal einen Punkt!*** *gespr*; jetzt ist genug, das geht zu weit!

◆**pünkt·lich** *Adj*; genau zu der Zeit, die festgelegt oder verabredet war ⟨pünktlich sein, ankommen, eintreffen, zahlen⟩ || *hierzu* **Pünkt·lich·keit** *die*

Pu·pil·le *die*; *-*, *-n*; der kleine schwarze Kreis in der Mitte des Auges, durch den das Licht ins Auge kommt ⟨die Pupillen verengen sich, weiten sich⟩ || ↑ *Abbildung unter* ***Auge***

◆**Pup·pe** *die*; *-*, *-n* **1** eine kleine Figur, die wie ein Mensch aussieht und mit der *meist* Kinder spielen ⟨mit Puppen spielen⟩ || K-: ***Puppen-, -bett*** || -K: ***Stoff-*** **2** eine Puppe, mit der man Theaterstücke aufführt || K-: ***Puppen-, -theater*** || -K: ***Marionetten-*** || ↑ *Abbildung unter* ***Marionette*** || ID ***die Puppen tanzen lassen*** *gespr*; fröhlich feiern

pur, *purer*, *purst-*; *Adj* **1** *nur attr*, *nicht adv*; nicht mit etwas anderem gemischt ⟨Gold, Silber⟩ **2** *direkt nach dem Subst*; ohne Wasser oder Eis ⟨ein Whisky pur⟩

Putsch *der*; *-es*, *-e*; der Versuch, eine Regierung durch militärische Gewalt zu beseitigen || K-: ***Putsch-, -versuch*** || -K: ***Militär-*** || *hierzu* **Put·schist** *der*; **put·schen** (*hat*)

◆**put·zen**; *putzte*, *hat geputzt* **1** ***etwas putzen*** die Oberfläche von etwas durch Reiben und Wischen sauber machen ⟨eine Brille, ein Fenster, Schuhe, Silber, (sich) die Zähne putzen⟩ **2** ***etwas putzen*** von Gemüse den Schmutz und Teile, die man nicht isst, entfernen ⟨Pilze, Salat, Spinat putzen⟩ **3** ***(etwas) putzen*** Räume, Fußböden (*bes* mit Wasser und Putzmittel) sauber machen ⟨das Badezimmer putzen⟩ **4** ***sich die Nase putzen*** mit einem Taschentuch die Nase sauber machen **5** Ⓐ ≈ reinigen

Putz·frau *die*; eine Frau, die Wohnungen *o.Ä.* putzt und dafür Geld bekommt

put·zig *Adj*; *gespr*; klein und lieb ⟨ein Hündchen⟩

Puz·zle ['pazl̩, 'pasl̩] *das*; *-s*, *-s*; ein Spiel, bei dem man aus vielen kleinen Teilen ein Bild macht || *hierzu* **puz·zeln** (*hat*)

Py·ja·ma [py'dʒaːma] *der*; *-s*, *-s* ≈ Schlafanzug

Py·ra·mi·de *die*; -, *-n* **1** eine geometrische Figur mit einer *meist* viereckigen Grundfläche und dreieckigen Seiten, die sich an der Spitze in einem Punkt treffen **2** eine große Pyramide aus Stein wie *z.B.* in Ägypten: *die Pyramiden von Gizeh* **3** etwas in der Form einer Pyramide

Q

Q, **q** [kuː] *das*; -, - / *gespr auch -s*; der siebzehnte Buchstabe des Alphabets

Quad·rat *das*; *-(e)s*, *-e* **1** ein Rechteck mit vier gleich langen Seiten **2** *Math*; die zweite Potenz einer Zahl: *Das Quadrat von 3 ist 9*; *Den Ausdruck „a Quadrat" schreibt man* a^2 || K-: ***Quadrat-, -meter*** || *hierzu* **quad·ra·tisch** *Adj*

qua·ken; *quakte, hat gequakt*; ⟨eine Ente, ein Frosch⟩ ***quakt*** eine Ente, ein Frosch macht die Laute, die für die Art typisch sind

Qual *die*; -, *-en* **1** *meist Pl*; starke körperliche oder seelische Schmerzen ⟨Qualen erleiden, unter Qualen⟩ **2** *meist Sg*; etwas, das schwer zu ertragen ist: *Es war eine Qual, das ansehen zu müssen* || ID ***die Qual der Wahl haben*** sich zwischen mehreren Möglichkeiten entscheiden müssen

quä·len; *quälte, hat gequält* **1** ***j-n / ein Tier quälen*** bewirken, dass j-d / ein Tier Schmerzen hat **2** ***j-d / etwas quält j-n*** j-d / etwas bereitet einer Person seelische Schmerzen **3** ***j-n (mit etwas) quälen*** j-m mit Bitten, Fragen *o.Ä.* zur Last fallen

qua·li·fi·zie·ren; *qualifizierte, hat qualifiziert*; ***sich (für etwas) qualifizieren*** für etwas geeignet sein, weil man die erforderliche Leistung bringt || *hierzu* **Qua·li·fi·zie·rung** *die*; **Qua·li·fi·ka·ti·on** *die*

♦**Qua·li·tät** *die*; -, *-en* **1** *meist Pl*; gute Fähigkeiten oder Eigenschaften ⟨Qualitäten haben⟩ **2** *meist Sg*; ein sehr hoher Grad an guten Eigenschaften: *Auf Qualität kommt es an* || K-: ***Qualitäts-, -arbeit*** **3** *meist Sg*; die typische Art eines Materials, einer Ware: *ein Stoff von hervorragender / schlechter Qualität* || K-: ***Qualitäts-, -kontrolle***

Qualm *der*; *-(e)s*; *nur Sg*; dichter, unangenehmer Rauch

qual·men; *qualmte, hat gequalmt* **1** ***etwas qualmt*** etwas gibt dichten Rauch ab ⟨ein Schornstein⟩ **2** ***(etwas) qualmen*** *gespr*; Zigaretten *o.Ä.* rauchen

Quan·ti·tät *die*; -, *-en*; die Menge oder Anzahl, in der etwas vorhanden ist: *die Quantität des Warenangebots*; *Auf die Qualität, nicht auf die Quantität kommt es an* || *hierzu* **quan·ti·ta·tiv** *Adj*

Qua·ran·tä·ne [ka-] *die*; -, *-n*; die Isolierung von Personen oder Tieren, die gefährliche Infektionskrankheiten haben

♦**Quark** *der*; *-s*; *nur Sg* **1** ein weiches, weißes Nahrungsmittel, das aus Milch gemacht wird || K-: ***Quark-, -speise*** **2** *gespr pej* ≈ Unsinn

Quar·tal *das*; *-s*, *-e*; eines der vier Viertel eines Kalenderjahres

Quatsch *der*; *-(e)s*; *nur Sg*; *gespr pej* ≈ Unsinn

quat·schen; *quatschte, hat gequatscht*; ***(etwas) quatschen*** *gespr pej*; (viel) dummes Zeug reden: *Quatsch nicht so viel!*

Queck·sil·ber *das*; *nur Sg*; das Metall, das in Thermometern verwendet wird. Es sieht aus wie eine silberne Flüssigkeit; *Chem* Hg

Quel·le *die*; -, *-n*; eine Stelle, an der Wasser aus der Erde kommt ⟨eine heiße Quelle⟩: *von der Quelle bis zur Mündung* || K-: ***Quell-, -wasser*** || ID ***an der Quelle sitzen*** gute Verbindungen zu j-m oder etwas haben; *meist* ***etwas aus sicherer Quelle wissen*** eine Nachricht haben, die von einer zuverlässigen Person oder Stelle kommt

quel·len; *quillt, quoll, ist gequollen* **1** ***etwas quillt*** etwas wird größer, weil es Wasser aufnimmt ⟨Bohnen, Reis⟩ **2** ***etwas quillt irgendwohin / irgendwoher*** etwas gelangt in relativ großer Menge durch eine enge Öffnung ⟨Blut, Rauch⟩

quen·geln; *quengelte, hat gequengelt*; *gespr*; immer wieder klagen oder etwas wünschen ⟨ein Kind⟩

◆**quer** ['kveːɐ] *Adv* **1** ***quer durch / über etwas*** (*Akk*) von einer Ecke einer Fläche zu einer anderen, die schräg gegenüber liegt: *quer durch den Garten, quer über die Straße* || K-: ***Quer-, -linie, -straße*** **2** ***quer zu etwas*** rechtwinklig zu einer Linie: *Das Auto stand quer zur Fahrbahn* **3** ***kreuz und quer*** durcheinander, planlos: *Hier liegt alles kreuz und quer herum*

Que·re *meist in* ***j-m in die Quere kommen*** eine Person bei dem stören, was sie gerade tun will

Quer·flö·te *die*; eine Flöte, die beim Blasen quer gehalten wird || ↑ *Abbildung unter* ***Flöten***

quet·schen; *quetschte, hat gequetscht*; ***sich*** (*Dat*) ***etwas quetschen*** einen Körperteil durch starken Druck verletzen: *Ich habe mir den Finger in der Tür gequetscht* || *hierzu* **Quet·schung** *die*

quiet·schen; *quietschte, hat gequietscht* **1** ***etwas quietscht*** etwas gibt durch Reibung einen hellen, hohen Ton ⟨eine Tür⟩ **2** *gespr*; helle, hohe Laute machen ⟨vor Vergnügen quietschen⟩

Quirl *der*; *-(e)s, -e*; ein Gerät, mit dem man Teig oder Flüssigkeiten rührt und mischt: *Eier mit dem Quirl schaumig rühren* || *hierzu* **quir·len** (*hat*)

quitt *Adj*; *nur präd, nicht adv*; *meist in* ***wir sind quitt*** *gespr*; keiner von uns hat Schulden bei dem anderen

◆**Quit·tung** *die*; *-, -en* **1** eine Bescheinigung, dass man Geld oder Waren erhalten hat ⟨j-m eine Quittung (über 150 Euro) ausstellen; eine Quittung unterschreiben⟩ **2** ***das ist die Quittung*** *gespr*; das sind die unangenehmen Folgen eines (schlechten) Verhaltens || *zu* **1** **quit·tie·ren** (*hat*)

Quiz [kvɪs] *das*; *-*; *nur Sg*; ein unterhaltsames Spiel (*meist* im Fernsehen), bei dem Kandidaten Fragen beantworten || K-: ***Quiz-, -sendung***

Quo·te *die*; *-, -n*; eine bestimmte Anzahl im Verhältnis zu einem Ganzen ≈ Anteil ⟨eine hohe, niedrige Quote⟩

R

R, r [ɛr] *das*; *-, - / gespr auch -s*; der achtzehnte Buchstabe des Alphabets

Ra·batt *der*; *-(e)s, -e*; ***Rabatt*** (***auf etwas*** (*Akk*)) eine Reduktion des Preises für Dinge, die man (*bes* in großen Mengen) kauft ⟨Rabatt geben⟩ || -K: ***Mengen-***

Ra·che *die*; *-*; *nur Sg*; ***Rache*** (***an j-m***) (***für etwas***) eine Handlung, mit der man eine Person (außerhalb des Gesetzes) bestraft, die einem selbst etwas Böses getan hat ⟨grausame Rache; Rache an j-m nehmen⟩ || K-: ***Rache-, -akt, -gedanken***

Ra·chen *der*; *-s, -*; der innere Teil des Halses, der am Ende des Mundes beginnt || K-: ***Rachen-, -entzündung, -mandel***

rä·chen; *rächte, hat gerächt* **1** ***j-n rächen*** für j-n Rache nehmen, indem man die Person bestraft, die der anderen Person etwas Böses getan hat: *den getöteten Bruder rächen* **2** ***sich*** (***an j-m***) (***für etwas***) ***rächen*** sich selbst rächen (1): *Für diese Beleidigung werde ich mich noch (an ihm) rächen* **3** ***etwas rächt sich*** etwas hat unangenehme Folgen || *zu* **1** und **2** **Rä·cher** *der*; **Rä·che·rin** *die*; *-, -nen*

◆**Rad** *das*; *-(e)s, Rä·der* **1** der runde Teil eines Fahrzeugs, der sich dreht und so das Fahrzeug rollen lässt ⟨das Rad dreht sich; ein Rad montieren⟩ || K-: ***Rad-, -wechsel*** || -K: ***Hinter-, Vorder-*** **2** ein rundes Teil einer Maschine (*meist* mit Zacken) ⟨die Räder eines Getriebes⟩ || -K: ***Antriebs-*** **3** *Kurzwort* ↑ ***Fahrrad*** || K-: ***Rad-, -fahrer, -rennen, -tour*** || ID ***das fünfte Rad am Wagen sein*** (in einer Gruppe) stören, weil man überflüssig ist

Ra·dar *der, das*; *-s*; *nur Sg*; ein technisches Gerät, mit dem man feststellt, wo ein Gegenstand ist, wohin und wie schnell er sich bewegt || K-: ***Radar-, -kontrolle, -station***

Ra·dau *der*; *-s*; *nur Sg*; *gespr* ≈ Lärm ⟨Radau machen⟩

ra·deln; *radelte, ist geradelt*; *bes südd* Ⓐ *gespr*; mit dem Fahrrad fahren || *hierzu* **Rad·ler** *der*; **Rad·le·rin** *die*; -, *-nen*

ra·die·ren; *radierte, hat radiert*; **(*etwas*) *radieren*** etwas, das man *bes* mit Bleistift geschrieben oder gezeichnet hat, durch Reiben mit einem Stück Gummi entfernen || K-: ***Radier-, -gummi*** || *zu* ***Radiergummi*** ↑ *Illustration* **Am Schreibtisch**

Ra·dies·chen [ra'diːsçən] *das*; *-s*, -; eine kleine Pflanze mit einer runden dicken Wurzel, die außen rot und innen weiß ist, scharf schmeckt und roh gegessen wird

ra·di·kal *Adj* **1** ⟨Änderungen, Reformen, eine Methode⟩ so, dass sie starke Veränderungen mit sich bringen: *ein radikaler Bruch mit der Tradition* **2** *bes Pol*, *pej*; ⟨die Linke, die Rechte⟩ so, dass sie extreme politische Positionen vertreten (und *oft* bereit sind, Gewalt anzuwenden) **3** *nicht adv*; sehr stark und wirksam (*oft* mit negativen Folgen): *radikale Mittel einsetzen* **4** *nur adv* ≈ sehr (stark): *die Zahl der Waffen radikal reduzieren* || *hierzu* **Ra·di·ka·li·tät** *die*; *zu* **2 Ra·di·ka·lis·mus** *der*

◆**Ra·dio** *das*; *-s*, *-s* **1** ein Gerät, das elektromagnetische Wellen empfängt und diese als Musik oder Sprache wiedergibt ⟨das Radio läuft; das Radio einschalten⟩ || K-: ***Radio-, -apparat, -welle(n)*** || -K: ***Auto-*** **2** *nur Sg*; *gespr*; eine Institution, die ein Programm sendet, das man mit einem Radio (1) empfangen kann ⟨beim Radio arbeiten⟩ || K-: ***Radio-, -sender*** **3** *nur Sg*; das Programm, das man mit dem Radio (1) empfangen kann ⟨Radio hören⟩

ra·di·o·ak·tiv [-f] *Adj*; in einem Zustand, in dem Atome zerfallen und dabei schädliche Energie abgeben, die Menschen, Tieren und Pflanzen schadet ⟨die Strahlung, der Zerfall; Abfälle⟩: *Uran ist radioaktiv* || *hierzu* **Ra·di·o·ak·ti·vi·tät** *die*

Ra·di·us *der*; -, *Ra·di·en* [-di̯ən]; die Entfernung vom Mittelpunkt eines Kreises oder einer Kugel zum Rand

raf·fi·niert *Adj* **1** ⟨ein Plan, ein System⟩ klug überlegt oder geschickt angewendet **2** schlau und geschickt ⟨ein Trick⟩ || *hierzu* **Raf·fi·nes·se** *die*

Rahm *der*; *-(e)s*; *nur Sg*; *südd* Ⓐ Ⓒⓗ ≈ Sahne

Rah·men *der*; *-s*, -; **1** ein fester Rand (*meist* aus Holz oder Metall), an Bildern oder Spiegeln || -K: ***Bilder-, Holz-*** **2** der Teil einer Tür oder eines Fensters, der fest mit der Wand verbunden ist || -K: ***Fenster-*** **3** ***ein Rahmen* (*für etwas*)** *nur Sg*; die Umgebung und der Zusammenhang, in denen etwas stattfindet ⟨ein feierlicher, würdiger Rahmen⟩ || ID ***etwas bleibt im Rahmen*** etwas unterscheidet sich nicht vom Üblichen; ***etwas fällt aus dem Rahmen*** etwas unterscheidet sich stark vom Üblichen

Ra·ke·te *die*; -, *-n* **1** ein Körper in Form eines Zylinders, der oben eine Spitze hat und der von der Erde weg in den Weltraum fliegen kann ⟨eine mehrstufige, (un)bemannte Rakete; eine Rakete starten⟩ || K-: ***Raketen-, -antrieb*** || -K: ***Weltraum-*** **2** eine Art Rakete (1), als Waffe: *atomare Raketen* || K-: ***Raketen-, -abwehr*** || -K: ***Kurzstrecken-*** **3** eine Art kleine Rakete (1), die in der Luft explodiert und als Feuerwerk oder Signal verwendet wird

ram·men; *rammte, hat gerammt* **1** ***etwas irgendwohin rammen*** etwas mit kräftigen Schlägen in den Boden schlagen **2** ***j-n / etwas rammen*** beim Fahren an ein Auto / etwas stoßen und es beschädigen

ram·po·niert *Adj*; *gespr*; in schlechtem Zustand

Ramsch *der*; *-es*; *nur Sg*; *pej*; Dinge von sehr schlechter Qualität

ran *Adv*; *gespr* ≈ heran

ran- *im Verb*; ersetzt in der gesprochenen Sprache *oft* die Vorsilbe *heran-*

Rand *der*; *-(e)s*, *Rän·der* **1** der äußere Teil von etwas, der Teil einer Fläche, der am weitesten von der Mitte entfernt ist || K-: ***Rand-, -gebiet*** || -K: ***Orts-, Stadt-*** **2** der seitliche, obere oder untere Teil eines Blattes Papier, auf den man normalerweise nichts schreibt **3 *am Rande*** + *Gen* in großer Gefahr, etwas Negatives zu erleben ⟨am Rande des Zusammenbruchs stehen⟩

ran·da·lie·ren; *randalierte, hat randaliert*; Lärm machen, andere Leute stören und Sachen mit Absicht beschädigen: *randalierende Fans* || *hierzu* **Ran·da·le** *die*; **Ran·da·lie·rer** *der*

Rang *der*; *-(e)s*, *Rän·ge* **1** eine bestimmte Stufe in einer Ordnung (Hierarchie), die durch soziale oder dienstliche Wichtigkeit gekennzeichnet ist ⟨einen hohen, niedrigen Rang haben, einnehmen⟩: *der Rang eines Leutnants, eines Ministers* || K-: ***Rang-, -ordnung*** || -K: ***Dienst-***; ***Generals-*** **2** der Platz, den man in einem Wettkampf erreicht: *den ersten / letzten*

R

Rang belegen **3** der hintere und höher liegende Teil des Raumes, in dem man im Kino oder Theater sitzt || ↑ *Abbildung unter* ***Theater*** **4** ***von Rang*** mit einer hohen Qualität: *ein Schriftsteller von Rang*

ran·gie·ren [raŋ'ʒiːrən]; *rangierte, hat rangiert* **1** **(*etwas*) *rangieren*** Eisenbahnwagen auf ein anderes Gleis bringen, *bes* um neue Züge zusammenzustellen **2** ***ganz oben rangieren*** eine wichtige Bedeutung haben

rann·te ↑ ***rennen***

Ran·zen *der; -s, -;* eine Art Tasche, die ein Schüler auf dem Rücken trägt

ran·zig *Adj;* so, dass das Fett darin alt ist und schlecht riecht und schmeckt ⟨Butter, Nüsse, Öl⟩

Rap·pen *der; -s, -;* die kleinste Einheit des Geldes in der Schweiz; *Abk* Rp: *Ein Franken hat 100 Rappen*

rar, *rarer, rarst-; Adj* **1** so, dass etwas nur noch in geringer Menge, in kleiner Zahl da ist ⟨ein Tier⟩ **2** *nur präd, nicht adv* ≈ knapp ⟨Rohstoffe⟩

ra·sant, *rasanter, rasantest-; Adj;* mit hoher Geschwindigkeit ⟨ein Tempo, eine Entwicklung⟩ || *hierzu* **Ra·sanz** *die*

rasch, *rascher, raschest-; Adj;* so, dass ein Vorgang oder eine Handlung nur kurze Zeit dauert ≈ schnell: *rasche Fortschritte machen; Ich gehe nur rasch Zigaretten holen* || *hierzu* **Rasch·heit** *die*

ra·scheln; *raschelte, hat geraschelt;* ***etwas raschelt*** etwas macht das Geräusch, das man *z.B.* hört, wenn der Wind trockene Blätter bewegt

Ra·sen *der; -s, -; meist Sg;* eine Fläche (in Gärten und Parks) mit dichtem, kurzem Gras ⟨ein gepflegter Rasen⟩ || K-: ***Rasen-, -mäher***

ra·sen[1]; *raste, hat gerast;* **(*vor etwas* (*Dat*)) *rasen*** wütend und laut sprechen und sich dabei wild benehmen ⟨vor Wut, Eifersucht rasen⟩

ra·sen[2]; *raste, ist gerast* **1** **(*irgendwohin*) *rasen*** sehr schnell fahren oder laufen: *Das Auto raste um die Kurve* **2** ***die Zeit rast*** die Zeit vergeht sehr schnell || *zu* **1** **Ra·ser** *der;* **Ra·se·rin** *die; -, -nen;* **Ra·se·rei** *die*

Ra·sier·ap·pa·rat *der;* ein elektrisches oder mechanisches Gerät zum Rasieren

◆ **ra·sie·ren**; *rasierte, hat rasiert;* ***j-n / sich rasieren***; **(*j-m / sich*) *etwas rasieren*** mit einer Klinge oder mit einem elektrischen Gerät die Barthaare entfernen ⟨sich nass, trocken rasieren; sich den Bart rasieren⟩ || K-: ***Rasier-, -creme, -klinge, -messer, -pinsel, -seife***

Ras·se *die; -, -n* **1** eine Gruppe von Tieren, die sich durch bestimmte Merkmale von anderen Tieren (derselben Art) unterscheiden || -K: ***Hunde-*** **2** eine der großen Gruppen, in die die Menschen von manchen eingeteilt werden (wegen der Hautfarbe) || K-: ***Rassen-, -konflikt***

ras·seln; *rasselte, hat gerasselt* **1** ***etwas rasselt*** etwas macht die harten, schnellen Geräusche, die *z.B.* entstehen, wenn eine große Kette aus Eisen bewegt wird **2** ***der Wecker rasselt*** der Wecker läutet

Ras·sis·mus *der; -; nur Sg; pej;* die Ideologie, dass Menschen der einen Rasse (2) besser sind als die einer anderen || *hierzu* **Ras·sist** *der;* **Ras·sis·tin** *die; -, -nen;* **ras·sis·tisch** *Adj*

Rast *die; -, -en; meist Sg;* eine Pause, die man *bes* bei Wanderungen macht

Rast·platz *der* **1** ein Platz, an dem man während einer Wanderung eine Pause macht **2** ein Parkplatz an einer Autobahn, an dem man tanken, essen kann

Ra·sur *die; -, -en;* das Rasieren || -K: ***Elektro-, Nass-, Trocken-*** **2** die Art, wie j-d rasiert ist ⟨eine glatte, schlechte Rasur⟩

◆ **Rat**[1] *der; -(e)s; nur Sg;* das, was man (aufgrund von Erfahrung oder Kenntnissen) j-m sagt, damit er weiß, was er tun soll ⟨ein fachmännischer, ehrlicher Rat; j-m einen Rat geben; j-n um Rat fragen⟩: *Mein Rat wäre, mit dem Zug statt mit dem Auto zu fahren* || Hinweis: als Plural wird *Ratschläge* verwendet || ID *meist* ***Da ist guter Rat teuer*** da ist es schwierig, eine Lösung zu finden

Rat[2] *der; -(e)s, Rä·te* **1** eine Gruppe von Menschen, die in einer Organisation Probleme diskutieren und dann entscheiden ⟨j-n in den Rat wählen⟩ || K-: ***Rats-, -beschluss*** || -K: ***Aufsichts-, Betriebs-, Stadt-*** **2** j-d, der Mitglied eines Rates[2] (1) ist **3** *nur Sg;* der Titel eines ziemlich hohen Beamten || -K: ***Regierungs-, Studien-***

Ra·te *die; -, -n;* eine von mehreren Zahlungen in Teilen, die man so oft leistet, bis die volle Summe bezahlt ist ⟨etwas auf Raten kaufen⟩: *die letzte Rate einer Schuld* || -K: ***Abzahlungs-*** || *hierzu* **ra·ten·wei·se** *Adj*

◆ **ra·ten**[1]; *rät, riet, hat geraten;* ***j-m* (*zu*) *etwas raten*** j-m einen Rat[1] geben: *Der Arzt hat ihr zu einer Kur geraten; Ich habe ihm geraten, neue Reifen* zu *kaufen*

◆ **ra·ten**[2]; *rät, riet, hat geraten;* **(*etwas*) *raten*** versuchen, ohne genaues Wissen richtig zu antworten oder zu urteilen ⟨richtig, falsch raten⟩: *Lass mich mal raten; Er hat die Antwort nur geraten* || K-: ***Rate-, -spiel***

|| ID ***Dreimal darfst du raten*** *gespr*; verwendet, um zu sagen, dass die Antwort leicht ist

◆ **Rat·haus** *das*; das Gebäude für den Bürgermeister und die Verwaltung eines Ortes || K-: ***Rathaus-, -platz***

Ra·ti·on [ra'tsio:n] *die*; -, *-en*; die Menge *bes* an Lebensmitteln, die j-d für eine bestimmte Zeit bekommt (wenn die Vorräte knapp sind) ⟨eine Ration Brot; Rationen zuteilen⟩ || -K: ***Brot-, Tages-*** || *hierzu* **ra·ti·o·nie·ren** (*hat*)

ra·ti·o·nal *Adj*; so, dass man sich vom Verstand leiten lässt, nicht von Gefühlen

ra·ti·o·nell *Adj*; so, dass mit möglichst wenig Kraft und Arbeit eine möglichst gute Leistung erreicht wird ≈ effektiv ⟨eine Methode⟩

rat·los *Adj*; so, dass eine Person nicht weiß, was sie tun soll || *hierzu* **Rat·lo·sig·keit** *die*

rat·sam *Adj*; *nur präd oder adv*; gut und richtig ≈ sinnvoll ⟨etwas für ratsam halten⟩: *Bei Regen ist es ratsam, einen Schirm zu haben*

◆ **Rat·schlag** *der* ≈ Rat[1]: *j-m gute Ratschläge geben* || Hinweis: *Ratschläge* wird als Plural zu dem Wort *Rat*[1] verwendet, das nur im Singular steht

Rät·sel *das*; *-s*, -; **1** eine Art komplizierte Frage, bei der man raten[2] oder nachdenken muss, um die Antwort zu finden ⟨ein schweres Rätsel; ein Rätsel lösen⟩ || K-: ***Rätsel-, -frage*** **2** ein Spiel mit solchen Fragen, das man in verschiedenen Formen *bes* in Zeitschriften findet || -K: ***Kreuzwort-*** **3** etwas, das man nicht erklären kann: *Es ist mir ein Rätsel, wo sie so lange bleibt*

Rat·te *die*; -, *-n*; ein Tier mit einem dünnen Schwanz, das wie eine große Maus aussieht || K-: ***Ratten-, -plage*** || ID ***Die Ratten verlassen das sinkende Schiff*** verwendet, um zu kritisieren, dass manche schnell aufgeben und die anderen verlassen, wenn Gefahr droht

rau, *rauer-*, *rauest-*; *Adj* **1** ⟨eine Oberfläche, ein Stoff, die Haut⟩ relativ hart und nicht glatt, sodass man einen Widerstand spürt, wenn man mit dem Finger darüber streicht **2** *nicht adv*; ⟨ein Klima, ein Wetter⟩ kalt und mit viel Wind **3** ⟨ein Verhalten⟩ grob, ohne Taktgefühl **4** ***ein rauer Hals*** ein entzündeter Hals **5** *nicht adv*; ⟨die See⟩ mit hohen Wellen || *hierzu* **Rau·heit** *die*

Raub *der*; *-es*; *nur Sg* **1** das Wegnehmen eines Gegenstandes von j-m (unter Anwendung von Gewalt) ⟨einen Raub begehen⟩ || K-: ***Raub-, -überfall*** || -K: ***Bank-*** **2** die Dinge, die j-d durch einen Raub (1) bekommen hat || *hierzu* **Räu·ber** *der*; **Räu·be·rin** *die*; -, *-nen*; **rau·ben** (*hat*)

Raub·kat·ze *die*; ein Raubtier, das eine Art Katze (2) ist, wie *z.B.* ein Löwe

Raub·tier *das*; jedes (Säuge)Tier mit starken Zähnen, das andere Tiere jagt und frisst, *z.B.* Tiger und Wölfe

Rauch *der*; *-(e)s*; *nur Sg* **1** eine Art Wolke, die entsteht, wenn etwas verbrennt ⟨dichter, schwarzer Rauch⟩ **2** der Rauch (1) einer Zigarette *o.Ä.* || -K: ***Zigarren-*** || ID ***kein Rauch ohne Feuer*** an einem Gerücht *o.Ä.* ist wahrscheinlich etwas Wahres

◆ **rau·chen**; *rauchte*, *hat geraucht* **1** ***(etwas) rauchen*** an einer brennenden Zigarette, Pfeife *o.Ä.* saugen und den Rauch einatmen ⟨eine Zigarette, Pfeife rauchen⟩: *Darf man hier rauchen?* || K-: ***Rauch-, -verbot*** **2** ***(etwas) rauchen*** die Gewohnheit haben zu rauchen (1) ⟨sich (*Dat*) das Rauchen abgewöhnen⟩ **3** ***etwas raucht*** etwas produziert Rauch und lässt ihn nach außen kommen ⟨der Kamin, der Ofen⟩ **4** ***es raucht (irgendwo)*** es entsteht Rauch

◆ **Rau·cher** *der*; *-s*, -; **1** j-d, der die Gewohnheit hat zu rauchen (1) || -K: ***Pfeifen-, Zigaretten-*** **2** *gespr*; Plätze in einem Zug, Flugzeug *usw*, an denen man rauchen (2) darf || *zu* **1** **Rau·che·rin** *die*; -, *-nen*

rauf *Adv*; *südd gespr*; ↑ ***herauf, hinauf***

räu·chern; *räucherte*, *hat geräuchert*; ***etwas räuchern*** Lebensmittel haltbar machen, indem man sie längere Zeit in Rauch hängt: *geräucherte Fische*

rau·fen; *raufte*, *hat gerauft*; ***j-d rauft (um etwas) (mit j-m)***; ⟨Personen⟩ ***raufen*** zwei oder mehrere Personen kämpfen ohne Waffen und *meist* zum Spaß: *Die Kinder rauften sich um den Ball*

◆ **Raum** *der*; *-(e)s*, *Räu·me* **1** ein Teil eines Gebäudes, der einen Fußboden, Wände und eine Decke hat ≈ Zimmer || K-: ***Raum-, -temperatur*** || -K: ***Aufenthalts-, Keller-, Kühl-, Lager-, Schlaf-*** **2** ein Bereich mit drei Dimensionen (mit Länge, Breite und Höhe): *Raum und Zeit* **3** *nur Sg*; der Raum (2) oder die Fläche, die man zu einem bestimmten Zweck benutzen kann: *Im Auto ist / Das Auto hat nicht genug Raum für so viele Koffer* || K-: ***Raum-, -not*** **4** *nur Sg*; der Raum (2) außerhalb der Atmosphäre der Erde ≈ Weltraum, Kosmos || K-: ***Raum-, -fahrer, -flug, -station*** || -K: ***Welt-*** || ID ***etwas steht im Raum*** etwas ist als Problem vorhanden und muss gelöst werden

R

Raubkatzen

der Tiger

der Jaguar

der Puma

der Leopard

der Gepard

der Löwe

Rau·pe *die*; -, *-n*; die Larve eines Schmetterlings, die einen länglichen Körper und viele Füße hat ⟨eine Raupe verpuppt sich⟩

raus[1] *Adv*; *gespr*; ↑ ***heraus, hinaus***

raus-[2] *im Verb*; ersetzt in der gesprochenen Sprache *oft* die Vorsilben *heraus-* oder *hinaus-*

Rausch *der*; *-es*, *Räu·sche* **1** der Zustand, in den man kommt, wenn man zu viel Alkohol trinkt oder Drogen nimmt ⟨einen Rausch haben⟩ **2** *nur Sg*; ***ein Rausch*** (+ *Gen*) ein Zustand, in dem ein Gefühl sehr stark ist ⟨in einen Rausch geraten⟩ || -K: ***Sieges-*** || *hierzu* **rausch·haft** *Adj*

rau·schen; *rauschte*, *hat gerauscht*; ***etwas rauscht*** etwas macht ein gleichmäßiges Geräusch, wie man es *z.B.* bei einem schnell fließenden Fluss hört ⟨der Bach, das Meer⟩

Rausch·gift *das*; eine Substanz (*z.B.* Heroin), die man nimmt, um angenehme Gefühle zu haben, und die süchtig macht ≈ Droge ⟨Rauschgift nehmen; von Rauschgift abhängig sein⟩ || K-: ***Rauschgift-, -handel, -süchtige(r)***; ***rauschgift-, -süchtig***

räus·pern, sich; *räusperte sich*, *hat sich geräuspert*; ***sich räuspern*** durch eine Art kurzes Husten die Kehle reinigen, um eine klare Stimme zu haben

Raz·zia ['ratsi̯a] *die*; -, *Raz·zien* [-i̯ən]; eine überraschende Aktion der Polizei, bei der eine Gruppe von Menschen kontrolliert wird ⟨eine Razzia durchführen⟩

◆ **re·a·gie·ren**; *reagierte*, *hat reagiert*; (***auf j-n / etwas irgendwie***) ***reagieren*** in bestimmter Weise handeln (als Folge einer Handlung, Bemerkung): *auf eine Frage unfreundlich / schnell reagieren*

◆ **Re·ak·ti·on** [-'tsi̯oːn] *die*; -, *-en* **1** ***eine Reaktion*** (***auf j-n / etwas***) die Handlung, mit der man auf etwas reagiert ⟨eine spontane Reaktion; eine Reaktion auslösen; keine Reaktion zeigen⟩ **2** eine Veränderung im Körper aufgrund äußerer Einflüsse ⟨eine allergische Reaktion⟩ **3** die Folge des Zusammenkommens von chemischen Substanzen

Re·ak·tor *der*; *-s*, *Reaktoren*; eine große technische Anlage, in der durch Atomspaltung Energie hergestellt wird

◆ **re·a·li·sie·ren**; *realisierte*, *hat realisiert*; ***etwas realisieren*** *geschr*; etwas tun, das man schon lange geplant hat ⟨einen Plan, ein Vorhaben realisieren⟩ || *hierzu*

R

Re·a·li·sa·ti·on *die*; **Re·a·li·sie·rung** *die*; **re·a·li·sier·bar** *Adj*

◆ **re·a·lis·tisch** *Adj* **1** ⟨eine Beurteilung, eine Einschätzung⟩ so, dass sie an der Wirklichkeit orientiert ist ≈ sachlich **2** ⟨eine Darstellung, ein Film⟩ so, dass sie die Welt zeigen, wie sie wirklich ist

Re·a·li·tät *die*; -, *-en* **1** *nur Sg*; das, was es wirklich auf der Welt gibt ≈ Wirklichkeit **2** *nur Sg*; ***die Realität*** + *Gen* die tatsächliche Existenz, das Bestehen von etwas ⟨die Realität einer Sache anzweifeln, bestreiten, beweisen⟩ **3** *geschr* ≈ Tatsache: *die Realitäten des Lebens akzeptieren* || *hierzu* **re·al** *Adj*

Re·al·schu·le *die*; eine Schule, die die Schüler *bes* auf wirtschaftliche und technische Berufe vorbereitet, *meist* für sechs Jahre nach der Grundschule || K-: ***Realschul-, -abschluss, -lehrer*** || *hierzu* **Re·al·schü·ler** *der*; **Re·al·schü·le·rin** *die*; -, *-nen*

Re·be *die*; -, *-n*; der Zweig, an dem die (Wein)Trauben wachsen || -K: ***Wein-***

re·bel·lie·ren; *rebellierte, hat rebelliert*; (***gegen j-n / etwas***) ***rebellieren*** versuchen, bestehende Zustände mit Gewalt zu ändern ⟨gegen die Regierung, gegen einen Befehl rebellieren⟩

◆ **Re·cher·che** [reˈʃɛrʃə] *die*; -, *-n*; *meist Pl*; die intensive Suche nach Informationen *bes* für einen (Zeitungs)Bericht ⟨eine Recherche machen⟩ || *hierzu* **re·cher·chie·ren** (*hat*)

◆ **rẹch·nen**; *rechnete, hat gerechnet* **1** Zahlen und Mengen (durch Addieren, Subtrahieren *usw*) so miteinander in Verbindung bringen, dass neue Zahlen oder Mengen entstehen ⟨im Kopf, schriftlich rechnen⟩ || K-: ***Rechen-, -aufgabe*** **2** ***mit j-m / etwas rechnen*** es für möglich oder wahrscheinlich halten, dass etwas geschehen wird, dass j-d kommt: *Ich rechne* damit, dass *unser Plan Erfolg hat*; *Was, du bist schon da! Mit dir hatte ich noch gar nicht gerechnet!* **3** (***mit etwas***) ***rechnen*** mit dem Geld sparsam umgehen ⟨mit jedem Euro rechnen⟩

◆ **Rẹch·nung**[1] *die*; -, *-en* **1** das Rechnen (1) ⟨eine Rechnung mit Brüchen, mit mehreren Unbekannten⟩ || -K: ***Bruch-, Differenzial-*** **2** *nur Sg* ≈ Schätzung: *Nach meiner Rechnung werden wir in etwa zehn Minuten ankommen* || ID ***j-s Rechnung geht nicht auf*** j-d hat etwas geplant, kann es aber nicht realisieren

◆ **Rẹch·nung**[2] *die*; -, *-en* **1** ***eine Rechnung*** (***für etwas***) (***über etwas*** (*Akk*)) eine Liste, auf der steht, wie viel Geld man für Waren oder Leistungen bezahlen muss ⟨j-m eine Rechnung (aus)stellen, schreiben⟩: *eine Rechnung für einen Kühlschrank über 1000 Euro*; *Herr Ober, die Rechnung bitte!* || -K: ***Arzt-, Hotel-*** **2** der Betrag auf einer Rechnung[2] (1) ⟨eine Rechnung bezahlen, überweisen⟩ || K-: ***Rechnungs-, -betrag*** || ID *meist* ***Das geht auf meine Rechnung*** das bezahle ich; ***die Rechnung für etwas bezahlen müssen*** die negativen Folgen eines Verhaltens ertragen müssen

◆ **Rẹcht** *das*; *-(e)s, -e* **1** *nur Sg*; die Regeln für das Zusammenleben der Menschen in einem Staat, die in Gesetzen festgelegt sind ⟨das bürgerliche, öffentliche Recht; das Recht anwenden, verletzen⟩: *nach geltendem Recht* || K-: ***Rechts-, -bruch, -lage, -ordnung*** || -K: ***Eigentums-, Kriegs-, Verkehrs-, Vertrags-, Völker-*** **2** ***das Recht*** (***auf etwas*** (*Akk*)) der (moralisch oder gesetzlich begründete) Anspruch auf etwas ⟨die demokratischen Rechte; ein Recht geltend machen; sein Recht fordern⟩: *das Recht auf freie Äußerung der Meinung* || -K: ***Aufenthalts-, Wahl-*** **3** *nur Sg*; das, was die Moral oder das Gesetz erlauben: *Recht und Unrecht* **4** ***zu Recht*** mit gutem Grund, richtigerweise **5** ***im Recht sein***; ***Recht haben*** bei einem Streit *o.Ä.* derjenige sein, der das Recht (1, 2) oder die Wahrheit auf seiner Seite hat **6** ***Recht haben*** etwas sagen, das den Tatsachen entspricht: *Ich weiß nicht, ob du damit Recht hast* **7** ***j-m Recht geben*** j-m sagen, dass seine Meinung richtig ist oder war: *In diesem Punkt muss ich Ihnen Recht geben*

◆ **rẹcht** *Adj* **1** ***recht*** (***für j-n / etwas***) für einen bestimmten Zweck gut geeignet ≈ passend: *Hier ist nicht der rechte Ort für solch ein Gespräch* **2** ***etwas ist*** (***j-m***) ***recht*** j-d ist mit etwas einverstanden: *Ist* es *dir recht*, wenn *ich mitkomme?* **3** den Regeln der Moral entsprechend: Es *war nicht recht*, dass *du sie angelogen hast* **4** *nur attr oder adv*; so, dass etwas wirklich der Fall ist ⟨keine rechte Freude an etwas haben⟩: *Ich habe eigentlich nicht* (*so*) *recht verstanden, was er sagen wollte* || Hinweis: *meist* verneint **5** ***recht und billig*** ≈ gerecht und fair || ID ***es j-m nicht recht machen können*** nichts tun können, was j-m passt oder gefällt; *meist* ***Man kann es nicht allen recht machen*** man tut nie etwas, das allen gefällt; *meist* ***Das geschieht dir recht!*** *gespr*; das ist die gerechte Strafe

◆ **rẹch·t-** *Adj*; *nur attr, nicht adv* **1** auf der

Seite, auf der das Herz nicht ist ↔ link- (1): *sich das rechte Bein brechen*; *auf der rechten Straßenseite* **2** mit den Prinzipien von konservativen oder nationalistischen Parteien ↔ link- ⟨eine Partei⟩ || ▸ ***rechts***

Recht·eck *das*; *-s, -e*; eine geometrische Figur mit vier Winkeln von 90 Grad und mit vier Seiten, von denen jeweils zwei gleich lang sind

recht·fer·ti·gen; *rechtfertigte, hat gerechtfertigt* **1** ***etwas*** (***mit etwas***) ***rechtfertigen*** die Gründe für eine Handlung, Äußerung nennen: *Die Firma rechtfertigte die Entlassungen mit der schlechten Konjunktur* **2** ***etwas rechtfertigt etwas*** etwas ist ein ausreichender Grund für etwas ⟨etwas ist (durch etwas) gerechtfertigt⟩ **3** ***sich*** (***mit etwas***) ***rechtfertigen*** die Gründe für Aktionen, Äußerungen nennen || *hierzu* **Recht·fer·ti·gung** *die*

recht·lich *Adj*; *nur attr oder adv*; so, wie es im Gesetz steht ⟨die Grundlage⟩: *Ist das denn rechtlich zulässig?*

recht·mä·ßig *Adj*; so, wie es dem Gesetz entspricht ⟨der Besitzer, eine Kündigung⟩ || *hierzu* **Recht·mä·ßig·keit** *die*

rechts[1] *Adv* **1** ***rechts*** (***von j-m*** / ***etwas***) auf der Seite, auf der das Herz nicht ist ↔ links[1] (1) ⟨nach rechts abbiegen; von links nach rechts⟩ **2** (von Parteien, Gruppen oder Personen) so, dass sie konservative oder nationalistische Prinzipien haben ↔ links[1] (2) ⟨rechts wählen⟩

◆ **rechts**[2] *Präp*; *mit Gen*; rechts[1] von etwas ↔ links[2]: *rechts der Straße* || Hinweis: auch mit *von*: *rechts von der Halle*

Rechts·an·walt *der*; j-d, dessen Beruf es ist, andere über die Gesetze zu informieren und Leute in einem Gerichtsprozess zu vertreten || *hierzu* **Rechts·an·wäl·tin** *die*

Recht·schrei·bung *die*; *nur Sg*; die richtige Art, wie man die Wörter einer Sprache schreibt ≈ Orthographie || K-: ***Recht-schreib-, -reform, -regel***

recht·zei·tig *Adj* **1** so, dass es zu einer günstigen oder vereinbarten Zeit gemacht wird **2** so, dass man sich nicht beeilen muss

Re·cyc·ling [ri'saiklɪŋ] *das*; *-s*; *nur Sg*; eine Technik, mit der man aus bereits gebrauchten Gegenständen (Papier, Glas oder Metall) neue Gegenstände herstellt: *das Recycling von Flaschen* || K-: ***Recycling-, -papier*** || -K: ***Papier-*** || *hierzu* **re·cy·cel·bar** *Adj*; **re·cy·celn** [ri'saik(ə)ln] (*hat*)

Re·dak·teur [-'tøːɐ̯] *der*; *-s, -e*; j-d, der in einer Redaktion arbeitet || -K: ***Chef-, Zeitungs-*** || *hierzu* **Re·dak·teu·rin** [-'tøːrɪn] *die*; *-, -nen*

Re·dak·ti·on [-'tsioːn] *die*; *-, -en*; die Personen, die in der Presse, im Rundfunk *usw* Texte auswählen und für die Veröffentlichung schreiben || *hierzu* **re·dak·ti·o·nell** *Adj*

◆ **Re·de** *die*; *-, -n*; ***eine Rede*** (***an j-n***) (***über j-n*** / ***etwas***) das Sprechen vor Zuhörern ⟨eine feierliche Rede; eine Rede an die Versammlung halten⟩ || K-: ***Rede-, -wendung, -zeit*** || -K: ***Begrüßungs-, Grab-*** || ID ***Davon kann nicht die*** / ***keine Rede sein*** *gespr*; das trifft überhaupt nicht zu, wird nicht geschehen; ***Langer Rede kurzer Sinn***: ***...*** *gespr*; zusammenfassend oder kurz gesagt

◆ **re·den**; *redete, hat geredet* **1** (***über j-n*** / ***etwas***) ***reden***; (***von j-m*** / ***etwas***) ***reden*** das, was man denkt, sagen ≈ sprechen ⟨kein Wort reden; deutlich reden⟩: *Er redet nur von Autos und Motorrädern* **2** (***mit j-m***) (***über j-n*** / ***etwas***) ***reden***; (***von j-m*** / ***etwas***) ***reden*** mit j-m ein Gespräch haben ⟨mit j-m gut, über alles reden können⟩: *mit der Freundin über Probleme reden* || ID ***von sich reden machen*** etwas tun, über das dann viele Leute reden und schreiben; ***mit sich reden lassen*** bereit sein, über etwas zu diskutieren und nachzugeben; ***Reden ist Silber, Schweigen ist Gold*** oft ist es besser, nichts zu sagen

Re·de·wen·dung *die*; mehrere Wörter, die oft zusammen gebraucht werden

Red·ner *der*; *-s, -*; **1** j-d, der eine Rede (1) hält || -K: ***Haupt-, Wahl-*** **2** j-d, der gute Reden halten kann || *hierzu* **Red·ne·rin** *die*; *-, -nen*

re·du·zie·ren; *reduzierte, hat reduziert* **1** ***etwas*** (***um etwas***) (***auf etwas*** (*Akk*)) ***reduzieren*** eine Zahl oder Menge kleiner machen ≈ verringern ⟨etwas auf ein Minimum reduzieren⟩: *Der ursprüngliche Preis von 300 Euro wurde um ein Drittel auf 200 Euro reduziert* **2** ***etwas reduziert sich*** (***um etwas***) (***auf etwas*** (*Akk*)) etwas wird in der Zahl oder Menge kleiner: *Die Unfälle haben sich auf die Hälfte reduziert* || *hierzu* **Re·du·zie·rung** *die*; **Re·duk·ti·on** *die*; **re·du·zier·bar** *Adj*

Ree·de·rei *die*; *-, -en*; eine Firma, die Personen oder Waren mit Schiffen transportiert || *hierzu* **Ree·der** *der*; **Ree·de·rin** *die*; *-, -nen*

Re·fe·rat *das*; *-(e)s, -e*; ***ein Referat*** (***über j-n*** / ***etwas***) ein Text, den j-d über ein Thema geschrieben hat und dann vorliest ⟨ein wissenschaftliches Referat halten⟩ || *hierzu* **re·fe·rie·ren** (*hat*)

R

Re·fe·ren·dar *der*; *-s, -e*; Ⓓ j-d, der nach dem Studium noch eine praktische Ausbildung an der Schule oder am Gericht *o.Ä.* macht, um Beamter zu werden || K-: ***Referendar-, -dienst*** || *hierzu* **Re·fe·ren·da·rin** *die*; *-, -nen*

Re·fe·renz *die*; *-, -en*; *meist Pl, geschr*; eine schriftliche Information über j-s Fähigkeiten, *bes* wenn er eine Arbeit sucht

Re·flex *der*; *-es, -e*; eine schnelle Reaktion des Körpers auf einen äußeren Einfluss, die man nicht kontrollieren kann || K-: ***Reflex-, -bewegung, -handlung***

Re·fle·xiv·pro·no·men [-f-] *das*; *Ling*; ein Pronomen wie *z.B.* „mich" in „Ich schäme mich" oder „sich" in „Er benimmt sich schlecht"

◆ **Re·form** *die*; *-, -en*; eine Veränderung, durch die man die Zustände besser machen will ⟨eine politische, eine soziale Reform; Reformen durchführen⟩ || K-: ***Reform-, -versuch*** || -K: ***Bildungs-, Schul-, Steuer-, Wirtschafts-*** || *hierzu* **Re·for·mer** *der*; **Re·for·me·rin** *die*; *-, -nen*; **re·for·mie·ren** (*hat*)

◆ **Re·gal** *das*; *-s, -e*; eine Konstruktion aus Brettern, die man an einer Wand oder auf Stützen befestigt, damit man dort Dinge aufbewahren kann ⟨etwas in / auf das Regal stellen, legen⟩ || -K: ***Bücher-***

◆ **Re·gel** *die*; *-, -n* **1** ein Prinzip oder eine Ordnung, die sagt, wie man bestimmte Dinge tun muss ≈ Norm ⟨strenge, mathematische Regeln; die Regeln anwenden; eine Regel aufstellen; sich an eine Regel halten; die Regeln eines Spiels⟩ || K-: ***Regel-, -verstoß*** || -K: ***Anstands-, Verkehrs-*** **2** *nur Sg*; das, was normal oder üblich ist ⟨etwas ist die Regel⟩: *Dass sie zu spät kommt, ist bei ihr die Regel* **3** *nur Sg* ≈ Menstruation **4** ***in der Regel / in aller Regel*** ≈ meistens

◆ **re·gel·mä·ßig** *Adj* **1** so, dass es im gleichen Abstand immer wieder vorkommt: *die Mahlzeiten regelmäßig einnehmen* **2** ⟨Verben⟩ so, dass sie einem Muster entsprechen, das oft vorkommt **3** *meist adv*; *gespr*; sehr oft, immer wieder: *Er versäumt regelmäßig den Zug* || *hierzu* **Re·gel·mä·ßig·keit** *die*

◆ **re·geln**; *regelte, hat geregelt* **1** ***etwas regeln*** etwas (mit Regeln (1)) in eine bestimmte Ordnung bringen ⟨etwas ist genau geregelt⟩: *Der Polizist regelt den Verkehr* **2** ***etwas regeln*** etwas so einstellen, dass es angenehm oder praktisch ist ⟨die Temperatur regeln⟩

Re·ge·lung *die*; *-, -en* **1** Handlungen, durch die man etwas regelt (1,2): *die Regelung des Verkehrs durch einen Polizisten* || -K: ***Temperatur-*** **2** ein Vertrag, in dem etwas bestimmt wird || -K: ***Preis-***

◆ **Re·gen** *der*; *-s*; *nur Sg*; das Wasser, das in Tropfen aus den Wolken zur Erde fällt ⟨ein leichter, starker Regen⟩ || K-: ***Regen-, -bekleidung, -pfütze, -schauer, -tag, -tropfen, -wetter*** || -K: ***Dauer-*** || Hinweis: als Plural wird *Regenfälle* verwendet || ID ***vom Regen in die Traufe kommen*** von einer schlechten Situation in eine noch schlechtere kommen; ***j-n im Regen stehen lassen*** j-m nicht helfen, der in einer schlechten Situation ist

re·gen; *regte, hat geregt* **1** ***etwas regen*** *geschr*; einen Teil des Körpers (ein wenig) bewegen ⟨die Finger regen⟩ **2** ***sich regen*** sich (ein wenig) bewegen: *Er schlief ganz ruhig und regte sich überhaupt nicht* **3** ***etwas regt sich*** (***bei j-m***) ein Wunsch, ein Gefühl *o.Ä.* macht sich bei j-m bemerkbar ⟨Eifersucht, Angst⟩

Re·gen·bo·gen *der*; ein Bogen am Himmel mit den verschiedenen Farben, wenn die Sonne nach dem Regen wieder scheint

Re·gie [re'ʒiː] *die*; *-*; *nur Sg*; die Anweisungen des Regisseurs an die Schauspieler || ID ***in eigener Regie*** selbstständig, auf eigene Verantwortung; ***unter j-s Regie*** unter der Leitung der genannten Person

◆ **re·gie·ren**; *regierte, hat regiert* **1** (***j-n / etwas***) ***regieren*** die Macht über ein Land oder ein Volk haben **2** ***über j-n / etwas regieren*** ≈ regieren (1) ⟨über ein Land, ein Reich regieren⟩

◆ **Re·gie·rung** *die*; *-, -en*; mehrere Personen, die (*meist* als gewählte Vertreter des Volks) in einem Staat, Land *o.Ä.* die Macht haben ⟨an der Regierung sein⟩: *Die Regierung hat das Vertrauen der Wähler verloren* || K-: ***Regierungs-, -koalition, -partei*** || -K: ***Bundes-, Landes-, Militär-***

◆ **Re·gi·on** [re'gioːn] *die*; *-, -en*; ein ziemlich großes Gebiet mit bestimmten typischen Merkmalen ⟨die tropische Region; die Region Bayern⟩ || *hierzu* **re·gi·o·nal** *Adj*

Re·gis·seur [reʒɪ'søːɐ̯] *der*; *-s, -e*; j-d, der bei einem Stück im Theater oder Fernsehen oder bei einem Film den Schauspielern sagt, wie sie ihre Rolle spielen sollen || *hierzu* **Re·gis·seu·rin** *die*; *-, -nen*

Re·gis·ter *das*; *-s, -*; eine alphabetische Liste von Wörtern am Ende eines Buches, die angibt, auf welcher Seite ein Begriff behandelt wird || ID ***alle Register ziehen***

mit allen Mitteln versuchen, sein Ziel zu erreichen

re·gist·rie·ren; *registrierte, hat registriert* **1** ***j-n / etwas registrieren*** Namen oder Zahlen in eine (*meist* amtliche) Liste schreiben **2** ***etwas registrieren*** ≈ bemerken[1] **3** ***j-d / etwas registriert etwas*** j-d / etwas misst etwas und zeichnet es auf ⟨ein Erdbeben registrieren⟩

◆ **reg·nen**; *regnete, hat geregnet* **1** ***es regnet*** Regen fällt zur Erde ⟨es regnet leicht, heftig⟩ **2** ***es regnet etwas*** (*Pl*) *gespr*; j-d bekommt etwas in großen Mengen: *Es regnete Anfragen*

reg·ne·risch *Adj*; ⟨ein Wetter; ein Tag⟩ mit viel Regen

re·gu·lär *Adj*; bestimmten Normen, Regeln, Vorschriften entsprechend ⟨Öffnungszeiten, Arbeitszeiten⟩

Reh [reː] *das*; *-(e)s, -e* [ˈreːə]; ein Tier mit braunem Fell und Hufen, das im Wald lebt

rei·ben; *rieb, hat gerieben* **1** ***etwas*** (***an etwas*** (*Dat*)) ***reiben*** etwas fest auf etwas anderes drücken und es dabei hin und her bewegen: *Die Katze rieb ihren Kopf an meinem Bein* **2** ***sich*** (*Dat*) ***etwas reiben*** mit der Hand an einem Körperteil reiben (1) ⟨sich (*Dat*) die Augen reiben⟩ **3** ***etwas irgendwie reiben*** Schmutz *o.Ä.* von etwas entfernen, indem man es reibt (1) ⟨das Fenster sauber reiben⟩ **4** ***etwas aus / von etwas reiben*** etwas von irgendwo durch Reiben (1) entfernen: *Sie rieb einen Fleck aus / von ihrem Rock* **5** ***etwas reiben*** etwas mit einem besonderen Gerät zu sehr kleinen Stücken machen ⟨Kartoffeln, Äpfel, Käse reiben⟩ **6** ***etwas reibt*** ≈ etwas kratzt: *Die neue Jeans reibt ein bisschen*

Reich *das*; *-(e)s, -e* **1** das (*meist* große) Gebiet, in dem ein König, Kaiser, Diktator *o.Ä.* herrscht: *das Reich Karls des Großen*; *das Römische Reich* || -K: ***Kaiser-, König-***; ***Welt-*** **2** ***das Reich*** + *Gen* ein bestimmter Teil der gedanklichen oder realen Welt ⟨das Reich der Träume, der Musik⟩ **3** ***das Deutsche Reich*** *hist*; **a**) verwendet als inoffizielle Bezeichnung für den deutschen Staat vor 1806; **b**) verwendet als offizielle Bezeichnung für den deutschen Staat von 1871 bis 1945 || K-: ***Reichs-, -grenze, -regierung*** **4** ***das Dritte Reich*** *hist*; die Zeit des Nationalsozialismus in Deutschland von 1933 bis 1945 **5** ***das tausendjährige Reich*** verwendet als ironische Bezeichnung für das Dritte Reich

◆ **reich** *Adj* **1** *nicht adv*; mit viel Geld oder Besitz ↔ arm (1): *Er ist so reich, dass er sich ein Schloss kaufen konnte* **2** mit großem Aufwand ≈ prächtig ⟨etwas ist reich verziert⟩ **3** in großer Menge vorhanden ⟨Beute, Auswahl⟩ **4** ***reich an etwas*** (*Dat*) ***sein*** sehr viel von etwas haben: *Alaska ist reich an Bodenschätzen*

Rei·che *der / die*; *-n, -n*; *meist Pl*; j-d, der reich (1) ist ↔ Arme(r)

rei·chen; *reichte, hat gereicht* **1** ***j-m etwas reichen*** *geschr*; j-m etwas geben: *Könnten Sie mir bitte das Buch reichen?* **2** ***j-d / etwas reicht bis*** + *Präp* + *Subst* j-d / etwas kommt (von der Länge, Breite, Größe) bis zu einem bestimmten Punkt: *Der Mantel reichte ihr bis über die Knie* **3** ***etwas reicht*** (***j-m***); ***etwas reicht*** (***für j-n / etwas***) etwas ist genug für j-n / etwas: *Unser Geld reicht nicht für eine teure Wohnung* || ID ***Mir reichts***; ***Jetzt reichts mir!*** *gespr*; ich habe jetzt keine Lust mehr

reich·lich *Adj* **1** mehr als genug oder üblich: *Er gab dem Kellner ein reichliches Trinkgeld*; *Wir haben noch reichlich Zeit* || Hinweis: Vor einem Substantiv ohne Artikel wird *reichlich* nicht verändert **2** ein bisschen mehr als: *Das dauert reichlich zwei Tage* **3** *nur adv*; *gespr* ≈ ziemlich, sehr ⟨reichlich spät⟩

Reich·tum *der*; *-s, Reich·tü·mer* **1** eine große Menge Geld oder Besitz ↔ Armut **2** *nur Sg*; ***Reichtum*** (***an etwas*** (*Dat*)) eine große Menge von etwas: *ihr Reichtum an Erfahrungen* || -K: ***Ideen-***

◆ **reif** *Adj*; *nicht adv* **1** ⟨Pflanzen und Früchte⟩ so, dass man sie ernten und essen kann **2** so lange gelagert, dass der Geschmack gut ist ⟨Käse, Wein, Cognac⟩ **3** so vernünftig, wie man es von einem Erwachsenen erwartet ↔ unreif **4** klug und vernünftig gedacht oder gemacht ⟨ein Urteil; ein Kunstwerk, eine Idee; eine Leistung, eine Arbeit⟩ **5** ***für etwas reif sein*** *gespr*; etwas dringend benötigen: *Wir sind reif für einen Urlaub*

◆ **Rei·fen** *der*; *-s, -*; **1** eine Art dickes Band aus Gummi, das beim Auto, Fahrrad *usw* um das Rad liegt und mit Luft gefüllt ist ⟨den Reifen aufpumpen⟩ || ↑ *Illustrationen* ***Das Auto*** *und* ***Das Fahrrad*** || K-: ***Reifen-, -schaden, -wechsel*** || -K: ***Auto-, Winter-*** **2** ein festes Band aus Gummi, Metall *o.Ä.* in Form eines Kreises

◆ **Rei·he** [ˈrai̯ə] *die*; *-, -n* **1** ***eine Reihe*** (***von*** + *Subst* (*Pl*)) mehrere Dinge oder Menschen, die nebeneinander oder hintereinander in einer Linie stehen ⟨eine Reihe von Bäumen, von Häusern⟩ || -K: ***Baum-, Häuser-, Menschen-*** **2** ***eine Reihe*** + *Gen* / ***von*** + *Subst* (*Pl*) eine ziemlich große Zahl oder Menge von Personen / Sachen: *eine Reihe von Argumenten* **3** ***j-d ist an der Reihe / kommt an die Reihe*** *gespr*; j-d ist der Nächste, der bedient, behandelt wird oder der etwas tun darf oder muss: *Jetzt bin ich an der Reihe* || ID ***aus der Reihe tanzen*** anders sein als allgemein üblich oder erwartet

◆**Rei·hen·fol·ge** *die*; die Ordnung, nach der Dinge oder Handlungen aufeinander folgen ⟨eine geänderte Reihenfolge; in alphabetischer Reihenfolge⟩

Rei·hen·haus *das*; ein Haus (*meist* für eine Familie) in einer Reihe von gleichen aneinander gebauten Häusern

Reim *der*; *-(e)s, -e* **1** der gleiche (oder ähnliche) Klang von Wörtern oder Silben am Ende von zwei oder mehr Zeilen eines Gedichts || K-: ***Reim-, -wort*** **2** ein kurzes Gedicht mit Wörtern, die sich reimen || ID ***sich*** (*Dat*) ***keinen Reim auf etwas*** (*Akk*) ***machen können*** *gespr*; etwas nicht verstehen

rei·men; *reimte, hat gereimt*; ***etwas reimt sich*** (***auf etwas*** (*Akk*) / ***mit etwas***) ein Wort bildet einen Reim auf ein anderes: *„Sonne" reimt sich auf „Wonne"*

◆**rein**[1] *Adj* **1** nicht mit anderen Stoffen oder Substanzen gemischt ⟨Gold, Silber, Alkohol, Baumwolle; chemisch rein⟩: *Das Kleid ist aus reiner Seide* **2** nicht mit anderen Tönen oder Farben gemischt ⟨ein Blau, ein Ton; rein weiß⟩ **3** sehr klar ⟨ein Klang, eine Stimme⟩ **4** ohne Akzent ⟨die Aussprache⟩ **5** ganz sauber ⟨ein Hemd, Wäsche; Luft, Wasser⟩ **6** *nur attr oder adv*; *gespr*; nichts anderes als: *Es war der reine Zufall, dass wir uns heute getroffen haben* || ID ***etwas ins Reine bringen*** etwas in Ordnung bringen; ***mit j-m / etwas ins Reine kommen*** Probleme, die man mit j-m / etwas hat, lösen || *zu* **1-5** **Rein·heit** *die*

◆**rein**[2] *Partikel*; verwendet, um auszudrücken, dass etwas ganz in der genannten Art ist: *rein gefühlsmäßig handeln*

Rein·fall *der*; *nur Sg*; *gespr* ≈ Misserfolg

◆**rei·ni·gen**; *reinigte, hat gereinigt*; ***etwas reinigen*** Schmutz von etwas entfernen ⟨eine Wunde reinigen; die Kleider (chemisch) reinigen lassen⟩

Rei·ni·gung *die*; *-, -en* **1** *nur Sg*; das Reinigen || K-: ***Reinigungs-, -mittel*** **2** ein Betrieb, in dem Kleider *usw* chemisch gereinigt werden

◆**Reis** *der*; *- / -es*; *nur Sg* **1** eine (Getreide)Pflanze, die man in warmen Ländern auf nassen Feldern anbaut || K-: ***Reis-, -korn*** **2** die weißen, länglichen Körner des Reises (1), die man kocht und isst || K-: ***Reis-, -gericht*** || -K: ***Milch-***

◆**Rei·se** *die*; *-, -n* **1** ***eine Reise*** (***irgendwohin***) eine *meist* lange Fahrt (mit einem Fahrzeug) von einem Ort zum anderen ⟨eine Reise buchen, antreten, machen; eine Reise ans Meer, um die Welt⟩: *(Ich wünsche dir eine) gute Reise!* || K-: ***Reise-, -bus, -gepäck, -pläne, -route, -ziel*** || -K: ***Auto-, Bahn-, Flug-, Schiffs-; Ferien-, Geschäfts-, Urlaubs-*** **2** ***auf Reisen sein*** *geschr*; eine Reise (1) machen

◆**Rei·se·bü·ro** *das*; ein Geschäft, in dem man Reisen buchen und kaufen kann

◆**rei·sen**; *reiste, ist gereist*; (***irgendwohin***) ***reisen*** eine Reise machen ⟨mit dem Auto reisen; ins Gebirge reisen⟩

rei·ßen; *riss, hat / ist gerissen* **1** ***etwas*** (***in etwas*** (*Akk*)) ***reißen*** (*hat*) zwei oder mehrere Teile aus etwas machen, indem man daran kräftig in zwei verschiedene Richtungen zieht ⟨etwas in Fetzen, in Stücke reißen⟩ **2** ***etwas an sich*** (*Akk*) ***reißen*** (*hat*) mit Gewalt oder mit einem Trick in den Besitz von etwas kommen ⟨die Macht an sich reißen⟩ **3** ***etwas reißt*** (*ist*) etwas trennt sich plötzlich in zwei Teile oder bekommt ein Loch ⟨ein Seil, eine Kette⟩ **4** ***an etwas*** (*Dat*) ***reißen*** (*hat*) (immer wieder) schnell und kräftig an etwas ziehen (ohne es kaputtzumachen) **5** ***sich um j-n / etwas reißen*** (*hat*) *gespr*; alles versuchen, um j-n / etwas zu bekommen: *Mehrere Vereine reißen sich um den Fußballstar*

Reiß·ver·schluss *der*; eine Art Band *bes* bei Kleidungsstücken, mit dem man eine Öffnung auf- oder zumachen kann. Ein Reißverschluss hat kleine Zähne aus Metall oder Plastik ⟨den Reißverschluss öffnen, schließen⟩ || ↑ *Abbildung unter* ***Knopf***

Reiß·zwe·cke *die*; eine Art kurzer dünner

Obst und Gemüse

1 Ananas	5 Trauben	9 Gurken	13 Kartoffeln
2 Äpfel	6 Bananen	10 Zucchini	14 Sellerie
3 Kirschen	7 Orangen	11 Tomaten	15 Weißkohl
4 Pflaumen	8 Kiwis	12 Karotten	

Obst und Gemüse

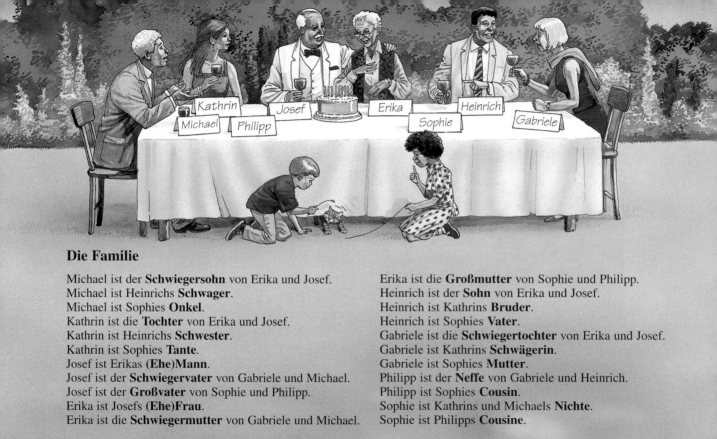

Die Familie

Michael ist der **Schwiegersohn** von Erika und Josef.
Michael ist Heinrichs **Schwager**.
Michael ist Sophies **Onkel**.
Kathrin ist die **Tochter** von Erika und Josef.
Kathrin ist Heinrichs **Schwester**.
Kathrin ist Sophies **Tante**.
Josef ist Erikas **(Ehe)Mann**.
Josef ist der **Schwiegervater** von Gabriele und Michael.
Josef ist der **Großvater** von Sophie und Philipp.
Erika ist Josefs **(Ehe)Frau**.
Erika ist die **Schwiegermutter** von Gabriele und Michael.

Erika ist die **Großmutter** von Sophie und Philipp.
Heinrich ist der **Sohn** von Erika und Josef.
Heinrich ist Kathrins **Bruder**.
Heinrich ist Sophies **Vater**.
Gabriele ist die **Schwiegertochter** von Erika und Josef.
Gabriele ist Kathrins **Schwägerin**.
Gabriele ist Sophies **Mutter**.
Philipp ist der **Neffe** von Gabriele und Heinrich.
Philipp ist Sophies **Cousin**.
Sophie ist Kathrins und Michaels **Nichte**.
Sophie ist Philipps **Cousine**.

Nagel mit einem breiten Kopf, auf den man mit dem Daumen drückt

rei·ten; *ritt, hat / ist geritten* **1** **(*auf einem Tier*) *reiten*** (*ist*) auf einem Tier sitzen und sich von ihm tragen lassen ⟨auf einem Pferd, Kamel reiten⟩ || K-: ***Reit-, -pferd, -sport, -stiefel*** **2** ***ein Tier reiten*** (*hat*) auf einem Tier reiten (1) ⟨ein Pferd reiten⟩ || *hierzu* **Rei·ter** *der*; **Rei·te·rin** *die*; -, *-nen*

Reiz *der*; *-es, -e* **1** etwas, das bewirkt, dass ein (Sinnes)Organ darauf reagiert ⟨ein akustischer, optischer Reiz⟩ || -K: ***Husten-, Licht-*** **2** Eigenschaften, die man schön und angenehm findet ⟨der Reiz des Neuen; auf j-n einen starken Reiz ausüben⟩

reizen; *reizte, hat gereizt* **1** ***etwas reizt j-n*** etwas ist für j-n so interessant, dass er es tun oder haben möchte: Es *würde mich sehr reizen, das Surfen* zu *lernen* **2** ***j-n / ein Tier reizen*** j-n / ein Tier so ärgern, dass eine heftige Reaktion folgt **3** **(*j-n*) *zu etwas reizen*** bewirken, dass j-d etwas tun will ⟨j-n zum Lachen reizen⟩ **4** ***etwas reizt* (*etwas*)** etwas verursacht Schmerzen und macht etwas wund ⟨etwas reizt die Augen⟩

rei·zend *Adj* **1** im Verhalten sehr freundlich und angenehm ⟨ein Mädchen, eine Frau; etwas reizend finden⟩: *Es ist reizend von dir*, dass *du mir Blumen bringst* **2** so, dass etwas angenehm wirkt und gefällt || Hinweis: *reizend* wird *oft* ironisch verwendet

Re·kla·me *die*; -; *nur Sg* **1** ***Reklame* (*für etwas*)** Maßnahmen, mit denen Leute dazu gebracht werden, bestimmte Waren zu kaufen ≈ Werbung: *Sie macht Reklame für teure Uhren* || -K: ***Kino-, Zeitungs-; Auto-*** **2** *gespr*; ein Prospekt, ein kurzer Film, ein Bild, mit denen Reklame (1) gemacht wird

◆ **Re·kord** *der*; *-(e)s, -e* **1** (*bes* im Sport) die beste Leistung, die j-d bis zu einem bestimmten Zeitpunkt erreicht hat ⟨einen Rekord aufstellen, brechen; einen Rekord werfen⟩: *Er verbesserte seinen Rekord im Hochsprung* || K-: ***Rekord-, -höhe, -weite, -zeit*** || -K: ***Europa-, Welt-*** **2** das Maximum oder Minimum ⟨etwas stellt einen Rekord dar; einen neuen Rekord erreichen⟩: *Der Rekord der diesjährigen Kältewelle liegt bei minus 30° Celsius* || K-: ***Rekord-, -ergebnis, -gewinn*** || ID ***j-d / etwas bricht / schlägt alle Rekorde*** *gespr*; j-d übertrifft alle anderen / etwas übertrifft alles andere

Rek·tor *der*; *-s, Rek·to·ren* **1** j-d, der eine Grund- oder Hauptschule leitet **2** der Leiter einer Universität || -K: ***Universitäts-*** || *hierzu* **Rek·to·rin** *die*; -, *-nen*

Re·la·ti·on [-'tsio:n] *die*; -, *-en*; ***die Relation* (*zwischen etwas* (*Dat*) *und etwas* (*Dat*))** *geschr*; die Beziehung oder Verbindung, die es zwischen (zwei) Dingen, Tatsachen, Begriffen *usw* gibt ≈ Verhältnis: *die Relation zwischen Leistung und Lohn*

re·la·tiv [-f] *Adj* ≈ verhältnismäßig, ziemlich: *ein relativ heißer Sommer* || *hierzu* **Re·la·ti·vi·tät** *die*

re·le·vant [-v-] *Adj*; ***relevant* (*für j-n / etwas*)** wichtig (im Zusammenhang mit etwas) ⟨etwas ist politisch, wissenschaftlich relevant⟩ || *hierzu* **Re·le·vanz** *die*

◆ **Re·li·gi·on** [-'gio:n] *die*; -, *-en* **1** der Glaube an Gott oder Götter, mit dem man sich den Sinn des Lebens erklärt ⟨eine Religion haben⟩ **2** eine bestimmte Form von Religion (1) mit bestimmten Überzeugungen, Traditionen *usw* ⟨die jüdische, christliche, islamische Religion⟩ **3** *nur Sg*; *ohne Artikel*; ein Fach in der Schule, in dem eine Religion (2) unterrichtet wird || K-: ***Religions-, -unterricht***

re·li·gi·ös *Adj* **1** in Bezug auf die Religion (1,2) ⟨eine Zeremonie⟩ **2** ⟨ein Mensch⟩ so, dass er entsprechend der Lehre einer Religion (2) lebt ≈ fromm || *zu* **2 Re·li·gi·o·si·tät** *die*

Ren·dez·vous [rãde'vu:] *das*; -, - [-'vu:s]; ***ein Rendezvous* (*mit j-m*)** ein Treffen von zwei Personen, die Interesse aneinander haben ⟨mit j-m ein Rendezvous haben⟩

Ren·nen *das*; *-s*, -; **1** ein Wettkampf, bei dem man versucht, schneller als andere zu laufen, zu fahren *usw* ⟨ein spannendes Rennen; ein Rennen gewinnen⟩ || K-: ***Renn-, -auto, -fahrer, -pferd, -rad*** || -K: ***Auto-, Ski-*** || *zu* ***Rennrad*** ↑ *Illustration* ***Das Fahrrad*** **2** ***ein totes Rennen*** ein Rennen (1), bei dem zwei Teilnehmer genau zur gleichen Zeit ins Ziel kommen || ID ***das Rennen machen*** *gespr*; **a)** ein Rennen (1) gewinnen; **b)** bei etwas Erfolg haben; ***Das Rennen ist gelaufen*** *gespr*; etwas ist bereits entschieden oder vorbei

◆ **ren·nen**; *rannte, ist gerannt* **1** **(*irgendwohin*) *rennen*** so schnell laufen, wie man kann ⟨mit j-m um die Wette rennen; um sein Leben rennen⟩ || ↑ *Illustration* ***Verben der Bewegung*** **2** ***in etwas* (*Akk*) *rennen*** in eine gefährliche Situation kommen (ohne dass man es merkt) ⟨ins Unglück rennen⟩

re·no·vie·ren [-v-]; *renovierte, hat renoviert*; **(*etwas*) *renovieren*** in einem Ge-

R

bäude alte Dinge erneuern und kaputte Dinge instand setzen ⟨eine Kirche, eine Wohnung renovieren⟩ || *hierzu* **Re·no·vie·rung** *die*

ren·ta·bel, *rentabler, rentabelst-*; *Adj*; so, dass man davon einen finanziellen Gewinn hat ⟨ein Betrieb; rentabel wirtschaften⟩ || Hinweis: *rentabel* → *ein rentables Geschäft* || *hierzu* **Ren·ta·bi·li·tät** *die*

◆ **Ren·te** *die*; -, *-n* **1** eine Summe Geld, die j-d monatlich bekommt, wenn er ein bestimmtes Alter erreicht hat und nicht mehr arbeitet ⟨eine Rente beziehen, bekommen⟩ || K-: ***Renten-, -empfänger, -erhöhung*** || -K: ***Alters-*** || Hinweis: ein Beamter bekommt eine *Pension* **2** *nur Sg*; die Zeit, in der man aus Gründen des Alters nicht mehr arbeitet ⟨in Rente sein, gehen⟩ **3** eine Summe Geld, die man regelmäßig bekommt || -K: ***Invaliden-, Witwen-***

◆ **Re·pa·ra·tur** *die*; -, *-en*; der Vorgang, bei dem etwas Kaputtes wieder in Ordnung gebracht wird ⟨eine Reparatur vornehmen, machen (lassen)⟩ || K-: ***Reparatur-, -arbeiten, -kosten***; ***reparatur-, -bedürftig*** || -K: ***Auto-, Fernseh-***

◆ **re·pa·rie·ren**; *reparierte, hat repariert*; ***etwas reparieren*** einen kaputten Gegenstand wieder in Ordnung bringen: *den Fernseher reparieren (lassen)*

Re·por·ta·ge [-ˈtaːʒə] *die*; -, *-n*; ***eine Reportage*** (***über j-n / etwas***) ein Bericht (im Radio, im Fernsehen oder in der Zeitung) über ein aktuelles Thema ⟨eine Reportage (über etwas) machen⟩ || -K: ***Fernseh-, Radio-, Sport-***

Re·por·ter *der*; *-s*, -; j-d, der beruflich über aktuelle Ereignisse berichtet || -K: ***Fernseh-, Gerichts-*** || *hierzu* **Re·por·te·rin** *die*; -, *-nen*

Rep·til *das*; *-s, -ien* [-i̯ən]; ein Tier, dessen Körper von Schuppen oder Horn bedeckt ist und das Eier legt. Der Körper von Reptilien ändert seine Temperatur je nach der Umgebung: *Schlangen, Krokodile und Eidechsen sind Reptilien*

Re·pub·lik *die*; -, *-en*; ein Staat, dessen Oberhaupt ein Präsident oder eine Präsidentin (nicht ein König oder eine Königin) ist und dessen Regierung *meist* vom Volk gewählt wird ↔ Monarchie ⟨eine demokratische Republik⟩: *die Republik Österreich* || -K: ***Bundes-***

Re·ser·ve [-v-] *die*; -, *-n* **1** *meist Pl*; ***Reserven*** (***an etwas*** (*Dat*)) Dinge, die man aufbewahrt, um sie später (*bes* in schlechten Zeiten) zu gebrauchen ≈ Vorrat ⟨finanzielle Reserven; etwas als Reserve zurücklegen⟩: *Reserven an Brennstoff* || K-: ***Reserve-, -rad, -tank*** || -K: ***Benzin-, Energie-*** **2** *meist* ***Reserven haben*** in einer schwierigen Situation noch Kräfte haben **3** ***mit Reserve*** so, dass man Gefühle, Meinungen nicht zeigt || ID ***j-n / etwas in Reserve haben / halten*** j-n / etwas zur Verfügung haben / halten, falls man ihn / es braucht

◆ **re·ser·vie·ren** [-v-]; *reservierte, hat reserviert*; (***j-m / für j-n***) ***etwas reservieren*** *bes* einen Platz oder ein Zimmer für j-n frei halten: *ein Hotelzimmer reservieren lassen*; *einen Tisch reservieren* || *hierzu* **Re·ser·vie·rung** *die*

re·sig·nie·ren; *resignierte, hat resigniert*; keine Hoffnung auf Erfolg mehr haben und aufgeben: *Du darfst doch nicht gleich resignieren!* || *hierzu* **Re·sig·na·ti·on** *die*

Res·pekt *der*; *-(e)s*; *nur Sg* **1** ***Respekt*** (***vor j-m / etwas***) eine Haltung, die zeigt, dass man die Eigenschaften oder Leistungen einer Person für gut hält und achtet ⟨großen, keinen Respekt vor j-m haben; sich bei j-m Respekt verschaffen⟩ || K-: ***respekt-, -los, -voll*** **2** ***Respekt*** (***vor j-m / etwas***) ≈ Angst (1): *Ich habe großen Respekt vor Hunden* **3** ***Respekt!*** *gespr*; verwendet, um auszudrücken, dass man eine Arbeit oder Leistung gut findet

res·pek·tie·ren; *respektierte, hat respektiert* **1** ***j-n / etwas respektieren*** vor j-m / etwas Respekt (1) haben ≈ achten, schätzen: *Eltern und Lehrer respektieren* **2** ***etwas respektieren*** etwas als sinnvoll oder vernünftig akzeptieren (auch wenn man damit nicht einverstanden ist) ⟨eine andere Meinung, eine Entscheidung respektieren⟩ **3** ***etwas respektieren*** Rücksicht auf etwas nehmen ⟨Gefühle respektieren⟩

◆ **Rest** *der*; *-(e)s, -e* **1** ein kleiner Teil von etwas, das vorher größer oder mehr war ⟨ein kläglicher, kleiner Rest⟩: *ein Rest (vom) Kuchen* || -K: (*meist mit Pl*) ***Stoff-, Woll-***; ***Speise-*** **2** *nur Sg*; das, was noch fehlt, damit etwas vollständig oder abgeschlossen ist ⟨der Rest des Tages, des Weges⟩ || K-: ***Rest-, -zahlung*** **3** *Math*; die Zahl, die bei einer Division übrig bleibt: *23 geteilt durch 7 ist 3, Rest 2* || ID ***etwas gibt j-m den Rest*** *gespr*; etwas bewirkt, dass j-d mit seiner Kraft am Ende ist

◆ **Res·tau·rant** [rɛstoˈrãː] *das*; *-s, -s*; ein Lokal, in dem man essen und trinken kann

res·tau·rie·ren; *restaurierte, hat restauriert*; ***etwas restaurieren*** Kunstwerke, Gebäude, Möbel *o.Ä.* wieder in ihren ursprünglichen Zustand bringen || *hierzu* **Res·tau·rie·rung** *die*

rest·los *Adv* **1** *gespr* ≈ völlig ⟨restlos erschöpft⟩ **2** so, dass nichts mehr übrig ist: *Die Karten waren restlos ausverkauft*

◆ **Re·sul·tat** *das*; *-(e)s, -e*; *geschr* **1** die Folge(n) einer Handlung ⟨ein gutes, schlechtes Resultat erzielen⟩ **2** das, was am Schluss einer mathematischen Rechnung steht || -K: ***End-, Gesamt-***

◆ **ret·ten**; *rettete, hat gerettet* **1** ***j-n retten*** j-m helfen, aus einer gefährlichen Situation heraus in Sicherheit zu kommen ⟨j-n aus einer Gefahr retten; j-n vor dem Ertrinken retten⟩: *Er konnte seine Kinder gerade noch aus dem brennenden Haus retten* **2** ***j-m das Leben retten*** verhindern, dass j-d in einer gefährlichen Situation stirbt **3** ***etwas retten*** verhindern, dass etwas zerstört wird oder verloren geht: *Er konnte seinen Besitz nicht mehr retten*

Ret·tich *der*; *-s, -e*; eine Pflanze mit *meist* weißer oder roter Wurzel, die man roh isst und die scharf schmeckt

Ret·tung *die*; *-, -en* **1** die Handlungen, mit denen man j-n / etwas rettet ⟨die Rettung in der Not; auf Rettung hoffen⟩ || K-: ***Rettungs-, -aktion, -arzt*** **2** Ⓐ ≈ Krankenwagen

Reue *die*; *-*; *nur Sg*; das Gefühl des Bedauerns, dass man etwas getan hat, das falsch oder schlecht war ⟨Reue zeigen⟩ || ▸ ***bereuen***

re·van·chie·ren, sich [revãˈʃiːrən]; *revanchierte sich, hat sich revanchiert* **1** ***sich*** (***an j-m***) (***für etwas***) (***mit etwas***) ***revanchieren*** denjenigen verfolgen und bestrafen, der einem etwas Böses getan hat ≈ sich rächen: *Er revanchierte sich mit einem bösen Foul an seinem Gegner* **2** ***sich*** (***bei j-m***) (***für etwas***) (***mit etwas***) ***revanchieren*** *gespr*; j-m als Dank für etwas Schönes (*z.B.* ein Geschenk) später auch eine Freude machen: *Ich werde mich bei dir für deine Hilfe revanchieren*

Re·vier [reˈviːɐ̯] *das*; *-s, -e* **1** ein Gebiet mit festen Grenzen (in dem *meist* j-d für Ordnung sorgt) || -K: ***Jagd-, Polizei-*** **2** das Gebiet, das ein Tier gegen andere Tiere seiner Art verteidigt

Re·vo·lu·ti·on [revoluˈt͜si̯oːn] *die*; *-, -en* **1** die Aktionen, durch die eine Gruppe von Personen *meist* mit Gewalt versucht, an die Macht in einem Land zu kommen ⟨eine Revolution bricht aus⟩: *die Französische Revolution von 1789* || K-: ***Revolutions-, -führer*** || -K: ***Gegen-*** **2** eine sehr starke Änderung: *eine technische Revolution*; *die industrielle Revolution im 19. Jahrhundert* || *hierzu* **Re·vo·lu·ti·o·när** *der*; **Re·vo·lu·ti·o·nä·rin** *die*; *-, -nen*

◆ **Re·zept** *das*; *-(e)s, -e* **1** eine schriftliche Anweisung vom Arzt, welche Medizin oder Behandlung ein Patient bekommen soll ⟨j-m ein Rezept ausstellen⟩: *ein Rezept für ein Schmerzmittel in der Apotheke vorlegen*; *Dieses Medikament gibt es nur auf Rezept* **2** eine genaue Beschreibung, nach der man ein bestimmtes Essen kochen kann || -K: ***Back-, Koch-***

◆ **Re·zep·ti·on** [-ˈt͜si̯oːn] *die*; *-, -en*; die Stelle in einem Hotel, zu der die Gäste gehen, wenn sie ankommen || -K: ***Hotel-***

re·zept·frei *Adj*; *nicht adv*; ⟨Medikamente⟩ so, dass man sie ohne Rezept (1) bekommt

Rhe·to·rik *die*; *-*; *nur Sg* **1** die Kunst, so zu sprechen oder zu schreiben, dass es viele Leute überzeugt **2** die Wissenschaft, die sich mit der Rhetorik (1) beschäftigt: *ein Lehrbuch der Rhetorik* || *hierzu* **Rhe·to·ri·ker** *der*; **Rhe·to·ri·ke·rin** *die*; *-, -nen*; **rhe·to·risch** *Adj*

Rhyth·mus [ˈrʏtmʊs] *der*; *-, Rhyth·men*; die Gliederung einer Melodie nach dem Takt und der Betonung || -K: ***Tanz-, Walzer-***

rich·ten[1]; *richtete, hat gerichtet* **1** ***sich / etwas irgendwohin richten*** sich / etwas in eine bestimmte Stellung oder Richtung bringen: *den Finger nach oben richten*; *eine Waffe auf j-n richten* **2** ***sich / etwas an j-n richten*** mit j-m sprechen, j-m schreiben und dabei um etwas bitten, etwas fordern ⟨eine Bitte, einen Brief an j-n richten⟩ **3** (***j-m / sich***) ***etwas richten*** *bes südd* Ⓐ Ⓒⓗ etwas (wieder) in Ordnung bringen, reparieren: *die Betten richten*; *sich die Haare richten*; *das Fahrrad richten* **4** ***etwas richtet sich gegen j-n / etwas*** etwas Negatives hat j-n / etwas als Ziel: *die Kritik war nicht gegen dich gerichtet* || Hinweis: oft im Zustandspassiv **5** ***etwas richtet sich nach etwas*** etwas hängt von etwas ab: *Die Preise richten sich nach der Nachfrage* **6** ***j-d richtet sich nach j-m / etwas*** j-d verhält sich so, wie es ein anderer will oder wie es die Situation bestimmt: *Ich richte mich ganz nach dir*

rich·ten[2]; *richtete, hat gerichtet*; (***über j-n / etwas***) ***richten*** *geschr*; ein (*oft* negatives) Urteil über j-n / etwas fällen

Rich·ter *der*; *-s, -*; ein Jurist, der im Gericht das Urteil fällt ⟨der Richter verkündet ein Urteil⟩ || -K: ***Straf-, Verkehrs-*** || *hierzu* **Rich·te·rin** *die*; *-, -nen*; **Rich·ter·schaft** *die* || ▸ ***Gericht***[1]

◆ **rich·tig** *Adj* **1** ohne logische Fehler oder

R

Irrtümer ≈ korrekt ⟨eine Lösung, eine Rechnung; richtig rechnen; etwas richtig schreiben, messen⟩ **2** so, wie es den Regeln der Moral entspricht: *Es war vollkommen richtig*, dass *er sich entschuldigt hat* **3** in der Situation angemessen, sinnvoll ⟨richtig reagieren⟩ **4** *nicht adv*; für einen bestimmten Zweck am besten (geeignet): *zum richtigen Zeitpunkt das Richtige tun*; *Ist das der richtige Weg in die Stadt?* **5** *nur attr oder adv* ≈ echt, wirklich: *richtiges Gold* **6** *nur attr oder adv*; so, wie man es sich vorstellt oder wünscht: *Ein Meter Schnee, das ist endlich mal ein richtiger Winter!*; *Das macht richtig Spaß* **7** *nur attr oder adv*; verwendet, um eine Aussage zu verstärken: *Ich war darüber richtig erschrocken*

◆**Rich·tung** *die*; -, *-en* **1** eine gedachte Linie von einem Punkt oder Ort A zu einem Ort oder Punkt B ⟨in die falsche, richtige Richtung gehen; aus südlicher Richtung kommen; in Richtung Süden fliegen; die Richtung ändern; j-m die Richtung zeigen⟩: *In welche Richtung müssen wir gehen?* || K-: ***Richtungs-, -änderung*** || -K: ***Blick-, Fahrt-, Wind-*** **2** die Wendung zu einem bestimmten Ziel hin ⟨eine neue Richtung nehmen; einer Sache eine neue Richtung geben⟩ **3** die Ansichten und Meinungen, die von einer Gruppe vertreten werden ⟨eine politische Richtung⟩: *Der Kubismus ist eine Richtung (in) der Malerei* || -K: ***Kunst-, Mode-*** **4** ***aus allen Richtungen*** von überall her || ID ***etwas ist ein Schritt in die richtige Richtung*** eine Maßnahme ist gut, aber noch nicht ausreichend

rieb ↑ ***reiben***

◆**rie·chen**; *roch, hat gerochen* **1** ***(j-n / etwas) riechen*** den Geruch von j-m / etwas mit der Nase wahrnehmen: *Riech mal - was für ein Duft!* **2** ***etwas riechen*** *gespr* ≈ ahnen ⟨die Gefahr riechen⟩: *Das kann ich doch nicht riechen!* **3** ***(nach etwas) riechen*** einen bestimmten Geruch haben ⟨gut, schlecht, stark riechen⟩: *Die Wohnung riecht nach frischer Farbe / In der Wohnung riecht es nach frischer Farbe* **4** ***j-n / etwas nicht riechen können*** *gespr*; j-n / etwas nicht mögen || ▸ ***Geruch***

rief ↑ ***rufen***

Rie·gel *der*; *-s*, -; **1** ein Stab aus Metall oder Holz, den man vor etwas schiebt, um es so zu schließen || -K: ***Tür-*** **2** ein schmales, langes Stück Schokolade *o.Ä.* ⟨ein Riegel Schokolade⟩ || ID ***etwas*** (*Dat*) ***einen Riegel vorschieben*** etwas verhindern

Rie·men *der*; *-s*, -; ein langes, schmales Band *meist* aus Leder (mit dem man etwas festmacht oder trägt) || -K: ***Leder-*** || ID ***sich*** (*Akk*) ***am Riemen reißen*** *gespr*; sich anstrengen (um etwas zu erreichen)

Rie·se *der*; *-n*, *-n*; (in Märchen) eine Art menschliches Wesen, das sehr groß und stark ist ↔ Zwerg || *hierzu* **Rie·sin** *die*; -, *-nen*

rie·seln; *rieselte, ist gerieselt* **1** ***etwas rieselt irgendwohin*** kleine Körnchen (*meist* Sand, Salz, Zucker) oder Flocken (Schnee) fallen langsam irgendwohin **2** ***etwas rieselt irgendwohin*** etwas fließt in Tropfen oder in einem dünnen Strom

rie·sig *Adj* **1** sehr groß ⟨ein Haus, eine Summe, Angst⟩ **2** *gespr* ≈ wunderbar

riet ↑ ***raten***

Ril·le *die*; -, *-n*; eine lange, schmale Spur in der Oberfläche eines harten Materials: *die Rillen einer Schallplatte*

Rind *das*; *-(e)s*, *-er* **1** ein großes, schweres Tier mit Hörnern, das Gras frisst. Die weiblichen Tiere (Kühe) geben Milch zum Trinken || K-: ***Rinder-, -herde*** || Hinweis: ↑ ***Kuh, Stier, Kalb*** **2** *nur Sg*; *gespr*; das Fleisch von einem Rind (1), das man isst || K-: ***Rind-, -fleisch***; ***Rinder-, -braten, -leber***

Rin·de *die*; -, *-n* **1** die harte und raue Oberfläche, die den Stamm eines Baumes umgibt || -K: ***Birken-*** **2** die ziemlich harte Schicht, die Käse und Brot außen haben ⟨eine knusprige, harte Rinde⟩ || -K: ***Brot-, Käse-***

Rin·der·wahn, **Rin·der·wahn·sinn** *der*; *-s*; *nur Sg*; *Med*; eine ansteckende (Gehirn)Krankheit bei Rindern, die zum Tod führt; *Abk* BSE

◆**Ring** *der*; *-(e)s*, *-e* **1** ein kleiner Gegenstand *meist* aus Gold oder Silber, der die Form eines Kreises hat und den man als Schmuck an einem Finger trägt ⟨einen Ring (am Finger) tragen⟩ || -K: ***Gold-*** **2** etwas, das ungefähr die Form eines Rings hat || -K: ***Eisen-, Dichtungs-*** **3** eine Gruppe von Menschen, die illegale Geschäfte machen || -K: ***Rauschgift-***

Rin·gen *das*; *-s*; *nur Sg*; ein sportlicher Kampf, bei dem man mit j-m ringt (1,2)

rin·gen; *rang, hat gerungen* **1** ***(mit j-m) ringen*** mit j-m kämpfen und dabei versuchen, ihn zu Boden zu drücken oder zu werfen: *Die beiden Jungen rangen (miteinander)* **2** ***(mit j-m) ringen*** als Sport ringen (1) **3** ***um etwas*** (*Akk*) ***ringen*** mit großer Mühe und Geduld versuchen, etwas zu erreichen ⟨um Anerkennung ringen⟩ || *zu* **2** **Rin·ger** *der*

rings *Adv*; ***rings um j-n / etwas*** auf allen

Seiten von j-m / etwas: *Die Gäste saßen rings um den Tisch*

Rip·pe *die*; -, *-n* **1** einer der 24 Knochen, die in Paaren (von der Wirbelsäule her) den Brustkorb bilden || ↑ *Abbildung unter* ***Skelett*** || K-: ***Rippen-, -bruch*** **2** ein Teil eines größeren Gegenstandes, der aussieht wie eine Rippe, *z.B.* bei einem Heizkörper

◆ **Ri·si·ko** *das*; *-s*, *Ri·si·ken* / *gespr auch -s* **1** ***ein Risiko*** (***für j-n***) die Gefahr, dass bei einer Aktion etwas Schlimmes oder Unangenehmes passiert ⟨ein finanzielles Risiko; ein Risiko in Kauf nehmen; das Risiko fürchten⟩ || K-: ***risiko-, -arm, -frei, -los*** **2** ***ein Risiko eingehen*** etwas tun, das mit einem Risiko verbunden ist **3** ***ein Risiko übernehmen*** / ***tragen*** die (*meist* finanzielle) Verantwortung für etwas übernehmen

ris·kie·ren; *riskierte*, *hat riskiert*; ***etwas riskieren*** etwas tun oder sagen, das möglicherweise negative Folgen hat ⟨viel, wenig riskieren; die Stellung riskieren⟩: *Ohne Karte riskieren wir*, dass *wir uns verirren*

riss ↑ ***reißen***

Riss *der*; *-es*, *-e*; eine lange, dünne Öffnung an der Oberfläche, die entsteht, wenn etwas reißt oder bricht

Ritt *der*; *-(e)s*, *-e*; das Reiten auf einem Pferd || -K: ***Spazier-***

Ri·va·le [-v-] *der*; *-n*, *-n*; eine von zwei oder mehreren Personen, die in einem Wettbewerb oder Streit um etwas kämpfen || *hierzu* **Ri·va·lin** *die*; -, *-nen*

roch ↑ ***riechen***

◆ **Rock**[1] *der*; *-(e)s*, *Röcke*; ein Kleidungsstück für Frauen, das von der Hüfte herunterhängt ⟨ein weiter, langer Rock⟩ || K-: ***Rock-, -länge*** || -K: ***Kostüm-, Träger-***

Rock[2] *der*; *-(s)*; *nur Sg*; moderne rhythmische Musik, die *meist* mit elektrischen Instrumenten gespielt wird || K-: ***Rock-, -gruppe, -konzert, -musik, -sänger, -szene*** || *hierzu* **ro·ckig** *Adj*

Ro·del *der*; *-s*, -; *südd und die*; -, *-n*; Ⓐ ≈ Schlitten || *hierzu* **ro·deln** (*ist* / *hat*)

Rog·gen *der*; *-s*; *nur Sg*; eine (Getreide)Pflanze, aus deren Körnern man Mehl für dunkles Brot macht || K-: ***Roggen-, -brot, -mehl***

◆ **roh**[1] *Adj* **1** nicht gekocht, nicht gebraten ⟨ein Ei, Fleisch, Gemüse⟩ || K-: ***Roh-, -kost*** **2** nicht oder nur wenig bearbeitet ⟨ein Diamant, Holz, Marmor⟩ || K-: ***Roh-, -diamant, -produkt***

roh[2], *roher*, *rohst-*; *Adj*; ⟨eine Person⟩ unfreundlich oder rücksichtslos, auch bereit zur Gewalt ↔ sanft ⟨j-n roh behandeln; roh zu j-m sein⟩: *Er packte sie roh am Arm* || *hierzu* **Roh·heit** *die*

Rohr *das*; *-(e)s*, *-e*; ein langes, rundes Stück Metall, Plastik *o.Ä.*, das innen hohl und an beiden Enden offen ist || -K: ***Abfluss-, Auspuff-, Wasser-***

Roh·stoff *der*; eine Substanz (wie *z.B.* Erdöl, Eisen, Kohle), die in der Natur vorkommt und die in der Industrie bearbeitet oder verwendet wird ⟨reich an Rohstoffen⟩ || K-: ***Rohstoff-, -mangel, -reserve***; ***rohstoff-, -arm***

Roll·bahn *die*; die Fläche, auf der Flugzeuge starten oder landen

◆ **Rol·le**[1] *die*; -, *-n* **1** langes, dünnes Material, das kreisförmig gewickelt ist ⟨eine Rolle Draht, Klebeband⟩ || -K: ***Kabel-, Papier-*** **2** eine Packung, in der kleine runde Gegenstände aufeinander liegen ⟨eine Rolle Münzen⟩ **3** ein breites, kleines Rad

Rol·le[2] *die*; -, *-n* **1** die Gestalt (mit Dialogen und Gesten), die ein Schauspieler spielt: *die Rolle des Hamlet* || -K: ***Haupt-, Titel-*** **2** die Aufgaben, die j-d bei einer Tätigkeit oder im Leben hat: *in ihrer Rolle als Lehrerin* || K-: ***Rollen-, -konflikt, -verteilung*** || -K: ***Führungs-, Mutter-*** || ID ***etwas spielt*** (***k***)***eine Rolle*** etwas ist in einer Situation, für einen Zweck, für j-n (nicht) wichtig

rol·len; *rollte*, *hat* / *ist gerollt* **1** ***etwas*** (***irgendwohin***) ***rollen*** (*hat*) etwas so bewegen, dass es sich um seine (horizontale) Achse dreht: *einen Stein zur Seite rollen*; *ein Fass vom Wagen rollen* **2** ***etwas irgendwohin rollen*** (*hat*) etwas, das Räder hat, irgendwohin bewegen: *ein Bett in den Operationssaal rollen* **3** ***etwas*** (***zu etwas***) ***rollen*** (*hat*) etwas in eine runde Form bringen, indem man es dreht: *Teig zu einer Kugel rollen* **4** ***etwas rollt*** (*ist*) etwas bewegt sich fort und dreht sich um die eigene Achse: *Der Ball rollt auf die Straße* **5** ***etwas rollt*** (*ist*) etwas bewegt sich auf Rollen oder Rädern ⟨ein Wagen, ein Zug⟩

Rol·ler *der*; *-s*, -; ein Fahrzeug für Kinder, das zwei Räder, eine Lenkstange und ein Brett hat, auf dem das Kind steht ⟨Roller fahren⟩

Roll·schu·he *die*; *meist Pl*; Schuhe, an denen unten kleine Räder sind, sodass man damit fahren kann

◆ **Roll·stuhl** *der*; eine Art Stuhl auf Rädern, für Menschen, die nicht gehen können ⟨im Rollstuhl fahren⟩ || ↑ *Abbildung unter* ***Stühle*** || K-: ***Rollstuhl-, -fahrer***

Ro·man *der*; *-s*, *-e*; eine lange Geschichte in Prosa, die *bes* von fiktiven Personen oder Ereignissen erzählt: *Der Roman „Die Buddenbrooks" von Thomas Mann* || K-: ***Roman-, -autor*** || -K: ***Abenteuer-, Kriminal-, Liebes-***

ro·ma·nisch *Adj* **1** im Stil der Romanik **2** aus der lateinischen Sprache entstanden, wie das Italienische oder Spanische

Ro·ma·nik *die*; -; *nur Sg*; ein Stil der europäischen Kunst in der Zeit von ungefähr 1000 bis 1250

Ro·man·tik *die*; -; *nur Sg* **1** ein Stil der (europäischen) Kunst in der ersten Hälfte des 19. Jahrhunderts, in dem man Gefühle stark betonte und die Natur und die Vergangenheit bewunderte **2** eine angenehme Stimmung, *meist* eine Kombination von schönem Wetter und schöner Landschaft || *hierzu* **ro·man·tisch** *Adj*

Rö·mer *der*; *-s*, -; **1** ein Einwohner der Stadt Rom **2** *hist*; ein Bürger des Römischen Reiches || *hierzu* **Rö·me·rin** *die*; -, *-nen*; **rö·misch** *Adj*

rönt·gen; *röntgte* ['rœŋ(k)tə, 'rœnçtə], *hat geröntgt*; ***j-n / etwas röntgen*** j-n / etwas mit (Röntgen)Strahlen untersuchen (um ein Bild von den Knochen zu machen): *Beim Röntgen des Beines stellte sich heraus, dass es gebrochen war* || K-: ***Röntgen-, -apparat, -bild***

ro·sa *Adj*; *indeklinabel*; von der hellen roten Farbe vieler Rosen ⟨eine Nelke, eine Rose⟩ || ↑ *Illustration* ***Farben*** || *hierzu* **Ro·sa** *das*

Ro·se *die*; -, *-n*; eine Blume mit Dornen und großen, roten (auch weißen oder gelben) Blüten, die gut riechen || K-: ***Rosen-, -duft, -strauch*** || ID ***Keine Rose ohne Dornen*** jede schöne Sache hat auch Nachteile

Ro·sen·kohl *der*; ein Kohl, der mehrere kleine Köpfe aus Blättern hat, die am Stamm wachsen

Ro·si·ne *die*; -, *-n*; die getrocknete kleine Frucht des Weins (2) || ID ***Rosinen im Kopf haben*** *gespr*; unrealistische Pläne haben

Rost[1] *der*; *-(e)s*; *nur Sg*; eine *meist* rotbraune Substanz, die sich an der Oberfläche von Eisen *o.Ä.* bildet

Rost[2] *der*; *-(e)s*, *-e*; ein Gitter aus Holz oder Metall, auf das man etwas legt oder mit dem man etwas abdeckt

rös·ten; *röstete*, *hat geröstet*; ***etwas rösten*** etwas in einer Pfanne oder über einem Feuer stark erhitzen, dass es braun und knusprig wird

◆ **rot**, *röter / roter*, *rötest- / rotest-*; *Adj* **1** von der Farbe des Blutes oder reifer Tomaten: *die Fehler mit roter Tinte anstreichen* || ↑ *Illustration* ***Farben*** || -K: ***blut-, kirsch-, kupfer-*** **2** von der ziemlich dunklen Farbe, die ein Körperteil hat, wenn viel Blut darin fließt ↔ blass ⟨rote Backen⟩ **3** ⟨Haare⟩ von dunkelgelber und leicht roter Farbe **4** *gespr*; mit kommunistischen oder sozialistischen Prinzipien und Ideen **5** ***rot sein / werden*** ein rotes (2) Gesicht bekommen, weil man sich schämt oder verlegen ist

Rot *das*; *-s*, *- / gespr -s* **1** eine rote Farbe **2** das rote Licht einer Ampel

ro·tie·ren; *rotierte*, *hat rotiert* **1** ***etwas rotiert*** etwas dreht sich im Kreis um etwas: *ein Rasenmäher mit rotierenden Messern* **2** *gespr*; sehr aufgeregt und nervös sein

Rot·wein *der*; Wein, der aus blauen oder roten Trauben gemacht wird ↔ Weißwein

Rou·te ['ru:tə] *die*; -, *-n*; eine relativ lange Strecke, die man von einem Ort zum andern geht oder fährt

Rou·ti·ne [ru-] *die*; -; *nur Sg* **1** ***Routine*** (***in etwas*** (*Dat*)) die Fähigkeit, etwas geschickt oder gut zu machen, *bes* weil man schon lange Erfahrung hat ≈ Übung ⟨langjährige Routine; Routine haben⟩: *Er hat noch keine Routine im Autofahren* **2** *meist pej*; etwas, das man schon sehr oft getan hat und an dem man deshalb kein Interesse mehr hat ⟨etwas wird zur Routine⟩ || K-: ***Routine-, -arbeit*** || *zu* **1 rou·ti·niert** *Adj*

Rü·be *die*; -, *-n* **1** eine Pflanze mit einer dicken Wurzel, die man *bes* als Futter für Tiere verwendet || K-: ***Rüben-, -zucker*** **2** ***eine Rote Rübe*** eine Rübe (1) mit runder, roter Wurzel ≈ Rote Bete **3** ***eine Gelbe Rübe*** *bes südd* Ⓐ ≈ Karotte

Rück- *im Subst*; verwendet, um Substantive aus Verben mit *zurück-* zu bilden: ***Rückflug, Rückreise*** *usw*

◆ **Rü·cken** *der*; *-s*, -; **1** die Seite des Körpers (zwischen Hals und Gesäß), die beim Menschen hinten ist ⟨ein breiter Rücken; auf dem Rücken liegen⟩: *Er setzte sich mit dem Rücken zur Tür* || K-: ***Rücken-, -muskel, -schmerzen*** **2** die obere Seite von etwas ⟨der Rücken eines Berges, eines Messers⟩ || ID ***einen breiten Rücken haben*** viel Unangenehmes ertragen können; ***j-m in den Rücken fallen*** etwas tun oder sagen, das j-m schadet, nachdem man ihn vorher unterstützt hat; ***den Rücken frei haben*** handeln können, ohne behindert zu werden; ***im Rücken*** als Unterstützung: *mit der Gewerkschaft im Rücken gegen den Arbeitgeber prozessieren*; ***hinter j-s Rücken*** so, dass j-d nichts davon weiß oder bemerkt; ***mit dem Rücken zur Wand stehen / kämpfen*** sich in einer sehr schwierigen Situation verzweifelt verteidigen

rü·cken; *rückte, hat / ist gerückt* **1 *etwas (irgendwohin) rücken*** (*hat*) etwas (*meist* Schweres) mit kurzen, kräftigen Bewegungen ein bisschen verschieben oder ziehen: *einen Stuhl näher an den Tisch rücken* **2 *irgendwohin rücken*** (*ist*) (im Sitzen) sich irgendwohin bewegen: *Er rückte auf dem Sofa näher zu ihr*

◆ **Rück·fahr·kar·te** *die*; eine Fahrkarte zu einem Ziel und wieder zurück

◆ **Rück·fahrt** *die*; die Fahrt von einem bestimmten Ort oder Ziel zurück

Rück·gang *der*; *meist Sg*; der Prozess, bei dem etwas (wieder) weniger wird

Rück·grat *das* **1** *meist Sg* ≈ Wirbelsäule **2** *nur Sg*; der Mut, die eigenen Überzeugungen gegenüber anderen zu vertreten ⟨Rückgrat haben⟩

◆ **Rück·kehr** *die*; -; *nur Sg*; das Zurückkommen (nach einer langen Abwesenheit): *Nach deiner Rückkehr vom Urlaub feiern wir ein Fest*

Ruck·sack *der*; eine Art große Tasche, die man an einem Band auf dem Rücken trägt

◆ **Rück·sicht** *die*; -, *-en* **1** *meist Sg*; ***Rücksicht (auf j-n / etwas)*** ein Verhalten, bei dem man an die Wünsche und Gefühle anderer denkt und keinen Schaden bringen will ⟨(auf j-n / etwas) Rücksicht nehmen; keine Rücksicht kennen⟩: *Du solltest etwas mehr Rücksicht auf deine kleine Schwester nehmen!* || K-: ***rücksichts-, -los, -voll*** **2** *nur Pl* ≈ Gründe ⟨etwas aus familiären, wirtschaftlichen Rücksichten tun⟩

Rück·tritt *der* **1** das Aufgeben eines Amtes ⟨seinen Rücktritt erklären⟩: *Nach dem Skandal bot der Innenminister seinen Rücktritt an* **2** das Zurücktreten aus einem Vertrag

◆ **rück·wärts** *Adv*; in die Richtung nach hinten ⟨rückwärts gehen, fahren⟩ || K-: ***Rückwärts-, -bewegung*** || *hierzu* **rück·wär·tig** *Adj*

Ru·der *das*; *-s*, -; **1** eine Stange mit einem breiten, flachen Teil am Ende, mit der man ein Boot bewegt. Die Ruder sind am Boot befestigt ⟨die Ruder eintauchen⟩ || K-: ***Ruder-, -boot*** **2** eine Vorrichtung aus Holz oder Metall am Ende eines Schiffes, mit der man die Richtung der Fahrt bestimmt || ↑ *Abbildung unter* ***Segelboot*** || -K: ***Steuer-*** || ID ***sich kräftig ins Ruder legen*** *gespr*; sehr engagiert arbeiten; ***ans Ruder kommen*** *gespr*; an die Macht kommen

ru·dern; *ruderte, ist gerudert*; ***(irgendwohin) rudern*** sich in einem Boot mit Rudern (1) durch das Wasser bewegen: *über den See rudern* || K-: ***Ruder-, -sport*** || *hierzu* **Ru·de·rer** *der*

Ruf *der*; *-(e)s, -e* **1** laute Töne, mit denen ein Mensch oder Tier ein Signal geben will: *Niemand hörte die Rufe des Ertrinkenden; der Ruf einer Eule* || -K: ***Angst-, Hilfe-, Warn-*** **2** *nur Sg*; ***der Ruf (nach etwas)*** *geschr*; der Wunsch, etwas zu bekommen ⟨der Ruf nach Frieden⟩ **3** *nur Sg*; das Urteil der Allgemeinheit, die (gute) Meinung, die die Leute von j-m / etwas haben ⟨einen guten Ruf haben; j-s Ruf als Künstler; seinen Ruf ruinieren⟩ || ID ***j-d / etwas ist besser als sein Ruf*** *gespr hum*; j-d / etwas ist besser als allgemein erwartet

◆ **ru·fen**; *rief, hat gerufen* **1 *j-n / etwas rufen*** mit einem Ruf (1) oder am Telefon j-n auffordern oder bitten zu kommen ⟨den Arzt, die Polizei rufen; j-n rufen lassen⟩ **2 *etwas rufen*** etwas mit lauter Stimme sagen: *„Bravo" rufen* **3** (*meist* laute) Töne oder Wörter von sich geben ≈ schreien ⟨laut rufen; um Hilfe rufen⟩ **4 *nach j-m / etwas rufen*** rufen, damit j-d kommt, man etwas bekommt: *nach dem Kellner rufen* || ID *meist* ***Du kommst mir wie gerufen*** *gespr*; du kommst genau zur richtigen Zeit

Ruf·num·mer *die* ≈ Telefonnummer

Ruf·zei·chen *das*; ein Ton, der signalisiert, dass ein Telefon an das (Telefon)Netz angeschlossen ist

◆ **Ru·he** ['ruːə] *die*; -; *nur Sg* **1** der Zustand, in dem sich j-d / etwas nicht bewegt ↔ Bewegung ⟨in Ruhe sein⟩ || K-: ***Ruhe-, -lage, -zustand*** **2** ein Zustand, in dem *bes* keine Geräusche stören ≈ Stille ⟨die Ruhe genießen⟩: *Ich bitte um Ruhe für den nächsten Redner* || K-: ***Ruhe-, -bedürfnis, -störung*** || -K: ***Nacht-*** **3** der Zustand, in dem j-d sich wohl und sicher fühlt und keine Sorgen hat **4 *in (aller) Ruhe*** ohne sich zu ärgern, sich aufzuregen oder sich zu beeilen ⟨j-m etwas in Ruhe sagen; etwas in Ruhe tun⟩ **5 *die ewige Ruhe*** *Rel*; der Zustand nach dem Tod **6 *(die) Ruhe bewahren*** (auch in einer schwierigen Situation) ruhig[1] (5) bleiben || ID ***sich nicht aus der Ruhe bringen lassen*** *meist* trotz Ärger oder Provokationen ruhig[1] (5) bleiben; ***j-n (mit etwas) in Ruhe lassen*** *gespr*; j-n (mit etwas) nicht stören: *Lass mich doch* *in Ruhe mit deinen Fragen!*; ***etwas lässt j-m keine Ruhe*** *gespr*; j-d muss immer wieder an etwas denken; ***die Ruhe vor dem Sturm*** eine sehr nervöse, aber noch ruhige Atmosphäre, bevor etwas Entscheidendes geschieht; ***Immer mit der Ruhe!*** *gespr*; verwendet als Rat, dass j-d nicht zu schnell handeln soll

ru·hen; *ruhte, hat geruht* **1** *geschr* ≈ sich ausruhen: *im Schatten eines Baumes ruhen* **2** ***etwas ruht*** etwas ist nicht aktiv, in Bewegung oder in Funktion ⟨eine Maschine, ein Betrieb, ein Prozess; die Arbeit, der Verkehr, die Verhandlungen; die Waffen⟩

◆**ru·hig**[1] ['ruːɪç] *Adj* **1** ⟨ein Mensch, ein Ding⟩ so, dass sie sich wenig oder gar nicht bewegen: *ruhig auf dem Stuhl sitzen und warten*; *Das Meer ist heute ganz ruhig* **2** mit wenig Lärm und Geräusch ⟨ein Zimmer, eine Wohnung, eine Lage; ruhig wohnen⟩ **3** ⟨ein Kind, ein Mieter, Nachbarn⟩ so, dass sie wenig stören, *bes* weil sie wenig Lärm machen: *Sei mal kurz ruhig, ich möchte hören, was das Radio meldet!* **4** so, dass wenig (Aufregendes) geschieht und man wenig Arbeit oder Sorgen hat ⟨Tage, ein Abend; etwas verläuft ruhig; eine ruhige Zeit⟩ **5** frei von Aufregung, Nervosität oder starken Gefühlen ⟨ein Mensch; etwas ruhig sagen; ruhig reagieren⟩ || ID *meist* ***um j-n / etwas ist es ruhig geworden*** die Medien berichten nicht mehr (viel) von j-m / etwas

ru·hig[2] ['ruːɪç] *Partikel*; *gespr* **1** in Aussagesätzen verwendet, um auszudrücken, dass man nichts dagegen hat, wenn j-d etwas tut: *Er soll sich ruhig beschweren, das ist mir egal* **2** verwendet, um j-m zu sagen, dass er bei etwas keine Angst haben muss: *Du darfst ihm ruhig vertrauen*

Ruhm *der*; *-(e)s*; *nur Sg*; der Zustand, in dem j-d wegen Leistungen von vielen Leuten geachtet wird ⟨zu Ruhm gelangen; den Gipfel des Ruhms erreichen⟩ || K-: ***ruhm-, -reich***

Rühr·ei *das*; *meist Pl*; eine Speise aus Eiern, die man während des Bratens in der Pfanne rührt

rühren[1]; *rührte, hat gerührt*; mit einem Löffel *o.Ä.* eine Flüssigkeit, einen Teig im Kreis bewegen und so mischen ⟨den Teig rühren⟩ || K-: ***Rühr-, -maschine***

rüh·ren[2]; *rührte, hat gerührt* **1** ***sich rühren*** ≈ sich bewegen: *Er war so erschöpft, dass er sich nicht mehr rühren konnte* **2** ***etwas rühren*** eine kleine Bewegung (mit einem Körperteil) machen: *Ich konnte meine Finger nicht mehr rühren* **3** ***j-d / etwas rührt*** (***j-n***) j-d / etwas ruft bei j-m Mitleid oder Sympathie hervor ⟨zu Tränen gerührt sein; ein rührender Anblick⟩ || Hinweis: *meist* in einer Partizipform verwendet || ID *meist* ***Da rührt sich nichts*** *gespr*; es gibt keine Reaktion || *zu* **2 Rüh·rung** *die*

Ru·i·ne *die*; *-, -n*; die Reste eines Gebäudes, nachdem es zerstört worden ist || -K: ***Burg-***

ru·i·nie·ren; *ruinierte, hat ruiniert*; ***j-n / etwas ruinieren*** bewirken, dass j-d / etwas großen Schaden hat: *Rauchen ruiniert die Gesundheit*

Rum·mel *der*; *-s*; *nur Sg* **1** viel Bewegung und Lärm (*bes* weil viele Menschen an einem Ort sind) **2** ***Rummel um j-n / etwas*** großes Aufsehen, das um j-n / etwas entsteht: *Die Presse macht viel Rummel um diesen Skandal*

◆**rund**, *runder, rundest-*; *Adj* **1** von der (*auch* ungefähren) Form eines Kreises oder einer Kugel ↔ eckig ⟨ein Tisch, ein Turm⟩ || K-: ***Rund-*** || -K: ***kreis-, kugel-*** **2** von teilweiser runder Form ↔ schlank ⟨j-s Backen, j-s Bauch, Wangen⟩ **3** *nur attr, nicht adv*; ⟨eine Summe, eine Zahl⟩ so, dass man sie durch 10, 100 *o.Ä.* teilen kann **4** *nur attr, nicht adv*; *gespr* ≈ ungefähr, etwa ↔ genau ⟨eine runde Million⟩ **5** *nur adv* ≈ etwa: *rund 10000 Zuschauer*

Run·de *die*; *-, -n* **1** ein Weg, ein Flug, eine Fahrt, bei denen man wieder dorthin kommt, wo man angefangen hat, und die *meist* ungefähr die Form eines Kreises haben: *Das Flugzeug flog eine Runde über den Platz* **2** eine Strecke in Form eines Kreises oder Ovals, auf der Wettbewerbe im Fahren oder Laufen stattfinden **3** eine kleine Gruppe von Personen, die sich gut kennen und sich oft treffen **4** einer von mehreren Abschnitten eines Wettkampfes: *Amateure boxen* (*über*) *drei Runden* || ID ***etwas macht die Runde*** *gespr*; etwas wird vielen gesagt; ***irgendwie über die Runden kommen*** *gespr*; (*meist* finanzielle) Schwierigkeiten irgendwie lösen können

◆**Rund·funk** *der*; *-s*; *nur Sg* ≈ Radio (2,3) || K-: ***Rundfunk-, -programm, -sender***

Ruß *der*; *-es, -e*; das schwarze, fette Pulver, das entsteht, wenn man *z.B.* Kohle verbrennt || *hierzu* **ru·ßig** *Adj*; **ru·ßen** (*hat*)

rut·schen; *rutschte, ist gerutscht* **1** aus dem Gleichgewicht kommen, weil man *z.B.* auf eine glatte Stelle getreten ist **2** ***etwas rutscht*** *bes* ein Rock, eine Hose sitzt (5) nicht richtig, sondern bewegt sich nach unten

rụt·schig *Adj*; ⟨eine Straße, der Boden⟩ so glatt, dass man sehr leicht fallen kann

rüt·teln; *rüttelte, hat gerüttelt* **1 *j-n / etwas rütteln*** j-n / etwas mit kurzen, kräftigen Bewegungen hin und her bewegen: *j-n (an der Schulter) rütteln, um ihn zu wecken* **2 *etwas rüttelt*** etwas bewegt sich heftig hin und her ⟨der Zug⟩ || ID *meist* ***Daran ist nicht(s) zu rütteln*** das ist eine Tatsache, die man nicht ändern kann

S

S, s [ɛs] *das*; -, -; **1** der neunzehnte Buchstabe des Alphabets **2 *ein scharfes S*** das Zeichen *ß* in der geschriebenen deutschen Sprache

Saal *der*; *-(e)s, Sä·le*; ein großer Raum *z.B.* für Feste oder Versammlungen || -K: ***Fest-, Gerichts-, Konferenz-***

Saat *die*; -, *-en*; die (Pflanzen)Samen, die man auf einer *meist* großen Fläche verteilt ⟨die Saat geht auf⟩ || K-: ***Saat-, -korn*** || ▸ ***säen***

Sạch·buch *das*; ein Buch, das über ein Thema informiert oder Ratschläge gibt || K-: ***Sachbuch-, -autor***

◆**Sạ·che** *die*; -, *-n* **1** *meist Sg*; eine bekannte Situation, Handlung ≈ Angelegenheit ⟨eine wichtige Sache; eine Sache erledigen⟩: *Überlege dir die Sache gründlich!* **2** *nur Pl*; nicht näher genannte Gegenstände, *bes* Dinge, die j-m gehören: *Hast du deine Sachen aufgeräumt?* || -K: ***Fund-*** **3** etwas, das nicht belebt ist ≈ Ding **4** *meist* ***eine gute Sache*** etwas, das für viele Menschen wertvoll und wichtig ist **5** das Thema einer Diskussion, einer Verhandlung ⟨zur Sache kommen⟩ || K-: ***Sach-, -diskussion*** **6** *gespr*; *nur Pl* ≈ Kleidung || -K: ***Sommer-, -sachen*** **7** *meist* ⟨süße, saure, scharfe⟩ ***Sachen*** Lebensmittel, die süß, sauer oder scharf schmecken **8** *Recht*; eine Angelegenheit, über die vor Gericht entschieden wird ⟨zur Sache aussagen⟩ || -K: ***Rechts-, Straf-*** **9 *es ist Sache*** + *Gen* + ***zu*** + *Infinitiv* es ist Aufgabe einer Person oder Institution, etwas zu tun: *Es ist Sache des Staates, sich um eine saubere Umwelt zu bemühen* || -K: ***Frauen-, Männer-*** **10 *etwas ist j-s Sache*** j-d ist selbst für etwas verantwortlich: Es *ist seine Sache*, wen *er einlädt* || -K: ***Privat-*** **11 *etwas ist nicht j-s Sache*** etwas gefällt j-m nicht: *Krimis sind nicht meine Sache* || ID ***eine halbe Sache*** etwas, das nicht ordentlich und gründlich gemacht ist; ***in eigener Sache*** im eigenen, persönlichen Interesse; *meist* ***das ist eine andere Sache / eine Sache für sich*** das ist etwas ganz anderes, das ist eine ganz andere Frage; **(*nicht / ganz*) *bei der Sache sein*** sich (nicht / ganz) auf etwas konzentrieren; ***etwas tut nichts zur Sache*** etwas ist für das Thema, von dem man gerade spricht, nicht wichtig; ***seine Sache* (*nicht*) *gut machen*** etwas (nicht) so machen, wie es j-d anderer erwartet; ***sich*** (*Dat*) ***seiner Sache sicher sein*** überzeugt sein, dass man Recht hat

sạch·kun·dig *Adj*; ⟨ein Urteil, eine Stellungnahme⟩ so, dass gute Kenntnisse vorhanden sind: *eine sachkundige Führung durch das Museum* || *hierzu* **Sạch·kun·di·ge** *der / die*

sạch·lich *Adj* **1** auf die Sache bezogen, und nicht von Gefühlen bestimmt ≈ objektiv ⟨Kritik; ein Kommentar; sachlich argumentieren⟩ **2** *nur attr oder adv*; in Bezug auf die Tatsachen, um die es geht ⟨etwas ist sachlich falsch / richtig⟩ **3** einfach und ohne überflüssige Dinge ⟨ein Stil⟩ || *hierzu* **Sạch·lich·keit** *die*

sặch·lich *Adj*; *Ling*; mit dem Artikel *das* verbunden (und der entsprechenden Flexion) ⟨eine Endung, ein Substantiv⟩

Sạch·ver·halt *der*; *-(e)s, -e*; *meist Sg*; die Tatsachen und ihre Zusammenhänge ⟨den genauen Sachverhalt klären⟩

Sạck *der*; *-(e)s, Sä·cke* **1** ein großer, weicher Behälter *bes* aus Stoff oder Plastik: *ein Sack (voll) Kartoffeln* || -K: ***Plastik-, Kartoffel-*** **2** der Inhalt eines Sackes (1): *Drei Sack / Säcke Mehl* || ID ***mit Sack und Pack*** mit allem, was einem gehört ⟨mit Sack und Pack fortgehen⟩; ***etwas im Sack haben*** *gespr*; einen Auftrag, einen

Job schon mit Sicherheit haben

Sack·gas·se *die*; eine *meist* kurze Straße, die vor einem Grundstück, Haus endet, sodass man nicht weiterfahren kann || ID ***etwas ist in eine Sackgasse geraten*** etwas bringt so viele Probleme, dass man nicht mehr weitermachen kann

sä·en; *säte, hat gesät* **1 (*etwas*) *säen*** Samen auf dem Boden verteilen ⟨Blumen, Getreide säen⟩ **2** ⟨Hass, Neid⟩ ***säen*** *geschr*; Hass, Neid verbreiten || ID ⟨Personen / Dinge⟩ ***sind dünn gesät*** von bestimmten Personen / Dingen findet man nur wenige || ▸ ***Saat***

◆**Saft** *der*; *-(e)s, Säf·te* **1** die Flüssigkeit, die in Obst oder Gemüse ist ⟨Saft auspressen⟩ || -K: ***Apfel-, Obst-, Orangen-*** **2** die Flüssigkeit, die beim Braten von Fleisch entsteht || ID ***ohne Saft und Kraft*** *gespr*; völlig ohne Kraft

Sa·ge *die*; *-, -n*; eine alte Erzählung von Helden, Kämpfen oder ungewöhnlichen Ereignissen ⟨deutsche, griechische Sagen⟩: *Der Sage nach sind Romulus und Remus die Gründer Roms* || -K: ***Helden-***

Sä·ge *die*; *-, -n*; ein Werkzeug (mit scharfen Zacken), mit dem man *bes* Holz oder Metall schneidet || -K: ***Hand-, Motor-***

◆**sa·gen**; *sagte, hat gesagt* **1 (*j-m*) *etwas sagen*; *etwas* (*zu j-m*) *sagen*** j-m etwas mitteilen, indem man Wörter und Sätze ausspricht ⟨etwas freundlich sagen; Danke / danke sagen; etwas auf Englisch sagen⟩: *„Das Kleid ist mir zu teuer", sagte sie (zur Verkäuferin)*; *Martin sagte, er habe keine Lust mitzukommen* **2 *etwas zu etwas sagen*** eine Meinung zu einem Thema geben: *Was sagen Sie zu dem Wahlergebnis?* **3 *etwas zu j-m / etwas sagen*** j-n / etwas irgendwie nennen: *Er sagt immer „Mausi" zu seiner Tochter* **4 *etwas sagen*** ≈ behaupten: *Er sagt*, dass *er den Fußgänger in der Dunkelheit nicht gesehen habe*; *Das wollte ich damit nicht sagen!* **5 *etwas sagt etwas* (*nicht*)** etwas bedeutet etwas (nicht): *Wenn es der Wirtschaft besser geht, sagt das noch nicht*, dass *es weniger Arbeitslose geben wird* || Hinweis: *meist* verneint **6 (*j-m*) *etwas sagen*** *gespr*; j-m etwas mitteilen: *Los, nun sag (mir) endlich*, wo *du gestern warst!* **7 *j-m etwas sagen*** *gespr*; j-m befehlen, etwas zu tun: *Tu, was ich dir sage!*; *Ich habe dir doch gesagt*, dass *du früher heimkommen sollst!* **8 *etwas / nichts zu sagen haben*** einen / keinen Einfluss haben: *In unserer Firma hat nur der Chef etwas zu sagen* **9 *etwas hat wenig / nichts zu sagen*** etwas bedeutet nichts Besonderes: *Ein kleiner Fehler hat nichts zu sagen* **10 *etwas sagt*** *meist* ***etwas / nichts über j-n / etwas*** etwas lässt ein / kein Urteil zu: *Er hat zwar einen zu hohen Blutdruck, aber das sagt nichts über seine Kondition* **11 *etwas von etwas sagen*** etwas als Möglichkeit erwähnen: *Er soll etwas von Neuwahlen gesagt haben* **12 *man sagt etwas*** es ist üblich, ein bestimmtes Wort zu verwenden: *In Norddeutschland sagt man „Sonnabend" statt „Samstag"* **13 *man sagt, dass …*** die Leute erzählen, glauben …: *Man sagt, dass Knoblauch sehr gesund sei* **14 *sich* (*Dat*) *etwas sagen*** etwas denken und dabei zu einem Entschluss kommen: *Ich sagte mir: so geht das nicht* || ID ***sag mal, …***; ***sagen Sie mal, …*** *gespr*; verwendet, um eine Frage einzuleiten; ***sag bloß!*** *gespr*; verwendet, um eine Befürchtung oder Erstaunen auszudrücken: *Sag bloß, du hast deine Fahrkarte verloren!*; ***wie man* (*so schön*) *sagt*** *gespr*; verwendet, wenn man einen Ausdruck verwendet, der üblich oder modern ist: *Sie arbeitet als DJ, wie man heute sagt*; ***sage und schreibe*** *gespr*; verwendet, um auszudrücken, dass eine Menge oder Zahl ziemlich groß ist: *Er hat sage und schreibe fünf Kilo abgenommen!*; ***Du sagst es*** *gespr*; es ist genau so, wie du sagst; ***Das 'sagst du so einfach!***; ***Das 'sagt sich so einfach!*** *gespr*; das ist viel schwieriger, als man denkt; ***Wem 'sagst du das!***; ***Wem 'sagen Sie das!*** *gespr*; das ist mir nichts Neues, das weiß ich; ***etwas sagt j-m* (*et*)*was / nichts*** etwas ist j-m bekannt / nicht bekannt: *Sagt dir der Name Marie Curie was?*; ***um nicht zu sagen …*** verwendet, um ein noch stärkeres Urteil einzuleiten: *Diese Zeichnung ist ungenau, um nicht zu sagen schlampig*; ***Das ist leichter gesagt als getan*** das hört sich einfach an, ist aber sehr schwierig; ***unter uns gesagt*** was ich jetzt sage, sollen andere nicht erfahren ***etwas ist* (*noch*) *nicht gesagt*** *gespr*; etwas ist nicht sicher: *Es ist noch gar nicht gesagt*, dass *du den Job kriegst*; ***sich* (*Dat*) *nichts sagen lassen*** *gespr*; Ratschläge nicht befolgen

sä·gen; *sägte, hat gesägt* **1 (*etwas*) *sägen*** mit einer Säge Holz schneiden: *ein Brett in Stücke sägen* **2 *etwas sägen*** etwas durch Sägen herstellen: *Bretter sägen*

sah ↑ ***sehen***

◆**Sah·ne** *die*; *-*; *nur Sg* **1** die gelbliche fette Schicht, die sich auf der Milch bildet ⟨saure, süße Sahne⟩ **2** ≈ Schlagsahne

◆**Sai·son** [zɛ'zõː, zɛ'zɔŋ] *die*; *-, -s / südd* Ⓐ *auch -en* [zɛ'zoːnən]; *meist Sg* **1** die Zeit,

S

in der die meisten Touristen kommen || K-: ***Saison-, -beginn*** || -K: ***Haupt-, Sommer-*** **2** die Zeit im Jahr, in der man eine bestimmte Mode trägt: *In der kommenden Saison trägt man wieder Hüte* || -K: ***Herbst-*** **3** (***die***) ***Saison*** (***für j-n / etwas***) die Zeit in jedem Jahr, in der etwas Bestimmtes im Vordergrund steht || K-: ***Saison-, -artikel*** || -K: ***Bade-***

Sai·te *die*; -, *-n*; eine Art Faden oder Draht (*meist* aus Metall oder Kunststoff), an dem man bei einem Musikinstrument die Töne erzeugt 〈eine Saite ist gerissen〉 || K-: ***Saiten-, -instrument*** || -K: ***Geigen-, Nylon-*** || ID ***andere / strengere Saiten aufziehen*** *gespr*; strenger werden (*z.B.* bei der Erziehung)

◆**Sa·lat** *der*; *-(e)s, -e* **1** eine kalte Speise, *meist* aus Blattpflanzen, Gemüse und einer Soße 〈einen Salat anmachen〉 || K-: ***Salat-, -öl, -soße*** || -K: ***Gurken-, Tomaten-*** **2** ≈ Kopfsalat || ID ***Da / Jetzt haben wir den Salat!*** *gespr*; jetzt ist das Unangenehme passiert (vor dem ich gewarnt habe)

◆**Sal·be** *die*; -, *-n*; eine weiche und fette Substanz, die man auf entzündete oder verletzte Stellen der Haut streicht 〈eine Salbe auftragen〉 || -K: ***Brand-, Wund-***

sa·lopp *Adj* **1** bewusst locker ≈ leger, ungezwungen 〈eine Ausdrucksweise; sich salopp benehmen〉 **2** bequem und sportlich 〈Kleidung〉 || *hierzu* **Sa·lopp·heit** *die*

◆**Salz** *das*; *-(e)s, -e* **1** *nur Sg*; kleine weiße Körner, die wie Meerwasser schmecken und sich leicht in Wasser auflösen 〈Salz auf etwas streuen; eine Prise Salz〉 || K-: ***Salz-, -korn*** || -K: ***Speise-*** **2** *Chem*; eine Substanz, die aus der Verbindung einer Säure mit einer Lauge oder mit einem Metall entsteht || K-: ***salz-, -haltig*** || -K: ***Mineral-*** || ID ***j-m Salz auf / in die Wunde streuen*** j-m, der in einer schlechten Situation ist, etwas sagen, das die Probleme noch größer macht || *hierzu* **sal·zig** *Adj*; *zu* **1 sal·zen** (*hat*)

Sa·men *der*; *-s*, -; **1** ein kleines Korn, produziert von Pflanzen, aus dem im Boden eine Pflanze derselben Art wird 〈die Samen keimen〉 || K-: ***Samen-, -korn*** || -K: ***Gras-*** **2** *nur Sg*; die Flüssigkeit mit männlichen Samenzellen

◆**sam·meln**; *sammelte, hat gesammelt* **1** ***etwas sammeln*** *meist* als Hobby über lange Zeit Dinge derselben Art kaufen und aufbewahren 〈Briefmarken sammeln〉 || K-: ***Sammel-, -album*** **2** ***etwas sammeln*** irgendwo etwas suchen, um es sich zu nehmen 〈Beeren, Pilze sammeln〉 **3** ***etwas sammeln*** einzelne Dinge zusammentragen, um sie wieder zu verwerten 〈Altpapier sammeln〉 **4** ***etwas sammeln*** etwas zu einem bestimmten Zweck zusammentragen 〈Beweise sammeln〉 **5** (***etwas***) ***sammeln*** die Leute (systematisch) bitten, Geld, Kleider *o.Ä.* für einen guten Zweck zu geben: *Geld für das Rote Kreuz sammeln* **6** ***sich*** (*Pl*) (***irgendwo***) ***sammeln*** ≈ sich versammeln || *zu* **1, 3, 4** und **5 Samm·lung** *die*

Sams·tag *der*; der sechste Tag der Woche ≈ Sonnabend; *Abk* Sa 〈am Samstag; letzten, diesen, nächsten Samstag〉 || K-: ***Samstag-, -abend, -mittag*** *usw*

Samt *der*; *-(e)s, -e*; *meist Sg*; ein weicher Stoff, der auf einer Seite kleine kurze Fäden hat || K-: ***Samt-, -rock***

samt[1] *Präp*; *mit Dat*; (zusammen) mit: *ein Auto samt Zubehör verkaufen*

samt[2]; *in* ***samt und sonders*** ohne Ausnahme: *Die Parkhäuser sind samt und sonders überfüllt*

sämt·lich *Indefinitpronomen* **1** *attr + Subst im Sg* ≈ ganz-, gesamt-: *Er hat sein sämtliches Vermögen verloren* **2** *nur attr + Subst im Pl* ≈ alle: *Schillers sämtliche Werke*; *mit sämtlichen zur Verfügung stehenden Mitteln* **3** *Subst im Pl* + ***sämtlich*** ≈ alle: *Er schrieb seine Bücher sämtlich im Exil*

Sand *der*; *-(e)s*; *nur Sg*; eine lockere Masse aus kleinen Körnern, die es *bes* am Ufer von Meeren und in der Wüste gibt 〈feiner, grober Sand〉 || K-: ***Sand-, -korn, -strand*** || -K: ***Wüsten-*** || ID ***etwas verläuft im Sande*** etwas bleibt ohne Erfolg und wird langsam vergessen; ***etwas in den Sand setzen*** *gespr*; mit etwas keinen Erfolg haben; ***j-m Sand in die Augen streuen*** bewirken, dass j-d etwas Negatives nicht bemerkt; ***wie Sand am Meer*** *gespr*; in großen Mengen, großen Zahlen

San·da·le *die*; -, *-n*; ein offener Schuh, der mit Bändern am Fuß gehalten wird || ↑ *Abbildung unter* ***Schuhe***

sanft, *sanfter, sanftest-*; *Adj* **1** ruhig, freundlich und voller Liebe 〈ein Mensch, eine Stimme, Augen, ein Charakter〉 **2** angenehm, weil nicht zu stark oder intensiv 〈Wind, Licht, Musik, Farben; j-n sanft streicheln〉 **3** angenehm zart 〈eine Berührung〉 **4** vorsichtig und indirekt 〈eine Ermahnung, Druck〉 **5** friedlich und ruhig 〈ein Schlaf, ein Tod〉 **6** 〈ein Hügel, eine Steigung〉 nicht steil, sondern allmählich steigend **7** in Harmonie mit der Natur 〈Energie, Tourismus〉 || *zu* **1-4 Sanft·heit** *die*

sang ↑ ***singen***

◆**Sän·ger** *der*; *-s*, *-*; j-d, der (auch beruflich) an einer Oper, in einem Chor, in einer Band *o.Ä.* singt || -K: ***Opern-, Pop-*** || *hierzu* **Sän·ge·rin** *die*; *-*, *-nen*

sa·nie·ren; *sanierte, hat saniert* **1** ***etwas sanieren*** Gebäude in einen modernen Zustand bringen ⟨alte Wohnungen sanieren⟩ **2** ***etwas sanieren*** etwas wieder rentabel machen ⟨einen Betrieb sanieren⟩ || *hierzu* **Sa·nie·rung** *die*

sa·ni·tä·r- *Adj*; *nur attr, nicht adv*; in Bezug auf die Hygiene und die Körperpflege ⟨Artikel, die Verhältnisse⟩: *sanitäre Anlagen wie Bad und WC*

Sa·ni·tä·ter *der*; *-s*, *-*; j-d, der (beruflich) verletzten oder kranken Personen hilft, sie ins Krankenhaus bringt ⟨ein Sanitäter des Roten Kreuzes⟩

sank ↑ ***sinken***

Sarg *der*; *-(e)s*, *Sär·ge*; der Kasten (aus Holz), in dem ein Toter ins Grab gelegt wird || K-: ***Sarg-, -schmuck***

saß ↑ ***sitzen***

Sa·tel·lit *der*; *-en*, *-en*; ein technisches Gerät, das sich im Kreis um die Erde bewegt. Satelliten beobachten das Wetter, geben Nachrichten weiter ⟨ein (un)bemannter Satellit⟩: *eine Fernsehübertragung über / per Satellit* || K-: ***Satelliten-, -bahn, -übertragung*** || -K: ***Fernseh-, Wetter-***

◆**satt**, *satter, sattest-*; *Adj* **1** nicht mehr hungrig, weil man genug gegessen hat ⟨satt sein, werden⟩: *„Möchtest du noch etwas essen?" – „Nein danke, ich bin schon satt"* **2** *nur attr, nicht adv*; kräftig und leuchtend ⟨eine Farbe⟩ **3** *pej*; so, dass man mit sich selbst zufrieden ist und sich nicht um andere kümmert **4** ***j-n / etwas satt haben*** *gespr*; j-n / etwas nicht mehr ertragen können: *Ich habe deine Angeberei satt!* || ID ***sich an etwas*** (*Dat*) ***satt gesehen haben*** etwas oft oder schon zu oft gesehen haben || *zu* **2** und **3** **Satt·heit** *die*

Sat·tel *der*; *-s*, *Sät·tel* **1** ein Sitz auf dem Rücken eines Pferdes ⟨den Sattel auflegen⟩ || ↑ *Abbildung unter* ***Pferd*** || K-: ***Sattel-, -tasche*** || -K: ***Reit-*** **2** der Teil eines Fahrrads oder Motorrads, auf dem man sitzt || ↑ *Illustration* ***Das Fahrrad*** || -K: ***Fahrrad-*** || ID ***fest im Sattel sitzen*** *gespr*; eine sichere Stellung haben, aus der einen niemand verdrängen kann

◆**Satz**[1] *der*; *-es*, *Sät·ze* **1** mehrere Wörter (zu denen *meist* ein Verb gehört), die zusammen eine Feststellung, eine Frage, einen Befehl *o.Ä.* bilden ⟨einen Satz bilden⟩ || K-: ***Satz-, -bildung, -gegenstand, -teil*** || -K: ***Aussage-, Befehls-, Frage-; Haupt-, Neben-*** **2** *meist Sg* ≈ Lehre: *Pythagoras formulierte den Satz vom rechtwinkligen Dreieck* **3** *Mus*; ein Teil eines Musikstücks (mit Bezeichnungen wie „Allegro", „Largo") **4** *Sport*; ein Teil eines Wettkampfes (*z.B.* beim Tennis, Volleyball): *Er gewann das Match mit 3:1 Sätzen* **5** eine Anzahl von Gegenständen der gleichen Art, die zusammengehören ⟨ein Satz Briefmarken⟩ || -K: ***Werkzeug-***

◆**Satz**[2] *der*; *-es*, *Sät·ze*; *meist Sg*; kleine feste Teilchen, die in einer Flüssigkeit nach unten sinken || -K: ***Boden-***

◆**Satz**[3] *der*; *-es*, *Sät·ze*; ein großer Sprung ⟨einen Satz machen⟩

Sau *die*; *-*, *-en* / *Säue* **1** ein weibliches Schwein **2** *vulg, pej*; verwendet als Schimpfwort für j-n, der schmutzig, gemein oder ordinär ist || ID ***j-n zur Sau machen*** *vulg*; j-n sehr scharf kritisieren

◆**sau·ber** *Adj* **1** ohne Schmutz: *Jetzt ist der Fußboden wieder sauber* **2** frisch gewaschen ⟨ein Handtuch, die Wäsche⟩ **3** frei von Schmutz und schädlichen Stoffen ≈ rein[1] ⟨Luft, Trinkwasser⟩ **4** sehr sorgfältig und genau ⟨eine Arbeit, eine Analyse⟩: *Er arbeitet sauber und gewissenhaft* **5** ohne Fehler ⟨eine Technik⟩: *Die hohen Töne hat er nicht sauber gesungen* **6** *nicht adv*; der Moral und den guten Sitten entsprechend **7** *nur attr oder adv*; *gespr iron*; verwendet, um auszudrücken, dass man j-n / etwas sehr negativ beurteilt: *Das ist ja eine saubere Überraschung!* || *zu* **1-5** **Sau·ber·keit** *die*

◆**Sau·ce** ['zoːs(ə)] *die*; *-*, *-n*; ↑ ***Soße***

◆**sau·er**, *saurer, sauerst-*; *Adj* **1** mit dem Geschmack von Essig oder von Zitronen ↔ süß ⟨etwas schmeckt sauer⟩ **2** mit Essig zubereitet oder haltbar gemacht ⟨Gurken⟩ || K-: ***Sauer-, -braten*** **3** (durch Gärung) mit saurem (1) Geschmack und verdorben oder dick geworden ⟨Milch⟩ || K-: ***Sauer-, -milch, -teig*** **4** ***sauer*** (***auf j-n***) *gespr*; über j-n verärgert: *Bist du jetzt sauer auf mich?* **5** mit viel Mühe oder Ärger ⟨sauer verdientes Geld⟩ **6** *Chem*; mit der Wirkung einer Säure **7** mit Säuren verschmutzt, die aus Abgasen kommen ⟨der Boden, der Regen⟩ || Hinweis: *sauer → saure Milch*

Sau·er·stoff *der*; *-(e)s*; *nur Sg*; ein Gas ohne Geruch und Geschmack, das in der Luft enthalten ist. Pflanzen produzieren Sauerstoff; *Chem* O || K-: ***Sauerstoff-, -apparat***

sau·fen; *säuft, soff, hat gesoffen* **1** (***etwas***) ***saufen*** *gespr! pej*; große Mengen von al-

S

koholischen Getränken trinken **2 *ein Tier säuft (etwas)*** ein Tier trinkt || *zu* **1 Säu·fer** *der*; **Säu·fe·rin** *die*; -, *-nen*

sau·gen; *saugte / sog, hat gesaugt / gesogen* **1 *etwas (aus etwas) saugen*** durch sehr enge Öffnungen oder mit den Lippen eine Flüssigkeit in den Mund ziehen: *Saft durch einen Strohhalm saugen* **2 *(etwas) saugen*** (*saugte, hat gesaugt*) *gespr*; mit einem Staubsauger Staub oder Schmutz entfernen: *Er saugt (den Teppich) jede Woche* **3 *an etwas*** (*Dat*) ***saugen*** die Lippen fest an etwas drücken und dabei Flüssigkeit in den Mund ziehen: *Das Baby saugt an der Brust der Mutter*

säu·gen; *säugte, hat gesäugt*; ***ein Tier säugt (ein Tier)*** eine Tiermutter lässt ihr Junges Milch trinken: *Das Schaf säugt sein Lamm*

Säu·ge·tier *das*; ein Tier, dessen Junge Milch von der Mutter trinken: *Elefanten sind die größten Säugetiere*

Säug·ling *der*; *-s, -e*; ein kleines Kind, das noch Milch an der Brust der Mutter oder aus der Flasche trinkt || K-: ***Säuglings-, -nahrung***

Säu·le *die*; -, *-n*; ein starker Pfosten (*meist* aus Stein), der das Dach eines großen Gebäudes (*bes* eines Tempels) stützt ⟨griechische Säulen⟩

Säu·re *die*; -, *-n* **1** *nur Sg*; der saure (1) Geschmack einer Sache ⟨die Säure des Weines⟩ **2** *Chem*; eine chemische Verbindung, die Metalle angreift und einen sauren Geschmack hat || K-: ***Säure-, -gehalt*** || -K: ***Schwefel-, Zitronen-***

sau·sen; *sauste, hat / ist gesaust* **1 *j-d / etwas saust (irgendwohin)*** (*ist*) *gespr*; j-d / etwas bewegt sich sehr schnell (irgendwohin): *Plötzlich sauste ein Stein durchs Fenster*; *Jetzt muss ich sausen, sonst komme ich zu spät!* **2 *etwas saust*** (*hat*) etwas macht ein starkes Geräusch ⟨der Wind, der Sturm⟩

Sa·xo·fon, Sa·xo·phon *das*; *-s, -e*; ein Blasinstrument aus Metall mit einem kräftigen Klang, das vor allem in der Jazzmusik verwendet wird || ↑ *Abbildung unter* ***Blasinstrumente*** || -K: ***Alt-, Tenor-*** || *hierzu* **Sa·xo·fo·nist, Sa·xo·pho·nist** *der*; **Sa·xo·fo·nis·tin, Sa·xo·pho·nis·tin** *die*; -, *-nen*

S-Bahn ['ɛs-] *die*; (*Abk für* Schnellbahn) ein schneller elektrischer Zug in einer Großstadt und der Umgebung

schä·big *Adj* **1** alt, schon lange verwendet (und deshalb nicht mehr schön): *eine schäbige alte Tasche* **2** nicht den Regeln der Moral entsprechend ≈ gemein ⟨ein Verhalten; sich schäbig benehmen⟩: *Es war ziemlich schäbig von ihr, ihm nicht die Wahrheit zu sagen* **3** *nicht adv*; *gespr*; relativ klein, gering ⟨eine Geldsumme⟩ || *hierzu* **Schä·big·keit** *die*

Schach (*das*); *-s*; *nur Sg*; ein Spiel mit 32 Figuren auf einem Brett von 64 schwarzen und weißen Feldern ⟨Schach spielen; Schach dem König!⟩ || K-: ***Schach-, -figur, -spiel*** || ID ***j-n in Schach halten*** *gespr*; j-n daran hindern, etwas zu tun, was für andere gefährlich sein könnte

◆ **Schach·tel** *die*; -, *-n* **1** ein Behälter (*meist* aus Pappe) mit einem Deckel: *eine Schachtel mit Pralinen* || -K: ***Schuh-, Streichholz-*** **2 *eine Schachtel*** + *Subst* eine Schachtel mit der Ware darin ⟨eine Schachtel Zigaretten⟩

◆ **scha·de** *Adj*; *nur präd, nicht adv* **1** so, dass man darüber traurig ist ⟨etwas ist schade; etwas schade finden⟩: *Oh, wie schade!*; *Es ist wirklich schade, dass du jetzt schon gehen musst* **2 *um j-n / etwas ist es schade*** man findet es schlecht, dass j-d nicht mehr da ist, dass etwas kaputt ist:

Schachfiguren

der König | die Dame | der Läufer | das Pferd/ der Springer | der Turm | der Bauer

(Es ist) schade um das neue Auto **3** ***j-d / etwas ist für j-n / etwas zu schade*** j-d / etwas ist zu gut für j-n / etwas: *Deine neuen Schuhe sind zu schade für dieses schlechte Wetter*

Schä·del *der*; *-s*, -; **1** der Kopf als Knochen (ohne Muskeln, Haut) || ↑ *Abbildung unter* ***Skelett*** || K-: ***Schädel-, -form*** || -K: ***Toten-***; ***Affen-*** **2** *gespr* ≈ Kopf

◆ **scha·den**; *schadete, hat geschadet*; ***etwas schadet j-m / etwas*** etwas bringt einen Nachteil, Schaden oder Verlust ⟨etwas schadet j-m geschäftlich, gesundheitlich, finanziell⟩ || ID *meist* ***etwas würde j-m nicht(s) schaden*** *gespr*; etwas wäre sehr gut für j-n: *Ein bisschen mehr Sport würde dir nicht schaden*

◆ **Scha·den** *der*; *-s*, *Schä·den* **1** die Folgen eines Vorgangs, bei dem etwas beschädigt oder zerstört wird ⟨ein beträchtlicher, geringfügiger Schaden; einen Schaden verursachen; ein Schaden in Höhe von …⟩ || K-: ***Schadens-, -höhe*** || -K: ***Motor-, Personen-***; ***Feuer-*** **2** die Folge *bes* eines Unfalls oder einer Krankheit ⟨gesundheitliche Schäden⟩ || -K: ***Gehör-*** **3** ≈ Nachteil ⟨etwas ist (für j-n) kein Schaden⟩ **4** ***zu Schaden kommen*** verletzt werden: || ID ***Durch Schaden wird man klug*** man kann aus Fehlern lernen

Scha·den·er·satz *der*; *nur Sg*; ein *meist* finanzieller Ausgleich für einen Schaden ⟨Schadenersatz fordern, zahlen; Anspruch auf Schadenersatz⟩

schäd·lich *Adj*; ***schädlich (für j-n / etwas)*** mit negativen Folgen ⟨Stoffe, Wirkungen; etwas wirkt sich schädlich aus⟩: *Alkohol ist schädlich für die Gesundheit* || -K: ***gesundheits-*** || *hierzu* **Schäd·lich·keit** *die*

Schad·stoff *der*; eine Substanz, die der Umwelt schadet: *die Schadstoffe in den Abgasen* || K-: ***Schadstoff-, -ausstoß***; ***schadstoff-, -arm, -frei***

Schaf *das*; *-(e)s*, *-e* **1** ein Tier, aus dessen dichten Haaren man Wolle macht ⟨ein Schaf scheren; eine Herde Schafe⟩ || K-: ***Schaf-, -wolle***; ***Schafs-, -käse*** **2** *gespr pej*; j-d, der sehr viel Geduld hat und nie böse wird **3** ***das schwarze Schaf*** j-d, der sich von den anderen Mitgliedern einer Gruppe (*bes* einer Familie) negativ unterscheidet ⟨das schwarze Schaf (in) der Familie sein⟩

◆ **schaf·fen**[1]; *schaffte, hat geschafft* **1** ***etwas schaffen*** eine schwierige Aufgabe mit Erfolg erledigen ⟨eine Prüfung schaffen; die Arbeit allein schaffen⟩: *Meinst du, er schafft* es, *einen neuen Job* zu *finden?* **2** ***etwas schaffen*** *gespr*; ein Verkehrsmittel erreichen ⟨den Bus schaffen⟩ **3** ***j-n / etwas irgendwohin schaffen*** *gespr*; j-n / etwas irgendwohin bringen: *das Gepäck aufs Zimmer schaffen* **4** ***etwas schaffen*** verwendet zusammen mit einem Substantiv, um ein Verb zu umschreiben; ***etwas schafft (j-m) Erleichterung*** ≈ etwas erleichtert (j-m) etwas; ***Klarheit schaffen*** ≈ etwas klären **5** *bes südd* Ⓒⓗ ≈ arbeiten (1) || ID ***j-d / etwas macht j-m zu schaffen*** j-d / etwas macht einer Person viel Arbeit oder Schwierigkeiten

◆ **schaf·fen**[2]; *schuf, hat geschaffen* **1** ***etwas schaffen*** etwas durch (kreative) Arbeit entstehen lassen ⟨ein literarisches Werk schaffen; Arbeitsplätze, die Grundlagen für etwas schaffen⟩ **2** *meist* ***Gott schuf die Welt*** *geschr*; Gott machte die Welt || ID ***für j-n / etwas wie geschaffen sein*** *bes* gut für j-n / etwas geeignet sein: *Franz ist für diese Arbeit wie geschaffen*

Schaff·ner *der*; *-s*, -; j-d, der beruflich in Zügen, Bussen die Fahrkarten (verkauft und) kontrolliert || K-: ***schaffner-, -los*** || -K: ***Zug-*** || *hierzu* **Schaff·ne·rin** *die*; -, *-nen*

Scha·le[1] *die*; -, *-n* **1** die äußere, feste Schicht von Obst, Kartoffeln, Zwiebeln *usw* ⟨die Schale abmachen⟩ || -K: ***Apfel-*** **2** die harte Schicht, in der eine Nuss ist ⟨die Schale knacken⟩ || -K: ***Nuss-*** **3** eine harte Schicht, mit der sich manche kleine, weiche Tiere schützen || K-: ***Schalen-, -tier*** || -K: ***Muschel-*** || ID ***sich*** *(Akk)* ***in Schale werfen / schmeißen*** *gespr*; sich schön und elegant anziehen; *meist* ***In einer rauen Schale steckt oft ein weicher Kern*** manche Menschen sind nicht so hart oder unfreundlich, wie sie wirken

Scha·le[2] *die*; -, *-n* **1** eine relativ flache Schüssel: *eine Schale mit Obst* || -K: ***Glas-, Obst-*** **2** *bes* Ⓐ ≈ Tasse

schä·len; *schälte, hat geschält* **1** ***etwas schälen*** die Schale (1) von etwas entfernen ⟨Kartoffeln schälen⟩ **2** *meist* ⟨die Haut⟩ ***schält sich*** die Haut löst sich in kleinen Teilen ab

Schall *der*; *-(e)s*; *nur Sg*; Schwingungen und Wellen, die man hören kann: *Schall breitet sich langsamer aus als Licht* || K-: ***Schall-, -geschwindigkeit, -welle*** || ID ***etwas ist Schall und Rauch*** etwas ist nicht wichtig

Schall·plat·te *die*; eine flache, runde, schwarze Scheibe mit Tonaufnahmen für einen Plattenspieler ⟨eine Schallplatte auflegen, abspielen⟩ || K-: ***Schallplatten-, -aufnahme***

◆ **schal·ten**; *schaltete, hat geschaltet* **1** ***(etwas) irgendwie schalten*** ein Gerät (mit einem Schalter) anders einstellen: *den Herd höher schalten* **2** (*z.B.* beim Autofahren) einen anderen Gang wählen: *in den zweiten Gang schalten* **3** ⟨die Ampel⟩ ***schaltet auf Gelb, Grün, Rot*** die Ampel wechselt zum gelben, grünen, roten Licht **4** (***irgendwie***) ***schalten*** *gespr*; verstehen und reagieren ⟨rechtzeitig, zu spät schalten⟩

◆ **Schal·ter**[1] *der*; *-s*, -; eine Art Knopf oder kleiner Hebel, mit dem man Strom fließen lassen kann ⟨ein elektrischer Schalter⟩ || -K: ***Licht-***

◆ **Schal·ter**[2] *der*; *-s*, -; die Stelle (*oft* vom Rest des Raums abgetrennt), an der *bes* in Banken, Postämtern und Bahnhöfen die Kunden bedient werden ⟨der Schalter ist geschlossen, offen, (nicht) besetzt⟩: *Fahrkarten am Schalter lösen* || -K: ***Bank-, Fahrkarten-***

schä·men, sich; *schämte sich, hat sich geschämt* **1** ***sich*** (***wegen etwas***) ***schämen***; ***sich*** (***für etwas***) ***schämen*** ein unangenehmes Gefühl haben, weil man etwas getan hat, das gegen die Moral oder gegen die Sitten ist: *Er schämte sich, weil er seine Eltern angelogen hatte*; *Er schämt sich wegen seiner Lügen / für seine Lügen* **2** ***sich schämen*** ein unangenehmes Gefühl haben, wenn man nackt ist oder wenn man über sexuelle Dinge spricht **3** ***sich j-s / etwas schämen*** *geschr*; eine Person / Sache, die zu einem gehört, als nicht akzeptabel empfinden ⟨sich seiner Vergangenheit schämen⟩

Schan·de *die*; -; *nur Sg*; etwas, das einen großen Verlust des Ansehens oder der Ehre (*meist* wegen unmoralischen Verhaltens) bringt ⟨j-d / etwas bringt j-m Schande⟩ || K-: ***Schand-, -tat*** || -K: ***Familien-*** || ID ***Es ist eine Schande, dass ...*** *gespr*; es ist sehr schlimm, dass ...: *Es ist eine Schande, dass so viele Menschen hungern müssen*

Schar *die*; -, *-en* **1** ***eine Schar*** (+ *Gen* / ***von*** + *Dat Pl*) eine Gruppe von Menschen oder Tieren: *eine Schar Neugieriger* || -K: ***Kinder-, Vogel-*** **2** ***Scharen von*** ⟨Personen / Tieren⟩ sehr viele Personen oder Tiere: *Scharen von Touristen* **3** ***in*** (***hellen***) ***Scharen*** in großer Zahl ⟨Menschen, Tiere⟩

◆ **scharf**; *schärfer, schärfst-*; *Adj* **1** ⟨eine Axt, ein Messer, ein Zahn⟩ mit solchen Spitzen oder Kanten, dass sie gut schneiden oder stechen **2** stark gewürzt oder mit intensivem Geschmack ↔ mild: *Das Gulasch ist sehr scharf* **3** ⟨eine Lauge, eine Säure⟩ so, dass sie die Oberfläche mancher Dinge angreifen **4** ≈ stechend, beißend ⟨ein Geruch⟩ **5** durchdringend und unangenehm ⟨ein Pfiff⟩ **6** unangenehm intensiv ⟨ein Frost, Licht, ein Wind⟩ **7** ⟨Augen; eine Nase⟩ so, dass sie sehr genau wahrnehmen **8** so, dass man die Konturen sehr gut erkennen kann ⟨ein Foto⟩ **9** ≈ genau ⟨ein Verstand; scharf hinsehen, nachdenken⟩: *Er hat einen scharfen Blick für Fehler* (= erkennt Fehler ganz genau) **10** ≈ hart, streng ⟨eine Kritik; j-n scharf kritisieren⟩ **11** ≈ heftig ⟨ein Protest; j-m scharf widersprechen⟩ **12** mit großer Wucht und hoher Geschwindigkeit geschossen oder geworfen ⟨ein Ball, ein Schuss⟩ **13** ***auf etwas*** (*Akk*) ***scharf sein*** *gespr*; etwas unbedingt ha-

Schalentiere

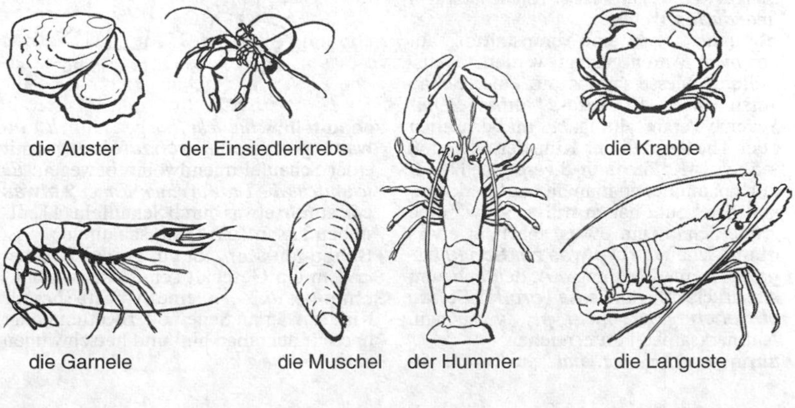

S

ben oder tun wollen: *Er ist ganz scharf auf Erdnüsse* || *zu* **1-11 Schạr·fe** *die*

Schạrf·sinn *der*; *-(e)s*; *nur Sg*; die Fähigkeit, alles Wichtige sofort zu erkennen ⟨Scharfsinn zeigen⟩ || *hierzu* **Schạrf·sin·nig·keit** *die*; **schạrf·sin·nig** *Adj*

◆**Schạt·ten** *der*; *-s*, *-*; **1** *nur Sg*; ein Bereich, den das Licht der Sonne nicht erreicht und der deswegen dunkel und relativ kühl ist ⟨im Schatten liegen⟩: *20 Grad im Schatten* **2** die dunklere Fläche, die hinter einer Person / Sache entsteht, wenn diese vom Licht beschienen werden: *im Schatten des Baumes* || ID ***etwas wirft seine Schatten voraus*** ein wichtiges zukünftiges Ereignis ist schon jetzt in (negativen) Anzeichen zu erkennen; ***über seinen Schatten springen*** endlich den Mut haben, etwas zu tun

Schạtz *der*; *-es*, *Schät·ze* **1** eine große Menge an wertvollen Münzen, Schmuck ⟨einen Schatz finden⟩ || K-: ***Schatz-, -kammer, -suche*** || -K: ***Gold-*** **2** ***ein Schatz*** (***an etwas*** (*Dat*)) eine Sammlung wertvoller Dinge: *ein Schatz an alten Gemälden* || -K: ***Kunst-*** **3** etwas, das sehr wichtig oder wertvoll ist: *Gesundheit ist ein kostbarer Schatz*

schạ̈t·zen[1]; *schätzte, hat geschätzt* **1** ***j-n / etwas*** (***auf etwas*** (*Akk*)) ***schätzen*** etwas nicht genau messen, sondern nur ungefähr bestimmen ⟨j-s Alter, das Gewicht von etwas schätzen⟩: *Er schätzte sie auf Mitte zwanzig*; *Ich schätze, die Sitzung dauert zwei Stunden* **2** *meist* ***schätzen,*** (***dass***) ***...*** *gespr* ≈ vermuten, annehmen: *Ich schätze,* dass *er morgen kommt*; *Ich schätze, er kommt* || *hierzu* **Schạ̈t·zung** *die*

schạ̈t·zen[2]; *schätzte, hat geschätzt*; ***j-n / etwas schätzen*** j-n / etwas sehr gern haben: *Er schätzt gutes Essen*; *Sie schätzt sein freundliches Wesen*

Schau *die*; *-*, *-en* **1** eine Veranstaltung, auf der *meist* Waren gezeigt werden ≈ Ausstellung, Messe ⟨etwas auf einer Schau ausstellen⟩ || -K: ***Auto-, Moden-*** **2** *nur Sg*; eine Veranstaltung, *bes* im Fernsehen oder Theater, bei der Künstler auftreten ≈ Show || -K: ***Fernseh-*** **3** *gespr pej*; Handlungen, mit denen man die Aufmerksamkeit der Leute haben will ≈ Show ⟨eine große Schau (um etwas) machen; etwas ist nur Schau⟩ || ID ***etwas zur Schau tragen*** *pej*; eine Meinung *o.Ä.* deutlich zum Ausdruck bringen; ***eine*** (***große***) ***Schau abziehen*** *gespr, meist pej*; versuchen, Aufmerksamkeit zu erreichen

◆**schau·en**; *schaute, hat geschaut* **1** ***irgendwie schauen*** einen bestimmten Gesichtsausdruck haben ⟨freundlich, müde schauen⟩: *Schau doch nicht so* (*böse*)*!* **2** ***irgendwohin schauen*** *bes südd* Ⓐ irgendwohin sehen **3** ***irgendwo***(***hin***) ***schauen*** nachsehen, ob etwas irgendwo ist: *„Ich kann meine Brille nicht finden“ – „Schau doch mal auf den / dem Nachttisch“* **4** ***auf etwas*** (*Akk*) ***schauen*** *gespr*; auf etwas besonders achten: *Er schaut sehr auf Sauberkeit* **5** (***nach etwas***) ***schauen***; ***schauen*** + *Nebensatz* prüfen, ob etwas in einem bestimmten Zustand ist *o.Ä.*: *Schau mal,* ob *der Kuchen schon fertig ist!*

Schau·er *der*; *-s*, *-*; ein kurzer (und *meist* starker) Regen ⟨örtliche Schauer⟩: *vereinzelt Schauer, ansonsten sonnig und trocken* || -K: ***Gewitter-***

Schau·fel *die*; *-*, *-n*; ein Gerät mit einem langen Stiel, mit dem man Erde *o.Ä.* bewegt

Schaufel

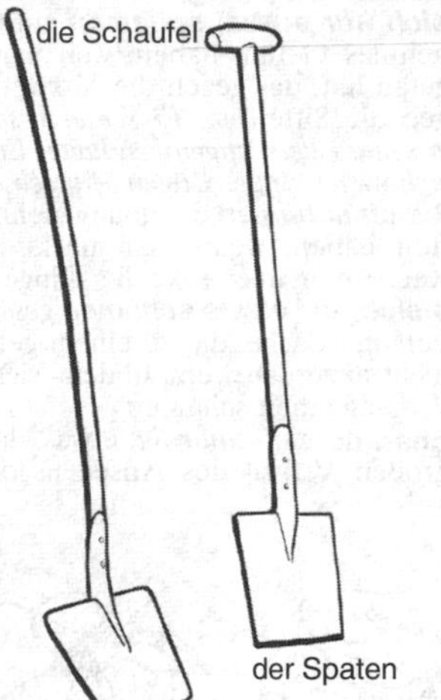

schau·feln; *schaufelte, hat geschaufelt* **1** ***etwas*** (***irgendwohin***) ***schaufeln*** etwas mit einer Schaufel irgendwohin bewegen: *Er schaufelte die Erde in einen Eimer* **2** ***etwas schaufeln*** etwas durch Schaufeln (1) entstehen lassen ⟨ein Grab schaufeln⟩

◆**Schau·fens·ter** *das*; ein großes Fenster, in dem ein Geschäft seine Waren zeigt

Schau·kel *die*; *-*, *-n*; eine Art Sitz (*bes* für Kinder), der an Seilen oder Ketten hängt und mit dem man hin- und herschwingen kann

S

Schaum *der*; *-(e)s, Schäu·me*; *meist Sg*; eine weiche und leichte Masse aus vielen kleinen Luftblasen, die sich manchmal an der Oberfläche einer Flüssigkeit bildet ⟨Eiweiß zu Schaum schlagen⟩: *der Schaum des Bieres, der Wellen*

schäu·men; *schäumte, hat geschäumt*; ***etwas schäumt*** etwas entwickelt Schaum ⟨das Bier, die Seife⟩

Schau·platz *der*; der Ort, an dem etwas geschieht oder geschah: *der Schauplatz eines Verbrechens*

◆**Schau·spie·ler** *der*; j-d, der (beruflich) in einem Film, Theaterstück *o.Ä.* Personen darstellt || -K: ***Film-*** || *hierzu* **Schau·spie·le·rin** *die*; *-, -nen*; **schau·spie·le·risch** *Adj*

◆**Scheck** *der*; *-s, -s*; ein Formular, mit dem der Inhaber eines Bankkontos etwas ohne Bargeld bezahlen kann ⟨einen Scheck ausstellen; mit Scheck zahlen⟩: *ein Scheck über hundert Euro*

◆**Scheck·kar·te** *die*; eine Karte, die der Inhaber eines Bankkontos bekommt und die garantiert, dass die Bank seine Schecks bis zu einer bestimmten Summe zahlt

Schei·be *die*; *-, -n* **1** ein flacher, runder Gegenstand, *z.B.* eine Schallplatte **2** ein Stück Glas als Teil eines Fensters || -K: ***Fenster-, Heck-*** **3** ein *meist* dünnes, flaches Stück, das von einem Lebensmittel abgeschnitten ist || -K: ***Brot-, Wurst-, Zitronen-*** || ID ***sich*** (*Dat*) ***von j-m eine Scheibe abschneiden können*** *gespr*; j-n als Vorbild nehmen können

◆**schei·den**; *schied, hat / ist geschieden* **1** (*hat*) eine Ehe durch ein Gerichtsurteil auflösen ⟨sie werden / ihre Ehe wird geschieden; sich scheiden lassen; j-d ist geschieden⟩: *Ihre Ehe wurde schon nach zwei Jahren geschieden*; *Sie lassen sich scheiden / Sie lässt sich von ihm scheiden* **2** ***etwas von etwas scheiden*** (***können***); ⟨Dinge⟩ ***scheiden können*** (*hat*) *geschr*; mehrere Dinge voneinander unterscheiden können: *Gut und / von Böse scheiden können* **3** ***aus etwas scheiden*** (*ist*) *geschr*; eine Funktion, eine Tätigkeit aufgeben ⟨aus dem Amt scheiden⟩ **4** ***j-d scheidet von j-m***; ⟨Personen⟩ ***scheiden*** (***voneinander***) (*ist*) *geschr*; zwei oder mehrere Personen gehen auseinander: *Sie schieden als Freunde* || ID ***aus dem Leben scheiden*** *geschr* ≈ sterben

◆**Schein**[1] *der*; *-(e)s*; *nur Sg*; das Licht, das von der Sonne oder einer Lampe verbreitet wird || -K: ***Kerzen-, Sonnen-***

◆**Schein**[2] *der*; *-(e)s*; *nur Sg* **1** etwas, das nicht so ist, wie es aussieht: *Ihre Freundlichkeit war nur Schein* **2** ***zum Schein*** um j-n zu täuschen, nicht wirklich: *zum Schein zustimmen*

◆**Schein**[3] *der*; *-(e)s, -e* **1** ein Formular, das etwas bestätigt oder zu etwas berechtigt || -K: ***Fahr-, Führer-, Gepäck-*** **2** ***ein*** (***kleiner / großer***) ***Schein*** ein Geldschein (mit niedrigem / hohem Wert)

schein·bar *Adj*; nur dem äußeren Eindruck nach, nicht wirklich ⟨ein Gegensatz, ein Widerspruch⟩: *Er nahm die schlimme Nachricht scheinbar ruhig hin*

◆**schei·nen**[1]; *schien, hat geschienen* **1** ***etwas scheint*** etwas gibt Licht und ist am Himmel zu sehen ⟨der Mond, die Sonne⟩ **2** ***etwas scheint irgendwohin*** etwas sendet Lichtstrahlen in eine Richtung: *Die Sonne schien mir ins Gesicht*

◆**schei·nen**[2]; *schien, hat geschienen* **1** ***etwas scheint*** (***j-m***) + *Adj*; ***etwas scheint*** (***j-m***) (+ ***zu*** + *Infinitiv*) etwas macht (auf j-n) einen bestimmten Eindruck: *Die Lage scheint sich zu beruhigen*; *Seine Meinung schien (mir) recht vernünftig (zu sein)* **2** ***j-d scheint*** + *Adj* (+ ***zu*** + *Infinitiv*); ***j-d scheint*** + *Subst* + ***zu*** + *Infinitiv* j-d vermittelt den Eindruck, dass er so ist wie beschrieben: *Er scheint sehr glücklich (zu sein)*; *Sie scheinen ein Fachmann zu sein* **3** ***wie es scheint*** ≈ anscheinend **4** *meist* ***es scheint mir*** (*usw*), ***dass ... / als ob ...*** ich (*usw*) habe den Eindruck, dass ...: *Es scheint mir, als ob ich schon mal hier gewesen wäre*

Schein·wer·fer *der*; *-s, -*; eine sehr helle Lampe, die einen Teil der Umgebung beleuchtet || ↑ *Illustration* **Das Auto** || -K: ***Auto-, Theater-***

Schei·ße *die*; *-*; *nur Sg*; *vulg* **1** ≈ Kot **2** etwas, worüber man sich ärgert **3** ***Scheiße!*** verwendet, um Ärger auszudrücken

Schei·tel *der*; *-s, -*; **1** eine Art Linie auf dem Kopf, wenn man die Haare nach links und nach rechts gekämmt hat ⟨einen Scheitel ziehen⟩ || -K: ***Mittel-*** **2** der höchste Punkt eines Bogens, einer Kurve || ID ***vom Scheitel bis zur Sohle*** am ganzen Körper || *zu* **1** **schei·teln** (*hat*)

schei·tern; *scheiterte, ist gescheitert* **1** (***mit etwas***) (***an j-m / etwas***) ***scheitern*** aus einem bestimmten Grund ein Ziel nicht erreichen: *Sie sind mit ihren Plänen am Widerstand der Bevölkerung gescheitert* **2** ***etwas scheitert*** (***an j-m / etwas***) etwas wird kein Erfolg: *Ihre Ehe ist schon bald gescheitert*

schel·ten; *schilt, schalt, hat gescholten*;

S

geschr; **(*j-n*) *schelten*** j-n tadeln, schimpfen

Sche·ma *das*; *-s, -ta / -s* **1** eine Zeichnung, die die wichtigsten Merkmale einer Sache zeigt: *das Schema einer Konstruktion* **2** *oft pej* ≈ Routine (2) ⟨ein festes, starres Schema⟩ || -K: ***Denk-, Handlungs-*** || ID ***j-d / etwas passt in kein Schema*** j-d / etwas ist anders als erwartet

Sche·mel *der*; *-s, -*; ein niedriger Stuhl ohne Lehne

Schen·kel *der*; *-s, -*; **1** der Teil des Beines zwischen Hüfte und Knie ≈ Oberschenkel **2** das gebratene oder gekochte Bein eines Tieres || -K: ***Hühner-*** **3** *Math*; eine der zwei Linien eines Winkels || ↑ *Abbildung unter* ***Winkel***

◆**schen·ken**; *schenkte, hat geschenkt* **1** **(*j-m*) *etwas schenken*** j-m etwas geben, das er behalten kann, als Zeichen der Anerkennung, Freundschaft oder Liebe: *Er schenkte ihr zum Abschied eine Kette* **2** ***sich*** (*Dat*) ***etwas schenken*** *gespr*; etwas, was einem Mühe macht, nicht tun: *Diese Arbeit kannst du dir schenken, ich mache sie schon* **3** ***einem Kind das Leben schenken*** ein Kind zur Welt bringen || ID ***etwas ist*** (***halb*** / ***fast***) ***geschenkt*** *gespr*; etwas ist sehr billig; ***nichts geschenkt bekommen*** hart arbeiten müssen || ▸ ***Geschenk***

Scher·be *die*; *-, -n*; ein Stück eines gebrochenen Gegenstandes aus Glas oder Porzellan: *sich an einer Scherbe schneiden* || -K: ***Glas-*** || ID ***Scherben bringen Glück*** verwendet als Redewendung, wenn man etwas aus Glas *o.Ä.* zerbricht

◆**Sche·re** *die*; *-, -n* **1** ein Gerät, mit dem man *bes* Papier oder Stoff schneidet. Es besteht aus zwei scharfen, flachen Metallstücken, die beweglich in der Form eines *X* miteinander verbunden sind ⟨eine scharfe Schere⟩ || ↑ *Abbildung unter* ***nähen*** || -K: ***Blumen-, Nagel-, Papier-*** **2** ***die Schere*** (***zwischen etwas*** (*Dat*) ***und etwas*** (*Dat*)) der Abstand zwischen zwei verschiedenen Dingen ⟨die Schere zwischen Einnahmen und Ausgaben⟩

sche·ren; *schor, hat geschoren* **1** ***j-n / ein Tier / etwas scheren*** die Haare sehr kurz schneiden ⟨j-s Kopf, j-s Haare, einen Pudel, ein Schaf scheren⟩ **2** ***etwas scheren*** etwas durch Schneiden kürzer machen und in eine Form bringen ⟨eine Hecke, Sträucher scheren⟩

Scherz *der*; *-es, -e* **1** Worte oder Handlungen, die j-n zum Lachen bringen ⟨einen Scherz machen; etwas aus / im / zum Scherz sagen, tun⟩ **2** ***ein schlechter Scherz*** etwas Unangenehmes, das j-d einem anderen zufügt || *zu* **1** **scherz·haft** *Adj*

Scheu *die*; *-*; *nur Sg* **1** ***die Scheu*** (***vor j-m / etwas***) die Eigenschaft, scheu (1) zu sein: *Der Vogel ließ sich ohne Scheu streicheln* **2** ***die Scheu*** (***vor j-m / etwas***) die Angst vor dem Kontakt mit j-m / etwas ⟨die Scheu überwinden⟩ || -K: ***Menschen-*** **3** ***die Scheu*** (***vor j-m / etwas***) die Abneigung gegen etwas || -K: ***wasser-***

scheu *Adj* **1** bereit zu fliehen, wenn Menschen kommen ⟨ein Tier⟩ **2** ≈ schüchtern ⟨scheu sein, wirken⟩ **3** ⟨ein Blick, ein Lächeln⟩ so, dass es ängstlich wirkt

scheu·en; *scheute, hat gescheut* **1** ***etwas scheuen*** versuchen, etwas zu vermeiden ⟨Streit scheuen; keine Mühen, keine Kosten scheuen⟩: *Sie hat den weiten Weg nicht gescheut, um ihn zu besuchen* **2** ***sich*** (***vor etwas*** (*Dat*)) ***scheuen*** etwas nicht tun, weil man Bedenken hat: *Sie scheute sich* (davor), *ihn* zu *verraten*

scheu·ern; *scheuerte, hat gescheuert* **1** ***etwas scheuern*** etwas durch kräftiges Reiben (mit Putzmittel) sauber machen ⟨eine Pfanne scheuern⟩ || K-: ***Scheuer-, -mittel*** **2** ***etwas scheuert j-n wund***; ***etwas scheuert j-m etwas wund*** etwas reibt so, dass j-d Schmerzen hat: *Die Schuhe haben mir die Fersen wund gescheuert*

scheuß·lich *Adj* **1** sehr hässlich ⟨ein Anblick; scheußlich aussehen⟩ **2** unangenehm intensiv ⟨ein Geschmack, ein Lärm; etwas riecht scheußlich⟩ **3** mit großer Brutalität ⟨ein Verbrechen⟩ || *hierzu* **Scheuß·lich·keit** *die*

Schi ↑ ***Ski***

◆**Schicht** *die*; *-, -en* **1** eine Masse (*meist* eine Substanz) in einer relativ flachen und breiten Form, die über oder unter etwas anderem liegt: *Samen mit einer Schicht Erde bedecken*; *die Schichten der Atmosphäre* || -K: ***Isolier-***; ***Eis-, Farb-*** **2** der Teil der Bevölkerung, der ungefähr gleich viel verdient und in ähnlichen Verhältnissen lebt ⟨eine soziale Schicht; die untere, obere Schicht⟩ || -K: ***Arbeiter-, Ober-*** **3** ein Abschnitt des Arbeitstages (in einem Betrieb) || K-: ***Schicht-, -arbeiter*** || -K: ***Sonntags-***; ***Früh-, Spät-***

◆**schick** *Adj* **1** elegant und modern ⟨ein Kleid; ein Auto⟩ **2** so, dass es in Mode ist: *Es gilt als schick, Golf zu spielen* || *hierzu* **Schick** *der*

◆**schi·cken**[1]; *schickte, hat geschickt* **1** **(*j-m*) *etwas schicken***; ***etwas an j-n / irgendwohin schicken*** j-m (per Post *o.Ä.*) et-

S

was bringen lassen, etwas irgendwohin bringen lassen ⟨j-m ein Paket schicken; j-m Blumen schicken⟩ **2** ***j-n*** (***irgendwohin***) ***schicken*** j-n auffordern, bitten, irgendwohin zu gehen: *Die Firma schickt ihn oft ins Ausland* **3** (***j-n***) ***nach j-m / etwas schicken*** j-n bitten oder beauftragen, eine Person oder etwas zu holen: ⟨*den Nachbarn*⟩ *nach dem Arzt schicken*

◆ **schi·cken²**, **sich**; *schickte sich, hat sich geschickt* **1** *meist* ***etwas schickt sich nicht*** *geschr*; etwas gilt nicht als gutes Benehmen: Es *schickt sich nicht, mit vollem Mund* zu *sprechen* **2** ***sich in etwas*** (*Akk*) ***schicken*** *geschr*; einen *meist* schlechten Zustand akzeptieren **3** ***sich schicken*** *südd gespr* ≈ sich beeilen

Schick·sal *das*; *-s, -e* **1** *nur Sg*; eine Macht, die (wie manche glauben) das Leben der Menschen bestimmt: *Ich wollte Arzt werden, aber das Schicksal hat anders entschieden* **2** die Ereignisse, die das Leben einer Person bestimmen, ohne dass sie daran etwas ändern kann ⟨ein schweres, trauriges Schicksal haben⟩ || -K: ***Flüchtlings-***

◆ **schie·ben**; *schob, hat geschoben* **1** (***etwas*** (***irgendwohin***)) ***schieben*** etwas *meist* relativ langsam durch Drücken irgendwohin bewegen, mit Kontakt zum Boden: *einen Kinderwagen schieben* || ↑ *Illustration* ***Verben der Bewegung*** **2** (***j-n*** (***irgendwohin***)) ***schieben*** j-n mit der Hand oder der Schulter irgendwohin stoßen oder drängen: *Sie schob die Kinder ins Auto* **3** ***etwas auf j-n / etwas schieben*** j-n / etwas für etwas Negatives verantwortlich machen ⟨die Schuld auf j-n schieben⟩ **4** ***etwas schiebt sich irgendwohin*** etwas bewegt sich langsam irgendwohin: *Eine Wolke schob sich vor die Sonne*

Schieds·rich·ter *der* **1** *Sport*; die Person, die darauf achtet, dass die Spieler sich an die (Spiel)Regeln halten || -K: ***Fußball-*** **2** eine Person, die bei einem Streit die Entscheidung fällen soll || *hierzu* **Schieds·rich·te·rin** *die*

◆ **schief** *Adj* **1** nicht gerade, sondern so, dass es mit einer anderen Linie oder Fläche einen (spitzen) Winkel bildet: *eine schiefe Mauer*; *Das Bild hängt schief* **2** ⟨ein Vergleich, eine Darstellung⟩ so, dass sie die Realität zum Teil falsch darstellen **3** ***ein schiefes Bild von etwas haben*** einen falschen Eindruck von etwas haben

schie·len; *schielte, hat geschielt*; ein Sehproblem haben, bei dem die Augen nicht normal und parallel schauen

schien ↑ ***scheinen***

Schie·ne *die*; *-, -n* **1** die beiden schmalen Stücke aus Stahl, auf denen Züge oder Straßenbahnen fahren || K-: ***Schienen-, -fahrzeug, -netz*** || -K: ***Straßenbahn-*** **2** eine Vorrichtung, auf der etwas *meist* auf Rollen bewegt wird: *die Schiene in einer Gardinenstange* **3** eine Art Stange, die als Stütze dient (*z.B.* für einen gebrochenen Arm) || -K: ***Arm-***

schie·ßen¹; *schoss, hat geschossen* **1** (***mit etwas***) (***auf j-n / etwas***) ***schießen*** mit einer Waffe *bes* eine Kugel oder einen Pfeil in die Richtung einer Person oder Sache fliegen lassen, um diese zu treffen ⟨mit einem Gewehr schießen⟩: *„Hände hoch, oder ich schieße!"*; *Die Terroristen schossen auf den Präsidenten* **2** ***j-m*** (***etwas***) ***irgendwohin schießen*** j-n an einer Körperstelle durch Schießen verletzen oder töten: *j-m eine Kugel ins Bein schießen* **3** ***etwas*** (***irgendwohin***) ***schießen*** in einem Spiel einen Ball irgendwohin schlagen: *den Ball ins Tor schießen*; *Schieß doch!* **4** ***ein Tier schießen*** ein Tier durch Schießen töten **5** ***ein Tor schießen*** in einem Spiel (wie *z.B.* Fußball) den Ball mit einem Schuss ins Tor bringen **6** ***ein Foto schießen*** *gespr*; ein Foto machen

schie·ßen²; *schoss, ist geschossen* **1** ***irgendwohin schießen*** *gespr*; sich mit sehr viel Kraft in eine bestimmte Richtung bewegen: *Er schoss mit seinem Auto plötzlich um die Kurve* **2** ***etwas schießt irgendwohin*** etwas fließt mit starkem Druck in eine bestimmte Richtung: *Das Wasser schoss aus dem Rohr*

Schie·ßen *das*; *-s*; *nur Sg*; eine *meist* sportliche Veranstaltung, bei der man schießt¹ (1) || -K: ***Bogen-, Sport-***

◆ **Schiff¹** *das*; *-(e)s, -e*; ein großes Fahrzeug für das Wasser, auf dem Menschen oder Waren transportiert werden ⟨das Schiff läuft aus, legt an; an Bord eines Schiffes⟩ || K-: ***Schiffs-, -reise, -verkehr*** || -K: ***Fähr-, Passagier-, Segel-***

◆ **Schiff²** *das*; *-(e)s, -e*; der lange innere Raum einer Kirche, der *meist* von Westen nach Osten geht

Schi·ka·ne *die*; *-, -n*; eine Handlung (*meist* einer Person, die Anweisungen gibt, oder einer Behörde), durch die j-d unnötige Arbeit oder Schwierigkeiten bekommt || ID ***mit allen Schikanen*** *gespr*; mit sehr viel Komfort und Luxus || *hierzu* **schi·ka·nös** *Adj*; **schi·ka·nie·ren** (*hat*)

◆ **Schild¹** *das*; *-(e)s, -er*; eine Tafel oder eine Platte, auf der etwas geschrieben oder gezeichnet steht ⟨ein Schild anbringen, auf-

S

stellen⟩ || -K: ***Stopp-, Warn-; Orts-, Verkehrs-***

◆**Schild**[2] *der*; *-(e)s, -e*; eine große Platte aus Metall, Holz oder Leder als Schutz im Kampf || ID ***etwas (gegen j-n / etwas) im Schilde führen*** etwas heimlich planen (das gegen j-n gerichtet ist)

schil·dern; *schilderte, hat geschildert*; ***(j-m) etwas schildern*** etwas genau darstellen oder erzählen ⟨etwas lebhaft schildern⟩

Schil·ling *der*; *-s, -e*; die Währung Österreichs vor der Einführung des Euro: *ein Schilling hat 100 Groschen*

Schim·mel *der*; *-s*; *nur Sg*; eine weiche, *meist* weiße oder grüne Schicht, die sich *z.B.* auf Brot und Obst bildet, wenn diese alt sind || K-: ***Schimmel-, -bildung*** || *hierzu* **schim·me·lig, schimm·lig** *Adj*

◆**schimp·fen**; *schimpfte, hat geschimpft* **1** ***(j-n) schimpfen*** Ärger oder Wut über j-n oder etwas mit lauten Worten ausdrücken: *Sie hat Peter geschimpft, weil er seine Hausaufgaben nicht gemacht hat* **2** ***mit j-m schimpfen*** j-n mit lauten Worten kritisieren: *Sie schimpft oft mit ihrer Tochter* **3** ***auf j-n / etwas schimpfen***; ***über j-n / etwas schimpfen*** ≈ schimpfen (1)

◆**Schin·ken** *der*; *-s, -*; **1** geräuchertes, gekochtes oder getrocknetes Fleisch vom Bein *meist* des Schweines ⟨gekochter, geräucherter Schinken⟩ || K-: ***Schinken-, -brötchen*** || -K: ***Schweine-*** **2** *gespr iron oder pej*; ein sehr großes und dickes Buch **3** *gespr iron oder pej*; ein großes Bild (oder ein langer Film) von schlechter Qualität

◆**Schirm**[1] *der*; *-(e)s, -e* **1** ein großes Stück Stoff, das über einen *meist* runden Rahmen gespannt ist, mit einer Stange und einem Griff (als Schutz vor Regen oder Sonne) || -K: ***Regen-***; ***Damen-*** **2** der Teil der Lampe (*meist* aus Stoff oder Kunststoff), der über und seitlich der Glühbirne ist

◆**Schirm**[2] *der*; *-(e)s, -e* ≈ Bildschirm || -K: ***Fernseh-, Röntgen-***

S

Schlacht *die*; *-, -en* **1** ein schwerer Kampf zwischen Truppen im Krieg ⟨eine entscheidende Schlacht; eine Schlacht tobt⟩: *die Schlacht von Verdun im Ersten Weltkrieg* || K-: ***Schlacht-, -schiff*** || -K: ***Luft-*** **2** ***eine Schlacht (um etwas)*** *gespr*; das Bemühen verschiedener Leute, etwas Bestimmtes zu bekommen: *eine Schlacht um die wenigen Eintrittskarten* || -K: ***Wahl-***

schlach·ten; *schlachtete, hat geschlachtet*; ***(ein Tier) schlachten*** ein Tier töten, damit das Fleisch gegessen werden kann ⟨ein Huhn, ein Schwein schlachten⟩ || K-: ***Schlacht-, -vieh*** || *hierzu* **Schlach·tung** *die*

Schlaf·an·zug *der*; die leichte Hose und Jacke, die man im Bett trägt

Schlä·fe *die*; *-, -n* **1** die Stelle am Kopf zwischen Ohr und Stirn **2** ***graue Schläfen*** graue Haare an den Schläfen

◆**schla·fen**; *schläft, schlief, hat geschlafen* **1** in dem Zustand der Ruhe sein, in dem die Augen lange Zeit geschlossen sind ⟨gut, schlecht schlafen⟩ **2** ***schlafen gehen***; ***sich schlafen legen*** ins Bett gehen, um zu schlafen (1) **3** *gespr*; nicht konzentriert sein ⟨im Unterricht schlafen⟩ **4** ***mit j-m schlafen*** mit j-m Sex haben || *zu* **1** **Schlä·fer** *der*; **Schlä·fe·rin** *die*; *-, -nen*

schlaff, *schlaffer, schlaffst-* **1** locker nach unten hängend, nicht gespannt ⟨ein Seil⟩ **2** nicht mehr straff, mit Falten ⟨Haut⟩ **3** ohne Kraft ⟨ein Händedruck⟩

schläf·rig *Adj*; so müde, dass man einschlafen könnte || *hierzu* **Schläf·rig·keit** *die*

Schlaf·zim·mer *das*; das Zimmer (in einem Haus oder einer Wohnung), in dem man schläft

Schlag *der*; *-(e)s, Schlä·ge* **1** eine *meist* schnelle, heftige Berührung mit der Hand oder mit einem Gegenstand ⟨ein leichter, heftiger Schlag; j-m (mit einem Stock, mit der Faust) einen Schlag (ins Gesicht, in den Magen) geben⟩ || -K: ***Faust-*** **2** *nur Pl*; Schläge (1), die j-d in einem Kampf oder zur Strafe bekommt **3** ein hartes, dumpfes Geräusch, das durch einen Schlag (1) oder einen Zusammenstoß hervorgerufen wird ⟨ein dumpfer Schlag⟩ **4** eine kurze Bewegung in einer Reihe einzelner *meist* rhythmischer Stöße: *die gleichmäßigen Schläge des Herzens* || -K: ***Herz-*** **5** der Stoß, den der Körper bekommt, wenn elektrischer Strom durch ihn fließt ⟨einen Schlag bekommen⟩ || -K: ***Strom-*** **6** ein großes persönliches Unglück: *Der Tod seiner Frau war ein harter Schlag für ihn* || -K: ***Schicksals-*** **7** ein akustisches Signal, mit dem *bes* eine Uhr die Zeit angibt: *der Schlag der alten Standuhr* || -K: ***Glocken-*** **8** Ⓐ ≈ Schlagsahne **9** *gespr*; *Kurzwort* ↑ ***Schlaganfall*** eine plötzliche und gefährliche Störung des Gehirns || ID ***Schlag auf Schlag*** schnell nacheinander, ohne Pause: *Dann ging es Schlag auf Schlag* (= dann passierte sehr viel innerhalb kurzer Zeit); ***mit einem Schlag*** *gespr* ≈ plötzlich, auf einmal; ***etwas ist ein Schlag ins Wasser*** etwas hat ein enttäuschendes Ergebnis, ist ein Misserfolg; ***ein Schlag unter die***

Schlaginstrumente

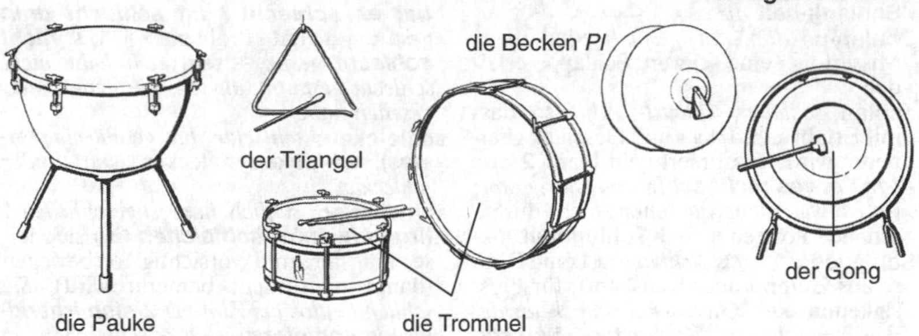

Gürtellinie *gespr*; eine sehr unfaire Handlung, eine Gemeinheit; ***auf 'einen Schlag*** *gespr*; **a)** ≈ plötzlich; **b)** alles auf einmal: *die ganze Pizza auf einen Schlag essen*

◆**schla·gen**; *schlägt, schlug, hat / ist geschlagen* **1** ***j-n*** **(*irgendwohin*)** ***schlagen*** (*hat*) j-n mit der Hand oder mit einem Gegenstand kräftig treffen, um ihm wehzutun ⟨j-n ins Gesicht schlagen⟩ **2** ***etwas irgendwohin schlagen*** (*hat*) etwas mit einem Werkzeug irgendwohin treiben ⟨einen Nagel in die Wand schlagen⟩ **3** ***etwas schlagen*** (*hat*) eine flüssige Masse kräftig rühren, damit sie fest wird ⟨Eiweiß, Sahne schlagen⟩ **4** ***etwas schlagen*** (*hat*) ≈ fällen ⟨einen Baum schlagen⟩ **5** ***j-n schlagen*** (*hat*) in einem (Wett-) Kampf gegen j-n / eine Mannschaft gewinnen: *Inter Mailand schlug Bayern München 3:1* **6** ***irgendwohin schlagen*** (*hat*) mit der Hand kräftig auf einen Gegenstand schlagen (1): *auf den Tisch schlagen* **7** **(*mit etwas*)** ***irgendwohin schlagen*** (*ist*) mit einem Körperteil kräftig gegen etwas stoßen: *Er stolperte und schlug mit dem Kopf gegen den Schrank* **8** ***etwas schlägt*** (+ *Zeitangabe*) (*hat*); *meist* eine Uhr zeigt durch Töne die Zeit an: *Die Turmuhr schlägt (acht)* **9** ***etwas schlägt*** (*hat*) etwas macht rhythmische Bewegungen ⟨das Herz, der Puls⟩ **10** ***j-d schlägt sich mit j-m***; ⟨Personen⟩ ***schlagen sich*** (*hat*); *meist* zwei Personen prügeln sich: *Er schlug sich mit seinem Freund* **11** ***sich irgendwie schlagen*** (*hat*) (*meist* in einem Wettkampf oder einer Diskussion) eine bestimmte Leistung bringen ⟨sich tapfer schlagen⟩ **12** ***sich geschlagen geben*** (*hat*) in einem Kampf, Streit nachgeben, aufgeben

Schla·ger *der*; *-s*, -; **1** ein Lied mit einer einfachen Melodie und einfachem Text, das (*oft* nur für kurze Zeit) sehr bekannt und beliebt ist ≈ Hit || K-: ***Schlager-, -musik, -sänger*** **2** ein *meist* neues Produkt, von dem (eine Zeit lang) sehr viel verkauft wird

Schlä·ger *der*; *-s*, -; ein (Sport)Gerät, mit dem man den Ball schlägt || -K: ***Tennis-***

Schlag·in·stru·ment *das*; ein (Musik)Instrument, mit dem man durch Schlagen oder Klopfen Töne erzeugt

Schlag·obers *das*; -; *nur Sg*; Ⓐ ≈ Schlagsahne

Schlag·sa·hne *die*; -; *nur Sg*; steif geschlagene Sahne (1)

◆**Schlag·zei·le** *die*; die Überschrift (in großen Buchstaben) in einer Zeitung über dem Text

Schlag·zeug *das*; *-s*, *-e*; die Schlaginstrumente (wie *z.B.* Trommeln und Becken) in einer Band oder in einem Orchester ⟨Schlagzeug spielen⟩ || *hierzu* **Schlag·zeu·ger** *der*

Schlạmm *der*; *-(e)s*; *nur Sg*; eine feuchte Masse *meist* aus Wasser und Erde || *hierzu* **schlạm·mig** *Adj*

schlạm·pen; *schlampte, hat geschlampt*; *pej*; oberflächlich und ungenau arbeiten: *bei den Hausaufgaben schlampen* || *hierzu* **Schlạm·per** *der*; **Schlạm·pe·rin** *die*; -, *-nen*; **Schlạm·pe·rei** *die*

Schlạn·ge[1] *die*; -, *-n*; ein Reptil mit langem, schmalem Körper, ohne Beine und mit einer Zunge, die vorne gespalten ist ⟨die Schlange züngelt, zischt⟩ || K-: ***Schlangen-, -biss, -gift*** || -K: ***Gift-***

Schlạn·ge[2] *die*; -, *-n*; viele Menschen, die hintereinander stehen und auf etwas warten ⟨Schlange stehen⟩: *eine Schlange an der Kasse* || -K: ***Warte-***

◆**schlạnk**, *schlanker, schlankst-*; *Adj*; mit einer schmalen Figur und schönen Proportionen ↔ dick: *Sie will jetzt weniger es-*

S

sen, damit sie schlanker wird || *hierzu* **Schlank·heit** *die*

Schlap·pe *die*; -, *-n*; *gespr* ≈ Niederlage, Misserfolg ⟨eine schwere Schlappe erleiden⟩

schlau, *schlauer, schlaust-*; *Adj* **1** so, dass mit Erfahrung, Tricks und Geschick gearbeitet wird ≈ raffiniert ⟨ein Plan⟩ **2** ***aus j-m / etwas nicht schlau werden*** *gespr*; j-n / etwas nicht verstehen, nicht durchschauen können || *zu* **1 Schlau·heit** *die*

Schlauch *der*; -*(e)s, Schläu·che* **1** eine Röhre aus Gummi oder Kunststoff, für Flüssigkeiten oder Gas: *der Schlauch an der Waschmaschine* || -K: ***Garten-, Wasser-*** **2** ein runder Schlauch (1) aus Gummi (in einem Auto- oder Fahrradreifen), der mit Luft gefüllt ist ⟨einen Schlauch aufpumpen⟩ || ID ***etwas ist ein Schlauch*** *gespr*; etwas dauert sehr lange und ist anstrengend; ***auf dem Schlauch stehen*** *gespr hum oder pej*; etwas nicht sofort verstehen

◆ **schlecht**, *schlechter, schlechtest-*; *Adj* **1** ⟨eine Leistung; ein Essen; ein Stoff⟩ so, dass die Qualität nicht gut ist **2** *nicht adv*; ⟨Augen, Ohren, Nerven, ein Gedächtnis, ein Gehör⟩ so, dass sie nicht (mehr) richtig funktionieren **3** *nicht adv*; ⟨ein Schüler, ein Anwalt, ein Arzt, ein Lehrer; Eltern⟩ so, dass sie ihre Arbeit nicht gut machen **4** ≈ böse ⟨ein Mensch, eine Tat⟩ **5** ⟨ein Benehmen, ein Verhalten⟩ nicht so, wie es üblich ist oder erwartet wird: *j-n schlecht behandeln* **6** ⟨ein Freund; ein Demokrat⟩ so, dass sie nur dem Anschein nach das sind, als was sie sich ausgeben: *Er ist ein schlechter* (= kein richtiger) *Freund, wenn er dich so behandelt!* **7** ***schlecht (für j-n / etwas)*** so, dass es j-m / etwas schadet, nicht geeignet oder nicht passend ist: *Das feuchte Klima ist schlecht für die Gesundheit* **8** unangenehm oder nicht erfreulich ⟨eine Nachricht⟩ **9** mit Problemen verbunden ⟨ein Flug, eine Reise⟩ **10** mit Regen, Schnee *o.Ä.* ⟨Wetter⟩ **11** unangenehm, nicht mehr essbar ⟨etwas riecht, schmeckt schlecht⟩ **12** mit weniger Ertrag als erwartet ⟨eine Ernte, ein Jahr⟩ **13** ***etwas ist schlecht*** etwas kann nicht mehr gegessen werden, weil es alt, verdorben ist ⟨das Fleisch, die Milch⟩ **14** *nur adv*; nicht ohne Probleme: *Ich kann hier schlecht weg* (= Ich bekomme Schwierigkeiten, wenn ich hier weggehe) **15** ***es steht schlecht um j-n / etwas*** j-d / etwas hat (*meist* finanzielle) Probleme: *Es steht schlecht um seine Firma* **16** ***j-m ist / wird schlecht*** j-d hat das Gefühl, sich erbrechen zu müssen **17** ***j-d hat es schlecht / ist schlecht dran*** *gespr*; j-d hat Probleme || ID ***nicht schlecht*** *gespr* ≈ sehr: *Ich habe nicht schlecht gestaunt, als ich sein neues Auto gesehen habe*

schle·cken; *schleckte, hat geschleckt*; ***(etwas) schlecken*** ≈ lecken: *Die Kinder schlecken Eis*

schlei·chen; *schlich, hat / ist geschlichen* **1** ***(irgendwohin) schleichen*** (*ist*) sich leise, langsam und vorsichtig fortbewegen (damit man nicht bemerkt wird): *Sie schlich lautlos ins Zimmer* **2** ***sich irgendwohin schleichen*** (*hat*) ≈ schleichen (1)

schlei·fen[1]; *schliff, hat geschliffen*; ***(etwas) schleifen*** eine Oberfläche durch Reiben glatt oder scharf machen ⟨ein Beil, ein Messer schleifen; Diamanten schleifen⟩ || K-: ***Schleif-, -stein***

schlei·fen[2]; *schleifte, hat geschleift*; ***j-n / etwas (irgendwohin) schleifen*** j-n / etwas *meist* mit viel Mühe auf einer Fläche (*meist* auf dem Boden) irgendwohin ziehen: *einen schweren Sack schleifen*

Schleim *der*; -*(e)s, -e* **1** eine flüssige, aber zähe Substanz, die sich im Körper von Menschen und Tieren bildet || -K: ***Mund-, Nasen-*** **2** ein leichter Brei aus gekochtem Getreide || -K: ***Hafer-***

schlen·dern; *schlenderte, ist geschlendert*; ***irgendwohin schlendern*** gemütlich und langsam spazieren gehen

schlep·pen; *schleppte, hat geschleppt* **1** ***j-n / etwas (irgendwohin) schleppen*** eine Person / etwas Schweres mit viel Mühe irgendwohin tragen **2** ***etwas (irgendwohin) schleppen*** ein Fahrzeug mit der Hilfe eines anderen ziehen: *ein Schiff in den Hafen schleppen* **3** ***sich irgendwohin schleppen*** sich mit viel Mühe irgendwohin bewegen: *Er konnte sich schwer verletzt noch ans Telefon schleppen*

schleu·dern; *schleuderte, hat / ist geschleudert* **1** ***j-n / etwas (irgendwohin) schleudern*** (*hat*) j-n / etwas mit sehr viel Kraft in eine bestimmte Richtung bewegen: *Bei dem Unfall wurde sie aus dem Auto geschleudert* **2** ***etwas schleudert (etwas)*** (*hat*) eine Maschine bewegt nasse Wäsche so schnell, dass das Wasser ausgepresst wird ⟨Wäsche schleudern⟩ **3** ***etwas schleudert (irgendwohin)*** (*ist*) ein Fahrzeug kommt aus der Spur und rutscht weg: *Auf der glatten Fahrbahn kamen mehrere Autos ins Schleudern* || K-: ***Schleuder-, -gefahr*** || ID ***ins Schleudern geraten / kommen*** *gespr*; in einer Situation unsicher werden, *bes* weil man

Angst hat oder etwas nicht weiß

schleu·nigst *Adv*; sehr schnell ⟨etwas schleunigst tun⟩

schlicht, *schlichter, schlichtest-*; *Adj* **1** einfach und ohne Schmuck oder viele Details ⟨eine Feier, Kleidung⟩ **2** *nur adv*; ***schlicht*** (***und einfach***) ohne Zweifel: *Das ist schlicht und einfach gelogen* || *zu* **1 Schlicht·heit** *die*

schlich·ten; *schlichtete, hat geschlichtet*; (***etwas***) ***schlichten*** versuchen, einen Streit zu beenden, indem man als Neutraler mit den Parteien verhandelt || *hierzu* **Schlich·ter** *der*; **Schlich·te·rin** *die*; -, *-nen*; **Schlich·tung** *die*

schlief ↑ ***schlafen***

◆**schlie·ßen**[1]; *schloss, hat geschlossen* **1** ***etwas schließen*** etwas so bewegen, dass ein Raum nicht mehr offen ist ↔ öffnen: *das Fenster, die Tür schließen* **2** ***etwas schließen*** durch einen Deckel *o.Ä.* bewirken, dass etwas nach außen hin nicht mehr offen ist: *die Augen, ein Buch, eine Flasche, eine Kiste schließen* **3** ***etwas irgendwohin schließen*** etwas in einen Raum bringen und zusperren: *den Schmuck in einen Tresor schließen* **4** ***etwas schließen*** aufhören, einen Betrieb, eine Firma zu betreiben **5** ***j-d schließt einen Vertrag mit j-m***; ⟨Personen⟩ ***schließen einen Vertrag*** zwei oder mehrere Personen machen einen Vertrag **6** (***etwas***) (***irgendwann***) ***schließen*** ein Geschäft, ein Gasthaus (vorübergehend) nicht mehr geöffnet haben: *Wir schließen in 10 Minuten* **7** (***etwas***) ***schließen*** eine Tätigkeit *o.Ä.* beenden ⟨die Verhandlung, die Sitzung schließen⟩ **8** ***etwas schließt sich*** (***irgendwie***) etwas bewegt sich so oder wird so bewegt, dass ein Raum nicht mehr offen ist ⟨das Fenster, die Tür⟩: *Die Tür schließt sich automatisch* **9** ***etwas schließt sich*** etwas kommt an einem Punkt zusammen, sodass es nicht mehr offen ist ⟨eine Blüte, eine Wunde⟩

◆**schlie·ßen**[2]; *schloss, hat geschlossen* **1** ***etwas*** (***aus etwas***) ***schließen*** zu einem bestimmten Ergebnis kommen, nachdem man etwas analysiert hat ≈ folgern: *Aus seinen Andeutungen konnten wir schließen*, dass *die Firma finanzielle Probleme hat* **2** ***von j-m / etwas auf j-n / etwas schließen*** annehmen, dass etwas, das auf j-n / etwas zutrifft, auch auf eine andere Person oder Sache zutrifft: *Sei vorsichtig, du darfst nicht von dir auf andere schließen!*

◆**schließ·lich**[1] *Adv* **1** nach langem Warten, nach einer umständlichen Prozedur ≈ endlich: *Sie diskutierten lange, aber schließlich fanden sie doch eine Lösung* **2** ***schließlich und endlich*** *gespr*; verwendet, um schließlich[1] (1) zu verstärken

◆**schließ·lich**[2] *Partikel*; verwendet, um eine Begründung oder Erklärung zu geben: *Du musst tun, was er sagt, schließlich ist er dein Chef*

◆**schlimm** *Adj* **1** mit sehr unangenehmen Folgen für j-n ⟨ein Fehler, eine Nachricht⟩: *Die Trockenheit hatte schlimme Folgen für die Ernte* **2** ⟨ein Verbrechen⟩ so, dass es gegen alle moralischen Prinzipien verstößt **3** *nur attr, nicht adv*; *gespr*; entzündet und schmerzhaft: *ein schlimmer Zahn*

Schlin·ge *die*; -, *-n*; die Form, die ein Faden, Draht *o.Ä.* hat, wenn man ihn so biegt, dass ungefähr ein Kreis entsteht ⟨eine Schlinge knüpfen, machen; die Schlinge zuziehen⟩: *den gebrochenen Arm in einer Schlinge tragen* || -K: ***Draht-, Lasso-***

schlin·gen[1]; *schlang, hat geschlungen*; ***etwas um etwas schlingen*** eine Schnur, ein Band locker um etwas legen: *ein Seil um einen Ast schlingen*

schlin·gen[2]; *schlang, hat geschlungen*; (***etwas***) ***schlingen*** etwas sehr schnell essen (ohne zu kauen)

Schlips *der*; *-es, -e* ≈ Krawatte || ID ***j-m auf den Schlips treten*** *gespr*; j-n beleidigen, in seinen Gefühlen verletzen

Schlit·ten *der*; *-s, -*; **1** ein Fahrzeug mit zwei *meist* metallenen Schienen, für Schnee und Eis ⟨(mit dem) Schlitten fahren⟩ || K-: ***Schlitten-, -fahrt, -hund*** || -K: ***Eskimo-, Kinder-*** **2** *gespr*; ein großes, teures Auto || ID ***mit j-m Schlitten fahren*** *gespr*; j-n autoritär und grob behandeln

Schlitt·schuh *der*; ein Schuh mit einer schmalen Schiene aus Metall, mit dem man über Eis gleiten kann ⟨Schlittschuh laufen⟩ || K-: ***Schlittschuh-, -läufer***

Schlitz *der*; *-es, -e* **1** eine sehr schmale Öffnung || -K: ***Briefkasten-*** **2** ein offener Einschnitt an einem Kleidungsstück || -K: ***Rock-***

schloss ↑ ***schließen***

◆**Schloss**[1] *das*; *-es, Schlös·ser*; eine Vorrichtung *z.B.* an Türen, Schränken zum Schließen (mit Schlüssel) ⟨das Schloss aufschließen⟩ || ↑ *Illustration* ***Das Fahrrad*** || -K: ***Koffer-, Zahlen-***

◆**Schloss**[2] *das*; *-es, Schlös·ser*; ein großes und sehr wertvolles Haus, in dem Könige und Fürsten leben oder lebten: *die Schlösser König Ludwigs II.* || K-: ***Schloss-,***

-garten; ***-besichtigung*** || -K: ***Barock-***

Schlos·ser *der*; *-s*, -; j-d, der beruflich *bes* aus Metall oder Eisen Produkte herstellt

Schlot *der*; *-(e)s, -e / Schlö·te*; ein hoher Schornstein (*meist* bei einer Fabrik)

schlot·tern; *schlotterte, hat geschlottert* **1** (***vor etwas*** (*Dat*)) ***schlottern*** sehr stark zittern, *z.B.* weil man sehr friert oder große Angst hat ⟨vor Angst, Kälte schlottern⟩ **2** ***etwas schlottert*** ein Kleidungsstück hängt sehr weit und lose am Körper: *schlotternde Hosen* || *hierzu* **schlot·te·rig**; **schlott·rig** *Adj*

schluch·zen; *schluchzte, hat geschluchzt*; wegen starker Erregung weinen und dabei in kurzen Abständen einatmen, sodass ein Geräusch entsteht ⟨mit schluchzender Stimme⟩

Schluck *der*; *-(e)s, -e* **1** die Menge einer Flüssigkeit, die man auf einmal schluckt ⟨ein Schluck Wasser, Kaffee⟩ **2** das Schlucken einer kleinen Menge Flüssigkeit: *in hastigen Schlucken trinken*

schlu·cken; *schluckte, hat geschluckt* **1** (***etwas***) ***schlucken*** die Muskeln in Mund und Hals bewegen und so etwas vom Mund in den Magen bringen ⟨einen Bissen, ein Medikament schlucken⟩: *Er hatte starke Halsschmerzen und konnte kaum noch schlucken* **2** ***etwas schluckt etwas*** *gespr*; etwas nimmt etwas in sich auf: *Die Tür ist schalldicht - sie schluckt jeden Lärm* **3** ***etwas schluckt etwas*** *gespr*; etwas verbraucht eine bestimmte (*meist* große) Menge von etwas: *Die Reise hat unser ganzes Geld geschluckt* **4** *meist* ***etwas schlucken*** *gespr*; sich nicht gegen etwas wehren können ⟨einen Vorwurf schlucken müssen⟩

schlug ↑ ***schlagen***

schlüp·fen; *schlüpfte, ist geschlüpft* **1** ***irgendwohin schlüpfen*** sich leise, schnell und gewandt irgendwohin bewegen: *aus einem Versteck schlüpfen* **2** ⟨ein Vogel, ein Insekt⟩ ***schlüpft*** ein Vogel oder ein Insekt kriecht aus dem Ei, der Puppe: *Das Küken ist geschlüpft* **3** ***in etwas*** (*Akk*) ***schlüpfen / aus etwas schlüpfen*** ein Kleidungsstück schnell anziehen / ausziehen: *in den Pulli schlüpfen*; *aus dem Hemd schlüpfen*

schlüpf·rig *Adj* **1** ⟨eine Oberfläche⟩ glatt und feucht **2** *pej* ≈ unanständig, obszön ⟨ein Witz, eine Geschichte⟩ || *hierzu* **Schlüpf·rig·keit** *die*

schlür·fen; *schlürfte, hat geschlürft*; (***etwas***) ***schlürfen*** eine Flüssigkeit mit lautem Geräusch in den Mund saugen: *heiße Suppe schlürfen*

S

◆**Schluss**[1] *der*; *-es, Schlüs·se* **1** *nur Sg*; der Zeitpunkt, an dem etwas aufhört oder die letzte Phase von etwas ≈ Ende: *am Schluss der Vorstellung*; *kurz vor Schluss der Sitzung*; *Zum Schluss verbeugte sich der Pianist* || -K: ***Dienst-, Schul-*** **2** *meist Sg*; der letzte Teil von etwas: *ein Roman mit einem überraschenden Schluss* || K-: ***Schluss-, -teil*** **3** (***mit etwas***) ***Schluss machen*** aufhören, etwas zu tun: *Machen wir Schluss für heute, ich bin müde*; *Er hat mit dem Rauchen Schluss gemacht* **4** ***j-d macht Schluss mit j-m***; ⟨zwei Personen⟩ ***machen Schluss*** zwei Personen beenden eine Liebesbeziehung, trennen sich

◆**Schluss**[2] *der*; *-es, Schlüs·se* **1** das Ergebnis eines Denkprozesses ≈ Folgerung ⟨ein falscher, zwingender Schluss; zu einem Schluss kommen⟩ || K-: ***Schluss-, -folgerung*** || -K: ***Fehl-*** **2** ***einen Schluss ziehen*** zu einem Schluss[2] (1) kommen

◆**Schlüs·sel**[1] *der*; *-s*, -; ein Gegenstand aus Metall, mit dem man eine Tür auf- und zuschließen kann, ein Auto startet *usw* ⟨den Schlüssel ins Schloss stecken⟩ || -K: ***Auto-, Haus-***

◆**Schlüs·sel**[2] *der*; *-s*, -; **1** ***der Schlüssel*** (***zu etwas***) das Mittel, durch das etwas erreicht oder etwas verstanden werden kann ⟨der Schlüssel zum Erfolg⟩ **2** ein Plan, nach dem etwas aufgeteilt oder verteilt wird: *der Schlüssel für die Verteilung der Mittel*

schlüs·sig *Adj* **1** logisch und überzeugend ⟨eine Argumentation, ein Beweis⟩ **2** ***sich*** (*Dat*) (***über etwas*** (*Akk*)) ***schlüssig sein*** sich für etwas entschieden haben: *Bist du dir schon schlüssig* (darüber), was *wir jetzt machen sollen?* || *zu* **1** **Schlüs·sig·keit** *die*

schmäch·tig *Adj*; dünn und schwach ⟨ein Mensch⟩: *Er ist klein und schmächtig*

schmack·haft *Adj* **1** mit gutem Geschmack ⟨das Essen⟩ **2** ***j-m etwas schmackhaft machen*** *gespr*; etwas so darstellen, dass es j-d für sehr positiv hält

schmä·hen; *schmähte, hat geschmäht*; ***j-n / etwas schmähen*** *geschr*; mit Verachtung über j-n / etwas sprechen oder schimpfen || K-: ***Schmäh-, -schrift*** || *hierzu* **Schmä·hung** *die*

◆**schmal**, *schmäler / schmaler, schmälst- / schmalst-*; *Adj*; von relativ kleiner Ausdehnung in seitlicher Richtung oder zwischen zwei Seiten ↔ breit ⟨ein Bett, ein Fluss, eine Straße; Hüften⟩

schma·rot·zen; *schmarotzte, hat schmarotzt* **1** *pej*; von der Arbeit oder vom Geld anderer leben **2** ⟨ein Tier, eine Pflanze⟩ ***schmarotzt*** *Biol*; ein Tier oder eine Pflanze lebt (als Parasit) auf oder in anderen Tieren oder Pflanzen || *hierzu* **Schma·rọt·zer** *der*; *zu* **1 Schma·rọt·ze·rin** *die*; -, *-nen*

schmạt·zen; *schmatzte, hat geschmatzt*; so essen, dass dabei Geräusche entstehen

◆**schmẹ·cken**; *schmeckte, hat geschmeckt* **1** ***etwas schmecken*** mit der Zunge den Geschmack von etwas spüren: *Schmeckst du den Wein in der Soße?* **2** ***etwas schmeckt irgendwie***; ***etwas schmeckt nach etwas*** etwas hat einen bestimmten Geschmack ⟨etwas schmeckt gut, salzig, süß⟩: *Das Eis schmeckt nach Zitrone* **3** ***etwas schmeckt*** (***j-m***) (***irgendwie***) etwas hat für j-n einen angenehmen Geschmack: *Der Kaffee schmeckt* (*mir*) (*gut*) **4** ***etwas schmeckt j-m nicht*** *gespr*; etwas gefällt j-m nicht: *Die Sache schmeckt mir nicht* || ▸ ***Geschmack***

schmei·cheln; *schmeichelte, hat geschmeichelt* **1** (***j-m***) ***schmeicheln*** j-n sehr loben, damit er freundlich ist **2** ***etwas schmeichelt j-m / etwas*** etwas ist für j-n angenehm und hebt sein Selbstbewusstsein ⟨sich geschmeichelt fühlen⟩: Es *schmeichelte ihm sehr*, dass *man ihm die Leitung des Projekts anbot* **3** ***etwas schmeichelt j-m / etwas*** etwas stellt j-n / etwas sehr positiv dar: *Das Foto schmeichelt ihm - in Wirklichkeit sieht er viel älter aus* || *zu* **1 Schmei·che·lei** *die*; **Schmeich·ler** *der*; **Schmeich·le·rin** *die*; -, *-nen*; **schmeich·le·risch** *Adj*

schmei·ßen; *schmiss, hat geschmissen*; *gespr* **1** ***etwas irgendwohin schmeißen*** ≈ werfen (1): *die Schultasche in die Ecke schmeißen* **2** ***etwas schmeißen*** aufhören, etwas zu tun, weil man keine Lust mehr hat (oder keinen Erfolg) ⟨einen Job, die Schule schmeißen⟩ **3** ***etwas schmeißen*** eine Aufgabe gut machen ⟨den Haushalt schmeißen⟩

schmẹl·zen; *schmilzt, schmolz, hat / ist geschmolzen* **1** ***etwas schmelzen*** (*hat*) durch Wärme etwas Festes flüssig machen ⟨Eis, Gold schmelzen⟩ **2** ***etwas schmilzt*** (*ist*) etwas wird durch Wärme flüssig ⟨der Schnee, das Eis⟩ || K-: ***Schmelz-, -punkt***

◆**Schmẹrz** *der*; *-es, -en* **1** *meist Pl*; das unangenehme Gefühl im Körper, wenn man verletzt oder krank ist ⟨ein großer, stechender Schmerz; Schmerzen lindern⟩: *heftige Schmerzen im Bauch haben* || K-: ***Schmerz-, -tablette***; ***schmerz-, -empfindlich***; ***Schmerzens-, -schrei*** || -K (*meist Pl*): ***Hals-, Kopf-, Rücken-, Zahn-*** **2** ***der Schmerz*** (***über etwas*** (*Akk*)) *meist Sg*; das Gefühl, wenn man sehr traurig ist: *tiefen Schmerz bei einer Trennung empfinden* || -K: ***Abschieds-***

schmẹr·zen; *schmerzte, hat geschmerzt* **1** ***etwas schmerzt*** etwas macht j-m Schmerzen (1): *Mein gebrochenes Bein schmerzt* **2** ***etwas schmerzt j-n*** *geschr*; etwas macht j-n traurig: Es *schmerzt mich, sie so leiden* zu *sehen*

Schmẹt·ter·ling *der*; *-s, -e*; ein Insekt mit großen, bunten Flügeln ⟨ein Schmetterling flattert⟩

schmẹt·tern; *schmetterte, hat geschmettert* **1** ***j-n / etwas irgendwohin schmettern*** j-n / etwas mit großer Kraft irgendwohin stoßen oder werfen: *Der Sturm schmetterte das Schiff gegen die Felsen* **2** (***etwas*** (***irgendwohin***)) ***schmettern*** einen Ball mit großer Kraft (von oben nach unten) über das Netz schlagen **3** ***etwas schmettert*** etwas ist sehr laut zu hören ⟨Trompeten⟩

schmie·ren; *schmierte, hat geschmiert* **1** ***etwas schmieren*** Fett oder Öl auf Teile eines Geräts geben, damit diese sich leichter und schneller bewegen ≈ ölen || K-: ***Schmier-, -öl*** **2** ***etwas irgendwohin schmieren*** *gespr* ≈ streichen (2) ⟨Butter aufs Brot schmieren⟩ **3** ***j-n schmieren*** *gespr pej*; j-n bestechen: *Die beiden Polizisten waren geschmiert* || K-: ***Schmier-, -geld*** **4** *gespr pej*; so schreiben, dass es schwer zu lesen ist || *zu* **4 Schmie·rer** *der*; **Schmie·rer·in** *die*; -, *-nen*

schmịn·ken; *schminkte, hat geschminkt* **1** ***j-n / sich schminken*** auf das Gesicht, oder Teile davon, Farbe tun, um schöner auszusehen: *Sie schminkt sich sehr stark* **2** (***j-m / sich***) ***etwas schminken*** j-m / sich das Gesicht (oder einen Teil) schminken ⟨(sich) die Lippen schminken⟩ || *hierzu* **Schmịn·ke** *die*

Schmö·ker *der*; *-s, -*; *gespr*; ein dickes, literarisch *meist* nicht wertvolles Buch

◆**Schmụck** *der*; *-(e)s*; *nur Sg* **1** Dinge wie Ketten, Ringe, die man am Körper trägt ⟨kostbarer, goldener Schmuck; Schmuck tragen⟩ || K-: ***Schmuck-, -stück*** || -K: ***Gold-*** **2** alles, was eine Person oder eine Sache schöner macht: *Ihr einziger Schmuck waren ihre langen schwarzen Haare* || -K: ***Blumen-***; ***Altar-, Christbaum-*** || *zu* **2 schmụ·cken** (*hat*)

schmụd·de·lig, **schmụdd·lig** *Adj*; schmutzig und nicht gepflegt ⟨Kleider, ein Restaurant; schmuddelig aussehen⟩

◆**Schmụg·gel** *der*; *-s*; *nur Sg*; das illegale Transportieren von Waren über die Gren-

S

ze eines Staates ⟨(mit etwas) Schmuggel treiben⟩ || -K: ***Drogen-, Waffen-***

schmun·zeln; *schmunzelte, hat geschmunzelt*; (**über j-n / etwas**) **schmunzeln** lächeln, weil man j-n / etwas lustig oder amüsant findet

schmu·sen; *schmuste, hat geschmust*; (**mit j-m**) **schmusen** *gespr*; j-n zärtlich streicheln, küssen: *mit der Freundin, mit den Kindern schmusen* || *hierzu* **Schmu·ser** *der*; **Schmu·se·rin** *die*; -, *-nen*

Schmutz *der*; *-es*; *nur Sg*; nasse Erde oder Staub, Ruß *usw*, die bewirken, dass j-d / etwas nicht sauber ist: *den Schmutz von den Schuhen putzen* || K-: ***Schmutz-, -fleck, -wasser*** || ID ***j-n / etwas in den Schmutz ziehen*** schlechte Dinge über j-n / etwas sagen

◆ **schmut·zig** *Adj* **1** voller Schmutz ↔ sauber ⟨sich schmutzig machen; Hände, Kleidung⟩ **2** so, dass dabei viel Schmutz entsteht ⟨eine Arbeit⟩ **3** nicht sehr hell und rein ⟨Farben⟩ **4** ⟨Witze, Bemerkungen⟩ so, dass sie auf unangenehme Art mit Sex zu tun haben **5** *nicht adv* ≈ illegal, unehrlich ⟨Geschäfte⟩

Schna·bel *der*; *-s, Schnä·bel*; der Teil des Kopfes, mit dem der Vogel seine Nahrung aufnimmt || -K: ***Enten-*** || ID ***reden, wie einem der Schnabel gewachsen ist*** *gespr*; ganz natürlich reden, so wie es einem gerade einfällt

Schna·ke *die*; -, *-n*; eine Mücke mit dünnem Körper und langen, dünnen Beinen und Flügeln || K-: ***Schnaken-, -stich***

Schnal·le *die*; -, *-n*; ein Verschluss aus Metall oder Plastik, mit dem man einen Gürtel *o.Ä.* schließt || ↑ *Abbildung unter* ***Knopf***

schnal·len; *schnallte, hat geschnallt* **1** ***etwas irgendwohin schnallen*** etwas mit Riemen oder Schnüren befestigen: *den Koffer aufs Fahrrad schnallen* **2** ***etwas von etwas schnallen*** etwas, das mit Bändern befestigt ist, lösen: *die Skier vom Autodach schnallen* **3** ***etwas weiter / enger schnallen*** einen Gürtel oder Riemen weiter oder enger machen

schnap·pen; *schnappte, hat / ist geschnappt* **1** (**sich** (*Dat*)) ***j-n / etwas schnappen*** (*hat*) j-n / etwas mit einer schnellen Bewegung nehmen und behalten ≈ packen: *Der Taschendieb schnappte meine Geldbörse und rannte davon* **2** ***ein Tier schnappt*** ((**nach**) ***etwas***) (*hat*) ein Tier öffnet und schließt mit einer schnellen Bewegung das Maul, um etwas zu packen: *Der Frosch schnappte die / nach der Fliege* **3** ***j-n schnappen*** (*hat*) *gespr* ≈ festnehmen, fangen ⟨einen Dieb schnappen⟩ **4** ***etwas schnappt irgendwohin*** (*ist*) etwas kommt in eine (*meist* festgelegte) Lage oder Position: *Die Tür ist ins Schloss geschnappt*

Schnaps *der*; *-es, Schnäp·se*; ein starkes alkoholisches Getränk, das *meist* aus Obst, Kartoffeln oder Getreide gemacht wird ⟨Schnaps brennen⟩ || -K: ***Birnen-, Kräuter-***

Schnapp·schuss *der*; ein Foto, das die Personen auf dem Bild ganz natürlich zeigt ⟨einen Schnappschuss von j-m machen⟩

Schnau·ze *die*; -, *-n* **1** das lange Maul mancher Tiere, wenn es zusammen mit der Nase ein Ganzes bildet || -K: ***Hunde-*** **2** *gespr! pej* ≈ Mund || ID ***frei*** (***nach***) ***Schnauze*** *gespr*; ohne Plan oder genaues Konzept; (***von j-m / etwas***) ***die Schnauze voll haben*** *gespr!* nichts mehr mit j-m / etwas zu tun haben mögen (da man sich schon lange ärgern musste); (***mit etwas***) ***auf die Schnauze fallen*** *gespr!* mit etwas keinen Erfolg haben

schnäu·zen, sich; *schnäuzte sich, hat sich geschnäuzt*; ***sich schnäuzen*** Luft kräftig durch die Nase pressen, damit Schleim aus der Nase kommt

Schne·cke *die*; -, *-n* **1** ein kleines Tier mit einem weichen Körper (ohne Beine), das nur sehr langsam kriecht. Manche Schnecken haben eine Schale auf dem Rücken || K-: ***Schnecken-, -haus*** **2** ein süßes Gebäck in der Form einer Spirale || -K: ***Mohn-*** || ID ***j-n zur Schnecke machen*** *gespr*; j-n sehr scharf kritisieren

◆ **Schnee** *der*; *-s*; *nur Sg* **1** die weißen, weichen Flocken, die *bes* im Winter statt Regen auf die Erde fallen ⟨es fällt Schnee; der Schnee fällt, schmilzt; weiß wie Schnee⟩ || K-: ***Schnee-, -ball, -fall, -flocke*** **2** steif geschlagenes Eiweiß || ID ***Schnee von gestern*** *gespr*; Dinge, die nicht mehr aktuell sind

◆ **schnei·den**; *schnitt, hat geschnitten* **1** ***etwas*** (***in etwas*** (*Akk*)) ***schneiden*** etwas mit einem Messer, einer Schere in Teile teilen: *Wurst* (*in Scheiben*) *schneiden* **2** ***etwas schneiden*** etwas mit einem Messer, einer Schere von etwas trennen ⟨Blumen, Getreide schneiden⟩ **3** ***etwas schneiden*** etwas mit einem Messer, einer Schere oder Säge herstellen ⟨Balken, Bretter schneiden⟩ **4** ***etwas schneiden*** etwas mit einem Messer, einer Schere kürzer machen ⟨die Haare, die (Finger)Nägel schneiden⟩ **5** ***sich*** (***in etwas*** (*Akk*)) ***schneiden*** sich mit einem Messer oder mit einer Schere verletzen: *Ich habe mich in den Daumen geschnitten* **6** ***j-n schneiden*** *gespr*; j-n absichtlich nicht ansehen und nicht mit ihm sprechen: *Seit unserem Streit schneidet sie mich* **7** ***etwas schneidet etwas***; ⟨Linien⟩ ***schneiden sich*** Linien treffen sich in einem Punkt, Linien kreuzen sich: *Parallelen sind Geraden, die sich nicht schneiden* **8** *meist* ***etwas schneidet gut / schlecht*** ein Messer, eine Schere ist scharf / ist nicht scharf || ID ***eine Luft zum Schneiden*** sehr schlechte Luft mit viel Tabakrauch

Schnei·der *der*; *-s*, *-*; j-d, der beruflich Kleider, Mäntel, Jacken *usw* aus Stoff macht || K-: ***Schneider-, -handwerk*** || -K: ***Damen-*** || *hierzu* **Schnei·de·rin** *die*; *-*, *-nen*

◆**schnei·en**; *schneite, hat geschneit*; ***es schneit*** Schnee fällt ⟨es schneit stark, leicht⟩

◆**schnell** *Adj* **1** mit hoher Geschwindigkeit ⟨eine Fahrt; eine Bewegung; schnell rennen, sprechen⟩ **2** so, dass es nur wenig Zeit beansprucht: *einen schnellen Entschluss fassen*; *schnell reagieren* **3** so gebaut, dass hohe Geschwindigkeiten möglich sind ⟨ein Auto; eine Straße⟩ || *hierzu* **Schnel·lig·keit** *die*

Schnel·le *die*; *nur in* ***auf die Schnelle*** *gespr* **1** ohne es genau und sorgfältig zu machen: *Ich habe den Brief auf die Schnelle getippt und viele Fehler gemacht* **2** in kurzer Zeit: *Wie kriege ich auf die Schnelle 5000 Euro?*

schnitt ↑ ***schneiden***

◆**Schnit·zel** *das*; *-s*, *-*; **1** eine dünne Scheibe Fleisch ohne Knochen, die man in heißem Fett brät || -K: ***Schweine-*** **2** ***Wiener Schnitzel*** eine dünne, panierte Scheibe Kalbfleisch, in Fett gebraten

schnor·ren; *schnorrte, hat geschnorrt*; ***(etwas) (von j-m) schnorren*** *gespr*; j-n (immer wieder) um kleine Geldsummen oder um Dinge bitten, die man ihm nicht zurückzahlt *bzw* ersetzt || *hierzu* **Schnor·rer** *der*; **Schnor·re·rin** *die*; *-*, *-nen*

schnüf·feln; *schnüffelte, hat geschnüffelt* **1** ⟨ein Tier⟩ ***schnüffelt*** ein Tier atmet die Luft mit einem Geräusch mehrere Male ein, um etwas zu riechen **2** ***(in etwas*** *(Dat)****) schnüffeln*** *gespr pej*; im privaten Bereich einer Person etwas suchen, ohne dass man die Erlaubnis dazu hat ⟨in j-s Zimmer, Papieren schnüffeln⟩ || *zu* **2** **Schnüf·fler** *der*; **Schnüf·fle·rin** *die*; *-*, *-nen*

Schnul·ler *der*; *-s*, *-*; ein kleiner Gegenstand aus Gummi, den man Babys in den Mund steckt, damit sie daran saugen können und ruhig sind

◆**Schnup·fen** *der*; *-s*; *nur Sg*; eine leichte Erkrankung, bei der sich Flüssigkeit, Schleim in der Nase bildet ⟨einen leichten, starken Schnupfen haben; einen Schnupfen bekommen⟩

schnup·pe *Adj*; *nur in* ***j-d / etwas ist (j-m) schnuppe*** *gespr*; j-d / etwas interessiert j-n überhaupt nicht: *Das Ergebnis der Wahl war ihm völlig schnuppe*

schnup·pern; *schnupperte, hat geschnuppert*; ⟨ein Tier⟩ ***schnuppert (an j-m / etwas)*** ≈ ein Tier schnüffelt (1)

Schnur [ʃnuːɐ̯] *die*; *-*, *Schnü·re* **1** ein ziemlich dicker, fester Faden, mit dem man Dinge festmacht oder Pakete bindet **2** *gespr*; ein elektrisches Kabel an einem Gerät

Schnurr·bart *der*; ein kleiner Bart zwischen Nase und Mund || *hierzu* **schnurr·bär·tig** *Adj*

Schnür·sen·kel *der*; *-s*, *-*; eine Art Schnur (1), mit der man Schuhe zumacht || ↑ *Abbildung unter* ***Schuhe***

schob ↑ ***schieben***

Schock *der*; *-(e)s*, *-s* **1** ***ein Schock (für j-n)*** ein starkes negatives Gefühl, das durch ein unerwartetes und sehr unangenehmes Ereignis entsteht ⟨ein schwerer Schock; einen Schock erleiden⟩: *Die Kündigung war ein Schock für ihn* **2** der Zustand (*bes* nach einem Unfall), in dem j-d ganz anders als normal reagiert ⟨unter Schock stehen⟩ || -K: ***Nerven-***

scho·ckie·ren; *schockierte, hat schockiert*; ***j-d / etwas schockiert (j-n)*** j-d / etwas ruft plötzlich sehr unangenehme Gefühle hervor (weil die Regeln der Moral verletzt werden oder weil etwas Schlimmes passiert)

◆**Scho·ko·la·de** *die*; *-*; *nur Sg* **1** eine feste, süße, *meist* braune Substanz aus Fett, Kakao und Zucker ⟨eine Tafel, ein Riegel Schokolade⟩ || K-: ***Schokoladen-, -ei, -eis*** || -K: ***Milch-, Nuss-*** **2** ein Getränk aus heißer Milch und Pulver aus Schokolade

◆**schon**[1] *Adv* **1** verwendet, um auszudrücken, dass etwas relativ früh oder früher als erwartet geschieht: *„Achtung, er kommt!" – „Was, jetzt schon?"*; *Es ist erst 6 Uhr, und schon ist er bei der Arbeit* **2** verwendet, um auszudrücken, dass etwas bereits geschehen ist: *Als wir das Auto ansehen wollten, war es schon verkauft* **3** in dem Zeitraum von der Vergangenheit bis jetzt: *Warst du schon (einmal) in Japan?*; *Hast du schon gehört, dass Peter*

S

krank ist? **4** ***schon*** + *Zeitangabe* verwendet, um auszudrücken, dass etwas früher als erwartet geschieht: *Letztes Jahr schneite es schon im Oktober* **5** verwendet, um auszudrücken, dass etwas mehr als normal oder als erwartet ist: *„Wo bleibst du denn? Ich warte schon seit zwei Stunden auf dich!"*

◆**schon**[2] *Partikel* **1** *unbetont*; verwendet, um eine Aussage zu verstärken ≈ wirklich: *Er hat schon Glück gehabt, dass er nicht verletzt wurde*; *Du brauchst nicht nachzurechnen, das stimmt schon* **2** (auch allein stehend) verwendet, um Zustimmung auszudrücken und diese Zustimmung gleichzeitig einzuschränken oder zu relativieren ≈ zwar: *Ich würde das Buch schon gern lesen, aber ich habe keine Zeit*; *„Gefällt es dir hier nicht?" - „Schon* (, *aber nicht so sehr*)" **3** *betont*; verwendet um bei negativen Fragen einen Widerspruch auszudrücken: *„Weiß niemand die Antwort?" - „Doch, ich schon!"* **4** *unbetont*; verwendet, um j-m Mut und Vertrauen zu geben: *Keine Angst, das schaffst du schon!* **5** *unbetont*; verwendet, um j-n aufzufordern, sich zu beeilen: *Los, komm schon, in zehn Minuten geht unser Zug* **6** *unbetont*; verwendet, um einen dringenden Wunsch auszudrücken: *Wenn (es) nur schon morgen wäre!* || Hinweis: Das Verb steht immer im Konjunktiv II **7** *unbetont*; verwendet, um auszudrücken, dass etwas ein ausreichender Grund ist: *Schon der Gedanke daran ärgert mich*; *Schon ein kurzer Brief von ihr hätte ihn sehr gefreut* **8** *unbetont*; verwendet in rhetorischen Fragen, die eine negative Antwort erwarten: *Was weißt du schon von Elektrotechnik?*

◆**schön** *Adj* **1** so, dass es einem sehr gefällt, wenn man es sieht, hört oder erlebt: *Hattet ihr schönes Wetter im Urlaub?*; *Sie hat ein schönes Gesicht*; *Das Ballett fand ich ausgesprochen schön*; *Er hat eine schöne Stimme* **2** ***schön*** (***von j-m***) ≈ nett, anständig: *Es ist schön von ihm, dass er seiner Frau oft Blumen bringt* **3** *gespr*; ziemlich groß, weit, hoch, schwer *usw*: *ein schönes Stück Arbeit*; *ein schönes Alter haben*; *eine schöne Strecke laufen müssen* **4** *gespr iron*; ärgerlich oder unangenehm ⟨Aussichten⟩: *Eine Woche ohne Fernseher - das sind ja schöne Aussichten!* **5** *nur adv*; *gespr*; verwendet, um ein Verb oder Adjektiv zu verstärken: *Der Junge ist ganz schön clever* (= sehr schlau) **6** (***na***) ***schön!*** verwendet, um Zustimmung (*meist* gegen den eigenen Willen) auszudrücken: *Schön, dann treffen wir uns um halb acht vor dem Café*; *Na schön, wenn es sein muss* **7** verwendet in Wendungen, die einen Dank oder eine Bitte ausdrücken ⟨danke schön; bitte schön; schönen Dank⟩ || ID *meist* ***Zu schön, um wahr zu sein*** *gespr*; ich kann kaum glauben, dass das wahr ist (weil es nur Vorteile hat)

scho·nen; *schonte, hat geschont* **1** ***etwas schonen*** etwas so behandeln, dass es möglichst lange in einem guten Zustand bleibt ⟨das Auto, die Kleider schonen⟩ **2** ***j-n / sich schonen*** von j-m / sich keine Anstrengungen verlangen, j-n rücksichtsvoll behandeln: *sich nach einer schweren Operation schonen* || *hierzu* **Scho·nung** *die*

schön·ma·chen, sich; *machte sich schön, hat sich schöngemacht*; ***sich schönmachen*** *gespr*; hübsche Kleider anziehen, sich schön frisieren, um gut auszusehen

Schöp·fer *der*; *-s*, -; **1** ***der Schöpfer*** (+ *Gen*) j-d, der ein sehr wichtiges Werk gemacht oder etwas Neues erfunden hat ⟨der Schöpfer eines Kunstwerks⟩ **2** *nur Sg*; *Rel*; ***der Schöpfer*** ≈ Gott || *zu* **1** **Schö·pfe·rin** *die*; *-, -nen*

Schorn·stein *der*; der Teil am Dach eines Hauses, aus dem der Rauch der Heizung kommt ≈ Kamin ⟨den Schornstein fegen⟩ || ID ***etwas in den Schornstein schreiben*** *gespr*; etwas als endgültig verloren betrachten

schoss ↑ ***schießen***

Schoß *der*; *-es, Schö·ße* **1** die Flächen, die die Oberschenkel und der Unterleib bilden, wenn man auf einem Stuhl sitzt, und auf die sich *z.B.* ein Kind setzen kann: *Komm, setz dich auf meinen Schoß!* **2** *nur Sg*; *geschr*; der Bauch einer Frau ⟨ein Kind im Schoß tragen⟩ || ID ***etwas fällt j-m in den Schoß*** j-d bekommt etwas ohne Mühe und Anstrengung

schräg *Adj* **1** weder senkrecht noch parallel zu einer (gedachten) Linie oder Fläche: *Die meisten Häuser haben schräge Dächer*; *Sie wohnt im Haus schräg gegenüber*; *Er lief schräg über die Wiese* || K-: ***Schräg-, -lage, -strich*** **2** *gespr*; seltsam ⟨Musik; schräg ausschauen⟩

Schrä·ge *die*; *-*; *nur Sg*; die Eigenschaft, schräg (1) zu sein: *Die Wand hat eine leichte Schräge*

◆**Schrank** *der*; *-(e)s, Schrän·ke*; ein großes Möbelstück mit Türen, in dem man Dinge aufbewahrt || -K: ***Bücher-, Geschirr-, Kleider-***; ***Küchen-*** || ID ***ein Schrank*** (***von einem Mann***) *gespr*; ein sehr kräftiger, großer Mann

S

Schran·ke *die*; -, -*n* **1** eine (waagrechte) Stange, mit der man eine Straße *o.Ä.* sperrt ⟨die Schranke schließen, öffnen⟩ || -K: ***Bahn-, Zoll-*** **2** *meist Pl*; eine gesellschaftliche oder moralische Grenze, die j-n daran hindert, etwas zu tun ⟨eine moralische Schranke⟩ || ID ***j-n in die / seine Schranken weisen*** j-m deutlich zeigen, dass er nicht so wichtig oder gut ist, wie er meint; ***etwas in Schranken halten*** verhindern, dass etwas zu wichtig, zu groß oder zu stark wird

Schrau·be *die*; -, -*n* **1** ein kleiner Stift aus Metall mit kleinen Rillen, den man (mit einem Schraubenzieher) in etwas dreht, um etwas zu befestigen ⟨eine Schraube eindrehen, anziehen, herausdrehen⟩: *ein Regal mit Schrauben an der Wand befestigen* || ↑ *Abbildung unter* **Werkzeug** **2** eine Art Propeller, der ein Schiff antreibt || -K: ***Schiffs-*** || ID *meist* ***Bei ihm / ihr ist eine Schraube locker*** *gespr*; er / sie benimmt sich nicht normal || *zu* **1 schrau·ben** (*hat*)

Schreck *der*; -(*e*)*s*; *nur Sg*; ein kurzes, plötzliches starkes Gefühl der Angst (*bes* bei Gefahr) ⟨j-m einen Schreck einjagen⟩: *Er war vor Schreck wie gelähmt, als das Auto auf ihn zuraste*

schre·cken[1]; *schreckte, hat geschreckt*; ***j-n schrecken*** *geschr*; j-m Angst machen

schre·cken[2]; *schrickt, schreckte / schrak, ist geschreckt*; ***aus dem Schlaf schrecken*** sehr plötzlich aufwachen (*bes* nach einem schlechten Traum)

Schre·cken *der*; -*s*, -; **1** *nur Sg*; ein starkes Gefühl der Angst, das relativ lang dauern kann ⟨einen Schrecken bekommen; (Angst und) Schrecken verbreiten⟩ **2** *meist* ***die Schrecken*** + *Gen* die sehr negativen Auswirkungen von etwas ⟨die Schrecken des Krieges⟩ || K-: ***Schreckens-, -herrschaft***

◆ **schreck·lich** *Adj* **1** ⟨eine Katastrophe, ein Traum, ein Unfall, ein Verbrechen, ein Verdacht⟩ so, dass sie Angst oder Entsetzen verursachen ≈ furchtbar: *Es ist etwas Schreckliches passiert* **2** *gespr*; sehr unangenehm: *Die Hitze heute ist schrecklich*; *ein schrecklicher Lärm* **3** *nur adv*; *gespr*; verwendet, um Adjektive und Verben zu verstärken ≈ fürchterlich: *Er war schrecklich müde*; *Das tut schrecklich weh*

Schrei *der*; -(*e*)*s*, -*e* **1** ein lautes Geräusch, das ein Mensch oder ein Tier mit der Stimme macht (*oft* aus Angst oder wegen Schmerzen) ⟨einen Schrei ausstoßen⟩: *Mit einem Schrei des Entsetzens ergriff er die Flucht* || -K: ***Vogel-***; ***Freuden-, Hilfe-*** **2** ***der letzte Schrei*** *gespr*; etwas, das sehr modern ist

◆ **Schrei·ben** *das*; -*s*, -; *Admin geschr*; eine schriftliche Mitteilung, ein Brief ⟨ein amtliches Schreiben⟩

◆ **schrei·ben**; *schrieb, hat geschrieben* **1** (***etwas***) ***schreiben*** mit einem Stift oder einer Maschine Wörter, Zahlen auf Papier bringen: *ein Wort an die Tafel schreiben*; *„Rhythmus" schreibt man mit zwei „h"* || K-: ***Schreib-, -papier, -stift***; ***-fehler*** **2** (***etwas***) ***schreiben*** einen schriftlichen Text verfassen ⟨einen Aufsatz, einen Brief schreiben⟩: *Er schreibt regelmäßig* (*Kommentare*) *für eine Zeitung*; *Der Krimi ist wirklich spannend geschrieben* **3** (***j-m***) (***etwas***) ***schreiben*** j-m etwas in einem Brief, einer Karte mitteilen: *j-m eine Karte zum Geburtstag schreiben* **4** ***etwas schreiben*** Texte in einem bestimmten Stil verfassen ⟨einen guten Stil schreiben⟩ **5** ***etwas*** (***über etwas*** (*Akk*)) ***schreiben*** in einem schriftlichen Text etwas zu einem bestimmten Thema sagen: *Hat er in dem Artikel auch etwas über die Wahlen geschrieben?* **6** ***etwas schreiben*** ≈ komponieren ⟨ein Musical, eine Oper schreiben⟩ **7** ***auf*** + *Sprache* ***schreiben*** Texte in der genannten Sprache verfassen ⟨auf Deutsch schreiben⟩ **8** ***an etwas*** (*Dat*) ***schreiben*** dabei sein, einen relativ langen Text zu produzieren: *Er schreibt an seiner Doktorarbeit* **9** ***etwas schreibt gut / schlecht*** ein Stift funktioniert gut / schlecht **10** ***etwas schreibt sich irgendwie*** ein bestimmtes Wort wird mit bestimmten Buchstaben richtig geschrieben: *„Schreibt sich ‚Foto' mit ‚f' oder mit ‚ph'?"* || *zu* **2-5 Schrei·ber** *der*; **Schrei·be·rin** *die*; -, -*nen* || ▸ ***Schrift, schriftlich***

Schreib·ma·schi·ne *die*; eine Maschine, mit der man Buchstaben und andere Zeichen auf Papier bringt, indem man auf Tasten drückt ⟨Schreibmaschine schreiben⟩

◆ **Schreib·tisch** *der*; eine Art Tisch (*oft* mit Schubladen), an dem man sitzt, wenn man schreibt, rechnet *usw* || ↑ *Illustration* ***Am Schreibtisch***

◆ **schrei·en**; *schrie, hat geschrien* **1** (***etwas***) ***schreien*** etwas mit sehr lauter Stimme rufen oder sagen ⟨um Hilfe schreien; vor Schmerzen, Wut schreien⟩: *lautes Schreien hören* **2** ***nach j-m / etwas schreien*** schreiend fordern, dass j-d zu einem kommt oder dass man etwas bekommt: *Die jungen Vögel schreien nach Futter* || ID ***j-d / etwas ist zum Schreien*** *gespr*; j-d / etwas ist sehr lustig

Schrei·ner *der*; *-s*, *-*; j-d, der beruflich größere Gegenstände (*z.B.* Fenster, Möbel) aus Holz herstellt || K-: ***Schreiner-, -handwerk*** || -K: ***Möbel-***

schrie ↑ ***schreien***

schrieb ↑ ***schreiben***

◆**Schrift** *die*; *-*, *-en* **1** das System der Zeichen, mit denen man die Laute und Wörter einer Sprache schreibt ⟨die griechische, lateinische Schrift⟩ || K-: ***Schrift-, -zeichen*** || -K: ***Blinden-, Geheim-*** **2** ein Wort oder mehrere Wörter, die irgendwo geschrieben stehen: *Die Schrift auf dem Schild* **3** die Art, wie j-d schreibt ⟨eine unleserliche Schrift⟩: *Ich kann ihre Schrift nicht lesen* || K-: ***Schrift-, -bild*** || -K: ***Hand-, Schön-*** **4** eine von vielen möglichen Formen, in denen eine Schrift (1) gedruckt werden kann || K-: ***Schrift-, -art, -type*** || -K: ***Block-, Kursiv-*** **5** ein geschriebener, *meist* gedruckter Text *bes* mit wissenschaftlichem, religiösem oder politischem Inhalt ⟨eine Schrift verfassen; die Schriften eines Autors⟩ || K-: ***Schriften-, -reihe*** || -K: ***Anklage-, Bitt-, Kampf-*** **6** ***die*** (***Heilige***) ***Schrift*** ≈ die Bibel

◆**schrift·lich** *Adj*; in geschriebener Form ↔ mündlich ⟨ein Antrag, eine Prüfung⟩ || ID *meist* ***Das kannst du schriftlich haben!*** das kannst du mir glauben! || *hierzu* **Schrift·lich·keit** *die*

Schrift·stel·ler *der*; *-s*, *-*; j-d, der beruflich längere Texte (*bes* Romane) schreibt || -K: ***Roman-*** || *hierzu* **Schrift·stel·le·rin** *die*; *-*, *-nen*

◆**Schritt** *der*; *-(e)s*, *-e* **1** die Bewegung, mit der man beim Gehen oder Laufen einen Fuß hebt und vor den anderen setzt ⟨ein kleiner, schneller Schritt; einen Schritt nach vorn machen⟩ || K-: ***Schritt-, -länge*** **2** *nur Sg*; die Art, wie j-d geht || -K: ***Lauf-*** **3** eine Entfernung, die der Länge eines normalen Schrittes (1) entspricht **4** eine von mehreren Handlungen, die zu etwas nötig sind: *Unser nächster Schritt muss gut überlegt werden* **5** ***der erste Schritt*** ≈ der Anfang: *bei einer Versöhnung den ersten Schritt tun* **6** ***im Schritt*** so schnell, wie ein Mensch geht ⟨(im) Schritt fahren⟩ || K-: ***Schritt-, -geschwindigkeit*** **7** ***Schritt für Schritt*** ≈ allmählich **8** ***Schritt um / für Schritt*** langsam und vorsichtig || ID ***mit j-m / etwas Schritt halten*** genauso viel leisten wie ein anderer; ***einen Schritt zu weit gehen*** etwas tun, das nicht der Norm entspricht

schroff, *schroffer, schroffst-*; *Adj* **1** sehr unfreundlich ⟨eine Antwort⟩ **2** sehr plötzlich und ohne Vorwarnung ⟨ein Ende⟩ **3** sehr steil ⟨ein Abhang⟩ || *hierzu* **Schroff·heit** *die*

Schrott *der*; *-(e)s*; *nur Sg* **1** alte Dinge aus Metall, die man nicht mehr gebrauchen kann || K-: ***Schrott-, -platz*** **2** *gespr pej*; etwas, das schlecht oder nutzlos ist

schrump·fen; *schrumpfte, ist geschrumpft* **1** ***etwas schrumpft*** etwas verliert Feuchtigkeit und wird dadurch kleiner ⟨ein Apfel, Leder⟩ **2** ***etwas schrumpft*** etwas wird kleiner, weniger ⟨Einkünfte, das Kapital, Vorräte⟩ || *hierzu* **Schrump·fung** *die*

Schub·la·de *die*; *-*, *-n*; ein Kasten, der oben offen ist und den man aus einem Schrank, einer Kommode herausziehen kann || -K: ***Schreibtisch-***

schüch·tern *Adj*; mit wenig Vertrauen in sich selbst und daher so, dass man vor Kontakt mit anderen Menschen etwas Angst hat ⟨ein Mensch, ein Blick⟩: *j-n schüchtern anlächeln* || *hierzu* **Schüch·tern·heit** *die*

schuf ↑ ***schaffen***[2]

◆**Schuh** *der*; *-(e)s*, *-e*; das Kleidungsstück für den Fuß, das *oft* aus Leder ist ⟨bequeme Schuhe; ein Schuh mit hohem Absatz⟩ || K-: ***Schuh-, -geschäft; -größe, -nummer*** || -K: ***Damen-, Leder-; Sport-*** || ID ***j-m etwas in die Schuhe schieben*** *gespr*; einer Person die Schuld für etwas geben, das sie nicht getan hat; ***wissen, wo j-n der Schuh drückt*** *gespr*; wissen, welche Probleme es gibt

Schul·ar·beit *die* **1** eine Aufgabe, die man zu Hause für die Schule macht **2** eine schriftliche Prüfung in der Schule

schuld *Adj*; *nur in* ***j-d / etwas ist*** (***an etwas*** (*Dat*)) ***schuld*** j-d / etwas ist verantwortlich für etwas mit negativen Folgen: *Du bist schuld* daran, dass *wir den Zug verpasst haben*

◆**Schuld** *die*; *-*; *nur Sg* **1** ***die Schuld*** (***an etwas*** (*Dat*) / ***für etwas***) die Verantwortung für etwas Unmoralisches, Verbotenes oder einen Fehler ⟨die Schuld haben, bekennen, von sich weisen⟩: *die Schuld des Angeklagten beweisen*; *Er nahm die Schuld für den Unfall auf sich* || K-: ***Schuld-, -geständnis*** **2** ***j-m / etwas*** (***an etwas*** (*Dat*)) ***Schuld geben*** j-n / etwas als Ursache für etwas Negatives ansehen **3** das Bewusstsein, dass man für etwas Böses verantwortlich ist || K-: ***Schuld-, -bewusstsein, -gefühl, -komplex*** || ID (***tief***) ***in j-s Schuld sein / stehen*** *geschr*; j-m für etwas (sehr) dankbar sein

schụl·den; *schuldete, hat geschuldet*; **(*j-m*) *etwas schulden*** j-m noch Geld (zurück)zahlen müssen: *Du schuldest mir noch hundert Euro*

◆ **Schụl·den** *die*; *Pl*; das Geld, das man j-m noch zahlen muss ⟨Schulden (bei j-m, bei der Bank) haben, machen; Schulden erlassen; die Schulden zurückzahlen⟩ || K-: ***Schulden-, -last***; ***Schuld-, -zins*** || -K: ***Bank-, Spiel-, Steuer-***

◆ **schụl·dig** *Adj* **1** (***etwas*** (*Gen*)) ***schuldig*** für etwas Böses, Unmoralisches verantwortlich ⟨sich (eines Verbrechens) schuldig machen; sich schuldig bekennen⟩: *Wir befinden den Angeklagten des Mordes schuldig* **2** (***j-m***) ***etwas schuldig sein* / *bleiben*** j-m etwas schulden (1,2): *Ich bin ihm noch zwanzig Euro schuldig* **3** *meist* ⟨der Richter⟩ ***spricht j-n schuldig*** der Richter erklärt im Urteil, dass j-d schuldig (1) ist || ID ***j-m nichts schuldig bleiben*** j-n genauso hart kritisieren, wie dieser einen selbst kritisiert hat || *zu* **1 Schụl·di·ge** *der / die*

◆ **Schu̲·le** *die*; -, *-n* **1** eine Institution, die dazu dient, *bes* Kindern Wissen zu geben und sie zu erziehen ⟨in die Schule kommen; in die / zur Schule gehen; die Schule besuchen, verlassen⟩ || K-: ***Schul-, -abschluss, -klasse, -note, -reform*** || -K: ***Privat-, Staats-*** || Hinweis: ↑ ***Grundschule, Hauptschule, Hochschule, Realschule, Volksschule***; ***Gymnasium*** **2** das Gebäude, in dem eine Schule (1) ist || K-: ***Schul-, -gebäude, -hof*** **3** der Unterricht an einer Schule (1): *Die Schule fängt um acht Uhr an* || K-: ***Schul-, -angst, -ferien, -stunde, -tag*** **4** die Lehrer und Schüler einer Schule **5** eine bestimmte Richtung in der Wissenschaft oder Kunst, die *bes* von einer Persönlichkeit bestimmt wird: *die Rembrandt-Schule* || ID *meist* ***Sein* / *Ihr Beispiel macht Schule*** sein / ihr Verhalten wird von vielen nachgeahmt; ***aus der Schule plaudern*** von der eigenen Arbeit Dinge berichten, die interessant und wenig bekannt sind

◆ **Schü̲·ler** *der*; *-s*, -; ein Kind oder ein Jugendlicher, die zur Schule gehen ⟨ein guter, schlechter Schüler⟩ || -K: ***Grund-, Haupt-, Real-*** || *hierzu* **Schü̲·le·rin** *die*; -, *-nen*

Schụl·ter *die*; -, *-n* **1** jeder der beiden Teile des Körpers neben dem Hals, mit denen die Arme verbunden sind ⟨breite, schmale Schultern⟩ || K-: ***Schulter-, -gelenk***; ***schulter-, -hoch*** **2** der Teil eines Kleidungsstückes, der die Schulter (1) bedeckt **3** ***mit den Schultern zucken*** die

Schuhe

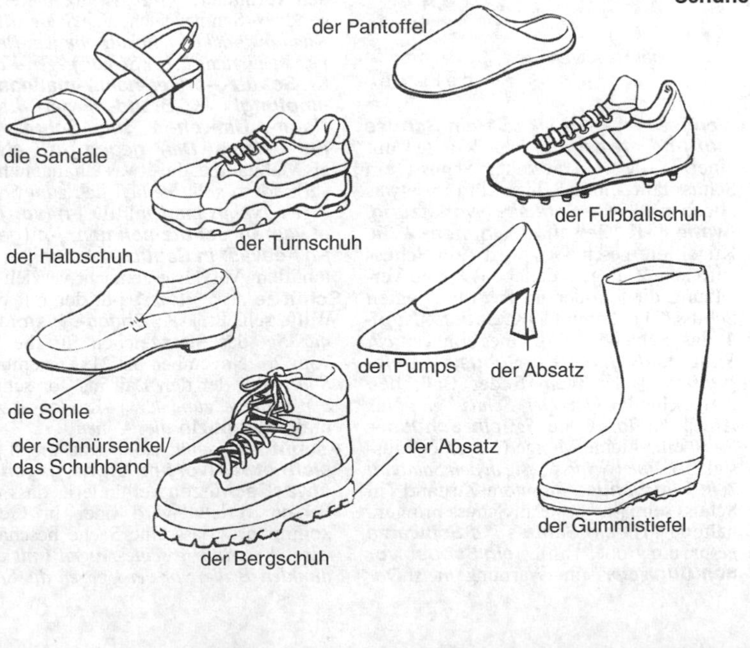

Schultern kurz hochziehen, um auszudrücken, dass man etwas nicht weiß oder dass einem etwas egal ist || ID ***etwas auf die leichte Schulter nehmen*** *gespr*; etwas nicht ernst genug nehmen

Schụp·pe *die*; -, *-n* **1** *meist Pl*; eine der vielen kleinen flachen Platten, die den Körper von Fischen, Reptilien bedecken: *ein Fisch mit bunten Schuppen* || ↑ *Abbildung unter* **Hecht** || K-: ***Schuppen-, -panzer*** || -K: ***Fisch-*** **2** *nur Pl*; kleine Stücke der Haut, die sich von der Kopfhaut lösen ⟨Schuppen haben⟩: *ein Shampoo gegen Schuppen* || ID ***j-m fällt es wie Schuppen von den Augen*** j-d erkennt plötzlich, wie j-d / etwas wirklich ist

Schụp·pen *der*; *-s*, -; eine Art kleines Haus *meist* aus Holz, in das man Geräte oder Fahrzeuge stellt || -K: ***Boots-, Geräte-***

Schụ̈r·ze *die*; -, *-n*; ein Kleidungsstück, das man sich vor (die Brust und) den Bauch bindet, um nicht schmutzig zu werden || -K: ***Küchen-***; ***Leder-***

Schusswaffen

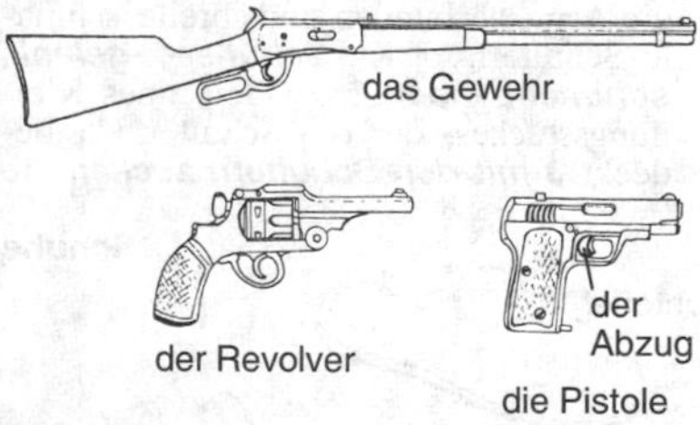

◆ **Schụss** *der*; *-es*, *Schüs·se* **1** ***ein Schuss*** (***auf j-n / etwas***) das Schießen[1] (1) mit einer Waffe ⟨ein gezielter Schuss; ein Schuss fällt; einen Schuss auf j-n / etwas abgeben⟩ || K-: ***Schuss-, -verletzung, -waffe*** || -K: ***Gewehr-, Kanonen-*** **2** die Kugel, die geschossen wird ⟨ein Schuss trifft sein Ziel, geht daneben⟩ **3** eine Verletzung, die j-d oder ein Tier durch einen Schuss (2) bekommt || -K: ***Bauch-, Kopf-*** **4** das Schießen[1] (3) eines Balles: *ein Schuss aufs Tor* || K-: ***Schuss-, -gelegenheit*** || -K: ***Weit-*** **5** der Ball, den man schießt[1] (3): *Der Schuss ging ins Aus* || -K: ***Tor-*** **6** *nur Sg*; ***ein Schuss*** + *Subst* eine kleine Menge (*bes* einer Flüssigkeit): *einen Schuss Essig in den Salat tun* **7** ***in / im Schuss*** in gutem Zustand ⟨in Schuss sein; j-n / etwas in Schuss bringen, halten⟩ || ID ***ein Schuss ins Schwarze*** *gespr*; ein großer Erfolg; ***ein Schuss vor den Bug*** *gespr*; eine Warnung; *meist* ***Der Schuss ging nach hinten los*** *gespr*; eine Maßnahme hatte negative Folgen für denjenigen, der sie veranlasst hat

Schüs·sel *die*; -, *-n*; ein *meist* tiefes, rundes Gefäß, das oben offen ist und in dem man *bes* Speisen auf den Tisch stellt || -K: ***Salat-, Suppen-***

Schu̲s·ter *der*; *-s*, -; j-d, der beruflich Schuhe macht und repariert || K-: ***Schuster-, -handwerk*** || ID ***Schuster, bleib bei deinem Leisten!*** tu nur das, was du kannst und gelernt hast!

schụ̈t·teln; *schüttelte, hat geschüttelt* **1** ***j-n / etwas schütteln*** eine Person oder Sache kräftig und schnell hin und her bewegen, sodass sie schwankt oder zittert: *eine Flasche vor dem Öffnen schütteln*; *Er schüttelte den Baum, um die Äpfel zu ernten* **2** ***den Kopf schütteln*** den Kopf schnell hin und her bewegen, *bes* um „nein“ oder um Verwunderung auszudrücken

schụ̈t·ten; *schüttete, hat geschüttet*; ***etwas irgendwohin schütten*** etwas aus einem Gefäß entfernen (und irgendwohin tun), indem man das Gefäß neigt oder (heftig) bewegt: *Kohlen in den Ofen schütten*; *einen Eimer Wasser in / auf ein Feuer schütten*; *Zucker in eine Schüssel schütten*

◆ **Schụtz** *der*; *-es*; *nur Sg* **1** ***ein Schutz*** (***gegen j-n / etwas***; ***vor j-m / etwas***) Dinge oder Handlungen, die Gefahr oder Schaden verhindern ⟨j-m Schutz bieten; irgendwo Schutz suchen⟩: *Seine dünne Kleidung bot kaum Schutz vor dem Regen*; *Fett ist ein natürlicher Schutz gegen Kälte* || K-: ***Schutz-, -brille, -helm, -maßnahme***; ***-impfung*** || -K: ***Brand-, Frost-, Lärm-***; ***Natur-, Umwelt-*** **2** ***zum Schutz*** (***vor j-m / etwas*** (*Dat*); ***gegen j-n / etwas***) als Maßnahme, die etwas Unangenehmes verhindern soll: *Sie ließ sich zum Schutz gegen Typhus impfen* || ID ***j-n*** (***vor j-m / etwas***) ***in Schutz nehmen***; ***j-n*** (***gegen j-n / etwas***) ***in Schutz nehmen*** j-m helfen, dem Vorwürfe gemacht werden

Schüt·ze *der*; *-n*, *-n* **1** j-d, der mit einer Waffe schießt || -K: ***Bogen-, Pistolen-*** **2** *nur Sg*; das Sternzeichen für die Zeit vom 23. November bis 21. Dezember **3** *Sport*; j-d, der den Ball ins Tor schießt: *der Schütze zum 4:3* || -K: ***Tor-*** || *zu* **1** und **3 Schụ̈t·zin** *die*; -, *-nen*

◆ **schụ̈t·zen**; *schützte, hat geschützt* **1** ***j-n / sich / etwas*** (***vor j-m / etwas***; ***gegen j-n / etwas***) ***schützen*** verhindern, dass eine Person verletzt wird oder in Gefahr kommt *bzw* dass eine Sache beschädigt wird: *Er schützte seine Augen* (*mit einer dunklen Brille*) *vor der / gegen die Sonne*

2 ***etwas schützen*** durch Gesetze bestimmen, dass etwas nicht zerstört werden darf ⟨eine Landschaft schützen⟩

◆**schwạch**, *schwächer, schwächst-*; *Adj* **1** mit wenig körperlicher Kraft: *Ich bin zu schwach, um diese schweren Kisten zu tragen* **2** nicht fähig, viel zu leisten oder große Belastungen zu ertragen ⟨das Herz, die Nerven; ein Motor⟩: *Sie hat sehr schwache Nerven und regt sich immer auf* || -K: ***konditions-, nerven-*** **3** von schlechter Qualität ≈ schlecht ⟨eine Leistung, eine Arbeit⟩ **4** ⟨Kaffee, Tee⟩ nicht sehr intensiv im Geschmack **5** ⟨Lauge, Säure⟩ mit nur geringer Konzentration **6** nur in geringem Maß vorhanden ⟨Beifall, Hoffnung⟩ **7** *meist adv*; in geringer Zahl ⟨schwach besucht, bevölkert⟩ **8** *Ling*; (*von Verben*) dadurch gekennzeichnet, dass die Formen des Präteritums und des Partizips Perfekt mit dem Konsonanten *t* gebildet werden, wie *z.B. glaubte - geglaubt* **9** *Ling*; (*von männlichen Substantiven*) dadurch gekennzeichnet, dass sie außer im Nominativ Singular immer auf *-(e)n* enden, wie *z.B. Patient* **10** *Ling*; (*von Adjektiven*) dadurch gekennzeichnet, dass sie nach dem bestimmten Artikel im Dativ und Genitiv Singular und im Plural immer auf *-en* enden, wie *z.B. schön*

Schwạch·sinn *der*; *nur Sg* **1** *gespr pej* ≈ Blödsinn, Unsinn **2** *Med*; ein starker Mangel an Intelligenz ≈ Debilität || *hierzu* **schwạch·sin·nig** *Adj*

Schwa̲·ger *der*; *-s, - / Schwä·ger*; der Ehemann der Schwester oder der Bruder des Ehepartners

Schwä̲·ge·rin *die*; *-, -nen*; die Ehefrau des Bruders oder die Schwester des Ehepartners

Schwạl·be *die*; *-, -n*; ein Vogel mit schwarzen und weißen Federn, der sehr schnell fliegen kann und der schmale, spitze Flügel und einen Schwanz mit zwei Spitzen hat || ID ***Eine Schwalbe macht noch keinen Sommer*** ein gutes Anzeichen führt nicht unbedingt zu einem guten Ergebnis

schwạmm ↑ ***schwimmen***

Schwạmm *der*; *-(e)s, Schwäm·me*; ein Gegenstand aus einem weichen Material, mit dem man Wasser aufsaugen und etwas sauber machen kann: *sich mit einem Schwamm waschen* || -K: ***Bade-*** || ID ***Schwamm drüber!*** *gespr*; wir wollen nicht mehr über diese unangenehme Sache sprechen!

Schwạm·merl *der*; *-s, -(n)*; Ⓐ ≈ Pilz (1)

Schwa̲n *der*; *-(e)s, Schwä·ne*; ein großer weißer Vogel mit einem langen Hals, der auf Seen und Flüssen lebt || ID ***Du / Mein lieber Schwan!*** *gespr*; verwendet, um Erstaunen auszudrücken

◆**schwan·ger** [ˈʃvaŋɐ] *Adj*; ⟨eine Frau⟩ mit einem noch nicht geborenen Kind im Bauch: *Sie ist im fünften Monat schwanger*

schwạn·ken; *schwankte, hat / ist geschwankt* **1** ***etwas schwankt*** (*hat*) etwas bewegt sich auf der Stelle *meist* langsam hin und her oder auf und ab: *ein schwankendes Schiff*; *Die Bäume schwankten im Wind* **2** ***j-d / etwas schwankt irgendwohin*** (*ist*) j-d / etwas bewegt sich langsam und schwankt (1) dabei: *Der Betrunkene schwankte ins Haus* **3** ***etwas schwankt (zwischen etwas*** (*Dat*) ***und etwas*** (*Dat*)) (*hat*) etwas ändert sich immer wieder in der Qualität oder Quantität ⟨der Druck, die Preise, die Temperatur⟩: *Der Dollarkurs schwankt in der letzten Zeit stark* **4** (***zwischen etwas*** (*Dat*) ***und etwas*** (*Dat*)) ***schwanken*** (*hat*) sich nicht zwischen zwei Möglichkeiten entscheiden können: *Bei diesem Problem geriet er ins Schwanken*

Schwạnz *der*; *-es, Schwän·ze* **1** der lange schmale (bewegliche) Teil am Ende des Rückens eines Tieres: *Als der Hund mich sah, wedelte er mit dem Schwanz* || -K: ***Herings-, Kuh-*** **2** *gespr*; etwas, das so aussieht wie ein Schwanz (1) ⟨der Schwanz eines Papierdrachens, eines Kometen⟩ **3** *nur Sg*; ***ein Schwanz von etwas*** (*Pl*); *gespr*; eine Reihe von (*meist* negativen) Dingen der gleichen Art ⟨ein Schwanz von Problemen⟩

schwạ̈n·zen; *schwänzte, hat geschwänzt*; (***etwas***) ***schwänzen*** *gespr*; *bes* nicht zur Schule gehen, weil man keine Lust hat ⟨die Schule schwänzen⟩

Schwạrm[1] *der*; *-(e)s, Schwär·me* **1** ***ein Schwarm*** + *Subst* / ***von*** ⟨Tieren, Insekten⟩ eine große Zahl von Fischen, Vögeln oder Insekten, die zusammenleben || -K: ***Bienen-, Fisch-, Mücken-, Vogel-*** **2** ***ein Schwarm*** + *Subst* / ***von*** ⟨Menschen⟩ *hum*; viele Menschen: *Schwärme von Touristen*

Schwạrm[2] *der*; *-(e)s, Schwär·me*; j-d, den *bes* Jugendliche sehr gut, schön oder interessant finden: *Der Popstar war der Schwarm aller jungen Mädchen*

schwä̲r·men[1]; *schwärmte, hat / ist geschwärmt* **1** ⟨Insekten, Vögel, Fische⟩ ***schwärmen irgendwo*** (*haben*) / ***irgendwohin*** (*sind*) viele Insekten, Vögel, Fische sind irgendwo oder bewegen sich irgendwohin **2** ⟨Menschen⟩ ***schwärmen irgendwohin*** (*sind*) viele Menschen gehen zu einem Ort hin

schwär·men[2]; *schwärmte, hat geschwärmt* **1** ***für j-n / etwas schwärmen*** j-n sehr attraktiv, etwas sehr gut finden: *Sie schwärmt für ihren Lehrer* **2** (***von j-m / etwas***) ***schwärmen*** begeistert über j-n / etwas sprechen: *Er schwärmt von Irland*

schwarz, *schwärzer, schwärzest-*; *Adj* **1** von der Farbe der Nacht, wenn es überhaupt kein Licht gibt: *schwarze Haare*; *sich aus Trauer schwarz kleiden* || ↑ *Illustration* ***Farben*** **2** von sehr dunkler Farbe ⟨Augen, eine Nacht, Pfeffer, Wolken⟩ || K-: ***schwarz-, -braun*** || -K: ***nacht-*** **3** *nicht adv*; mit der dunklen Haut der Völker in vielen Teilen Afrikas ⟨die Hautfarbe⟩

Schwarz·ar·beit *die*; *nur Sg*; (illegale) Arbeit, für die keine Steuern bezahlt werden || *hierzu* **Schwarz·ar·bei·ter** *der*

Schwar·ze *der / die*; *-n, -n* **1** ein Mensch mit schwarzer (3) Hautfarbe **2** *gespr*; j-d mit sehr konservativen politischen Ideen

schwarz·fah·ren; *fuhr schwarz, ist schwarzgefahren*; mit Bus oder Bahn ohne Fahrkarte fahren || *hierzu* **Schwarz·fah·rer** *der*; **Schwarz·fah·re·rin** *die*; *-, -nen*

schwat·zen; *schwatzte, hat geschwatzt* **1** (***etwas***) ***schwatzen*** *pej*; Dinge sagen, die wenig Sinn haben ⟨dummes Zeug schwatzen⟩ **2** (***mit j-m***) ***schwatzen*** freundlich über unwichtige Themen reden ≈ plaudern || *zu* **1** **Schwät·zer** *der*; **Schwät·ze·rin** *die*; *-, -nen*

schwät·zen; *schwätzte, hat geschwätzt*; *bes südd* Ⓐ ≈ schwatzen

schwe·ben; *schwebte, hat / ist geschwebt* **1** ***etwas schwebt*** (***irgendwo***) (*hat / ist*) etwas steht oder bewegt sich ruhig in der Luft oder im Wasser: *Eine Wolke schwebte am Himmel* **2** ***etwas schwebt irgendwohin*** (*ist*) etwas bewegt sich langsam durch die Luft ⟨ein Ballon, eine Feder⟩ **3** ***in Lebensgefahr schweben*** (*hat / ist*) sehr krank oder stark verletzt sein

Schwe·fel *der*; *-s*; *nur Sg*; ein chemisches Element, das gelb ist und unangenehm riecht, wenn man es verbrennt; *Chem* S || K-: ***Schwefel-, -quelle***; ***schwefel-, -gelb***

♦**schwei·gen**; *schwieg, hat geschwiegen* **1** kein Wort sagen ⟨betroffen, ratlos schweigen; schweigend zuhören⟩ **2** (***über etwas*** (*Akk*)) ***schweigen***; (***zu etwas***) ***schweigen*** zu einem bestimmten Thema nichts sagen, ein Geheimnis nicht verraten ⟨zu einer Anschuldigung schweigen⟩: *Ich habe lange über den Vorfall geschwiegen, aber jetzt will ich die Wahrheit sagen* **3** ***etwas schweigt*** *geschr*; etwas macht keine Geräusche mehr ⟨die Gewehre; die Musik⟩

Schwein *das*; *-(e)s, -e* **1** ein Tier mit kurzen Beinen und dicker Haut, das man wegen seines Fleisches züchtet **2** *nur Sg*; das Fleisch eines Schweins (1), das man isst || K-: ***Schweine-, -braten*** **3** *gespr pej*; verwendet als Bezeichnung für einen rücksichtslosen, schmutzigen oder unanständigen Menschen **4** *nur Sg*; *gespr*; Glück, das man nicht verdient hat: *Da hast du noch mal Schwein gehabt, das hätte leicht schief gehen können*

Schwel·le *die*; *-, -n* **1** der etwas höhere Teil des Fußbodens an der Tür || -K: ***Tür-*** **2** ein Stück Holz oder Beton, das quer unter den (Eisenbahn)Schienen liegt **3** ***an der Schwelle zu etwas*** kurz vor etwas (*oft vor einem neuen Lebensabschnitt*): *an der Schwelle zum Erwachsensein stehen* || -K: ***Schmerz-***

schwel·len; *schwillt, schwoll, ist geschwollen*; ***etwas schwillt*** etwas wird größer und dicker als normal: *Nach dem Unwetter schwoll der Fluss zu einem reißenden Strom*; *Sein Arm ist nach dem Bienenstich geschwollen*

schwen·ken; *schwenkte, hat / ist geschwenkt* **1** ***etwas schwenken*** (*hat*) etwas (in der Hand halten und) durch die Luft bewegen ⟨eine Fahne schwenken⟩ **2** ***etwas*** (***irgendwohin***) ***schwenken*** (*hat*) etwas in eine bestimmte Richtung oder Stellung bewegen: *Er schwenkte den Wasserhahn nach rechts* **3** ***etwas in etwas*** (*Dat*) ***schwenken*** (*hat*) etwas in eine Flüssigkeit tun und dort kurze Zeit hin und her bewegen: *in Butter geschwenkte Bohnen* **4** ***irgendwohin schwenken*** (*ist*) sich in eine Richtung nach der Seite bewegen: *Das Auto schwenkte nach links* || *zu* **2** und **4** **Schwen·kung** *die*

♦**schwer**[1] *Adj* **1** mit relativ hohem Gewicht ↔ leicht ⟨schwer beladen, bepackt sein⟩: *einen schweren Koffer schleppen*; *Mit 75 Kilo ist sie viel zu schwer für ihre Größe* || -K: ***zentner-*** **2** in großem Maße, mit großer Intensität ≈ stark ⟨ein Gewitter, eine Krankheit; schwer bewaffnet, enttäuscht, krank, verletzt, verwundet⟩: *Er liegt mit einer schweren Grippe im Bett*; *Die Hitze macht ihm schwer zu schaffen* **3** sehr intensiv und süß ⟨ein Parfüm⟩ **4** sehr belastend für den Organismus ⟨ein Essen, ein Wein⟩: *Vor dem Schlafengehen solltest* *du nicht so schwer essen* **5** *Gewicht* + ***schwer*** mit dem genannten Gewicht: *ein zwanzig Tonnen schwerer Lastwagen; Der junge Vogel war nur zehn Gramm schwer* **6** mit sehr unangenehmen oder schlimmen Folgen ⟨eine Schuld, ein Verbrechen⟩ || K-: ***Schwer-, -verbrecher*** || *zu* **1-4** und **6 Schwe·re** *die*

◆**schwer**[2] *Adj* **1** mit viel Arbeit oder Mühe verbunden ≈ schwierig ⟨eine Aufgabe, ein Beruf, ein Leben⟩: *Der Kranke atmete schwer* **2** ⟨eine Arbeit⟩ so, dass man viel Kraft dazu braucht ↔ leicht || K-: ***Schwer-, -arbeit*** **3** *nicht adv* ≈ anspruchsvoll ↔ leicht ⟨Musik, Literatur⟩ **4** ***j-d / etwas ist schwer zu*** + *Infinitiv* es ist schwierig, mit j-m / etwas zu tun: *Es ist schwer zu beurteilen, ob er Recht hat; Sie war nur schwer zu überzeugen* || *zu* **1** und **2 Schwe·re** *die*

◆**schwer**[3] *Adv*; *gespr* **1** verwendet, um Adjektive und Verben zu verstärken ≈ sehr ⟨schwer beleidigt, betrunken, reich sein⟩ **2** ***schwer wiegend*** mit großen Folgen ⟨ein Entschluss, ein Fehler, eine Erkrankung⟩ || ID ***Das will ich schwer hoffen!*** *gespr*; das erwarte ich unbedingt

schwer·hö·rig *Adj*; ⟨ein Mensch⟩ so, dass er schlecht hört: *Sprich lauter, er ist schwerhörig!* || *hierzu* **Schwer·hö·ri·ge** *der / die*; **Schwer·hö·rig·keit** *die*

Schwer·punkt *der* **1** der Punkt, der wichtig für das Gleichgewicht eines Körpers ist. Wenn man einen Gegenstand auf einer Spitze balancieren will, muss die Spitze genau unter dem Schwerpunkt sein **2** ***der Schwerpunkt*** (+ *Gen*) etwas, das besonders wichtig ist: *Der Schwerpunkt der Ausstellung waren Gemälde von Rembrandt*

Schwert *das*; *-(e)s, -er* **1** eine Waffe mit einer langen Klinge aus Metall **2** eine senkrechte Platte, die unten an Segelbooten *o.Ä.* befestigt ist || ↑ *Abbildung unter* ***Segelboot***

◆**Schwes·ter** *die*; *-, -n* **1** eine weibliche Verwandte, die dieselben Eltern hat: „*Wie viele Geschwister hast du?*" – „*Zwei Brüder und eine Schwester*" **2** ein weibliches Mitglied eines Ordens ≈ Nonne || -K: ***Ordens-*** **3** eine Frau, die (beruflich) Kranke oder Alte pflegt und oft eine Art Uniform trägt: *Sie arbeitet als Schwester im Krankenhaus* || -K: ***Alten-, Kinder-, Kranken-*** **4** als Anrede für eine Schwester (2,3) verwendet: *Schwester Josefine*

schwieg ↑ ***schweigen***

◆**Schwie·ger·el·tern** *die*; die Eltern des Ehepartners

◆**Schwie·ger·mut·ter** *die*; die Mutter des Ehepartners

◆**Schwie·ger·sohn** *der*; der Ehemann der Tochter

◆**Schwie·ger·toch·ter** *die*; die Ehefrau des Sohnes

◆**Schwie·ger·va·ter** *der*; der Vater des Ehepartners

◆**schwie·rig** *Adj* **1** ⟨eine Aufgabe, eine Entscheidung, eine Frage⟩ so, dass man darüber viel nachdenken muss und viel Energie und Können braucht **2** ≈ unangenehm ⟨eine Lage, eine Situation⟩ **3** ⟨ein Mensch, ein Charakter⟩ so, dass man vorsichtig sein muss, weil man nicht weiß, wie j-d reagiert

◆**Schwie·rig·keit** *die*; *-, -en* **1** *nur Sg*; die Eigenschaft, problematisch zu sein und Können zu fordern: *die Schwierigkeit einer Aufgabe, einer Situation* **2** *meist Pl*; etwas, das j-m große Probleme macht ⟨auf Schwierigkeiten stoßen⟩: *Beim Bau des Tunnels ergaben sich immer neue Schwierigkeiten* || -K: (*nur mit Pl*) ***Geld-, Zahlungs-*** || ID (***j-m***) ***Schwierigkeiten machen*** j-n in eine unangenehme Situation bringen; ***etwas macht j-m Schwierigkeiten*** etwas bereitet j-m Mühe: *Das Atmen machte ihr Schwierigkeiten*

◆**Schwimm·bad** *das*; ein großes Gebäude (oder ein großes Gelände) mit Schwimmbecken

◆**schwim·men**; *schwamm, hat / ist geschwommen* **1** ***schwimmen*** (*hat / südd* Ⓐ Ⓒⓗ *ist*); ***irgendwohin schwimmen*** (*ist*) sich durch Bewegungen des Körpers im Wasser (oder an der Oberfläche) halten und sich dabei fortbewegen ⟨auf dem Rücken schwimmen⟩: *Enten schwimmen auf dem See* || K-: ***Schwimm-, -halle, -sport*** || -K: ***Brust-, Kraul-*** **2** ***etwas schwimmt*** (*ist*) etwas liegt auf der Oberfläche einer Flüssigkeit und geht nicht unter: *Kork ist leichter als Wasser und schwimmt* **3** ***etwas schwimmt*** (*ist*) *gespr*; etwas ist sehr nass ⟨das Badezimmer, der Fußboden⟩ **4** ***in etwas schwimmen*** (*ist*) *gespr*; sehr viel von etwas haben ⟨in Geld schwimmen⟩ **5** ***ins Schwimmen kommen*** *gespr*; etwas nicht gut können und deswegen unsicher werden **6** (***etwas***) ***schwimmen*** (*ist / hat*) in einem sportlichen Wettkampf schwimmen: *Sie ist / hat die 100 Meter Kraul in Bestzeit geschwommen*

Schwin·del[1] *der*; *-s*; *nur Sg*; ein unangenehmes Gefühl, bei dem man meint, alles drehe sich im Kreis || K-: ***Schwindel-, -gefühl*** || *hierzu* **schwind·lig** *Adj*

Schwin·del[2] *der*; *-s*; *nur Sg*; *gespr pej* ≈ Be-

S

trug ⟨etwas ist Schwindel⟩

schwịn·deln[1]; *schwindelte, hat geschwindelt*; ***j-m / j-n schwindelt*** (***es***) j-d fühlt Schwindel[1]

schwịn·deln[2]; *schwindelte, hat geschwindelt*; *gespr*; eine harmlose Lüge erzählen || *hierzu* **Schwịnd·ler** *der*; **Schwịnd·le·rin** *die*; *-, -nen*

schwịn·gen; *schwang, hat geschwungen* **1** ***etwas schwingen*** etwas (in einem großen Bogen oder in mehreren Kreisen) schnell durch die Luft bewegen ⟨einen Hammer, eine Fahne, die Arme schwingen⟩ **2** ***etwas schwingt*** etwas bewegt sich im gleichen Abstand um einen Punkt hin und her ⟨eine Glocke, ein Pendel, eine Schaukel⟩ **3** ***etwas schwingt*** etwas bewegt sich auf der Stelle schnell hin und her oder auf und ab ≈ etwas vibriert ⟨eine Saite, eine Welle⟩ **4** ***sich irgendwohin schwingen*** sich festhalten und dann auf oder über etwas springen ⟨sich in den Sattel schwingen⟩

Schwịps *der*; *-es, -e*; *gespr*; der Zustand, in dem man ein wenig betrunken ist

◆**schwịt·zen**; *schwitzte, hat geschwitzt*; Feuchtigkeit auf der Haut haben, weil man intensiv arbeitet, weil es sehr heiß ist oder weil man Angst hat ⟨am ganzen Körper schwitzen; ins Schwitzen kommen⟩: *Er schwitzte vor Aufregung*

schwö·ren; *schwor, hat geschworen* **1** (***etwas***) ***schwören*** vor Gericht feierlich erklären, dass man die Wahrheit sagt ⟨einen Eid schwören⟩ **2** (***j-m***) ***etwas schwören*** j-m versichern, dass man die Wahrheit sagt oder dass man etwas bestimmt tun wird: *Ich schwöre* (*dir*), *dass ich dich nie betrügen werde* **3** ***sich*** (*Dat*) ***etwas schwören*** beschließen, etwas zu tun: *Ich habe mir geschworen, nie wieder so schnell zu fahren*

◆**schwul** *Adj* ≈ homosexuell ⟨Männer⟩ || *hierzu* **Schwu·le** *der*

schwül *Adj* **1** unangenehm heiß und feucht ⟨das Klima, die Luft⟩ **2** ⟨eine Atmosphäre, eine Stimmung⟩ so, dass sie Angst machen **3** ⟨ein Duft, Fantasien, ein Traum⟩ so, dass sie eine erotische Wirkung haben || *hierzu* **Schwü·le** *die*

Schwur *der*; *-(e)s, Schwü·re* **1** das feierliche Versprechen, dass eine Aussage wahr ist ⟨einen Schwur ablegen⟩ **2** *geschr*; das, was man j-m feierlich versprochen hat ⟨einen Schwur halten, brechen⟩

sechs [zɛks] *Zahladj*; (als Ziffer) 6

Sechs [zɛks] *die*; *-, -en* **1** die Zahl 6 **2** (D) die schlechteste Schulnote (auf der Skala von 1-6), mit der man eine Prüfung nicht bestanden hat **3** (CH) die beste Note in der Schule ≈ sehr gut

sech·zehn ['zɛçt͜se(ː)n] *Zahladj*; (als Zahl) 16

sech·zig ['zɛçt͜sɪç] *Zahladj* **1** (als Zahl) 60 **2** ***Anfang, Mitte, Ende sechzig sein*** ungefähr 60 bis 63, 64 bis 66, 67 bis 69 Jahre alt sein

◆**See**[1] *der*; *-s, -n* ['zeː(ə)n]; eine relativ große Fläche Wasser: *Der Bodensee ist der größte See in Deutschland* || K-: ***See-, -ufer*** || -K: ***Berg-, Stau-***

◆**See**[2] *die*; *-*; *nur Sg* **1** ≈ Meer: *Heute haben wir eine ruhige See*; *Er hat ein Haus an der See* || K-: ***See-, -bad, -hafen*** || -K: ***Tief-*** **2** ***auf See*** an Bord eines Schiffes auf dem Meer **3** ***auf hoher See*** auf dem Meer, weit vom Festland entfernt

See·le *die*; *-, -n* **1** der Teil eines Menschen, von dem die Mitglieder vieler Religionen glauben, dass er nicht sterbe **2** *nur Sg*; die Gefühle und das moralische Empfinden eines Menschen ≈ Psyche **3** ***eine Seele von einem Mensch***(***en***) ein Mensch, der immer geduldig und gut zu anderen ist **4** ***aus tiefster Seele*** ≈ sehr, intensiv ⟨j-n aus tiefster Seele hassen, lieben, verachten⟩ || ID ***etwas liegt j-m auf der Seele*** etwas macht j-m Sorgen; ***sich*** (*Dat*) ***etwas von der Seele reden*** etwas, das einem Sorgen macht, sagen, damit man sich danach besser fühlt || *zu* **2** **see·lisch** *Adj*

Se·gel *das*; *-s, -*; ein großes Stück Stoff, das man so an einem Schiff, Boot oder Surfbrett befestigt, dass der Wind das Schiff *usw* über das Wasser bewegt ⟨ein Segel aufziehen, einziehen⟩ || K-: ***Segel-, -boot, -jacht, -schiff***

Segelboot

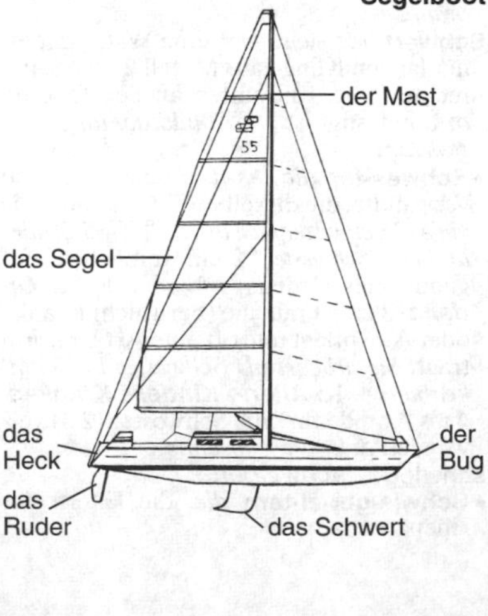

S

se·geln; *segelte, hat / ist gesegelt* **1 *segeln*** (*hat / ist*); ***irgendwohin segeln*** (*ist*) mit einem Boot oder Schiff fahren, das Segel hat: *Er will einmal um die ganze Welt segeln* || K-: ***Segel-, -fahrt, -sport*** **2** (*ist*) in einem Segelflugzeug oder Drachenflieger durch die Luft fliegen || *hierzu* **Seg·ler** *der*; **Seg·le·rin** *die*; *-, -nen*

Se·gen *der*; *-s, -*; **1** die Bitte um göttliche Hilfe (*meist* in Form eines Gebets) ⟨den Segen erhalten⟩: *Der Gottesdienst endet mit dem Segen* || K-: ***Segens-, -wunsch*** **2** der Schutz, den man von Gott bekommt ⟨Gottes Segen⟩ **3 *ein Segen* (*für j-n / etwas*)** etwas, das gut für j-n / etwas ist: *Nach der langen Trockenzeit ist der Regen ein wahrer Segen* || ID **(*j-m*) (*zu etwas*) *seinen Segen geben*** *gespr*; j-m etwas erlauben

seg·nen; *segnete, hat gesegnet* **1 *j-n / etwas segnen*** den Segen (1) geben: *Der Papst segnete die Gläubigen* **2** *meist* ***Gott segnet j-n mit etwas*** Gott gibt j-m etwas Gutes

◆ **se·hen** ['zeːən]; *sieht, sah, hat gesehen* **1 *j-n / etwas sehen*** mit den Augen erkennen, wo eine Person oder Sache ist, wie sie aussieht: *Der Nebel war so dicht, dass er den Radfahrer nicht sah*; *Bei klarem Wetter kann man von hier aus die Berge sehen*; *Hast du gesehen,* wie *wütend er war?* **2 *etwas sehen*** irgendwo hingehen und Interessantes sehen, besuchen ⟨einen Film, ein Theaterstück sehen⟩: *Wenn Sie in Nürnberg sind, müssen Sie die Burg sehen*; *Rolf hat schon fast die ganze Welt gesehen* **3 *j-n sehen*** j-n (mit oder ohne Absicht) treffen: *Ich sehe ihn jeden Morgen im Bus* **4 *etwas sehen*** etwas (*meist* nach langer Zeit und durch eigene Erfahrungen) richtig beurteilen: *Siehst du jetzt,* dass *deine Reaktion übertrieben war?* **5 *etwas irgendwie sehen*** etwas in der genannten Art und Weise beurteilen ≈ einschätzen: *Er war der Einzige, der die wirtschaftliche Lage richtig sah* || K-: ***Seh-, -weise*** **6 *sehen, ob / wie*** *usw* **...** versuchen, eine Lösung zu finden: *Dann will ich mal sehen, ob ich dir helfen kann* **7 *etwas in j-m sehen*** der Meinung sein, dass j-d die genannte Person sei oder die genannte Funktion habe: *Du täuschst dich, wenn du einen Konkurrenten in ihm siehst* **8 *etwas kommen sehen*** *gespr*; ahnen, vorhersehen, dass etwas passiert: *Ich sehe schon kommen,* dass *ihr bei diesem Geschäft viel Geld verliert* **9 (*irgendwie*) *sehen*** die Fähigkeit haben, Personen, Gegenstände *usw* mit den Augen wahrzunehmen: *Sie sieht so schlecht, dass sie ohne Brille hilflos ist*; *Nach der Operation kann er wieder sehen* || K-: ***Seh-, -kraft, -schärfe, -test*** **10 *irgendwohin sehen*** die Augen auf j-n / etwas richten: *Als er zum Himmel sah, erblickte er einen Ballon* **11 *nach j-m sehen*** ≈ sich um j-n kümmern ⟨nach einem Kranken sehen⟩ **12 *sich zu etwas gezwungen sehen*** *geschr*; meinen, man sei gezwungen, etwas (*meist* nicht Erfreuliches) zu tun: *Die Regierung sah sich gezwungen, unpopuläre Entscheidungen* zu *treffen* **13 *sich nicht imstande / in der Lage sehen* + *zu* +** *Infinitiv*; *geschr*; der Meinung sein, dass man etwas nicht tun kann: *Er sah sich nicht in der Lage zu helfen* || ID ***j-n nur vom 'Sehen kennen*** j-n schon (mehrere Male) gesehen (1) haben, aber noch nicht mit ihm gesprochen haben; ***j-n / etwas nicht mehr sehen können*** *gespr*; mit einer Person / Sache zu lange Kontakt gehabt haben, sodass man sie als unangenehm empfindet; ***sich* (*bei j-m*) *sehen lassen*** *gespr*; j-n (kurz) besuchen: *Lass dich doch mal wieder bei uns sehen!*; ***j-d / etwas kann sich sehen lassen*** *gespr*; eine Person sieht so gut aus / eine Sache ist so gut gemacht, dass sie einen guten Eindruck machen; ***es nicht gern sehen, wenn ...*** *gespr*; nicht einverstanden sein (dass j-d etwas tut): *Seine Eltern sehen es nicht gern, wenn er abends in die Disko geht*; ***Siehst du! / Sehen Sie!*** *gespr*; verwendet, um zu sagen, dass man mit etwas Recht hatte

◆ **Se·hens·wür·dig·keit** *die*; *-, -en*; ein Gebäude, ein Platz, ein Gegenstand, die besonders schön oder interessant sind

Sehn·sucht *die*; *meist Sg*; der sehr starke Wunsch, dass j-d da wäre oder dass man etwas bekäme ⟨Sehnsucht nach j-m haben⟩: *die Sehnsucht nach Liebe* || *hierzu* **sehn·süch·tig** *Adj*

◆ **sehr** [zeːɐ̯] *Adv* **1** verwendet, um ein Adjektiv oder ein Adverb zu verstärken: *ein sehr schönes Bild*; *Ich bin jetzt sehr müde* **2** verwendet, um ein Verb zu verstärken: *Er freute sich sehr über mein Geschenk* **3** verwendet, um bestimmte Höflichkeitsformeln zu verstärken: *bitte sehr!*; *danke sehr!*

seicht *Adj* **1** so, dass das Wasser nicht tief ist ≈ flach **2** *pej*; von niedrigem Niveau ≈ banal ⟨ein Gespräch⟩ || *hierzu* **Seicht·heit** *die*

◆ **Sei·fe** *die*; *-, -n*; eine *meist* feste Substanz, die man zusammen mit Wasser benutzt, um sich zu waschen ⟨ein Stück Seife⟩: *sich die Hände mit Seife waschen* || K-: ***Seifen-, -schaum*** || -K: ***Bade-***

S

Seil *das*; *-(e)s, -e*; eine sehr starke Schnur, die aus mehreren Drähten oder Fasern gedreht ist und mit der man schwere Dinge (*z.B.* Autos und Schiffe) zieht ⟨ein Seil spannen⟩ || -K: ***Abschlepp-***

Seil·bahn *die*; eine technische Anlage mit Kabinen, die von Seilen durch die Luft auf einen Berg gezogen werden

◆ **sein**[1]; *ich bin, du bist, er ist, wir sind, ihr seid, sie sind*; *er war, er ist gewesen*; *Konjunktiv I er sei, Konjunktiv II er wäre* **1** ***j-d / etwas ist*** + *Adj*; j-d / etwas hat die genannte Eigenschaft, befindet sich in dem genannten Zustand: *Das Essen ist gut*; *Ich bin heute nicht richtig in Form*; *Die Anlage ist außer Betrieb* **2** ***j-d / etwas ist etwas*** (*Nom*) j-d hat den genannten Beruf, die genannte Rolle, j-d / etwas gehört zu der genannten Gruppe oder Menge: *Sein Vater ist Richter*; *Wale sind Säugetiere* **3** ***j-d / etwas ist irgendwo*** j-d / etwas befindet sich irgendwo: *Wo warst du denn gestern Abend?*; *Weißt du, wo meine Brille ist?* **4** ***etwas ist irgendwann / irgendwo*** etwas findet zur genannten Zeit oder am genannten Ort statt: *Weißt du noch, wann die erste Mondlandung war?* **5** ***j-d / etwas ist irgendwoher*** j-d / etwas kommt oder stammt aus einem bestimmten Ort, Land: *Diese Tomaten sind aus Holland*; *Sie ist aus der Schweiz* **6** ***etwas ist*** + ***zu*** + *Infinitiv* etwas muss oder soll getan werden, man muss oder soll etwas tun: *Die Fenster sind alle fünf Jahre zu streichen*; *Die Rechnung ist innerhalb von 10 Tagen zu überweisen* || Hinweis: Diese Konstruktion wird verwendet, wenn zwischen den (Gesprächs)Partnern ein distanziertes Verhältnis besteht **7** ***etwas ist*** + ***zu*** + *Infinitiv* etwas kann getan werden (wenn die Voraussetzungen da sind): *Ist unsere Welt noch zu retten?*; *Diese Schachpartie ist noch zu gewinnen* **8** ***j-d ist*** (***gerade***) ***bei etwas / am*** + *Infinitiv als Substantiv* j-d tut oder macht etwas gerade: *Ich bin gerade* dabei, *den Fernseher* zu *reparieren*; *Wir waren* (*gerade*) *am Gehen, als sie ankamen* **9** ***etwas ist von j-m*** etwas kommt von j-m: *Ich weiß nicht, von wem dieser Brief ist* **10** ***für / gegen j-n / etwas sein*** eine positive / negative Einstellung zu j-m / etwas haben, j-n / etwas (nicht) wollen: *Sie ist gegen Atomkraftwerke*; *Ich bin dafür,* dass *wir heute ins Kino gehen und nicht ins Theater* **11** ***j-d ist nicht*** (***mehr***) *geschr veraltend*; j-d lebt nicht mehr **12** ***j-m ist*** ⟨schlecht, übel, schwindlig *usw*⟩ j-d fühlt sich schlecht, übel *usw*: *Ich muss mich ein bisschen hinlegen, mir ist furchtbar schlecht* **13** ***j-m ist*** (***nicht***) ***nach etwas*** *gespr*; j-d will etwas (nicht) tun oder haben: *Nach so viel Aufregung war mir nicht mehr nach Feiern* **14** *meist* ***mir ist, als*** (***ob***) + *Konjunktiv II*; ich habe das Gefühl, den Eindruck, dass ...: *Mir ist, als ob wir uns schon irgendwo gesehen hätten*; *Mir ist, als hätte ich davon schon gehört* **15** ***j-d ist es*** j-d ist der Schuldige oder derjenige, den j-d sucht: *Also, wer von euch beiden war es?*; *Keiner will es gewesen sein* (= keiner gibt zu, dass er es getan hat) **16** ***etwas ist es*** *gespr*; etwas ist das, was j-d sucht: *Das ist es! Ich habe die Lösung!* **17** ***es ist*** + *Zeitangabe*; verwendet, um die Uhrzeit anzugeben: *Es ist jetzt genau fünf Minuten nach vier Uhr* || ID ***j-d 'ist wer*** *gespr*; j-d hat Erfolg und wird respektiert: *Wenn ich erwachsen bin, möchte ich auch einmal wer sein*; ***es ist nichts mit etwas*** *gespr*; etwas findet nicht statt, etwas wird nicht so wie geplant: *Mit dem Straßenfest war nichts, wir bekamen keine Genehmigung dafür*; *meist* ***'Sei doch nicht so!*** *gespr*; verwendet, um j-m zu sagen, dass er etwas nicht ohne ausreichenden Grund ablehnen sollte: *Nun sei doch nicht so, lass mich doch ausgehen!*; *meist* ***Dem 'ist nicht so*** diese Sache ist nicht so, wie gesagt wird; ***Wie dem auch 'sei*** gleichgültig, egal wie: *Wie dem auch sei, wir müssen den Termin trotzdem einhalten*; ***es sei denn,*** (***dass***) ***...*** ≈ außer wenn: *Er hat kaum eine Chance, den Titel zu gewinnen, es sei denn, er hat sehr viel Glück*; ***Das wars / wärs*** ⟨für heute, für diesmal⟩ *gespr*; verwendet, um auszudrücken, dass man mit einer Tätigkeit zu Ende ist; ***'Ist was?*** *gespr*; verwendet, um j-n provozierend zu fragen, ob er mit einer Entscheidung nicht einverstanden ist; ***'Muss das sein?***, ***Das 'muss doch nicht sein!*** *gespr*; verwendet, um Ärger auszudrücken: *Jetzt ist deine Hose schon wieder dreckig! Muss das denn sein?*; ***Was 'sein muss, muss 'sein*** *gespr*; verwendet, um eine Entscheidung oder ein Verhalten zu begründen oder zu rechtfertigen; ***Was nicht 'ist, kann*** (***ja***) ***noch 'werden*** *gespr*; man darf die Hoffnung auf etwas nicht aufgeben

◆ **sein**[2] *Hilfsverb* **1** verwendet, um das Perfekt und das Plusquamperfekt von vielen intransitiven Verben und von Verben zu bilden, die eine Bewegung in eine bestimmte Richtung hin angeben: *Die Preise sind gestiegen* **2** *Partizip Perfekt* + ***sein*** verwendet, um die Form des Passivs zu bilden, die einen Zustand oder das Er-

S

gebnis einer Handlung bezeichnet: *Die Tür ist verschlossen*; *Die Renovierungsarbeiten sind inzwischen beendet* || Hinweis: Das Passiv, das einen Vorgang bezeichnet, wird mit *werden* gebildet. Vergleiche: *Heute wird der neue Präsident gewählt* (= Heute wählt die Bevölkerung den neuen Präsidenten: ein Vorgang) und *Der neue Präsident ist gewählt* (= Die Wahl ist zu Ende, die Bevölkerung hat einen neuen Präsidenten: ein Ergebnis, ein Zustand)

◆**sein**[3] *Possessivpronomen der 3. Person Sg* (*er, es*); ↑ ***mein*** *und Anhang 5*: ***Possessivpronomen***

sei·n- *Possessivpronomen der 3. Person Sg* (*er, es*); ↑ ***mein-***

sei·ner *Personalpronomen der 3. Person Sg* (*er, es*), *Genitiv*; ↑ *Anhang 4*: ***Personalpronomen***

sei·net·we·gen *Adv* **1** deshalb, weil es gut für ihn ist **2** aus einem Grund, der ihn betrifft ≈ wegen ihm: *Seinetwegen kommen wir immer zu spät* **3** mit seiner Erlaubnis oder Zustimmung: *Seinetwegen können wir tun, was wir wollen*

◆**seit**[1] *Präp*; *mit Dat*; von dem genannten Zeitpunkt in der Vergangenheit bis zur Gegenwart: *seit 1945*; *seit dem letzten / seit letztem Monat*; *„Seit wann bist du da?" – „Erst seit zehn Minuten"*

◆**seit**[2] *Konjunktion*; ab dem genannten Zeitpunkt in der Vergangenheit: *Seit er nicht mehr raucht, fühlt er sich viel wohler*; *Sie verreist sehr viel, seit sie geschieden ist*

seit·dem[1] *Adv*; von dem genannten Zeitpunkt in der Vergangenheit an ≈ von da an: *Wir hatten letzte Woche einen Streit. Seitdem hat er mich nicht mehr angerufen / Er hat mich seitdem nicht mehr angerufen*

seit·dem[2] *Konjunktion* ≈ seit[2]: *Seitdem sie diesen Job hat, ist sie ein anderer Mensch*

◆**Sei·te**[1] *die*; -, *-n*; eine der beiden Flächen eines Blattes (in einem Buch, einem Heft, einer Zeitung), auf denen etwas gedruckt, geschrieben oder gezeichnet ist ⟨eine Seite aufschlagen⟩: *ein Roman mit über 300 Seiten*; *auf Seite 124* || K-: ***Seiten-, -zahl*** || -K: ***Buch-, Titel-***

◆**Sei·te**[2] *die*; -, *-n* **1** eine der Oberflächen, die einen Körper oder Raum nach rechts, links, nach vorn oder hinten begrenzen: *die vier Seiten eines Schranks*; *Das Auto überschlug sich und landete auf der Seite* || -K: ***Außen-, Innen-*** **2** der rechte oder linke Teil einer Sache, einer Fläche oder eines Raumes: *auf der rechten Seite der Straße* **3** der gesamte rechte oder linke Teil des menschlichen Körpers oder des Körpers eines Tieres ⟨auf der Seite liegen⟩ **4** eine der beiden Flächen eines dünnen, flachen Gegenstandes: *die beiden Seiten einer Münze* **5** *Math*; eine der Flächen eines geometrischen Körpers: *die Seiten eines Würfels* **6** *Math*; eine der Linien, die eine geometrische Figur begrenzen: *die Seiten eines Dreiecks* **7** eine von zwei Parteien, Personen oder Gruppen, die zu einem Thema unterschiedliche Meinungen haben: *Man sollte immer beide Seiten hören* **8** ***Seite an Seite*** ≈ nebeneinander: *Sie gingen Seite an Seite durch die Straßen* **9** ***auf der einen Seite ..., auf der anderen Seite*** ≈ einerseits ..., andererseits || ID ***j-m zur Seite stehen*** j-m in einer schwierigen Situation helfen; ***etwas auf die Seite legen*** Geld sparen; ***etwas auf die Seite schaffen*** *gespr*; etwas heimlich wegnehmen und für sich selbst benutzen; ***sich von seiner besten Seite zeigen*** besonders nett, freundlich sein

Sek·re·tä·rin *die*; -, *-nen*; eine Frau, die Büroarbeiten macht || -K: ***Chef-***

Sekt *der*; *-(e)s, -e*; eine Art Wein mit vielen Bläschen, den man *meist* bei besonderen Gelegenheiten trinkt || K-: ***Sekt-, -glas, -kelch***

Se·kun·de *die*; -, *-n* **1** einer der 60 Teile einer Minute (1); *Abk* Sek.: *Es ist jetzt genau 10 Uhr, 31 Minuten und 20 Sekunden* || -K: ***Zehntel-*** **2** *gespr*; ein sehr kurzer Zeitraum: *Ich bin in einer Sekunde wieder zurück* **3** *Math*; einer der 60 Teile einer Minute eines Winkels: *ein Winkel von 45 Grad, 8 Minuten und 13 Sekunden* **4** ***auf die Sekunde*** (***genau***) *gespr* ≈ ganz pünktlich

◆**sel·b-** *Demonstrativpronomen*; verwendet statt *derselbe* und *dasselbe*, wenn der Artikel mit einer Präposition zu einem Wort verbunden ist: *vom selben Mann* (= von demselben Mann)

◆**selbst**[1] *Demonstrativpronomen*; *indeklinabel, betont*; verwendet, um zu betonen, dass eine Aussage sich auf die genannte Person oder Sache und auf niemand anderen / nichts anderes bezieht: *Diesen kleinen Defekt kann ich selbst reparieren!*; *Ich möchte nicht irgendeinen Mitarbeiter, sondern den Chef selbst sprechen* || ID ***j-d ist etwas 'selbst*** *gespr*; j-d hat etwas in einem hohen Maß: *Peter ist immer die Ruhe selbst*

◆**selbst**[2] *Partikel*; verwendet, um auszudrücken, dass eine Aussage auch auf j-n / etwas zutrifft, von dem man es (vielleicht) nicht erwarten würde ≈ sogar:

Über diesen Witz musste selbst unser strenger Lehrer lachen

◆**sẹlbst**[3] *mit Partizip Perfekt*; drückt aus, dass etwas von der betreffenden Person (im Gegensatz zu einem anderen, einer Fabrik) getan oder hergestellt wurde: *selbst gebacken* ⟨der Kuchen⟩

Sẹlbst·be·die·nung *die*; *nur Sg*; eine Form des Verkaufens, bei der die Kunden selbst die Waren aus dem Regal *usw* nehmen || K-: ***Selbstbedienungs-, -tankstelle***

Sẹlbst·be·wusst·sein *das*; *nur Sg*; das Wissen um die eigenen Fähigkeiten, das dann ein Gefühl der Sicherheit gibt ⟨zu wenig Selbstbewusstsein haben⟩ || *hierzu* **sẹlbst·be·wusst** *Adj*

Sẹlbst·laut *der* ≈ Vokal

Sẹlbst·mord *der*; die Handlung, bei der j-d sich selbst tötet ≈ Suizid ⟨Selbstmord begehen⟩ || K-: ***Selbstmord-, -versuch*** || ID *meist* ***Das ist doch glatter / reiner Selbstmord!*** *gespr*; das ist sehr gefährlich || *hierzu* **Sẹlbst·mör·der** *der*; **Sẹlbst·mör·de·rin** *die*

Sẹlbst·si·cher·heit *die*; *nur Sg* ≈ Selbstbewusstsein || *hierzu* **sẹlbst·si·cher** *Adj*

◆**sẹlbst·stän·dig** *Adj* **1** mit den eigenen Fähigkeiten und ohne die Hilfe anderer ⟨ein Mensch; selbstständig arbeiten, urteilen⟩ **2** von keiner Person, Institution in den Entscheidungen abhängig ≈ autonom: *Viele Staaten, die heute selbstständig sind, waren früher Kolonien* **3** ***sich selbstständig machen*** einen eigenen Betrieb gründen || *hierzu* **Sẹlbst·stän·dig·keit** *die*

◆**sẹlbst·ver·ständ·lich** *Adj* **1** so logisch und natürlich, dass man es nicht erklären und begründen muss: *Das ist doch selbstverständlich!* **2** *nur adv*; verwendet in einer Antwort, um Zustimmung zu betonen: *„Könntest du mir helfen?" – „Aber selbstverständlich!"*

Sẹlbst·ver·trau·en *das*; das Vertrauen in die eigenen Fähigkeiten

S

se̲·lig *Adj* **1** in einem Zustand, in dem man keine Probleme und keine Wünsche mehr hat, sehr glücklich: *Die Kinder waren selig, als die Ferien begannen* **2** (im christlichen Glauben) nach dem Tod bei Gott im Paradies || *hierzu* **Se̲·lig·keit** *die*

◆**sẹl·ten** *Adj* **1** nur in kleiner Zahl, nur wenige Male vorkommend ↔ häufig: *ein sehr seltenes Mineral*; *So freundliche Leute wie sie trifft man selten*; *Wir fahren nur sehr selten in die Stadt* **2** *nur adv* ≈ besonders: *eine selten dumme Frage*

Sẹl·ten·heit *die*; -, *-en* **1** *nur Sg*; die geringe Häufigkeit, das seltene Vorkommen von etwas: *Diese Tierart ist wegen ihrer Seltenheit geschützt* **2** etwas, das selten vorkommt: *Solche Störungen sind eine Seltenheit*

◆**sẹlt·sam** *Adj*; ungewöhnlich und nicht leicht zu erklären ⟨ein Mensch, ein Ereignis, eine Geschichte; j-d benimmt sich seltsam⟩ || *hierzu* **Sẹlt·sam·keit** *die*; **sẹlt·sa·mer·wei·se** *Adv*

◆**Se·mẹs·ter** *das*; *-s*, -; einer der zwei Abschnitte, in die das Jahr für Unterrichtszwecke an den Universitäten eingeteilt ist: *Ich bin jetzt im dritten Semester* || K-: ***Semester-, -beginn, -ende*** || -K: ***Sommer-, Winter-***

Se·mi·na̲r *das*; *-s*, *-e* **1** eine Form des Unterrichts *bes* an Universitäten, bei der ein Thema von Dozenten und Studenten besprochen wird **2** ein Institut an einer Universität: *das Germanistische Seminar*

Sẹm·mel *die*; -, *-n*; *südd* Ⓐ ≈ Brötchen || K-: ***Semmel-, -knödel*** || ID ***etwas geht weg wie warme Semmeln*** *gespr*; von etwas wird in kurzer Zeit viel verkauft

◆**sẹn·den**; *sendete / sandte, hat gesendet / gesandt* **1** (*sendete*) **(*etwas*) *senden*** eine Sendung im Fernsehen oder Radio bringen: *Wegen einer Programmänderung senden wir den Spielfilm erst um 21 Uhr* || K-: ***Sende-, -station, -termin*** **2** (*sandte*) **(*j-m*) *etwas senden*** ≈ schicken: *j-m ein Paket senden* **3** (*sandte*) ***j-n / etwas irgendwohin senden*** *geschr* ≈ schicken: *Hilfe in das Erdbebengebiet senden*

Sẹn·der *der*; *-s*, -; **1** eine Station, die Fernseh- und / oder Radiosendungen macht und sendet (1) || -K: ***Fernseh-, Rundfunk-*** **2** ein Gerät, das elektromagnetische Wellen erzeugt und so sendet (1)

◆**Sẹn·dung** *die*; -, *-en* **1** ***eine Sendung*** (***über etwas*** (*Akk*)) ein Teil des Programms im Fernsehen und Radio ⟨eine Sendung hören, sehen⟩: *eine Sendung über das aktuelle Tagesgeschehen* || -K: ***Fernseh-, Radio-, Sport-*** **2** das Senden (2): *Die Sendung der bestellten Ware wird sich verzögern* **3** ***eine Sendung*** (+ *Subst*) etwas, das j-m (*bes* mit der Post) geschickt wird ⟨eine Sendung erhalten⟩: *eine Sendung Ersatzteile* || -K: ***Brief-, Waren-; Auslands-***

Sẹnf *der*; *-(e)s*, *-e*; *meist Sg* **1** eine gelbbraune, *meist* scharfe (2) Paste, die man in kleinen Mengen *bes* zu Würstchen und Fleisch isst ⟨scharfer, süßer Senf⟩ || K-: ***Senf-, -soße*** **2** die Pflanze, aus deren Samen man Senf (1) macht || ID *meist* ***seinen Senf dazugeben*** *gespr pej*; zu einem

Thema etwas sagen, obwohl das niemand wünscht

se·nil *Adj*; *pej*; (aufgrund hohen Alters) mit geistigen Schwächen ⟨ein Greis⟩ || *hierzu* **Se·ni·li·tät** *die*

sen·ken; *senkte*, *hat gesenkt* **1** ***etwas (irgendwohin) senken*** machen, dass etwas nach unten kommt ⟨den Kopf, die Schultern senken⟩: *den Sarg ins Grab senken* **2** ***etwas senken*** machen, dass etwas kleiner oder weniger wird ⟨die Preise senken⟩ **3** ***etwas senken*** bewirken, dass etwas niedriger wird ⟨das Fieber senken⟩ **4** ***etwas senkt sich*** etwas sinkt: *Der Boden hat sich gesenkt* (= ist jetzt tiefer) || *hierzu* **Sen·kung** *die*

◆**senk·recht** *Adj* **1** in einem Winkel von 90° ≈ vertikal ⟨eine Gerade, eine Linie⟩ **2** (ziemlich) gerade nach oben oder unten: *Wenn kein Wind weht, steigt der Rauch senkrecht in die Höhe* || K-: ***Senkrecht-, -start***

Sen·sa·ti·on [-ˈtsi̯oːn] *die*; -, *-en*; ein ungewöhnliches Ereignis, das große Aufmerksamkeit erhält ⟨eine literarische, technische Sensation⟩: *Der erste Flug zum Mond war eine Sensation* || K-: ***Sensations-, -meldung***; ***sensations-, -hungrig***

sen·si·bel, *sensibler*, *sensibelst-*; *Adj*; *oft pej*; ⟨ein Mensch⟩ so, dass er auf Einflüsse stark reagiert und schnell verletzt ist || Hinweis: *sensibel → ein sensibles Kind* || *hierzu* **Sen·si·bi·li·tät** *die*

Sep·tem·ber *der*; *-s*, *-*; der neunte Monat des Jahres; *Abk* Sept. ⟨im September; Anfang, Mitte, Ende September⟩

Se·rie [-i̯ə] *die*; -, *-n* **1** ***eine Serie*** (+ *Gen* / ***von etwas*** (*Pl*)) eine Folge von Ereignissen ähnlicher Art: *eine Serie von Unfällen* || -K: ***Erfolgs-, Unglücks-*** **2** ***eine Serie*** (+ *Gen* / ***von etwas*** (*Pl*)) eine Anzahl von gleichen Dingen aus derselben Produktion ⟨eine Serie Briefmarken⟩ **3** eine Sendung (1), die in Teilen gesendet wird: *eine fünfteilige Serie* || -K: ***Krimi-*** **4** ***etwas in Serie herstellen, fertigen*** *usw* etwas in großer Zahl industriell produzieren || K-: ***Serien-, -produktion***

se·ri·ös, *seriöser*, *seriösest-*; *Adj*; ⟨ein Herr, eine Firma⟩ so, dass man ihnen glauben und vertrauen kann: *Er macht einen sehr seriösen Eindruck* || *hierzu* **Se·ri·o·si·tät** *die*

Ser·vice[1] [zɛrˈviːs] *das*; - / *-s*, - [zɛrˈviːsə]; ein Satz von Tellern, Tassen, Schüsseln *usw* derselben Art: *ein 24-teiliges Service* || -K: ***Porzellan-***

Ser·vice[2] [ˈzøːɐ̯vɪs] *der*; - / *-s*; *nur Sg* **1** alle Leistungen, die ein Betrieb seinen Kunden bietet: *Die Firma hat einen guten Service* || -K: ***Reparatur-*** **2** die Art und Weise, wie Gäste in einem Restaurant, Hotel bedient werden: *ein guter Service* **3** *Sport*; der erste Schlag (beim Tennis) **4** (CH) ≈ Trinkgeld

ser·vie·ren [-v-]; *servierte*, *hat serviert* **1** ***(j-m) (etwas) servieren*** Speisen und Getränke zum Tisch tragen und anbieten: *die Suppe servieren, den Gästen Kaffee servieren* **2** *Sport*; mit dem ersten Schlag ein Spiel (beim Tennis) beginnen

Ser·vi·et·te [-vi̯-] *die*; -, *-n*; ein Stück Tuch oder Papier, mit dem man sich beim Essen den Mund und die Hände sauber macht

Ser·vus! [-v-] *südd* (A) *gespr*; verwendet zur Begrüßung oder zur Verabschiedung *bes* unter Freunden oder Kollegen

◆**Ses·sel** *der*; *-s*, *-*; ein Möbelstück zum Sitzen für eine Person, das weich gepolstert ist und *meist* Lehnen für die Arme und eine breite Lehne für den Rücken hat ⟨sich in einen Sessel setzen⟩ || K-: ***Sessel-, -lehne*** || -K: ***Büro-, Garten-***

◆**set·zen**; *setzte*, *hat / ist gesetzt* **1** ***sich (irgendwohin) setzen*** (*hat*) die Haltung des Körpers so ändern, dass man nicht mehr steht, sondern sitzt ↔ aufstehen ⟨sich auf einen Stuhl, an den Tisch, ins Gras setzen⟩: *Setzen Sie sich doch, ich komme gleich*; *Er setzte sich zu mir* **2** ***etwas setzt sich*** (*hat*) ein fester Stoff sinkt in einer Flüssigkeit zu Boden **3** ***etwas irgendwohin setzen*** (*hat*) etwas so an eine Stelle bewegen, dass es sie berührt ⟨ein Glas an den Mund setzen; einen Hut auf den Kopf setzen⟩ **4** ***etwas (irgendwohin) setzen*** (*hat*) etwas irgendwohin schreiben ⟨ein Komma setzen⟩ **5** (*hat*) verwendet in festen Redewendungen; ***j-d / etwas setzt sich in Bewegung*** ≈ j-d / etwas fängt an, sich zu bewegen; ***etwas in Betrieb setzen*** ≈ etwas einschalten; ***etwas in Gang setzen*** ≈ bewirken, dass etwas anfängt **6** ***etwas setzen*** (*hat*) bei einer Tätigkeit etwas als wichtig oder sinnvoll festlegen ⟨Akzente, Prioritäten setzen⟩ **7** ***(j-m) etwas setzen*** (*hat*) bestimmen, dass j-d einen Zeitplan einhalten muss ⟨j-m eine Frist setzen⟩ **8** ***sich*** (*Dat*) ***etwas zum Ziel setzen*** (*hat*) etwas zu erreichen versuchen **9** ***j-n über etwas*** (*Akk*) ***setzen*** (*hat*) j-n in einem Boot oder Schiff über einen Fluss, See bringen **10** ***etwas an etwas*** (*Akk*) ***setzen*** (*hat*) Zeit und Arbeit dafür verwenden, um etwas zu erreichen ⟨viel Arbeit / Geld / Zeit an etwas setzen⟩: *Er setzte viel Energie* daran, *die Wohnung* zu *renovieren* **11 *etwas setzen*** (*hat*) Texte im Computer so vorbereiten, dass sie gedruckt werden können **12 (*etwas*) (*auf j-n / etwas*) *setzen*** (*hat*) bei einem (Gewinn)Spiel um Geld wetten: *Ich setze auf die Nummer 36* **13 (*etwas*) *auf j-n / etwas setzen*** (*hat*) ≈ auf j-n / etwas vertrauen ⟨Hoffnung, Vertrauen auf j-n / etwas setzen⟩ **14 *über etwas*** (*Akk*) ***setzen*** (*ist*) über etwas springen ⟨über einen Graben setzen⟩ || ID ***sich an die Spitze setzen*** in einem Wettlauf *o.Ä.* die Führung übernehmen

Seu·che *die*; -, *-n*; eine Krankheit, die sehr viele Menschen in kurzer Zeit bekommen ≈ Epidemie ⟨eine Seuche bricht aus⟩ || K-: ***Seuchen-, -bekämpfung***

seuf·zen; *seufzte, hat geseufzt*; so ausatmen, dass ein Geräusch entsteht (*meist* weil man leidet oder weil man erleichtert ist)

Se·xu·al- *im Subst*; in Bezug auf die Sexualität: *der Sexualtrieb, das Sexualverhalten*

Se·xu·a·li·tät *die*; -; *nur Sg*; alle Gefühle, Handlungen, Bedürfnisse, Fähigkeiten *usw*, die mit der Liebe (bes Sex) verbunden sind

se·xu·ell *Adj*; *nur attr oder adv*; in Bezug auf die Sexualität ⟨das Verhalten, Aktivitäten, Kontakte, Tabus⟩

Shorts [ʃoːɐ̯ts] *die*; *Pl*; eine kurze Hose ⟨Shorts anziehen, tragen⟩

◆ **sich**[1] *Reflexivpronomen der 3. Person Sg und Pl* (*er, sie*[1], *es; sie*[2]), *Akkusativ und Dativ* **1** *Akkusativ*; verwendet als Pronomen zu reflexiven Verben: *Er freut sich schon auf die Ferien; Das Hotel befindet sich außerhalb der Stadt* || ↑ *Anhang 8*: ***Reflexivpronomen*** **2** *Dativ*; verwendet als Pronomen mit Verben, die ein direktes Objekt haben. Das Pronomen *sich* bezieht sich auf das Subjekt des Satzes: *Sie kaufte sich eine Zeitung* || ↑ *Anhang 8*: ***Reflexivpronomen*** **3** verwendet in einer unpersönlichen Konstruktion mit *es* statt einer Konstruktion mit *man*: *In diesem Viertel wohnt es sich gut* (= In diesem Viertel wohnt man gut) **4 *etwas an 'sich*** verwendet, um auszudrücken, dass man etwas ohne seine Folgen betrachtet: *Die Idee an sich ist nicht schlecht, nur lässt sie sich kaum realisieren* **5 *von 'sich aus*** ≈ freiwillig: *Er hat von sich aus das Geschirr gespült*

◆ **sich**[2] *reziprokes Pronomen der 3. Person Pl* (*sie*[2]), *Akkusativ und Dativ*; verwendet wie *z.B.* in *Gabi und Klaus erzählten sich Witze* (= Gabi erzählte Klaus Witze, und Klaus erzählte Gabi Witze) || ↑ *Anhang 8*: ***Reflexivpronomen***

◆ **si·cher** *Adj* **1** vor Gefahren oder Risiken geschützt ⟨ein Versteck; ein Arbeitsplatz; irgendwo sicher sein⟩ **2** so, dass Fehler fast nie vorkommen: *ein sicheres Urteil; sehr sicher Auto fahren* **3** mit der versprochenen Wirkung ⟨ein Medikament, eine Methode⟩ **4** so, dass man nicht fällt oder stürzt ⟨sicher stehen, gehen⟩ **5** voller Vertrauen in die eigenen Fähigkeiten ⟨sicher wirken⟩ **6** sehr wahrscheinlich ⟨es ist sicher, dass ...⟩: *Es ist ziemlich sicher, dass sie eine Stelle an der Universität bekommt* **7 *sich*** (*Dat*) ***etwas*** (*Gen*) ***sicher sein***; (***sich*** (*Dat*)) ***sicher sein, dass ...*** von etwas überzeugt sein: *sich des Erfolgs sicher sein; Ich bin mir sicher, dass sie meine Diskette noch hat* || ID ***Sicher ist sicher*** es ist besser, sehr vorsichtig zu sein, als ein Risiko einzugehen

◆ **Si·cher·heit** *die*; -, *-en* **1** *nur Sg*; der Zustand, in dem es keine Gefahr gibt ⟨die wirtschaftliche, persönliche Sicherheit; in Sicherheit sein⟩ || K-: ***Sicherheits-, -denken, -vorschriften*** **2** *nur Sg*; das gute Funktionieren, die verlässliche Wirkung von etwas: *die Sicherheit einer Methode, eines Medikaments* **3** *meist* ***mit Sicherheit*** ohne Zweifel, ganz bestimmt **4** *nur Sg*; die Fähigkeit, etwas sehr gut zu können: *die Sicherheit in einer Fremdsprache* || -K: ***Fahr-*** **5** *nur Sg*; das Vertrauen in die eigenen Fähigkeiten ⟨große Sicherheit zeigen⟩: *Der Erfolg hat ihr Sicherheit gegeben*

Si·cher·heits·gurt *der*; ein Gurt, den man sich im Auto, Flugzeug *usw* umlegt, damit man bei einem plötzlichen Bremsen *o.Ä.* geschützt ist ⟨den Sicherheitsgurt anlegen⟩ || ↑ *Illustration* ***Das Auto***

si·cher·heits·hal·ber *Adv*; um ganz sicher zu sein, dass keine Gefahr entsteht, kein Fehler gemacht wird

Si·cher·heits·na·del *die*; eine Art Nadel, mit der man *bes* Teile aus Stoff aneinander befestigen kann || ↑ *Abbildung unter* ***Nadel***

si·cher·lich *Adv*; mit großer Wahrscheinlichkeit

◆ **si·chern**; *sicherte, hat gesichert* **1 *etwas*** (***gegen etwas***) ***sichern*** etwas vor Zerstörung oder Gefahr schützen: *die Tür gegen Einbruch sichern* **2 *etwas sichern*** alles tun, damit etwas funktionieren oder existieren kann ⟨die Menschenrechte, die Versorgung sichern⟩ **3 *etwas sichern*** *EDV*; Dateien oder Programme im Computer so aufnehmen, dass sie nicht ver-

S

loren gehen **4 *j-m / sich etwas sichern*** alles tun, was nötig ist, damit j-d / man selbst etwas bekommt ⟨sich den Sieg sichern⟩

Si·che·rung *die*; -, *-en* **1** ein kleines Teil in einem elektrischen System. Es unterbricht den Strom, wenn es zu Störungen kommt ⟨die Sicherung auswechseln; die Sicherung ist durchgebrannt⟩ **2** *nur Sg*; die Maßnahmen, durch die man etwas vor Gefahr schützt oder die die Existenz von etwas garantiert: *die Sicherung der Arbeitsplätze* || -K: ***Friedens-*** **3** *EDV*; das Sichern (3) || K-: ***Sicherungs-, -kopie*** || -K: ***Daten-***

Sicht *die*; -; *nur Sg* **1** die Möglichkeit, Menschen und Dinge zu sehen (die vom Wetter, der Luft, dem eigenen Standort abhängt) ⟨eine freie, gute, klare Sicht haben⟩: *Bei Nebel beträgt die Sicht oft weniger als 50 Meter* || K-: ***Sicht-, -verhältnisse, -weite*** || -K: ***Fern-*** **2** die Art, wie man j-n / etwas beurteilt: *Aus der Sicht der Opposition war das Ergebnis der Wahl ein voller Erfolg* **3 *auf lange Sicht*** für eine lange Zeit oder einen späteren Zeitpunkt in der Zukunft ⟨etwas auf lange Sicht planen⟩

sicht·bar *Adj* **1** so, dass es mit den Augen gesehen werden kann: *Unter dem Mikroskop werden Bakterien sichtbar* **2** *nur attr oder adv*; so, dass es jeder leicht erkennt: *Ihr Gesundheitszustand hat sich sichtbar gebessert* || *zu* **1 Sicht·bar·keit** *die*

sicht·lich *Adj*; *nur attr oder adv*; so, dass es jeder sehen oder bemerken kann ⟨mit sichtlicher Begeisterung; sichtlich nervös⟩

♦**Sie** *Personalpronomen der 2. Person Sg und Pl, Höflichkeitsform* **1** verwendet als höfliche Anrede ↔ du: *Möchten Sie etwas zu trinken?* **2 *zu j-m Sie sagen*; *mit j-m per Sie sein*** j-n mit „Sie" anreden || ↑ *Anhang 4*: ***Personalpronomen***

♦**sie**[1] *Personalpronomen der 3. Person Sg*; verwendet anstatt eines Substantivs, um eine vorher genannte Person oder Sache zu bezeichnen, deren grammatisches Geschlecht feminin ist: *„Hast du Martina gesehen?" – „Ja, sie ist im Garten"*; *Du kannst die Uhr morgen holen, ich habe sie zum Uhrmacher gebracht* || ↑ *Anhang 4*: ***Personalpronomen***

♦**sie**[2] *Personalpronomen der 3. Person Pl* **1** verwendet anstatt eines Substantivs, um mehrere Personen oder Sachen zu bezeichnen, die schon genannt wurden: *Meine Eltern sind da. Sie sind vor einer Stunde gekommen*; *„Weißt du, wo meine Schuhe sind?" – „Nein, ich habe sie nirgends gesehen"* **2** *gespr*; verwendet, um Leute zu bezeichnen, die man nicht nennen kann oder will: *Jetzt wollen sie schon wieder die Benzinpreise erhöhen* **3** *gespr*; irgendein Unbekannter ≈ (irgend)jemand: *Mir haben sie gestern das Fahrrad gestohlen* || ↑ *Anhang 4*: ***Personalpronomen***

Sieb *das*; -*(e)s*, -*e*; eine Art kleiner Korb mit vielen kleinen Löchern, mit dem man Flüssigkeiten und feste Stoffe oder kleine und große Körner voneinander trennt ⟨ein feines Sieb⟩: *die Nudeln ins Sieb schütten* || -K: ***Tee-, -sieb***

sie·ben[1]; *siebte, hat gesiebt*; **(*etwas*) *sieben*** etwas durch ein Sieb schütten ⟨Sand, Mehl sieben⟩

sie·ben[2] *Zahladj*; (als Zahl) 7

sieb·zehn *Zahladj*; (als Zahl) 17

sieb·zig *Zahladj* **1** (als Zahl) 70 **2 *Anfang, Mitte, Ende siebzig sein*** ungefähr 70 bis 73, 74 bis 76, 77 bis 79 Jahre alt sein

Sied·lung *die*; -, *-en* **1** ein Ort, an dem Menschen Häuser bauen, um dort wohnen zu können: *eine alte römische Siedlung* **2** eine Gruppe von (ähnlichen) Häusern mit Garten, *bes* am Rand einer Stadt

Sieg *der*; *-es*, *-e*; ***ein Sieg* (*über j-n / etwas*)** das Siegen ⟨ein deutlicher Sieg; ein militärischer, olympischer Sieg; einen Sieg erringen⟩

sie·gen; *siegte, hat gesiegt*; **(*gegen j-n / über j-n / etwas*) *siegen*** in einem Kampf, Streit oder in einem Wettbewerb stärker oder besser als der Gegner sein: *Die junge Mannschaft siegte überraschend über den Favoriten*

Sie·ger *der*; *-s*, -; ***ein Sieger* (*über j-n*)** j-d, der in einem Kampf oder in einem Wettbewerb gewonnen hat || -K: ***Olympia-*** || *hierzu* **Sie·ge·rin** *die*; -, *-nen*

sieg·reich *Adj*; (in einem Wettbewerb oder Krieg) erfolgreich: *die siegreiche Schwimmerin*; *eine siegreiche Schlacht*

sieht ↑ ***sehen***

sie·zen; *siezte, hat gesiezt*; ***j-n siezen*** j-n mit „Sie" anreden ↔ duzen

Sig·nal *das*; *-s*, *-e* **1 *ein Signal* (*für etwas*)** etwas, das dazu dient, j-m eine Warnung, Information oder einen Befehl zu geben ⟨ein akustisches, optisches Signal; ein Signal beachten; auf ein Signal reagieren⟩ || -K: ***Alarm-, Not-***; ***Blink-*** **2 *ein Signal* (*zu etwas*)** *bes* ein Ton oder eine Bewegung, auf die hin j-d etwas tut ⟨das Signal zum Angriff⟩ || -K: ***Start-*** **3** ein Gerät neben dem Gleis, das zeigt, ob ein Zug (weiter)fahren kann **4** Ⓒⓗ ≈ Verkehrszeichen

S

Sịl·be *die*; -, *-n*; eine der Einheiten (in Bezug auf die Aussprache), aus denen längere Wörter bestehen: *Das Wort „staubig" hat zwei Silben (stau-big)* || -K: ***End-, Nach-, Vor-***

Sịl·ber *das*; *-s*; *nur Sg* **1** ein relativ weiches, wertvolles Metall, das sehr hell glänzt, wenn man es poliert, und aus dem man *bes* Schmuck, Geld und Besteck macht; *Chem* Ag ⟨echtes Silber⟩: *ein Ring aus Silber* || K-: ***Silber-, schmuck*** **2** Besteck und / oder Geschirr aus Silber (1) **3** *ohne Artikel*; *gespr*; eine Medaille aus Silber (1), die der Zweite eines sehr wichtigen Wettkampfes bekommt ⟨Silber gewinnen⟩ || K-: ***Silber-, -medaille***

Sil·ves·ter [zɪl'vɛstɐ] (*das*, *der*); *-s*, -; der letzte Tag des Jahres, der 31. Dezember ⟨Silvester feiern; zu Silvester / an Silvester⟩ || K-: ***Silvester-, -abend***

sịm·pel; *simpler*, *simpelst-*; *Adj*; *gespr*, *oft pej* **1** so, dass es jeder verstehen und machen kann ⟨eine Aufgabe, eine Methode; etwas simpel ausdrücken⟩: *Ich zeig dir, wie das geht, es ist ganz simpel* **2** ohne besondere Merkmale, Qualitäten (und ohne Luxus): *ein ganz simples Fahrrad ohne Gangschaltung* **3** einfach und allen bekannt: *Er kennt die simpelsten Regeln des Anstands nicht* || Hinweis: *simpel → eine simple Arbeit* || *zu* **1 Simp·li·zi·tät** *die*

◆**sịn·gen**; *sang*, *hat gesungen* **1** (***etwas***) ***singen*** eine Melodie oder ein Lied mit der Stimme produzieren ⟨ein Lied singen; gut singen⟩ **2** beruflich oder als Hobby regelmäßig singen (1): *im Kirchenchor, am Theater singen* **3** ***ein Vogel singt*** ein Vogel macht schön klingende Töne || ▸ ***Gesang***

Sin·gu·lar ['zɪŋgula:ɐ] *der*; *-s*; *nur Sg*; *Ling*; eine grammatische Kategorie (im Deutschen bei Verben, Substantiven, Adjektiven, Artikeln), die anzeigt, dass von nur einer Person, Sache die Rede ist ↔ Plural || K-: ***Singular-, -endung, -form***

Sịng·vo·gel *der*; ein Vogel, der melodisch singt oder ruft, *z.B.* die Lerche

◆**sịn·ken**; *sank*, *ist gesunken* **1** (***irgendwohin***) ***sinken*** sich *meist* langsam nach unten bewegen ⟨erschöpft zu Boden sinken; in die Knie sinken⟩ **2** ***etwas sinkt*** etwas verschwindet unter einer Oberfläche ≈ etwas geht unter ⟨das Schiff, das Boot⟩ **3** ***etwas sinkt*** etwas verliert (*meist* langsam) an Höhe, Wert und wird weniger ⟨die Preise, die Temperaturen⟩ **4** ***in Ohnmacht sinken*** ≈ bewusstlos werden

◆**Sịnn** *der*; *-(e)s*, *-e* **1** *meist Pl*; die Fähigkeit zu sehen, zu hören, zu riechen, zu schmecken und zu fühlen und so die Umwelt wahrzunehmen ⟨die fünf Sinne⟩ || K-: ***Sinnes-, -eindruck, -wahrnehmung*** || -K: ***Gehör-, Geruchs-*** **2** *nur Sg*; ***ein Sinn für etwas*** eine innere Beziehung zu etwas: *ein starker Sinn für Gerechtigkeit* || -K: ***Geschäfts-, Kunst-*** **3** *nur Sg* ≈ Bedeutung ⟨den Sinn einer Sache erfassen; etwas ergibt keinen Sinn⟩ **4** *nur Sg*; der Zweck, der Wert oder das Ziel von etwas ⟨der Sinn des Lebens⟩: *Es hat keinen Sinn, ihn zu kritisieren* **5** ***der sechste / ein sechster Sinn*** eine Art Ahnung, was geschehen könnte **6** ***etwas hat / macht Sinn*** *gespr*; etwas hat einen Nutzen oder einen Zweck || ID (***nicht***) ***bei Sinnen sein*** (nicht) klar denken können und entsprechend handeln; ***in j-s Sinn(e) handeln*** so handeln, wie es j-d anderer auch getan hätte; ***j-d / etwas geht j-m nicht mehr aus dem Sinn*** j-d muss immer wieder an j-n / etwas denken; ***etwas im Sinn haben*** die Absicht haben, etwas zu tun; ***ohne Sinn und Verstand*** ohne darüber nachzudenken, ob es sinnvoll ist

sịnn·ge·mäß *Adj*; *nur attr oder adv*; so, dass die Bedeutung der Äußerung (und nicht die Äußerung selbst) wiedergegeben wird ⟨etwas sinngemäß wiedergeben⟩

sịnn·los *Adj* **1** ohne Zweck oder Bedeutung ≈ unsinnig, zwecklos ⟨ein Krieg, eine Handlung⟩ **2** *nur attr oder adv*; ohne Grund ⟨sich sinnlos ärgern⟩ **3** ohne Überlegung oder Verstand ⟨Gerede, Zeug⟩ || *hierzu* **Sịnn·lo·sig·keit** *die*

sịnn·voll *Adj* **1** so, dass es einen Nutzen, einen Zweck hat ⟨eine Erfindung⟩ **2** so, dass es den Betreffenden zufrieden macht ⟨eine Arbeit, ein Leben⟩ **3** ⟨ein Satz⟩ so, dass er einen Sinn (3), eine Bedeutung ergibt

Sịnt·flut *die*; *nur Sg* **1** (in der Bibel) ein starker Regen, mit dem Gott die Menschen bestrafte **2** *gespr*; ein sehr starker Regen || K-: ***sintflut-, -artig*** || ID ***Nach mir die Sintflut!*** *gespr*; es ist mir egal, welche Folgen mein Verhalten haben wird

Sịt·te *die*; -, *-n* **1** *meist Pl*; die Verhaltensweisen, die eine bestimmte Gesellschaft traditionell hat ⟨die Sitten und Gebräuche eines Volkes⟩: *Andere Länder, andere Sitten* (Sprichwort) || -K: ***Landes-*** **2** *meist Sg*; die Normen, die in einer Gesellschaft bestimmen, was gut und richtig ist ≈ Moral ⟨die gute Sitte; gegen die Sitten verstoßen⟩ || K-: ***Sitten-, -kodex***; ***sitten-, -los*** **3** ***etwas ist Sitte*** etwas ist üblich ||

ID ***Das sind ja ganz neue Sitten!*** *gespr*; verwendet, um Überraschung über etwas Neues auszudrücken (das man nicht gut findet)

♦ **Si·tu·a·ti·on** [-'tsi̯oːn] *die*; -, *-en*; die Umstände, Bedingungen, Tatsachen, wie sie derzeit vorhanden sind ⟨eine schwierige Situation; j-s familiäre, finanzielle, berufliche Situation⟩ || -K: ***Konflikt-, Krisen-, Verkehrs-***

♦ **Sitz** *der*; *-es*, *-e* **1** etwas, das so gemacht ist, dass man darauf sitzen kann ⟨bequeme, weiche Sitze⟩ || K-: ***Sitz-, -bank, -platz*** || -K: ***Auto-***; ***Vorder-***; ***Not-*** **2** ein Platz, eine Rolle in einer Institution oder einer Versammlung (mit dem Recht, bei Abstimmungen mitzumachen) ⟨ein Sitz im Parlament, im Aufsichtsrat⟩: *Die Partei hat 20 Sitze im Parlament* || K-: ***Sitz-, -verteilung*** || -K: ***Abgeordneten-, Parlaments-*** **3** das Gebäude, in dem eine Institution, ein Betrieb arbeitet: *Die Firma hat ihren Sitz in Frankfurt* || -K: ***Amts-, Regierungs-***

♦ **sit·zen**; *saß, hat / ist gesessen* **1** ***(irgendwo) sitzen*** (*hat / bes südd* Ⓐ Ⓒⓗ *ist*) in einer ruhenden Stellung sein, in der der Oberkörper senkrecht bleibt und in der das Gewicht auf dem Gesäß ist ↔ stehen, liegen ⟨bequem, ruhig sitzen⟩: *auf einer Parkbank sitzen*; *Im Kino saß ein älterer Herr neben mir* || ↑ *Illustration* ***Verben der Bewegung*** || K-: ***Sitz-, -bank, -möbel*** **2** (*hat / südd* Ⓐ Ⓒⓗ *ist*) lange Zeit irgendwo sitzen (1), sich irgendwo aufhalten (und sich dabei mit etwas beschäftigen): *stundenlang vor dem Fernseher sitzen* (= fernsehen), *am Schreibtisch sitzen* (= arbeiten) **3** (*Zeitangabe* +) ***sitzen*** (*hat*) *gespr*; im Gefängnis sein: *Für seinen Banküberfall muss er (5 Jahre) sitzen* **4** ***irgendwo sitzen*** (*hat / südd* Ⓐ Ⓒⓗ *ist*) Mitglied einer politischen Gruppe sein, die Entscheidungen trifft ⟨im Parlament, im Stadtrat *usw* sitzen⟩ **5** ***etwas sitzt (gut)*** (*hat*) etwas hat die richtige Größe und Form und passt j-m deshalb: *Die Jacke sitzt gut* **6** ***etwas sitzt schlecht*** (*hat*) etwas hat nicht die richtige Größe und Form und passt deshalb nicht **7** ***etwas sitzt irgendwie*** (*hat*) etwas hängt, liegt, steckt irgendwo auf eine bestimmte Art: *Deine Brosche sitzt verkehrt* **8** ***etwas sitzt*** (*hat*) *gespr*; etwas wird (von j-m) beherrscht: *Vokabeln lernen, bis sie sitzen* **9** ***etwas sitzt (tief)*** (*hat*) etwas wirkt sehr stark in j-m ⟨eine Beleidigung, eine Kränkung⟩ **10** ***eine sitzende Tätigkeit, Arbeit*** *usw* eine Tätigkeit *usw*, bei der man viel sitzt (1) **11** ***einen 'sitzen haben*** *gespr*; (ein wenig) betrunken sein

Sitz·platz *der*; ein Platz zum Sitzen (in einem Bus, Zug, Stadion)

♦ **Sit·zung** *die*; -, *-en* **1** ein Treffen von mehreren Leuten, um etwas zu besprechen ≈ Konferenz ⟨eine Sitzung einberufen, eröffnen⟩ || K-: ***Sitzungs-, -protokoll*** || -K: ***Kommissions-*** **2** ein Termin für eine Behandlung, *meist* beim Zahnarzt oder bei einem Therapeuten || -K: ***Therapie-***

Ska·la [sk-] *die*; -, *-s* / *Ska·len* **1** eine Darstellung der Ergebnisse einer Messung durch ein Instrument (*meist* in Form von Strichen und Zahlen) ⟨etwas von / auf einer Skala ablesen⟩: *die Skala des Thermometers* **2** eine grafische Darstellung verschiedener Werte, Farben: *eine Skala von Blautönen* || -K: ***Noten-***

♦ **Skan·dal** [sk-] *der*; *-s*, *-e*; ***ein Skandal (um j-n / etwas)*** ein Ereignis, das viele Leute schockiert und ärgert ⟨einen Skandal verursachen, aufdecken⟩: *der Skandal um die Finanzierung des Krankenhauses* || -K: ***Bestechungs-, Finanz-*** || *hierzu* **skan·da·lös** *Adj*

Ske·lett [sk-] *das*; *-s*, *-e*; alle Knochen des Körpers eines Menschen oder Tiers: *das Skelett eines Mammuts* || ↑ *Abbildung Seite 390*

Skep·sis [sk-] *die*; -; *nur Sg*; ***Skepsis (gegenüber j-m / etwas)*** der Glaube oder die Befürchtung, dass etwas nicht stimmen, funktionieren könnte ≈ Zweifel ⟨voller Skepsis sein⟩ || *hierzu* **skep·tisch** *Adj*

Ski [ʃiː] *der*; *-s*, *- / -er* ['ʃiːɐ]; eines von zwei langen, schmalen Brettern (*meist* aus Kunststoff), mit denen man über Schnee gleiten kann ⟨Ski fahren⟩ || K-: ***Ski-, -fahrer, -sport, -stiefel*** || -K: ***Abfahrts-, Langlauf-***

Skiz·ze [sk-] *die*; -, *-n* **1** eine einfache, schnell gemachte Zeichnung, die mit wenigen Strichen das Wichtigste zeigt ⟨eine flüchtige Skizze; eine Skizze machen⟩: *die Skizze eines Hauses* || K-: ***Skizzen-, -block*** **2** ein kurzer Text, der das Wichtigste beschreibt || -K: ***Reise-*** || *hierzu* **skiz·zie·ren** (*hat*)

Skla·ve ['sklaːvə, 'sklaːfə] *der*; *-n*, *-n* **1** *hist*; j-d, der nicht frei ist, sondern der Person gehört, für die er arbeitet || K-: ***Sklaven-, -handel*** **2** ***ein Sklave*** + *Gen pej*; j-d, der von j-m / etwas (innerlich) abhängig ist: *ein Sklave der eigenen Gewohnheiten sein* || *hierzu* **Skla·vin** *die*; -, *-nen*

Skelett

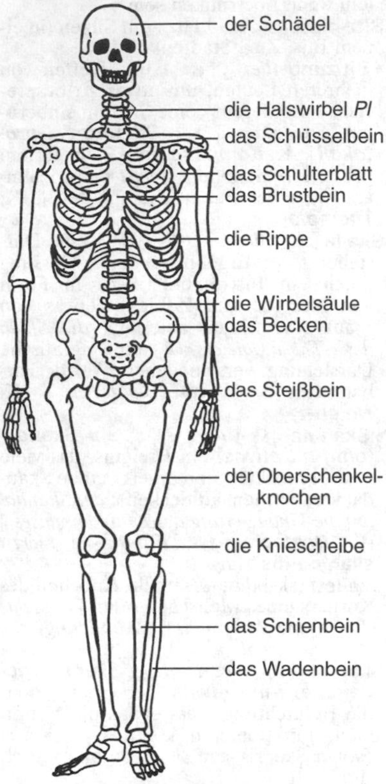

Skor·pi·on [skɔr'pio:n] *der*; *-s*, *-e* **1** ein Tier, das mit den Spinnen verwandt ist, *meist* in den Tropen lebt und einen giftigen Stachel hat **2** *nur Sg*; das Sternzeichen vom 24. Oktober bis 22. November

Skru·pel [sk-] *der*; *-s*, -; *meist Pl*; die Gedanken und Gefühle, die einen daran hindern, etwas Böses zu tun ⟨(keine) Skrupel haben, etwas zu tun; keine Skrupel kennen⟩ || K-: ***skrupel-, -los***

◆**Slip** *der*; *-s*, *-s*; eine kleine, enge Unterhose || -K: ***Damen-, Herren-***

◆**Smog** [sm-] *der*; *-(s)*; *nur Sg*; eine dichte Schicht aus Rauch, giftigen Gasen und oft auch Nebel (über einer Stadt oder Fabrik) || K-: ***Smog-, -alarm***

◆**so**¹ *Adv* **1** verwendet, um die Art und Weise zu bezeichnen, auf die eine (*meist* schon bekannte) Handlung abläuft: *Wir machen das so und nicht anders*; *Das machst du gut so!* **2** in diesem Zustand oder in dieser Form: *So kannst du nicht zu einer Hochzeit gehen!*; *Ich glaube nicht, dass man dieses Wort so schreibt* **3** ***so*** + *Adj* / *Adv* (+ ***wie***) in diesem (hohen) Maß, Grad (wie j-d / etwas): *Er ist so groß wie sein Bruder*; *so schnell wie möglich* **4** ***so*** + *Zeitangabe* / *Mengenangabe*; *gespr* ≈ ungefähr: *So in einer halben Stunde bin ich fertig* **5** *unbetont*; ***oder so*** *gespr*; verwendet (nach einer Aussage), wenn man etwas nicht genau weiß oder wenn man etwas nicht präziser formulieren will: *Sie heißt Koslowski oder so* **6** ***'so und / oder 'so*** auf diese und / oder andere Weise: *Das kann man so und so / so oder so sehen* **7** ≈ solch: *Bei so schlechtem Wetter bleibt man besser zu Hause*; *So ein Lügner!* **8** ***so genannt-*** verwendet, um auszudrücken, dass die folgende Bezeichnung in diesem Fall nicht richtig ist: *mein so genannter Freund Klaus* **9** ***so genannt-*** verwendet, um auszudrücken, dass die folgende Bezeichnung neu ist oder von bestimmten Leuten verwendet wird: *die so genannte Globalisierung* **10** (***Na,***) ***'so was*** *gespr*; verwendet, um Erstaunen oder Empörung auszudrücken: *Na, so was, jetzt finde ich meine Schlüssel nicht!*

◆**so**² *Konjunktion* **1** verwendet, um einen Vergleich einzuleiten: *Sie beendete ihr Studium so schnell sie nur konnte* **2** verwendet, um einen Nebensatz einzuleiten, in dem eine einräumende Bemerkung gemacht wird: *So Leid es mir tut, ich kann ihnen nicht helfen*

◆**so**³ *nur in* **1** ***so*** (+ *Adj* / *Adv*), ***dass ...*** verwendet, um Ursachen und Folgen auszudrücken: *Der Film war so langweilig, dass ich eingeschlafen bin* **2** ***so*** + *Adj* + *Infinitiv* verwendet, um die Voraussetzung für eine Handlung anzugeben: *Sie war so freundlich, mir zu helfen*

◆**so**⁴ *Partikel* **1** *betont*; (***ja***) ***so*** ≈ sehr: *Das war so lustig!* **2** *unbetont* ≈ wirklich: *Das kann ich nicht so recht glauben* (= ich bezweifle es) **3** *unbetont*; verwendet am Anfang einer Aufforderung (*oft* zusammen mit *doch*), um Ungeduld oder Ärger auszudrücken: *So komm jetzt endlich!* **4** *betont*; allein stehend oder am Anfang eines Satzes als Kommentar verwendet, wenn man etwas gerade getan hat (und damit zufrieden ist): *So, das hätten wir geschafft!* **5** *betont*; verwendet, um zu zeigen, dass man nicht sehr interessiert ist: *„Unsere Nachbarn haben ein neues Auto gekauft"* – *„So"* **6** *betont*; als Frage verwendet, um Erstaunen oder Skepsis auszudrücken:

„Sie ist schon mit 34 Jahren Großmutter geworden" – „So?"

◆**so·bald** *Konjunktion*; verwendet, um auszudrücken, dass etwas sofort geschehen wird, wenn eine Voraussetzung erfüllt ist: *Ich komme, sobald ich mit der Arbeit fertig bin*

◆**So·cke** *die*; -, *-n*; *meist Pl*; ein kurzer Strumpf, der bis über die Knöchel reicht ⟨ein Paar Socken⟩ || ID ***sich auf die Socken machen*** *gespr*; fortgehen oder -fahren; ***von den Socken sein*** *gespr*; überrascht sein

◆**so·dass, so dass** *Konjunktion*; verwendet, um die Folge einzuleiten, die sich aus dem Hauptsatz ergibt: *Er war völlig verwirrt, sodass er nicht mehr wusste, was er sagte*

so·eben *Adv* **1** jetzt, in diesem Augenblick: *Soeben wird gemeldet …* **2** vor sehr kurzer Zeit: *Sie ist soeben angekommen*

So·fa *das*; *-s*, *-s*; ein weiches, bequemes Möbelstück (mit einer Rückenlehne und Armlehnen), auf dem mehrere Personen sitzen können

so·fern *Konjunktion*; *geschr*; verwendet, um eine Voraussetzung zu nennen ≈ wenn (1): *Die Fahrt dauert zwei Stunden, sofern es keinen Stau gibt*

◆**so·fort** *Adv* **1** unmittelbar nach der anderen genannten Handlung: *Der Hund fing sofort an zu bellen, als es klingelte* **2** ohne dass Zeit vergeht: *Du sollst sofort nach Hause kommen!* **3** in sehr kurzer Zeit ≈ gleich: *Wartet auf mich, ich komme sofort!*

Soft·ware ['sɔftvɛːɐ] *die*; -; *nur Sg*; die Programme (6), mit denen ein Computer arbeiten kann

◆**so·gar** [zo'gaːɐ] *Partikel*; *unbetont* **1** verwendet, um auszudrücken, dass man weniger erwartet hat: *Er war bei dem Rennen nicht nur erfolgreich, er hat sogar gewonnen!* **2** verwendet, um auszudrücken, dass etwas ungewöhnlich ist: *Am Nordpol scheint die Sonne im Juni sogar nachts*

Soh·le *die*; -, *-n* **1** die untere Fläche des Fußes || ↑ *Abbildung unter* **Fuß** || -K: **Fuß-** **2** die untere Fläche des Schuhs oder des Strumpfes || ↑ *Abbildung unter* **Schuhe** || -K: **Schuh-**; **Gummi-** **3** ein flaches Stück aus warmem Material, das man in die Schuhe legt || ID ***auf leisen Sohlen*** leise und so, dass es niemand hört

◆**Sohn** *der*; *-(e)s*, *Söh·ne* **1** j-s männliches Kind || -K: ***Arbeiter-, Königs-*** **2** ***der Sohn Gottes*** *Rel*; Jesus Christus **3** ***ein verlorener Sohn*** j-d, der seine Eltern enttäuscht, weil er ganz anders ist als sie erwarten

◆**so·lang, so·lan·ge** *Konjunktion*; ***solange*** (***wie***) in / während der Zeit, in der …: *Solang (wie) mein Auto kaputt ist, muss ich mit dem Fahrrad fahren*

◆**solch** *Demonstrativpronomen*; *indeklinabel*; verwendet, um ein Adjektiv zu verstärken ≈ derart: *Bei solch nassem / solch einem nassen / einem solch nassen Wetter bleibt man besser zu Hause* || Hinweis: *meist* vor dem unbestimmten Artikel

◆**sol·ch-** *Demonstrativpronomen*; *nur attr*, *nicht adv* **1** von der schon genannten, bekannten oder ähnlichen Art: *Solche Autos rosten schnell*; *Es gab Kuchen, Plätzchen und solche Sachen* **2** verwendet, um zu betonen, dass etwas sehr intensiv, groß, stark *o.Ä.* ist: *Sie hatte solchen Hunger, dass sie nicht einschlafen konnte*; *Es ist eine solche Freude, dich zu sehen* || Hinweis *zu* **1** und **2**: nach dem unbestimmten Artikel **3** *Subst* + ***als solche***(***r, -s*** *usw*) die genannte Sache, so, wie sie ist: *Der Winter als solcher stört mich nicht, aber er dauert mir einfach zu lange*

◆**Sol·dat** *der*; *-en*, *-en*; ein Mitglied einer Armee, *bes* j-d, der kein Offizier ist || K-: ***Soldaten-, -friedhof*** || -K: ***Berufs-, Luftwaffen-***

so·li·de *Adj* **1** sorgfältig und aus gutem, festem Material hergestellt ≈ stabil: *solide Möbel* **2** so, dass nichts Wichtiges fehlt ≈ gründlich ⟨eine Ausbildung, ein Wissen⟩ **3** ohne moralische Fehler ⟨ein Lebenswandel; ein Mann⟩ **4** ⟨eine Firma⟩ in guten finanziellen Verhältnissen ≈ seriös || *hierzu* **So·li·di·tät** *die*

◆**sol·len**[1]; *sollte, hat sollen*; *Modalverb* **1** *Infinitiv* + **sollen** verwendet, um auszudrücken, dass es gut oder sinnvoll wäre, wenn man das Genannte tun würde: *Ich soll mich ein bisschen ausruhen, hat der Arzt gesagt* **2** *Infinitiv* + **sollen** verwendet, um auszudrücken, dass etwas zu tun ist, weil eine Pflicht, Aufgabe oder Vereinbarung gegeben ist: *Du sollst deinen Vater zurückrufen*; *Ich soll noch meine Hausaufgaben machen*; *Ich soll ihn um fünf Uhr abholen* **3** ***soll ich / sollen wir*** + *Infinitiv* verwendet, um einen Vorschlag zu machen: *Soll ich das Fenster aufmachen?* **4** *meist* ***du sollst nicht*** + *Infinitiv* verwendet, um j-m etwas zu verbieten: *Du sollst nicht alles anfassen!*; *Das fünfte Gebot lautet: „Du sollst nicht töten"* **5** ***j-d / etwas soll*** + *Infinitiv* andere sagen, dass es so sei (aber eine sichere Tatsache ist es nicht): *Er soll ja sehr reich sein*; *Der Anführer der Rebellen soll festgenommen worden sein* **6** ***j-d / etwas soll*** + *Infinitiv*

S

verwendet, um auszudrücken, dass andere etwas planen: *Nächstes Jahr sollen die Steuern erhöht werden* **7** *meist* **soll ich** + *Infinitiv gespr*; verwendet in rhetorischen Fragen, um Ärger auszudrücken: *Soll ichs denn alleine machen?*; *Wie oft soll ich dir das noch sagen?* **8** *Infinitiv* + **sollen** verwendet, um die feste Absicht oder die Entschlossenheit des Sprechers auszudrücken: *Du sollst alles bekommen, was du brauchst - dafür sorge ich* **9** ***j-d* soll** + *Infinitiv*; *gespr*; verwendet vom Sprecher um auszudrücken, dass er einverstanden ist oder dass es ihm egal ist: *„Er will noch 150 Euro haben" - „Dann soll ers (von mir aus) haben!"* **10** *Infinitiv* + **sollen** verwendet, um eine Frage zu stellen, auf die man keine Antwort weiß: *Was soll ich nur tun?*; *Wie sollte das denn funktionieren?* **11** *Infinitiv* + **sollte(*n*)** verwendet, um einen Wunsch auszusprechen (von dem man nicht erwartet, dass er immer erfüllt wird): *So sollte das Wetter immer sein!* **12** ***j-d* hätte** + *Infinitiv* + **sollen** verwendet, um auszudrücken, dass es gut, schön oder besser gewesen wäre, wenn etwas geschehen wäre: *Du hättest sein Gesicht sehen sollen!*; *Wir hätten nicht kommen sollen*; *Das hättest du nicht sagen sollen* (= es wäre besser gewesen, wenn du das nicht gesagt hättest) **13** *Infinitiv* + **sollte(*n*)** *usw* verwendet, um eine höfliche oder bestimmte Aufforderung auszudrücken: *Du solltest ihn nicht immer ärgern* (= es wäre besser, wenn du ihn nicht immer ärgern würdest) **14** ***j-d* / *etwas* sollte** + *Infinitiv* verwendet um auszudrücken, dass sich die Dinge anders entwickelt haben, als man vielleicht erwartet hat: *Es sollte aber anders kommen, als er es sich vorgestellt hatte* **15** ***wenn* / *falls j-d* / *etwas*** + *Infinitiv* + **sollte** verwendet, um einen theoretischen Fall zu konstruieren: *Wenn meine Frau anrufen sollte, sagen Sie ihr, dass ich später heimkomme* **16** *Infinitiv* + **sollte(*n*)** *usw* verwendet, um eine Möglichkeit auszudrücken: *Sollte sie damit Recht haben?* (= es kann sein, dass sie Recht hat) **17** *meist* **Woher soll ich das wissen?** *gespr*; verwendet, um (auf ziemlich unhöfliche Weise) auszudrücken, dass man etwas nicht weiß || ID ***Es hat nicht sollen sein* / *sein sollen*** das Schicksal wollte nicht, dass es so sein würde

S

◆**sol·len**[2]; *sollte, hat gesollt*; *gespr* **1** ***irgendwohin* sollen** den Auftrag oder die Verpflichtung haben, irgendwohin zu gehen oder zu fahren: *Der Chef rief an und sagte, du sollst sofort in sein Büro* **2** ***etwas* soll *irgendwohin*** es ist vereinbart oder vorgesehen, dass etwas irgendwohin gebracht wird: *Der Schrank soll neben das Fenster* || ID ***Was solls?*** daran kann man nichts ändern; ***Was soll das?*** verwendet um Ärger über das auszudrücken, was ein anderer gerade tut || Hinweis: **a**) *sollen*[2] wird als Vollverb verwendet; zusammen mit einem Infinitiv wird *sollen* als Modalverb verwendet; ↑ ***sollen***[1]; **b**) das Partizip Perfekt wird selten verwendet

So·lo *das*; *-s, -s / geschr So·li*; ein Teil eines Musikstückes oder Balletts, bei dem ein einzelner Künstler singt, spielt oder tanzt ⟨ein Solo singen⟩ || K-: ***Solo-, -instrument, -tanz*** || -K: ***Violin-*** || *hierzu* **So·lịst** *der*; **So·lịs·tin** *die*; -, *-nen*

so·mịt *Adv* **1** verwendet, um eine logische Folge auszudrücken ≈ folglich: *Das Erdöl wird teurer, und somit steigen auch andere Preise* **2** ≈ hiermit, damit: *Und somit kommen wir zum Ende unserer Veranstaltung*

Sọm·mer *der*; *-s*, -; **1** die Jahreszeit nach dem Frühling, in der die Tage warm und lang sind ⟨ein heißer, verregneter Sommer; es wird Sommer⟩ || K-: ***Sommer-, -anfang, -monat*** || -K: ***Hoch-*** **2** ***Sommer und* / *wie Winter*** während des ganzen Jahres

sọm·mer·lich *Adj*; so, wie es im Sommer typisch ist ⟨Kleidung, Wetter; sommerlich warm⟩

Sọm·mer·spros·se *die*; -, *-n*; *meist Pl*; einer der kleinen braunen Flecken auf der Haut, die *bes* rothaarige Menschen haben || *hierzu* **sọm·mer·spros·sig** *Adj*

Sọm·mer·zeit *die* **1** ***zur Sommerzeit*** im Sommer **2** der Zeitraum im Sommer, in dem die Uhren um eine Stunde vorgestellt sind

◆**Sọn·der·an·ge·bot** *das* **1** das Angebot einer Ware für eine bestimmte Zeit unter dem normalen Preis ⟨etwas im Sonderangebot kaufen⟩ **2** eine Ware im Sonderangebot (1)

sọn·der·bar *Adj*; nicht so, wie man es gewöhnt ist, und deshalb überraschend ⟨ein Mensch; ein Vorfall; sich sonderbar benehmen⟩ || *hierzu* **Sọn·der·bar·keit** *die*

◆**sọn·dern** *Konjunktion*; verwendet, um nach einer verneinten Aussage das Zutreffende einzuleiten: *Ich bin nicht mit dem Auto gefahren, sondern zu Fuß gegangen*

◆**Sọn·der·preis** *der*; ein sehr billiger Preis

Sọn·der·schu·le *die*; eine Schule, in der solche Kinder unterrichtet werden, die

Probleme beim Lernen haben || *hierzu* **Son·der·schü·ler** *der*; **Son·der·schü·le·rin** *die*; -, *-nen*

Sonn·abend *der*; *nordd* ≈ Samstag

◆**Son·ne** *die*; -, *-n* **1** *nur Sg*; der große Stern am Himmel, den man am Tag sieht und von dem die Erde Wärme und Licht bekommt || K-: ***Sonnen-, -aufgang, -strahl*** || -K: ***Abend-, Frühlings-, Januar-*** **2** *nur Sg*; das Licht und die Wärme der Sonne ⟨keine Sonne vertragen⟩ || K-: ***sonnen-, -gebräunt*** **3** *nur Sg*; ein Platz mit dem Licht der Sonne ↔ Schatten ⟨in der Sonne liegen⟩ **4** ein Stern, um den Planeten kreisen

son·nen, sich; *sonnte sich, hat sich gesonnt* **1** ***sich sonnen*** (für längere Zeit) in der Sonne (3) liegen: *sich am Strand sonnen* **2** ***sich in etwas*** (*Dat*) ***sonnen*** etwas genießen und sehr stolz darauf sein ⟨sich im Erfolg sonnen⟩

Son·nen·schein *der*; *nur Sg*; das Licht der Sonne, wenn sie auf die Erde scheint

Son·nen·uhr *die*; eine Art einfache Uhr, bei der der Schatten eines Stabes die Uhrzeit zeigt

son·nig *Adj* **1** im Licht der Sonne: *eine sonnige Bank* **2** mit viel Sonnenschein ⟨Wetter⟩: *Urlaub in einem sonnigen Land*

Sonn·tag *der*; der siebte Tag der Woche, an dem die meisten Leute nicht arbeiten; *Abk* So ⟨am Sonntag; letzten, diesen, nächsten Sonntag⟩: *Der Zug fährt täglich außer an Sonn- und Feiertagen* || K-: ***Sonntag-, -abend, -mittag*** *usw*; ***Sonntags-, -ruhe*** || -K: ***Oster-***

◆**sonst**[1] *Adv* **1** in den meisten anderen Fällen: *Die sonst laute Straße war plötzlich ganz ruhig* **2** zusätzlich zu dem, was schon gesagt worden ist (verwendet in Fragen oder vor verneinten Satzteilen) ⟨sonst nichts; sonst niemand⟩: *Hast du sonst noch Fragen?*; *Nur wir sind eingeladen, sonst niemand* **3** verwendet, um nach Kritik etwas Positives zu sagen: *Die Nudeln waren zu salzig, aber sonst war das Essen ausgezeichnet*

◆**sonst**[2] *Konjunktion*; verwendet, um zu sagen, dass negative Folgen entstehen können: *Es ist besser, du gehst gleich, sonst kommst du zu spät*

◆**sonst**[3] *mit Indefinitpronomen*; drückt aus, dass irgendeine andere Person oder Sache, irgendein anderer Ort gemeint werden kann; ***sonst j-d*** (= irgendjemand anderes); ***sonst was*** (= irgendetwas anderes)

sons·ti·g- *Adj*; *nur attr*, *nicht adv*; zusätzlich zu dem, was schon genannt wurde: *Rauchen, Trinken und sonstige schlechte Gewohnheiten*

so·oft [zoˈ|ɔft] *Konjunktion*; jedes Mal, wenn die genannten Umstände gegeben sind: *Sooft ich sie sehe, freue ich mich*

◆**Sor·ge** *die*; -, *-n* **1** *meist Pl*; die unangenehmen Gedanken und Gefühle, die man hat, wenn man Probleme oder Angst hat ⟨berufliche, finanzielle Sorgen; etwas erfüllt j-n mit Sorge; Kummer und Sorgen⟩: *Er macht sich Sorgen wegen seiner hohen Schulden* || K-: ***sorgen-, -frei, -los, -voll*** || -K: ***Existenz-*** **2** ***Sorgen*** (***um j-n / etwas***) die Angst, dass etwas Unangenehmes geschehen könnte: *Ich mache mir immer Sorgen um dich, wenn du allein mit dem Auto fährst* **3** ***die Sorge*** (***für j-n***) *nur Sg*; alle Handlungen, mit denen man erreichen will, dass es j-m gut geht: *die elterliche Sorge für die Kinder* || ID ***Keine Sorge!*** *gespr*; verwendet, um j-m Mut zu machen: *Keine Sorge, das wird schon klappen*

◆**sor·gen**; *sorgte, hat gesorgt* **1** ***für j-n sorgen*** alles tun, was eine Person braucht, damit es ihr gut geht ⟨für die Kinder sorgen⟩ **2** ***für etwas sorgen*** alles tun, was nötig ist, damit etwas geschieht, entsteht oder da ist ⟨für das Essen, die Getränke sorgen⟩ **3** ***sich*** (***um j-n / etwas***) ***sorgen*** sich um j-n / etwas Sorgen (2) machen: *Ich sorge mich um seine Gesundheit*

Sorg·falt *die*; -; *nur Sg*; die sehr genaue Ausführung einer Aufgabe ⟨große Sorgfalt auf etwas (*Akk*) verwenden; mit größter Sorgfalt⟩ || *hierzu* **Sorg·fäl·tig·keit** *die*; **sorg·fäl·tig** *Adj*

Sor·te *die*; -, *-n*; ***eine Sorte*** (+ *Subst*) eine Gruppe von *meist* Pflanzen oder Lebensmitteln, die sich durch ihre Eigenschaften von anderen unterscheiden: *eine billige Sorte Tee*; *eine Sorte Trauben ohne Kerne*; *Er raucht nur eine ganz bestimmte Sorte Zigarren* || -K: ***Apfel-, Käse-, Obst-, Tee-***

◆**So·ße** *die*; -, *-n* **1** eine *meist* relativ dicke (gekochte) Flüssigkeit, die man zu Fleisch, Gemüse *o.Ä.* isst || -K: ***Braten-, Salat-, Tomaten-*** || Hinweis: *bes* auf Speisekarten auch *Sauce* geschrieben **2** eine dicke, süße Flüssigkeit, die man zur Nachspeise isst || -K: ***Vanille-***

◆**Sou·ve·nir** [zuvəˈniːɐ̯] *das*; *-s*, *-s*; ein *meist* kleiner Gegenstand, den man auf einer Reise kauft (um sich an die Reise zu erinnern)

sou·ve·rän [zuvəˈrɛːn] *Adj* **1** so, dass man die Situation *bzw* den Gegner deutlich unter Kontrolle hat ≈ überlegen ⟨souverän sein, wirken; etwas souverän

S

beherrschen⟩ **2** von keinem anderen Staat regiert oder verwaltet ≈ unabhängig ⟨ein Staat⟩ **3** *hist*; mit unbegrenzter Macht ⟨ein Herrscher⟩ || *hierzu* **Sou·ve·rä·ni·tät** *die*

◆**so·viel** *Konjunktion*; verwendet, um *meist* den eigenen Informationsstand einzuleiten: *Soviel ich weiß* (= nach meinem Wissen), *sind die Geschäfte morgen geschlossen*

so·weit *Konjunktion* **1** ≈ soviel **2** in dem Maße, wie: *Soweit ich dazu in der Lage bin, werde ich es auch machen*

◆**so·wie·so** *Partikel*; *gespr*; etwas ist der Fall und ist so wichtig, dass andere Dinge keine Bedeutung haben: *Es ist nicht schlimm, dass du das Buch vergessen hast, ich habe jetzt sowieso keine Zeit zum Lesen*

◆**so·wohl** *nur in* ***sowohl ... als / wie*** (***auch***) das eine wie das andere ≈ nicht nur ..., sondern auch: *Sie ist sowohl Sängerin als auch Schauspielerin*; *Ich mag sowohl die Berge als auch das Meer*

◆**so·zi·al** *Adj* **1** *nur attr, nicht adv*; in Bezug auf die Art und Weise, in der die Menschen in der Gesellschaft zusammenleben ⟨die Ordnung, der Fortschritt, Spannungen⟩ **2** *nur attr oder adv*; in Bezug auf die Tatsache, dass Menschen zu verschiedenen Gruppen, Klassen oder Schichten gehören ⟨Unterschiede, Schichten⟩: *Dieses Steuersystem fördert die sozialen Gegensätze* || K-: ***Sozial-, -prestige*** **3** ⟨die Errungenschaften, die Einrichtungen, die Leistungen⟩ so, dass sie dem Wohl *bes* der armen und schwachen Menschen dienen ⟨einen sozialen Beruf haben; sozial denken, handeln⟩ || K-: ***Sozial-, -politik***

So·zi·a·lis·mus *der*; -; *nur Sg* **1** (in den Theorien von Marx und Engels) die Form der Gesellschaft, die der Entwicklung des Kommunismus vorausgeht **2** die tatsächliche Form des Sozialismus (1), die *bes* in den kommunistischen Ländern herrschte || *hierzu* **So·zi·a·list** *der*; **So·zi·a·lis·tin** *die*; -, *-nen*; **so·zi·a·lis·tisch** *Adj*

so·zu·sa·gen *Adv*; wie man auch sagen könnte: *Paul ist sozusagen der Organisator*

Spa·get·ti, **Spa·ghet·ti** [ʃpaˈgɛti] *die*; *Pl*; lange dünne Nudeln

Spalt *der*; -*(e)s*, *-e*; eine schmale, lange Öffnung: *Bitte lassen Sie die Tür einen Spalt (breit) offen*; *ein Spalt im Holz* || K-: ***spalt-, -breit*** || -K: ***Gletscher-, Tür-***

spal·ten; *spaltete, hat gespalten / gespaltet* **1** ***etwas spalten*** etwas der Länge nach (*meist* mit einem Werkzeug) in zwei oder mehrere Teile trennen: *ein Stück Holz mit einem Beil spalten* **2** ***Atomkerne spalten*** Atome in kleinere Partikel teilen, um so Energie zu gewinnen **3** ***j-d / etwas spaltet etwas*** j-d bewirkt, dass eine Einheit sich in (gegensätzliche) Gruppen teilt: *Mit seiner Politik hat er die gesamte Partei gespalten* **4** ***etwas spaltet sich*** etwas Einheitliches teilt sich in verschiedene Gruppen ⟨eine Partei⟩ || *hierzu* **Spal·tung** *die*; *zu* **1** und **2** **spalt·bar** *Adj*

Span·ge *die*; -, *-n* **1** ein kleines gebogenes Stück Metall oder Kunststoff, *meist* als Schmuck für das Haar oder eine Bluse: *eine Spange im Haar tragen* || -K: ***Haar-*** **2** eine Konstruktion aus Metall, um schiefe Zähne gerade zu machen || -K: ***Zahn-***

span·nen; *spannte, hat gespannt* **1** ***etwas spannen*** an den Enden oder Rändern von etwas ziehen, sodass es fest und straff wird ⟨ein Netz, ein Seil spannen⟩: *die Saiten einer Gitarre spannen* **2** ***etwas in etwas*** (*Akk*) ***spannen*** etwas so zwischen zwei Teilen eines Geräts befestigen, dass es dort festgehalten wird: *ein Blatt Papier in die Schreibmaschine spannen* **3** ***etwas spannt*** ein Kleidungsstück ist unangenehm eng: *Dieses Hemd spannt über dem Bauch* **4** ***etwas spannt sich*** etwas wird so, dass es gespannt (1) ist

◆**span·nend** *Adj*; ⟨ein Film, ein Roman⟩ so, dass sie neugierig machen, wie sich die Situation entwickelt ≈ aufregend

Span·nung[1] *die*; -, *-en* **1** der nervöse Zustand, in dem man ist, wenn es etwas Wichtiges oder Gefährliches gibt ⟨die Spannung wächst; j-n / etwas mit Spannung erwarten⟩: *Mit Spannung warteten wir auf ihren Anruf* **2** *meist Pl*; der Zustand, in dem ein Streit oder eine problematische, gefährliche Situation droht ≈ Krise ⟨soziale Spannungen; innere, psychische Spannungen⟩: *Spannungen in der Ehe*

Span·nung[2] *die*; -, *-en*; diejenige Eigenschaft des elektrischen Stroms, die in Volt gemessen wird || -K: ***Hoch-***

◆**spa·ren**; *sparte, hat gespart* **1** (***etwas***) ***sparen*** Geld nicht ausgeben, sondern sammeln und für einen späteren Zweck aufheben (*z.B.* bei einer Bank): *Ich habe 1000 Euro gespart*; *Wir müssen sparen, wenn wir in Urlaub fahren wollen* || K-: ***Spar-, -konto*** **2** (***etwas***) ***sparen*** weniger von etwas verbrauchen oder ausgeben als bisher: *Wir müssen Energie sparen* || K-: ***Spar-, -maßnahme*** **3** ***etwas spart etwas*** etwas macht weniger Kosten: *Die neue Methode wird Kosten sparen* **4** ***etwas***

an etwas** (Dat) **sparen weniger Geld als erwartet ausgeben: *Ich habe 50 Euro an der Reparatur gespart, weil ich sie selbst gemacht habe* **5 *j-m etwas sparen*** etwas Unangenehmes vermeiden ⟨j-m Ärger, Mühe sparen⟩ **6 *etwas spart j-m etwas*** etwas macht etwas Unangenehmes nicht nötig: *Das spart uns viel Zeit* **7 *auf etwas*** (*Akk*) / ***für etwas sparen*** Geld sparen (1), um sich etwas zu kaufen **8 *an etwas*** (*Dat*) / ***mit etwas sparen*** ≈ sparen (3): *Wir sollten mit der Energie sparen; Wir könnten an Benzin sparen* || ID *meist* ***Das kannst du dir sparen!*** *gespr*; das interessiert mich nicht, ändert meine (negative) Meinung nicht || *zu* **1 Spa·rer** *der*; **Spa·re·rin** *die*; -, *-nen*

Spar·gel *der*; *-s*, -; eine Pflanze mit *meist* weißen Stängeln, die unter der Erde wachsen und die man als Gemüse isst ⟨ein Bund Spargel⟩ || K-: ***Spargel-, -suppe***

♦ **spar·sam** *Adj* **1** so, dass man wenig von etwas (*meist* Geld) verbraucht ⟨sparsam leben⟩: *Sind die Schotten wirklich so sparsam?* **2** ⟨ein Auto, ein Motor, eine Maschine⟩ so, dass sie wenig Benzin, Energie brauchen **3** so, dass nur das Nötigste da ist: *eine sparsam eingerichtete Wohnung* || *hierzu* **Spar·sam·keit** *die*

♦ **Spaß** *der*; *-es*, *Spä·ße* **1** etwas, das man sagt oder tut, damit andere darüber lachen können ⟨einen Spaß machen⟩ **2** *nur Sg*; ***Spaß*** (***an etwas*** (*Dat*)) ≈ Vergnügen ⟨großen, viel Spaß an etwas haben⟩ **3 *zum Spaß*** weil es einem Freude macht: *Ich lerne Italienisch nur so zum Spaß* **4 *keinen Spaß verstehen*** sehr ernst und ohne Humor sein **5 *etwas nur aus / im / zum Spaß sagen*** etwas nicht ernst meinen || ID ***Da hört der Spaß auf!*** *gespr*; das geht (aber) zu weit; ***ein teurer Spaß*** etwas, das sehr viel Geld kostet

♦ **spät**, *später, spätest-*; *Adj* **1** am Ende eines Zeitabschnitts ↔ früh ⟨am späten Abend; spät am Abend⟩: *Es ist schon spät, ich muss schlafen; in den späten Sechzigerjahren* || K-: ***Spät-, -stadium; -herbst, -nachmittag; spät-, -gotisch*** **2** nach der erwarteten oder üblichen Zeit ⟨spät aufstehen; zu spät kommen⟩: *einen späteren Zug nehmen* || K-: ***Spät-, -folgen*** || ID ***Wie spät ist es?*** wie viel Uhr ist es?; ***spät dran sein*** *gespr*; in Eile sein: *Beeil dich, wir sind spät dran!*

Spa·ten *der*; *-s*, -; eine Art rechteckige Schaufel mit einem langen Stiel und einem flachen Teil aus Metall, mit der man Erde (*meist* von unten nach oben) gräbt || ↑ *Abbildung unter* ***Schaufel***

spä·tes·tens *Adv*; ***spätestens*** + *Zeitangabe* nicht später als + Zeitangabe: *Spätestens in fünf Tagen ist er zurück*

Spatz *der*; *-en* / *-es*, *-en* **1** ein kleiner und häufiger Vogel mit braunen und grauen Federn **2** verwendet als liebevolle Anrede für ein Kind oder für den Partner || ID *meist* ***Das pfeifen die Spatzen von den / allen Dächern*** *gespr*; das weiß schon jeder; ***Besser den Spatz in der Hand als die Taube auf dem Dach*** *gespr*; man soll mit dem zufrieden sein, was man hat

spa·zie·ren; *spazierte, ist spaziert*; (***irgendwohin***) ***spazieren*** langsam (durch einen Park, einen Wald, bestimmte Straßen) gehen, *meist* ohne ein Ziel zu haben ⟨spazieren gehen⟩

Spa·zier·gang *der*; *meist* ***in einen Spaziergang machen*** ≈ spazieren gehen || *hierzu* **Spa·zier·gän·ger** *der*; **Spa·zier·gän·ge·rin** *die*; -, *-nen*

Speck *der*; *-(e)s*; *nur Sg* **1** ein (gesalzenes und geräuchertes) Stück Schweinefleisch mit viel Fett **2** das Fett (bei Tieren und *hum* auch bei Menschen) direkt unter der Haut

Spei·che *die*; -, *-n* **1** eine von mehreren dünnen Stangen, die den Rand eines Rades mit dem Mittelpunkt verbinden: *eine verbogene Speiche am Fahrrad* || ↑ *Illustration* ***Das Fahrrad*** **2** (im Unterarm) der Knochen, der auf der Seite des Daumens ist

Spei·chel *der*; *-s*; *nur Sg*; die Flüssigkeit, die sich im Mund bildet || K-: ***Speichel-, -drüse*** || *hierzu* **spei·cheln** (*hat*)

Spei·cher *der*; *-s*, -; **1** ein Gebäude, in dem man Vorräte aufbewahrt ≈ Lager (1) || -K: ***Getreide-*** **2** ein großer Behälter, in dem etwas gesammelt wird || K-: ***Speicher-, -kapazität*** || -K: ***Wärme-, Wasser-*** **3** der Raum direkt unter dem Dach eines Hauses **4** der Teil eines Computers, der die Informationen trägt || K-: ***Speicher-, -kapazität*** || -K: ***Arbeits-***

♦ **spei·chern**; *speicherte, hat gespeichert* **1 *etwas speichern*** einen Vorrat für lange Zeit aufbewahren ≈ lagern ⟨Getreide speichern⟩ **2 *etwas speichern*** Informationen, Daten in einen Computer geben, damit sie dort aufbewahrt werden **3 *etwas speichert etwas*** ein Computer *o.Ä.* sichert Daten und bewahrt sie auf: *Ein Computer speichert Daten* || *hierzu* **Spei·che·rung** *die*

♦ **Spei·se** *die*; -, *-n*; ein Teil eines Essens ⟨kalte / warme Speisen⟩ || K-: ***Speise-,***

-restaurant; ***Speisen-, -folge*** || -K: ***Eier-, Fleisch-***; ***Süß-***

◆**Spei·se·kar·te** *die*; eine Liste mit den Speisen, die man in einem Restaurant essen kann

◆**Spei·se·wa·gen** *der*; ein Wagen im Zug, mit Restaurant

spe·ku·lie·ren; *spekulierte, hat spekuliert* **1** (***über etwas*** (*Akk*)) ***spekulieren*** über die zukünftige Entwicklung nachdenken oder reden **2** (***mit etwas***) ***spekulieren*** Häuser, Grundstücke, Waren oder Wertpapiere kaufen und hoffen, dass ihr Wert steigt, um sie dann teuer zu verkaufen ⟨an der Börse spekulieren; mit Aktien spekulieren⟩ **3** ***auf etwas*** (*Akk*) ***spekulieren*** *gespr*; hoffen, dass man etwas bekommt: *auf eine freie Wohnung spekulieren*

Spen·de *die*; -, *-n*; etwas (*meist* Geld), das man *bes* einer Organisation gibt, um damit anderen Menschen zu helfen ⟨Spenden gehen ein⟩: *Spenden für die Flüchtlinge sammeln* || K-: ***Spenden-, -aktion*** || -K: ***Geld-, - Medikamenten-***

spen·die·ren; *spendierte, hat spendiert*; (***j-m***) ***etwas spendieren*** *gespr*; *meist* ein Getränk oder ein Essen für andere bezahlen

Sper·re *die*; -, *-n* **1** eine Schranke oder eine Art Zaun, die auf einem Weg oder auf der Straße andere daran hindern, weiterzukommen ⟨eine Sperre errichten⟩ || -K: ***Straßen-*** **2** *Sport*; das Verbot, (eine bestimmte Zeit lang) an Wettkämpfen teilzunehmen: *über j-n eine Sperre (von vier Wochen) verhängen*

sper·ren; *sperrte, hat gesperrt* **1** ***etwas sperren*** verhindern, dass man weitergehen oder -fahren kann: *Wegen eines Unfalls ist die Autobahn gesperrt* **2** (***j-m***) ***etwas sperren*** verhindern, dass j-d etwas benutzen kann ⟨ein Konto, das Telefon sperren⟩ **3** ***j-n sperren*** *Sport*; eine Sperre (2) anordnen: *einen Spieler für acht Wochen sperren* **4** ***j-n / ein Tier irgendwohin sperren*** Personen oder Tiere in einen Raum bringen, aus dem sie nicht herauskönnen: *einen Löwen in einen Käfig sperren* **5** ***sich gegen etwas sperren*** sich weigern, etwas zu tun ⟨sich gegen eine Vorschrift sperren⟩

Spe·sen *die*; *Pl*; das Geld, das j-d auf einer Geschäftsreise für Hotels, Essen, Fahrkarten braucht und das er vom Arbeitgeber wieder bekommt ⟨(hohe) Spesen haben, machen; j-m die Spesen erstatten⟩ || K-: ***Spesen-, -rechnung*** || -K: ***Reise-*** || ID ***Außer Spesen nichts gewesen*** *gespr hum*; man hat Geld ausgegeben, aber nichts erreicht

Spe·zi *der*; *-s, -(s)*; *südd* Ⓐ *gespr* ≈ Freund (1)

◆**Spe·zi·al-** *im Subst* **1** in Bezug auf ein bestimmtes (Teil)Gebiet eines Fachs ≈ Fach-: die ***Spezialausbildung***, das ***Spezialgebiet*** **2** mit einer besonderen Aufgabe oder Funktion und deshalb von ganz bestimmter Art ≈ Sonder-: die ***Spezialanfertigung***, die ***Spezialkamera***

spe·zi·a·li·sie·ren, sich; *spezialisierte sich, hat sich spezialisiert*; ***sich*** (***auf etwas*** (*Akk*)) ***spezialisieren*** sich intensiv mit einem bestimmten Fachgebiet beschäftigen: *sich auf Chirurgie spezialisieren* || *hierzu* **Spe·zi·a·li·sie·rung** *die*

Spe·zi·a·list *der*; *-en, -en* **1** ***ein Spezialist*** (***für etwas***) j-d, der über einen relativ kleinen Teil eines Fachgebiets sehr viel weiß ≈ Experte: *ein Spezialist für Software* **2** ***ein Spezialist*** (***für etwas***) ein Arzt, der sich auf bestimmte Krankheiten spezialisiert hat ⟨einen Spezialisten aufsuchen⟩: *ein Spezialist auf dem Gebiet der Neurochirurgie* || *hierzu* **Spe·zi·a·lis·tin** *die*; -, *-nen*; *zu* **1 Spe·zi·a·lis·ten·tum** *das*

Spe·zi·a·li·tät *die*; -, *-en* **1** eine besonders gute Speise, die für ein Gebiet typisch ist || K-: ***Spezialitäten-, -restaurant*** **2** *nur Sg*; etwas, das j-d besonders gut kann oder weiß oder besonders gern mag: *Moderne Malerei ist seine Spezialität*

spe·zi·ell *Adj* **1** *nur attr, nicht adv*; von einer ganz bestimmten Art und deshalb von den anderen verschieden ⟨ein Fall, eine Bedeutung, ein Wunsch⟩ **2** *nur adv* ≈ besonders: *Er liebt Italien, speziell die Toskana* **3** *nur präd oder adv*; ***speziell für j-n / etwas*** ≈ vor allem: *Das habe ich speziell für dich gekauft*

◆**Spie·gel** *der*; *-s*, -; **1** ein flacher Gegenstand aus Glas, in dem man das sieht, was vor diesem Glas ist ⟨in den Spiegel schauen⟩ || -K: ***Garderobe(n)-, Rasier-*** **2** ***ein blinder Spiegel*** ein Spiegel (1), der so viele Flecken hat, dass man in ihm nur wenig sieht || ID ***j-m einen Spiegel vorhalten*** j-m zeigen, welche schlechten Eigenschaften oder Fehler er hat

spie·geln; *spiegelte, hat gespiegelt* **1** ***etwas spiegelt etwas*** *geschr*; etwas ist eine Art Beschreibung von etwas, zeigt etwas auf: *Seine Romane spiegeln die sozialen Zustände* **2** ***etwas spiegeln*** ein Organ mit einer Art Spiegel untersuchen ⟨den Magen spiegeln⟩ || *hierzu* **Spie·ge·lung** *die*

Spielkarten

das Ass der König die Dame der Bube das Herz das Pik das Karo das Kreuz/das Treff

das Ass der König der Ober der Unter das Herz das Blatt die Eichel die Schellen *Pl*

◆**Spiel** *das*; *-(e)s, -e* **1** *nur Sg*; Handlungen, die man freiwillig und zum Vergnügen macht (wie es *bes* Kinder tun): *das Spiel mit Puppen* || K-: ***Spiel-, -trieb*** **2** etwas, womit man sich (*meist* mit anderen) nach bestimmten Regeln, aber zum Spaß beschäftigt ⟨ein Spiel machen, gewinnen⟩ || K-: ***Spiel-, -brett, -figur, -karte*** || -K: ***Brett-, Karten-, Schach-*** || *zu* ***Brettspiel*** ↑ ***Abbildung unter Brettspiele*** **3** ein sportlicher Wettkampf zwischen zwei Menschen oder Mannschaften (*z.B.* Tennis oder Fußball) ≈ Match ⟨ein Spiel gewinnen, verlieren⟩: *Das Spiel steht 1:0* || K-: ***Spiel-, -anfang, -schluss*** || -K: ***Ball-, (Tisch)Tennis-***; ***Entscheidungs-*** **4** ***die Olympischen Spiele*** ≈ Olympiade **5** der Versuch, durch Glück Geld zu gewinnen || K-: ***Spiel-, -kasino, -leidenschaft*** || -K: ***Glücks-, Lotterie-, Roulette-*** **6** alle Gegenstände, die man für ein Spiel (2) braucht **7** *nur Sg*; die Art und Weise, in der *bes* ein Musiker, Schauspieler, Sportler oder eine Mannschaft spielt ⟨ein raffiniertes, offensives Spiel⟩ **8** *nur Sg*; eine Handlungsweise, bei der man nicht an die Folgen denkt ⟨ein gefährliches Spiel⟩ || ID ***etwas aufs Spiel setzen*** riskieren, dass man etwas verliert ⟨die Gesundheit aufs Spiel setzen⟩; ***etwas steht auf dem Spiel*** etwas könnte verloren, zerstört werden; ***ein Spiel mit dem Feuer*** ein gefährliches Verhalten

◆**spie·len**; *spielte, hat gespielt* **1** ***(etwas) spielen*** ein Spiel (1,2,3) machen ⟨Verstecken spielen; Schach spielen; mit Puppen spielen⟩ **2** ***(etwas) spielen*** etwas (regelmäßig) als Sport oder Hobby tun ⟨Fußball spielen⟩ **3** ***(etwas) spielen*** Musik machen ⟨ein Instrument spielen; Klavier spielen; eine Sinfonie spielen⟩ **4** ***(etwas) spielen*** versuchen, Geld zu gewinnen ⟨Roulette, Lotto spielen⟩ || K-: ***spiel-, -süchtig*** **5** ***(j-n / etwas) spielen*** (als Schauspieler) eine Person / Rolle in einem Film oder Theaterstück darstellen ⟨die Hauptrolle spielen⟩: *den Hamlet spielen* **6** ***(etwas) spielen*** dem Publikum eine Vorführung zeigen ⟨ein Stück, eine Oper spielen⟩ **7** ***etwas spielen*** *oft pej*; so tun, als ob man etwas wäre, was man in Wirklichkeit nicht ist ⟨den Clown, den Boss spielen⟩ **8** ***etwas spielen*** eine Schallplatte, Kassette laufen lassen, um die Musik zu hören ⟨eine Kassette spielen⟩ **9** ***(gegen j-n / eine Mannschaft)*** (+ *Resultat*) ***spielen*** ein Match oder ein Spiel (3) machen: *Stuttgart hat gegen Bremen (unentschieden) gespielt* **10** ***etwas spielt irgendwann / irgendwo*** die Handlung eines Romans, Films findet zu einer bestimmten Zeit an einem bestimmten Ort statt **11** ***mit j-m / etwas spielen*** j-n / etwas ohne (den nötigen) Respekt behandeln oder benutzen ⟨mit j-s Gefühlen spielen⟩ || *zu* **2-4** **Spie·ler** *der*; **Spie·le·rin** *die*; -, *-nen*

◆**Spiel·zeug** *das*; Spiele (6), (Stoff)Tiere und andere Dinge, mit denen Kinder spielen || K-: ***Spielzeug-, -auto*** || -K: ***Kinder-***

Spieß·bür·ger *der*; *pej*; j-d, der ein ruhiges und sicheres Leben führen möchte, *bes* keine politischen Veränderungen will und immer das tut, was andere für richtig halten || *hierzu* **Spieß·bür·ge·rin** *die*; **Spieß·bür·ger·lich·keit** *die*; **Spieß·bür·ger·tum** *das*; **spieß·bür·ger·lich** *Adj*

S

Spie·ßer *der*; *-s, -*; *gespr pej* ≈ Spießbürger || K-: ***Spießer-, -moral***

Spi·nat *der*; *-(e)s*; *nur Sg*; ein Gemüse mit breiten grünen Blättern

Spin·ne *die*; *-, -n*; ein kleines Tier mit acht Beinen, das *oft* Netze macht, um Insekten zu fangen || K-: ***Spinnen-, -netz***

spin·nen[1]; *spann, hat gesponnen* **1** (***etwas***) ***spinnen*** Wolle drehen und so Fäden machen (mit einem Gerät oder einer Maschine) **2** ***ein Tier spinnt*** (***etwas***) *bes* eine Spinne produziert Fäden und macht daraus ein Netz

spin·nen[2]; *-, hat gesponnen*; ***j-d spinnt*** *gespr*; j-d tut oder sagt verrückte Dinge: *Du willst auf diesen Berg steigen? Du spinnst wohl!* || Hinweis: kein Präteritum || *hierzu* **Spin·ner** *der*; **Spin·ne·rin** *die*; *-, -nen*

Spi·on *der*; *-s, -e*; j-d, der versucht, geheime Informationen zu bekommen ≈ Agent (1) ⟨einen Spion enttarnen⟩ || *hierzu* **Spi·o·nin** *die*; *-, -nen*

Spi·ra·le *die*; *-, -n* **1** eine Linie, die um einen Punkt in größer werdenden Kreisen verläuft **2** etwas mit der Form einer Spirale (1) **3** *gespr*; ein Gegenstand, den eine Frau benutzt, um nicht schwanger zu werden

Spi·ri·tu·o·se *die*; *-, -n*; *meist Pl*; Getränke, die viel Alkohol enthalten, wie *z.B.* Schnaps

Spi·tal *das*; *-s, Spi·tä·ler*; Ⓐ Ⓒⓗ ≈ Krankenhaus

◆ **spitz**, *spitzer, spitzest-*; *Adj* **1** ⟨eine Ecke, ein Ende, ein Hut, ein Kragen⟩ so geformt, dass die Seiten an einem Ende immer schmaler werden und sich in einem Punkt treffen **2** so, dass man sich leicht daran verletzen kann ↔ stumpf ⟨eine Nadel, ein Nagel⟩ **3** ⟨eine Bemerkung⟩ so, dass sie j-n ärgern, treffen soll **4** *gespr*; mager und schmal ⟨ein Gesicht⟩

Spit·ze *die*; *-, -n* **1** ein spitzes (2) Ende: *ein Messer mit einer scharfen Spitze*; *ein Bleistift mit einer abgebrochenen Spitze* || -K: ***Bleistift-, Nadel-, Pfeil-*** **2** der höchste Punkt von etwas, das hoch (und *oft* spitz (1)) ist: *die Spitze des Kirchturms* || -K: ***Baum-, Berg-*** **3** der äußerste, schmale Teil, an dem etwas aufhört: *die Spitzen der Blätter* || -K: ***Finger-, Nasen-, Zehen-***; ***Schuh-*** **4** der vorderste Teil in einer Reihe: *an der Spitze des Zuges* **5** der erste Platz in einer Reihenfolge (in Bezug auf Erfolg, Macht oder Qualität) ⟨an die Spitze kommen; an der Spitze der Läufer liegen; an der Spitze eines Unternehmens stehen⟩ || K-: ***Spitzen-, -position*** || -K: ***Konzern-, Partei-, Tabellen-*** **6** der höchste Punkt auf einer Skala || K-: ***Spitzen-, -geschwindigkeit, -leistung*** || -K: ***Temperatur-*** **7** ***j-d / etwas ist Spitze*** *gespr*; j-d / etwas ist sehr gut || ID *meist* ***Das ist nur die Spitze des Eisbergs*** das ist nur ein kleiner Teil einer großen, unangenehmen Sache; ***etwas auf die Spitze treiben*** etwas so lange tun, bis es bei anderen zu einer negativen Reaktion kommt

Spit·zel *der*; *-s, -*; *pej* ≈ j-d, der heimlich (als Spion) Informationen zu bekommen versucht und weitergibt

spon·tan *Adj*; schnell und einem plötzlichen Gefühl folgend ≈ impulsiv ⟨ein Entschluss, eine Reaktion⟩ || *hierzu* **Spon·ta·n(e·)i·tät** [-n(e)i'tɛt] *die*

◆ **Sport** *der*; *-(e)s*; *nur Sg* **1** Tätigkeiten, die *meist* Kraft und Geschicklichkeit voraussetzen (wie *z.B.* Turnen, Fußball, Skifahren) und bei denen man *oft* Wettkämpfe mit anderen macht ⟨Sport treiben⟩ || K-: ***Sport-, -art, -kleidung, -klub, -nachrichten*** || -K: ***Freizeit-, Wettkampf-*** **2** ein Spiel oder eine Disziplin, die man als Sport (1) betreibt: *Fußball ist ein sehr beliebter Sport* || -K: ***Ball-***; ***Schwimm-***; ***Winter-*** || Hinweis: Als Plural verwendet man *Sportarten* **3** ein Fach in der Schule, in dem die Kinder Sportarten lernen und betreiben || K-: ***Sport-, -lehrer***

Sport·ler *der*; *-s, -*; j-d, der regelmäßig Sport treibt ⟨ein Sportler trainiert⟩ || *hierzu* **Sport·le·rin** *die*; *-, -nen*

◆ **sport·lich** *Adj* **1** *nur attr oder adv*; in Bezug auf den Sport (1, 2) ⟨Leistungen, ein Wettkampf⟩ **2** schlank und gesund ⟨eine Figur; sportlich aussehen⟩ **3** ≈ fair ↔ unsportlich ⟨ein Benehmen, ein Verhalten⟩ **4** einfach und praktisch, aber trotzdem elegant ⟨Kleidung, eine Frisur⟩ || *zu* **2-4** **Sport·lich·keit** *die*

Spott *der*; *-(e)s*; *nur Sg*; ***Spott*** (***über j-n / etwas***) Worte oder Handlungen, die die Gefühle anderer verletzen, sich über sie lustig machen ⟨Spott mit j-m treiben; für etwas (Hohn und) Spott ernten⟩

spot·ten; *spottete, hat gespottet*; (***über j-n / etwas***) ***spotten*** etwas sagen, das Spott ist: *Er spottete über ihre neue Frisur* || *hierzu* **Spöt·ter** *der*; **spöt·tisch** *Adj*

sprach ↑ ***sprechen***

◆ **Spra·che** *die*; *-, -n* **1** ein System von Lauten, von Wörtern und von Regeln für die Bildung von Sätzen, das man zur Kommunikation braucht ⟨eine afrikanische, romanische Sprache; die deutsche Sprache; die geschriebene Sprache; eine Spra-

S

che lernen, beherrschen⟩ || K-: ***Sprach-, -gebrauch, -geschichte, -system*** || -K: ***Fremd-, Mutter-, Welt-, Zweit-*** **2** *nur Sg*; die Fähigkeit zu sprechen ⟨die menschliche Sprache⟩ || K-: ***Sprach-, -fähigkeit, -störung*** **3** die Art einer Sprache (1), die eine Gruppe von Menschen spricht: *die Sprache der Jugendlichen, der Juristen* || -K: ***Rechts-; Sonder-*** **4** die spezielle Art, sich auszudrücken ≈ Stil ⟨eine klare, natürliche Sprache⟩ || K-: ***Sprach-, -stil*** || -K: ***Bibel-, Dichter-*** **5** ***eine lebende Sprache*** eine Sprache (1), die heute noch gesprochen wird || ID ***etwas spricht eine deutliche Sprache*** etwas lässt etwas Negatives deutlich erkennen: *Die neuen Zahlen sprechen eine deutliche Sprache*; ***etwas kommt zur Sprache*** etwas wird besprochen; ***die Sprache auf etwas*** (*Akk*) ***bringen*** auf ein Thema kommen

sprach·los *Adj*; so schockiert oder beeindruckt, dass man nichts sagen kann ⟨vor Freude, Schreck sprachlos sein⟩ || *hierzu* **Sprach·lo·sig·keit** *die*

sprang ↑ ***springen***

◆ **spre·chen**; *spricht, sprach, hat gesprochen* **1** die Fähigkeit haben, (mit Lauten) Wörter oder Sätze zu bilden: *Mein Enkel kann schon sprechen* || K-: ***Sprech-, -alter*** **2** sich mit Sprache ausdrücken: *Ich konnte vor Aufregung kaum sprechen* **3** ***irgendwie sprechen*** sich auf die genannte Art ausdrücken ⟨deutlich, leise sprechen⟩: *Sie sprach mit hoher Stimme* || K-: ***Sprech-, -stimme, -weise*** **4** ***von j-m / etwas sprechen*** bei einer Unterhaltung j-n / etwas erwähnen: *Wir haben neulich erst von dir gesprochen* **5** ***über j-n / etwas sprechen*** über j-n / etwas diskutieren: *Sie sprechen nur noch über ihre Arbeit* **6** ***mit j-m (über j-n / etwas) sprechen*** sich mit j-m (über ein Thema) unterhalten: *Ich habe mit ihm über Ihr Problem gesprochen* **7** ***zu j-m (über etwas) sprechen*** *meist* vor einem Publikum eine Meinung zu einem Thema vortragen: *Der Direktor sprach zu den Schülern über den Sinn des Lernens* **8** ***gut / schlecht über j-n / etwas sprechen*** etwas Positives / Negatives über j-n / etwas sagen **9** ***etwas spricht für / gegen j-n / etwas*** etwas zeigt j-n / etwas in einem positiven / negativen Licht: Es *spricht für ihn*, dass *er sich entschuldigt hat* **10** ***etwas spricht für / gegen j-n / etwas*** etwas deutet auf die Wahrscheinlichkeit / Unwahrscheinlichkeit, dass j-d an etwas teilgenommen hat, dass etwas stimmt: *Alles spricht* dafür, dass *Thomas Recht hat* **11** ***auf j-n / etwas schlecht zu sprechen sein*** (zurzeit) keine gute Meinung von j-m / etwas haben **12** ***etwas (irgendwie) sprechen*** eine Sprache verstehen und in dieser Sprache Gedanken ausdrücken können ⟨Deutsch, Hochdeutsch, Dialekt sprechen; (fließend) Englisch sprechen⟩: *Sie spricht akzentfrei Deutsch* **13** ***j-n sprechen*** sich mit j-m unterhalten (*meist* über ein Problem): *Ich muss Sie unbedingt sprechen!* **14** ***ein Urteil sprechen*** als Richter das Urteil öffentlich verkünden **15** ***(zu j-m) (etwas) sprechen*** j-m etwas sagen: *Der Pfarrer sprach Worte des Trostes* || ID *meist* ***ich bin für niemanden zu sprechen*** ich möchte nicht gestört werden

◆ **Sprech·stun·de** *die*; eine bestimmte Zeit, die *z.B.* ein Arzt, Lehrer anbietet, damit man sich Rat holen oder Fragen stellen kann ⟨Sprechstunde haben⟩

Sprech·zim·mer *das*; ein Zimmer, in dem ein Arzt seine Sprechstunde hat

spren·gen[1]; *sprengte, hat gesprengt* **1** ***(etwas) sprengen*** etwas durch eine Explosion zerstören ⟨eine Brücke, ein Haus sprengen⟩ || K-: ***Spreng-, -ladung*** **2** ***etwas sprengt etwas*** etwas zerstört etwas durch starken Druck von innen, lässt es platzen: *Das Bier ist in der Flasche gefroren und hat sie gesprengt* **3** ***eine Veranstaltung sprengen*** eine Veranstaltung so stören, dass sie abgebrochen werden muss **4** ***etwas sprengt den Rahmen*** etwas ist zu groß, etwas geht zu weit für den vorgesehenen Platz (eines Aufsatzes, einer Rede) || *zu* **1** **Spren·gung** *die*

spren·gen[2]; *sprengte, hat gesprengt* **1** ***etwas irgendwohin sprengen*** Wasser in kleinen Tropfen verteilen: *Wasser auf die Wäsche sprengen* **2** ***etwas sprengen*** sprengen[2] (1) ⟨den Rasen sprengen⟩

Spreng·stoff *der*; eine Substanz (*z.B.* Dynamit), mit der man eine Explosion machen kann || K-: ***Sprengstoff-, -anschlag***

spricht ↑ ***sprechen***

Spring·brun·nen *der*; eine Art Brunnen, bei dem das Wasser (als Strahl) in die Höhe gespritzt wird

◆ **sprin·gen**[1]; *sprang, ist gesprungen* **1** sich mit einem oder mit beiden Beinen kräftig vom Boden abstoßen, sodass man sich durch die Luft bewegt ⟨hoch, weit springen⟩: *Wir mussten über den Graben springen* || ↑ *Illustration* ***Verben der Bewegung*** **2** ***etwas springt irgendwohin*** etwas wird mit Schwung durch die Luft geschleudert: *Der Ball springt gegen die Wand* **3** ***(von etwas) zu etwas springen*** schnell und plötzlich das Thema wechseln: *von einem Thema zum nächsten springen* **4** ***etwas springt*** (***von etwas***) ***auf etwas*** (*Akk*) etwas wechselt schnell und plötzlich die Position, den Zustand: *Die Ampel springt* (*von Grün*) *auf Gelb*

◆**sprin·gen**[2]; *sprang, ist gesprungen*; ***etwas springt*** etwas zerfällt (durch Einwirkung von außen) (*z.B.* starken Druck, Hitze) in zwei oder mehrere Teile oder bekommt Risse ⟨Glas, das Eis; eine Saite⟩: *Die Vase ist gesprungen*

Sprin·ger *der*; *-s, -*; eine Figur im Schachspiel || ↑ *Abbildung unter* ***Schachfiguren***

◆**Spritze** *die*; *-, -n* **1** ein kleines Instrument, dessen Röhre man *meist* mit einem flüssigen Medikament füllt, das durch eine dünne Nadel in den Körper gedrückt wird ⟨j-m eine Spritze (in den Arm) geben⟩ || -K: ***Penizillin-*** **2** ein Gerät, mit dem man Flüssigkeiten irgendwohin spritzen (2) kann || -K: ***Blumen-, Wasser-*** **3** ein Gerät mit einem langen Schlauch, mit dem die Feuerwehr Wasser ins Feuer spritzt

sprit·zen; *spritzte, hat / ist gespritzt* **1** (***etwas***) ***irgendwohin spritzen*** (*hat*) Flüssigkeit in Tropfen durch die Luft bewegen: *sich Wasser ins Gesicht spritzen* **2** (***etwas***) (***irgendwohin***) ***spritzen*** (*hat*) eine Flüssigkeit so durch eine enge Öffnung pressen, dass sie ihr Ziel schnell und in Form eines Strahls erreicht: *Wasser ins Feuer spritzen* **3** (***etwas***) (***gegen etwas***) ***spritzen*** (*hat*) eine Flüssigkeit (*z.B.* gegen Krankheiten) auf Pflanzen sprühen ⟨Felder, Obstbäume, Rosen spritzen⟩ **4** ***etwas spritzt*** (*hat*); ***etwas spritzt irgendwohin*** (*ist*) etwas fliegt in vielen kleinen Tropfen durch die Luft ⟨Wasser, heißes Fett⟩

sprö·de *Adj* **1** ⟨ein Kunststoff, ein Material⟩ so (unbiegsam), dass sie leicht zerbrechen **2** trocken und voller Risse ⟨die Haut⟩ **3** ≈ rau ⟨eine Stimme⟩ **4** nicht bereit, mit anderen Menschen in Kontakt zu kommen || *hierzu* **Sprö·dig·keit** *die*

Spruch *der*; *-(e)s, Sprü·che* **1** ein Satz (*oft* mit einem Reim), den man sich gut merken kann und der eine allgemeine Erfahrung ausdrückt: *„Aus Schaden wird man klug" ist ein weiser Spruch* || K-: ***Spruch-, -weisheit*** || -K: ***Bibel-, Werbe-, Zauber-*** **2** das Urteil, das ein Richter spricht || -K: ***Frei-, Schuld-; Urteils-*** || ID ***Sprüche machen / klopfen*** *gespr pej* ≈ prahlen; *meist* ***Das sind doch nur Sprüche!*** *gespr pej*; was da gesagt wurde, hat nichts zu bedeuten

Spru·del *der*; *-s, -*; Mineralwasser, auch Limonade, mit kleinen Blasen aus Gas

spru·deln; *sprudelte, hat / ist gesprudelt*; ***etwas sprudelt*** (*hat*); ***etwas sprudelt irgendwohin*** (*ist*) eine Flüssigkeit bewegt sich so, dass es Bläschen oder Schaum gibt ⟨eine Quelle; Sekt, kochendes Wasser⟩

sprü·hen ['ʃpryːən]; *sprühte, hat / ist gesprüht* **1** ***etwas irgendwohin sprühen*** (*hat*) eine Flüssigkeit durch eine enge Öffnung pressen, sodass sie sich in sehr kleine Tropfen verteilt: *Lack auf ein Auto sprühen* || K-: ***Sprüh-, -dose*** **2** ***etwas sprüht Funken*** (*hat*) etwas wirft Funken durch die Luft ⟨ein Feuer⟩ **3** ***etwas sprüht*** (***irgendwohin***) (*ist*) etwas fliegt in sehr kleinen Tropfen oder als Funken durch die Luft ⟨Wasser, Funken⟩

◆**Sprung**[1] *der*; *-(e)s, Sprün·ge* **1** eine Bewegung, bei der j-d springt (1) ⟨ein hoher, weiter Sprung⟩: *ein Sprung über den Graben* || K-: ***Sprung-, -höhe, -weite*** || -K: ***Start-*** **2** ein plötzlicher Wechsel: *Er wäre gerne Musiker geworden, aber er hat den Sprung nie gewagt* || ID ***keine großen Sprünge machen können*** *gespr*; wenig Geld haben; ***ein Sprung ins kalte Wasser*** ein neuer Anfang, zu dem man Mut braucht; ***auf einen Sprung*** *gespr*; für kurze Zeit ⟨auf einen Sprung irgendwohin gehen⟩; ***j-m auf die Sprünge helfen*** *gespr*; j-m einen Hinweis, einen Tipp geben

◆**Sprung**[2] *der*; *-(e)s, Sprün·ge*; ein dünner Riss in einem harten Material, wie Holz, Glas oder Porzellan ⟨etwas bekommt einen Sprung⟩

Spu·cke *die*; *-*; *nur Sg*; *gespr* ≈ Speichel || ID ***j-m bleibt die Spucke weg*** *gespr*; j-d kann vor Überraschung nichts sagen

spu·cken; *spuckte, hat gespuckt* **1** (***etwas***) (***irgendwohin***) ***spucken*** etwas (*bes* Speichel) mit Druck durch fast geschlossene Lippen irgendwohin fliegen lassen: *Kirschkerne auf den Boden spucken* **2** (***etwas***) ***spucken*** *gespr* ≈ erbrechen **3** ⟨der Motor⟩ ***spuckt*** *gespr*; der Motor *meist* eines Autos funktioniert nicht richtig

Spuk *der*; *-(e)s*; *nur Sg*; das Erscheinen eines Geistes oder Gespenstes || K-: ***Spuk-, -geschichte*** || *hierzu* **spuk·haft** *Adj*; **spu·ken** (*hat*)

Spu·le *die*; *-, -n* **1** eine Art Rad oder Rolle, um die man einen Faden, einen Draht, ein Tonband oder einen Film wickelt ⟨etwas auf eine Spule wickeln⟩: *eine neue Spule in den Projektor einlegen* || -K: ***Draht-, Film-*** **2** ein langer, dünner (Kup-

S

fer)Draht, der um eine Spule (1) gewickelt ist und durch den elektrischer Strom fließt || -K: ***Magnet-***

◆ **spü·len**; *spülte, hat gespült* **1** (***etwas***) ***spülen*** Teller, Töpfe, Besteck *usw* sauber machen ⟨Geschirr spülen⟩ || K-: ***Spül-, -maschine*** **2** (***etwas***) ***spülen*** etwas nach dem Waschen in Wasser bewegen, um das Waschmittel zu entfernen **3** (***etwas***) ***spülen*** etwas mit Wasser von Schmutz, Blut *usw* befreien: *beim Zahnarzt den Mund spülen* **4** die Toilette mit Wasser sauber machen

◆ **Spur**[1] *die*; -, *-en* **1** das, was man *bes* auf weichem Boden sieht, wenn j-d darauf geht oder fährt ⟨Spuren im Schnee; einer Spur folgen⟩ || K-: ***Spuren-, -suche*** || -K: ***Fuß-, Reifen-***; ***Reh-*** **2** die Zeichen (*z.B.* Schmutz oder Bluttropfen), an denen man erkennen kann, dass j-d irgendwo war oder dass etwas geschehen ist: *Der Einbrecher zog Handschuhe an, um keine Spuren zu hinterlassen* || -K: ***Blut-, Brems-*** **3** *nur Pl*; die Folgen, die ein Ereignis für später hat: *Ihre schwere Krankheit hat Spuren hinterlassen* **4** eine Spur[1] (1) im Schnee, für das Laufen mit Skiern **5** ein Streifen einer Straße, auf dem Fahrzeuge in dieselbe Richtung fahren ⟨die linke, rechte, mittlere Spur; die Spur wechseln⟩ || K-: ***Spur-, -breite*** || -K: ***Fahr-, Überhol-***; ***Breit-, Schmal-*** **6** einer von mehreren Streifen auf einem Tonband. Auf jeder Spur kann man Musik *usw* aufnehmen **7** ***eine heiße Spur*** wichtige Zeichen, die bei der Aufklärung eines Verbrechens helfen

◆ **Spur**[2] *die*; -, *-en*; ***eine Spur*** (+ *Nominativ / Genetiv /* ***von etwas***) eine sehr kleine Menge von etwas ⟨eine Spur (von) Salz; Spuren eines Giftes; eine Spur zu sauer⟩ || ID ***nicht die Spur*** *gespr*; überhaupt nicht

spü·ren; *spürte, hat gespürt* **1** ***etwas spüren*** mithilfe der Nerven merken, dass etwas da ist: *die Wärme der Sonne auf der Haut spüren* **2** ***etwas spüren*** *gespr*; in einem Teil des Körpers Schmerzen haben: *Ich spüre meinen Rücken* **3** ***etwas spüren*** eine körperliche oder seelische Reaktion haben ⟨Durst, Angst, Mitleid spüren⟩

◆ **Staat** *der*; *-(e)s, -en* **1** ein Land als politisches System (mit seinen Institutionen, Bürgern) ⟨ein demokratischer Staat⟩ || K-: ***Staats-, -angehörigkeit, -bürger, -form, -grenze, -macht, -oberhaupt*** **2** die Regierung und Verwaltung eines Landes ⟨beim Staat arbeiten⟩ || K-: ***Staats-, -angestellte(r), -haushalt, -oper*** **3** eines der Länder eines Bundesstaats ↔ Bund || K-: ***Staats-, -minister*** **4** ***die Vereinigten Staaten*** ≈ die USA || ID ***mit etwas Staat machen*** mit etwas großen Eindruck machen

◆ **staat·lich** *Adj* **1** *meist attr*; in Bezug auf den Staat (1) **2** *nur attr oder adv*; in Bezug auf den Staat (2) **3** *nicht adv*; im Besitz des Staates (1) und von ihm verwaltet ↔ privat ⟨ein Betrieb, ein Unternehmen⟩

◆ **Staats·an·ge·hö·rig·keit** *die*; die Tatsache, dass j-d Bürger eines Staates ist ≈ Nationalität ⟨die deutsche Staatsangehörigkeit annehmen, haben⟩

Stab[1] *der*; *-(e)s, Stä·be*; ein langer, dünner, runder Gegenstand aus einem harten Material: *die Stäbe eines Käfigs* || -K: ***Gitter-*** || ID ***den Stab über j-n brechen*** *geschr*; j-n sozial nicht mehr akzeptieren

Stab[2] *der*; *-(e)s, Stä·be*; eine Gruppe von Personen (*meist* Experten), die zusammen wichtige Entscheidungen treffen || -K: ***Krisen-, Kommando-***

sta·bil *Adj* **1** so, dass etwas große Belastungen aushält und nicht leicht kaputtgeht: *ein stabiler Stahlbau* **2** ⟨die Wirtschaft, die Wetterlage, die Regierung, die Preise⟩ so, dass sich ihr Zustand wahrscheinlich nicht stark ändert **3** *nicht adv*; fähig, große (psychische und physische) Belastungen zu ertragen ⟨die Psyche, der Kreislauf⟩ || *hierzu* **Sta·bi·li·tät** *die*

stach ↑ ***stechen***

Sta·chel *der*; *-s, -n*; der spitze längliche Teil einer Pflanze oder eines Tiers ⟨der Stachel einer Biene, eines Skorpions, eines Kaktus⟩ || -K: ***Gift-*** || *hierzu* **stach·lig** *Adj*

Sta·chel·bee·re *die*; eine kleine runde, grüne Frucht (*meist* mit Haaren auf der Haut), die an einem stachligen Strauch wächst und sauer schmeckt || K-: ***Stachelbeer-, -kompott, -strauch***

◆ **Sta·di·on** [ˈʃtaːdi̯ɔn] *das*; *-s, Sta·di·en* [ˈʃtaːdi̯ən]; eine große Anlage für sportliche Veranstaltungen, mit vielen Plätzen für die Zuschauer || -K: ***Fußball-, Olympia-***

Sta·di·um [ˈʃtaːdi̯ʊm] *das*; *-s, Sta·di·en* [ˈʃtaːdi̯ən]; ein bestimmter Zustand in einer Entwicklung ≈ Phase || -K: ***Anfangs-, End-***

◆ **Stadt** [ʃtat] *die*; -, *Städ·te* [ˈʃtɛ(ː)tə] **1** eine große Menge von Häusern und anderen Gebäuden, in denen Leute wohnen und arbeiten, mit einer eigenen Verwaltung ↔ Dorf ⟨in der Stadt wohnen; im Zentrum einer Stadt⟩: *die Stadt Berlin* || K-: ***Stadt-, -mitte, -rand, -wohnung*** || -K:

Hafen-, ***Industrie-***; ***Klein-***, ***Groß-*** **2** das Zentrum einer Stadt (1) mit den Geschäften, Banken ≈ City: *zum Einkaufen in die Stadt fahren* || -K: ***Innen-*** **3** *nur Sg*; die Verwaltung einer Stadt

◆**städ·tisch** *Adj* **1** im Eigentum einer Stadt oder von einer Stadt verwaltet ⟨eine Schule, ein Altersheim⟩ **2** so, wie es in der Stadt normal und üblich ist

◆**Stadt·plan** *der*; ein Plan mit allen wichtigen Straßen und Plätzen einer Stadt

Stadt·prä·si·dent *der*; (CH) ≈ Bürgermeister

stahl ↑ ***stehlen***

Stahl *der*; *-(e)s*; *nur Sg*; Eisen, das man hart gemacht hat und aus dem man *bes* Werkzeuge und wichtige Teile für Bauwerke herstellt ⟨rostfreier Stahl⟩ || K-: ***Stahl-***, ***-industrie***, ***-träger***

Stall *der*; *-(e)s*, *Stäl·le*; ein Raum oder Gebäude, in dem man Tiere (*meist* der gleichen Art) hält || -K: ***Kuh-***, ***Pferde-***

Stamm *der*; *-(e)s*, *Stäm·me* **1** der dicke Teil eines Baumes, aus dem die Äste kommen || -K: ***Baum-***, ***-stamm*** **2** eine Gruppe von Menschen, die aufgrund ihrer Herkunft und ihrer Kultur eine Art Einheit sind (*meist* in Bezug auf frühere Zeiten oder auf nicht-westliche Kulturen verwendet): *die germanischen Stämme*; *der Stamm der Hopi-Indianer* || K-: ***Stammes-***, ***-häuptling*** || -K: ***Indianer-*** **3** eine Gruppe von Personen, die ständig dabei sind, nicht wechseln: *ein Stamm von Mitarbeitern* || K-: ***Stamm-***, ***-publikum***, ***-spieler*** || -K: ***Besucher-*** **4** *Ling*; der zentrale Teil eines Wortes: *„fahr" ist der Stamm von „gefahren"*

stam·men; *stammte*, *hat gestammt* **1** ***etwas stammt von j-m / etwas*** etwas ist von j-m / etwas gemacht: *Das Bild stammt von Salvador Dali* **2** ***etwas stammt aus etwas*** etwas ist aus einem Text oder aus einem Buch genommen: *Dieser Satz stammt aus einem Roman von Thomas Mann* **3** ***j-d stammt aus etwas*** j-d kommt aus einem bestimmten Ort oder Land *bzw* aus einer bestimmten Familie: *Er stammt aus Ungarn*; *Sie stammt aus einer Arbeiterfamilie* **4** ***etwas stammt aus*** + *Sprache* ein Wort wurde aus einer anderen Sprache übernommen: *Das Wort „Chance" stammt aus dem Französischen* **5** ***etwas stammt aus etwas*** etwas ist in einer bestimmten Zeit entstanden: *Das Bauwerk stammt aus der Antike*

stäm·mig *Adj*; mit viel Kraft (und fast etwas zu muskulös) ⟨ein Junge; Beine⟩

stamp·fen; *stampfte*, *hat / ist gestampft* **1** ***etwas stampfen*** (*hat*) etwas (*meist* mit einem Gerät) fest nach unten drücken und es auf diese Weise klein und flach machen: *Kartoffeln stampfen* **2** (***irgendwohin***) ***stampfen*** (*hat*) einen Fuß laut und kräftig aufsetzen: *aus Wut auf den Boden stampfen* **3** ***irgendwohin stampfen*** (*ist*) mit lauten und kräftigen Schritten gehen

stand ↑ ***stehen***

Stand[1] *der*; *-(e)s*, *Stän·de* **1** ***der Stand*** (+ *Gen* / ***von etwas***) *nur Sg*; eine bestimmte Stufe innerhalb einer Entwicklung: *der jetzige Stand der Verhandlungen* || -K: ***End-***, ***Spiel-*** **2** *nur Sg*; das ruhige Stehen (*meist* nach einer Bewegung) **3** ein kleines Geschäft (*oft* nur ein großer Tisch) || -K: ***Imbiss-***, ***Zeitungs-*** **4** ein Ort für einen bestimmten Zweck || -K: ***Übungs-***, ***Taxi-*** **5** eine bestimmte Angabe, Größe oder Position, die man messen kann: *der Stand des Wassers*, *des Barometers* || -K: ***Zähler-*** **6** ***aus dem Stand*** im Stehen, ohne erst zu laufen ⟨aus dem Stand weitspringen, werfen⟩ **7** ***aus dem Stand*** ohne sich darauf vorzubereiten || ID ***bei j-m einen schlechten Stand haben*** *gespr*; j-m nicht sympathisch sein; ***einen schweren Stand haben*** *gespr*; hart arbeiten oder kämpfen müssen

Stand[2] *der*; *-(e)s*, *Stän·de* **1** *hist*; die gesellschaftliche Gruppe, zu der j-d gehörte ≈ Schicht (2) || -K: ***Adels-***, ***Bauern-***, ***Bürger-*** **2** (CH) ≈ Kanton || ID ***in den Stand der Ehe treten*** *geschr* ≈ heiraten

Stan·dard *der*; *-s*, *-s* **1** eine Qualität auf einem bestimmten Niveau ⟨ein hoher, niedriger Standard⟩ || -K: ***Lebens-*** **2** das, was die meisten Leute als normal betrachten ≈ Norm || K-: ***Standard-***, ***-ausführung***, ***-modell***

Stän·de·rat *der*; *nur Sg*; eine Art Parlament in der Schweiz, das nicht direkt gewählt wird, sondern sich aus Vertretern der Kantone zusammensetzt

Stan·des·amt *das*; die Behörde, bei der man die Ehe schließt und Geburten und Todesfälle meldet || *hierzu* **Stan·des·be·am·te** *der*

stand·hal·ten; *hält stand*, *hielt stand*, *hat standgehalten* **1** ***j-m / etwas standhalten*** sich von j-m / etwas nicht beeinflussen lassen, nicht nachgeben ⟨einem Angriff, der Kritik standhalten⟩ **2** ***etwas hält etwas*** (*Dat*) ***stand*** etwas hält eine Belastung aus (und geht nicht kaputt)

stän·dig *Adj*; *nur attr oder adv* **1** ⟨ein Begleiter; Lärm; Kritik⟩ so, dass sie immer oder meistens da sind **2** sehr oft, häufig:

Ständig hat er an anderen etwas auszusetzen

◆ **Stand·punkt** *der*; die Art, wie man ein Problem, eine Situation beurteilt ≈ Auffassung ⟨einen Standpunkt vertreten⟩: *vom Standpunkt der Wissenschaft aus*

Stan·ge *die*; -, -*n* **1** ein langer, dünner, runder Gegenstand aus Holz oder Metall, länger als ein Stab: *Bohnen wachsen an Stangen*; *mit einer Stange das Boot vom Ufer abstoßen* || -K: ***Bambus-, Eisen-*** **2** ***eine Stange*** + *Subst* ein ganzes, längliches Stück von etwas ⟨eine Stange Vanille⟩ || K-: ***Stangen-, -brot*** **3** ***eine Stange Geld*** *gespr*; viel Geld **4** ***von der Stange*** in der Fabrik in Serien mit üblichen Größen (nicht nach Maß) gemacht: *ein Anzug von der Stange* || ID ***j-m die Stange halten*** j-m (in einem Streit) helfen; ***bei der Stange bleiben*** an einer gemeinsamen Arbeit weitermachen

Stän·gel *der*; -*s*, -; der lange, dünne Teil einer Pflanze, auf dem die Blüte ist ≈ Stiel

stank ↑ ***stinken***

Sta·pel *der*; -*s*, -; ***ein Stapel*** + *Subst* mehrere gleiche Dinge, die (ordentlich) aufeinander gelegt wurden ≈ Stoß ⟨ein Stapel Bücher, Wäsche⟩ || -K: ***Holz-***

Stapel

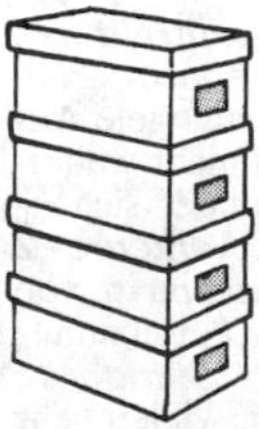

der Stapel

der Stapel/der Stoß

der Haufen

stap·fen; *stapfte, ist gestapft*; (***irgendwohin / durch etwas***) ***stapfen*** mit großen Schritten auf einem weichen Boden gehen, in den man immer wieder einsinkt ⟨durch den Schnee stapfen⟩

Star[1] *der*; -*s*, -*e*; ein mittelgroßer, dunkler Singvogel mit hellen Punkten

Star[2] *der*; -(*e*)*s*; *nur Sg*; eine Krankheit der Augen (mit trüben Linsen oder schwachem Sehnerv)

◆ **Star**[3] [ʃt-, st-] *der*; -*s*, -*s*; eine Person, die (*bes* in der Kunst, im Sport) sehr berühmt ist || K-: ***Star-, -dirigent*** || -K: ***Film-, Fußball-***

starb ↑ ***sterben***

◆ **stark**, *stärker, stärkst-*; *Adj* **1** mit großer körperlicher Kraft ≈ kräftig ⟨ein Mann, Arme⟩: *Er ist so stark, dass er die schwere Kiste allein tragen kann* **2** so, dass eine Person weiß, was sie will ⟨ein Charakter, ein Wille⟩ **3** ≈ belastbar ⟨Nerven; ein Herz⟩ **4** ⟨ein Motor; ein Apparat⟩ so, dass sie eine große Leistung bringen können **5** ≈ massiv, stabil ⟨eine Mauer⟩ **6** ⟨eine Brille⟩ mit dicken Gläsern **7** ⟨Zigaretten; ein Kaffee; ein Medikament⟩ mit einer großen Wirkung **8** in hohem Maß vorhanden ≈ intensiv ⟨Regenfälle, Verkehr, Frost, Wind, Schmerzen, Zweifel; stark erkältet, beschäftigt sein⟩ **9** *meist adv*; in großer Zahl ⟨stark besucht, bevölkert⟩ **10** *Maßangabe* + ***stark*** verwendet, um anzugeben, wie dick etwas ist: *ein 5mm starker Karton*; *Das Seil ist 4cm stark* **11** *meist im Komparativ, gespr euph* ≈ ziemlich dick ⟨eine Figur⟩: *Mode für stärkere Damen* **12** *gespr*; verwendet, um großes Lob auszudrücken ≈ toll: *Deine Frisur ist echt stark!* **13** *Ling*; (*von Verben*) dadurch gekennzeichnet, dass die Formen des Präteritums und des Partizips Perfekt mit einem anderen (Stamm)Vokal gebildet werden: *Das Verb „finden" wird stark konjugiert* **14** *Ling*; (*von männlichen und sächlichen Substantiven*) dadurch gekennzeichnet, dass der Genitiv mit -(*e*)*s* gebildet wird: *Das Substantiv „der Ball" wird stark dekliniert* **15** *Ling*; in der Form, die Adjektive haben, wenn *z.B.* der unbestimmte Artikel davor steht: *Das Adjektiv „groß" in „ein großer Hund" ist stark dekliniert* || ID ***sich für j-n / etwas stark machen*** j-n / etwas mit viel Energie unterstützen; *meist* ***Das ist stark!*** *gespr*; verwendet, um Empörung auszudrücken

Stär·ke[1] *die*; -, -*n* **1** *nur Sg*; große körperliche Kraft **2** *nur Sg*; die Fähigkeit, auch in schwierigen Situationen die Kontrolle über sich selbst zu behalten ↔ Schwäche || -K: ***Charakter-, Nerven-*** **3** *meist Sg* ≈ Intensität: *ein Erdbeben der Stärke 6,5* || -K: ***Strom-, Wind-*** **4** ***j-s Stärke*** das, was j-d besonders gut kann, *bzw* ein Gebiet, auf dem sich j-d sehr gut auskennt: *Chemie war noch nie seine Stärke*; *Seine Stärken liegen in der Technik und in der*

Ausdauer **5** ≈ Dicke: *die Stärke eines Bretts* || -K: ***Wand-***

Stär·ke[2] *die*; -; *nur Sg* **1** eine Substanz, die ein wichtiger Teil von Lebensmitteln wie Getreide, Reis und Kartoffeln ist || K-: ***Stärke-, -mehl*** || -K: ***Mais-*** **2** eine Art Mehl aus Stärke (1), mit dem man Soßen, Cremes fester macht || -K: ***Speise-***

stär·ken; *stärkte, hat gestärkt* **1** ***etwas stärkt j-n / etwas*** etwas macht j-s (körperliche) Kräfte größer: *Schlaf stärkt die Nerven* **2** ***j-n / etwas stärken*** j-m / etwas neue Kraft geben, unterstützen ⟨j-s Mut, Position stärken⟩ **3** ***sich*** (***mit etwas***) ***stärken*** etwas essen oder trinken

starr, *starrer, starrst-*; *Adj* **1** so, dass man einzelne Teile nicht bewegen kann ⟨Finger, Glieder⟩: *In der Kälte waren meine Hände ganz starr geworden* **2** ohne Bewegung ⟨ein Blick; starr vor Schreck⟩ **3** so, dass keine Veränderung oder Anpassung möglich ist ⟨Prinzipien; starr an etwas (*Dat*) festhalten⟩ || *hierzu* **Starr·heit** *die*; *zu* **1** und **2 Star·re** *die*

star·ren; *starrte, hat gestarrt*; (***irgendwohin / auf j-n / etwas***) ***starren*** den Blick lange auf j-n / etwas richten, ohne die Augen abzuwenden

◆**Start** *der*; *-s, -s* **1** der Vorgang, bei dem *bes* ein Flugzeug oder eine Rakete in die Luft steigt ↔ Landung || K-: ***Start-, -erlaubnis***; ***start-, -bereit*** **2** der Beginn eines Rennens ⟨das Zeichen zum Start geben⟩ || K-: ***Start-, -signal***; ***start-, -bereit*** **3** die Stelle, an der ein Lauf oder ein Rennen beginnt ↔ Ziel **4** der Beginn einer *meist* geschäftlichen Tätigkeit: *der Start ins Berufsleben* || K-: ***Start-, -kapital*** || -K: ***Berufs-***

◆**star·ten**; *startete, hat / ist gestartet* **1** ***j-d / etwas startet*** (*ist*) ein Flugzeug, eine Rakete steigt in die Luft **2** ***etwas startet*** (***irgendwie***) (*ist*) der Motor eines Fahrzeugs springt an **3** (*hat*) eine Reise oder ein Rennen beginnen ↔ beenden **4** (***etwas***) ***starten*** (*hat*) etwas beginnen oder stattfinden lassen ⟨ein Rennen, eine Aktion starten⟩ **5** (***etwas***) ***starten*** (*hat*) den Motor einschalten ⟨das Auto, den Motor starten⟩

◆**Sta·ti·on** [-ˈtsio:n] *die*; -, *-en* **1** ein Platz, an dem öffentliche Verkehrsmittel regelmäßig halten, damit man ein- und aussteigen kann || -K: ***Bahn-***; ***End-*** **2** eine Abteilung in einem Krankenhaus ⟨die gynäkologische Station⟩ || K-: ***Stations-, -arzt, -schwester*** || -K: ***Frauen-*** **3** ein Gebäude und technische Anlagen *bes* für technische Tätigkeiten ⟨eine meteorologische Station⟩ || -K: ***Beobachtungs-, Weltraum-*** **4** ein Punkt in einer Entwicklung: *die verschiedenen Stationen seiner Karriere* **5** (***irgendwo***) ***Station machen*** eine Fahrt oder Reise unterbrechen

Sta·tis·tik *die*; -, *-en* **1** eine Aufstellung von Zahlen, die zeigen, wie häufig bestimmte Dinge vorkommen ⟨eine amtliche Statistik; eine Statistik erstellen⟩: *Laut Statistik fahren Frauen vorsichtiger Auto als Männer* || -K: ***Bevölkerungs-, Unfall-*** **2** *nur Sg*; die Wissenschaft, die sich mit Statistiken (1) beschäftigt || *hierzu* **sta·tis·tisch** *Adj*; *zu* **2 Sta·tis·ti·ker** *der*; **Sta·tis·ti·ke·rin** *die*; -, *-nen*

◆**statt**[1] *Konjunktion* ≈ anstatt[1]: *Sie drehte die Heizung auf, statt sich wärmer anzuziehen*

◆**statt**[2] *Präp*; *mit Gen / gespr auch Dat* ≈ anstatt[2]: *Nimm doch das frische Brot statt des alten*

◆**statt·fin·den**; *findet statt, fand statt, hat stattgefunden*; ***etwas findet statt*** etwas geschieht (als geplantes Ereignis): *Die Trauung findet im Dom statt*

Sta·tue [-tuə] *die*; -, *-n*; eine Figur (aus hartem Material), in der Form eines Menschen, eines Tieres || -K: ***Bronze-, Reiter-***

Sta·tus *der*; -; *nur Sg*; die soziale oder rechtliche Stellung einer Person, einer Firma, eines Landes *usw* ⟨der gesellschaftliche Status⟩ || -K: ***Neutralitäts-, Rechts-***

◆**Stau** *der*; *-(e)s, -s / -e* **1** *Pl Staus*; viele Autos, die stehen müssen und nicht weiterfahren können ⟨ein Stau bildet sich⟩ || K-: ***Stau-, -meldung*** || -K: ***Verkehrs-*** **2** *meist Sg*; eine große Menge *meist* von Wasser, das nicht weiterfließen kann || K-: ***Stau-, -becken***

Staub *der*; *-(e)s*; *nur Sg* **1** die vielen sehr kleinen Teilchen, die immer in der Luft sind und sich auf Flächen in Häusern und Wohnungen sammeln: *Auf dem Schrank war eine dicke Schicht Staub* || K-: ***Staub-, -schicht*** || -K: ***Kohlen-*** **2** ***Staub wischen*** mit einem Tuch den Staub (1) entfernen || ID ***j-d / etwas wirbelt viel Staub auf*** *gespr*; j-d / etwas verursacht große Aufregung in der Öffentlichkeit; ***sich*** (*Akk*) ***aus dem Staub machen*** *gespr*; weggehen

staub·sau·gen; -; *hat gestaubsaugt*; (***etwas***) ***staubsaugen*** den Boden mit einem speziellen elektrischen Gerät (einem Staubsauger) sauber machen

stau·en; *staute, hat gestaut* **1** ***etwas stauen*** *meist* Wasser sammeln, indem man verhindert, dass es weiterfließt ⟨einen Bach

S

stauen⟩ || K-: ***Stau-, -damm*** **2** ***etwas staut sich*** eine relativ große Menge (*bes* einer Flüssigkeit) bildet sich und kann nicht weiterfließen: *Das Blut staut sich, wenn die Arterien verkalkt sind* || *zu* **1** und **2** **St<u>au</u>·ung** *die*

st<u>au</u>·nen; *staunte, hat gestaunt*; (***über j-n / etwas***) ***staunen*** Überraschung, Verwunderung und Respekt empfinden: *Da staunst du, wie gut ich das kann, was?*

◆**Steak** [ʃteːk, st-] *das*; *-s, -s*; ein Stück (Rind)Fleisch, das man relativ kurz brät || -K: ***Rinder-***

stẹ·chen; *sticht, stach, hat gestochen* **1** (***etwas***) ***irgendwohin stechen*** einen spitzen Gegenstand in eine Oberfläche drücken: *eine Nadel in den Stoff stechen* **2** ***j-m*** (***etwas***) ***irgendwohin stechen*** j-n verletzen oder ihm wehtun, indem man irgendwohin sticht (1): *j-m ein Messer in den Arm stechen* **3** ***etwas sticht*** (***etwas***) eine Karte hat bei einem Kartenspiel einen höheren Wert als eine andere: *Das Ass sticht (den König)* **4** ***ein Tier sticht*** (***j-n***) ein Tier verletzt j-n mit dem Stachel || K-: ***Stech-, -mücke*** **5** ***etwas sticht*** etwas ist spitz und verursacht deshalb Schmerzen, wenn man es berührt ⟨Dornen⟩ **6** ***etwas sticht*** etwas schmerzt (in kurzen Abständen): *stechende Schmerzen* **7** ***die Sonne sticht*** die Sonne ist unangenehm heiß

◆**Stẹck·do·se** *die*; ein kleiner Gegenstand mit zwei Öffnungen, der an eine elektrische Leitung angeschlossen ist. Mit einem Stecker kann man von einer Steckdose Strom abnehmen: *den Stecker in die Steckdose stecken*

◆**stẹ·cken**; *steckte, hat / ist gesteckt* **1** ***etwas irgendwohin stecken*** (*hat*) etwas durch eine Öffnung (*z.B.* ein Loch oder einen Spalt) in etwas hineintun: *den Brief in das Kuvert stecken*; *das Hemd in die Hose stecken*; *den Schlüssel ins Schloß stecken* **2** ***j-n irgendwohin stecken*** (*hat*) *gespr*; j-n an einen bestimmten Platz bringen, an dem er bleiben muss ⟨ein Kind ins Bett stecken⟩ **3** ***etwas in etwas*** (*Akk*) ***stecken*** (*hat*) *gespr*; Geld oder Arbeit in etwas investieren: *Geld in ein Geschäft stecken* **4** ***etwas in Brand stecken*** (*hat*) ≈ etwas anzünden: *ein Haus in Brand stecken* **5** ***j-d / etwas steckt irgendwo*** (*hat / südd* Ⓐ ⒸⒽ *auch ist*) j-d / etwas ist an einem bestimmten Ort und kommt nicht weg: *Die Wurzeln stecken fest in der Erde* **6** ***der Schlüssel steckt*** (*hat / ist*) der Schlüssel ist im Schloss **7** ***j-d / etwas steckt irgendwo*** (*hat / ist*) *gespr*; j-d / etwas ist irgendwo: *Weißt du, wo die Kinder stecken?* **8** ***etwas steckt in j-m*** (*hat*) *gespr*; j-d hat bestimmte Fähigkeiten: *In ihr stecken musikalische Talente!* **9** ***etwas steckt in etwas*** (*Dat*) (*hat*) *gespr*; etwas wurde für etwas gebraucht, investiert: *In dem Geschäft steckt eine Menge Geld* **10** ***j-d / etwas steckt hinter etwas*** (*Dat*) (*ist*) *gespr*; j-d ist für etwas verantwortlich, etwas ist die eigentliche Ursache von etwas: *Dahinter steckt bestimmt die Mafia*

◆**Stẹ·cker** *der*; *-s, -*; ein kleiner Gegenstand (aus Plastik) mit Stiften, mit dem man ein elektrisches Gerät (über eine Steckdose) an das Stromnetz anschließt

Stecker

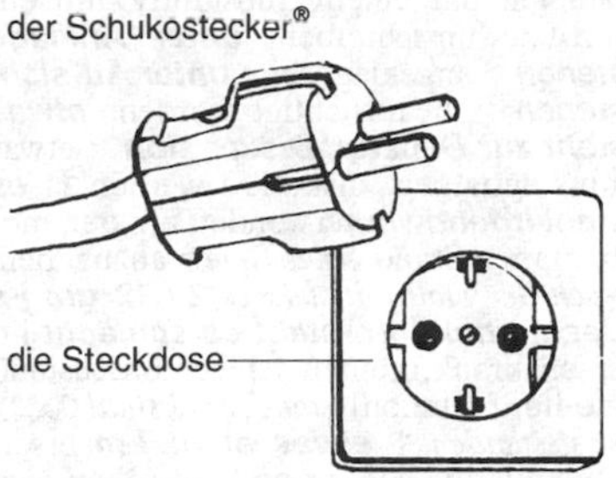

Stẹck·na·del *die*; eine Nadel, die man verwendet, um Stoffstücke aneinander zu befestigen, wenn man näht || ↑ *Abbildung unter* ***Nadel*** || ID ***j-n / etwas wie eine Stecknadel*** (***im Heuhaufen***) ***suchen*** *gespr*; j-n / etwas mit großer Mühe (und wenig Aussicht auf Erfolg) suchen

St<u>e</u>g *der*; *-(e)s, -e* **1** eine schmale, einfache Brücke (*meist* aus Holz) || -K: ***Boots-, Lande-*** **2** der Teil der Brille (zwischen den Gläsern), der auf der Nase sitzt

◆**ste·hen**[1] ['ʃteːən]; *stand, hat / südd* Ⓐ ⒸⒽ *ist gestanden* **1** (***irgendwo***) ***stehen*** in aufrechter Haltung (mit gestreckten Beinen) auf einer Stelle bleiben ↔ liegen, sitzen: *Der Zug war so voll, dass wir stehen mussten* || ↑ *Illustration* ***Verben der Bewegung*** **2** ***etwas steht irgendwo*** etwas ist an der Stelle, an der es gebaut wurde, an der es gewachsen ist, an die es gestellt wurde: *Auf dem Rathausplatz steht jetzt ein Denkmal*; *Die Gläser stehen schon auf dem Tisch* **3** ***etwas steht*** etwas ist nicht mehr in Bewegung oder in Funktion ⟨eine Maschine, eine Uhr⟩ **4** ***etwas steht irgendwo*** etwas ist an einer bestimmten Stelle des Himmels ⟨Sterne; die Sonne, der Mond⟩: *Die Sonne steht im Zenit* **5** ***j-d / etwas steht irgendwo*** etwas ist ir-

S

gendwo geschrieben: *Steht etwas Interessantes in der Zeitung?* **6** ***etwas steht auf etwas*** (*Dat*) etwas zeigt eine Zeit oder einen Wert an: *Der Zeiger steht auf vier Uhr*; *Das Barometer steht auf „Regen"* **7** ***vor etwas*** (*Dat*) ***stehen*** mit etwas Schwierigem zu tun haben ⟨vor Problemen, Schwierigkeiten stehen⟩ **8** ***über etwas*** (*Dat*) ***stehen*** so viel Erfahrung und Intelligenz haben, dass man sich nicht über kleine Probleme ärgert: *Man muss über den Dingen stehen* **9** ***etwas steht irgendwie*** etwas ist zu einem Zeitpunkt in einem bestimmten Zustand der Entwicklung: *Die Chancen für einen Erfolg stehen gut*; *Wie steht die Sache?* **10** verwendet zusammen mit einem Substantiv, um ein Verb zu umschreiben; ***unter Anklage stehen*** ≈ angeklagt sein; ***unter Aufsicht stehen*** ≈ beaufsichtigt werden; ***etwas steht zur Debatte, Diskussion*** ≈ etwas muss debattiert, diskutiert werden **11** ***es steht irgendwie*** verwendet, um den momentanen Stand eines Spiels anzugeben: *Nach der Halbzeit steht es 2:1* **12** ***um j-s Gesundheit / j-n steht es schlecht*** j-d ist sehr krank, in einem schlechten Zustand

◆ **ste·hen²** ['ʃteːən]; *stand, hat / südd* Ⓐ Ⓒⓗ *ist gestanden* **1** ***etwas steht j-m*** etwas passt gut zu j-s Figur und Aussehen ⟨ein Kleidungsstück, eine Farbe, eine Frisur; eine Brille⟩: *Steht mir diese Bluse?*; *Ich glaube, Blau steht mir nicht* **2** ***zu etwas stehen*** eine Sache oder eine Entscheidung unterstützen ⟨zu einem Versprechen stehen⟩ **3** ***zu j-m stehen*** j-m, der Schwierigkeiten hat, helfen: *Trotz der Niederlage steht der Trainer zu seinen Spielern* **4** (***voll***) ***hinter j-m stehen*** j-m helfen, *meist* politische Ziele zu erreichen: *Die Partei steht voll hinter ihrem Vorsitzenden* **5** ***irgendwie zu j-m / etwas stehen*** eine bestimmte Meinung oder Einstellung zu j-m / etwas haben: *Wie stehen Sie zu den neuen Sparmaßnahmen der Regierung?* || Hinweis: *meist* in einer Frage **6** ***etwas steht auf etwas*** (*Akk*) für ein Verbrechen gibt es die genannte Strafe: *Auf Steuerhinterziehung stehen hohe Geldstrafen* **7** ***etwas steht bei j-m*** etwas wird von j-m entschieden: Es *steht bei dir*, ob *wir wieder nach England fahren* **8** ***j-d / etwas steht für etwas*** j-d / etwas ist ein typisches Beispiel für viele andere Menschen oder Dinge: *Seine Worte stehen für die Meinung vieler* **9** ***auf j-n / etwas stehen*** *gespr*; j-n / etwas sehr gut finden: *Sie steht auf große, schlanke Männer / auf französische Chansons*

◆ **steh·len**; *stiehlt, stahl, hat gestohlen* **1** ((***j-m***) ***etwas***) ***stehlen*** (ohne bemerkt zu werden) etwas nehmen, das einem anderen gehört, und es behalten: *j-m das Fahrrad stehlen*; *Ich glaube, er stiehlt* **2** ***j-d / etwas stiehlt j-m etwas*** j-d / etwas verhindert, dass j-d etwas hat ⟨j-d / etwas stiehlt j-m den Schlaf, die Zeit⟩

Steh·platz *der*; ein Platz (*z.B.* im Bus oder in einem Stadion) ohne Sitz

steif *Adj* **1** ziemlich hart, sodass man die Form nur schwer verändern kann ↔ weich, biegsam ⟨ein Kragen, Pappe; etwas ist steif gefroren; etwas ist steif wie ein Brett⟩ **2** so, dass man es nicht oder nur schwer oder unter Schmerzen bewegen kann: *Seit dem Unfall hat er ein steifes Bein* **3** sehr streng den gesellschaftlichen Regeln entsprechend: *Bei dem Empfang ging es sehr steif zu* || ID ***etwas steif und fest behaupten / glauben*** *gespr*; etwas behaupten / glauben, ohne daran zu zweifeln || *hierzu* **Steif·heit** *die*

◆ **stei·gen**; *stieg, ist gestiegen* **1** ***irgendwohin steigen*** an einen Ort gehen (oder klettern), der höher oder tiefer liegt ⟨auf einen Berg, aufs Dach steigen⟩ **2** ***irgendwohin steigen*** sich mit einer Bewegung an einen bestimmten Platz bringen ⟨aufs / vom Fahrrad, Pferd steigen; ins / aus dem Auto steigen; in den / aus dem Zug steigen⟩ **3** ***j-d / etwas steigt*** j-d / etwas bewegt sich nach oben ⟨ein Flugzeug, der Rauch⟩ **4** ***etwas steigt*** etwas wird (im Niveau, Umfang oder Wert) höher oder größer ⟨das Wasser; die Leistung; die Aktien, die Preise⟩

stei·gern; *steigerte, hat gesteigert* **1** ***etwas steigern*** bewirken, dass etwas besser, größer, intensiver wird ⟨die Leistung, die Produktion steigern⟩ **2** ***etwas steigern*** *Ling*; die Formen eines Adjektivs oder Adverbs bilden, mit denen man den Vergleich (*alt – älter / ältest-*) ausdrückt **3** ***etwas steigert sich*** etwas wird besser oder intensiver: *Die Spannung steigerte sich* **4** ***j-d steigert sich*** j-d verbessert seine Leistungen

Stei·ge·rung *die*; -, *-en* **1** ein Vorgang, durch den etwas besser, größer oder intensiver wird: *eine Steigerung des Umsatzes* || K-: **Steigerungs-, -rate** || -K: **Leistungs-** **2** das Steigern (2) ⟨die Steigerung eines Adjektivs⟩ || K-: ***Steigerungs-, -form***

◆ **steil** *Adj*; ⟨ein Berg, ein Weg⟩ so, dass sie ziemlich schräg sind || K-: ***Steil-, -hang, -küste***

◆ **Stein** *der*; -(*e*)*s*, -*e* **1** *nur Sg*; die harte Substanz, aus der Berge bestehen ⟨hart wie Stein⟩ || K-: ***Stein-, -boden***; ***stein-, -hart*** || -K: ***Kalk-, Sand-*** **2** ein relativ kleines Stück Stein (1): *Auf dem Acker liegen viele Steine* || -K: ***Kiesel-, Pflaster-*** **3** ein Stein in Form eines Rechtecks, der für Häuser, Mauern verwendet wird || K-: ***Stein-, -haus*** || -K: ***Ziegel-*** **4** ein harter Kern in einer Frucht || K-: ***Stein-, -obst*** **5** *Kurzwort* ↑ ***Edelstein*** **6** eine Art kleiner Stein (2), der sich in manchen Organen bildet || -K: ***Nieren-*** **7** ein kleiner Gegenstand, mit dem man bei Brettspielen spielt || ↑ *Abbildung unter* ***Brettspiele*** || -K: ***Domino-*** || ID ***der Stein der Weisen*** *geschr*; die ideale Lösung für ein wichtiges Problem; ***der Stein des Anstoßes*** *geschr*; die Ursache für eine unangenehme Situation oder ein Problem; ***j-m fällt ein Stein vom Herzen*** j-d ist sehr erleichtert

Stein·bock *der* **1** ein Tier mit langen Hörnern, das auf hohen Bergen lebt **2** das Sternzeichen für die Zeit vom 23. Dezember bis 20. Januar

◆ **Stel·le** *die*; -, *-n* **1** ein Ort, Punkt oder Platz, an dem j-d / etwas ist oder an dem etwas geschieht: *sich an der vereinbarten Stelle treffen*; *Das muss die Stelle sein, an der der Unfall geschah* || -K: ***Gefahren-***; ***Bruch-*** **2** die Position in einer Firma oder einer Institution, in der man arbeitet ⟨eine freie Stelle; sich um eine Stelle bewerben⟩: *eine Stelle als Verkäufer* || K-: ***Stellen-, -angebot*** **3** j-s Position in einer Rangordnung: *an erster / letzter Stelle stehen*; *(im Wettkampf) an erster Stelle sein* **4** ***eine Stelle*** **(*****für etwas*****)** eine Institution, die bestimmte Aufgaben hat, *bzw* ihr Büro ⟨eine staatliche, kirchliche Stelle⟩ || -K: ***Beratungs-, Dienst-*** **5** eine kleine Fläche am Körper oder an einem Gegenstand: *eine entzündete Stelle auf der Haut* || -K: ***Druck-, Rost-*** **6** ein relativ kurzer Teil in einem Text oder einem musikalischen Werk: *eine Stelle aus einem Buch zitieren* || -K: ***Bibel-, Text-*** **7** *Math*; *meist in* ***die erste / zweite / dritte*** *usw* ***Stelle*** **(*****nach dem Komma*****)** der Platz (hinter / nach dem Komma), an dem eine Ziffer steht || -K: ***Dezimal-*** **8** ***an j-s Stelle / an der Stelle von j-m / etwas*** (stellvertretend) für eine Person oder Sache, um deren Funktion zu übernehmen **9** ***an j-s Stelle*** in j-s Lage, Situation: *An deiner Stelle wäre ich vorsichtig!* **10** ***auf der Stelle*** ≈ sofort || ID ***nicht von der Stelle kommen / auf der Stelle treten*** *gespr*; keine Fortschritte machen; ***j-n an einer empfindlichen / wunden Stelle treffen*** etwas tun oder sagen, das j-s Gefühle dort verletzt, wo Probleme sind

◆ **stel·len**; *stellte, hat gestellt* **1** ***etwas irgendwohin stellen*** etwas so an eine Stelle bringen, dass es dort steht oder ist: *eine Leiter an die Mauer stellen*; *die Blumen in eine Vase stellen* **2** ***etwas stellen*** ein (technisches) Gerät in die Position bringen, in der es seine Funktion erfüllt ⟨die Weichen, das Signal stellen⟩ **3** ***etwas*** + *Adj* + ***stellen*** die Funktion eines Gerätes verändern: *das Radio leiser stellen* **4** ***eine Uhr stellen*** die Zeit auf einer Uhr ändern und so korrigieren **5** ***den Wecker*** **(*****auf*** + *Uhrzeit*) ***stellen*** den Wecker so einstellen, dass er zu einer bestimmten Zeit läutet: *den Wecker auf sieben Uhr stellen* **6** ***j-n stellen*** j-n, der flieht, dazu zwingen, stehen zu bleiben und ihn dann festnehmen: *Nach kurzer Flucht wurde der Bankräuber gestellt und festgenommen* **7** **(*****j-m*****)** ***j-n / etwas stellen*** j-m Leute, Geräte, Kleider für eine bestimmte Zeit (*meist* kostenlos) geben: *Das Rote Kreuz stellte die Zelte* **8** ***etwas stellen*** zusammen mit einem Substantiv verwendet, um ein Verb zu umschreiben; ***einen Antrag auf etwas stellen*** ≈ etwas beantragen; ***j-m eine Aufgabe stellen*** ≈ j-m etwas aufgeben; ***eine Diagnose stellen*** ≈ etwas diagnostizieren **9** ***sich irgendwohin stellen*** an eine Stelle gehen und dort stehen (bleiben): *sich ans Fenster stellen* **10** ***sich j-m / etwas stellen*** bereit sein, sich mit j-m auseinander zu setzen oder eine Herausforderung anzunehmen: *Der Minister stellte sich der Diskussion* **11** ***sich*** **(*****der Polizei*****)** ***stellen*** zur Polizei gehen und sagen, dass man ein Verbrechen begangen hat **12** ***sich hinter j-n stellen*** j-m helfen, der von anderen beschuldigt wird: *Der Kanzler stellte sich voll hinter seinen Minister* **13** ***sich*** + *Adj* + ***stellen*** so tun, als hätte man die genannte Eigenschaft ⟨sich blind, taub, stumm, tot, dumm stellen⟩

◆ **Stel·lung** *die*; -, *-en* **1** die Art und Weise, wie man den Körper (oder Teile davon) hält ⟨eine Stellung einnehmen⟩ || -K: ***Schlaf-, Sprung-*** **2** die Lage einer Sache in Bezug auf ihre Umgebung ≈ Stand, Position: *Wenn der Schalter in dieser Stellung ist, fließt Strom* || -K: ***Signal-, Wort-*** **3** eine Stelle (2): *eine Stellung als Chauffeur* || -K: ***Dauer-*** **4** **(*****für / gegen j-n / etwas*****)** ***Stellung nehmen, beziehen*** in Bezug auf j-n / etwas eine (positive / negative) Meinung haben

Stel·lung·nah·me *die*; die Meinung, die

j-d zu einem Thema hat und (*meist* öffentlich) sagt ⟨eine Stellungnahme abgeben⟩

Stẹll·ver·tre·ter *der*; j-d, der für eine Zeit die Aufgabe eines anderen (*meist* seines Chefs) übernimmt || *hierzu* **Stẹll·ver·tre·te·rin** *die*; -, *-nen*

stẹm·men; *stemmte, hat gestemmt* **1** ***etwas stemmen*** etwas mit viel Kraft über den Kopf nach oben drücken ⟨Gewichte stemmen⟩ **2** ***sich gegen etwas stemmen*** mit viel Energie versuchen, etwas zu verhindern: *sich gegen eine Entwicklung stemmen*

◆**Stẹm·pel** *der*; *-s*, *-*; **1** ein kleiner Gegenstand, mit dem man *meist* einen Namen auf Papier druckt || -K: ***Gummi-***; ***Firmen-*** **2** das, was mit einem Stempel auf Papier gedruckt wird: *ein Stempel im Pass* || -K: ***Post-*** **3** *Biol*; der mittlere Teil einer Blüte (der die weiblichen Samen produziert)

◆**stẹr·ben**; *stirbt, starb, ist gestorben* **1** aufhören zu leben ⟨durch einen Unfall sterben⟩: *Goethe starb 1832 im Alter von 83 Jahren* **2** ***an etwas*** (*Dat*) ***sterben*** aus einem bestimmten Grund sterben (1) ⟨an einem Herzinfarkt sterben⟩ **3** ***vor etwas*** (*Dat*) ***sterben*** *gespr*; etwas in hohem Maße empfinden ⟨vor Durst, Sehnsucht sterben; vor Neugier (fast) sterben⟩ || ID ***im Sterben liegen*** kurz vor dem Tod sein; ***zum Sterben*** *gespr* ≈ sehr: *Ich bin zum Sterben müde*; *Der Film war zum Sterben langweilig*; *meist* ***Er / Sie / Es ist für mich gestorben*** *gespr*; mit ihm / ihr / damit will ich nichts mehr zu tun haben; ***etwas ist gestorben*** *gespr*; etwas wird nicht mehr realisiert ⟨ein Plan⟩

stẹrb·lich *Adj*; *nur in* **1** ***sterblich sein*** einmal sterben müssen, nicht ewig leben können **2** ***j-s sterbliche Überreste*** *geschr euph*; der Körper eines Toten

Stẹrb·lich·keit *die*; -; *nur Sg* **1** die Tatsache, dass Lebewesen sterblich sind **2** die (durchschnittliche) Zahl der Toten || K-: ***Sterblichkeits-, -rate*** || -K: ***Kinder-***

Ste·reo [ˈʃteːreo, ˈst-] *das*; *-s*; *nur Sg*; eine Technik, Musik oder Geräusche so wiederzugeben, dass der Klang aus zwei verschiedenen Richtungen kommt und so räumlich wirkt ⟨etwas in Stereo aufnehmen⟩ || K-: ***Stereo-, -lautsprecher***

ste·ri·li·sie·ren; *sterilisierte, hat sterilisiert* **1** ***j-n / ein Tier sterilisieren*** eine Person oder ein Tier durch eine Operation unfruchtbar machen **2** ***etwas sterilisieren*** etwas so sauber machen, dass es ohne Bakterien ist ⟨Instrumente sterilisieren⟩ || *hierzu* **Ste·ri·li·sa·ti·on** *die*; **Ste·ri·li·sie·rung** *die*

◆**Stẹrn** *der*; *-(e)s*; *-e* **1** einer der kleinen hellen Punkte, die man nachts am Himmel sehen kann ⟨ein funkelnder Stern⟩ || K-: ***Sternen-, -himmel*** || -K: ***Polar-*** **2** ein Stern (1), der selbst leuchtet, wie *z.B.* die Sonne oder die Fixsterne **3** eine Figur mit *meist* fünf Spitzen, die einen Stern (1) darstellt || ID ***etwas steht unter einem guten Stern*** etwas (*bes* eine Unternehmung, ein Projekt) funktioniert gut und ohne Probleme; *meist* ***Das steht*** (***noch***) ***in den Sternen*** (***geschrieben***) das ist noch nicht sicher

Stẹrn·zei·chen *das*; eines der zwölf Symbole, die ihren Namen von Gruppen von Sternen haben, von denen manche Leute glauben, dass sie Einfluss auf das Schicksal der Menschen hätten

Steu·er[1] *das*; *-s*, *-*; **1** der Teil eines Fahrzeugs, mit dem der Fahrer, Pilot *usw* die Richtung bestimmt ⟨am Steuer sitzen; das Steuer übernehmen⟩ || K-: ***Steuer-, -knüppel, -rad*** **2** ***am / hinter dem Steuer sitzen*** *gespr*; Auto fahren || ID ***das Steuer*** (***fest***) ***in der Hand haben*** die Kontrolle über eine Entwicklung haben

◆**Steu·er**[2] *die*; -, *-n*; der Teil des Einkommens, Vermögens, des Werts von (gekauften) Waren *usw*, den man an den Staat zahlen muss ⟨hohe, niedrige Steuern; Steuern zahlen, senken, erhöhen⟩ || K-: ***Steuer-, -politik, -recht, -senkung*** || -K: ***Einkommen(s)-, Kraftfahrzeug-, Lohn-, Mehrwert-***

Steu·er·mann *der*; j-d, der ein Boot oder ein Schiff steuert

Stịch *der*; *-(e)s*, *-e* **1** die Verletzung, die man bekommt, wenn man mit einem spitzen Gegenstand oder von einem Insekt gestochen wird || K-: ***Stich-, -wunde*** || -K: ***Messer-, Insekten-*** **2** ein kurzer, starker Schmerz **3** die Karten, die derjenige Spieler beim Kartenspielen bekommt, der die Karte mit dem höchsten Wert auf den Tisch legt **4** ***ein Stich ins*** + *Farbe*; eine Farbe, in die eine andere Farbe übergeht: *blau mit einem Stich ins Violette* || ID ***etwas hat einen Stich*** etwas ist leicht verdorben und schmeckt deshalb nicht mehr gut ⟨Milch⟩; ***j-n im Stich lassen*** j-m, den man gut kennt, in einer schwierigen Situation nicht helfen; ***etwas im Stich lassen*** ≈ zurücklassen, aufgeben

stịch·hal·tig *Adj*; ⟨ein Argument, eine Begründung⟩ so gut, dass sie nicht durch andere Argumente *usw* widerlegt werden können || *hierzu* **Stịch·hal·tig·keit** *die*

sticht ↑ ***stechen***
Stich·wort *das*; *-(e)s, Stich·wör·ter*; ein Wort, das in einem Wörterbuch *o.Ä.* erklärt wird
Stief-; *im Subst*; nicht durch Geburt verwandt, sondern dadurch, dass Mutter oder Vater ein zweites Mal geheiratet haben: die ***Stiefmutter***, der ***Stiefbruder***, der ***Stiefsohn***
◆**Stie·fel** *der*; *-s, -*; ein Schuh, der den ganzen Fuß und einen Teil des Beines bedeckt ⟨ein Paar Stiefel⟩ || -K: ***Gummi-, Winter-***
stieg ↑ ***steigen***
◆**Stie·ge** *die*; *-, -n*; eine enge, steile Treppe aus Holz
stiehlt ↑ ***stehlen***
Stiel *der*; *-(e)s, -e* **1** der lange, feste, *meist* gerade Teil *bes* von Werkzeugen und Pfannen, an dem man diese hält: *der Stiel des Hammers* || -K: ***Besen-, Pfannen-*** **2** der lange, dünne Teil von Blumen, an dem die Blätter und Blüten wachsen: *Rosen mit langen Stielen* || -K: ***Blumen-*** **3** das kleine Stück Holz, an dem eine Frucht am Baum oder am Strauch hängt || -K: ***Apfel-***
Stier *der*; *-(e)s, -e* **1** das erwachsene männliche Rind, das fähig ist, Junge zu zeugen ≈ Bulle **2** *nur Sg*; das Sternzeichen für die Zeit vom 21. April bis 20. Mai || ID ***den Stier bei den Hörnern packen / fassen*** eine schwierige Aufgabe sofort mit Mut und Energie angehen
stieß ↑ ***stoßen***
Stift *der*; *-(e)s, -e* **1** ein kleiner, länglicher Gegenstand aus einem harten Material, mit dem man *bes* Bretter verbindet || -K: ***Holz-, Metall-*** **2** ein langer, dünner Stab (*bes* aus Holz) mit einer Spitze, mit dem man schreibt oder zeichnet || -K: ***Mal-, Rot-***
stif·ten; *stiftete, hat gestiftet* **1** ***etwas stiften*** etwas gründen und das nötige Geld dafür geben ⟨ein Krankenhaus stiften⟩ **2** ***etwas*** (***für etwas***) ***stiften*** Geld oder Dinge für einen *meist* wohltätigen Zweck geben ≈ spenden **3** ***j-d / etwas stiftet etwas*** j-d / etwas verursacht einen bestimmten Zustand ⟨Unruhe, Verwirrung stiften⟩ || *zu* **1** und **2** **Stif·ter** *der*; **Stif·te·rin** *die*; *-, -nen*
Stil [ʃtiːl, stiːl] *der*; *-(e)s, -e* **1** die Art und Weise, in der man spricht oder schreibt ⟨ein flüssiger, schlechter Stil⟩ || K-: ***Stil-, -art, -ebene*** || -K: ***Telegramm-, Vortrags-*** **2** die Art, in der ein Kunstwerk gemacht ist, *bes* wenn es typisch für den Künstler oder für eine Epoche ist: *der gotische, klassizistische Stil*; *Mode im Stil der 20er Jahre* || K-: ***Stil-, -mittel, -richtung*** || -K: ***Barock-*** **3** die (typische) Art und Weise, wie sich j-d (im Sport) bewegt ⟨den Stil verbessern⟩ || -K: ***Lauf-*** **4** *nur Sg*; die Art und Weise, wie sich j-d verhält oder wie er handelt ⟨j-s politischer Stil⟩ || -K: ***Arbeits-, Lebens-*** **5** ***j-d hat Stil*** j-d benimmt sich gut und hat Geschmack || ID ***im großen Stil / großen Stils*** in hohem Maße: *ein Betrug großen Stils*; ***Das ist nicht mein 'Stil*** das ist nicht meine Art (Probleme zu lösen)
◆**still** *Adj* **1** ohne Geräusche ≈ ruhig: *Je weiter wir uns von der Stadt entfernten, desto stiller wurde es* **2** so, dass man keine Geräusche verursacht ≈ leise ⟨still bleiben⟩: *Sei bitte still, ich möchte schlafen* **3** mit wenig oder keiner Bewegung ⟨still sitzen; etwas still halten; die Luft, ein See, ein Wasser⟩ || -K: ***wind-*** **4** mit wenig Aktivität und Lust zum Sprechen ⟨ein Kind; ein stilles Leben führen⟩ **5** zwar nicht deutlich ausgesprochen, aber doch bemerkbar ⟨ein Vorwurf; still leiden⟩ **6** ***im Stillen*** ohne dass es andere merken ⟨etwas im Stillen vorbereiten⟩
Still·le·ben *das*; ein Bild, das Gegenstände, *bes* Früchte und Blumen zeigt
still·lie·gen; *lag still, hat / südd* Ⓐ Ⓒⓗ *ist stillgelegen*; ***etwas liegt still*** etwas ist nicht (mehr) in Funktion, in Betrieb ⟨eine Maschine, eine Fabrik⟩
still·ste·hen; *stand still, hat / südd* Ⓐ Ⓒⓗ *ist stillgestanden* ***etwas steht still*** etwas ist ohne Bewegung, Aktivität oder Entwicklung ⟨die Maschinen, der Betrieb; der Verkehr; j-s Herz⟩
Stimm·bruch *der*; *nur Sg*; die Phase in der Entwicklung eines jungen Mannes, in der die Stimme[1] tief wird
◆**Stim·me**[1] *die*; *-, -n* **1** die Klänge und Geräusche, die j-d produziert, wenn er spricht oder singt ⟨eine hohe, tiefe, laute Stimme⟩ || -K: ***Frauen-, Männer-***; ***Vogel-*** **2** die Fähigkeit, zu sprechen oder zu singen: *Sie hat heute keine Stimme, weil sie erkältet ist* **3** die Fähigkeit, gut zu singen ⟨eine gute, schlechte Stimme haben⟩ **4** einer der Teile eines Musikstücks, die gleichzeitig gespielt oder gesungen werden ⟨die erste, zweite Stimme⟩ || -K: ***Geigen-, Sopran-*** **5** ***die Stimme des Herzens / des Gewissens / der Vernunft*** *geschr*; das, was man aufgrund seiner Gefühle / seines Gewissens / der Vernunft denkt **6** ***eine innere Stimme*** ein unbestimmtes Gefühl
◆**Stim·me**[2] *die*; *-, -n* **1** das Recht, mit an-

S

deren zusammen etwas zu entscheiden oder eine Person zu wählen, indem man *z.B.* die Hand hebt oder einen (Wahl)Zettel ausfüllt: *eine Stimme in einem Gremium haben* **2** j-s Entscheidung für j-n / etwas (bei einer Wahl oder Abstimmung) ⟨eine gültige Stimme; j-m eine Stimme geben⟩: *Der Antrag wurde mit 107 zu 100 Stimmen angenommen* || K-: ***Stimmen-, -verhältnis, -verlust*** || -K: ***Gegen-, Ja-, Nein-; Wähler-*** **3** *meist Pl*; j-s Meinung, wie sie *bes* in der Öffentlichkeit zu hören ist ⟨kritische, warnende Stimmen⟩ **4** ***seine Stimme abgeben*** (*bes* in einer geheimen Wahl) wählen || K-: ***Stimm-, -abgabe*** **5** ***sich der Stimme enthalten*** *geschr*; (bei einer Wahl) sich für keine Person oder Sache entscheiden || K-: ***Stimm-, -enthaltung***

◆ **stim·men**[1]; *stimmte, hat gestimmt*; ***etwas stimmt*** etwas ist richtig oder wahr ⟨das Ergebnis, eine Rechnung, eine Äußerung⟩: *Stimmt* es, dass *Monika krank ist?* || ID ***Stimmt!*** das ist richtig!; ***mit j-m stimmt etwas nicht*** j-d macht den Eindruck, krank zu sein; ***mit etwas stimmt etwas nicht / da stimmt*** (***doch***) ***etwas nicht*** etwas macht den Eindruck, dass es nicht in Ordnung ist; ***Stimmt so!*** *gespr*; (zu Kellnerinnen und Kellnern) den Rest können Sie (als Trinkgeld) behalten!

◆ **stim·men**[2]; *stimmte, hat gestimmt* **1** *meist* ***etwas stimmt j-n irgendwie*** etwas erzeugt in j-m ein bestimmtes Gefühl ⟨etwas stimmt j-n heiter, traurig⟩ **2** (***etwas***) ***stimmen*** ein Musikinstrument so einstellen, dass die Töne die richtige Höhe haben: *die Gitarre tiefer stimmen*

◆ **stim·men**[3]; *stimmte, hat gestimmt*; (***für / gegen j-n / etwas***) ***stimmen*** sich bei einer Wahl oder Abstimmung für oder gegen j-n / etwas entscheiden ⟨mit Ja, Nein stimmen⟩

◆ **Stim·mung** *die*; -, *-en* **1** der seelische Zustand eines Menschen zu einem Zeitpunkt ⟨(in) fröhlicher, gereizter Stimmung sein⟩ || K-: ***Stimmungs-, -tief, -wechsel*** || -K: ***Abschieds-, Weihnachts-*** **2** *nur Sg*; eine fröhliche Stimmung (1) ⟨in Stimmung sein, kommen⟩ **3** *nur Sg*; die übliche Stimmung (1), Atmosphäre in einer Gruppe: *Bei uns im Büro ist die Stimmung recht gut* **4** *nur Sg*; die Meinung von bestimmten Gruppen zu einem Thema: *die Stimmung unter den Wählern*

◆ **stin·ken**; *stank, hat gestunken* **1** ***etwas stinkt*** etwas hat einen sehr unangenehmen Geruch: *Faule Eier stinken* **2** ***etwas stinkt nach etwas*** etwas hat denselben oder sehr unangenehmen Geruch wie etwas: *Das Gas stinkt nach faulen Eiern* **3** ***etwas stinkt j-m*** *gespr*; etwas ist so, dass sich j-d darüber ärgert: Es *stinkt mir*, dass *er mir nicht hilft*

Sti·pen·di·um [ʃti'pɛndi̯ʊm] *das*; *-s, Sti·pen·di·en* [-di̯ən]; eine finanzielle Hilfe, vor allem für Studenten, Wissenschaftler oder Künstler

stirbt ↑ ***sterben***

Stirn *die*; -, *-en*; *meist Sg*; der Teil des Kopfes zwischen den Augen und den Haaren: *sich den Schweiß von der Stirn wischen* || ↑ *Abbildung unter* ***Kopf*** || K-: ***Stirn-, -band, -falte*** || ID ***über j-n / etwas die Stirn runzeln*** j-s Verhalten / etwas nicht gut finden; ***die Stirn haben*** + ***zu*** + *Infinitiv* so unverschämt und frech sein, etwas (Schlimmes) zu tun: *Er hatte tatsächlich die Stirn, mich zu belügen!*

◆ **Stock**[1] *der*; *-(e)s, Stö·cke* **1** ein langer, relativ dünner und harter Gegenstand aus Holz, den man *z.B.* als Stütze (beim Gehen) verwendet ⟨am Stock gehen⟩ || -K: ***Spazier-*** **2** einer von zwei Stöcken[1] (1) beim Skifahren || -K: ***Ski-***

◆ **Stock**[2] *der*; *-(e)s, Stö·cke*; eine Art kleiner Strauch, den man in ein Beet oder in einen Topf pflanzt || -K: ***Rosen-***

◆ **Stock**[3] *der*; *-(e)s*, -; der Teil eines Gebäudes, mit allen Räumen, die auf gleicher Höhe sind ≈ Etage: *Sie wohnt im dritten Stock*

sto·cken; *stockte, hat gestockt* **1** ***etwas stockt*** etwas ist in der Bewegung oder im normalen Ablauf für kurze Zeit unterbrochen ⟨die Arbeit, das Gespräch, der Verkehr; etwas kommt ins Stocken⟩ **2** (***bei / in etwas*** (*Dat*)) ***stocken*** während einer Bewegung oder einer Tätigkeit stocken: *Sie stockte in ihrer Rede* **3** *meist* ***j-m stockt der Atem*** j-d hat das Gefühl, dass er (*meist* aus Angst) kaum atmen kann

◆ **Stoff**[1] *der*; *-(e)s, -e* **1** ein Gas, eine Flüssigkeit oder eine feste Masse mit bestimmten Eigenschaften ≈ Substanz (1) ⟨ein pflanzlicher, chemischer, synthetischer Stoff⟩ || -K: ***Brenn-, Impf-, Kleb-, Nähr-, Wirk-; Farb-*** **2** *nur Sg*; *gespr*; Rauschgift oder Alkohol || *zu* **1** **stoff·lich** *Adj*

◆ **Stoff**[2] *der*; *-(e)s, -e*; das gewebte Material, aus dem *z.B.* Kleidung, Tischdecken, Handtücher bestehen ⟨ein dünner, wollener Stoff⟩ || K-: ***Stoff-, -muster*** || -K: ***Kleider-; Baumwoll-***

◆ **Stoff**[3] *der*; *-(e)s*; *nur Sg*; eine Geschichte oder eine Idee, die das Thema und den

S

Inhalt für einen Roman, einen Film, eine wissenschaftliche Arbeit bieten ⟨einen Stoff verfilmen⟩: *Der Putsch bot den Stoff für einen Dokumentarfilm* || -K: ***Gesprächs-, Roman-***

stöh·nen; *stöhnte, hat gestöhnt* **1** (vor Schmerz oder Erregung) beim Ausatmen einen tiefen, langen Laut von sich geben: *Der Verletzte stöhnte vor Schmerz* **2** ***über etwas*** (*Akk*) ***stöhnen*** sich über etwas beklagen: *über die schwere Arbeit stöhnen*

stol·pern; *stolperte, ist gestolpert* **1** (***über etwas*** (*Akk*)) ***stolpern*** beim Gehen mit dem Fuß gegen ein Hindernis stoßen und das Gleichgewicht verlieren: *Sie stolperte (über eine Wurzel) und fiel hin* **2** ***über j-n / etwas stolpern*** *meist* wegen eines Skandals die berufliche Stellung oder ein Amt verlieren: *Der Minister stolperte über die Bestechungsaffäre*

◆ **stolz**, *stolzer, stolzest-*; *Adj* **1** ⟨ein Mensch⟩ von sich, *bes* den eigenen Leistungen überzeugt **2** ***stolz*** (***auf j-n / etwas***) voll Freude über etwas, das man selbst oder j-d anderer geleistet hat oder über etwas, das man besitzt ⟨ein stolzer Vater; stolz auf die Kinder, den Erfolg sein⟩ **3** *pej* ≈ hochmütig, arrogant: *Er ist wohl zu stolz, (um) uns zu grüßen!* **4** *nur attr, nicht adv*; ⟨ein Schiff; ein Bauwerk⟩ groß und schön

stop·fen; *stopfte, hat gestopft* **1** (***etwas***) ***stopfen*** ein Loch in einem Kleidungsstück mit Nadel und Faden schließen **2** ***etwas in etwas*** (*Akk*) ***stopfen*** etwas (ohne Sorgfalt) kräftig irgendwohin drücken: *die Wäsche in den Koffer stopfen* **3** ***etwas stopft*** etwas verhindert, dass die Nahrung im Darm schnell verdaut werden kann: *Schokolade stopft*

◆ **stop·pen**; *stoppte, hat gestoppt* **1** ***j-n / etwas stoppen*** bewirken, dass eine Person oder Sache, die in Bewegung ist, hält: *Der Polizist stoppte den Motorradfahrer* **2** ***j-n / etwas stoppen*** bewirken, dass j-d aufhört, etwas zu tun, oder dass etwas aufhört: *die Produktion stoppen*; *eine Entwicklung nicht mehr stoppen können* || K-: ***Stopp-, -taste*** **3** aus einer Bewegung zum Stehen kommen: *Der Autofahrer stoppte kurz vor der Ampel*

◆ **stö·ren**; *störte, hat gestört* **1** (***j-n***) (***bei etwas***) ***stören*** j-n bei einer Tätigkeit unterbrechen (und ihn dadurch ärgern) ⟨j-n bei der Arbeit, beim Lesen stören⟩: *Entschuldigen Sie bitte, wenn ich Sie störe!*; *Störe ich (dich) gerade?* **2** (***etwas***) ***stören*** sich (mit Absicht) so verhalten, dass etwas nicht normal verlaufen kann: *Die Schüler störten den Unterricht* **3** ***etwas stört*** (***etwas***) etwas hat eine negative Wirkung auf etwas und verhindert den normalen Ablauf: *Elektromagnetische Wellen störten den Radioempfang* **4** ***etwas stört*** (***j-n***) etwas gefällt j-m überhaupt nicht: *Mich stören seine schmutzigen Fingernägel*

Stö·rung *die*; -, *-en* **1** Handlungen oder Dinge, die stören (1) ⟨eine lästige Störung⟩: *Entschuldigen Sie bitte die Störung!* **2** Handlungen oder Dinge, die stören (2) **3** ein Fehler in der Funktion oder im Ablauf || -K: ***Entwicklungs-*** **4** *Meteorologie*; ein Gebiet mit niedrigem Luftdruck

Stoß[1] *der*; *-es, Stö·ße* **1** eine schnelle, stoßende Bewegung ⟨j-m einen Stoß geben⟩ || -K: ***Rippen-*** **2** ein schneller Schlag oder Stich mit einer Waffe || -K: ***Messer-*** **3** *meist Pl*; die kräftigen Bewegungen beim Schwimmen oder Rudern **4** *meist Pl*; die kurzen, kräftigen Bewegungen bei einem Erdbeben

Stoß[2] *der*; *-es, Stö·ße*; eine Menge von gleichen Dingen, die übereinander gelegt wurden ⟨ein Stoß Zeitungen⟩ || ↑ *Abbildung unter* ***Stapel***

sto·ßen; *stößt, stieß, hat / ist gestoßen* **1** ***j-n*** (***irgendwohin***) ***stoßen*** (*hat*) j-n mit einer schnellen, kräftigen Bewegung am Körper treffen: *Er hat mich in die Rippen gestoßen* || ↑ *Illustration* ***Verben der Bewegung*** **2** (***j-m***) ***etwas in etwas*** (*Akk*) ***stoßen*** (*hat*) mit einem kurzen, kräftigen Stoß[1] bewirken, dass etwas in etwas eindringt: *Der Verbrecher stieß ihm ein Messer in den Arm* **3** ***j-n / etwas irgendwohin stoßen*** (*hat*) j-n / etwas stoßen (1) und so bewegen: *j-n ins Wasser stoßen* **4** ***auf j-n stoßen*** (*ist*) j-m zufällig begegnen **5** ***auf etwas*** (*Akk*) ***stoßen*** (*ist*) etwas zufällig finden, entdecken ⟨auf Erdöl stoßen⟩ **6** (***irgendwo***) ***auf etwas*** (*Akk*) ***stoßen*** (*ist*) überraschend auf etwas Unangenehmes treffen ⟨auf Schwierigkeiten stoßen; bei j-m auf Widerstand, Ablehnung stoßen⟩ **7** ***etwas stößt an etwas*** (*Akk*) (*ist*) zwei Dinge haben eine Linie gemeinsam (und berühren sich): *Das Grundstück stößt an einen Wald* **8** ***sich an etwas*** (*Dat*) ***stoßen*** (*hat*) etwas nicht gut finden und sich darüber ärgern: *sich an schlechten Manieren stoßen*

stot·tern; *stotterte, hat gestottert* (als Folge einer Sprachstörung) so sprechen, dass man oft einzelne Silben wiederholt || *hierzu* **Stot·te·rer** *der*; **Stot·te·rin** *die*; -, *-nen*

◆ **Stra·fe** *die*; -, *-n* **1** eine Maßnahme, durch die j-d gestraft wird ⟨eine harte, schwere, strenge, abschreckende, leichte, milde

S

Strafe⟩: *Auf Raub stehen hohe Strafen* || -K: ***Gefängnis-, Geld-, Haft-*** **2** die unangenehme Folge, die ein falsches Verhalten für einen selbst hat: *Das ist die Strafe für deinen Leichtsinn!*

stra·fen; *strafte, hat gestraft*; ***j-n*** (***für / wegen etwas***) ***strafen*** j-n, der etwas Verbotenes oder Kriminelles getan hat, dafür leiden lassen (*z.B.* durch Schläge, Gefängnis) ⟨j-n hart strafen; j-n strafend ansehen⟩ || ID ***mit j-m / etwas gestraft sein*** *oft hum*; ständig Sorgen oder Ärger mit j-m / etwas haben: *Mit diesen frechen Kindern bin ich wirklich gestraft!*

Straf·stoß *der*; *Sport*; (beim Fußball) ein Schuss aus 11 Metern Entfernung auf das Tor, bei dem nur der Torwart des Gegners verteidigen darf

Straf·tat *die*; *Recht*; eine Tat, die nach dem Gesetz bestraft wird ⟨eine Straftat begehen⟩ || *hierzu* **Straf·tä·ter** *der*

Strahl *der*; *-(e)s, -en* **1** ein schmaler Streifen Licht, *bes* von einem Punkt ausgehend: *der Strahl einer Taschenlampe* || -K: ***Blitz-, Laser-, Licht-, Sonnen-*** **2** *nur Sg*; ein schneller, schmaler Strom einer Flüssigkeit oder eines Gases, der durch eine enge Öffnung gedrückt wird: *Ein Strahl Wasser schoss aus dem Loch im Rohr* || -K: ***Dampf-, Wasser-*** **3** *meist Pl*; *Phys*; Energie (wie Licht, Elektrizität, Radioaktivität), die sich in der Form von Wellen bewegt ⟨radioaktive, ultraviolette Strahlen⟩ || -K: ***Radar-, Röntgen-***

strah·len; *strahlte, hat gestrahlt* **1** ***etwas strahlt*** etwas sendet (helles) Licht aus ⟨die Sonne, ein Scheinwerfer⟩ **2** (***vor etwas*** (*Dat*)) ***strahlen*** sehr froh und glücklich aussehen ⟨vor Freude, Stolz strahlen⟩ **3** ***etwas strahlt*** etwas sendet radioaktive Strahlen (3) aus: *Uran strahlt*

◆ **Strand** *der*; *-(e)s, Strän·de*; das Ufer *bes* am Meer ⟨ein breiter, steiniger, sandiger Strand; am Strand liegen⟩: *Das Hotel liegt direkt am Strand, hat einen eigenen Strand* || K-: ***Strand-, -hotel*** || -K: ***Bade-, Kies-, Meeres-***

S

Stra·pa·ze *die*; *-, -n*; eine Tätigkeit, die den Körper sehr stark belastet ≈ Anstrengung ⟨Strapazen aushalten; sich von den Strapazen erholen⟩

stra·pa·zie·ren; *strapazierte, hat strapaziert* **1** ***etwas strapazieren*** etwas so oft benutzen, dass man Spuren der Benutzung sieht: *ein strapazierter Teppich* **2** ***j-n / etwas strapazieren*** eine Person oder Sache so belasten, dass sie krank, schwach oder müde wird ⟨j-s Nerven strapazieren⟩ || K-: ***strapazier-, -fähig***

◆ **Stra·ße** *die*; *-, -n* **1** eine Art breiter Weg für Fahrzeuge mit Rädern, der *meist* eine glatte, harte Oberfläche hat; *Abk* Str. ⟨eine enge, breite, kurvenreiche, vierspurige Straße; eine Straße überqueren⟩ || K-: ***Straßen-, -kreuzung, -netz, -rand*** || -K: ***Asphalt-, Berg-, Dorf-*** **2** verwendet als Teil von geographischen Namen ≈ Meerenge: *die Straße von Dover, Gibraltar*

◆ **Stra·ßen·bahn** *die*; eine elektrische Bahn, die auf Schienen durch die Straßen einer (großen) Stadt fährt ⟨mit der Straßenbahn fahren⟩ || K-: ***Straßenbahn-, -haltestelle***

sträu·ben; *sträubte, hat gesträubt*; ***sich*** (***gegen etwas***) ***sträuben*** etwas nicht wollen, sich dagegen wehren: *Er sträubte sich* (dagegen), *sein Zimmer aufzuräumen*

Strauch *der*; *-(e)s, Sträu·cher* ≈ Busch || K-: ***Beeren-, Rosen-***

Strauß[1] *der*; *-es, Sträu·ße*; mehrere Blumen, die man zusammen in der Hand hält oder die man in eine Vase stellt ⟨einen Strauß pflücken⟩ || -K: ***Blumen-, Geburtstags-***

Strauß[2] *der*; *-es, -e*; ein sehr großer Vogel *bes* in Afrika, der schnell laufen, aber nicht fliegen kann

stre·ben; *strebte, hat / ist gestrebt* **1** ***nach etwas streben*** (*hat*) mit großer Energie versuchen, etwas zu erreichen ⟨nach Erfolg, Macht, Ruhm streben⟩ **2** ***irgendwohin streben*** (*ist*) sich mit fester Absicht in Richtung auf ein Ziel bewegen: *mit schnellen Schritten ins Büro streben* **3** (*hat*) *gespr, oft pej*; fleißig lernen

◆ **Stre·cke** *die*; *-, -n* **1** der Weg (mit der Länge) zwischen zwei Punkten oder Orten ⟨eine kurze, lange, weite Strecke fahren, gehen⟩: *die Strecke Frankfurt - New York fliegen*; *Mitten auf der Strecke hatten wir eine Panne*; *eine Strecke von hundert Kilometern* || K-: ***Strecken-, -rekord*** || -K: ***Autobahn-, Brems-, Fahr-, Flug-*** **2** eine Strecke (1) mit Eisenbahnschienen || K-: ***Strecken-, -netz*** || -K: ***Anschluss-, Bahn-*** **3** die Strecke (1), die man bei einem Rennen läuft, fährt || -K: ***Marathon-, Renn-, Kurz-*** **4** *Geometrie*; die kürzeste Verbindung zwischen zwei Punkten **5** ***auf offener / freier Strecke*** außerhalb des Bahnhofs **6** ***über weite Strecken*** (***hin***) zu einem großen Teil: *Der Film war über weite Strecken langweilig* || ID ***auf der Strecke bleiben*** *gespr*; aufgeben müssen, keinen Erfolg haben

stre·cken; *streckte, hat gestreckt* **1** ***etwas strecken*** einen Körperteil so bewegen, dass er gerade wird ↔ beugen ⟨einen

Streichinstrumente

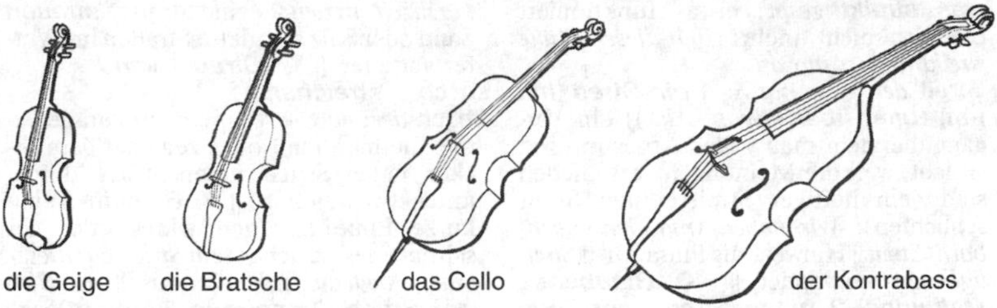

Arm, ein Bein strecken⟩ **2** ***etwas / sich strecken*** einen Körperteil / sich dehnen und strecken (1), sodass der Körperteil oder man selbst seine volle Länge erreicht ⟨seine Glieder, Arme und Beine strecken⟩ **3** ***etwas irgendwohin strecken*** einen Körperteil in eine bestimmte Richtung strecken (1) ⟨die Arme in die Höhe strecken⟩

Streich *der*; *-(e)s, -e*; eine Handlung, mit der *bes* ein Kind j-n zum Spaß ärgert oder täuscht ⟨ein frecher, lustiger Streich; j-m einen Streich spielen⟩ || -K: ***Jungen-*** || ID ***auf 'einen Streich*** gleichzeitig, auf einmal: *mehrere Probleme auf einen Streich lösen*

strei·cheln; *streichelte, hat gestreichelt*; ***j-n streicheln*** sanft und liebevoll die Hand auf einem Körperteil einer Person hin und her bewegen ⟨j-s Haar, j-s Hände streicheln⟩

strei·chen; *strich, hat gestrichen* **1** **(*etwas*) *streichen*** (mit einem Pinsel) Farbe auf etwas verteilen: *einen Zaun (braun) streichen; Vorsicht, frisch gestrichen!* **2** ***etwas irgendwohin streichen*** eine weiche Masse irgendwo dünn verteilen ⟨Butter aufs Brot streichen; Salbe auf eine Wunde streichen⟩ || K-: ***Streich-, -käse*** **3** ***etwas streichen*** ≈ streichen (2) ⟨ein Brötchen streichen⟩ **4** ***etwas streichen*** einen Teil eines geschriebenen Textes durch einen Strich ungültig machen ⟨ein Wort, einen Absatz streichen⟩: *Nicht Zutreffendes streichen!* **5** ***etwas*** **(*aus etwas*)** ***streichen*** bewirken, dass etwas nicht mehr gültig ist *bzw* dass etwas, das geplant war, nicht (mehr) ausgeführt wird ⟨einen Auftrag, einen Programmpunkt, ein Rennen streichen⟩ || ID ***j-n / etwas aus seinem Gedächtnis streichen*** nicht mehr an j-n / etwas denken

◆ **Streich·holz** *das*; *-es, Streich·höl·zer*; eine Art kleiner Stab aus Holz (mit einem brennbaren Kopf), den man an einer rauen Fläche reibt, um eine Flamme zu bekommen ⟨ein Streichholz anzünden⟩

Streich·in·stru·ment *das*; ein (Musik)Instrument mit Saiten, über die man mit einem Bogen streicht, um Töne zu erzeugen, *z.B.* eine Geige

Strei·fen *der*; *-s, -*; **1** ein langer, schmaler Teil einer Fläche, durch Farbe, Struktur vom Rest unterschieden: *ein Stoff mit bunten Streifen* || -K: ***Längs-, Quer-; Farb-, Schmutz-*** **2** ein langes, schmales Stück || -K: ***Papier-, Stoff-; Gras-***

strei·fen; *streifte, hat / ist gestreift* **1** ***j-d / etwas streift j-n / etwas*** (*hat*) j-d / etwas geht *bzw* fährt so nahe an einer Person vorbei, dass eine Berührung entsteht: *Beim Einparken habe ich ein anderes Auto gestreift* || K-: ***Streif-, -schuss*** **2** ***etwas von etwas streifen*** (*hat*) etwas mit leichtem Druck über etwas ziehen, von etwas entfernen: *den Schnee vom Fensterbrett streifen; den Ring vom Finger streifen* **3** ***etwas auf / über etwas*** (*Akk*) ***streifen*** (*hat*) ein Kleidungsstück *o.Ä.* anziehen, indem man daran zieht oder schiebt ⟨einen Ring auf den Finger streifen; ein Hemd, ein Kleid über den Kopf streifen⟩ **4** ***etwas streifen*** (*hat*) sich nur kurz mit etwas beschäftigen ⟨ein Problem in einem Vortrag streifen⟩ **5** ***durch etwas streifen*** (*ist*) ohne festes Ziel herumgehen ⟨durch die Wälder streifen⟩

◆ **Streik** *der*; *-(e)s, -s*; ***ein Streik*** **(*für etwas*)** eine organisierte Handlung von Arbeitern oder Angestellten, die für eine bestimmte Zeit nicht arbeiten, damit ihre Forderungen (*z.B.* höhere Löhne) erfüllt werden ⟨einen Streik ausrufen; in (den) Streik treten⟩: *Die Gewerkschaft drohte mit (einem) Streik* || K-: ***Streik-, -drohung*** || -K: ***General-, Warn-***

◆ **strei·ken**; *streikte, hat gestreikt* **1** **(*für etwas*) *streiken*** einen Streik durchführen: *für höhere Löhne streiken* **2** *gespr*; etwas nicht mehr tun wollen: *Ich habe keine*

S

Lust mehr zu kochen. - Ich streike! **3 etwas streikt** *gespr*; etwas funktioniert plötzlich nicht mehr: *Bei dieser Kälte streikt mein Auto oft*

◆**Streit** *der*; *-(e)s*; *nur Sg* **1 ein Streit** (**mit j-m**) (**um / über etwas** (*Akk*)) ein Vorgang, bei dem man voller Ärger mit j-m spricht, weil die Meinungen verschieden sind ⟨ein heftiger Streit; einen Streit schlichten⟩: *Wir haben* (*mit den Nachbarn*) *Streit* || Hinweis: als Plural wird *Streitigkeiten* verwendet || -K: **Glaubens-, Meinungs- 2 einen Streit vom Zaun brechen** einen Streit (1) provozieren

◆**strei·ten**; *stritt, hat gestritten* **1** (**sich**) (**mit j-m**) (**um / über etwas** (*Akk*)) **streiten** Streit (1) mit j-m haben: *Er stritt* (*sich*) *mit seinem Bruder um das Spielzeug*; *Sie streiten immer wieder* darüber, wer *aufräumen muss* **2 j-d streitet mit j-m über etwas** (*Akk*); ⟨Personen⟩ **streiten über etwas** (*Akk*) Personen diskutieren über etwas (heftig), haben verschiedene Meinungen: *Sie stritten über die Gefahren der Atomkraft* || K-: **Streit-, -frage, -gespräch, -punkt 3 für / gegen etwas streiten** *geschr*; sich für / gegen etwas einsetzen: *für Gerechtigkeit streiten* || *zu* **3 Strei·ter** *der*

Streit·kräf·te *die*; *Pl*; alle militärischen Organisationen eines Landes

streng *Adj* **1** ohne Mitleid, freundliche Gefühle oder Rücksicht ⟨ein Blick, eine Strafe, ein Urteil, Worte⟩ **2** ⟨Eltern, ein Lehrer; eine Erziehung⟩ so, dass sie Ordnung, Disziplin und Gehorsam verlangen: *streng mit / zu den Schülern sein* **3** *nur attr oder adv*; so, dass es genau bestimmten Forderungen oder Regeln entspricht ⟨eine Diät, eine Ordnung, eine Prüfung, eine Untersuchung; j-n streng bewachen; etwas streng befolgen⟩: *Das ist streng verboten* **4** ≈ deutlich, klar ⟨eine Trennung, eine Unterscheidung⟩ **5** intensiv und *meist* unangenehm ⟨ein Geruch, ein Geschmack⟩ **6** mit sehr niedrigen Temperaturen ⟨Frost, Kälte, ein Winter⟩ **7** einfach, ohne Schmuck ⟨ein Stil⟩ || *hierzu* **Stren·ge** *die*

◆**Stress** *der*; *-es*; *nur Sg*; eine unangenehme, starke Belastung durch Probleme, zu viel Arbeit, Lärm *usw* ⟨unter Stress stehen; Stress haben; im Stress sein⟩ || K-: **Stress-, -situation**; **stress-, -frei** || *hierzu* **stres·sen** (*hat*)

streu·en; *streute, hat gestreut* **1 etwas** (**irgendwohin**) **streuen** mehrere kleine Dinge so werfen oder fallen lassen, dass sie sich über einer Fläche verteilen: *Salz in die Suppe streuen*; *Blumen bei der Hochzeit streuen* **2** ⟨eine Straße⟩ **streuen** Sand oder Salz auf glatte Straßen im Winter verteilen || K-: **Streu-, -sand**

strich ↑ **streichen**

Strich *der*; *-(e)s, -e* **1** eine *meist* gerade Linie, die man malt oder zeichnet ⟨ein dicker, feiner Strich; einen Strich (durch, unter etwas) ziehen⟩ || -K: **Bleistift- 2** eine kurze Linie als (gedrucktes oder geschriebenes) Zeichen: *ein Strich auf dieser Waage bedeutet zehn Gramm* || -K: **Binde-, Bruch-, Trennungs- 3** *gespr* ≈ Prostitution || ID **keinen Strich tun** *gespr*; nicht arbeiten; **j-m einen Strich durch die Rechnung machen** *gespr*; verhindern, dass etwas so abläuft wie geplant; **unter dem Strich** wenn man alles berücksichtigt: *Unter dem Strich hat der Streik wenig eingebracht*; **nach Strich und Faden** *gespr*; intensiv ⟨j-n nach Strich und Faden verprügeln, verwöhnen⟩; **auf den Strich gehen** *gespr*; als Prostituierte(r) arbeiten

stri·cken; *strickte, hat gestrickt*; **(etwas) stricken** mit zwei langen Nadeln und einem (Woll)Faden Schlingen machen und daraus *meist* ein Kleidungsstück herstellen ⟨einen Pullover stricken⟩ || K-: **Strick-, -wolle, -kleid**

strikt, *strikter, striktest-*; *Adj*; *nur attr oder adv*; so, dass keine Ausnahme oder Abweichung, kein Widerspruch geduldet wird ⟨eine Anordnung, ein Befehl, Gehorsam; etwas strikt befolgen⟩

stritt ↑ **streiten**

Stroh *das*; *-(e)s*; *nur Sg*; die trockenen, gelben Halme des Getreides (ohne die Körner) || K-: **Stroh-, -dach, -hut**; **stroh-, -blond** || ID **etwas brennt wie Stroh** etwas brennt mit starker Flamme

◆**Strom**[1] *der*; *-(e)s, Strö·me* **1** ein großer Fluss, der in ein Meer mündet ⟨ein mächtiger Strom⟩ **2** Wasser, das sich im Meer (wie ein Fluss) in eine bestimmte Richtung bewegt || -K: **Golf- 3** eine relativ große Menge einer Flüssigkeit oder eines Gases, die sich in eine Richtung bewegt ⟨es regnet in Strömen; Tränen fließen in Strömen⟩ || -K: **Luft- 4** eine große Menge von Menschen oder Fahrzeugen, die sich in eine Richtung bewegen ⟨ein Strom von Autos, Touristen⟩ || -K: **Besucher-** || ID **mit dem Strom schwimmen** sich der Meinung der Mehrheit anschließen; **gegen / wider den Strom schwimmen** eine andere Meinung als die Mehrheit vertreten

◆**Strom**[2] *der*; *-(e)s*; *nur Sg*; eine fließende

S

elektrische Ladung ≈ Elektrizität ⟨elektrischer, schwacher, starker Strom; den Strom einschalten, ausschalten⟩ || K-: ***Strom-, -netz, -schlag, -verbrauch*** || -K: ***Atom-, Wechsel-***

Stru·del *der*; *-s*, *-*; *südd* Ⓐ eine dünne Schicht Teig, die mit Obst belegt und dann zusammengerollt und gebacken wird || -K: ***Apfel-***

Struk·tur [ʃtr-, str-] *die*; *-*, *-en* **1** die Art, wie verschiedene Teile zusammen zu einem System geordnet sind ≈ Aufbau, Gliederung ⟨etwas hat eine einfache, komplizierte Struktur; etwas in seiner Struktur verändern⟩: *die soziale, wirtschaftliche Struktur eines Landes* || K-: ***Struktur-, -analyse*** || -K: ***Bevölkerungs-*** **2** die Oberfläche eines Stoffes mit einem Muster aus hohen und tiefen Stellen

◆**Strumpf** *der*; *-(e)s*, *Strümp·fe*; ein Kleidungsstück, das den Fuß und einen Teil des Beines bedeckt || -K: ***Nylon-***; ***Damen-, Herren-***

◆**Stück**[1] *das*; *-(e)s*, *-* / *-e* **1** (*Pl Stücke*) ein Teil eines größeren Ganzen: *einen Balken in Stücke sägen*; *ein großes Stück (vom) Kuchen*; *ein Stück Papier abreißen*; *Die Fensterscheibe zersprang in tausend Stücke*; *Sie kauften sich ein Stück Land* || -K: ***Brot-, Fleisch-, Kuchen-*** **2** (*Pl Stücke*) *meist Sg*; ein Teil eines Textes: *ein kurzes Stück aus einem Buch*; *das erste Stück eines Gedichtes* **3** (*Pl Stück* / *Stücke*) ***ein Stück*** + *Subst* ein einzelner Gegenstand oder ein Teil einer bestimmten Substanz *o.Ä.* ⟨ein Stück Butter, Seife⟩ || -K: ***Gepäck-, Kleidungs-, Möbel-, Schmuck-*** **4** (*Zahlwort + Stück*) die genannte Zahl von etwas / Tieren: *fünf Stück Vieh*; *drei Stück Kuchen essen* **5** (*Pl Stücke*) ein einzelner Gegenstand (*bes* als Teil einer Sammlung): *Diese Vase ist mein schönstes Stück* **6** ***Stück für Stück*** eins / ein Teil nach dem anderen: *Pralinen Stück für Stück aufessen* **7** ***am*** / ***im Stück*** ganz und nicht in dünne Scheiben geschnitten ⟨Käse, Wurst am / im Stück kaufen⟩ **8** ***ein ganzes*** / ***gutes Stück*** ziemlich viel ⟨ein ganzes / gutes Stück älter, größer als j-d sein⟩ **9** ***ein*** (***kleines*** / ***kurzes***) ***Stück*** eine relativ kurze Entfernung: *Ich werde dich noch ein Stück begleiten* || ID ***ein gutes*** / ***schönes Stück*** ⟨Arbeit, Geld, Glück⟩ *gespr*; ziemlich viel Arbeit, Geld, Glück; *meist* (***Das ist***) ***ein starkes 'Stück*** *gespr*; das ist eine Unverschämtheit; ***etwas aus freien Stücken tun*** etwas freiwillig tun; ***große 'Stücke auf j-n halten*** eine sehr gute Meinung von j-m haben

◆**Stück**[2] *das*; *-(e)s*, *-e* **1** ein literarisches Werk, das *meist* im Theater gezeigt wird ≈ Theaterstück, Drama || -K: ***Bühnen-, Fernseh-*** **2** ein musikalisches Werk ≈ Musikstück: *ein Stück von Chopin spielen* || -K: ***Klavier-, Orchester-***

◆**Stu·dent** *der*; *-en*, *-en*; j-d, der an einer Universität oder Hochschule studiert: *ein Student der Mathematik*; *Student im siebten Semester sein* || -K: ***Universitäts-***; ***Chemie-*** || *hierzu* **Stu·den·tin** *die*; *-*, *-nen*; **stu·den·tisch** *Adj*

◆**stu·die·ren**; *studierte*, *hat studiert* **1** (***etwas***) ***studieren*** eine Universität oder Hochschule besuchen und dort etwas lernen ⟨Mathematik studieren; an einer Universität, Fachhochschule studieren⟩ **2** ***etwas studieren*** etwas genau beobachten und untersuchen, um viele Informationen zu bekommen: *das Verhalten der Bienen studieren* **3** ***etwas studieren*** *gespr*; etwas genau lesen ⟨den Fahrplan, die Speisekarte studieren⟩ || *zu* **1 Stu·die·ren·de** *der* / *die*

◆**Stu·dio** *das*; *-s*, *-s* **1** ein Raum, in dem Sendungen oder Filme aufgenommen werden || -K: ***Fernseh-, Film-*** **2** ein Raum, in dem ein Künstler, *bes* ein Maler, arbeitet ≈ Atelier

◆**Stu·di·um** *das*; *-s*, *Stu·di·en* [-di̯ən] **1** *nur Sg*; eine Ausbildung an einer Universität *o.Ä.* ⟨ein Studium aufnehmen⟩: *das Studium der Biologie* || K-: ***Studien-, -bedingungen*** || -K: ***Fachhochschul-, Universitäts-***; ***Diplom-***; ***Chemie-*** **2** ***das Studium*** (+ *Gen*) die intensive und wissenschaftliche Beschäftigung mit etwas: *das Studium alter Kulturen* **3** ***das Studium*** + *Gen* das genaue Lesen eines Textes ⟨das Studium der Akten, des Fahrplans⟩

◆**Stu·fe** *die*; *-*, *-n* **1** eine von mehreren waagrechten, schmalen Flächen einer Treppe: *die Stufen zum Aussichtsturm hinaufgehen* || ↑ *Abbildung unter* ***Treppenhaus*** || -K: ***Treppen-*** **2** der Zustand zu einem bestimmten Zeitpunkt einer Entwicklung ≈ Stadium || -K: ***Alters-, Bildungs-, Entwicklungs-*** **3** der Teil einer Rakete, der diese antreibt || -K: ***Antriebs-, Raketen-***

◆**Stuhl**[1] *der*; *-(e)s*, *Stüh·le* **1** ein Möbelstück, auf dem eine Person sitzen kann und das aus *meist* vier Beinen, einer Sitzfläche und einer Rückenlehne besteht ⟨sich auf einen Stuhl setzen; j-m einen Stuhl anbieten⟩ || -K: ***Camping-, Garten-, Kinder-, Metall-*** **2** ***der elektrische***

S

Stuhl eine Art Stuhl, auf dem j-d (als Strafe für ein Verbrechen) mit elektrischem Strom getötet wird || ID ***sich zwischen zwei / alle Stühle setzen*** sich durch eine Handlung oder Entscheidung in eine Lage bringen, in der man nur Nachteile oder Feinde hat

Stühle

der Stuhl (1)

der Drehstuhl

der Liegestuhl

der Rollstuhl

der Kinderstuhl

der Schaukelstuhl

◆ **Stu̲hl²** *der*; *-(e)s*; *nur Sg*; *Med*; der Kot des Menschen

◆ **stụmm** *Adj* **1** nicht fähig zu sprechen, weil man die Laute nicht produzieren kann: *von Geburt stumm sein* || -K: ***taub-*** **2** so voller negativer Gefühle, dass man nichts sagen kann ⟨stumm vor Angst, Schreck, Wut sein⟩ **3** ⟨ein Zuhörer, Zuschauer⟩ so, dass sie kein Wort sagen **4** so, dass dabei kein Wort gesagt wird ⟨ein Abschied, eine Begrüßung⟩ **5** ***etwas bleibt stumm*** etwas macht kein Geräusch, weil es nicht funktioniert oder nicht benutzt wird ⟨der Fernseher, das Radio, das Telefon⟩ || *zu* **1 Stụm·me** *der / die*; *zu* **1** und **3 Stụmm·heit** *die*

Stụm·mel *der*; *-s*, *-*; ein kurzes Stück, das von etwas übrig geblieben ist || -K: ***Bleistift-, Zigaretten-***

stụmpf, *stumpfer, stumpfst-*; *Adj* **1** ⟨ein Bleistift, eine Nadel, eine Spitze⟩ am Ende rund oder nicht so spitz, wie sie sein sollten **2** ⟨ein Messer, eine Schere⟩ so, dass man damit nicht gut schneiden kann **3** ohne Glanz ⟨Augen, ein Fell, Haare⟩ **4** ohne Interesse und Gefühle ⟨ein Blick⟩ **5** *Math*; ⟨ein Winkel⟩ mit mehr als 90 Grad || *hierzu* **Stụmpf·heit** *die*

Stụn·de *die*; *-*, *-n*; **1** einer der 24 Teile, in die der Tag eingeteilt wird ⟨eine viertel, halbe, ganze Stunde⟩: *Sie verdient fünfzehn Euro in der Stunde* || K-: ***Stunden-, -lohn*** || -K: ***Dreiviertel-, Viertel-*** **2** die Zeit, zu der etwas Bestimmtes geschieht: *schöne Stunden mit j-m verbringen* || -K: ***Geburts-, Ruhe-, Sterbe-***; (*mit Pl:*) ***Arbeits-, Bank-, Büro-, Dienst-, Geschäfts-*** **3** der Unterricht in einem Fach, der ungefähr eine Stunde (1) dauert || -K: ***Deutsch-, Englisch-, Geschichts-, Mathe-, Turn***; ***Klavier-, Tanz-***; ***Nachhilfe-, Unterrichts-***

Stụn·den·plan *der*; eine Liste mit den Zeiten, zu denen j-d etwas Bestimmtes tun muss, *bes* für den Unterricht in der Schule

stu̲r, *sturer, sturst-*; *Adj*; *pej*; nicht bereit, die Meinung zu ändern oder neue Verhältnisse zu berücksichtigen ⟨stur auf etwas bestehen⟩: *Markus ist nicht zu überzeugen, er bleibt stur bei seiner Meinung* || *hierzu* **Stu̲r·heit** *die*

◆ **Stụrm** *der*; *-(e)s*, *Stür·me* **1** ein sehr starker Wind ⟨ein Sturm kommt auf, legt sich⟩ || K-: ***Sturm-, -bö, -schaden*** || -K: ***Schnee-*** **2** ***ein Sturm*** + *Gen* eine starke und *oft* unkontrollierte Reaktion ⟨ein Sturm der Begeisterung, der Entrüstung⟩ || -K: ***Beifalls-, Protest-*** **3** ***der Sturm*** (***auf etwas*** (*Akk*)) *Mil*; ein schneller Angriff **4** *nur Sg*; *Sport*; die Spieler einer Mannschaft, die angreifen sollen ⟨im Sturm spielen⟩ || ID ***ein Sturm im Wasserglas*** große Aufregung wegen einer unwichtigen Sache; ***gegen etwas Sturm laufen*** heftig gegen etwas protestieren

stụ̈r·men; *stürmte, hat / ist gestürmt* **1** ⟨Truppen⟩ ***stürmen etwas*** (*hat*) Truppen erobern etwas durch einen schnellen Angriff ⟨eine Festung stürmen⟩ **2** ⟨Personen⟩ ***stürmen etwas*** (*hat*) viele Menschen drängen plötzlich irgendwohin: *Die Käufer stürmten die Geschäfte* **3** ***irgendwohin stürmen*** (*ist*) schnell irgendwohin laufen, gehen (und sich dabei nicht aufhalten lassen): *Voller Wut stürmte er aus dem Zimmer* **4** ⟨eine Mannschaft⟩ ***stürmt*** (*hat*) *Sport*; eine Mannschaft greift an **5** ***es stürmt*** (*hat*) es herrscht starker Wind, Sturm

Stụrz *der*; *-es*, *Stür·ze* **1** der Vorgang, bei dem j-d zu Boden fällt: *sich bei einem Sturz das Bein brechen*; *ein Sturz vom Fahrrad* || -K: ***Fenster-*** **2** der Rücktritt vom Amt (der *meist* durch einen Skandal, eine gewaltsame Übernahme der Macht erzwungen wird) ⟨etwas führt zu j-s Sturz⟩ **3** ***der Sturz*** (+ *Gen*) das plötzliche starke Sinken || -K: ***Preis-, Temperatur-***

◆ **stụ̈r·zen**; *stürzte, hat / ist gestürzt* **1** ***j-n irgendwohin stürzen*** (*hat*) j-n so stoßen,

S

dass er in die Tiefe fällt: *j-n von der Brücke stürzen* **2** ***j-n stürzen*** (*hat*) j-m ein wichtiges Amt nehmen ⟨einen König, eine Regierung stürzen⟩ **3** ***j-n in etwas*** (*Akk*) ***stürzen*** (*hat*) j-n in eine sehr unangenehme Situation bringen ⟨j-n ins Unglück stürzen⟩ **4** ***j-d / etwas stürzt irgendwohin*** (*ist*) j-d / etwas fällt (aufgrund seines Gewichts) nach unten: *aus dem Fenster, vom Dach stürzen* **5** ***j-d stürzt*** (*ist*) (*bes* wenn man steht oder geht) j-d verliert das Gleichgewicht und fällt zu Boden: *bewusstlos zu Boden stürzen* **6** ***etwas stürzt*** (*ist*) etwas sinkt plötzlich stark ⟨die Temperaturen; die Preise, Wertpapiere⟩ **7** ***irgendwohin stürzen*** (*ist*) plötzlich schnell irgendwohin gehen, laufen: *wütend aus dem Haus stürzen* **8** ***sich irgendwohin stürzen*** (*hat*) von einer hohen Stelle aus in die Tiefe springen, um Selbstmord zu begehen: *sich von einer Brücke stürzen* **9** ***sich auf j-n stürzen*** (*hat*) plötzlich schnell zu j-m hinlaufen und ihn angreifen, festhalten, verhaften **10** ***sich auf j-n / etwas stürzen*** (*hat*) *gespr*; sich mit Begeisterung j-m / etwas widmen: *sich auf eine Neuigkeit stürzen*; *Die Fans stürzten sich auf den Star* **11** ***sich in etwas*** (*Akk*) ***stürzen*** (*hat*) anfangen, etwas intensiv und mit viel Freude zu tun ⟨sich in die Arbeit stürzen⟩

stüt·zen; *stützte, hat gestützt* **1** ***j-d / etwas stützt j-n / etwas*** j-d / etwas gibt j-m / etwas Halt, bewirkt, dass sie ihre Lage oder Form halten können: *die Äste eines Baumes mit Stangen stützen*; *einen Kranken stützen, damit er nicht zusammenbricht* || K-: **Stütz-, -mauer, -pfeiler** **2** ***etwas auf / in etwas*** (*Akk*) ***stützen*** *bes* einen Körperteil auf etwas legen oder gegen etwas drücken und ihn somit stützen (1) ⟨das Kinn auf die Hände stützen; die Hände auf den Tisch stützen⟩ **3** ***etwas auf etwas*** (*Akk*) ***/ durch etwas stützen*** mithilfe von Fakten zeigen, dass etwas richtig oder wahr ist ⟨einen Verdacht durch Beweise stützen⟩ **4** ***etwas stützt etwas*** etwas ist ein Beleg, ein Zeichen dafür, dass etwas richtig oder wahr ist: *Die Versuchsergebnisse stützen ihre These* **5** ***etwas stützt sich auf etwas*** (*Akk*) etwas hat etwas als Grundlage: *ein Verdacht stützt sich auf Fakten* **6** ***sich auf etwas*** (*Akk*) ***stützen*** etwas als wichtige Hilfe nehmen: *sich auf die eigene Erfahrung stützen*

Sub·jekt *das*; *-(e)s, -e* **1** *Ling*; (im Deutschen) der Teil eines Satzes, der bestimmt, ob das Verb eine Singularform oder eine Pluralform hat. Der Kasus für das Subjekt ist der Nominativ **2** *pej*; ein Mensch, der moralisch schlecht handelt ⟨ein kriminelles Subjekt⟩

sub·jek·tiv [-f] *Adj*; von der eigenen, persönlichen Meinung oder Erfahrung bestimmt ↔ objektiv ⟨eine Ansicht, ein Standpunkt⟩ || *hierzu* **Sub·jek·ti·vi·tät** [-v-] *die*

Sub·stan·tiv [-tiːf] *das*; *-s, -e* [-tiːvə]; *Ling*; ein Wort, das ein Ding, einen Menschen, ein Tier oder einen Begriff bezeichnet

Sub·stanz [zʊp'stants] *die*; *-, -en* **1** eine Flüssigkeit, ein Gas oder etwas Festes ≈ Stoff[1] ⟨eine feste, flüssige, gasförmige Substanz⟩ **2** der wichtige Teil, der Inhalt *bes* an Gedanken, Ideen ⟨die finanzielle, inhaltliche Substanz⟩ || ID ***etwas geht*** (***j-m***) ***an die Substanz***; ***etwas zehrt an der Substanz*** etwas kostet j-n so viel Geld oder Kraft, dass es gefährlich für ihn ist

sub·tra·hie·ren [zʊptra'hiːrən]; *subtrahierte, hat subtrahiert*; (***etwas*** (***von etwas***)) ***subtrahieren*** eine Zahl um eine andere kleiner machen ≈ abziehen ↔ addieren || *hierzu* **Sub·trak·ti·on** *die*

Su·che *die*; *-*; *nur Sg* **1** ***die Suche*** (***nach j-m / etwas***) das Suchen (1) ⟨auf die Suche gehen; auf der Suche sein; die Suche nach Vermissten aufgeben⟩ **2** ***sich auf die Suche machen*** anfangen, j-n / etwas zu suchen

◆ **su·chen**; *suchte, hat gesucht* **1** (***j-n / etwas***) ***suchen*** an verschiedenen Orten sehen, ob dort j-d / etwas ist: *einen Verbrecher, einen Vermissten, den richtigen Weg suchen*; *den verlorenen Schlüssel suchen* **2** ***etwas suchen*** versuchen, etwas durch Nachdenken zu erfahren oder herauszufinden: *die Antwort auf eine Frage suchen*; *den Fehler in einer Rechnung suchen* **3** ***j-n / etwas suchen*** sich bemühen, j-n für sich zu gewinnen oder etwas zu bekommen ⟨eine Wohnung suchen; Kontakt suchen; einen Freund, eine Frau suchen; bei j-m Rat suchen⟩ **4** ***suchen*** + ***zu*** + *Infinitiv*; *geschr* ≈ versuchen: *Er suchte, sie zu überzeugen* **5** ***nach j-m / etwas suchen*** j-n / etwas zu finden versuchen || ID ***j-d hat irgendwo nichts zu 'suchen*** *gespr*; j-d gehört irgendwo nicht hin, ist nicht erwünscht; ***Wer sucht / suchet, der findet*** wenn man sich viel Mühe gibt, findet man das, was man sucht

Sucht *die*; *-, Süch·te* **1** ***die Sucht*** (***nach etwas***) der Zustand, in dem man bestimmte schädliche Gewohnheiten nicht mehr ändern kann (vor allem das Rauchen, das Trinken von Alkohol, die Einnahme von Drogen) ⟨an einer Sucht leiden⟩ || K-: ***Sucht-, -kranke(r), -mittel*** || -K: ***Drogen-, Rauschgift-*** **2** ***die Sucht*** (***nach etwas***) das sehr große Verlangen, etwas zu tun: *die Sucht nach Vergnügen* || -K: ***Abenteuer-, Herrsch-, Rach-, Streit-***

süch·tig *Adj* **1** ***süchtig*** (***nach etwas***) so, dass man eine Sucht (1) hat: *Nimm keine Schlaftabletten, davon kann man süchtig werden* || -K: ***alkohol-, nikotin-*** **2** ***süchtig*** (***nach etwas***) mit einem sehr großen Wunsch nach etwas ⟨süchtig nach Erfolg, Vergnügen⟩ || -K: ***herrsch-, profit-*** || *zu* **1** **Süch·ti·ge** *der / die*

◆**Süd** *ohne Artikel*; *indeklinabel*; *Seefahrt, Meteorologie* ≈ Süden (1) ⟨Wind aus / von Süd; ein Kurs Richtung Süd⟩

◆**Sü·den** *der*; *-s*; *nur Sg* **1** die Richtung, die auf der Landkarte nach unten zeigt ↔ Norden ⟨der Wind weht aus / von Süden; aus, in Richtung Süden⟩ || K-: ***Süd-, -seite, -teil*** **2** der Teil eines Gebietes, der im Süden (1) liegt ↔ Norden: *Er wohnt im Süden des Landes* || K-: ***Süd-, -afrika, -europa***

süd·lich[1] *Adj* **1** *nur attr, nicht adv*; in die Richtung nach Süden ⟨ein Kurs; in südliche Richtung fahren⟩ **2** *nur attr, nicht adv*; von Süden nach Norden ⟨ein Wind; aus südlicher Richtung⟩ **3** *nur attr oder adv*; im Süden (1, 2) ⟨ein Land, die Seite, der Teil⟩

süd·lich[2] *Präp*; ***etwas ist südlich etwas*** (*Gen*) etwas liegt weiter im Süden als etwas: *südlich des Mittelmeers* || Hinweis: folgt ein Wort ohne Artikel, verwendet man *südlich von*: *südlich von Europa*

◆**Sum·me** *die*; *-*, *-n* **1** das Ergebnis, das man erhält, wenn man Zahlen zusammenzählt, addiert ↔ Differenz: *Die Summe von drei und / plus vier ist sieben* (3 + 4 = 7) **2** eine bestimmte Menge Geld ⟨eine kleine, große Summe⟩: *Die Reparatur beläuft sich auf eine Summe von 250 Euro* || -K: ***Geld-, Millionen-***

sum·men; *summte, hat gesummt* **1** (***etwas***) ***summen*** die Lippen schließen und dabei eine Melodie machen **2** ***ein Tier summt*** ein Tier macht einen langen, leisen Laut ⟨eine Biene⟩

Sün·de *die*; *-*, *-n* **1** eine Handlung, die gegen die Gesetze der Religion verstößt ⟨eine große Sünde; eine Sünde begehen; die Sünden beichten⟩ **2** eine Handlung, die schlecht, unmoralisch oder nicht vernünftig ist: *die Sünden der Städteplaner* || *hierzu* **Sün·der** *der*; **Sün·de·rin** *die*; *-*, *-nen*; **sün·dig** *Adj*

su·per *Adj*; *indeklinabel*, *gespr*; (*bes* von Jugendlichen verwendet) ≈ toll, prima: *Er singt super*; *Der Film war einfach super!*; *eine super Disco*

su·per- *im Adj*; *gespr*, *oft hum oder iron*; verwendet, um auszudrücken, dass etwas das normale Maß weit übertrifft: ***superbillig, superfleißig, superleicht, supermodern, superreich, superschlau***

Su·per·la·tiv [-f] *der*; *-s*, *-e* **1** *Ling*; die Form eines Adjektivs oder Adverbs, die das höchste Maß ausdrückt, *z.B.* „schönst-“ zu „schön“ **2** *meist Pl*; *geschr*; ein Ding, ein Ereignis *o.Ä.*, die zu den besten, größten gehören: *ein Fest, ein Land der Superlative*

◆**Su·per·markt** *der*; ein großes Geschäft *bes* für Lebensmittel, in dem man die Waren selbst aus den Regalen holt

◆**Sup·pe** *die*; *-*, *-n* **1** ein flüssiges, gekochtes Essen, *oft* mit kleinen Stücken Fleisch oder Gemüse || K-: ***Suppen-, -huhn, -nudeln*** || -K: ***Gemüse-, Gulasch-, Hühner-*** **2** *gespr hum*; dichter Nebel || ID ***die Suppe auslöffeln*** (***müssen***) *gespr*; die Folgen des eigenen Verhaltens ertragen (müssen)

◆**süß**, *süßer*, *süßest-*; *Adj* **1** mit dem Geschmack von Zucker oder Honig: *Der Kaffee ist zu süß*; *der süße Geschmack reifer Trauben* || -K: ***honig-, zucker-*** **2** mit dem Geruch von etwas, das süß (1) ist ⟨ein Duft, ein Parfüm; etwas duftet süß⟩ **3** *gespr*; ⟨eine Stimme, ein Klang; ein Kind; eine Wohnung, ein Kleid⟩ so, dass man sie als sehr angenehm empfindet: *Sie hat eine süße kleine Wohnung in der Altstadt* **4** *pej*; übertrieben freundlich ⟨ein Lächeln, eine Miene, Reden⟩

Sü·ßig·keit *die*; *-*, *-en*; *meist Pl*; eine kleine süße Sache zum Essen (*z.B.* Bonbons oder Pralinen)

◆**Sym·bol** *das*; *-s*, *-e* **1** ***ein Symbol*** (***für etwas***) ein Ding oder Zeichen, das für etwas anderes (*z.B.* eine Idee) steht oder auf etwas hinweist ⟨christliche, magische Symbole; ein Symbol des Friedens⟩: *Die fünf Ringe sind das Symbol für die Olympischen Spiele* || -K: ***Friedens-; Status-*** **2** ein Buchstabe, ein Zeichen, eine Figur, die eine Zahl, ein chemisches Element, einen (Rechen)Vorgang ausdrücken: *Das Symbol der Addition ist ein +*

◆**sym·pa·thisch** *Adj*; (***j-m***) ***sympathisch*** mit einer angenehmen Wirkung auf andere Menschen ⟨ein Mensch; sympathisch wirken⟩: *Unser neuer Nachbar ist mir nicht sympathisch* || *hierzu* **Sym·pa·thie** *die*

Sy·no·nym *das*; *-s*, *-e*; ***ein Synonym*** (***für,***

von, zu etwas) *Ling*; ein Wort, das (fast) die gleiche Bedeutung hat wie ein anderes Wort: *„Streichholz" und „Zündholz" sind Synonyme*

Syn·tax *die*; -; *nur Sg*; *Ling*; die Regeln, mit denen man in einer Sprache aus Wörtern Sätze bilden kann: *die Syntax des Deutschen* || K-: ***Syntax-, -regel*** || *hierzu* **syn·tak·tisch** *Adj*

syn·the·tisch *Adj*; chemisch hergestellt, aber natürlichen Stoffen sehr ähnlich ⟨ein Aroma, ein Edelstein, Fasern⟩

◆**Sys·tem** *das*; *-s, -e* **1** etwas, das man als eine Einheit sehen kann und das aus verschiedenen Teilen besteht, die miteinander zusammenhängen ⟨ein biologisches, kompliziertes System⟩ || -K: ***Nerven-, Öko-, Planeten-*** **2** die Gliederung und der Aufbau einer Regierung oder Gesellschaft ⟨ein parlamentarisches, demokratisches, totalitäres System⟩ || K-: ***System-, -veränderung*** || -K: ***Gesellschafts-*** **3** ein Bereich mit einer eigenen Ordnung und Organisation (*meist* als Teil eines größeren Systems (2)) || -K: ***Finanz-, Kommunikations-*** **4** die Prinzipien, nach denen etwas geordnet ist: *Nach welchem System sind die Bücher in dieser Bibliothek geordnet?* || -K: ***Ordnungs-*** || ID ***mit System*** nach einem genauen Plan

Sze·ne ['stse:nə] *die*; -, *-n* **1** einer der Abschnitte (eines Aktes) in einem Film oder Theaterstück ⟨eine Szene spielen⟩ || K-: ***Szenen-, -folge*** || -K: ***Liebes-, Opern-; Schluss-*** **2** der Ort, an dem die Handlung einer Szene (1) stattfindet **3** ≈ Ereignis, Vorfall ⟨eine ergreifende, lustige Szene⟩ **4** *meist Sg*; heftige Vorwürfe oder Streit ⟨eine hässliche Szene⟩ || -K: ***Familien-*** **5** ***die*** (+ *Adj*) ***Szene*** *nur Sg*; ein Bereich mit bestimmten (*oft* künstlerischen) Aktivitäten und *meist* mit einem bestimmten Lebensstil ⟨die literarische, politische Szene (einer Stadt); sich in der Szene auskennen⟩ || -K: ***Kunst-, Pop-; Drogen-*** || ID ***sich in Szene setzen*** sich so verhalten, dass man von allen anderen beachtet wird; ***j-m eine Szene machen*** j-m (in der Öffentlichkeit) laut Vorwürfe machen

T

T, t [te:] *das*; -, - / *gespr auch -s*; der zwanzigste Buchstabe des Alphabets

Ta·bak *der*; *-s, -e*; *meist Sg* **1** eine Pflanze, die Nikotin enthält || K-: ***Tabak-, -pflanze*** **2** die getrockneten und geschnittenen Blätter des Tabaks (1), die man in Zigaretten oder Pfeifen raucht || K-: ***Tabak-, -mischung*** || -K: ***Zigaretten-***

ta·bel·la·risch *Adj*; in Form von Tabellen (1)

◆**Ta·bel·le** *die*; -, *-n* **1** eine Art Liste von Zahlen oder Fakten (*meist* mit mehreren Spalten) || -K: ***Steuer-*** **2** *Sport*; eine Liste *meist* der Mannschaften in einer Liga mit den Siegen und den verlorenen Spielen || K-: ***Tabellen-, -ende, -erste(r), -führer***

Tab·lett *das*; *-s, -s*; eine kleine Platte, auf der man Geschirr oder Speisen trägt

◆**Tab·let·te** *die*; -, *-n*; ein Medikament von kleiner, runder, relativ flacher Form ⟨eine Tablette einnehmen⟩ || K-: ***Tabletten-, -sucht; tabletten-, -abhängig*** || -K: ***Schmerz-***

Ta·bu *das*; *-s, -s*; *geschr*; die Sitte oder die Regel, über etwas Bestimmtes nicht zu sprechen oder etwas nicht zu tun ⟨ein Tabu brechen, verletzen⟩ || K-: ***Tabu-, -wort***

Ta·del *der*; *-s*, -; eine (harte) Kritik an j-s Verhalten, die deutlich zum Ausdruck bringt, dass Fehler gemacht wurden ↔ Lob ⟨ein scharfer Tadel; einen Tadel aussprechen⟩ || *hierzu* **ta·delns·wert** *Adj*; **ta·deln** (*hat*)

ta·del·los *Adj*; ohne Fehler, sehr gut ⟨eine Arbeit, ein Benehmen⟩: *Der neue Anzug passt tadellos*

◆**Ta·fel** *die*; -, *-n* **1** eine Art große Platte (*meist* in der Schule), auf die man schreiben und malen kann: *ein Wort an die Tafel schreiben* **2** ein großer, langer Tisch, der für ein festliches Essen gedeckt ist || K-: ***Tafel-, -geschirr*** **3** ***eine Tafel Schokolade*** Schokolade in Form eines Rechtecks **4** eine Darstellung aus Bildern oder Tabellen in einem Text

◆**Tag** *der*; *-(e)s, -e* **1** der Zeitraum von 24

Stunden, zwischen 0^{00} und 24^{00} Uhr: *„Welchen Tag haben wir heute?"* || K-: ***Tages-, -ablauf, -stunde*** || -K: ***Arbeits-, Ferien-; Regen-; Herbst-*** **2** die Zeit zwischen Sonnenaufgang und Sonnenuntergang, in der es hell ist ↔ Nacht ⟨es wird Tag; der Tag bricht an⟩: *Im Winter sind die Tage kurz* || K-: ***Tages-, -anbruch, -temperatur*** **3** *nur Pl* ≈ Zeiten: *Dieser Brauch war bis in unsere Tage üblich* **4** ***der Jüngste Tag*** der Tag, an dem (nach christlichem Glauben) die Welt aufhört zu existieren **5** ***der Tag der (Deutschen) Einheit*** der Nationalfeiertag der Bundesrepublik Deutschland am 3. Oktober **6** ***Guten Tag!*** verwendet als Gruß, wenn man während des Tages (2) j-n trifft (und seltener auch beim Abschied) **7** ***Tag für Tag*** jeden Tag **8** ***des Tags; unter Tags***, bei Tag, am Tag (2) ↔ nachts || ID ***heute*** *usw* ***in acht / vierzehn Tagen*** am gleichen Wochentag wie heute *usw* in einer Woche / in zwei Wochen; ***heute*** *usw* ***vor acht / vierzehn Tagen*** heute *usw* vor einer Woche / zwei Wochen; ***j-s (großer) Tag*** ein wichtiger Tag für j-n; ***j-s Tage sind gezählt*** **a)** j-d wird bald sterben; **b)** j-d wird bald seine Stellung verlieren *o.Ä.*; ***ein Unterschied wie Tag und Nacht*** *gespr*; ein sehr großer Unterschied; ***von einem Tag auf den anderen*** plötzlich, unerwartet; ***keinen guten Tag haben*** nicht in Form sein, kein Glück haben; *meist* ***er / sie hat einen schlechten Tag heute*** er / sie ist heute schlecht gelaunt oder nicht in Form; ***Morgen ist auch noch ein Tag!*** das kann bis morgen warten; ***Man soll den Tag nicht vor dem Abend loben*** man muss erst auf das Ende warten, bevor man weiß, ob etwas gut war; ***Noch ist nicht aller Tage Abend*** *geschr*; es gibt noch Hoffnung

Ta·ge·buch *das*; ein Heft oder Buch, in das man (täglich) die Erlebnisse und Gedanken schreibt ⟨ein Tagebuch führen⟩

Ta·ges·zeit *die*; ein bestimmter Abschnitt des Tages, *z.B.* der Morgen || ↑ *Illustration* ***Die Zeit***

◆**täg·lich** *Adj*; so, dass es jeden Tag (1) geschieht: *Er arbeitet täglich acht Stunden / acht Stunden täglich; Der Zug verkehrt täglich außer sonntags*

Ta·gung *die*; -, *-en*; ein Treffen von Fachleuten oder Mitgliedern einer Institution *o.Ä.*, bei dem diese diskutieren und sich informieren ⟨auf einer Tagung sprechen; an einer Tagung teilnehmen⟩ || K-: ***Tagungs-, -ort***

Tail·le ['taljə] *die*; -, *-n*; die schmale Stelle in der Mitte des menschlichen Körpers: *Ein enges Kleid betont die Taille*

Takt[1] *der*; *-(e)s, -e* **1** *nur Sg*; das Maß (1), das den Rhythmus eines Musikstückes bestimmt ⟨nach dem Takt spielen; aus dem Takt kommen⟩ || -K: ***Dreiviertel-, Walzer-*** **2** ein kurzer Abschnitt eines Musikstücks, der durch den Takt (1) bestimmt wird || ID ***j-n aus dem Takt bringen*** *gespr*; j-n verwirren

Takt[2] *der*; *-(e)s*; *nur Sg*; das Gefühl für höfliches, rücksichtsvolles und anständiges Benehmen ⟨viel, wenig, keinen Takt haben; etwas mit großem Takt behandeln; Takt zeigen⟩ || *hierzu* **Takt·lo·sig·keit** *die*; **takt·los** *Adj*; **takt·voll** *Adj*

Tak·tik *die*; -, *-en*; ein überlegtes Handeln, mit dem man in einer Situation ein Ziel zu erreichen versucht ⟨eine Taktik verfolgen⟩

◆**Tal** *das*; *-(e)s, Tä·ler*; das tief liegende Gelände, das zwischen Hügeln oder Bergen liegt, *meist* mit einem Fluss ⟨ein breites, enges, tiefes Tal⟩ || -K: ***Fluss-, Gebirgs-***

Ta·lent *das*; *-s, -e* **1** ***Talent (für / zu etwas)*** die Fähigkeit zu sehr guten Leistungen, *bes* im künstlerischen Bereich ≈ Begabung ⟨viel, wenig Talent haben; großes Talent zum Malen besitzen⟩: *Er hat Talent für Musik* **2** eine Person, die viel Talent (1) hat || -K: ***Sprach-, -talent***

Tank *der*; *-s, -s*; ein großer Behälter zum Lagern oder zum Transportieren von Flüssigkeiten || K-: ***Tank-, -füllung, -wagen*** || -K: ***Benzin-, Öl-, Trinkwasser-***

◆**tan·ken**; *tankte, hat getankt*; ***(etwas) tanken*** Benzin oder andere Flüssigkeiten in einen Tank füllen ⟨Benzin tanken⟩: *Ich muss noch (30 Liter) tanken*

◆**Tank·stel·le** *die*; ein Geschäft, in dem Benzin und Öl für Fahrzeuge verkauft werden

Tan·ne *die*; -, *-n*; ein Nadelbaum mit Nadeln von blaugrüner Farbe, dessen Zapfen aufrecht stehen || K-: ***Tannen-, -zweig***

◆**Tan·te** *die*; -, *-n*; die Schwester der Mutter oder des Vaters, oder die Ehefrau des Onkels: *Tante Anna*

◆**Tanz** *der*; *-es, Tän·ze* **1** eine Folge von rhythmischen Bewegungen des Körpers (*oft* mit einem Partner und mit einer bestimmten Musik) ⟨j-n zum Tanz auffordern, bitten⟩: *lateinamerikanische Tänze* **2** *nur Sg*; eine Veranstaltung, auf der getanzt wird || ID *meist* ***einen Tanz ums Goldene Kalb aufführen*** Geld für das Wichtigste im Leben halten

◆**tan·zen**; *tanzte, hat getanzt*; ***(etwas) (mit j-m) tanzen*** (mit j-m) einen Tanz machen: (*einen*) *Tango*, (*einen*) *Walzer tanzen* || K-: ***Tanz-, -musik, -partner*** || *hierzu* **Tän·zer** *der*; **Tän·ze·rin** *die*; -, *-nen*

Ta·pe·te *die*; -, *-n*; *meist Pl*; ein festes Papier *oft* mit Mustern, das auf Wände geklebt wird ⟨eine Rolle Tapeten⟩

tap·fer *Adj* **1** ohne Angst, Furcht und bereit, gegen Gefahren zu kämpfen ↔ ängstlich ⟨sich tapfer verteidigen⟩ **2** mit großer Disziplin, ohne zu klagen ⟨Schmerzen tapfer ertragen⟩ || *hierzu* **Tap·fer·keit** *die*

◆**Ta·rif** *der*; *-s*, *-e* **1** der festgesetzte Preis für eine Leistung, die eine staatliche oder offizielle Institution anbietet (*z.B.* eine Fahrt mit der Eisenbahn): *Die Post hat ihre Tarife erhöht* || K-: ***Tarif-, -erhöhung*** || -K: ***Bahn-, Strom-*** **2** die Höhe der Löhne und Gehälter || K-: ***Tarif-, -verhandlungen*** || *hierzu* **ta·rif·lich** *Adj*

◆**Ta·sche** *die*; -, *-n* **1** ein Behälter *meist* aus Leder oder Stoff, mit einem Griff oder einem Band, in dem man Dinge trägt || -K: ***Einkaufs-***; ***Leder-*** **2** eine Art kleiner Sack aus einem Stück Stoff in der Kleidung, in dem man kleine Dinge aufbewahren kann: *die Hände in die Taschen stecken* || -K: ***Hosen-, Jacken-*** || ID ***etwas aus der eigenen Tasche bezahlen / finanzieren*** etwas vom eigenen Geld bezahlen; ***etwas schon in der Tasche haben*** *gespr*; etwas sicher bald bekommen oder erreichen; ***Er / Sie steckt j-n in die Tasche*** *gespr*; er / sie kann viel mehr als j-d anderer

◆**Ta·schen·buch** *das*; ein relativ billiges, kleines Buch, zwischen zwei Seiten aus dünner Pappe

Ta·schen·lam·pe *die*; eine kleine Lampe mit Batterie

Ta·schen·mes·ser *das*; ein kleines Messer (*meist* mit Klingen und anderen Werkzeugen), das man zusammenklappen kann

Ta·schen·tuch *das*; ein kleines Stück Stoff oder Papier, mit dem man sich die Nase putzt

◆**Tas·se** *die*; -, *-n* **1** ein kleines Gefäß mit Henkel, *meist* aus Porzellan oder Keramik, aus dem man *meist* warme Getränke trinkt ⟨aus einer Tasse trinken⟩ || -K: ***Kaffee-, Tee-*** **2** der Inhalt einer Tasse (1) ⟨eine Tasse Tee, Kaffee trinken⟩ || ID *meist* ***Er / Sie hat nicht alle Tassen im Schrank*** *gespr iron*; er / sie ist verrückt

◆**Tas·ta·tur** *die*; -, *-en*; die Tasten eines Klaviers, eines Computers *o.Ä.* || ↑ *Illustration* ***Am Schreibtisch***

◆**Tas·te** *die*; -, *-n*; eines der kleinen Teile eines Musikinstruments oder einer Maschine, auf die man mit den Fingern drückt, um Töne, Signale zu produzieren: *eine Taste auf der Schreibmaschine, auf dem Klavier anschlagen, drücken* || K-: ***Tasten-, -instrument, -telefon*** || -K: ***Klavier-***

tas·ten; *tastete, hat getastet* **1** (***nach etwas***) ***tasten*** vorsichtig oder suchend nach etwas mit den Händen greifen: *Ich tastete im Dunkeln nach dem Lichtschalter* **2** ***sich irgendwohin tasten*** sich vorsichtig oder suchend in eine bestimmte Richtung bewegen: *Ich tastete mich langsam zur Tür*

tat ↑ ***tun***

◆**Tat** *die*; -, *-en* **1** eine einzelne Handlung: *Den Worten müssen jetzt Taten folgen!* **2** eine kriminelle, verbrecherische Tat ≈ Straftat ⟨eine Tat gestehen⟩ || K-: ***Tat-, -motiv, -ort, -waffe, -zeit*** || -K: ***Mord-*** **3** ***etwas in die Tat umsetzen*** eine Idee realisieren **4** ***in der Tat*** ≈ wirklich

◆**Tä·ter** *der*; *-s*, -; j-d, der eine Tat (2) begangen hat ⟨den Täter fassen, finden⟩ || -K: ***Wiederholungs-*** || *hierzu* **Tä·te·rin** *die*; -, *-nen*; **Tä·ter·schaft** *die*

◆**Tä·tig·keit** *die*; -, *-en* **1** die Arbeit in einem Beruf ⟨eine gut / schlecht bezahlte Tätigkeit; eine Tätigkeit ausüben⟩: *Er nimmt seine Tätigkeit als Lehrer wieder auf* || -K: ***Berufs-***; ***Büro-, Lehr-*** **2** *meist Sg*; das Aktivsein, Handeln || -K: ***Kampf-, Hilfs-***

◆**Tat·sa·che** *die*; -, *-n*; etwas, das sich wirklich ereignet hat, das objektiv festgestellt wurde ≈ Faktum ⟨etwas entspricht den Tatsachen; es ist eine Tatsache, dass ...⟩ || ID ***j-n vor vollendete Tatsachen stellen*** j-n in eine Situation bringen, an der er nichts mehr ändern kann

◆**tat·säch·lich** *Adj* **1** *nur attr, nicht adv*; der Wirklichkeit entsprechend ≈ wahr (1), wirklich (1) ⟨die Ursache⟩ **2** *nur adv*; in Wirklichkeit (und nicht nur in der Fantasie) ≈ wirklich (1): *Gibt es tatsächlich Hexen?* **3** ***Tatsächlich?*** *gespr, oft iron*; ist das auch wahr? **4** verwendet, um Erstaunen über etwas auszudrücken: *Du bist ja tatsächlich pünktlich gekommen!*

Tau *der*; *-(e)s*; *nur Sg*; kleine Wassertropfen, die am frühen Morgen auf der Erde, auf den Pflanzen liegen (ohne dass es geregnet hat)

◆**taub** *Adj* **1** nicht fähig zu hören **2** *nicht adv*; ohne Gefühl (1): *Meine Füße waren taub vor Kälte* **3** ***sich taub stellen*** so tun, als ob man nichts hört || *zu* **1 Tau·be** *der / die*; *zu* **1** und **2 Taub·heit** *die*

Tau·be *die*; -, *-n*; ein mittelgroßer, *meist* grauer Vogel mit kleinem Kopf und kurzen Beinen (der auch als Haustier gehalten wird): *die weiße Taube als Symbol des Friedens*

tau·chen; *tauchte, hat / ist getaucht* **1 tauchen** (*hat*); **irgendwohin tauchen** (*ist*) unter der Oberfläche des Wassers schwimmen: *zum Grund des Schwimmbeckens tauchen*; *Das U-Boot taucht* || K-: **Tauch-, -sport 2 nach etwas tauchen** (*hat / ist*) tauchen (1) und nach etwas suchen ⟨nach Perlen, Schwämmen tauchen⟩ **3 etwas in etwas** (*Akk*) **tauchen** (*hat*) etwas in eine Flüssigkeit halten: *den Pinsel in die Farbe tauchen*

Tau·fe *die*; -, *-n*; eine christliche Tradition, mit der j-d in die Kirche aufgenommen wird. Dabei wird die Stirn mit Wasser feucht gemacht ⟨die Taufe erhalten⟩ || K-: **Tauf-, -pate** || ID **etwas aus der Taufe heben** etwas gründen

tau·gen; *taugte, hat getaugt* **1 taugen (für / zu etwas)** geeignet, nützlich sein: *Er taugt nicht zu dieser / für diese Arbeit*; *Dieses Buch taugt nicht für Kinder* || Hinweis: *meist* verneint gebraucht **2 j-d / etwas taugt nichts** *gespr pej*; j-d / etwas ist für etwas nicht brauchbar, j-d hat einen schlechten Charakter

täu·schen; *täuschte, hat getäuscht* **1 j-n (durch / mit etwas) täuschen** (mit etwas) absichtlich einen falschen Eindruck bei j-m erwecken: *Er täuscht sie durch seinen Charme* **2 etwas täuscht** etwas vermittelt einen falschen Eindruck: *Der erste Eindruck täuscht oft* **3 sich täuschen** ≈ sich irren: *Du täuschst dich, er war es nicht* **4 sich in j-m täuschen** von j-m einen falschen Eindruck haben

tau·send *Zahladj*; (als Zahl) 1000

Tau·send¹ *die*; -, *-en*; die Zahl 1000

Tau·send² *das*; *-s*, -; eine Menge von tausend Personen oder Dingen ⟨das erste, zweite Tausend⟩

Tau·send³, **tau·send** *Zahlwort*; *indeklinabel, gespr*; sehr viel(e), oft ≈ Tausende ⟨einige, ein paar, viele Tausend⟩: *Den Film hab ich schon Tausend Mal gesehen* (= sehr oft)

T

◆**Ta·xi** *das*; *-s, -s*; ein Auto, dessen Fahrer gegen Bezahlung Personen fährt ⟨ein Taxi bestellen⟩ || K-: **Taxi-, -fahrer**

◆**Team** [tiːm] *das*; *-s, -s*; eine Gruppe von Personen, die zusammen an etwas arbeiten ⟨ein Team von Fachleuten; in einem Team arbeiten⟩ || K-: **Team-, -arbeit** || -K: **Ärzte-, Experten-**

◆**Tech·nik**¹ *die*; -; *nur Sg* **1** alle Mittel und Methoden, mit denen der Mensch die Natur und die Wissenschaft praktisch nutzt ⟨der neueste Stand der Technik⟩ **2** Maschinen und Geräte: *eine Firma mit modernster Technik* **3** die Art, wie ein Gerät funktioniert ⟨die Technik einer Maschine⟩

◆**Tech·nik**² *die*; -, *-en*; die Art, wie etwas gemacht wird, *bes* im Handwerk oder in der Kunst || -K: **Mal-**

Tech·ni·ker *der*; *-s*, -; **1** j-d mit Ausbildung in einem Gebiet der Technik¹ **2** j-d, der eine Technik² beherrscht: *Dieser Pianist ist ein hervorragender Techniker* || *hierzu* **Tech·ni·ke·rin** *die*; -, *-nen*

◆**tech·nisch** *Adj* **1** die Technik¹ betreffend ⟨ein Beruf, eine Neuerung, Probleme⟩ **2** die Technik² betreffend

Tech·no·lo·gie *die*; -, *-n* [-ˈgiːən] **1** die Lehre, wie naturwissenschaftliche Erkenntnisse in der Produktion genutzt werden **2** alle technischen Kenntnisse || *hierzu* **Tech·no·lo·ge** *der*; **Tech·no·lo·gin** *die*; -, *-nen*; **tech·no·lo·gisch** *Adj*

◆**Tee** *der*; *-s, -s* **1** eine (asiatische) Pflanze, aus deren Blättern man ein heißes Getränk macht || K-: **Tee-, -blatt, -plantage 2** die getrockneten Blätter des Tees (1) ⟨schwarzer Tee⟩ || K-: **Tee-, -mischung 3** ein anregendes, heißes Getränk aus Tee (2) ⟨schwacher, starker Tee; Tee aufbrühen; Tee mit Milch⟩ || K-: **Tee-, -glas, -tasse 4** ein heißes Getränk aus getrockneten Blättern, Blüten oder Früchten von (Heil)Pflanzen || -K: **Kamillen-, Pfefferminz- 5** ein Treffen am Nachmittag, bei dem man Tee trinkt || K-: **Tee-, -gebäck**

Teich *der*; *-(e)s, -e*; eine relativ kleine Fläche mit Wasser, das nicht sehr tief ist || -K: **Fisch-, Garten-**

Teig *der*; *-(e)s, -e*; eine weiche Masse *meist* aus Mehl, Fett, Eiern und Wasser oder Milch, mit der *z.B.* Brot oder Kuchen gemacht wird ⟨den Teig kneten, rühren, backen⟩ || -K: **Brot-**

◆**Teil**¹ *der*; *-(e)s, -e* **1** eine kleinere Menge oder ein Stück aus einem Ganzen: *ein Brot in zwei Teile schneiden*; *der erste Teil des Buches*; *der nördliche Teil Italiens* || K-: **Teil-, -satz 2 zum Teil** nicht ganz, aber ein bisschen; nicht immer, aber in einigen Fällen; *Abk* z. T.: *Zum Teil war es meine Schuld* **3 zu einem / zum großen, zum größten Teil** fast ganz / fast alle / fast alles: *Ich habe das Buch schon zum größten Teil gelesen*

◆**Teil**² *das*; *-(e)s, -e*; ein einzelnes Stück *meist* einer Maschine oder eines Apparats ⟨ein defektes Teil ersetzen⟩ || -K: **Ersatz-**

◆**Teil**³ *der, das*; *-(e)s, -e*; etwas, das j-d von

einem Ganzen hat: *Sie erbten das Vermögen ihrer Eltern zu gleichen Teilen*

◆**tei·len**; *teilte, hat geteilt* **1** ***etwas*** (***in etwas*** (*Akk*)) ***teilen*** ein Ganzes in (gleiche) Teile zerlegen: *einen Kuchen in zwölf Stücke teilen* **2** ***sich*** (*Dat*) ***etwas mit j-m teilen*** sich selbst und j-d anderem einen, den gleichen Teil von etwas geben: *Wir haben uns den Gewinn geteilt* **3** (***sich*** (*Dat*)) ***etwas mit j-m teilen*** etwas gemeinsam benutzen ⟨eine Wohnung mit j-m teilen⟩ **4** (***eine Zahl durch eine Zahl***) ***teilen*** eine Zahl durch eine andere dividieren: *9 geteilt durch 3 ist 3 (9:3 = 3)* **5** ***etwas teilt sich*** etwas geht in verschiedene Richtungen auseinander ⟨eine Straße⟩ **6** ***etwas teilt sich*** etwas wird zu zwei oder mehr Teilen ⟨eine Zelle⟩

◆**teil·neh·men**; *nimmt teil, nahm teil, hat teilgenommen*; (***an etwas*** (*Dat*)) ***teilnehmen*** bei etwas mitmachen, sich an etwas beteiligen: *An der Sitzung nahmen 20 Personen teil*

◆**Teil·neh·mer** *der*; *-s, -*; ***ein Teilnehmer*** (***an etwas*** (*Dat*)) j-d, der bei etwas mitmacht, an etwas teilnimmt: *ein Teilnehmer an einer Reise* || K-: ***Teilnehmer-, -zahl*** || -K: ***Kurs-*** || *hierzu* **Teil·neh·me·rin** *die*; -, *-nen*

teils *Konjunktion*; ***teils ..., teils ...*** verwendet, um auszudrücken, dass zwei verschiedene Aussagen richtig sind: *Wir hatten teils schönes, teils schlechtes Wetter im Urlaub*; *Teils hatte ich Glück, teils Pech* || ID ***teils, teils*** *gespr*; weder gut noch schlecht: „*Wie hat dir das Konzert gefallen?*“ – „*Naja, teils, teils*“

teil·wei·se *Adj*; *nur attr oder adv*; so, dass es für einzelne Teile gilt und nicht für das Ganze: *eine teilweise Erneuerung des Motors*; *Die Stadt wurde im Krieg teilweise zerstört*; *Das stimmt nur teilweise*

Teil·zeit *die*; *nur Sg*; eine Arbeitszeit, die wesentlich geringer ist als die normale ⟨Teilzeit arbeiten⟩ || K-: ***Teilzeit-, -arbeit, -beschäftigung*** || -K: ***Alters-***

◆**Te·le·fon** ['teːlefoːn, tele'foːn] *das*; *-s, -e*; ein Apparat (mit Mikrofon und Hörer), mit dem man mit anderen Personen sprechen kann, auch wenn diese sehr weit weg sind; *Abk* Tel. ⟨ans Telefon gehen; das Telefon läutet⟩ || K-: ***Telefon-, -anruf, -gespräch, -hörer*** || -K: ***Mobil-***

◆**te·le·fo·nie·ren**; *telefonierte, hat telefoniert* **1** (***mit j-m***) ***telefonieren*** (mit j-m) am Telefon sprechen **2** ***irgendwohin telefonieren*** *gespr* ≈ anrufen (1): *Ich telefoniere mal schnell nach Hamburg*

◆**Te·le·fon·kar·te** *die*; eine kleine Plastikkarte, die man in ein öffentliches Telefon steckt und so die Gebühren für das Gespräch bezahlt

◆**Te·le·fon·zel·le** *die*; eine Art kleiner Raum mit einem öffentlichen Telefon ⟨von einer Telefonzelle aus anrufen⟩

◆**Tel·ler** *der*; *-s, -*; **1** eine flache, *meist* runde Platte (*bes* aus Porzellan), auf die man das legt, was man essen will || -K: ***Frühstücks-*** **2** ***ein tiefer Teller*** ein Teller (1), aus dem man Suppe isst **3** die Menge Essen auf einem Teller (1)

Tem·pe·ra·ment *das*; *-(e)s, -e* **1** die typische Art, wie sich j-d verhält, als Folge seines persönlichen Charakters ⟨ein lebhaftes, cholerisches, melancholisches, phlegmatisches Temperament⟩ **2** *nur Sg*; ein Temperament, das sehr lebhaft und aktiv ist: *Sie hat kein / wenig Temperament* || *zu* **2** **tem·pe·ra·ment·voll** *Adj*

◆**Tem·pe·ra·tur** *die*; -, *-en*; die Wärme (*z.B.* der Luft, des Wassers, eines Körpers), die man in Graden messen kann ⟨die Temperatur fällt, sinkt, steigt, bleibt gleich; die Temperatur messen⟩: *Die Temperatur beträgt 25 °C*; *Bei Temperaturen um 20° kann man schon im See baden* || K-: ***Temperatur-, -anstieg, -messung*** || -K: ***Körper-, Luft-, Wasser-***

Tem·po *das*; *-s, -s*; *meist Sg*; die Geschwindigkeit einer Bewegung oder Handlung ⟨ein zügiges Tempo; das Tempo erhöhen; mit hohem / niedrigem Tempo fahren⟩ || K-: ***Tempo-, -limit*** || -K: ***Arbeits-***

Ten·denz *die*; -, *-en* **1** ***eine Tendenz*** (***zu etwas***) eine Entwicklung in eine bestimmte Richtung ⟨eine steigende, fallende Tendenz⟩: *Die Tendenz geht dahin, mehr Teilzeitkräfte einzustellen* || K-: ***Tendenz-, -wende*** **2** ***eine Tendenz*** (***zu etwas***) die Eigenschaft, etwas oft oder gerne zu tun: *Sie hat eine Tendenz zum Fanatismus*; *Er hat die Tendenz, alles zu kritisieren*

◆**Ten·nis** *das*; -; *nur Sg*; ein Ballspiel, bei dem zwei (oder vier) Spieler auf einem relativ großen Platz einen kleinen Ball mit Schlägern über ein Netz schlagen ⟨Tennis spielen⟩ || K-: ***Tennis-, -ball, -platz, -schläger, -spiel*** || -K: ***Rasen-***

◆**Tep·pich** *der*; *-s, -e*; ein (*meist* viereckiges) Stück aus gewebtem oder geknüpftem (weichem) Material, das man auf Fußböden legt ⟨einen Teppich knüpfen; den Teppich saugen⟩ || -K: ***Perser-*** || ID ***etwas unter den Teppich kehren*** *gespr*; etwas Unangenehmes nicht öffentlich bekannt werden lassen

◆**Ter·min** *der*; *-s, -e* **1** der Zeitpunkt, bis zu dem etwas fertig sein soll ⟨einen Termin festsetzen, einhalten, überschreiten⟩ || -K: ***Abgabe-, Einsende-*** **2** der Zeitpunkt, an dem etwas stattfinden soll || K-: ***Termin-, -gründe*** || -K: ***Liefer-, Prüfungs-*** **3** eine Vereinbarung für ein Gespräch, eine Behandlung || -K: ***Arzt-***

◆**Ter·ras·se** *die*; -, *-n*; eine *meist* leicht erhöhte Fläche mit Platten (1) neben einem Haus: *Wir frühstücken heute auf der Terrasse*

Ter·ri·to·ri·um *das*; *-s*, *Ter·ri·to·ri·en* [-ri̯ən] **1** das Gebiet eines Staates: *Wir befinden uns auf deutschem Territorium* **2** ein Gebiet, das ein Tier als sein eigenes betrachtet und das es gegen andere Tiere der gleichen Art verteidigt

Ter·ror *der*; *-s*; *nur Sg*; die Verbreitung von Angst und Schrecken durch brutale Handlungen, *meist* um politische Ziele zu erreichen ⟨Terror ausüben⟩ || K-: ***Terror-, -akt, -anschlag, -herrschaft, -regime*** || ID ***Terror machen*** *gespr*; j-n ärgern oder schikanieren

Test *der*; *-s*, *-s* / *-e*; die Prüfung und Bewertung bestimmter Leistungen einer Person oder Maschine ⟨ein psychologischer Test; einen Test bestehen⟩ || K-: ***Test-, -ergebnis, -fahrt, -flug***

Tes·ta·ment *das*; *-(e)s*, *-e* **1** eine schriftliche Erklärung, in der eine Person bestimmt, wer ihr Vermögen nach ihrem Tode bekommen soll ⟨sein Testament machen; ein Testament anfechten⟩ **2** ***das Alte und das Neue Testament*** die Bibel

◆**teu·er**, *teurer*, *teuerst-*; *Adj* **1** so, dass es viel Geld kostet ↔ billig: *ein teures Auto*, *ein teurer Abend* **2** so, dass es schlimme (finanzielle) Folgen hat: *ein teurer Unfall* || ID ***etwas kommt j-n teuer zu stehen*** j-d muss viel für etwas bezahlen oder für etwas büßen || Hinweis: *teuer* → *ein teures Auto*

Teu·fel *der*; *-s*, -; **1** *nur Sg*; eine Gestalt, die das Böse ist ≈ Satan **2** ein böser Geist ≈ Dämon **3** ***ein armer Teufel*** ein armer, bedauernswerter Mensch || ID ***Pfui Teufel!*** *gespr*; verwendet, um Ekel oder Abscheu auszudrücken; ***irgendwo ist der Teufel los*** *gespr*; irgendwo gibt es viel Lärm oder große Aufregung; ***Mal den Teufel nicht an die Wand!*** du sollst nicht von solchen Gefahren sprechen; ***Wenn man vom Teufel spricht*** (***, dann kommt er***) *gespr*; verwendet, um auszudrücken, dass j-d kommt, von dem man gerade spricht; ***Der Teufel steckt im Detail*** es sind oft die Kleinigkeiten, die die größten Probleme bereiten

T

◆**Text** *der*; *-(e)s*, *-e* **1** eine Folge von Sätzen, die miteinander in Zusammenhang stehen **2** die Worte, die zu einem Musikstück gehören ⟨der Text eines Liedes⟩

Tex·ti·li·en [-'tiːli̯ən] *die*; *Pl*; alle Dinge (Kleider, Stoffe), die gewebt oder gestrickt sind

Text·ver·ar·bei·tung *die*; das Bearbeiten eines Textes (*bes* am Computer)

◆**The·a·ter**[1] [te'aːtɐ] *das*; *-s*, -; **1** ein Gebäude, in dem Schauspiele, Opern *o.Ä.* aufgeführt werden || K-: ***Theater-, -bühne, -kasse*** **2** *nur Sg*; eine Institution, die Schauspiele, Opern *usw* organisiert **3** *nur Sg*; eine Aufführung im Theater (1): *Das Theater beginnt heute um 20 Uhr* || K-: ***Theater-, -abend, -besuch***

Theater

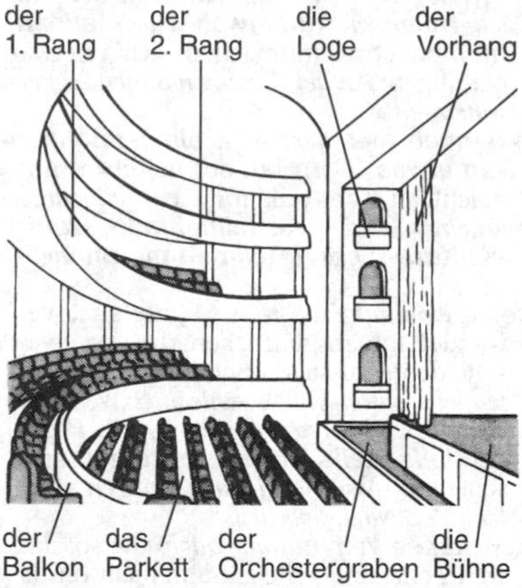

◆**The·a·ter**[2] [te'aːtɐ] *das*; *-s*, -; *nur Sg*; *gespr*, *pej* ≈ Aufregung, Ärger || ID *meist* (***ein***) ***Theater*** (***um*** / ***wegen etwas***) ***machen*** bei einer (*oft* unwichtigen) Sache übertrieben heftig reagieren

The·ke *die*; -, *-n* **1** ein hoher, schmaler Tisch in einem Restaurant, einer Bar, an dem die Getränke ausgeschenkt werden: *ein Glas Wein an der Theke trinken* **2** eine Art Tisch, an dem Kunden in einem Geschäft bedient werden

◆**The·ma** *das*; *-s*, *The·men* **1** der zentrale Gedanke, über den man spricht oder schreibt ⟨ein aktuelles Thema; ein Thema behandeln⟩ || K-: ***Themen-, -stellung, -wahl*** **2** eine Folge von Tönen in einem Musikstück, die sich wiederholt ⟨ein Thema variieren⟩ || *hierzu* **the·ma·tisch** *Adj*

The·o·rie *die*; -, *-n* [-'riːən] **1** ***eine Theorie***

(***über etwas*** (*Akk*) ***/ zu etwas***) eine wissenschaftliche Erklärung von Zusammenhängen und Tatsachen, bei der von bestimmten Annahmen ausgegangen wird, die man für sinnvoll hält ⟨eine anerkannte, klassische Theorie; eine Theorie aufstellen, beweisen⟩: *eine Theorie über die Entstehung der Erde* **2** *nur Sg*; eine Art, Dinge so zu sehen, dass man nicht über die Probleme der Praxis[1] (1) spricht ⟨etwas ist reine Theorie⟩: *Das stimmt nur in der Theorie* || ID *meist* ***Grau ist alle Theorie!*** *geschr*; in der Theorie (2) ist alles einfach, im wirklichen Leben aber schwer

The·se *die*; -, *-n* ≈ Annahme, Behauptung ⟨eine kühne, fragwürdige These; eine These aufstellen, verteidigen⟩

Thron *der*; *-(e)s*, *-e*; ein besonderer Sessel für eine mächtige Persönlichkeit, *z.B.* für einen König oder Bischof || -K: ***Kaiser-, Papst-*** || ID ***j-s Thron wackelt*** *gespr*; j-s mächtige Stellung ist in Gefahr

Tic, **Tick** *der*; *-s*, *-s*; schnelle Bewegungen von Muskeln wegen nervöser Störungen ⟨einen nervösen Tic haben⟩

Tick *der*; *-s*, *-s* **1** *gespr*, *meist pej*; eine seltsame, *oft* unangenehme Angewohnheit, die j-d hat **2** ein kleines bisschen: *Sie ist einen Tick besser als ihre Schwester*

ti·cken; *tickte*, *hat getickt*; ***etwas tickt*** etwas produziert in regelmäßigen Abständen kurze, helle Töne ⟨eine Uhr, eine Bombe⟩ || ID ***Bei ihm / ihr*** *usw* ***tickt es nicht richtig***; ***Er / Sie*** *usw* ***tickt nicht mehr richtig*** *gespr*; er / sie *usw* ist verrückt

◆**Ti·cket** *das*; *-s*, *-s*; eine Fahrkarte für eine Reise mit dem Flugzeug oder Schiff || -K: ***Flug-***

◆**tief** *Adj* **1** so, dass etwas von seiner Oberfläche oder einer gedachten Oberfläche relativ weit nach unten reicht ⟨ein Brunnen, ein Graben, eine Schüssel, ein See; Schnee, Wasser; tief tauchen⟩ || K-: ***Tief-, -schnee*** **2** *Maßangabe* + ***tief*** verwendet, um die Ausdehnung nach unten zu bezeichnen ↔ hoch: *ein zehn Meter tiefer See*; *Das Wasser ist nur fünfzig Zentimeter tief* **3** in relativ geringer Entfernung über dem Meeresspiegel, dem Boden *o.Ä.* ≈ niedrig ⟨ein Ort liegt tief; tief fliegen⟩ **4** (relativ zu einem Bezugspunkt) weiter unten gelegen ⟨ein Tal⟩ **5** *meist im Komparativ*; weiter unten: *Er wohnt ein Stockwerk tiefer* **6** weit nach unten (in Richtung zum Erdboden) ⟨eine Verbeugung, ein Fall⟩ **7** im Vergleich zum Durchschnitt sehr gering, niedrig ↔ hoch ⟨Temperaturen; das Barometer steht tief⟩: *Die Zahl der Arbeitslosen hat ihren tiefsten Stand erreicht* || K-: ***Tiefst-, -kurs, -preis*** **8** weit nach hinten reichend ↔ hoch, breit ⟨ein Schrank, ein Regal⟩ **9** *Maßangabe* + ***tief*** verwendet, um (bei Möbeln) die Ausdehnung nach hinten oder nach innen zu bezeichnen **10** intensiv (*bes* in Bezug auf Gefühle) ⟨Glaube, Liebe; etwas tief bedauern; tief beleidigt, erschüttert⟩ || K-: ***tief-, -ernst*** **11** ≈ kräftig ⟨tief atmen⟩ **12** ***tief schlafen*** fest und gesund schlafen **13** von dunkler, intensiver Farbe: *ein tiefes Grün* **14** (relativ) dunkel klingend ↔ hoch ⟨ein Ton; eine Stimme⟩ || ID *meist* ***Das lässt tief blicken*** das zeigt etwas sehr deutlich (*meist* wie j-d wirklich ist)

Tief *das*; *-s*, *-s* **1** eine Zone mit niedrigem Luftdruck und schlechtem Wetter ↔ Hoch ⟨ein umfangreiches Tief⟩ **2** ***ein*** (***seelisches***) ***Tief haben*** in sehr schlechter und gedrückter Stimmung sein || -K: ***Stimmungs-***

tief·küh·len; -, *hat tiefgekühlt*; (***etwas***) ***tiefkühlen*** Lebensmittel durch Kälte (-18°) konservieren || K-: ***Tiefkühl-, -schrank, -truhe***

◆**Tier** *das*; *-(e)s*, *-e*; ein Lebewesen, das Sinnesorgane hat, sich (normalerweise) fortbewegen kann, wenn es will, und das nach seinen Instinkten handelt ⟨ein zahmes, wildes Tier; ein Tier züchten⟩ || K-: ***Tier-, -art, -arzt*** || ID ***ein großes / hohes Tier*** *gespr hum*; j-d, der eine hohe öffentliche Position hat

tie·risch[1] *Adj* **1** charakteristisch für Tiere ⟨ein Verhalten⟩ **2** von Tieren stammend: *tierische und pflanzliche Fette* **3** *pej*; mit Eigenschaften, die ein Mensch nicht haben sollte (*meist* brutal, roh oder triebhaft) ⟨Gewalt, Rohheit⟩

tie·risch[2] *Adj*; *gespr*; (*bes* von Jugendlichen verwendet) sehr groß, sehr schwer, sehr intensiv ⟨eine Arbeit, Schmerzen, ein Vergnügen⟩

Ti·ger *der*; *-s*, -; ein großes Tier (eine Raubkatze) mit gestreiftem Fell, das in Asien lebt || ↑ *Abbildung unter* ***Raubkatzen***

Tin·te *die*; -, *-n*; eine *meist* blaue oder rote Flüssigkeit zum Schreiben oder Zeichnen || K-: ***Tinten-, -patrone***; ***tinten-, -blau*** || ID ***in der Tinte sitzen*** *gespr*; in einer unangenehmen Lage sein

◆**Tipp** *der*; *-s*, *-s* **1** ein guter Rat, Hinweis ⟨j-m einen Tipp geben⟩: *Tipps für den Anfänger* **2** der Versuch, bei Wetten und Gewinnspielen den Gewinner *bzw* die Gewinnzahlen zu erraten: *der richtige Tipp* *im Lotto, beim Pferderennen*

◆**tịp·pen**¹; *tippte, hat getippt*; **(*etwas*) *tippen*** *gespr*; etwas mithilfe einer Tastatur schreiben ⟨einen Brief tippen⟩ || K-: ***Tipp-, -fehler*** **2** **(*j-n / etwas*) *irgendwohin tippen*** j-n / etwas (*bes* mit der Finger- oder Fußspitze) kurz und leicht berühren: *j-m auf die Schulter tippen*; *kurz auf die Bremse tippen*

◆**tịp·pen**²; *tippte, hat getippt* **1** ***auf j-n / etwas tippen*** *gespr*; eine Vermutung *o.Ä.* zum Ausdruck bringen: *Ich tippe auf ihn als Sieger* **2** am Lotto teilnehmen: *Sie tippt jede Woche (im Lotto)* || K-: ***Tipp-, -schein***

◆**Tịsch** *der*; *-(e)s, -e* **1** ein Möbelstück aus einer waagrechten Platte und *meist* vier Stützen (Beinen), auf das man Dinge legt, an dem man isst *usw* ⟨sich an den Tisch setzen; am Tisch sitzen; vom Tisch aufstehen⟩ || K-: ***Tisch-, -bein*** || -K: ***Arbeits-, Ess-*** **2** ***vor / bei / nach Tisch*** *geschr*; vor / bei / nach dem Essen **3** ***am runden Tisch*** bei einer Sitzung, bei der alle die gleichen Rechte haben || ID ***am grünen Tisch***; ***vom grünen Tisch aus*** auf einer theoretischen Ebene, ohne die konkrete Situation zu beachten; ***etwas ist vom Tisch*** *gespr*; etwas ist abgeschlossen, erledigt

◆**Ti̱·tel**¹ *der*; *-s, -*; **1** eine Bezeichnung, die j-d als Ehrung bekommt oder die seine berufliche Stellung anzeigt: *der Titel eines Amtsarztes*; *der akademische Titel eines Dr. med.* || -K: ***Doktor-, -titel*** **2** ≈ Meisterschaft || K-: ***Titel-, -gewinn, -verteidiger(in)*** || -K: ***Weltmeister-***

◆**Ti̱·tel**² *der*; *-s, -*; **1** der Name *z.B.* eines Buches, einer Zeitschrift oder eines Liedes, oder das Buch *usw* selbst || -K: ***Buch-, -titel*** **2** die erste Seite einer Zeitung oder Zeitschrift || K-: ***Titel-, -bild, -blatt***

to̱·ben; *tobte, hat getobt* **1** (vor Wut *o.Ä.*) schreien und heftige Bewegungen machen: *Der Betrunkene tobte die halbe Nacht* **2** (vor Begeisterung *o.Ä.*) schreien, sich ausgelassen benehmen: *Bei dem Rockkonzert tobten die Fans* **3** ***etwas tobt*** etwas ist in starker Bewegung (und macht großen Schaden) ⟨ein Gewitter, ein Brand⟩

◆**Tọch·ter** *die*; *-, Töch·ter*; j-s weibliches Kind ↔ Sohn

◆**To̱d** *der*; *-es*; *nur Sg* **1** das Sterben, das Ende des Lebens ⟨Tod durch Herzversagen *usw*; j-n zum Tode verurteilen; j-d stürzt sich zu Tode (= stürzt und stirbt dadurch)⟩ || K-: ***Todes-, -angst, -art, -gefahr, -strafe, -ursache*** || Hinweis: als Plural wird *Todesfälle* verwendet **2** das Ende *meist* eines Plans oder einer Institution: *Die hohen Zinsen bedeuten den Tod für die Firma* **3** ***j-d findet / erleidet den Tod*** *geschr*; j-d stirbt **4** ***etwas ist j-s Tod*** etwas führt zu j-s Tod || ▸ ***tot, Tote, töten***

◆**Toi·let·te**¹ [to̯a'lɛtə] *die*; *-, -n* **1** ein Ort (*meist* mit einem Becken) an dem man sich von dem Druck auf Blase und Darm befreien kann **2** ein Raum mit einer oder mehreren Toiletten ≈ WC || -K: ***Damen-, Herren-***

◆**Toi·let·te**² [to̯a'lɛtə] *die*; *-, -n*; *nur Sg*; *geschr*; das Waschen, Frisieren und Ankleiden: *die morgendliche Toilette*

◆**to·le·rạnt**, *toleranter, tolerantest-*; *Adj*; ***tolerant* (*gegenüber j-m / etwas*)**; ***tolerant* (*gegen j-n / etwas*)** *geschr*; so, dass man andere Meinungen, Haltungen oder Sitten respektiert oder duldet: *tolerant gegenüber der Jugend* || *hierzu* **to·le·ri̱e·ren** (*hat*)

◆**tọll**, *toller, tollst-*; *Adj* **1** *gespr*; *bes* in Ausrufen verwendet, um Bewunderung auszudrücken ≈ prima, super: *Das ist eine tolle Idee!*; *Sie singt wirklich toll!* **2** *nur adv*; *gespr*; verwendet, um Adjektive und Verben zu verstärken: *Es regnet ganz toll*

◆**To·ma̱·te** *die*; *-, -n* **1** ein rotes rundes, fleischiges Gemüse, das man *z.B.* als Salat isst || ↑ *Illustration* ***Obst und Gemüse*** || K-: ***Tomaten-, -ketschup, -suppe*** **2** die Pflanze, an der Tomaten (1) wachsen

To̱n¹ *der*; *-(e)s, Tö·ne* **1** etwas, das man hören kann ⟨ein hoher, tiefer, leiser Ton⟩ || K-: ***Ton-, -höhe*** **2** ein genau festgelegter Ton¹ (1), der in einem musikalischen System (Tonleiter) eine bestimmte Stelle hat und durch einen Buchstaben bezeichnet wird ⟨ein ganzer, halber Ton⟩ || K-: ***Ton-, -folge*** **3** die Qualität des Klangs einer Stimme oder eines Musikinstruments ⟨ein heller, weicher Ton⟩ **4** Sprache, Musik und Geräusche in einem Film, Fernsehen oder Radio: *Plötzlich sind Ton und Bild ausgefallen* || K-: ***Ton-, -ausfall, -störung*** || ID ***keinen Ton herausbringen / von sich geben*** *gespr*; nichts sagen (können)

To̱n² *der*; *-(e)s*; *nur Sg*; die Art und Weise, wie j-d mit anderen Menschen spricht ⟨j-m etwas in einem freundlichen, ruhigen Ton sagen⟩ || ID ***etwas gehört zum guten Ton*** ein bestimmtes Verhalten ist nötig, wenn man höflich sein will

To̱n³ *der*; *-(e)s, -e*; eine schwere Erde, aus der man Keramik (Töpferwaren) formen kann ⟨Ton formen⟩ || K-: ***Ton-, -gefäß, -vase***

T

Ton·band *das* **1** ein Band (aus Kunststoff), auf dem man Musik, Sprache und Geräusche speichern kann ⟨ein Tonband abhören, abspielen; etwas auf Tonband aufnehmen⟩ || K-: ***Tonband-, -aufnahme*** **2** ein Gerät, mit dem man Tonbänder bespielt oder abspielt

Ton·lei·ter *die*; eine Folge von acht Tönen[1] (2), die mit einem bestimmten Ton beginnt

Tonleiter

◆**Topf** *der*; -*(e)s*, *Töp·fe* **1** ein rundes, relativ tiefes Gefäß mit Griffen und Deckel, in dem man etwas kochen kann: *ein Topf aus Edelstahl*; *ein Topf voll Suppe* || K-: ***Topf-, -deckel*** **2** ein Gefäß (*bes* aus Keramik), zum Aufbewahren von Nahrungsmitteln: *ein Topf mit Honig* || -K: ***Ton-*** **3** die Menge von etwas, die in einen Topf (1, 2) passt: *ein Topf Suppe*, *ein Topf Honig* **4** *Kurzwort* ↑ ***Blumentopf*** || K-: ***Topf-, -pflanze*** || ID ***alles in einen Topf werfen*** *pej*; ganz verschiedene Dinge gleich beurteilen

Top·fen *der*; *-s*; *nur Sg*; *südd* Ⓐ ≈ Quark

Töp·fer *der*; *-s*, -; j-d, der beruflich Gegenstände (*meist* Geschirr) aus Ton[3] herstellt || *hierzu* **Töp·fe·rin** *die*; -, *-nen*; **töp·fern** (*hat*)

Töp·fe·rei *die*; -, *-en*; die Werkstatt eines Töpfers

Tor[1] *das*; -*(e)s*, *-e* **1** eine Art breite Öffnung in einem Gebäude, einem Zaun oder einer Mauer: *die Tore der alten Stadtmauer* || K-: ***Tor-, -bogen*** **2** eine Art breite Tür (die *oft* aus zwei Flügeln besteht), mit der das Tor geschlossen wird ⟨das Tor schließen; ans Tor klopfen⟩ || -K: ***Burg-, Stadt-*** **3** *Sport*; zwei Stangen, zwischen denen man *z.B.* beim Skifahren hindurchfahren muss || K-: ***Tor-, -lauf***

Tor[2] *das*; -*(e)s*, *-e* **1** eine Konstruktion aus Balken und einem Netz, in die man *z.B.* beim Fußball mit dem Ball treffen soll || K-: ***Tor-, -linie, -mann*** **2** der gelungene Versuch, den Ball ins Tor (1) zu schießen ⟨ein Tor schießen⟩

Tor·te *die*; -, *-n*; eine Art Kuchen, der *meist* aus mehreren Schichten mit Sahne oder Creme besteht || K-: ***Torten-, -stück*** || -K: ***Creme-, Obst-***

◆**tot** *Adj* **1** gestorben, nicht mehr am Leben ⟨tot umfallen, zusammenbrechen⟩: *Sie wurde von einem Auto überfahren und war sofort tot* **2** ohne Menschen oder Tiere ≈ leer ⟨eine Stadt, eine Landschaft⟩ **3** ohne Glanz und Lebendigkeit ≈ stumpf ⟨Augen, eine Farbe⟩ **4** so, dass man keinen Ton hört, weil die Leitung unterbrochen ist ⟨die Leitung, das Telefon ist tot⟩ **5** ≈ anorganisch ⟨Materie⟩ || ID ***mehr tot als lebendig*** völlig erschöpft

to·tal *Adj* ≈ gänzlich, völlig, ausnahmslos ⟨ein Chaos, ein Misserfolg, eine Niederlage; total ausgehungert, erschöpft sein⟩

To·te *der / die*; -, *-n*; j-d, der nicht mehr lebt ⟨einen Toten / eine Tote identifizieren, begraben, verbrennen⟩: *Bei dem Unfall gab es drei Tote* || K-: ***Toten-, -bahre, -feier*** || -K: ***Unfall-, Verkehrs-*** || ID ***wie ein Toter schlafen*** *gespr*; sehr fest schlafen || Hinweis: meint man die Person, spricht man von einem *Toten*, meint man den Körper, spricht man von einer *Leiche*

◆**tö·ten**; *tötete*, *hat getötet*; ***(j-n / ein Tier) töten*** bewirken, dass ein Mensch oder ein Tier stirbt ⟨j-n vorsätzlich, mit einem Dolch töten⟩

Tour[1] [tuːɐ̯] *die*; -, *-en* **1** ≈ Ausflug ⟨eine Tour machen⟩ || K-: ***Touren-, -rad*** || -K: ***Auto-, Tages-*** **2** eine relativ lange Fahrt oder Reise: *eine Tour durch Europa* **3** ≈ Route || K-: ***Touren-, -karte***

Tour[2] [tuːɐ̯] *die*; -, *-en*; *gespr*; eine Art zu handeln, die als unangenehm empfunden wird ⟨eine krumme (= unehrliche) Tour⟩: *Komm mir bloß nicht mit dieser Tour!*

Tour[3] [tuːɐ̯] *die*; -, *-en*; *meist Pl*; *Tech*; die Umdrehungen eines Motors: *4000 Touren pro Minute* || ID ***in 'einer Tour*** *gespr* ≈ immer, andauernd; ***auf Touren kommen*** *gespr*; aktiv werden; ⟨die Arbeiten⟩ ***laufen auf vollen / höchsten Touren*** *gespr*; die Arbeiten werden intensiv gemacht

◆**Tou·rist** [tu-] *der*; *-en*, *-en*; j-d, der reist, um andere Länder kennen zu lernen oder um dort Urlaub zu machen || *hierzu* **Tou·ris·tin** *die*; -, *-nen*; **Tou·ris·mus** *der*; **tou·ris·tisch** *Adj*

◆**Tra·di·ti·on** [-'tsi̯oːn] *die*; -, *-en*; Verhaltensweisen und Handlungen, die es seit langer Zeit gibt und die bewahrt werden ⟨eine alte, lebendige Tradition; eine Tradition pflegen⟩

traf ↑ ***treffen***

Tra·fik *die*; -, *-en*; Ⓐ ≈ Kiosk

◆**tra·gen**; *trägt*, *trug*, *hat getragen* **1 *j-n / etwas (irgendwohin) tragen*** j-n / etwas *z.B.* auf dem Arm, am Rücken, in der

T

Hand transportieren und irgendwohin bringen ⟨etwas in der Hand, unter dem Arm, auf dem Rücken tragen⟩: *Trägst du die Briefe zur Post?* || K-: ***Trage-, -tasche*** **2** ***etwas tragen*** etwas (*bes* Kleidung) am Körper haben: *einen Rock, Schmuck, Waffen, eine Maske tragen* **3** ***etwas (irgendwie) tragen*** eine bestimmte Frisur haben ⟨Zöpfe tragen; das Haar / die Haare kurz tragen⟩ **4** ***etwas bei sich tragen*** etwas dabei haben, wenn man irgendwohin geht: *Er trägt seinen Ausweis stets bei sich* **5** ***etwas (irgendwie) tragen*** etwas Unangenehmes akzeptieren ⟨etwas mit Geduld tragen⟩ **6** ***etwas tragen*** die Verantwortung für etwas haben oder übernehmen ⟨die Folgen, die Kosten tragen⟩ **7** ***etwas trägt (etwas)*** etwas stützt etwas von unten ⟨tragende Balken, Wände⟩ **8** ***etwas trägt (j-n / etwas)*** etwas hält ein bestimmtes Gewicht aus: *Die Brücke trägt (Lasten bis zu) 12 Tonnen*; *Das Eis trägt schon* **9** ***sich mit etwas tragen*** *geschr*; etwas als Plan, Vorstellung haben ⟨sich mit einer Absicht tragen⟩ **10** ***etwas trägt sich irgendwie*** etwas zeigt eine bestimmte Eigenschaft, wenn es getragen (2) wird: *Mein neuer Mantel trägt sich angenehm* || ID ***etwas kommt zum Tragen*** etwas wird wirksam: *Bei dieser Aufgabe kommt ihre Erfahrung voll zum Tragen*

Tra·gik *die*; -; *nur Sg*; großes Leid und Kummer (in Verbindung mit einem schlimmen Ereignis oder Vorgang)

tra·gisch *Adj*; voller Tragik ⟨ein Schicksal, ein Unglück⟩: *Die Erzählung endet tragisch* || ID *meist* ***Nimm es nicht so tragisch / Das ist nicht so tragisch!*** *gespr*; das ist nicht so schlimm

Tra·gö·die [-diə] *die*; -, *-n* **1** ein Schauspiel mit unglücklichem, tragischem Ende ≈ Trauerspiel ↔ Komödie **2** ein schreckliches Ereignis: *Er wurde Zeuge einer Tragödie*

◆**trai·nie·ren** [trɛˈniːrən]; *trainierte, hat trainiert* **1** ***(etwas) trainieren*** den Körper üben und fit machen, um im Sport bessere Leistungen zu erreichen: *Er trainiert täglich (Hochsprung)* **2** ***j-n (in etwas (Dat)) trainieren*** Sportler auf Wettkämpfe vorbereiten und mit ihnen üben: *Sie trainiert ihn im Eiskunstlauf* **3** ***etwas trainieren*** mit Teilen oder Funktionen des Körpers Übungen machen, um so höhere Leistung zu bringen: *Man kann auch das Gedächtnis trainieren*

◆**Trai·ning** [ˈtrɛːnɪŋ] *das*; *-s*; *nur Sg*; das Trainieren ⟨ein hartes, regelmäßiges Training⟩ || K-: ***Trainings-, -methode*** || -K: ***Fußball-, Gedächtnis-***

Trak·tor *der*; *-s, Trak·to·ren*; ein schweres Fahrzeug in der Landwirtschaft, mit dem man *z.B.* den Pflug zieht

Tram *die*; -, *-s*; *südd* Ⓐ ⒸⒽ *gespr* ≈ Straßenbahn

Trä·ne *die*; -, *-n*; *meist Pl* **1** ein Tropfen der klaren salzigen Flüssigkeit, die aus den Augen kommt, wenn man sehr traurig ist oder Schmerzen hat ⟨bittere Tränen, Tränen der Freude weinen; in Tränen ausbrechen⟩: *Der Rauch trieb uns die Tränen in die Augen* || K-: ***tränen-, -blind, -voll*** **2** ***Tränen lachen*** so sehr lachen, dass einem Tränen in die Augen kommen || ID ***j-m / etwas keine Träne nachweinen*** nicht traurig sein, dass einen j-d verlassen hat oder dass man etwas verloren hat; ***etwas ist keine Träne wert*** *gespr*; etwas ist kein großer Verlust für j-n

trank ↑ ***trinken***

tran·si·tiv [-f] *Adj*; *Ling*; ⟨ein Verb⟩ dadurch gekennzeichnet, dass es ein Objekt im Akkusativ hat (und ins Passiv gesetzt werden kann)

◆**Trans·port** *der*; *-s, -e* **1** das Transportieren: *der Transport von Waren ins Ausland*; *der Transport des Verletzten ins Krankenhaus* || K-: ***Transport-, -kosten*** || -K: ***Güter-, Kranken-*** **2** die Dinge, die transportiert werden

◆**trans·por·tie·ren**; *transportierte, hat transportiert*; ***j-n / etwas (irgendwohin) transportieren*** j-n / etwas (mit einem Fahrzeug) an einen anderen Ort bringen ⟨Kranke, Gepäck, Güter, Waren transportieren⟩

Tra·pez *das*; *-es, -e* **1** eine waagrechte Stange an zwei Seilen, die *meist* für akrobatische Übungen verwendet wird || K-: ***Trapez-, -künstler*** **2** *Geometrie*; ein Viereck mit zwei parallelen, aber verschieden langen Seiten

trat ↑ ***treten***

Trau·be *die*; -, *-n* **1** eine einzelne kleine runde Frucht des Weinstocks ≈ Weintraube ⟨weiße / rote Trauben⟩ || ↑ *Illustration* ***Obst und Gemüse*** || K-: ***Trauben-, -saft*** **2** mehrere Trauben (1) an einem Stiel, die zusammen ungefähr die Form einer Pyramide bilden || ID ***j-m sind die Trauben zu sauer / hängen die Trauben zu hoch*** j-d tut so, als wolle er etwas gar nicht haben, damit er nicht zugeben muss, dass er es nicht bekommen kann

trau·en[1]; *traute, hat getraut*; ***j-m / etwas trauen*** sicher sein, dass j-d nichts Falsches oder Böses tut oder dass etwas keinen Nachteil enthält: *Ich traue seinen Versprechungen nicht* || ID ***seinen Augen / Ohren nicht trauen*** *gespr*; kaum glauben können, was man sieht oder hört

trau·en², **sich**; *traute sich, hat sich getraut* **1** ***sich trauen*** (+ ***zu*** + *Infinitiv*) den Mut zu etwas haben: *Ich traue mich nicht, nachts allein spazieren zu gehen* || Hinweis: *meist* verneint oder in Fragen **2** ***sich irgendwohin trauen*** den Mut haben, irgendwohin zu gehen: *Sich nicht ins kalte Wasser trauen*

trau·en³; *traute, hat getraut*; ⟨ein Brautpaar⟩ ***trauen*** als Priester oder Standesbeamter eine Ehe schließen ⟨sich kirchlich / standesamtlich trauen lassen⟩

Trau·er *die*; -; *nur Sg* **1** ***Trauer*** (***um j-n / über etwas*** (*Akk*)) ein seelischer Schmerz, den man empfindet, wenn ein geliebter Mensch stirbt ⟨tiefe Trauer; Trauer empfinden⟩ || K-: ***Trauer-, -anzeige, -feier*** **2** ***Trauer tragen*** schwarze Kleidung tragen, um die Trauer zu zeigen

◆**Traum** *der*; *-(e)s, Träu·me* **1** Bilder, Gedanken, Gefühle, die man während des Schlafes hat: *Ich hatte heute Nacht einen seltsamen Traum von unseren Kindern* **2** ein großer Wunsch ⟨ein Traum geht in Erfüllung, wird wahr⟩: *der Traum vom eigenen Haus* || K-: ***Traum-, -beruf, -haus*** || ID ***etwas fällt j-m im 'Traum nicht ein***; ***j-d denkt nicht im 'Traum daran*** + ***zu*** + *Infinitiv gespr*; verwendet, um auszudrücken, dass j-d etwas überhaupt nicht tun will: *Ich denk ja nicht im Traum daran, deine Arbeit zu machen*; ***ein Traum von*** ⟨einem Haus, einem Kleid, einer Frau⟩ *gespr*; verwendet, um auszudrücken, dass j-d / etwas sehr schön, attraktiv ist; ***Träume sind Schäume!*** Träume bedeuten nichts

◆**träu·men**; *träumte, hat geträumt* **1** (***von j-m / etwas***) ***träumen*** einen Traum (1) haben (in dem j-d / etwas vorkommt) **2** ***von etwas träumen*** den großen Wunsch haben, etwas zu besitzen oder zu erleben: *Er träumt von einer Weltreise* || ID ***Das hätte ich mir nicht / nie träumen lassen!*** das hätte ich nie geglaubt

◆**trau·rig** *Adj* **1** ***traurig*** (***über etwas*** (*Akk*)) voll Kummer und Schmerz oder Trauer: *ein trauriges Gesicht machen*; *Bist du traurig* darüber, dass *wir ihn nicht wiedersehen werden?* **2** *nicht adv*; ⟨ein Ereignis, eine Nachricht⟩ so, dass sie Kummer oder Schmerz machen **3** so, dass man es sehr schade findet: *Es ist traurig, dass du das nicht einsiehst* || *zu* **1** und **2** **Trau·rig·keit** *die*

◆**tref·fen**; *trifft, traf, hat getroffen* **1** (***j-n / etwas***) ***treffen*** j-n / etwas mit einem Schuss, Schlag, Wurf erreichen und dabei *meist* verletzen, beschädigen: *Er traf sie mit dem Schneeball mitten ins Gesicht* **2** (***etwas***) ***treffen*** genau das herausfinden, was passt ⟨die richtigen Worte treffen⟩: *Mit diesem Geschenk hast du genau das Richtige getroffen* **3** ***j-n treffen*** irgendwo sein und eine andere Person dort sehen: *Ich habe ihn beim Einkaufen getroffen* **4** ***etwas treffen*** etwas beschließen und durchführen ⟨Maßnahmen treffen⟩ **5** ***j-d / etwas trifft j-n / etwas*** (***irgendwie / irgendwo***) j-d / etwas macht j-n traurig, verletzt seine Gefühle: *Ihr Tod hat ihn schwer getroffen* **6** ***etwas treffen*** *geschr*; verwendet zusammen mit einem Substantiv, um ein Verb zu umschreiben; ***eine Abmachung*** (***mit j-m***) ***treffen*** ≈ etwas (mit j-m) abmachen (= vereinbaren); ***eine Absprache*** (***mit j-m***) ***treffen*** ≈ etwas (mit j-m) vereinbaren (absprechen); ***eine Anordnung treffen*** ≈ etwas anordnen (= befehlen) **7** ***auf etwas*** (*Akk*) ***treffen*** *geschr*; etwas *meist* Unangenehmes erleben ⟨auf Ablehnung treffen⟩ **8** ***j-d trifft sich mit j-m***; ⟨Personen⟩ ***treffen sich*** zwei oder mehrere Personen kommen (wie vereinbart) zusammen: *Er trifft sich mit seiner Freundin*; *Sie treffen sich um fünf Uhr im Park* || ID ***j-d ist gut / schlecht getroffen*** j-d sieht auf einem Bild, Foto so / nicht so aus wie in Wirklichkeit; ***es trifft sich gut / bestens*** *usw*, ***dass ...*** es ist ein schöner Zufall, dass ... || *zu* **4** **Tref·fer** *der*

Tref·fen *das*; *-s, -*; eine (verabredete) Begegnung von zwei oder mehreren Personen: *Die Minister vereinbarten regelmäßige Treffen*

Treff·punkt *der*; ein Ort, an dem zwei oder mehrere Personen zusammenkommen ⟨einen Treffpunkt vereinbaren⟩

◆**trei·ben**; *trieb, hat / ist getrieben* **1** ***j-n / ein Tier*** (***irgendwohin***) ***treiben*** (*hat*) j-n / ein Tier (durch Rufe, Schläge) dazu bringen, sich in eine bestimmte Richtung zu bewegen: *das Vieh auf die Weide treiben* **2** ***etwas durch / in etwas*** (*Akk*) ***treiben*** (*hat*) etwas durch Bohren machen: *einen Tunnel durch den Berg treiben* **3** ***etwas treibt j-n / etwas irgendwohin*** (*hat*) etwas bewegt j-n / etwas irgendwohin: *Die Strömung trieb ihn ans Ufer* **4** ***etwas treibt etwas*** (*hat*) Energie bewirkt, dass sich eine Maschine bewegt: *Diese Turbinen werden durch Wasserkraft getrieben* **5** ***j-d / etwas treibt j-n zu etwas / in etwas*** (*Akk*) (*hat*)

T

j-d / etwas bringt j-n (*z.B.* durch Drohungen) in einen unangenehmen Zustand ⟨j-n zur Verzweiflung treiben⟩: *Der Hunger trieb ihn zum Diebstahl* **6** ***j-n zu etwas treiben*** (*hat*) j-n ungeduldig zu etwas auffordern ⟨j-n zur Eile treiben⟩ **7** ***etwas treiben*** (*hat*) verwendet zusammen mit einem Substantiv, um ein Verb zu umschreiben: ***Handel*** (***mit etwas***) ***treiben*** ≈ mit etwas handeln; ***Missbrauch*** (***mit j-m / etwas***) ***treiben*** ≈ j-n / etwas missbrauchen **8** ***etwas treibt*** (***etwas***) (*hat*) etwas entwickelt Blätter, Blüten: *Der Kirschbaum treibt weiße Blüten* **9** (***irgendwo***) ***treiben*** (*hat / ist*); ***irgendwohin treiben*** (*ist*) auf dem Wasser (oder in der Luft) bewegt werden ⟨aufs offene Meer treiben⟩: *Das Boot trieb an den Strand* **10** ***sich treiben lassen*** (*hat*) sich passiv verhalten, kein Ziel im Leben verfolgen

◆**Trend** *der*; *-s, -s*; ***der Trend*** (***zu etwas***) eine Entwicklung in eine bestimmte Richtung: *Der* (*modische*) *Trend geht zu kurzen Röcken* || K-: ***Trend-, -wende***

◆**tren·nen**; *trennte, hat getrennt* **1** ***j-n / etwas*** (***von j-m / etwas***) ***trennen*** Personen oder Dinge aus einer Verbindung lösen, räumlich auseinander bringen: *Sie trennte den Ärmel vom Mantel*; *zwei raufende Jungen* (*voneinander*) *trennen* **2** ***etwas von etwas trennen*** verschiedene Dinge einzeln tun oder beurteilen, nicht miteinander verbinden: *Er trennt stets das Private vom Beruflichen*; *Ursache und Wirkung kann man nicht getrennt sehen* **3** ***etwas trennt j-n / etwas von j-m / etwas*** etwas bildet eine Grenze, ein Hindernis zwischen zwei Personen, Dingen: *Die Straße von Messina trennt Sizilien von Italien* **4** ***etwas trennen*** ein Wort in seine Silben zerlegen **5** ***sich von etwas trennen*** etwas weggeben, weglegen, auf etwas verzichten: *sich von einem spannenden Buch nicht trennen können* **6** ***j-d trennt sich von j-m***; ⟨Personen⟩ ***trennen sich*** zwei oder mehrere Personen gehen in unterschiedliche Richtungen auseinander: *Am Bahnhof trennte er sich von seinen Freunden* **7** ***j-d trennt sich von j-m***; ⟨Personen⟩ ***trennen sich*** ein Partner verlässt den anderen, beide Partner beenden ihre Beziehung: *Nach drei Jahren trennte er sich von seiner Freundin* || *zu* **4** **trenn·bar** *Adj*

◆**Trep·pe** *die*; *-, -n*; mehrere Stufen, die aufeinander folgen || K-: ***Treppen-, -geländer*** || -K: ***Holz-***

Trep·pen·haus *das*; der Teil eines Hauses, in dem die Treppe ist

Treppenhaus

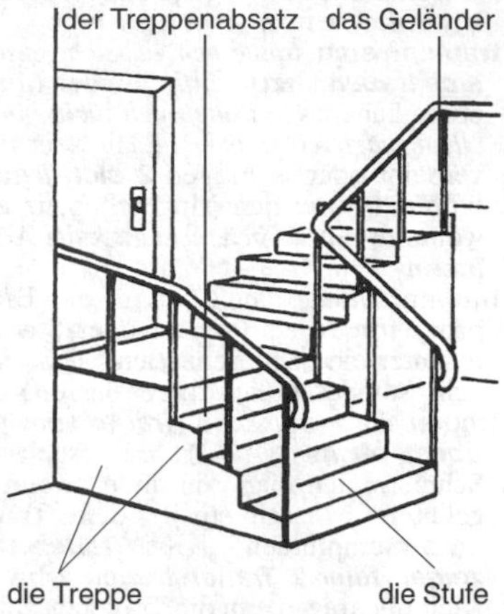

◆**tre·ten**; *tritt, trat, hat / ist getreten* **1** ***j-n*** (***irgendwohin***) ***treten*** (*hat*) j-m einen Stoß mit dem Fuß geben: *Er trat ihn in den Rücken* **2** ***etwas treten*** (*hat*) etwas in Bewegung oder Funktion setzen, indem man mit dem Fuß darauf drückt ⟨die Bremse treten⟩ **3** ***irgendwohin treten*** (*ist*) einige Schritte in eine bestimmte Richtung machen ⟨ins Zimmer, vor das Publikum treten⟩ **4** ***j-d tritt in etwas*** (*Akk*) (*ist*) j-d beginnt mit einer Handlung, j-d übernimmt eine bestimmte Rolle *o.Ä.* ⟨in (den) Streik treten; mit j-m in Verbindung treten⟩

◆**treu**, *treuer, treu(e)st-*; *Adj* **1** so, dass eine freundschaftliche Beziehung besteht, die vertrauensvoll ist und lange dauert ⟨ein Freund⟩ **2** ohne sexuelle Beziehungen außerhalb der Ehe *bzw* der festen Partnerschaft || ID ***treu und brav*** genau so, wie es andere wollen, ohne Proteste oder eigene Wünsche

Trick *der*; *-s, -s* **1** *pej*; eine geschickte Handlung, mit der man j-n betrügt oder täuscht ⟨ein raffinierter Trick⟩: *auf die üblen Tricks von Betrügern hereinfallen* || K-: ***Trick-, -betrug, -dieb*** **2** ein Kunststück, mit dem ein Zauberer sein Publikum unterhält ⟨einen Trick vorführen⟩ || -K: ***Karten-, -trick***

trieb ↑ ***treiben***

Trieb *der*; *-(e)s, -e*; ein starker Wunsch bei Menschen und Tieren, *meist* lebenswichtige Bedürfnisse (*z.B.* Essen oder Trinken) zu befriedigen || -K: ***Selbsterhaltungs-, Sexual-***

Trieb·werk *das*; eine Maschine, die *z.B.* ein Flugzeug oder eine Rakete antreibt || ↑ *Abbildung unter* ***Flugzeug***

trifft ↑ ***treffen***

Tri·kot [tri'koː] *das*; *-s, -s* **1** ein Sporthemd **2** ein Kleidungsstück, das sehr eng am Körper anliegt

◆ **trin·ken**; *trank, hat getrunken* **1** (***etwas***) ***trinken*** eine Flüssigkeit, ein Getränk durch den Mund zu sich nehmen: *Er trank sein Glas (in einem Zug) leer* || K-: ***Trink-, -gefäß*** **2** (***etwas***) ***trinken*** alkoholische Getränke (regelmäßig und in großen Mengen) zu sich nehmen **3** ***auf j-n / etwas trinken*** beim Trinken von *meist* Sekt oder Wein die Gläser heben, um j-n zu ehren, etwas zu feiern *usw*: *(Wir trinken) auf die Gastgeber / auf ein gutes neues Jahr!*

◆ **Trink·geld** *das*; eine relativ kleine (Geld)Summe, die man *z.B.* einem Kellner oder einem Taxifahrer zusätzlich gibt ⟨(ein) Trinkgeld geben⟩

tritt ↑ ***treten***

tri·vi·al [tri'vi̯aːl] *Adj*; *geschr, meist pej* **1** nicht wichtig ⟨eine Bemerkung, eine Angelegenheit⟩ **2** von niedrigem Niveau || K-: ***Trivial-, -roman*** || *hierzu* **Tri·vi·a·li·tät** *die*

◆ **tro·cken**, *trock(e)ner, trockenst-*; *Adj* **1** ohne Feuchtigkeit, nicht nass: *Die Straße war trocken* **2** so, dass es wenig regnet ⟨ein Klima, die Jahreszeit⟩ || K-: ***Trocken-, -periode*** **3** *nicht adv*; ohne Leben, Wachstum ⟨ein Ast, Blätter, Laub⟩ **4** ***im Trockenen*** dort, wo es trocken (1) ist **5** mit nur wenig Fett ⟨Haut⟩ **6** *nicht adv*; nicht süß ≈ herb ⟨ein Wein, ein Sherry⟩ **7** sachlich und daher oft langweilig: *Sein Unterricht ist mir zu trocken* **8** witzig und ironisch ⟨ein Humor, eine Bemerkung⟩ || ID ***auf dem Trock(e)nen sitzen*** *gespr*; kein Geld haben; ***j-d ist trocken*** *gespr*; j-d trinkt keine alkoholischen Getränke mehr || *hierzu* **Tro·cken·heit** *die*

◆ **trock·nen**; *trocknete, hat / ist getrocknet* **1** ***etwas trocknen*** (*hat*) etwas Nasses oder Feuchtes trocken machen, durch Reiben, Wärmen *o.Ä.* **2** ***etwas trocknen*** (*hat*) etwas trocken werden lassen: *die Wäsche auf dem Balkon trocknen* **3** ***etwas trocknet*** (*ist*) etwas wird allmählich trocken: *Die Wäsche trocknet im Wind*

Trom·mel *die*; *-, -n* **1** ein rundes, hohles (Musik)Instrument, über das eine Tierhaut gespannt ist und auf das man mit der Hand oder einem Stock schlägt ⟨die Trommel schlagen⟩ || ↑ *Abbildung unter* ***Schlaginstrumente*** **2** ein runder Behälter, der sich dreht || -K: ***Wäsche-***

Trom·mel·fell *das*; eine dünne Haut im Ohr, die die Schallwellen überträgt

Trom·pe·te *die*; *-, -n*; ein relativ kurzes (Musik)Instrument aus Blech (mit drei Tasten), auf dem man bläst || ↑ *Abbildung unter* ***Blasinstrumente*** || K-: ***Trompeten-, -solo*** || -K: ***Jazz-*** || *hierzu* **Trom·pe·ter** *der*; **Trom·pe·te·rin** *die*; *-, -nen*

Tro·pen *die*; *Pl*; die sehr warmen Gebiete um den Äquator (zwischen dem nördlichen und dem südlichen Wendekreis) || K-: ***Tropen-, -klima, -medizin, -wald***

tröp·feln; *tröpfelte, hat / ist getröpfelt* **1** ***etwas irgendwohin tröpfeln*** (*hat*) eine Flüssigkeit in kleinen Tropfen langsam irgendwohin fallen lassen: *Medizin in ein Glas Wasser tröpfeln* **2** ***etwas tröpfelt*** (*hat*) ein Wasserhahn *o.Ä.* ist nicht dicht **3** ***etwas tröpfelt irgendwoher / irgendwohin*** (*ist*) etwas fällt in kleinen Tropfen herunter: *Aus dem Tank tröpfelte Benzin* **4** ***es tröpfelt*** (*hat*) es regnet schwach

trop·fen; *tropfte, hat / ist getropft* **1** ***etwas irgendwohin tropfen*** (*hat*) eine Flüssigkeit in einzelnen Tropfen irgendwohin fallen lassen: *Der Arzt tropfte ihr eine Tinktur in die Augen* **2** ***etwas tropft*** (*hat*) ≈ tröpfeln (2) **3** ***etwas tropft irgendwoher / irgendwohin*** (*ist*) ≈ tröpfeln (3): *Tau tropft von den Blättern*

◆ **Trop·fen** *der*; *-s, -*; **1** eine sehr kleine Menge einer Flüssigkeit (in runder oder ovaler Form) || -K: ***Bluts-, Wasser-*** **2** *nur Pl*; ein Medikament, das in einzelnen Tropfen (1) genommen wird || -K: ***Augen-*** || ID ***etwas ist*** (***nur***) ***ein Tropfen auf den heißen Stein*** etwas ist viel zu wenig, um eine (große) Wirkung zu haben

Trost *der*; *-(e)s*; *nur Sg*; Worte oder Taten, mit denen man ein Leid, einen Kummer geringer macht ⟨j-m Trost spenden⟩ || ID ***ein schwacher Trost*** etwas, das eigentlich positiv wäre, aber in der jetzigen Situation wenig nutzt || *hierzu* **trös·ten** (*hat*)

Trot·toir [trɔ'to̯aːɐ̯] *das*; *-s, -e / -s*; *bes südd* (CH) ≈ Bürgersteig

◆ **trotz** *Präp*; *mit Gen / gespr auch Dat*; verwendet, um auszudrücken, dass es einen Umstand gibt, der normalerweise zu der beschriebenen Handlung oder dem beschriebenen Zustand im Gegensatz steht: *Trotz des Regens gingen wir spazieren*

◆ **trotz·dem** *Adv*; trotz der genannten Umstände ≈ dennoch: *Die Sonne schien, aber trotzdem war es kalt*

trüb, **trü·be** *Adj* **1** nicht durchsichtig, nicht klar ⟨Flüssigkeiten⟩: *Dieser Wein ist trüb* **2** nicht hell: *das trübe Licht eines nebligen*

Morgens **3** mit Wolken und so, als ob es bald regnen würde ⟨ein Himmel, Wetter⟩: *Heute ist es trüb* **4** ≈ traurig (1) ⟨in trüber Stimmung sein⟩ || ID ***im Trüben fischen*** *gespr*; etwas tun, das nicht ganz legal ist und so einen Vorteil haben

trug ↑ ***tragen***

Trụm·mer *die*; *Pl*; die Reste, die einzelnen Teile eines zerstörten Ganzen: *die Trümmer des abgestürzten Flugzeugs*; *die Trümmer eines Hauses*

Trụp·pe *die*; -, *-n* **1** eine Gruppe *bes* von Schauspielern oder Artisten, die gemeinsam auftreten || -K: ***Theater-*** **2** ein Teil eines Heeres, einer Armee ⟨Truppen stationieren⟩ || K-: ***Truppen-, -abzug*** || -K: ***Kampf-***

tschụ̈s!, **tschụ̈ss!** *gespr*; verwendet, um sich in informellen Situationen von j-m zu verabschieden

◆**T-Shirt** ['tiːʃøɐ̯t] *das*; *-s*, *-s*; ein Hemd aus einem leichten Stoff, mit *meist* kurzen Ärmeln und ohne Kragen

Tu̱·be *die*; -, *-n*; ein kleiner länglicher Behälter (*meist* aus weichem Metall oder Plastik) *z.B.* für Zahnpasta, Senf, Klebstoff oder Salbe || ID ***auf die Tube drücken*** *gespr*; mit dem Auto schnell(er) fahren

◆**Tu̱ch** *das*; *-(e)s*, *-e* / *Tü·cher* **1** (*Pl Tücher*) ein Stück Stoff, mit dem man etwas bedeckt oder sauber macht || -K: ***Kopf-, Staub-*** **2** (*Pl Tuche*) ein Stoff, aus dem *bes* Anzüge und Kostüme hergestellt werden || ID ***j-d / etwas ist ein rotes Tuch für j-n*** j-d / etwas macht j-n wütend

tụ̈ch·tig *Adj* **1** *nicht adv*; fähig, die Aufgaben sehr gut zu erfüllen, fleißig und geschickt ⟨tüchtig im Beruf sein⟩ **2** *nur attr oder adv*; *gespr*; verwendet, um eine große Menge, ein großes Ausmaß zu bezeichnen ⟨eine Mahlzeit; sich tüchtig ärgern⟩ || *zu* **1 Tụ̈ch·tig·keit** *die*

tu̱n[1]; *tut*, *tat*, *hat getan* **1** ***etwas tun*** eine Handlung ausführen, etwas machen ⟨einen Blick irgendwohin, einen Schritt, eine gute Tat, ein Wunder, j-m einen Gefallen tun⟩: *„Was tust du da?“* - *„Ich schreibe einen Brief“*; *„Vielen Dank!“* - *„Das habe ich doch gern getan“* || Hinweis: *tun* wird *oft* statt eines Verbs verwendet, das vorher schon genannt wurde: *Er wollte sie besuchen, tat es dann aber doch nicht* **2** ***etwas tun*** eine bestimmte Arbeit machen: *Im Garten gibt es viel zu tun*; *Im Büro konnte ich heute gar nichts tun, weil ich dauernd gestört wurde* **3** ***etwas irgendwohin tun*** *gespr*; etwas irgendwohin legen, stellen: *Kleider in einen Koffer tun*; *Tu deine Spielsachen dahin, wo sie hingehören!* **4** ***etwas*** (***für*** / ***gegen j-n*** / ***etwas***) ***tun*** aktiv werden, um etwas zu bewirken oder j-m zu helfen, oder um j-n an etwas zu hindern, um etwas zu beseitigen ⟨alles Erdenkliche, sein Möglichstes tun; tun, was man kann⟩: *Der Minister versprach, etwas gegen die Arbeitslosigkeit zu tun*; *Hier wird viel zu wenig für Behinderte getan*; *Der Verkäufer sagte: „Was kann ich für Sie tun?“* **5** (***j-m*** / ***sich***) ***etwas tun*** j-n / sich verletzen, zu j-m böse sein ⟨j-m ein Leid tun⟩: *Bitte, tu mir nichts!*; *Hast du dir bei dem Sturz was getan?*; *Keine Angst, der Hund tut nichts!* **6** ***etwas tun*** verwendet zusammen mit einem Substantiv, um ein Verb zu umschreiben; ***eine Äußerung tun*** ≈ etwas äußern; ***einen Fall tun*** ≈ fallen; ***eine Frage tun*** ≈ etwas fragen; ***etwas tut einen Knall*** ≈ etwas knallt; ***einen Schrei tun*** ≈ schreien; ***einen Sprung tun*** ≈ springen; ***etwas tut*** (***seine***) ***Wirkung*** ≈ etwas wirkt **7** ***irgendwie tun*** eine Eigenschaft oder einen Zustand vortäuschen, sich so benehmen, als wäre etwas der Fall ⟨freundlich, interessiert, geheimnisvoll, vornehm tun⟩: *Er tut sehr selbstsicher, aber eigentlich ist er eher schüchtern*; *Tun Sie, als ob Sie zu Hause wären*; *Sie tat so, als wäre nichts geschehen* **8** ***etwas tut*** ⟨gut, wohl⟩ etwas bewirkt den genannten Zustand: *Ein heißes Bad tut gut* **9** ***es tut sich*** (***et***)***was*** / ***viel*** / ***wenig*** / ***nichts*** *gespr*; es geschieht etwas / viel / wenig / nichts: *Hier tut sich abends einfach nichts!* (= hier ist nichts los); *Hat sich in diesem Fall schon etwas getan?* || ID ***etwas tuts*** *gespr*; **a**) etwas funktioniert: *Tuts das alte Radio noch?*; **b**) etwas ist gut genug für j-n / etwas: *Für die Gartenarbeit tuts diese alte Jacke*; *meist* ***Das tut nichts*** *gespr*; das ist nicht schlimm, schadet nicht, ist nicht wichtig; (***etwas***) ***mit j-m*** / ***etwas zu tun haben*** **a**) im Zusammenhang, in Beziehung mit j-m / etwas stehen: *Haben die Stürme etwas mit dem Treibhauseffekt zu tun?*; *Ich habe mit dem Überfall nichts zu tun!*; **b**) mit j-m / etwas Kontakt haben, sich (beruflich) mit etwas beschäftigen: *Sie hat in der Arbeit viel mit Computern zu tun*; *Ich will mit dir nichts mehr zu tun haben!*; ***es mit j-m*** / ***etwas zu tun haben*** j-n / etwas vor sich haben: *Wir haben es hier mit einem interessanten Problem zu tun*; *Du weißt wohl nicht, mit wem du es zu tun hast, sonst wärst du nicht so frech!*; ***es mit etwas zu tun haben*** *gespr*; Schmerzen, Beschwerden an einem Körperteil haben ⟨es mit dem Herz, dem Magen zu tun haben⟩; ***es mit j-m zu tun bekommen / kriegen*** *gespr*; Ärger mit j-m bekommen, von j-m bestraft werden; ***j-d kann tun und lassen, was er will*** j-d kann alles machen, was er will; *meist* ***Das 'tut man nicht!*** *gespr*; hör auf damit, das ist schlechtes Benehmen; *meist* ***'Tu (doch) nicht so!*** *gespr*; verwendet, um auszudrücken, dass man j-s Reaktion für vorgetäuscht hält; *meist* ***Damit ist es nicht getan*** das reicht nicht, ist nicht genug

◆**tun²** *Hilfsverb*; *gespr* **1** *meist* im Präsens oder im Imperfekt verwendet, um das Vollverb zu betonen: *Lügen tu ich nie* **2** *bes südd*; verwendet, um den Konjunktiv II von Verben zu bilden: *Ich tät dir schon helfen, aber ich hab leider keine Zeit* **3** *meist* von Kindern verwendet, um das Präsens von Verben zu bilden: *Tust du mir jetzt helfen?*

Tun·nel *der*; *-s*, -; ein Verkehrsweg (eine Straße oder ein Gleis) der *meist* durch einen Berg führt || -K: ***Bahn-, Straßen-***

◆**Tür** *die*; -, *-en*; eine Art Platte, mit der man einen Eingang öffnen oder schließen kann ⟨die Tür öffnen, schließen⟩ || K-: ***Tür-, -klingel, -schloss*** || -K: ***Auto-, Haus-, Wohnungs-*** || ID *meist* ***Du rennst offene Türen ein*** du brauchst nichts mehr zu sagen, ich bin auch deiner Meinung; ***mit der Tür ins Haus fallen*** sich mit einem Problem, *meist* einer Bitte, sehr direkt an j-n wenden; ***etwas steht vor der Tür*** etwas wird bald da sein: *Weihnachten steht vor der Tür*

Turm *der*; *-(e)s, Tür·me* **1** ein hohes, aber schmales Bauwerk, das *bes* zu einer Kirche, einer Burg oder einem Schloss gehört || K-: ***Turm-, -uhr*** || -K: ***Kirch-*** **2** jede der beiden Figuren beim Schachspiel, die beim Anfang des Spiels hinten rechts und links stehen || ↑ *Abbildung unter* ***Schachfiguren***

tur·nen; *turnte, hat geturnt*; **(*etwas*) (*an etwas* (*Dat*)) *turnen*** gymnastische Übungen an bestimmten Geräten (*z.B.* Barren, Ringe) oder am Boden machen ⟨eine Übung turnen; am Barren, an den Ringen turnen⟩ || K-: ***Turn-, -gerät*** || *hierzu* **Tur·ner** *der*; **Tur·ne·rin** *die*; -, *-nen*; **tur·ne·risch** *Adj*

Turn·schuh *der*; ein leichter Schuh, den man *z.B.* beim Sport oder beim Turnen trägt || ↑ *Abbildung unter* ***Schuhe***

Tu·sche *die*; -, *-n*; eine besondere, *meist* schwarze Tinte, die zum Schreiben und Zeichnen verwendet wird || K-: ***Tusch-, -zeichnung***

Tus·si *die*; -, *-s*; *gespr, meist pej*; (*bes* von Jugendlichen) verwendet als Bezeichnung für eine Frau (, die man nicht mag)

◆**Tü·te** *die*; -, *-n* **1** eine Art kleiner Sack (*meist* aus Papier und *oft* in Form eines Dreiecks), in den man einzelne Dinge (beim Einkauf) hineinsteckt || -K: ***Obst-; Papier-*** **2** ein Beutel aus dünnem Plastik || -K: ***Plastik-*** || ID ***Das kommt nicht in die Tüte!*** *gespr*; das erlaube ich auf gar keinen Fall

◆**Typ** *der*; *-s, -en* **1** eine Art von Menschen oder Dingen, die bestimmte charakteristische Merkmale oder Eigenschaften gemeinsam haben: *Er ist der Typ von Mann, in den sich die Frauen gleich verlieben* **2** eine Art von (*meist* technischen) Gegenständen, die durch charakteristische Merkmale von anderen Arten unterschieden sind ≈ Modell: *Unsere Techniker entwickeln einen ganz neuen Typ* || K-: ***Typen-, -bezeichnung*** **3** *gespr*; (*bes* von Jugendlichen) verwendet als Bezeichnung für einen Mann ⟨ein toller, irrer Typ⟩ || ID *meist* ***Ich bin nicht der Typ dazu / dafür*** das liegt mir nicht, das mache ich nicht gern; ***j-d ist j-s Typ*** *gespr*; j-d gefällt j-m; ***Dein Typ wird verlangt*** *gespr*; j-d möchte dich sprechen; ***ein kaputter Typ*** *meist* ein Mann, der an der Gesellschaft gescheitert ist

◆**ty·pisch** *Adj*; ***typisch*** **(*für j-n / etwas*)** so, wie man es von j-m / etwas erwartet ≈ charakteristisch ⟨ein Beispiel, ein Verhalten⟩: *Er ist ein typischer Lehrer*; *Typisch Monika, sie kommt mal wieder zu spät!*; *Nadelbäume sind typisch für diese Gegend*

Ty·rann *der*; *-en, -en* **1** *pej*; ein autoritärer Mensch **2** *hist*; ein (*meist* grausamer) Herrscher, der nach seinem Willen regiert || K-: ***Tyrannen-, -herrschaft*** || *hierzu* **Ty·ran·nei** *die*; **Ty·ran·nin** *die*; -, *-nen*; **ty·ran·nisch** *Adj*

T

U

U, u [uː] *das*; -, - / *gespr auch -s*; der einundzwanzigste Buchstabe des Alphabets

U-Bahn *die*; *gespr*; ein Fahrzeug für den öffentlichen Verkehr in Großstädten, das unter der Erde auf Schienen fährt ≈ Untergrundbahn || K-: ***U-Bahn-, -station***

Ü·bel *das*; *-s*, -; **1** etwas, das unangenehm oder schlimm ist: *das Übel der Arbeitslosigkeit* **2** *geschr* ≈ Krankheit, Leiden **3** ***das kleinere Übel*** die bessere von zwei schlechten Möglichkeiten

Ü·bel·keit *die*; -, *-en*; *meist Sg*; *meist* ein schlechtes Gefühl im Magen oder eine Schwäche im Kreislauf

ü·ben; *übte, hat geübt* **1** (***etwas***) ***üben*** etwas immer wieder tun, um es dann gut zu können: *Sie übt jeden Tag* (*Klavier*) **2** ***etwas üben*** *geschr*; verwendet mit einem Substantiv, um ein Verb zu umschreiben; ***Kritik üben*** ≈ kritisieren; ***Rache üben*** ≈ sich rächen

◆**ü·ber**[1] *Präp* **1** *mit Dat*; in einer Position, die räumlich höher ist als j-d / etwas (mit oder ohne Abstand) ↔ unter: *Das Bild hängt an der Wand über dem Sofa*; *Er wohnt in der Etage über uns* **2** *mit Akk*; in eine Richtung nach oben ↔ unter: *Er hängte ein Bild über die Couch* **3** *mit Akk*; von der einen Seite einer Fläche zu einer anderen: *über die Straße gehen*; *über den Fluss schwimmen* **4** *mit Dat*; unmittelbar auf j-m / etwas und so, dass es ihn / es ganz oder teilweise bedeckt ↔ unter: *Er trägt einen Pullover über dem Hemd*; *Schnee lag über den Feldern* **5** *mit Akk*; von einem Punkt einer Oberfläche zu einem anderen: *Sie strich ihm über den Rücken* **6** *mit Akk*; eine noch größere Höhe, Weite, Länge erreichend: *Sie sprang über den Zaun*; *Er lief einige Meter über das Ziel hinaus* **7** *mit Akk*; **über** + *Ortsname* verwendet, um einen Punkt auf einer Fahrstrecke zu bezeichnen: *Der Zug fährt über Augsburg nach München* **8** *mit Akk*; verwendet, um einen bestimmten Zeitraum zu bezeichnen: *über Ostern verreisen*; *Kann ich heute über Nacht bei euch bleiben?* **9** *mit Dat*; in einer Reihenfolge oder Hierarchie höher ↔ unter: *Der Major steht über dem Leutnant* **10** *mit Dat*; größer oder höher ↔ unter ⟨eine Zahl, ein Wert; etwas liegt über dem Durchschnitt⟩: *Temperaturen über dem Gefrierpunkt* **11** *mit Akk*; verwendet, um das Thema, den Inhalt von etwas anzugeben ⟨über j-n / etwas diskutieren, reden, sprechen, schreiben⟩ **12** *mit Akk*; in Höhe von, im Wert von: *eine Rechnung über hundert Euro ausstellen* **13** *mit Akk*; drückt aus, dass eine Grenze überschritten wird ⟨etwas geht über j-s Kraft, Verstand⟩ **14** *Subst* + ***über*** + *Subst* (*Akk*); in großer Menge: *Fehler über Fehler* **15** *mit Akk*; verwendet mit bestimmten Verben, Substantiven und Adjektiven, um eine Ergänzung anzuschließen: *über j-n / etwas herrschen*; *über etwas glücklich sein*; *die Kontrolle über etwas*

◆**ü·ber**[2] *Adv* **1** ≈ mehr als: *Das Grundstück ist über 1000 Quadratmeter groß*; *Sie ist schon über achtzig Jahre alt*; *seit über einer Stunde* **2** *Zeitangabe* + ***über*** während der ganzen genannten Zeit: *Es regnete den ganzen Tag über*; *Er musste das ganze Wochenende über arbeiten*

◆**ü·ber**[3] *Adj*; *gespr*; *meist in* **1** ***etwas über haben*** etwas übrig haben **2** ***j-n / etwas über haben*** j-n / etwas nicht mehr mögen

ü·ber-[1] *im Verb*; *unbetont und nicht trennbar*; drückt aus, dass eine Bewegung das Ziel erreicht oder darüber hinaus führt; ***etwas überspringen*** über ein Hindernis springen; ***etwas überladen*** zu viel darauf laden; ***etwas überbieten*** mehr als andere bieten, leisten; ***etwas überschreiten*** über eine Norm, ein (gesetztes) Maß hinausgehen; ***etwas überbringen*** j-m etwas (über eine Distanz hinweg) bringen; ***j-n überzeugen*** erreichen, dass j-d etwas als ganz richtig oder gut anerkennt

ü·ber-[2] *im Verb*; *betont und trennbar*; drückt aus, dass etwas über eine Grenze oder Schwelle (hinaus)geht;
überlaufen über den Rand hinausflie-

ßen; ***überkochen*** kochen, bis die Flüssigkeit über den Rand fließt

ü·ber-[3] *im Adj*; *betont*; drückt aus, dass etwas über das übliche Maß oder eine Norm hinausgeht; ***übereifrig*** sehr, zu eifrig; ***überpünktlich*** sehr, (all)zu pünktlich; ***übernatürlich*** so, dass es sich mit den Gesetzen der Natur nicht mehr erklären lässt

◆**ü·ber·all** *Adv*; an jedem Ort, in jeder Situation: *Der laute Knall war überall zu hören*

ü·ber·an·stren·gen; *überanstrengte*, *hat überanstrengt*; ***j-d überanstrengt sich / etwas***; j-d braucht viel Kraft für etwas und schadet sich dabei ⟨die Augen überanstrengen⟩: *Er hat sich beim Joggen überanstrengt* || *hierzu* **Ü·ber·an·stren·gung** *die*

ü·ber·ar·bei·ten; *überarbeitete*, *hat überarbeitet* **1** ***etwas überarbeiten*** noch einmal an etwas arbeiten, um es besser zu machen ⟨einen Aufsatz überarbeiten⟩ **2** ***sich überarbeiten*** so viel arbeiten, bis man sehr erschöpft ist || *hierzu* **Ü·ber·ar·bei·tung** *die*

ü·ber·be·zahlt *Adj*; so, dass etwas den (hohen) Preis, die Kosten nicht wert ist

Ü·ber·bleib·sel *das*; *-s*, *-*; ≈ Rest

Ü·ber·blick *der* **1** ***ein Überblick*** (***über etwas*** (*Akk*)) die gute Aussicht von einer Stelle aus, die höher ist: *ein guter Überblick über die ganze Stadt* **2** ***ein Überblick*** (***über etwas*** (*Akk*)) eine kurze Zusammenfassung von etwas: *ein Überblick über die deutsche Geschichte* **3** *nur Sg*; die Fähigkeit, Zusammenhänge zu erkennen ⟨j-m fehlt der Überblick⟩

ü·ber·den·ken; *überdachte*, *hat überdacht*; ***etwas überdenken*** sehr genau über etwas nachdenken

Ü·ber·do·sis *die*; eine zu große Menge *meist* eines Medikaments oder einer Droge: *eine Überdosis* (*von / an*) *Heroin* || *hierzu* **ü·ber·do·sie·ren** (*hat*)

ü·ber·ei·nan·der *Adv*; eine Person / Sache über die andere oder über der anderen: *zwei Paar Socken übereinander anziehen*

Ü·ber·ein·kunft *die*; *-*, *Ü·ber·ein·künf·te*; *geschr* ≈ Einigung, Vereinbarung ⟨eine Übereinkunft treffen⟩

ü·ber·ein·stim·men; *stimmte überein*, *hat übereingestimmt* **1** ***mit j-m*** (***in etwas*** (*Dat*)) ***übereinstimmen*** dieselbe Meinung haben wie ein anderer: *Wir stimmen in allen Punkten überein* **2** ⟨Aussagen *o.Ä.*⟩ ***stimmen überein***; ***etwas stimmt mit etwas überein*** zwei Aussagen haben denselben Inhalt: *Die Aussagen der Zeugen stimmten überein* || *hierzu* **Ü·ber·ein·stim·mung** *die*

ü·ber·emp·find·lich *Adj*; zu empfindlich, zu sensibel: *Sie reagiert überempfindlich auf Kritik* || *hierzu* **Ü·ber·emp·find·lich·keit** *die*

◆**ü·ber·fah·ren**; *überfährt*, *überfuhr*, *hat überfahren*; ***j-n überfahren*** (*bes* mit einem Auto) über einen Menschen fahren und ihn dabei verletzen oder töten

Ü·ber·fahrt *die*; eine Fahrt auf einem Schiff von einer Seite eines Gewässers zur anderen: *die Überfahrt von Calais nach Dover*

ü·ber·fal·len; *überfällt*, *überfiel*, *hat überfallen* **1** ***j-n / etwas überfallen*** j-n / etwas plötzlich angreifen und mit Waffen bedrohen (*meist* um etwas zu rauben) ⟨eine Bank, ein Land überfallen⟩: *Sie ist nachts überfallen worden* **2** ***j-n überfallen*** *gespr hum*; j-n besuchen, ohne sich vorher anzumelden **3** ***j-n mit etwas überfallen*** *gespr*; j-n mit einer Bitte, einem Wunsch überraschen || *hierzu* **Ü·ber·fall** *der*

ü·ber·fäl·lig *Adj*; *nicht adv* **1** ***etwas ist überfällig*** etwas ist nicht zum erwarteten Zeitpunkt angekommen ⟨ein Flugzeug, ein Schiff ist überfällig⟩ **2** zur richtigen Zeit noch nicht bezahlt ⟨eine Rechnung⟩

ü·ber·flüs·sig *Adj*; nicht nötig ≈ entbehrlich ⟨eine Bemerkung⟩ || *hierzu* **Ü·ber·flüs·sig·keit** *die*

ü·ber·for·dern; *überforderte*, *hat überfordert*; ***j-n überfordern*** mehr von j-m erwarten oder verlangen, als er leisten kann ⟨überfordert sein; sich überfordert fühlen⟩ || *hierzu* **Ü·ber·for·de·rung** *die*

ü·ber·fragt *Adj*; *nur präd*, *nicht adv*; *meist in* ***überfragt sein*** eine Frage nicht beantworten können, weil man nicht genug weiß: *Da bin ich überfragt*

Ü·ber·füh·rung *die*; *-*, *-en* **1** der Transport von einem Ort an einen anderen **2** das Beweisen, dass j-d etwas (*bes* ein Verbrechen) getan hat: *die Überführung des Täters* **3** eine Brücke, die über eine Straße *o.Ä.* führt || -K: ***Bahn-***

Ü·ber·gang *der* **1** ***der Übergang*** (***über etwas*** (*Akk*)) das Überqueren von etwas **2** ***ein Übergang*** (***über etwas*** (*Akk*)) ein Weg, auf dem man etwas überquert || -K: ***Bahn-, Grenz-*** **3** ***der Übergang*** (***von etwas zu etwas / in etwas*** (*Akk*)) die Entwicklung zu einem neuen Zustand: *der Übergang vom Studium in den Beruf*

ü·ber·ge·ben[1]; *übergibt*, *übergab*, *hat übergeben* **1** ***j-m etwas übergeben*** j-m etwas geben, das von diesem Zeitpunkt an ihm gehört: *j-m einen Brief übergeben* **2** ***j-m etwas übergeben*** j-m den Auftrag geben, ein Amt, eine Aufgabe zu erfüllen: *Er übergab die Angelegenheit seinem Anwalt* **3** ***etwas*** **(*j-m* / *etwas*)** ***übergeben*** etwas offiziell eröffnen, damit es genutzt werden kann: *einen neuen Tunnel dem Verkehr übergeben*

ü·ber·ge·ben[2], **sich**; *übergibt sich, übergab sich, hat sich übergeben*; ***sich übergeben*** ≈ (sich) erbrechen

ü·ber·ge·hen[1] (*ist*) **1** ***zu etwas übergehen*** zu einem anderen Punkt, Thema kommen: *zu einem anderen Thema übergehen* **2** ***etwas geht in etwas*** (*Akk*) ***über*** etwas ändert allmählich seinen Zustand: *Beim Erhitzen geht Wasser in Dampf über*

ü·ber·ge·hen[2]; *überging, hat übergangen* **1** ***j-n*** **/** ***etwas übergehen*** j-n / etwas mit Absicht nicht beachten ≈ ignorieren: *Er hat mich übergangen, weil er immer noch beleidigt war* **2** ***j-n übergehen*** j-n bei etwas nicht berücksichtigen ⟨j-n bei einer Gehaltserhöhung, im Testament übergehen⟩

Ü·ber·ge·wicht *das*; *nur Sg* **1** *meist in* (*Gewichtsangabe* +) ***Übergewicht haben*** (um das genannte Gewicht) zu dick sein: *Er hat 10 Kilogramm Übergewicht* **2** *meist in* ***etwas hat Übergewicht*** etwas ist zu schwer (für eine bestimmte Kategorie) ⟨der Brief, das Päckchen hat Übergewicht⟩ **3** *meist in* ***etwas hat*** **/** ***bekommt das*** ⟨militärische, wirtschaftliche⟩ ***Übergewicht*** etwas ist / wird militärisch, wirtschaftlich stärker als etwas anderes

◆**ü·ber·haupt** *Partikel* **1** etwas trifft nicht nur jetzt oder für diesen Fall zu, sondern allgemein, immer: *Sie ist überhaupt sehr sympathisch* **2** verwendet in Fragen, um Zweifel zu formulieren, und wenn man eher die Antwort „nein" erwartet: *„Ich tippe dir schnell den Brief" – „Kannst du überhaupt tippen?"* **3** verwendet in Fragen, bei denen etwas Grundsätzliches oder ein neues Thema angesprochen wird ≈ eigentlich: *Wo warst du überhaupt so lange?*; *Was will er denn überhaupt von dir?* **4** verwendet, um eine Verneinung zu verstärken: *Das interessiert mich überhaupt nicht*; *Ich habe überhaupt keine Zeit* **5** **(*und*)** ***überhaupt*** *gespr*; auch ohne dies ≈ außerdem: (*Und*) *überhaupt, hab ich dir schon erzählt, was mir passiert ist?*

ü·ber·heb·lich *Adj* ≈ arrogant || *hierzu* **Ü·ber·heb·lich·keit** *die*

ü·ber·höht *Adj*; höher als normal oder erlaubt ⟨Preise; mit überhöhter Geschwindigkeit⟩

◆**ü·ber·ho·len**; *überholte, hat überholt* **1** **(*j-n* / *etwas*)** ***überholen*** eine andere Person oder ein anderes Fahrzeug einholen und an ihr / ihm vorbeigehen, vorbeifahren: *Er hat versucht, mich in der Kurve zu überholen* **2** ***etwas überholen*** *bes* eine Maschine prüfen und reparieren, damit sie wieder gut funktioniert ⟨ein Auto, einen Motor überholen⟩ || *zu* **2** **Ü·ber·ho·lung** *die*

ü·ber·ir·disch *Adj*; so (seltsam oder schön) wie aus einer anderen Welt

ü·ber·las·sen; *überlässt, überließ, hat überlassen* **1** ***j-m etwas überlassen*** j-m etwas geben, damit er es behalten oder benutzen kann: *Er überließ ihr für das Wochenende seine Wohnung* **2** ***j-m etwas überlassen*** j-n etwas entscheiden lassen (ohne ihn zu beeinflussen): *Wir überlassen Ihnen die Entscheidung* **3** ***j-n sich*** (*Dat*) ***selbst überlassen*** j-n allein lassen (und ihm nicht helfen) **4** ***etwas dem Zufall überlassen*** nicht handeln, sondern abwarten, was geschieht

ü·ber·las·tet *Adj*; *nicht adv* **1** mit zu viel Last beladen: *Der Lkw war völlig überlastet* **2** so, dass etwas zu sehr beansprucht ist und deshalb nicht mehr gut funktioniert ⟨j-s Herz, j-s Kreislauf, das Verkehrsnetz ist überlastet⟩ **3** ***j-d ist überlastet*** j-d hat zu viel Arbeit oder Sorgen ⟨beruflich überlastet⟩ || *hierzu* **Ü·ber·las·tung** *die*

ü·ber·le·ben; *überlebte, hat überlebt* **1** **(*etwas*)** ***überleben*** in einer sehr gefährlichen Situation am Leben bleiben ⟨einen Flugzeugabsturz überleben⟩: *Er hat als Einziger überlebt* || K-: ***Überlebens-, -chance*** **2** ***j-n überleben*** länger als ein anderer leben: *Sie hat ihren Mann* (*um zwei Jahre*) *überlebt* || *zu* **1** **Ü·ber·le·ben·de** *der* / *die*

ü·ber·le·gen[1] (*hat*) ***j-m etwas überlegen*** etwas über j-n legen: *j-m eine Decke überlegen*

◆**ü·ber·le·gen**[2]; *überlegte, hat überlegt*; **(*etwas*)** ***überlegen***; **(*sich*** (*Dat*) ***etwas*)** ***überlegen*** denken, um zu einer Entscheidung oder einem Ergebnis zu kommen ⟨lange überlegen⟩: *Er hat lange überlegt, bevor er sich entschieden hat*; *Sie hat sich eine kluge Antwort überlegt*; *Sie überlegte* (*sich*), wie *sie ihm helfen könnte* || *hierzu* **Ü·ber·le·gung** *die*

◆**ü·ber·le·gen**[3] *Adj*; *meist präd*; **(*j-m*) (*an*** / ***in etwas*** (*Dat*)**)** ***überlegen sein*** (in bestimmter Hinsicht / auf einem bestimmten Gebiet) besser als ein anderer sein: *Sie ist ihm an Intelligenz / im Rechnen weit überlegen* || *hierzu* **Ü·ber·le·gen·heit** *die*

ü·ber·lis·ten; *überlistete, hat überlistet*; ***j-n überlisten*** j-n mit einem Trick täuschen || *hierzu* **Ü·ber·lis·tung** *die*

◆ **ü·ber·mor·gen** *Adv*; an dem Tag, der auf morgen folgt

ü·ber·mü·det *Adj*; sehr müde

◆ **ü·ber·nach·ten**; *übernachtete, hat übernachtet*; (***irgendwo***) ***übernachten*** nachts nicht bei sich zu Hause, sondern anderswo schlafen: *im Freien übernachten, bei einem Freund übernachten* || *hierzu* **Ü·ber·nach·tung** *die*

ü·ber·nächs·t- *Adj*; *nur attr, nicht adv*; in der Reihenfolge nach dem / der Nächsten: *Das Fest findet nicht nächste, sondern erst übernächste Woche statt*

ü·ber·na·tür·lich *Adj*; ⟨Erscheinungen, Fähigkeiten, Kräfte⟩ so, dass man sie mit den Gesetzen der Natur nicht erklären kann

◆ **ü·ber·neh·men**; *übernimmt, übernahm, hat übernommen* **1** ***etwas übernehmen*** etwas als Nachfolger von j-m annehmen oder kaufen und weiterführen: *Mein Sohn wird die Firma übernehmen*; *Der Konzern übernahm drei kleinere Firmen* **2** ***etwas übernehmen*** etwas verwenden, das ein anderer geschaffen oder sich ausgedacht hat ⟨Ideen übernehmen⟩: *Wir übernehmen heute eine Sendung des Österreichischen Rundfunks* **3** ***etwas übernehmen*** eine Aufgabe annehmen und erfüllen ⟨ein Amt, eine Funktion, eine Aufgabe übernehmen⟩ **4** ***etwas übernehmen*** etwas bezahlen ⟨die Kosten, Schulden übernehmen⟩ **5** ***etwas übernehmen*** verwendet zusammen mit einem Substantiv, um ein Verb zu umschreiben; ***die Garantie für etwas übernehmen*** ≈ für etwas garantieren; ***die Haftung für etwas übernehmen*** ≈ für etwas haften **6** ***sich übernehmen*** versuchen, mehr zu schaffen oder zu erreichen, als man tatsächlich kann ⟨sich finanziell übernehmen⟩: *Übernimm dich nicht (beim Joggen)!*

ü·ber·prü·fen; *überprüfte, hat überprüft* **1** ***etwas überprüfen*** (nochmals) genau prüfen, ob etwas richtig ist oder funktioniert ⟨eine Rechnung überprüfen⟩: *Er überprüfte*, ob *alles richtig war* **2** ⟨ein Polizist⟩ ***überprüft j-n / etwas*** ein Polizist stellt fest, wer j-d ist ⟨die Personalien überprüfen⟩ || *hierzu* **Ü·ber·prü·fung** *die*

◆ **ü·ber·que·ren**; *überquerte, hat überquert*; ***etwas überqueren*** von einer Seite von etwas zur anderen Seite gehen, fahren ⟨eine Straße, die Schienen, den Fluss, den Atlantik überqueren⟩ || *hierzu* **Ü·ber·que·rung** *die*

◆ **ü·ber·ra·schen**; *überraschte, hat überrascht* **1** ***etwas überrascht*** (***j-n***) etwas ist oder passiert unerwartet: *Das Angebot hat mich sehr überrascht*; *eine überraschende Nachricht* **2** ***j-d überrascht j-n*** j-d macht oder sagt etwas Unerwartetes: *Er überraschte uns mit seinen extremen politischen Ansichten* **3** ***j-n*** (***bei etwas***) ***überraschen*** in dem Moment kommen, in dem j-d etwas tut, was verboten ist: *Der Einbrecher wurde von einem Nachbarn überrascht und flüchtete zu Fuß* **4** ***etwas überrascht j-n*** etwas *meist* Unangenehmes geschieht, ohne dass j-d darauf vorbereitet ist: *Während der Bergtour wurden wir von einem Gewitter überrascht* || Hinweis: *meist* im Passiv || ID *meist* ***Lassen wir uns überraschen*** *gespr*; wir werden abwarten, was noch geschehen wird

◆ **ü·ber·re·den**; *überredete, hat überredet*; ***j-n*** (***zu etwas***) ***überreden*** durch Reden j-n dazu bringen, etwas zu tun, das er eigentlich nicht tun wollte: *j-n zum Kauf eines Autos überreden*; *Sie überredete ihren Freund* (dazu), *in Norwegen Urlaub zu machen* || *hierzu* **Ü·ber·re·dung** *die*

ü·ber·rei·chen; *überreichte, hat überreicht*; (***j-m***) ***etwas überreichen*** auf feierliche Weise j-m etwas geben ⟨j-m ein Geschenk, eine Urkunde überreichen⟩ || *hierzu* **Ü·ber·rei·chung** *die*

ü·ber·schät·zen; *überschätzte, hat überschätzt*; ***j-n / etwas überschätzen*** j-n / etwas für besser halten als er / es in Wirklichkeit ist || *hierzu* **Ü·ber·schät·zung** *die*

ü·ber·schla·gen[1]; *überschlägt, überschlug, hat überschlagen* **1** ***etwas überschlagen*** etwas schnell und ungefähr ausrechnen ⟨etwas kurz im Kopf überschlagen⟩ **2** ***j-d / etwas überschlägt sich*** j-d / etwas dreht sich *meist* ohne Absicht um die eigene horizontale (Körper)Achse: *Das Auto kam von der Fahrbahn ab und überschlug sich mehrere Male* **3** ***j-d überschlägt sich*** (***vor etwas*** (*Dat*)) *gespr*; j-d macht etwas auf übertriebene Weise: *Der Vertreter überschlug sich vor Höflichkeit* (= war viel zu höflich)

ü·ber·schla·gen[2] (*ist*) ***etwas schlägt in etwas*** (*Akk*) ***über*** etwas kommt in eine andere (extreme) Form: *Die Begeisterung der Fans schlug in Wut über, als das Konzert abgebrochen wurde*

ü·ber·schnei·den, sich; *überschnitt sich, hat sich überschnitten* **1** ⟨Linien, Kurven, Kreise *usw*⟩ ***überschneiden sich*** Linien, Kurven, Kreise *usw* haben einen Punkt *bzw* eine Fläche gemeinsam: *Die*

U

beiden Linien überschneiden sich in einem Punkt **2** ⟨Themen, Interessen *o.Ä.*⟩ ***überschneiden sich*** Themen, Interessen *o.Ä.* sind teilweise gleich **3** ***etwas überschneidet sich mit etwas*** etwas findet (zu einem Teil) zur gleichen Zeit wie etwas anderes statt || *hierzu* **Ü·ber·schnei·dung** *die*

ü·ber·schrei·ten; *überschritt, hat überschritten* **1** ***etwas überschreiten*** über eine Linie oder Grenze gehen oder fahren: *Die feindlichen Truppen hatten bereits die Grenze überschritten* **2** ⟨seine Befugnisse, Kompetenzen, Rechte⟩ ***überschreiten*** sich Rechte nehmen, die man gar nicht hat **3** ***die Geschwindigkeit überschreiten*** schneller fahren, als erlaubt ist **4** ***etwas überschreitet etwas*** etwas geht über ein bestimmtes Maß, eine bestimmte Grenze hinaus: *Seine Faulheit überschreitet das erträgliche Maß* || *hierzu* **Ü·ber·schrei·tung** *die*

◆**Ü·ber·schrift** *die*; die Wörter, die über einem Text stehen und *meist* das Thema des Textes angeben ≈ Titel

Ü·ber·schwem·mung *die*; der Vorgang, bei dem große Mengen Wasser (wegen starken Regens) über eine Fläche fließen und Schaden anrichten

ü·ber·se·hen; *übersieht, übersah, hat übersehen* **1** ***j-n / etwas übersehen*** j-n / etwas ohne Absicht nicht sehen: *beim Korrigieren Fehler übersehen* **2** ***j-n / etwas übersehen*** j-n / etwas ignorieren **3** ***etwas übersehen*** gut über ein *meist* großes Gebiet sehen können: *Von dem Leuchtturm aus konnten wir die ganze Küste übersehen* **4** ***etwas übersehen*** die Konsequenzen eines Ereignisses abschätzen: *Die Folgen der Katastrophe lassen sich noch nicht übersehen*

◆**ü·ber·set·zen**[1]; *übersetzte, hat übersetzt*; ***(etwas) übersetzen*** einen Text mündlich oder schriftlich in einer anderen Sprache wiedergeben: *einen Roman vom Deutschen ins Englische übersetzen* || *hierzu* **Ü·ber·set·zer** *der*; **Ü·ber·set·ze·rin** *die*; -, *-nen*

◆**ü·ber·set·zen**[2] (*hat / ist*) **1** ***j-n übersetzen*** (*hat*) j-n mit einem Boot oder einer Fähre von einem Ufer ans andere bringen: *Ein Fischer setzte uns ans andere Ufer über* **2** (*hat / ist*) mit einem Boot oder einer Fähre ans andere Ufer fahren

Ü·ber·set·zung *die*; -, *-en* **1** ein übersetzter[1] Text: *ein englischer Roman in deutscher Übersetzung* **2** *nur Sg*; das Übersetzen[1]: *Die Übersetzung von Gedichten ist oft sehr schwierig* || K-: ***Übersetzungs-, -problem***

ü·ber·sie·deln; *übersiedelte, ist übersiedelt*; Ⓐ ≈ umziehen[1]

ü·ber·spitzt *Adj* ≈ übertrieben ⟨eine Formulierung, eine Forderung⟩

ü·ber·ste·hen; *überstand, hat überstanden*; ***etwas (irgendwie) überstehen*** eine unangenehme oder gefährliche Situation hinter sich bringen: *Sie hat die Operation gut überstanden*

◆**Ü·ber·stun·de** *die*; *meist Pl*; (eine Stunde) Arbeit, die man zusätzlich zur normalen Arbeitszeit macht ⟨Überstunden machen⟩

ü·ber·stür·zen; *überstürzte, hat überstürzt* **1** ***etwas überstürzen*** etwas zu früh oder zu schnell tun, ohne genügend darüber nachzudenken: *eine Entscheidung überstürzen*; *Ihre überstürzte Abreise schockierte uns alle* **2** ***die Ereignisse überstürzen sich*** es passieren in kurzer Zeit viele unerwartete oder aufregende Dinge

◆**ü·ber·tra·gen**[1]; *überträgt, übertrug, hat übertragen* **1** ***etwas auf / in etwas*** (*Akk*) ***übertragen*** etwas an anderer Stelle noch einmal zeichnen, schreiben: *die Ergebnisse in eine Tabelle übertragen* **2** ***etwas in etwas*** (*Akk*) ***übertragen*** etwas Geschriebenes in eine andere Form oder Sprache bringen: *Lyrik in Prosa übertragen*; *einen Roman aus dem Französischen ins Spanische übertragen* **3** ***etwas übertragen*** etwas aufnehmen und (*bes* gleichzeitig) im Radio oder Fernsehen senden ⟨etwas direkt übertragen⟩: *ein Tennisspiel aus Wimbledon übertragen* **4** ***etwas auf etwas*** (*Akk*) ***übertragen*** etwas in einer anderen Situation anwenden, wo es ebenso gültig oder passend ist: *Ergebnisse von Tierversuchen lassen sich nicht immer auf Menschen übertragen* **5** ***etwas (auf j-n) übertragen*** eine Krankheit, Infektion an j-n weitergeben: *Malaria wird durch Insekten übertragen* **6** ***j-m etwas übertragen*** j-m eine Aufgabe geben: *j-m die Leitung eines Projekts übertragen* **7** ***etwas überträgt sich (auf j-n)*** etwas beeinflusst auch andere Personen: *Ihre Begeisterung übertrug sich auf ihre Kollegen* **8** ***etwas überträgt sich (auf j-n)*** eine Krankheit wird übertragen (5): *Die Tollwut kann sich auch auf Menschen übertragen* || *hierzu* **Ü·ber·tra·gung** *die*

ü·ber·tra·gen[2] *Adj*; *meist in* ***in übertragener Bedeutung / im übertragenen Sinn*** nicht im wörtlichen Sinn, sondern in einem neuen Sinn

ü·ber·tref·fen; *übertrifft, übertraf, hat über-*

Ü

troffen **1** ***j-n / etwas übertreffen*** in der Leistung oder Qualität besser sein als j-d anderer / etwas anderes: *Im Tennis ist sie nicht zu übertreffen*; *Das neue Verfahren übertrifft das alte* **2** ***j-n / etwas an etwas*** (*Dat*) ***übertreffen*** eine Eigenschaft in höherem Maße als j-d anderer / etwas anderes haben: *j-n an Ausdauer übertreffen* **3** ***etwas übertrifft etwas*** etwas ist größer als etwas, geht über etwas hinaus: *Das übertrifft meine Erwartungen*

ü·ber·trei·ben; *übertrieb, hat übertrieben* **1** **(*etwas*) *übertreiben*** etwas als größer, wichtiger, besser, schlechter *usw* darstellen, als es ist ⟨maßlos übertreiben⟩: *Er übertreibt immer - du kannst ihm nichts glauben!* **2** **(*mit*) *etwas übertreiben*** etwas, das eigentlich positiv ist, zu oft, zu intensiv, zu lange tun: *Er übertreibt das Joggen / mit dem Joggen* || *hierzu* **Ü·ber·trei·bung** *die*

ü·ber·trie·ben **1** *Adj*; zu groß, zu stark: *übertriebene Sparsamkeit* **2** *Adv*; zu (sehr): *übertrieben ängstlich*

ü·ber·wa·chen; *überwachte, hat überwacht* **1** ***j-n überwachen*** eine Person längere Zeit beobachten, um festzustellen, ob sie etwas Verbotenes tut: *Er wurde von der Polizei überwacht* **2** ***etwas überwachen*** beobachten, ob etwas richtig abläuft ≈ kontrollieren ⟨den Verkehr überwachen⟩ || *hierzu* **Ü·ber·wa·chung** *die*

ü·ber·wäl·ti·gen; *überwältigte, hat überwältigt* **1** ***j-n überwältigen*** bewirken, dass j-d sich nicht mehr wehren oder flüchten kann: *Die Hausbewohner konnten den Einbrecher überwältigen* **2** ***etwas überwältigt j-n*** ein Gefühl ist so stark, dass sich j-d nicht dagegen wehren kann ⟨von Angst überwältigt⟩ || *hierzu* **Ü·ber·wäl·ti·gung** *die*

◆ **ü·ber·wei·sen**; *überwies, hat überwiesen* **1** **(*j-m*) *etwas überweisen*** Geld von einem Bankkonto auf ein anderes zahlen **2** ***j-n*** **(*an j-n*) *überweisen*** (als Arzt) einen Patienten zu einem anderen Arzt oder in eine Klinik schicken: *Mein Hausarzt hat mich an einen Orthopäden überwiesen*

Ü·ber·wei·sung *die* **1** das Überweisen (1) || K-: ***Überweisungs-, -formular*** **2** ***eine Überweisung*** (***über*** + *Zahlenangabe*) eine Geldsumme, die man überwiesen (1) hat: *eine Überweisung über 250 Euro* **3** das Überweisen (2) eines Patienten

ü·ber·wie·gend *Adj* **1** *nur attr oder adv*; den größeren Teil von etwas bildend: *die überwiegende* (= große) *Mehrheit der Bevölkerung* **2** *nur adv* ≈ hauptsächlich, vor allem: *Es sind überwiegend Jugendliche, die das Lokal besuchen*

ü·ber·win·den; *überwand, hat überwunden*; ***j-n / etwas überwinden*** ≈ besiegen

◆ **ü·ber·zeu·gen**; *überzeugte, hat überzeugt* **1** ***j-n*** **(*von etwas*) *überzeugen*** durch Argumente bewirken, dass j-d etwas glaubt oder als richtig anerkennt ⟨j-n von einer Sache überzeugen⟩: *Er lässt sich nicht überzeugen*, dass *Rauchen schädlich ist*; *Sie hatte ihn überzeugt mitzukommen* **2** ***j-d / etwas überzeugt*** (***j-n***) j-d / etwas macht einen sehr guten Eindruck: *Seine Leistungen überzeugen*

◆ **Ü·ber·zeu·gung** *die*; -, *-en*; eine feste Meinung, die man sich gebildet hat ⟨der Überzeugung sein, dass ...; zu der Überzeugung kommen, dass ...⟩

ü·ber·zo·gen *Adj* ≈ übertrieben (groß, stark *usw*) ⟨Erwartungen, Kritik⟩

◆ **üb·lich** *Adj*; *nicht adv*; so, wie es meistens, normalerweise ist: Es *ist üblich*, dass *die ganze Familie zur Hochzeit eingeladen wird*; *Wir treffen uns wie üblich*; *Der Bus hat die übliche Verspätung*

U-Boot *das*; (*Abk für* Unterseeboot) ein Schiff, das tauchen und längere Zeit unter Wasser fahren kann

◆ **üb·rig** *Adj*; *nicht adv* **1** noch (als Rest) vorhanden: *Sind noch Brötchen übrig?*; *Alles Übrige besprechen wir morgen* **2** ***im Übrigen*** ≈ außerdem, darüber hinaus: *Damit wäre der Fall erledigt. Im Übrigen würde ich Sie bitten, mich in Zukunft früher zu informieren* || ID ***viel / wenig / nichts für j-n / etwas 'übrig haben*** viel, wenig, kein Interesse für j-n / etwas haben

◆ **üb·ri·gens** *Partikel* **1** verwendet, um etwas einzuleiten, das einem gerade einfällt und das *meist* nicht besonders wichtig ist: *Übrigens, da fällt mir ein, ich muss noch Milch kaufen* **2** drückt aus, dass etwas wert ist, bei dieser Gelegenheit gesagt zu werden: *Das Buch, das du mir geliehen hast, war übrigens sehr gut*

◆ **Ü·bung** *die*; -, *-en* **1** *nur Sg*; das Wiederholen gleicher oder ähnlicher Handlungen, damit man sie besser kann ⟨etwas zur Übung tun; etwas erfordert viel Übung⟩ || K-: ***Übungs-, -aufgabe*** **2** ***Übung*** (***in etwas*** (*Dat*)) die Fertigkeit in einer bestimmten Sache, die man aufgrund der Übung (1) hat ⟨j-m fehlt die Übung; in Übung sein; aus der Übung sein⟩: *Um eine Fremdsprache fließend zu sprechen, muss man ständig in* (*der*) *Übung bleiben*; *wenig Übung im Skifahren haben* **3** eine Aufgabe, um etwas zu lernen: *Heute machen wir die Übung 7 auf*

Seite 40 **4** *Sport*; eine Reihenfolge von Bewegungen, *bes* beim Turnen ⟨eine Übung turnen⟩ || -K: ***Gymnastik-, Turn-*** **5** das Training von Aufgaben, *bes* in der Armee, Feuerwehr *usw* || K-: ***Übungs-, -platz*** || -K: ***Truppen-*** || ID ***Übung macht den Meister*** wenn man etwas oft tut, lernt man, es gut zu tun

◆**U·fer** *das*; *-s*, -; das Stück Land am Rand eines Flusses, Sees, Meeres *o.Ä.* || K-: ***Ufer-, -promenade*** || -K: ***Fluss-***

◆**Uhr** [uːɐ] *die*; -, *-en* **1** ein Gerät, mit dem man die Zeit misst ⟨die Uhr tickt, geht vor / nach / genau / richtig⟩: *Nach meiner Uhr ist es jetzt fünf nach vier* || K-: ***Uhr-, -zeiger*** || -K: ***Armband-, Taschen-***; ***Bahnhofs-*** **2** *Zahl der Stunden* + ***Uhr*** (+ *Zahl der Minuten*) verwendet, um die Zeit anzugeben: *Beim Gongschlag war es vierzehn Uhr*; *um* 18^{24} (= *achtzehn Uhr vierundzwanzig*); *Wir treffen uns gegen elf Uhr* **3** ***Wie viel Uhr ist es?*** verwendet, um nach der Uhrzeit zu fragen **4** ***rund um die Uhr*** *gespr*; während des ganzen Tages und der ganzen Nacht

Uhr·zei·ger|sinn *der*; *nur Sg*; die Richtung, in die sich die Zeiger einer Uhr drehen ⟨im Uhrzeigersinn, gegen den Uhrzeigersinn⟩

Uhr·zeit *die*; die Zeit des Tages, die eine Uhr zeigt || ↑ *Illustration* ***Die Zeit***

UKW [uːkaːˈveː] *ohne Artikel*; *indeklinabel*; (*Abk für* Ultrakurzwelle) der Bereich der sehr kurzen Wellen, über die manche (Rundfunk)Sender senden

◆**ụm**[1] *Präp*; *mit Akk* **1** ***um etwas*** (+ ***herum***) verwendet zur Bezeichnung einer Bewegung oder einer Lage in der Form eines Kreises oder eines Bogens: *einen Schal um den Hals binden*; *einmal um das Haus (herum)laufen*; *Ein Auto bog um die Ecke* **2** ***'um sich*** + *Verb*; verwendet zur Bezeichnung einer Bewegung, Wirkung *o.Ä.* von einem Punkt aus in alle Richtungen: *nervös um sich schauen*; *einen unangenehmen Geruch um sich verbreiten*; *Das Feuer griff rasch um sich* **3** ***um*** + *Zahl* (+ *Uhr*) verwendet zur Angabe der (Uhr)Zeit, zu der etwas geschieht: *um zehn (Uhr) ins Bett gehen* **4** ***um*** + *Zeitangabe* (+ ***herum***) verwendet zur Angabe einer ungefähren Zeit: *Die Sitzung wird so um elf Uhr herum vorbei sein*; *Um Neujahr (herum) schneite es das erste Mal* **5** verwendet zur Angabe eines bestimmten Betrags oder Werts (*oft* im Vergleich mit einem anderen): *sich um drei Euro verrechnen*; *Sie ist um zwei Jahre jünger als ich*; *Er kam um zehn Minuten zu spät* **6** verwendet, um den Preis von etwas anzugeben ≈ für: *Sie können es um 100 Euro haben* **7** *Subst* + ***um*** + *Subst* verwendet zur Bezeichnung einer ununterbrochenen Reihenfolge oder einer großen Zahl von etwas: *Stunde um Stunde verging* **8** verwendet mit bestimmten Verben, Substantiven und Adjektiven, um eine Ergänzung anzuschließen: *sich Sorgen um j-n machen*; *j-n um Rat bitten*

◆**ụm**[2] *Adv*; ***um*** (***die***) + *Zahl* + *Subst*; verwendet, um eine ungefähre Zahl anzugeben: *Die Reparatur wird um die 200 Euro kosten*; *Es waren um die 500 Leute da*

◆**ụm**[3] *Konjunktion* **1** ***um zu*** + *Infinitiv* verwendet, wenn man eine Absicht oder einen Zweck bezeichnet: *Sie kam, um sich zu entschuldigen*; *Er öffnete die Tür, um sie hereinzulassen* **2** *Adj* + ***genug, um zu*** + *Infinitiv* verwendet, wenn man den Grund angeben will, warum etwas möglich ist oder sein müsste: *Er ist dumm genug, um so einen Fehler zu machen* **3** ***zu*** + *Adj*, ***um zu*** + *Infinitiv* verwendet, wenn man den Grund angeben will, warum etwas nicht möglich ist: *Er ist zu krank, um zu arbeiten*

ụm- *im Verb*; *betont und trennbar* **1** drückt aus, dass die Stellung oder Lage einer Person oder Sache von vorn nach hinten, von innen nach außen oder vom Stehen zum Liegen verändert wird; ***etwas umknicken***: *Der Sturm knickte die Bäume um* ≈ Der Sturm knickte die Bäume, sodass ihre Spitzen nicht mehr nach oben, sondern zum Boden gerichtet waren;
ebenso: (***etwas***) ***umbiegen, etwas bläst j-n / etwas um,*** (***j-n / sich / etwas***) ***umdrehen, j-n / etwas umfahren, j-n / etwas umhauen,*** (***etwas***) ***umkippen, etwas umklappen, j-n / etwas umstoßen, etwas umstülpen***; ***umfallen***

2 drückt aus, dass eine Bewegung von einem Ort an einen anderen, von einem Behälter in einen anderen führt; (***etwas***) ***umpflanzen***: *Er pflanzte die Rosen in ein anderes Beet um* ≈ Er nahm die Rosen aus dem einen Beet heraus und pflanzte sie in ein anderes;
ebenso: ***j-n umbetten, etwas umfüllen, etwas umgießen,*** (***etwas***) ***umladen, etwas umschütten, j-n / etwas umsetzen,*** (***j-n***) ***umsiedeln***; ***umziehen***

3 drückt aus, dass eine Handlung in neuer Weise wiederholt wird, um einen Zustand zu ändern; (***etwas***) ***umbauen***: *Die Schule wurde in ein Museum umgebaut* ≈ Die Schule wurde so verändert, dass daraus ein Museum wurde;

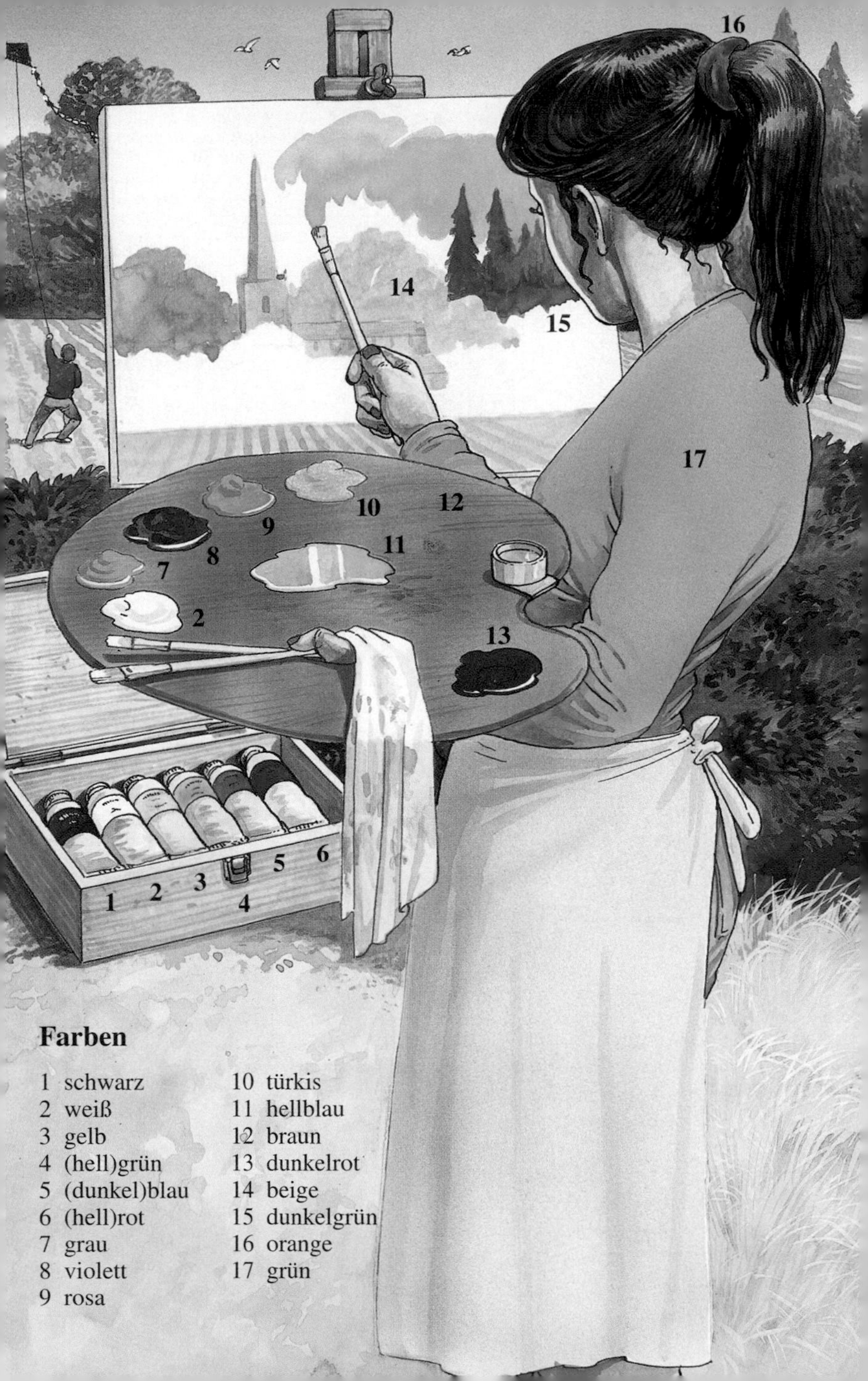

Farben

1	schwarz	10	türkis
2	weiß	11	hellblau
3	gelb	12	braun
4	(hell)grün	13	dunkelrot
5	(dunkel)blau	14	beige
6	(hell)rot	15	dunkelgrün
7	grau	16	orange
8	violett	17	grün
9	rosa		

Präpositionen

1 **An der** Halfpipe ist viel Action.
2 Adrian springt **vom Rand** der Halfpipe **ab**.
3 Das Fahrrad steht **hinter dem** Baum.
4 Tobias klettert **den Baum hinauf**.
5 Thomas sitzt im Baum **über der** Halfpipe.
6 Tina steht oben **auf der** Halfpipe.
7 Michael lehnt **an einem** Pfosten.
8 **Vor der** Halfpipe liegt ein Roller.
9 Lukas nimmt seine Skates **aus dem** Rucksack und steckt seine Schuhe hinein.

Präpositionen

10 Die Bank steht **in der** Nähe der Halfpipe.
11 Drei Jugendliche sitzen **auf der** Bank.
12 Patrizia sitzt **neben** Daniel.
13 Daniel sitzt **zwischen** Patrizia und Nicole.
14 Peter skatet den Berg **zu** seinen Freunden hinunter.
15 Nicoles kleine Schwester spielt **im** Sandkasten.
16 Eine Frau geht **den Weg entlang** zum Sandkasten.
17 Die Brücke führt **über den** Bach.
18 Der Bach fließt **unter der** Brücke hindurch.

Die Zeit

Die Uhrzeit

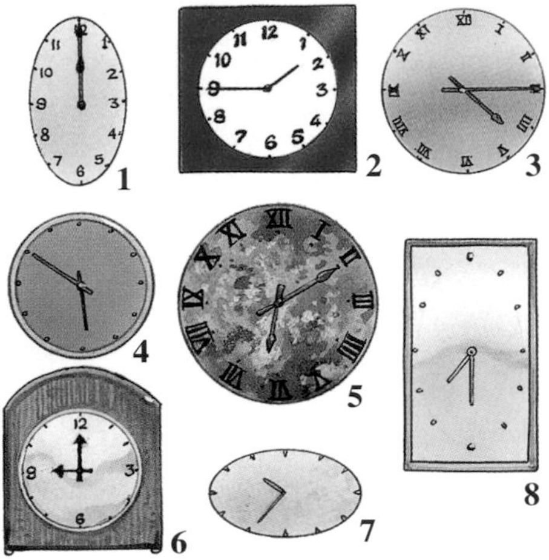

1 zwölf Uhr, Mittag, Mitternacht
2 Viertel vor zwei
3 Viertel nach vier
4 zehn (Minuten) vor sechs
5 zehn (Minuten) nach sechs
6 neun Uhr
7 25 (Minuten) vor (*od.* fünf nach halb) elf, zehn Uhr 35
8 halb acht

Die Tageszeiten

der Morgen

der Mittag

der Abend

die Nacht

Jahreszeiten: das Wetter

der Frühling: wechselhaft

der Sommer: sonnig

der Herbst: windig

der Winter: Schnee(fall)

ebenso: ***etwas umbenennen,*** (***etwas***) ***umbestellen,*** (***etwas***) ***umbuchen, j-n umerziehen, j-n / sich umkleiden, etwas umstellen***

◆ **um·ar·men**; *umarmte, hat umarmt*; ***j-n umarmen*** die Arme (aus Freude oder in Liebe) um j-n legen || *hierzu* **Um·ar·mung** *die*

um·bau·en (*hat*) (***etwas***) ***umbauen*** etwas durch Bauen verändern: *eine Mühle in ein / zu einem Wohnhaus umbauen*

um·blät·tern (*hat*) ein Blatt in einem Buch *o.Ä.* nach links legen, damit man zur nächsten Seite kommt

um·brin·gen (*hat*) *gespr* **1** ***j-n umbringen*** ≈ töten **2** ***nicht umzubringen sein*** große Belastungen ertragen können

◆ **um·dre·hen** (*hat / ist*) **1** ***etwas umdrehen*** (*hat*) etwas im Bogen oder im Kreis von einer Seite auf die andere Seite bewegen: *den Schlüssel zweimal* (*im Schloss*) *umdrehen* **2** (*hat / ist*) *gespr*; sich wieder in die Richtung bewegen, aus der man gekommen ist: *Als der Weg plötzlich aufhörte, mussten wir umdrehen* **3** ***sich*** (***nach j-m / etwas***) ***umdrehen*** (*hat*) den Kopf und den Körper nach hinten drehen (um j-m / etwas mit den Augen zu folgen): *sich nach einer hübschen Frau umdrehen*

um·fal·len (*ist*) **1** aus einer stehenden, senkrechten Position plötzlich in eine liegende, waagrechte Position fallen: *Er fiel tot um*; *an ein Glas stoßen, sodass es umfällt* **2** *gespr pej*; (unter psychischem Druck) nachgeben und das tun, was andere wollen ⟨ein Zeuge fällt um⟩

Um·fang *der* **1** die Länge einer Linie, die außen um einen Gegenstand läuft: *der Umfang eines Kreises* || -K: ***Brust-, Erd-*** **2** ≈ Größe ⟨etwas ist von beträchtlichem Umfang⟩ **3** die Konsequenzen, Folgen von etwas (*meist* Negativem): *ein Problem in seinem vollen Umfang erkennen*

um·fang·reich *Adj*; *nicht adv*; mit großem Umfang (2): *umfangreiche Nachforschungen*

um·fas·send *Adj* **1** vollständig ⟨ein Geständnis⟩ **2** ≈ umfangreich, weit reichend ⟨Kenntnisse, Maßnahmen⟩

Um·feld *das*; *nur Sg*; alle gesellschaftlichen, politischen und wirtschaftlichen Einflüsse, die auf j-n einwirken: *das soziale Umfeld eines Menschen*

Um·fra·ge *die*; Fragen, die man einer Gruppe von Menschen stellt, um das Verhalten, die Ansichten kennen zu lernen: *eine Umfrage unter Schülern*

Um·gang *der*; *nur Sg* **1** ***der Umgang*** (***mit j-m***) die regelmäßigen (freundschaftlichen) Kontakte zu j-m ⟨mit j-m Umgang haben, pflegen⟩ **2** die Menschen, zu denen man regelmäßig Kontakt hat ⟨guten, schlechten Umgang haben⟩ **3** ***der Umgang mit j-m / etwas*** das Behandeln von j-m oder die Benutzung eines Gegenstandes: *geschickt im Umgang mit Werkzeugen sein*

Um·gangs·for·men *die*; *Pl* ≈ Benehmen, Manieren ⟨gute Umgangsformen haben⟩

Um·gangs·spra·che *die*; die Sprache, die man *z.B.* zu Hause und im Umgang mit Freunden verwendet ↔ Schriftsprache || *hierzu* **um·gangs·sprach·lich** *Adj*

um·ge·ben; *umgibt, umgab, hat umgeben*; **1** ***etwas umgibt j-n / etwas*** etwas ist auf allen Seiten um j-n / etwas herum: *Hohe Mauern umgeben das Gefängnis* **2** ***etwas mit etwas umgeben*** um etwas eine Mauer, einen Zaun machen: *einen Garten mit einem Zaun umgeben*

◆ **Um·ge·bung** *die*; -, *-en* **1** das Gebiet, das um einen Ort oder um eine Stelle herum liegt ⟨die nächste, unmittelbare, weitere Umgebung⟩: *Die Stadt liegt in einer reizvollen Umgebung* **2** der Ort, an dem man lebt, und die Menschen, mit denen man Kontakt hat ⟨die gewohnte Umgebung; eine fremde Umgebung⟩

um·ge·hen[1] (*ist*) **1** ***mit j-m / etwas irgendwie umgehen*** eine Person irgendwie behandeln oder eine Sache irgendwie benutzen: *Er weiß, wie man mit Kindern* (*richtig*) *umgeht*

um·ge·hen[2]; *umging, hat umgangen* **1** ***j-n / etwas umgehen*** im Kreis oder Bogen um j-n / etwas herum gehen oder fahren: *ein Hindernis umgehen* **2** ***etwas umgehen*** etwas Unangenehmes vermeiden ⟨Schwierigkeiten umgehen⟩: Es *lässt sich nicht umgehen*, dass *du dich bei ihm entschuldigst* **3** ***j-n / etwas umgehen*** etwas tun, ohne j-n zu fragen oder ohne sich an eine Regel zu halten ⟨ein Gesetz, ein Verbot umgehen⟩ || *hierzu* **Um·ge·hung** *die*

um·ge·kehrt *Adj*; so, dass das Gegenteil der Fall ist (dass *z.B.* der Anfang das Ende ist): *Es war alles genau umgekehrt!*

um·ha·ben (*hat*) ***etwas umhaben*** *gespr*; etwas um einen Teil des Körpers herum tragen: *einen Schal umhaben*

um·hin·kön·nen; *konnte umhin, hat umhingekonnt*; ***nicht umhinkönnen*** + ***zu*** + *Infinitiv geschr*; keine andere Wahl haben, als etwas zu tun: *Obwohl er Mitleid mit der jungen Frau hatte, konnte der Polizist nicht umhin, ihr den Führerschein abzunehmen*

um·keh·ren (*hat / ist*) **1** (*ist*) sich wieder in

U

die Richtung bewegen, aus der man gekommen ist: *kurz vor dem Ziel umkehren* **2** ***etwas umkehren*** (*hat*) etwas in das Gegenteil verändern ⟨eine Entwicklung umkehren⟩ || *zu* **2 um·kehr·bar** *Adj*

um·kom·men (*ist*) **1** bei einem Unfall, einer Katastrophe oder im Krieg sterben: *Bei der Überschwemmung sind mehr als hundert Menschen umgekommen* **2** ***vor etwas*** (*Dat*) ***umkommen*** *gespr*; etwas nicht mehr ertragen können: *vor Langeweile fast umkommen*

Um·kreis *der*; ***im Umkreis von*** + *Entfernung* auf einer Fläche in der ungefähren Form eines Kreises, in der genannten Größe: *im Umkreis von zwanzig Kilometern*

Um·laut *der* **1** *nur Sg*; die Änderung von Vokalen in Wörtern (wie in *Magen – Mägen, Fuß – Füße, Ort – örtlich*) **2** ein Vokal, den man mit zwei Punkten schreibt, wie *ä, ö, ü* und *äu*

◆ **Um·lei·tung** *die*; eine Strecke, über die der Verkehr geleitet wird, weil eine andere Straße gesperrt ist

um·ler·nen (*hat*) **1** einen neuen Beruf lernen **2** neue und andere Gedanken entwickeln

um·rech·nen (*hat*) ***etwas*** (***in etwas*** (*Akk*)) ***umrechnen*** ausrechnen, wie viel etwas in einem anderen (Maß- oder Währungs)System ist: *Euro in Yen umrechnen*

Um·riss *der* **1** der Rand oder die Linie, welche die Form einer Person oder Sache gegen den Hintergrund zeigen ≈ Konturen: *den Umriss / die Umrisse eines Tieres zeichnen* **2** ***in*** (***groben***) ***Umrissen*** ohne Details

um·sat·teln; *sattelte um, hat umgesattelt*; (***auf etwas*** (*Akk*)) ***umsatteln*** *gespr*; ein neues Studium, einen neuen Beruf anfangen: *das Chemiestudium aufgeben und auf Physik umsatteln*

Um·satz *der*; der Gesamtwert der Waren, die in einem Zeitraum verkauft werden ⟨der Umsatz steigt, sinkt, stagniert⟩: *ein Umsatz von durchschnittlich tausend Euro pro Abend* || K-: ***Umsatz-, -rückgang, -steuer***

Um·schlag[1] *der* **1** eine Hülle, in die man einen Brief steckt, um ihn mit der Post zu schicken || -K: ***Brief-*** **2** eine Art Hülle, die um ein Buch gelegt ist || -K: ***Buch-*** **3** *meist Pl*; ein feuchtes Tuch, das man einem Kranken um einen Körperteil legt ⟨heiße Umschläge machen⟩

Um·schlag[2] *der* **1** ***ein Umschlag*** (***in etwas*** (*Akk*)) eine plötzliche, starke Veränderung des Wetters oder der Stimmung || -K: ***Stimmungs-, Wetter-*** **2** *nur Sg*; *Ökon*; das Laden von Waren von einem Fahrzeug auf ein anderes || K-: ***Umschlag-, -bahnhof*** || -K: ***Waren-***

um·schrei·ben[1]; *umschrieb, hat umschrieben* **1** ***etwas umschreiben*** etwas mit anderen Worten sagen: *einen schwierigen Begriff umschreiben* **2** ***etwas umschreiben*** die wichtigsten Merkmale von etwas (kurz) beschreiben || *hierzu* **Um·schrei·bung** *die*

um·schrei·ben[2] (*hat*) ***etwas umschreiben*** einen Text ändern und noch einmal schreiben: *Auf Wunsch des Verlags schrieb er das erste Kapitel des Romans um*

Um·schwung *der*; eine plötzliche, starke Änderung ⟨ein politischer, wirtschaftlicher Umschwung⟩ || -K: ***Stimmungs-, Wetter-***

um·se·hen, sich (*hat*) **1** ***sich*** (***irgendwo***) ***umsehen*** nach allen Seiten blicken und die Umgebung genau betrachten **2** ***sich*** (***nach etwas***) ***umsehen*** etwas suchen: *sich nach einem neuen Arbeitsplatz umsehen* **3** ***sich nach j-m umsehen*** *gespr*; versuchen, einen neuen Partner, Mitarbeiter *o.Ä.* zu finden

um·set·zen (*hat*) **1** ***etwas umsetzen*** Gegenstände oder Pflanzen an eine andere Stelle setzen **2** ***etwas in etwas*** (*Akk*) ***umsetzen*** etwas zu etwas verändern: *Sonnenenergie in Strom umsetzen* **3** ***etwas*** (***in die Praxis***) ***umsetzen*** etwas anwenden oder verwirklichen ⟨einen Plan, einen Vorschlag umsetzen⟩ **4** ***etwas umsetzen*** *Ökon*; Waren verkaufen: *Die Firma hat in diesem Jahr Maschinen im Wert von 10 Millionen Euro umgesetzt* || *hierzu* **um·setz·bar** *Adj*; *zu* **1-3 Um·set·zung** *die*

◆ **um·so** *Konjunktion*; ***umso*** + *Komparativ*; verwendet, wenn man ausdrücken will, dass eine bereits vorhandene Eigenschaft oder ein Zustand noch verstärkt wird ≈ desto: *Das Haus gefällt mir. Wenn der Preis noch reduziert wird - umso besser!*; *Je länger sie das Bild ansah, umso schöner fand sie es*

◆ **um·sonst** *Adv*; *gespr* **1** ohne dass es Geld kostet ≈ gratis, kostenlos ⟨etwas ist umsonst⟩ **2** ohne Geld oder ein Geschenk dafür zu bekommen: *In seiner Freizeit arbeitet er umsonst in einem Altersheim* **3** ohne Erfolg ≈ vergeblich, erfolglos ⟨j-s Anstrengungen sind umsonst⟩ **4** ***nicht umsonst*** nicht ohne Grund oder Absicht: *Ich habe euch nicht umsonst gewarnt*

Um·stand *der* **1** eine Tatsache oder ein Detail, die in einer Situation gegeben sind ⟨ein entscheidender, günstiger, glücklicher Umstand⟩: *aufgrund besonderer Umstände* **2 *unter Umständen*** ≈ vielleicht, möglicherweise **3 *unter diesen Umständen*** in der gegebenen Situation **4 *unter (gar) keinen Umständen*** ≈ auf (gar) keinen Fall **5 *unter allen Umständen*** ≈ unbedingt, auf jeden Fall **6** *nur Pl*; zusätzliche Arbeit, unnötiger Aufwand ⟨(nicht) viele Umstände mit j-m / etwas machen⟩: *Mach dir meinetwegen keine großen Umstände* (= Mach dir nicht viel Arbeit wegen mir) **7 *eine Frau ist in anderen Umständen*** *veraltend euph*; eine Frau ist schwanger

um·ständ·lich *Adj* **1** ziemlich langsam und ungeschickt: *Komm, sei doch nicht so umständlich!* **2** ⟨eine Methode, ein Verfahren⟩ so, dass es viel Mühe und Zeit kostet || *hierzu* **Um·ständ·lich·keit** *die*

Um·stands·wort *das* ≈ Adverb

♦ **um·stei·gen** (*ist*) **1** von einem (öffentlichen) Fahrzeug in ein anderes steigen, um damit weiterzufahren: *Geht dieser Zug bis Dortmund durch, oder muss ich umsteigen?* || K-: ***Umsteige-, -möglichkeit*** **2** ((***von etwas***) ***auf etwas*** (*Akk*)) ***umsteigen*** *gespr*; von etwas zu etwas anderem oder etwas Neuem wechseln: *vom Auto aufs Fahrrad umsteigen*; *auf vegetarische Ernährung umsteigen* || *zu* **2 Um·stieg** *der*

um·stel·len (*hat*) **1** (***etwas***) ***umstellen*** etwas von einem Platz an einen anderen stellen: *Möbel umstellen* **2 *etwas umstellen*** einen Hebel, Schalter anders stellen **3** (***j-n / etwas***) ((***von etwas***) ***auf etwas*** (*Akk*)) ***umstellen*** etwas ändern: *die Ernährung umstellen*; *(den Betrieb) auf Computer umstellen* **4 *sich*** ((***von etwas***) ***auf etwas*** (*Akk*)) ***umstellen*** sich veränderten Umständen anpassen: *sich auf ein anderes Klima umstellen* || *hierzu* **Um·stel·lung** *die*; *zu* **1-3 um·stell·bar** *Adj*

♦ **um·tau·schen** (*hat*) **1 *etwas*** (***gegen / in etwas*** (*Akk*)) ***umtauschen*** etwas, das man gekauft oder geschenkt bekommen hat, wieder in das Geschäft zurückbringen und etwas anderes dafür nehmen: *ein Geschenk umtauschen* **2 *etwas*** (***in etwas*** (*Akk*)) ***umtauschen*** Geld gegen Geld einer anderen Währung tauschen: *vor der Reise Geld umtauschen* || *hierzu* **Um·tausch** *der*

um·strit·ten *Adj*; so, dass es Meinungen dafür, aber auch dagegen gibt ⟨eine Methode, eine Theorie; etwas ist umstritten⟩

Um·sturz *der*; das Stürzen einer Regierung (*meist* durch Gewalt) und die Einführung eines neuen politischen Systems || K-: ***Umsturz-, -pläne*** || -K: ***Regierungs-***

um·tun (*hat*) **1** (***j-m / sich***) ***etwas umtun*** *gespr*; etwas anziehen, indem man es um einen Körperteil legt: *sich eine Schürze umtun* **2 *sich*** (***nach etwas***) ***umtun*** *gespr*; sich um etwas bemühen: *sich nach einer Arbeit umtun*

um·wech·seln (*hat*) ***etwas*** (***in etwas*** (*Akk*)) ***umwechseln*** ≈ wechseln[2], umtauschen (2): *Dollars in Euro umwechseln* || *hierzu* **Um·wechs·lung** *die*

Um·weg *der*; ein Weg zu einem Ziel, der länger ist als der direkte Weg dorthin ⟨einen Umweg machen, fahren⟩ || ID ***etwas auf Umwegen erfahren*** eine Nachricht nicht direkt, sondern durch eine dritte Person bekommen

♦ **Um·welt** *die*; *nur Sg* **1** die Erde, die Luft, das Wasser, die Pflanzen und Tiere als Lebensraum für die Menschen: *gegen die Verschmutzung der Umwelt kämpfen* || K-: ***Umwelt-, -belastung, -katastrophe, -schäden, -verschmutzung*** **2** die gesellschaftlichen Verhältnisse, in denen ein Mensch lebt und die seine Entwicklung beeinflussen **3** die Menschen, zu denen man Kontakt hat: *von der Umwelt nicht verstanden werden*

um·wer·fen (*hat*) **1 *j-n / etwas umwerfen*** kurz und kräftig (mit oder ohne Absicht) gegen eine Person oder Sache stoßen, sodass diese zu Boden fällt: *ein Glas Wein umwerfen* **2 *etwas wirft j-n um*** *gespr*; etwas überrascht j-n sehr **3 *etwas umwerfen*** *gespr*; etwas ganz anders machen, als es vorher geplant war ⟨Pläne umwerfen⟩

um·wer·fend *Adj*; *gespr*; sehr beeindruckend: *Du siehst umwerfend aus!*

♦ **um·zie·hen**[1] (*ist*) (***irgendwohin***) ***umziehen*** die Wohnung (oder den Wohnort) wechseln: *in eine größere Wohnung umziehen*

♦ **um·zie·hen**[2], **sich** (*hat*) ***sich umziehen*** sich andere Kleidung anziehen

Um·zug *der* **1** das Umziehen[1]: *der Umzug in die neue Wohnung*; *der Umzug nach Berlin* || K-: ***Umzugs-, -kosten*** **2** eine Art Veranstaltung, bei der viele Menschen (*bes* im Karneval) durch die Straßen gehen

un- *im Adj*; *meist betont*; drückt das Gegenteil des Adjektivs aus, vor dem es steht;

echt ↔ ***unecht*** ⟨Schmuck⟩; ***sicher*** ↔ ***unsicher*** ⟨eine Sache⟩; ***abhängig*** ↔ ***unabhängig*** ⟨ein Staat⟩; ***annehmbar*** ↔ ***unannehmbar*** ⟨eine Forderung⟩; ***appe-***

U

titlich ↔ ***unappetitlich*** ⟨eine Speise⟩; ***fair*** ↔ ***unfair*** ⟨ein Spieler⟩; ***populär*** ↔ ***unpopulär*** ⟨eine Maßnahme⟩; ***bedeutend*** ↔ ***unbedeutend*** ⟨ein Schriftsteller⟩ || Hinweis: Von den meisten Adjektiven, die so entstanden sind, können Substantive gebildet werden, *z.B. Unsicherheit, Unabhängigkeit, Annehmbarkeit*

◆ **ụn·ab·hän·gig** *Adj* **1** (***von j-m / etwas***) ***unabhängig*** so, dass man keine Hilfe oder Unterstützung braucht: *von den Eltern finanziell unabhängig sein* **2** ***von j-m / etwas unabhängig*** nicht von j-m beeinflusst: *Die beiden Wissenschaftler haben unabhängig voneinander das Virus entdeckt*; *im Urlaub vom Wetter unabhängig sein* **3** ≈ autonom, souverän ⟨ein Staat⟩ **4** ***unabhängig davon, ob ...*** gleichgültig, ob ..., egal, ob ... || *zu* **1-3 Ụn·ab·hän·gig·keit** *die*

ụn·ab·sicht·lich *Adj*; ohne Absicht

ụn·an·ge·nehm *Adj* **1** für j-n schwierig oder ungünstig ⟨in einer unangenehmen Lage sein⟩ **2** so, dass man sich nicht wohl fühlt ⟨ein Geruch⟩ **3** ≈ unsympathisch **4** ***etwas ist j-m unangenehm*** ≈ etwas ist j-m peinlich

ụn·an·stän·dig *Adj*; ⟨ein Mensch; ein Witz⟩ so, dass sie gegen die guten Sitten oder gegen die Moral verstoßen || *hierzu* **Ụn·an·stän·dig·keit** *die*

ụn·auf·fäl·lig *Adj* **1** nicht auffällig ≈ dezent ⟨eine Farbe, eine Kleidung⟩ **2** ohne von j-m bemerkt zu werden ⟨j-n unauffällig beobachten⟩ || *hierzu* **Ụn·auf·fäl·lig·keit** *die*

ụn·auf·merk·sam *Adj*; so, dass man sich nicht gut konzentriert, nicht zuhört: *im Unterricht unaufmerksam sein* || *hierzu* **Ụn·auf·merk·sam·keit** *die*

◆ **ụn·be·dingt** *Adv*; auf jeden Fall, unter allen Umständen: *etwas unbedingt wissen wollen*; *Ich muss dir unbedingt mein neues Kleid zeigen!*

ụn·be·ding·t- *Adj*; *nur attr, nicht adv*; *gespr*; so, dass etwas in allen Fällen gilt, da ist ⟨Treue, Vertrauen⟩

ụn·be·frie·di·gend *Adj*; so, dass man damit nicht zufrieden ist ⟨ein Ergebnis⟩

ụn·be·frie·digt *Adj* **1** (***über etwas*** (*Akk*)) ***unbefriedigt*** mit etwas nicht zufrieden **2** (sexuell) nicht zufrieden

ụn·be·gabt *Adj*; *nicht adv*; ***unbegabt*** (***für etwas***) ohne die nötigen Fähigkeiten für etwas

ụn·be·greif·lich *Adj*; (***j-m / für j-n***) ***unbegreiflich*** nicht erklärbar, nicht verständlich: *Es ist mir unbegreiflich, wie das passieren konnte!*

ụn·be·hag·lich *Adj* **1** so, dass man sich dort nicht wohl fühlt ⟨ein Zimmer⟩ **2** mit einem unangenehmen Gefühl || *hierzu* **Ụn·be·hag·lich·keit** *die*

ụn·be·herrscht *Adj*; ohne Kontrolle über negative Gefühle ⟨unbeherrscht sein, reagieren⟩ || *hierzu* **Ụn·be·herrscht·heit** *die*

ụn·be·hol·fen *Adj*; (*bes* in den Bewegungen) ungeschickt || *hierzu* **Ụn·be·hol·fen·heit** *die*

◆ **ụn·be·kannt** *Adj*; *nicht adv* **1** nicht bekannt oder nicht erkannt: *Ein unbekannter Mann hat die Bank ausgeraubt* **2** nicht berühmt ↔ bekannt: *ein relativ unbekannter Künstler* **3** ***etwas ist j-m unbekannt*** j-d weiß, kennt etwas nicht: *Dieser Umstand war mir bis heute unbekannt* **4** ***j-d ist j-m unbekannt*** j-d kennt j-n nicht: *Eine Frau Wilkens ist mir völlig unbekannt*

ụn·be·liebt *Adj*; (***bei j-m***) ***unbeliebt*** (bei j-m) nicht beliebt || ID ***sich*** (***bei j-m***) ***unbeliebt machen*** durch sein Verhalten bewirken, dass j-d einen nicht mag || *hierzu* **Ụn·be·liebt·heit** *die*

ụn·be·mannt *Adj*; so, dass keine Menschen da sind, um *meist* ein Fahrzeug zu bedienen ⟨ein Raumschiff⟩

ụn·be·quem *Adj* **1** nicht bequem ≈ ungemütlich: *Auf diesem Sessel sitzt man sehr unbequem* **2** ⟨ein Mensch⟩ so, dass er sich nicht anpasst, sondern immer kritisch bleibt **3** ⟨Fragen⟩ so, dass sie bei der Antwort Schwierigkeiten bereiten || *zu* **1 Ụn·be·quem·lich·keit** *die*

ụn·be·schreib·lich *Adj*; so groß, so intensiv, dass man es nicht oder kaum beschreiben kann: *Er hat unbeschreibliches Glück gehabt*

ụn·be·schwert *Adj*; ohne Sorgen und Probleme und deshalb fröhlich, glücklich || *hierzu* **Ụn·be·schwert·heit** *die*

ụn·be·stimmt *Adj*; *nicht adv* **1** ⟨Ängste, ein Verdacht⟩ so, dass man sie nicht genau bestimmen oder erklären kann **2** so, dass etwas nicht gut und genau beschrieben ist: *Der Zeuge machte unbestimmte Angaben zum Ablauf des Verbrechens* **3** so, dass es noch nicht sicher ist: *Es ist noch unbestimmt*, wann *wir in Urlaub fahren*

ụn·be·wusst *Adj* **1** nicht bewusst (1) ≈ instinktiv ⟨Ängste⟩ **2** *meist adv*; ohne sich zu konzentrieren ≈ nebenbei ⟨etwas unbewusst wahrnehmen⟩ **3** ohne Absicht: *j-n unbewusst kränken*

◆ **ụnd** *Konjunktion* **1** verwendet, um (bei einer Aufzählung) einzelne Wörter, Satzteile oder Sätze zu verbinden: *Susanne*

U

und Monika; *ein Kleid mit roten und schwarzen Streifen*; *Ich habe Klavier gespielt, und er hat gelesen* **2** verwendet mit zwei gleichen Verben, um so Intensität oder Dauer auszudrücken: *Es schneite und schneite*; *Der Regen wollte und wollte nicht aufhören*; *Er überlegte und überlegte* **3** verwendet mit zwei gleichen Komparativen, um so Intensität auszudrücken: *Der Lärm wurde stärker und stärker* (= immer stärker) **4** verwendet, um eine gedankliche Folge auszudrücken, die sich aus dem Zusammenhang, der Situation ergibt (Bedingung, Grund, Zweck): *Ich werde die Prüfung bestehen, und wenn sie noch so schwer ist!*; *Sei doch bitte so nett und reiche mir den Zucker herüber*; *Er ist imstande und macht das auch* **5** verwendet, um eine Addition zu formulieren ≈ plus: *zwei und zwei ist vier* **6** ***und so weiter*** *meist* als Abkürzung verwendet, um auszudrücken, dass man eine Aufzählung um ähnliche Dinge erweitern könnte; *Abk* usw. **7** ***und Ähnliche(s)*** ≈ und so weiter; *Abk* u.Ä. **8** ***und dergleichen*** und ähnliche Dinge, die man nicht nennen kann oder will; *Abk* u. dgl.: *Er besitzt viele Aktien und dergleichen*

ụn·deut·lich *Adj*; schlecht zu erkennen, zu lesen, zu verstehen ⟨ein Foto; eine Aussprache; etwas nur undeutlich erkennen können⟩ || *hierzu* **Ụn·deut·lich·keit** *die*

ụn·dicht *Adj*; so, dass *bes* Wasser, Kälte oder Luft hindurchkommen können ⟨eine Leitung, ein Dach, ein Fenster⟩

ụn·echt *Adj* **1** nicht echt ≈ imitiert, künstlich (1) ⟨Schmuck, Haare⟩ **2** nicht ehrlich: *Ihre Freundlichkeit war unecht*

ụn·e·he·lich *Adj*; nicht in einer Ehe geboren ⟨ein Kind; unehelich (geboren) sein⟩ || *hierzu* **Ụn·e·he·lich·keit** *die*

ụn·ehr·lich *Adj*; nicht ehrlich und so, dass Betrug oder Lüge dabei ist || *hierzu* **Ụn·ehr·lich·keit** *die*

ụn·ei·nig *Adj*; (***in etwas*** (*Dat*)) ***uneinig*** verschiedener Meinung: *In diesem Punkt sind wir beide uns noch uneinig / bin ich mit ihr uneinig* || *hierzu* **Ụn·ei·nig·keit** *die*

un·ẹnd·lich *Adj* **1** (scheinbar) ohne räumliche Grenzen: *die unendliche Weite des Ozeans* **2** (scheinbar) ohne zeitliches Ende ≈ endlos: *Die Zeit des Wartens schien ihm unendlich* **3** *nicht adv*; sehr groß, stark, intensiv: *unendliche Geduld mit j-m haben* **4** *nur adv*; verwendet, um Adjektive und Verben zu verstärken ≈ sehr: *unendlich traurig, glücklich über etwas sein* **5** *Math*; größer als jede beliebige Zahl / Größe; *Zeichen* ∞

ụn·er·hört *Adj* **1** *pej* ≈ empörend, skandalös: *Das sind ja unerhörte Sachen!*; *Es ist wirklich unerhört, dass ...* **2** *nicht adv* ≈ sehr groß, stark, intensiv: *Bei dem Unfall hatte er unerhörtes Glück* **3** *nur adv* ≈ sehr: *eine unerhört wichtige Angelegenheit*

ụn·er·war·tet *Adj*; so, dass niemand daran gedacht hat oder darauf vorbereitet war ≈ überraschend ⟨ein Besuch, eine Nachricht⟩

ụn·fä·hig *Adj*; *nicht adv*; (***zu etwas***) ***unfähig*** nicht in der Lage, etwas Bestimmtes zu tun: *Er ist unfähig, eine Entscheidung zu treffen*; *Sie ist zu einem Mord unfähig* || *hierzu* **Ụn·fä·hig·keit** *die*

ụn·fair *Adj* **1** nicht fair (1) ≈ ungerecht ⟨ein Verhalten; zu unfairen Mitteln greifen; j-n unfair beurteilen⟩ **2** nicht so, wie in den Regeln des Sports bestimmt ⟨ein Spieler⟩

◆ **Ụn·fall** *der*; ein Ereignis, bei dem (*meist* aus Folgen einer Handlung) Menschen verletzt oder getötet werden und / oder Dinge beschädigt oder zerstört werden ⟨ein leichter, schwerer, tödlicher Unfall; einen Unfall haben, verursachen; bei einem Unfall verletzt werden; ein Unfall ereignet sich⟩ || K-: ***Unfall-, -folgen, -opfer, -ort, -schaden, -tod, -ursache*** || -K: ***Arbeits-, Auto-***

ụn·freund·lich *Adj* **1** nicht freundlich, unhöflich ⟨j-n unfreundlich behandeln; j-m unfreundlich antworten⟩ **2** regnerisch und kalt: *unfreundliches Wetter* || *zu* **1** **Ụn·freund·lich·keit** *die*

Ụn·fug *der*; *-(e)s*; *nur Sg* **1** ≈ Unsinn: *Das ist doch Unfug, was du da sagst!* **2** unpassendes Benehmen, durch das andere gestört werden ⟨Unfug machen, treiben⟩ **3** ***grober Unfug*** *Recht*; ein Benehmen, bei dem man aus Leichtsinn andere in Gefahr bringt oder Sachen beschädigt

Ụn·ge·duld *die* **1** die Unfähigkeit, ruhig zu bleiben, wenn man auf j-n / etwas wartet ⟨voll(er) Ungeduld sein⟩ **2** ***Ungeduld*** (***über j-n / etwas***) die Unfähigkeit, *z.B.* Fehler und Schwächen anderer Menschen oder Schwierigkeiten zu akzeptieren: *Er konnte seine Ungeduld über meine Unaufmerksamkeit nicht verbergen* || *hierzu* **ụn·ge·dul·dig** *Adj*

ụn·ge·eig·net *Adj*; *nicht adv*; (***für / zu etwas***) ***ungeeignet*** für etwas nicht geeignet: *Er ist für den Beruf des Schauspielers denkbar ungeeignet*; *Diese Methode ist dazu völlig ungeeignet*

◆ **ụn·ge·fähr** *Adv*; ***ungefähr*** + *Angabe der Länge, der Menge, der Zeit* nicht genau, vielleicht etwas mehr oder weniger (oder früher / später): *Die Strecke ist ungefähr 10 Kilometer lang*; *Im Zimmer waren ungefähr 20 Personen*; *Er kommt so ungefähr um Mitternacht zurück*

un·ge·heu·er *Adj* **1** *nicht adv*; sehr groß, sehr stark oder sehr intensiv: *eine ungeheure Menge Geld*; *die ungeheure Entfernung zwischen der Erde und der Sonne* **2** *nur adv* ≈ sehr: *eine ungeheuer wichtige Nachricht bekommen*; *Ich habe mich ungeheuer über deinen Besuch gefreut* || Hinweis: *ungeheuer* → *ungeheures Glück*

Un·ge·heu·er *das*; *-s*, *-*; **1** ein großes und *meist* böses Tier, wie es in Märchen und Mythen vorkommt: *das Ungeheuer von Loch Ness* **2** ein böser, grausamer Mensch

un·ge·nau *Adj* **1** nicht genau ↔ exakt, präzise ⟨eine Angabe, eine Messung⟩ **2** nicht sorgfältig ⟨ungenau arbeiten⟩ || *hierzu* **Un·ge·nau·ig·keit** *die*

un·ge·recht *Adj*; nicht gerecht ⟨ein Richter; ein Urteil, eine Strafe, eine Benotung, eine Bewertung, eine Zensur; j-n ungerecht beurteilen, behandeln; ungerecht gegen j-n sein⟩

un·gern *Adv*; nicht gern ≈ widerwillig ⟨etwas (nur) ungern tun⟩

un·ge·schickt *Adj* **1** nicht fähig, praktische Probleme schnell und einfach zu lösen ⟨ein Mensch⟩ **2** nicht klug, nicht diplomatisch: *Es war ungeschickt von dir, sie nicht einzuladen* **3** nicht auf die übliche und natürliche Weise ⟨eine Bewegung; sich (bei etwas) ungeschickt anstellen⟩ **4** nicht elegant ⟨eine Formulierung; sich ungeschickt ausdrücken⟩ || *hierzu* **Un·ge·schickt·heit** *die*

un·ge·schminkt *Adj* **1** ohne Lippenstift, ohne Schminke **2** *meist* ***die ungeschminkte Wahrheit*** die volle (aber unangenehme) Wahrheit

◆**un·ge·wöhn·lich** *Adj* **1** anders als sonst, anders als erwartet: *„Er ist noch nicht im Büro." – „Das ist aber ungewöhnlich!"* **2** *nur adv* ≈ besonders: *Dieser Winter ist ungewöhnlich mild*

un·ge·wohnt *Adj*; *nicht adv*; für j-n fremd ⟨ein Anblick, eine Umgebung⟩

un·ge·wollt *Adj*; ohne Absicht

un·gleich[1] *Adj* **1** so, dass ein Unterschied besteht ≈ verschieden(artig): *Er hat zwei ungleiche Socken an*; *Die Bretter sind ungleich lang* **2** ***ein ungleicher Kampf*** ein Kampf, bei dem einer der Gegner wesentlich stärker ist || *hierzu* **Un·gleich·heit** *die*

un·gleich[2] *Adv*; ***ungleich*** + *Komparativ* verwendet, um ein Adjektiv zu verstärken ≈ bei weitem, weitaus: *Sie hat das Problem ungleich besser gelöst als er*

◆**Un·glück** *das*; *-(e)s*, *-e* **1** *meist Sg*; ein plötzliches Ereignis, bei dem Menschen verletzt oder getötet und / oder Sachen schwer beschädigt oder zerstört werden (wie *z.B.* ein Erdbeben) ⟨ein Unglück geschieht, passiert, ereignet sich⟩: *Das Unglück hat mehrere Tote und Verletzte gefordert* || K-: ***Unglücks-, -ort, -stelle*** || -K: ***Erdbeben-, Zug-*** **2** *nur Sg*; ein Zustand, in dem Menschen großen Kummer, Armut oder Krankheit ertragen müssen: *Der Krieg hat Unglück über das Land gebracht* **3** *nur Sg* ≈ Pech || ID ***ins Unglück rennen*** *gespr*; sich (ungewollt) in eine schlimme, ungünstige Lage bringen; ***Ein Unglück kommt selten allein*** oft passieren mehrere unangenehme Dinge in kurzer Zeit

un·glück·lich *Adj* **1** traurig und deprimiert ⟨einen unglücklichen Eindruck machen⟩ **2** nicht günstig ⟨ein Zufall; etwas endet unglücklich⟩ **3** mit negativen Konsequenzen ⟨unglücklich fallen⟩ **4** so, dass es falsch interpretiert werden kann ⟨eine Formulierung⟩

un·gül·tig *Adj* **1** nicht (mehr) gültig ⟨eine Fahrkarte, ein (Reise)Pass⟩ **2** ***etwas für ungültig erklären*** bestimmen, dass etwas nicht mehr gültig ist || *hierzu* **Un·gül·tig·keit** *die*

un·güns·tig *Adj*; ***ungünstig* (*für j-n / etwas*)** (in der gegebenen Situation oder für einen Zweck) schlecht, mit Nachteilen verbunden: *zu einem ungünstigen Zeitpunkt*; *unter ungünstigen Bedingungen* || *hierzu* **Un·güns·tig·keit** *die*

un·heil·bar *Adj*; so, dass eine Heilung nicht möglich ist ⟨eine Krankheit; unheilbar krank sein⟩ || *hierzu* **Un·heil·bar·keit** *die*

◆**un·heim·lich** *Adj* **1** ⟨eine Erscheinung, eine Gestalt⟩ so, dass sie Angst machen: *Mir ist unheimlich* (= ich habe Angst); *Er ist mir unheimlich* (= ich habe irgendwie Angst vor ihm); *eine unheimliche, dunkle Straße* **2** *nur attr, nicht adv*; *gespr*; sehr groß, stark, intensiv: *einen unheimlichen Hunger, Durst haben* **3** *nur adv*; *gespr* ≈ sehr: *unheimlich groß*; *Ich habe mich unheimlich gefreut* || *zu* **1 Un·heim·lich·keit** *die*

un·höf·lich *Adj*; nicht höflich ⟨eine Antwort; unhöflich zu j-m sein⟩ || *hierzu* **Un·höf·lich·keit** *die*

U·ni·form *die*; *-*, *-en*; Kleidung, die in Stoff, Farbe und Form einheitlich gestaltet ist und die *z.B.* Polizisten oder Soldaten tragen || K-: ***Uniform-, -jacke*** || -K: ***Polizei-***

◆ **U·ni·ver·si·tät** [-v-] *die*; -, *-en*; eine Institution, an der Wissenschaften gelehrt werden und an der Forschungen gemacht werden ⟨an der Universität studieren, lehren; auf die / zur Universität gehen⟩ || K-: ***Universitäts-, -bibliothek, -klinik, -professor*** || *hierzu* **u·ni·ver·si·tär** *Adj*

un·klar *Adj* **1** nicht deutlich und so, dass man es nicht verstehen kann ⟨sich unklar ausdrücken⟩ **2** nicht geklärt, nicht gewiss: *Es ist noch unklar, wie es dazu kommen konnte* **3** ohne deutliche Konturen ≈ unscharf ⟨ein Bild⟩ **4** ***sich*** (*Dat*) ***über etwas*** (*Akk*) ***im Unklaren sein*** etwas noch nicht wissen, über etwas (noch) Zweifel haben **5** ***j-n über etwas*** (*Akk*) ***im Unklaren lassen*** j-n über etwas nicht genau oder richtig informieren || *zu* **1-3 Un·klar·heit** *die*

Un·kos·ten *die*; *Pl*; Kosten, die man *meist* zusätzlich zu den normalen Kosten hat ⟨etwas ist mit Unkosten verbunden⟩ || ID ***sich in Unkosten stürzen*** *gespr*; viel Geld ausgeben

Un·kraut *das*; *nur Sg*; kleine Pflanzen, die (wild) zwischen solchen Pflanzen wachsen, die der Mensch angebaut hat ⟨Unkraut jäten⟩ || K-: ***Unkraut-, -bekämpfung***

Un·men·ge *die* **1** *gespr*; ***eine Unmenge*** (***von / an etwas*** (*Dat*)); ***eine Unmenge*** + *Subst* sehr viel von etwas: *Im Urlaub haben wir eine Unmenge (an / von) Geld verbraucht* **2** ***in Unmengen*** *gespr*; in sehr großer Zahl oder Menge

un·mensch·lich *Adj* **1** brutal, grausam, ohne Mitgefühl gegenüber Menschen oder Tieren ⟨eine Grausamkeit, eine Tat⟩ **2** so, dass die Umstände sehr schlecht sind ⟨unmenschliche Bedingungen⟩ **3** *gespr* ≈ sehr groß, stark, intensiv ⟨eine Hitze, eine Kälte; eine Quälerei⟩ || *zu* **1** und **2 Un·mensch·lich·keit** *die*

un·mit·tel·bar *Adj* ≈ direkt: *Ein Krieg steht unmittelbar bevor*

un·mög·lich *Adj* **1** *nur präd oder adv*; so, dass man es nicht machen, verwirklichen kann: *Was du von mir verlangst, ist völlig unmöglich!*; *Nach dem Bau des Hauses können wir unmöglich in Urlaub fahren!* **2** *gespr pej*; vom Normalen, *bes* von den gesellschaftlichen Regeln, abweichend ⟨ein Mensch; unmöglich gekleidet sein; sich unmöglich benehmen⟩ || ID ***sich*** (***vor j-m***) ***unmöglich machen*** sich vor anderen lächerlich benehmen || *zu* **1 Un·mög·lich·keit** *die*

un·nö·tig *Adj* **1** nicht (unbedingt) notwendig ≈ überflüssig ⟨eine Maßnahme für unnötig halten; sich unnötige Sorgen machen⟩ **2** so, dass es nicht geschehen muss ⟨ein Fehler, ein Missverständnis⟩

un·nütz *Adj* **1** ohne Nutzen ≈ nutzlos ⟨Anstrengungen⟩ **2** ≈ unnötig (1), überflüssig: *unnützes Zeug*

un·pünkt·lich *Adj*; nicht pünktlich || *hierzu* **Un·pünkt·lich·keit** *die*

un·recht *Adj* **1** *geschr*; moralisch und sittlich schlecht ⟨eine Tat; unrecht handeln; etwas Unrechtes tun⟩ **2** nicht günstig ⟨im unrechten Augenblick⟩ **3** ***j-m unrecht tun*** j-n ungerecht beurteilen oder behandeln

Un·recht *das*; *nur Sg* **1** eine (*oft* böse) Handlung, mit der man anderen schadet ⟨j-m ein Unrecht zufügen; ein Unrecht begehen⟩ **2** ***zu Unrecht*** so, dass es nicht richtig, nicht wahr ist ⟨j-n zu Unrecht beschuldigen⟩ **3** ***im Unrecht sein***; ***Unrecht haben*** bei einem Streit nicht das Recht auf seiner Seite haben **4** ***Unrecht haben*** sich irren, etwas Falsches glauben: *mit einer Vermutung Unrecht haben*

◆ **un·re·gel·mä·ßig** *Adj* **1** in unterschiedlichen Abständen ⟨der Puls, die Atmung; unregelmäßig atmen⟩ **2** *Ling*; ⟨Formen, Verben⟩ dadurch gekennzeichnet, dass sie nicht nach der üblichen Art gebildet werden, *z.B. schreiben - schrieb*

un·rein *Adj* **1** nicht sauber ≈ schmutzig, verschmutzt ⟨Luft, Wasser⟩ **2** nicht klar ≈ unsauber ⟨Töne⟩ **3** ***unreine Haut*** Haut mit Pickeln || *hierzu* **Un·rein·heit** *die*

Un·ru·he *die*; -, *-n* **1** *nur Sg*; ein Zustand, in dem man nervös ist, Sorgen hat: *Voll Unruhe blickte sie immer wieder auf die Uhr* **2** *nur Sg*; störende Geräusche, wenn sich viele Menschen bewegen oder miteinander reden ↔ Stille **3** *nur Sg*; allgemeine Unzufriedenheit, Ärger: *Das neue Gesetz sorgte für Unruhe im Land* **4** *nur Pl*; Kämpfe auf der Straße aus Protest

un·ru·hig *Adj* **1** nervös (und besorgt): *Sie wurde unruhig, als das Kind nicht aus der Schule heimkam* **2** mit vielen Störungen: *einen unruhigen Schlaf haben*; *eine unruhige Nacht verbringen* **3** ständig in Bewegung, laut ⟨ein Kind⟩ **4** mit viel Verkehr, viel Lärm ⟨eine Gegend, eine Straße⟩ **5** nicht gleichmäßig ⟨ein Rhythmus, ein Verlauf⟩ **6** mit großen (politischen) Veränderungen ⟨eine Zeit⟩ **7** mit relativ hohen Wellen ⟨das Meer⟩

uns[1] *Reflexivpronomen der 1. Person Pl* (*wir*), *Akkusativ und Dativ*: *Wir haben uns sehr geschämt*; ↑ *Anhang 8*: ***Reflexivpronomen***

uns[2] *reziprokes Pronomen der 1. Person Pl*

(*wir*), *Akkusativ und Dativ*: *Wir hatten uns lange nicht gesehen*; ↑ *Anhang 8*: ***Reflexivpronomen***

uns[3] *Personalpronomen der 1. Person Pl* (*wir*), *Akkusativ und Dativ*: *Wer kann uns jetzt noch helfen?*; ↑ *Anhang 4*: ***Personalpronomen***

Un·schuld *die*; *nur Sg* **1** das Unschuldigsein ⟨seine Unschuld beteuern; j-s Unschuld beweisen⟩ **2** ≈ Naivität (aus Mangel an Erfahrung): *die Unschuld eines kleinen Kindes* **3** *veraltend*; der Zustand, noch keine sexuellen Erfahrungen zu haben

un·schul·dig *Adj* **1** ohne Schuld (1) ⟨unschuldig verurteilt werden⟩: *Der Angeklagte war unschuldig* **2** ***unschuldig*** (***an etwas*** (*Dat*)) an etwas nicht beteiligt: *Bei dem Kampf wurden auch viele Unschuldige verletzt* **3** noch nicht fähig, Böses zu erkennen ⟨ein Kind⟩ **4** ohne böse Absicht oder Folgen ≈ harmlos ⟨eine Bemerkung, eine Frage, ein Vergnügen⟩

◆**un·ser** *Possessivpronomen der 1. Person Pl* (*wir*): *Wir haben unser Haus verkauft*; ↑ *Anhang 5*: ***Possessivpronomen***

un·se·r- *Possessivpronomen der 1. Person Pl* (*wir*); ↑ ***mein-***

un·si·cher *Adj* **1** *nicht adv*; so, dass man noch nicht weiß, wie es enden oder sein wird ≈ ungewiss ⟨eine Zukunft⟩: Es *ist noch unsicher*, ob *sie kommen wird* **2** *nicht adv*; so, dass man sich darauf nicht verlassen kann ⟨ein Ergebnis, eine Methode⟩ **3** so, dass man etwas nicht oder nicht mehr genau weiß: *Jetzt bin ich* (*mir*) *doch unsicher, ob ich die Tür wirklich abgeschlossen habe* **4** so, dass man ein wenig Angst hat ⟨ein Blick; unsicher lächeln⟩ **5** so, dass man bei einer Tätigkeit nur wenig Übung (und daher Probleme) hat ⟨ein Autofahrer; mit unsicheren Schritten⟩ **6** ≈ gefährlich ⟨eine Gegend, eine Straße⟩

Un·sinn *der*; *nur Sg* **1** eine Aussage, eine Handlung, die sehr dumm, sinnlos ist ⟨kompletter Unsinn; Unsinn reden⟩: *Es war Unsinn, bei diesem schlechten Wetter zum Baden zu gehen*; *Ich habe einen großen Unsinn gemacht* **2** etwas, das man aus Spaß tut: *mit Freunden viel Unsinn machen* **3** ***Unsinn!*** *gespr*; verwendet, um eine Vermutung oder Behauptung entschieden zurückzuweisen: *„Ich bin so hässlich!“ - „Unsinn!“*

un·taug·lich *Adj*; *nicht adv*; ***untauglich*** (***für etwas***) nicht für etwas geeignet, nicht zu etwas fähig ⟨ein Mittel⟩: *Sie ist untauglich für schwere körperliche Arbeit* || -K: ***arbeits-***

U

◆**un·ten** *Adv* **1** an einer Stelle, die (*meist* vom Sprecher oder vom Handelnden aus gesehen) tiefer als eine andere Stelle liegt: *Auf den Bergen liegt noch Schnee, aber unten im Tal blühen schon die Bäume*; *Er ging nach unten in den Keller* **2** an dem Teil, der näher zum Boden hin liegt, an der Unterseite: *Die Tasche hat unten ein Loch*; *Die Papiere liegen ganz unten in meinem Schreibtisch* **3** auf einem Blatt Papier oder in einem Text an einer Stelle, zu der man beim Lesen später kommt: *Die Unterschrift steht links unten* **4** weiter im Süden: *Er wohnt jetzt unten in Italien* **5** von niedrigem sozialen Status ⟨sich von unten hocharbeiten⟩

◆**un·ter**[1] *Präp* **1** *mit Dat*; in einer Position, die räumlich tiefer ist als j-d / etwas (mit oder ohne Abstand) ↔ auf, über: *unter der Bettdecke liegen*; *Kartoffeln wachsen unter der Erde*; *Der Hund liegt unter dem Tisch* **2** *mit Akk*; in einer Richtung nach einer tiefer gelegenen Stelle: *einen Teppich unter den Tisch legen* **3** *mit Dat*; von etwas bedeckt oder umgeben: *ein Hemd unter dem Pullover tragen* **4** *mit Dat*; als Teil von Personen / Dingen in einer Gruppe, Menge: *Ist einer unter euch, der die Antwort kennt?*; *Unter den Eiern waren zwei faule* **5** *mit Dat* ≈ zwischen (3): *Es gab Streit unter den Schülern* **6** *mit Dat*; einer Bezeichnung, Nummer zugeordnet: *ein Bericht unter der Überschrift „Künstler der Gegenwart“*; *j-n unter einer Anschrift, Telefonnummer erreichen* **7** *mit Akk*; verwendet, um auszudrücken, dass j-d / etwas j-m / etwas zugeordnet wird: *Sind Viren unter die Tiere zu rechnen?* **8** *mit Dat*; weniger als der genannte Wert, die genannte Zahl, das genannte Niveau: *etwas unter Preis verkaufen müssen*; *Eintritt frei für Kinder unter sechs Jahren*; *Seine Leistungen liegen weit unter dem Durchschnitt* **9** *mit Akk*; einen genannten Wert, eine genannte Zahl, ein genanntes Niveau nicht erreichend: *Die Temperaturen bleiben nachts unter dem Gefrierpunkt* **10** *mit Dat*; mit den genannten näheren Umständen: *unter Tränen gestehen*; *unter Schmerzen*; *Der Star betrat unter dem Beifall der Zuschauer die Bühne*; *j-n unter Gefahr für das eigene Leben aus einem brennenden Haus retten* **11** *mit Dat*; verwendet, um eine Voraussetzung für eine Handlung zu bezeichnen ⟨unter der Bedingung / Voraussetzung, dass ...⟩ || ID ***unter der Woche*** *gespr*; während der Woche (nicht am Wochenende); *meist* ***Wir wollen unter 'uns*** (*Dat*) ***sein*** wir wollen keine anderen

Leute dabei haben; *meist in* ***unter 'uns gesagt*** verwendet, wenn man j-m etwas Vertrauliches oder Persönliches sagen will; ***Das bleibt unter 'uns*** das darf niemand anderer erfahren; ***j-n / etwas 'unter sich*** (*Dat*) ***haben*** j-n / etwas leiten: *viele Angestellte unter sich haben*

◆ **ụn·ter²** *Adv*; weniger als: *Ich bin noch unter 40* (= bin noch nicht 40 Jahre alt)

◆ **ụn·te·r-¹** *Adj*; *nur attr, nicht adv* **1** tiefer als etwas anderes gelegen ↔ ober-: *die unteren Hautschichten*; *ein Buch in die unterste Reihe des Regals stellen*; *den untersten Knopf der Bluse öffnen* || K-: ***Unter-, -arm*** **2** an einer niedrigen Stelle in einer Skala, einer Hierarchie: *Temperaturen im unteren Bereich*; *die unteren Schichten der Gesellschaft*

un·ter-² *im Verb*; *unbetont und nicht trennbar*; drückt den besonderen Aspekt einer Handlung aus;

etwas unternehmen etwas versuchen, *bes* irgendwohin gehen oder fahren; ***etwas unterstreichen*** etwas als besonders wichtig betonen; ***etwas unterteilen*** etwas in mehrere Teile gliedern

ụn·ter-³ *im Verb*; *betont und trennbar*; drückt die Bewegung nach unten aus;

etwas unterlegen etwas unter eine Sache legen; ***untertauchen*** unter die Oberfläche des Wassers schwimmen

un·ter·brẹ·chen; *unterbrach, hat unterbrochen* **1** ***etwas unterbrechen*** mit einer Handlung für kurze Zeit aufhören: *die Arbeit unterbrechen, um kurz zu telefonieren* **2** (***j-n / etwas***) ***unterbrechen*** machen, dass j-d aufhören muss zu sprechen (*bes* indem man selbst zu sprechen anfängt) ⟨ein Gespräch unterbrechen; j-n mitten im Satz unterbrechen⟩: *Darf ich mal kurz unterbrechen?* **3** ***j-d / etwas unterbricht etwas*** j-d / etwas macht, dass etwas für kurze Zeit aufhört, nicht gleichmäßig weitergeht: *Wir unterbrechen die Sendung für eine Verkehrsdurchsage* || *hierzu* **Un·ter·brẹ·chung** *die*

ụn·ter·brin·gen (*hat*) **1** ***j-n / etwas*** (***irgendwo***) ***unterbringen*** einen Platz für j-n / etwas finden: *Bringst du die Bücher noch im Koffer unter, oder ist er schon zu voll?*; *Sie konnte ihre Tochter nicht im Kindergarten unterbringen* **2** ***j-n irgendwo unterbringen*** j-n eine Zeit lang irgendwo wohnen lassen oder ihm einen Arbeitsplatz verschaffen: *Flüchtlinge in Lagern unterbringen* || *zu* **2** **Ụn·ter·brin·gung** *die*

ụn·ter·des·sen *Adv* ≈ inzwischen

un·ter·drụ̈·cken; *unterdrückte, hat unterdrückt* **1** ***j-n unterdrücken*** Menschen ungerecht behandeln (unter Anwendung von Gewalt), sodass sie sich nicht frei entwickeln können: *eine Minderheit im Land unterdrücken*; *unterdrückte Völker* **2** ***etwas unterdrücken*** etwas mit Gewalt verhindern ⟨einen Aufstand unterdrücken⟩ **3** ***etwas unterdrücken*** durch Disziplin (2) erreichen, dass man etwas nicht sagt oder zeigt ⟨einen Schrei, ein Gähnen, seine Wut unterdrücken⟩ **4** ***etwas unterdrücken*** verhindern, dass etwas bekannt wird: *Die Regierung unterdrückte Informationen über den Reaktorunfall* || *hierzu* **Un·ter·drụ̈·ckung** *die*; *zu* **1** **Un·ter·drụ̈·cker** *der*

un·ter·ei·nạn·der *Adv* **1** eine Sache unter die andere oder unter der anderen: *mehrere Nägel untereinander* (= von oben nach unten) *in das Brett schlagen* **2** ≈ miteinander (drückt eine Gegenseitigkeit aus): *die Plätze untereinander tauschen*

Un·ter·fü̲h·rung *die*; ein Weg oder eine Straße, die unter einer anderen Straße *o.Ä.* hindurchführen || -K: ***Eisenbahn-***

Ụn·ter·gang *der* **1** das Verschwinden hinter dem Horizont ↔ Aufgang || -K: ***Mond-, Sonnen-*** **2** *meist Sg*; das Verschwinden unter der Oberfläche des Wassers: *der Untergang der Titanic* **3** *nur Sg*; das Zugrundegehen (1): *der Untergang des Römischen Reiches* **4** *nur Sg* ≈ Verderben: *Das Glücksspiel war sein Untergang*

ụn·ter·ge·hen (*ist*) **1** ***etwas geht unter*** etwas verschwindet hinter dem Horizont ⟨die Sonne, der Mond⟩ **2** ***j-d / etwas geht unter*** j-d / etwas verschwindet unter der Oberfläche des Wassers ⟨ein Schiff⟩ **3** ***etwas geht unter*** etwas hört auf zu existieren ⟨eine Kultur, ein Reich, die Welt⟩

ụn·ter·halb *Präp*; *mit Gen*; tiefer als das Genannte ≈ unter¹ (1): *Schläge unterhalb der Gürtellinie sind beim Boxen verboten*; *Die meisten Vitamine liegen direkt unterhalb der Schale des Apfels* || Hinweis: auch wie ein Adverb verwendet mit *von*: *unterhalb vom Gipfel*

Ụn·ter·halt *der*; *nur Sg* **1** das Geld, das man braucht, um Nahrung, Kleidung und Wohnung zu bezahlen: *Viele Studenten verdienen ihren Unterhalt als Taxifahrer* **2** das Geld, das j-d an einen anderen für dessen Unterhalt (1) zahlen muss (*meist* an den geschiedenen Ehepartner oder die Kinder) ⟨j-m Unterhalt zahlen⟩

◆ **un·ter·hạl·ten**; *unterhält, unterhielt, hat unterhalten* **1** ***j-d unterhält sich mit j-m*** (***über j-n / etwas***) / ⟨Personen⟩ ***unterhalten sich*** (***über j-n / etwas***) zwei oder mehr Personen sprechen miteinander über j-n / etwas ⟨sich angeregt mit j-m unterhalten⟩: *sich mit einem Freund am Telefon unterhalten* **2** ***j-n / sich irgendwie unterhalten*** j-n / sich so beschäftigen, dass die Zeit angenehm schnell vergeht: *Ich habe mich auf dem Fest sehr gut unterhalten* **3** ***etwas unterhalten*** dafür sorgen, dass etwas in gutem Zustand bleibt ⟨eine Anlage, ein Gebäude unterhalten⟩ **4** ***j-n unterhalten*** Geld für j-s Kleidung, Nahrung und Wohnung zahlen: *eine große Familie unterhalten müssen* **5** ***etwas unterhalten*** dafür sorgen, dass etwas auch weiterhin existiert oder sich positiv entwickelt ⟨Beziehungen, Kontakte zu j-m unterhalten⟩ || *zu* **2 Un·ter·hal·ter** *der*

◆ **Un·ter·hal·tung** *die* **1** das Unterhalten (1) ≈ Gespräch: *eine Unterhaltung mit j-m haben* **2** *nur Sg*; das Unterhalten (2) ⟨gute, angenehme Unterhaltung⟩ || K-: ***Unterhaltungs-, -industrie, -musik, -sendung*** **3** *nur Sg*; das Unterhalten (5): *die Unterhaltung diplomatischer Beziehungen*

◆ **Un·ter·hemd** *das*; ein Hemd (*meist* ohne Ärmel), das man (*bes* unter einem anderen Hemd) direkt auf der Haut trägt

◆ **Un·ter·ho·se** *die*; eine *meist* kurze Hose, die man unter einer anderen Hose, einem Rock direkt auf der Haut trägt

un·ter·ir·disch *Adj*; unter der Erde ⟨ein Gang, ein Kanal⟩

un·ter·krie·gen *meist* ***Lass dich nicht unterkriegen*** bleibe mutig und tapfer, habe keine Angst

◆ **Un·ter·kunft** *die*; -, *Un·ter·künf·te*; ein Zimmer, eine Wohnung, in denen man für kurze Zeit *bes* als Gast wohnt || -K: ***Not-***

Un·ter·la·ge *die* **1** etwas, das *bes* zum Schutz unter j-n / etwas gelegt wird: *einen Verletzten auf eine weiche Unterlage legen* || -K: ***Gummi-***; ***Schreib-*** **2** *meist Pl*; geschriebene Texte (Akten, Dokumente *usw*): *Unterlagen für eine Sitzung* || -K: ***Bewerbungs-***

un·ter·las·sen; *unterlässt, unterließ, hat unterlassen* **1** ***etwas unterlassen*** etwas nicht mehr tun: *Unterlassen Sie bitte Ihre Bemerkungen!* **2** ***etwas unterlassen*** *geschr*; etwas, das nötig wäre, nicht tun: *Ich habe leider unterlassen, Sie zu benachrichtigen* || *hierzu* **Un·ter·las·sung** *die*

un·ter·le·gen[1] (*hat*) ***etwas unterlegen*** etwas unter j-n / etwas legen

un·ter·le·gen[2] *Adj*; *meist präd*; (***j-m / etwas***) ***unterlegen*** schwächer als eine andere Person oder Sache ⟨j-m geistig, körperlich unterlegen sein⟩ || *hierzu* **Un·ter·le·gen·heit** *die*

Un·ter·leib *der*; der Teil des Körpers unterhalb des Magens bis zur Leiste

un·ter·lie·gen; *unterlag, ist unterlegen* **1** (***j-m***) ***unterliegen*** in einem (Wett)Kampf (von j-m) besiegt werden: *dem Feind unterliegen* **2** ***j-d / etwas unterliegt etwas*** (*Dat*) j-d / etwas wird von etwas bestimmt: *Das Wetter im April unterliegt starken Schwankungen*

Un·ter·lip·pe *die*; die untere Lippe des Mundes

Un·ter·mie·te *die*; *nur Sg*; *meist* (***irgendwo***) ***in / zur Untermiete wohnen*** *meist* ein Zimmer in einer Wohnung von j-m gemietet haben, der die Wohnung selbst gemietet hat || *hierzu* **Un·ter·mie·ter** *der*; **Un·ter·mie·te·rin** *die*

un·ter·neh·men; *unternimmt, unternahm, hat unternommen* **1** ***etwas unternehmen*** irgendwohin gehen oder fahren, um daran Freude zu haben ⟨etwas, nichts, einen Ausflug, eine Reise unternehmen⟩ **2** (***et***)***was / nichts*** (***gegen j-n / etwas***) ***unternehmen*** etwas / nichts tun, um etwas zu verhindern oder j-n daran zu hindern, etwas (Negatives) zu tun

Un·ter·neh·men[1] *das*; *-s*, *-*; eine Aktion, mit der man ein größeres Ziel erreichen will ⟨ein schwieriges Unternehmen; ein Unternehmen gelingt, scheitert⟩

Un·ter·neh·men[2] *das*; *-s*, *-*; eine Firma, ein Betrieb (*bes* in der Industrie und im Handel) ⟨ein privates, staatliches Unternehmen; ein Unternehmen gründen⟩ || K-: ***Unternehmens-, -führung***

Un·ter·neh·mer *der*; *-s*, *-*; der Besitzer (und Leiter) einer Firma, eines Unternehmens[2] || *hierzu* **Un·ter·neh·me·rin** *die*; *-*, *-nen*; **un·ter·neh·me·risch** *Adj*

◆ **Un·ter·richt** *der*; *-(e)s*; *nur Sg*; ***Unterricht*** (***in etwas*** (*Dat*)) das regelmäßige Weitergeben von Wissen und Informationen durch einen Lehrer an Schüler, und das Üben von Fertigkeiten ⟨j-m Unterricht geben / erteilen; Unterricht nehmen, erhalten; am Unterricht teilnehmen⟩: *j-m Unterricht in Englisch geben*; *Unterricht im Geigespielen nehmen* || K-: ***Unterrichts-, -fach, -ziel*** || -K: ***Deutsch-, Klavier-***

◆ **un·ter·rich·ten**; *unterrichtete, hat unterrichtet* **1** (***etwas***) ***unterrichten*** ein bestimmtes Fach lehren: *Er unterrichtet (Musik) an der Volksschule* **2** ***j-n*** (***in etwas*** (*Dat*)) ***unterrichten*** j-m das nötige Wissen eines Faches vermitteln: *Sie unterrichtet die 11. Klasse* (*in Englisch*) **3** ***j-n*** (***über***

etwas (*Akk*) **/ *von etwas*) *unterrichten*** *geschr*; j-n von etwas informieren: *Sind Sie bereits unterrichtet?* || *zu* **3 Un·ter·rịch·tung** *die*

◆ **Ụn·ter·rock** *der*; eine Art Kleid (ohne Ärmel) oder Rock aus sehr dünnem Stoff, das Frauen unter einem Kleid oder Rock tragen

◆ **un·ter·schei·den**; *unterschied, hat unterschieden* **1** ⟨Personen / Dinge⟩ ***unterscheiden***; ***j-n / etwas von j-m / etwas unterscheiden***; ***etwas und etwas unterscheiden*** erkennen, dass zwei oder mehrere Personen oder Dinge in bestimmten Merkmalen nicht gleich sind: *Die Zwillinge sind sich so ähnlich, dass man den einen nicht vom anderen / sie nicht unterscheiden kann*; *Er ist farbenblind - er kann Rot von / und Grün nicht unterscheiden* **2** ⟨Dinge⟩ ***unterscheiden*** Dinge, die in bestimmten Merkmalen nicht (oder nur zum Teil) gleich sind, in mehrere Gruppen einteilen: *Wir können hier drei Sorten von Getreide unterscheiden*: *Weizen, Gerste, Hafer* **3 *etwas unterscheidet j-n / etwas von j-m / etwas*** etwas ist das Merkmal, in dem eine Person oder Sache anders ist als eine andere: *Seine Direktheit unterscheidet ihn von den meisten anderen Kollegen* **4 *zwischen*** ⟨Personen / Dingen⟩ ***unterscheiden*** (***können***) die eine Person / Sache von der anderen genau trennen (und dabei bewerten): *Er kann nicht zwischen Wichtigem und Unwichtigem unterscheiden* **5 *j-d / etwas unterscheidet sich*** (***durch etwas / in etwas*** (*Dat*)) ***von j-m / etwas***; ⟨Personen / Dinge⟩ ***unterscheiden sich*** eine Person / Sache ist in bestimmter Weise anders als eine andere: *Er unterscheidet sich von seinem Bruder durch den Fleiß* || *zu* **1, 2** und **4 Un·ter·schei·dung** *die*

Ụn·ter·schen·kel *der*; der Teil des Beines zwischen Knie und Fuß

◆ **Ụn·ter·schied** *der*; *-(e)s, -e* **1 *der Unterschied*** (***zwischen Personen / Sachen*** (*Dat*)) das Merkmal, in dem zwei oder mehrere Personen oder Sachen nicht gleich sind ⟨ein kleiner, feiner, großer Unterschied⟩: *Worin liegt / besteht der Unterschied zwischen den beiden?* **2 *einen Unterschied machen*** (***zwischen j-m / etwas*** (*Pl*)) verschiedene Personen / Sachen unterschiedlich bewerten **3 *im Unterschied zu j-m / etwas***; ***zum Unterschied von j-m / etwas*** anders als j-d / etwas: *Im Unterschied zu mir geht sie gern ins Theater* **4 *ohne Unterschied*** ohne Ausnahme || ID ***ein Unterschied wie Tag und Nacht*** ein sehr großer Unterschied (1)

ụn·ter·schied·lich *Adj*; in Bezug auf bestimmte Merkmale anders (als eine andere Person oder Sache) ≈ verschieden: *unterschiedliche Ansichten über etwas haben*; *Er behandelt seine Kinder unterschiedlich* || *hierzu* **Ụn·ter·schied·lich·keit** *die*

un·ter·schla·gen; *unterschlägt, unterschlug, hat unterschlagen* **1 *etwas unterschlagen*** *meist* Geld oder wertvolle Dinge, die anderen gehören (*bes* solche, die man aufbewahren oder verwalten soll) stehlen ⟨Geld, Dokumente unterschlagen⟩ **2** (***j-m***) ***etwas unterschlagen*** j-m etwas Wichtiges mit Absicht nicht sagen, obwohl man es müsste || *hierzu* **Un·ter·schla·gung** *die*

◆ **un·ter·schrei·ben**; *unterschrieb, hat unterschrieben*; (***etwas***) ***unterschreiben*** seinen Namen unter einen Brief, ein Dokument *o.Ä.* schreiben (*z.B.* um damit etwas zu bestätigen) ⟨einen Brief, einen Scheck unterschreiben⟩

◆ **Ụn·ter·schrift** *die*; der eigene Name, den man unter einen Brief, ein Dokument schreibt ⟨eine Unterschrift leisten⟩

ụn·ter·stel·len[1] (*hat*) **1 *etwas*** (***irgendwo***) ***unterstellen*** etwas in einen Raum stellen, um es dort aufzubewahren: *die Fahrräder im Keller unterstellen* **2 *sich*** (***irgendwo***) ***unterstellen*** sich zum Schutz gegen Regen, Schnee für kurze Zeit unter ein Dach stellen

un·ter·stẹl·len[2]; *unterstellte, hat unterstellt* **1 *j-n / etwas j-m / etwas unterstellen*** j-m die Leitung von etwas geben: *Ihm ist eine ganze Abteilung unterstellt* **2 *j-m etwas unterstellen*** von j-m etwas Negatives glauben oder behaupten, obwohl man es nicht beweisen kann ⟨j-m Egoismus, böse Absichten unterstellen⟩ **3 *etwas unterstellen*** annehmen, dass etwas so ist: *Unterstellen wir einmal, er hätte Recht*

Ụn·ter·stu·fe *die*; die (drei) untersten Klassen *bes* einer Realschule oder eines Gymnasiums

◆ **un·ter·stụ̈t·zen**; *unterstützte, hat unterstützt* **1 *j-n unterstützen*** j-m helfen, indem man ihm etwas gibt, das er braucht ⟨j-n finanziell unterstützen⟩ **2 *j-n*** (***bei etwas***) ***unterstützen*** j-m bei etwas helfen: *j-n beim Bau seines Hauses unterstützen* **3 *j-n / etwas unterstützen*** sich für eine Person oder Sache engagieren, damit sie Erfolg haben: *Er will unseren Plan unterstützen* **4 *etwas unterstützt etwas*** etwas fördert etwas: *Dieses Mittel unterstützt die Heilung*

◆ **un·ter·su·chen**; *untersuchte, hat untersucht* **1** ***etwas untersuchen*** etwas genau prüfen, um herauszufinden, wie es funktioniert, wirkt ⟨etwas gründlich, eingehend untersuchen⟩ **2** ***etwas untersuchen*** versuchen, etwas aufzuklären: *Die Polizei untersucht den Mordfall* **3** ***etwas*** (***auf etwas*** (*Akk*) (***hin***)) ***untersuchen*** etwas genau prüfen, um etwas Bestimmtes zu finden: *die Luft auf Schadstoffe* (*hin*) *untersuchen* **4** ***j-n / etwas untersuchen*** als Arzt einen Patienten / einen Körperteil genau prüfen, um festzustellen, was ihm fehlt: *eine Wunde untersuchen*

◆ **Un·ter·su·chung** *die*; -, *-en* **1** das Untersuchen (1-4) ⟨eine ärztliche, polizeiliche Untersuchung; eine Untersuchung durchführen⟩: *eine genaue Untersuchung der Unglücksursache* || K-: ***Untersuchungs-, -bericht, -ergebnis*** || -K: ***Blut-***; ***Augen-*** **2** eine wissenschaftliche Arbeit über ein Thema

Un·ter·tas·se *die*; ein kleiner, flacher Teller, auf den die Tasse gestellt wird

◆ **Un·ter·wä·sche** *die*; *nur Sg*; Kleidungsstücke, die man unmittelbar auf der Haut trägt, wie *z.B.* Unterhose, Unterhemd, Unterrock

◆ **un·ter·wegs** *Adv* **1** auf dem Weg zu einem bestimmten Ziel: *Unterwegs traf sie ihren Bruder* **2** ***unterwegs sein*** ≈ auf Reisen sein: *Er ist geschäftlich viel unterwegs*

un·un·ter·bro·chen *Adj*; *nur attr oder adv*; ohne eine Pause oder Störung ≈ dauernd: *Es regnete ununterbrochen*; *ununterbrochen im Einsatz sein*

un·ver·än·dert *Adj*; ohne Änderung ≈ gleich, gleich bleibend: *Ihr gesundheitlicher Zustand ist seit Tagen unverändert*

un·ver·ant·wort·lich *Adj*; so, dass man es nicht begründen oder verantworten kann ⟨Leichtsinn⟩ || *hierzu* **Un·ver·ant·wort·lich·keit** *die*

un·ver·hei·ra·tet *Adj*; nicht verheiratet ≈ ledig

un·ver·schämt *Adj* **1** so frech, dass andere provoziert oder beleidigt werden ⟨eine Person⟩ **2** *nicht adv*; *gespr*; sehr groß, sehr intensiv: *unverschämtes Glück haben* **3** *nur adv*; *gespr* ≈ sehr: *Das Kleid war unverschämt teuer* || *zu* **1 Un·ver·schämt·heit** *die*

un·ver·ständ·lich *Adj* **1** nicht deutlich zu hören oder zu verstehen: *unverständliche Worte* **2** ≈ unbegreiflich: *Es ist mir unverständlich,* wie *er einen so wichtigen Termin vergessen konnte* || *hierzu* **Un·ver·ständ·lich·keit** *die*

un·vor·sich·tig *Adj*; ohne die nötige Vorsicht, ohne Bedenken der Folgen ⟨eine Bemerkung⟩ || *hierzu* **Un·vor·sich·tig·keit** *die*

un·wahr·schein·lich *Adj* **1** so, dass es mit ziemlicher Sicherheit nicht passieren wird ⟨etwas für unwahrscheinlich halten⟩: *Es ist unwahrscheinlich,* dass *er heute noch anruft*; *Ihre Entschuldigung klingt sehr unwahrscheinlich* **2** *nicht adv*; *gespr*; sehr groß, sehr intensiv: *Bei dem Unfall hat er unwahrscheinliches Glück gehabt* **3** *nur adv*; *gespr* ≈ sehr: *Ich habe mich unwahrscheinlich gefreut* || *zu* **1 Un·wahr·schein·lich·keit** *die*

un·wich·tig *Adj*; nicht wichtig ⟨ein Detail⟩ || *hierzu* **Un·wich·tig·keit** *die*

un·wohl *Adv* **1** nicht ganz gesund ⟨sich unwohl fühlen⟩ **2** ***j-m ist unwohl*** j-d hat das Gefühl, sich erbrechen zu müssen **3** ***sich irgendwo / bei j-m / etwas unwohl fühlen*** in j-s Gegenwart nicht entspannt sein, eine Situation als unangenehm empfinden: *Er fühlte sich in ihrer Gesellschaft unwohl*

un·zu·rech·nungs·fä·hig *Adj*; *nicht adv*; *Recht*; nicht verantwortlich für sein Tun (weil geistig verwirrt *o.Ä.*) || *hierzu* **Un·zu·rech·nungs·fä·hig·keit** *die*

üp·pig *Adj* **1** in großer Menge oder Fülle vorhanden ⟨eine Vegetation⟩ **2** aus vielen Speisen (bestehend) ⟨*meist* ein Mahl⟩ **3** *euph*; (in Bezug auf den Körper oder Körperteile *bes* von Frauen) dick ⟨ein Busen; Formen⟩ || *hierzu* **Üp·pig·keit** *die*

ur·auf·füh·ren; -, *hat uraufgeführt*; *meist* ***etwas wird uraufgeführt*** ein Theaterstück, ein Film *o.Ä.* wird zum ersten Mal aufgeführt || Hinweis: nur im Infinitiv oder im Partizip Perfekt verwendet || *hierzu* **Ur·auf·füh·rung** *die*

Ur·en·kel *der*; der Sohn von j-s Enkel oder Enkelin || *hierzu* **Ur·en·ke·lin** *die*

Ur|groß·el·tern *die*; *Pl*; die Eltern des Großvaters oder der Großmutter

Ur|groß·mut·ter *die*; die Mutter des Großvaters oder der Großmutter

Ur|groß·va·ter *der*; der Vater des Großvaters oder der Großmutter

u·rig *Adj*; *meist attr*; im Wesen oder Verhalten (auf sympathische Weise) ein bisschen seltsam ⟨ein Kauz, ein Typ⟩

U·rin *der*; *-s*; *nur Sg* ≈ Harn || K-: ***Urin-, -probe, -untersuchung*** || *hierzu* **u·ri·nie·ren** (*hat*)

Ur·kun·de *die*; -, *-n*; ein (amtliches) Dokument, durch das etwas offiziell bestätigt wird ⟨eine notariell beglaubigte Urkunde; eine Urkunde (über etwas (*Akk*)) ausstellen, ausfertigen; eine Urkunde fälschen⟩ || -K: ***Geburts-***

◆**Ur·laub** *der*; *-(e)s*, *-e* **1** die Tage oder Wochen, in denen man im Beruf nicht arbeiten muss (damit man sich erholen kann) ⟨Urlaub beantragen, bekommen; (sich (*Dat*)) Urlaub nehmen; in Urlaub gehen; Urlaub haben, machen; in / im Urlaub sein⟩ || K-: ***Urlaubs-, -tag*** **2** ein (Erholungs)Aufenthalt, weg von der Arbeit und weg von zu Hause ≈ Ferien ⟨in Urlaub fahren; irgendwo Urlaub machen⟩: *ein kurzer Urlaub am Meer* || K-: ***Urlaubs-, -land, -ort, -ziel*** || -K: ***Erholungs-***

◆**Ur·sa·che** *die*; ***die Ursache*** (+ *Gen* / ***für etwas***) der Vorgang, der Sachverhalt, der bewirkt, dass etwas geschieht ≈ Grund ⟨die unmittelbare Ursache (für etwas); Ursache und Wirkung⟩: *die Ursachen für das Unglück / des Unglücks ermitteln* || -K: ***Todes-, Unfall-*** || ID ***Keine Ursache!*** verwendet als floskelhafte Antwort, nachdem sich j-d bedankt hat

Ur·sprung *der*; *meist* der Zeitpunkt oder der Ort, an dem etwas (*bes* eine Entwicklung) angefangen hat: *Die Ursprünge des Tangos liegen in Argentinien*; *Das Wort „Psyche" ist griechischen Ursprungs* || K-: ***Ursprungs-, -gebiet, -land***

ur·sprüng·lich *Adj* **1** so, wie es zuerst, ganz am Anfang war ≈ anfänglich: *den ursprünglichen Plan ändern*; *Ihr ursprüngliches Misstrauen schwand*; *Er lehnte es ursprünglich* (= am Anfang) *ab* **2** nicht (vom Menschen) verändert ≈ natürlich[1] (1) ⟨eine Landschaft⟩ || *zu* **2 Ur·sprüng·lich·keit** *die*

◆**Ur·teil** *das* **1 *ein Urteil (über j-n / etwas)*** die Entscheidung eines Richters (am Ende eines Prozesses) ⟨ein hartes, mildes, gerechtes Urteil; ein Urteil fällen, sprechen⟩: *Das Urteil lautete auf zehn Jahre Haft* || K-: ***Urteils-, -verkündung*** || -K: ***Gerichts-*** **2 *ein Urteil (über j-n / etwas)*** eine Aussage, mit der man eine Person oder Sache bewertet, nachdem man sie genau geprüft hat ⟨sich (*Dat*) ein Urteil bilden; ein Urteil (über j-n / etwas) abgeben⟩

V

V, v [fau] *das*; -, - / *gespr auch -s*; der zweiundzwanzigste Buchstabe des Alphabets

Va·nil·le [va'nɪlə, va'nɪljə] *die*; -; *nur Sg*; ein Gewürz für süße Speisen, aus den Früchten einer tropischen Pflanze ⟨echte Vanille⟩ || K-: ***Vanille-, -soße***

va·ri·ie·ren [vari'iːrən]; *variierte, hat variiert* **1 *etwas variieren*** etwas (*meist* nur wenig) verändern: *ein musikalisches Thema variieren* **2 *etwas variiert*** etwas verändert sich, *meist* nur wenig: *Der Umsatz variiert, je nach Jahreszeit* || *hierzu* **va·ri·a·bel** *Adj*

Va·se [v-] *die*; -, *-n*; ein Gefäß (*meist* aus Glas oder Porzellan), in das man Wasser füllt und Blumen stellt: *eine Vase mit Tulpen* || -K: ***Blumen-***

◆**Va·ter** [f-] *der*; *-s*, *Vä·ter* **1** ein Mann, der ein Kind gezeugt hat ⟨ein guter, strenger Vater⟩: *Er ist Vater von drei Kindern* **2** ein Mann, der Kinder so versorgt, als ob er der Vater (1) wäre || -K: ***Pflege-*** **3 *der (geistige) Vater*** + *Gen* ≈ Urheber, Schöpfer ⟨der Vater der Relativitätstheorie⟩ **4** *nur Pl* ≈ Vorfahren **5** *nur Sg*; (in der katholischen Religion) verwendet als Anrede für einen Priester **6** *nur Sg*; *Rel* ≈ Gott **7 *der Heilige Vater*** ≈ der Papst

Va·ter·land *das*; das Land, in dem man geboren und *meist* auch aufgewachsen ist (und zu dem man *meist* eine positive Beziehung hat) || K-: ***Vaterlands-, -liebe, -verräter***

Va·ter·un·ser *das*; *-s*, -; ein christliches Gebet, das mit den Worten „Vater unser" beginnt ⟨das Vaterunser beten⟩

Va·ti [f-] *der*; *-s*, *-s*; *gespr* ≈ Papa, Papi

◆**Ve·ge·ta·ri·er** [vege'taːriɐ] *der*; *-s*, -; j-d, der kein Fleisch isst || *hierzu* **Ve·ge·ta·ri·e·rin** *die*; -, *-nen*; **ve·ge·ta·risch** *Adj*

Veil·chen [f-] *das*; *-s*, -; eine kleine, violette Blume, die im Frühling blüht und intensiv duftet || K-: ***Veilchen-, -duft***; ***veilchen-, -blau***

Ve̲·lo [v-] *das*; *-s*, *-s*; (CH) ≈ Fahrrad

Ve̲·ne [v-] *die*; *-*, *-n*; eine Ader, in der das Blut zum Herzen hin fließt ↔ Arterie || K-: ***Venen-, -entzündung*** || *hierzu* **ve·nö̲s** *Adj*

Ven·ti̲l [v-] *das*; *-s*, *-e*; ein kleines Teil bei manchen Rohren oder Schläuchen, das man öffnen und schließen kann, um so das Fließen einer Flüssigkeit oder von Luft, Gas zu regeln: *das Ventil eines Fahrradreifens* || ↑ *Illustration* **Das Fahrrad** || -K: ***Reifen-, Trompeten-***

Ven·ti·la·tor [venti'laːtoːɐ̯] *der*; *-s*, *Ven·ti·la·to̲·ren*; ein Gerät mit einem kleinen Propeller, der die Luft bewegt und so kühl macht

ver- [f-] *im Verb*; *unbetont und nicht trennbar*; drückt aus, dass j-d / etwas in den genannten Zustand gebracht wird, an ein Ende kommt, oder auch dass die Handlung ein negatives Ergebnis hat;
etwas verdunstet etwas wird zu Luft, Gas; ***etwas vermischen*** etwas mit anderen Stoffen, Farben mischen; ***etwas verschenken*** etwas anderen schenken; ***etwas verschmutzt*** etwas wird schmutzig; ***etwas verspüren*** etwas (auch seelisch) fühlen, empfinden

◆**ver·ạb·re·den**; *verabredete, hat verabredet* **1** ***(mit j-m) etwas verabreden*** mit j-m etwas beschließen ≈ vereinbaren ⟨ein Treffen, einen Termin verabreden⟩: *Ich habe mit ihm verabredet*, dass *wir uns im Café treffen*; *Sie verabredeten, ihn gemeinsam* zu *besuchen* **2** ***sich (mit j-m) verabreden*** mit j-m beschließen, dass man sich trifft und etwas gemeinsam tut: *sich mit der Freundin zum Radfahren verabreden*; *Für heute Abend habe ich mich schon verabredet* || *hierzu* **Ver·ạb·re·dung** *die*

◆**ver·ạb·schie·den**; *verabschiedete, hat verabschiedet* **1** ***sich (von j-m) verabschieden*** sich mit einem Gruß von j-m trennen ⟨sich mit einem Händedruck verabschieden⟩ **2** ***j-n verabschieden*** sich mit einem Gruß von j-m trennen, der weggeht ⟨einen Gast verabschieden⟩ **3** ***etwas verabschieden*** (nach einer Debatte) etwas offiziell beschließen ⟨ein Gesetz verabschieden⟩ || *zu* **3 Ver·ạb·schie·dung** *die*

ver·ạch·ten; *verachtete, hat verachtet*; ***j-n / etwas verachten*** j-n / etwas für wertlos oder schlecht halten und deshalb ablehnen: *j-n wegen seiner Feigheit verachten*

ver·ạl·ten; *veraltete, ist veraltet*; *meist* ***etwas ist veraltet*** etwas ist nicht mehr auf dem neuesten Stand der Technik: *Nach einem Jahr war mein Computer schon veraltet*

◆**ver·ạ̈n·dern**; *veränderte, hat verändert* **1** ***j-n / etwas verändern*** bewirken, dass j-d / etwas anders wird ⟨die Welt verändern wollen⟩ **2** ***sich verändern*** ≈ sich ändern ⟨sich zum Vorteil / Nachteil verändern⟩ **3** ***sich (beruflich) verändern*** den Arbeitsplatz wechseln || *hierzu* **Ver·ạ̈n·de·rung** *die*

ver·ạn·lagt *Adj*; *nicht adv*; ***irgendwie veranlagt*** mit einer bestimmten Eigenschaft oder Neigung geboren ⟨praktisch, künstlerisch veranlagt sein⟩

ver·ạn·las·sen; *veranlasste, hat veranlasst* **1** ***j-d / etwas veranlasst j-n zu etwas*** j-d / etwas bewirkt, dass j-d etwas tut: *Was hat dich veranlasst*, zu *kündigen?* **2** ***etwas veranlassen*** j-m den Auftrag geben, etwas zu tun ⟨eine Untersuchung veranlassen⟩

ver·ạn·schau·li·chen; *veranschaulichte, hat veranschaulicht*; ***(j-m) etwas veranschaulichen*** j-m eine schwierige Sache erklären, indem man einfache oder konkrete Beispiele gibt || *hierzu* **Ver·ạn·schau·li·chung** *die*

◆**Ver·ạn·stal·tung** *die*; *-*, *-en* **1** *nur Sg*; das Organisieren und Durchführen von etwas ⟨die Veranstaltung einer Tagung⟩ **2** etwas, das veranstaltet (1) wird, *z.B.* ein Kongress

ver·ạnt·wor·ten; *verantwortete, hat verantwortet* **1** ***etwas verantworten*** eine Entscheidung *o.Ä.* vertreten und notfalls auch bereit sein, mögliche negative Folgen zu tragen ⟨etwas zu verantworten haben; etwas nicht verantworten⟩: *Kann die Firma eine solche Maßnahme verantworten?* **2** ***sich (für etwas) (vor j-m) verantworten*** sein Verhalten erklären, *bes* wenn es negative Folgen hat: *sich für eine Tat vor dem Gericht, vor den Eltern verantworten müssen*

◆**ver·ạnt·wort·lich** *Adj* **1** ***für j-n / etwas verantwortlich*** mit der Pflicht, dafür zu sorgen, dass j-m / etwas nichts Unangenehmes geschieht oder dass etwas (richtig) gemacht wird: *sich für den kleinen Bruder verantwortlich fühlen*; dafür *verantwortlich sein*, dass *eine Maschine funktioniert* **2** ***(j-m (gegenüber)) (für j-n / etwas) verantwortlich*** so, dass man die Folgen tragen muss, wenn etwas Unangenehmes geschieht, weil man für j-n / etwas verantwortlich (1) ist **3** *meist* ***j-d / etwas ist für etwas verantwortlich*** j-d / etwas ist schuld an etwas, etwas ist die Ursache von etwas Negativem: *Das kalte*

V

Wetter ist für die schlechte Ernte verantwortlich || *hierzu* **Ver·ạnt·wort·lich·keit** *die*

◆**Ver·ạnt·wor·tung** *die; -; nur Sg* **1** ***die Verantwortung* (*für j-n / etwas*)** der Zustand, verantwortlich (1) zu sein ⟨eine große, schwere Verantwortung haben⟩ || K-: ***Verantwortungs-, -bewusstsein; verantwortungs-, -los*** **2** ***in eigener Verantwortung*** so, dass man selbst die Verantwortung (1) übernimmt

ver·ạr·bei·ten; *verarbeitete, hat verarbeitet* **1** ***etwas* (*zu etwas*) *verarbeiten*** etwas als Material verwenden und daraus etwas herstellen: *Holz zu einem Schrank verarbeiten* **2** ***etwas verarbeiten*** etwas psychisch oder mit dem Verstand bewältigen ⟨eine Enttäuschung, eine Information verarbeiten⟩ || *hierzu* **Ver·ạr·bei·tung** *die*

ver·ạ̈r·gern; *verärgerte, hat verärgert*; ***j-d / etwas verärgert j-n*** j-d / etwas bewirkt, dass sich j-d ärgert: *Seine Bemerkungen haben mich sehr verärgert*

ver·ạr·men; *verarmte, ist verarmt*; arm (1) werden || *hierzu* **Ver·ạr·mung** *die*

Vẹrb [v-] *das; -s, -en*; ein Wort, dessen Form sich im Deutschen nach Person, Zahl der Personen und Tempus ändert (wie *z.B. machen, gehen*) ⟨ein transitives, reflexives, unpersönliches, unregelmäßiges, starkes Verb⟩ || K-: ***Verb-, -form*** || -K: ***Hilfs-, Modal-***

Ver·bạnd[1] *der; -(e)s, Ver·bän·de*; ein Stück Stoff, das man um einen verletzten Teil des Körpers legt ⟨einen Verband anlegen⟩ || K-: ***Verbands-, -material*** || -K: ***Gips-; Kopf-***

Ver·bạnd[2] *der; -(e)s, Ver·bän·de* **1** eine relativ große Organisation, die *meist* aus vielen kleineren Gruppen besteht ⟨einem Verband beitreten, angehören⟩ || -K: ***Journalisten-; Sport-*** **2** *Mil*; mehrere Teile einer Armee, die gemeinsam kämpfen || -K: ***Truppen-***

ver·bẹr·gen; *verbirgt, verbarg, hat verborgen* **1** ***j-n / etwas* (*vor j-m / etwas*) *verbergen*** j-n / etwas irgendwohin bringen, tun, wo ein anderer ihn / es nicht sehen oder finden kann ≈ verstecken: *ein Messer im Mantel verbergen* **2** **(*j-m*) *etwas verbergen*; *etwas vor j-m verbergen*** j-m etwas nicht sagen oder zeigen: *die wahren Gefühle verbergen*; *Fragen Sie nur - ich habe nichts zu verbergen* **3** ***sich* (*irgendwo*) *verbergen*** ≈ sich verstecken

◆**ver·bẹs·sern**; *verbesserte, hat verbessert* **1** ***etwas verbessern*** etwas so ändern, dass es besser wird: *durch Lernen die Leistungen verbessern* **2** ***etwas verbessern*** Fehler suchen und ändern ≈ korrigieren ⟨Fehler verbessern; einen Aufsatz verbessern⟩ **3** ***j-n verbessern*** j-m sagen, welche Fehler er beim Sprechen oder Schreiben macht: *Hör auf, mich ständig zu verbessern!* **4** ***sich verbessern*** sofort das richtige Wort oder die richtige Form sagen, wenn man beim Sprechen einen Fehler gemacht hat **5** ***sich verbessern*** in eine bessere soziale oder finanzielle Situation kommen ⟨sich beruflich verbessern⟩ **6** ***j-d / etwas verbessert sich*** j-d / etwas wird besser: *Er hat sich in Mathematik sehr verbessert*; *Die Lage hat sich verbessert*

◆**Ver·bẹs·se·rung** *die; -, -en* **1** das Korrigieren, die Berichtigung: *die Verbesserung eines Fehlers* || K-: ***Verbesserungs-, -vorschlag*** **2** das Bessermachen: *die Verbesserung der Arbeitsbedingungen* || K-: ***verbesserungs-, -bedürftig, -fähig*** **3** etwas, womit man sich / etwas verbessert: *eine entscheidende Verbesserung gegenüber der alten Methode*

ver·beu̲·gen, sich; *verbeugte sich, hat sich verbeugt*; ***sich* (*vor j-m*) *verbeugen*** den Kopf und Oberkörper nach vorne beugen, *bes* um höflich zu grüßen oder zu danken ⟨sich vor dem Publikum verbeugen⟩ || *hierzu* **Ver·beu̲·gung** *die*

ver·bie̲·gen; *verbog, hat verbogen* **1** ***etwas verbiegen*** die Form von etwas verändern, indem man es biegt ⟨ein Blech, einen Draht, einen Nagel verbiegen⟩ **2** ***etwas verbiegt sich*** etwas verliert die (gerade) Form: *Die Bretter des Regals haben sich verbogen*

◆**ver·bie̲·ten**; *verbot, hat verboten* **1** **(*j-m*) *etwas verbieten*** bestimmen, dass j-d etwas nicht tun darf oder dass etwas nicht sein darf ↔ erlauben ⟨Betreten verboten!⟩: *Mein Vater wird mir verbieten, mit dem Moped nach Italien zu fahren*; *für Jugendliche unter sechzehn Jahren verboten* **2** ***etwas verbietet sich*** es ist ganz klar, dass etwas nicht getan werden darf: *In unserer Situation verbietet es sich, den Forderungen nachzugeben* || ▸ ***Verbot***

◆**ver·bịn·den**[1]; *verband, hat verbunden*; **(*j-m*) *etwas verbinden*** Wunden oder verletzte Körperteile mit Pflaster, Stoff *o.Ä.* bedecken ⟨den Arm, eine Wunde verbinden⟩ || ▸ ***Verband***[1]

◆**ver·bịn·den**[2]; *verband, hat verbunden* **1** ***etwas* (*Pl*) (*zu etwas*) *verbinden*; *etwas mit / durch etwas* (*zu etwas*) *verbinden*** zwei oder mehrere Gegenstände *o.Ä.* so zusammenbringen oder befestigen, dass sie eine Einheit bilden: *zwei Schnüre* *durch einen Knoten verbinden* **2 *etwas*** (*Pl*) (***zu etwas***) ***verbinden***; ***etwas mit / durch etwas*** (***zu etwas***) ***verbinden*** zwei oder mehrere Orte, Dinge in Kontakt miteinander bringen: *zwei Punkte mit / durch einen Strich verbinden; Mittelmeer und Rotes Meer sind durch den Suezkanal (miteinander) verbunden* **3 *etwas mit etwas verbinden*** die Gelegenheit nutzen und zusammen mit einer Sache auch eine andere tun: *eine Fahrt nach Köln mit einer Besichtigung des Doms verbinden* **4** (***j-n*** (***mit j-m***)) ***verbinden*** Telefonleitungen so schalten, dass j-d mit einem anderen telefonieren kann: *„Ich hätte gern die Verkaufsabteilung gesprochen" - „Ich verbinde"* **5** ⟨Substanzen *o.Ä.*⟩ ***verbinden sich*** (***zu etwas***); ***etwas verbindet sich mit etwas*** (***zu etwas***) zwei oder mehrere Substanzen *o.Ä.* kommen so zusammen, dass etwas Neues entsteht: *Wasserstoff verbindet sich mit Sauerstoff zu Wasser*

ver·bịnd·lich *Adj* **1** höflich und freundlich ⟨ein Lächeln, Worte⟩ **2** so, dass man sich daran halten muss ⟨eine Anordnung, eine Norm, eine Zusage⟩ || *hierzu* **Ver·bịnd·lich·keit** *die*

◆**Ver·bịn·dung** *die* **1 *eine Verbindung*** (***mit j-m / etwas***; ***mit etwas*** (***zu etwas***); ***zwischen Personen / Sachen*** (*Dat*)) *nur Sg*; der Vorgang, *meist* zwei Dinge zusammenzubringen, zu verbinden[2] (1): *die Verbindung der Insel mit dem Festland* **2** etwas, das zwei Orte / Personen miteinander in Kontakt bringt: *Das Telefon ist ihre einzige Verbindung zur Außenwelt; Die Autobahn ist unsere kürzeste Verbindung zur Grenze* || -K: ***Bahn-, Bus-, Funk-*** **3 *eine Verbindung*** (***mit j-m / nach*** + *Ort*) der Kontakt über das Telefon, den Funk ⟨eine telefonische Verbindung⟩ **4 *eine Verbindung*** (***aus etwas und etwas / von etwas mit etwas***) eine Substanz, die entsteht, wenn verschiedene Substanzen miteinander reagieren ⟨eine chemische Verbindung⟩: *Kochsalz ist eine Verbindung von Chlor und Natrium* || -K: ***Sauerstoff-*** **5 *eine Verbindung*** (***mit / zu j-m / etwas***; ***zwischen Personen / Sachen*** (*Dat*)) ≈ Zusammenhang, Beziehung: *Besteht eine Verbindung zwischen den beiden Verbrechen?* **6 *eine Verbindung*** (***mit / zu j-m***; ***zwischen Personen***) eine Beziehung zwischen Menschen, die sich treffen, Briefe schreiben ≈ Kontakt ⟨Verbindung mit j-m haben, halten⟩ **7 *in Verbindung mit*** im Zusammenhang mit: *In Verbindung mit ihrer Tätigkeit als Dolmetscherin kommt sie oft nach Brüssel; Der Studentenausweis ist nur in Verbindung mit dem Personalausweis gültig*

ver·bl<u>ei</u>t *Adj*; mit Blei ⟨Benzin⟩

ver·blụ̈f·fen; *verblüffte, hat verblüfft*; (***j-n***) (***mit etwas***) ***verblüffen*** j-n mit etwas überraschen, womit er überhaupt nicht gerechnet hat: *zu einem verblüffenden Ergebnis kommen* || *hierzu* **Ver·blụ̈f·fung** *die*

ver·bl<u>u</u>·ten; *verblutete, ist verblutet*; ***ein Mensch / ein Tier verblutet*** ein Mensch / ein Tier verliert so viel Blut, dass er / es stirbt

◆**Ver·b<u>o</u>t** *das*; *-(e)s, -e*; eine Vorschrift, ein Befehl, dass etwas nicht sein darf oder getan werden darf ⟨ein Verbot aussprechen, beachten, einhalten, übertreten⟩ || K-: ***Verbots-, -schild*** || -K: ***Ausfuhr-, Park-, Rauch-***

◆**ver·b<u>o</u>·ten** *Adj*; *gespr*; hässlich, lächerlich: *Er sieht verboten aus*

◆**ver·br<u>au</u>·chen**; *verbrauchte, hat verbraucht*; ***j-d / etwas verbraucht etwas*** j-d / etwas verwendet eine bestimmte Menge von etwas für einen Zweck (bis nichts oder nur noch wenig da ist): *im Urlaub zweitausend Euro verbrauchen; bei einer Arbeit viel Kraft verbrauchen* || *hierzu* **Ver·br<u>au</u>ch** *der*

Ver·br<u>au</u>·cher *der*; *-s, -*; j-d, der Waren kauft und verbraucht ≈ Konsument || K-: ***Verbraucher-, -schutz*** || *hierzu* **Ver·br<u>au</u>·che·rin** *die*; *-, -nen*

ver·brẹ·chen; *verbricht, verbrach, hat verbrochen*; ***etwas verbrechen*** *gespr*; etwas Böses oder Schlechtes tun: *Warum bist du so wütend? Was habe ich denn verbrochen?*

◆**Ver·brẹ·chen** *das*; *-s, -*; **1** eine (böse) Tat, die gegen das Gesetz verstößt und die vom Staat bestraft wird ⟨ein schweres Verbrechen; ein Verbrechen begehen, verüben⟩: *Mord und andere schwere Verbrechen* || K-: ***Verbrechens-, -bekämpfung*** || -K: ***Gewalt-, Kriegs-*** **2** *pej*; eine Handlung, die man als sehr negativ für die Menschheit oder für die Natur hält: *Es ist ein Verbrechen, in diesem Tal eine Autobahn zu bauen*

◆**Ver·brẹ·cher** *der*; *-s, -*; j-d, der ein Verbrechen begeht || -K: ***Kriegs-, Schwer-*** || *hierzu* **Ver·brẹ·che·rin** *die*; *-, -nen*

ver·brẹn·nen; *verbrennen, hat / ist verbrannt* **1 *j-d / etwas verbrennt*** (*ist*) j-d wird durch Feuer getötet, etwas wird durch Feuer zerstört: *Das Auto fing Feuer und verbrannte* **2 *j-d / etwas verbrennt*** (*ist*) j-d / etwas nimmt Schaden durch Hitze, Feuer, Sonne: *Ich habe den Braten vergessen, jetzt ist er verbrannt* **3 *etwas ver-***

V

brennt (***zu etwas***) (*ist*) eine Substanz wird durch Einwirkung von Feuer umgewandelt: *Holz verbrennt zu Asche* **4** ***j-n / etwas verbrennen*** (*hat*) durch Feuer bewirken, dass ein Körper oder etwas zerstört wird: *Abfälle verbrennen; Die Römer verbrannten ihre Toten* **5** ***sich*** (*Dat*) (***an etwas*** (*Dat*)) ***verbrennen*** sich an einem heißen Gegenstand wehtun

♦**ver·brin·gen**; *verbrachte, hat verbracht*; ⟨eine Zeit⟩ ***irgendwo verbringen*** eine bestimmte Zeit lang an einem Ort sein: *einen freien Tag am Meer verbringen*

ver·bün·den, sich; *verbündete sich, hat sich verbündet*; ⟨Personen, Staaten⟩ ***verbünden sich*** (***gegen j-n / etwas***); ***j-d / etwas verbündet sich mit j-m / etwas*** (***gegen j-n***) zwei oder mehrere Personen *usw* schließen ein Bündnis: *1914 war Deutschland mit Österreich gegen Frankreich und Großbritannien verbündet* || *hierzu* **Ver·bün·de·te** *der / die*

♦**Ver·dacht** *der*; *-(e)s*; *nur Sg* **1** ***ein Verdacht*** (***gegen j-n***) die Annahme, dass j-d etwas Verbotenes oder Illegales getan hat ⟨ein (un)begründeter, dringender Verdacht; Verdacht (gegen j-n) schöpfen; etwas erregt Verdacht⟩ **2** ***ein Verdacht*** (***auf etwas*** (*Akk*)) die Annahme, dass etwas (wahrscheinlich) der Fall ist: *Es besteht Verdacht auf Krebs* **3** ***auf Verdacht*** *gespr*; im Glauben oder in der Annahme, dass es so richtig ist

♦**ver·däch·ti·gen**; *verdächtigte, hat verdächtigt*; ***j-n*** (***etwas*** (*Gen*)) ***verdächtigen*** glauben, dass j-d an etwas schuld sein könnte: *j-n des Diebstahls verdächtigen; Sie verdächtigte ihn, gelogen* zu *haben* || *hierzu* **Ver·däch·ti·gung** *die*

ver·dan·ken; *verdankte, hat verdankt*; ***j-d verdankt etwas j-m / etwas***; ***etwas ist j-m / etwas zu verdanken***; ***j-d hat j-m / etwas etwas zu verdanken*** *oft iron*; etwas ist so, weil es durch j-d anderen / etwas anderes verursacht wurde: *Ihm haben wir zu verdanken*, dass *wir jetzt so viel Arbeit haben!; Das relativ milde Klima in Irland ist dem Golfstrom zu verdanken*

ver·dau·en; *verdaute, hat verdaut* **1** (***etwas***) ***verdauen*** die Nahrung im Magen und im Darm auflösen, sodass der Körper sie aufnehmen kann **2** ***etwas verdauen*** *gespr*; etwas psychisch oder geistig bewältigen ⟨einen Schock verdauen⟩

ver·der·ben; *verdirbt, verdarb, hat / ist verdorben* **1** ***etwas verdirbt*** (*ist*) etwas wird so schlecht, dass man es nicht mehr essen oder trinken kann: *Milch verdirbt schnell, wenn sie nicht gekühlt wird* **2** (***j-m***) ***etwas verderben*** (*hat*) etwas Positives oder etwas, das als etwas Positives geplant war, zerstören ⟨j-m die Freude an etwas (*Dat*) verderben⟩: *einen schönen Tag durch einen Streit verderben; Der Regen hat uns den Ausflug verdorben* **3** ***sich*** (*Dat*) ***etwas verderben*** (*hat*) durch sein Verhalten bewirken, dass ein Körperteil beschädigt wird: *sich bei schlechtem Licht die Augen verderben* **4** ***j-d / etwas verdirbt j-n / etwas*** j-d / etwas beeinflusst j-s Charakter negativ **5** ***sich*** (*Dat*) (***mit etwas***) ***den Magen verderben*** etwas essen, wovon einem übel wird **6** ***es*** (***sich*** (*Dat*)) ***mit j-m verderben*** j-s Freundschaft oder Sympathie durch eigene Schuld verlieren: *Du gibst immer allen Recht, weil du es* (*dir*) *mit niemandem verderben willst* || *zu* **1** **Ver·derb·lich·keit** *die*; **ver·derb·lich** *Adj*

♦**ver·die·nen**; *verdiente, hat verdient* **1** ((***sich*** (*Dat*)) ***etwas***) ***verdienen*** als Lohn für Arbeit Geld bekommen: *zwölf Euro in der Stunde verdienen; sich das Geld für einen Urlaub verdienen* **2** (***etwas***) (***bei / an / mit etwas*** (*Dat*)) ***verdienen*** durch ein Geschäft *o.Ä.* Geld bekommen: *Das Reisebüro verdient an jeder Reise 10%* **3** ***j-d / etwas verdient etwas*** j-d / etwas bekommt etwas (aufgrund seines Handelns) zu Recht oder sollte es bekommen: *Er hat ein Lob, eine Strafe verdient; Nach dieser Anstrengung habe ich eine Pause verdient* || ID ***Womit habe ich das verdient?*** *gespr*; Warum habe ich diese Probleme, Sorgen?

Ver·dienst[1] *der*; *-(e)s, -e*; *meist Sg*; das Geld, das man für eine Leistung bekommt oder als Gewinn beim Verkauf von Waren hat || K-: ***Verdienst-, -ausfall***

Ver·dienst[2] *das*; *-(e)s, -e*; eine Tat oder eine Leistung, welche die Anerkennung anderer findet ⟨es ist j-s Verdienst, dass ...⟩ || K-: ***Verdienst-, -orden***; ***verdienst-, -voll***

ver·dre·hen; *verdrehte, hat verdreht* **1** ***etwas verdrehen*** etwas sehr stark oder zu stark drehen ⟨j-m den Arm verdrehen⟩ **2** ***etwas verdrehen*** etwas absichtlich falsch darstellen ⟨die Tatsachen verdrehen⟩ **3** ***j-m den Kopf verdrehen*** *gespr*; bewirken, dass sich j-d in einen verliebt

ver·duns·ten; *verdunstete, ist verdunstet*; ***etwas verdunstet*** eine Flüssigkeit wird allmählich zu Gas (aber ohne zu kochen) || *hierzu* **Ver·duns·tung** *die*

ver·dutzt *Adj*; überrascht und verwirrt

ver·eh·ren; *verehrten, hat verehrt* **1** ***j-n verehren*** j-n ehren und bewundern: *j-n als großen Künstler verehren* **2** ***j-n verehren*** j-n als ein höheres Wesen ansehen und zu ihm beten ⟨Heilige verehren; j-n als (einen) Gott verehren⟩ **3** ***j-m etwas verehren*** *hum*; j-m etwas schenken || *zu* **1** **Ver·eh·rer** *der*; **Ver·eh·re·rin** *die*; -, *-nen*; *zu* **1** und **2** **Ver·eh·rung** *die*

◆**Ver·ein** *der*; *-(e)s, -e*; eine Organisation von Leuten mit ähnlichen Interessen oder Zielen || K-: ***Vereins-, -mitglied*** || -K: ***Fußball-***

ver·ein·ba·ren; *vereinbarte, hat vereinbart*; ***j-d vereinbart etwas mit j-m***; ⟨Personen⟩ ***vereinbaren etwas*** zwei oder mehrere Personen beschließen, etwas Bestimmtes zu tun: *einen Treffpunkt vereinbaren; mit j-m vereinbaren, ihn anzurufen* || *hierzu* **Ver·ein·ba·rung** *die*

ver·ein·fa·chen; *vereinfachte, hat vereinfacht* **1** ***j-d / etwas vereinfacht etwas*** j-d / etwas macht etwas einfacher: *ein Verfahren vereinfachen* **2** ***etwas vereinfacht sich*** etwas wird einfacher || *hierzu* **Ver·ein·fa·chung** *die*

Ver·ei·ni·gung *die*; -, *-en* **1** eine Organisation mit einem bestimmten Ziel **2** das Zusammenkommen oder Zusammenbringen von verschiedenen Dingen

ver·ein·zelt *Adj*; *nur attr oder adv*; nur gelegentlich vorkommend ⟨in vereinzelten Fällen⟩: *Das Wetter morgen: vereinzelt Niederschläge*

ver·ei·sen; *vereiste, hat / ist vereist* **1** ***etwas vereist*** (*ist*) etwas wird mit Eis bedeckt: *eine vereiste Straße* **2** ***etwas vereisen*** (*hat*) sehr kalte Flüssigkeit auf einen verletzten Körperteil sprühen || *hierzu* **Ver·ei·sung** *die*

ver·er·ben; *vererbte, hat vererbt* **1** ***j-m etwas vererben***; ***etwas an j-n vererben*** bestimmen, dass j-d etwas bekommt, wenn man stirbt: *ein Haus an die Kinder vererben* **2** ***j-m etwas vererben***; ***etwas an / auf j-n vererben*** durch Gene eine Eigenschaft an die Nachkommen weitergeben ⟨eine Krankheit vererben⟩ || *zu* **2** **Ver·er·bung** *die*

◆**Ver·fah·ren** *das*; *-s*, -; **1** die Art und Weise, wie *bes* in der Industrie etwas gemacht wird ≈ Methode ⟨ein chemisches, technisches Verfahren entwickeln⟩: *ein Verfahren zur Reinigung von Abwässern* || -K: ***Herstellungs-*** **2** ***ein Verfahren*** (***gegen j-n / etwas***) die Untersuchungen, mit denen ein Rechtsfall vor Gericht geklärt wird ≈ Prozess

ver·fal·len; *verfällt, verfiel, ist verfallen* **1** ***etwas verfällt*** ein altes Gebäude, das nicht mehr gepflegt oder benutzt wird, fällt allmählich zusammen: *eine stillgelegte Fabrik verfallen lassen* **2** ***etwas verfällt*** etwas kommt in einen schlechten Zustand ⟨die Kultur, die Moral⟩ **3** ***etwas verfällt*** etwas verschwindet allmählich ⟨j-s Kraft, Macht⟩ **4** *meist* ***j-d verfällt*** j-s Gesundheit wird von Tag zu Tag schlechter **5** ***etwas verfällt*** etwas verliert Macht ⟨ein Imperium, ein Reich⟩ **6** ***etwas verfällt*** etwas wird zu einem Zeitpunkt ungültig oder wertlos ⟨ein Anspruch; eine Briefmarke, eine Fahrkarte⟩ || Hinweis: *ein Reisepass läuft ab* **7** ***in etwas*** (*Akk*) ***verfallen*** ohne es zu wollen (und ohne es zu bemerken) in einen bestimmten Zustand kommen oder etwas anderes tun, als geplant war: *Vor Aufregung verfiel er mitten in der Rede in seinen Dialekt* **8** ***j-m / etwas verfallen*** nicht ohne j-n / etwas leben können, auch wenn man sich selbst dadurch schadet ⟨dem Alkohol verfallen⟩ || *zu* **1-6** **Ver·fall** *der*

ver·fär·ben; *verfärbte, hat verfärbt* **1** ***etwas verfärbt sich*** (***irgendwie***) etwas bekommt eine andere Farbe: *Der Himmel verfärbte sich* (*rot*) **2** ***etwas verfärbt etwas*** etwas bewirkt, dass etwas eine andere Farbe bekommt: *Die neuen Jeans haben die ganze Wäsche verfärbt* || *hierzu* **Ver·fär·bung** *die*

ver·fas·sen; *verfasste, hat verfasst*; ***etwas verfassen*** sich einen Text ausdenken und dann schreiben ⟨einen Aufsatz, Brief, ein Buch verfassen⟩ || *hierzu* **Ver·fas·ser** *der*; **Ver·fas·se·rin** *die*; -, *-nen*

Ver·fas·sung[1] *die*; die (*meist* schriftlich festgelegten) Regeln in einem Staat, die die Form der Regierung und die Rechte und Pflichten der Bürger bestimmen || K-: ***Verfassungs-, -reform***; ***verfassungs-, -widrig***

Ver·fas·sung[2] *die*; -; *nur Sg*; der allgemeine (Gesundheits)Zustand: *in guter / schlechter körperlicher Verfassung*

ver·fein·det *Adj*; *nicht adv*; ⟨Gruppen, Lager, Parteien⟩ aggressiv und feindlich: *Sie sind* (*miteinander*) *verfeindet*

ver·fei·nern; *verfeinerte, hat verfeinert* **1** ***etwas verfeinern*** etwas feiner, besser machen ⟨den Geschmack; eine Methode verfeinern⟩: *eine Soße mit Sahne verfeinern* **2** ***sich verfeinern*** feiner, besser werden || *hierzu* **Ver·fei·ne·rung** *die*

ver·fol·gen; *verfolgte, hat verfolgt* **1** ***j-n / ein Tier / etwas verfolgen*** einer Person oder einem Tier (oder deren Spuren) folgen oder sie suchen, um sie zu fangen ⟨einen Verbrecher, eine Spur verfolgen⟩ **2** ***j-n / etwas verfolgen*** hinter einer Person hergehen, herfahren, weil man sie beobachten oder etwas von ihr haben will **3**

j-n verfolgen j-n schlecht behandeln und ihn leiden lassen, *bes* aus rassistischen, religiösen oder politischen Gründen ⟨j-n mit Hass verfolgen; sich verfolgt fühlen⟩: *von einem totalitären Regime verfolgt werden* **4** ***etwas verfolgen*** bei etwas interessiert zusehen, zuhören: *gespannt die Nachrichten verfolgen* **5** ***etwas*** **(*mit etwas*)** ***verfolgen*** versuchen, etwas zu verwirklichen: *eine bestimmte Absicht, ein Ziel, einen Zweck, eine Taktik verfolgen* **6** ***etwas*** **(*irgendwie*)** ***verfolgen*** etwas durch ein Gericht oder die Polizei untersuchen ⟨ein Verbrechen gerichtlich verfolgen⟩

Ver·fü·gung *die* **1** eine Anordnung einer Behörde ⟨eine gerichtliche Verfügung; eine Verfügung erlassen⟩ **2** das Recht oder die Möglichkeit, über j-n / etwas zu bestimmen, etwas für seine Zwecke zu benutzen ⟨etwas zur Verfügung haben⟩: *die freie Verfügung über ein Vermögen haben*; *Halten Sie sich bitte für weitere Auskünfte zur Verfügung* **3** ***ein Amt zur Verfügung stellen*** von einem Amt zurücktreten

ver·füh·ren; *verführte, hat verführt* **1** ***j-n verführen*** j-n dazu bringen, sexuellen Kontakt zu haben **2** ***j-n zu etwas verführen*** j-n dazu bringen, etwas zu tun, das nicht vernünftig ist: *j-n zum Glücksspiel verführen* || *hierzu* **Ver·füh·rer** *der*; **Ver·füh·re·rin** *die*; -, *-nen*; **Ver·füh·rung** *die*

◆**Ver·gan·gen·heit** *die*; -; *nur Sg* **1** die Zeit, die schon vorbei ist ↔ Gegenwart, Zukunft ⟨aus (den Fehlern) der Vergangenheit lernen⟩ || K-: ***Vergangenheits-, -bewältigung*** **2** j-s Leben oder die Existenz von etwas in der Vergangenheit (1) **3** (verwendet in manchen Grammatiken) eine Form des Verbs, die anzeigt, dass die Handlung, der Zustand als vergangen bezeichnet wird (Imperfekt / Präteritum, Perfekt *usw*) || K-: ***Vergangenheits-, -form***

ver·gaß ↑ ***vergessen***

ver·ge·ben; *vergibt, vergab, hat vergeben* **1** *geschr*; **(*j-m*) (*etwas* (*Akk*)) *vergeben*** j-m wegen einer Handlung (durch die er einem geschadet hat) nicht mehr böse sein ≈ j-m etwas verzeihen: *Ich hoffe, du kannst mir vergeben* **2** ***etwas*** **(*an j-n*)** ***vergeben*** j-m etwas geben, worum er sich beworben hat ⟨einen Auftrag (an eine Firma), ein Stipendium, eine Stelle, eine Wohnung⟩: *Die Wohnung, die ich haben wollte, ist bereits vergeben* **3** ***etwas vergeben*** eine günstige Gelegenheit nicht nutzen ⟨eine Chance vergeben⟩ || *zu* **1** **Ver·ge·bung** *die*

ver·ge·bens *Adv* ≈ vergeblich

◆**ver·geb·lich** *Adj*; ohne Erfolg ⟨Mühe, ein Versuch⟩ || *hierzu* **Ver·geb·lich·keit** *die*

◆**ver·ges·sen**; *vergisst, vergaß, hat vergessen* **1** **(*j-n / etwas*) *vergessen*** j-n / etwas aus dem Gedächtnis verlieren, sich nicht mehr erinnern können: *Ich habe das Datum vergessen*; *Ich habe vergessen, wer es haben wollte*; *Mein Vater vergisst leicht* **2** **(*j-n / etwas*) *vergessen*** nicht mehr an j-n / etwas denken: *Leider habe ich vergessen, dass Bernd gestern Geburtstag hatte*; *Und vergiss nicht, die Blumen zu gießen!* **3** ***etwas*** **(*irgendwo*)** ***vergessen*** nicht daran denken, etwas mit sich zu nehmen ≈ liegen lassen: *den Schirm im Zug vergessen* **4** ***sich vergessen*** die Kontrolle über sich selbst verlieren: *Als er zum vierten Mal gefoult wurde, vergaß er sich und schlug seinen Gegenspieler* **5** ***auf etwas*** (*Akk*) ***vergessen*** Ⓐ ≈ etwas vergessen || ID ***Vergiss es!*** *gespr*; **a)** das hat keinen Sinn; **b)** das ist nicht so wichtig; ***Das kannst du vergessen!*** *gespr*; das hat keinen Sinn; *meist* ***Den / Die / Das kannst du vergessen!*** *gespr*; er / sie / es ist nichts wert, taugt nichts

ver·gess·lich *Adj*; *nicht adv*; ⟨ein Mensch⟩ so, dass er leicht und oft etwas vergisst || *hierzu* **Ver·gess·lich·keit** *die*

ver·ge·wal·ti·gen; *vergewaltigte, hat vergewaltigt*; ***j-n vergewaltigen*** eine Person (*meist* eine Frau) zum Sex zwingen || *hierzu* **Ver·ge·wal·ti·ger** *der*; **Ver·ge·wal·ti·gung** *die*

ver·gie·ßen; *vergoss, hat vergossen* **1** ***etwas vergießen*** (ohne Absicht) eine Flüssigkeit irgendwohin oder an die falsche Stelle gießen **2** ***Tränen vergießen*** ≈ weinen || ID *meist* ***Es wurde viel Blut vergossen*** viele Menschen wurden getötet

ver·gisst ↑ ***vergessen***

◆**Ver·gleich** *der*; *-(e)s, -e* **1** ***ein Vergleich*** **(*mit j-m / etwas*; *zwischen*** ⟨Personen / Sachen⟩ (*Dat*)) das Betrachten von zwei oder mehreren Personen oder Dingen, um Ähnlichkeiten und Unterschiede herauszufinden ⟨ein passender Vergleich; einen Vergleich ziehen⟩: *Im Vergleich zum Vorjahr ist es dieses Jahr trocken und warm* **2** ein (feststehender) sprachlicher Ausdruck (wie *z.B. schwarz wie die Nacht*) **3** *Recht*; die Einigung der Parteien, einen Prozess vor Gericht nicht weiter zu führen || *zu* **1** **ver·gleich·bar** *Adj*

◆ **ver·glei·chen**; *verglich, hat verglichen* **1** ⟨Personen, Dinge⟩ ***vergleichen***; ***j-n / etwas mit j-m / etwas vergleichen*** die Eigenschaften von Personen oder Dingen betrachten, um Ähnlichkeiten und Unterschiede herauszufinden: *die Preise (miteinander) vergleichen, bevor man etwas kauft* **2** ***j-n / etwas mit j-m / etwas vergleichen*** sagen oder denken, dass j-d / etwas ähnlich wie j-d / etwas ist: *Er vergleicht sich gern mit großen Philosophen* **3** ⟨Personen⟩ ***vergleichen sich***; ***j-d vergleicht sich mit j-m*** *Recht*; Personen machen einen Vergleich (3)

◆ **Ver·gnü·gen** *das*; *-s, -*; **1** *nur Sg*; das Gefühl der Freude und Zufriedenheit, das man empfindet, wenn man etwas Angenehmes tut oder erlebt ⟨etwas bereitet j-m Vergnügen; etwas aus / zum Vergnügen tun; etwas mit Vergnügen tun⟩: *Es machte ihm Vergnügen, mit dem Kind zu spielen*; *Viel Vergnügen im Urlaub!* **2** ***ein teures Vergnügen*** *iron*; etwas, das sehr teuer ist || ID ***sich*** (*Dat*) ***ein Vergnügen daraus machen, etwas zu tun*** Spaß daran haben, etwas Besonderes zu machen oder anderen Personen Ärger zu verursachen

◆ **ver·grö·ßern**; *vergrößerte, hat vergrößert* **1** ***etwas vergrößern*** etwas größer machen: *bei einem alten Haus die Fenster vergrößern* **2** ***etwas vergrößern*** etwas beim Drucken, Kopieren *o.Ä.* größer machen ⟨ein Foto vergrößern⟩ **3** ***etwas vergrößert sich*** etwas wird größer: *Die Geschwulst hat sich nicht vergrößert* || *hierzu* **Ver·grö·ße·rung** *die*

◆ **ver·haf·ten**; *verhaftete, hat verhaftet*; ***j-n verhaften*** j-n ins Gefängnis bringen (weil es Beweise gibt, dass er ein Verbrechen begangen hat): *Die Polizei verhaftete ihn noch am Tatort* || *hierzu* **Ver·haf·tung** *die*

◆ **Ver·hal·ten** *das*; *-s*; *nur Sg*; die Art und Weise, wie ein Mensch oder Tier in verschiedenen Situationen handelt oder reagiert ⟨ein kluges, mutiges Verhalten zeigen; sein Verhalten (gegenüber j-m) ändern⟩ || K-: ***Verhaltens-, -forschung, -regel, -weise*** || -K: ***Fahr-, Freizeit-***

◆ **ver·hal·ten¹, sich**; *verhält sich, verhielt sich, hat sich verhalten*; ***sich irgendwie verhalten*** ein bestimmtes Verhalten zeigen ⟨sich ruhig, abwartend, korrekt verhalten⟩

◆ **ver·hal·ten², sich**; *verhält sich, verhielt sich, hat sich verhalten* **1** ***etwas verhält sich irgendwie*** etwas ist irgendwie: *Die Sache verhält sich ganz anders, als du denkst* **2** ***etwas verhält sich zu etwas wie …*** etwas steht in einem bestimmten Verhältnis zu etwas: *3 verhält sich zu 1 wie 6 zu 2*

◆ **ver·hal·ten³** *Adj* **1** ⟨Hass, Wut, Freude; Spott⟩ so (unterdrückt), dass ein anderer sie kaum bemerkt **2** sehr leise ⟨eine Stimme⟩ **3** ≈ defensiv, vorsichtig ⟨eine Fahrweise⟩

◆ **Ver·hält·nis** *das*; *-ses, -se* **1** ***das Verhältnis*** (***von etwas zu etwas***; ***zwischen etwas*** (*Dat*) ***und etwas*** (*Dat*)) die Beziehung zwischen zwei oder mehreren Dingen, die man messen oder vergleichen kann ≈ Relation: *Saft und Wasser im Verhältnis zwei zu eins (2:1) mischen*; *das Verhältnis zwischen Aufwand und Ergebnis* || -K: ***Größen-*** **2** ***ein Verhältnis*** (***zu j-m / etwas***) die Art der Beziehung zu Personen oder Dingen ⟨ein gutes, schlechtes, gestörtes Verhältnis zu j-m haben⟩: *kein Verhältnis zur modernen Kunst haben* (= nichts damit anfangen können) || -K: ***Freundschafts-*** **3** ***ein Verhältnis*** (***mit j-m***) *gespr*; sexuelle Kontakte mit einer Person, außerhalb einer bestehenden Ehe

ver·hält·nis·mä·ßig *Adv*; im Vergleich zu etwas anderem ≈ relativ: *Der Sommer war verhältnismäßig warm und trocken*

ver·han·deln; *verhandelte, hat verhandelt* **1** (***mit j-m***) (***über etwas*** (*Akk*)) ***verhandeln*** mit j-m (*meist* relativ lange) über etwas sprechen, um ein Problem zu lösen oder um sich mit ihm zu einigen: *Die beiden Staaten verhandeln über neue Möglichkeiten der Zusammenarbeit* **2** *meist* ***das Gericht verhandelt gegen j-n*** *Recht*; ein Gerichtsprozess wird gegen j-n geführt: *Das Gericht verhandelt gegen sie wegen Diebstahls*; *Der Fall wird nächsten Monat verhandelt*

Ver·hand·lung *die* **1** *nur Pl*; das Verhandeln (1): *Die Verhandlungen verliefen ergebnislos* || K-: ***Verhandlungs-, -gegenstand, -partner***; ***verhandlungs-, -bereit*** || -K: ***Friedens-*** **2** das Verhandeln (2): *Die Verhandlung musste kurz unterbrochen werden* || -K: ***Gerichts-***

ver·hee·rend *Adj* **1** mit schlimmen Folgen ≈ katastrophal ⟨ein Brand, ein Feuer, ein Erdbeben⟩ **2** *gespr* ≈ sehr schlecht: *Mit seiner neuen Frisur sieht er verheerend aus!*

◆ **ver·hei·ra·tet** *Adj*; *nicht adv*; (***mit j-m***) ***verheiratet*** in einer Ehe lebend ↔ ledig; *Abk* verh. ⟨eine Frau, ein Mann; glücklich verheiratet sein⟩

◆ **ver·hin·dern**; *verhinderte, hat verhindert*; ***etwas verhindern*** bewirken, dass etwas nicht geschieht oder dass j-d etwas nicht tun kann ≈ vermeiden: *ein Unglück, einen Krieg, einen Unfall verhindern; Ich konnte nicht verhindern,* dass *sie wegfuhr* || *hierzu* **Ver·hin·de·rung** *die*

ver·hö·ren[1]; *verhörte, hat verhört;* ***j-n verhören*** einem Verdächtigen Fragen stellen, *bes* um ein Verbrechen zu klären

ver·hö·ren[2], **sich**; *verhörte sich, hat sich verhört;* ***sich verhören*** etwas falsch hören: *Da haben Sie sich wohl verhört!*

ver·hun·gern; *verhungerte, ist verhungert;* sterben, weil man nicht genug zu essen hat

◆**ver·kau·fen**; *verkaufte, hat verkauft* **1** ***((j-m) etwas) verkaufen; (etwas (an j-n)) verkaufen*** j-m eine Ware, die er haben will, geben und dafür von ihm Geld bekommen: *j-m ein Auto billig verkaufen* **2** ***etwas verkauft sich gut / schlecht*** etwas wird von vielen / wenigen Personen gekauft: *Sein neuer Roman verkauft sich gut*

◆**Ver·käu·fer** *der; -s, -;* **1** j-d, der (beruflich) Waren verkauft || -K: ***Auto-, Möbel-*** **2** *Recht;* j-d, der eine Sache verkauft ↔ Käufer || *hierzu* **Ver·käu·fe·rin** *die; -, -nen*

◆**Ver·kehr** *der; -(e)s; nur Sg* **1** die Bewegung *bes* der Fahrzeuge auf den Straßen ⟨flüssiger, stockender Verkehr; es herrscht starker, reger, wenig Verkehr⟩: *Ein Polizist regelt den Verkehr* || K-: ***Verkehrs-, -lärm, -meldung, -teilnehmer, -unfall*** || -K: ***Flug-, Schienen-, Straßen-*** **2** *geschr;* der Kontakt und die Beziehungen, die man zu j-m hat **3** die sexuelle Vereinigung von Frau und Mann **4** ***etwas aus dem Verkehr ziehen*** nicht mehr erlauben, dass etwas weiter verwendet wird: *alte Geldscheine aus dem Verkehr ziehen*

◆**Ver·kehrs·mit·tel** *das; bes Admin;* ein Fahrzeug ⟨ein öffentliches Verkehrsmittel⟩

◆**Ver·kehrs·zei·chen** *das;* ein Schild mit einem Symbol, das den Verkehr regelt

ver·kehrt *Adj* **1** so, dass es falsch ist **2** der richtigen Stelle entgegengesetzt ⟨auf der verkehrten Seite gehen⟩

ver·klei·den *(hat)* **1** ***j-n / sich (als etwas) verkleiden*** j-m / sich etwas anziehen, um anders auszusehen oder um nicht erkannt zu werden: *sich im Karneval als Indianer verkleiden* **2** ***etwas (mit etwas) verkleiden*** etwas mit einem bestimmten Material bedecken (*meist* als Schmuck oder Schutz): *Wände mit Holz verkleiden*

ver·klemmt *Adj;* im Verhalten nicht natürlich und selbstbewusst, sondern schüchtern und ängstlich ⟨(sexuell) verklemmt sein⟩ || *hierzu* **Ver·klemmt·heit** *die*

ver·kom·men *(ist)* **1** ***(zu etwas) verkommen*** beruflich und moralisch in einen so schlechten Zustand kommen, dass man verachtet wird: *zum Säufer verkommen* **2** ⟨Lebensmittel⟩ ***verkommen*** Lebensmittel werden schlecht und sind daher nicht mehr essbar **3** ***etwas verkommt*** etwas wird nicht gepflegt und kommt deshalb in einen schlechten Zustand: *Das alte Haus ist völlig verkommen* || *zu* **1** **Ver·kom·men·heit** *die;* **ver·kom·men** *Adj*

ver·kracht *Adj; gespr;* ohne Erfolg im Beruf ⟨eine Existenz; ein Politiker⟩

ver·kraf·ten; *verkraftete, hat verkraftet;* ***etwas verkraften*** die Stärke besitzen, ein sehr negatives Erlebnis zu überwinden: *Er hat diese Enttäuschung gut verkraftet*

ver·kramp·fen, sich; *verkrampfte sich, hat sich verkrampft* **1** ***etwas verkrampft sich*** die Muskeln eines Körperteils ziehen sich sehr stark zusammen und schmerzen **2** ***j-d verkrampft sich*** j-d verhält sich aus Angst oder Unsicherheit nicht mehr natürlich || *hierzu* **Ver·kramp·fung** *die*

ver·küh·len, sich; *verkühlte sich, hat sich verkühlt; südd* Ⓐ (CH) ≈ sich erkälten

ver·kür·zen; *verkürzte, hat verkürzt* **1** ***etwas verkürzen*** etwas kürzer machen: *ein Brett verkürzen; „Bus" ist die verkürzte Form von „Omnibus"* **2** ***etwas verkürzt sich*** etwas wird kürzer || *hierzu* **Ver·kür·zung** *die*

Ver·lag *der; -(e)s, -e;* ein Betrieb, der Bücher, Zeitungen *o.Ä.* macht und über Buchhändler verkaufen lässt ⟨etwas erscheint bei / in einem Verlag⟩ || K-: ***Verlags-, -programm*** || -K: ***Kunst-, Lexikon-***

◆**ver·lan·gen**; *verlangte, hat verlangt* **1** ***etwas (von j-m) verlangen*** j-m deutlich sagen, dass man etwas von ihm (haben) will oder man bestimmte Leistungen erwartet ≈ fordern (1): *Wir müssen von den Mitarbeitern mehr Leistung verlangen; Sie verlangte,* zu *ihm gelassen* zu *werden; Ich verlange,* dass *du sofort mein Haus verlässt!* || Hinweis: *Man verlangt* oder *fordert,* was man für sein Recht hält **2** ***etwas (für etwas) verlangen*** etwas als Preis für eine Ware oder Leistung haben wollen ≈ nehmen (4): *Er verlangt 2000 Euro für das Boot* **3** ***j-n verlangen*** sagen, dass man mit einer bestimmten Person sprechen will ⟨j-n am Telefon verlangen⟩ **4** ***etwas verlangt etwas*** etwas macht etwas nötig: *Diese Aufgabe verlangt äußerste Konzentration* **5** ***etwas verlangen*** *gespr;* einem Verkäufer, Kellner *o.Ä.* sagen, was man haben will: *ein Kilo Fleisch verlangen* **6**

nach j-m verlangen sagen, dass j-d zu einem kommen soll, dass man mit j-m sprechen will ⟨nach einem Arzt, nach dem Geschäftsführer verlangen⟩ **7** ***nach etwas verlangen*** um etwas bitten: *Der Kranke verlangte nach einem Glas Wasser* || ID *meist* ***Das ist doch nicht zu viel verlangt!*** *gespr*; das ist keine große Sache, diesen Wunsch kann man doch ohne weiteres erfüllen; ***Das ist zu viel verlangt!*** *gespr*; das geht zu weit

◆**ver·län·gern**; *verlängerte, hat verlängert* **1** ***etwas*** **(*um etwas*)** ***verlängern*** etwas länger dauern lassen, als es vorgesehen war ⟨eine Frist, den Urlaub, den Aufenthalt um einen Tag verlängern⟩ **2** ***etwas*** **(*um etwas*)** ***verlängern*** ein Dokument länger gültig sein lassen als vorgesehen ⟨einen Pass verlängern⟩ **3** ***etwas*** **(*um etwas*)** ***verlängern*** etwas länger machen: *eine Hose um zwei Zentimeter verlängern*

Ver·lass *der*; *meist in* ***auf j-n / etwas ist*** **(*kein*)** ***Verlass*** j-m / etwas kann man (nicht) vertrauen

◆**ver·las·sen**[1]; *verlässt, verließ, hat verlassen* **1** ***etwas verlassen*** von einem Ort weggehen: *das Haus durch den Hinterausgang verlassen*; *An der nächsten Ampel verlassen wir die Hauptstraße und biegen nach rechts ab* **2** ***etwas verlassen*** aufhören, an einem bestimten Ort zu leben: *Im Jahr 1896 verließ er seine Heimat und wanderte aus* **3** ***j-n verlassen*** die Familie, den Partner allein lassen und nicht mehr für sie sorgen: *Er hat sie wegen einer anderen Frau verlassen* **4** ***etwas verlässt j-n*** etwas wird schwächer, verschwindet ⟨die Hoffnung, die Kraft verlässt j-n⟩ || ID *meist* ***Er / Sie hat uns für immer verlassen*** *euph*; er / sie ist gestorben

◆**ver·las·sen**[2], **sich**; *verlässt sich, verließ sich, hat sich verlassen*; ***sich auf j-n / etwas verlassen*** j-m / etwas vertrauen, seine Hoffnungen in j-n / etwas setzen: *Du kannst dich auf mich verlassen, ich bin immer für dich da*; *Ich verlasse mich* darauf, dass *Sie alles vorbereiten* || ID ***Verlass dich drauf!*** *gespr*; das ist ganz bestimmt so, das wird ganz bestimmt so sein

◆**ver·las·sen**[3] *Adj* **1** ohne Menschen ⟨leer und verlassen⟩ **2** ≈ abgelegen, einsam ⟨eine Gegend⟩ **3** allein, einsam und hilflos ⟨verlassen sein; sich verlassen fühlen⟩ || *hierzu* **Ver·las·sen·heit** *die*

Ver·lauf *der*; *-(e)s*; *nur Sg* **1** die Richtung, in der etwas geht: *den Verlauf einer Grenze festlegen* **2** die Entwicklung einer Situation, einer Krankheit ⟨etwas nimmt einen ungünstigen, unerwarteten Verlauf⟩: *Zum Verlauf dieser Krankheit gehört hohes Fieber* **3** ***im Verlauf*** + *Gen* während des genannten Zeitraums, der genannten Handlung: *im Verlauf der Sitzung*

ver·lau·fen; *verläuft, verlief, hat / ist verlaufen* **1** ***etwas verläuft*** **(*irgendwie / irgendwohin*)** (*ist*) etwas (*z.B.* ein Weg) nimmt eine bestimmte Richtung ein, erstreckt sich in eine bestimmte Richtung: *Die Grenze verläuft mitten durch den Ort* **2** ***etwas verläuft irgendwie*** (*ist*) etwas geschieht auf eine bestimmte Art und Weise ⟨etwas verläuft ergebnislos; eine tödlich verlaufende Krankheit⟩: *Die Demonstration verlief ohne Zwischenfälle* **3** ***j-d verläuft sich*** (*hat*) j-d nimmt den falschen Weg oder geht in die falsche Richtung und weiß nicht mehr, wo er ist

ver·le·gen[1]; *verlegte, hat verlegt* **1** ***etwas*** **(*irgendwohin*)** ***verlegen*** den Ort von etwas wechseln: *Die Haltestelle wurde verlegt* **2** ***etwas*** **(*auf etwas*** (*Akk*)**)** ***verlegen*** den vorgesehenen Zeitpunkt oder Termin für etwas ändern: *Das Rennen wurde auf nächste Woche / morgen verlegt* **3** ***etwas verlegen*** etwas an einer bestimmten Stelle befestigen ⟨Fliesen, Kabel, Schienen verlegen⟩ **4** ***etwas verlegen*** etwas an einen bestimmten Ort legen und dann nicht mehr finden: *Oma hat ihre Brille verlegt* **5** ***j-d verlegt etwas*** ein Verlag produziert ein Buch *usw* ⟨Bücher, Zeitschriften verlegen⟩ || *zu* **1-3 Ver·le·gung** *die*

ver·le·gen[2] *Adj*; ängstlich und unsicher ⟨ein Blick, ein Lächeln⟩: *Ihre Blicke machten ihn verlegen*

ver·lei·hen; *verlieh, hat verliehen* **1** ***etwas*** **(*an j-n*)** ***verleihen*** ≈ j-m etwas leihen: *Ich verleihe meine Bücher nur noch an Leute, die sorgfältig damit umgehen* **2** ***j-m etwas verleihen*** j-m einen Preis geben, um ihn zu ehren ⟨j-m einen Preis, einen Orden verleihen⟩ || *zu* **2 Ver·lei·hung** *die*

◆**ver·let·zen**; *verletzte, hat verletzt* **1** ***j-n verletzen*** dem Körper eines anderen Schaden zufügen ⟨j-n leicht, lebensgefährlich verletzen⟩: *j-n durch einen Schuss ins Bein verletzen* **2** ***sich*** (*Dat*) ***etwas verletzen*** (*meist* unabsichtlich) dem eigenen Körper schaden: *sich den Fuß verletzen* **3** ***j-n / etwas verletzen*** bewirken, dass j-d traurig, beleidigt, gekränkt wird ⟨j-n tief verletzen; j-s Gefühle verletzen⟩: *verletzende Worte sagen* **4** ***j-d / etwas verletzt etwas*** j-d / etwas hält sich nicht an bestimmte Regeln, Pflichten oder Konventionen ⟨ein Gesetz, eine Vorschrift verletzen⟩ **5** ***sich*** **(*an etwas*** (*Dat*)**)** ***verletzen*** sich etwas verletzen (2): *Sie hat* *sich am Kopf verletzt* || *zu* **3 Ver·letzt·heit** *die*

◆**Ver·let·zung** *die*; -, *-en* **1** eine Wunde *bzw* die Stelle im oder am Körper, an der man verletzt (1) ist: *lebensgefährliche Verletzungen* || -K: ***Arm-, Kopf-; Schuss-*** **2** eine Handlung, durch die man gegen eine Regel oder Norm verstößt || -K: ***Pflicht-***

ver·leum·den; *verleumdete, hat verleumdet*; ***j-n verleumden*** absichtlich falsche oder schlechte Dinge über eine Person sagen, damit sie einen schlechten Ruf bekommt || *hierzu* **Ver·leum·der** *der*; **Ver·leum·de·rin** *die*; -, *-nen*; **ver·leum·de·risch** *Adj*

◆**ver·lie·ben, sich**; *verliebte sich, hat sich verliebt* **1** ***sich (in j-n) verlieben*** das Gefühl der Liebe zu j-m bekommen: *Er hat sich (in Susanne) verliebt* **2** ⟨zwei Personen⟩ ***verlieben sich*** jede der beiden Personen empfindet Liebe für den anderen: *Peter und Inge haben sich verliebt* || *hierzu* **Ver·lieb·te** *der / die*; **Ver·liebt·heit** *die*

◆**ver·lie·ren**[1]; *verlor, hat verloren* **1** ***etwas verlieren*** etwas irgendwo liegen oder fallen lassen und es nicht mehr finden: *Hier hast du den Schlüssel - verlier ihn nicht!; Ich habe meine Handschuhe verloren* **2** ***j-n verlieren*** j-n nicht mehr haben, weil er stirbt: *die Eltern durch einen Unfall verlieren* **3** ***j-n verlieren*** den Kontakt zu j-m nicht mehr haben (*meist* aufgrund eines Ereignisses): *durch einen Skandal viele Freunde verlieren* **4** ***etwas verlieren*** durch das eigene Verhalten oder durch negative Umstände etwas Positives nicht mehr haben ⟨j-s Vertrauen, den Arbeitsplatz verlieren⟩ **5** ***etwas verliert etwas*** etwas lässt (*meist* durch ein Loch) eine Flüssigkeit oder ein Gas nach außen kommen: *Das Auto verliert Öl* **6** ***j-d verliert Blut*** j-d blutet stark **7** ***etwas verliert etwas*** eine Pflanze oder ein Baum wirft Blätter ab **8** ***j-d verliert etwas*** ein Körperteil wird vom Körper abgetrennt oder wird funktionslos ⟨einen Arm, ein Auge, ein Bein verlieren⟩ **9** ***j-d verliert etwas*** verwendet mit Substantiven, um auszudrücken, dass Gefühle weniger werden oder nicht mehr da sind ⟨die Freude, die Geduld, die Hoffnung, das Interesse, das Vertrauen verlieren⟩ **10** *meist* ***keine Zeit verlieren*** etwas so schnell wie möglich machen: *Wenn wir pünktlich sein wollen, dürfen wir keine Zeit mehr verlieren* **11** ***die Sprache verlieren*** vor Schreck, Überraschung nichts mehr sagen können **12** ***den Kopf verlieren*** in Panik geraten **13** ***etwas verliert (etwas)*** etwas wird in der Qualität schlechter: *Wein verliert, wenn er nicht gut gelagert wird* **14** ***j-d / etwas verliert (an etwas*** (*Dat*)**)** j-d hat allmählich weniger von etwas, etwas wird kleiner, schlechter: *j-d verliert an Macht, Einfluss; Der Kaffee hat (an Aroma) verloren* **15** ***etwas verliert sich*** etwas wird schwächer, etwas verschwindet allmählich: *Der unangenehme Geruch des neuen Teppichs verliert sich nach ein paar Wochen* **16** ***sich in etwas*** (*Dat*) ***verlieren*** sich intensiv mit etwas beschäftigen und anderes nicht beachten, nicht mehr wahrnehmen ⟨sich in Erinnerungen, Träumen, Einzelheiten verlieren⟩ || ID *meist* ***Du hast hier nichts verloren!*** *gespr*; du bist hier nicht erwünscht || ▸ ***Verlust***

◆**ver·lie·ren**[2]; *verlor, hat verloren* **1** ***(etwas) verlieren*** in einem Spiel, Kampf, Wettbewerb eine schlechtere Leistung bringen ↔ gewinnen (1) ⟨ein Spiel verlieren⟩ **2** (⟨eine Wette⟩) ***verlieren*** bei einer Wette Unrecht haben **3** (⟨einen Prozess⟩) ***verlieren*** bei einer Gerichtsverhandlung keinen Erfolg haben **4** (⟨einen Krieg⟩) ***verlieren*** in einem Krieg vom Feind besiegt werden **5** ***(etwas) (bei etwas) verlieren*** Geld zahlen müssen bei einem Spiel wie Pokern, Roulette, oder weil man mit einem Geschäft keinen Erfolg hatte ↔ gewinnen: *beim Pokern hundert Euro verlieren* || ID ***nichts (mehr) zu verlieren haben*** in einer Situation sein, die nicht mehr schlechter werden kann || *hierzu* **Ver·lie·rer** *der*; **Ver·lie·re·rin** *die*; -, *-nen*

ver·lobt *Adj*; *nicht adv*; ***(mit j-m) verlobt*** so, dass zwei Partner versprochen haben, einander zu heiraten: *Nachdem sie ein Jahr verlobt waren, heirateten sie* || *hierzu* **Ver·lob·te** *der / die*; **ver·lo·ben, sich** (*hat*)

◆**Ver·lust** *der*; -*(e)s*, *-e* **1** *nur Sg*; der Vorgang, bei dem man etwas verliert[1] (1): *der Verlust der Geldbörse* || K-: ***Verlust-, -anzeige*** **2** *nur Sg*; das Verlieren[1] (8): *der Verlust eines Beines* **3** *nur Sg*; das Verlieren[1] (2) ⟨ein schmerzlicher Verlust⟩: *der Verlust eines geliebten Menschen* **4** *nur Sg*; das Verlieren[1] (4): *der Verlust von j-s Vertrauen* || -K: ***Ehr-*** **5** *nur Sg*; ***ein Verlust (an etwas*** (*Dat*) ***/ von etwas)*** der Wegfall von etwas Positivem oder Nützlichem || -K: ***Energie-, Prestige-*** **6** *nur Sg*; das Verlieren[1] (5,6) || -K: ***Blut-, Wasser-*** **7** *nur Sg*; das Verlieren[1] (10) || -K: ***Zeit-*** **8** ein finanzieller Schaden ↔ Gewinn ⟨ein finanzieller Verlust; Verlust(e) machen⟩ || K-: ***Verlust-, -ge-***

schäft 9 *meist Pl*; die Soldaten einer Armee, die in einem Krieg, Kampf sterben oder verwundet werden ⟨hohe Verluste erleiden⟩ **10 *mit Verlust*** so, dass man dabei Geld verliert ⟨mit Verlust arbeiten; etwas mit Verlust verkaufen⟩

ver·meh·ren; *vermehrte, hat vermehrt* **1 *etwas vermehren*** die Zahl oder den Umfang von etwas größer machen: *das Vermögen vermehren* **2** ⟨Tiere⟩ ***vermehren sich*** Tiere pflanzen sich fort **3 *etwas vermehrt sich*** etwas wird mehr: *Die Zahl der Hungernden vermehrt sich ständig* || *hierzu* **Ver·meh·rung** *die*

ver·mei·den; *vermied, hat vermieden*; ***etwas vermeiden*** so handeln, dass etwas *meist* Negatives nicht geschieht: *Er hätte die Operation vermeiden können, wenn er früher zum Arzt gegangen wäre* || *hierzu* **ver·meid·bar** *Adj*; **Ver·mei·dung** *die*

◆**ver·mie·ten**; *vermietete, hat vermietet*; **(*j-m*) (*etwas*) *vermieten***; **(*etwas*) (*an j-n*) *vermieten*** j-m *bes* ein Haus, eine Wohnung oder ein Fahrzeug zum Benutzen überlassen und dafür Geld nehmen ⟨ein Haus vermieten⟩ || *hierzu* **Ver·mie·ter** *der*; **Ver·mie·te·rin** *die*; -, *-nen*; **Ver·mie·tung** *die*

ver·mi·schen; *vermischte, hat vermischt*; ***etwas*** (*Pl*) **(*zu etwas*) *vermischen***; ***etwas mit etwas*** **(*zu etwas*) *vermischen*** ≈ mischen: *Wenn man Gelb und Blau (miteinander) vermischt, erhält man Grün*

ver·mis·sen; *vermisste, hat vermisst* **1 *j-n / etwas vermissen*** bedauern, dass j-d / etwas nicht da ist: *Ich habe dich sehr vermisst!* **2 *j-n / etwas vermissen*** feststellen, dass j-d / etwas nicht da ist und dass man nicht weiß, wo er / es ist: *Ich vermisse meinen Regenschirm*

◆**Ver·mitt·lung** *die*; -, *-en* **1** *nur Sg*; das Vermitteln (1): *die Vermittlung von Arbeitskräften* || -K: ***Stellen-*** **2** der Versuch, durch Gespräche und Verhandlungen einen Streit zu beenden || K-: ***Vermittlungs-, -versuch*** **3** *nur Sg*; die Weitergabe von Informationen ⟨die Vermittlung von Kenntnissen⟩ || -K: ***Wissens-*** **4** eine Telefonzentrale

Ver·mö·gen *das*; *-s*, -; **1 *ein Vermögen*** **(*an etwas*** (*Dat*)) der gesamte Besitz (als materieller Wert) ⟨ein Vermögen an Grundstücken, Aktien haben; Vermögen haben⟩ || K-: ***Vermögens-, -bildung*** **2 *ein Vermögen*** *gespr*; viel Geld: *Der Unfall kostete mich ein Vermögen*

◆**ver·mu·ten**; *vermutete, hat vermutet* **1 (*etwas*) *vermuten*** denken, dass etwas möglich oder wahrscheinlich ist: *Ich habe ihn schon lange nicht mehr gesehen - ich vermute*, dass *er viel zu tun hat*; *Ich vermute, er ist sehr beschäftigt*; *Die Polizei vermutet ein Verbrechen* **2 *j-n / etwas irgendwo vermuten*** glauben, dass j-d / etwas irgendwo ist

ver·nach·läs·si·gen; *vernachlässigte, hat vernachlässigt*; ***j-n / etwas vernachlässigen*** sich nicht genügend um j-n / etwas kümmern: *wegen des Berufs die Familie vernachlässigen* || *hierzu* **Ver·nach·läs·si·gung** *die*

ver·neh·men; *vernimmt, vernahm, hat vernommen* **1 *j-n vernehmen*** (als Polizist oder vor Gericht) einem Zeugen Fragen stellen ⟨einen Zeugen vernehmen⟩ **2 *etwas vernehmen*** *geschr* ≈ hören: *ein schwaches Geräusch vernehmen*

ver·nei·nen; *verneinte, hat verneint*; ***etwas verneinen*** etwas mit „nein" beantworten ⟨eine Frage verneinen⟩

ver·nich·ten; *vernichtete, hat vernichtet*; ***j-d / etwas vernichtet j-n / etwas*** j-d / etwas bewirkt, dass es j-n / etwas nicht mehr gibt: *Das Feuer hat alle Vorräte vernichtet*

ver·nich·tend *Adj* **1** besonders deutlich (und *meist* mit hohen Verlusten verbunden) ⟨eine Niederlage; den Feind vernichtend schlagen⟩ **2** voller Vorwurf und Wut ⟨ein Blick⟩ **3** sehr negativ ⟨eine Kritik⟩

Ver·nunft *die*; -; *nur Sg* **1** die Fähigkeit des Menschen, etwas mit dem Verstand zu beurteilen und dann so zu handeln, wie es angemessen, gut ist ⟨etwas gegen / wider alle Vernunft tun⟩ **2 *Vernunft annehmen***; **(*wieder*) *zur Vernunft kommen*** wieder so handeln, wie es der Vernunft entspricht **3 *j-n zur Vernunft bringen*** bewirken, dass j-d wieder so handelt, wie es der Vernunft entspricht

◆**ver·nünf·tig** *Adj* **1** klug und gut überlegt: *eine vernünftige Entscheidung treffen* **2** *gespr*; so, wie es j-s Erwartungen, Wünschen entspricht: *zu einem vernünftigen Preis*; *Ich will endlich mal wieder etwas Vernünftiges essen!*

◆**ver·öf·fent·li·chen**; *veröffentlichte, hat veröffentlicht*; ***etwas veröffentlichen*** etwas (*bes* in einem Buch, in einer Zeitschrift *o.Ä.*) der Öffentlichkeit bekannt machen ≈ publizieren: *einen Artikel veröffentlichen* || *hierzu* **Ver·öf·fent·li·chung** *die*

ver·pach·ten; *verpachtete, hat verpachtet*; **(*j-m*) (*etwas*) *verpachten***; **(*etwas*) (*an j-n*) *verpachten*** j-m erlauben, ein Stück Land, ein Haus *o.Ä.* zu nutzen, und dafür Geld von ihm nehmen ⟨ein Grundstück, ein Lokal verpachten⟩ || *hierzu* **Ver·pạch·tung** *die*

ver·pạ·cken; *verpackte, hat verpackt*; ***etwas (in etwas (Akk)) verpacken*** etwas in eine (feste) Hülle tun, *bes* um es so zu verkaufen oder zu transportieren: *Elektrogeräte in Kartons verpacken*

Ver·pạ·ckung *die*; -, *-en* **1** *nur Sg*; der Prozess, bei dem etwas verpackt wird **2** die Hülle, in die man etwas verpackt: *eine Verpackung aus Plastik* || K-: ***Verpackungs-, -material*** || -K: ***Original-***

◆ **ver·pạs·sen**; *verpasste, hat verpasst* **1** ***j-n / etwas verpassen*** nicht zur richtigen Zeit an einem Ort sein und deswegen j-n nicht treffen oder etwas nicht erreichen: *Du hast ihn verpasst - er war vor fünf Minuten noch hier* **2** ***etwas verpassen*** den richtigen Zeitpunkt für etwas nicht nutzen ⟨eine Chance, eine Gelegenheit verpassen⟩

Ver·pfle̲·gung *die*; -; *nur Sg*; die Versorgung mit Essen *bes* für Menschen, die gerade nicht zu Hause leben ⟨die Verpflegung der Truppen; die Verpflegung in einem Hotel⟩

ver·pflịch·ten; *verpflichtete, hat verpflichtet* **1** ***etwas verpflichtet (j-n) zu etwas*** durch eine Handlung entsteht eine Pflicht, etwas zu tun: *Das Öffnen der Packung verpflichtet zum Kauf / verpflichtet Sie zum Kauf der Ware* **2** ***j-n verpflichten*** einen Vertrag mit einer Person (*meist* einem Künstler, Sportler) schließen und diese so einstellen: *Der neue Stürmer wurde für zwei Jahre verpflichtet* **3** ***sich (zu etwas) verpflichten*** fest versprechen, etwas zu tun **4** ***sich verpflichten*** in einem Vertrag versprechen, eine Aufgabe *bes* als Künstler, Sportler oder Soldat zu übernehmen: *sich auf zwei Jahre bei der Bundeswehr verpflichten*

ver·pfụ·schen; *verpfuschte, hat verpfuscht*; ***etwas verpfuschen*** *gespr*; etwas durch schlechte Leistungen oder durch Fehler verderben oder kaputtmachen ⟨eine Arbeit, die Karriere verpfuschen⟩

ver·prạs·sen; *verprasste, hat verprasst*; ***etwas verprassen*** *gespr* ≈ verschwenden

◆ **ver·ra̲·ten**; *verrät, verriet, hat verraten* **1** ***(j-m) etwas verraten*** *gespr*; j-m etwas sagen oder zeigen, das geheim bleiben sollte ⟨ein Geheimnis, einen Plan verraten⟩ **2** ***j-n / etwas (an j-n) verraten*** durch das Weitergeben von Informationen (*meist* absichtlich) j-m / etwas schaden ⟨einen Freund, einen Plan verraten⟩ **3** ***sich durch etwas verraten*** ohne Absicht seinen wahren Charakter, seine wahren Pläne erkennen lassen: *Der Täter verriet sich durch seine Nervosität* || ID ***verraten und verkauft*** in einer sehr schwierigen Situation und hilflos || *zu* **1** und **2** **Ver·rä̲·ter** *der*; **Ver·rä·te·rin** *die*; -, *-nen*

ver·rẹch·nen, sich; *verrechnete sich, hat sich verrechnet* **1** ***sich verrechnen*** beim Rechnen einen Fehler machen: *Die Rechnung stimmt nicht - da muss ich mich verrechnet haben* **2** ***sich (mit etwas) verrechnen*** etwas falsch einschätzen und so keinen Erfolg haben

ver·rẹ·cken; *verreckte, ist verreckt* **1** *vulg* ≈ sterben ⟨Menschen, Tiere⟩ **2** *gespr*; plötzlich nicht mehr funktionieren ⟨ein Auto, ein Motor⟩

◆ **ver·re̲i̲·sen**; *verreiste, ist verreist*; ***(irgendwohin) verreisen*** eine Reise machen ⟨geschäftlich verreisen⟩

ver·rẹn·ken; *verrenkte, hat verrenkt* **1** ***sich (Dat) etwas verrenken*** etwas so bewegen oder drehen, dass es gedehnt und verletzt wird ⟨sich den Arm verrenken⟩ **2** ***sich verrenken*** den Körper ganz unnatürlich drehen, strecken || *hierzu* **Ver·rẹn·kung** *die*

◆ **ver·rụckt**, *verrückter, verrücktest-*; *Adj*; *gespr* **1** nicht fähig, klar zu denken oder vernünftig zu handeln ≈ geistesgestört **2** so, dass man dadurch sehr stark belastet wird ⟨verrückt vor Angst, Schmerzen⟩ **3** ungewöhnlich und *meist* nicht vernünftig ⟨ein Einfall, ein Gedanke, eine Idee⟩: *sich einen verrückten Hut kaufen* **4** ***wie verrückt*** *gespr*; sehr heftig oder intensiv: *Es regnete wie verrückt* **5** ***auf etwas (Akk) / nach etwas verrückt sein*** *gespr*; etwas sehr gern haben oder genießen wollen: *ganz verrückt nach Cowboyfilmen sein* **6** ***auf j-n / nach j-m verrückt sein*** *gespr*; sehr verliebt in j-n sein || *zu* **1** und **3** **Ver·rụckt·heit** *die*

ver·sa̲·gen[1]; *versagte, hat versagt* **1** die erwartete Leistung nicht bringen: *in der Schule versagen* **2** ***etwas versagt*** etwas bringt die normale Leistung nicht mehr ⟨das Herz; die Bremsen⟩ || *zu* **1** **Ver·sa̲·ger** *der*; **Ver·sa̲·ge·rin** *die*; -, *-nen*

ver·sa̲·gen[2]; *versagte, hat versagt*; *geschr* **1** ***j-m etwas versagen*** die Bitte, den Wunsch eines anderen nicht erfüllen ≈ verweigern ⟨j-m eine Bitte, Hilfe, die Zustimmung versagen⟩ **2** ***sich (Dat) etwas versagen*** ≈ auf etwas verzichten || *zu* **1** **Ver·sa̲·gung** *die*

ver·sạm·meln; *versammelte, hat versammelt*; ***sich (auch Pl) versammeln*** sich in einer Gruppe treffen, *bes* um über etwas zu sprechen: *sich in einem Saal zu ei-*

ner Sitzung versammeln

◆**Ver·sam̲m·lung** *die*; -, *-en* **1** ein Treffen *oft* einer großen Gruppe von Menschen, die über etwas sprechen wollen ⟨eine Versammlung abhalten, leiten⟩ || -K: ***Mitglieder-*** **2** die Personen, die an einer Versammlung (1) teilnehmen

◆**ver·säu̲·men**; *versäumte, hat versäumt* **1** ***etwas versäumen*** ≈ verpassen (1): *den Bus versäumen* **2** ***etwas versäumen*** an etwas nicht teilnehmen können: *wegen Krankheit den Unterricht versäumen* **3** ***etwas versäumen*** etwas, das man tun sollte, nicht tun: *die Pflicht versäumen; Sie versäumte, die Bremsen reparieren* zu *lassen* **4** ***etwas versäumen*** ≈ verpassen (2) ⟨eine Chance, eine Gelegenheit versäumen⟩

ver·scha̲f·fen; *verschaffte, hat verschafft*; ***j-m / sich etwas verschaffen*** dafür sorgen, dass j-d / man selbst etwas bekommt: *j-m einen Job verschaffen; sich durch Arbeit Geld verschaffen*

ver·schie̲·ben; *verschob, hat verschoben* **1** ***j-d / etwas verschiebt etwas*** j-d / etwas schiebt etwas an einen anderen Ort: *einen Tisch verschieben* **2** ***etwas verschieben*** etwas zu einer späteren Zeit stattfinden lassen ⟨etwas auf später verschieben⟩: *einen Test um zwei Tage verschieben* **3** ***etwas verschieben*** *EDV*; Daten, Dateien innerhalb des Computers in einem anderen Verzeichnis speichern **4** ***etwas verschiebt sich*** etwas findet an einem späteren Zeitpunkt statt als geplant: *Seine Abreise verschiebt sich (um eine Woche)* **5** ***etwas verschiebt sich*** eine Situation verändert sich ⟨das Gleichgewicht, das Kräfteverhältnis⟩ || *hierzu* **Ver·schie̲·bung** *die*

◆**ver·schie̲·den** *Adj* **1** ***verschieden (von j-m / etwas)*** so, dass die eine Person oder Sache nicht so ist wie eine andere Person oder Sache ≈ anders: *Wir waren verschiedener Meinung; Obwohl sie Geschwister sind, sind sie im Charakter sehr voneinander verschieden* **2** ***verschiedene*** + *Subst im Pl* ≈ mehrere, einige: *verschiedene Einwände gegen einen Vorschlag haben* **3** ***verschiedenste*** + *Subst im Pl* viele verschiedene (1): *Diese Küche bekommen Sie in den verschiedensten Ausführungen und Farben* **4** ***Verschiedenes*** ≈ manches: *Mir ist noch Verschiedenes unklar* || *zu* **1** **Ver·schie̲·den·heit** *die*

ver·schla̲·fen[1]; *verschläft, verschlief, hat verschlafen* **1** nicht rechtzeitig aufwachen: *zu spät zur Arbeit kommen, weil man verschlafen hat* **2** ***etwas verschlafen*** eine Zeit verbringen, indem man schläft oder nichts tut: *den ganzen Nachmittag verschlafen* **3** ***etwas verschlafen*** *gespr*; an etwas nicht rechtzeitig denken ⟨einen Termin verschlafen⟩

ver·schla̲·fen[2] *Adj* **1** nach dem Schlafen noch müde **2** mit nur wenig Menschen oder Verkehr auf der Straße: *ein verschlafenes kleines Dorf* || *hierzu* **Ver·schla̲·fen·heit** *die*

ver·schla̲m·pen; *verschlampte, hat verschlampt; gespr pej*; ***etwas verschlampen*** etwas irgendwohin legen und später nicht mehr finden

◆**ver·schle̲ch·tern**; *verschlechterte, hat verschlechtert* **1** ***j-d / etwas verschlechtert etwas*** j-d / etwas bewirkt, dass etwas schlechter wird ↔ verbessern ⟨eine Lage, einen Zustand verschlechtern⟩ **2** ***etwas verschlechtert sich*** etwas wird schlechter: *Das Wetter hat sich verschlechtert* **3** ***j-d verschlechtert sich*** j-d bringt eine schlechtere Leistung als früher || *hierzu* **Ver·schle̲ch·te·rung** *die*

ver·schlei̲·ßen; *verschliss, hat / ist verschlissen* **1** ***etwas verschleißt*** *(ist)* etwas wird durch langen und häufigen Gebrauch oder starke Belastung beschädigt **2** ***etwas verschleißen*** *(hat)* etwas mit so wenig Sorgfalt benutzen, dass es immer schlechter wird

ver·schlie̲·ßen; *verschloss, hat verschlossen*; ***etwas verschließen*** etwas mit einem Schlüssel, Riegel, Deckel schließen ⟨das Haus, die Haustür, das Auto verschließen; ein Glas verschließen⟩ || *hierzu* **ver·schlie̲ß·bar** *Adj*

ver·schli̲n·gen; *verschlang, hat verschlungen* **1** ***etwas verschlingen*** etwas schnell (und in großen Stücken) essen **2** ***etwas verschlingt etwas*** etwas kostet viel Geld: *Der Bau der Autobahn verschlang Millionen*

Ver·schlu̲ss *der* **1** ein Gegenstand (wie *z.B.* ein Deckel, eine Schnalle oder ein Haken), mit dem man etwas verschließen kann: *der Verschluss einer Halskette* || ↑ *Abbildung unter* **Deckel** || -K: ***Flaschen-, Reiß-, Schraub-*** **2** ***unter Verschluss*** in einem fest verschlossenen Raum oder Behälter

ver·schmu̲t·zen; *verschmutzte, hat / ist verschmutzt* **1** ***etwas verschmutzen*** *(hat)* etwas schmutzig machen: *beim Spielen die Kleidung verschmutzen* **2** ***etwas verschmutzt*** *(ist)* etwas wird schmutzig: *Bei Regen verschmutzt das Auto schnell*

ver·schnau̲·fen; *verschnaufte, hat verschnauft; gespr*; eine Pause machen, um

V

sich auszuruhen || K-: ***Verschnauf-, -pause***

ver·schnupft *Adj*; *gespr* **1** erkältet, mit einem Schnupfen **2** verärgert, beleidigt

ver·scho·nen; *verschonte, hat verschont* **1** ***j-d / etwas verschont j-n / etwas*** j-d / etwas fügt einer Person oder einer Sache keinen Schaden zu: *Das schwere Erdbeben hat nur wenige Häuser verschont* **2** ***j-d / etwas bleibt* (*von etwas*) *verschont*** j-d / etwas erleidet keinen Schaden: *Unser Haus ist von dem Sturm verschont geblieben* **3** ***j-n mit etwas verschonen*** j-n mit etwas Unangenehmem nicht stören: *Verschone mich bitte mit deinen Geschichten!* || *zu* **1 Ver·scho·nung** *die*

◆ **ver·schrei·ben**; *verschrieb, hat verschrieben* **1** (***j-m***) ***etwas verschreiben*** (als Arzt) bestimmen, welche Behandlung oder welche Medikamente der Patient bekommt: *Mein Arzt hat mir Penicillin verschrieben* **2** ***sich verschreiben*** beim Schreiben (aus Versehen) einen Fehler machen || *zu* **1 Ver·schrei·bung** *die*

ver·schul·det *Adj*; mit Schulden ⟨hoch verschuldet⟩

ver·schwen·den; *verschwendete, hat verschwendet* **1** ***etwas verschwenden*** viel Geld für unnötige Dinge ausgeben **2** ***etwas verschwenden*** viel von etwas verbrauchen, ohne dass es viel Nutzen oder Erfolg hat ⟨Zeit, Energie verschwenden⟩ || *hierzu* **Ver·schwen·dung** *die*; *zu* **1 Ver·schwen·der** *der*; **Ver·schwen·de·rin** *die*; *-, -nen*

ver·schwin·den; *verschwand, ist verschwunden* **1** einen Ort verlassen und nicht mehr zu sehen sein: *Das Reh verschwand (im Wald / in den Wald)*; *Die Sonne verschwand hinter den Wolken* **2** nicht mehr da sein, nicht mehr zu finden sein ⟨auf geheimnisvolle Weise, spurlos verschwinden⟩: *Mein Ausweis ist verschwunden*; *Die Polizei versucht, das rätselhafte Verschwinden der Frau aufzuklären* **3** ***etwas verschwinden lassen*** *gespr*; etwas stehlen oder heimlich wegwerfen

ver·schwom·men *Adj* ≈ unklar ↔ deutlich, klar ⟨ein Bild, eine Vorstellung⟩

Ver·se·hen *das*; *-s, -*; **1** ein *meist* kleiner Fehler (*bes* weil man nicht gut aufgepasst hat) **2** ***aus Versehen*** ohne Absicht: *j-n aus Versehen stoßen*

ver·set·zen; *versetzte, hat versetzt* **1** ***etwas versetzen*** etwas von einer Stelle an eine andere bringen: *eine Mauer (um drei Meter) versetzen* **2** *meist* ***j-d wird* (*irgendwohin*) *versetzt*** j-d wird an einen anderen Ort geschickt, um dort seinen Beruf auszuüben: *j-n ins Ausland versetzen* **3** *meist* ***j-d wird versetzt*** ein Schüler darf im kommenden Schuljahr die nächste Klasse besuchen ⟨(nicht) versetzt werden⟩ **4** ***etwas versetzen*** etwas als Pfand geben, damit man Geld dafür bekommt: *Schmuck versetzen* **5** verwendet zusammen mit einem Substantiv, um eine Handlung zu umschreiben; ***j-m einen Schlag versetzen*** ≈ j-n schlagen; ***j-m einen Tritt versetzen*** ≈ j-n treten **6** verwendet mit einer Präposition und einem Substantiv, um auszudrücken, dass j-d / etwas in den Zustand kommt, den das Substantiv bezeichnet; ***etwas in Bewegung, Schwingung versetzen*** bewirken, dass etwas sich bewegt, schwingt; ***etwas versetzt j-n in Aufregung, Begeisterung, Erstaunen, Unruhe*** etwas bewirkt, dass j-d sich aufregt *usw* **7** ***j-n in die Lage versetzen, etwas zu tun*** *geschr*; es j-m möglich machen, etwas zu tun **8** ***etwas mit etwas versetzen*** eine Flüssigkeit mit etwas vermischen: *Wein mit Wasser versetzen* **9** ***sich in j-n / etwas versetzen*** sich vorstellen, an j-s Stelle, in einer bestimmten Situation zu sein ⟨sich in j-s Lage / Situation versetzen⟩: *Versuch doch mal, dich in meine Lage zu versetzen!* || *zu* **1-4 Ver·set·zung** *die*

ver·seu·chen; *verseuchte, hat verseucht*; *meist* ***etwas verseucht etwas* (*mit etwas*)** giftige Stoffe oder Bakterien bewirken, dass etwas für die Gesundheit gefährlich ist: *Die Chemiefabrik hat das Grundwasser verseucht* || *hierzu* **Ver·seu·chung** *die*

◆ **ver·si·chern**[1]; *versicherte, hat versichert* **1** (***j-m***) ***etwas versichern*** j-m erklären, dass etwas ganz sicher so ist, wie man es gesagt hat: *Er versicherte mir*, dass *er ein Spezialist auf diesem Gebiet sei* **2** ***sich etwas*** (*Gen*) ***versichern*** prüfen, ob es ganz sicher ist, dass man etwas bekommt ⟨sich j-s Hilfe versichern⟩ || *zu* **1 Ver·si·che·rung** *die*

◆ **ver·si·chern**[2]; *versicherte, hat versichert*; ***j-n / sich / etwas* (*gegen etwas*) *versichern*** mit einer Versicherung (2) einen Vertrag machen. Man zahlt regelmäßig Geld (Beiträge) an die Firma, die dann die Kosten trägt, die bei einem Schaden oder Unfall entstehen: *sich gegen Unfall, das Haus gegen Feuer versichern*

◆ **Ver·si·che·rung** *die*; *-, -en* **1** ***eine Versicherung* (*gegen etwas*)** ein Vertrag mit einer (Versicherungs)Firma, damit man finanziellen Schutz hat ⟨eine Versicherung abschließen⟩: *eine Versicherung gegen Feuer und Glasschäden* || K-: **Versicherungs-, -schutz** || -K: **Kraftfahrzeug-, Kranken-** **2** eine Firma, bei der man sich versichern² kann

ver·söh·nen; *versöhnte, hat versöhnt* **1** ***j-d versöhnt sich mit j-m***; ⟨Personen⟩ ***versöhnen sich*** zwei oder mehrere Personen leben nach einem Streit wieder in Frieden miteinander: *sich mit seinem Gegner versöhnen* **2** ***j-n mit j-m versöhnen*** bewirken, dass zwei Personen oder Gruppen, die Streit hatten, wieder in Frieden miteinander leben || *hierzu* **Ver·söh·nung** *die*

ver·sor·gen; *versorgte, hat versorgt* **1** ***j-n / etwas (mit etwas) versorgen*** bewirken, dass j-d / etwas das bekommt, das nötig ist: *j-n mit Nahrung und Kleidung versorgen; ein Stadtviertel mit Trinkwasser versorgen* **2** ***j-n / etwas versorgen*** dafür sorgen, dass j-d / etwas die nötige Pflege bekommt ⟨einen Kranken versorgen; ein Haus versorgen⟩ || *hierzu* **Ver·sor·gung** *die*

◆ **ver·spä·ten, sich**; *verspätete sich, hat sich verspätet*; ***j-d / etwas verspätet sich*** j-d / etwas kommt später als geplant: *Er hat sich um zehn Minuten verspätet*

◆ **Ver·spä·tung** *die*; -, *-en* **1** *nur Sg*; die Zeit, um die man zu spät kommt: *Entschuldigen Sie bitte meine Verspätung!* **2** ⟨ein Zug, ein Bus, ein Flugzeug⟩ ***hat Verspätung*** ein Zug *usw* fährt später ab *bzw* kommt später an, als es geplant ist

ver·spie·len; *verspielte, hat verspielt* **1** ***etwas verspielen*** bei Spielen wie Roulette Geld verlieren ⟨ein Vermögen, viel Geld verspielen⟩ **2** ***etwas verspielen*** durch (leichtsinniges) Verhalten etwas verlieren ⟨seine Chancen verspielen⟩ || ID ***bei j-m verspielt haben*** *gespr*; j-s Sympathie, Freundschaft nicht mehr haben

ver·spot·ten; *verspottete, hat verspottet*; ***j-n / etwas verspotten*** über j-n / etwas spotten || *hierzu* **Ver·spot·tung** *die*

◆ **ver·spre·chen**¹; *verspricht, versprach, hat versprochen* **1** ***(j-m) etwas versprechen*** j-m sagen, dass man etwas ganz sicher tun wird ⟨j-m etwas fest versprechen; j-m Hilfe versprechen⟩: *j-m versprechen, ihm zu helfen*; *„Kommst du wirklich?" - „Ja, ich verspreche es dir"* **2** ***etwas verspricht etwas*** etwas lässt erwarten, dass eine bestimmte Entwicklung eintritt: *Das verspricht, ein schöner Abend zu werden*

◆ **ver·spre·chen**², **sich**; *verspricht sich, versprach sich, hat sich versprochen*; ohne Absicht etwas falsch, anders sagen oder aussprechen, als man wollte: *Er war so nervös, dass er sich ständig versprach*

Ver·stand *der*; *-(e)s*; *nur Sg*; die Fähigkeit des Menschen, zu denken und zu urteilen ≈ Intellekt ⟨einen klaren, scharfen Verstand haben⟩: *Du solltest genug Verstand haben, nicht solche gefährlichen Sachen zu machen* || K-: **Verstandes-, -kraft** || ID ***den Verstand verlieren*** *meist* wegen eines schlimmen Ereignisses nicht mehr klar denken können; ***etwas bringt j-n um den Verstand*** etwas bewirkt, dass j-d nicht mehr klar denken kann; ***j-d / etwas bringt j-n um den Verstand*** *gespr*; j-d wird so belastet, dass er nervös, wütend wird: *Dieser Lärm bringt mich noch um den Verstand!*

ver·ständ·lich *Adj* **1** deutlich und gut zu hören ⟨klar und verständlich sprechen⟩ **2** so, dass man den Sinn von etwas gut verstehen (1) kann ⟨leicht, schwer verständlich; etwas verständlich formulieren⟩ **3** ***j-m etwas verständlich machen*** j-m etwas so erklären, dass er es gut verstehen kann **4** ***sich (irgendwie) verständlich machen*** so sprechen oder sich so verhalten, dass ein anderer versteht (1), was man meint ⟨sich mit Gesten verständlich machen⟩ **5** *nicht adv*; so, dass man den Grund dafür erkennt und akzeptiert ⟨eine Forderung, ein Wunsch⟩ || *zu* **1, 2** und **5** **Ver·ständ·lich·keit** *die*

◆ **Ver·ständ·nis** *das*; *-ses*; *nur Sg* **1** ***Verständnis (für j-n / etwas)*** die Fähigkeit, j-n / etwas zu verstehen (3), zu akzeptieren, was ein anderer denkt, fühlt oder tut ⟨viel, wenig Verständnis für j-n haben⟩: *Ich habe Verständnis für deine Situation*; *Meine Eltern haben kein Verständnis* dafür, dass *ich mir ein Motorrad kaufen will* **2** *geschr*; das Verstehen (1) ⟨das Verständnis eines Textes⟩

ver·stär·ken; *verstärkte, hat verstärkt* **1** ***j-d / etwas verstärkt etwas*** j-d / etwas macht etwas kräftiger und stabiler ⟨eine Mauer verstärken⟩ **2** ***etwas (um j-n / etwas) verstärken*** etwas in der Anzahl größer machen: *die Truppen (um tausend Mann) verstärken* **3** ***j-d / etwas verstärkt etwas*** j-d / etwas macht etwas stärker, intensiver ⟨den Druck, die Spannung verstärken; verstärkte Anstrengungen⟩ **4** ***etwas verstärkt sich*** etwas wird stärker, intensiver ⟨der Lärm, der Sturm, der Druck⟩ || *hierzu* **Ver·stär·kung** *die*

ver·stau·chen; *verstauchte, hat verstaucht*; ***sich (Dat) etwas verstauchen*** durch eine plötzliche, starke Belastung ein Gelenk *o.Ä.* beschädigen ⟨sich den Fuß verstauchen⟩ || *hierzu* **Ver·stau·chung** *die*

◆**ver·ste·cken**; *versteckte, hat versteckt*; ***j-n / etwas (vor j-m) verstecken*** j-n / etwas an einen Ort bringen, an dem andere ihn / es nicht finden können || ID *meist* ***sich (mit etwas) nicht verstecken müssen*** *gespr*; (in etwas) ebenso gut sein wie ein anderer

◆**ver·ste·hen**; *verstand, hat verstanden* **1** ***j-n / etwas verstehen*** erkennen, was j-d mit seinen Worten sagen will oder welchen Sinn ein Text hat ⟨Ausführungen, einen Sachverhalt verstehen⟩: *Ich habe schon verstanden,* was *du meinst*; *Ich glaube, Sie haben mich falsch verstanden* **2** ***j-n / etwas verstehen*** j-n / etwas gut hören können: *Bei dem Lärm konnte ich nicht verstehen,* was *er sagte* **3** ***j-n / etwas verstehen*** die Gründe für ein Verhalten erkennen und das Verhalten akzeptieren ⟨j-s Probleme, Freude, Reaktion verstehen⟩ **4** ***etwas verstehen*** etwas gut können, beherrschen ⟨seinen Beruf, sein Handwerk verstehen⟩ **5** ***etwas / viel*** *usw* ***von etwas verstehen*** auf einem Gebiet viel Wissen und Erfahrung haben: *Sie versteht viel von moderner Kunst* **6** ***j-d versteht sich (irgendwie) mit j-m***; ⟨Personen⟩ ***verstehen sich (irgendwie)*** zwei oder mehrere Personen haben eine *meist* gute Beziehung zueinander **7** ***sich auf etwas*** (*Akk*) ***verstehen*** etwas gut können: *Er versteht sich aufs Argumentieren* || ID ***j-m etwas zu verstehen geben*** j-n etwas indirekt, durch einen Hinweis wissen lassen; *meist* ***Das versteht sich von selbst*** das ist selbstverständlich

ver·stei·gern; *versteigerte, hat versteigert*; ***etwas versteigern*** etwas öffentlich anbieten und an denjenigen verkaufen, der am meisten Geld dafür zahlt

ver·stel·len[1]; *verstellte, hat verstellt* **1** ***etwas verstellen*** die Stellung, Position von etwas ändern ⟨den Rückspiegel verstellen⟩: *Diesen Stuhl kann man in der Höhe verstellen* **2** ***etwas verstellen*** ein technisches Gerät anders oder falsch einstellen: *Unser Sohn hat wieder mal den Wecker verstellt* || *hierzu* **Ver·stel·lung** *die*; *zu* **1 ver·stell·bar** *Adj*

ver·stel·len[2]; *verstellte, hat verstellt* **1** ***etwas verstellen*** etwas mit Absicht so ändern, dass ein anderer es nicht erkennt ⟨seine Handschrift verstellen⟩ **2** ***sich verstellen*** sich anders verhalten, als man eigentlich ist, *bes* um j-n zu täuschen || *hierzu* **Ver·stel·lung** *die*

ver·stimmt *Adj* **1** ⟨eine Gitarre, ein Klavier⟩ so, dass sie falsch klingen **2** ≈ verärgert, schlecht gelaunt || *hierzu* **Ver·stim·mung** *die*

ver·stoh·len *Adj*; *nur attr oder adv* ≈ heimlich, unauffällig ⟨j-n verstohlen ansehen⟩

ver·stop·fen; *verstopfte, hat verstopft* **1** ***etwas verstopfen*** etwas in ein Loch stopfen und es dadurch verschließen: *ein Schlüsselloch mit Papier verstopfen* **2** ***etwas verstopft etwas*** etwas bewirkt, dass in einem Rohr *o.Ä.* eine Art Sperre entsteht (und eine Flüssigkeit nicht mehr fließen kann): *Der Kalk hat die Düse verstopft*

ver·sto·ßen; *verstößt, verstieß, hat verstoßen* **1** ***gegen etwas verstoßen*** nicht so handeln, wie es eine Regel, ein Gesetz verlangt ⟨gegen eine Vorschrift, den Anstand verstoßen⟩ **2** ***j-n verstoßen*** j-n aus einer Gruppe ausschließen

ver·strah·len; *verstrahlte, hat verstrahlt*; *meist in* ***etwas ist verstrahlt*** etwas ist radioaktiv verseucht || *hierzu* **Ver·strah·lung** *die*

ver·stüm·meln; *verstümmelte, hat verstümmelt* **1** ***j-n / sich verstümmeln*** j-n / sich selbst verletzen, sodass Teile des Körpers (*z.B.* ein Finger) abgetrennt werden **2** ***etwas verstümmeln*** wichtige Teile eines Textes weglassen: *Die Nachricht kam vollkommen verstümmelt an* || *hierzu* **Ver·stüm·me·lung** *die*

◆**Ver·such** *der*; *-(e)s, -e* **1** eine Handlung, mit der man etwas versucht (1) ⟨ein geglückter, vergeblicher Versuch; einen Versuch machen⟩: *der Versuch der Polizei, die Demonstration aufzulösen* || -K: ***Flucht-*** **2** ***ein Versuch (an / mit j-m / etwas)*** Handlungen, mit denen man etwas (wissenschaftlich) prüfen, feststellen oder beweisen will ≈ Experiment ⟨ein physikalischer Versuch; einen Versuch durchführen⟩ || K-: ***Versuchs-, -reihe*** || -K: ***Tier-*** **3** *Sport*; eine sportliche Aktion, um eine bestimmte Leistung zu erreichen: *Im dritten Versuch sprang er 2,36m*

◆**ver·su·chen**; *versuchte, hat versucht* **1** ***etwas versuchen*** sich Mühe geben, etwas (Schwieriges) mit Erfolg zu tun: *Sie versuchte, ihm zu helfen*; *Der Gefangene versuchte* zu *fliehen* **2** ***etwas versuchen*** etwas tun, um festzustellen, ob etwas möglich ist ≈ probieren: *versuchen,* ob *der Schlüssel in das Schloss passt*; *„Ich weiß nicht, ob ich das kann!" - „Versuch es doch einfach mal!"* **3** ***es mit etwas versuchen*** etwas verwenden, um festzustellen, ob es für einen bestimmten Zweck geeignet ist: *Versuchs doch mal mit der Zange statt mit der Schere!* **4** ***(etwas) versuchen*** den Geschmack von etwas prüfen: *den Salat versuchen; Hier, versuch mal! - Schmeckts?* **5** ***sich in / an etwas*** (*Dat*) ***versuchen*** etwas tun, um festzustellen, ob man dafür geeignet ist: *sich in der Malerei, im Kochen, an einem Gedicht versuchen*

ver·sucht *Adj; nur in* ***versucht sein / sich versucht fühlen*** + ***zu*** + *Infinitiv; geschr;* den starken Wunsch haben, etwas zu tun

ver·tei·di·gen; *verteidigte, hat verteidigt* **1** ***j-n / sich / etwas*** (***gegen j-n / etwas***) ***verteidigen*** j-n / sich / etwas gegen einen (feindlichen) Angriff schützen, indem man zu kämpfen beginnt ⟨das Land gegen einen Angreifer verteidigen⟩ **2** ***j-n / sich / etwas*** (***gegen j-n / etwas***) ***verteidigen*** (mit viel Energie) argumentieren, dass ein Verhalten oder eine Meinung richtig war: *j-n gegen eine Anschuldigung verteidigen* **3** ***j-n verteidigen*** als Rechtsanwalt einen Angeklagten vor Gericht vertreten **4** ***etwas verteidigen*** *Sport;* den sportlichen Gegner daran hindern, Erfolg zu haben (*z.B.* ein Tor zu schießen) || *hierzu* **Ver·tei·di·ger** *der;* **Ver·tei·di·ge·rin** *die; -, -nen*

◆**ver·tei·len**; *verteilte, hat verteilt* **1** ***etwas*** (***an j-n*** (*Pl*)) ***verteilen*** mehreren Personen bestimmte Dinge (derselben Art) geben: *Flugblätter (an Passanten) verteilen* **2** ***etwas verteilen*** eine Menge in einzelne Teile teilen und *meist* gleichmäßig an verschiedene Stellen bringen: *die Kisten gleichmäßig auf dem Lastwagen verteilen* **3** ***sich*** (*Kollekt oder Pl*) (***irgendwo***(***hin***)) ***verteilen*** einzeln oder in kleinen Gruppen an verschiedene Stellen, Plätze *o.Ä.* gehen: *Die Gäste verteilten sich im ganzen Haus* **4** ***etwas verteilt sich*** (***irgendwo***(***hin***)) etwas kommt an verschiedene Stellen einer Fläche oder eines Raumes: *Das Wasser verteilte sich auf dem ganzen Boden* || *zu* **1** und **2** **Ver·tei·lung** *die*

◆**Ver·trag** *der; -(e)s, Ver·trä·ge;* ein Dokument, mit dem sich zwei oder mehr Partner darauf einigen, wie etwas zu tun ist ⟨einen Vertrag mit j-m (ab)schließen; einen Vertrag machen, unterschreiben, kündigen⟩ || K-: ***Vertrags-, -abschluss, -text*** || -K: ***Arbeits-, Friedens-, Miet-***

ver·tra·gen[1]; *verträgt, vertrug, hat vertragen* **1** ***etwas vertragen*** (***können***) durch äußere Einflüsse keinen Schaden nehmen ⟨keine Hitze, keine Aufregung vertragen (können)⟩: *Er konnte das tropische Klima nicht vertragen* **2** ***etwas vertragen*** etwas essen oder trinken können, ohne dass es der Gesundheit schadet ⟨keinen Kaffee vertragen (können)⟩: *Er hat die Tabletten nicht vertragen* **3** ***etwas vertragen*** *gespr;* etwas akzeptieren können, ohne wütend oder beleidigt zu sein ⟨(keine) Kritik vertragen (können)⟩

ver·tra·gen[2], **sich**; *verträgt sich, vertrug sich, hat sich vertragen* **1** ***j-d verträgt sich mit j-m;*** ⟨Personen⟩ ***vertragen sich*** zwei oder mehrere Personen leben in Frieden und Harmonie **2** ***j-d verträgt sich wieder mit j-m;*** ⟨Personen⟩ ***vertragen sich wieder*** *gespr;* zwei oder mehrere Personen beenden einen Streit, versöhnen sich

ver·trau·en; *vertraute, hat vertraut* **1** ***j-m vertrauen; auf j-n / etwas vertrauen*** sicher sein, dass j-d zuverlässig ist, dass etwas stimmt ⟨j-m fest vertrauen; auf Gott vertrauen⟩ **2** ***etwas*** (*Dat*) ***vertrauen; auf etwas*** (*Akk*) ***vertrauen*** glauben, dass etwas erfolgreich sein und sich gut entwickeln wird ⟨den eigenen Fähigkeiten vertrauen; auf die Zukunft vertrauen⟩

◆**Ver·trau·en** *das; -s; nur Sg* **1** ***das Vertrauen*** (***zu j-m / in j-n / etwas***) die feste Meinung, dass eine Person oder Sache die Hoffnungen erfüllt, die man in sie setzt ⟨Vertrauen haben, erwecken, genießen⟩: *Warum liest du heimlich meine Briefe? Hast du denn kein Vertrauen zu mir?* **2** ***j-m etwas im Vertrauen sagen*** j-m etwas sagen, das er anderen nicht sagen darf **3** ⟨das Parlament *o.Ä.*⟩ ***spricht j-m das Vertrauen aus*** *Pol;* das Parlament *o.Ä.* stimmt mit Mehrheit dafür, dass eine Regierung im Amt bleiben soll ⟨dem Bundeskanzler das Vertrauen aussprechen⟩ || ID ***Vertrauen ist gut, Kontrolle ist besser*** *hum;* es ist oft besser, ein bisschen misstrauisch zu sein

ver·traut *Adj* **1** sehr gut bekannt und befreundet: *Ich bin mit ihr sehr vertraut / Wir sind sehr vertraut (miteinander)* **2** (***j-m***) ***vertraut*** j-m so gut bekannt, dass er es nicht als fremd empfindet ⟨ein Gesicht, eine Gestalt; eine Umgebung⟩ **3** ***mit etwas vertraut sein*** etwas gut kennen oder können: *Sie war mit der Arbeit am Computer vertraut* **4** ***j-n mit etwas vertraut machen*** j-m genau sagen und zeigen, wie etwas ist oder funktioniert **5** ***sich mit etwas vertraut machen*** etwas (*meist* Technisches) erlernen: *sich mit den technischen Details vertraut machen* || *hierzu* **Ver·traut·heit** *die*

ver·trei·ben; *vertrieb, hat vertrieben* **1** ***j-d / etwas vertreibt j-n*** j-d / etwas zwingt j-n, seinen Platz zu verlassen: *Menschen aus ihrer Heimat vertreiben* **2** ***j-d / etwas vertreibt etwas*** j-d / etwas bewirkt, dass et-

V

was nicht mehr da ist, dass sich etwas von irgendwo entfernt: *Der Wind vertrieb die Wolken; Er erzählte Geschichten, um die schlechte Laune zu vertreiben* **3** ***etwas vertreiben*** (als Händler) eine bestimmte Ware verkaufen: *Er vertreibt Bücher* **4** ***sich*** (*Dat*) ***die Zeit*** (***mit etwas***) ***vertreiben*** etwas tun, damit die Zeit schneller vergeht: *Ich vertreibe mir die Zeit mit Lesen* || *zu* **1** **Ver·trei·bung** *die*

◆ **ver·tre·ten**[1]; *vertritt, vertrat, hat vertreten* **1** ***j-n vertreten*** für eine gewisse Zeit die Arbeit eines anderen machen ⟨j-n während des Urlaubs vertreten⟩: *eine erkrankte Kollegin vertreten* **2** ***j-n / etwas vertreten*** sich darum kümmern, dass die Interessen einer Person oder Gruppe berücksichtigt werden: *Die Gewerkschaften vertreten die Interessen der Arbeitnehmer; Er wird vor Gericht von seinem Anwalt vertreten* **3** ***etwas vertreten*** als Vertreter (1) für eine Firma arbeiten **4** ***etwas*** (***vor j-m***) ***vertreten*** eine Meinung, Entscheidung, Tat für richtig halten und sie verteidigen ⟨den Standpunkt vertreten, dass …⟩

◆ **ver·tre·ten**[2] *Adj; nur präd, nicht adv;* (***irgendwo***) ***vertreten*** irgendwo anwesend: *Bei dem Kongress war auch eine britische Delegation vertreten*

◆ **Ver·tre·ter** *der; -s, -;* **1** ***ein Vertreter*** (***für etwas***) j-d, der zu den Kunden kommt, um dort für eine Firma Waren oder Leistungen zu verkaufen || -K: ***Versicherungs-*** **2** j-d, der andere oder deren Interessen vertritt[1] (2) **3** j-d, der einen anderen vertritt[1] (1) **4** j-d, der typisch ist für einen Stil, eine Bewegung: *Monet als Vertreter des Impressionismus* || *hierzu* **Ver·tre·te·rin** *die; -, -nen*

ver·ü·beln; *verübelte, hat verübelt;* ***j-m etwas verübeln*** j-m wegen etwas böse sein: *Er verübelt mir,* dass *ich ihn nicht eingeladen habe*

ver·un·glü·cken; *verunglückte, ist verunglückt* **1** einen Unfall haben ⟨mit dem Auto verunglücken; schwer verunglücken⟩ **2** ***etwas verunglückt j-m*** *gespr hum;* j-d macht etwas nicht so, dass es gut ist ⟨eine verunglückte Rede, Feier⟩: *Das Essen ist mir heute verunglückt* || *zu* **1** **Ver·un·glück·te** *der / die*

ver·un·si·chern; *verunsicherte, hat verunsichert;* ***j-d / etwas verunsichert j-n*** (***in etwas*** (*Dat*)) j-d / etwas bewirkt, dass j-d ein bisschen Angst bekommt oder dass er nicht mehr weiß, was er glauben soll || *hierzu* **Ver·un·si·che·rung** *die*

◆ **ver·ur·sa·chen**; *verursachte, hat verursacht;* ***j-d / etwas verursacht etwas*** j-d / etwas ist die Ursache von etwas (*meist* Negativem): *Er hat einen schweren Autounfall verursacht* || *hierzu* **Ver·ur·sa·cher** *der;* **Ver·ur·sa·che·rin** *die; -, -nen;* **Ver·ur·sa·chung** *die*

◆ **ver·ur·tei·len**; *verurteilte, hat verurteilt* **1** ***j-n*** (***zu etwas***) ***verurteilen*** als Richter bestimmen, dass j-d für seine Tat eine bestimmte Strafe bekommt: *j-n zu einer Geldstrafe verurteilen* **2** ***j-n / etwas verurteilen*** j-n / etwas sehr scharf kritisieren || *hierzu* **Verur·tei·lung** *die*

ver·viel·fäl·ti·gen; *vervielfältigte, hat vervielfältigt;* ***etwas vervielfältigen*** Kopien von einem Text machen ⟨einen Text, eine Zeichnung vervielfältigen⟩ || *hierzu* **Ver·viel·fäl·ti·gung** *die*

◆ **Ver·wal·tung** *die; -, -en* **1** alle Ämter und Behörden in einer Gemeinde, einem Staat ⟨die öffentliche, staatliche, kommunale Verwaltung⟩ || K-: ***Verwaltungs-, -beamte(r), -vorschrift*** || -K: ***Gemeinde-, Schul-*** **2** die Abteilung in einer Firma, die für die Bilanzen und für das Personal verantwortlich ist || -K: ***Personal-*** **3** das Gebäude oder die Räume der Verwaltung (2)

ver·wan·deln; *verwandelte, hat verwandelt* **1** ***etwas verwandelt j-n / etwas*** ≈ etwas verändert j-n / etwas: *Das Unglück hat sie völlig verwandelt* **2** ***j-d / etwas verwandelt j-n / etwas in etwas*** (*Akk*) j-d / etwas bewirkt, dass j-d / etwas zu etwas ganz anderem wird: *Durch Erhitzen wird Wasser in Dampf verwandelt* **3** ***sich in etwas*** (*Akk*) ***verwandeln*** sich so stark ändern, dass man fast eine ganz andere Person wird **4** ***etwas verwandelt sich in etwas*** (*Akk*) etwas wird zu etwas ganz anderem: *Nach den starken Regenfällen verwandelte sich der Bach in einen reißenden Strom* || *hierzu* **Ver·wand·lung** *die*

◆ **ver·wandt** *Adj* **1** *nicht adv;* zur gleichen Familie gehörig, mit gleicher Herkunft: *Ich bin mit ihr verwandt* **2** *nicht adv;* zur gleichen Gattung, Familie gehörig ⟨Tiere, Pflanzen⟩ **3** *nicht adv;* von ähnlicher Art, mit ähnlichen Merkmalen ⟨Anschauungen⟩ || *hierzu* **Ver·wandt·schaft** *die*

◆ **Ver·wand·te** *der / die; -n, -n;* j-d, der mit einer anderen Person verwandt ist ⟨ein naher Verwandter (von j-m)⟩

◆ **ver·wech·seln**; *verwechselte, hat verwechselt* **1** ***j-n / etwas mit j-m / etwas verwechseln;*** ⟨Personen / Dinge⟩ (***miteinander***) ***verwechseln*** *meist* zwei Personen oder Dinge, die einander ähnlich

V

sind, nicht unterscheiden können und deshalb den einen für den anderen, das eine für das andere halten: *Ich habe sie mit ihrer Schwester verwechselt* **2 *etwas mit etwas verwechseln***; ⟨Dinge⟩ ***verwechseln*** (aus Verwirrung oder Vergesslichkeit) etwas anstelle von etwas anderem nehmen oder benutzen ⟨Namen, Begriffe verwechseln⟩: *In der Eile verwechselten sie ihre Mäntel*; *Er hat das Salz mit dem Zucker verwechselt* || *hierzu* **Ver·wechs·lung** *die*

ver·weich·li·chen; *verweichlichte, hat / ist verweichlicht* **1** (*ist*) sich so verändern, dass man körperliche oder psychische Belastungen weniger gut verträgt[1]: *durch ein bequemes Leben verweichlichen* **2 *etwas verweichlicht j-n*** (*hat*) etwas bewirkt, dass j-d verweichlicht (1) || *hierzu* **Ver·weich·li·chung** *die*

ver·wei·gern; *verweigerte, hat verweigert* **1 (*j-m*) *etwas verweigern*** nicht tun oder nicht geben, was j-d will oder fordert ⟨die Erlaubnis verweigern⟩ **2 *j-m etwas verweigern*** nicht zulassen, dass j-d etwas tut: *An der Grenze wurde ihm die Einreise verweigert* **3 *etwas verweigert* (*j-m*) *den Dienst*** *geschr*; etwas funktioniert nicht so, wie es j-d braucht oder will || *hierzu* **Ver·wei·gerung** *die*

◆**ver·wen·den**; *verwendete / verwandte, hat verwendet / verwandt* **1 *etwas* (*für / zu etwas*) *verwenden***; ***etwas bei / in etwas*** (*Dat*) ***verwenden*** etwas zu einem bestimmten Zweck nehmen ≈ benutzen: *für den / beim Bau eines Hauses nur gute Materialien verwenden*; *ein Motiv in einem Roman verwenden*; *Die Milch ist schlecht geworden, sie ist nicht mehr zu verwenden* **2 *etwas für / zu etwas verwenden***; ***etwas auf etwas*** (*Akk*) ***verwenden*** etwas für einen bestimmten Zweck verbrauchen: *Den Lottogewinn habe ich für eine schöne Reise verwendet*; *Er hat viel Zeit* darauf *verwendet, Arabisch zu lernen* **3 *j-n / etwas als etwas verwenden*** j-m / etwas eine Aufgabe geben ≈ benutzen: *eine Zeitung als Unterlage verwenden*

ver·wirk·li·chen; *verwirklichte, hat verwirklicht* **1 *etwas verwirklichen*** etwas Wirklichkeit werden lassen ≈ realisieren, ausführen ⟨eine Idee verwirklichen⟩ **2 *etwas verwirklicht sich*** etwas wird Wirklichkeit, geschieht tatsächlich ⟨eine Befürchtung, eine Hoffnung⟩ **3 *sich verwirklichen*** alle Fähigkeiten entwickeln können: *sich im Beruf verwirklichen* || *hierzu* **Ver·wirk·li·chung** *die*

ver·wir·ren; *verwirrte, hat verwirrt* **1 *j-n verwirren*** bewirken, dass j-d nicht mehr klar denken kann: *j-n mit zu vielen Informationen verwirren*; *j-m verwirrende Fragen stellen* **2 *etwas verwirren*** Fäden, Schnüre, Kabel in Unordnung bringen

◆**ver·wit·wet** *Adj*; *nicht adv*; in dem Zustand, Witwe oder Witwer zu sein || *hierzu* **Ver·wit·we·te** *der / die*

ver·wöh·nen; *verwöhnte, hat verwöhnt* **1 *j-n verwöhnen*** j-s Wünsche öfter erfüllen, als es gut für den Charakter ist ≈ verziehen ⟨ein Kind verwöhnen⟩: *Du bist egoistisch wie ein verwöhntes Kind!* **2 *j-n verwöhnen*** sehr nett zu einer Person sein und ihr alle Wünsche erfüllen, damit sie sich wohl fühlt || *zu* **1 Ver·wöh·nung** *die*

ver·wun·den; *verwundete, hat verwundet*; ***j-n verwunden*** j-n (*bes* mit einer Waffe) verletzen: *j-n am Kopf verwunden*; *im Krieg verwundet werden* || *hierzu* **Ver·wun·de·te** *der / die*; **Ver·wun·dung** *die*

Ver·zeich·nis *das*; *-ses, -se*; eine Liste mit den Namen von Personen oder Dingen ⟨ein alphabetisches, chronologisches, amtliches Verzeichnis; ein Verzeichnis aufstellen⟩ || -K: ***Adressen-, Hotel-, Literatur-***

◆**ver·zei·hen**; *verzieh, hat verziehen*; **(*j-m*) (*etwas*) *verzeihen*** einer Person wegen einer Handlung (durch die sie einem geschadet hat) nicht mehr böse sein: *j-m eine Beleidigung verzeihen*; *Ich werde ihm nie verzeihen,* dass *er mich betrogen hat*; *Man muss auch mal verzeihen können!* || ID ***Verzeihen Sie bitte*** **a)** verwendet, um j-n höflich anzusprechen und eine Frage einzuleiten: *Verzeihen Sie bitte: Können Sie mir sagen, wie ich zum Bahnhof komme?*; **b)** verwendet, um j-n zu bitten, zur Seite zu gehen *usw*

◆**Ver·zei·hung** *die*; -; *nur Sg* **1** die Handlung, mit der man j-m etwas verzeiht ⟨j-n um Verzeihung (für etwas) bitten⟩ **2 *Verzeihung!*** verwendet, um auszudrücken, dass es einem Leid tut, dass man j-n aus Versehen gestört, gestoßen hat ≈ Entschuldigung! **3 *Verzeihung?*** verwendet, wenn man etwas nicht verstanden hat, um den Gesprächspartner zu bitten, etwas noch einmal zu sagen ≈ wie bitte?

ver·zer·ren; *verzerrte, hat verzerrt* **1 *etwas verzerrt* (*etwas*)** etwas gibt die Form oder den Klang von etwas falsch wieder: *Der Lautsprecher verzerrte ihre Stimme* **2 (*etwas*) *verzerren*** etwas subjektiv darstellen, und so, dass es nicht erscheint, wie es wirklich ist: *ein verzerrter Bericht* **3** *meist* ⟨j-s Gesicht⟩ ***ist verzerrt*** die Muskeln in j-s Gesicht sind so angespannt, dass er anders aussieht als normal: *ein vom Schmerz verzerrtes Gesicht* || *hierzu* **Ver·zẹr·rung** *die*

ver·zịch·ten; *verzichtete, hat verzichtet*; **(*auf j-n / etwas*) *verzichten*** freiwillig so handeln (oder handeln müssen), dass man keine Hilfe von einer Person hat oder etwas nicht benutzen kann: *Wir hatten kein Geld und mussten auf den Urlaub verzichten*; *Ich kann auf seine Hilfe nicht verzichten*

ver·zö̱·gern; *verzögerte, hat verzögert* **1 *j-d / etwas verzögert etwas*** j-d / etwas bewirkt, dass etwas später geschieht als es geplant ist: *Technische Schwierigkeiten verzögerten den Start* **2 *j-d / etwas verzögert etwas*** j-d / etwas bewirkt, dass etwas langsamer abläuft, als es geplant ist: *Neue Probleme verzögerten die Verhandlungen* **3 *etwas verzögert sich*** etwas geschieht später oder dauert länger als geplant: *Die Ankunft des Zuges wird sich voraussichtlich um 10 Minuten verzögern* || *hierzu* **Ver·zö̱·ge·rung** *die*

ver·zọl·len; *verzollte, hat verzollt*; ***etwas verzollen*** Zoll für etwas bezahlen: *Haben Sie etwas zu verzollen?*

ver·zwei̱·felt *Adj* **1** ⟨ein Kampf, eine Tat⟩ so, dass sich j-d um eine Gefahr nicht kümmert, weil keine Hoffnung mehr da ist **2** *nicht adv* ≈ aussichtslos, hoffnungslos ⟨eine Lage, eine Situation⟩

Ver·zwei̱f·lung *die*; -; *nur Sg*; ein schlechter Zustand, in dem j-d keine Hoffnung mehr hat || K-: ***Verzweiflungs-, -tat***

Vet·ter ['fɛtɐ] *der*; *-s, -n* ≈ Cousin

◆**Vi̱·deo** [v-] *das*; *-s, -s* **1** *meist ohne Artikel*; ein System, mit dem man einen Film auf ein (Magnet)Band aufnimmt. Das Band wird auf einem Gerät (Videorekorder) abgespielt, das am Fernsehgerät angeschlossen ist ⟨etwas auf / mit Video aufnehmen⟩ || K-: ***Video-, -aufnahme, -film, -gerät, -rekorder*** **2** *gespr*; ein (Magnet)Band, auf das man etwas aufnehmen kann **3** *gespr*; ein Film, der mithilfe von Video (1) aufgenommen wurde

◆**Vieh** [fiː] *das*; *-(e)s*; *nur Sg* **1** alle (Nutz)Tiere, die in der Landwirtschaft gehalten werden: *zehn Stück Vieh* || K-: ***Vieh-, -handel, -zucht*** || -K: ***Schlacht-, Zucht-*** **2 *das Vieh*** die Rinder: *das Vieh auf die Weide treiben* || K-: ***Vieh-, -herde*** **3** *gespr, oft pej* ≈ Tier, Insekt

◆**vi̱el**[1] [f-] **1 *viel*** + *nicht zählbares Subst im Sg*; eine relativ große Menge ↔ wenig: *viel Geld / das viele Geld*; *Er trinkt viel Bier*; *Das nimmt viel Zeit in Anspruch*; *Das kostet zu viel Geld* || Hinweis: nach dem bestimmten Artikel wie ein Adjektiv gebraucht **2 *viele*** + *Subst im Pl*; eine relativ große Zahl ↔ wenig: *Er hat viel(e) Freunde, Schulden*; *Sie freute sich über die vielen Geschenke*; *viele Millionen Menschen* || Hinweis: nach dem bestimmten Artikel wie ein Adjektiv gebraucht; *viel* wird auch als Pronomen verwendet: *Ich kenne viele* (= viele Leute), *die Schulden haben* **3** verwendet bei formelhaften höflichen Redewendungen: *Viel Glück!*; *Viel Spaß!*; *Vielen Dank!*

◆**vi̱el**[2] [f-] *Adv* **1** ≈ oft, häufig ⟨viel bewundert, gebraucht, gelesen⟩: *viel ins Theater gehen*; *viel in Urlaub fahren*; *viel krank sein* **2** von einer großen Zahl von Menschen ⟨viel befahren, begehrt, besucht⟩: *Die Ausstellung wurde viel besucht*; *Die Straße wird viel befahren*; *ein viel gelesener Autor* **3 *viel*** + *Komparativ* (+ ***als***) verwendet, um einen großen Unterschied auszudrücken: *Er ist viel fleißiger als du*; *Es geht ihr jetzt wieder viel besser* **4** in großem Maße: *Sie sorgt sich viel um ihre Zukunft*; *Hier ist es viel zu kalt*

◆**vi̱el**[3] [f-] *Partikel*; *unbetont, gespr*; verwendet, um eine rhetorische Frage zu verstärken: *Was soll ich noch viel erzählen, gleich wirst du es selbst erleben*; *Was gibt es da noch viel zu fragen?*

◆**viel·leicht**[1] [fi'laiçt] *Adv* **1** möglich, möglicherweise, eventuell: *Vielleicht regnet es morgen*; *Er hat vielleicht Recht* **2** ≈ ungefähr, etwa[1]: *Der Baum ist vielleicht zwölf Meter hoch*

◆**viel·leicht**[2] [fi'laiçt] *Partikel*; *unbetont* **1** *gespr*; verwendet in rhetorischen Fragen, um auszudrücken, dass man eine negative Antwort erwartet: *Gefällt dir ihre schreckliche Frisur vielleicht?*; *Glaubst du vielleicht, ich habe Angst vor dir?* **2** verwendet in der Form einer Frage, um eine höfliche Bitte auszudrücken ≈ bitte: *Wären Sie vielleicht so nett, mir zu helfen?* **3** verwendet in Fragen oder Feststellungen, um auszudrücken, dass man keine Geduld mehr hat: *Würdest du vielleicht endlich mal still sein?* **4** *gespr*; verwendet in Ausrufesätzen, um die Aussage zu intensivieren: *Das ist vielleicht kalt hier!*; *Gestern war vielleicht ein (hektischer) Tag!*

vi̱el·mehr *Adv*; verwendet nach einer verneinten Aussage, um diese zu korrigieren und zu ergänzen oder um einen Gegensatz auszudrücken: *Sie ist nicht nur fleißig, sie hat vielmehr auch eigene Ideen*

vi̱el·sei·tig *Adj* **1** in großer Zahl oder in großem Maße vorhanden ⟨Anregungen,

Erfahrungen, Interessen; ein Angebot, eine Auswahl; vielseitig interessiert sein⟩ **2** fähig oder geeignet, viele verschiedene Dinge zu tun ⟨eine Begabung, ein Mensch; vielseitig verwendbar⟩: *Dieses Gerät können Sie vielseitig verwenden* || *hierzu* **Viel·sei·tig·keit** *die*

vier [fiːɐ̯] *Zahladj* **1** (als Ziffer) 4: *zwei plus / und zwei ist / macht / gibt vier* (2+2=4) **2** ***um vier*** *gespr*; um 4 oder um 16 Uhr: *Wir treffen uns heute um vier* **3** ***vier*** (***Jahre alt***) ***sein*** 4 Lebensjahre haben: *Mein kleiner Bruder ist erst vier* || ID ***alle viere von sich strecken*** *gespr*; sich ausruhen; ***auf allen vieren*** ⟨gehen / krabbeln / kriechen⟩ sich (wie ein kleines Kind) auf Händen und Füßen bewegen

Vier [fiːɐ̯] *die*; -, *-en* **1** die Zahl 4 **2** eine Schulnote (auf der Skala von 1-6), mit der man eine Prüfung gerade noch bestanden hat ≈ ausreichend

viert *nur in* ***zu viert*** (mit) insgesamt 4 Personen: *Heute Abend sind wir zu viert*

vier·t- *Zahladj*; *nur attr, nicht adv* **1** in einer Reihenfolge an der Stelle vier ≈ 4.: *der vierte Januar*; *Heinrich der Vierte* (Heinrich IV.); *Er beendete das Rennen als Vierter* **2** ***der vierte Teil*** (***von etwas***) ≈ ¼

Vier·tel [ˈfɪrtl̩] *das*; *-s*, -; **1** der vierte Teil (¼) von etwas: *ein Viertel der Strecke hinter sich haben* || K-: ***Viertel-, -jahr, -liter, -stunde*** **2** ein Gebiet in einer Stadt ≈ Stadtviertel || -K: ***Bahnhofs-, Neubau-*** **3** ***Viertel nach*** + *Uhrzeit*; *gespr*; verwendet, um auszudrücken, dass es 15 Minuten nach der genannten Stunde ist: *Viertel nach sieben* (= 7^{15} oder 19^{15} Uhr) **4** ***Viertel vor*** + *Uhrzeit*; *gespr*; verwendet, um auszudrücken, dass es 15 Minuten vor der genannten Stunde ist: *Viertel vor sieben* (= 6^{45} oder 18^{45} Uhr) **5** ¼ Liter Wein ⟨ein Viertel (Wein)⟩

Vier·tel·stun·de *die*; ein Zeitraum von 15 Minuten

vier·zehn [ˈfɪr-] *Zahladj*; (als Zahl) 14

vier·zig [ˈfɪr-] *Zahladj* **1** (als Zahl) 40 **2** ***Anfang, Mitte, Ende vierzig sein*** ungefähr 40 bis 43, 44 bis 46, 47 bis 49 Jahre alt sein

vi·o·lett [v-] *Adj*; von der Farbe, die aus einer Mischung von Blau und Rot entsteht || ↑ *Illustration* **Farben** || *hierzu* **Vi·o·lett** *das*

Vi·o·li·ne [v-] *die*; -, *-n* ≈ Geige || K-: ***Violin-, -konzert, -sonate***

vis-à-vis [visaˈviː] *Adv*; Ⓐ Ⓒⓗ ≈ gegenüber

Vi·si·ten·kar·te [v-] *die*; eine kleine Karte, auf die j-s Name, Titel und Adresse gedruckt sind

◆**Vi·sum** [v-] *das*; *-s*, *Vi·sa / Vi·sen*; ein Eintrag (*meist* ein Stempel) im Reisepass, mit dem j-m erlaubt wird, in einen Staat zu reisen ⟨ein Visum beantragen; ein Visum läuft ab⟩ || K-: ***Visum(s)-, -pflicht***

Vi·ta·min [v-] *das*; *-s*, *-e*; *oft Pl*; eine der Substanzen, die *bes* in Obst und Gemüse vorkommen und die für die Gesundheit von Menschen und Tieren sehr wichtig sind: *die Vitamine B und C* || K-: ***Vitamin-, -gehalt, -mangel***; ***vitamin-, -arm***

Vit·ri·ne [v-] *die*; -, *-n*; eine Art Schrank aus Glas, in dem *meist* wertvolle Dinge sind: *Im Museum stehen Vitrinen mit römischen Münzen*

Vi·ze [ˈfiːt͜sə] *der*; *-s*, *-s*; *gespr* ≈ Stellvertreter

◆**Vo·gel** [f-] *der*; *-s*, *Vö·gel* **1** ein Tier mit Federn, Flügeln und einem Schnabel, das Eier legt und *meist* fliegen kann || K-: ***Vogel-, -art, -gesang*** || -K: ***Sing-, Zug-*** **2** *meist* ***ein lustiger / komischer / seltsamer Vogel*** *gespr, meist hum*; j-d, der lustig / komisch / seltsam ist || ID (***j-m***) ***den / einen Vogel zeigen*** mit dem Zeigefinger an die Stirn tippen, um einem anderen zu zeigen, dass man ihn für dumm hält; *meist* ***Er / Sie hat einen Vogel*** *gespr pej*; er / sie hat seltsame, verrückte Ideen

vö·geln [f-]; *vögelte, hat gevögelt*; *vulg*; (***j-n***) ***vögeln***; (***mit j-m***) ***vögeln*** mit j-m Sex haben

Vo·ka·bel [v-] *die*; -, *-n*; ein einzelnes Wort (*meist* einer Fremdsprache) ⟨Vokabeln lernen⟩ || K-: ***Vokabel-, -heft***

Vo·kal [v-] *der*; *-s*, *-e*; ein Laut, der so gebildet wird, dass der Atem ohne Hindernisse aus Kehle und Mund kommen kann, *z.B.* [a, e, i, o, u] ≈ Selbstlaut ↔ Konsonant || *hierzu* **vo·ka·lisch** *Adj*

◆**Volk** [f-] *das*; *-(e)s*, *Völ·ker* **1** die Menschen, die *meist* dieselbe Sprache, Kultur und Geschichte haben (und *meist* in einem Staat zusammenleben) ⟨ein freies Volk⟩: *das italienische, polnische Volk*; *die Völker Afrikas* || K-: ***Völker-, -freundschaft*** **2** *nur Sg*; alle Einwohner, Bürger eines Landes oder Staates ≈ Bevölkerung ⟨das Volk aufwiegeln; das Volk erhebt sich⟩ || K-: ***Volks-, -gesundheit, -schicht*** **3** *nur Sg*; die unteren sozialen Schichten der Bevölkerung ⟨das einfache Volk; ein Mann aus dem Volke⟩ **4** *nur Sg*; *gespr*; viele Menschen an einem Ort ≈ die Leute: *Das Volk hat sich auf dem Platz versammelt* **5** *nur Sg*; *pej*; Menschen, von denen man eine schlechte Meinung hat ⟨ein faules Volk⟩ **6** ***das auserwählte Volk*** *Rel*; die Juden

Vọlks·schu·le *die*; *veraltend*; die Grund- und Hauptschule

◆ **vọll** [f-], *voller, vollst-*; *Adj* **1** in einem solchen Zustand, dass nichts mehr oder niemand mehr darin Platz hat ↔ leer ⟨ein Glas, ein Koffer; ein Bus, ein Stadion; sich voll essen; etwas saugt sich voll⟩: *die Wanne voll laufen lassen* **2** ***voll*** + *Subst*; ***voller*** + *Subst*; verwendet, um auszudrücken, dass sich viele Personen / Dinge irgendwo befinden: *ein Korb voll / voller Äpfel*; *Das Stadion war voll / voller Menschen* || Hinweis: in bestimmten Wendungen steht nur *voll*: *ein Glas voll Wein*; *eine Tasse voll Kaffee* **3** ≈ vollständig, komplett ⟨voll entwickelt; die volle Wahrheit; für etwas den vollen Preis zahlen⟩: *Ich habe eine volle Stunde gewartet*; *Die Turbinen arbeiteten mit voller Kraft* **4** ***voll sein*** *gespr* ≈ satt sein **5** ***voll sein*** *gespr*; völlig betrunken sein **6** *euph* ≈ dick ⟨ein Gesicht; voller werden⟩ **7** *nicht adv* ≈ dicht (gewachsen) ⟨*meist* volles Haar haben⟩ **8** kräftig und laut ⟨ein Klang, Töne; etwas tönt voll⟩ **9** *nur adv*; *gespr* ≈ vollkommen, sehr: *Das Lied bringts voll!* (= ist sehr gut) **10** ***voll und ganz*** ≈ völlig, ohne Einschränkung: *Ich kann dich voll und ganz verstehen* || ID ***aus dem 'Vollen schöpfen*** (***können***) etwas, das in großer Menge da ist, verwenden können; ***j-n / etwas nicht für 'voll nehmen*** (***können***) *gespr* ≈ j-n / etwas nicht ernst nehmen (können)

vọl·ler 1 *Komparativ*; ↑ ***voll*** **2** *Adj*; *nur attr, indeklinabel* ≈ voll (2)

Vọll·gas (*das*); *nur Sg*; *meist in* **1** ***Vollgas geben*** so auf das Gaspedal treten, dass ein Fahrzeug sehr schnell fährt **2** (***mit***) ***Vollgas fahren*** so schnell fahren wie möglich

◆ **vọ̈l·lig** *Adj*; *nur attr oder adv*; im höchsten möglichen Maß, Grad ≈ ganz, vollständig: *Es herrschte völlige Stille*; *Das habe ich völlig vergessen!*; *Es ist mir völlig egal, ob du das glaubst oder nicht*; *Er war völlig betrunken*

vọll·jäh·rig *Adj*; *nicht adv*; in dem Alter, ab dem man *z.B.* wählen darf, ohne Erlaubnis der Eltern handeln kann || *hierzu* **Vọll·jäh·rig·keit** *die*

voll·kọm·men[1] *Adj*; ohne Fehler oder Schwächen ≈ perfekt: *Kein Mensch ist vollkommen* || *hierzu* **Voll·kọm·men·heit** *die*

vọll·kom·men[2] *Adj*; *nur attr oder adv* ≈ völlig, vollständig ⟨vollkommener Unsinn⟩: *Ich bin vollkommen deiner Meinung*

Vọll·korn *das*; *nur Sg*; gemahlenes Getreide, das alle Teile der Körner enthält || K-: ***Vollkorn-, -brot***

◆ **Vọll·milch** *die*; Milch, die ca. 3,5% Fett hat || K-: ***Vollmilch, -schokolade***

◆ **Vọll·mond** *der*; *nur Sg*; der Mond, wenn man ihn als runde Scheibe sieht ⟨es ist Vollmond⟩: *Heute haben wir Vollmond*

Vọll·pen·si·on *die*; *nur Sg*; Unterkunft, Frühstück, Mittag- und Abendessen in einem Hotel ⟨ein Zimmer mit Vollpension⟩

vọll·stän·dig *Adj* **1** so, dass kein Teil fehlt ≈ komplett ⟨ein Verzeichnis; Angaben⟩: *eine vollständige Ausgabe der Werke Goethes* **2** ≈ völlig, total: *Die Stadt wurde durch das Erdbeben fast vollständig zerstört* || *zu* **1 Vọll·stän·dig·keit** *die*

Vo·lu·men [v-] *das*; *-s, - / Vo·lu·mi·na* **1** der Inhalt eines Körpers (der in Kubikzentimetern, Kubikmetern *usw* gemessen wird): *das Volumen eines Würfels berechnen* **2** die gesamte Menge von etwas innerhalb eines bestimmten Zeitraums || -K: ***Export-***

vọm [f-] *Präp mit Artikel*; von dem || Hinweis: *vom* kann nicht durch *von dem* ersetzt werden in Wendungen wie: *vom Lande stammen, vom Fach sein*; *Der Wind weht vom Meer*

◆ **vọn** [f-] *Präp*; *mit Dat* **1** aus der genannten Position zum Sprecher hin ⟨von links, von rechts, von hinten, von vorn, von der Seite, von oben, von unten⟩ **2** verwendet, um den Vorgang des Trennens, Wegnehmens zu bezeichnen: *ein Stück von der Wurst abschneiden*; *einen Topf vom Herd nehmen* **3** verwendet, um anzugeben, wer etwas getan, gemacht, geschickt hat: *ein Brief von meiner Schwester* **4** verwendet mit Präpositionen wie *nach*, *bis* oder *zu*, um den Anfangs- und den Endpunkt zu bezeichnen: ***von ... nach***: *von München nach Stuttgart fahren*; ***von ... bis***: *ein Buch von Anfang bis Ende lesen*; *Der Wald erstreckt sich von hier bis zum Fluss*; *Das Festival dauerte von Freitag bis Sonntag*; ***von ... zu***: *von einer Seite zur anderen springen* **5** verwendet zusammen mit bestimmten Präpositionen oder Adverbien, um einen räumlichen (Bezugs)Punkt anzugeben, *z.B.*: ***von ... an***: *von hier an sind es nur noch 100 Meter bis zum Bahnhof*; ***von ... aus***: *von Genua aus mit dem Schiff weiterreisen*; ***von ... ab***: *Lies den Text von hier ab bitte noch einmal!*; ***von ... her***: *Von der Straße her hörte man lautes Lachen* **6** verwendet mit bestimmten Präpositionen oder Adverbien, um einen zeitlichen (Bezugs)Punkt anzugeben: **von … an**: *Er musste von Jugend an schwer arbeiten*; **von … ab**: *Von morgen ab rauche ich nicht mehr*; **von … her**: *Er kennt sie von der Schulzeit her* **7** verwendet, um Maße, Größen *o.Ä.* anzugeben: *ein Schrank von drei Meter Länge*; *eine Reise von zwei Tagen* **8** verwendet, um eine Eigenschaft anzugeben: *eine Frau von besonderer Klugheit*; *eine Nachricht von großer Wichtigkeit* **9** verwendet, um einen Teil eines Ganzen zu bezeichnen: *Jeder von uns hat seine Fehler*; *10 Prozent (%) von 200 sind 20* **10** ≈ aufgrund, wegen: *müde von der Arbeit sein* **11** verwendet in Passivkonstruktionen, um anzugeben, wer die Handlung ausführt: *Der Schüler wurde vom Lehrer getadelt*; *Das Baby wird von der Mutter gefüttert* **12** verwendet, um ein Verhältnis des Besitzes oder ein persönliches Verhältnis auszudrücken: *Sie ist eine Schulkameradin von Susanne*; *Er ist ein Freund von mir*; *Sie ist Mutter von drei Söhnen* || Hinweis: Die Verbindung mit *von* anstatt des Genitivs ist (*bes* bei Eigennamen und bei Pluralformen) in der gesprochenen Sprache zu finden: *das Auto von meinem Bruder = das Auto meines Bruders* **13** verwendet, um ein Verb, ein Substantiv oder ein Adjektiv zu ergänzen: *finanziell von den Eltern abhängig sein*

von·ei·nan·der *Adv*; eine Person / Sache von der anderen (drückt eine Gegenseitigkeit aus): *Wir hatten lange nichts mehr voneinander gehört*; *Wir mussten uns bald wieder voneinander verabschieden*; *die Teile vorsichtig voneinander lösen*

◆**vor**[1] [foːɐ̯] *Präp* **1** *mit Dat*; bezeichnet die Position, gegenüber der vorderen Seite von j-m / etwas zu sein ↔ hinter: *vor dem Spiegel stehen*; *vor dem Haus ist ein Zaun* **2** *mit Dat*; bezeichnet die Position, dass zwischen der genannten Person / Sache und einem gedachten Punkt weiter vorne j-d / etwas ist: *Im Kino saß ein großer Mann in der Reihe vor mir* **3** *mit Akk*; drückt aus, dass j-d / etwas zur Vorderseite von etwas kommt *bzw* von einem bestimmten Punkt aus gesehen zwischen diesen Punkt und j-n / etwas kommt: *Er setzte sich vor den Fernseher*; *Sie stellte die Blumen vors (= vor das) Fenster*; *sich vor den Spiegel stellen* **4** *mit Dat*; verwendet, um auszudrücken, dass etwas zeitlich früher als etwas anderes geschieht, stattfindet *o.Ä.* ↔ nach: *sich vor dem Essen die Hände waschen*; *vor langer Zeit*; *vor zwei Wochen*; *Es ist zehn (Minuten) vor elf (Uhr)* (= 10^{50} Uhr) **5** *mit Dat*; verwendet, um auszudrücken, dass j-d / etwas in einer Reihenfolge früher kommt als andere ↔ nach: *Er erreichte das Ziel vor seinem Konkurrenten*; *Halt, ich komme vor dir dran!* **6** *mit Dat*; in Gegenwart, in Anwesenheit von (j-m): *Der Lehrer lobte Robert vor allen Mitschülern* **7** *mit Dat*; *ohne Artikel*; verwendet, um den Grund für eine Handlung anzugeben: *vor Angst, Kälte zittern*; *vor Freude strahlen*; *vor Schmerzen stöhnen* **8** *mit Dat*; verwendet, um an ein Verb oder an ein Substantiv eine Ergänzung anzuschließen: *sich vor einem bissigen Hund fürchten*; *die Angst vor dem bissigen Hund*

◆**vor**[2] [foːɐ̯] *Adv*; nach vorn, vorwärts: *Freiwillige vor!*; *einen Schritt vor machen*

vor- *im Verb*; *betont und trennbar*; drückt eine Bewegung nach vorn aus, ein Tun, das sich ausdrücklich an j-n wendet oder das (zeitlich) vor einem anderen liegt; bei Verben des Sagens;
etwas vorbringen etwas (mit Nachdruck) sagen; **(*etwas*) *vorlesen*** etwas laut für andere lesen; **(*etwas*) *vorsprechen*** etwas so deutlich vor j-m sagen, dass er es lernen oder beurteilen kann; ***etwas vortäuschen, etwas vorgeben*** etwas so sagen oder tun, dass andere glauben, es sei wahr

◆**vo·raus** [foˈraus] *Adv* **1** **(*j-m / etwas*) *voraus*** an der Spitze (einer Gruppe) **2** ***j-d / etwas ist j-m / etwas voraus*** j-d / etwas ist viel klüger, schneller, fortschrittlicher als j-d / etwas: *Einstein war in seinem Denken seiner Zeit weit voraus*

◆**Vo·raus** [ˈfoːraus] *nur in* ***im Voraus*** früher als es sein müsste ⟨etwas im Voraus bezahlen⟩

vo·raus·ge·setzt *Konjunktion*; *nur in* ***vorausgesetzt* (, *dass* …)** verwendet, um einen Nebensatz einzuleiten, der eine Bedingung enthält ≈ unter der Bedingung, dass …: *Morgen fahren wir zum Baden, vorausgesetzt, dass es nicht regnet / vorausgesetzt, es regnet nicht*

Vo·raus·sa·ge *die*; -, -*n*; ***eine Voraussage* (*über etwas* (*Akk*))** eine Aussage über ein Ereignis in der Zukunft ⟨Voraussagen machen⟩

vo·raus|set·zen (*hat*) **1** ***etwas voraussetzen*** glauben, dass etwas sicher oder vorhanden ist: *Ich setze voraus*, dass *Sie Englisch können* **2** ***j-d / etwas setzt etwas voraus*** j-d / etwas verlangt etwas als notwendige Bedingung für etwas: *Diese Tätigkeit setzt gründliche EDV-Kenntnisse voraus*

◆**Vo·raus·set·zung** *die*; -, -*en* **1** etwas, das

man als Grundlage für das weitere Tun, für seine Überlegungen *usw* nimmt ≈ Annahme ⟨von falschen Voraussetzungen ausgehen⟩ **2 *die Voraussetzung* (*für etwas*)** etwas, das unbedingt vorhanden sein muss, um etwas anderes möglich zu machen ⟨die Voraussetzungen sind gegeben; unter der Voraussetzung, dass ...⟩

◆ **vor·bei** *Adv* **1 (*an j-m / etwas*) *vorbei*** so, dass j-d / etwas von der Seite kommt, kurze Zeit daneben ist und sich dann weiterbewegt: *Bevor wir winken konnten, war der Bus schon wieder an uns vorbei* **2** zu Ende: *Der Sommer, der Sturm, die Gefahr ist vorbei* || K-: ***vorbei-, -eilen, -fahren, -ziehen***

vor·bei|ge·hen (*ist*) ***etwas geht vorbei*** etwas geht zu Ende, vorüber ⟨die Schmerzen, das Leid, der Kummer⟩

vor·bei|kom·men (*ist*) **1 (*an j-m / etwas*) *vorbeikommen*** an eine bestimmte Stelle kommen und weitergehen oder weiterfahren: *Auf der Fahrt bin ich an einem Unfall vorbeigekommen* **2 (*an j-m / etwas*) *vorbeikommen*** an einer engen Stelle, an einem Hindernis weitergehen oder weiterfahren können: *Stell das Auto nicht in die Einfahrt, sonst kommt keiner mehr vorbei!* **3 (*bei j-m*) *vorbeikommen*** *gespr*; einen kurzen Besuch machen

◆ **vor·be·rei·ten**; *bereitete vor, hat vorbereitet* **1 *etwas vorbereiten*** die notwendigen Arbeiten schon machen, damit später etwas schneller und besser abläuft ⟨das Essen, ein Fest, eine Reise vorbereiten; eine Rede gut vorbereiten⟩ **2 *j-n* (*auf etwas* (*Akk*)) *vorbereiten*** (vor einer Prüfung, einem Wettkampf) die notwendigen Arbeiten machen, damit j-d sein Bestes leisten kann: *einen Sportler intensiv auf einen Wettkampf vorbereiten*

vor·be·stel·len; *bestellte vor, hat vorbestellt*; ***etwas vorbestellen*** ≈ bestellen || *hierzu* **Vor·be·stel·lung** *die*

vor·be·straft *Adj*; *nicht adv*; bereits früher wegen einer Straftat verurteilt || *hierzu* **Vor·be·straf·te** *der / die*

Vor·bild *das*; ***ein Vorbild* (*für j-n*)** eine Person, die man (wegen ihrer guten Eigenschaften oder Fähigkeiten) so bewundert, dass man so werden will wie sie ⟨sich j-n zum Vorbild nehmen⟩

◆ **vor·de·r-** [f-] *Adj*; *nur attr, nicht adv*; so, dass j-d / etwas vorne ist ↔ hinter-: *die vorderen Räder des Autos*; *einen Platz in der vordersten Reihe haben* || K-: ***Vorder-, -achse, -rad, -tür*** || *hierzu* **Vor·de·re** *der / die*

Vor·der·grund *der*; *nur Sg*; der Teil eines Raumes oder Bildes, der näher beim Betrachter liegt ↔ Hintergrund || ID ***j-d / etwas steht im Vordergrund*** j-d / etwas ist sehr wichtig und wird von allen beachtet; ***j-d / etwas tritt in den Vordergrund*** j-d / etwas wird sehr wichtig

Vor·der·sei·te *die*; die Seite von etwas, die vorne ist ⟨die Vorderseite eines Gebäudes⟩

vor·ein·ge·nom·men *Adj*; *geschr*; **(*gegen j-n / etwas*) *voreingenommen*; (*j-m / etwas gegenüber*) *voreingenommen*** so, dass man schon eine *meist* negative Meinung hat und deshalb nicht objektiv, fair ist || *hierzu* **Vor·ein·ge·nom·men·heit** *die*

◆ **Vor·fahrt** *die*; -; *nur Sg*; das Recht (in einer Verkehrssituation), als Erster fahren zu dürfen ⟨die Vorfahrt beachten, verletzen; j-m die Vorfahrt nehmen⟩: *Wer von rechts kommt, hat Vorfahrt* || K-: ***Vorfahrts-, -schild***

vor·füh·ren (*hat*) **1 (*j-m*) *etwas vorführen*** einem Publikum etwas zeigen ⟨einen Film, neue Modelle vorführen⟩ **2 (*j-m*) *etwas vorführen*** j-m zeigen, wie man etwas macht, wie etwas funktioniert: *dem Kunden vorführen*, wie *man den Computer bedient* || *hierzu* **Vor·füh·rung** *die*

Vor·gang *der* **1** etwas, das geschieht oder geschehen ist ⟨ein einfacher, komplizierter Vorgang⟩ **2** ≈ Entwicklung, Prozess ⟨ein biologischer, historischer, natürlicher Vorgang⟩ || -K: ***Arbeits-*** **3** *geschr*; alle Akten, die einen bestimmten Fall betreffen ⟨einen Vorgang bearbeiten⟩

Vor·gän·ger *der*; *-s, -*; ***j-s Vorgänger*** j-d, der eine Stellung, ein Amt *o.Ä.* vor einem anderen hatte || *hierzu* **Vor·gän·ge·rin** *die*; *-, -nen*

◆ **vor·ges·tern** *Adv*; an dem Tag, der vor gestern war ≈ vor zwei Tagen: *die Zeitung von vorgestern* || *hierzu* **vor·gest·rig** *Adj*

◆ **vor·ha·ben**; *hat vor, hatte vor, hat vorgehabt*; ***etwas vorhaben*** die Absicht haben, etwas zu tun: *Was hast du am Sonntag vor?*; *Er hat vor, sein Haus* zu *verkaufen*

◆ **Vor·hang** *der*; *-(e)s, Vor·hän·ge* **1** ein langes Stück Stoff, das *meist* neben einem Fenster hängt und das man vor das Fenster ziehen kann ≈ Gardine **2** eine Art Vorhang (1), vor der Bühne eines Theaters ⟨der Vorhang fällt, hebt sich⟩ || ↑ *Abbildung unter* ***Theater***

◆ **vor·her** *Adv*; vor dem jetzigen oder genannten Zeitpunkt ↔ nach ⟨kurz vorher; am Tag vorher; zwei Wochen vorher; etwas vorher sagen, wissen⟩: *Das hättest du vorher sagen müssen!*; *Konntest du dir das nicht vorher überlegen?*

Vor·her·sa·ge *die; -, -n;* ***eine Vorhersage*** (***über etwas*** (*Akk*)) eine Aussage über zukünftige Entwicklungen: *Die Vorhersage über den Ausgang der Wahlen hat sich bestätigt* || -K: ***Wetter-***

◆ **vor·hin** *Adv;* vor wenigen Minuten, gerade (eben): *Vorhin schien noch die Sonne, und jetzt regnet es schon wieder*

◆ **vo·ri·g-** *Adj; nur attr, nicht adv;* direkt vor dem jetzigen Zeitpunkt *o.Ä.* ↔ nächst-: *vorige Woche, vorigen Januar; voriges Mal; die vorige Ausgabe der Zeitung; der vorige Präsident; im Dezember vorigen Jahres*

Vor·jahr *das;* das vorige, vergangene Jahr || K-: ***Vorjahres-, -ernte, -sieger*** || *hierzu* **vor·jäh·ri·g-** *Adj*

◆ **vor·kom·men** (*ist*) **1** ***etwas kommt irgendwo vor*** etwas existiert irgendwo oder ist vorhanden: *Koalabären kommen nur in Australien vor* **2** ***etwas kommt*** (***j-m***) ***vor*** etwas passiert, geschieht (j-m): *So etwas ist mir noch nie vorgekommen!* **3** ***j-d / etwas kommt j-m irgendwie vor*** j-d / etwas macht einen bestimmten Eindruck auf j-n ⟨j-d / etwas kommt j-m bekannt, seltsam vor⟩: Es *kam mir verdächtig vor,* dass *er seinen Namen nicht nennen wollte* **4** ***j-d kommt sich*** (*Dat*) ***irgendwie vor*** j-d hat das Gefühl, irgendwie zu sein: *Ich kam mir wie ein König vor* **5** *gespr;* nach vorne kommen

◆ **vor·läu·fig** *Adj;* nur vorübergehend gültig, nicht endgültig ≈ provisorisch ↔ endgültig ⟨eine Genehmigung, ein Ergebnis, eine Regelung⟩: *Er wohnt vorläufig bei seinem Freund, bis er eine eigene Wohnung findet* || *hierzu* **Vor·läu·fig·keit** *die*

vor·le·sen (*hat*) (***j-m***) (***etwas***) ***vorlesen*** etwas laut lesen, damit andere es hören: *den Kindern Märchen vorlesen*

Vor·lie·be *die; -, -n; meist Sg;* ***eine Vorliebe*** (***für j-n / etwas*** (*meist Pl*)) ein besonderes Interesse für etwas: *Sie trägt mit Vorliebe* (= am liebsten) *kurze Röcke*

vor·ma·chen (*hat*) **1** (***j-m***) ***etwas vormachen*** j-m zeigen, wie etwas gemacht wird, damit er es dann auch selbst kann: *j-m vormachen,* wie *man ein Rad wechselt* **2** ***j-m etwas vormachen*** *gespr;* j-n mit Lügen oder mit einem Trick täuschen: *Lass dir nichts vormachen!* **3** ***sich*** (*Dat*) ***etwas vormachen*** von etwas (*meist* Positivem) überzeugt sein, das nicht der Wirklichkeit entspricht: *Mach dir doch nichts vor, du hast doch keine Chance*

vor·mer·ken (*hat*) (***sich*** (*Dat*)) ***etwas vormerken*** etwas aufschreiben, damit man später daran denkt ⟨einen Termin vormerken⟩ || *hierzu* **Vor·mer·kung** *die*

Vor·mit·tag *der* **1** die Zeit zwischen dem Morgen und 12 Uhr ⟨am Vormittag⟩ || -K: ***Sonntag-*** *usw* **2** am Vormittag (1) ⟨morgen Vormittag⟩

◆ **vorn** *Adv* **1** ***nach / von vorn*** in die / aus der Richtung, in die j-d blickt ↔ nach / von hinten ⟨nach vorn sehen, gehen⟩: *Der Wind kam von vorn* **2** auf der vorderen Seite ↔ hinten: *Der Rock ist vorn länger als hinten* **3** im vorderen Teil oder am vorderen Rand ↔ hinten: *Der kleine Junge steht am liebsten vorn neben dem Busfahrer; weiter vorn im Buch* **4** ***j-d ist / liegt vorn*** j-d ist auf dem ersten Platz (bei einem Wettbewerb) **5** ***von vorn*** von neuem ⟨wieder von vorn anfangen⟩ **6** ***von vorn bis hinten*** *gespr* ≈ ganz, vollständig: *Was er sagt, ist von vorn bis hinten erlogen!*

Vor·na·me *der;* der Name, den man zusätzlich zum Familiennamen bekommt und mit dem man in der Familie und von Freunden angeredet wird: *Sein Vorname ist Hans; Mit Vornamen heißt er Hans*

vor·nehm *Adj* **1** sehr gepflegt und sehr teuer ≈ elegant ⟨ein Geschäft, ein Stadtviertel; vornehm gekleidet⟩ **2** mit gutem und großzügigem Charakter ⟨ein Mensch, eine Gesinnung⟩ **3** ⟨eine Familie, die Gesellschaft⟩ so, dass sie zur obersten sozialen Schicht gehören || *hierzu* **Vor·nehm·heit** *die*

vor·neh·men (*hat*) **1** ***etwas vornehmen*** *geschr;* etwas Wichtiges oder Offizielles tun ⟨eine Untersuchung, die Trauung vornehmen⟩ **2** ***sich*** (*Dat*) ***etwas vornehmen*** etwas planen oder beschließen: *Für das neue Jahr hat er sich vorgenommen, mit dem Rauchen aufzuhören*

◆ **Vor·ort** *der;* ein (*meist* kleiner) Ort am Rande einer großen Stadt ↔ Zentrum

Vor·rang *der; nur Sg;* **1** ***Vorrang*** (***vor j-m / etwas***) ***haben*** eine größere Bedeutung als eine andere Person oder Sache haben || K-: ***Vorrang-, -stellung*** **2** *bes* Ⓐ ≈ Vorfahrt

Vor·rat *der; -(e)s, Vor·rä·te;* eine Menge von etwas, die man aufbewahrt, damit man immer genug davon hat ≈ Reserve ⟨ein Vorrat an / von Getreide, Lebensmitteln, Kohlen; einen Vorrat anlegen⟩ || -K: ***Lebensmittel-***

Vor·rich·tung *die; -, -en;* eine Konstruktion an einem größeren Gegenstand, die eine bestimmte Funktion hat: *Der Lastwagen hat eine Vorrichtung zum Kippen* || -K: ***Brems-***

Vor·sai·son *die;* die Zeit (direkt vor der

Hauptsaison), in der es noch ziemlich wenig Tourismus gibt

Vo̱r·satz *der*; ein Prinzip oder eine Idee, an die man sich in Zukunft halten will ⟨einen Vorsatz fassen; gute Vorsätze haben⟩

◆**Vo̱r·schlag** *der*; der Rat oder die Empfehlung an j-n, etwas Bestimmtes zu tun ⟨einen Vorschlag ablehnen, annehmen; j-m einen Vorschlag machen⟩ || -K: ***Kompromiss-, Verbesserungs-***

◆**vo̱r·schla·gen** (*hat*) **1** ***(j-m) etwas vorschlagen*** j-m einen Rat oder eine Empfehlung geben: *Er schlug einen Kompromiss vor*; *Er schlägt vor, das Spiel abzubrechen*; *Ich schlage vor,* dass *wir umkehren* **2** ***j-n (für / als etwas) vorschlagen*** j-n für eine Aufgabe, als Kandidaten empfehlen: *Er wurde als neuer Trainer vorgeschlagen*

vo̱r·schrei·ben (*hat*) **1** ***j-m etwas vorschreiben*** j-m zeigen, wie man etwas schreiben muss: *den Schülern ein schwieriges Wort vorschreiben* **2** ***(j-m) etwas vorschreiben*** j-m sagen oder befehlen, was er tun muss: *j-m vorschreiben*, wie *er sich verhalten soll*

◆**Vo̱r·schrift** *die*; eine Bestimmung, die festlegt, was man in einem bestimmten Fall tun muss ⟨eine Vorschrift beachten, befolgen, erlassen; gegen die Vorschrift verstoßen; etwas genau nach Vorschrift tun⟩

◆**Vo̱r·sicht** *die*; *nur Sg* **1** ein Verhalten, bei dem man sehr darauf achtet, dass kein Unfall und kein Schaden entsteht ⟨etwas mit der nötigen Vorsicht tun⟩ || K-: ***Vorsichts-, -maßnahme*** **2** ***Vorsicht!*** verwendet, um j-n vor einer Gefahr zu warnen: *Vorsicht, bissiger Hund!*; *Vorsicht, Stufe!* || ID ***Vorsicht ist besser als Nachsicht*** man soll von Anfang an vorsichtig sein || *zu* **1 vo̱r·sich·tig** *Adj*

Vo̱r·sil·be *die*; ein Element (*oft* eine Silbe), das zur Bildung von Wörtern verwendet wird und am Anfang des Wortes steht, wie „um-" in „umfassen", „ab-" in „abfahren"

Vo̱r·sit·zen·de *der / die*; *-n, -n*; j-d, der eine Konferenz oder Versammlung leitet

Vo̱r·spei·se *die*; ein kleines, auch kaltes Gericht, mit dem man ein größeres Essen beginnt

vo̱r·spie·len (*hat*) **1** ***(j-m) (etwas) vorspielen*** vor Zuhörern etwas auf einem Musikinstrument spielen: *Kannst du (uns) ein Stück auf dem Akkordeon vorspielen?* **2** ***j-m etwas vorspielen*** sich absichtlich so verhalten, dass andere etwas glauben, das nicht wahr ist: *Er ist gar nicht so mutig, er spielt uns das nur vor*

Vo̱r·sprung *der* **1** der Abstand, den j-d bei einem Wettbewerb vor anderen hat ⟨ein knapper Vorsprung; den Vorsprung vergrößern⟩: *Im Ziel hatte er einen Vorsprung von 20 Sekunden* **2** ein höherer Stand der Entwicklung (als andere) ⟨ein wissenschaftlicher, technischer Vorsprung⟩ || -K: ***Informations-, Wissens-*** **3** ein Teil von etwas, der aus einer senkrechten Fläche heraussteht || -K: ***Dach-***

◆**vo̱r·stel·len** (*hat*) **1** ***j-n / sich (j-m) vorstellen*** j-m sagen, wer ein anderer / man selbst ist und wie er heißt: *Darf ich Ihnen Herrn Scholz vorstellen?*; *Er stellte sich (den Wählern) als Kandidat für die Bürgermeisterwahl vor* **2** ***(j-m) etwas vorstellen*** etwas einem Kunden, einem Publikum zeigen, damit es bekannt wird ⟨ein Kunstwerk, ein Produkt⟩ **3** ***sich** (Dat) **j-n / etwas (irgendwie) vorstellen*** ein bestimmtes Bild, eine Vorstellung (2) von einer Person oder Sache haben, die man noch nicht kennt: *Wie stellst du dir unseren gemeinsamen Urlaub vor?* **4** ***sich** (Dat) **etwas unter etwas** (Dat) **vorstellen*** bestimmte Ideen mit einem Wort oder Begriff verbinden: *Kannst du dir unter „Quasar" etwas vorstellen?* **5** ***etwas vorstellen*** die Zeiger einer Uhr weiterdrehen, sodass sie eine spätere Zeit anzeigen **6** ***sich (bei j-m / irgendwo) vorstellen*** zu j-m gehen, um sich persönlich bekannt zu machen || ID *meist* ***Stell dir vor, …*** verwendet, um auszudrücken, dass man gleich etwas Überraschendes erzählen wird

◆**Vo̱r·stel·lung** *die* **1** das Sich-Vorstellen (6) || K-: ***Vorstellungs-, -gespräch*** **2** *oft Pl*; das, was man sich vorstellt (3, 4) ⟨eine deutliche, falsche Vorstellung⟩: *Das Stadion entspricht genau den Vorstellungen des Architekten*; *Nach seiner Vorstellung sollten seine Mitarbeiter mindestens eine Fremdsprache sprechen* **3** die Aufführung eines Theaterstücks *o.Ä.* || K-: ***Vorstellungs-, -beginn, -ende*** || -K: ***Abend-*** || ID ***eine starke / schwache Vorstellung geben*** *gespr*; eine gute / schlechte Leistung bringen

Vo̱r·tag *der*; der Tag vor einem bestimmten, *oft* besonderen Tag ⟨am Vortag von Weihnachten; am Vortag der Hochzeit⟩

vo̱r·täu·schen (*hat*) ***(j-m) etwas vortäuschen*** bewirken, dass j-d etwas glaubt, das nicht wahr ist: *Er hat den Unfall nur vorgetäuscht*; *Er täuschte vor, einen Unfall gehabt* zu *haben* || *hierzu* **Vo̱r·täu·schung** *die*

V

◆**Vor·teil** *der* **1** etwas (*z.B.* ein Umstand, eine Eigenschaft), das für j-n günstig ist, ihm etwas erleichtert ≈ Nutzen ↔ Nachteil ⟨ein finanzieller, materieller Vorteil; gegenüber j-m im Vorteil sein⟩: *Es ist für seinen Beruf von Vorteil, dass er zwei Fremdsprachen spricht* **2** die Eigenschaft(en) einer Sache, durch die sie besser ist als andere ↔ Nachteil ⟨etwas bietet viele Vorteile⟩: *Das neue Auto hat den großen Vorteil, weniger Benzin zu verbrauchen*

◆**Vor·trag** *der*; *-(e)s, Vor·trä·ge* **1** ***ein Vortrag*** (***über j-n / etwas***) eine ziemlich lange Rede vor einem Publikum über ein bestimmtes Thema ⟨einen Vortrag halten, hören⟩ || K-: ***Vortrags-, -abend*** || -K: ***Dia-*** **2** *nur Sg*; die Art und Weise, wie man spricht, ein Lied singt oder ein Musikstück spielt: *ein meisterhafter Vortrag*

vor·tra·gen (*hat*) **1** (***j-m***) ***etwas vortragen*** vor j-m etwas sprechen, singen oder spielen ⟨ein Gedicht, ein Lied vortragen⟩ **2** (***j-m***) ***etwas vortragen*** *geschr*; j-m offiziell oder öffentlich über etwas berichten ⟨j-m eine Forderung vortragen⟩: *Auf dem Kongress wird er die Ergebnisse seiner Forschungen vortragen* **3** ***etwas vortragen*** etwas nach vorn tragen

Vor·tritt *der*; *nur Sg*; **1** *meist in* ***j-m den Vortritt lassen*** aus Höflichkeit j-n als Ersten irgendwo eintreten lassen **2** (CH) ≈ Vorfahrt

vo·rü·ber|ge·hend *Adj*; nur für kurze Zeit ⟨etwas hat / ist vorübergehend geschlossen⟩: *Die Flüchtlinge sind vorübergehend in einem Lager untergebracht*

◆**Vor·ur·teil** *das*; ***ein Vorurteil*** (***gegen j-n / etwas***) eine feste, *meist* negative Meinung über Menschen oder Dinge, von denen man nicht viel weiß oder versteht ⟨Vorurteile gegen Fremde, gegen Ausländer⟩ || K-: ***vorurteils-, -frei, -los***

◆**Vor·wahl** *die* **1** eine Wahl, in der bestimmt wird, welche Kandidaten an den eigentlichen Wahlen teilnehmen **2** die Telefonnummer, die man wählt, um j-n in einer anderen Stadt *o.Ä.* oder in einem anderen Land zu erreichen: *Die Vorwahl von München ist 089* || K-: ***Vorwahl-, -nummer***

Vor·wand *der*; *-(e)s, Vor·wän·de*; eine Begründung für ein Verhalten, die nicht der Wahrheit entspricht: *Unter dem Vorwand, krank zu sein, blieb er zu Hause*

◆**vor·wärts** *Adv* **1** in die Richtung nach vorn ↔ rückwärts ⟨vorwärts blicken; einen Schritt vorwärts machen⟩ **2** weiter in Richtung auf ein Ziel ≈ voran: *Dieses Abkommen war ein wichtiger Schritt vorwärts*

vor·wie·gend *Adv*; *geschr* ≈ hauptsächlich, überwiegend: *Er hat vorwiegend Jugendbücher geschrieben*

Vor·wort *das*; *-(e)s, -e*; ein *meist* kurzer Text am Anfang eines Buches, in dem das Buch kurz vorgestellt wird

Vor·wurf *der*; ***ein Vorwurf*** (***gegen j-n***) eine Äußerung, mit der man einer Person deutlich sagt, welche Fehler sie gemacht hat ⟨ein ernster Vorwurf; der Vorwurf der Untreue⟩: *Er musste sich gegen den Vorwurf verteidigen, seine Firma betrogen zu haben* || K-: ***vorwurfs-, -voll***

◆**vor·zie·hen** (*hat*) **1** ***j-n / etwas*** (***j-m / etwas***) ***vorziehen*** eine bestimmte Person oder Sache lieber mögen oder für besser halten als eine andere: *das Tennisturnier dem Spielfilm vorziehen*; *Er hat es vorgezogen, wegen seiner Erkältung zu Hause zu bleiben* **2** ***etwas vorziehen*** etwas früher stattfinden lassen als geplant: *Wir ziehen die Wettervorhersage vor und bringen den Bericht aus China nachher* **3** ***j-n / etwas vorziehen*** j-n / etwas nach vorn ziehen: *Kannst du deinen Sitz ein wenig vorziehen?*

vul·gär [vʊlˈgɛːɐ̯] *Adj*; *geschr*; ⟨ein Ausdruck, ein Fluch, ein Mensch, eine Person, ein Wort⟩ so, dass sie gegen die guten Sitten und gegen den guten Geschmack verstoßen ≈ ordinär || *hierzu* **Vul·ga·ri·tät** *die*

Vul·kan [v-] *der*; *-(e)s, -e*; ein Berg, aus dem eine heiße Flüssigkeit und heiße Gase kommen können ⟨ein aktiver, erloschener Vulkan; ein Vulkan bricht aus⟩ || K-: ***Vulkan-, -ausbruch, -krater***

V

W

W, w [veː] *das*; -, - / *gespr auch -s*; der dreiundzwanzigste Buchstabe des Alphabets

Waa·ge *die*; -, *-n* **1** ein Gerät, mit dem man das Gewicht von Gegenständen oder Personen feststellt **2** *nur Sg*; das Sternzeichen für die Zeit vom 23. September bis 22. Oktober

◆ **waa·ge·recht**, **waag·recht** *Adj*; parallel zum Boden ↔ senkrecht || *hierzu* **Waa·ge·rech·te** *die*

◆ **wach**, *wacher, wachst-*; *Adj* **1** nicht (mehr) schlafend ⟨wach sein, bleiben⟩: *Sie lag die ganze Nacht wach* **2** intelligent und interessiert ⟨ein Kind⟩

Wa·che *die*; -, *-n* **1** *nur Sg*; das Beobachten von Gebäuden oder Personen, um Gefahr zu erkennen und zu verhindern ⟨Wache haben, halten; auf Wache⟩ || K-: ***Wach-, -posten*** **2** j-d, der Wache hat **3** eine Dienststelle der Polizei

Wachs [vaks] *das*; *-es, -e* **1** *nur Sg*; eine Masse, aus der man Kerzen macht || -K: ***Kerzen-*** **2** eine weiche Masse, mit der man den Fußboden, die Möbel *usw* pflegt

◆ **wach·sen**[1] ['vaksn̩]; *wächst, wuchs, ist gewachsen* **1** ***j-d / ein Tier / etwas wächst*** ein Kind, ein junges Tier oder eine Pflanze wird größer und stärker: *Sie ist fünf Zentimeter gewachsen* **2** ***etwas wächst*** etwas wird länger ⟨der Bart, die Fingernägel⟩ **3** ***etwas wächst irgendwo*** etwas kommt an einer Stelle, in einem Gebiet vor ⟨eine Pflanze⟩ **4** ***etwas wächst*** etwas vermehrt sich, wird größer oder nimmt an Intensität zu ⟨das Vermögen, eine Familie, eine Stadt; Lärm, Schmerz⟩ || ID *meist* ***j-m nicht gewachsen sein*** nicht in der Lage sein, j-m Widerstand zu leisten

◆ **wach·sen**[2] ['vaksn̩]; *wachste, hat gewachst*; ***etwas wachsen*** etwas zur Pflege mit Wachs einreiben

Wachs·tum ['vakstuːm] *das*; *-s*; *nur Sg*; der Prozess des Wachsens[1]

Wäch·ter *der*; *-s*, -; eine Person, die j-n / etwas bewacht || -K: ***Park-***

wa·ckeln; *wackelte, hat gewackelt* **1** ***etwas wackelt*** etwas ist nicht stabil ⟨ein Stuhl, eine Leiter⟩ **2** ***etwas wackelt*** etwas bewegt sich leicht wegen einer Erschütterung ⟨das Haus, die Wände⟩ **3** ***etwas wackelt*** *gespr*; etwas ist in der Gefahr, erfolglos zu werden oder verloren zu gehen ⟨eine Firma, ein Arbeitsplatz⟩

wack·lig *Adj* **1** so, dass etwas wackelt (1) **2** *gespr*; schwach, *meist* wegen Krankheit oder im Alter **3** nicht überzeugend ⟨eine Begründung⟩

Wa·de *die*; -, *-n*; die hintere, weiche Seite des Unterschenkels

◆ **Waf·fe** *die*; -, *-n*; ein Instrument oder Gerät zum Kämpfen, *z.B.* ein Messer, ein Gewehr ⟨konventionelle, atomare Waffen; eine Waffe tragen⟩ || K-: ***Waffen-, -besitz*** || -K: ***Atom-, Schuss-*** || ↑ *Abbildung unter* ***Schusswaffen*** || ID ***die Waffen niederlegen*** aufhören zu kämpfen; ***die Waffen ruhen*** die Kämpfe sind unterbrochen

Waf·fel *die*; -, *-n*; ein flaches, süßes Gebäck aus einem leichten Teig und *meist* mit einer cremigen Füllung

◆ **Wa·gen** *der*; *-s*, -; **1** ein Fahrzeug auf Rädern zum Transport von Personen oder Lasten || -K: ***Eisenbahn-, Straßenbahn-*** **2** ≈ Auto **3** ***der Große Wagen*** eine Gruppe von sieben Sternen am nördlichen Himmel

wa·gen; *wagte, hat gewagt* **1** ***etwas wagen*** den Mut und den Willen haben, etwas *meist* Gefährliches zu tun ⟨einen Versuch, einen Sprung wagen⟩: *Sie wagte nicht, ihm zu widersprechen* **2** ***sich irgendwohin wagen*** den Mut haben, irgendwohin zu gehen: *sich nachts nicht mehr auf die Straße wagen* **3** ***sich an etwas*** (*Akk*) ***wagen*** den Mut haben, eine schwierige Aufgabe zu übernehmen || ID ***Wer nichts wagt, der nichts gewinnt!*** verwendet als Ermunterung zu einem riskanten Unternehmen

◆ **Wag·gon** [va'gɔŋ, va'gõː, va'goːn] *der*; *-s, -s*; ein Wagen eines Zugs

◆ **Wahl**[1] *die*; -; *nur Sg*; die Entscheidung zwischen verschiedenen Möglichkeiten ⟨eine Wahl treffen; die Wahl zwischen verschiedenen Dingen haben⟩: *Er stand* *vor der Wahl*, zu *bleiben oder* zu *gehen* || K-: ***Wahl-, -möglichkeit*** || ID ***keine andere Wahl haben*** etwas tun müssen

◆**Wahl**[2] *die*; -, *-en* **1** *meist Pl*; das Verfahren, bei dem die Vertreter *z.B.* für ein politisches Amt (über das Abgeben von Stimmen[2]) bestimmt werden ⟨die Wahlen zum Parlament⟩ || K-: ***Wahl-, -sieg*** || -K: ***Bundestags-*** **2** *meist Sg*; das Abgeben der Stimme[2] für eine Person, Partei: *Ich muss noch zur Wahl*

◆**wäh·len**[1]; *wählte, hat gewählt* **1** (***etwas***) ***wählen*** sich für eine von mehreren Möglichkeiten entscheiden: *Er hat den falschen Beruf gewählt* **2** (***etwas***) ***wählen*** auf der Speisekarte ein Essen aussuchen: *Haben Sie schon gewählt?*

◆**wäh·len**[2]; *wählte, hat gewählt*; (***j-n / etwas*** (***zu etwas***)) ***wählen*** bei einer Wahl[2] die Stimme[2] für j-n / eine Partei abgeben: *Die Partei hat ihn zum Vorsitzenden gewählt* || *hierzu* **Wäh·ler** *der*; **Wäh·le·rin** *die*; -, *-nen*

◆**wäh·len**[3]; *wählte, hat gewählt*; (***eine Nummer***) ***wählen*** am Telefon die Ziffern drücken

wäh·le·risch *Adj*; so, dass j-d oft besondere Wünsche hat

Wahl·kampf *der*; der Kampf von Parteien oder Kandidaten bei einer Wahl[2] um die Stimmen[2] ⟨einen Wahlkampf führen⟩

Wahn·sinn *der*; *nur Sg* **1** *gespr*; etwas, das sehr unsinnig, unvernünftig oder unverständlich ist || K-: ***Wahnsinns-, -tat*** **2** *veraltend* ≈ Geisteskrankheit

◆**wahn·sin·nig** *Adj* **1** *nicht adv*; ≈ geisteskrank **2** unvernünftig oder gefährlich ⟨ein Plan, ein Unternehmen⟩ **3** *nur attr, nicht adv*; *gespr*; sehr groß ⟨Schmerzen, Angst⟩: *Ich habe einen wahnsinnigen Hunger* **4** *nur adv*; *gespr* ≈ sehr: *sich wahnsinnig freuen*

◆**wahr** *Adj*; *nicht adv* **1** so, wie es in Wirklichkeit ist oder war ↔ falsch: *der wahre Grund* **2** *nur attr*; so, wie man es sich nur wünschen kann ⟨ein Freund, die Liebe⟩ **3** *nur attr, nicht adv* ↔ richtig ⟨etwas ist ein wahres Glück⟩ **4** ***..., nicht wahr?*** verwendet am Ende eines Satzes, wenn man Zustimmung erwartet: *Du kommst doch morgen, nicht wahr?* || ID ***Das ist nicht wahr!***; ***Das darf doch nicht wahr sein!*** *gespr*; verwendet, um auszudrücken, dass man etwas nicht glauben möchte

◆**wäh·rend**[1] *Präp*; *mit Gen / gespr auch Dat*; im Laufe der genannten Zeit, im Verlauf der genannten Tätigkeit: *während des Sommers, während der Arbeit*

◆**wäh·rend**[2] *Konjunktion* **1** drückt eine Gleichzeitigkeit von Handlungen, Zuständen aus: *Während wir beim Essen saßen, läutete das Telefon* **2** drückt eine Gegensätzlichkeit aus: *Während sie sehr sparsam ist, kauft er sich teure Bücher*

wahr·ha·ben *nur in* ***etwas nicht wahrhaben wollen*** etwas nicht zugeben wollen, oder nicht verstehen wollen, dass etwas so ist: *Er will seine Schuld nicht wahrhaben*

◆**Wahr·heit** *die*; -, *-en* **1** *nur Sg*; eine Aussage, die etwas so darstellt, wie es wirklich ist ⟨die Wahrheit sagen⟩ || K-: ***Wahrheits-, -gehalt*** **2** eine Aussage, die man allgemein für richtig hält: *Es ist eine anerkannte Wahrheit, dass Intelligenz gefördert werden kann* || ID ***in Wahrheit*** in Wirklichkeit; ***bei der Wahrheit bleiben*** nicht lügen

wahr·neh·men (*hat*) **1** ***etwas wahrnehmen*** etwas mit den Sinnen (also durch Hören, Sehen *usw*) zur Kenntnis nehmen ⟨einen Geruch, ein Geräusch wahrnehmen⟩ **2** ***etwas wahrnehmen*** ≈ nutzen ⟨eine Chance, seinen Vorteil, ein Recht wahrnehmen⟩

wahr·sa·gen; *wahrsagte / sagte wahr, hat wahrgesagt / gewahrsagt*; (***j-m***) (***etwas***) ***wahrsagen*** Aussagen über die Zukunft machen (*z.B.* aufgrund von Spielkarten *usw*) || *hierzu* **Wahr·sa·ger** *der*; **Wahr·sa·ge·rin** *die*; -, *-nen*

◆**wahr·schein·lich** *Adj*; so, dass etwas (gut) möglich ist, so sein kann / konnte ⟨eine Ursache⟩: *Es ist sehr wahrscheinlich*, dass *er Recht hat*; *Wahrscheinlich ist sie krank*

Wäh·rung *die*; -, *-en*; die Münzen und Banknoten eines Staates: *in amerikanischer Währung bezahlen* || K-: ***Währungs-, -einheit, -reform***

Wai·se *die*; -, *-n*; ein Kind, dessen Eltern gestorben sind

Wal *der*; *-(e)s, -e*; ein sehr großes Säugetier, das einem Fisch ähnlich ist und das im Ozean lebt || K-: ***Wal-, -fang***

◆**Wald** *der*; *-(e)s, Wäl·der*; ein relativ großes Gebiet mit vielen Bäumen || K-: ***Wald-, -rand*** || -K: ***Laub-, Tannen-*** || ID ***den Wald vor*** (***lauter***) ***Bäumen nicht sehen*** *gespr*; wegen (unwichtigen) Einzelheiten das Wichtigste nicht sehen

Wald·ster·ben *das*; *nur Sg*; das Sterben von Wäldern wegen starker Luftverschmutzung

Wall·fahrt *die*; eine Reise zu einem heiligen Ort: *eine Wallfahrt nach Lourdes*

Wal·nuss *die*; eine essbare Nuss, die an einem Baum wächst || K-: ***Walnuss-, -kern***

wạ̈l·zen; *wälzte, hat gewälzt* **1** ***etwas*** (***irgendwohin***) ***wälzen*** etwas Schweres bewegen, indem man es mit Mühe rollt **2** ***etwas auf j-n wälzen*** j-d anderen etwas Negatives, Unangenehmes tragen lassen ⟨die Verantwortung auf j-n wälzen⟩ **3** ***etwas wälzen*** *gespr*; sich intensiv mit etwas beschäftigen ⟨ein Problem, Bücher wälzen⟩ **4** ***sich wälzen*** sich im Liegen hin und her drehen || Hinweis: *ich wälze, du wälzt*

Wạl·zer *der*; *-s, -*; ein Tanz (im Dreivierteltakt), bei dem man sich mit dem Partner *meist* drehend bewegt: *ein Wiener Walzer*

◆**Wạnd** *die*; *-, Wän·de* **1** eine senkrecht stehende Fläche, die ein Haus oder einen Raum begrenzt || -K: ***Außen-, Haus-*** **2** ein sehr steiler felsiger Abhang || -K: ***Fels-*** || ID ***gegen eine Wand reden*** reden, ohne die Zustimmung des Hörers zu finden; ***die eigenen vier Wände*** ein eigenes Haus, eine eigene Wohnung

◆**wạn·dern**; *wanderte, ist gewandert*; eine relativ lange Strecke zu Fuß gehen (*meist* außerhalb der Stadt und zur Erholung) || K-: ***Wander-, -urlaub*** || *hierzu* **Wạn·de·rer** *der*; **Wạn·de·rin** *die*; *-, -nen*; **Wạn·de·rung** *die*

wạnd·te ↑ ***wenden***

◆**wạnn** *Adv*; (*in direkten und indirekten Fragesätzen*) **1** zu welcher Zeit?, zu welchem Zeitpunkt?: *Wann fährt der Zug ab?*; *Ich weiß nicht, wann er kommt* **2** ***seit wann?*** seit welcher Zeit?, seit welchem Zeitpunkt?: *Seit wann kennst du ihn?* **3** unter welchen Bedingungen?: *Wann setzt man ein Komma?*

Wạn·ne *die*; *-, -n*; ein offenes Gefäß (*bes* zum Baden), das relativ lang und groß ist || -K: ***Bade-***; ***Plastik-***

Wạn·ze *die*; *-, -n* **1** ein kleines Insekt, das den Saft von Pflanzen saugt **2** ein kleines, verstecktes Mikrofon

Wạp·pen *das*; *-s, -*; ein Zeichen, *meist* in der Form eines Schildes[2], das als eine Art Symbol für eine Familie, eine Stadt *usw* dient || -K: ***Familien-***

war ↑ ***sein***[1]

◆**Wa̱·re** *die*; *-, -n* **1** ein Gegenstand, der für den Verkauf produziert wird ⟨Waren verkaufen, liefern⟩ || K-: ***Waren-, -angebot, -sorte, -zeichen*** || -K: (*mit Pl*) ***Back-, Eisen-*** **2** *nur Sg*; eine bestimmte Sorte oder Menge von Waren (1) ⟨eine Ware anbieten⟩

Wa̱·ren·haus *das* ≈ Kaufhaus

wạrf ↑ ***werfen***

◆**wạrm**, *wärmer, wärmst-*; *Adj* **1** mit relativ hoher Temperatur, aber nicht heiß: *ein warmes Bad nehmen* **2** gegen Kälte schützend ⟨Kleidung; sich warm anziehen⟩ **3** so, dass das Essen gekocht und noch warm (1) ist ⟨warm essen⟩ **4** ≈ herzlich, freundlich ⟨eine Begrüßung⟩ **5** ⟨Farben⟩ relativ kräftig: *ein warmes Gelb* **6** (*meist im Superlativ*) voll Eifer und Interesse ⟨wärmstes Interesse⟩ **7** *meist* ***mir ist warm*** verwendet, um auszudrücken, dass man es warm (1) oder zu warm (1) findet || ID *meist* ***Mit ihm / ihr kann ich nicht warm werden*** *gespr*; ich finde ihn / sie einfach nicht sympathisch || *hierzu* **wạ̈r·men** (*hat*)

◆**Wạ̈r·me** *die*; *-*; *nur Sg* **1** ein Zustand, in dem es warm (1) ist || -K: ***Körper-*** **2** *Phys*; die Energie, die durch die Bewegung von Atomen und Molekülen entsteht || K-: ***Wärme-, -energie, -technik*** **3** Herzlichkeit, Freundlichkeit

Warn·drei·eck *das*; ein dreieckiges Schild (weiß mit rotem Rand), mit dem man als Autofahrer andere auf einen Unfall, eine Panne aufmerksam macht

◆**wạr·nen**; *warnte, hat gewarnt* **1** (***j-n***) (***vor j-m / etwas***) ***warnen*** j-n auf eine Gefahr hinweisen: *Jugendliche vor Drogen warnen* || K-: ***Warn-, -signal*** **2** ***j-n warnen*** ≈ j-m drohen: *Ich warne dich: lass das!*

Wạr·nung *die*; *-, -en* **1** ***eine Warnung*** (***vor j-m / etwas***) ein Hinweis auf eine Gefahr ⟨die Warnung vor einem Sturm⟩ || -K: ***Hochwasser-*** **2** eine dringende Aufforderung, etwas nicht zu tun ⟨eine nachdrückliche Warnung⟩: *Das ist meine letzte Warnung!*

Wạr·te·lis·te *die*; eine Liste von Personen, die auf etwas warten, *z.B.* auf eine Genehmigung, einen Arbeitsplatz

◆**wạr·ten**[1]; *wartete, hat gewartet* **1** (***auf j-n / etwas***) ***warten*** nichts oder nur wenig tun, bis j-d kommt oder bis etwas eintritt ⟨auf den Zug warten⟩: *Ich warte schon seit zwei Stunden auf dich!* || K-: ***Warte-, -zeit*** **2** ***mit etwas*** (***auf j-n***) ***warten*** etwas noch nicht tun oder erst dann tun, wenn ein anderer kommt: *Wir warten mit dem Essen auf dich* || ID *meist* ***Darauf habe ich schon gewartet*** das habe ich kommen sehen; ***etwas lässt lange auf sich warten*** etwas wird nicht schnell realisiert; ***Warte mal!*** *gespr*; einen Augenblick!

◆**wạr·ten**[2]; *wartete, hat gewartet*; ***etwas warten*** etwas pflegen, damit es funktioniert ⟨eine Maschine, ein Auto warten⟩

Wạ̈r·ter *der*; *-s, -*; j-d, der etwas pflegt oder j-n / etwas bewacht || -K: ***Museums-*** || *hierzu* **Wạ̈r·te·rin** *die*; *-, -nen*

Wạr·te·zim·mer *das*; ein Raum (in der Praxis eines Arztes), in dem die Patienten auf die Behandlung warten

◆**wa·rum** [va'rʊm] **1** (*in direkten und indirekten Fragen*) ≈ aus welchem Grund?: *Warum muss ich immer alles machen?*; *Ich weiß nicht, warum sie nicht gekommen ist* **2** ***der Grund, warum*** ≈ der Grund, aus dem || ID ***Warum (auch / denn) nicht?*** *gespr*; es spricht doch nichts dagegen!

Wạr·ze *die*; -, *-n*; eine kleine dicke Stelle auf der Haut (*oft* braun und rau)

◆**wạs**[1] *Interrogativpronomen* **1** (*in direkten und indirekten Fragesätzen*) verwendet, um nach einer Sache oder einem Sachverhalt zu fragen: *Was möchtest du trinken?*; *Weißt du, was sie zu mir gesagt hat?* **2** ***was kostet ...?*** *gespr*; wie viel kostet ...? **3** ***was ist etwas?*** wie wird etwas definiert?: *Was ist Literatur?* **4** ***was ist j-d?*** welchen Beruf hat j-d?: *Was ist dein Vater?* **5** ***was für (ein / eine*** *usw*) + *Subst? gespr*; verwendet, um nach der Art einer Person / Sache zu fragen: *Was für Preise gibt es zu gewinnen?*; *Was für einen Wein möchtest du?* || ID ***Was dann?*** was sollen wir dann tun?; ***Was nun?*** was sollen wir jetzt tun?

◆**wạs!**[2] *Interjektion*; *gespr*; verwendet, um Erstaunen auszudrücken: *Was, das weißt du noch nicht?*

◆**wạs**[3] *Relativpronomen* **1** verwendet, um die Aussage eines vorausgegangenen Hauptsatzes zu bezeichnen: *Ich will Schauspieler werden, was meine Eltern aber nicht gut finden* **2** verwendet, um einen Relativsatz nach *nichts* und Pronomen wie *alles*, *manches*, *einiges*, *vieles*, *etwas* einzuleiten: *Das ist alles, was ich weiß* **3** verwendet, um einen Relativsatz nach einem Superlativ einzuleiten: *das Beste, was ich je gesehen habe*

◆**wạs**[4] *gespr* ≈ etwas: *Das ist was anderes*

◆**Wạ̈·sche** *die*; -; *nur Sg* **1** das Bettzeug, die Tücher, die Tischdecken *usw*, die im Haushalt verwendet werden || -K: ***Bett-, Tisch-*** **2** alle Textilien, die gewaschen werden oder wurden ⟨saubere, schmutzige Wäsche⟩ || K-: ***Wäsche-, -korb*** || -K: ***Koch-*** **3** *Kurzwort* ↑ ***Unterwäsche*** || ID *meist* ***schmutzige Wäsche waschen*** *pej*; unangenehme persönliche Angelegenheiten vor anderen erzählen

◆**wạ·schen**; *wäscht*, *wusch*, *hat gewaschen* **1** ***(etwas) waschen*** etwas mit Wasser und *meist* mit Waschmittel sauber machen ⟨die Wäsche, das Auto waschen⟩ || K-: ***Wasch-, -mittel, -pulver*** **2** ***j-n / sich waschen***; ***(j-m / sich) etwas waschen*** j-n / sich mit Wasser und Seife waschen ⟨sich (*Dat*) die Haare, die Füße waschen⟩ || ID ***etwas hat sich gewaschen*** *gespr*; etwas ist besonders streng oder schlimm ⟨eine Strafe⟩

Wä·sche·rei *die*; -, *-en*; ein Betrieb, in dem Wäsche gegen Bezahlung gewaschen wird

Wạsch·lap·pen *der*; ein kleines Tuch aus weichem Stoff, mit dem man sich wäscht

Wạsch·ma·schi·ne *die*; eine Maschine (im Haushalt), mit der man die Wäsche wäscht

◆**Wạs·ser**[1] *das*; *-s*; *nur Sg* **1** die durchsichtige Flüssigkeit, die *z.B.* als Regen vom Himmel fällt || K-: ***Wasser-, -dampf, -fahrzeug, -flasche, -leitung, -mangel, -tropfen, -versorgung*** || -K: ***Regen-, Trink-*** **2** eine Flüssigkeit, die der menschliche Körper produziert, wie *z.B.* Tränen, Schweiß, Urin || ID ***j-d kocht auch nur mit Wasser*** j-d macht etwas auch nicht besser als andere; ***etwas fällt ins Wasser*** *gespr*; etwas Geplantes kann nicht ausgeführt werden

◆**Wạs·ser**[2] *das*; *-s*, - (*selten auch Wäs·ser*) **1** Wasser[1] als Inhalt von Flüssen, Seen und Meeren || K-: ***Wasser-, -fahrzeug, -pflanze*** **2** ***ein stehendes Wasser*** ein Teich oder See || ID ***ein stilles Wasser*** eine ruhige Person (aber mit guten Fähigkeiten); ***mit allen Wassern gewaschen sein*** *gespr*; viele Tricks kennen

◆**Wạs·ser**[3] *das*; *-s*, *Wäs·ser* **1** eine parfümierte Flüssigkeit: *Kölnisch Wasser* || -K: ***Haar-*** **2** ≈ Mineralwasser

Wạs·ser·ball *der* **1** ein großer, leichter Ball für Ballspiele im Wasser **2** *nur Sg*; ein Ballspiel zwischen zwei Mannschaften im Wasser

Wạs·ser·hahn *der*; eine Vorrichtung an einer Wasserleitung, mit der man das Fließen des Wassers regelt

Wạs·ser·mann *der*; das Sternzeichen für die Zeit vom 21. Januar bis 19. Februar

Wạtt *das*; *-s*, -; eine physikalische Einheit, mit der man die Leistung misst; *Abk* W: *eine Glühbirne mit 60 W* || -K: ***Kilo-***

Wạt·te *die*; -; *nur Sg*; eine weiche und lockere Masse aus vielen Fasern (*meist* von Baumwolle): *Puder mit Watte auftragen*

◆**WC** [veː'tseː] *das*; -(*s*), -(*s*); (*Abk für* Wasserklosett) ≈ Toilette

we̱·ben; *webte / wob*, *hat gewebt / gewoben* **1** ***(etwas) weben*** einen Stoff, einen Teppich machen, indem man Fäden miteinander kreuzt ⟨einen Teppich weben⟩ **2** ***eine Spinne webt ein Netz*** eine Spinne macht ein Netz

Wẹch·sel [-ks-] *der*; *-s*, *-*; **1** eine (*meist* schnelle) Veränderung eines Zustands ⟨ein plötzlicher Wechsel⟩: *der plötzliche Wechsel* (*in*) *seiner Laune* || -K: ***Temperatur-, Wetter-*** **2** die regelmäßige Folge verschiedener Phasen: *der Wechsel der Jahreszeiten* **3** eine Veränderung im Beruf oder im (Wohn)Ort: *sein Wechsel* (*vom Finanzministerium*) *ins Außenministerium* || -K: ***Berufs-, Wohnungs-*** **4** das Ersetzen eines Gegenstands / einer Person ⟨der Wechsel eines Reifens⟩

wech·sel·haft *Adj*; ⟨Launen, das Wetter⟩ so, dass sie sich häufig verändern || *hierzu* **Wẹch·sel·haf·tig·keit** *die*

◆ **wẹch·seln**[1] [-ks-]; *wechselte, hat gewechselt* **1** ***etwas wechseln*** etwas durch etwas anderes (mit derselben Funktion) ersetzen ⟨einen Reifen, die Kassette, das Hemd wechseln⟩ **2** ***etwas wechseln*** sich für eine neue Tätigkeit, einen neuen Zustand entscheiden ⟨den Beruf, die Wohnung, das Thema, den Arzt wechseln⟩ **3** ***etwas wechselt*** etwas ändert sich ⟨das Wetter, die Temperatur, die Mode⟩

wẹch·seln[2] [-ks-]; *wechselte, hat gewechselt* **1** ***etwas*** (***in etwas*** (*Akk*)) ***wechseln*** Geld einer Währung gegen Geld einer anderen Währung tauschen: *Dollars in Yen wechseln* || K-: ***Wechsel-, -kurs*** **2** (***j-m***) ***etwas wechseln*** j-m für eine Münze oder einen Geldschein Münzen in kleineren Einheiten, aber im gleichen Wert geben: *Kannst du mir zehn Euro wechseln?*

◆ **wẹ·cken**; *weckte, hat geweckt*; ***j-n wecken*** j-n, der schläft, wach machen: *Wecke mich bitte um sieben Uhr*

◆ **Wẹ·cker** *der*; *-s*, *-*; eine Uhr, die zu einer eingestellten Zeit läutet und den Schlafenden weckt: *den Wecker auf acht Uhr stellen* || ID ***Er / Sie geht / fällt mir auf den Wecker*** *gespr*; er / sie ist mir sehr lästig

we̱·deln; *wedelte, hat / ist gewedelt* **1** ***ein Tier wedelt mit dem Schwanz*** (*hat*) *meist* ein Hund bewegt den Schwanz schnell hin und her **2** (*ist*) beim Skifahren kurze Schwünge machen

we̱·der *Konjunktion*; *nur in* ***weder ... noch*** (***... noch***) verwendet, um auszudrücken, dass das eine nicht der Fall ist und das andere (und das dritte) auch nicht: *Er wollte weder essen noch* (*wollte er*) *trinken*; *Ich habe dafür weder Zeit noch Geld* (*noch Lust*)

◆ **We̱g** *der*; *-(e)s*, *-e* **1** ein relativ schmaler Streifen (*meist* nicht mit glatter Oberfläche), auf dem man fahren oder gehen kann || -K: ***Feld-, Wander-*** **2** die Entfernung, die man geht oder fährt, um zu einem Ort zu kommen ⟨ein langer, weiter Weg⟩ **3** die Richtung und der Verlauf einer Strecke, die zu einem Ort führen: *j-m den Weg zum Bahnhof zeigen* **4** ***auf dem Weg*** (+ *Richtung*) während man irgendwohin geht, fährt: *auf dem Weg zur Schule* || -K: ***Heim-, Schul-*** **5** die Art, wie etwas gemacht wird ⟨auf friedlichem Weg⟩ || ID ***sich auf den Weg machen*** einen Gang oder eine Reise beginnen; ***etwas*** (*Dat*) ***aus dem Weg gehen*** etwas Unangenehmes vermeiden; ***j-d steht j-m im Weg*** *gespr*; j-d ist für eine andere Person ein Hindernis; ***Wo ein Wille*** (***ist***)***, da*** (***ist auch***) ***ein Weg*** wenn man etwas wirklich tun will, findet man dazu auch eine Möglichkeit

◆ **wẹg** *Adv* **1** nicht mehr da: *Der Zug ist schon weg!*; *Meine Schmerzen sind weg* **2** ***weg von j-m / etwas*** ≈ fort: *Wir ziehen weg von Berlin* **3** verwendet als Aufforderung, wegzugehen oder etwas zu entfernen: *Hände weg!*; *Weg mit der Pistole!* **4** ***weit weg*** in relativ großer Entfernung: *Ist das Theater weit weg?* || ID (***ganz***) ***weg sein von etwas*** *gespr*; (sehr) begeistert von etwas sein

wẹg- *im Verb*; *betont und trennbar*; drückt aus, dass sich etwas von etwas entfernt oder dass es entfernt wird; verbunden mit Verben der Bewegung (wie *laufen, fahren*) oder des Tuns (wie *jagen, schaffen*);
etwas wegbringen etwas an einen anderen Ort bringen; ***etwas weggeben*** etwas nicht behalten, sondern anderen geben; ***wegziehen*** an einen anderen Ort ziehen und dort eine neue Wohnung suchen

◆ **we̱·gen** *Präp*; *mit Gen / gespr auch Dat* **1** verwendet, um den Grund für etwas anzugeben: *Wegen des schlechten Wetters wurde der Start verschoben*; *Wegen Umbau(s) geschlossen*; *Wegen Peter mussten wir warten* **2** ***wegen mir / dir / ihm*** *usw gespr* ≈ meinet-/ deinet- / seinetwegen *usw* **3** ***von wegen!*** *gespr*; verwendet, um Widerspruch oder Ablehnung auszudrücken

◆ **wẹg·ge·hen** (*ist*) **1** sich von irgendwo entfernen **2** (***von j-m***) ***weggehen*** j-n verlassen[1] **3** ***etwas geht weg*** *gespr*; etwas wird weniger und ist dann nicht mehr da: *Das Fieber ging bald wieder weg* **4** ***etwas geht weg*** *gespr*; etwas verkauft sich gut

◆ **wẹg·las·sen** (*hat*) **1** ***j-n weglassen*** *gespr*; j-n irgendwohin gehen lassen **2** ***et-***

was weglassen von etwas nicht reden, etwas nicht verwenden

wẹg·ma·chen (*hat*) ***etwas wegmachen*** *gespr* ≈ entfernen

◆ **wẹg·neh·men** (*hat*) ***j-m etwas wegnehmen*** j-n etwas nicht länger haben lassen und es an sich nehmen

◆ **wẹg·wer·fen** (*hat*) **1** ***etwas wegwerfen*** etwas von sich weg irgendwohin werfen **2** ***etwas wegwerfen*** etwas, das man nicht mehr haben will, in den Abfall tun: *Scherben wegwerfen*

we·he! ['veːə] *Interjektion*; *auch mit Subst oder Pronomen im Dat*; verwendet als Drohung: *Wehe (dir), wenn du gelogen hast!*

We·he ['veːə] *die*; -, *-n*; *meist Pl*; die Schmerzen der Muskeln in der Gebärmutter, kurz vor und während der Geburt des Kindes ⟨die Wehen setzen ein⟩

we·hen ['veːən]; *wehte, hat geweht*; ⟨der Wind, der Sturm⟩ ***weht*** (***irgendwoher***) Wind oder Sturm bläst (aus einer Richtung): *Heute weht ein starker Wind (aus Osten)*

Wehr·dienst *der*; *nur Sg*; die militärische Ausbildung, die j-d aufgrund der Wehrpflicht macht ⟨den Wehrdienst leisten⟩

weh·ren; *wehrte, hat gewehrt*; ***sich*** (***gegen j-n / etwas***) ***wehren*** etwas dagegen tun, wenn man körperlich (oder auch anders) angegriffen wird ⟨sich gegen einen Angriff, einen Vorwurf wehren⟩

wehr·los *Adj*; unfähig, sich zu verteidigen oder etwas gegen eine Gefahr zu tun ⟨gegen j-n / etwas wehrlos sein⟩ || *hierzu* **Wehr·lo·sig·keit** *die*

Wehr·pflicht *die*; *nur Sg*; die gesetzliche Verpflichtung zum Wehrdienst || *hierzu* **wehr·pflich·tig** *Adj*; **Wehr·pflich·ti·ge** *der*

◆ **weh·tun**; *tut weh, tat weh, hat wehgetan* **1** ***j-m wehtun*** j-m einen körperlichen oder seelischen Schmerz zufügen: *Lass das, du tust mir weh!* **2** ***etwas tut*** (***j-m***) ***weh*** ≈ etwas schmerzt: *Mein rechter Fuß tut weh*; *Mir tut der Kopf weh*

Weib *das*; *-(e)s, -er* **1** *gespr pej* ≈ Frau **2** *veraltet*; eine Frau oder Ehefrau

wei·bisch *Adj*; *pej*; ⟨ein Mann⟩ so, dass er nicht diejenigen Eigenschaften hat, die als typisch männlich gelten

◆ **weib·lich** *Adj* **1** *nicht adv*; (bei Menschen) von dem Geschlecht, das ein Kind gebären kann **2** *nicht adv*; (bei Tieren) von dem Geschlecht, das Junge gebären kann oder Eier legt **3** *nicht adv*; (bei Pflanzen) die Frucht bildend **4** zu einer Frau gehörend ⟨eine Stimme, ein Vorname⟩ **5** typisch oder üblich für Frauen ⟨eine Eigenschaft⟩ **6** von dem grammatischen Geschlecht, das für Substantive im Nominativ Singular den Artikel „die" verlangt ≈ feminin ⟨ein Substantiv, ein Artikel⟩ || *zu* **4 Weib·lich·keit** *die*

◆ **weich** *Adj* **1** ⟨ein Teig, eine Masse⟩ so, dass sie leicht zu formen sind und einem Druck nachgeben **2** sanft und glatt ⟨Wolle, Fell, Samt⟩ **3** ⟨ein Bett, eine Matratze⟩ elastisch und so, dass man gut darauf sitzt oder liegt **4** sehr reif ⟨eine Birne, eine Tomate⟩ **5** fertig gekocht und weich (1): *Das Gemüse ist noch nicht weich* **6** ≈ empfindsam, mit viel Gefühl ⟨ein weiches Herz haben⟩ **7** unentschlossen und leicht zu überreden: *Für diese Verhandlungen ist er zu weich* || *hierzu* **Weich·heit** *die*

Wei·che *die*; -, *-n*; eine Vorrichtung an Schienen, mit der Züge auf ein anderes Gleis geleitet werden ⟨eine Weiche stellen⟩ || ID ***die Weichen für etwas stellen*** etwas tun oder entscheiden, um einem Plan eine Richtung zu geben

weich·lich *Adj*; *pej* **1** charakterlich nicht stark **2** körperlich schwach **3** nicht streng genug ⟨Erziehung⟩ || *hierzu* **Weich·lich·keit** *die*

Wei·de[1] *die*; -, *-n*; ein Stück Land, auf dem Haustiere Gras fressen

Wei·de[2] *die*; -, *-n*; ein Baum mit langen, biegsamen Zweigen, *meist* in der Nähe von Wasser

◆ **wei·gern, sich**; *weigerte sich, hat sich geweigert*; ***sich weigern*** (+ ***zu*** + *Infinitiv*) erklären, dass man nicht bereit ist, etwas zu tun: *Er weigert sich zu gehorchen* || *hierzu* **Wei·ge·rung** *die*

Weih·nacht *die*; -; *nur Sg* ≈ Weihnachten: *j-m eine gesegnete Weihnacht wünschen* || K-: ***Weihnachts-, -feier, -feiertag, -geschenk, -lied, -zeit*** || *hierzu* **weih·nacht·lich** *Adj*

Weih·nach·ten (*das*); -, -; *meist Sg* **1** der 25. Dezember, an dem die Christen die Geburt von Jesus Christus feiern **2** die Zeit vom Heiligen Abend (24. Dezember) bis zum zweiten Weihnachtsfeiertag (26. Dezember) ⟨zu / an, nach, vor, über Weihnachten⟩: *Frohe Weihnachten!*

Weih·nachts·baum *der*; eine Fichte, Tanne, die zur Weihnachtszeit aufgestellt und mit Kerzen, Figuren geschmückt wird

◆ **weil** *Konjunktion*; verwendet, um eine Begründung einzuleiten: *Er kann nicht kommen, weil er krank ist* || Aber: in der gesprochenen Sprache wird das Verb *oft* nicht an das Ende des Satzteils gestellt

Weil·chen *das*; *-s*; *nur Sg*; eine relativ kurze

Zeit: *Warte noch ein Weilchen*

Wei·le *die*; -; *nur Sg*; eine Zeit von unbestimmter Dauer ⟨eine kleine, ganze Weile⟩: *Er kam nach einer Weile zurück*

◆**Wein** *der*; -(*e*)*s*, -*e* **1** ein alkoholisches Getränk, hergestellt aus Weintrauben ⟨ein leichter, trockener Wein⟩ || K-: ***Wein-, -flasche, -rebe, -sorte, -stock, -traube*** || -K: ***Rot-, Weiß-*** || Hinweis: der Plural „Weine" wird im Sinne von „Weinsorten" gebraucht **2** *nur Sg*; der Strauch, aus dessen Beeren man Wein macht || ID ***j-m reinen Wein einschenken*** j-m eine für ihn unangenehme Wahrheit sagen

◆**wei·nen**; *weinte, hat geweint* **1** Tränen in den Augen haben (und schluchzen), weil man Kummer oder Schmerzen hat **2** ***um j-n / über etwas*** (*Akk*) ***weinen*** weinen, weil j-d gestorben ist, weil etwas Schlimmes passiert ist || ID *meist* ***Das ist zum Weinen!*** *gespr*; das ist sehr schlecht, sehr enttäuschend

Wei·se[1] *die*; -; *nur Sg*; verwendet, um auszudrücken, wie etwas geschieht oder gemacht wird ≈ Art ⟨auf diese Weise⟩

Wei·se[2] *der / die*; -*n*, -*n*; ein gelehrter und erfahrener Mensch

wei·se *Adj* **1** klug und erfahren ⟨weise handeln, urteilen⟩ **2** ⟨ein Rat, ein Spruch⟩ so, dass sie Weisheit und Erfahrung enthalten

wei·sen; *wies, hat gewiesen* **1** ***(j-m) etwas weisen*** *geschr*; j-m etwas zeigen ⟨die Richtung weisen⟩ **2** ***j-n von / aus etwas weisen*** befehlen, dass j-d einen Ort oder eine Institution verlässt: *Er wurde von / aus der Schule gewiesen* **3** ***irgendwohin weisen*** *geschr*; irgendwohin zeigen: *Die Magnetnadel weist nach Norden*

Weis·heit *die*; -, -*en* **1** *nur Sg*; großes Wissen und Klugheit, *bes* aufgrund von langer Erfahrung **2** eine Aussage, die Weisheit (1) enthält || ID ***mit seiner Weisheit am Ende sein*** *gespr*; nicht mehr wissen, was man tun soll

weiß[1] ↑ ***wissen***

weiß[2] *Adj*; *nicht adv* **1** von der Farbe wie Schnee oder Milch || ↑ *Illustration* ***Farben*** **2** von einer relativ hellen Farbe ⟨die Haut⟩ || ID ***weiß wie die Wand*** sehr blass || *hierzu* **weiß·lich** *Adj*

Weiß *das*; -(*es*), -; *meist Sg* **1** die Farbe, wie sie *z.B.* frisch gefallener Schnee hat **2** *ohne Artikel*; der Spieler bei einem Brettspiel, der mit hellen Figuren *bzw* auf hellen Feldern spielt

Weiß·brot *das*; ein helles Brot, das aus Weizenmehl gemacht wird

Weiß·wurst *die*; eine aus Kalbfleisch hergestellte Wurst, die in Wasser heiß gemacht wird

◆**weit**[1], *weiter, weitest-*; *Adj* **1** ⟨ein Weg, eine Reise⟩ so, dass die Entfernung groß ist ≈ lang: *etwas reicht weit, ist weit entfernt / weg*; *etwas weit werfen* **2** verwendet mit einer Maßangabe, um eine Distanz anzugeben: *Er springt sechs Meter weit*; *Wie weit ist es zum Bahnhof?* **3** nicht eng am Körper ⟨Kleidung⟩ **4** *meist adv*; zeitlich lange danach: *weit nach Mitternacht* **5** ziemlich am Ende eines Vorgangs: *die Verhandlungen sind schon weit fortgeschritten* || ID ***von weitem*** aus großer Entfernung; ***bei weitem*** mit Abstand: *Er ist bei weitem der Beste gewesen*; ***j-d hat es weit gebracht*** j-d hat im Leben oder im Beruf viel geleistet; *meist* ***Das geht zu weit!*** das ist nicht mehr akzeptabel; *meist* ***so weit, so gut*** bis hierher ist alles in Ordnung; *meist* ***Das führt zu weit*** das ist zu umständlich, das gehört nicht zum Thema

◆**weit**[2] *Adv* **1** ***weit*** + *Komparativ* verwendet, um auszudrücken, dass ein Unterschied groß ist: *Er ist weit älter als ich* **2** ***weit*** + *Partizip* so, dass etwas oft geschieht oder große Folgen hat: *weit bekannt, weit verbreitet, weit reichend*

Wei·te *die*; -, -*n* **1** eine große Ausdehnung in der Fläche ⟨die Weite des Meeres⟩ **2** ≈ Ferne (1): *in die Weite schauen* **3** eine gemessene Entfernung: *Beim Diskuswerfen wurden Weiten bis zu 70m erzielt* **4** die Größe eines Kleidungsstücks *bes* in Bezug auf den Umfang: *ein Rock mit verstellbarer Weite*

◆**wei·ter** *Adv* **1** verwendet, um die Fortsetzung einer Handlung zu bezeichnen: *Bitte weiter!*; *Halt, nicht weiter!* **2** ≈ außerdem, sonst: *Was (geschah) weiter? Es war weiter niemand hier* **3** *meist* ***nichts weiter (als)*** ≈ nur, nicht mehr als: *Das ist nichts weiter als ein Versehen* **4** so, dass es andauert: *Wenn es weiter so stark schneit …* **5** ***und so weiter*** und Ähnliches; *Abk* usw. || ID ***Wenn es weiter nichts ist*** *oft iron*; das ist gar kein Problem

◆**wei·te·r-** *Adj*; *nur attr, nicht adv* **1** neu hinzukommend, zusätzlich: *ein weiteres Problem* **2** ≈ zukünftig: *die weitere Entwicklung* **3** ***ohne weiteres*** einfach so, ohne Schwierigkeiten: *Sie könnte das ohne weiteres tun* **4** ***bis auf weiteres*** bis etwas anderes mitgeteilt wird

wei·ter- *im Verb*; *betont und trennbar*; drückt aus, dass eine Bewegung fortgesetzt wird; in Verbindung mit Verben der Bewegung (wie *fließen*, *gehen*) und

des Tuns (wie *etwas drehen, machen*); ***etwas weiterentwickeln*** (nach einer Pause) wieder daran arbeiten, etwas zu entwickeln; (***mit etwas***) ***weiterkommen*** etwas mit Erfolg fortsetzen; ***etwas weiterleiten*** etwas an eine andere Stelle leiten; (***mit etwas***) ***weitermachen*** etwas fortsetzen;
ebenso: ***weiterbewegen, weiterdrehen weiterfahren, weiterfließen, weiterführen, weitergehen***

◆**wei·ter·ge·ben** (*hat*) **1** ***etwas*** (***an j-n***) ***weitergeben*** etwas bekommen und dann einer anderen Person geben **2** ***etwas*** (***an j-n***) ***weitergeben*** j-m etwas mitteilen

wei·ter·hin *Adv* **1** auch in der Zukunft **2** auch jetzt noch **3** ≈ außerdem, zusätzlich

◆**wei·ter·ma·chen** (*hat*) *gespr*; (***mit etwas***) ***weitermachen*** eine Tätigkeit fortsetzen || ID ***Mach nur so weiter!*** *iron*; wenn du dich nicht änderst, wirst du Probleme haben

weit·ge·hend, *weiter gehend / weitgehender, weitestgehend- / weitgehendst-*; *Adj*; *nicht adv* **1** ⟨Pläne, Ideen⟩ so, dass sie viele Veränderungen bewirken **2** ⟨eine Unterstützung, eine Vollmacht⟩ so, dass sie in großem Maße gegeben werden

weit·sich·tig, *weitsichtiger, weitsichtigst-*; *Adj* **1** so, dass die Folgen berücksichtigt werden ⟨eine Entscheidung⟩ **2** *nicht adv*; *meist* ***weitsichtig sein*** nahe Dinge nicht gut sehen (also *z.B.* beim Lesen Schwierigkeiten haben), ferne Dinge aber gut sehen || *zu* **1 Weit·sicht** *die*; *zu* **2 Weit·sich·tig·keit** *die*

Wei·zen *der*; *-s*; *nur Sg*; eine Getreideart, aus deren Körnern weißes Brot gemacht wird || K-: ***Weizen-, -mehl***

◆**wel·ch-**[1] *Interrogativpronomen*; (*in direkten und indirekten Fragen*) verwendet, um nach einer einzelnen Person / Sache aus einer Gruppe zu fragen: *Welches Buch gehört dir?*; *Ich weiß nicht, welches Auto du meinst* || Hinweis: *welch-* verwendet man wie ein Adjektiv (*welche Farbe*) oder wie ein Substantiv („*Siehst du die Frau da drüben?*" – „*Welche?*")

◆**wel·ch-**[2] *Relativpronomen*; verwendet in Relativsätzen, um eine bereits erwähnte Person / Sache zu bezeichnen ≈ der, die, das[2]: *Erfindungen, welche* (= die) *unser Leben verändern*

◆**wel·ch-**[3] *Indefinitpronomen* **1** wie ein Substantiv verwendet, um eine unbestimmte Zahl oder Menge von Personen / Sachen zu bezeichnen: *Ich habe kein Geld mehr. Hast du welches?* **2** wie ein Adjektiv verwendet in Nebensätzen, um eine Person / Sache zu bezeichnen, die nicht näher genannt wird ≈ was für ein(e *usw*): *Es ist egal, welches Material man nimmt*

W

welk *Adj*; nicht mehr frisch ≈ schlaff ⟨Blumen, Blätter, Gemüse, Laub⟩

Wel·le *die*; -, *-n* **1** *meist Pl*; der Teil des Wassers, der sich bei Wind oder Sturm auf und ab bewegt ⟨stürmische, hohe Wellen⟩ **2** eine leicht gebogene Form der Haare, der Frisur **3** *meist Pl*; *Phys*; die Schwingungen, *z.B.* bei Licht, Schall || -K: ***Kurz-***; ***Schall-*** **4** ***eine Welle*** + *Gen* / ***von*** *Subst* ein Gefühl oder Verhalten, das viele Menschen plötzlich haben ⟨eine Welle der Begeisterung⟩ || ID ***etwas schlägt hohe Wellen*** etwas erregt großes Aufsehen

◆**Welt** *die*; -, *-en* **1** *nur Sg*; die Erde oder ein bestimmter Teil der Erde ⟨die Welt kennen lernen; um die Welt reisen⟩ || K-: ***Welt-, -politik*** **2** *nur Sg*; das Leben, die Verhältnisse ⟨die Welt verändern⟩ **3** *nur Sg*; ein besonderer Lebensbereich, ein Interessengebiet ⟨die Welt des Kindes, der Mode⟩ **4** *nur Sg*; die Menschen: *Diese Nachricht hat die Welt erschüttert* **5** *nur Sg* ≈ Universum, Kosmos **6** ***die Dritte Welt*** die armen Länder der Erde || ID ***auf die / zur Welt kommen*** geboren werden; ***etwas aus der Welt schaffen*** etwas beseitigen; ***j-d lebt in einer anderen Welt*** j-d steht nicht auf dem Boden der Realität

Welt·all *das*; der Weltraum mit allen Himmelskörpern ≈ Kosmos

Welt·krieg *der*; ein Krieg, an dem viele Staaten beteiligt sind: *der Erste Weltkrieg* (*1914-18*); *der Zweite Weltkrieg* (*1939-45*)

Welt·raum *der*; *nur Sg*; der unendliche Raum außerhalb der Erdatmosphäre

wem ↑ ***wer***

wen ↑ ***wer***

Wen·de *die*; -, *-n* **1** *nur Sg*; eine entscheidende Änderung ⟨eine Wende in der Entwicklung; eine Wende tritt ein⟩ **2** ***die Wende*** die großen Änderungen in den kommunistischen Ländern (ab ca. 1990), *bes* in der früheren DDR **3** der Übergang zwischen zwei Zeitabschnitten: *um die Wende des 20. Jahrhunderts* || -K: ***Jahres-, Jahrhundert-***

wen·den; *wendete / wandte, hat gewendet / gewandt* **1** (*wendete*) ***etwas wenden*** die Rückseite oder hintere Seite von etwas nach vorne oder oben drehen ⟨ein Blatt Papier, einen Braten wenden⟩ **2** (*wendete*) ***etwas wendet*** ein Fahrzeug kehrt um und bewegt sich in die entgegengesetzte

Richtung **3** (*wendete / wandte*) **etwas wendet sich** etwas wird ganz anders als vorher ⟨das Glück, das Schicksal⟩ **4** (*wendete / wandte*) **sich an j-n wenden** j-n um Rat und Hilfe bitten: *Sie können sich immer an mich wenden* **5** (*wendete / wandte*) **sich irgendwohin wenden** sich in eine bestimmte Richtung drehen oder irgendwohin gehen: *sich nach rechts wenden* **6 bitte wenden** bitte auf der hinteren Seite des Blattes weiterlesen; *Abk* b.w.

Wen·dung *die*; -, *-en* **1** eine Änderung der Richtung, eine Drehung ⟨eine Wendung nach links, rechts, um 180°⟩ **2** ≈ Redewendung

◆**we·nig**[1] *Indefinitpronomen* **1** (*vor einem Subst*) nur in geringem Maß oder in geringer Menge vorhanden ≈ nicht viel: *wenig Interesse, Verständnis haben*; *Es besteht wenig Hoffnung, dass sie es schafft*; *Er hat nur noch wenig Chancen* (= kaum Chancen) *auf den Titel*; *Er hat nur noch wenige Chancen* (= ein paar Chancen) || Hinweis: vor einem Substantiv im Singular wird *wenig* nicht dekliniert **2** (*wie ein Subst verwendet*) in geringer Zahl oder Menge: *Sie verdient wenig*; *Er hat viele Freunde, aber nur wenige waren bei seiner Party* **3 ein wenig** ≈ ein bisschen

◆**we·nig**[2] *Adv* ≈ nicht sehr, nicht besonders: *Das hat ihn wenig interessiert*

◆**we·nigs·tens** *Adv*; so, dass man etwas als das Minimum sieht: *Wir wollen wenigstens drei Wochen verreisen*

◆**wenn** *Konjunktion* **1** unter der Voraussetzung / Bedingung, dass ...: *Wenn ich Zeit habe, rufe ich dich an*; *Wenn ich Zeit hätte, würde ich dich anrufen* **2** für den Fall, dass ... ≈ falls: *Wenn sie anrufen sollte, sagst du, dass ich nicht da bin* **3** zu einem Zeitpunkt in der Zukunft: *Ich schreibe Ihnen, wenn ich in Hamburg angekommen bin* **4** immer zu dem genannten Zeitpunkt: *Wenn ich in Paris bin, gehe ich in den Louvre* **5 wenn ... auch** ≈ obwohl: *Wenn der Urlaub auch kurz war, so habe ich mich doch gut erholt* **6 wenn ... bloß / doch / nur** verwendet, um einen Wunsch einzuleiten: *Wenn sie doch endlich käme!*

◆**wer**[1]; *Akk* **wen**, *Dat* **wem**, *Gen* **wessen**; *Interrogativpronomen*; (*in direkten oder indirekten Fragesätzen*) verwendet, um nach einer Person oder mehreren Personen zu fragen: *Wer mag noch ein Stück Kuchen?*; *Wen möchten Sie sprechen?*; *Wem soll ich das Buch geben?*; *Wessen Brille ist das?*; *Ich weiß nicht, wer das getan hat*

◆**wer**[2]; *Akk* **wen**, *Dat* **wem**, *Gen* **wessen** *Relativpronomen* ≈ derjenige, der / diejenige, die *usw*: *Wer so erkältet ist, sollte zu Hause bleiben* || Hinweis: nur am Anfang des Satzes

◆**wer**[3]; *Akk* **wen**, *Dat* **wem**, *Gen* **wessen**; *Indefinitpronomen*; *gespr* ≈ jemand: *Da ist wer für dich* || ID **j-d 'ist wer** *gespr*; j-d hat Erfolg und ist bekannt

wer·ben; *wirbt, warb, hat geworben* **1 j-n** (**für j-n / etwas**) **werben** versuchen, j-n zu finden, der ein Produkt kauft, eine Idee unterstützt ⟨neue Abonnenten werben⟩ **2** (**für etwas**) **werben** ein Produkt, ein Vorhaben, eine Idee *o.Ä.* so darstellen, dass sich andere dafür interessieren: *für eine Zigarettenmarke werben* **3 um etwas werben** sich bemühen, etwas zu gewinnen ⟨um Freundschaft werben⟩

◆**Wer·bung** *die*; -, *-en* **1** eine Maßnahme (Plakate, kurze Sendungen im Fernsehen), mit der man Leute für ein Produkt interessiert ⟨Werbung für j-n / etwas machen⟩ **2** das Werben (1): *die Werbung neuer Mitglieder*

◆**wer·den**[1]; *wird, wurde, ist geworden* **1** *Adj* + **werden** die genannte Eigenschaft bekommen: *alt, reich werden* **2 etwas** (*Nom*) **werden** den genannten Beruf erlernen oder aufnehmen: *Sie wird Lehrerin* **3 etwas** (*Nom*) **werden** in das genannte verwandtschaftliche Verhältnis kommen ⟨j-s Frau / Mann werden; Mutter werden⟩ **4** *Zahl* + **werden** das genannte Alter erreichen: *Ich werde 40* **5 etwas wird etwas** (*Nom*) etwas entwickelt sich zu etwas: *ein Plan wird Wirklichkeit* **6 j-d wird zu etwas** j-d erreicht die genannte Position: *Er wurde zu einem der reichsten Männer der Welt* **7 etwas wird** (**et**)**was / nichts** *gespr*; etwas gelingt / gelingt nicht: *Sind die Fotos was geworden?* **8 Es wird** + *Subst / Adj* verwendet, um das Eintreten eines bestimmten Zustands zu bezeichnen: *Es wird Tag / dunkel* **9 j-m wird** (**es**) + *Adj* j-d beginnt ein bestimmtes Gefühl zu empfinden: *j-m wird* (*es*) *schlecht / übel* || ID *meist* **Das wird schon wieder** *gespr*; verwendet, um j-n zu trösten oder zu beruhigen; *meist* **Daraus wird nichts** *gespr*; das wird nicht gemacht; *meist* **Was nicht ist, kann noch werden** man soll die Hoffnung nicht aufgeben

◆**wer·den**[2]; *wird, wurde, ist worden*; *Hilfsverb* **1 werden** + *Infinitiv* verwendet zur Bildung des Futurs: *Er wird dir helfen*; *Morgen werde ich die Arbeit beendet haben* **2 werden** (+ *Partizip Perfekt*) + **haben / sein** verwendet, um eine Vermutung auszudrücken: *Sie wird es wohl* *vergessen haben* **3 werden** (+ *Partizip Perfekt*) + ***haben* / *sein*** verwendet, um einen Wunsch auszudrücken: *Ihm wird doch nichts passiert sein* **4 *würde*(*n*** *usw*) + *Infinitiv* verwendet zur Bildung des Konjunktivs II: *Ich würde gern kommen, wenn ich Zeit hätte* **5 werden** + *Partizip Perfekt* verwendet zur Bildung des Passivs: *Wir werden beobachtet* **6 werden** + *Partizip Perfekt* verwendet, um eine Aufforderung auszudrücken: *Jetzt wird nicht mehr geredet!*

◆**wẹr·fen**; *wirft, warf, hat geworfen*; ***(etwas) (irgendwohin) werfen*** etwas mit einer starken Bewegung des Arms aus der Hand fliegen lassen: *Er warf den Diskus 60 Meter* (*weit*) || ↑ *Illustration* ***Verben der Bewegung***

Wẹrft *die*; -, *-en*; eine Anlage, in der Schiffe gebaut und repariert werden

◆**Wẹrk**[1] *das*; *-(e)s, -e* **1** eine große Leistung, *meist* in der Kunst, Wissenschaft: *ein Werk der Weltliteratur*; *die Werke Michelangelos* || -K: ***Meister-, Kunst-*** **2** *nur Sg*; alle Werke, die von einem Künstler geschaffen wurden: *das Werk Picassos* **3** *nur Sg*; etwas, das j-d getan oder verursacht hat: *Der Aufbau dieser Organisation war sein Werk* || ID ***ein gutes Werk tun*** einem anderen helfen; ***sich ans Werk machen*** mit der Arbeit beginnen

◆**Wẹrk**[2] *das*; *-(e)s, -e*; eine *meist* relativ große Fabrik mit technischen Anlagen || -K: ***Stahl-***

◆**Wẹrk·statt** *die*; -, *Werk·stät·ten*; *meist Sg*; der Arbeitsraum *meist* eines Handwerkers || -K: ***Auto-, Schneider-***

Wẹrk·tag *der*; ein Tag, an dem die Leute arbeiten (von Montag bis Samstag)

◆**Wẹrk·zeug** *das*; *-s, -e* **1** ein Gegenstand (*z.B.* ein Hammer, eine Zange), den man benutzt, um eine Arbeit leichter oder überhaupt machen zu können **2** *nur Sg*; alle Werkzeuge für eine bestimmte Tätigkeit || K-: ***Werkzeug-, -kasten***

◆**Wert** *der*; *-(e)s, -e* **1** *nur Sg*; der Preis, den etwas kostet oder kosten würde ⟨etwas fällt, steigt im Wert⟩: *Juwelen im Wert von 3000 Euro* || K-: ***Wert-, -papiere*** **2** die Nützlichkeit und Qualität von etwas ⟨der geistige, praktische Wert von etwas⟩ **3** das Ergebnis einer Messung, in Zahlen

Werkzeug

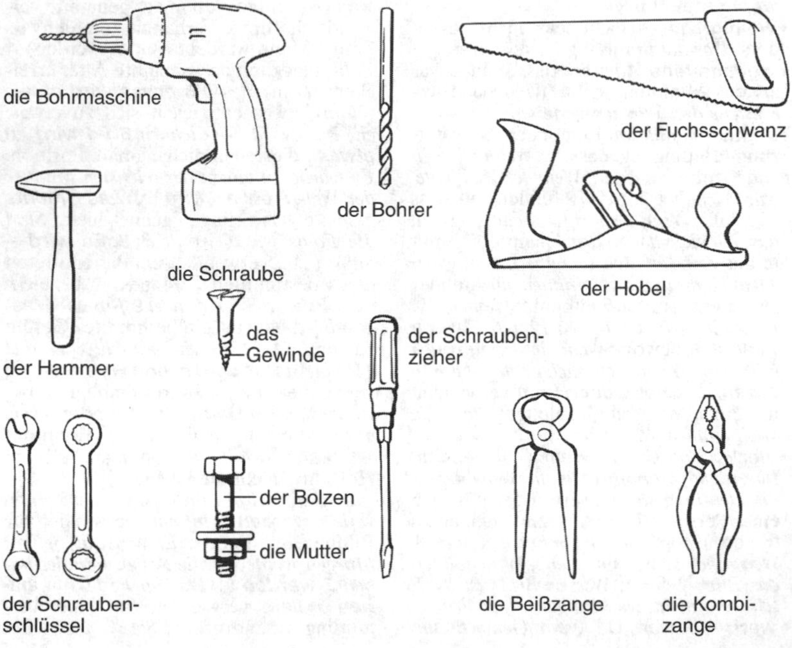

W

ausgedrückt: *Die Temperatur erreicht morgen Werte um 30°C* || ID **(großen / viel) Wert auf etwas** (*Akk*) **legen** etwas für (sehr) wichtig halten; *meist* **Das hat (doch) keinen Wert** das nützt nichts

◆**wert** *Adj*; *nicht adv* **1 etwas ist etwas wert** etwas hat einen bestimmten finanziellen Wert (1) ⟨etwas ist viel, nichts wert⟩: *Mein altes Auto ist noch 500 Euro wert* **2 etwas ist etwas** (*Gen*) / **(j-m) etwas** (*Akk*) **wert** etwas ist so gut, dass es den Preis oder die Mühe lohnt: *Berlin ist immer eine Reise wert* **3 etwas ist (j-m) viel / wenig wert** etwas ist für j-n wichtig / nicht wichtig || *hierzu* **wer·ten** (*hat*)

wert·los *Adj*; *nicht adv*; **wertlos (für j-n)** so, dass es keinen finanziellen Wert oder keinen Nutzen hat || *hierzu* **Wert·lo·sig·keit** *die*

wert·voll *Adj* **1** von großem (finanziellem oder anderem) Wert (1,2) ⟨Schmuck⟩ **2** sehr nützlich ⟨ein Hinweis, ein Rat⟩

We·sen *das*; *-s, -*; **1** die Art, der Charakter eines Menschen ⟨ein fröhliches Wesen haben⟩ **2** etwas, das lebt || -K: **Lebe-**

◆**we·sent·lich** *Adj* **1** sehr wichtig ⟨ein Merkmal, ein Unterschied⟩ **2** *nur adv*; sehr viel ⟨wesentlich zu etwas beitragen⟩ || ID **im Wesentlichen** in der Hauptsache, im Grunde

◆**wes·halb**[1] *Adv* ≈ warum (1)

◆**wes·halb**[2] *Konjunktion*; verwendet, um einen Nebensatz einzuleiten, der die Folge aus der Aussage des Hauptsatzes angibt: *Es hatte viel geschneit, weshalb Lawinengefahr bestand*

wes·sen ↑ **wer**

◆**West** *ohne Artikel*; *indeklinabel*; *Präp* + **West** ≈ *Präp* + Westen (1): *Der Wind kommt aus West*; *von West nach Ost* || K-: **West-, -europa**

West·deutsch·land (*das*) **1** das (geographisch) westliche Deutschland **2** verwendet als nicht offizielle Bezeichnung für das Gebiet der Bundesrepublik Deutschland vor 1990 || *hierzu* **west·deutsch** *Adj*

◆**Wes·ten** *der*; *-s*; *nur Sg* **1** die Himmelsrichtung des Sonnenuntergangs ↔ Osten ⟨im, aus, von, nach Westen⟩ **2** der westliche Teil eines Gebietes: *im Westen der Stadt* **3** *Pol*; die USA und viele Länder Europas (als politische Verbündete) **4** das christlich geprägte Europa

west·lich[1] *Adj* **1** *nur attr, nicht adv*; in die Richtung nach Westen ⟨ein Kurs; in westliche Richtung fahren⟩ **2** *nur attr, nicht adv*; von Westen nach Osten ⟨ein Wind; aus westlicher Richtung⟩ **3** *nur attr oder adv*; im Westen (1, 2) **4** *meist attr, nicht adv*; zum Westen (3) gehörig

west·lich[2] *Präp*; **etwas ist westlich etwas** (*Gen*) etwas liegt weiter im Westen als etwas: *westlich des Rheins* || Hinweis: folgt ein Wort ohne Artikel, verwendet man *westlich von*: *westlich von Deutschland*

Wett·be·werb *der*; *-s, -e* **1** eine Veranstaltung, bei der Teilnehmer ihre Leistungen auf einem Gebiet untereinander vergleichen ⟨einen / in einem Wettbewerb gewinnen⟩ || K-: **Wettbewerbs-, -bedingungen** || -K: **Architektur-, Foto- 2** *nur Sg* ≈ Konkurrenz || *zu* **1 Wett·be·wer·ber** *der*; **Wett·be·wer·be·rin** *die*; *-, -nen*

Wet·te *die*; *-, -n* **1 eine Wette (um etwas)** eine Vereinbarung zwischen zwei oder mehr Personen, dass derjenige, dessen Behauptung nicht richtig ist, etwas zahlen oder leisten muss ⟨(mit j-m) eine Wette abschließen, eingehen; eine Wette gewinnen⟩: *eine Wette um 20 Euro* **2** ein Tipp, mit dem man den Sieger eines Wettbewerbs voraussagt (*meist* um Geld zu gewinnen) ⟨eine Wette abschließen⟩ **3** *meist* **um die Wette** ⟨fahren, laufen *usw*⟩ in einem Wettbewerb feststellen, wer besser ist || K-: **Wett-, -rennen, -streit**

wet·ten; *wettete, hat gewettet* **1 (mit j-m) (etwas) wetten** eine Wette (1) machen, den Einsatz für eine Wette (1) angeben: *Was wettest du?*; *Ich wette mit dir 10 Euro, dass Inter Mailand gewinnt* **2 wetten, (dass) ...** sagen, dass man sich einer Sache ganz sicher ist: *Ich wette, dass sie nicht kommt / Ich wette, sie kommt nicht* **3 auf etwas** (*Akk*) **wetten** bei einem Wettrennen einen Tipp abgeben ⟨auf ein Pferd wetten⟩ **4 (mit j-m) (um etwas) wetten** ≈ wetten (1)

◆**Wet·ter** *das*; *-s*; *nur Sg*; der Zustand der Atmosphäre in Bezug auf Sonne, Regen, Wind, Temperatur ⟨regnerisches, schönes Wetter⟩ || K-: **Wetter-, -aussichten, -bedingungen** || -K: **Frühlings-, Regen-**

◆**Wet·ter·be·richt** *der*; ein Bericht über das Wetter, mit einer Vorhersage

Wett·kampf *der*; ein (*meist* sportlicher) Kampf um die beste Leistung || K-: **Wettkampf-, -sport** || *hierzu* **Wett·kämp·fer** *der*; **Wett·kämp·fe·rin** *die*; *-, -nen*

Wett·lauf *der*; ein Wettbewerb, bei dem festgestellt wird, wer der schnellste Läufer ist || *hierzu* **Wett·läu·fer** *der*; **Wett·läu·fe·rin** *die*; *-, -nen*

wet·zen; *wetzte, hat gewetzt*; **etwas wetzen** Messer, Scheren *o.Ä.* an einem harten Gegenstand reiben, damit sie scharf werden

Wich·se [-ks-] *die*; -, *-n*; *meist Sg* ≈ Schuhcreme || *hierzu* **wich·sen** (*hat*)

◆**wich·tig** *Adj* **1** mit großem Einfluss und Macht ⟨eine Persönlichkeit⟩ **2** ***etwas ist wichtig*** (***für j-n / etwas***) etwas ist in einer Situation notwendig und hat Folgen ⟨ein Beschluss, eine Handlung⟩: *Diese Entscheidung war wichtig für die Zukunft*; *Es ist wichtig*, dass *wir uns einigen* || ID (***das ist***) ***nur halb so wichtig*** *gespr*; das ist von geringer Bedeutung; ***etwas wichtig nehmen*** etwas für entscheidend halten || *hierzu* **Wich·tig·keit** *die*

wi·ckeln; *wickelte, hat gewickelt* **1** ***etwas*** (***um etwas***) ***wickeln*** eine Schnur, einen Faden durch Drehen um etwas herumrollen ⟨eine Schnur auf eine Rolle wickeln⟩ **2** ***etwas wickeln*** einen Verband um einen verletzten Körperteil legen **3** ***ein Kind wickeln*** einem Baby eine saubere Windel anlegen || K-: ***Wickel-, -tisch*** **4** ***etwas in etwas*** (*Akk*) ***wickeln*** einen Gegenstand mit Papier *o.Ä.* einhüllen **5** ***j-n in etwas*** (*Akk*) ***wickeln*** j-n mit einer Decke wärmen, schützen

Wid·der *der*; *-s*, -; **1** ein männliches Schaf ≈ Schafbock **2** *nur Sg*; das Sternzeichen für die Zeit vom 21. März bis 20. April

wi·der *Präp*; *mit Akk*; *meist geschr*; gegen, im Gegensatz zu ⟨wider Erwarten; wider die Regeln⟩ || K-: ***wider-, -willig***

wi·der- *im Verb*; *unbetont und nicht trennbar*; bezeichnet eine Handlung, die sich gegen eine andere richtet; ***etwas widerlegen*** zeigen, dass etwas nicht stimmt (zutrifft); ***sich j-m widersetzen*** nicht tun, was verlangt wird, sich dagegen wehren; ***etwas*** (*Dat*) ***widerstehen*** sich gegen einen Druck stellen, ihn aushalten

wi·der·lich *Adj* **1** sehr unsympathisch ⟨ein Mensch, ein Benehmen⟩ **2** Ekel erregend ⟨ein Anblick, ein Gestank⟩ || *hierzu* **Wi·der·lich·keit** *die*

◆**wi·der·spre·chen**; *widerspricht, widersprach, hat widersprochen* **1** (***j-m / etwas***) ***widersprechen*** j-s Meinung für nicht richtig halten und eine andere vertreten ⟨einer Behauptung widersprechen⟩: *Ich muss Ihnen leider widersprechen* **2** ***etwas widerspricht etwas*** (*Dat*) etwas ist anders als die Tatsachen: *Seine Aussage widerspricht den Tatsachen* **3** ***sich*** (*Dat*) ***widersprechen*** etwas sagen, das anders ist als eine frühere Aussage: *Du widersprichst dir ständig!*

W

Wi·der·spruch *der* **1** *nur Sg*; das Aussprechen einer ganz anderen Meinung ⟨keinen Widerspruch dulden⟩ **2** ≈ Gegensatz ⟨etwas befindet sich im Widerspruch zu etwas⟩ || K-: ***widerspruchs-, -voll***

Wi·der·stand *der*; *nur Sg* **1** ***Widerstand gegen j-n / etwas*** Handlungen, mit denen man sich gegen j-n / etwas wehrt ⟨verzweifelter Widerstand; (j-m) Widerstand leisten⟩ **2** *Phys*; eine Kraft, die einer Bewegung entgegenwirkt: *an der Kurbel drehen, bis man einen Widerstand spürt* || -K: ***Reibungs-*** **3** *Phys*; die Eigenschaft eines Materials, das Fließen des elektrischen Stroms zu hemmen

wid·men; *widmete, hat gewidmet* **1** ***j-m etwas widmen*** j-n mit einem Kunstwerk, einer wissenschaftlichen Arbeit ehren: *Beethoven widmete dem Kaiser Napoleon seine 3. Symphonie* **2** ***j-m / etwas etwas widmen*** sehr viel für j-n / etwas arbeiten ⟨sein Leben der Politik widmen⟩ **3** ***sich j-m / etwas widmen*** sehr viel Zeit und Kraft für j-n / etwas verwenden ⟨sich ganz den Kindern widmen⟩

Wid·mung *die*; -, *-en* **1** ***die Widmung*** + *Gen* ***an j-n*** das Widmen (1) von etwas an j-n **2** ***eine Widmung*** (***an j-n***) persönliche Worte, die man *meist* in ein Buch schreibt, das man j-m schenkt

◆**wie**[1] *Adv* **1** (*in direkten und indirekten Fragen*) verwendet, um nach der Art und Weise, nach den Mitteln, nach Eigenschaften oder Umständen zu fragen: *Wie hat sie reagiert?*; *Wie hast du das gemacht?*; *Ich weiß nicht, wie das passieren konnte*; *Wie war das Wetter?*; *Wie ist er als Chef?*; *Willst du wissen, wie es im Urlaub war?* **2** ***wie*** + *Adj / Adv* (*in direkten und indirekten Fragen*) verwendet, um zu fragen, in welchem Maß eine Eigenschaft vorhanden ist: *Wie alt bist du?*; *Wie schnell sind Sie gefahren?* **3** ***wie viel***(***e***) (*in direkten und indirekten Fragen*) verwendet, um nach einer Menge oder Zahl zu fragen: *Wie viele Leute kommen zu deiner Party?*; *Wie viel ist 39 geteilt durch 13?*; *„Wie viel wiegst du?"* **4** ***wie viel*** + *Adj im Komparativ* (*in direkten und indirekten Fragen*) verwendet, um nach dem Grad eines Unterschieds zu fragen: *Wie viel älter als dein Bruder bist du?* **5** ***..., wie?*** *gespr*; verwendet am Ende einer Satzes, um die Aussage (*meist* verärgert) zu verstärken: *Du glaubst wohl, du kannst alles, wie?* **6** ***Wie bitte?*** *gespr*; verwendet, um j-n zu bitten, etwas noch einmal zu sagen **7** ***wie*** + *Adj / Adv gespr*; verwendet, um ein Adjektiv oder Adverb zu intensivieren ⟨wie dumm!, wie schrecklich!⟩

◆**wie**[2] *Konjunktion* **1** verwendet, um einen

Vergleich einzuleiten: *Er ist stark wie ein Bär*; *Sie ist so alt wie ich*; *Sie arbeitet nicht so gut wie du* **2** verwendet, um einen Nebensatz einzuleiten, der einen Vergleich ausdrückt: *Sie kann fast so schnell tippen, wie ich reden kann* **3** *gespr*; verwendet in der Konstruktion des Komparativs ≈ als: *Peter ist größer wie Hans* **4** *meist* ***so ..., wie ...*** verwendet, um einen Nebensatz anzuschließen: *Alles verläuft so, wie es geplant war*; *Alles verläuft wie geplant* **5** verwendet, um Beispiele, Aufzählungen einzuleiten: *Manche Tiere, wie (z.B.) Bären oder Hamster, halten einen Winterschlaf* **6** ≈ und auch: *Sie war als Politikerin wie als Künstlerin sehr erfolgreich* **7** ***wie wenn*** ≈ als ob || ID ***Wie du mir, so ich dir*** ich behandle dich so, wie du mich behandelst

◆ **wie·der** *Adv* **1** nicht zum ersten Mal, sondern von neuem ⟨schon wieder; wieder einmal⟩: *Wann gehen wir wieder schwimmen?*; *Die neue CD ist wieder ein Erfolg* **2** so, dass ein früherer Zustand hergestellt wird: *die Gefangenen wieder freilassen*; *Es geht dir sicher bald wieder besser* **3** *gespr*; verwendet, um eine Aussage zu verstärken: *Das ist wieder typisch!*

wie·der- *im Verb*; *trennbar*; drückt aus, dass etwas noch einmal geschieht oder dass j-m etwas zurückgegeben wird; ***etwas wiederaufbauen*** etwas noch einmal aufbauen, nachdem es zerstört war; ***wiederkehren*** noch einmal (zurück-) kommen; ***etwas wiederkriegen*** etwas bekommen, das man schon einmal gehabt hat

◆ **wie·der·ge·ben** (*hat*) ***j-m etwas wiedergeben*** etwas, das man von einem anderen hat, diesem wieder geben **2** ***etwas wiedergeben*** über etwas berichten, was man erlebt, gelesen, gehört hat: *Er gab den Inhalt des Vortrags sinngemäß wieder* **3** ***etwas*** (***mit etwas***) ***wiedergeben*** etwas (mit etwas) ausdrücken oder übersetzen: *Wie gibt man diese englische Redewendung im Deutschen wieder?* || *zu* **2** und **3** **Wie·der·ga·be** *die*

◆ **wie·der·ho·len**; *wiederholte, hat wiederholt* **1** ***etwas wiederholen*** etwas noch einmal machen, sagen *o.Ä.* ⟨ein Experiment, eine Prüfung wiederholen⟩ **2** ***etwas wiederholen*** etwas, das man lernen muss, immer wieder lesen und durchdenken ⟨Vokabeln wiederholen⟩ **3** ***etwas wiederholt sich*** etwas ereignet sich noch einmal: *Diese Zustände dürfen sich nicht wiederholen* || *hierzu* **Wie·der·ho·lung** *die*

◆ **Wie·der·hö·ren** *das*; *meist* ***Auf Wiederhören!*** verwendet, um sich am Telefon von j-m (den man *meist* nicht gut kennt) zu verabschieden

◆ **wie·der·kom·men** (*ist*) **1** zurückkommen ⟨von einem Ausflug wiederkommen⟩ **2** noch einmal kommen: *Kommen Sie bitte morgen wieder!*

◆ **Wie·der·se·hen** *das*; *-s*; *nur Sg* **1** das Zusammentreffen mit j-m, den man längere Zeit nicht gesehen hat || K-: ***Wiedersehens-, -freude*** **2** ***Auf Wiedersehen!*** verwendet als Gruß beim Abschied

Wie·der·ver·ei·ni·gung *die*; *nur Sg*; die erneute Vereinigung eines Staates, einer Organisation (nach einer Trennung): *die Wiedervereinigung Deutschlands*

◆ **wie·gen**[1]; *wog, hat gewogen* **1** ***j-n / etwas wiegen*** (mit einer Waage) das Gewicht von j-m / einem Gegenstand feststellen: *ein Paket wiegen* **2** ***j-d / etwas wiegt*** + *Gewichtsangabe* j-d / etwas hat das genannte Gewicht: *Er wiegt 80 kg*

◆ **wie·gen**[2]; *wiegte, hat gewiegt*; ***j-n wiegen*** j-n sanft hin und her bewegen ⟨ein Kind in den Armen wiegen⟩

◆ **Wie·se** *die*; -, *-n*; eine relativ große Fläche mit Gras und anderen niedrigen Pflanzen

◆ **wie·so** *Adv* ≈ warum?: *Wieso muss ich das machen?*

wie·vielt *nur in* ***zu wievielt?*** zu wie vielen Personen?: *Zu wievielt wart ihr?*

wie·viel·t- *Adj*; *nur attr, nicht adv*; (*in direkten Fragen*) **1** verwendet, um nach einer Zahl zu fragen: *Die wievielte Zigarette ist das heute schon?* **2** ***Den Wievielten haben wir heute?*** welches Datum ist heute?

wild, *wilder, wildest-*; *Adj* **1** nicht von Menschen gepflanzt ⟨Pflanzen⟩ **2** ***ein wildes Tier*** ein *meist* großes, gefährliches Tier, das in der freien Natur lebt (*z.B.* ein Löwe) **3** ⟨ein Sturm; Schreie⟩ sehr laut, intensiv und heftig **4** ≈ schnell ⟨eine Flucht, eine Verfolgung⟩ **5** ≈ wütend ⟨wild werden⟩ **6** ⟨ein Wald, ein Gebirge⟩ noch im ursprünglichen Zustand **7** *meist attr*; ⟨Haare⟩ ungepflegt **8** *nur attr, nicht adv*; ⟨eine Müllkippe; Parken⟩ nicht erlaubt **9** ***ein wilder Streik*** ein Streik, der nicht von der Gewerkschaft organisiert wurde || ID ***wild auf etwas*** (*Akk*) ***sein*** etwas unbedingt haben wollen; ***wie wild*** sehr heftig: *Sie schrien wie wild*; ***etwas ist nicht so wild*** *gespr*; etwas ist nicht so schlimm || *zu* **3-6** **Wild·heit** *die*

Wild *das*; *-(e)s*; *nur Sg* **1** frei lebende Tiere, die gejagt werden, *z.B.* Rehe **2** Fleisch von Wild (1)

Wild·nis *die*; -, *-se*; *meist Sg*; ein Gebiet,

W

das nicht bewohnt ist und von Menschen nicht verändert worden ist

wịll ↑ ***wollen***

Wịl·le *der*; *-ns*; *nur Sg* **1** die Fähigkeit des Menschen, sich für oder gegen etwas zu entscheiden ⟨einen schwachen, starken, Willen haben⟩ ‖ K-: ***Willens-, -stärke*** **2** eine feste Absicht ⟨den Willen haben, etwas zu tun⟩ **3** ***der gute Wille*** die Bereitschaft, j-m zu helfen **4** ***der letzte Wille*** das Testament ‖ Hinweis: *der Wille*; *den, dem Willen, des Willens*

wịl·lig *Adj*; *auch pej*; (immer) bereit, das zu tun, was andere erwarten

◆**Wịll·kom·men** *das*; *-s*; *nur Sg*; *geschr*; eine freundliche Begrüßung ‖ K-: ***Willkommens-, -gruß***

Wịm·per *die*; *-*, *-n*; eines der kurzen, leicht gebogenen Haare am vorderen Rand des Augenlids ‖ ↑ *Abbildung unter* **Auge** ‖ ID ***ohne mit der Wimper zu zucken*** ohne Gefühle zu zeigen, kaltblütig

◆**Wịnd** *der*; *-(e)s*, *-e*; die Bewegung oder Strömung der Luft im Freien ⟨ein schwacher, stürmischer Wind; der Wind legt sich; Wind von Osten⟩ ‖ K-: ***Wind-, -richtung, -stille***; ***wind-, -geschützt*** ‖ ID ***bei Wind und Wetter*** bei jedem, auch bei schlechtem Wetter; ***j-d bekommt Wind von etwas*** j-d erfährt etwas, das er nicht wissen sollte; *meist* ***Ich weiß schon, woher der Wind weht*** ich weiß über etwas Bescheid; ⟨*meist* einen guten Rat, eine Warnung⟩ ***in den Wind schlagen*** einen Rat, eine Warnung nicht beachten

Wịn·del *die*; *-*, *-n*; *meist Pl*; eine Art dickes, weiches Papier, das den Kot und Urin eines Babys aufnimmt ⟨die Windel(n) wechseln⟩

wịn·den; *wand, hat gewunden* **1** ***sich winden*** sich kriechend bewegen ⟨eine Schlange, ein Wurm⟩ **2** ***etwas windet sich*** (***irgendwohin***) etwas hat viele kleine Kurven ⟨ein Weg, ein Pfad⟩ **3** ***sich*** (***vor etwas*** (*Dat*)) ***winden*** den Körper in einer unnatürlichen, verkrampften Haltung haben ⟨sich vor Schmerzen winden⟩

Win·kel ['vɪŋkl̩] *der*; *-s*, *-*; **1** das Verhältnis, das zwei Linien oder Flächen bilden, wenn sie einander treffen oder einander schneiden ⟨ein Winkel von 45°⟩: *Die Winkel im Dreieck ergeben zusammen 180°* **2** ***ein spitzer Winkel*** ein Winkel (1) von weniger als 90° **3** ***ein rechter Winkel*** ein Winkel (1) von 90° **4** ***ein stumpfer Winkel*** ein Winkel (1) von mehr als 90° **5** ein dreieckiges Instrument für geometrische Zeichnungen **6** ein Platz oder Ort, der *meist* ruhig und einsam ist

Winkel

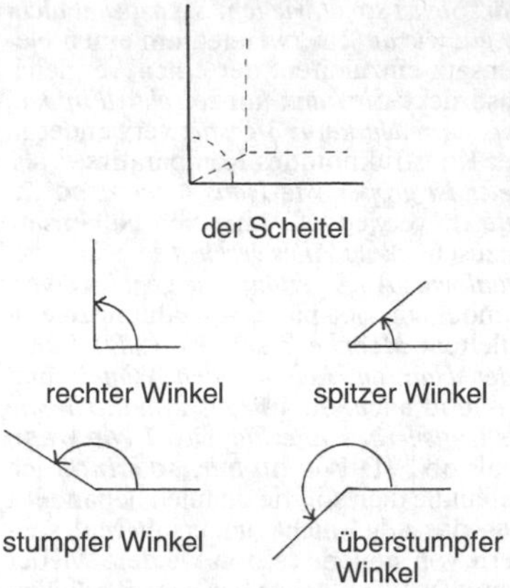

Wịn·kel·mes·ser *der*; eine Art Scheibe mit einer Skala (1), mit der man Winkel (1) messen kann

Winkelmesser

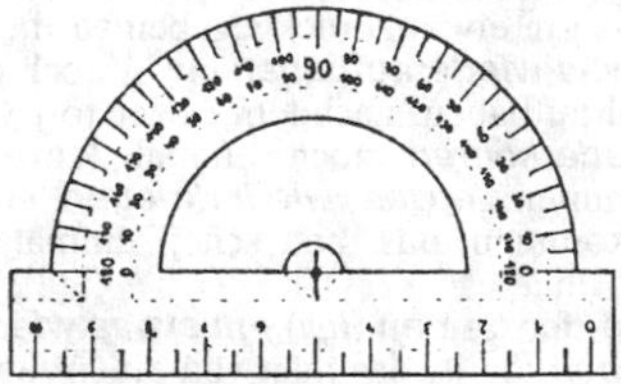

◆**win·ken** ['vɪŋkn̩]; *winkte, hat gewinkt / gespr auch gewunken* **1** (***j-m***) (***mit etwas***) ***winken*** mit der erhobenen Hand oder mit einem Tuch eine Bewegung machen, die *meist* einen Gruß ausdrückt ⟨j-m zum Abschied winken⟩ **2** ***j-m winken*** j-n durch eine Bewegung der Hand auffordern zu kommen ⟨dem Kellner, einem Taxi winken⟩ **3** ***etwas winkt j-m*** etwas steht als mögliche Belohnung für j-n in Aussicht: *Dem Sieger winkt ein hoher Gewinn* ‖ *hierzu* **Wịnk** *der*

Wịn·ter *der*; *-s*, *-*; die Jahreszeit, in der es am kältesten und am längsten dunkel ist (von Ende Dezember bis Ende März auf dem nördlichen Teil der Erde): *Wir fahren jeden Winter zum Skilaufen* ‖ K-: ***Winter-, -abend, -zeit***

wịn·ter·lich *Adj* **1** typisch für den Winter ⟨Temperaturen⟩ **2** für den Winter gemacht ⟨Kleidung⟩

Wịn·ter·schlaf *der*; ein schlafähnlicher Zustand mancher Tiere während des Winters

Wịn·ter|schluss·ver·kauf *der*; der Verkauf von Waren, die für den Winter gemacht sind, zu reduzierten Preisen (*meist* Ende Januar)

Wịn·zer *der*; *-s*, *-*; j-d, der Weinreben anbaut und dann Wein herstellt

wịn·zig *Adj* **1** sehr klein **2** sehr gering, ohne Bedeutung ⟨ein Unterschied⟩ || *hierzu* **Wịn·zig·keit** *die*

◆**wi̲r** *Personalpronomen der 1. Person Pl* **1** verwendet, wenn man von zwei oder mehr Personen spricht, zu denen man selbst gehört: *Wir gehen heute Abend ins Kino* **2** verwendet von einem Redner oder Autor, um nicht in der 1. Person Singular zu sprechen: *Auf dieses Problem gehen wir noch näher ein* **3** manchmal verwendet, wenn ein Arzt einen Patienten anspricht: *Wie geht es uns?* || ↑ *Anhang 4*: ***Personalpronomen***

Wịr·bel *der*; *-s*, *-*; **1** eine schnelle, kreisende Bewegung *bes* der Luft oder des Wassers || K-: ***Wirbel-, -sturm*** **2** Aufregung, Hektik **3** die Stelle auf der Kopfhaut, von der aus die Haare in verschiedene Richtungen wachsen **4** ein einzelner Knochen der Wirbelsäule || ID ***viel Wirbel um nichts*** viel Aufregung über etwas Unwichtiges

Wịr·bel·säu·le *die*; *meist Sg*; eine Reihe von Knochen, die beweglich miteinander verbunden sind und den Rücken bilden ≈ Rückgrat || ↑ *Abbildung unter* ***Skelett***

Wịr·bel·tier *das*; ein Tier, das eine Wirbelsäule hat

wịrd ↑ ***werden***

wịrft ↑ ***werfen***

wịr·ken; *wirkte*, *hat gewirkt* **1** ***etwas wirkt irgendwie*** (***auf j-n*** / ***etwas***) etwas hat einen bestimmten Einfluss auf j-n / etwas ⟨anregend, beruhigend, heilend wirken⟩: *Kaffee wirkt auf die meisten Menschen anregend* **2** ***etwas wirkt*** (***gegen etwas***) etwas hat eine bestimmte Eigenschaft und heilt daher ⟨ein Medikament⟩: *Diese Tabletten wirken gegen Kopfschmerzen* **3** ***j-d / etwas wirkt irgendwie*** (***auf j-n***) j-d / etwas macht einen bestimmten Eindruck (auf j-n) ⟨fröhlich, müde, traurig wirken⟩

◆**wịrk·lich** *Adj* **1** der Realität entsprechend, tatsächlich vorhanden: *Es ist wirklich so geschehen* **2** *meist attr*; mit den guten Eigenschaften, die man sich vorstellt ⟨ein Freund, ein Künstler, eine Hilfe⟩ **3** *nur adv*; verwendet, um eine Aussage zu verstärken: *Das weiß ich wirklich nicht*; *Das tut mir wirklich Leid*

◆**Wịrk·lich·keit** *die*; *-*, *-en*; *meist Sg* **1** das, was tatsächlich existiert ≈ Realität **2** ***in Wirklichkeit*** so, wie die Dinge wirklich (1) sind

wịrk·sam *Adj* **1** ⟨ein Medikament; eine Maßnahme⟩ so, dass sie das gewünschte Ergebnis erzielen **2** *meist* ***etwas wird wirksam*** etwas tritt in Kraft, wird gültig || *hierzu* **Wịrk·sam·keit** *die*

◆**Wịr·kung** *die*; *-*, *-en* **1** die Einflüsse, die Folgen, die etwas hat ⟨etwas hat eine Wirkung (auf j-n); die Wirkung eines Medikaments⟩ **2** der Eindruck, den j-d auf eine Person macht: *Er hat eine ziemliche Wirkung auf sie gehabt*

◆**Wịrt** *der*; *-(e)s*, *-e*; j-d, der eine Wirtschaft (2) hat || K-: ***Wirts-, -haus*** || *hierzu* **Wịrtin** *die*; *-*, *-nen*

◆**Wịrt·schaft** *die*; *-*, *-en* **1** *meist Sg*; alle Firmen, Geschäfte, Institutionen und Maßnahmen, die mit der Herstellung und Verteilung von Waren zu tun haben ⟨in der Wirtschaft tätig sein; die kapitalistische Wirtschaft⟩ || K-: ***Wirtschafts-, -wachstum*** || -K: ***Welt-*** **2** eine Art einfaches Restaurant, in dem man essen und trinken kann

wịrt·schaft·lich *Adj* **1** die Wirtschaft (1) betreffend ≈ ökonomisch ⟨die Lage, die Situation⟩ **2** ≈ finanziell ⟨es geht j-m wirtschaftlich gut / schlecht⟩ **3** sparsam, nicht verschwenderisch ⟨wirtschaftlich arbeiten⟩ || *zu* **3 Wịrt·schaft·lich·keit** *die*

wị·schen; *wischte*, *hat gewischt* **1** ***etwas wischen*** etwas sauber machen, indem man es mit einem (*oft* nassen) Tuch reibt ⟨den Tisch wischen; sich die Stirn wischen⟩ **2** ***etwas*** (***von etwas***) ***wischen*** etwas durch Wischen entfernen ⟨Staub wischen⟩: *Das Wasser vom Boden wischen*

◆**wịs·sen**; *weiß*, *wusste*, *hat gewusst* **1** ***etwas wissen*** Informationen über j-n / etwas haben ⟨die Antwort wissen; die Lösung eines Rätsels wissen; einen Rat wissen⟩ || Hinweis: *kennen* betont die Kenntnisse, die man aus persönlicher Erfahrung hat, bei *wissen* geht es um Informationen, die man auch *z.B.* aus Büchern hat: *Ich weiß den Weg* (ich habe auf der Karte nachgesehen); *Ich kenne den Weg* (hier war ich schon einmal) **2** (***et***)***was über etwas*** (*Akk*) ***wissen*** wissen (1): *Niemand weiß etwas über unseren Plan* **3** (***etwas*** +) ***zu*** + *Infinitiv* ***wissen*** verstehen, wie man etwas tut: *Als Arzt muss man mit Menschen umzugehen wissen* **4** (*meist* ***etwas***) ***von j-m*** / ***etwas wissen*** etwas über j-n / etwas erfahren haben: *Er hat von der Sache (nichts) gewusst* **5** ***um etwas wissen*** sich der Folgen von etwas bewusst sein: *Ich weiß um die Wichtigkeit Ihres Problems* **6** ***wissen, wie etwas ist*** wissen (1), wie die Qualität von etwas ist **7** ***wissen, dass etwas so ist*** genaue Informationen über Tatsachen haben **8** ***weißt du / wissen Sie*** *gespr*; verwendet, um einen neuen Gedanken einzuleiten: *Weißt du, im Grunde hat er Recht* || ID ***Was ich nicht weiß, macht mich nicht heiß*** wenn man von etwas nicht weiß, dann regt man sich auch nicht auf; ***von j-m / etwas nichts mehr wissen wollen*** mit j-m / etwas nichts mehr zu tun haben wollen

Wịs·sen *das*; *-s*; *nur Sg* **1** ***das Wissen in etwas*** (*Dat*) alle Kenntnisse (auf einem bestimmten Gebiet oder überhaupt) ⟨enormes, großes Wissen; sein Wissen in Biologie⟩ **2** ***das Wissen über etwas*** (*Akk*) / *gespr auch* ***von etwas*** die Kenntnis einer bestimmten Tatsache, eines bestimmten Sachverhalts *o.Ä.*: *Sein Wissen über die Zusammenhänge in diesem Fall ist von großer Bedeutung* || ID ***Wissen ist Macht*** wer viel weiß, kann über andere Macht ausüben; ***meines*** (***unseres***) ***Wissens*** soviel ich weiß (soviel wir wissen); ***etwas gegen / wider sein besseres Wissen tun*** etwas tun, obwohl man sich bewusst ist, dass es falsch oder unrecht ist; ***etwas nach bestem Wissen und Gewissen tun*** etwas voll bewusst und in voller Verantwortung tun

◆**Wịs·sen·schaft** *die*; *-, -en* **1** alle Tätigkeiten, mit denen man die Bereiche der Welt erforscht, um so die Welt erklären zu können || -K: ***Natur-, Literatur-*** **2** ein bestimmter Bereich, in dem mit den Methoden der Wissenschaft (1) geforscht wird, wie *z.B.* Physik, Biologie || *hierzu* **Wịs·sen·schaft·ler** *der*; **Wịs·sen·schaft·le·rin** *die*; *-, -nen*

wịs·sen·schaft·lich *Adj* **1** die Wissenschaft betreffend ⟨eine Tagung, eine Zeitschrift⟩ **2** auf die Prinzipien einer Wissenschaft gestützt ⟨eine Untersuchung, eine Methode⟩

Wịt·we *die*; *-, -n*; eine Frau, deren Ehemann gestorben ist || K-: ***Witwen-, -rente***

Wịt·wer *der*; *-s, -*; ein Mann, dessen Ehefrau gestorben ist

◆**Wịtz** *der*; *-es, -e*; eine kurze Geschichte mit einem Ende, das man nicht erwartet und das einen zum Lachen bringt ⟨einen Witz erzählen⟩ || ID ***der Witz einer Sache*** das Wesentliche einer Sache; *meist* ***Du machst wohl Witze!*** *gespr*; das ist nicht dein Ernst || *hierzu* **wịt·zig** *Adj*

◆**wo̲**[1] *Adv* **1** (*in direkten und indirekten Fragen*) verwendet, um nach einem Ort, einem Platz oder einer Stelle zu fragen: *Wo seid ihr gewesen?*; *Wo wohnst du?*; *Sie wollte wissen, wo ich herkomme* **2** verwendet als Relativpronomen, um sich auf einen Ort zu beziehen, der bereits genannt wurde oder im Kontext bekannt ist: *Das war in Wien, wo sie seit vier Jahren lebte* **3** ***jetzt, wo / nun, wo*** nachdem, da: *Jetzt, wo ihr euch geeinigt habt, könnt ihr das Problem sicher lösen*

◆**wo̲**[2] *Konjunktion*; *gespr* **1** ≈ weil: *Du sollst im Bett bleiben, wo du doch krank bist* **2** ≈ obwohl, obgleich: *Jetzt bist du mir böse, wo ich doch so nett zu dir war* || Hinweis: Der Nebensatz kommt *meist* nach dem Hauptsatz

wo·ạn·ders *Adv*; an einem anderen Ort, an einer anderen Stelle

wo·bei̲ *Adv* **1** (*in direkten und indirekten Fragen* verwendet) ≈ bei was?: *Wobei ist er erwischt worden?* **2** verwendet als Einleitung eines Relativsatzes, um sich auf den Hauptsatz (oder ein Wort) zu beziehen: *Ich bin gestürzt, wobei ich mir sehr wehgetan habe*

Wọ·che *die*; *-, -n* **1** ein Zeitraum von sieben Tagen und Nächten **2** der Zeitraum von Montag bis einschließlich Sonntag ⟨Anfang, Mitte, Ende der Woche; seit, vor, in, nach einer Woche⟩ || K-: ***Wochen-, -anfang, -ende, -mitte*** || ID ***die Woche über***; ***während der Woche*** an den Werktagen der Woche (2) (und nicht am Wochenende)

Wọ·chen·en·de *das*; Samstag und Sonntag (die Tage, an denen viele nicht im Beruf arbeiten) ⟨übers Wochenende verreisen⟩

Wọ·chen·tag *der* **1** einer der sieben Tage, aus denen eine Woche besteht **2** ≈ Werktag

wọ̈·chent·lich *Adj*; in jeder Woche

wo·dụrch *Adv* **1** (*in direkten und indirekten Fragen*) ≈ durch was?: *Wodurch unterscheiden sich die beiden Vorschläge?* **2** verwendet als Einführung eines Relativsatzes, um sich auf den Hauptsatz (oder ein Wort) zu beziehen: *Sie hat unreifes Obst gegessen, wodurch sie sich den Magen verdorben hat* (= und dadurch hat sie …)

wo·fụ̈r *Adv* **1** (*in direkten und indirekten Fragen*) ≈ für was?, zu welchem Zweck?: *Wofür brauchst du das?* **2** verwendet als Einführung eines Relativsatzes, um sich auf den Hauptsatz (oder ein Wort) zu beziehen: *Wir haben alles erreicht, wofür wir gekämpft haben.*

◆**wo·her** [vo'heːɐ̯] *Adv*; (*in direkten und indirekten Fragen*) aus welchem Ort?, aus welcher Richtung?: *Woher kommst du?*; *Er fragte, woher wir unseren Wein beziehen*; *Woher* (= von wem) *weißt du das?*; *Sie wollte wissen, woher ich das Buch habe*

◆**wo·hin** *Adv*; (*in direkten und indirekten Fragen*) in welche Richtung?: *Wohin gehst du?*; *Ich möchte wissen, wohin diese Straße führt* || ID *meist* ***Ich muss mal wohin*** *gespr*; ich muss auf die Toilette gehen

◆**Wohl** *das*; *-(e)s*; *nur Sg*; der Zustand, in dem man gesund und zufrieden ist ⟨das Wohl der Familie; sich um j-s Wohl sorgen / kümmern⟩ || ID ***Zum Wohl!*** ≈ Prost!

◆**wohl**[1] *Adv* **1** *wohler, am wohlsten*; körperlich und geistig fit und gesund ⟨sich wohl fühlen⟩ **2** genau und sorgfältig ⟨etwas wohl überlegen; wohl vorbereitet⟩ **3** ***j-m ist nicht wohl*** j-d fühlt sich schlecht oder krank **4** ***j-m ist nicht (ganz) wohl bei etwas*** j-d hat Bedenken oder Skrupel bei etwas: *Mir ist nicht ganz wohl bei dieser Sache!* **5** ***wohl oder übel*** ob man will oder nicht: *Die Rechnung werden wir wohl oder übel bezahlen müssen*

◆**wohl**[2] *Partikel* **1** *unbetont* ≈ vermutlich, wahrscheinlich: *Sie wird wohl den Zug verpasst haben* **2** *unbetont*; (*bes* in Ausrufen) verwendet, um zu verstärken: *Du bist wohl wahnsinnig!* **3** verwendet, um eine Aufforderung zu verstärken oder zu drohen: *Willst du wohl deine Hausaufgaben machen!* **4** *betont*; nach Meinung des Sprechers ist etwas genau so, aber die Konsequenzen folgen nicht: *Er weiß wohl, dass er nicht Recht hat, aber er gibt es nicht zu*

Wohl·stand *der*; *nur Sg*; ein Zustand, bei dem alles, was man zum Leben braucht, in reichem Maß vorhanden ist ⟨im Wohlstand leben⟩

◆**Wohn·block** *der*; *-s, -s*; ein großes Gebäude mit mehreren Stockwerken, in dem viele Wohnungen sind

◆**woh·nen**; *wohnte, hat gewohnt* **1** ***irgendwo wohnen*** an einem Ort oder in einem bestimmten Gebäude längere Zeit leben ⟨in der Stadt wohnen⟩: *Ich wohne in der Goethestraße 5* || K-: ***Wohn-, -gebäude, -haus, -ort, -sitz, -wagen*** **2** ***irgendwo wohnen*** ≈ übernachten: *Wenn ich in Hamburg bin, wohne ich immer im selben Hotel*

Wohn·ge·mein·schaft *die*; Personen, die in einer Wohnung zusammenleben und einen Haushalt führen (aber keine Familie sind); *Abk* WG

Wohn·mo·bil *das*; *-s, -e*; eine Art großes Auto mit Betten *usw*, sodass man damit reisen und darin auch übernachten kann

◆**Woh·nung** *die*; -, *-en*; *meist* mehrere Zimmer in einem Haus, die eine Einheit bilden und in denen j-d lebt ⟨eine Wohnung mieten, beziehen; aus einer Wohnung ausziehen⟩ || K-: ***Wohnungs-, -bau*** || -K: ***Zweizimmer-, Eigentums-***

Wohn·zim·mer *das*; der Raum in einer Wohnung, in dem man vor allem zur Unterhaltung und Entspannung ist

Wolf *der*; *-(e)s, Wöl·fe*; ein Raubtier mit *meist* grauem Fell und spitzer Schnauze, das mit dem Hund verwandt ist ⟨ein Rudel Wölfe⟩ || ID ***hungrig wie ein Wolf*** sehr hungrig; ***ein Wolf im Schafspelz*** j-d, der einen harmlosen Eindruck macht, aber trotzdem böse oder gefährlich ist; ***mit den Wölfen heulen*** *gespr*; (aus Feigheit) das tun, was die anderen auch tun || *hierzu* **Wöl·fin** *die*; -, *-nen*; **wöl·fisch** *Adj*

◆**Wol·ke** *die*; -, *-n* **1** eine große (*meist* weiße oder graue) Menge von sehr kleinen Wassertropfen, die hoch in der Luft schweben ⟨Wolken am Himmel⟩ || K-: ***Wolken-, -bildung, -wand***; ***wolken-, -frei*** || -K: ***Gewitter-*** **2** eine Menge kleiner Teilchen von etwas, die in der Luft schwebt oder sich in einer Flüssigkeit ausbreitet || -K: ***Duft-, Rauch-*** || ID ***über den Wolken schweben*** die Dinge nicht realistisch sehen; ***aus allen Wolken fallen*** *gespr*; wegen einer unerwarteten Nachricht sehr überrascht sein

Wol·ken·bruch *der*; ein kurzer, sehr kräftiger Regenguss

◆**Wol·le** *die*; -, *-n* **1** *nur Sg*; die geschnittenen dicken Haare *meist* des Schafes || -K: ***Schaf-*** **2** die langen Fäden aus Wolle, die man beim Stricken, Weben *o.Ä.* verwendet ⟨ein Knäuel Wolle⟩: *einen Pullover aus Wolle stricken* || K-: ***Woll-, -faden*** || -K: ***Strick-*** **3** ein Gewebe, das aus Wolle (2) hergestellt wurde ⟨reine Wolle⟩ || K-: ***Woll-, -decke*** || ID ***sich mit j-m in die Wolle kriegen*** *gespr*; mit j-m streiten || *zu* **3** **wol·len** *Adj*

◆**wol·len**[1]; *will, wollte, hat wollen*; *Modalverb* **1** *Infinitiv* + ***wollen*** die Absicht oder den Wunsch haben, etwas zu tun, zu werden: *Wir wollten in den Ferien ans Meer fahren*; *Sie will Ärztin werden* **2** ***j-d will etwas haben*** j-d möchte etwas haben: *Meine Tochter will einen Hund haben* **3** ***wir wollen*** + *Infinitiv* verwendet, als Aufforderung an eine Gruppe, etwas zu tun: *Wir* *wollen nun auf sein Wohl trinken* **4** ***ich wollte*** (***… nur***) + *Infinitiv* verwendet in einer höflichen Bitte oder Frage: *Ich wollte Sie bitten, mir ein Zeugnis zu geben* **5** ***wollen Sie*** (***bitte***) + *Infinitiv* verwendet als höfliche Aufforderung: *Wollen Sie bitte Platz nehmen!* **6** ***j-d will*** (***etwas***) + *Partizip Perfekt* + ***haben*** die genannte Behauptung ist nicht wahrscheinlich: *Trotz der Dunkelheit will er die Autonummer erkannt haben* **7** ***etwas will nicht*** + *Infinitiv* etwas funktioniert oder geschieht nicht so, wie man es sich wünscht: *Das Fenster will einfach nicht zugehen*; *Es will einfach nicht regnen!* **8** ***etwas will*** + *Partizip Perfekt* + ***sein*** etwas geht nicht ohne Schwierigkeiten: *Skifahren will gelernt sein*; *Das Geld dafür will erst einmal verdient sein*

◆**wọllen**[2]; *will, wollte, hat gewollt* **1** ***etwas wollen*** den Wunsch haben oder äußern, etwas zu bekommen: *Jetzt willst du sicher etwas zu essen*; *Was hat er gewollt?* **2** ***wollen, dass …*** verlangen oder den Wunsch äußern, dass etwas gemacht werde: *Ich will, dass man mich nicht mehr stört* **3** ***etwas will etwas*** etwas braucht etwas: *Kakteen wollen wenig Wasser* **4** ***irgendwohin wollen*** irgendwohin gehen, fahren wollen: *Ich will jetzt nach Hause* **5** ***etwas will nicht mehr so*** (***recht***) etwas funktioniert nicht mehr ganz richtig ⟨die Augen, das Herz; ein Apparat⟩ || ID ***Da ist nichts mehr zu wollen*** daran kann man nichts mehr ändern

wo·mịt *Adv* **1** (*in direkten und indirekten Fragen verwendet*) ≈ mit was?: *Womit hast du deinen Husten geheilt?* **2** verwendet als Einleitung eines Relativsatzes, um sich auf den Hauptsatz (oder ein Wort) zu beziehen: *Er ist nicht gekommen, womit zu rechnen war*

wo·mög·lich *Adv*; vielleicht, möglicherweise: *Das war womöglich ein Irrtum*

wo·nach *Adv* **1** (*in direkten und indirekten Fragen verwendet*) ≈ nach was?: *Wonach suchst du?* **2** verwendet als Einleitung eines Relativsatzes, um sich auf den Hauptsatz (oder ein Wort) zu beziehen: *eine neue Vorschrift, wonach wir länger arbeiten müssen*

wo·rạn *Adv* (*in direkten und indirekten Fragen*) ≈ an was?: *Woran denkst du? Woran erkennst du das?*

wo·rauf *Adv* **1** (*in direkten und indirekten Fragen*) ≈ an was?: *Worauf warten wir denn noch?* **2** verwendet als Einleitung eines Relativsatzes, um sich auf den Hauptsatz (oder ein Wort) zu beziehen: *Das ist genau das, worauf ich gehofft habe*

wo·raus *Adv* **1** (*in direkten und indirekten Fragen*) ≈ aus was?: *Woraus besteht Plastik?* **2** verwendet als Einleitung eines Relativsatzes, um sich auf den Hauptsatz (oder ein Wort) zu beziehen: *Sie sagte nichts, woraus wir geschlossen haben, dass sie einverstanden sei*

wo·rịn *Adv* **1** (*in direkten und indirekten Fragen*) ≈ in was?: *Worin besteht da der Unterschied?* **2** verwendet als Einleitung eines Relativsatzes, um sich auf den Hauptsatz (oder ein Wort) zu beziehen: *Das ist der Punkt, worin sich die beiden Pläne unterscheiden*

Wọrt *das*; -(*e*)*s*, *Wor·te* / *Wör·ter* **1** (*Pl Wörter*) ein Bestandteil der Sprache, der eine Bedeutung und eine lautliche *bzw* grafische Form hat (und beim Schreiben durch Zwischenräume von anderen Wörtern getrennt ist): *ein langer Satz mit über dreißig Wörtern* || K-: ***Wort-, -art, -bedeutung, -betonung, -form, -stellung, -teil*** **2** (*Pl Worte*) eine schriftliche oder mündliche Äußerung ≈ Bemerkung ⟨ein freundliches Wort; Worte der Dankbarkeit; nach Worten suchen⟩ **3** (*Pl Worte*) ≈ Zitat ⟨ein Wort Goethes⟩ **4** *nur Sg* ≈ Zusage, Versprechen ⟨sein Wort geben, halten, brechen⟩ || -K: ***Ehren-*** **5** ***ein geflügeltes Wort*** ein bekanntes Zitat **6** ***das Wort Gottes*** ≈ die Bibel || ID ***in Worten*** nicht in Ziffern geschrieben: *25, in Worten fünfundzwanzig*; ***sich zu Wort melden*** in einer Diskussion deutlich machen, dass man etwas sagen möchte; ***j-m das Wort erteilen*** (in einer Diskussion) j-n zu einem Thema sprechen lassen; ***j-d hat das Wort*** j-d ist in einer Diskussion an der Reihe zu sprechen; ***für j-n ein gutes Wort einlegen*** j-m helfen, indem man anderen etwas Gutes über ihn sagt; ***j-m ins Wort fallen*** j-n unterbrechen; *meist* ***j-d will / muss das letzte Wort haben*** j-d will unbedingt zeigen, dass er Recht hat; ***Das letzte Wort ist noch nicht gesprochen*** etwas ist noch nicht endgültig entschieden; *meist* ***aufs Wort gehorchen*** ohne Zögern gehorchen; ***mit 'einem Wort*** kurz gesagt, zusammenfassend; ***mit anderen Worten*** anders gesagt

◆**Wọ̈r·ter·buch** *das*; ein Buch, in dem die Wörter alphabetisch aufgeführt und erklärt oder übersetzt sind ⟨ein einsprachiges, zweisprachiges, deutsch-italienisches, medizinisches Wörterbuch; etwas in einem Wörterbuch nachschlagen⟩ || Hinweis: Ein Wörterbuch beschreibt die *Sprache*, ein Lexikon die *Dinge* und *Sachverhalte*

wört·lich *Adj*; so, dass es genau so wie der ursprüngliche Text ist ⟨etwas wörtlich zitieren⟩ || ID ***etwas*** (***allzu***) ***wörtlich nehmen*** etwas zu genau nehmen

Wort·schatz *der*; *meist Sg*; alle Wörter einer Sprache oder Fachsprache

wo·rü·ber *Adv* **1** (*in direkten und indirekten Fragen*) ≈ über was?: *Worüber habt ihr gesprochen?* **2** verwendet als Einleitung eines Relativsatzes, um sich auf den Hauptsatz (oder ein Wort) zu beziehen: *Er braucht nicht zu wissen, worüber wir geredet haben*

wo·rum *Adv* **1** (*in direkten und indirekten Fragen*) ≈ um was?: *Worum geht es denn?* **2** verwendet als Einleitung eines Relativsatzes, um sich auf den Hauptsatz (oder ein Wort) zu beziehen: *Ich erkläre dir jetzt, worum es sich handelt*

wo·von *Adv* **1** (*in direkten und indirekten Fragen*) ≈ von was?: *Wovon handelt die Geschichte?* **2** verwendet als Einleitung eines Relativsatzes, um sich auf den Hauptsatz (oder ein Wort) zu beziehen: *Ich weiß nicht, wovon du sprichst*

wo·zu *Adv* **1** (*in direkten und indirekten Fragen*) ≈ zu was?, zu welchem Zweck?: *Wozu soll das gut sein?* **2** verwendet als Einleitung eines Relativsatzes, um sich auf den Hauptsatz (oder ein Wort) zu beziehen: *Ich werde dir sagen, wozu das nötig ist*

Wrack [vrak] *das*; *-s, -s* **1** ein stark beschädigtes Schiff, Flugzeug oder Auto, das nicht mehr zu verwenden ist || -K: ***Schiffs-*** **2** ***ein*** (***menschliches***) ***Wrack*** j-d, der wegen einer Krankheit oder einer Sucht keine Kraft mehr hat

wuchs ↑ ***wachsen***[1]

Wucht [vʊxt] *die*; *-*; *nur Sg*; die Kraft bei einem starken Schlag, Wurf, Stoß *usw* ⟨mit voller Wucht⟩ || ID ***etwas ist eine Wucht*** *gespr*; etwas ist großartig, toll || *hierzu* **wuch·tig** *Adj*

wüh·len; *wühlte, hat gewühlt* **1** ***j-d / ein Tier wühlt in etwas*** (*Dat*) j-d / ein Tier gräbt mit den Händen / Pfoten in der Erde **2** ***irgendwo*** (***nach etwas***) ***wühlen*** in einer Menge von Gegenständen etwas suchen und dabei Unordnung machen **3** ***sich durch etwas wühlen*** etwas mit großer Anstrengung leisten ⟨sich durch Bücher wühlen⟩

wuls·tig *Adj*; *nicht adv*; ⟨Lippen, ein Nacken⟩ so, dass sie dicker sind als normal

wund, *wunder, wundest-*; *Adj*; *nicht adv*; ⟨Füße, Knie *o.Ä.*⟩ so, dass sie durch Reibung an der Haut verletzt oder entzündet sind

◆**Wun·de** *die*; *-, -n*; eine Verletzung der Haut (oder auch tiefer) ⟨eine offene, tiefe Wunde; die Wunde blutet, heilt; eine Wunde behandeln; eine Wunde am Kopf⟩ || K-: ***Wund-, -behandlung*** || -K: ***Brand-, Schnitt-; Kopf-***

Wun·der *das*; *-s, -*; **1** ein Ereignis, bei dem göttliche oder übernatürliche Kräfte beteiligt sind ⟨an Wunder glauben⟩ || K-: ***Wunder-, -heilung*** **2** ein Ereignis, das zu einem glücklichen Ende führt (das nicht zu erwarten war): *Es war ein Wunder*, dass *sie diese Krankheit überlebt hat* **3** ein außergewöhnliches Werk, Produkt ⟨ein Wunder der Technik, der Natur⟩ || ID ***es ist kein Wunder, dass …*** es überrascht nicht, dass …; ***Kein Wunder!*** *gespr*; das ist keine Überraschung; ***etwas wirkt*** (***wahre***) ***Wunder*** etwas hat eine sehr gute Wirkung

◆**wun·der·bar** *Adj* **1** wie bei einem Wunder: *Auf wunderbare Weise wurde er wieder gesund* **2** herrlich, großartig: *ein wunderbarer Tag* **3** *nur adv*; *gespr*; verwendet, um Adjektive zu verstärken: *ein wunderbar erfrischendes Getränk*

◆**wun·dern**; *wunderte, hat gewundert* **1** ***etwas wundert j-n*** etwas erstaunt, überrascht j-n sehr: *Sein gutes Zeugnis wunderte seine Eltern sehr* **2** ***sich*** (***über j-n / etwas***) ***wundern*** über j-n / etwas sehr erstaunt, überrascht sein: *Ich wundere mich über seine Kochkünste*; *Er wunderte sich*, dass *alles so gut klappte* **3** ***es wundert j-n*** (***, dass …***) es erstaunt, überrascht j-n sehr: *Es wunderte ihn, dass kein Brief gekommen war* || ID *meist* ***Er / Sie wird sich noch wundern*** er / sie wird noch etwas Unangenehmes erleben

◆**Wunsch** *der*; *-(e)s, Wün·sche* **1** ***der Wunsch*** (***nach etwas***) etwas, was j-d gerne haben möchte ⟨ein dringender Wunsch; einen Wunsch haben; j-m einen Wunsch erfüllen⟩: *der Wunsch nach Frieden*; *Mein einziger Wunsch ist ein schöner Urlaub* **2** *meist Pl* ≈ Glückwunsch: *Die besten Wünsche zum Geburtstag*; *Alle guten Wünsche für die Zukunft!* **3** ***etwas verläuft nach Wunsch*** etwas verläuft so, wie man es sich vorgestellt hat **4** ***auf Wunsch*** wenn man es so will: *Auf Wunsch liefern wir ins Haus*

◆**wün·schen**; *wünschte, hat gewünscht* **1** ***sich*** (*Dat*) ***etwas*** (***von j-m***) (***zu etwas***) ***wünschen*** den Wunsch aussprechen, dass man etwas haben möchte: *sich von den Eltern ein Buch zum Geburtstag wün-*

schen **2 *j-m etwas wünschen*** sagen, dass man sich freuen würde, wenn j-d etwas erleben würde: *Ich wünsche ihr, dass sie es schafft; j-m alles Gute zum Geburtstag wünschen* **3 *etwas wünschen*** *geschr* ≈ verlangen: *Sie wünscht, nicht gestört zu werden; Ich wünsche, dass dies sofort geändert wird* || ID ***etwas lässt zu wünschen übrig*** etwas ist nicht gut (gemacht); ***Was wünschen Sie?*** verwendet als Frage des Verkäufers an einen Kunden

wur·de ↑ ***werden***

Wür·de *die*; -, *-n* **1** *nur Sg*; die Rechte, die jeder Mensch nach demokratischer Auffassung hat ⟨j-s Würde achten, verletzen⟩: *Die Würde des Menschen gilt als unantastbar* || -K: ***Menschen-*** **2** der große Eindruck, den eine starke Persönlichkeit macht || K-: ***würde-, -voll*** **3** ein Amt oder Titel[1] mit hohem Ansehen ⟨die Würde eines Bischofs⟩ || ID ***etwas ist unter j-s Würde*** j-d tut etwas nicht, weil er sonst die Achtung vor sich selbst verlieren würde

wür·di·gen; *würdigte, hat gewürdigt*; ***j-n / etwas würdigen*** j-n / etwas anerkennen und loben ⟨j-s Leistungen, Verdienste würdigen; einen Künstler, einen Wissenschaftler würdigen⟩ || *hierzu* **Wür·di·gung** *die*

Wurf *der*; *-(e)s, Wür·fe* **1** die Tätigkeit (der Vorgang oder das Ergebnis) des Werfens ⟨ein weiter Wurf; ein Wurf von über 80m⟩ **2** die Tätigkeit (und das Ergebnis) des Würfelns

Wür·fel *der*; *-s, -*; **1** *Geometrie*; ein Körper mit sechs quadratischen Seiten **2** ein kleiner Würfel (1), der zum Spielen verwendet wird, mit ein bis sechs Punkten auf den Flächen ⟨der Würfel zeigt eine Sechs⟩ **3** etwas von der (ungefähren) Form eines Würfels (1) ⟨Zwiebeln in Würfel schneiden⟩ || K-: ***Würfel-, -zucker*** || ID ***Die Würfel sind gefallen*** etwas ist endgültig entschieden

wür·feln; *würfelte, hat gewürfelt* **1** (***um etwas***) ***würfeln*** ein Spiel mit Würfeln (2) machen || K-: ***Würfel-, -spiel*** **2 *etwas würfeln*** beim Würfeln ein bestimmtes Ergebnis erzielen ⟨eine Sechs würfeln⟩ **3 *etwas würfeln*** etwas in Würfel (3) schneiden ⟨Zwiebeln würfeln⟩

wür·gen; *würgte, hat gewürgt* **1 *j-n würgen*** versuchen, j-n zu ersticken, indem man ihm die Kehle zusammendrückt **2** (***an etwas*** (*Dat*)) ***würgen*** etwas nur schwer hinunterschlucken können, weil es zäh ist oder zum Erbrechen führen könnte

Wurm *der*; *-(e)s, Wür·mer*; ein relativ kleines Tier, das kein Skelett und keine Glieder hat und sich kriechend (wie eine Schlange) fortbewegt || ID *meist* ***Da ist / sitzt der Wurm drin*** *gespr*; da ist etwas nicht in Ordnung, da stimmt etwas nicht

◆**Wurst** *die*; -, *Würs·te*; eine Masse aus Fleisch und Gewürzen, die in eine Haut gefüllt sind und gekocht oder geräuchert werden ⟨ein Brot mit Wurst belegen⟩ || K-: ***Wurst-, -brot*** || -K: ***Schnitt-, Streich-*** || ID ***j-d / etwas ist j-m Wurst / Wurscht*** *gespr*; j-d / etwas ist j-m gleichgültig; *meist* ***Jetzt gehts um die Wurst*** jetzt wird sich eine Sache entscheiden

Würst·chen *das*; *-s, -*; eine kleine Wurst (1), die *meist* paarweise verkauft und warm gegessen wird: *Wiener Würstchen* || K-: ***Würstchen-, -bude, -stand***

Wur·zel *die*; -, *-n*; der Teil einer Pflanze, der in der Erde ist und die Pflanze hält und ernährt || -K: ***Baum-*** **2** der Teil eines Haares, Zahnes, der sich in der Haut, im Fleisch befindet || -K: ***Haar-, Zahn-*** **3** *meist* **die Wurzel allen Übels** die Ursache *meist* einer Reihe von Problemen **4** die mathematische Größe, die mit dem Zeichen √ dargestellt wird ⟨die Wurzel ziehen⟩: *Die Wurzel aus 9 ist 3* ($\sqrt{9} = 3$) || K-: ***Wurzel-, -rechnung*** || -K: ***Quadrat-*** || ID *meist* **das Übel an der Wurzel packen** versuchen, den Ursprung eines Problems zu beseitigen

wür·zen; *würzte, hat gewürzt*; (***etwas***) (***mit etwas***) ***würzen*** den Geschmack einer Speise oder eines Getränks durch Gewürze verbessern oder verstärken ⟨etwas scharf würzen⟩: *eine Soße mit Kräutern würzen*

wusch ↑ ***waschen***

wuss·te ↑ ***wissen***

wüst *Adj* **1** *nicht adv*; ⟨eine Gegend, ein Land⟩ so, dass Menschen dort nicht wohnen oder siedeln können **2** sehr unordentlich **3** wild und schlimm ⟨eine Drohung, ein Lärm⟩

Wüs·te *die*; -, *-n*; eine sehr große Fläche, in der es große Trockenheit und *meist* viel Sand gibt und daher nur wenig Pflanzen: *die Wüste Sahara* || K-: ***Wüsten-, -klima***

Wut *die*; -; *nur Sg*; ***Wut*** (***auf j-n / etwas***) ein sehr heftiges Gefühl von Ärger und Zorn, bei dem man *meist* sehr laut wird ⟨voll(er) Wut; in Wut geraten⟩

◆**wü·tend** *Adj* **1 *wütend*** (***auf j-n / etwas***) voller Wut gegenüber j-m / etwas: *Ist sie immer noch wütend auf mich?* **2 *wütend über etwas*** (*Akk*) voller Wut wegen eines Vorfalls **3** *nur attr, nicht adv*; sehr stark, heftig ⟨Schmerzen; ein Sturm⟩

X

X, **x** [ɪks] *das*; -, -; **1** der vierundzwanzigste Buchstabe des Alphabets **2** *großgeschrieben*; verwendet anstelle eines Namens: *das Land X*, *Frau X* **3** *kleingeschrieben*; *gespr* ≈ viele: *Ich warte schon seit x Stunden!*

x-Ach·se ['ɪks-] *die*; *Math*; die waagrechte Achse in einem Koordinatensystem

X-Bei·ne ['ɪks-] *die*; *Pl*; Beine, deren Unterschenkel nach außen zeigen, wenn sich die Knie berühren ↔ O-Beine || *hierzu* **x-bei·nig** *Adj*

x-be·lie·big ['ɪks-] *Adj*; *meist attr*; *gespr*; egal, wer oder welche(r, -s) ≈ irgendein: *eine x-beliebige Zahl nennen*

Xe·no·pho·bie [-f-] *die*; -; *nur Sg*; *geschr* ≈ Fremdenhass || *hierzu* **xe·no·phob** *Adj*

x-fach ['ɪks-] *Adj*; *meist adv*; *gespr*; viele Male ≈ tausendfach: *x-fach erprobt*, *überprüft*

x-fa·che ['ɪks-] *das*; *-n*; *nur Sg*; *gespr*; eine um viele Male größere Anzahl, Menge *usw*: *Heute zahlt man dafür das x-fache von damals*

x-mal ['ɪks-] *Adv*; *gespr*; viele Male: *Den Film habe ich schon x-mal gesehen*; *Ich habe dir schon x-mal gesagt, dass du damit aufhören sollst!*

x-t- ['ɪkst-] *Zahladj*; *nur attr*, *nicht adv*; *gespr*; verwendet, um eine große, unbestimmte (Ordnungs)Zahl zu bezeichnen: *Sie liest jetzt schon das x-te Buch von Simenon*

x-ten Mal ['ɪkst-] *Adv*; *nur in* ***beim / zum x-ten Mal*** *gespr*; schon sehr oft und jetzt wieder: *Sie ist zum x-ten Mal zu spät gekommen*

Xy·lo·phon [-f-] *das*; *-s*, *-e*; ein Musikinstrument aus einer Reihe oder mehreren Reihen verschieden großer, flacher Holz- oder Metallstäbe, die mit zwei Stäben angeschlagen werden

Y

Y, **y** ['ʏpsilɔn] *das*; -, - / *gespr auch -s*; der fünfundzwanzigste Buchstabe des Alphabets

y-Ach·se ['ʏpsilɔn-] *die*; *Math*; die senkrechte Achse in einem Koordinatensystem ≈ Ordinatenachse

Ye·ti [j-] *der*; *-s*, *-s*; ein Wesen, von dem manche Leute glauben, dass es im Himalaja lebe und dass es wie ein großer Affe aussehe ≈ Schneemensch

Yp·si·lon *das*; -(*s*), *-s*; ↑ ***Y, y***

Yup·pie ['jʊpi, 'japi] *der*; *-s*, *-s*; *meist pej*; ein junger Mensch, der Wert auf seine berufliche Karriere und ein gutes Einkommen legt und der *meist* modernen Trends folgt

Z

Z, z [t͡sɛt] *das*; -, - / *gespr auch -s*; der letzte Buchstabe des Alphabets

Zạck *gespr*; *in* ***auf Zack sein*** etwas gut machen oder gut können: *in Mathe auf Zack sein*

Zạ·cke *die*; -, *-n*; eine von mehreren Spitzen am Rand eines *meist* flachen Gegenstandes oder einer flachen Form ⟨die Zacken einer Säge, einer Gabel, eines Kammes⟩: *ein Stern mit fünf Zacken*

zäh, *selten* **zä·he**, *zäher, zäh(e)st-*; *Adj* **1** ⟨Fleisch⟩ so, dass es auch nach langem Kochen nicht weich ist **2** ⟨Flüssigkeiten⟩ so, dass sie schwer und langsam fließen **3** so gesund und voller Kraft, dass Anstrengungen lange ertragen werden können ⟨ein Mensch; eine zähe Natur haben⟩ **4** ⟨Fleiß, Widerstand⟩ so, dass der Betroffene nicht an Kraft verliert: *an etwas zäh festhalten* **5** langsam und nur mit großer Anstrengung: *nur zäh vorankommen* || *hierzu* **Zä·hig·keit** *die*

◆**Zahl** *die*; -, *-en* **1** ein Element des Systems, mit dem man rechnen, zählen und messen kann ⟨eine einstellige, zweistellige Zahl; eine hohe, große, niedrige, kleine Zahl⟩: *die Zahlen von 1 bis 100* || K-: ***Zahlen-, -angabe, -folge, -system, -wert*** || -K: ***Quadrat-***; ***Kardinal-, Ordinal-***; ***Jahres-, Seiten-*** || Hinweis: ↑ ***Ziffer, Nummer*** **2** ≈ Ziffer: *eine Zahl schreiben* **3** *nur Sg*; eine bestimmte Menge von Personen oder von zählbaren Dingen ≈ Anzahl: *Die Besucher kamen in großer Zahl; die Zahl der Mitglieder* || -K: ***Einwohner-*** **4** ***die arabischen Zahlen*** die Ziffern 1, 2, 3 *usw* **5** ***die römischen Zahlen*** die Ziffern I, II, III, IV *usw* **6** ***eine positive / negative Zahl*** *Math*; eine Zahl (1), die größer / kleiner ist als null **7** ***eine gerade Zahl*** *Math*; eine Zahl (1) wie 2, 4, 6 *usw* (die man durch 2 dividieren kann) **8** ***eine ungerade Zahl*** eine Zahl (1) wie 1, 3, 5 *usw* (die man nicht durch 2 dividieren kann) || ID ***in den roten Zahlen sein*** finanzielle Verluste haben; ***in den schwarzen Zahlen sein*** finanzielle Gewinne machen

◆**zah·len**; *zahlte, hat gezahlt* **1** (***(j-m) etwas (für etwas)***) ***zahlen*** (j-m) eine Summe Geld für eine Arbeit, eine Ware geben ⟨viel, wenig (für etwas) zahlen; in Euro zahlen; bar zahlen; eine Rechnung zahlen⟩: *Wir müssen noch zahlen* **2** (***j-n***) ***zahlen*** j-m für seine Leistung Geld geben ⟨gut, schlecht zahlen⟩: *Sie zahlt (ihre Angestellten) recht gut* || ID ***Bitte zahlen***; ***Zahlen bitte!*** Verwendet, um in einem Restaurant um die Rechnung zu bitten

◆**zäh·len**; *zählte, hat gezählt* **1** ***j-d / etwas zählt*** (***j-n / etwas***) j-d / etwas stellt fest, wie viele Personen oder Dinge vorhanden sind ⟨Geld zählen; falsch, richtig zählen⟩: *ein Gerät, das die vorbeifahrenden Autos zählt* **2** ***etwas zählt*** (***etwas***) etwas hat einen bestimmten Wert: *Das Ass zählt mehr als die Dame* **3** die Zahlen (*meist* ab Eins) in der richtigen Reihenfolge kennen und sagen **4** ***etwas zählt*** (***irgendwie***) etwas hat eine bestimmte Bedeutung, etwas wird irgendwie beachtet: *In seinem Job zählt nur Leistung* (= wird nur Leistung anerkannt) **5** ***etwas zählt*** (***nicht***) etwas ist (nicht) gültig: *Der Wurf zählt nicht - der Würfel ist auf den Boden gefallen* **6** ***etwas zählt*** + *Mengenangabe*; *geschr*; etwas hat die genannte Anzahl oder Menge von Personen / Dingen: *Der Verein zählt 2000 Mitglieder* **7** ***j-d / etwas zählt zu etwas*** j-d / etwas ist Teil einer Gruppe, Menge: *Er zählt zu den reichsten Männern der Welt* **8** ***auf j-n / etwas zählen*** (***können***) sich auf j-n / etwas verlassen (können): *Sie können auf unsere Unterstützung zählen* || *zu* **1 Zäh·lung** *die*; **zähl·bar** *Adj*

Zäh·ler *der*; *-s*, -; **1** ein Gerät, das zeigt, wie groß die Menge oder Zahl von etwas ist, *bes* wie viel von etwas verbraucht wurde ⟨den Zähler ablesen⟩ || K-: ***Zähler-, -stand*** || -K: ***Gas-, Kilometer-*** **2** *Math*; die Zahl über dem Strich in einem Bruch, *z.B.* 3 in ¾ **3** *Sport*; *gespr*; ein Punkt oder Treffer

◆**zahl·reich** *Adj*; in einer großen Anzahl: *Es kam zu zahlreichen Unfällen*

Zah·lung *die*; -, *-en* **1** das Geben von Geld

an j-n (für ein Produkt, eine Leistung) ⟨die Zahlung der Löhne, der Miete, der Zinsen; eine Zahlung in Raten, bar, per Scheck⟩: *Er wurde zur Zahlung einer Geldstrafe verurteilt* || K-: ***Zahlungs-, -frist*** || -K: ***Bar-, Raten-; Gehalts-*** **2** ***(j-m) etwas in Zahlung geben*** (als Kunde) einen Gegenstand als Teil der Zahlung (1) für einen gekauften Gegenstand geben: *ein gebrauchtes Auto in Zahlung geben*

zahm, *zahmer, zahmst-; Adj* **1** ⟨ein Tier⟩ so, dass es wenig Angst vor Menschen hat (weil es gewöhnt ist, mit ihnen zusammen zu sein): *ein zahmes Reh* || Hinweis: nicht für Haustiere verwendet **2** ⟨eine Kritik⟩ so, dass sie nicht scharf ist || *hierzu* **Zahm·heit** *die*

zäh·men; *zähmte, hat gezähmt* **1** ***ein Tier zähmen*** ein Tier, das sonst wild lebt, daran gewöhnen, mit Menschen zusammen zu sein, zu gehorchen: *einen Wolf zähmen* **2** ***sich / etwas zähmen*** *geschr*; bewirken, dass man ein Gefühl unter Kontrolle hat ⟨seine Ungeduld, seine Neugier zähmen⟩ || *hierzu* **Zäh·mung** *die*; *zu* **1 zähm·bar** *Adj*

◆**Zahn** *der*; *-(e)s, Zäh·ne* **1** einer der kleinen, harten, weißen Teile im Mund, mit denen man feste Nahrung kaut und so klein macht ⟨gesunde, falsche Zähne; sich die Zähne putzen⟩ || K-: ***Zahn-, -arzt, -bürste, -weh*** || -K: ***Backen-, Eck-, Vorder-; Schneide-; Gold-*** || *zu* ***Zahnbürste*** ↑ *Abbildung unter* **Bürsten** **2** einer der spitzen Teile an Gegenständen wie Kämmen, Sägen **3** ***die dritten Zähne*** ein künstliches Gebiss || ID ***die Zähne zusammenbeißen*** *gespr*; etwas (Unangenehmes) tapfer tun oder ertragen; ***j-m die Zähne zeigen*** *gespr*; j-m zeigen, dass man sich wehren kann; ***sich*** *(Dat)* ***an j-m / etwas die Zähne ausbeißen*** sich sehr anstrengen, aber keinen Erfolg haben; ***j-m auf den Zahn fühlen*** *gespr*; kritisch prüfen, was j-d denkt, kann oder tut; ***bis an die Zähne bewaffnet*** schwer bewaffnet

zäh·ne·knir·schend *Adj*; *nur attr oder adv*; so, dass man deutlich zeigt, dass man etwas nicht tun will (es aber doch tut)

◆**Zahn·pas·ta** *die*; *-, Zahn·pas·tas / Zahn·pas·ten*; *meist Sg*; eine weiche Masse (in einer Tube), mit der man sich die Zähne putzt

Zan·ge *die*; *-, -n* **1** ein Werkzeug zum Greifen oder Ziehen. Es besteht aus zwei länglichen Teilen, die quer übereinander liegen. Die Teile berühren sich am oberen Ende, wenn man sie an den unteren Enden zusammendrückt: *die Nägel mit einer Zange aus der Wand ziehen* || -K: ***Greif-*** **2** *meist Pl*; die Körperteile mancher Tiere (*bes* Krebsen), die wie eine Zange aussehen || ID ***j-n in die Zange nehmen*** *gespr*; massiven Druck auf j-n ausüben; ***j-n in der Zange haben*** *gespr*; j-n so fest unter Kontrolle haben, dass er das tun muss, was man von ihm will

zan·ken; *zankte, hat gezankt* **1** ***(mit j-m) (um / über etwas*** *(Akk)*) ***zanken*** *gespr*; (mit Worten) streiten und so j-n tadeln ⟨mit den Kindern zanken⟩ **2** ***sich*** *(Pl)* ***(um / über etwas*** *(Akk)*) ***zanken*** einen Streit haben: *Die beiden Jungen zankten sich um den Fußball* **3** ***sich mit j-m (um / über etwas*** *(Akk)*) ***zanken*** mit j-m einen Streit haben

Zäpf·chen *das*; *-s, -*; **1** ein Medikament in der Form einer länglichen Kapsel, das in den After eingeführt wird ⟨ein schmerzstillendes Zäpfchen⟩ || -K: ***Fieber-*** **2** ein kleines, fleischiges Stück, das am Ende des Gaumens im Mund hängt; *Med* Uvula

zap·fen; *zapfte, hat gezapft*; ***etwas zapfen*** Flüssigkeit aus einem großen Gefäß, *z.B.* einem Fass (durch einen Hahn) fließen lassen ⟨Bier, Wein, Benzin zapfen⟩

Zap·fen *der*; *-s, -*; **1** die Frucht von Nadelbäumen, die eine längliche oder runde Form hat und Schuppen, unter denen die Samen liegen || -K: ***Tannen-*** **2** eine Art kurzer, dicker Stab, mit dem man das Loch im unteren Teil eines Fasses schließt

zap·peln; *zappelte, hat gezappelt* **1** aufgeregt oder unruhig sein und kurze, schnelle Bewegungen machen: *Das Baby zappelte mit den Beinen; Viele Fische zappelten im Netz* **2** ***j-n zappeln lassen*** *gespr*; j-n lange auf eine Entscheidung oder Nachricht warten lassen

zart, *zarter, zartest-; Adj* **1** fein und schmal ⟨ein Kind, ein Gesicht; Arme, Finger⟩ **2** fein und weich ⟨die Haut⟩ **3** sehr dünn ⟨ein Stoff, ein Gewebe⟩ **4** *nicht adv*; noch sehr jung ⟨eine Knospe, eine Pflanze⟩ **5** *nicht adv*; weich und daher leicht zu kauen ⟨Fleisch, Gemüse⟩ **6** leicht oder sanft und voller Liebe oder Rücksicht ⟨ein Kuss⟩ **7** nur schwach und von geringer Intensität ⟨eine Farbe, ein Ton⟩ || *hierzu* **Zart·heit** *die*

zärt·lich *Adj* **1** so, dass dabei Liebe oder Zuneigung ruhig und sanft ausgedrückt wird ⟨ein Blick, ein Kuss, Worte; j-n zärtlich streicheln, anlächeln⟩ **2** ≈ liebevoll ⟨zärtliche Sorge⟩ || *hierzu* **Zärt·lich·keit** *die*

Zau·ber *der*; *-s*; *nur Sg* **1** eine Handlung, bei der der Eindruck entsteht, als habe j-d besondere (übernatürliche) Kräfte ≈ Magie ⟨einen Zauber anwenden, einen Zauber über j-n aussprechen⟩ || K-: ***Zauber-, -künstler, -trank, -trick*** **2** eine Eigenschaft, die Bewunderung erregt ≈ Faszination: *der Zauber ihrer Stimme* **3** *gespr pej*; Handlungen und Dinge, die man als überflüssig und lästig ansieht **4** **(*ein*) *fauler Zauber*** *gespr pej*; etwas, durch das j-d getäuscht werden soll || *zu* **3 zau·ber·haft** *Adj*

zau·bern; *zauberte, hat gezaubert* **1** ***(etwas) zaubern*** einen Zauber (1) machen (und so etwas entstehen lassen): *Regen zaubern* **2** ***(etwas) zaubern*** etwas so geschickt tun, dass andere glauben, man könne zaubern (1): *ein Kaninchen aus dem Hut zaubern* **3** ***etwas (aus etwas) zaubern*** (*oft* unter schwierigen Bedingungen) in kurzer Zeit etwas machen: *ein Essen zaubern* || *hierzu* **Zau·be·rer** *der*; **Zau·be·rin** *die*; *-, -nen*

Zaun *der*; *-(e)s, Zäu·ne*; eine Art Gitter aus Draht oder aus vielen Metall- oder Holzstäben, das man um ein Stück Land herum aufstellt ⟨ein hoher, elektrischer Zaun; ein Zaun aus Latten⟩ || K-: ***Zaun-, -pfahl*** || -K: ***Bretter-, Garten-*** || ID *meist* ***einen Streit vom Zaun brechen*** plötzlich zu streiten beginnen

Zeh *der*; *-s, -en* ≈ Zehe (1)

Ze·he *die*; *-, -n* **1** jeder der fünf beweglichen Teile am vorderen Ende des Fußes (*bes* bei Menschen und Affen) ⟨die große, kleine Zehe⟩ || ↑ *Abbildung unter* ***Fuß*** || K-: ***Zehen-, -nagel*** **2** einer der vielen kleinen Teile beim Knoblauch: *eine Zehe Knoblauch* || -K: ***Knoblauch-***

zehn *Zahladj*; (als Zahl) 10

Zehn·kampf *der*; ein Wettkampf mit zehn verschiedenen sportlichen Disziplinen || *hierzu* **Zehn·kämp·fer** *der*

◆**Zei·chen** *das*; *-s, -*; **1** etwas, das man irgendwohin schreibt oder in einem Bild darstellt, um so auf etwas aufmerksam zu machen oder einen Hinweis zu geben || K-: ***Zeichen-, -erklärung*** || -K: ***Erkennungs-*** **2** ein Zeichen (1), dessen Bedeutung oder Zweck allgemein bekannt ist und mit dem man so Informationen geben kann: *Das Zeichen „+" steht für die Addition; H_2O ist das chemische Zeichen für Wasser* || -K: ***Additions-, Gleichheits-, Plus-; Korrektur-, Noten-; Verbots-, Verkehrs-*** **3** eine Bewegung (*z.B.* ein Wink, ein Blick), mit dem man j-m etwas mitteilt ⟨auf ein Zeichen hin etwas tun; j-m ein Zeichen geben⟩ **4** ein Geräusch oder etwas, das man sieht und das eine Information gibt || -K: ***Feuer-, Klingel-*** **5** etwas, an dem man erkennt, in welchem Zustand sich j-d / etwas befindet ≈ Ausdruck ⟨ein deutliches, sicheres Zeichen; ein Zeichen der Schwäche⟩ **6** *Kurzwort* ↑ ***Satzzeichen***; ***Ausrufezeichen***; ***Fragezeichen*** **7** *Kurzwort* ↑ ***Sternzeichen*** || ID ***die Zeichen der Zeit erkennen*** die Situation zu einem Zeitpunkt richtig einschätzen; ***ein Zeichen setzen*** etwas tun, das für die Zukunft sehr wichtig ist

zeich·nen; *zeichnete, hat gezeichnet* **1** ***(j-n / etwas) zeichnen*** ein Bild in Linien oder Strichen machen, *meist* mit einem Bleistift ⟨ein Porträt, eine Karikatur, einen Plan zeichnen⟩ **2** *meist* ***j-d ist von etwas gezeichnet*** bei j-m sind deutliche Spuren einer Krankheit, Not zu sehen: *von Erschöpfung gezeichnet sein*

◆**Zeich·nung** *die*; *-, -en* **1** ein Bild, das j-d zeichnet (1) ⟨eine künstlerische, technische Zeichnung⟩ || -K: ***Bleistift-, Kreide-*** **2** die Farben und Muster eines Tieres: *die Zeichnung des Tigers* **3** die Darstellung oder Beschreibung von j-m / etwas

Zei·ge·fin·ger *der*; der Finger neben dem Daumen || ↑ *Abbildung unter* ***Hand***

◆**zei·gen**; *zeigte, hat gezeigt* **1** ***(j-m) (etwas) zeigen*** etwas zu einer Person bringen, ihre Aufmerksamkeit auf etwas lenken oder etwas so halten, dass sie es sieht: *dem Polizisten den Führerschein zeigen; Zeig mal* (, *was du da hast*)! **2** ***j-m etwas zeigen*** j-m mit Worten und Bewegungen erklären, wo etwas ist und wie man dorthin kommt: *j-m den Weg zeigen; j-m zeigen,* wie *er zum Bahnhof kommt* **3** ***j-m etwas zeigen*** etwas vor den Augen eines anderen tun, damit er sieht, wie es geht: *j-m zeigen,* wie *man einen Reifen wechselt* **4** ***j-m etwas zeigen*** j-m helfen, etwas zu erkennen: *j-m die Vorteile eines Computers zeigen* **5** ***j-m etwas zeigen*** j-n irgendwohin führen, damit er etwas kennen lernt ⟨j-m die Sehenswürdigkeiten zeigen⟩ **6** ***j-d / etwas zeigt etwas*** ein Kino, das Fernsehen, ein Theater bringt etwas im Programm: *Wir zeigen das Fußballspiel um 22^{00}* **7** ***j-d zeigt etwas*** j-d lässt eine Reaktion oder ein Gefühl deutlich erkennen: *Er zeigte seinen Ärger durch lautes Schimpfen* **8** ***etwas zeigt etwas*** etwas deutet auf etwas hin: *Ihr Gesicht zeigte großes Interesse* **9** ***etwas zeigt j-n / etwas*** auf einem Bild, Foto kann man j-n / etwas sehen: *Das Foto zeigt meine Eltern* **10** ***et-***

was zeigt etwas etwas gibt etwas an (durch eine Position auf einer Skala *o.Ä.*): *Die Uhr zeigt fünf vor zwölf*; *Die Waage zeigte 65 Kilo* **11** ***auf j-n / etwas zeigen***; ***irgendwohin zeigen*** mit dem Finger, der Hand in eine Richtung deuten und auf etwas aufmerksam machen: *Sie zeigte auf ihn und sagte*: *„Er war es.“* || K-: ***Zeige-, -stab, -stock*** **12** ***etwas zeigt irgendwohin*** etwas deutet in eine bestimmte Richtung: *Die Kompassnadel zeigt nach Norden* **13** ***sich*** (***irgendwo***) ***zeigen*** irgendwohin gehen oder irgendwo sein, *meist* damit man von anderen gesehen wird: *Sie zeigt sich gern in der Öffentlichkeit* **14** ***etwas zeigt sich*** (***irgendwo***) etwas ist irgendwo zu sehen: *Am Himmel zeigten sich die ersten Wolken* **15** ***etwas zeigt sich*** etwas wird erkennbar, deutlich: *Es muss sich erst zeigen*, ob *die Idee wirklich gut war*; Es *hat sich gezeigt*, dass *ich Recht hatte* || ID ***es j-m zeigen*** *gespr*; j-m beweisen, dass er Unrecht hat, schwächer ist *o.Ä.*

Zei·ger *der*; *-s*, -; der lange, spitze, bewegliche Teil, der bei bestimmten Geräten (auf einer Skala) die Werte anzeigt (bei der Uhr die Stunden, Minuten *usw*) || -K: ***Uhr-***

◆**Zei·le** *die*; -, *-n* **1** eine von mehreren (tatsächlichen oder gedachten) parallelen Linien auf einem Blatt Papier, auf denen man schreibt **2** eine Reihe von Wörtern, die in einem Text nebeneinander stehen || K-: ***Zeilen-, -abstand*** || -K: ***Brief-, Druck-, Lied-***; ***Schluss-, Zwischen-*** || ID (***etwas***) ***zwischen den Zeilen lesen*** eine Aussage in einem Text erkennen, die nicht direkt ausgesprochen ist

◆**Zeit** *die*; -, *-en* **1** *nur Sg*; das Vorübergehen von Stunden, Tagen, Jahren *usw* ⟨die Zeit vergeht⟩ || K-: ***Zeit-, -abschnitt*** **2** ***Zeit*** (***für j-n / etwas***); ***Zeit*** + ***zu*** + *Infinitiv*; *nur Sg*; die Zeit (1), die für etwas zur Verfügung steht oder die man für etwas braucht ⟨viel, wenig Zeit haben; für j-n Zeit haben; etwas braucht Zeit⟩: *Hast du jetzt Zeit für mich?*; *Wir haben noch genug Zeit zu frühstücken* || K-: ***Zeit-, -gewinn, -mangel, -plan*** **3** *meist Sg*; ein Zeitraum, eine Phase, die mit einem Ereignis oder Zustand verbunden ist ⟨die schönste Zeit des Lebens; in Zeiten der Not; vor längerer, kurzer Zeit⟩: *die Zeit der Kindheit* || -K: ***Schul-, Urlaubs-, Weihnachts-*** **4** das Ergebnis einer Messung der Zeit (2), die j-d für eine Leistung braucht (*bes* im Sport) ⟨die Zeit stoppen, nehmen, messen; eine gute, schlechte Zeit laufen⟩ || K-: ***Zeit-, -messung*** || -K: ***Fahr-, Lauf-, Rekord-*** **5** ein Abschnitt der Geschichte[1] (1) ≈ Epoche: *die Zeit vor der Französischen Revolution*; *zur Zeit der Reformation*; *zu Goethes Zeit / Zeiten* || -K: ***Barock-, Reformations-*** **6** *nur Sg* ≈ Gegenwart ⟨der Stil der Zeit; in der heutigen Zeit⟩ || K-: ***Zeit-, -kritik***; ***zeit-, -gemäß*** **7** die Zeit (1) in einer Zone der Erde (nach einem künstlichen System eingeteilt): *die mitteleuropäische Zeit* || -K: ***Sommer-, Winter-*** **8** *nur Sg* ≈ Uhrzeit || ↑ *Illustration* ***Die Zeit*** || K-: ***Zeit-, -angabe*** || -K: ***Abfahrt*(*s*)*-, Ankunfts-*** **9** der Zeitpunkt oder Zeitraum, zu dem *bzw* innerhalb dessen etwas passiert oder gemacht wird || -K: ***Essens-, Schlafens-*** **10** *nur Sg*; die Situation oder Gelegenheit, die richtig oder passend für ein bestimmtes Ereignis ist ⟨für etwas ist die Zeit gekommen⟩: *Es ist jetzt nicht die Zeit, darüber zu sprechen* || ID ***im Laufe der Zeit***; ***mit der Zeit*** ≈ langsam, nach und nach, allmählich: *Im Laufe der Zeit wird sie es schon lernen*; ***zu gegebener Zeit*** *geschr*; zu dem richtigen oder passenden Zeitpunkt: *Sie werden zu gegebener Zeit informiert*; ***auf Zeit*** (nur) für eine bestimmte Dauer ⟨ein Vertrag auf Zeit; j-n auf Zeit anstellen⟩; ***eine Zeit lang*** für eine relativ kurze Zeit (2); ***in jüngster Zeit*** während der letzten Wochen oder Tage; ***j-m Zeit lassen*** (+ ***zu*** + *Infinitiv*) j-m die Möglichkeit geben, etwas in Ruhe zu tun; ***sich*** (*Dat*) (***bei / mit etwas***) ***Zeit lassen*** etwas in Ruhe tun; ***sich*** (*Dat*) (***für j-n / etwas***) ***Zeit nehmen***; ***sich*** (*Dat*) ***die Zeit nehmen*** + ***zu*** + *Infinitiv*; so planen, dass man genug Zeit (2) hat, etwas zu tun; ***Die Zeit drängt*** etwas muss bald getan werden; ***eine ganze Zeit*** *gespr*; relativ lange; (***Ach***) ***du liebe Zeit!*** *gespr*; verwendet, um auszudrücken, dass man erschrocken ist; ***Es wird Zeit***; ***Es ist an der Zeit***; ***Es ist*** (***höchste***) ***Zeit*** jetzt ist es nötig, etwas zu tun; ***mit der Zeit gehen*** sich so verhalten, wie es modern ist; ***j-m läuft die Zeit davon*** die Zeit vergeht so schnell, dass j-d (wahrscheinlich) nicht erledigen kann, was er wollte; ***Das hat Zeit*** das kann man auch später tun; ***Zeit ist Geld*** Zeit ist wertvoll und muss gut genutzt werden; ***Kommt Zeit, kommt Rat*** es ergibt sich vielleicht eine Lösung für ein Problem, wenn man nur wartet; ***Alles zu seiner Zeit!*** man soll nichts zu früh tun; ***Zeit heilt Wunden*** auch Schmerz und Trauer kann man irgendwann überwinden; ***Spare in der Zeit, dann hast du in der Not!*** spare

Geld, wenn es dir finanziell gut geht || *hierzu* **zeit·ge·mäß** *Adj*; **zeit·los** *Adj*

Zeit·al·ter *das*; ein relativ langer Abschnitt in der Geschichte: *im Zeitalter der Computertechnik* || -K: ***Atom-, Bronze-***

Zeit·ge·nos·se *der* **1** j-d, der in derselben Zeit wie ein anderer lebt oder gelebt hat **2** *meist* ***ein unangenehmer Zeitgenosse*** *pej*; j-d, den die meisten nicht mögen || *hierzu* **Zeit·ge·nos·sin** *die*; -, *-nen*

zeit·lich *Adj*; *nur attr oder adv*; in Bezug darauf, wie lange etwas dauert und in welcher (Reihen)Folge es geschieht ⟨der Ablauf, die Reihenfolge; etwas zeitlich begrenzen⟩ || ID ***Er / Sie hat das Zeitliche gesegnet*** *veraltend euph*; er / sie ist gestorben

Zeit·lu·pe *die*; *nur Sg*; ein Verfahren, bei dem man im Film Bewegungen viel langsamer zeigt, als sie in Wirklichkeit sind: *das entscheidende Tor in Zeitlupe zeigen*

Zeit·punkt *der*; ***der Zeitpunkt (für etwas)***; ***der Zeitpunkt*** + *Gen* der Moment, in dem etwas geschieht (oder geschehen soll) ⟨der Zeitpunkt des Abschieds; den richtigen, passenden, geeigneten Zeitpunkt abwarten, versäumen⟩: *der Zeitpunkt, zu dem der Vertrag ausläuft*

zeit·rau·bend *Adj*; *nicht adv*; so, dass man sehr viel Zeit dafür braucht

Zeit·raum *der*; ein (*oft* relativ großer) Abschnitt der Zeit ⟨ein Zeitraum von vielen Wochen⟩

◆**Zeit·schrift** *die*; ein Heft mit Fotos, Werbung und verschiedenen Texten zur Information oder Unterhaltung, das regelmäßig erscheint ⟨eine wissenschaftliche Zeitschrift⟩: *eine Zeitschrift für Kunst und Literatur* || -K: ***Fach-, Fernseh-, Frauen-, Mode-***

◆**Zei·tung** *die*; -, *-en* **1** mehrere große (gefaltete) Blätter mit Berichten über aktuelle Ereignisse, mit Werbung *usw*. Eine Zeitung erscheint regelmäßig, *meist* täglich ⟨eine überregionale, regionale Zeitung; eine Zeitung abonnieren, beziehen; eine Annonce in die Zeitung setzen⟩ || K-: ***Zeitungs-, -abonnement, -annonce, -korrespondent*** || -K: ***Tages-, Wochen-; Sport-*** **2** ein Betrieb, der eine Zeitung (1) produziert

zeit·wei·se *Adv* **1** für kurze Zeit, vorübergehend: *Die Pässe sind bei Schneefall zeitweise gesperrt* **2** ≈ manchmal

Zeit·wort *das*; -(*e*)*s*, *Zeit·wör·ter* ≈ Verb

Zel·le *die*; -, *-n* **1** ein sehr kleiner Raum in einem Gefängnis oder Kloster, in dem j-d lebt || -K: ***Einzel-, Gefängnis-, Kloster-*** **2** eine kleine Konstruktion *meist* aus Glas und Stahl, in die man zum Telefonieren geht || -K: ***Telefon-*** **3** der kleinste lebende Teil eines Organismus ⟨die Zellen teilen sich⟩ || K-: ***Zell-, -kern, -teilung, -wachstum*** || -K: ***Blut-, Ei-, Nerven-; Krebs-*** **4** *Tech*; ein (abgeteilter) Raum *z.B.* in einer Batterie, in dem Strom erzeugt wird

◆**Zelt** *das*; -(*e*)*s*, *-e*; eine Konstruktion aus Stangen und Stoff darüber, unter der man im Freien wohnen kann: *ein Campingplatz für tausend Zelte* ⟨ein Zelt aufbauen, abbauen⟩ || K-: ***Zelt-, -platz*** || -K: ***Indianer-; Zirkus-*** || ID ***die / seine Zelte abbrechen*** einen Ort verlassen, an dem man längere Zeit gewohnt hat

zen·sie·ren; *zensierte, hat zensiert* **1** ***(j-n / etwas) zensieren*** als Lehrer die Arbeit eines Schülers bewerten und eine Note geben ⟨einen Aufsatz zensieren; streng, milde zensieren⟩ **2** ***(etwas) zensieren*** einen Text, einen Film *o.Ä.* prüfen, ob sie bestimmten, *meist* politischen, moralischen oder religiösen Prinzipien entsprechen (und dann bestimmen, ob das Publikum sie sehen darf)

Zen·sur *die*; -, *-en* **1** *nur Sg*; das Zensieren (2) ⟨etwas unterliegt der Zensur⟩ || -K: ***Presse-*** **2** *nur Sg*; das Amt (die Behörde), das die Zensur (1) durchführt **3** die Note, mit der die Leistung eines Schülers bewertet wird ⟨eine gute, schlechte Zensur⟩

Zen·ti·me·ter *der, das*; ein hundertstel Meter; *Abk* cm: *30cm Stoff*; *eine Schnur von 90cm Länge* || -K: ***Kubik-, Quadrat-***

Zent·ner *der*; *-s*, *-*; **1** 50 Kilogramm; *Abk* Z., Ztr.: *zwei Zentner Kartoffeln* || K-: ***zentner-, -schwer*** **2** Ⓐ Ⓒⓗ 100 Kilogramm; *Abk* q

◆**zent·ral** *Adj* **1** ungefähr in der Mitte eines Ortes, also dort, wo die meisten Geschäfte *usw* sind ⟨eine Lage; zentral gelegen; zentral wohnen⟩ **2** *nicht adv*; von großem Einfluss auf andere Personen oder Dinge und sehr wichtig ⟨ein Problem; etwas ist von zentraler Bedeutung⟩ || K-: ***Zentral-, -problem*** **3** von einer höheren (*bes* staatlichen) Stelle gemacht oder geleitet ⟨eine Planung; etwas zentral organisieren⟩ || K-: ***Zentral-, -verwaltung***

Zent·ra·le *die*; -, *-n* **1** der Teil einer (größeren) Organisation, der die Planung macht und die Arbeit organisiert: *Die Zentrale der Partei / des Konzerns* || -K: ***Bank-, Partei-*** **2** die Stelle in Firmen, Behörden, die *meist* die Kommunikation organisiert || -K: ***Fernsprech-, Nachrichten-*** || *hierzu* **Zent·ra·lis·mus** *der*

◆**Zent·rum** *das*; *-s*, *Zent·ren* **1** der Punkt,

der von allen Seiten gleich weit entfernt ist ≈ Mittelpunkt ⟨das Zentrum eines Kreises, eines Erdbebens⟩ || -K: ***Erdbeben-, Kreis-*** **2** die Gegend in der Mitte einer Stadt, in der die wichtigsten Geschäfte sind ≈ City **3** ein Bereich, der für eine bestimmte Tätigkeit sehr wichtig ist ⟨ein kulturelles, industrielles Zentrum; ein Zentrum der Wirtschaft⟩ || -K: ***Einkaufs-, Industrie-, Kultur-***

zer- *im Verb; unbetont und nicht trennbar;* bedeutet oft, dass etwas auseinander fällt oder verletzt *bzw* zerstört wird;
etwas zerdrücken etwas durch Drücken aus der Form bringen, klein machen; ***etwas zerfällt*** etwas löst sich in einzelne Teile auf, verliert die Form; ***etwas zerlegen*** etwas in seine Teile (zer)trennen oder auflösen

zer·bre·chen; *zerbrach, hat / ist zerbrochen* **1** ***etwas zerbricht*** (*ist*) etwas bricht in einzelne Teile, Stücke: *Die Vase fiel zu Boden und zerbrach* **2** ***etwas zerbrechen*** (*hat*) bewirken, dass etwas zerbricht (1): *ein Glas zerbrechen* **3** ***etwas zerbricht*** (*ist*) *geschr*; eine Beziehung zwischen Menschen geht kaputt ⟨die Ehe, die Freundschaft⟩ **4** ***an etwas*** (*Dat*) ***zerbrechen*** (*ist*) so großen seelischen Kummer haben, dass man sich davon nicht mehr erholt: *an / am Kummer zerbrechen*

zer·brech·lich *Adj* **1** ⟨Glas⟩ so, dass es (leicht) bricht **2** mit einem zarten, schwachen Körper ⟨ein Kind, eine Figur⟩ || *hierzu* **Zer·brech·lich·keit** *die*

zer·knirscht *Adj*; so, dass man weiß und es auch zeigt, dass man etwas falsch gemacht hat || *hierzu* **Zer·knir·schung** *die*

zer·le·gen; *zerlegte, hat zerlegt* **1** ***etwas zerlegen*** einen Gegenstand auseinander nehmen ⟨etwas in seine Teile zerlegen⟩: *einen Motor zerlegen* **2** ***etwas zerlegen*** Geflügel, einen Fisch *o.Ä.* in Portionen aufteilen || *hierzu* **Zer·le·gung** *die*; **zer·leg·bar** *Adj*

zer·plat·zen; *zerplatzte, ist zerplatzt* ***etwas zerplatzt*** ein Luftballon *o.Ä.* geht kaputt

zer·rei·ßen; *zerriss, hat / ist zerrissen* **1** ***etwas zerreißen*** (*hat*) etwas in zwei oder mehrere Stücke reißen **2** ***etwas zerreißt j-n*** (*hat*) ein Geschoss, eine Explosion tötet j-n **3** ***sich*** (*Dat*) ***etwas zerreißen*** (*hat*) ein Stück der eigenen Kleidung beschädigen: *sich beim Klettern die Hose zerreißen* **4** ***etwas zerreißt*** (*ist*) etwas spaltet sich plötzlich in zwei oder mehrere Teile auf oder bekommt Risse: *Papier / Dieser Stoff zerreißt leicht* || ID *meist* ***Ich kann mich doch nicht zerreißen!*** *gespr*; ich kann nicht verschiedene Dinge zur gleichen Zeit tun

zer·ren; *zerrte, hat gezerrt* **1** ***j-n / etwas in etwas*** (*Akk*) ***/ aus etwas zerren*** j-n gegen seinen Willen oder etwas mit großer Kraft in / aus etwas ziehen: *j-n aus dem Auto, ins Haus zerren* **2** ***sich*** (*Dat*) ***etwas zerren*** einen Muskel oder eine Sehne so anstrengen und spannen, dass man sich verletzt ⟨sich einen Muskel zerren⟩ **3** ***an j-m / etwas zerren*** (immer wieder) stark an j-m / etwas ziehen: *Der Hund zerrte an der Leine*

zer·set·zen; *zersetzte, hat zersetzt* **1** ***etwas zersetzt etwas*** etwas löst etwas durch chemische Reaktionen (in seine Bestandteile) auf: *Manche Metalle werden von Säuren völlig zersetzt* **2** ***etwas zersetzen*** *pej*; durch bestimmte Ideen und politische Handlungen die bestehende Ordnung *o.Ä.* in Gefahr bringen **3** ***etwas zersetzt sich*** etwas wird zersetzt (1) || *hierzu* **Zer·set·zung** *die*

◆**zer·stö·ren** (*hat*) **1** ***j-d / etwas zerstört etwas*** j-d / etwas beschädigt etwas so, dass man es nicht mehr reparieren kann ⟨etwas völlig, mutwillig zerstören⟩: *Im Krieg wurden viele Häuser durch Bomben völlig zerstört* **2** ***j-d / etwas zerstört etwas*** j-d / etwas macht etwas Positives kaputt ⟨j-s Glück, j-s Hoffnungen zerstören⟩ || *hierzu* **Zer·stö·rung** *die*

zer·streut *Adj*; so, dass man an etwas ganz anderes denkt, während man etwas tut ≈ unkonzentriert ⟨zerstreut lächeln, antworten⟩ || *hierzu* **Zer·streut·heit** *die*

Zer·ti·fi·kat *das*; *-(e)s, -e*; eine Urkunde für eine bestandene Prüfung

◆**Zet·tel** *der*; *-s, -*; ein *meist* kleines, einzelnes Blatt Papier (auf dem etwas steht oder auf das man etwas schreibt): *ein Zettel mit der Aufschrift „Komme gleich"* || -K: ***Notiz-***

◆**Zeug** *das*; *-(e)s*; *nur Sg* **1** *gespr, meist pej*; etwas, das man nicht mit seiner eigentlichen Bezeichnung nennt (*meist* weil es wertlos oder uninteressant ist): *Hier liegt so viel Zeug herum, räum bitte auf!* **2** *gespr pej* ≈ Unsinn ⟨dummes Zeug reden⟩ || ID ***j-m ((et)was) am Zeug flicken*** *gespr*; etwas Negatives über j-n sagen; ***j-d hat das Zeug zu / für etwas*** *gespr*; j-d hat die nötigen Fähigkeiten für etwas: *Er hat das Zeug zum Musiker*; ***sich (für j-n / etwas) ins Zeug legen*** sich viel Mühe geben (und alles tun, um zu helfen oder etwas zu erreichen)

◆**Zeu·ge** *der*; *-n, -n* **1** j-d, der dabei ist, wenn etwas, *bes* ein Verbrechen oder ein Unfall, geschieht ⟨Zeuge eines Unfalls werden⟩ || -K: ***Augen-***; ***Tat-*** **2** ein Zeuge (1), der vor Gericht sagt, was er gesehen oder gehört hat ⟨ein Zeuge der Anklage, der Verteidigung; als Zeuge aussagen⟩: *Die Aussage des Zeugen belastete den Angeklagten schwer* || K-: ***Zeugen-, -aussage*** **3** j-d, der bei einer wichtigen Handlung dabei ist und dies bestätigt || -K: ***Tauf-, Trau-*** || *hierzu* **Zeu·gin** *die*; -, *-nen*

zeu·gen; *zeugte, hat gezeugt* **1** ***ein Kind zeugen*** (als Mann) durch Sex ein Kind entstehen lassen **2** ***etwas zeugt von etwas*** etwas ist ein Zeichen von etwas: *Ihr Aufsatz zeugt von Fantasie*

◆**Zeug·nis** *das*; *-ses, -se* **1** eine Art Urkunde, auf der *meist* in Form von Noten steht, wie gut die Leistungen eines Schülers, Lehrlings *o.Ä.* waren || K-: ***Zeugnis-, -note*** || -K: ***Abitur-, Schul-*** **2** ein Schreiben, in dem die Arbeit beschrieben wird, die j-d geleistet hat ⟨j-m ein Zeugnis ausstellen⟩ || -K: ***Arbeits-*** **3** ≈ Gutachten ⟨ein ärztliches, amtliches Zeugnis⟩ || -K: ***Gesundheits-*** **4** *geschr* ≈ Dokument (2): *Zeugnisse der Vergangenheit* || ID ***etwas ist (ein) beredtes Zeugnis von etwas*** etwas zeugt von etwas, etwas ist ein Zeichen (1) von etwas

Zick·zack *in* ***im Zickzack fahren*** so fahren, dass man sehr oft die Richtung ändert || K-: ***Zickzack-, -kurs*** || *hierzu* **zick·zack** *Adv*

Zie·ge *die*; -, *-n* **1** ein mittelgroßes Tier mit Hörnern, das gut auf steilen Wiesen klettern kann und das wegen seiner Milch gehalten wird ⟨die Ziege meckert⟩ || K-: ***Ziegen-, -bock, -käse, -milch*** **2** *gespr pej*; verwendet als Schimpfwort für ein Mädchen oder eine Frau

Zie·gel *der*; *-s*, -; **1** eine Art rechteckiger Stein, *meist* aus gebranntem rotem Ton, mit dem man die Mauern von Häusern baut || K-: ***Ziegel-, -mauer*** || -K: ***Ton-*** **2** eine der kleinen Platten, mit denen man das Dach eines Hauses macht ⟨ein Dach mit Ziegeln decken⟩ || K-: ***Ziegel-, -dach*** || -K: ***Dach-***

◆**zie·hen**; *zog, hat / ist gezogen* **1** ***j-d / etwas zieht (j-n / etwas)*** (*hat*) j-d / etwas bewegt eine Person oder Sache, die hinter ihm / dahinter ist, in die gleiche Richtung ⟨einen Schlitten, Karren ziehen⟩: *Die Lokomotive zieht die Waggons; Du schiebst, und ich ziehe!* **2** ***(j-n / etwas irgendwohin / irgendwoher) ziehen*** (*hat*) j-n / etwas *bes* mit den Händen festhalten und in die eigene Richtung bewegen: *Die Retter zogen den Verletzten aus dem brennenden Auto; Sie zog mit aller Kraft* **3** ***(etwas) ziehen*** (*hat*) beim Kartenspielen eine Karte auf den Tisch legen *bzw* bei anderen Spielen eine Spielfigur bewegen: *das Ass, den Bauern ziehen* **4** ***(etwas) ziehen*** (*hat*) schnell zur Waffe greifen ⟨die Pistole ziehen⟩ **5** ***etwas ziehen*** (*hat*) einen Mechanismus durch Ziehen (2) betätigen ⟨die Handbremse ziehen⟩ **6** ***etwas ziehen*** (*hat*) etwas befestigen und spannen ⟨eine Schnur ziehen⟩ **7** ***etwas ziehen*** (*hat*) eine Linie zeichnen ⟨eine Linie ziehen⟩ **8** ***j-n / etwas ziehen*** (*hat*) aus einer Menge von Zahlen, Karten *o.Ä.* eine (oder mehrere) herausnehmen und so einen Gewinner feststellen ⟨die Lottozahlen ziehen⟩ **9** ***etwas (aus / von etwas) ziehen*** (*hat*) etwas durch Ziehen (2) aus etwas nehmen ⟨(j-m) einen Zahn ziehen; den Nagel aus der Wand ziehen⟩ **10** ***etwas zieht etwas nach sich*** (*hat*) etwas hat etwas als Folge: *Die Verletzung zog eine lange Behandlung nach sich* **11** ***irgendwohin ziehen*** (*ist*) den Ort und die Wohnung wechseln ⟨in die Stadt, nach Stuttgart ziehen⟩ **12** ***an etwas*** (*Dat*) ***ziehen*** (*hat*) Rauch oder Flüssigkeit aufnehmen ⟨an einer Zigarette, an einem Strohhalm ziehen⟩ **13** ***etwas zieht irgendwohin*** (*ist*) etwas bewegt sich irgendwohin: *Der Rauch zog ins Wohnzimmer* **14** *meist* ***etwas zieht gut / schlecht*** (*hat*) etwas hat genug Luft zum Brennen ⟨der Kamin⟩ **15** ***etwas zieht gut*** (*hat*) etwas hat viel Kraft und funktioniert gut ⟨der Motor⟩ **16** ***etwas zieht*** (*hat*) etwas hat den gewünschten Erfolg ⟨ein Trick⟩: *Komplimente ziehen bei mir nicht* || Hinweis: *meist* verneint **17** ***etwas zieht sich*** (*hat*) etwas dauert sehr lange oder dehnt sich über eine lange Strecke: *Die Rede zieht sich vielleicht* (= ist sehr lang)! **18** ***es zieht*** (*hat*) kalte Luft strömt so durch oder in einen Raum, dass es unangenehm ist

◆**Ziel** *das*; *-(e)s, -e* **1** die Stelle, an der ein Rennen endet ↔ Start ⟨ins Ziel kommen⟩ || K-: ***Ziel-, -gerade, -linie*** **2** der Ort, den j-d am Ende einer Reise, Fahrt, Wanderung erreicht ⟨am Ziel ankommen⟩ || K-: ***Ziel-, -flughafen*** || -K: ***Ausflugs-, Reise-*** **3** das, was ein Pfeil, Schuss *o.Ä.* treffen soll ⟨das Ziel treffen, verfehlen⟩ **4** ***das Ziel*** (+ *Gen*) das, was j-d mit seinen Handlungen erreichen möchte ⟨politische, wirtschaftliche Ziele; ein Ziel verfolgen, erreichen; sich (*Dat*) ein Ziel setzen⟩: *Sein Ziel ist, Politiker zu werden* || -K: ***Arbeits-, Berufs-, Erziehungs-*** || ID

über das Ziel hinausschießen *gespr*; bei etwas (stark) übertreiben

zie·len; *zielte, hat gezielt* **1** (***auf j-n / etwas***) ***zielen*** *bes* eine Waffe *o.Ä.* so auf j-n / etwas richten, dass man ihn / es mit dem Schuss trifft ⟨gut, genau zielen; ein gut gezielter Schuss, Wurf⟩: *auf ein Reh zielen* **2** ***auf j-n / etwas zielen*** j-n / etwas mit einer Äußerung meinen *bzw* sich mit einer Äußerung auf j-n / etwas beziehen: *Seine kritischen Bemerkungen zielten auf mich* **3** ***etwas zielt auf etwas*** (*Akk*) eine Handlung hat einen bestimmten Zweck: *Die Maßnahmen zielen* darauf, *die sozialen Bedingungen* zu *verbessern*

ziel·los *Adj*; ohne Ziel und ohne genau zu wissen, was man tut || *hierzu* **Ziel·lo·sig·keit** *die*

◆**ziem·lich** *Adj* **1** *nur attr, nicht adv*; *gespr*; relativ groß: *etwas mit ziemlicher Sicherheit wissen*; *eine ziemliche Menge Geld*; *mit ziemlicher Geschwindigkeit* **2** *nur adv* ≈ relativ, verhältnismäßig: *ein ziemlich heißer Tag*; *ziemlich viel trinken*; *Diese Aufgabe ist ziemlich schwierig* **3** *nur adv*; *gespr*; (***so***) ***ziemlich*** ≈ fast, ungefähr: *Sie hat so ziemlich alles, was man sich wünschen kann*

zie·ren; *zierte, hat geziert* **1** ***etwas ziert etwas*** *geschr*; etwas dient als Schmuck: *Goldene Ringe zierten ihre Hände* **2** ***sich zieren*** *pej*; etwas nicht tun wollen (weil man Angst hat, sich schämt, zu stolz dafür ist)

zier·lich *Adj* **1** mit feinen, schlanken Gliedern ⟨eine Figur, Hände⟩: *eine zierliche alte Dame* **2** elegant in der Bewegung || *hierzu* **Zier·lich·keit** *die*

Zif·fer *die*; -, *-n* **1** das geschriebene Zeichen, das für eine Zahl steht: *eine Zahl mit vier Ziffern* **2** *gespr* ≈ Zahl **3** ***die arabischen Ziffern*** die Zeichen 1, 2, 3, 4 *usw* **4** ***die römischen Ziffern*** die Zeichen I, II, III, IV *usw* **5** eine Ziffer (1), die einen Abschnitt in einem (Gesetzes)Text kennzeichnet: *Paragraph 5, Ziffer 9 der Verordnung*

zig *Zahladj*; *indeklinabel*; *gespr* ≈ sehr viele: *Er hat zig Freundinnen*

◆**Zi·ga·ret·te** *die*; -, *-n*; eine Hülle aus Papier, mit Tabak darin, zum Rauchen ⟨eine Zigarette rauchen⟩ || K-: ***Zigaretten-, -rauch*** || -K: ***Filter-***

Zi·gar·re *die*; -, *-n*; eine Art Rolle aus Tabakblättern, die man raucht || K-: ***Zigarren-, -tabak***

Zi·geu·ner *der*; *-s*, -; früher verwendet als Bezeichnung für *Sinti und Roma* || K-: ***Zigeuner-, -musik*** || Hinweis: Dieses Wort ist diskriminierend und rassistisch || *hierzu* **Zi·geu·ne·rin** *die*; -, *-nen*

◆**Zim·mer** *das*; *-s*, -; **1** ein Raum in einer Wohnung oder in einem Haus, in dem man sich aufhält, arbeitet, schläft: *eine Wohnung mit zwei Zimmern, Küche, Bad und WC* || -K: ***Arbeits-, Bade-, Ess-, Schlaf-*** **2** einer der Räume in einem Hotel *o.Ä.*, in dem die Gäste wohnen ⟨ein Zimmer reservieren⟩: *ein Zimmer mit Dusche und WC*; *Haben Sie noch Zimmer frei?* || -K: ***Fremden-, Hotel-***; ***Doppel-***

zim·per·lich *Adj*; *pej*; sehr empfindlich (schon bei geringen Schmerzen): *Sei nicht so zimperlich, eine Spritze tut doch gar nicht weh!* || *hierzu* **Zim·per·lich·keit** *die*

Zimt *der*; *-(e)s*; *nur Sg*; ein gelblich braunes Gewürz, das als Pulver oder in kleinen Stangen *bes* für süße Speisen verwendet wird: *Milchreis mit Zimt und Zucker*

Zink *das*; *-(e)s*; *nur Sg*; ein Metall von bläulich weißer Farbe. Man verwendet es bei der Herstellung von Messing und als Schutz vor Rost; *Chem* Zn || K-: ***Zink-, -blech***

Zinn *das*; *-(e)s*; *nur Sg* **1** ein weiches Metall, das wie Silber glänzt und das man leicht formen kann; *Chem* Sn || K-: ***Zinn-, -becher*** || -K: ***Löt-*** **2** Gegenstände, *bes* Geschirr, aus Zinn (1)

◆**Zins**[1] *der*; *-es*, *-en*; *meist Pl*; Geld, das man *z.B.* einer Bank zahlen muss, wenn man von ihr Geld leiht, *bzw* das man von ihr bekommt, wenn man bei ihr Geld angelegt hat ⟨hohe, niedrige Zinsen; etwas bringt, trägt Zinsen⟩: *Für den Kredit zahlen wir 7% Zinsen* || K-: ***Zins-, -erhöhung, -senkung*** || -K: ***Kredit-***; ***Haben-, Soll-***

Zins[2] *der*; *-es*, *-e* **1** *südd* Ⓐ Ⓒⓗ ≈ Miete **2** *hist* ≈ Abgabe, Steuer

Zip·fel *der*; *-s*, -; **1** das spitze, schmale Ende von etwas (*bes* eines Tuchs oder an der Kleidung): *die Zipfel eines Taschentuchs* || -K: ***Rock-, Wurst-*** **2** (*bes* von und gegenüber Kindern verwendet) ≈ Penis

zir·ka *Adv*; ***zirka*** + *Zahl / Maßangabe*; nicht genau, sondern vielleicht etwas mehr oder weniger ≈ ungefähr; *Abk* ca.: *Ich bin in ca. einer Stunde zurück*; *Er wiegt ca. 80 Kilo*

Zir·kel *der*; *-s*, -; **1** ein Gerät, ungefähr von der Form eines umgekehrten V, mit dem man Kreise zeichnen kann || ↑ *Illustration* ***Am Schreibtisch*** **2** eine Gruppe von Personen, die ein gemeinsames Hobby oder gemeinsame Interessen haben (und sich daher oft treffen)

Zir·kus *der*; -, *-se* **1** ein Unternehmen, das

die Leute mit Kunststücken, Clowns, dressierten Tieren unterhält || K-: ***Zirkus-, -vorstellung, -zelt*** **2** eine einzelne Vorstellung eines Zirkus (1) **3** *gespr pej*; unnötige Aufregung ⟨einen großen Zirkus veranstalten⟩

zi·schen; *zischte, hat / ist gezischt* **1** ***etwas zischen*** (*hat*) etwas in ärgerlichem, scharfem Ton sagen: *„Hau ab", zischte sie wütend* **2** ***ein Tier zischt*** (*hat*) eine Gans, eine Schlange *o.Ä.* gibt Laute von sich, die wie *s, sch* oder *z* klingen **3** ***etwas zischt*** (*hat*) etwas produziert Laute, die wie *s, sch* oder *z* klingen: *Heißes Fett zischt, wenn Wasser dazukommt* **4** ***irgendwohin zischen*** (*ist*) *gespr*; sich sehr schnell bewegen

Zi·tat *das*; -(*e*)*s*, -*e*; eine Äußerung, die man wörtlich aus einem (*meist* bekannten) Text nimmt: *ein Zitat aus Shakespeares „Hamlet"* || -K: ***Goethe-***

◆**Zit·ro·ne** *die*; -, -*n*; eine kleine, sehr saure Frucht mit einer dicken gelben Schale || K-: ***Zitronen-, -limonade, -saft***

zit·tern; *zitterte, hat gezittert* **1** (*meist* aus Angst, Nervosität oder Schwäche) schnelle, kleine, unkontrollierte Bewegungen machen ⟨vor Angst, Kälte zittern; am ganzen Körper zittern⟩: *Seine Hände zitterten* **2** *meist* ***j-s Stimme zittert*** j-s Stimme klingt aufgeregt und nicht gleichmäßig: *Ihre Stimme zitterte vor Zorn* **3** ***vor j-m / etwas zittern*** *gespr*; vor j-m / etwas große Angst haben

Zi·vi [-v-] *der*; -*s*, -*s*; *gespr*; ein junger Mann, der Zivildienst leistet

Zi·vil [-v-] *das*; -*s*; *nur Sg* **1** die Kleidung, die j-d trägt, wenn er keine Uniform oder besondere Amtskleidung trägt ⟨Zivil tragen; in Zivil⟩ || K-: ***Zivil-, -kleidung; -beamte(r)*** **2** (CH) ≈ Familienstand

Zi·vil·dienst *der*; *nur Sg*; der Dienst und die Arbeiten, die ein junger Mann statt des Wehrdienstes macht ⟨Zivildienst leisten⟩ || *hierzu* **Zi·vil·dienst|leis·ten·de** *der*

Zi·vi·li·sa·ti·on [-'tsi̯oːn] *die*; -, -*en* **1** *nur Sg*; die Stufe in der Entwicklung der Gesellschaft, auf der es technischen Fortschritt, soziale und politische Ordnung und kulturelles Leben gibt **2** eine Gesellschaft in einer bestimmten Phase der Zivilisation (1)

zi·vi·li·siert *Adj* **1** *gespr*; höflich, mit guten Manieren: *Kannst du dich nicht ein bisschen zivilisierter benehmen?* **2** mit einem relativ hohen Maß an Zivilisation (1)

Zi·vi·list [-v-] *der*; -*en*, -*en*; j-d, der nicht zum Militär gehört

zog ↑ ***ziehen***

zö·gern; *zögerte, hat gezögert*; ***zögern*** + ***zu*** + *Infinitiv*; (***mit etwas***) ***zögern*** etwas (noch) nicht tun, weil man Angst hat oder weil man nicht weiß, ob es richtig ist: *Er zögerte lange mit der Antwort*; *Er zögerte nicht, die Frage zu beantworten*

Zoll[1] *der*; -(*e*)*s*, *Zöl·le* **1** eine Art Steuer, die man einem Staat zahlen muss, wenn man bestimmte Waren in das Land einführt ⟨auf einer Ware liegt Zoll; die Zölle senken, anheben⟩ || K-: ***Zoll-, -tarif*** || -K: ***Ausfuhr-, Schutz-*** **2** *nur Sg*; die Behörde, die die Vorschriften ausführt, die für Zölle[1] (1) gelten **3** *hist*; der Preis, den man zahlen musste, wenn man über eine bestimmte Brücke, Straße gehen, fahren wollte || -K: ***Brücken-***

Zoll[2] *der*; -(*e*)*s*, -; ein Längenmaß von ungefähr 2,7 bis 3cm

◆**Zo·ne** *die*; -, -*n* **1** ein Gebiet mit den jeweils genannten Eigenschaften: *eine entmilitarisierte Zone*; *die tropische Zone* || -K: ***Erdbeben-, Hochdruck-***; ***Besatzungs-, Klima-*** **2** ein Gebiet, in dem bestimmte Preise (*bes* für das Telefonieren und den öffentlichen Verkehr) gelten || K-: ***Zonen-, -tarif*** || -K: ***Gebühren-***

◆**Zoo** *der*; -*s*, -*s*; eine Art Park, in dem Tiere in Gehegen oder Käfigen gezeigt werden

Zopf *der*; -(*e*)*s*, *Zöp·fe* **1** lange Haare, die in drei gleich starke Teile gebunden sind ⟨Zöpfe flechten, tragen⟩ **2** ein *meist* süßes Brot in der Form eines breiten Zopfes (1) **3** ***ein alter Zopf*** *gespr*; etwas, das jeder weiß und das niemanden mehr interessiert

◆**Zorn** *der*; -(*e*)*s*; *nur Sg*; ***Zorn*** (***auf j-n / über etwas*** (*Akk*)) ein starkes Gefühl des Ärgers ≈ Wut ⟨in Zorn geraten⟩: *im Zorn einen Stuhl zertrümmern* || K-: ***Zorn-, -ausbruch***

◆**zor·nig** *Adj*; voller Zorn ≈ wütend

Zo·te *die*; -, -*n*; *pej*; ein Witz (über ein sexuelles Thema), der als unanständig empfunden wird || *hierzu* **zo·tig** *Adj*

Zot·teln *die*; *Pl*; lange, *meist* unordentliche oder schmutzige Haare || *hierzu* **zot·te·lig, zott·lig** *Adj*

◆**zu**[1] [tsuː], *unbetont* [tsʊ] *Präp*; *mit Dat* **1** verwendet, um das Ziel einer Bewegung anzugeben: *zum Bahnhof fahren*; *zur Bank, Post, Schule, Arbeit gehen* **2** verwendet, um eine Veranstaltung, bei der viele Leute sind, als Ziel zu nennen: *zur Party gehen / kommen*; *zu einer Tagung fahren*; *zu einem Kongress eingeladen sein* **3** verwendet, um die Position, Lage *o.Ä.* einer Person / Sache anzugeben ⟨zu Hause, zu Lande und zu Wasser, zur Rechten, zur Linken⟩ **4** verwendet, um einen Zeitpunkt oder Zeitraum anzugeben ⟨zu Beginn, zum Schluss; zu Weihnachten / Ostern / Pfingsten; zu jeder / keiner Zeit⟩: *Die Wohnung kann zum 15. April bezogen werden* **5** verwendet, um die Art und Weise einer Fortbewegung, ohne Fahrzeug, zu bezeichnen ⟨zu Fuß, zu Pferd⟩ **6** verwendet, um die Zahl der beteiligten Personen anzugeben ⟨zu zweit, zu dritt⟩ **7** verwendet, um die Menge anzugeben: *Benzin in Kanistern zu 50 Litern* **8** verwendet, um den Preis einer Ware zu nennen: *Socken zu 4 Euro das Paar*; *zum halben Preis* **9** verwendet, um den Anlass oder Zweck einer Handlung anzugeben: *j-m etwas zum Geburtstag schenken* **10** verwendet, um ein Ergebnis eines Spiels auszudrücken: *Das Fußballspiel endete drei zu zwei* (3:2) **11** verwendet, um das Ergebnis oder die Folge eines Vorgangs oder einer Handlung zu bezeichnen: *j-n zum Lachen bringen*; *zu einem Ergebnis kommen* **12** verwendet, um das Ziel oder den Zweck einer Handlung anzugeben: *Er geht jeden Abend zum Kegeln* **13** verwendet mit einem vom Verb abgeleiteten Substantiv, um die Voraussetzungen für etwas anzugeben: *Zum Fotografieren braucht man eine gute Kamera* **14** verwendet, um auszudrücken, dass etwas zu etwas gehört: *Zu Fisch trinkt man Weißwein, zu Wild Rotwein*; *Die Schuhe passen nicht zu diesem Kleid* **15** ***zum Ersten, Zweiten*** *usw* ≈ erstens, zweitens *usw*

◆**zu²** [t͡suː], *unbetont* [t͡sʊ] *Adv* **1** in Richtung auf j-n oder etwas hin: *Wir haben zwei Zimmer vermietet - eins geht dem Garten zu und eins der Straße zu* **2** verwendet, um j-n aufzufordern, mit etwas weiterzumachen ⟨Nur zu!; Immer zu!⟩ **3** ***zu*** + *Adj*; drückt aus, dass etwas in höherem Maße zutrifft als angemessen oder gut ist ⟨zu alt, groß, klein, lang, teuer⟩: *Du bist zu spät gekommen - der Film hat schon angefangen* **4** ***etwas ist zu*** *gespr*; etwas ist geschlossen oder verschlossen, etwas ist nicht offen: *Das Fenster ist zu*; *Die Bank war schon zu* **5** ***zu sein*** *gespr*; im Alkohol- oder Drogenrausch sein

◆**zu³** [t͡sʊ] *Konjunktion* **1** ***zu*** + *Infinitiv*; verwendet, um eine Möglichkeit oder Notwendigkeit auszudrücken: *Zimmer zu vermieten*; *Was ist noch zu tun?* **2** ***zu*** + *Infinitiv* verwendet, um an bestimmte Verben ein weiteres Verb anzuschließen: *Es fängt an zu regnen* **3** ***zu*** + *Partizip Präsens* + *Subst*; verwendet, um eine Möglichkeit, Erwartung, Notwendigkeit auszudrücken: *die zu erwartende Flut von Protesten*; *die zu klärenden Fragen*

zu- *im Verb*; *betont und trennbar*; drückt aus, dass etwas, das offen war, geschlossen wird; oder bezeichnet die Bewegung auf j-n, auf ein Ziel, einen Zustand hinaus;

zugreifen (schnell) etwas nehmen; ***zuhaben*** nicht geöffnet, sondern geschlossen sein; ***etwas zuklappen*** etwas schließen; ***auf j-n zukommen*** j-m zur Aufgabe werden; ***j-m etwas zumessen*** j-m so viel von etwas geben, wie man berechnen kann; ***etwas*** (*Dat*) ***etwas zuordnen*** etwas als Teil in eine bestimmte Kategorie geben; ***j-m etwas zuschreiben*** von etwas sagen, dass es zu j-m gehört; ***j-m etwas zusenden*** j-m etwas schicken, senden; ***etwas zusperren*** etwas (*z.B.* eine Tür) schließen; ***j-m zustimmen*** j-m sagen, dass man derselben Meinung wie er ist; ***j-m etwas zuwenden*** j-m etwas geben, etwas (seine Aufmerksamkeit, seine Blicke) auf ihn richten

Zu·be·hör *das*; *-(e)s*; *nur Sg*; einzelne Gegenstände, die zu einem Gerät, einer Maschine *o.Ä.* gehören (und mit denen man das Gerät besser oder anders nützen kann): *eine Nähmaschine mit allem Zubehör* || -K: ***Auto-, -zubehör***

zu·be·rei·ten; *bereitete zu, hat zubereitet*; ***etwas zubereiten*** Speisen (*meist* durch Kochen) zum Essen fertig machen: *das Mittagessen zubereiten* || *hierzu* **Zu·be·rei·tung** *die*

züch·ten; *züchtete, hat gezüchtet*; ***Tiere / Pflanzen züchten*** Tiere oder Pflanzen halten, um weitere junge Tiere *bzw* neue Pflanzen *meist* mit besonderen Eigenschaften zu bekommen: *Kakteen züchten*; *Rinder mit hoher Fleischqualität züchten* || *hierzu* **Züch·ter** *der*; **Züch·te·rin** *die*; *-, -nen*; **Züch·tung** *die*

◆**Zu·cker** *der*; *-s, -*; **1** *nur Sg*; eine weiße oder braune Substanz (in Form von Pulver, kleinen Kristallen oder Würfeln), mit der man Speisen und Getränke süß macht ⟨ein Stück, ein Löffel Zucker; etwas mit Zucker süßen⟩: *Nehmen Sie Zucker in den / zum Tee?*; *Ich trinke den Kaffee ohne Zucker* || K-: ***Zucker-, -dose, -masse*** || -K: ***Puder-, Würfel-***; ***Rohr-*** **2** *Chem*; eine von mehreren süß schmeckenden Substanzen, die in Pflanzen gebildet werden || -K: ***Frucht-, Trauben-*** **3** *nur Sg*; *gespr* ≈ Diabetes

zu·de·cken (*hat*) **1 etwas zudecken** einen Deckel *o.Ä.* über etwas legen: *den Topf zudecken* **2 j-n zudecken** über j-n eine Decke legen

zu·dem *Adv*; *geschr* ≈ außerdem

zu·ei·nan·der *Adv*; eine Person / Sache zu der anderen (drückt eine Gegenseitigkeit aus): *Seid nett zueinander!*

◆**zu·erst** *Adv* **1** (als Erstes) vor allen anderen Tätigkeiten ↔ zuletzt: *Ich möchte mir zuerst die Hände waschen*; *Zuerst muss man Butter und Zucker schaumig rühren, dann das Mehl dazugeben* **2** als Erste(r) oder Erstes: *Sie war zuerst da*; *Spring du zuerst!* **3** während der ersten Zeit, am Anfang: *Zuerst hat die Wunde sehr wehgetan*

◆**Zu·fall** *der*; ein Ereignis, das nicht geplant wurde und das nicht notwendigerweise so geschehen musste ⟨ein seltsamer, merkwürdiger, (un)glücklicher Zufall; etwas ist (reiner / purer) Zufall; durch Zufall⟩: *Wenn man dreimal hintereinander eine „6" würfelt, ist das ein Zufall*

◆**zu·fäl·lig** *Adj* **1** durch einen Zufall: *Wir haben uns zufällig auf der Straße getroffen* **2** *gespr* ≈ vielleicht: *Weißt du zufällig, wann der letzte Bus fährt?* || zu **1 Zu·fäl·lig·keit** *die*

◆**zu·frie·den** *Adj*; **zufrieden (mit j-m / etwas)**; **zufrieden über etwas** (*Akk*) froh, dass alles so ist, wie man es will (sodass man keine neuen Wünsche hat und nichts kritisieren muss) ⟨ein zufriedenes Gesicht machen; zufrieden sein, aussehen, wirken⟩: *mit j-s Leistungen zufrieden sein*; *zufrieden* (darüber) *sein*, dass *etwas funktioniert hat* || *hierzu* **Zu·frie·den·heit** *die*

zu·fü·gen (*hat*) **1 j-m etwas zufügen** bewirken, dass j-d etwas Unangenehmes empfindet, Schaden hat ⟨j-m Leid, Schmerzen, Unrecht, eine Niederlage zufügen⟩ **2** (**etwas** (*Dat*)) **etwas zufügen** ≈ zugeben (2) || *hierzu* **Zu·fü·gung** *die*

◆**Zug**[1] *der*; -(*e*)*s*, *Zü·ge*; mehrere (Eisenbahn)Wagen, die von einer Lokomotive gezogen werden: *der Zug nach Salzburg*; *der Zug aus Hannover* || K-: **Zug-, -abteil, -verkehr** || -K: **Güter-, Nahverkehrs-, Personen-** || ID **der Zug ist abgefahren** *gespr*; dafür ist es zu spät

Zug[2] *der*; -(*e*)*s*, *Zü·ge* **1** die Wirkung einer Kraft, die etwas in eine Richtung zieht (1) ↔ Druck: *der Zug der Schwerkraft* **2** die Bewegung einer Figur an einen anderen Platz bei einem Brettspiel, wie *z.B.* Schach **3** *nur Sg*; die Bewegung (*bes* von Vögeln oder Wolken) über eine weite Entfernung hinweg: *der Zug der Vögel in den Süden* || -K: **Vogel-** **4** eine lange Reihe *bes* von Menschen, die miteinander in dieselbe Richtung gehen: *ein Zug von Flüchtlingen* || -K: **Demonstrations-, Flüchtlings-, Trauer-** **5** ein großer Schluck: *Er leerte das Glas in wenigen Zügen* **6** das Einatmen von Tabakrauch || -K: **Lungen-** **7** *nur Sg*; eine Strömung von *meist* kühler Luft, die man als unangenehm empfindet **8** *meist Pl*; eine typische Art, sich zu benehmen || -K: **Charakter-, Wesens-** **9** die Bewegung mit den Armen beim Schwimmen: *ein paar Züge schwimmen* || ID **im Zuge** + *Gen geschr*; im Zusammenhang mit etwas oder als Folge von etwas: *Im Zuge der Ermittlungen wurden Bestechung und Betrug festgestellt*; **in 'einem Zug** ohne Pause oder Unterbrechung: *ein Buch in einem Zug lesen*; **in großen / groben Zügen** ⟨berichten⟩ nur das Wichtigste, ohne Einzelheiten; **am Zug sein** handeln müssen; **zum Zug kommen** die Möglichkeit haben, jetzt zu handeln; **Zug um Zug** eines nach dem anderen (ohne Unterbrechung); **etwas in vollen Zügen genießen** etwas sehr genießen; **in den letzten Zügen liegen** *gespr*; nicht mehr viel Kraft, Macht, Geld *usw* haben

Zu·ga·be *die* **1 Zugabe!** (*meist* von einem Publikum gerufen) verwendet, um einen Künstler aufzufordern, am Ende seines Programms noch etwas darzubieten **2** ein Musikstück, das am Ende eines Konzerts (zusätzlich zum Programm) gespielt wird ⟨eine Zugabe fordern, geben⟩ **3** das Hinzufügen, Zugeben (2)

Zu·gang *der* **1 ein Zugang** (**zu etwas**) der Weg, der zu einem Gebäude oder Gebiet führt: *Alle Zugänge zur Fabrik waren von Streikenden besetzt* || K-: **Zugangs-, -straße** **2** *nur Sg*; die Möglichkeit, j-n / etwas zu sehen, sprechen *o.Ä.* oder in etwas hineinzukommen ≈ Zutritt ⟨j-m / sich Zugang zu j-m / etwas verschaffen; j-m den Zugang zu j-m / etwas verwehren⟩ **3** *nur Sg*; die Möglichkeit oder Fähigkeit, j-n / etwas zu verstehen ⟨(keinen) Zugang zu j-m / etwas haben, finden⟩ || *hierzu* **zu·gäng·lich** *Adj*

zu·ge·ben (*hat*) **1 etwas zugeben** sagen, dass man etwas getan hat, was böse oder nicht richtig war: *Sie gab den Diebstahl zu*; *Sie gab zu, die Uhr gestohlen zu haben* **2** (**etwas** (*Dat*)) **etwas zugeben** beim Kochen etwas zu einer Speise tun: *der Suppe Salz zugeben*

zu·ge·ge·ben *Partikel*; *betont*; verwendet, um eine Aussage einzuleiten, die man zwar (aus Gerechtigkeit oder Fairness) erwähnt, die aber nichts an der Hauptaussage ändert: *Zugegeben, ihr habt euch viel Mühe gemacht, aber es hat nichts genützt*

Zü·gel *der*; *-s, -*; *meist Pl*; die Riemen, mit denen man Pferde am Kopf führt und lenkt || ↑ *Abbildung unter* ***Pferd***

zü·geln; *zügelte, hat gezügelt*; ***etwas / sich zügeln*** *bes* negative Gefühle unter Kontrolle haben und sich beherrschen ⟨seine Begierde, seinen Zorn, seinen Hunger zügeln⟩ || *hierzu* **Zü·ge·lung** *die*

zü·gig *Adj*; relativ schnell und ohne Unterbrechung: *mit der Arbeit zügig vorankommen* || *hierzu* **Zü·gig·keit** *die*

zu·grun·de, zu Grun·de *Adv*; *nur in* **1** ***zugrunde gehen*** sterben oder zerstört werden ⟨an etwas zugrunde gehen⟩: *Er wird am Alkohol zugrunde gehen* **2** ***j-n / etwas zugrunde richten*** bewirken, dass j-d / etwas nicht mehr existieren kann ≈ ruinieren: *Die Firma wurde von einem schlechten Management zugrunde gerichtet* **3** ***etwas liegt etwas*** (*Dat*) ***zugrunde*** etwas ist die Grundlage oder Basis von etwas **4** ***etwas*** (***etwas*** (*Dat*)) ***zugrunde legen*** etwas als Grundlage für einen Beweis, eine Behauptung nehmen

zu·guns·ten, zu Guns·ten *Präp*; *mit Gen / Dat*; zum Vorteil von: *eine Sammlung zugunsten der Welthungerhilfe*; *den Kindern zugunsten / zugunsten der Kinder*

zu·gu·te *Adv*; *nur in* **1** ***etwas kommt j-m / etwas zugute*** etwas unterstützt oder nützt j-m / etwas: *Die Einnahmen aus dem Konzert sollen den Flüchtlingen zugute kommen* **2** ***j-m / sich etwas zugute kommen lassen***; ***j-m etwas zugute tun*** etwas tun, das für j-n gut und angenehm ist: *Arbeite nicht so viel - lass dir auch einmal etwas zugute kommen!* **3** ***j-m etwas zugute halten*** *geschr*; etwas als Entschuldigung (für etwas Negatives) berücksichtigen: *Man muss ihr zugute halten*, dass *sie lange krank war*

◆ **Zu·hau·se** *das*; *-s*; *nur Sg*; das Haus, die Wohnung oder der Ort, wo man lebt oder wo man aufgewachsen ist || Hinweis: aber: *Ich bin jetzt zu Hause*

zu·hö·ren (*hat*) (***j-m / etwas***) ***zuhören*** bewusst (hin)hören ⟨aufmerksam, genau zuhören; nicht richtig zuhören⟩: *Sie hörte der Diskussion schweigend zu* || ID *meist* ***Jetzt hör mir mal 'gut zu!*** *gespr*; verwendet, um *bes* eine Ermahnung einzuleiten || *hierzu* **Zu·hö·rer** *der*; **Zu·hö·re·rin** *die*; *-, -nen*

◆ **Zu·kunft** *die*; *-*; *nur Sg* **1** die Zeit, die noch nicht da ist, die kommende Zeit ↔ Gegenwart, Vergangenheit ⟨die nahe, ferne Zukunft; etwas liegt in der Zukunft⟩: *Pläne für die Zukunft machen*; *Ich bin neugierig, was die Zukunft bringen wird*; *die Zukunft voraussagen können* || K-: ***Zukunfts-, -aussichten*** **2** die (*meist* guten) Aussichten für die persönliche Entwicklung in der Zukunft (1) ⟨keine, eine Zukunft haben; mit, ohne Zukunft⟩: *ein Beruf mit Zukunft*; *Sie hat eine große Zukunft als Pianistin* **3** ***in Zukunft*** von jetzt an ≈ künftig || ID ***j-m / etwas gehört die Zukunft*** j-d / etwas hat gute Aussichten auf Erfolg || *hierzu* **zu·kunft(s)·wei·send** *Adj*

zu·künf·tig *Adj*; *nur attr oder adv*; in der Zukunft oder zur Zukunft gehörig ↔ vergangen- ⟨die Entwicklung, die Gesellschaft, Generation⟩: *Die zukünftigen Ereignisse werden zeigen, wer Recht hat*

zu·las·sen (*hat*) **1** ***etwas zulassen*** etwas erlauben, gestatten: *Ich werde nie zulassen*, dass *du allein verreist*; *Unser Einkommen lässt keinen Luxus zu* **2** *meist* ⟨eine Behörde⟩ ***lässt j-n / etwas*** (***zu / für etwas***) ***zu*** eine Behörde erlaubt j-m / etwas, an etwas teilzunehmen ⟨j-n zur Prüfung, zum Studium zulassen; ein Auto (für den Verkehr) zulassen⟩ **3** ***etwas zulassen*** *gespr*; etwas nicht öffnen || *zu* **1** und **2** **Zu·las·sung** *die*

zu·lei·de, zu Lei·de *Adv*; *nur in* ***j-m / einem Tier etwas / nichts zuleide tun*** etwas / nichts tun, was j-m oder einem Tier schadet oder wehtut

◆ **zu·letzt** *Adv* **1** (als Letztes) nach allen anderen Tätigkeiten ↔ zuerst: *die Teile ausschneiden, glatt machen und zuletzt bemalen* **2** als Letzte(r) oder Letztes: *Für den, der zuletzt kommt, gibt es keinen Sitzplatz mehr* **3** *gespr*; das letzte Mal (vor dem jetzigen Mal): *Wann warst du zuletzt beim Arzt?* **4** während der letzten Zeit, in der Endphase: *Zuletzt hat er sich überhaupt nicht mehr angestrengt* **5** ***bis zuletzt*** *gespr*; bis zum letzten Moment: *Wir hofften bis zuletzt, dass sie den Unfall überleben würde* || ID ***nicht zuletzt*** (zu einem großen Teil) auch: *Dass wir nicht früher fertig wurden, lag nicht zuletzt daran, dass wir nicht genug Leute waren*

zum *Präp mit Artikel* ≈ zu dem: *zum Rathaus fahren* || Hinweis: *zum* kann nicht durch *zu dem* ersetzt werden in Wendungen wie: *zum Beispiel*; *etwas zum Vergnügen tun*; *zum Schwimmen gehen*

◆ **zu·ma·chen** (*hat*) **1** (***etwas***) ***zumachen*** etwas schließen ↔ aufmachen (1): *Mach bitte* (*die Tür*) *zu, es zieht* **2** (***etwas***) ***zumachen*** ein Geschäft *o.Ä.* schließen oder aufgeben: *Er musste (sein Geschäft) wegen finanzieller Schwierigkeiten zumachen* **3** ***etwas macht zu*** etwas ist nicht mehr für die Kunden offen: *Die Bank macht heute um vier Uhr zu* **4** *bes nordd, gespr*; (etwas) schnell machen: *Mach zu, wir warten alle auf dich!*

zu·mal[1] *Partikel*; *geschr* ≈ besonders, vor allem: *Der Smog ist hier schlimm, zumal in der Stadt*; *Sie geht gern in die Berge, zumal im Sommer*

zu·mal[2] *Konjunktion*; *geschr*; vor allem weil / da: *Niemand warf ihm den Fehler vor, zumal er sonst so zuverlässig war*

zu·meist *Adv*; *geschr* ≈ meistens, meist

zu·min·dest *Partikel* **1** verwendet, um auszudrücken, dass etwas das Minimum ist, was man erwarten kann ≈ wenigstens: *Du hättest dich zumindest bedanken können* **2** verwendet als tröstende oder aufmunternde Einschränkung einer negativen Aussage: *Bei dem Sturm wurden viele Häuser beschädigt, aber zumindest wurde niemand verletzt* **3** verwendet, um eine Aussage einzuschränken: *Der Film ist sehr gut, zumindest sagt das Christa*

zu·mu·te, **zu Mu·te** *Adv*; *nur in* ***j-m ist irgendwie zumute*** j-d ist in einer bestimmten Stimmung: *Im Moment ist mir nicht nach Späßen zumute*; *Ihr war zum Weinen zumute*

zu·nächst *Adv* **1** als Erstes ≈ zuerst (1): *Zunächst (einmal) will ich mich ausruhen* **2** am Anfang, zu Beginn ≈ anfangs: *Wir hatten zunächst gezögert, dem Vorschlag zuzustimmen* **3** was die nächste Zeit betrifft: *Ich mach mir da zunächst keine Sorgen*

Zu·nah·me *die*; -, *-n*; das Zunehmen ↔ Abnahme: *Für die nächsten Jahre ist mit einer weiteren Zunahme des Verkehrs zu rechnen* || -K: ***Bevölkerungs-, Gewichts-***

Zu·na·me *der* ≈ Familienname, Nachname

zün·den; *zündete, hat gezündet* **1** ***etwas zündet*** etwas kommt durch brennendes Gas (und kleine, schnelle Explosionen) in Bewegung oder beginnt zu arbeiten ⟨eine Rakete, ein Motor⟩ **2** ***etwas zündet*** etwas bewirkt, dass Menschen begeistert sind und aktiv werden ⟨eine zündende Rede⟩ **3** ***etwas zünden*** bewirken, dass ein Sprengstoff explodiert oder dass ein Gas zu brennen anfängt ⟨eine Rakete, eine Sprengladung zünden⟩ || ID ***bei j-m hat es gezündet*** *gespr hum*; j-d hat etwas endlich verstanden

Zün·der[1] *der*; *-s*, -; der Teil einer Bombe *o.Ä.*, der die Explosion auslöst

Zün·der[2] *die*; *Pl*; Ⓐ ≈ Zündhölzer

Zünd·holz *das*; *-es*, *Zünd·höl·zer*; *bes südd* Ⓐ ≈ Streichholz

Zün·dung *die*; -, *-en* **1** der Vorgang, durch den etwas gezündet (3) wird: *die Zündung einer Rakete* || K-: ***Zünd-, -schlüssel*** || -K: ***Fehl-*** **2** eine Anlage, die einen Motor (durch den Strom der Batterie) startet

◆**zu·neh·men** (*hat*) **1** ***etwas nimmt zu*** etwas wird größer (stärker, intensiver *usw*): *Die Zahl der Studenten nimmt ständig zu*; *Die Schmerzen nahmen zu* **2** ***j-d nimmt an etwas*** (*Dat*) ***zu*** j-d gewinnt mehr von der genannten Sache ⟨an Erfahrung, Einfluss zunehmen⟩ **3** (dicker und) schwerer werden: *Ich habe 2 kg zugenommen* **4** ***der Mond nimmt zu*** der Mond ist in der Phase, in der man täglich mehr davon sieht: *bei zunehmendem Mond* **5** ***mit zunehmendem Alter*** wenn man älter wird **6** ***in zunehmendem Maße*** immer mehr

Zu·nei·gung *die*; -; *nur Sg*; ***Zuneigung*** (***zu j-m / für j-n***) die Sympathie, die j-d für eine andere Person hat ⟨Zuneigung empfinden⟩

Zun·ge *die*; -, *-n* **1** das bewegliche Organ im Mund, mit dem man schmeckt, die Nahrung hin und her schiebt || K-: ***Zungen-, -spitze*** **2** die Zunge (1) bestimmter Tiere, die man isst || -K: ***Kalbs-*** **3** ***mit der Zunge anstoßen*** *gespr* ≈ lispeln **4** ***j-m die Zunge herausstrecken / zeigen*** die Zunge (1) aus dem Mund strecken, um j-m zu zeigen, dass man ihn verachtet || ID ***böse Zungen*** boshafte Menschen ⟨böse Zungen behaupten, dass …⟩; ***eine spitze, boshafte Zunge haben*** oft böse Dinge sagen; ***eine schwere Zunge haben*** langsam und mit Mühe sprechen (nach viel Alkohol); ***sich*** (*Dat*) ***auf die Zunge beißen*** sich nur mit Mühe beherrschen und etwas nicht sagen; *meist* ***Es liegt mir auf der Zunge! / Ich habs auf der Zunge!*** ich bin sicher, dass ich es weiß, aber es fällt mir im Moment nicht ein

zur [tsuːɐ̯, tsʊr] *Präp mit Artikel* ≈ zu der: *zur Tür hinausgehen* || Hinweis: *zur* kann nicht durch *zu der* ersetzt werden in Wendungen wie: *sich zur Ruhe begeben*; *etwas zur Genüge kennen*

zu·recht|fin·den, sich (*hat*) ***sich*** (***irgendwo***) ***zurechtfinden*** in einer fremden Umgebung oder bei einer neuen Tätigkeit die Bedingungen richtig einschätzen, bewältigen: *sich in einer fremden Stadt zurechtfinden*; *Es dauerte lange, bis ich mich in der neuen Situation zurechtfand*

zu·re·den (*hat*) ***j-m zureden*** mit j-m lange oder oft (und ernst) reden, damit er etwas tut ⟨j-m gut zureden⟩: *Ich habe ihr lange zureden müssen, bis sie endlich zum Arzt ging*

◆**zu·rück** *Adv*; (wieder) dorthin (zu dem Ausgangspunkt oder in diese Richtung), aus der man gekommen ist ↔ hin: *Zum Bahnhof sind wir mit der Straßenbahn gefahren, den Weg zurück haben wir zu Fuß gemacht; Zwei Fahrkarten nach Frankfurt und zurück!*

zu·rück- *im Verb*; *betont und trennbar*; betont, dass etwas / eine Person oder Sache wieder an den Ort kommt, wo sie vorher war, oder eine Bewegung nach hinten; **(*j-m*) *etwas zurückbezahlen*** j-m das Geld wiedergeben, das man von ihm bekommen hat; **(*irgendwo*) *zurückbleiben*** an einem Ort bleiben, während ein anderer weiterfährt; **(*j-m*) *etwas zurückbringen*** etwas wieder dorthin bringen, wo es vorher war; ***etwas* (*irgendwo*) *zurücklassen*** sich fortbewegen, während etwas anderes dort (zurück)bleibt; ***etwas zurücklegen*** etwas wieder dorthin legen, wo es vorher war; ***j-n zurückrufen*** j-m sagen (zurufen), dass er zurückkommt; **(*von etwas*) *zurücktreten*** eine Position, Funktion aufgeben; ***etwas zurückweisen*** etwas nicht haben, anerkennen wollen (und j-m zurückgeben); **(*j-m*) *etwas zurückzahlen*** Geld, das man von j-m geliehen hat, ihm wiedergeben

◆**zu·rück·be·kom·men**; *bekam zurück, hat zurückbekommen* **1 *etwas zurückbekommen*** etwas wieder bekommen, das man früher schon einmal hatte: *Wann bekomme ich meine Bücher wieder zurück?* **2 *etwas zurückbekommen*** etwas beim Geldwechsel von j-m erhalten

◆**zu·rück·er·stat·ten**; *erstattete zurück, hat zurückerstattet*; **(*j-m*) *etwas zurückerstatten*** ≈ zurückzahlen ‖ *hierzu* **Zu·rück·er·stat·tung** *die*

◆**zu·rück·fah·ren** (*hat / ist*) **1** (*ist*) nach hinten (rückwärts) fahren oder wieder dorthin fahren, wo man vorher war: *Sie ist (den ganzen Weg) allein zurückgefahren; mit dem Zug nach Hause zurückfahren* **2** (*ist*) *bes* den Kopf und Oberkörper schnell und plötzlich nach hinten bewegen, *meist* vor Schreck **3 *etwas zurückfahren*** (*hat*) die Leistung einer technischen Anlage niedriger schalten: *das Kraftwerk bei einem Defekt zurückfahren*

◆**zu·rück·ge·ben** (*hat*) **1 (*j-m*) *etwas zurückgeben*** j-m etwas (wieder)geben, das man von ihm genommen, geliehen, gekauft hat **2 *etwas zurückgeben*** *geschr* ≈ antworten: *„Nein!“, gab sie zurück*

◆**zu·rück·ge·hen** (*ist*) **1 (*irgendwohin*) *zurückgehen*** nach hinten gehen oder dorthin gehen, wo man vorher war: *Sie wird nach dem Studium in ihre Heimatstadt zurückgehen* **2 *etwas zurückgehen lassen*** etwas nicht annehmen, weil es nicht so ist, wie man es bestellt hatte: *das Essen in einem Restaurant zurückgehen lassen* **3 *etwas geht zurück*** etwas wird im Grad, Ausmaß (in der Höhe, Stärke) kleiner: *Die Temperaturen werden in der Nacht auf 5 Grad zurückgehen; Die Preise gingen stark zurück* **4 *etwas geht auf j-n / etwas zurück*** etwas ist aus etwas entstanden oder von j-m gegründet worden: *Die Stadt geht auf eine römische Siedlung zurück*

◆**zu·rück·hal·ten** (*hat*) **1 *j-n zurückhalten*** j-n nicht weggehen, wegfahren lassen: *j-n an der Grenze zurückhalten, um seine Papiere zu kontrollieren* **2 *etwas zurückhalten*** etwas (absichtlich) nicht anderen geben oder verkaufen ⟨Informationen zurückhalten⟩: *Sie wollen die Waren so lange zurückhalten, bis der Preis gestiegen ist* **3 *etwas zurückhalten*** *bes* Gefühle nicht zeigen ⟨seinen Zorn, seine Wut zurückhalten⟩ **4 *j-n* (*von etwas*) *zurückhalten*** j-n an einer bestimmten Handlung hindern, j-n von etwas abhalten: *j-n von einer Dummheit zurückhalten* **5 *sich* (*mit etwas*) *zurückhalten*** ≈ sich beherrschen: *sich mit dem Essen zurückhalten* **6 *sich zurückhalten*** sich passiv verhalten ‖ *hierzu* **Zu·rück·hal·tung** *die*

◆**zu·rück·keh·ren** (*ist*) *geschr* **1 (*von / aus etwas*) (*zu j-m / nach etwas*) *zurückkehren*** (wieder) dorthin kommen, wo man vorher war: *von einer Reise, aus der Fremde zurückkehren; zu den Eltern zurückkehren* **2 *etwas kehrt zurück*** etwas erreicht wieder den Zustand, den es vorher hatte: *Erst lange nach dem Unfall kehrte seine Erinnerung ganz zurück*

◆**zu·rück·kom·men** (*ist*) wieder dorthin kommen, wo man vorher war: *von einer Reise, einem Spaziergang zurückkommen* **2 *auf etwas* (*Akk*) *zurückkommen*** von etwas sprechen, das man bereits einmal erwähnt hat: *Auf diesen Punkt komme ich später noch zurück* **3 *auf j-n / etwas zurückkommen*** j-s Hilfe, ein Angebot erst (einige Zeit) später annehmen: *Wir werden zu gegebener Zeit auf Ihr Angebot zurückkommen*

◆**zu·rück·lie·gen** (*hat / südd* Ⓐ Ⓒⓗ *ist*) **1 *etwas liegt zurück*** etwas ist in der Vergangenheit geschehen: *Mein Unfall liegt nun schon drei Jahre zurück* **2** (***hinter j-m***) ***zurückliegen*** in einem (sportlichen) Wettkampf hinter j-m (*meist* dem Führenden) liegen: *Die deutsche Mannschaft liegt um zehn Punkte zurück*

♦**zu·rụ̈ck·ste·cken** (*hat*) **1** ***etwas irgendwohin zurückstecken*** etwas wieder dorthin stecken, wo es vorher einmal war **2** *gespr*; mit weniger zufrieden sein, als man gewollt und erwartet hat ⟨zurückstecken müssen⟩

♦**zu·rụ̈ck·zie·hen** (*hat*) **1** ***j-n / etwas zurückziehen*** j-n / etwas nach hinten ziehen oder dorthin ziehen, wo er / es vorher war: *das Kind vom offenen Feuer zurückziehen* **2** ***etwas zurückziehen*** etwas auf die Seite ziehen ⟨die Vorhänge zurückziehen⟩ **3** ***j-n zurückziehen*** *meist* Truppen den Befehl geben, sich aus einem Gebiet zu entfernen (und ins Land dahinter zu gehen): *die an der Grenze stationierten Truppen zurückziehen* **4** ***etwas zurückziehen*** erklären, dass man etwas nicht mehr will ⟨seine Kandidatur, einen Antrag, eine Klage zurückziehen⟩ **5** ***sich zurückziehen*** an einen Ort gehen, wo man allein ist, oder sich so verhalten, dass man nur wenig Kontakt zu Menschen hat ⟨zurückgezogen leben⟩ **6** ***sich*** (***von / aus etwas***) ***zurückziehen*** bei etwas nicht mehr aktiv sein ≈ etwas aufgeben ⟨sich aus der Politik, vom Sport zurückziehen⟩ **7** ⟨Truppen⟩ ***ziehen sich zurück*** Truppen *o.Ä.* gehen vom Ort der Kämpfe weg

Zu̲·sa·ge *die* **1** die positive Antwort auf eine Einladung oder ein Angebot ⟨eine Zusage bekommen, erhalten, geben⟩ **2** das Versprechen, das zu tun, was sich j-d wünscht: *Wir haben die Zusage, dass unser Budget nicht gekürzt wird*

zu̲·sa·gen (*hat*) **1** (***j-m***) (***etwas***) ***zusagen*** j-m sagen oder versprechen, dass man etwas tun wird oder dass man hilft: *Er sagte zu, den Vortrag zu halten*; *Sie bekommt den Job, sie haben ihr schon zugesagt*; *Fast alle, die ich eingeladen habe, haben zugesagt* **2** ***j-d / etwas sagt j-m zu*** j-d / etwas ist so, wie es sich j-d wünscht ≈ etwas gefällt j-m

zu·sạm·men *Adv* **1** nicht allein, sondern miteinander ≈ gemeinsam ↔ allein: *Wir fuhren zusammen in Urlaub* **2** als Ganzes betrachtet ≈ insgesamt: *Alles zusammen hat einen Wert von 1000 Euro*

zu·sạm·men- *im Verb*; *betont und trennbar*; drückt aus, dass Personen oder Dinge nicht getrennt sein sollen und ein Ganzes bilden sollen;

etwas zusammenbauen etwas aus einzelnen Teilen bauen; ***etwas zusammenbinden*** die Teile so binden, dass sie ein Ganzes bilden; ***zusammenbleiben*** gemeinsam die Zeit verbringen; ***etwas zusammendrücken*** etwas so aufeinander drücken, dass es kleiner (flacher) wird; ***etwas zusammenfügen*** aus einzelnen Teilen ein Ganzes machen; ***etwas zusammenhalten*** bewirken, das alles als Ganzes verbunden bleibt; ***zusammenziehen*** an einen Ort ziehen, an dem man gemeinsam wohnen kann

♦**zu·sạm·men·ar·bei·ten** (*hat*) ***j-d arbeitet mit j-m*** (***an etwas*** (*Dat*)) ***zusammen***; ⟨Personen⟩ ***arbeiten*** (***an etwas*** (*Dat*)) ***zusammen*** zwei oder mehr Personen arbeiten am gleichen Ziel oder Projekt || *hierzu* **Zu·sạm·men·ar·beit** *die*

♦**zu·sạm·men·bre·chen** (*ist*) **1** ***j-d bricht zusammen*** j-d verliert plötzlich seine psychische oder körperliche Kraft (wird ohnmächtig oder beginnt zu weinen) ⟨vor Schmerzen, unter einer Last zusammenbrechen⟩ **2** ***etwas bricht zusammen*** etwas funktioniert als System nicht mehr ⟨die Stromversorgung, das Telefonnetz, der Verkehr, der Kreislauf⟩ **3** ***etwas bricht zusammen*** etwas zerfällt in einzelne Teile || *zu* **1** und **2** **Zu·sạm·men·bruch** *der*

♦**zu·sạm·men·brin·gen** (*hat*) **1** ***etwas zusammenbringen*** *gespr*; etwas tun können: *keinen ganzen Satz zusammenbringen* **2** ***etwas zusammenbringen*** die nötige Menge von etwas finden oder beschaffen: *Ich weiß nicht, wie ich das Geld für die nächste Miete zusammenbringen soll* **3** ***j-n mit j-m zusammenbringen*** zwei oder mehrere Menschen miteinander bekannt machen

♦**zu·sạm·men·fas·sen** (*hat*) **1** ***etwas zusammenfassen*** das Wichtigste aus einem längeren Text (*meist* am Schluss) in wenigen Sätzen wiederholen ⟨eine Rede, einen Vortrag zusammenfassen⟩: *Sie fasste ihre Ansichten zum Schluss in drei Thesen zusammen* **2** ***etwas*** (***in etwas*** (*Akk*) ***/ zu etwas***) ***zusammenfassen*** aus einzelnen Gruppen oder Teilen ein Ganzes bilden: *Die einzelnen kleinen Gruppen wurden zu einer Partei zusammengefasst* || *hierzu* **Zu·sạm·men·fas·sung** *die*

zu·sạm·men·ge·hö·ren (*hat*) ***j-d / etwas*** (*Kollekt oder Pl*) ***gehört zusammen*** zwei (oder mehr) Personen oder Dinge bilden ein Paar, eine Einheit oder ein Ganzes: *Der Tisch und die Stühle gehören zusam-*

men || *hierzu* **Zu·sạm·men·ge·hö·rig·keit** *die*; **zu·sạm·men·ge·hö·rig** *Adj*

◆**Zu·sạm·men·hang** *der* **1** ***der Zusammenhang*** **(*mit etwas*)**; ***der Zusammenhang*** **(*zwischen*** ⟨Dingen⟩ / ***zwischen etwas*** (*Dat*) ***und etwas*** (*Dat*)**)** eine Beziehung oder Verbindung zwischen Dingen oder Tatsachen ⟨ein direkter, historischer Zusammenhang; einen Zusammenhang herstellen; einen Zusammenhang sehen, erkennen; die größeren Zusammenhänge sehen⟩: *Zwischen Krebs und Rauchen besteht ein enger Zusammenhang* || -K: ***Gedanken-*** **2** ***in diesem Zusammenhang ...*** verwendet, um einen Kommentar zu dem einzuleiten, was vorher gesagt wurde: *In diesem Zusammenhang erwähnte er, dass ...*

zu·sạm·men·hän·gen; *hing zusammen, hat zusammengehangen*; ***etwas hängt mit etwas zusammen*** etwas ist die Folge, das Ergebnis von etwas, wird von etwas verursacht: *der Müll und die damit zusammenhängenden Probleme*

zu·sạm·men·le·ben (*hat*) ***j-d lebt mit j-m zusammen***; ***zwei Personen leben zusammen*** zwei Personen wohnen gemeinsam und bilden (*meist* als Paar) eine Gemeinschaft

◆**zu·sạm·men·le·gen** (*hat*) **1** ***etwas zusammenlegen*** die einzelnen Teile von etwas so legen oder falten, dass es möglichst klein, flach wird ⟨die Zeitung, die Kleider, die Wäsche zusammenlegen⟩ **2** ⟨Dinge⟩ ***zusammenlegen*** verschiedene Dinge so verbinden (oder organisieren), dass sie ein Ganzes bilden: *Die beiden Kurse hatten so wenige Teilnehmer, dass sie zusammengelegt wurden* **3** **(*für etwas*)** ***zusammenlegen*** gemeinsam das Geld sammeln, das man für einen Zweck braucht: *Peter hatte sein Geld vergessen, und wir mussten für seine Fahrkarte zusammenlegen* || *zu* **2** **Zu·sạm·men·le·gung** *die*

◆**zu·sạm·men·neh·men** (*hat*) **1** ⟨Dinge⟩ ***zusammennehmen*** verschiedene Dinge im Ganzen, als Einheit betrachten: *Wenn man alle Kosten zusammennimmt, muss ich im Monat 1000 Euro für die Wohnung zahlen* **2** ***etwas zusammennehmen*** etwas auf einen Zweck, ein Ziel konzentrieren ⟨seinen Mut, seinen Verstand, seine ganze Kraft zusammennehmen⟩ **3** ***sich zusammennehmen*** seine Gefühle, Impulse *usw* unter Kontrolle haben: *Nimm dich doch zusammen und schrei nicht so!*

◆**zu·sạm·men·pas·sen** (*hat*) ⟨Personen / Dinge⟩ ***passen*** **(*irgendwie*)** ***zusammen*** zwei oder mehr Personen / Dinge bilden eine harmonische Einheit: *Manche Farben passen gut zusammen*

◆**zu·sạm·men·rei·ßen**, **sich** (*hat*) ***sich zusammenreißen*** *gespr* ≈ sich zusammennehmen (3)

◆**zu·sạm·men·set·zen** (*hat*) **1** ***etwas zusammensetzen*** etwas aus verschiedenen Teilen machen: *Er nahm das Radio auseinander, aber dann konnte er es nicht mehr zusammensetzen* **2** ***etwas setzt sich aus j-m / etwas zusammen*** etwas besteht aus verschiedenen Personen / Teilen: *Die Sinfonie setzt sich aus vier Sätzen zusammen* **3** ***j-d setzt sich mit j-m zusammen***; ⟨Personen⟩ ***setzen sich zusammen*** zwei oder mehrere Personen treffen sich, *meist* um über etwas Bestimmtes zu sprechen ⟨sich zu Verhandlungen zusammensetzen⟩ || *zu* **2** **Zusạm·men·set·zung** *die*

◆**zu·sạm·men·sto·ßen** (*ist*) **1** ***j-d / ein Fahrzeug stößt mit j-m / einem Fahrzeug zusammen***; ⟨Personen / Fahrzeuge⟩ ***stoßen zusammen*** zwei oder mehrere Personen / Fahrzeuge stoßen im Gehen oder Laufen *bzw* Fahren gegeneinander: *Die Fahrzeuge sind frontal zusammengestoßen* **2** ***etwas stößt mit etwas zusammen***; ⟨Dinge⟩ ***stoßen zusammen*** zwei oder mehrere Dinge treffen sich an einer Linie oder einem Punkt: *Hier stoßen die Grundstücke zusammen* || *hierzu* **Zu·sạm·men·stoß** *der*

◆**zu·sạm·men·zäh·len** (*hat*) **(*etwas*** (*Pl*)**)** ***zusammenzählen*** ≈ addieren: *Nun zähl mal zusammen!*

zu̲·sätz·lich *Adj*; ***zusätzlich*** **(*zu j-m / etwas*)** so, dass j-d / etwas (als Ergänzung) zu den bereits vorhandenen Personen / Dingen hinzukommt ⟨eine Belastung; Kosten⟩: *Zusätzlich zu den eingeladenen Gästen sind noch einige Nachbarn gekommen*; *ein paar Stunden zusätzlich arbeiten*

◆**zu̲·schau·en** (*hat*) **(*j-m / etwas*)** ***zuschauen***; **(*j-m*)** ***bei etwas zuschauen*** *bes südd* Ⓐ Ⓒⓗ ≈ zusehen

Zu̲·schau·er *der*; *-s, -*; j-d, der bei etwas (*bes* bei einer Veranstaltung) zusieht: *Die Zuschauer klatschten Beifall* || K-: ***Zuschauer-, -zahl***

zu̲·schie·ßen (*hat / ist*) **1** **(*j-m / etwas*)** ***etwas zuschießen*** (*hat*) j-m Geld geben und ihn so unterstützen: *Der Sponsor schießt dem Verein noch 30000 Euro zu* **2** ***auf j-n / etwas zuschießen*** (*ist*) sich sehr schnell in Richtung auf j-n / etwas bewegen: *Das Auto schoss auf den Baum zu*

zu·schlie·ßen (*hat*) ***etwas zuschließen*** etwas mit einem Schlüssel schließen: *die Haustür zuschließen*

Zu·schrift *die*; ein Brief als Reaktion auf eine Anzeige, eine Fernsehsendung *o.Ä.*: *zahlreiche Zuschriften auf ein Inserat erhalten* || -K: ***Leser-***

Zu·schuss *der*; ***ein Zuschuss*** (***für / zu etwas***) Geld, das j-d oder eine Organisation bekommt, damit er / sie etwas finanzieren kann: *einen Zuschuss zu den Baukosten bekommen*; *staatliche Zuschüsse für das Theater*

zu·se·hen (*hat*) **1** (***j-m / etwas***) ***zusehen***; (***j-m***) ***bei etwas zusehen*** aufmerksam mit Blicken verfolgen, wie j-d etwas tut oder wie etwas geschieht: *j-m bei der Arbeit zusehen*; *Sieh zu*, wie *ich das mache, damit du es lernst!* **2** (***bei etwas***) ***zusehen*** etwas geschehen lassen, ohne etwas dagegen zu tun, ohne aktiv sein zu können: *Wir mussten hilflos zusehen*, wie *unser Haus abbrannte* **3** ***zusehen, dass / wie / ob*** sich bemühen, etwas zu erreichen: *Ich muss zusehen, dass ich den Zug erreiche*

♦**Zu·stand** *der* **1** die Form oder die Art, wie etwas ist: *Bei null Grad Celsius geht Wasser vom flüssigen in den festen Zustand über und wird zu Eis* **2** die körperliche oder psychische Verfassung einer Person, die äußeren Eigenschaften eines Gegenstands: *Hat sich sein gesundheitlicher Zustand gebessert?*; *Das Haus befindet sich in einem sehr schlechten Zustand - es müsste dringend renoviert werden* || K-: ***Zustands-, -änderung, -passiv*** || -K: ***Gesundheits-, Straßen-***; ***Ideal-*** **3** *meist Pl* ≈ Verhältnisse, Situation ⟨die politischen, sozialen, wirtschaftlichen Zustände in einem Land⟩: *Katastrophale Zustände führten zu einem Bürgerkrieg* || -K: ***Ausnahme-*** || ID ***Zustände bekommen / kriegen*** *gespr*; über etwas entsetzt sein und wütend werden; ***Das ist doch kein Zustand!*** *gespr*; das muss anders werden

zu·stan·de, zu Stan·de *Adv*; *nur in* **1** ***etwas kommt zustande*** etwas entsteht oder gelingt (*bes* trotz Schwierigkeiten): *Nach langen Verhandlungen kam der Vertrag doch noch zustande* **2** ***etwas zustande bringen*** bewirken, dass etwas gelingt: *Du hast doch noch nie etwas Vernünftiges zustande gebracht!* || *zu* **1** **Zu·stan·de·kom·men** *das*

zu·stän·dig *Adj*; (***für j-n / etwas***) ***zuständig*** verpflichtet und berechtigt, bestimmte Entscheidungen zu treffen oder etwas zu tun ⟨der Beamte, die Behörde, das Gericht⟩: *für die Bearbeitung eines Falles zuständig sein* || *hierzu* **Zu·stän·dig·keit** *die*

zu·stim·men (*hat*) **1** (***j-m***) ***zustimmen*** sagen (oder deutlich machen), dass man der gleichen Meinung wie ein anderer ist ⟨zustimmend nicken⟩: *Ich kann Ihnen da nur zustimmen, Sie haben vollkommen Recht* **2** (***etwas*** (*Dat*)) ***zustimmen*** sagen, dass man etwas als richtig oder vernünftig ansieht ↔ ablehnen ⟨einem Antrag, einem Vorschlag zustimmen⟩ || *hierzu* **Zu·stim·mung** *die*

zu·tref·fen (*hat*) **1** ***etwas trifft zu*** etwas ist richtig ⟨eine Annahme, eine Aussage, ein Vorwurf⟩: *Sein Verdacht erwies sich als zutreffend* **2** ***etwas trifft auf j-n / etwas zu*** etwas gilt für j-n / etwas **3** ***Zutreffendes bitte ankreuzen!*** *Admin geschr*; verwendet auf Formularen als Aufforderung, diejenige der Möglichkeiten anzukreuzen, die für einen selbst gilt

Zu·tritt *der*; *nur Sg* **1** ***Zutritt*** (***zu etwas***) das Betreten eines Raumes oder Gebiets ⟨j-m den Zutritt gewähren, verbieten⟩: *Zutritt für Unbefugte verboten!* **2** ***Zutritt*** (***zu etwas***) (***haben***) die Erlaubnis (haben), etwas zu betreten

♦**zu·ver·läs·sig** *Adj*; ⟨ein Mensch, ein Freund; ein Auto, ein Gerät⟩ so, dass man sich auf ihn / darauf verlassen kann: *Der Motor funktioniert zuverlässig* || *hierzu* **Zu·ver·läs·sig·keit** *die*

Zu·ver·sicht *die*; -; *nur Sg*; der feste Glaube daran, dass etwas Positives geschehen wird ≈ Optimismus ⟨voll(er) Zuversicht sein⟩ || *hierzu* **Zu·ver·sicht·lich·keit** *die*; **zu·ver·sicht·lich** *Adj*

zu·vor *Adv*; zeitlich vor etwas anderem ≈ vorher: *Nie zuvor gab es hier so wenig Regen*

zu·wei·len *Adv*; *geschr* ≈ manchmal

zu·wi·der *Adv*; ***j-d / etwas ist j-m zuwider*** j-d / etwas ruft in j-m starke Abneigung hervor: *Diese Person ist mir ganz zuwider*

zwang ↑ ***zwingen***

Zwang *der*; *-(e)s, Zwän·ge* **1** der Druck, der durch Drohen oder die Anwendung von Gewalt entsteht und der bewirkt, dass der Betroffene etwas tut, was er nicht tun möchte ⟨Zwang auf j-n ausüben; etwas unter Zwang (= unfreiwillig) tun⟩ || K-: ***Zwangs-, -mittel*** **2** ein sehr starker Drang, etwas zu tun, den man mit Vernunft nicht kontrollieren kann: *unter einem inneren Zwang handeln* || K-: ***Zwangs-, -handlung, -vorstellung*** **3** *meist Pl*; ein sehr starker Einfluss: *gesellschaftliche Zwänge* **4** *meist Pl*; Umstände, die das Handeln bestimmen ⟨wirtschaftliche Zwänge⟩ || K-: ***Zwangs-, -lage*** || *hierzu* **zwangs·wei·se** *Adv*

zwän·gen; *zwängte, hat gezwängt* **1** ***etwas irgendwohin zwängen*** etwas mit Mühe in etwas hinein- oder durch etwas hindurchpressen: *noch einen Pullover in den vollen Koffer zwängen*; *die Füße in kleine Schuhe zwängen* **2** ***sich irgendwohin zwängen*** sich mit Mühe durch eine enge Öffnung *o.Ä.* drücken: *sich durch ein Loch im Zaun zwängen*

zwangs·läu·fig *Adj*; *nur attr oder adv*; so, dass nichts anderes möglich ist ⟨eine Entwicklung, ein Ergebnis, Folgen⟩ || *hierzu* **Zwangs·läu·fig·keit** *die*

zwan·zig *Zahladj* **1** (als Zahl) 20 **2** ***Anfang, Mitte, Ende zwanzig sein*** ungefähr 20 bis 23, 24 bis 26, 27 bis 29 Jahre alt sein

◆**zwar** *Partikel* **1** *unbetont*; verwendet bei Feststellungen, bei denen man etwas einräumt oder zugibt und nach denen ein Nebensatz mit *aber* oder *doch* kommt: *Er war zwar krank, aber er ging trotzdem zur Arbeit*; *Ich habe zwar wenig Zeit, aber ich helfe dir (trotzdem)* **2** *betont*; ***und zwar*** verwendet, um etwas näher zu bestimmen ≈ nämlich: *Wir kaufen einen Hund, und zwar einen Dackel*

◆**Zweck** *der*; *-(e)s, Zwe·cke* **1** das, was man mit einer Handlung erreichen will ≈ Ziel ⟨einen Zweck verfolgen, erreichen; etwas hat einen Zweck, etwas dient einem Zweck⟩: *Der Zweck dieser Übung ist, die Muskeln zu stärken*; *Rechtfertigt der Zweck alle Mittel?* **2** *oft Pl* ≈ Verwendung, Gebrauch: *ein Gerät für medizinische Zwecke* || -K: ***Forschungs-*** **3** *nur Sg* ≈ Sinn: *Es hat keinen Zweck mehr, das alte Radio noch zu reparieren* || ID *meist* ***Der Zweck heiligt die Mittel*** *iron*; auch unfaire Mittel dürfen verwendet werden, um ein Ziel zu erreichen || *hierzu* **zweck·los** *Adj*

zwei *Zahladj*; (als Zahl) 2 || ID ***für zwei*** ⟨arbeiten, essen, trinken *usw*⟩ mehr als üblich, sehr viel arbeiten, essen, trinken *usw*

Zwei *die*; *-, -en* **1** die Zahl 2 **2** eine gute Schulnote (auf der Skala von 1-6) ≈ gut

zwei·deu·tig *Adj* **1** auf zwei Arten zu verstehen, erklärbar ↔ eindeutig ⟨eine Antwort⟩ **2** mit (verstecktem) sexuellem Inhalt ⟨eine Bemerkung, ein Witz⟩ || *hierzu* **Zwei·deu·tig·keit** *die*

◆**Zwei·fel** *der*; *-s, -*; **1** ***Zweifel*** (***an etwas*** (*Dat*)) das Gefühl, dass etwas nicht wahr oder richtig sein könnte ⟨ein berechtigter Zweifel; einen Zweifel haben⟩: *An seiner Ehrlichkeit besteht kein Zweifel* **2** (***sich*** (*Dat*)) (***über etwas*** (*Akk*)) ***im Zweifel sein*** etwas nicht sicher wissen oder noch nicht entschieden haben: *Ich bin mir noch (darüber) im Zweifel, ob ich zu dem Vortrag gehen werde* **3** ***etwas steht außer Zweifel*** etwas steht sicher fest, ist gewiss **4** ***ohne Zweifel*** ganz sicher ≈ zweifellos: *Das wird ohne Zweifel geschehen* **5** ***etwas in Zweifel ziehen*** vermuten oder sagen, dass etwas möglicherweise nicht wahr ist || ID ***im Zweifel für den Angeklagten*** *oft iron*; verwendet, um auszudrücken, dass eine Entscheidung gegen den Betroffenen falsch oder zu streng sein könnte und man sich deshalb lieber für ihn entscheidet || *hierzu* **zwei·fel·haft** *Adj*; **zwei·fel·los**

◆**zwei·feln**; *zweifelte, hat gezweifelt* **1** ***an j-m / etwas zweifeln*** nicht sicher sein, ob man j-m oder an etwas glauben, auf j-n / etwas vertrauen kann: *Ich zweifle nicht* daran, dass *er es ehrlich meint*; *Sie zweifelte am Erfolg seiner Bemühungen* **2** ***an sich*** (*Dat*) ***zweifeln*** an Selbstbewusstsein verlieren: *Wer etwas erreichen will, darf nicht an sich zweifeln* || zu **2** **Zweif·ler** *der*; **Zweif·le·rin** *die*; *-, -nen*

Zweig *der*; *-(e)s, -e* **1** ein kleiner Ast || -K: ***Blüten-, Birken-*** *usw* **2** ein relativ selbstständiger Bereich: *ein neuer Zweig der Elektroindustrie*; *Zoologie und Botanik sind Zweige der Biologie* || K-: ***Zweig-, -werk*** || -K: ***Forschungs-, Industrie-*** || ID ***auf keinen grünen Zweig kommen*** *gespr*; keinen Erfolg haben

zweit *nur in* ***zu zweit*** mit zwei Personen, als Paar: *Wir sind zu zweit*

zwei·t- *Zahladj*; *nur attr, nicht adv*; in einer Reihenfolge an der Stelle zwei ≈ 2. || K-: ***zweit-, -beste***

zwei·tens *Adv* **1** verwendet bei einer Aufzählung, um anzuzeigen, dass etwas an 2. Stelle kommt **2** als zweiter Punkt

zweit·ran·gig *Adj*; weniger wichtig als andere(s) ⟨ein Problem; etwas ist von zweitrangiger Bedeutung⟩

Zwerg *der*; *-(e)s, -e* **1** eine Figur in Märchen oder Sagen, die wie ein sehr kleiner alter Mann aussieht ↔ Riese: *das Märchen von Schneewittchen und den sieben Zwergen* **2** *pej*; ein sehr kleiner Mensch

Zwie·back *der*; *-(e)s, -e / Zwie·bä·cke*; *meist Sg*; eine Art trockenes, hartes Gebäck (in viereckigen Scheiben), das sehr lange haltbar ist

Zwetsch·ge *die*; *-, -n* **1** eine Art kleine, längliche, dunkelblaue Pflaume || K-:

Zwetschgen-, -baum **2** der Baum, der Zwetschgen als Früchte trägt

◆**Zwie·bel** *die*; -, *-n* **1** ein Gemüse mit intensivem Geruch und Geschmack, das viele Häute hat ⟨Zwiebeln hacken, (in Ringe / Würfel) schneiden⟩: *Tomatensalat mit Zwiebeln* || K-: ***Zwiebel-, -schale*** **2** eine Art Zwiebel, die man in die Erde steckt und aus der dann Blumen (wie Tulpen, Narzissen) wachsen || -K: ***Blumen-***

Zwil·ling *der*; *-s, -e* **1** eines von zwei Kindern einer Mutter, die zur gleichen Zeit geboren worden sind ⟨eineiige, zweieiige Zwillinge⟩ || K-: ***Zwillings-, -bruder, -schwester*** **2** *nur Pl*; *ohne Artikel*; das Sternzeichen für die Zeit von 21. Mai bis 20. Juni

◆**zwin·gen**; *zwang, hat gezwungen* **1** ***j-n zu etwas zwingen*** j-n durch Drohungen, Gewalt *o.Ä.* dazu bringen, etwas Bestimmtes zu tun: *Er zwang uns, ihm Geld zu geben* **2** ***etwas zwingt j-n zu etwas*** etwas macht ein bestimmtes Verhalten notwendig: *Der Sturm zwang uns* (dazu) *umzukehren* **3** ***j-n irgendwohin zwingen*** j-n gewaltsam an einen Ort, in eine bestimmte Position bringen: *j-n zu Boden zwingen* **4** ***sich zu etwas zwingen*** streng gegen sich selbst sein und etwas tun, was man nicht mag: *sich zur Ruhe zwingen*; *sich zwingen, wach zu bleiben*

zwin·kern; *zwinkerte, hat gezwinkert*; ein Auge oder beide Augen (mehrmals) kurz schließen, *meist* um so j-m etwas (ohne Worte) zu sagen

◆**zwi·schen** *Präp* **1** ***zwischen j-m / etwas und j-m / etwas*** innerhalb des Raums, der von zwei Personen, Dingen, Seiten markiert ist: *eine Nadel zwischen Daumen und Zeigefinger halten*; *Sie saß zwischen ihrem Mann (auf der rechten Seite) und ihrem Sohn (auf der linken Seite)* || K-: ***Zwischen-, -mauer, -raum, -stück, -teil*** **2** *mit Dat*; von einem Punkt oder Ort zum anderen: *Der Abstand zwischen den Autos verringerte sich* **3** *mit Dat*; (an einer Stelle) innerhalb einer Gruppe oder Menge: *Der Ausweis war zwischen den Papieren in der Schublade* **4** ***zwischen etwas*** (*Dat*) ***und etwas*** (*Dat*) innerhalb der genannten Zeitpunkte: *Er hat irgendwann zwischen dem 1. und 15. Mai Geburtstag* **5** ***zwischen etwas*** (*Dat*) ***und etwas*** (*Dat*) innerhalb der genannten Begrenzungen oder Werte: *Temperaturen zwischen zehn und fünfzehn Grad* **6** *mit Dat*; verwendet, um eine Beziehung auszudrücken: *das Vertrauen zwischen alten Freunden* **7** *mit Dat*; verwendet, um Gegensätze aufeinander zu beziehen: *zwischen Hoffnung und Verzweiflung* **8** *mit Akk*; auf eine Stelle hin, die an beiden Seiten (von Personen oder Gegenständen) begrenzt ist: *einen Faden zwischen die Finger nehmen* **9** *mit Akk*; in eine Gruppe, Menge hinein: *Die Polizisten in Zivil mischten sich zwischen die Demonstranten* **10** *mit Akk*; in einen Zeitraum hinein, der innerhalb der genannten Zeitpunkte liegt: *den Urlaub zwischen Ende Januar und Mitte Februar legen*

zwi·schen·mensch·li·ch- *Adj*; *nur attr*, *nicht adv*; zwischen einzelnen Menschen, von Mensch zu Mensch ⟨Beziehungen, Probleme⟩

Zwi·schen·raum *der*; ***ein Zwischenraum*** (***zwischen etwas*** (*Pl*) / ***zwischen etwas*** (*Dat*) ***und etwas*** (*Dat*)) der freie Raum (oder der Abstand) zwischen zwei Dingen: *einen großen Zwischenraum zwischen den Zeilen lassen*

zwit·schern; *zwitscherte, hat gezwitschert*; ***ein Vogel zwitschert*** (***etwas***) ein Vogel singt: *Die Lerche zwitscherte ihr Lied*

zwölf *Zahladj*; (als Zahl) 12 || ID ***Es ist kurz / fünf vor zwölf*** es ist schon fast zu spät, um etwas Schlimmes zu verhindern

Zy·lin·der [tsi'lɪndɐ, tsy-] *der*; *-s, -*; **1** *Geometrie*; ein Körper in Form eines Rohrs *o.Ä.*, das an beiden Enden geschlossen ist **2** eine Art Rohr, in dem sich (bei Benzinmotoren *o.Ä.*) ein Kolben auf und ab bewegt: *ein Motor mit vier Zylindern* **3** ein steifer, *meist* schwarzer Hut für Männer ⟨Frack und Zylinder⟩ || *zu* **1 zy·lind·risch** *Adj*

Zys·te ['tsʏ-] *die*; -, *-n*; *Med*; eine kranke Stelle im Gewebe von Lebewesen, die mit Flüssigkeit gefüllt ist

Geographische Namen

Land / Gebiet	Einwohner	Adjektiv
Afghanistan	Afghane, Afghanin	afghanisch
Afrika	Afrikaner, -in	afrikanisch
Ägypten	Ägypter, -in	ägyptisch
Albanien	Albaner, -in	albanisch
Algerien	Algerier, -in	algerisch
Amerika	Amerikaner, -in	amerikanisch
Andorra	Andorraner, -in	andorranisch
Angola	Angolaner, -in	angolanisch
Argentinien	Argentinier, -in	argentinisch
Armenien	Armenier, -in	armenisch
Aserbaidschan	Aserbaidschaner, -in	aserbaidschanisch
Asien	Asiat, Asiatin	asiatisch
Äthiopien	Äthiopier, -in	äthiopisch
Australien	Australier, -in	australisch
Bangladesch	Bangladescher, -in	bangladeschisch
Belgien	Belgier, -in	belgisch
Bolivien	Bolivianer, -in	bolivianisch
Bosnien	Bosnier, -in	bosnisch
Brasilien	Brasilianer, -in	brasilianisch
Bulgarien	Bulgare, Bulgarin	bulgarisch
Chile	Chilene, Chilenin	chilenisch
China	Chinese, Chinesin	chinesisch
Costa Rica	Costa-Ricaner, -in	costa-ricanisch
Dänemark	Däne, Dänin	dänisch
(*die* Bundesrepublik) Deutschland	Deutsche(r), Deutsche	deutsch
die Dominikanische Republik	Dominikaner, -in	dominikanisch
Ecuador	Ecuadorianer, -in	ecuadorianisch
El Salvador	Salvadorianer, -in	salvadorianisch
England	Engländer, -in	englisch
Estland	Este, Estin / Estländer, -in	estnisch / estländisch
Europa	Europäer, -in	europäisch
Finnland	Finne, Finnin	finnisch
Frankreich	Franzose, Französin	französisch
Georgien	Georgier, -in	georgisch

Land / Gebiet	Einwohner	Adjektiv
Ghana	Ghanaer, -in	ghanaisch
Griechenland	Grieche, Griechin	griechisch
Großbritannien	Brite, Britin	britisch
Grönland	Grönländer, -in	grönländisch
Guatemala	Guatemalteke, Guatemaltekin	guatemaltekisch
Guinea	Guineer, -in	guineisch
Holland	Holländer, -in	holländisch
Indien	Inder, -in	indisch
Indonesien	Indonesier, -in	indonesisch
(*der*) Irak	Iraker, -in	irakisch
(*der*) Iran	Iraner, -in	iranisch
Irland	Ire, Irin	irisch
Island	Isländer, -in	isländisch
Israel	Israeli	israelisch
Italien	Italiener, -in	italienisch
Japan	Japaner, -in	japanisch
(*der*) Jemen	Jemenit, -in	jemenitisch
Jordanien	Jordanier, -in	jordanisch
Jugoslawien	Jugoslawe, Jugoslawin	jugoslawisch
Kambodscha	Kambodschaner, -in	kambodschanisch
Kamerun	Kameruner, -in	kamerunisch
Kanada	Kanadier, -in	kanadisch
Kasachstan	Kasache, Kasachin	kasachisch
Kenia	Kenianer, -in	kenianisch
Kirgisistan / Kirgisien	Kirgise, Kirgisin	kirgisisch
Kolumbien	Kolumbianer, -in	kolumbianisch
(*der*) Kongo	Kongolese, Kongolesin	kongolesisch
Korea	Koreaner, -in	koreanisch
Kroatien	Kroate, Kroatin	kroatisch
Kuba	Kubaner, -in	kubanisch
Laos	Laote, Laotin	laotisch
Lettland	Lette, Lettin	lettisch
(*der*) Libanon	Libanese, Libanesin	libanesisch
Libyen	Libyer, -in	libysch
Liechtenstein	Liechtensteiner, -in	liechtensteinisch
Litauen	Litauer, -in	litauisch

Land / Gebiet	**Einwohner**	**Adjektiv**
Luxemburg	Luxemburger, -in	Luxemburger / luxemburgisch
Madagaskar	Madagasse, Madagassin	madagassisch
Malaysia	Malaysier, -in	malaysisch
Malta	Malteser, -in	maltesisch
Marokko	Marokkaner, -in	marokkanisch
Mauretanien	Mauretanier, -in	mauretanisch
Mazedonien	Mazedonier, -in	mazedonisch
Mexiko	Mexikaner, -in	mexikanisch
die Mongolei	Mongole, Mongolin	mongolisch
Montenegro	Montenegriner, -in	montenegrisch
Mosambik	Mosambikaner, -in	mosambikanisch
Myanmar	Myanmare, Myanmarin	myanmarisch
Namibia	Namibier, -in	namibisch
Nepal	Nepalese, Nepalesin	nepalesisch
Neuseeland	Neuseeländer, -in	neuseeländisch
Nicaragua	Nicaraguaner, -in	nicaraguanisch
die Niederlande	Niederländer, -in	niederländisch
Niger	Nigrer, Nigrerin	nigrisch
Nigeria	Nigerianer, -in	nigerianisch
Norwegen	Norweger, -in	norwegisch
Österreich	Österreicher, -in	österreichisch
Pakistan	Pakistaner, -in / Pakistani	pakistanisch
Panama	Panamaer, -in	panamaisch
Paraguay	Paraguayer, -in	paraguayisch
Peru	Peruaner, -in	peruanisch
die Philippinen	Philippiner, -in	philippinisch
Polen	Pole, Polin	polnisch
Portugal	Portugiese, Portugiesin	portugiesisch
Rumänien	Rumäne, Rumänin	rumänisch
Russland	Russe, Russin	russisch
Saudi-Arabien	Saudi / Saudi-Araber, -in	saudi-arabisch
Schottland	Schotte, Schottin	schottisch
Schweden	Schwede, Schwedin	schwedisch
die Schweiz	Schweizer, -in	schweizerisch / Schweizer
(*der*) Senegal	Senegalese, Senegalesin	senegalesisch
Serbien	Serbe, Serbin	serbisch

Land / Gebiet	Einwohner	Adjektiv
Singapur	Singapurer, -in	singapurisch
Skandinavien	Skandinavier, -in	skandinavisch
die Slowakische Republik (SR) / *die* Slowakei	Slowake, Slowakin	slowakisch
Slowenien	Slowene, Slowenin	slowenisch
Somalia	Somali / Somalier, -in	somalisch
Spanien	Spanier, -in	spanisch
Sri Lanka	Sri-Lanker, -in	sri-lankisch
Südafrika	Südafrikaner, -in	südafrikanisch
(*der*) Sudan	Sudanese, Sudanesin	sudanesisch
Syrien	Syrer, -in	syrisch
Tadschikistan	Tadschike, Tadschikin	tadschikisch
Taiwan	Taiwaner, -in	taiwanisch
Tansania	Tansanier, -in	tansanisch
Thailand	Thai / Thailänder, -in	thailändisch
die Tschechische Republik (ČR) / Tschechien	Tscheche, Tschechin	tschechisch
Tunesien	Tunesier, -in	tunesisch
die Türkei	Türke, Türkin	türkisch
Uganda	Ugander, -in	ugandisch
die Ukraine	Ukrainer, -in	ukrainisch
Ungarn	Ungar, -in	ungarisch
Uruguay	Uruguayer, -in	uruguayisch
Usbekistan	Usbeke, Usbekin	usbekisch
Venezuela	Venezolaner, -in	venezolanisch
die Vereinigten Arabischen Emirate	Araber, -in	arabisch
die Vereinigten Staaten (von Amerika) (USA)	Amerikaner, -in / US-Bürger, -in	(US-)amerikanisch
Vietnam	Vietnamese, Vietnamesin	vietnamesisch
Wales	Waliser, -in	walisisch
Weißrussland	Weißrusse, Weißrussin	weißrussisch
Zaire	Zairer, -in	zairisch
Zypern	Zypriot, -in / Zyprer, -in	zypriotisch / zyprisch

Hinweis: Die meisten Gebiets- und Ländernamen werden in der Regel ohne Artikel gebraucht, *z.B. Frankreich, Deutschland, Italien.*
Bei denjenigen Namen, die immer mit dem Artikel verwendet werden, wird dieser in der Liste auch immer angegeben, *z.B. die* Schweiz.

Zahlen

Grundzahlen		Ordnungszahlen
1	eins, ein	(der, die, das) erste
2	zwei	(der, die, das) zweite
3	drei	(der, die, das) dritte
4	vier	(der, die, das) vierte
5	fünf	(der, die, das) fünfte
6	sechs	(der, die, das) sechste
7	sieben	(der, die, das) siebte
8	acht	(der, die, das) achte
9	neun	(der, die, das) neunte
10	zehn	(der, die, das) zehnte
11	elf	(der, die, das) elfte
12	zwölf	(der, die, das) zwölfte
13	dreizehn	(der, die, das) dreizehnte
14	vierzehn	(der, die, das) vierzehnte
15	fünfzehn	(der, die, das) fünfzehnte
16	sechzehn	(der, die, das) sechzehnte
17	siebzehn	(der, die, das) siebzehnte
18	achtzehn	(der, die, das) achtzehnte
19	neunzehn	(der, die, das) neunzehnte
20	zwanzig	(der, die, das) zwanzigste
21	einundzwanzig	(der, die, das) einundzwanzigste
22	zweiundzwanzig	(der, die, das) zweiundzwanzigste
23	dreiundzwanzig	(der, die, das) dreiundzwanzigste
24	vierundzwanzig	(der, die, das) vierundzwanzigste
25	fünfundzwanzig	(der, die, das) fünfundzwanzigste
26	sechsundzwanzig	(der, die, das) sechsundzwanzigste
27	siebenundzwanzig	(der, die, das) siebenundzwanzigste
28	achtundzwanzig	(der, die, das) achtundzwanzigste
29	neunundzwanzig	(der, die, das) neunundzwanzigste
30	dreißig	(der, die, das) dreißigste
40	vierzig	(der, die, das) vierzigste
50	fünfzig	(der, die, das) fünfzigste
60	sechzig	(der, die, das) sechzigste
70	siebzig	(der, die, das) siebzigste
80	achtzig	(der, die, das) achtzigste
90	neunzig	(der, die, das) neunzigste
100	(ein)hundert	(der, die, das) (ein)hundertste
101	(ein)hunderteins	(der, die, das) hunderterste
102	(ein)hundertzwei	(der, die, das) hundertzweite
200	zweihundert	(der, die, das) zweihundertste
1000	(ein)tausend	(der, die, das) (ein)tausendste
2000	zweitausend	(der, die, das) zweitausendste
10000	zehntausend	(der, die, das) zehntausendste
20000	zwanzigtausend	(der, die, das) zwanzigtausendste
100000	(ein)hunderttausend	(der, die, das) hunderttausendste
1000000	eine Million	(der, die, das) millionste
1000000000	eine Milliarde	(der, die, das) milliardste

Artikel

bestimmter Artikel					*unbestimmter Artikel*				
Nominativ					*Nominativ*				
	m	der	große	Tisch		*m*	ein	großer	Tisch
Sg	*f*	die	große	Bank	*Sg*	*f*	eine	große	Bank
	n	das	große	Bett		*n*	ein	großes	Bett
Pl		die	großen	Dinge	*Pl*			große	Dinge
Akkusativ					*Akkusativ*				
	m	den	großen	Tisch		*m*	einen	großen	Tisch
Sg	*f*	die	große	Bank	*Sg*	*f*	eine	große	Bank
	n	das	große	Bett		*n*	ein	großes	Bett
Pl		die	großen	Dinge	*Pl*			große	Dinge
Dativ					*Dativ*				
	m	dem	großen	Tisch		*m*	einem	großen	Tisch
Sg	*f*	der	großen	Bank	*Sg*	*f*	einer	großen	Bank
	n	dem	großen	Bett		*n*	einem	großen	Bett
Pl		den	großen	Dingen	*Pl*			großen	Dingen
Genitiv					*Genitiv*				
	m	des	großen	Tisches		*m*	eines	großen	Tisches
Sg	*f*	der	großen	Bank	*Sg*	*f*	einer	großen	Bank
	n	des	großen	Bettes		*n*	eines	großen	Bett
Pl		der	großen	Dinge	*Pl*			großer	Dinge

Personalpronomen

Nominativ	*Akkusativ*	*Dativ*	*Genitiv*
Singular			
ich: *Ich bin krank.*	**mich:** *Wer pflegt mich?*	**mir:** *Wer hilft mir?*	**meiner:** *Wer erbarmt sich meiner?*
du: *Du bist krank.*	**dich:** *Wer pflegt dich?*	**dir:** *Wer hilft dir?*	**deiner:** *Wer erbarmt sich deiner?*
Sie: *Sie sind krank.*	**Sie:** *Wer pflegt Sie?*	**Ihnen:** *Wer hilft Ihnen?*	**Ihrer:** *Wer erbarmt sich Ihrer?*
er: *Er ist krank.*	**ihn:** *Wer pflegt ihn?*	**ihm:** *Wer hilft ihm?*	**seiner:** *Wer erbarmt sich seiner?*
sie: *Sie ist krank.*	**sie:** *Wer pflegt sie?*	**ihr:** *Wer hilft ihr?*	**ihrer:** *Wer erbarmt sich ihrer?*
es: *Es ist krank.*	**es:** *Wer pflegt es?*	**ihm:** *Wer hilft ihm?*	**seiner:** *Wer erbarmt sich seiner?*
Plural			
wir: *Wir sind krank.*	**uns:** *Wer pflegt uns?*	**uns:** *Wer hilft uns?*	**unser:** *Wer erbarmt sich unser?*
ihr: *Ihr seid krank.*	**euch:** *Wer pflegt euch?*	**euch:** *Wer hilft euch?*	**euer:** *Wer erbarmt sich euer?*
Sie: *Sie sind krank.*	**Sie:** *Wer pflegt Sie?*	**Ihnen:** *Wer hilft Ihnen?*	**Ihrer:** *Wer erbarmt sich Ihrer?*
sie: *Sie sind krank.*	**sie:** *Wer pflegt sie?*	**ihnen:** *Wer hilft ihnen?*	**ihrer:** *Wer erbarmt sich ihrer?*

Possessivpronomen

Person im Singular				
		m	mein	Hund
ich	*Sg*	*f*	meine	Katze
		n	mein	Pferd
	Pl		meine	Tiere
		m	dein	Hund
du	*Sg*	*f*	deine	Katze
		n	dein	Pferd
	Pl		deine	Tiere
		m	Ihr	Hund
Sie	*Sg*	*f*	Ihre	Katze
		n	Ihr	Pferd
	Pl		Ihre	Tiere
		m	sein	Hund
er/es	*Sg*	*f*	seine	Katze
		n	sein	Pferd
	Pl		seine	Tiere
		m	ihr	Hund
sie	*Sg*	*f*	ihre	Katze
		n	ihr	Pferd
	Pl		ihre	Tiere

Personen im Plural				
		m	unser	Hund
wir	*Sg*	*f*	unsere	Katze
		n	unser	Pferd
	Pl		unsere	Tiere
		m	euer	Hund
ihr	*Sg*	*f*	eure	Katze
		n	euer	Pferd
	Pl		eure	Tiere
		m	Ihr	Hund
Sie	*Sg*	*f*	Ihre	Katze
		n	Ihr	Pferd
	Pl		Ihre	Tiere
		m	ihr	Hund
sie	*Sg*	*f*	ihre	Katze
		n	ihr	Pferd
	Pl		ihre	Tiere

Die wichtigsten unregelmäßigen Verben

Infinitiv	*Präsens (3. Person Sg)*	*Präteritum (3. Person Sg)*	*Perfekt (3. Person Sg)*
backen	bäckt / backt	backte	hat gebacken
befehlen	befiehlt	befahl	hat befohlen
beginnen	beginnt	begann	hat begonnen
beißen	beißt	biss	hat gebissen
bergen	birgt	barg	hat geborgen
betrügen	betrügt	betrog	hat betrogen
bewegen*	bewegt	bewog	hat bewogen
biegen	biegt	bog	hat / ist gebogen
bieten	bietet	bot	hat geboten
binden	bindet	band	hat gebunden
bitten	bittet	bat	hat gebeten
blasen	bläst	blies	hat geblasen
bleiben	bleibt	blieb	ist geblieben
braten	brät	briet	hat gebraten
brechen	bricht	brach	hat / ist gebrochen
brennen	brennt	brannte	hat gebrannt
bringen	bringt	brachte	hat gebracht
denken	denkt	dachte	hat gedacht
dringen	dringt	drang	ist gedrungen
dürfen	darf	durfte	hat gedurft
empfangen	empfängt	empfing	hat empfangen
empfehlen	empfiehlt	empfahl	hat empfohlen
empfinden	empfindet	empfand	hat empfunden
erschrecken*	erschrickt	erschrak	ist erschrocken
essen	isst	aß	hat gegessen
fahren	fährt	fuhr	hat / ist gefahren
fallen	fällt	fiel	ist gefallen
fangen	fängt	fing	hat gefangen
finden	findet	fand	hat gefunden
flechten	flicht	flocht	hat geflochten
fliegen	fliegt	flog	hat / ist geflogen
fliehen	flieht	floh	ist geflohen
fließen	fließt	floss	ist geflossen

Infinitiv	*Präsens (3. Person Sg)*	*Präteritum (3. Person Sg)*	*Perfekt (3. Person Sg)*
fressen	frisst	fraß	hat gefressen
frieren	friert	fror	hat gefroren
gebären	gebärt	gebar	hat geboren
geben	gibt	gab	hat gegeben
gedeihen	gedeiht	gedieh	ist gediehen
gehen	geht	ging	ist gegangen
gelingen	gelingt	gelang	ist gelungen
gelten	gilt	galt	hat gegolten
genesen	genest	genas	ist genesen
genießen	genießt	genoss	hat genossen
geraten	gerät	geriet	ist geraten
geschehen	geschieht	geschah	ist geschehen
gewinnen	gewinnt	gewann	hat gewonnen
gießen	gießt	goss	hat gegossen
gleichen	gleicht	glich	hat geglichen
gleiten	gleitet	glitt	ist geglitten
glimmen	glimmt	glomm / glimmte	hat geglommen / geglimmt
graben	gräbt	grub	hat gegraben
greifen	greift	griff	hat gegriffen
haben	hat	hatte	hat gehabt
halten	hält	hielt	hat gehalten
hängen*	hängt	hing	hat gehangen
hauen	haut	haute / (hieb)	hat gehauen
heben	hebt	hob	hat gehoben
heißen	heißt	hieß	hat geheißen
helfen	hilft	half	hat geholfen
kennen	kennt	kannte	hat gekannt
klingen	klingt	klang	hat geklungen
kneifen	kneift	kniff	hat gekniffen
kommen	kommt	kam	ist gekommen
können	kann	konnte	hat gekonnt
kriechen	kriecht	kroch	ist gekrochen
laden	lädt	lud	hat geladen
lassen	lässt	ließ	hat gelassen
laufen	läuft	lief	ist gelaufen
leiden	leidet	litt	hat gelitten

Infinitiv	*Präsens (3. Person Sg)*	*Präteritum (3. Person Sg)*	*Perfekt (3. Person Sg)*
leihen	leiht	lieh	hat geliehen
lesen	liest	las	hat gelesen
liegen	liegt	lag	hat gelegen
lügen	lügt	log	hat gelogen
mahlen	mahlt	mahlte	hat gemahlen
meiden	meidet	mied	hat gemieden
melken	milkt / melkt	melkte / (molk)	hat gemelkt / gemolken
messen	misst	maß	hat gemessen
mögen	mag	mochte	hat gemocht
müssen	muss	musste	hat gemusst
nehmen	nimmt	nahm	hat genommen
nennen	nennt	nannte	hat genannt
pfeifen	pfeift	pfiff	hat gepfiffen
quellen	quillt	quoll	ist gequollen
raten	rät	riet	hat geraten
reiben	reibt	rieb	hat gerieben
reißen	reißt	riss	hat / ist gerissen
reiten	reitet	ritt	hat / ist geritten
rennen	rennt	rannte	ist gerannt
riechen	riecht	roch	hat gerochen
ringen	ringt	rang	hat gerungen
rufen	ruft	rief	hat gerufen
salzen	salzt	salzte	hat gesalzen
saufen	säuft	soff	hat gesoffen
saugen	saugt	sog / saugte	hat gesogen / gesaugt
schaffen	schafft	schuf	hat geschaffen
scheiden	scheidet	schied	hat / ist geschieden
scheinen	scheint	schien	hat geschienen
schelten	schilt	schalt	hat gescholten
schieben	schiebt	schob	hat geschoben
schießen	schießt	schoss	hat / ist geschossen
schlafen	schläft	schlief	hat geschlafen
schlagen	schlägt	schlug	hat geschlagen
schleichen	schleicht	schlich	ist geschlichen
schleifen*	schleift	schliff	hat geschliffen
schließen	schließt	schloss	hat geschlossen

Infinitiv	*Präsens (3. Person Sg)*	*Präteritum (3. Person Sg)*	*Perfekt (3. Person Sg)*
schlingen	schlingt	schlang	hat geschlungen
schmeißen	schmeißt	schmiss	hat geschmissen
schmelzen	schmilzt	schmolz	ist geschmolzen
schneiden	schneidet	schnitt	hat geschnitten
schreiben	schreibt	schrieb	hat geschrieben
schreien	schreit	schrie	hat geschrien
schweigen	schweigt	schwieg	hat geschwiegen
schwellen	schwillt	schwoll	ist geschwollen
schwimmen	schwimmt	schwamm	hat / ist geschwommen
schwingen	schwingt	schwang	hat geschwungen
schwören	schwört	schwor	hat geschworen
sehen	sieht	sah	hat gesehen
sein	ist	war	ist gewesen
senden	sendet	sandte / sendete	hat gesandt / gesendet
singen	singt	sang	hat gesungen
sinken	sinkt	sank	ist gesunken
sitzen	sitzt	saß	hat gesessen
sollen	soll	sollte	hat gesollt
spalten	spaltet	spaltete	hat gespalten
spinnen	spinnt	spann	hat gesponnen
sprechen	spricht	sprach	hat gesprochen
springen	springt	sprang	ist gesprungen
stechen	sticht	stach	hat gestochen
stecken	steckt	steckte / (stak)	hat gesteckt
stehen	steht	stand	hat gestanden
stehlen	stiehlt	stahl	hat gestohlen
steigen	steigt	stieg	ist gestiegen
sterben	stirbt	starb	ist gestorben
stinken	stinkt	stank	hat gestunken
stoßen	stößt	stieß	hat / ist gestoßen
streichen	streicht	strich	hat gestrichen
streiten	streitet	stritt	hat gestritten
tragen	trägt	trug	hat getragen
treffen	trifft	traf	hat getroffen
treiben	treibt	trieb	hat getrieben
treten	tritt	trat	hat / ist getreten

Infinitiv	*Präsens (3. Person Sg)*	*Präteritum (3. Person Sg)*	*Perfekt (3. Person Sg)*
trinken	trinkt	trank	hat getrunken
tun	tut	tat	hat getan
verderben	verdirbt	verdarb	hat / ist verdorben
vergessen	vergisst	vergaß	hat vergessen
verlieren	verliert	verlor	hat verloren
verzeihen	verzeiht	verzieh	hat verziehen
wachsen	wächst	wuchs	ist gewachsen
waschen	wäscht	wusch	hat gewaschen
weben	webt	wob	hat gewoben
weisen	weist	wies	hat gewiesen
wenden	wendet	wandte / wendete	hat gewandt / gewendet
werben	wirbt	warb	hat geworben
werden	wird	wurde	ist geworden
werfen	wirft	warf	hat geworfen
wiegen	wiegt	wog	hat gewogen
winden	windet	wand	hat gewunden
wissen	weiß	wusste	hat gewusst
wollen	will	wollte	hat gewollt
ziehen	zieht	zog	hat / ist gezogen
zwingen	zwingt	zwang	hat gezwungen

* Hier gibt es auch eine regelmäßige Form. Vergleichen Sie dazu das jeweilige Stichwort im Hauptteil.

Tabellarischer Lebenslauf

Name:	Silke Braun
Adresse:	Uferweg 15
	20539 Hamburg
	Tel. (privat): 040-50 62 17
	Tel. (Büro): 040-56 57 48/ Fax: 040-56 78 49
Geburtsdatum:	20.06.1975
Familienstand:	ledig
Nationalität:	deutsch
Ausbildung:	
1988–1994	Schiller-Gymnasium, Hamburg, Deutschland
1994	Abitur
1994–1999	Universität Hamburg
	Anglistik und Germanistik
	Note 2,5
Berufliche Entwicklung:	
1999–2000	Freiberufliche Übersetzerin
2000–2002	Sekretärin und Übersetzerin Comux, Bremen
2002–	Assistentin bei der Geschäftsleitung, Filex GmbH, Hamburg
Weitere Qualifikationen:	
	Fortbildung als Sekretärin, Weiterbildung in Windows XP, Excel, QuarkXPress, Word 2002
Hobbys und Interessen:	
	Jogging, Segeln, Kochen

Reflexivpronomen

als Akkusativobjekt		*als Dativobjekt*	
1. Person Sg	***ich** verspäte **mich***	*1. Person Sg*	***ich** gebe **mir** viel Mühe*
2. Person Sg	***du** verspätest **dich***	*2. Person Sg*	***du** gibst **dir** viel Mühe*
	Sie** verspäten **sich		***Sie** geben **sich** viel Mühe*
3. Person Sg	***er / sie / es** verspätet **sich***	*3. Person Sg*	***er / sie / es** gibt **sich** viel Mühe*
1. Person Pl	***wir** verspäten **uns***	*1. Person Pl*	***wir** geben **uns** viel Mühe*
2. Person Pl	***ihr** verspätet **euch***	*2. Person Pl*	***ihr** gebt **euch** viel Mühe*
	Sie** verspäten **sich		***Sie** geben **sich** viel Mühe*
3. Person Pl	***sie** verspäten **sich***	*3. Person Pl*	***sie** geben **sich** viel Mühe*

Quellennachweis (Illustrationen)

Jürgen Bartz: 98, 99

Andrew Clark: 442/443

Peter Dennis (Linda Rogers Associates): 344, 441, 444

Harald Juch: 97, 100, 197, 198

John York (Simon Girling & Associates): 343

Eva Gleifenstein: 48, 102, 130, 145 (*Feder*[2]), 154, 164, 202, 219, 243, 297 (*Steck-, Sicherheitsnadel*), 298, 320, 322, 337, 357, 376, 380, 390, 397, 403, 405, 424, 427, 430, 498

Dave Vaughan: 24, 78, 81, 87, 90, 141, 153, 195, 232, 238, 239, 250, 277, 359, 360, 365, 375, 413, 416, 494

Brockhaus Enzyklopädie in zwanzig Bänden, 17., völlig neu bearbeitete Auflage des Großen Brockhaus, 24. Band: Bildwörterbuch der deutschen Sprache, Wiesbaden: F.A. Brockhaus, 1976: 297 (*Nähnadel*)

DUDEN-Langenscheidt, Deutsches Lernwörterbuch, hg. und bearb. von W. Müller et al., Lizenzausgabe von „Schülerduden, Bedeutungswörterbuch", 2. Auflage, Mannheim: Bibliographisches Institut, 1986: 145 (*Feder*[1])

Wichtige Abkürzungen und Hinweise in diesem Wörterbuch

Ⓐ	Österreich, österreichischer Sprachgebrauch
Abk	Abkürzung
Adj	Adjektiv
Admin	Verwaltung
Adv	Adverb
adv	adverbiell verwendet
Akk	Akkusativ
attr	attributiv verwendet
bes	besonders
Biol	Biologie
bzw	beziehungsweise
(CH)	Schweiz, schweizerischer Sprachgebrauch
Chem	Chemie
Ⓓ	auf Deutschland bezogen
Dat	Dativ
EDV	Elektronische Datenverarbeitung
euph	euphemistisch, mit vorsichtigen Worten umschreibend
f	feminin
Gen	Genitiv
geschr	geschriebene Sprache
gespr	gesprochene Sprache
gespr!	sehr salopp
hist	historisch
hum	humorvoll
ID	Redewendungen
iron	ironisch
j-d	jemand
j-m	jemandem
j-n	jemanden
j-s	jemandes
K-	Kompositum (der erste Bestandteil ist das Stichwort)
-K	Kompositum (der zweite Bestandteil ist das Stichwort)
Kollekt	Kollektivbegriff, Sammelbegriff
Kurzwort	verkürztes Wort
Ling	Linguistik, Sprachwissenschaft
Math	Mathematik
Med	Medizin
Mil	Militär